CONSTRUINDO COMPILADORES

CONSTRUINDO COMPILADORES

TRADUÇÃO DA 2ª EDIÇÃO

Keith D. Cooper & Linda Torczon

TRADUÇÃO
Daniel Vieira

REVISÃO TÉCNICA
Edson Senne

Do original: Engineering a Compiler, 2nd edition
© 2014, Elsevier Editora Ltda.
Copyright © 2012 Elsevier, Inc.

Tradução autorizada do idioma inglês da edição publicada por Morgan Kaufmann, um selo editorial Elsevier.
Todos os direitos reservados e protegidos pela Lei n° 9.610, de 19/02/1998.
Nenhuma parte deste livro, sem autorização prévia por escrito da editora, poderá ser reproduzida ou transmitida sejam quais forem os meios empregados: eletrônicos, mecânicos, fotográficos, gravação ou quaisquer outros.

A imagem de capa: "The Landing of the Ark", uma abóbada cuja iconografia foi narrada, idealizada e desenhada por John Outram da John Outram Associates, Architects and City Planners, Londres, Inglaterra. Para saber mais, visite www.johnoutram.com/rice.html.

Copidesque: Bel Ribeiro
Editoração Eletrônica: Thomson Digital
Revisão: Casa Editorial BBM

Elsevier Editora Ltda.
Conhecimento sem Fronteiras

Rua Sete de Setembro, 111 – 16° andar
20050-006 – Centro – Rio de Janeiro – RJ – Brasil

Rua Quintana, 753 – 8° andar
04569-011 – Brooklin – São Paulo – SP

Serviço de Atendimento ao Cliente
0800-026-5340
atendimento1@elsevier.com

ISBN: 978-85-352-5564-5
ISBN (versão digital): 978-85-352-5565-2
ISBN (edição original): 978-0-12-088478-0

Nota: Muito zelo e técnica foram empregados na edição desta obra. No entanto, podem ocorrer erros de digitação, impressão ou dúvida conceitual. Em qualquer das hipóteses, solicitamos a comunicação ao nosso Serviço de Atendimento ao Cliente, para que possamos esclarecer ou encaminhar a questão.
  Nem a editora nem o autor assumem qualquer responsabilidade por eventuais danos ou perdas a pessoas ou bens, originados do uso desta publicação.

CIP-BRASIL. CATALOGAÇÃO NA PUBLICAÇÃO
SINDICATO NACIONAL DOS EDITORES DE LIVROS, RJ

C788c
2. ed.

  Cooper, Keith D.
    Construindo compiladores / Keith D. Cooper, Linda Torczon ; tradução Daniel Vieira. - 2. ed. - Rio de Janeiro : Elsevier, 2014.
    28 cm.

    Tradução de: Engineering a compiler
    ISBN 978-85-352-5564-5

    1. Compiladores (Computadores). 2. Tecnologia. I. Torczon, Linda. II. Título.

13-03454   CDD: 005.453
                            CDU: 004.4'422

Elogios a *Construindo Compiladores*, Segunda Edição

Compiladores são uma rica área de estudo, reunindo o mundo inteiro da ciência da computação em uma construção elegante. Cooper e Torczon tiveram sucesso na criação de um guia muito bem-vindo para esses sistemas de software, melhorando esta nova edição com lições claras e com os detalhes que simplesmente é preciso conhecer bem, tendo em vista o quadro geral o tempo inteiro. Construindo Compiladores *é uma companhia valiosíssima para qualquer um que seja novo no assunto.*

Michael D. Smith
Reitor da Faculdade de Artes e Ciências John H. Finley Jr., Professor de Engenharia
e Ciências Aplicadas da Universidade de Harvard

A Segunda Edição de Construindo Compiladores *é uma excelente introdução à construção de compiladores otimizadores modernos. Os autores a partir de uma vasta experiência na construção de compiladores, ajudam os alunos a compreender o quadro geral, enquanto, ao mesmo tempo, os orientam por muitos detalhes importantes e sutis que precisam ser enfrentados para a construção de um compilador otimizador eficaz. Particularmente, este livro contém a melhor introdução ao formato de atribuição única estática que já vi.*

Jeffery von Ronne
Professor Assistente
Departamento de Ciência da Computação
Universidade do Texas, San Antonio

Construindo Compiladores *aumenta seu valor como livro-texto com uma estrutura mais regular e consistente, e uma série de recursos de instrução: perguntas de revisão, exemplos extras, notas em destaque e na margem. Também inclui diversas atualizações técnicas, incluindo mais sobre linguagens não tradicionais, compiladores do mundo real e usos não tradicionais da tecnologia de compiladores. O material sobre otimização – já uma assinatura forte – tornou-se ainda mais acessível e claro.*

Michael L. Scott
Professor do Departamento de Ciência da Computação da Universidade de Rochester
Autor de *Programming Language Pragmatics*

Keith Cooper e Linda Torczon apresentam um tratamento efetivo da história e também um ponto de vista do profissional sobre como os compiladores são desenvolvidos. A apresentação da teoria, bem como de exemplos práticos do mundo real de compiladores existentes (com, LISP, FORTRAN etc.), incluem diversas discussões e ilustrações eficazes. A discussão completa dos conceitos, tanto introdutórios quanto avançados, de "alocação" e "otimização" abrangem um "ciclo de vida" eficaz da engenharia de compiladores. Este texto deve estar em toda prateleira de alunos de ciência da computação, e também na de profissionais envolvidos com a engenharia e o desenvolvimento de compiladores.

David Orleans
Nova Southeastern University

Sobre os Autores

Keith D. Cooper é Professor Doerr de Engenharia da Computação na Rice University. Trabalhou com uma grande coleção de problemas em otimização de código compilado, incluindo análise de fluxo de dados interprocedural e suas aplicações, numeração de valores, reassociação algébrica, alocação de registradores e escalonamento de instruções. Seu trabalho recente tem se concentrado em um reexame fundamental da estrutura e do comportamento de compiladores tradicionais. Tem lecionado em diversos cursos em nível de graduação, desde introdução à programação até otimização de código em nível de pós-graduação. É associado da ACM (Association for Computing Machinery).

Linda Torczon, Cientista de Pesquisa Sênior do Departamento de Ciência da Computação na Rice University, é a principal investigadora do projeto PACE (Platform-Aware Compilation Environment), patrocinado pela DARPA, que está desenvolvendo um ambiente de compilador otimizador que ajusta automaticamente suas otimizações e estratégias a novas plataformas. De 1990 a 2000, a Dra. Torczon trabalhou como diretora executiva do Center for Research on Parallel Computation (CRPC), um Centro de Ciência e Tecnologia da National Science Foundation. Também trabalhou como diretora executiva da HiPerSoft, do Instituto de Ciência da Computação de Los Alamos e do projeto Virtual Grid Application Development Software (VGrADS).

Dedicamos este volume a

- *nossos pais, que nos instilaram a sede pelo conhecimento e nos deram suporte enquanto desenvolvíamos as habilidades para seguir nossa busca pelo conhecimento;*
- *nossos filhos, que nos mostraram novamente como pode ser maravilhoso o processo de aprendizado e crescimento; e*
- *nossos cônjuges, sem os quais este livro nunca teria sido escrito.*

Sobre a Capa

A capa deste livro contém uma parte do desenho "The Landing of the Ark", que decora o teto do Duncan Hall, na Rice University. Tanto o Duncan Hall quanto seu teto foram projetados pelo arquiteto britânico John Outram. Duncan Hall é uma expressão visível dos temas arquitetônicos, decorativos e filosóficos desenvolvidos durante a carreira de Outram como arquiteto. O teto decorado do salão cerimonial desempenha papel central no esquema decorativo do prédio. Outram inscreveu o teto com um conjunto de ideias significativas – um mito da criação. Expressando essas ideias em um desenho alegórico de tão grande tamanho e intensidade de cores, Outram criou uma indicação que diz aos visitantes que entram no salão que, na realidade, esse prédio não é como outros.

Usando a mesma indicação na capa de *Construindo Compiladores*, os autores desejam sinalizar que este trabalho contém ideias significativas que estão no centro de sua disciplina. Assim como o prédio de Outram, este volume é o auge de temas intelectuais desenvolvidos durante as carreiras profissionais dos autores. Como o esquema decorativo de Outram, este livro é um mecanismo para comunicar ideias, que, como o teto de Outram, apresenta ideias significativas de novas maneiras.

Conectando o projeto e a construção de compiladores com o projeto e a construção de prédios, nossa intenção é transmitir as muitas semelhanças nessas duas atividades distintas. Nossas muitas e longas discussões com Outram nos fizeram conhecer os ideais vitruvianos para a arquitetura: comodidade, firmeza e deleite. Esses ideais aplicam-se a muitos tipos de construção. Seus equivalentes para a construção de compiladores são temas consistentes deste texto: função, estrutura e elegância. A função importa; um compilador que gera código incorreto é inútil. A estrutura importa; o detalhe de engenharia determina a eficiência e a robustez de um compilador. A elegância importa; um compilador bem projetado, em que os algoritmos e estruturas de dados fluem tranquilamente de um passo para outro, pode ser uma expressão de beleza.

Estamos encantados por ter a graça do trabalho de John Outram como capa deste livro.

O teto do Duncan Hall é um artefato tecnológico interessante. Outram desenhou o projeto original em uma folha de papel, que foi fotografado e digitalizado em 1200 dpi, gerando aproximadamente 750 MB de dados. A imagem foi ampliada para formar 234 painéis distintos de 0,6 × 2,4 m, criando uma imagem de 16 × 22 m. Os painéis foram impressos em folhas de vinil perfurado usando uma impressora de tinta acrílica de 12 dpi. Essas folhas foram montadas com precisão em ladrilhos acústicos de 0,6 × 2,4 m e afixadas à estrutura de alumínio da abóbada.

Prefácio à Segunda Edição

A prática da construção de compiladores muda continuamente, em parte porque mudam os projetos de processadores e sistemas. Por exemplo, quando começamos a escrever *Construindo Compiladores* em 1998, alguns de nossos colegas questionaram sobre a sabedoria de incluir um capítulo sobre escalonamento de instruções, pois a execução fora de ordem ameaçava tornar o escalonamento em grande parte irrelevante. Hoje, com a segunda edição já pronta, o surgimento de processadores de vários núcleos (*multicore*) e o ímpeto por mais núcleos tornou novamente atraente a execução em ordem em pipelines, pois seus impactos menores permitem que o projetista coloque mais núcleos em um chip. O escalonamento de instruções continuará sendo importante para o futuro próximo.

Ao mesmo tempo, a comunidade de construção de compiladores continua a desenvolver novas ideias e algoritmos, redescobrindo técnicas mais antigas que eram eficazes, porém quase totalmente esquecidas. A pesquisa recente criou entusiasmo em torno do uso de gráficos cordais na alocação de registradores (ver Seção 13.5.2). Este trabalho promete simplificar alguns aspectos dos alocadores de coloração de grafo. O algoritmo de Brzozowski é uma técnica de minimização de autômatos finitos determinísticos (AFDs) datada do início da década de 1960, mas não foi ensinada em cursos de compiladores por muitos anos (ver Seção 2.6.2). Ele oferece um caminho fácil de uma implementação da construção de subconjuntos para outra que minimiza AFDs. Um curso moderno sobre construção de compiladores poderia incluir essas duas ideias.

Como, então, vamos estruturar um currículo em construção de compiladores de modo que prepare os alunos para entrar nesse campo em constante mudança? Acreditamos que o curso deve oferecer aos alunos o conjunto de habilidades básicas que precisarão para construir novos componentes de compilador e para modificar os existentes. Os alunos precisam entender tanto os conceitos gerais, como a colaboração entre compilador, ligador (*linker*), carregador (*loader*) e o sistema operacional incorporado em uma convenção de ligação, como os pequenos detalhes, por exemplo, como o construtor de um compilador poderia reduzir o espaço de código agregado usado pelo código de salvamento de registrador a cada chamada de procedimento.

Mudanças na segunda edição

Esta segunda edição de *Construindo Compiladores* apresenta duas perspectivas: visões gerais dos problemas na construção de compiladores e discussões detalhadas das alternativas algorítmicas. Na preparação desta edição, focamos na usabilidade do livro, tanto como um livro-texto quanto como uma referência para profissionais. Especificamente,

- Melhoramos o fluxo de ideias para ajudar o aluno que lê o livro de forma sequencial. As introduções dos capítulos explicam sua finalidade, estabelecem os principais conceitos e oferecem uma visão geral de alto nível do assunto ali tratado. Os exemplos foram modificados para oferecer continuidade entre os capítulos. Além disso, cada capítulo começa com um resumo e um conjunto de palavras-chave para auxiliar o usuário que trata este livro como uma referência.
- Acrescentamos análises de seção e perguntas de revisão ao final de cada seção principal. As perguntas de revisão oferecem uma verificação rápida quanto a se o leitor entendeu os principais pontos expostos na seção.
- Movemos as definições dos principais termos para a margem adjacente ao parágrafo, onde são definidas e discutidas pela primeira vez.
- Revisamos o material sobre otimização ao ponto de oferecer uma cobertura mais ampla das possibilidades para um compilador otimizador.

Hoje, o desenvolvimento de compiladores se concentra na otimização e geração de código. É muito mais provável que um construtor de compiladores recém-contratado transfira um gerador de código para um novo processador ou modifique um passo de otimização do que escreva um scanner (analisador léxico) ou um parser (analisador sintático). Um construtor de compiladores bem-sucedido precisa estar acostumado com as técnicas de melhores práticas atuais em otimização, como a construção do formato de atribuição única estática, e em geração de código, como o enfileiramento (*pipelining*) de software. E também precisam ter a base e o discernimento para entender novas técnicas à medida que aparecerem durante os próximos anos. Finalmente, eles precisam entender bem o suficiente as técnicas de *scanning* (análise léxica), *parsing* (análise sintática) e elaboração semântica para construir ou modificar um front end.

Nosso objetivo para este livro tem sido criar um texto e um curso que exponha os alunos às questões críticas dos compiladores modernos e oferecer-lhes uma base para enfrentar esses problemas. Mantivemos, da primeira edição, o equilíbrio básico do material. Os front ends são componentes de consumo; e podem ser comprados de um vendedor confiável ou adaptados de um dos muitos sistemas de código aberto. Ao mesmo tempo, os otimizadores e os geradores de código são preparados para processadores específicos e, às vezes, para modelos individuais, pois o desempenho conta muito com os detalhes específicos de baixo nível do código gerado. Esses fatos afetam o modo como criamos compiladores hoje; e também devem afetar o modo como ensinamos construção de compiladores.

Organização

Este livro divide o material em quatro seções principais praticamente de mesmo tamanho:

- A primeira, Capítulos de 2 a 4, aborda tanto o projeto do front end de um compilador quanto o projeto e a construção de ferramentas para construir front ends.
- A segunda, Capítulos de 5 a 7, explora o mapeamento do código fonte para o formato intermediário do compilador – ou seja, esses capítulos examinam o tipo de código que o front end gera para o otimizador e o back end.
- A terceira, Capítulos de 8 a 10, apresenta o assunto de otimização de código. O Capítulo 8 oferece uma visão geral da otimização. Os Capítulos 9 e 10 contêm tratamentos mais profundos de análise e transformação; estes dois capítulos são muitas vezes omitidos em um curso de graduação.
- A final, Capítulos de 11 a 13, concentra-se nos algoritmos usados no back end do compilador.

A arte e a ciência da compilação

A tradição da construção de compiladores inclui tanto incríveis histórias de sucesso sobre a aplicação da teoria à prática e histórias deprimentes sobre os limites daquilo que podemos fazer. No lado do sucesso, os *scanners* modernos são construídos pela aplicação da teoria de linguagens regulares à construção automática de reconhecedores. *Parsers* LR utilizam as mesmas técnicas para realizar o reconhecimento de leques (*handles*) que controla um analisador sintático do tipo empilha-reduz (*shift-reduce parser*). A análise de fluxo de dados aplica a teoria dos reticulados à análise de programas de maneiras inteligentes e úteis. Os algoritmos de aproximação usados na geração de código produzem boas soluções para muitos exemplares de problemas verdadeiramente difíceis.

Por outro lado, a construção de compiladores expõe problemas complexos que desafiam as boas soluções. O back end de um compilador para um processador moderno aproxima a solução para dois ou mais problemas NP-completos interagentes (escalonamento de instruções, alocação de registradores e, talvez, posicionamento de instrução e dados). Esses problemas NP-completos, porém, parecem fáceis perto de problemas como reassociação algébrica de expressões (ver, por exemplo, a Figura 7.1), que admite um número imenso de soluções; para piorar as coisas ainda mais, a solução desejada depende do contexto tanto no compilador quanto no código da aplicação. Como o compilador aproxima as soluções para tais problemas, enfrenta restrições no tempo de compilação e memória disponível. Um bom compilador mistura engenhosamente teoria, conhecimento prático, engenharia e experiência.

Abra um compilador otimizador moderno e você encontrará uma grande variedade de técnicas. Os compiladores usam buscas heurísticas gulosas que exploram grandes espaços de solução, e autômatos finitos determinísticos que reconhecem palavras na entrada. Eles empregam algoritmos de ponto fixo para raciocinar a respeito do comportamento do programa e provadores de teorema simples e simplificadores algébricos para prever os valores das expressões. Compiladores tiram proveito de algoritmos velozes de reconhecimento de padrões para mapear computações abstratas em operações em nível de máquina. E usam equações diofantinas lineares e a aritmética de Pressburger para analisar subscritos de vetores (*arrays*). Finalmente, os compiladores usam um grande conjunto de algoritmos clássicos e estruturas de dados como tabelas hash, algoritmos de grafos e implementações de conjuntos esparsos.

Neste livro, tentamos transmitir tanto a arte quanto a ciência da construção de compiladores. O livro inclui uma seleção de material suficientemente ampla para mostrar ao leitor que existem dilemas reais e que o impacto das decisões de projeto pode ser tanto sutil e quanto extenso. Ao mesmo tempo, o livro omite algumas técnicas que há muito têm sido parte de um curso de graduação em construção de compiladores, mas que se tornaram menos importantes pelas mudanças no mercado, na tecnologia das linguagens e compiladores ou na disponibilidade de ferramentas.

Abordagem

A construção de compiladores é um exercício de projeto de engenharia. O construtor de compiladores precisa escolher um caminho através de um espaço de projeto que é repleto de alternativas diversas, cada uma com diferentes custos, vantagens e complexidade. Cada decisão tem impacto sobre o compilador resultante. A qualidade do produto final depende de decisões bem feitas em cada etapa ao longo do caminho.

Assim, não existe uma única resposta certa para muitas das decisões de projeto em um compilador. Até mesmo dentro de problemas "bem entendidos" e "resolvidos" nuances no projeto e implementação têm impacto sobre o comportamento do compilador e a qualidade do código que produz. Muitas considerações devem ser feitas em cada decisão. Como exemplo, a escolha de uma representação intermediária para o compilador tem um impacto profundo sobre o restante do compilador, desde os requisitos de tempo e espaço até a facilidade com que diferentes algoritmos podem ser aplicados. A decisão, porém, é tratada muitas vezes com pouca consideração. O Capítulo 5 examina o espaço das representações intermediárias e algumas das questões que devem ser consideradas na seleção de uma delas. Levantamos a questão novamente em diversos pontos no livro – tanto diretamente, no texto, quanto indiretamente, nos exercícios.

Este livro explora o espaço de projeto e transmite tanto a profundidade dos problemas quanto a amplitude das possíveis soluções. Mostra algumas das formas como esses problemas têm sido resolvidos, juntamente com as restrições que tornaram essas soluções atraentes. Os construtores de compiladores precisam entender tanto os problemas quanto suas soluções, além do impacto dessas decisões sobre outras facetas do projeto do compilador. Pois só assim podem fazer escolhas informadas e inteligentes.

Filosofia

Este texto expõe nossa filosofia para a construção de compiladores, desenvolvida durante mais de vinte e cinco anos, cada um, com pesquisa, ensino e prática. Por exemplo, representações intermediárias devem expor aqueles detalhes que importam no código final; essa crença leva a uma tendência para representações de baixo nível. Os valores devem residir em registradores até que o alocador descubra que não pode mantê-los lá; esta prática produz exemplos que utilizam registradores virtuais e armazenam valores na memória somente quando isso não pode ser evitado. Todo compilador deve incluir otimização; isto simplifica o restante do compilador. Nossas experiências durante os anos têm inspirado a seleção de material e sua apresentação.

Um aviso sobre exercícios de programação

Uma aula de construção de compiladores oferece a oportunidade de explorar as questões de projeto de software no contexto de uma aplicação concreta – uma aplicação cujas funções básicas são bem entendidas por qualquer aluno com a base para um curso de construção de compiladores. Em muitas versões deste curso, os exercícios de programação desempenham um grande papel.

Ensinamos esta matéria em versões nas quais os alunos constroem um compilador simples do início ao fim – começando com um *scanner* e *parser* gerados e terminando com um gerador de código para algum conjunto de instruções RISC simplificado. Ensinamos esta matéria em versões nas quais os alunos escrevem programas que tratam de problemas individuais bem delineados, como alocação de registradores ou escalonamento de instruções. A escolha de exercícios de programação depende bastante do papel que o curso desempenha no currículo ao seu redor.

Em algumas escolas, o curso de compilador serve como fechamento para veteranos, juntando conceitos de muitos outros cursos em um projeto de concepção e implementação grande e prático. Os alunos nessa turma poderiam escrever um compilador completo para uma linguagem simples ou modificar um compilador de código aberto para acrescentar suporte a um novo recurso da linguagem ou um novo recurso arquitetural. Essa turma poderia estudar o material em uma ordem linear, que segue de perto a organização do texto.

Em outras escolas, essa experiência de fechamento ocorre em outros cursos ou de outras maneiras. Em turmas assim, o professor poderia focar os exercícios de programação de forma mais estreita sobre algoritmos e sua implementação, usando laboratórios como um alocador de registrador local ou um passo de rebalanceamento de altura da árvore. Esse curso poderia fazer saltos no texto e ajustar a ordem da apresentação para atender às necessidades dos laboratórios. Por exemplo, na Rice University, normalmente usamos um alocador de registrador local simples como primeiro laboratório; qualquer aluno com experiência de programação em linguagem assembly entende os fundamentos do problema. Esta estratégia, porém, expõe os alunos ao material do Capítulo 13 antes que vejam o Capítulo 2.

Em qualquer cenário, o curso deve utilizar material de outras matérias. Existem conexões óbvias com organização de computadores, programação em linguagem assembly, sistemas operacionais, arquitetura de computadores, algoritmos e linguagens formais. Embora as conexões da construção de compiladores com outros cursos possa ser menos óbvia, não são menos importantes. A cópia de caracteres, como discutida no Capítulo 7, tem papel crítico no desempenho das aplicações que incluem protocolos de rede, servidores de arquivos e servidores Web. As técnicas desenvolvidas no Capítulo 2 para análise léxica (*scanning*) possuem aplicações que variam desde edição de textos até filtragem de URL. O alocador ascendente (*bottom-up*) de registrador local no Capítulo 13 é um primo do algoritmo ótimo de substituição de página *off-line*, MIN.

Agradecimentos

Muitas pessoas foram envolvidas na preparação da primeira edição deste livro. Suas contribuições foram transportadas para esta segunda edição. Muitas indicaram problemas na primeira edição, incluindo Amit Saha, Andrew Waters, Anna Youssefi, Ayal Zachs, Daniel Salce, David Peixotto, Fengmei Zhao, Greg Malecha, Hwansoo Han, Jason Eckhardt, Jeffrey Sandoval, John Elliot, Kamal Sharma, Kim Hazelwood, Max Hailperin, Peter Froehlich, Ryan Stinnett, Sachin Rehki, Sağnak Taşırlar, Timothy Harvey e Xipeng Shen. Também queremos agradecer aos revisores da segunda edição, Jeffery von Ronne, Carl Offner, David Orleans, K. Stuart Smith, John Mallozzi, Elizabeth White e Paul C. Anagnostopoulos. A equipe de produção na Elsevier, em particular Alisa Andreola, Andre Cuello e Megan Guiney, tiveram uma participação crítica na conversão de um manuscrito bruto para sua forma final. Todas essas pessoas melhoraram este volume de formas significativas com suas ideias e sua ajuda.

Finalmente, muitas pessoas nos deram suporte intelectual e emocional durante os últimos cinco anos. Em primeiro lugar, nossas famílias e nossos colegas na Rice University nos encorajaram a cada passo do caminho. Christine e Carolyn, em particular, aguentaram milhares de longas discussões sobre tópicos de construção de compiladores. Nate McFadden guiou esta edição desde seu início até sua publicação, com muita paciência e bom humor. Penny Anderson ofereceu suporte administrativo e organizacional, que foi crítico para a conclusão da segunda edição. Para todas elas vão nossos sinceros agradecimentos.

Sumário

Elogios a *Construindo Compiladores*, Segunda Edição v
Sobre os Autores vii
Sobre a Capa xi
Prefácio à Segunda Edição xiii

Capítulo 1 Visão geral da compilação 1
    Visão geral do capítulo 1
    1.1 Introdução 1
    1.2 Estrutura do compilador 5
    1.3 Visão geral da tradução 8
        1.3.1 Front end 8
        1.3.2 Otimizador 11
        1.3.3 Back end 12
    1.4 Resumo e perspectiva 16
    Notas do capítulo 17
    Exercícios 18

Capítulo 2 Scanners 19
    Visão geral do capítulo 19
    2.1 Introdução 19
        2.1.1 Roteiro conceitual 19
        2.1.2 Visão geral 20
    2.2 Reconhecendo palavras 21
        2.2.1 Formalismo para os reconhecedores 23
        2.2.2 Reconhecendo palavras mais complexas 24
    2.3 Expressões regulares 26
        2.3.1 Formalizando a notação 27
        2.3.2 Exemplos 29
        2.3.3 Propriedades de fechamento das REs 32
    2.4 Da expressão regular ao scanner 33
        2.4.1 Autômatos finitos não determinísticos 34
        2.4.2 Expressão regular para NFA: construção de Thompson 36
        2.4.3 NFA para DFA: A construção de subconjunto 38
        2.4.4 DFA para DFA mínimo: Algoritmo de Hopcroft 42
        2.4.5 Usando DFA como reconhecedor 46
    2.5 Implementando scanners 48
        2.5.1 Scanners controlados por tabela 49
        2.5.2 Scanners codificados diretamente 53
        2.5.3 Scanners codificados à mão 56
        2.5.4 Tratando de palavras-chave 59
    2.6 Tópicos avançados 61
        2.6.1 DFA para expressão regular 61
        2.6.2 Outra técnica para minimização de DFA: algoritmo
              de Brzozowski 62
        2.6.3 Expressões regulares sem fechamento 63
    2.7 Resumo do capítulo e perspectiva 64
    Notas do capítulo 64
    Exercícios 65

Capítulo 3 Analisadores Sintáticos (Parsers) 69
  Visão geral do capítulo 69
  3.1 Introdução 69
  3.2 Expressando a sintaxe 70
     3.2.1 Por que não expressões regulares? 70
     3.2.2 Gramáticas livres de contexto 71
     3.2.3 Exemplos mais complexos 74
     3.2.4 Codificação do significado na estrutura 78
     3.2.5 Descobrindo uma derivação para uma string de entrada 81
  3.3 Análise sintática descendente (*top-down*) 82
     3.3.1 Transformação de uma gramática para análise sintática *top-down* 84
     3.3.2 Parsers de descida recursiva 94
     3.3.3 Parsers LL(1) dirigidos por tabela 95
  3.4 Análise sintática *bottom-up* 100
     3.4.1 O algoritmo de análise sintática LR(1) 102
     3.4.2 Construção de tabelas LR(1) 108
     3.4.3 Erros na construção de tabela 119
  3.5 Questões práticas 123
     3.5.1 Recuperação de erros 123
     3.5.2 Operadores unários 124
     3.5.3 Tratamento da ambiguidade sensível ao contexto 125
     3.5.4 Recursão à esquerda *versus* recursão à direita 126
  3.6 Tópicos avançados 129
     3.6.1 Otimização de uma gramática 129
     3.6.2 Redução do tamanho das tabelas LR(1) 131
  3.7 Resumo e perspectiva 136
  Notas do capítulo 137
  Exercícios 138

Capítulo 4 Análise sensível ao contexto 141
  Visão geral do capítulo 141
  4.1 Introdução 141
  4.2 Introdução aos sistemas de tipo 143
     4.2.1 A finalidade dos sistemas de tipos 144
     4.2.2 Componentes de um sistema de tipo 149
  4.3 O framework de gramática de atributo 158
     4.3.1 Métodos de avaliação 161
     4.3.2 Circularidade 162
     4.3.3 Exemplos estendidos 163
     4.3.4 Problemas com a técnica de gramática
            de atributo 169
  4.4 Tradução *ad hoc* dirigida pela sintaxe 172
     4.4.1 Implementação da tradução *ad hoc* dirigida pela sintaxe 173
     4.4.2 Exemplos 176
  4.5 Tópicos avançados 184
     4.5.1 Problemas mais difíceis na inferência de tipos 185
     4.5.2 Mudança de associatividade 186
  4.6 Resumo e perspectiva 188
  Notas do capítulo 189
  Exercícios 189

Capítulo 5 Representações intermediárias 193
    Visão geral do capítulo 193
    5.1 Introdução 193
        5.1.1 Uma taxonomia de representações intermediárias 194
    5.2 IRs gráficas 196
        5.2.1 Árvores relacionadas à sintaxe 196
        5.2.2 Grafos 200
    5.3 IRs lineares 204
        5.3.1 Código de máquina de pilha 205
        5.3.2 Código de três endereços 206
        5.3.3 Representando códigos lineares 206
        5.3.4 A criação de um grafo de fluxo de controle a partir
              de um código linear 209
    5.4 Mapeamento de valores para nomes 211
        5.4.1 Nomeação de valores temporários 211
        5.4.2 Forma de atribuição única estática 213
        5.4.3 Modelos de memória 216
    5.5 Tabelas de símbolos 219
        5.5.1 Tabelas hash 220
        5.5.2 Construção de uma tabela de símbolos 220
        5.5.3 Tratamento de escopos aninhados 221
        5.5.4 Os muitos usos para as tabelas de símbolos 225
        5.5.5 Outros usos para a tecnologia de tabela
              de símbolos 227
    5.6 Resumo e perspectiva 228
    Notas do capítulo 228
    Exercícios 229

Capítulo 6 A abstração de procedimento 233
    Visão geral do capítulo 233
    6.1 Introdução 233
    6.2 Chamadas de procedimento 235
    6.3 Espaços de nomes 238
        6.3.1 Espaços de nomes de linguagens como Algol 239
        6.3.2 Estruturas de runtime para dar suporte
              a linguagens como Algol 242
        6.3.3 Espaços de nomes de linguagens orientadas
              a objeto 246
        6.3.4 Estruturas de runtime para dar suporte às linguagens
              orientadas a objeto 250
    6.4 Comunicação de valores entre procedimentos 255
        6.4.1 Passagem de parâmetros 256
        6.4.2 Retorno de valores 259
        6.4.3 Estabelecendo a endereçabilidade 259
    6.5 Ligações padronizadas 264
    6.6 Tópicos avançados 268
        6.6.1 Gerenciamento explícito de heap 269
        6.6.2 Desalocação implícita 272
    6.7 Resumo e perspectiva 276
    Notas do capítulo 276
    Exercícios 277

Capítulo 7 Forma de código 283
   Visão geral do capítulo 283
   7.1 Introdução 283
   7.2 Atribuição de locais de armazenamento 285
       7.2.1 Posicionamento de estruturas de dados em tempo
             de execução 286
       7.2.2 Layout para área de dados 287
       7.2.3 Mantendo valores em registradores 290
   7.3 Operadores aritméticos 292
       7.3.1 Redução da demanda por registradores 292
       7.3.2 Acesso a valores de parâmetro 295
       7.3.3 Chamadas de função em uma expressão 296
       7.3.4 Outros operadores aritméticos 297
       7.3.5 Expressões de tipo misto 297
       7.3.6 Atribuição como um operador 298
   7.4 Operadores booleanos e relacionais 298
       7.4.1 Representações 299
       7.4.2 Suporte de hardware para operações relacionais 302
   7.5 Armazenamento e acesso a arrays 306
       7.5.1 Referência a um elemento de vetor 306
       7.5.2 Layout de armazenamento de array 308
       7.5.3 Referência a um elemento de array 310
       7.5.4 Verificação de limites (range) 314
   7.6 Strings de caracteres 315
       7.6.1 Representações de string 315
       7.6.2 Atribuição de strings 315
       7.6.3 Concatenação de strings 317
       7.6.4 Tamanho de string 318
   7.7 Referências de estrutura 319
       7.7.1 Entendendo layouts de estrutura 319
       7.7.2 Arrays de estruturas 320
       7.7.3 Uniões e etiquetas de runtime 321
       7.7.4 Ponteiros e valores anônimos 322
   7.8 Construções de controle de fluxo 323
       7.8.1 Execução condicional 324
       7.8.2 Laços e iteração 326
       7.8.3 Instruções case 330
   7.9 Chamadas de procedimento 333
       7.9.1 Avaliação de parâmetros reais 334
       7.9.2 Salvamento e restauração de registradores 335
   7.10 Resumo e perspectiva 337
   Notas do capítulo 337
   Exercícios 338

Capítulo 8 Introdução à otimização 343
   Visão geral do capítulo 343
   8.1 Introdução 343
   8.2 Fundamentos 344
       8.2.1 Exemplos 345
       8.2.2 Considerações em relação à otimização 348
       8.2.3 Oportunidades para otimização 351

- 8.3 Escopo de otimização 352
- 8.4 Otimização local 354
    - 8.4.1 Numeração de valor local 355
    - 8.4.2 Balanceamento de altura de árvore 360
- 8.5 Otimização regional 367
    - 8.5.1 Numeração de valor superlocal 367
    - 8.5.2 Desenrolamento de laço (loop unrolling) 370
- 8.6 Otimização global 374
    - 8.6.1 Localização de variáveis não inicializadas com informação viva 374
    - 8.6.2 Posicionamento de código global 378
- 8.7 Otimização interprocedimental 384
    - 8.7.1 Substituição em linha 384
    - 8.7.2 Posicionamento de procedimento 388
    - 8.7.3 Organização do compilador para otimização interprocedimental 391
- 8.8 Resumo e perspectiva 393
- Notas do capítulo 393
- Exercícios 395

Capítulo 9 Análise de fluxo de dados 399

- Visão geral do capítulo 399
- 9.1 Introdução 399
- 9.2 Análise de fluxo de dados iterativa 401
    - 9.2.1 Dominância 401
    - 9.2.2 Análise de variável viva 405
    - 9.2.3 Limitações na análise de fluxo de dados 409
    - 9.2.4 Outros problemas de fluxo de dados 411
- 9.3 Forma de atribuição única estática 415
    - 9.3.1 Um método simples para criação da forma SSA 416
    - 9.3.2 Fronteiras de dominância 417
    - 9.3.3 Posicionamento de funções-ϕ 419
    - 9.3.4 Renomeação 422
    - 9.3.5 Tradução a partir da forma SSA 426
    - 9.3.6 Uso da forma SSA 431
- 9.4 Análise interprocedimental 434
    - 9.4.1 Construção do grafo de chamada 434
    - 9.4.2 Propagação de constante interprocedimental 437
- 9.5 Tópicos avançados 440
    - 9.5.1 Algoritmos de fluxo de dados estruturais e redutibilidade 440
    - 9.5.2 Acelerando o framework de dominância iterativo 443
- 9.6 Resumo e perspectiva 445
- Notas do capítulo 445
- Exercícios 446

Capítulo 10 Otimizações escalares 451

- Visão geral do capítulo 451
- 10.1 Introdução 451
- 10.2 Eliminação de código inútil e inalcançável 454
    - 10.2.1 Eliminação de código inútil 455
    - 10.2.2 Eliminação de fluxo de controle inútil 457
    - 10.2.3 Eliminação de código inalcançável 459

10.3 Movimentação de código 460
    10.3.1 Movimentação de código pouco ativo 460
    10.3.2 Elevação de código 466
10.4 Especialização 468
    10.4.1 Otimização de chamada de cauda..................................469
    10.4.2 Otimização de chamada de folha..................................470
    10.4.3 Promoção de parâmetros..470
10.5 Eliminação de redundância 472
    10.5.1 Identidade de valor versus identidade de nome 472
    10.5.2 Numeração de valor baseada em dominador 472
10.6 Habilitando outras transformações 475
    10.6.1 Clonagem de superbloco..476
    10.6.2 Clonagem de procedimento 477
    10.6.3 Remoção de condicionais de laço (*loop unswitching*)...........477
    10.6.4 Renomeação..478
10.7 Tópicos avançados 480
    10.7.1 Combinação de otimizações 480
    10.7.2 Redução de força 484
    10.7.3 Escolhendo uma sequência de otimização........................492
10.8 Resumo e perspectiva..494
Notas do capítulo..494
Exercícios 495

Capítulo 11 Seleção de instruções 497
Visão geral do capítulo...497
11.1 Introdução 497
11.2 Geração de código...499
11.3 Extensão do esquema simples de percurso em árvore 502
11.4 Seleção de instruções por casamento de padrões de árvore.......................507
    11.4.1 Regras de reescrita 509
    11.4.2 Determinação de um ladrilhamento...............................513
    11.4.3 Ferramentas..515
11.5 Seleção de instruções por meio da otimização *peephole* 517
    11.5.1 Otimização *peephole* 517
    11.5.2 Transformadores *peephole* 523
11.6 Tópicos avançados 525
    11.6.1 Aprendizado de padrões *peephole* 525
    11.6.2 Geração de sequências de instruções..............................526
11.7 Resumo e perspectiva..527
Notas do capítulo..527
Exercícios 528

Capítulo 12 Escalonamento de instruções 531
Visão geral do capítulo...531
12.1 Introdução 531
12.2 O problema do escalonamento de instruções.....................................534
    12.2.1 Outras medidas de qualidade de escalonamento 538
    12.2.2 O que torna o escalonamento difícil? 539
12.3 Escalonamento de lista local..540
    12.3.1 O algoritmo...540
    12.3.2 Escalonamento de operações com atrasos variáveis.............542
    12.3.3 Estendendo o algoritmo 543

12.3.4 Desempate no algoritmo de escalonamento de lista 544
12.3.5 Escalonamento de lista para a frente *versus* para trás 544
12.3.6 Melhorando a eficiência do escalonamento de lista 547
12.4 Escalonamento regional 548
12.4.1 Escalonamento de blocos básicos estendidos 548
12.4.2 Escalonamento de traço (*Trace scheduling*) 550
12.4.3 Clonagem por contexto 551
12.5 Tópicos avançados 552
12.5.1 A estratégia de pipelining de software 553
12.5.2 Um algoritmo para pipelining de software 555
12.6 Resumo e perspectiva 558
Notas do capítulo 558
Exercícios 559

Capítulo 13 Alocação de registradores **563**
Visão geral do capítulo 563
13.1 Introdução 563
13.2 Questões fundamentais 564
13.2.1 Memória *versus* registradores 565
13.2.2 Alocação *versus* atribuição 565
13.2.3 Classes de registradores 566
13.3 Alocação e atribuição locais de registradores 567
13.3.1 Alocação de registradores local *top-down* 568
13.3.2 Alocação de registradores local *bottom-up* 568
13.3.3 Indo além de blocos isolados 571
13.4 Alocação e atribuição globais de registradores 574
13.4.1 Descoberta de faixas vivas globais 576
13.4.2 Estimativa de custos de derramamento globais 577
13.4.3 Interferências e o grafo de interferência 579
13.4.4 Coloração de cima para baixo 581
13.4.5 Coloração de baixo para cima 583
13.4.6 Agrupamento de cópias para reduzir o grau 585
13.4.7 Comparação de alocadores globais de cima para baixo
        e de baixo para cima 586
13.4.8 Codificação de restrições de máquina no grafo
        de interferência 588
13.5 Tópicos avançados 590
13.5.1 Variações sobre a alocação de coloração de grafo 590
13.5.2 Alocação de registradores global sobre a forma SSA 593
13.6 Resumo e perspectiva 594
Notas do capítulo 594
Exercícios 595

Apêndice A ILOC **599**
Visão geral do capítulo 599
A.1 Introdução 599
A.2 Convenções de nomeação 601
A.3 Operações individuais 601
A.3.1 Aritmética 601
A.3.2 Deslocamentos (*Shifts*) 602
A.3.3 Operações de memória 602
A.3.4 Operações de cópia registrador-para-registrador 603

A.4	Operações de fluxo de controle	604
	A.4.1 Sintaxe alternativa de comparação e desvio	604
	A.4.2 Saltos	605
A.5	Representação da forma SSA	606

Apêndice B Estruturas de dados 609

Visão geral do capítulo 609
B.1 Introdução 609
B.2 Representação de conjuntos 610
    B.2.1 Representação de conjuntos como listas ordenadas 610
    B.2.2 Representação de conjuntos como vetores de bits 612
    B.2.3 Representação de conjuntos esparsos 613
B.3 Implementação de representações intermediárias 614
    B.3.1 Representações intermediárias gráficas 614
    B.3.2 Formas intermediárias lineares 618
B.4 Implementação de tabelas hash 620
    B.4.1 Escolha de uma função hash 620
    B.4.2 Hashing aberto 622
    B.4.3 Endereçamento aberto 623
    B.4.4 Armazenamento de registros de símbolos 625
    B.4.5 Incusão de escopos léxicos aninhados 626
B.5 Um projeto de tabela de símbolos flexível 629
Notas do apêndice 630

Bibliografia 633

Índice Remissivo 649

Capítulo 1

Visão geral da compilação

VISÃO GERAL DO CAPÍTULO

Compiladores são programas de computador que traduzem um programa escrito em uma linguagem em um programa escrito em outra linguagem. Ao mesmo tempo, um compilador é um sistema de software de grande porte, com muitos componentes e algoritmos internos e interações complexas entre eles. Assim, o estudo da construção de compiladores é uma introdução às técnicas para a tradução e o aperfeiçoamento de programas, além de um exercício prático em engenharia de software. Este capítulo fornece uma visão geral conceitual de todos os principais componentes de um compilador moderno.

Palavras-chave: Compilador, Interpretador, Tradução automática

1.1 INTRODUÇÃO

A função do computador na vida diária cresce a cada ano. Com a ascensão da internet, computadores e o software neles executados fornecem comunicações, notícias, entretenimento e segurança. Computadores embutidos têm modificado as formas como construímos automóveis, aviões, telefones, televisões e rádios. A computação tem criado categorias de atividades completamente novas, de videogames a redes sociais. Supercomputadores predizem o estado atmosférico diário e o curso de tempestades violentas. Computadores embutidos sincronizam semáforos e enviam e-mail para o seu celular.

Todas essas aplicações contam com programas de computador (software) que constroem ferramentas virtuais em cima de abstrações de baixo nível fornecidas pelo hardware subjacente. Quase todo este software é traduzido por uma ferramenta chamada *compilador*, que é simplesmente um programa de computador que traduz outros programas a fim de prepará-los para execução. Este livro apresenta as técnicas fundamentais de tradução automática usadas para construir compiladores. Descreve muito dos desafios que surgem nesta construção e os algoritmos que seus construtores usam para enfrentá-los.

Compilador
Programa de computador que traduz outros programas.

Roteiro conceitual

Compilador é uma ferramenta que traduz software escrito em uma linguagem para outra. Para esta tradução, a ferramenta deve entender tanto a forma (ou sintaxe) quanto o conteúdo (ou significado) da linguagem de entrada, e, ainda, as regras que controlam a sintaxe e o significado na linguagem de saída. Finalmente, precisa de um esquema de mapeamento de conteúdo da linguagem-fonte para a linguagem-alvo.

A estrutura de um compilador típico deriva dessas observações simples. O compilador tem um front end para lidar com a linguagem de origem, e um back end para lidar com a linguagem-alvo. Ligando ambos, ele tem uma estrutura formal para representar o programa num formato intermediário cujo significado é, em grande parte, independente de qualquer linguagem. Para melhorar a tradução, compiladores muitas vezes incluem um otimizador, que analisa e reescreve esse formato intermediário.

Visão geral

Programas de computador são simplesmente sequências de operações abstratas escritas em uma *linguagem de programação* — linguagem formal projetada para expressar computação. Linguagens de programação têm propriedades e significados rígidos — ao contrário de linguagens naturais, como chinês ou português —, e são projetadas visando expressividade, concisão e clareza. Linguagem natural permite ambiguidade. Linguagens de programação são projetadas para evitá-la; um programa ambíguo não tem significado. Essas linguagens são projetadas para especificar computações — registrar a sequência de ações que executam alguma tarefa ou produzem alguns resultados.

Linguagens de programação são, em geral, projetadas para permitir que os seres humanos expressem computações como sequências de operações. Processadores de computador, a seguir referidos como processadores, microprocessadores ou máquinas, são projetados para executar sequências de operações. As operações que um processador implementa estão, quase sempre, em um nível de abstração muito inferior ao daquelas especificadas em uma linguagem de programação. Por exemplo, a linguagem de programação normalmente inclui uma forma concisa de imprimir algum número para um arquivo. Esta única declaração da linguagem deve ser traduzida literalmente em centenas de operações de máquina antes que possa ser executada.

A ferramenta que executa estas traduções é chamada compilador. O compilador toma como entrada um programa escrito em alguma linguagem e produz como saída um programa equivalente. Na noção clássica de um compilador, o programa de saída é expresso nas operações disponíveis em algum processador específico, muitas vezes chamado máquina-alvo. Visto como uma caixa-preta, um compilador deve ser semelhante a isto:

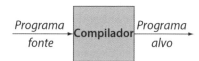

Conjunto de Instruções
Conjunto de operações suportadas pelo processador; o projeto global de um conjunto de instruções é muitas vezes chamado *arquitetura de conjunto de instruções* ou ISA (Instruction set architecture).

Linguagens "fonte" típicas podem ser C, C++, Fortran, Java, ou ML. Linguagem "alvo" geralmente é o *conjunto de instruções* de algum processador.

Alguns compiladores produzem um programa-alvo escrito em uma linguagem de programação orientada a humanos, em vez da assembly de algum computador. Os programas que esses compiladores produzem requerem ainda tradução antes que possam ser executados diretamente em um computador. Muitos compiladores de pesquisa produzem programas C como saída. Como existem compiladores para C na maioria dos computadores, isto torna o programa-alvo executável em todos estes sistemas ao custo de uma compilação extra para o alvo final. Compiladores que visam linguagens de programação, em vez de conjunto de instruções de um computador, frequentemente são chamados *tradutores fonte a fonte*.

Muitos outros sistemas qualificam-se como compiladores. Por exemplo, um programa de composição tipográfica que produz PostScript pode assim ser considerado. Ele toma como entrada uma especificação de como o documento aparece na página impressa e produz como saída um arquivo PostScript. PostScript é simplesmente uma linguagem para descrever imagens. Como este programa assume uma especificação executável e produz outra também executável, é um compilador.

O código que transforma PostScript em pixels é normalmente um *interpretador*, não um compilador. Um interpretador toma como entrada uma especificação executável e produz como saída o resultado da execução da especificação.

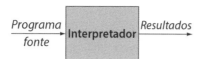

Algumas linguagens, como Perl, Scheme e APL, são, com mais frequência, implementadas com interpretadores do que com compiladores.

Algumas linguagens adotam esquemas de tradução que incluem tanto compilação quanto interpretação. Java é compilada do código-fonte para um formato denominado *bytecode*, uma representação compacta que visa diminuir tempos de download para aplicativos Máquina Virtual Java. Aplicativos Java são executados usando o bytecode na *Máquina Virtual* Java (JVM), um interpretador para bytecode. Para complicar ainda mais as coisas, algumas implementações da JVM incluem um compilador, às vezes chamado de *compilador just-in-time*, ou JIT, que, em tempo de execução, traduz sequências de bytecode muito usadas em código nativo para o computador subjacente.

Máquina Virtual
É um simulador para um processador, ou seja, um *interpretador* para o conjunto de instruções da máquina.

Interpretadores e compiladores têm muito em comum, e executam muitas das mesmas tarefas. Ambos analisam o programa de entrada e determinam se é ou não um programa válido; constroem um modelo interno da estrutura e significado do programa; determinam onde armazenar valores durante a execução. No entanto, interpretar o código para produzir um resultado é bastante diferente de emitir um programa traduzido que pode ser executado para produzir o resultado. Este livro concentra-se nos problemas que surgem na construção de compiladores. No entanto, um implementador de interpretadores pode encontrar a maior parte do material relevante.

Por que estudar construção de compilador?

Compiladores são programas grandes e complexos, e geralmente incluem centenas de milhares, ou mesmo milhões, de linhas de código, organizadas em múltiplos subsistemas e componentes. As várias partes de um compilador interagem de maneira complexa. Decisões de projeto tomadas para uma parte do compilador têm ramificações importantes para as outras. Assim, o projeto e a implementação de um compilador são um exercício substancial em engenharia de software.

Um bom compilador contém um microcosmo da ciência da computação. Faz uso prático de algoritmos gulosos (alocação de registradores), técnicas de busca heurística (agendamento de lista), algoritmos de grafos (eliminação de código morto), programação dinâmica (seleção de instruções), autômatos finitos e autômatos de pilha (análises léxica e sintática) e algoritmos de ponto fixo (análise de fluxo de dados). Lida com problemas, como alocação dinâmica, sincronização, nomeação, localidade, gerenciamento da hierarquia de memória e escalonamento de pipeline. Poucos sistemas de software reúnem tantos componentes complexos e diversificados. Trabalhar dentro de um compilador fornece experiência em engenharia de software, difícil de se obter com sistemas menores, menos complicados.

Compiladores desempenham papel fundamental na atividade central da ciência da computação: preparar problemas para serem solucionados por computador. A maior parte do software é compilada, e a exatidão desse processo e a eficiência do código resultante têm impacto direto sobre nossa capacidade de construir sistemas de grande porte. A maioria dos estudantes não se contenta em ler sobre essas ideias; muitas delas devem ser implementadas para que sejam apreciadas. Assim, o estudo da construção de compiladores é componente importante de um curso de ciência da computação.

Compiladores demonstram a aplicação bem-sucedida da teoria para problemas práticos. As ferramentas que automatizam a produção de analisadores léxicos (*scanners*) e analisadores sintáticos (*parsers*) aplicam resultados da teoria de linguagem formal. Estas mesmas ferramentas são utilizadas para pesquisa de texto, filtragem de website, processamento de textos e interpretadores de linguagem de comandos. A verificação de tipo e a análise estática aplicam resultados das teorias de reticulados e dos números, e outros ramos da matemática, para compreender e melhorar programas. Geradores de código utilizam algoritmos de correspondência de padrão de árvore, *parsing*, programação dinâmica e correspondência de texto para automatizar a seleção de instruções.

Ainda assim, alguns problemas que surgem na construção de compiladores são problemas abertos — isto é, as melhores soluções atuais ainda têm espaço para melhorias. Tentativas de projeto de representações de alto nível, universais e intermediárias esbarram na complexidade. O método dominante para escalonamento de instruções é um algoritmo guloso com várias camadas de heurística de desempate. Embora seja evidente que os compiladores devem usar comutatividade e associatividade para melhorar o código, a maioria deles que tenta fazer isto, simplesmente reorganiza a expressão em alguma ordem canônica.

Construir um compilador bem-sucedido exige conhecimentos em algoritmos, engenharia e planejamento. Bons compiladores aproximam as soluções para problemas difíceis. Eles enfatizam eficiência em suas próprias implementações e no código que geram. Têm estrutura de dados interna e representações de conhecimento que expõem o nível correto de detalhe — suficientes para permitir otimização forte, mas não para forçar o compilador a "nadar" em detalhes. A construção de compiladores reúne ideias e técnicas de toda a extensão da ciência da computação, aplicando-as em um ambiente restrito para resolver alguns problemas verdadeiramente difíceis.

Princípios fundamentais da compilação

Compiladores são objetos grandes, complexos e cuidadosamente projetados. Embora muitos problemas no seu projeto sejam passíveis de múltiplas soluções e interpretações, há dois princípios fundamentais que um construtor de compiladores deve ter em mente o tempo todo. O primeiro é inviolável:

O compilador deve preservar o significado do programa a ser compilado.

Exatidão é uma questão fundamental na programação. O compilador deve preservar a exatidão, implementando fielmente o "significado" de seu programa de entrada. Este princípio está no cerne do contrato social entre o construtor e o usuário do compilador. Se o compilador puder ter liberdade com o significado, então, por que simplesmente não gerar um *nop* ou um *return*? Se uma tradução incorreta é aceitável, por que se esforçar para acertá-la?

O segundo princípio a ser observado é prático:

O compilador deve melhorar o programa de entrada de alguma forma perceptível.

Um compilador tradicional melhora o programa de entrada ao torná-lo executável diretamente em alguma máquina-alvo. Outros "compiladores" melhoram suas entradas de diferentes maneiras. Por exemplo, tpic é um programa que toma a especificação para um desenho escrito na linguagem gráfica pic e a converte para LATEX; a "melhoria" reside na maior disponibilidade e generalidade do LATEX. Um tradutor fonte a fonte para C deve produzir código que seja, de certa forma, melhor que o programa de entrada; se não for, por que alguém iria chamá-lo?

1.2 ESTRUTURA DO COMPILADOR

Compilador é um grande e complexo sistema de software. A comunidade tem construído compiladores desde 1955, e, ao longo de todos esses anos, aprendemos muitas lições sobre como estruturá-los. Retratamos, antes, um compilador como uma caixa simples que traduz um programa-fonte em um programa-alvo. Na realidade, é claro, isto é mais complexo que este quadro simplificado.

Como o modelo de caixa simples sugere, um compilador deve entender o programa-fonte que toma como entrada e mapear sua funcionalidade para a máquina-alvo. A natureza distinta dessas duas tarefas dá a entender uma divisão de trabalho e leva a um projeto que decompõe a compilação em duas partes principais: front end e back end.

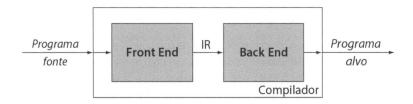

O front end concentra-se na compreensão do programa na linguagem-fonte. Já o back end, no mapeamento de programas para a máquina-alvo. Essa separação de interesses tem várias implicações importantes para o projeto e a implementação dos compiladores.

O front end deve codificar seu conhecimento do programa fonte em alguma estrutura para ser usada mais tarde pelo back end. Essa *representação intermediária* (IR) torna-se a representação definitiva do compilador para o código que está sendo traduzido. Em cada ponto da compilação, o compilador terá uma representação definitiva. Ele pode, na verdade, utilizar várias IRs diferentes à medida que a compilação prossegue, mas, em cada ponto, uma determinada representação será a IR definitiva. Pensamos na IR definitiva como a versão do programa passada entre fases independentes do compilador, como a IR passada do front end para o back end no desenho anterior.

Em um compilador de duas fases, o front end deve garantir que o programa-fonte esteja bem formado, e mapear aquele código para a IR. Já o back end, mapear o programa em IR para o conjunto de instruções e os recursos finitos da máquina-alvo. Como este último só processa a IR criada pelo front end, pode assumir que a IR não contém erros sintáticos ou semânticos.

IR
Um compilador usa algum conjunto de estruturas de dados para representar o código que é processado. Este formato é chamado *representação intermediária*, ou IR (*Intermediate Representation*).

> **VOCÊ PODE ESTAR ESTUDANDO EM UMA ÉPOCA INTERESSANTE**
> Esta é uma época interessante para projetar e implementar compiladores. Na década de 1980, quase todos os compiladores eram sistemas grandes, monolíticos. Usavam como entrada um punhado de linguagens e produziam código assembly gerando-o para algum computador em particular. O código assembly era colado junto com o código produzido por outras compilações — incluindo bibliotecas de sistema e de aplicação — para formar um executável. Este era armazenado em disco e, no momento apropriado, o código final era movido do disco para a memória principal e executado.
>
> Hoje, a tecnologia do compilador está sendo aplicada em muitos ambientes diferentes. À medida que os computadores encontram aplicações em diversos lugares, os compiladores precisam lidar com novas e diferentes restrições. Velocidade não é mais o único critério para julgar o código compilado. Hoje, este código pode ser julgado com base no quanto é pequeno, em quanta energia consome, quanto ele comprime ou quantas faltas de página gera quando executado.

> Ao mesmo tempo, as técnicas de compilação têm fugido do sistema monolítico dos anos 1980. E aparecendo em muitos lugares novos. Compiladores Java tomam programas parcialmente compilados (no formato Java bytecode) e os traduzem em código nativo para a máquina-alvo. Nesse ambiente, o sucesso exige que a soma do tempo de compilação mais o de execução deve ser inferior ao custo da interpretação. Técnicas para analisar programas inteiros estão passando de tempo de compilação para de montagem, no qual o montador pode analisar o código assembly para o aplicativo inteiro e utilizar este conhecimento para melhorar o programa. Finalmente, compiladores estão sendo invocados em tempo de execução para gerar código personalizado que tira proveito de fatos que não podem ser conhecidos mais cedo. Se o tempo de compilação pode ser mantido pequeno e os benefícios são grandes, esta estratégia tende a produzir melhorias visíveis.

O compilador pode fazer múltiplas passagens pelo formato IR do código antes de emitir o programa-alvo. Esta capacidade deve levar a um código melhor, pois o compilador pode, desta forma, estudar o código em uma fase e registrar detalhes relevantes. Depois, em outras fases, pode usar os fatos registrados para melhorar a qualidade da tradução. Esta estratégia requer que o conhecimento derivado na primeira passagem seja registrado na IR, onde outras passagens podem encontrá-lo e utilizá-lo.

Retargeting
A tarefa de mudar o compilador para gerar código para um novo processador é frequentemente chamada *retargeting* do compilador.

Finalmente, a estrutura de duas fases pode simplificar o processo de *retargeting* do compilador. Podemos facilmente imaginar a construção de vários back ends para um único front end, a fim de produzir compiladores que aceitam a mesma linguagem, mas visam diferentes máquinas. De modo semelhante, podemos imaginar front ends para diferentes linguagens produzindo a mesma IR e usando um back end comum. Ambos os cenários consideram que uma IR pode atender a várias combinações de fonte e alvo; na prática, tanto os detalhes específicos da linguagem quanto os detalhes específicos da máquina normalmente encontram seu lugar na IR.

Otimizador
A seção do meio de um compilador, chamada *otimizador*, analisa e transforma a IR para melhorá-la.

A introdução de uma IR torna possível acrescentar mais fases à compilação. O construtor de compiladores pode inserir uma terceira fase entre o front end e o back end. Essa seção do meio, ou *otimizador*, toma um programa em IR como entrada e produz outro programa em IR semanticamente equivalente como saída. Usando a IR como interface, o construtor pode inserir esta terceira fase com o mínimo de rompimento entre o front end e o back end, o que leva à estrutura de compilador a seguir, chamada *compilador de três fases*.

```
Programa  →  Front End  →IR→  Otimizador  →IR→  Back End  →  Programa
 fonte                                                          alvo
                              Compilador
```

O otimizador é um transformador IR-para-IR que tenta melhorar o programa em IR de alguma maneira. (Observe que esses transformadores, por si sós, são compiladores, de acordo com nossa definição na Seção 1.1.) Ele pode fazer uma ou mais passagens pela IR, analisá-la e reescrevê-la. Pode, também, reescrever a IR de um modo que provavelmente produza um programa-alvo mais rápido, ou menor, pelo back end. E, ainda, ter outros objetivos, como um programa que produz menos faltas de página ou usa menos energia.

Conceitualmente, a estrutura em três fases representa o compilador otimizante clássico. Na prática, cada fase é dividida internamente em uma série de passos.

O front end consiste em dois ou três passos que tratam dos detalhes do reconhecimento de programas válidos na linguagem-fonte e da produção do formato IR inicial do programa. A seção do meio contém passos que realizam diferentes otimizações. A quantidade e a finalidade desses passos variam de um compilador para outro. O back end consiste em uma série de passos, cada um levando a IR do programa mais para perto do conjunto de instruções da máquina-alvo. As três fases e seus passos individuais compartilham uma infraestrutura comum, apresentada na Figura 1.1.

Na prática, a divisão conceitual de um compilador em três fases — front end, seção intermediária, ou otimizador, e back end — é útil. Os problemas resolvidos por essas fases são diferentes. O front end trata do entendimento do programa-fonte e do registro dos resultados de sua análise na forma de IR. A seção do otimizador focaliza a melhoria do formato IR. O back end precisa mapear o programa transformado em IR para os recursos limitados da máquina alvo de um modo que leve ao uso eficiente desses recursos.

Dessas três fases, o otimizador tem a descrição mais obscura. O termo *otimização* implica que o compilador descobre uma solução ótima para algum problema. As questões e os problemas que surgem nesta fase são tão complexos e tão inter-relacionados que não podem, na prática, ser solucionados de forma ótima. Além do mais, o comportamento real do código compilado depende das interações entre todas as técnicas aplicadas no otimizador e o back end. Assim, mesmo que uma única técnica possa ser comprovadamente ótima, suas interações com outras podem produzir resultados que não são ótimos. Como resultado, um bom compilador otimizante pode melhorar a qualidade do código em relação a uma versão não otimizada, mas quase sempre deixará de produzir o código ótimo.

A seção intermediária pode ser um único passo monolítico que aplica uma ou mais otimizações para melhorar o código, ou ser estruturada como uma série de passos menores com cada um lendo e escrevendo a IR. A estrutura monolítica pode ser mais eficiente. A de múltiplos passos, pode servir como uma implementação menos complexa e um método mais simples de depurar o compilador. Esta também cria a flexibilidade para empregar diferentes conjuntos de otimização em diferentes situações. A escolha entre essas duas técnicas depende das restrições sob as quais o compilador é construído e opera.

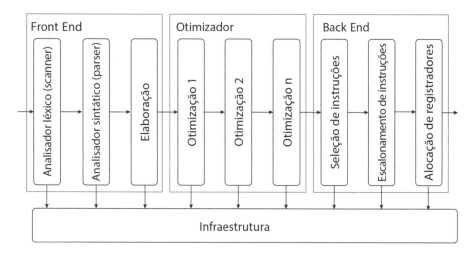

■ **FIGURA 1.1** Estrutura de um compilador típico.

1.3 VISÃO GERAL DA TRADUÇÃO

Para traduzir o código escrito em uma linguagem de programação para código adequado à execução em alguma máquina-alvo, um compilador passa por muitas etapas. Para tornar esse processo abstrato mais concreto, considere as etapas necessárias para gerar um código executável para a seguinte expressão

$$a \leftarrow a \times 2 \times b \times c \times d$$

onde `a`, `b`, `c` e `d` são variáveis, ← indica uma atribuição, e × o operador para multiplicação. Nas subseções seguintes, rastrearemos o caminho que um compilador segue para transformar esta expressão simples em código executável.

NOTAÇÃO

Os livros sobre compiladores tratam basicamente de notação. Afinal, um compilador traduz um programa escrito em uma notação para um programa equivalente escrito em outra notação. Diversas dúvidas de notação surgirão durante sua leitura deste livro. Em alguns casos, elas afetarão diretamente sua compreensão do material.

Expressando algoritmos Tentamos manter os algoritmos curtos. Algoritmos são escritos em um nível relativamente alto, considerando que o leitor possa fornecer detalhes da implementação, em `fonte inclinada, monoespaçada`. O recuo é deliberado e significativo, mais importante em uma construção `if-then-else`. O código recuado após um `then` ou um `else` forma um bloco. No fragmento de código a seguir

```
if Action [s,word] = "shift sᵢ" then
    push word
    push sᵢ
    word ← NextWord()
else if. . .
```

todas as instruções entre `then` e `else` fazem parte da cláusula *then* da construção `if-then-else`. Quando uma cláusula em uma construção `if-then-else` contém apenas uma instrução, escrevemos a palavra-chave `then` ou `else` na mesma linha da instrução.

Escrevendo código Em alguns exemplos, mostramos o texto real do programa escrito em alguma linguagem escolhida para demonstrar um tópico em particular. Este texto é escrito em uma fonte `monoespaçada`.

Operadores aritméticos Por fim, abrimos mão do uso tradicional de * para × e de / para ÷, exceto no texto do programa real. O significado deve ser claro para o leitor.

1.3.1 Front end

Antes que o compilador possa traduzir uma expressão para código executável da máquina-alvo, precisa entender tanto sua forma, ou *sintaxe*, quanto seu significado, ou *semântica*. O front end determina se o código de entrada está bem formado nestes termos. Se descobrir que o código é válido, ele cria uma representação deste código na representação intermediária do compilador; se não, informa ao usuário com mensagens de erro de diagnóstico para identificar os problemas com o código.

Verificando a sintaxe

Para verificar a sintaxe do programa de entrada, o compilador precisa comparar a estrutura do programa com uma definição para a linguagem. Isto exige uma definição formal apropriada, um mecanismo eficiente para testar se a entrada atende ou não esta definição e um plano de como proceder em uma entrada ilegal.

Matematicamente, a linguagem de origem é um conjunto, normalmente infinito, de strings definido por algum conjunto finito de regras, chamado *gramática*. Dois passos separados no front end, chamados scanner e parser, determinam se o código de entrada é ou não, de fato, um membro do conjunto de programas válidos definidos pela gramática.

As gramáticas da linguagem de programação normalmente referem-se a palavras com base em suas classes gramaticais, às vezes chamadas categorias sintáticas. Basear as regras gramaticais em categorias ou *classes gramaticais* permite que uma única regra descreva muitas sentenças. Por exemplo, em português, muitas sentenças têm a forma:

Sentença → *Sujeito* verbo *Objeto* marca de fim

onde verbo e marca de fim são classes, e *Sentença*, *Sujeito* e *Objeto* são variáveis sintáticas. *Sentença* representa qualquer string com a forma descrita por esta regra. O símbolo "→" indica "deriva" e significa que uma ocorrência do lado direito pode ser simplificada para a variável sintática do lado esquerdo.

Considere uma sentença como "Compiladores são objetos construídos." O primeiro passo para entender a sintaxe desta sentença é identificar palavras distintas no programa de entrada e classificar cada palavra com uma classe gramatical. Em um compilador, esta tarefa fica com um passo chamado *scanner (ou analisador léxico)*. O scanner apanha um fluxo de caracteres e o converte para um fluxo de palavras classificadas — ou seja, pares na forma (c, g), onde c é a *classe gramatical* e g sua grafia. Um scanner converteria a sentença do exemplo no seguinte fluxo de palavras classificadas:

(substantivo,"Compiladores"), (verbo,"são"), (substantivo,"objetos"),

(adjetivo,"construídos"), (marca de fim,".")

Scanner (analisador léxico)
O passo do compilador que converte uma string de caracteres em um fluxo de palavras.

Na prática, a grafia real das palavras poderia ser armazenada em uma tabela *hash* e representada nos pares como um índice inteiro para simplificar testes de igualdade. O Capítulo 2 explora a teoria e a prática da construção do scanner.

No próximo passo, o compilador tenta corresponder o fluxo de palavras categorizadas às regras que especificam a sintaxe da linguagem de entrada. Por exemplo, um conhecimento funcional do português poderia incluir as seguintes regras gramaticais:

1	*Sentença*	→ *Sujeito* verbo *Objeto* marca de fim
2	*Sujeito*	→ substantivo
3	*Sujeito*	→ *Modificador* substantivo
4	*Objeto*	→ substantivo
5	*Objeto*	→ *Modificador* substantivo
6	*Modificador*	→ adjetivo
	...	

Por inspeção, podemos descobrir a seguinte *derivação* para nossa sentença de exemplo:

Regra	Sentença de protótipo
—	*Sentença*
1	*Sujeito* verbo *Objeto* marca de fim
2	substantivo verbo *Objeto* marca de fim
5	substantivo verbo *Modificador* substantivo marca de fim
6	substantivo verbo adjetivo substantivo marca de fim

A derivação começa com a variável sintática *Sentença*. A cada passo, reescreve um termo na sentença de protótipo, substituindo-o por um lado direito que pode ser derivado desta regra. O primeiro passo usa a Regra 1 para substituir *Sentença*. O segundo, a Regra 2 para substituir *Sujeito*. O terceiro substitui *Objeto* usando a Regra 5, enquanto o passo final reescreve *Modificador* com `adjetivo` de acordo com a Regra 6. Neste ponto, a sentença de protótipo gerada pela derivação corresponde ao fluxo de palavras categorizadas produzidas pelo scanner.

Parser (analisador sintático)
O passo do compilador que determina se o fluxo de entrada é uma sentença na linguagem-fonte.

A derivação prova que a sentença "Compiladores são objetos construídos." pertence à linguagem descrita pelas Regras de 1 a 6. Ela está gramaticalmente correta. O processo de encontrar automaticamente as derivações é chamado *parsing (ou análise sintática)*. O Capítulo 3 apresenta as técnicas que os compiladores usam para analisar sintaticamente o programa de entrada.

Uma sentença gramaticalmente correta pode não ter significado. Por exemplo, "Pedras são vegetais verdes." tem as mesmas classes gramaticais na mesma ordem de "Compiladores são objetos construídos.", mas não tem um significado racional. Para entender a diferença entre essas duas sentenças, é preciso ter conhecimento contextual sobre os sistemas de software, pedras e vegetais.

Os modelos semânticos que os compiladores usam para raciocinar a respeito das linguagens de programação são mais simples do que aqueles necessários para entender a linguagem natural. Compiladores montam modelos matemáticos que detectam tipos específicos de inconsistência em um programa. Compiladores verificam a consistência de tipo. Por exemplo, a expressão:

$$a \leftarrow a \times 2 \times b \times c \times d$$

Verificação de tipo
O passo do compilador que verifica a consistência de tipo do uso de nomes no programa de entrada.

poderia ser sintaticamente bem formada, mas se b e d forem strings de caracteres, a sentença poderia ser inválida. Os compiladores também verificam a consistência de número em situações específicas; por exemplo, uma referência de array deve ter o mesmo número de subscritos do que o número de dimensões (*rank*) declarado do array e uma chamada de procedimento deve especificar o mesmo número de argumentos da definição do procedimento. O Capítulo 4 explora algumas das questões que surgem na *verificação de tipo* e na elaboração semântica baseadas em compilador.

Representações intermediárias (IRs)

O último aspecto tratado no front end de um compilador é a geração de um formato de IR do código. Compiladores usam diversos tipos diferentes de IR, dependendo da linguagem-fonte, da linguagem-alvo e das transformações específicas que o compilador aplica. Algumas IRs representam o programa como um grafo, outras assemelham-se a um programa em código assembly sequencial. O código ao lado mostra como nossa expressão de exemplo ficaria em uma IR sequencial de baixo nível. O Capítulo 5 apresenta uma visão geral da variedade de tipos de IR que os compiladores utilizam.

$t_0 \leftarrow a \times 2$
$t_1 \leftarrow t_0 \times b$
$t_2 \leftarrow t_1 \times c$
$t_3 \leftarrow t_2 \times d$
$a \leftarrow t_3$

Para cada construção na linguagem-fonte o compilador precisa de uma estratégia para como implementá-la no formato IR do código. Escolhas específicas afetam a capacidade do compilador de transformar e melhorar o código. Assim, usamos dois capítulos para analisar as questões que surgem na geração da IR para construções do código-fonte. As ligações de procedimento são, ao mesmo tempo, uma fonte de ineficiência no código final e a cola fundamental que junta as partes de diferentes arquivos-fonte em uma aplicação. Assim, dedicamos o Capítulo 6 para as questões em torno das chamadas de procedimento. O Capítulo 7 apresenta estratégias de implementação para a maioria das outras construções de linguagem de programação.

> **TERMINOLOGIA**
> Um leitor atento notará que usamos a palavra *código* em muitos lugares onde tanto *programa* quanto *procedimento* poderiam se encaixar naturalmente. Os compiladores podem ser invocados para traduzir fragmentos de código que variam desde uma única referência até um sistema inteiro de programas. Ao invés de especificar algum escopo de compilação, continuaremos usando o termo ambíguo, porém mais genérico, *código*.

1.3.2 Otimizador

Quando o front end emite a IR para o programa de entrada, ele trata as instruções uma de cada vez, na ordem em que são encontradas. Assim, o programa inicial em IR contém estratégias de implementação gerais que funcionarão em qualquer contexto ao redor do qual o compilador poderia gerar. Em tempo de execução (*runtime*), o código será executado em um contexto mais restrito e previsível. O otimizador analisa o formato IR do código para descobrir fatos sobre esse contexto e usa esse conhecimento contextual para reescrever o código de modo que calcule a mesma resposta de maneira mais eficiente.

Eficiência pode ter muitos significados. A noção clássica da otimização é reduzir o tempo de execução da aplicação. Em outros contextos, o otimizador poderia tentar reduzir o tamanho do código compilado ou outras propriedades, como, por exemplo, a energia que o processador consome para avaliar o código. Todas essas estratégias visam à eficiência.

Retornando ao nosso exemplo, considere-o no contexto mostrado na Figura 1.2a. A declaração ocorre dentro de um laço (ou *loop*). Dos valores que ele usa, somente a e d mudam dentro do laço. Os valores 2, b e c são invariantes no laço. Se o otimizador descobrir este fato, poderá reescrever o código como mostra a Figura 1.2b. Nesta versão, o número de multiplicações foi reduzido de $4 \cdot n$ para $2 \cdot n + 2$. Para $n > 1$, o laço reescrito deve ser executado mais rapidamente. Este tipo de otimização é discutido nos Capítulos 8, 9 e 10.

Análise

A maioria das otimizações consiste em uma análise e uma transformação. A análise determina onde o compilador pode aplicar a técnica de forma segura e lucrativa. Compiladores utilizam vários tipos de análise para dar suporte às transformações. *Análise de fluxo de dados*, em tempo de compilação, raciocina sobre o fluxo de valores em *runtime*. Os analisadores de fluxo de dados normalmente resolvem um sistema

```
b ← ...                    b ← ...
c ← ...                    c ← ...
a ← 1                      a ← 1
for i = 1 to n             t ← 2 x b x c
  read d                   for i = 1 to n
  a ← a x 2 x b x c x d      read d
  end                        a ← a x d x t
                             end
```

(a) Código original no contexto   (b) Código melhorado

■ **FIGURA 1.2** O contexto faz diferença.

Análise de fluxo de dados
Forma de raciocínio em tempo de compilação sobre o fluxo de valores em runtime.

de equações simultâneas que são derivadas da estrutura do código sendo traduzido. *Análise de dependência* usa testes da teoria dos números para raciocinar sobre os valores que podem ser assumidos por expressões de subscrito. É usada para remover a ambiguidade das referências a elementos de array. O Capítulo 9 apresenta uma visão detalhada da *análise de fluxo de dados* e sua aplicação, junto com a construção do formato de atribuição única estática, uma IR que codifica informações sobre o fluxo de valores e controle diretamente na IR.

Transformação

Para melhorar o código, o compilador precisa ir além da análise; necessita usar os resultados dessa análise para reescrever o código para um formato mais eficiente. Inúmeras transformações foram inventadas para melhorar os requisitos de tempo ou espaço do código executável. Algumas, como descobrir computações invariantes no laço e movê-las para locais executados com menos frequência, melhoram o tempo de execução do programa. Outras tornam o código mais compacto. As transformações variam em seus efeitos, no escopo sobre as quais operam e na análise exigida para lhes dar suporte. A literatura sobre transformações é muito rica; o assunto é abrangente e profundo o suficiente para merecer um ou mais livros separados. O Capítulo 10 aborda o tema de transformações escalares — ou seja, transformações voltadas para melhorar o desempenho do código em um único processador — e apresenta uma classificação para organizar o assunto, preenchendo essa classificação com exemplos.

1.3.3 Back end

O back end do compilador atravessa o formato IR do código e emite código para a máquina-alvo; seleciona as operações da máquina-alvo para implementar cada operação da IR; escolhe uma ordem em que as operações serão executadas de modo mais eficiente; decide quais valores residirão nos registradores e quais na memória, inserindo código para impor essas decisões.

SOBRE A ILOC

Por todo este livro, os exemplos de baixo nível são escritos em uma notação que chamamos de ILOC — acrônimo derivado de "Intermediate Language for an Optimizing Compiler". Com o passar dos anos, esta notação passou por várias mudanças. A versão usada neste livro é descrita com detalhes no Apêndice A.

Pense na ILOC como a linguagem assembly para uma máquina RISC simples. Ela possui um conjunto padrão de operações. A maior parte delas utiliza argumentos que são registradores. As operações de memória, *loads* e *stores*, transferem valores entre a memória e os registradores. Para simplificar a exposição no texto, a maior parte dos exemplos considera que todos os dados consistem em inteiros.

Cada operação tem um conjunto de operandos e um alvo, e é escrita em cinco partes: nome de operação, lista de operandos, separador, lista de alvos e comentário opcional. Assim, para somar os conteúdos dos registradores 1 e 2, deixando o resultado no registrador 3, o programador escreveria

$add\ r_1, r_2 \Rightarrow r_3\ //\ exemplo\ de\ instrução$

O separador, $\Rightarrow$, precede a lista de alvos. É um lembrete visual de que a informação flui da esquerda para a direita. Em particular, ele tira a ambiguidade de casos nos quais uma pessoa, lendo o texto em nível de assembly, pode facilmente confundir operandos e alvos. (Ver `loadAI` e `storeAI` na tabela a seguir.)

O exemplo na Figura 1.3 só utiliza quatro operações ILOC:

Operação ILOC		Significado
loadAI	$r_1, c_2 \Rightarrow r_3$	**MEMORY** $(r_1 + c_2) \rightarrow r_3$
loadI	$c_1 \Rightarrow r_2$	$c_1 \rightarrow r_2$
mult	$r_1, r_2 \Rightarrow r_3$	$r_1 \times r_2 \rightarrow r_3$
storeAI	$r_1 \Rightarrow r_2, c_3$	$r_1 \rightarrow$ **MEMORY** $(r_2 + c_3)$

O Apêndice A contém uma descrição mais detalhada da ILOC. Os exemplos utilizam r_{arp} consistentemente como um registrador que contém o início do armazenamento de dados para o procedimento atual, também conhecido como *ponteiro de registro de ativação*.

$t_0 \leftarrow a \times 2$
$t_1 \leftarrow t_0 \times b$
$t_2 \leftarrow t_1 \times c$
$t_3 \leftarrow t_2 \times d$
$a \leftarrow t_3$

Seleção de instruções

O primeiro estágio da geração de código reescreve as operações da IR em operações da máquina-alvo, processo chamado *seleção de instruções,* que mapeia cada operação da IR, em seu contexto, para uma ou mais operações da máquina-alvo. Considere a reescrita da nossa expressão de exemplo, $a \leftarrow a \times 2 \times b \times c \times d$, em código para a máquina virtual ILOC, a fim de ilustrar o processo. (Usaremos a ILOC no decorrer do livro.) O formato IR da expressão é repetido ao lado. O compilador poderia escolher as operações na Figura 1.3. Esse código considera que a, b, c e d estão localizados nos deslocamentos (*offsets*) @a, @b, @c e @d a partir de um endereço contido no registrador r_{arp}.

O compilador escolheu uma sequência direta de operações. Ele carrega todos os valores relevantes em registradores, realiza as multiplicações em ordem e armazena o resultado ao local da memória para a. Assume um estoque ilimitado de registradores e os nomeia com nomes simbólicos como r_a para manter a e r_{arp} para manter o endereço onde começa o armazenamento de dados para nossos valores nomeados. Implicitamente, o seletor de instruções conta com o alocador de registradores para mapear esses nomes de registrador simbólicos, ou *registradores virtuais*, aos registradores reais da máquina-alvo.

Registrador virtual
Nome de registrador simbólico que o compilador usa para indicar que um valor pode ser armazenado em um registrador.

O seletor de instruções pode tirar proveito de operações especiais na máquina-alvo. Por exemplo, se uma operação de multiplicação imediata (multI) estiver disponível, ele pode substituir a operação mult r_a, $r_2 \Rightarrow r_a$ por multI r_a, $2 \Rightarrow r_a$, eliminando a necessidade da operação loadI $2 \Rightarrow r_2$ e reduzindo a demanda por registradores. Se a adição é mais rápida do que a multiplicação, ele pode substituir mult r_a, $r_2 \Rightarrow r_a$ por add r_a, $r_a \Rightarrow r_a$, evitando tanto o loadI quanto seu uso de r_2, além de

```
loadAI   r_arp, @a   ⇒ r_a       // load 'a'
loadI    2           ⇒ r_2       // constante 2 em r_2
loadAI   r_arp, @b   ⇒ r_b       // load 'b'
loadAI   r_arp, @c   ⇒ r_c       // load 'c'
loadAI   r_arp, @d   ⇒ r_d       // load 'd'
mult     r_a, r_2    ⇒ r_a       // r_a ← a × 2
mult     r_a, r_b    ⇒ r_a       // r_a ← (a × 2) × b
mult     r_a, r_c    ⇒ r_a       // r_a ← (a × 2 × b) × c
mult     r_a, r_d    ⇒ r_a       // r_a ← (a × 2 × b × c) × d
storeAI  r_a         ⇒ r_arp, @a // escrever r_a de volta para 'a'
```

■ **FIGURA 1.3** Código ILOC para $a \leftarrow a \times 2 \times b \times c \times d$.

substituir `mult` por um `add` mais rápido. O Capítulo 11 apresenta duas técnicas diferentes para a seleção de instruções, que utilizam combinação de padrões para escolher implementações eficientes para operações em IR.

Alocação de registradores

Durante a seleção de instruções, o compilador deliberadamente ignora o fato de que a máquina-alvo possui um conjunto limitado de registradores. Ao invés disso, ele usa registradores virtuais e considera que existem registradores "suficientes". Na prática, os primeiros estágios da compilação podem criar mais demanda por registradores do que o hardware consegue aceitar. O alocador de registradores precisa mapear esses registradores virtuais para os registradores reais da máquina alvo. Assim, este alocador decide, em cada ponto do código, quais valores devem residir nos registradores da máquina alvo. Depois, reescreve o código para refletir suas decisões. Por exemplo, um alocador de registrador poderia minimizar o uso de registradores reescrevendo o código da Figura 1.3 da seguinte forma:

```
loadAI    r_arp, @a   ⇒ r₁       // load 'a'
add       r₁, r₁      ⇒ r₁       // r₁ ← a × 2
loadAI    r_arp, @b   ⇒ r₂       // load 'b'
mult      r₁, r₂      ⇒ r₁       // r₁ ← (a × 2) × b
loadAI    r_arp, @c   ⇒ r₂       // load 'c'
mult      r₁, r₂      ⇒ r₁       // r₁ ← (a × 2 × b) × c
loadAI    r_arp, @d   ⇒ r₂       // load 'd'
mult      r₁, r₂      ⇒ r₁       // r₁ ← (a × 2 × b × c) × d
storeAI   r₁          ⇒ r_arp, @a // escrever r_a de volta para 'a'
```

Esta sequência usa três registradores, em vez de seis.

Minimizar o uso de registradores pode ser contraprodutivo. Se, por exemplo, qualquer um dos valores nomeados, a, b, c ou d, já estiverem em registradores, o código deverá referenciá-los diretamente. Se todos estiverem em registradores, a sequência poderia ser implementada de modo que não exigisse registradores adicionais. Como alternativa, se alguma expressão próxima também calculasse a × 2, poderia ser melhor preservar este valor em um registrador do que recalculá-lo mais tarde. Essa otimização aumentaria a demanda por registradores, mas eliminaria uma instrução mais tarde. O Capítulo 13 explora os problemas que surgem na alocação de registradores e as técnicas que os construtores de compilador utilizam para solucioná-los.

Escalonamento de instruções

Para produzir código que seja executado rapidamente, o gerador de código pode ter que reordenar operações para refletir as restrições de desempenho específicas da máquina-alvo. O tempo de execução das diferentes operações pode variar. As operações de acesso à memória podem tomar dezenas ou centenas de ciclos, enquanto algumas operações aritméticas, particularmente a divisão, exigem vários ciclos. O impacto dessas operações com latência mais longa sobre o desempenho do código compilado pode ser substancial.

Suponha, por enquanto, que uma operação `loadAI` ou `storeAI` exija três ciclos; um `mult` dois ciclos; e todas as outras operações um ciclo. A tabela a seguir mostra como o fragmento de código anterior funciona sob essas suposições. A coluna **Início** mostra o ciclo em que cada operação inicia a execução, e a coluna **Fim** o ciclo em que ela termina.

Início	Fim			
1	3	loadAI	r_{arp}, @a $\Rightarrow r_1$	// load 'a'
4	4	add	r_1, r_1 $\Rightarrow r_1$	// $r_1 \leftarrow a \times 2$
5	7	loadAI	r_{arp}, @b $\Rightarrow r_2$	// load 'b'
8	9	mult	r_1, r_2 $\Rightarrow r_1$	// $r_1 \leftarrow (a \times 2) \times b$
10	12	loadAI	r_{arp}, @c $\Rightarrow r_2$	// load 'c'
13	14	mult	r_1, r_2 $\Rightarrow r_1$	// $r_1 \leftarrow (a \times 2 \times b) \times c$
15	17	loadAI	r_{arp}, @d $\Rightarrow r_2$	// load 'd'
18	19	mult	r_1, r_2 $\Rightarrow r_1$	// $r_1 \leftarrow (a \times 2 \times b \times c) \times d$
20	22	storeAI	r_1 $\Rightarrow r_{arp}$, @a	// escrever r_a de volta para 'a'

Esta sequência de nove operações gasta 22 ciclos para ser executada. A redução no uso de registradores não levou a uma execução rápida.

Muitos processadores têm uma propriedade pela qual podem iniciar novas operações enquanto uma de longa latência é executada. Desde que os resultados de uma operação de longa latência não sejam referenciados até que a operação termine, a execução prossegue normalmente. Porém, se alguma operação intermediária tentar ler o resultado de uma operação de longa latência prematuramente, o processador adia a operação que precisa do valor até que a operação de longa latência termine. Uma operação não pode começar a executar até que seus operandos estejam prontos, e seus resultados não estão prontos até que a operação termine.

O escalonador de instruções reordena as operações no código, e tenta minimizar o número de ciclos desperdiçados aguardando pelos operandos. Naturalmente, ele precisa garantir que a nova sequência produza o mesmo resultado da original. Em muitos casos, o escalonador pode melhorar bastante o desempenho de um código "simples". Para o nosso exemplo, um bom escalonador poderia produzir a seguinte sequência:

Início	Fim			
1	3	loadAI	r_{arp}, @a $\Rightarrow r_1$	// load 'a'
2	4	loadAI	r_{arp}, @b $\Rightarrow r_2$	// load 'b'
3	5	loadAI	r_{arp}, @c $\Rightarrow r_3$	// load 'c'
4	4	add	r_1, r_1 $\Rightarrow r_1$	// $r_1 \leftarrow a \times 2$
5	6	mult	r_1, r_2 $\Rightarrow r_1$	// $r_1 \leftarrow (a \times 2) \times b$
6	8	loadAI	r_{arp}, @d $\Rightarrow r_2$	// load 'd'
7	8	mult	r_1, r_3 $\Rightarrow r_1$	// $r_1 \leftarrow (a \times 2 \times b) \times c$
9	10	mult	r_1, r_2 $\Rightarrow r_1$	// $r_1 \leftarrow (a \times 2 \times b \times c) \times d$
11	13	storeAI	r_1 $\Rightarrow r_{arp}$, @a	// escrever r_a de volta para 'a'

CONSTRUÇÃO DE COMPILADORES É ENGENHARIA

Um compilador típico tem uma série de passos que, juntos, traduzem o código de alguma linguagem-fonte para alguma linguagem-alvo. Ao longo do caminho, ele usa dezenas de algoritmos e estruturas de dados. O construtor de compiladores precisa selecionar, para cada etapa no processo, uma solução apropriada.

Um compilador bem-sucedido é executado um número inimaginável de vezes. Considere o número total de vezes que o compilador GCC foi executado. Durante o tempo de vida do GCC, até mesmo pequenas ineficiências acrescentam uma quantidade de tempo significativa. As economias devidas a um bom projeto e

> à implementação se acumulam com o tempo. Assim, o construtor de compiladores precisa prestar atenção aos custos do tempo de compilação, como a complexidade assintótica dos algoritmos, o tempo de execução real da implementação e o espaço usado pelas estruturas de dados. E, ainda, deve ter em mente um orçamento de quanto tempo o compilador gastará em suas várias tarefas.
>
> Por exemplo, as análises léxica e sintática são dois problemas para os quais existem muitos algoritmos eficientes. Os scanners reconhecem e classificam as palavras em tempo proporcional ao número de caracteres no programa de entrada. Para uma linguagem de programação típica, um analisador sintático pode criar derivações em tempo proporcional ao tamanho da derivação. (A estrutura restrita das linguagens de programação possibilitam a análise sintática eficiente.) Como existem técnicas eficientes e eficazes para análises léxica e sintática, o construtor de compilador deve esperar gastar apenas uma fração do tempo de compilação nessas tarefas.
>
> Ao contrário, a otimização e a geração de código contêm vários problemas que exigem mais tempo. Muitos dos algoritmos que examinaremos para análise e otimização do programa terão complexidades maiores do que $O(n)$. Assim, a escolha do algoritmo no otimizador e gerador de código tem impacto maior no tempo de compilação do que no front end do compilador. O construtor de compilador pode precisar negociar precisão de análise e eficácia de otimização contra aumentos no tempo de compilação. E, assim, deve tomar essas decisões consciente e cuidadosamente.

Esta versão do código exige apenas 13 ciclos para ser executada. O código usa um registrador a mais que o número mínimo. E inicia uma operação em cada ciclo, exceto em 8, 10 e 12. Outros escalonamentos equivalentes são possíveis, assim como escalonamentos de mesmo tamanho que usam mais registradores. O Capítulo 12 apresenta várias técnicas de escalonamento que estão sendo muito utilizadas.

Interações entre os componentes de geração de código

A maior parte dos problemas realmente difíceis que ocorrem na compilação surge durante a geração de código. Para tornar as coisas mais complexas, esses problemas interagem entre si. Por exemplo, o escalonamento de instruções move operações `load` para longe das operações aritméticas que dependem delas. Isto pode aumentar o período sobre o qual os valores são necessários e, de modo correspondente, aumentar o número de registradores necessários durante esse período. De forma semelhante, a atribuição de valores particulares para registradores específicos pode restringir o escalonamento de instruções criando uma dependência "falsa" entre duas operações. (A segunda operação não pode ser escalonada até que a primeira termine, embora os valores no registrador comum sejam independentes. Renomear os valores pode eliminar essa falsa dependência, ainda que à custa de usar mais registradores.)

1.4 RESUMO E PERSPECTIVA

A construção de compiladores é uma tarefa complexa. Um bom compilador combina ideias da teoria de linguagens formais, do estudo de algoritmos, da inteligência artificial, do projeto de sistemas, da arquitetura de computadores e da teoria de linguagens de programação, aplicando-as ao problema de traduzir um programa. Um compilador reúne algoritmos gulosos, técnicas heurísticas, algoritmos de grafo, programação dinâmica, autômatos finitos determinísticos (DFAs) e não determinísticos (NFAs), algoritmos de ponto fixo, sincronização e localidade, alocação e nomeação, e gerenciamento de pipeline. Muitos dos problemas encarados pelos compiladores são muito difíceis de resolver de forma ótima; por isso, eles usam aproximações, heurísticas e regras práticas, o que produz interações complexas que levam a resultados surpreendentes — tanto bons quanto ruins.

Para colocar esta atividade em um framework de forma ordenada, a maioria dos compiladores está organizada em três fases principais: front end, otimizador e back end. Cada fase tem um conjunto diferente de problemas para enfrentar, e os métodos usados para resolvê-los também diferem. O front end focaliza a tradução de código-fonte em alguma IR. Os front ends contam com os resultados da teoria de linguagens formais e da teoria de tipos, com uma boa dose de algoritmos e estruturas de dados. A seção do meio, ou otimizador, traduz um programa em IR para outro, com o objetivo de produzir um programa em IR que possa ser executado de modo eficiente. Otimizadores analisam programas para derivar conhecimento sobre seu comportamento em tempo de execução, e depois utilizam este conhecimento para transformar o código e melhorar seu comportamento. O back end mapeia um programa em IR para o conjunto de instruções de um processador específico. Ele aproxima as respostas aos problemas difíceis de alocação e escalonamento, e a qualidade de suas aproximações tem impacto direto sobre a velocidade e o tamanho do código compilado.

Este livro explora cada uma dessas fases. Os Capítulos 2 a 4 tratam dos algoritmos usados no front end de um compilador. Os Capítulos 5 a 7 descrevem o material de base para a discussão da otimização e geração de código. O Capítulo 8 fornece uma introdução à otimização de código. Os Capítulos 9 e 10 têm um tratamento mais detalhado da análise e otimização para o leitor interessado. Finalmente, os Capítulos 11 a 13 abordam as técnicas usadas pelos back ends para seleção de instrução, escalonamento e alocação de registradores.

NOTAS DO CAPÍTULO

Os primeiros compiladores apareceram na década de 1950, e mostravam uma sofisticação surpreendente. O compilador FORTRAN original era um sistema de múltiplas passagens, que incluía um analisador léxico, um analisador sintático e um alocador de registradores, junto com algumas otimizações [26, 27]. O sistema Alpha, criado por Ershov e seus colegas, realizava otimização local [139] e usava a coloração de grafos para reduzir a quantidade de memória necessária para os itens de dados [140, 141].

Knuth oferece algumas recordações importantes da construção de compiladores do início da década de 1960 [227]. Randell e Russell descrevem os primeiros esforços de implementação para o Algol 60 [293]. Allen descreve a história do desenvolvimento do compilador dentro da IBM, enfatizando a interação entre teoria e prática [14].

Muitos compiladores influentes foram criados nas décadas de 1960 e 1970. Entre eles estão o compilador otimizador clássico FORTRAN H [252, 307], os compiladores Bliss-11 e Bliss-32 [72, 356], e o compilador portátil BCPL [300]. Esses compiladores produziam código de alta qualidade para uma série de máquinas CISC. Compiladores para alunos, por outro lado, focalizavam a compilação rápida, boas mensagens de diagnóstico e correção de erro [97, 146].

O advento da arquitetura RISC na década de 1980 levou a outra geração de compiladores, que enfatizavam a forte otimização e geração de código [24, 81, 89, 204]. Esses compiladores possuíam otimizadores completos, estruturados como mostra a Figura 1.1. Os modernos compiladores RISC ainda seguem este modelo.

Durante a década de 1990, a pesquisa em construção de compiladores focalizava a reação às rápidas mudanças que ocorriam na arquitetura de microprocessadores. A década começou com o processador *i*860 da Intel desafiando os construtores de compiladores a controlarem diretamente os pipelines e as latências de memória. Ao final da década, os compiladores enfrentavam desafios que variavam desde múltiplas unidades funcionais até longas latências de memória e geração de código paralelo. A estrutura e a organização dos compiladores RISC dos anos 1980 provaram ser flexíveis o suficiente para esses novos desafios, de modo que os pesquisadores criaram novas passagens para inserir nos otimizadores e geradores de código de seus compiladores.

Embora os sistemas Java utilizem uma mistura de compilação e interpretação [63, 279], esta não é a primeira linguagem a empregar essa mistura. Sistemas Lisp há muito tempo têm incluído compiladores de código nativo e esquemas de implementação de máquina virtual [266, 324]. O sistema Smalltalk-80 usava uma distribuição de bytecode e uma máquina virtual [233]; várias implementações acrescentaram compiladores JIT (*Just-In-Time*) [126].

EXERCÍCIOS

1. Considere um navegador Web simples, que tome como entrada uma string de texto em formato HTML e apresente a especificada notação gráfica na tela. O processo de exibição utiliza compilação ou interpretação?
2. Ao projetar um compilador, enfrentam-se muitos dilemas. Quais são as cinco qualidades que você, como usuário, considera mais importantes em um compilador que adquire? Essa lista muda quando você é o construtor do compilador? O que sua lista lhe diz, a respeito de um compilador, que você implementaria?
3. Compiladores são usados em muitas circunstâncias diferentes. Que diferenças você poderia esperar nos compiladores projetados para as seguintes aplicações:
    a. Um compilador *Just-in-time* usado para traduzir o código da interface de usuário baixado de uma rede?
    b. Um compilador destinado ao processador embutido usado em um telefone celular?
    c. Um compilador usado em um curso de programação introdutório no ensino médio?
    d. Um compilador usado para criar simulações de túnel de vento executadas em um processador maciçamente paralelo (onde todos os processadores são idênticos)?
    e. Um compilador que visa programas numericamente intensivos para um grande número de máquinas diversas?

Capítulo 2

Scanners

VISÃO GERAL DO CAPÍTULO

A tarefa do *scanner** é transformar um fluxo de caracteres em um fluxo de palavras na linguagem de entrada. Cada palavra precisa ser classificada em uma categoria sintática, ou "classe gramatical". O *scanner* é o único passo do compilador a ter contato com cada caractere do programa de entrada. Os construtores de compilador valorizam a velocidade na análise léxica, em parte porque a entrada do scanner é maior, em alguma medida, do que aquela de qualquer outro passo, e, em parte, porque técnicas altamente eficientes são fáceis de entender e implementar.

Este capítulo introduz as expressões regulares, uma notação usada para descrever as palavras válidas em uma linguagem de programação, e desenvolve os mecanismos formais para gerar scanners a partir destas expressões, seja manual ou automaticamente.

Palavras-chave: Scanner, Analisador léxico, Autômato finito, Expressão regular, Ponto fixo

2.1 INTRODUÇÃO

Análise léxica (*scanning*) é o primeiro estágio de um processo em três partes que o compilador utiliza para entender o programa de entrada. O scanner, ou analisador léxico, lê um fluxo de caracteres e produz um fluxo de palavras. Ele agrega caracteres para formar palavras e aplica um conjunto de regras para determinar se cada uma delas é ou não uma palavra válida na linguagem-fonte. Se a palavra é válida, o scanner atribui-lhe uma categoria sintática, ou classe gramatical.

Scanner é o único passo do compilador que manipula cada caractere do programa de entrada. Como realizam uma tarefa relativamente simples, agrupando caracteres para formar palavras e pontuação na linguagem-fonte, eles podem muito bem ter implementações rápidas. Ferramentas automáticas para geração de scanners são comuns, que processam uma descrição matemática da sintaxe léxica da linguagem e produzem um reconhecedor rápido. Como alternativa, muitos compiladores utilizam scanners codificados à mão; como a tarefa é simples, estes podem ser rápidos e robustos.

2.1.1 Roteiro conceitual

Este capítulo descreve as ferramentas matemáticas e as técnicas de programação comumente utilizadas para construir scanners — tanto aqueles gerados quanto os codificados à mão. O capítulo começa, na Seção 2.2, introduzindo um modelo para *reconhecedores*, programas que identificam palavras em um fluxo de caracteres. A Seção 2.3 descreve as *expressões regulares*, uma notação formal para especificar sintaxe. Na Seção 2.4, mostramos um conjunto de construções para converter uma expressão regular em um reconhecedor. Finalmente, na Seção 2.5, apresentamos três diferentes maneiras de implementar um scanner: controlado por tabela, codificado diretamente e codificado à mão.

Reconhecedor
Programa que identifica palavras específicas em um fluxo de caracteres.

---
*Analisador léxico.

Scanners gerados e codificados à mão contam com as mesmas técnicas básicas. Embora a maioria dos livros-texto e cursos defendam o uso dos primeiros, a maioria dos compiladores comerciais e compiladores de código aberto (*open-source*) utiliza os segundos. Um scanner codificado à mão pode ser mais rápido do que um gerado, pois a implementação pode remover uma parte do overhead que não pode ser evitado neste último. Como os scanners são simples e mudam com pouca frequência, muitos construtores de compilador consideram que o ganho de desempenho de um scanner codificado à mão supera a conveniência da geração automatizada de scanner. Exploraremos as duas alternativas.

2.1.2 Visão geral

Categoria sintática
Classificação das palavras de acordo com seu uso gramatical.

Microssintaxe
A estrutura léxica de uma linguagem.

O scanner de um compilador lê um fluxo de entrada, que consiste em caracteres, e produz um fluxo de saída que contém palavras, cada uma rotulada com sua *categoria sintática* — equivalente à uma classe gramatical da palavra na linguagem natural. Para conseguir esta agregação e classificação, o scanner aplica um conjunto de regras que descrevem a estrutura léxica da linguagem de programação de entrada, às vezes chamada de sua *microssintaxe,* que, em uma linguagem de programação, especifica como agrupar caracteres em palavras e, reciprocamente, como separar palavras que estejam juntas. (No contexto da análise léxica, consideramos os sinais de pontuação e outros símbolos também como palavras.)

As linguagens ocidentais, como inglês e português, possuem uma microssintaxe simples. Letras alfabéticas adjacentes são agrupadas, da esquerda para a direita, para formar uma palavra. Um espaço em branco termina uma palavra, assim como a maioria dos símbolos não alfabéticos. (O algoritmo de montagem de palavra pode tratar um hífen no meio de uma palavra como se fosse um caractere alfabético.) Quando um grupo de caracteres tiver sido agregado para formar uma palavra em potencial, o algoritmo de montagem de palavras pode determinar sua validade com uma pesquisa de dicionário.

A maioria das linguagens de programação também possui uma microssintaxe simples. Os caracteres são agregados em palavras. Na maioria das linguagens, espaços em branco e sinais de pontuação terminam uma palavra. Por exemplo, Algol e seus descendentes definem um *identificador* como um único caractere alfabético seguido por zero ou mais caracteres alfanuméricos. O identificador termina com o primeiro caractere não alfanumérico. Assim, `fee` e `fie` são identificadores válidos, mas `12fum` não. Observe que o conjunto de palavras válidas é especificado por regras, e não pela enumeração em um dicionário.

Palavra-chave
Palavra que é reservada para uma finalidade sintática em particular, e, portanto, não pode ser usada como um identificador.

Em uma linguagem de programação típica, algumas palavras, chamadas *palavras-chave* ou *palavras reservadas*, correspondem à regra para um identificador, mas possuem significados especiais. Tanto `while` quanto `static` são palavras-chave em C e em Java. As *palavras-chave* (e os sinais de pontuação) formam suas próprias categorias sintáticas. Embora `static` corresponda à regra para um identificador, o *scanner* em um compilador C ou Java sem dúvida a classificaria em uma categoria que tem apenas um elemento, a palavra-chave `static`. Para reconhecer palavras-chave, o scanner pode usar pesquisa de dicionário ou codificá-las diretamente em suas regras da microssintaxe.

A estrutura léxica simples das linguagens de programação presta-se muito bem para a construção de scanners eficientes. O construtor de compilador começa a partir de uma especificação da microssintaxe da linguagem, codificando-a em uma notação aceita por um gerador de scanners, que então constrói um scanner executável, ou então usa esta especificação para montar um scanner codificado à mão. Os scanners gerados e codificados à mão podem ser implementados para exigir apenas tempo $O(1)$

por caractere, de modo que são executados em um tempo proporcional ao número de caracteres no fluxo de entrada.

2.2 RECONHECENDO PALAVRAS

A explicação mais simples de um algoritmo para reconhecer palavras normalmente é uma formulação de um caractere por vez. A estrutura do código pode oferecer alguma ideia para o problema básico. Considere o problema de reconhecer a palavra-chave new. Considerando a presença de uma rotina `NextChar` que retorna o próximo caractere, o código poderia ser semelhante ao fragmento mostrado na Figura 2.1. O código testa n seguido por e seguido por w. A cada passo, a falha ao reconhecer o caractere apropriado faz que o código rejeite a string e "tente outra coisa". Se a única finalidade do programa fosse reconhecer a palavra new, então ele deveria imprimir uma mensagem de erro ou retornar com falha. Como os scanners raramente reconhecem apenas uma palavra, deixaremos esse "caminho de erro" deliberadamente vago neste ponto.

O fragmento de código realiza um teste por caractere. Podemos representar este fragmento usando o diagrama de transição simples mostrado à direita do código. O diagrama de transição representa um reconhecedor. Cada círculo representa um estado abstrato na computação. Cada estado é rotulado por conveniência.

O estado inicial, ou estado de partida, é s_0. Sempre rotularemos assim este estado. O estado s_3 é um de aceitação; o reconhecedor alcança s_3 somente quando a entrada é new. Estados de aceitação são desenhados com círculos duplos, como mostramos ao lado. As setas representam transições de um estado para outro com base no caractere de entrada. Se o reconhecedor começa em s_0 e lê os caracteres n, e e w, as transições nos levam para s_3. O que acontece com qualquer outra entrada, como n, o e t?

```
c ← NextChar();
if (c = 'n')
   then begin;
      c ← NextChar();
      if (c = 'e')
         then begin;
            c ← NextChar();
            if (c = 'w')
               then informe sucesso;
               else tente outra coisa;
         end;
         else tente outra coisa;
   end;
   else tente outra coisa;
```

■ **FIGURA 2.1** Fragmento de código para reconhecer "new".

O n leva o reconhecedor a s_1. O o não combina com a aresta saindo de s_1, de modo que a palavra de entrada não é new. No código, os casos que não correspondem a new *tentam outra coisa*. No reconhecedor, podemos pensar nesta ação como uma transição para um estado de erro. Quando desenhamos o diagrama de transição de um reconhecedor, normalmente omitimos transições para o estado de erro. Cada estado tem uma transição para o estado de erro em cada entrada não especificada.

O uso deste mesmo método para criar um reconhecedor para while produziria o seguinte diagrama de transição:

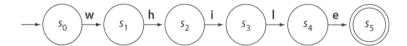

Se ele começar em s_0 e alcançar s_5, então terá identificado a palavra while. O fragmento de código correspondente envolveria cinco construções *if-then-else* aninhadas.

Para reconhecer várias palavras, podemos criar várias arestas que saem de um determinado estado. (No código, começaríamos a elaborar os caminhos *tente outra coisa*.) Um reconhecedor para new e not poderia ser

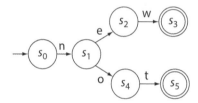

O reconhecedor usa um teste comum para n que o leva de s_0 para s_1, indicado por $s_0 \xrightarrow{n} s_1$. Se o próximo caractere for e, faz a transição $s_1 \xrightarrow{e} s_2$. Se, ao invés disso, o próximo caractere for o, faz o movimento $s_1 \xrightarrow{o} s_4$. Finalmente, um w em s_2 gera a transição $s_2 \xrightarrow{w} s_3$, enquanto um t em s_4 produz $s_4 \xrightarrow{t} s_5$. O estado s_3 indica que a entrada foi new, enquanto s_5, que foi not. O reconhecedor realiza uma transição por caractere de entrada.

Podemos combinar o reconhecedor para new ou not com aquele para while, mesclando seus estados iniciais e rotulando novamente todos os estados.

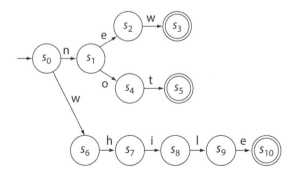

O estado s_0 tem transições para n e w. O reconhecedor tem três estados de aceitação, s_3, s_5 e s_{10}. Se qualquer estado encontrar um caractere de entrada que não corresponde a uma de suas transições, o reconhecedor passa para um estado de erro.

2.2.1 Formalismo para os reconhecedores

Os diagramas de transição servem como abstrações do código que seria exigido para implementá-los. Também podem ser vistos como objetos matemáticos formais, chamados *autômatos finitos*, que especificam os reconhecedores. Formalmente, um autômato finito (FA — Finite Automaton) é uma 5-tupla $(S, \Sigma, \delta, s_0, S_A)$, onde

Autômato finito
formalismo para os reconhecedores que possui um conjunto finito de estados, um alfabeto, uma função de transição, um estado inicial e um ou mais estados de aceitação.

- S é o conjunto finito de estados no reconhecedor, juntamente com um estado de erro s_e.
- Σ é o alfabeto finito usado pelo reconhecedor. Normalmente, Σ é a união dos rótulos das arestas no diagrama de transição.
- $\delta(s, c)$ é a função de transição do reconhecedor. Ela mapeia cada estado $s \in S$ e cada caractere $c \in \Sigma$ a algum estado seguinte. No estado s_i com caractere de entrada c, o FA faz a transição $s_i \xrightarrow{c} \delta(s_i, c)$.
- $s_0 \in S$ é o estado inicial designado.
- S_A é o conjunto de estados de aceitação, $S_A \subseteq S$. Cada estado em S_A aparece como um duplo círculo no diagrama de transição.

Como exemplo, podemos converter o FA para *new* ou *not* ou *while* no formalismo a seguir:

$$S = \{s_0, s_1, s_2, s_3, s_4, s_5, s_6, s_7, s_8, s_9, s_{10}, s_e\}$$

$$\Sigma = \{e, h, i, l, n, o, t, w\}$$

$$\delta = \begin{Bmatrix} s_0 \xrightarrow{n} s_1, s_0 \xrightarrow{w} s_6, s_1 \xrightarrow{e} s_2, s_1 \xrightarrow{o} s_4, s_2 \xrightarrow{w} s_3, \\ s_4 \xrightarrow{t} s_5, s_6 \xrightarrow{h} s_7, s_7 \xrightarrow{i} s_8, s_8 \xrightarrow{l} s_9, s_9 \xrightarrow{e} s_{10}, \end{Bmatrix}$$

$$s_0 = s_0$$

$$S_A = \{s_3, s_5, s_{10}\}$$

Para todas as outras combinações do estado s_i e caractere de entrada c, definimos $\delta(s_i, c) = s_e$, onde s_e é o estado de erro designado. Esta quíntupla é equivalente ao diagrama de transição; tendo um, podemos facilmente recriar o outro. O diagrama de transição é uma imagem do FA correspondente.

Um FA aceita uma string x se e somente se, começando em s_0, a sequência de caracteres na string levá-lo por uma série de transições que o deixe em um estado de aceitação quando a string inteira tiver sido consumida. Isto corresponde à nossa intuição para o diagrama de transição. Para a string new, nosso exemplo de reconhecedor passa pelas transições $s_0 \xrightarrow{n} s_1$, $s_1 \xrightarrow{e} s_2$ e $s_2 \xrightarrow{w} s_3$. Como $s_3 \in S_A$, e não resta mais entrada alguma, o FA aceita new. Para a string de entrada nut, o comportamento é diferente. No n, o FA segue $s_0 \xrightarrow{n} s_1$. No u, faz a transição $s_1 \xrightarrow{u} s_e$. Quando ele entra em s_e, aí permanece até esgotar o fluxo de entrada.

Mais formalmente, se a string x é composta dos caracteres $x_1 x_2 x_3 \ldots x_n$, então o FA $(S, \Sigma, \delta, s_0, S_A)$ aceita x, se e somente se

$$\delta(\delta(\ldots \delta(\delta(\delta(s_0, x_1), x_2), x_3) \ldots, x_{n-1}), x_n) \in S_A.$$

Intuitivamente, esta definição corresponde a uma aplicação repetida de δ a um par composto de algum estado $s \in S$ e um símbolo de entrada x_i. O caso básico, $\delta(s_0, x_1)$, representa a transição inicial do FA a partir do estado inicial s_0 no caractere x_1. O estado produzido por $\delta(s_0, x_1)$ é então usado como entrada, junto com x_2, para δ produzir o próximo estado, e assim por diante, até que toda a entrada tenha sido consumida. O resultado da aplicação final de δ é, novamente, um estado. Se este for um estado aceitável, então o FA aceita $x_1 x_2 x_3 \ldots x_n$.

Dois outros casos são possíveis. O FA poderia encontrar um erro enquanto processa a string, ou seja, algum caractere x_j poderia levá-lo ao estado de erro s_e. Esta condição indica um erro léxico; a string $x_1 x_2 x_3 \ldots x_j$ não é um prefixo válido para qualquer palavra na linguagem aceita pelo FA. O FA pode também descobrir um erro esgotando sua entrada e terminando em um estado de não aceitação diferente de s_e. Neste caso, a string de entrada é um prefixo apropriado de alguma palavra aceita pelo FA. Novamente, isto indica um erro. Qualquer um desses tipos de erro deve ser relatado ao usuário final.

De qualquer forma, observe que o FA segue uma transição para cada caractere de entrada. Supondo que podemos implementá-lo de modo eficiente, devemos esperar que o reconhecedor seja executado em um tempo proporcional ao tamanho da string de entrada.

2.2.2 Reconhecendo palavras mais complexas

O modelo caractere a caractere mostrado no reconhecedor original para `not` estende-se facilmente para lidar com quaisquer coleções de palavras totalmente especificadas. Como podemos reconhecer um número com este tipo de reconhecedor? Um número específico, como 113.4, é fácil.

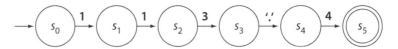

Para ser útil, porém, precisamos de um diagrama de transição (e o fragmento de código correspondente) que possa reconhecer qualquer número. Por questão de simplicidade, limitaremos a discussão a inteiros sem sinal. Em geral, um inteiro pode ser zero ou uma série de um ou mais dígitos, na qual o primeiro dígito é de um a nove, e os subsequentes são de zero a nove. (Esta definição não aceita zeros iniciais.) Como desenharíamos um diagrama de transição para esta definição?

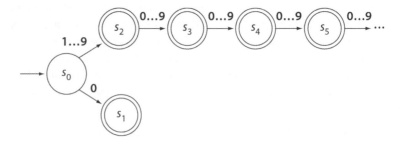

A transição $s_0 \xrightarrow{0} s_1$ trata do caso do zero. O outro caminho, de s_0 a s_2 a s_3, e assim sucessivamente, trata do caso para um inteiro maior que zero; porém, apresenta vários problemas. Primeiro, não termina, violando a estipulação de que S é finito. Segundo, todos os estados no caminho começando com s_2 são equivalentes, ou seja, têm os mesmos rótulos em suas transições de saída e todos são estados de aceitação.

```
char ← NextChar( );

state ← s0 ;

while (char ≠ eof and state ≠ Sₑ) do

    state ← δ(state,char);

    char ← NextChar( );

end;

if (state ∈ S_A)

    then reportar aceitação;

    else reportar falha;
```

$S = \{s_0, s_1, s_2, s_e\}$

$\Sigma = \{0,1,2,3,4,5,6,7,8,9\}$

$\delta = \begin{cases} s_0 \xrightarrow{0} s_1, & s_0 \xrightarrow{1-9} s_2 \\ s_2 \xrightarrow{0-9} s_2, & s_1 \xrightarrow{0-9} s_e \end{cases}$

$S_A = \{s_1, s_2\}$

■ **FIGURA 2.2** Um reconhecedor para inteiros sem sinal.

Este FA reconhece uma classe de strings com uma propriedade comum: todos são inteiros sem sinal, e levanta a distinção entre a classe de strings e o texto de qualquer string em particular. A classe "inteiro sem sinal" é uma categoria sintática, ou classe gramatical. O texto de um inteiro sem sinal específico, como 113, é seu *lexema*.

Lexema
Texto real para uma palavra reconhecida por um FA.

Podemos simplificar o FA significativamente se permitirmos que o diagrama de transição tenha ciclos. Podemos substituir toda a cadeia de estados começando em s_2 por uma única transição de s_2 para si mesmo.

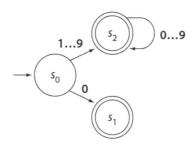

Este diagrama de transição cíclico faz sentido como um FA. Porém, sob o ponto de vista da implementação, é mais complexo do que os diagramas de transição acíclicos mostrados anteriormente. Não podemos traduzir isto diretamente para um conjunto de construções *if-then-else* aninhadas. A introdução de um ciclo no grafo de transições cria a necessidade de um fluxo de controle cíclico. Podemos implementá-lo com um laço *while*, conforme mostra a Figura 2.2. E especificar δ de modo eficiente usando uma tabela:

δ	0	1	2	3	4	5	6	7	8	9	Outro
s_0	s_1	s_2	s_2	s_2	s_2	s_2	s_2	s_2	s_2	s_2	s_e
s_1	s_e	s_e	s_e	s_e	s_e	s_e	s_e	s_e	s_e	s_e	s_e
s_2	s_2	s_2	s_2	s_2	s_2	s_2	s_2	s_2	s_2	s_2	s_e
s_e	s_e	s_e	s_e	s_e	s_e	s_e	s_e	s_e	s_e	s_e	s_e

Mudando a tabela, permitimos a mesma estrutura de código básica para implementar outros reconhecedores. Observe que esta tabela tem ampla oportunidade para compressão. As colunas para os dígitos de 1 a 9 são idênticas, de modo que poderiam ser representadas juntas, deixando uma tabela com três colunas: 0, 1...9, e *outro*. Um exame mais atento da estrutura de código mostra que ele informa uma falha assim que entra em s_e, de modo que nunca referencia essa linha da tabela. A implementação pode ignorar a linha inteira, deixando uma tabela com apenas três linhas e três colunas.

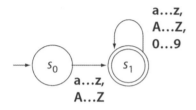

Podemos desenvolver FAs semelhantes para inteiros com sinal, números reais e números complexos. Uma versão simplificada da regra que controla nomes de identificadores em linguagens tipo Algol, como C ou Java, poderia ser: *o identificador consiste em um caractere alfabético seguido por zero ou mais caracteres alfanuméricos*. Esta definição permite um conjunto infinito de identificadores, mas pode ser especificada com o FA simples em dois estados, mostrado ao lado. Muitas linguagens de programação estendem a noção de "caractere alfabético" para incluir caracteres especiais designados, como o sublinhado.

FAS podem ser vistos como especificações para um reconhecedor. Porém, não são especificações particularmente concisas. Para simplificar a implementação do scanner, precisamos de uma notação concisa para especificar a estrutura léxica das palavras, e um modo de transformar estas especificações em um FA e no código que implementa o FA. As próximas seções deste capítulo desenvolvem exatamente essas ideias.

REVISÃO DA SEÇÃO

O método caractere a caractere para a análise léxica ocasiona clareza algorítmica. Podemos representar scanners caractere a caractere com um diagrama de transição, que, por sua vez, corresponde a um autômato finito. Pequenos conjuntos de palavras são facilmente codificados em diagramas de transição acíclicos. Conjuntos infinitos, como o de inteiros ou o de identificadores em uma linguagem tipo Algol, exigem diagramas de transição cíclicos.

QUESTÕES DE REVISÃO

Construa um FA para aceitar cada uma das seguintes linguagens:
1. Um identificador de seis caracteres consistindo de um caractere alfabético seguido por zero a cinco caracteres alfanuméricos.
2. Uma string de um ou mais pares, na qual cada par consiste em um abre-parênteses seguido por um fecha-parênteses.
3. Um comentário em Pascal, que consiste em uma abre-chaves, {, seguida por zero ou mais caracteres retirados a partir de um alfabeto, Σ, seguido por uma fecha-chaves, }.

2.3 EXPRESSÕES REGULARES

O conjunto de palavras aceitas por um autômato finito, $\mathcal{F}$, forma uma linguagem, indicada por $L(\mathcal{F})$. O diagrama de transição do FA especifica, em detalhes precisos, esta linguagem. Porém, esta não é uma especificação que os humanos achem intuitiva. Para qualquer FA, também podemos descrever sua linguagem usando uma notação chamada expressão regular (RE — Regular Expression). A linguagem descrita por uma RE é chamada linguagem regular.

Expressões regulares são equivalentes aos FAs descritos na seção anterior. (Assim provaremos com uma construção na Seção 2.4.) Reconhecedores simples possuem especificações RE simples.

- A linguagem consistindo de uma única palavra new pode ser descrita por uma RE escrita como *new*. Escrever dois caracteres um ao lado do outro implica que deverão aparecer nessa ordem.

- A linguagem consistindo de duas palavras `new` ou `while` pode ser escrita como *new* ou *while*. Para evitar possíveis erros de interpretação, escrevemos isto usando o símbolo | para indicar *ou*. Assim, escrevemos a RE como *new | while*.
- A linguagem consistindo de `new` ou `not` pode ser escrita como *new | not*. Outras REs são possíveis, como *n(ew | ot)*. Ambas as REs especificam o mesmo par de palavras. A RE *n(ew | ot)* sugere a estrutura do FA que desenhamos anteriormente para essas duas palavras.

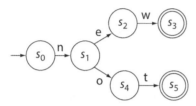

Para tornar esta discussão concreta, considere alguns exemplos que ocorrem nas linguagens de programação mais importantes. Os sinais de pontuação, como dois-pontos, ponto e vírgula, vírgulas, parênteses, colchetes e chaves, podem ser representados por seus símbolos em caractere. Suas REs têm a mesma "grafia" dos próprios sinais de pontuação. Assim, as seguintes REs poderiam ocorrer na especificação léxica para uma linguagem de programação:

$$: \quad ; \quad ? \quad => \quad (\quad) \quad \{ \quad \} \quad [\quad]$$

De modo semelhante, as palavras-chave possuem REs simples.

if   while   this   integer   instanceof

Para modelar construções mais complexas, como inteiros ou identificadores, precisamos de uma notação que possa capturar a essência da aresta cíclica em um FA.

O FA para um inteiro sem sinal, mostrado ao lado, tem três estados: um inicial s_0, um de aceitação s_1 exclusivamente para o inteiro zero, e outro de aceitação s_2 para todos os outros inteiros. A chave para o poder deste FA é a transição de s_2 de volta para si mesmo, que ocorre a cada dígito adicional. O estado s_2 traz a especificação de volta para si mesmo, criando uma regra para derivar um novo inteiro sem sinal a partir de um existente: acrescentar outro dígito à direita do número existente. Outra forma de declarar esta regra é: *um inteiro sem sinal é um zero ou um dígito não zero seguido por zero ou mais dígitos*. Para capturar a essência deste FA, precisamos de uma notação para esta noção de "zero ou mais ocorrências" de uma RE. Para a RE *x*, escrevemos isto como *x**, com o significado "zero ou mais ocorrências de *x*". Chamamos o operador * de *fechamento de Kleene*, ou apenas *fechamento*, para abreviar. Usando o operador de fechamento, podemos escrever uma RE para este FA:

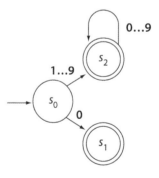

$$0 | (1 | 2 | 3 | 4 | 5 | 6 | 7 | 8 | 9) (0 | 1 | 2 | 3 | 4 | 5 | 6 | 7 | 8 | 9)*.$$

2.3.1 Formalizando a notação

Para trabalhar com expressões regulares de uma forma rigorosa, precisamos defini-las mais formalmente. Uma RE descreve um conjunto de strings sobre os caracteres contidos em algum alfabeto, Σ, aumentado com um caractere ε que representa a string vazia. Chamamos o conjunto de strings de *linguagem*. Para determinada RE, *r*, indicamos a linguagem que ela especifica como $L(r)$. Uma RE é construída a partir de três operações básicas:

1. *Alternação* A alternação, ou união, de dois conjuntos de strings, *R* e *S*, indicada por $R | S$, é $\{x \mid x \in R \text{ ou } x \in S\}$.

2. *Concatenação* A concatenação de dois conjuntos R e S, indicada por RS, contém todas as strings formadas pela inclusão de um elemento de R no início de um elemento de S, ou $\{x\,y \mid x \in R \text{ e } y \in S\}$.
3. *Fechamento* O fechamento de Kleene de um conjunto R, indicado por $R*$, é

$$\bigcup_{i=0}^{\infty} R^i$$

Esta é apenas a união das concatenações de R consigo mesmo, zero ou mais vezes.

Fechamento finito
Para qualquer inteiro i, a RE R^i designa de uma a i ocorrências de R.

Fechamento positivo
A RE R^+ indica uma ou mais ocorrências de R, normalmente escrita como $\bigcup_{i=0}^{\infty} R^i$.

Por conveniência, às vezes usamos uma notação para *fechamento finito*. A notação R^i indica de um a i ocorrências de R. Um fechamento finito sempre pode ser substituído por uma enumeração das possibilidades; por exemplo, R^3 é simplesmente $(R \mid RR \mid RRR)$. O *fechamento positivo*, indicado por R^+, é simplesmente $RR*$, e consiste em uma ou mais ocorrências de R. Como todos esses fechamentos podem ser reescritos com as três operações básicas, vamos ignorá-los na discussão a seguir.

Usando as três operações básicas — alternação, concatenação e fechamento —, podemos definir o conjunto de REs sobre um alfabeto Σ da seguinte maneira:

1. Se $a \in \Sigma$, então a também é uma RE indicando o conjunto contendo apenas a.
2. Se r e s são REs, indicando conjuntos $L(r)$ e $L(s)$, respectivamente, então $r \mid s$ é uma RE indicando a união, ou alternação, de $L(r)$ e $L(s)$; rs é uma RE indicando a concatenação de $L(r)$ e $L(s)$, respectivamente; e $r*$ é uma RE indicando o fechamento de Kleene de $L(r)$.
3. $\in$ é uma RE indicando o conjunto contendo apenas a string vazia.

Para eliminar qualquer ambiguidade, parênteses possuem a precedência mais alta, seguidos pelo fechamento, concatenação e alternação, nesta ordem.

Como uma abreviação conveniente, especificaremos intervalos de caracteres com o primeiro e o último elementos conectados por reticências, "…". Para que esta abreviação se destaque, vamos cercá-la com um par de colchetes. Assim, [0…9] representa o conjunto de dígitos decimais, que sempre poderá ser reescrito como $(0 \mid 1 \mid 2 \mid 3 \mid 4 \mid 5 \mid 6 \mid 7 \mid 8 \mid 9)$.

EXPRESSÕES REGULARES NA VIDA VIRTUAL

Expressões regulares são usadas em muitas aplicações para especificar padrões em strings de caracteres. Parte do trabalho inicial na tradução de REs para código foi feita para oferecer um modo flexível de especificar strings no comando "find" (ou "localizar") de um editor de textos. A partir desta gênese inicial, a notação passou para muitas aplicações diferentes.

Unix e outros sistemas operacionais utilizam o asterisco como um curinga para corresponder substrings a nomes de arquivo. Aqui, * é uma abreviação para a RE $\Sigma*$, especificando zero ou mais caracteres retirados do alfabeto inteiro de caracteres válidos. (Como poucos teclados têm a tecla Σ, a abreviação foi adotada) Muitos sistemas usam **?** como curinga que corresponde a um único caractere.

A família de ferramentas **grep**, e seus aparentados em sistemas não Unix, implementa a correspondência de padrões de expressão regular. (Na verdade, **grep** é um acrônimo para *global regular-expression pattern match and print* — padrão de expressão regular global).

As expressões regulares encontraram uso generalizado porque são facilmente escritas e entendidas, e uma das técnicas escolhidas quando um programa precisa reconhecer um vocabulário fixo. Funcionam bem para linguagens que se encaixam em suas regras limitadas. E facilmente traduzidas para uma forma executável, e o reconhecedor resultante é rápido.

2.3.2 Exemplos

O objetivo deste capítulo é mostrar como podemos usar técnicas formais para automatizar a construção de scanners de alta qualidade e codificar a microssintaxe das linguagens de programação nesse formalismo. Antes de prosseguir, alguns exemplos tomados a partir das linguagens de programação reais são adequados.

1. A regra simplificada dada anteriormente para identificadores em linguagens tipo Algol, um caractere alfabético seguido por zero ou mais caracteres alfanuméricos, é simplesmente ([A...Z] | [a...z]) ([A...Z] | [a...z] | [0...9])*. A maioria das linguagens também permite alguns caracteres especiais, como sublinhado (_), sinal de porcentagem (%) ou "E comercial" (&) nos identificadores.
   Se a linguagem limitar o tamanho máximo de um identificador, podemos usar o fechamento finito apropriado. Assim, identificadores limitados a seis caracteres poderiam ser especificados como ([A...Z] | [a...z]) ([A...Z] | [a...z] | [0...9])^5. Se tivéssemos que escrever a expansão completa do fechamento finito, a RE seria muito maior.

2. Um inteiro sem sinal pode ser descrito como zero ou um dígito diferente de zero seguido por zero ou mais dígitos. A RE *0 | [1...9] [0...9]** é mais concisa. Na prática, muitas implementações admitem uma classe maior de strings como inteiros, aceitando a linguagem [0...9]$^+$.

3. Números reais sem sinal são mais complexos que os inteiros. Uma RE possível poderia ser (*0 | [1...9] [0...9]**) (ε | . [0...9]*). A primeira parte é simplesmente a RE para um inteiro. O restante gera, ou a string vazia, ou um ponto decimal seguido por zero ou mais dígitos.
   As linguagens de programação normalmente estendem os números reais para a notação científica, como em (*0 | [1...9] [0...9]**) (ε | . [0...9]*) *E* (ε | + | −) (*0 | [1...9] [0...9]**).
   Esta RE descreve um número real, seguido por um E, seguido por um inteiro para especificar um expoente.

4. As strings de caracteres entre aspas possuem suas própria complexidade. Na maioria das linguagens, qualquer caractere pode aparecer dentro de uma string. Embora possamos escrever uma RE para strings usando apenas os operadores básicos, este é o nosso primeiro exemplo no qual um *operador de complemento* simplifica a RE. Usando o complemento, uma string de caracteres em C ou Java pode ser descrita como " (^")*".
   C e C++ não permitem que uma string se estenda por várias linhas no código-fonte — ou seja, se o scanner alcançar o final de uma linha enquanto estiver dentro de uma string, ele termina a string e emite uma mensagem de erro. Se representarmos uma nova linha pela *sequência de escape* \n, no estilo C, então a RE "(^(" | \n))*" reconhecerá uma string corretamente formada e levará a uma transição de erro em uma string que inclui uma nova linha.

5. Comentários aparecem em diversas firmas. C++ e Java oferecem ao programador duas formas de escrevê-los. O delimitador // indica um comentário que vai até o final da linha de entrada atual. A RE para este estilo de comentário é simples: //(^\n)* \n, onde \n representa o caractere newline.
   Comentários em múltiplas linhas em C, C++ e Java começam com o delimitador /* e terminam com */. Se pudéssemos não permitir * em um comentário, a RE seria simples: /* (^*)* */. Com *, a RE é mais complexa: /* (^* | *+^/)* */. Um FA para implementar esta RE é o seguinte:

Operador de complemento
A notação ^c especifica o conjunto {Σ − c}, o complemento de c em relação a Σ. O complemento tem precedência maior do que *, | ou +.

Sequência de escape
Dois ou mais caracteres que o scanner traduz para outro caractere. Sequências de escape são usadas para caracteres que não possuem um glifo, como newline (nova linha) ou tab (tabulação), e para aqueles que ocorrem na sintaxe, como uma aspa de início ou fim.

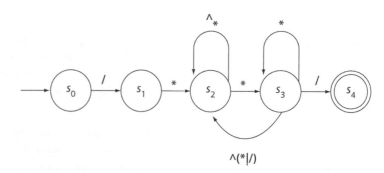

A correspondência entre a RE e este FA não é tão óbvia como nos exemplos anteriores deste capítulo. A Seção 2.4 apresenta construções que automatizam a construção de um FA a partir de uma RE. A complexidade de ambos para comentários em múltiplas linhas surge do uso de delimitadores com mais de um caractere. A transição de s_2 para s_3 codifica o fato de que o reconhecedor viu um *, de modo que pode lidar com o aparecimento de uma / ou sua falta de maneira correta. Ao contrário, Pascal usa delimitadores de comentário de único caractere: { e }, de modo que um comentário em Pascal é apenas { ^}* }.

Tentar ser específico com uma RE também pode levar a expressões complexas. Considere, por exemplo, que o especificador de registradores em uma linguagem assembly típica consiste na letra r seguida imediatamente por um inteiro pequeno. Em ILOC, que admite um conjunto ilimitado de nomes de registrador, a RE poderia ser $r[0..9]^+$, com o seguinte FA:

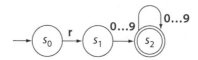

Este reconhecedor aceita r29 e rejeita s29. Ele também aceita r99999, embora atualmente nenhum computador disponível tenha 100.000 registradores.

Em um computador real, porém, o conjunto de nomes de registrador é bastante limitado — digamos, para 32, 64, 128 ou 256 registradores. Um modo do scanner verificar a validade de um nome de registrador é convertendo os dígitos para um número e testando se ele se encontra ou não no intervalo de números válidos para o registrador. A alternativa é adotar uma especificação de RE mais precisa, como:

$$r ([0...2] ([0...9] | \varepsilon) | [4...9] | (3 (0 | 1 | \varepsilon)))$$

Esta RE especifica uma linguagem muito menor, limitada aos números de registrador de 0 a 31 com um 0 inicial opcional nos nomes de registrador com único dígito. Ela aceita r0, r00, r01 e r31, mas rejeita r001, r32 e r99999. O FA correspondente se parece com este:

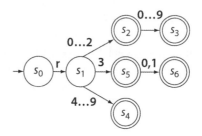

Qual FA é melhor? Ambos fazem uma única transição em cada caractere de entrada. Assim, têm o mesmo custo, embora um segundo FA verifique uma especificação mais complexa. O mais complexo tem mais estados e transições, de modo que sua representação exige mais espaço. Porém, seus custos operacionais são os mesmos.

Este ponto é crítico: o custo da operação de um FA é proporcional ao tamanho da entrada, e não ao tamanho ou complexidade da RE que o gera. REs mais complexas produzem FAs com mais estados, que, por sua vez, necessitam mais espaço. O custo de gerar um FA a partir de uma RE também pode aumentar com o aumento na complexidade da RE. Mas o custo da operação do FA permanece uma transição por caractere de entrada.

Podemos melhorar nossa descrição do especificador de registradores? A RE anterior é complexa e contraintuitiva. Uma alternativa mais simples poderia ser:

r0 | *r00* | *r1* | *r01* | *r2* | *r02* | *r3* | *r03* | *r4* | *r04* | *r5* | *r05* | *r6* | *r06* | *r7* | *r07* |

r8 | *r08* | *r9* | *r09* | *r10* | *r11* | *r12* | *r13* | *r14* | *r15* | *r16* | *r17* | *r18* | *r19* | *r20* |

r21 | *r22* | *r23* | *r24* | *r25* | *r26* | *r27* | *r28* | *r29* | *r30* | *r31*

Esta RE é conceitualmente mais simples, porém muito maior do que a versão anterior. O FA resultante ainda exige uma transição por símbolo de entrada. Assim, se pudermos controlar o crescimento no número de estados, poderíamos preferir esta versão da RE, pois é clara e óbvia. Porém, quando nosso processador, de repente, tem 256 ou 384 registradores, a enumeração também pode ser tediosa.

LINGUAGENS DE PROGRAMAÇÃO *VERSUS* LINGUAGENS NATURAIS

A análise léxica destaca uma das formas sutis de como as linguagens de programação diferem das naturais, como inglês ou chinês. Nestas, o relacionamento entre a representação de uma palavra — grafia ou pictograma — e seu significado não é óbvio. Em inglês, *are* é verbo, enquanto *art* é substantivo, embora as palavras sejam diferentes apenas no último caractere. Além do mais, nem todas as combinações de caracteres são palavras legítimas. Por exemplo, *arz* difere muito pouco de *are* e *art*, mas não ocorre como palavra no uso normal do inglês.

Um scanner para o inglês poderia usar técnicas baseadas em FA para reconhecer palavras em potencial, pois todas são retiradas de um alfabeto restrito. Depois disso, porém, ele precisa consultar uma provável palavra num dicionário para determinar se é, de fato, uma palavra. Se a palavra tiver uma classe gramatical exclusiva, a pesquisa no dicionário também resolverá este problema. Porém, muitas palavras em inglês podem ser classificadas com diversas classes gramaticais. Exemplo são *love* e *stress*; ambas podem ser substantivo ou verbo. Para estas, a classe gramatical depende do contexto ao redor. Em alguns casos, entender o contexto gramatical é suficiente para classificar a palavra. Em outros, isto exige um conhecimento do significado, tanto da palavra quanto do seu contexto.

Ao contrário, as palavras em uma linguagem de programação são quase sempre especificadas de forma léxica. Assim, qualquer string em [*1*...*9*][*0*...*9*]* é um inteiro positivo. A RE [*a*...*z*]([*a*...*z*]|[*0*...*9*])* define um subconjunto dos identificadores em Algol; *arz*, *are* e *art* são todos identificadores, sem necessidade de qualquer pesquisa para estabelecer este fato. Por certo, alguns identificadores podem ser reservados como palavras-chave. Porém, essas exceções também podem ser especificadas lexicamente. Nenhum contexto é necessário.

Esta propriedade resulta de uma decisão deliberada no projeto da linguagem de programação. A escolha de fazer que a grafia tenha uma única classe gramatical simplifica a análise léxica, a análise sintática e, aparentemente, abre mão de pouca coisa na expressividade da linguagem. Algumas linguagens têm permitido palavras com duas classes gramaticais — por exemplo, PL/I não possui palavras-chave reservadas. O fato de que as linguagens mais recentes tenham abandonado a ideia sugere que as complicações são maiores que a flexibilidade linguística extra.

2.3.3 Propriedades de fechamento das REs

Linguagens regulares
Qualquer linguagem que pode ser especificada por uma expressão regular é chamada *linguagem regular*.

Expressões regulares e as linguagens que geram têm sido assunto de muito estudo. Elas possuem muitas propriedades interessantes e úteis. Algumas destas desempenham um papel crítico nas construções que criam reconhecedores a partir de REs.

Expressões regulares são fechadas sob muitas operações — ou seja, se aplicarmos a operação a uma RE ou a uma coleção de REs, o resultado é uma RE. Alguns exemplos óbvios são concatenação, união e fechamento. A concatenação de duas REs x e y é simplesmente xy. A união, $x \mid y$. O fechamento de Kleene de x é simplesmente x^*. Pela definição de uma RE, todas essas expressões também são REs.

Essas propriedades de fechamento desempenham papel fundamental no uso das REs para a criação de scanners. Suponha que tenhamos uma RE para cada categoria sintática na linguagem-fonte, $a_0, a_1, a_2, \ldots, a_n$. Então, para construir uma RE para todas as palavras válidas na linguagem, podemos juntá-las com alternação como $a_0 \mid a_1 \mid a_2 \mid \ldots \mid a_n$. Como as REs são fechadas sob união, o resultado é uma RE. Qualquer coisa que pudermos fazer em uma RE para uma única categoria sintática será igualmente aplicável à RE para todas as palavras válidas na linguagem.

O fechamento sob união implica que qualquer linguagem finita é uma *linguagem regular*. Podemos construir uma RE para qualquer coleção finita de palavras listando-as em uma grande alternação. Como o conjunto de REs é fechado sob união, essa alternação é uma RE, e a linguagem correspondente é regular.

O fechamento sob concatenação nos permite montar REs complexas, a partir de outras mais simples, concatenando-as. Esta propriedade parece óbvia e pouco importante. Porém, nos permite juntar REs de formas sistemáticas. O fechamento garante que ab é uma RE desde que tanto a quanto b sejam REs. Assim, quaisquer técnicas que possam ser aplicadas a a ou a b podem ser aplicadas a ab; isto inclui construções que geram automaticamente um reconhecedor a partir de REs.

Expressões regulares também são fechadas sob os fechamentos de Kleene e finitos. Esta propriedade nos permite especificar tipos particulares de conjuntos grandes, ou mesmo infinitos, com padrões finitos. O fechamento de Kleene permite-nos especificar conjuntos infinitos com padrões finitos concisos; alguns exemplos incluem os inteiros e identificadores de tamanho ilimitado. Já os fechamentos finitos nos possibilitam especificar conjuntos grandes, porém finitos, com a mesma facilidade.

A próxima seção mostra uma sequência de construções que criam um FA para reconhecer a linguagem especificada por uma RE. A Seção 2.6 mostra um algoritmo que faz o contrário, de um FA para uma RE. Juntas, estas construções estabelecem a equivalência entre REs e FAs. O fato de que REs são fechadas sob alternação, concatenação e fechamento são críticos para essas construções.

FA completo
FA que inclui explicitamente todas as transições de erro.

A equivalência entre REs e FAs também sugere outras propriedades de fechamento. Por exemplo, dado um *FA completo*, podemos construir um FA que reconhece todas as palavras w que não estão em $L(FA)$, chamado complemento de $L(FA)$. Para construir esse novo FA para o complemento, podemos alternar a designação de estados de aceitação e de não aceitação no FA original. Este resultado sugere que REs são fechadas sob complemento. Na verdade, muitos sistemas que usam REs incluem um operador de complemento, como o ^ em `lex`.

> **REVISÃO DA SEÇÃO**
> Expressões regulares são uma notação concisa e poderosa para especificar a microssintaxe das linguagens de programação. REs baseiam-se em três operações básicas sobre alfabetos finitos: alternação, concatenação e fechamento de Kleene. Outras operações convenientes, como fechamento finito, fechamento positivo, e complemento, derivam das três operações básicas. Expressões regulares e autômatos finitos se relacionam; qualquer RE pode ser concretizada em um FA, e a linguagem aceita por qualquer FA pode ser descrita com uma RE. A próxima seção formaliza este relacionamento.

> **QUESTÕES DE REVISÃO**
> **1.** Lembre-se da RE para um identificador de seis caracteres, escrita usando um fechamento finito.
>
> $$([A...Z] \mid [a...z]) ([A...Z] \mid [a...z] \mid [0...9])^5$$
>
> Reescreva-a em termos das suas três operações básicas: alternação, concatenação e fechamento.
>
> **2.** Em PL/I, o programador pode inserir aspas em uma string escrevendo duas aspas em seguida. Assim, a string
>
> ```
>     As aspas, ", devem ser diagramadas em itálico
> ```
>
> seria escrita em um programa PL/I como
>
> ```
>     "As aspas, "",devem ser diagramadas em itálico."
> ```
>
> Crie uma RE e um FA para reconhecer strings em PL/I. Suponha que as strings comecem e terminem com aspas e contenham apenas símbolos retirados de um alfabeto, designado como Σ. As aspas são o único caso especial.

2.4 DA EXPRESSÃO REGULAR AO SCANNER

O objetivo do nosso trabalho com autômatos finitos é automatizar a derivação de scanners executáveis a partir de uma coleção de REs. Esta seção desenvolve as construções que transformam uma RE em um FA que seja adequado para implementação direta e um algoritmo que deriva uma RE para a linguagem aceita por um FA. A Figura 2.3 mostra o relacionamento entre todas essas construções.

■ **FIGURA 2.3** O ciclo das construções.

Para apresentar essas construções, distinguimos entre FAs *determinísticos*, ou DFAs, e FAs *não determinísticos*, ou NFAs, na Seção 2.4.1. Em seguida, apresentamos a construção de um FA determinístico a partir de uma RE em três etapas. A construção de Thompson, na Seção 2.4.2, deriva um NFA a partir de uma RE. A construção de subconjunto, na Seção 2.4.3, cria um DFA que simula um NFA. O algoritmo de Hopcroft, na Seção 2.4.4, minimiza um DFA. Para estabelecer a equivalência de REs e DFAs, também precisamos mostrar que qualquer DFA é equivalente a uma RE; a construção de Kleene deriva uma RE a partir de um DFA. Como ela não é simbolizada diretamente na construção do scanner, deixamos esse algoritmo para a Seção 2.6.1.

2.4.1 Autômatos finitos não determinísticos

Lembre-se, da definição de uma RE, que designamos a string vazia, ε, como uma RE. Nenhum dos FAs que montamos à mão incluía ε, mas algumas das REs sim. Qual papel ε tem em um FA? Podemos usar transições em ε para combinar FAs e formar FAs para REs mais complexas. Por exemplo, suponha que tenhamos FAs para as REs m e n, chamadas FA_m e FA_n, respectivamente.

Podemos montar um FA para mn acrescentando uma transição em ϵ a partir do estado de aceitação de FA_m para o estado inicial de FA_n, renumerando os estados e usando o estado de aceitação de FA_n como estado de aceitação para o novo FA.

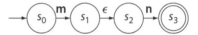

ϵ-transição
Transição sobre a string vazia, ϵ, que não avança a entrada.

Com uma $\in$-transição, a definição de aceitação precisa mudar ligeiramente para permitir uma ou mais ε-transições entre dois caracteres quaisquer na string de entrada. Por exemplo, em s_1, o FA faz a transição $s_1 \xrightarrow{\epsilon} s_2$ sem consumir qualquer caractere de entrada. Esta é uma mudança pequena, mas parece intuitiva. A inspeção mostra que podemos combinar s_1 e s_2 para eliminar a ϵ-transição.

A fusão de dois FAs com uma $\in$-transição pode complicar nosso modelo de como os FAs funcionam. Considere os FAs para as linguagens a^* e ab.

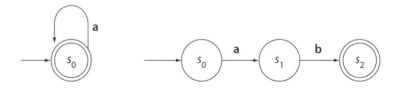

Podemos combiná-los com uma ε-transição para formar um FA para a^*ab.

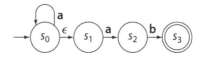

A $\in$-transição, efetivamente dá ao FA duas transições distintas de s_0 na letra a. Ele pode tomar a transição $s_0 \xrightarrow{a} s_0$, ou as duas transições $s_0 \xrightarrow{\epsilon} s_1$ e $s_1 \xrightarrow{a} s_2$. Qual transição está correta? Considere as strings aab e ab. O DFA deve aceitar as duas strings. Para aab, deve mover $s_0 \xrightarrow{a} s_0$, $s_0 \xrightarrow{\epsilon} s_1$, $s_1 \xrightarrow{a} s_2$, e $s_2 \xrightarrow{b} s_3$. Para ab, deve mover $s_0 \xrightarrow{\epsilon} s_1$, $s_1 \xrightarrow{a} s_2$, e $s_2 \xrightarrow{b} s_3$.

Como essas duas strings mostram, a transição correta de s_0 em a depende dos caracteres que vêm após a. A cada passo, o FA examina o caractere atual. Seu estado codifica o contexto da esquerda, ou seja, os caracteres que ele já processou. Como o FA precisa fazer uma transição antes de examinar o próximo caractere, um estado como s_0 viola nossa noção do comportamento de um algoritmo sequencial. O *FA* que inclui estados como s_0, que possuem várias transições em um único caractere, é chamado *autômato finito não determinístico* (NFA — *Nondeterministic Finite Automaton*). Ao contrário, um FA com transições de caractere exclusivas em cada estado é chamado *autômato finito determinístico* (DFA — *Deterministic Finite Automaton*).

FA não determinístico
FA que permite transições sobre a string vazia, ϵ, e estabelece que possui várias transições no mesmo caractere.

FA determinístico
DFA é um FA onde a função de transição tem valor único. DFAs não permitem $\in$-transições.

Para um NFA fazer sentido, precisamos de um conjunto de regras que descrevam seu comportamento. Historicamente, dois modelos distintos foram dados para o comportamento de um NFA.

1. Toda vez que o NFA precisa fazer uma escolha não determinística, ele segue a transição que leva a um estado de aceitação para a string de entrada, se esta transição existir. Esse modelo, usando um NFA onisciente, é interessante porque mantém (na superfície) o mecanismo de aceitação bem definido do DFA. Basicamente, o NFA escolhe a transição correta em cada ponto.
2. Toda vez que o NFA precisa fazer uma escolha não determinística, ele é clonado para buscar cada transição possível. Assim, para determinado caractere de entrada, o NFA está em um conjunto específico de estados, tomados a partir de todos os seus clones. Neste modelo, o NFA busca todos os caminhos simultaneamente. Em qualquer ponto, chamamos o conjunto específico de estados em que o *NFA* está ativo de sua *configuração*. Quando ele alcança uma configuração em que esgotou a entrada e um ou mais dos clones alcançaram um estado de aceitação, ele aceita a string.

Configuração de um NFA
O conjunto de estados ativos simultaneamente de um NFA.

Em qualquer modelo, o NFA $(S, \Sigma, \delta, s_0, S_A)$ aceita uma string de entrada $x_1 x_2 x_3 \ldots x_k$ se, e somente se, houver pelo menos um caminho pelo diagrama de transição que começa em s_0 e termina em algum $s_k \in S_A$ tal que os rótulos de aresta ao longo do caminho combinem com a string de entrada. (As arestas rotuladas com ϵ são omitidas.) Em outras palavras, o *i*-ésimo rótulo de aresta precisa ser x_i. Esta definição é consistente com qualquer modelo do comportamento do NFA.

Equivalência de NFAs e DFAs

Ambos são equivalentes em seu poder expressivo. Qualquer DFA é um caso especial de NFA. Assim, um NFA é pelo menos tão poderoso quanto um DFA. Qualquer NFA pode ser simulado por um DFA — fato estabelecido pela construção de subconjunto na Seção 2.4.3. A intuição por trás dessa ideia é simples; a construção é um pouco mais complexa.

Considere o estado de um NFA quando tiver alcançado algum ponto na string de entrada. Sob o segundo modelo do comportamento do NFA, ele tem algum conjunto finito de clones operacionais. O número dessas configurações pode ser limitado; para cada estado, a configuração inclui um ou mais clones neste estado ou não. Assim, um NFA com n estados produz no máximo $|\Sigma|^n$ configurações.

Para simular o comportamento do NFA, precisamos de um DFA com um estado para cada configuração do NFA. Como resultado, o DFA pode ter exponencialmente mais

Conjunto potência de N
Conjunto de todos os subconjuntos de N, indicado por 2N.

estados do que o NFA. Embora S_{DFA}, o conjunto de estados no DFA, possa ser grande, ele é finito. Além do mais, o DFA ainda faz uma transição por símbolo de entrada. Assim, o DFA que simula o NFA ainda executa em tempo proporcional à extensão da string de entrada. A simulação de um NFA em um DFA tem um problema de espaço em potencial, mas não de tempo.

Como os NFAs e os DFAs são equivalentes, podemos construir um DFA para $a*ab$:

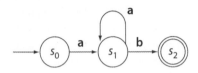

Ele conta com a observação de que $a*ab$ especifica o mesmo conjunto de palavras que $aa*b$.

2.4.2 Expressão regular para NFA: construção de Thompson

O primeiro passo ao passar de uma RE para um scanner implementado precisa derivar um NFA a partir da RE. A *construção de Thompson* realiza este objetivo de forma direta. Ela tem um template para construir o NFA que corresponde a uma RE de única letra, e uma transformação nos NFAs que modela o efeito de cada operador básico da RE: concatenação, alternação e fechamento. A Figura 2.4 mostra os NFAs triviais para as REs a e b, além das transformações para formar NFAs para as REs ab, $a|b$ e $a*$ a partir dos NFAs para a e b. As transformações aplicam-se a quaisquer NFAs.

A construção começa montando NFAs triviais para cada caractere na RE de entrada. Em seguida, são aplicadas as transformações para alternação, concatenação e fechamento à coleção de NFAs triviais na ordem ditada pela precedência e parênteses. Para a RE $a(b|c)*$, a construção primeiro montaria NFAs para a, b e c. Como os parênteses possuem precedência mais alta, em seguida ela cria a NFA para a expressão delimitada em parênteses, $b|c$. O fechamento tem precedência mais alta do que a concatenação,

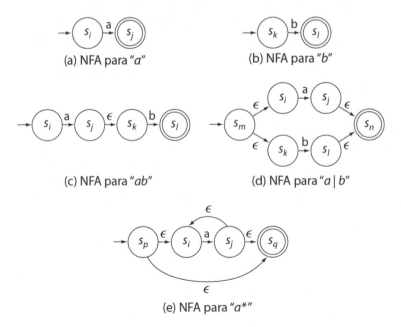

■ **FIGURA 2.4** NFAs triviais para operadores de expressão regular.

de modo que, em seguida, ela constrói o fechamento, $(b|c)^*$. Finalmente, ela concatena o NFA para a ao NFA para $(b|c)^*$.

Os NFAs derivados da construção de Thompson possuem várias propriedades específicas que simplificam uma implementação. Cada NFA tem um estado inicial e um estado de aceitação. Nenhuma transição, além da inicial, entra no estado inicial. E nenhuma sai do estado de aceitação. Uma ε-transição sempre conecta dois estados que eram, neste processo, o inicial e o de aceitação de NFAs para algumas REs componentes. Finalmente, cada estado tem no máximo dois ε-movimentos de entrada e dois de saída, e no máximo um movimento de entrada e um de saída sobre um símbolo no alfabeto. Juntas, essas propriedades simplificam a representação e a manipulação dos NFAs. Por exemplo, a construção só precisa lidar com um único estado de aceitação, ao invés de percorrer um conjunto de estados aceitáveis no NFA.

A Figura 2.5 mostra o NFA que a construção de Thompson monta para $a(b|c)^*$. Ele tem muito mais estados do que o DFA provavelmente produzido por um humano, mostrado *ao lado*. Ele também contém muitos ε-movimentos que são obviamente desnecessários. Outros estágios na construção os eliminarão.

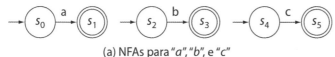
(a) NFAs para "a", "b", e "c"

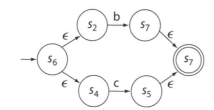
(b) NFA para "$b \mid c$"

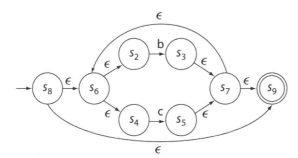
(c) NFA para "$(b \mid c)$"

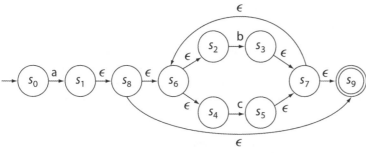
(d) NFA para "$a(b \mid c)$"

■ **FIGURA 2.5** Aplicando a construção de Thompson para $a(b \mid c)^*$.

> **REPRESENTANDO A PRECEDÊNCIA DE OPERADORES**
>
> A construção de Thompson deve aplicar suas três transformações em uma ordem que seja consistente com a precedência dos operadores na expressão regular. Para representar esta ordem, uma implementação desta construção pode montar uma árvore que representa a expressão regular e sua precedência interna. A RE $a(b|c)^*$ produz a seguinte *árvore*:
>
>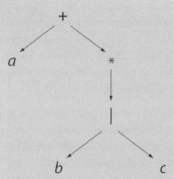
>
> onde + representa concatenação, | alternação e * fechamento. Os parênteses são transformados na estrutura da árvore, e, assim, não possuem representação explícita.
>
> A construção aplica as transformações individuais em um percurso de pós-ordem pela árvore. Como as transformações correspondem às operações, este percurso monta a seguinte sequência de NFAs: a, b, c, $b|c$, $(b|c)^*$ e, finalmente, $a(b|c)^*$. Os Capítulos 3 e 4 mostram como montar árvores de expressão.

2.4.3 NFA para DFA: A construção de subconjunto

A construção de Thompson produz um NFA para reconhecer a linguagem especificada por uma RE. Como a execução do DFA é muito mais fácil de simular do que a do NFA, o próximo passo no ciclo de construções converte o NFA montado pela construção de Thompson em um DFA que reconhece a mesma linguagem. Os DFAs resultantes possuem um modelo de execução simples e várias implementações eficientes. O algoritmo que constrói um DFA a partir de um NFA é chamado *construção de subconjunto*.

A construção de subconjunto usa como entrada um NFA $(N, \Sigma, \delta_N, n_0, N_A)$. Ele produz um DFA, $(D, \Sigma, \delta_D, d_0, D_A)$. NFA e DFA utilizam o mesmo alfabeto, Σ. O estado inicial do DFA, d_0, e seus estados de aceitação, D_A, surgirão a partir da construção. A parte complexa da construção é a derivação do conjunto de estados D do DFA a partir do conjunto de estados N do NFA, e a derivação da função de transição do DFA, δ_D.

Configuração válida
Configuração de um NFA que pode ser alcançada por alguma string de entrada.

O algoritmo, mostrado na Figura 2.6, constrói um conjunto Q cujos elementos, q_i, são, cada um, um subconjunto de N, ou seja, cada $q_i \in 2^N$. Quando o algoritmo termina, cada $q_i \in Q$ corresponde a um estado, $d_i \in D$, no DFA. A construção monta os elementos de Q seguindo as transições que o NFA pode fazer sobre determinada entrada. Assim, cada q_i representa uma *configuração válida* do NFA.

O algoritmo começa com um conjunto inicial, q_0, que contém n_0 e quaisquer estados no NFA que possam ser alcançados a partir de n_0 ao longo dos caminhos que contêm

```
q₀ ← ∈-closure({n₀});

Q ← q₀;

WorkList ← {q₀};

while (WorkList ≠ ∅ ) do

    remover q da WorkList;

    for each caractere c ∈ Σ do

        t ← ε-closure(Delta(q, c));

        T[q, c] ← t;

        if t ∉ Q then

            incluir t a Q e a WorkList;

    end;

end;
```

■ **FIGURA 2.6** A construção de subconjunto.

apenas ∈-transições. Esses estados são equivalentes, pois podem ser alcançados sem consumir entrada.

Para construir q_0 a partir de n_0, o algoritmo calcula ∈-`closure`(n_0), e usa, como entrada, um conjunto S de estados do NFA. Ele retorna um conjunto de estados do NFA construídos a partir de S da seguinte forma: ∈-`closure` examina cada estado $s_i \in S$ e acrescenta a S qualquer estado alcançável seguindo uma ou mais ε-transições a partir de s_i. Se S for o conjunto de estados que podem ser alcançados a partir de n_0 seguindo os caminhos rotulados com abc, então ∈-`closure`(S) é o conjunto de estados que podem ser alcançados a partir de n_0 seguindo os caminhos rotulados abc∈*. Inicialmente, Q tem apenas um membro, q_0, e a `WorkList` contém q_0.

O algoritmo prossegue removendo um conjunto q da worklist (lista de trabalho). Cada q representa uma configuração válida do NFA original. O algoritmo constrói, para cada caractere c no alfabeto Σ, a configuração que o NFA alcançaria se lesse c enquanto estiver na configuração q. Essa computação usa uma função `Delta`(q,c), que aplica a função de transição do NFA a cada elemento de q, e retorna $U_{s \in qi} \delta_N(s,c)$.

O laço while remove repetidamente uma configuração q da worklist e usa `Delta` para calcular suas transições em potencial. Ele aumenta essa configuração calculada com quaisquer estados que possam ser alcançados pelas ε-transições seguintes, e acrescenta quaisquer novas configurações geradas dessa forma a Q e à worklist. Quando descobre uma nova configuração t alcançável a partir de q sobre o caractere c, o algoritmo registra essa transição na tabela T. O laço interno, que percorre o alfabeto para cada configuração, realiza uma busca completa.

Observe que Q cresce monotonicamente. O laço while acrescenta conjuntos a Q, mas nunca os remove. Como o número de configurações do NFA é limitado e cada configuração só aparece uma vez na worklist, o laço while deve parar. Ao parar, Q contém todas as configurações válidas do NFA e T mantém todas as transições entre elas.

Q pode se tornar grande — pode chegar a $|2^N|$ estados distintos. A quantidade de não determinismo encontrada no NFA determina quanta expansão de estado ocorre. Lembre-se, porém, que o resultado é um DFA que faz exatamente uma transição por caractere de entrada, independente do número de estados no DFA. Assim, qualquer expansão introduzida pela construção de subconjunto não afeta o tempo de execução do DFA.

De Q a D

Quando a construção de subconjunto para, terá construído um modelo do DFA desejado, que simula o NFA original. A construção do DFA a partir de Q e T é simples. Cada $q_i \in Q$ precisa de um estado $d_i \in D$ para representá-lo. Se q_i contém um estado de aceitação do NFA, então d_i é um estado de aceitação do DFA. Podemos construir a função de transição, δ_D, diretamente de T, observando o mapeamento de q_i para d_i. Finalmente, o estado construído a partir de q_0 torna-se d_0, o estado inicial do DFA.

Exemplo

Considere o NFA construído para $a(b|c)^*$ na Seção 2.4.2 e mostrado na Figura 2.7a com seus estados renumerados. A tabela na Figura 2.7b esboça as etapas seguidas pelo algoritmo de construção de subconjunto. A primeira coluna mostra o nome do conjunto em Q sendo processado em determinada iteração do laço while. A segunda, o nome do estado correspondente no novo DFA. A terceira, o conjunto de estados do NFA contidos no conjunto atual de Q. As três colunas finais exibem resultados do cálculo de $\in$-`closure` de `Delta` no estado para cada caractere em Σ.

O algoritmo realiza as seguintes etapas:

1. A inicialização define q_0 como $\in$-`closure`($\{n_0\}$), que é simplesmente n_0. A primeira iteração calcula $\in$-`closure(Delta`(q_0, a)), que contém seis estados do NFA, e $\in$-`closure(Delta`(q_0,b)) e $\in$-`closure(Delta`(q_0,c)), que são vazios.
2. A segunda iteração do laço while examina q_1; produz duas configurações e as chama de q_2 e q_3.
3. A terceira iteração do laço while examina q_2 e constrói duas configurações, que são idênticas a q_2 e q_3.
4. A quarta iteração do laço while examina q_3. Assim como a terceira iteração, esta reconstrói q_2 e q_3.

A Figura 2.7c mostra o DFA resultante; os estados correspondem aos do DFA a partir da tabela, e as transições são dadas pelas operações `Delta` que geram esses estados. Como os conjuntos q_1, q_2 e q_3 contêm n_9 em cada um deles (o estado de aceitação do NFA), todos os três se tornam estados de aceitação no DFA.

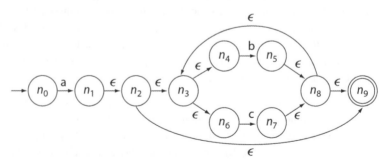

(a) NFA para "$a(b|c)^*$" (com estados renumerados)

Nomes de conjunto	Estados de DFA	Estados de NFA	∈-closure (Delta($q,$*))		
			a	b	c
q_0	d_0	n_0	$\{n_1, n_2, n_3, n_4, n_6, n_9\}$	– nenhum –	– nenhum –
q_1	d_1	$\{n_1, n_2, n_3, n_4, n_6, n_9\}$	– nenhum –	$\{n_5, n_8, n_9, n_3, n_4, n_6\}$	$\{n_7, n_8, n_9, n_3, n_4, n_6\}$
q_2	d_2	$\{n_5, n_8, n_9, n_3, n_4, n_6\}$	– nenhum –	q_2	q_3
q_3	d_3	$\{n_7, n_8, n_9, n_3, n_4, n_6\}$	– nenhum –	q_2	q_3

(b) Iterações da construção de subconjunto

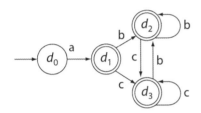

(c) DFA resultante

■ **FIGURA 2.7** Aplicando a construção de subconjunto ao NFA da Figura 2.5.

Computações de ponto fixo

A construção de subconjunto é um exemplo de *computação de ponto fixo*, um estilo particular que aparece regularmente na ciência da computação. Essas computações são realizadas pela aplicação repetida de uma função monotônica a alguma coleção de conjuntos retirados de um domínio cuja estrutura é conhecida. Essas computações terminam quando alcançam um estado onde iterações adicionais produzem a mesma resposta — um "ponto fixo" no espaço das repetições sucessivas. As computações de ponto fixo desempenham papel importante e recorrente na construção de compiladores.

Argumentos de término para algoritmos de ponto fixo normalmente dependem de propriedades conhecidas do domínio. Para a construção de subconjunto, o domínio D é 2^{2^N}, pois $Q = \{q_0, q_1, q_2, \ldots, q_k\}$, onde cada $q_i \in 2^N$. Como N é finito, 2^N e 2^{2^N} também o são. O laço while acrescenta elementos a Q; e não pode remover um elemento de Q. Podemos ver o laço while como uma *função monotônica* crescente f, que significa que, para um conjunto $x, f(x) \geq x$. (O operador de comparação $\geq$ é $\supseteq$.) Como Q pode ter no máximo $|2^N|$ elementos distintos, o laço while pode se repetir no máximo $|2^N|$ vezes. Naturalmente, ele pode alcançar um ponto fixo e parar mais rapidamente do que isso.

Função monotônica
A função f no domínio D é monotônica se $\forall\, x, y \in D$, $x \leq y \Rightarrow f(x) \leq f(y)$

Calculando o ∈-closure off-line

Uma implementação da construção de subconjunto poderia calcular ∈-closure() seguindo os caminhos no grafo de transição do NFA conforme a necessidade. A Figura 2.8 mostra outro método: um algoritmo off-line que calcula ∈-closure({n}) para cada estado n no grafo de transição. O algoritmo é outro exemplo de computação de ponto fixo.

Para os propósitos deste algoritmo, considere o diagrama de transição do NFA como um grafo, com nós e arestas. O algoritmo começa criando um conjunto E para cada nó no grafo. Para um nó n, $E(n)$ irá armazenar a aproximação atual para $\in\text{-}closure(n)$. Inicialmente, o algoritmo define $E(n)$ como $\{n\}$, para cada nó n, e coloca cada nó na worklist.

Cada iteração do laço while remove um nó n da worklist, encontra todas as $\in$-transições que saem de n e acrescenta seus alvos a $E(n)$. Se essa computação mudar a $E(n)$, coloca

```
for each estado n ∈ N do
    E(n) ← {n};
end;
WorkList ← N;
    while (WorkList≠∅) do
    remover n da WorkList;
```
$$t \leftarrow \{n\} \cup \bigcup_{n \xrightarrow{\in} p \in \delta N} E(p);$$
```
    if t ≠ E(n)
        then begin;
            E(n) ← t;
            WorkList ← WorkList ∪ {m|m →ᵉ n∈ δN};
        end;
end;
```

■ **FIGURA 2.8** Um algoritmo off-line para $\in\text{-}closure$.

O uso de um conjunto de vetores de bits para a worklist pode garantir que o algoritmo não possui cópias duplicadas do nome de um nó na worklist. Ver Apêndice B.2.

os predecessores de n junto com $\in$-transições na worklist. (Se n estiver no $\in$-closure de seu predecessor, o acréscimo de nós a $E(n)$ também precisa acrescentá-los no conjunto do predecessor.) Esse processo é interrompido quando a worklist se torna vazia.

O argumento de término para esse algoritmo é mais complexo do que para aquele da Figura 2.6. O algoritmo termina quando a worklist está vazia. Inicialmente, a worklist contém cada nó no grafo. Cada iteração remove um nó da worklist, podendo também acrescentar um ou mais nós à worklist.

O algoritmo só acrescenta um nó à worklist se o conjunto E do seu sucessor mudar. Os conjuntos $E(n)$ aumentam monotonicamente. Para um nó x, seu sucessor y ao longo de uma ϵ-transição pode colocar x na worklist no máximo $|E(y)| \leq |N|$ vezes, na pior das hipóteses. Se x possui múltiplos sucessores y_i ao longo de ϵ-transições, cada um deles pode colocar x na worklist $|E(y_i)| \leq |N|$ vezes. Para o grafo inteiro, o comportamento de pior caso colocaria nós na worklist $k \cdot |N|$ vezes, onde k é o número de ϵ-transições no grafo. Assim, a worklist, eventualmente, se torna vazia e a computação termina.

2.4.4 DFA para DFA mínimo: Algoritmo de Hopcroft

Como melhoria final na conversão RE→DFA, podemos acrescentar um algoritmo para minimizar o número de estados no DFA. O DFA que surge da construção de subconjunto pode ter um grande conjunto de estados. Embora isso não aumente o tempo necessário para varrer uma string, aumenta o tamanho do reconhecedor na memória. Em computadores modernos, a velocidade de acessos à memória constantemente

```
T ← {D_A, {D - D_A} };                Split(S) {
P ← Ø                                   for each c ∈ Σ do
while (P ≠T) do                           if c divide S em s_1 e s_2
   P ← T;                                 then return {s_1, s_2};
   T ← Ø;                                 end;
   for each conjunto p ∈ P do           return S;
       T ← T ∪ Split(p);              }
   end;
end;
```

■ FIGURA 2.9 Algoritmo de minimização de DFA.

governa a velocidade da computação. Um reconhecedor pequeno pode caber melhor na memória cache do processador.

Para minimizar o número de estados em um DFA, $(D, \Sigma, \delta, d_0, D_A)$, precisamos de uma técnica para detectar quando dois estados são equivalentes — ou seja, quando ambos produzem o mesmo comportamento sobre qualquer string de entrada. O algoritmo na Figura 2.9 encontra classes de equivalência de estados do DFA com base no seu comportamento. A partir dessas classes de equivalência podemos construir um DFA mínimo.

O algoritmo constrói uma *partição de conjunto*, $P = \{p_1, p_2, p_3, \ldots p_m\}$, dos estados do DFA. A partição em particular, P, que o algoritmo constrói agrupa os estados do DFA por seu comportamento. Dois estados do DFA, $d_i, d_j \in p_s$, têm o mesmo comportamento em resposta a todos os caracteres de entrada, ou seja, se $d_i \xrightarrow{c} d_x$, $d_j \xrightarrow{c} d_y$ e $d_i, d_j \in p_s$; então, d_x e d_y precisam estar no mesmo conjunto p_t. Essa propriedade é mantida para cada conjunto $p_s \in P$, para cada par de estados $d_i, d_j \in p_s$ e para cada caractere de entrada, c. Assim, os estados em p_s têm o mesmo comportamento com relação aos caracteres de entrada e aos conjuntos restantes em P.

Partição de conjunto
Partição de conjunto de S é uma coleção de subconjuntos disjuntos, não vazios, de S, cuja união é exatamente S.

Para minimizar um DFA, cada conjunto $p_s \in P$ deve ser o maior possível dentro da restrição de equivalência comportamental. Para construir essa partição, o algoritmo começa com uma inicial aproximada, que obedece a todas as propriedades, *exceto* a equivalência comportamental. Depois, refina iterativamente essa partição para impor a equivalência comportamental. A partição inicial contém dois conjuntos, $p_0 = D_A$ e $p_1 = \{D - D_A\}$, separação que garante que nenhum conjunto na partição final contenha estados de aceitação e de não aceitação, pois o algoritmo nunca combina duas partições.

O algoritmo refina a partição inicial examinando repetidamente cada $p_s \in P$ para procurar estados em p_s que tenham comportamento diferente para alguma string de entrada. Logicamente, ele não pode rastrear o comportamento do DFA em cada string. Porém, pode simular o comportamento de determinado estado em resposta a um único caractere de entrada. E usa uma condição simples para refinar a partição: um símbolo $c \in \Sigma$ deverá produzir o mesmo comportamento para cada estado $d_i \in p_s$. Se não, o algoritmo divide p_s devido a c.

Essa ação de divisão é a chave para entender o algoritmo. Para d_i e d_j permanecerem juntos em p_s, ambos devem tomar transições equivalentes em cada caractere $c \in \Sigma$. Ou seja, $\forall c \in \Sigma$, $d_i \xrightarrow{c} d_x$ e $d_j \xrightarrow{c} d_y$, onde $d_x, d_y \in p_t$. Qualquer estado $d_k \in p_s$, onde $d_k \xrightarrow{c} d_z$, $d_z \notin p_t$, não pode permanecer na mesma partição de d_i e d_j. De modo

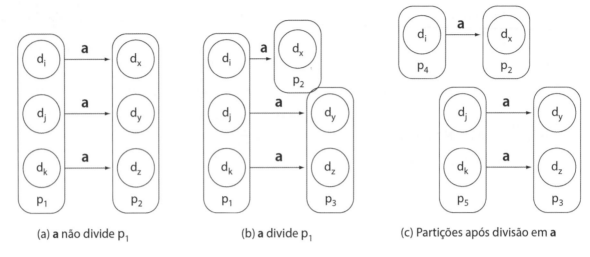

(a) a não divide p_1 (b) a divide p_1 (c) Partições após divisão em a

■ **FIGURA 2.10** Dividindo uma partição devido a a.

semelhante, se d_i e d_j tiverem transições em c, e d_k não, este não pode permanecer na mesma partição que d_i e d_j.

A Figura 2.10 torna isso concreto. Os estados em $p_1 = \{d_i, d_j, d_k\}$ são equivalentes se e somente se suas transições, $\forall c \in \Sigma$, os levarem a estados que, por si sós, estão em uma classe de equivalência. Como vemos, cada estado tem uma transição em a: $d_i \xrightarrow{a} d_x$, $d_j \xrightarrow{a} d_y$ e $d_k \xrightarrow{a} d_z$. Se d_x, d_y e d_z estiverem todos no mesmo conjunto na partição atual, como pode ser visto à esquerda, então d_i, d_j e d_k deverão permanecer juntos, e a não divide p_1.

Por outro lado, se d_x, d_y e d_z estiverem em dois ou mais conjuntos diferentes, então a divide p_1. Como vemos no desenho do centro da Figura 2.10, $d_x \in p_2$ enquanto d_y e $d_z \in p_3$, de modo que o algoritmo precisa dividir p_1 e construir dois novos conjuntos, $p_4 = \{d_i\}$ e $p_5 = \{d_j, d_k\}$, para refletir o potencial para diferentes resultados com strings que começam com o símbolo a. O resultado aparece no lado direito da mesma figura. A mesma divisão resultaria se o estado d_i não tivesse transição em a.

Para refinar uma partição P, o algoritmo examina cada $p \in P$ e cada $c \in \Sigma$. Se c divide p, o algoritmo constrói dois novos conjuntos a partir de p e os acrescenta a T. (Ele poderia dividir p em mais de dois conjuntos, todos tendo comportamentos internamente consistentes em c. No entanto, criar um estado consistente e agrupar o restante de p em outro estado será suficiente. Se o último estado for inconsistente em seu comportamento sobre c, o algoritmo o dividirá em uma iteração posterior.) O algoritmo repete esse processo até que encontre uma partição em que não possa mais dividir conjuntos.

Para construir o novo DFA a partir da partição final p, podemos criar um único estado para representar cada conjunto $p \in P$ e acrescentar transições apropriadas entre esses novos estados representativos. Para o estado representando p_l, acrescentamos uma transição para o estado representando p_m sobre c se algum $d_j \in p_l$ tiver uma transição em c para algum $d_k \in p_m$. Pela construção, sabemos que, se d_j tiver tal transição, o mesmo ocorre com cada outro em p_l; não fosse assim, o algoritmo teria dividido p_l devido a c. O DFA resultante é mínimo; a prova está fora do nosso escopo.

Exemplos

Considere um DFA que reconhece a linguagem *fee | fie*, mostrada na Figura 2.11a. Por inspeção, podemos ver que os estados s_3 e s_5 servem à mesma finalidade. Ambos estão aceitando estados entrados apenas por uma transição na letra e. Nenhum tem transição

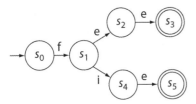

(a) DFA para "fee | fie"

(a)

Etapa	Partição atual	Examina		
		Conjunto	Caractere	Ação
0	{{s₃, s₅}, {s₀, s₁, s₂, s₄}}	–	–	–
1	{{s₃, s₅}, {s₀, s₁, s₂, s₄}}	{s₃, s₅}	tudo	nenhum
2	{{s₃, s₅}, {s₀, s₁, s₂, s₄}}	{s₀, s₁, s₂, s₄}	e	split {s₂, s₄}
3	{{s₃, s₅}, {s₀, s₁}, {s₂, s₄}}	{s₀, s₁}	f	split {s₁}
4	{{s₃, s₅}, {s₀}, {s₁}, {s₂, s₄}}	tudo	tudo	nenhum

(b) Etapas críticas na minimização do DFA

(c) O DFA mínimo (estados renumerados)

■ **FIGURA 2.11** Aplicando o algoritmo de minimização de DFA.

que sai do estado. Espera-se que o algoritmo de minimização de DFA descubra este fato e os substitua por um único estado.

A Figura 2.11b mostra as etapas significativas que ocorrem na minimização deste DFA. A partição inicial, mostrada como a etapa 0, separa os estados de aceitação dos de não aceitação. Supondo que o *laço while* no algoritmo percorra os conjuntos de P em ordem, e sobre os caracteres em $\Sigma = \{e, f, i\}$ em ordem, então, primeiro examina o conjunto $\{s_3, s_5\}$. Como nenhum estado tem transição de saída, não é dividido em qualquer caractere. Na segunda etapa, ele examina $\{s_0, s_1, s_2, s_4\}$; no caractere e, divide $\{s_2, s_4\}$ do conjunto. Na terceira, examina $\{s_0, s_1\}$ e o divide devido ao caractere f. Nesse ponto, a partição é $\{\{s_3, s_5\}, \{s_0\}, \{s_1\}, \{s_2, s_4\}\}$. O algoritmo faz uma passagem final sobre os conjuntos na partição, não divide nenhum deles, e termina.

Para construir o novo DFA, devemos construir um estado para representar cada conjunto na partição final, acrescentar as transições apropriadas a partir do DFA original e designar estados inicial e de aceitação. A Figura 2.11c mostra o resultado para este exemplo.

Como segundo exemplo, considere o DFA para $a(b|c)^*$, produzido pela construção de Thompson, e pela construção de subconjunto, mostrado na Figura 2.12a. A primeira etapa do algoritmo de minimização constrói uma partição inicial $\{\{d_0\}, \{d_1, d_2, d_3\}\}$, como mostramos ao lado. Como p_1 tem apenas um estado, não pode ser dividido. Quando o algoritmo examina p_2, não encontra transições sobre a a partir de qualquer

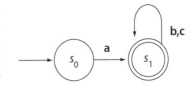

estado em p_2. Para b e c, cada estado tem uma transição de volta para p_2. Assim, nenhum símbolo em Σ divide p_2, e a partição final é $\{\{d_0\}, \{d_1, d_2, d_3\}\}$.

O DFA mínimo resultante aparece na Figura 2.12b. Lembre-se de que este é o DFA que sugerimos que um humano derivaria. Após a minimização, as técnicas automáticas produzem o mesmo resultado.

Este algoritmo é outro exemplo de computação de ponto fixo. P é finito; no máximo, pode conter $|D|$ elementos. O laço while divide conjuntos em P, mas nunca os combina. Assim, $|P|$ cresce monotonicamente. O laço termina quando alguma iteração não divide conjuntos em P. O comportamento de pior caso ocorre quando cada estado no DFA comporta-se de modo diferente; neste caso, o laço while termina quando P tem um conjunto distinto para cada $d_i \in D$. Isto ocorre quando o algoritmo é aplicado a um DFA mínimo.

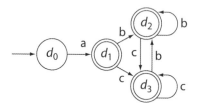

(a) DFA original

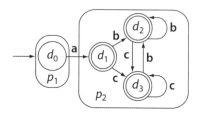

(b) Partição inicial

■ **FIGURA 2.12** DFA para $a(b|c)^*$.

2.4.5 Usando DFA como reconhecedor

Até aqui, desenvolvemos os mecanismos para construir uma implementação de DFA a partir de uma única RE. Para ser útil, o scanner de um compilador deve reconhecer todas as categorias sintáticas que aparecem na gramática para a linguagem-fonte. O que precisamos, então, é de um reconhecedor que possa lidar com todas as REs para a microssintaxe da linguagem. Dadas as REs para diversas categorias sintáticas, r_1, $r_2, r_3, \ldots, r_k$, podemos construir uma única RE para a coleção inteira, formando $(r_1 | r_2 | r_3 | \ldots | r_k)$.

Se você fizer esta RE percorrer o processo inteiro, montando um NFA, construindo um DFA para simular o NFA, minimizando-o e transformando esse DFA mínimo em código executável, o scanner resultante reconhece a próxima palavra que corresponde a um dos r_is. Ou seja, quando o compilador o chama em alguma entrada, o scanner examinará os caracteres, um por vez, e aceitará a string se estiver em um estado de aceitação quando esgotar a entrada. O scanner deve retornar tanto o texto da string quanto sua categoria sintática, ou classe gramatical. Como a maioria dos programas reais contém mais de uma palavra, precisamos transformar ou a linguagem ou o reconhecedor.

No nível da linguagem, podemos insistir que cada palavra termine com algum delimitador facilmente reconhecível, como um espaço ou uma tabulação. A ideia é enganosamente atraente. Literalmente, isso requer delimitadores em torno de todos os operadores, como +, −, parênteses e vírgula.

No nível do reconhecedor, podemos mudar a implementação do DFA e sua noção de aceitação. Para encontrar a palavra mais longa que corresponde a uma das REs, o DFA deve ser executado até alcançar o ponto onde o estado atual, s, não possui transição de saída para o próximo caractere. Neste ponto, a implementação deve decidir a qual RE ele correspondeu. Surgem duas opções; a primeira é simples. Se s for um estado de aceitação, então o DFA terá encontrado uma palavra na linguagem e deve relatá-la e sua categoria sintática.

Se s não for um estado de aceitação, as coisas são mais complexas. Dois casos podem ocorrer. Se o DFA passou por um ou mais estados de aceitação em seu caminho para s, o reconhecedor deve recuar até o mais recente de tais estados. Essa estratégia corresponde ao prefixo válido mais longo na string de entrada. Mas, se nunca conseguiu alcançar um estado de aceitação, então nenhum prefixo da string de entrada é uma palavra válida, e o reconhecedor deve relatar um erro. Os scanners na Seção 2.5.1 implementam essas duas noções.

Como uma complicação final, um estado de aceitação no DFA pode representar vários estados de aceitação no NFA original. Por exemplo, se a especificação léxica inclui REs para palavras-chave, bem como uma RE para identificadores, então uma palavra-chave como new poderia corresponder a duas REs. O reconhecedor precisa decidir qual categoria sintática retornar: identificador ou a categoria única (para todas as palavras-chave) para a palavra-chave new.

A maioria das ferramentas geradoras de scanners permite que o construtor de compiladores especifique uma prioridade entre padrões. Quando o reconhecedor faz correspondência a vários padrões, retorna a categoria sintática do padrão de maior prioridade. Esse mecanismo resolve o problema de uma forma simples. O gerador de scanner lex, distribuído com muitos sistemas Unix, atribui prioridades com base na posição na lista de REs. A primeira RE tem prioridade mais alta, enquanto a última, a mais baixa.

Como uma questão prática, o construtor de compiladores também precisa especificar REs para partes do fluxo de entrada que não formam palavras no texto do programa. Na maioria das linguagens de programação, o espaço em branco é ignorado, mas todo programa o contém. Para lidar com este espaço, o construtor de compiladores normalmente inclui uma RE que corresponde a espaços, tabulações e caracteres de fim de linha; a ação sobre a aceitação do espaço em branco é chamar o scanner, recursivamente, e retornar seu resultado. Se os comentários forem descartados, eles serão tratados de forma semelhante.

REVISÃO DA SEÇÃO

Dada uma expressão regular, podemos derivar um DFA mínimo para reconhecer a linguagem especificada pela RE usando as seguintes etapas: (1) aplicar a construção de Thompson para montar um NFA para a RE; (2) usar a construção de subconjunto para derivar um DFA que simula o comportamento da RE; e (3) usar o algoritmo de Hopcroft para identificar estados equivalentes no DFA e construir um DFA mínimo. Esse trio de construções produz um reconhecedor eficiente para qualquer linguagem que possa ser especificada com uma RE.

Tanto a construção de subconjunto quanto o algoritmo de minimização do DFA são computações de ponto fixo, caracterizadas pela aplicação repetida de uma função monotônica a um conjunto até certo ponto; as propriedades do domínio desempenham papel importante no raciocínio a respeito do término e da complexidade desses algoritmos. Veremos mais computações de ponto fixo em capítulos mais adiante.

> **QUESTÕES DE REVISÃO**
> 1. Considere a RE *who | what | where*. Use a construção de Thompson para montar um NFA a partir da RE. Use a construção de subconjunto para montar um DFA a partir do NFA. Minimize o DFA.
> 2. Minimize o seguinte DFA:
>
>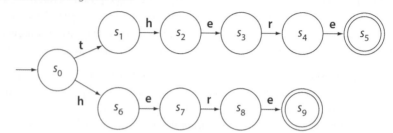

2.5 IMPLEMENTANDO SCANNERS

A construção de scanners é um problema para o qual a teoria das linguagens formais produziu ferramentas que podem automatizar a implementação. Para a maioria das linguagens, o construtor de compilador pode produzir um scanner aceitavelmente rápido diretamente a partir de um conjunto de expressões regulares. O construtor de compiladores cria uma RE para cada categoria sintática e fornece as REs como entrada para um gerador de scanner. Este constrói um NFA para cada RE, junta-os com ε-transições, cria um DFA correspondente e o minimiza. Nesse ponto, o gerador de scanner deve converter o DFA em código executável.

Esta seção discute três estratégias de implementação para converter um DFA em código executável: scanner controlado por tabela, scanner codificado diretamente e scanner codificado à mão. Todos operam da mesma maneira, simulando o DFA. Repetidamente leem o próximo caractere da entrada e simulam a transição do DFA causada por este caractere. Esse processo termina quando o DFA reconhece uma palavra. Conforme descrevemos na seção anterior, isto ocorre quando o estado atual, s, não tem transição de saída no caractere de entrada atual.

Se s é um estado de aceitação, o scanner reconhece a palavra e retorna um lexema e sua categoria sintática ao procedimento que o chamou. Se s é um estado de não aceitação, o scanner precisa determinar se ele passou ou não por um estado de aceitação no caminho até s. Se o scanner encontrou um estado de aceitação, deve reverter (*rollback*) seu estado interno e seu fluxo de entrada para esse ponto e relatar o sucesso. Se não, deve informar o fracasso.

Essas três estratégias de implementação (controlada por tabela, codificada diretamente e codificada à mão) diferem nos detalhes dos custos de *runtime*. Porém, todas têm a mesma complexidade assintótica — custo constante por caractere, mais o custo de *rollback*. A diferença na eficiência dos scanners bem implementados muda os custos constantes por caractere, mas não a complexidade assintótica da análise léxica.

As três subseções seguintes discutem as diferenças na implementação entre os scanners controlados por tabela, codificados diretamente e à mão. As estratégias diferem no modo como modelam a estrutura de transição do DFA e como simulam sua operação. Essas diferenças, por sua vez, produzem diferentes custos em tempo de execução. A subseção final examina duas estratégias distintas para lidar com palavras-chave reservadas.

2.5.1 Scanners controlados por tabela

Este método usa um esqueleto de scanner para controle e um conjunto de tabelas geradas que codificam o conhecimento específico da linguagem. Como podemos ver na Figura 2.13, o construtor de compilador oferece um conjunto de padrões léxicos, especificados como expressões regulares. O gerador de scanner, então, produz tabelas que controlam o esqueleto de scanner.

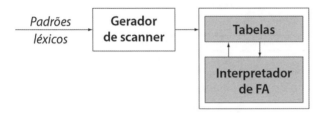

■ **FIGURA 2.13** Gerando um scanner controlado por tabela.

A Figura 2.14 exibe um scanner controlado por tabela para a RE $r\,[0..\,9]^+$, que foi nossa primeira tentativa de uma RE para nomes de registrador ILOC. O lado esquerdo da figura mostra o esqueleto de scanner, enquanto o lado direito, as tabelas para $r\,[0..\,9]^+$ e o DFA básico. Observe a semelhança entre o código aqui mostrado e o reconhecedor mostrado na Figura 2.2.

O esqueleto de scanner é dividido em quatro seções: inicializações, um laço de análise que modela o comportamento do DFA, um laço de *rollback* caso o DFA ultrapasse o final da palavra reconhecida pelo *scanner* (conhecida como *token*), e uma seção final que interpreta e relata os resultados. O laço de análise repete as duas ações básicas de um scanner: lê um caractere e simula a ação do DFA, e para quando o DFA entra no estado de erro, s_e. Duas tabelas, `CharCat` e δ, codificam todo o conhecimento sobre o DFA. O laço de *rollback* usa uma pilha de estados para reverter o scanner ao seu estado de aceitação mais recente.

O esqueleto de scanner usa a variável `state` para manter o estado atual do DFA simulado, e atualiza `state` usando um processo de pesquisa em tabela, em duas etapas. Primeiro, classifica `char` em uma de um conjunto de categorias usando a tabela `CharCat`. O scanner para $r\,[0..\,9]^+$ possui três categorias: *Registrador*, *Dígito* e *Outro*. Em seguida, usa o estado atual e a categoria de caracteres como índices para a tabela de transição, δ.

Essa tradução em duas etapas, de caractere para categoria, depois estado e categoria para novo estado, permite que o scanner use uma tabela de transição compactada. O compromisso entre acesso direto em uma tabela maior, e acesso indireto na tabela compactada é direto. A tabela completa eliminaria o mapeamento através de `CharCat`, mas aumentaria o requisito de memória da tabela. A tabela de transição não compactada cresce com o produto entre o número de estados no DFA e o número de caracteres em Σ; e pode crescer ao ponto em que não permanecerá na cache.

Com um conjunto de caracteres pequeno e compacto, como ASCII, `CharCat` pode ser representada como uma simples pesquisa em tabela. Suas partes relevantes devem permanecer na cache. Neste caso, a compactação da tabela acrescenta uma referência de cache por caractere de entrada. À medida que o conjunto de caracteres aumenta (por

> Para exemplos pequenos, como $r[0...9]^+$, a tabela de classificação é maior do que a de transição completa. Já para um exemplo com tamanho realista, esse relacionamento deve ser invertido.

```
NextWord()
    state ← s₀;
    lexeme ← ̀ `'';
    clear stack;
    push(bad);

    while (state ≠ sₑ) do
        NextChar(char);
        lexeme ← lexeme + char;
        if state ∈ S_A
            then clear stack;
        push(state);
        cat ← CharCat[char];
        state ← δ[state,cat];
    end;

    while(state ∉ S_A and
          state ≠ bad) do
        state ← pop();
        truncate lexeme;
        RollBack();
    end;

    if state ∈ S_A
        then return Type[state];
        else return invalid;
```

	r	0,1,2,...9	EOF	**Outro**
	Registrador	Dígito	Outro	Outro

Tabela de classificação, CharCat

	Registrador	*Dígito*	*Outro*
s_0	s_1	s_e	s_e
s_1	s_e	s_2	s_e
s_2	s_e	s_2	s_e
s_e	s_e	s_e	s_e

Tabela de transição, δ

s_0	s_1	s_2	s_e
inválido	inválido	registrador	inválido

Tabela de tipo de token, Type

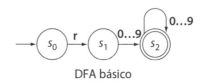

DFA básico

■ **FIGURA 2.14** Scanner controlado por tabela para nomes de registrador.

exemplo, Unicode), implementações mais complexas de CharCat podem ser necessárias. O compromisso preciso entre os custos por caractere das tabelas compactada e não compactada dependerá das propriedades da linguagem e do computador que executa o scanner.

Para oferecer uma interface caractere a caractere para o fluxo de entrada, o esqueleto de scanner usa uma macro, NextChar, que define seu único parâmetro para conter o próximo caractere no fluxo de entrada. Uma macro correspondente, RollBack, recua o fluxo de entrada em um caractere. (A Seção 2.5.3 examina ambas.)

Se o scanner for muito longe na leitura, state não irá conter um estado de aceitação ao final do primeiro laço while. Neste caso, um segundo laço while usa o registro de estados na pilha para retornar o estado, lexema e fluxo de entrada de volta ao estado de aceitação mais recente. Na maioria das linguagens, o excesso do scanner será limitado. Porém, o comportamento patológico poderá fazer com que o scanner examine caracteres individuais muitas vezes, aumentando significativamente o custo global da análise. Na maioria das linguagens de programação, a quantidade de *rollback* é pequena em relação aos tamanhos de palavra. Em linguagens nas quais ocorrem grandes quantidades de *rollback*, torna-se justificado um método mais sofisticado para este problema.

Evitando rollback em excesso

Algumas expressões regulares podem produzir chamadas quadráticas para *rollback* no scanner apresentado na Figura 2.14. O problema surge pelo nosso desejo de fazer que o scanner retorne à palavra mais longa do fluxo de entrada que seja um prefixo.

Considere a RE *ab* | (*ab*)* *c*. O DFA correspondente, mostrado ao lado, reconhece *ab* ou qualquer número de ocorrências de *ab* seguido por um *c* final. Na string de entrada abababc, um scanner montado a partir do DFA lerá todos os caracteres e retornará a string inteira como uma única palavra. Porém, se a entrada for abababab, ele deve analisar todos os caracteres antes que possa determinar que o prefixo mais longo é ab. Na próxima chamada, analisará ababab para retornar ab. Na terceira, analisará abab para retornar ab, e a final simplesmente retornará ab sem qualquer *rollback*. No pior caso, ele pode gastar um tempo quadrático lendo o fluxo de entrada.

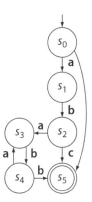

A Figura 2.15 mostra uma modificação no scanner da Figura 2.14 que evita este problema. Ele difere do scanner anterior em três pontos importantes. Primeiro, tem um contador global, InputPos, para registrar a posição no fluxo de entrada. Segundo, um array de bits, Failed, para registrar as transições sem saída à medida que o scanner as encontra. Failed tem uma linha para cada estado e uma coluna para cada posição no fluxo de entrada. Terceiro, uma rotina de inicialização que deve ser chamada antes de chamar NextWord(). Esta rotina define InputPos como zero e Failed, uniformemente, como false.

Este scanner, chamado *scanner de correspondência mais longa*, evita o comportamento patológico marcando as transições sem saída à medida que são removidas da pilha. Assim, com o tempo, ele registra pares ⟨*estado, posição de entrada*⟩ específicos que não podem levar a um estado de aceitação. Dentro do laço de análise, o primeiro laço

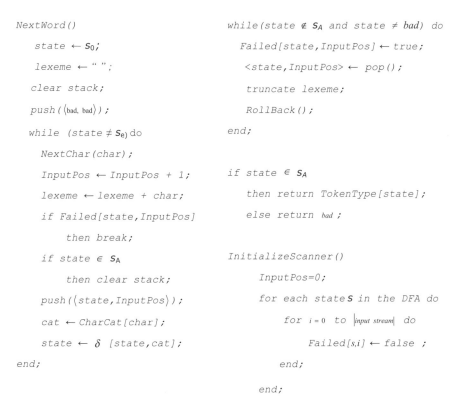

■ **FIGURA 2.15** Scanner de correspondência mais longa.

while, o código testa cada par ⟨*estado, posição de entrada*⟩ e sai do laço de análise sempre que for tentada uma transação com falha.

As otimizações podem reduzir drasticamente os requisitos de espaço deste esquema. (Veja, por exemplo, o Exercício 16 ao final deste capítulo.) A maior parte das linguagens de programação possui uma microssintaxe simples o bastante para que este tipo de *rollback* quadrático não possa ocorrer. Porém, se você estiver criando um scanner para uma linguagem que possa exibir este comportamento, o scanner pode evitá-lo com um pequeno overhead adicional por caractere.

Gerando tabelas de transição e de classificação

Dado um DFA, o gerador de scanner pode gerar as tabelas de uma forma simples. A inicial tem uma coluna para cada caractere no alfabeto de entrada e uma linha para cada estado no DFA. Para cada estado, em ordem, o gerador examina as transições de saída e preenche a linha com os estados apropriados. O gerador pode reduzir as colunas idênticas para uma única ocorrência; ao fazê-lo, ele pode construir o classificador de caracteres. (Dois caracteres pertencem à mesma classe se e somente se tiverem colunas idênticas em δ.) Se o DFA tiver sido minimizado, duas linhas não poderão ser idênticas, de modo que a compactação de linhas não é um problema.

Alterando linguagens

Para modelar outro DFA, o construtor de compilador pode simplesmente fornecer novas tabelas. Neste capítulo, trabalhamos com uma segunda especificação, mais restrita, para os nomes de registrador ILOC, dada pela RE: $r([0...2] ([0...9] | \varepsilon) | [4...9] | (3 (0 | 1 | \varepsilon)))$, que fez surgir o seguinte DFA:

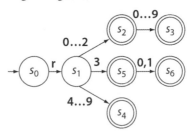

Como ele tem mais estados e transições do que a RE para $r [0...9]^+$, devemos esperar uma tabela de transição maior.

	r	0,1	2	3	4...9	Outro
s_0	s_1	s_e	s_e	s_e	s_e	s_e
s_1	s_e	s_2	s_2	s_5	s_4	s_e
s_2	s_e	s_3	s_3	s_3	s_3	s_e
s_3	s_e	s_e	s_e	s_e	s_e	s_e
s_4	s_e	s_e	s_e	s_e	s_e	s_e
s_5	s_e	s_6	s_e	s_e	s_e	s_e
s_6	s_e	s_e	s_e	s_e	s_e	s_e
s_e	s_e	s_e	s_e	s_e	s_e	s_e

Como exemplo final, o DFA mínimo para a RE $a (b|c)^*$ tem a seguinte tabela:

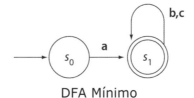

DFA Mínimo

	a	b,c	Outro
s_0	s_1	s_e	s_e
s_1	s_e	s_1	s_e

Tabela de Transição

O classificador de caracteres tem três classes: a, b ou c, e todos os outros caracteres.

2.5.2 Scanners codificados diretamente

Para melhorar o desempenho de um scanner controlado por tabela, temos de reduzir o custo de uma ou ambas de suas ações básicas: ler um caractere e calcular a próxima transição do DFA. Os scanners codificados diretamente reduzem o custo da computação de transições do DFA, substituindo a representação explícita do estado e grafo de transição do DFA por uma representação implícita. A representação implícita simplifica a computação de pesquisa em tabela em duas etapas: elimina as referências de memória envolvidas nessa computação, e permite outras especializações. O scanner resultante tem a mesma funcionalidade do controlado por tabela, mas com um overhead menor por caractere. O scanner codificado diretamente não é mais difícil de ser gerado do que seu equivalente, controlado por tabela.

Este último gasta a maior parte do seu tempo dentro do laço while central; assim, o núcleo de um scanner codificado diretamente é uma implementação alternativa desse laço while. Com alguns detalhes removidos, esse loop realiza as seguintes ações:

```
while (state ≠ s_e) do
    NextChar(char);
    cat ← CharCat[char];
    state ← δ [state,cat];
end;
```

Observe a variável `state` que representa explicitamente o estado atual do DFA, e as tabelas `CharCat` e δ que representam o diagrama de transição do DFA.

REPRESENTANDO STRINGS

O scanner classifica palavras no programa de entrada num pequeno conjunto de categorias. Por um ponto de vista funcional, cada palavra no fluxo de entrada torna-se um par ⟨*palavra,tipo*⟩, no qual *palavra* é o texto real que forma a palavra, e *tipo* representa sua categoria sintática.

Para muitas categorias, ter tanto *palavra* quanto *tipo* é redundante. As palavras +, x e for têm apenas uma grafia. Para identificadores, números e strings de caracteres, porém, o compilador usará repetidamente a *palavra*. Infelizmente, muitos compiladores são escritos em linguagens que não possuem uma representação apropriada para a parte *palavra* do par. Precisamos de uma representação que seja compacta e ofereça um teste de igualdade rápido para duas palavras.

Uma prática comum para resolver este problema é fazer com que o scanner crie uma única tabela hash (ver Apêndice B.4) para manter todas as strings distintas usadas no programa de entrada. O compilador, então, usa, ou o índice da string nessa "tabela de strings", ou um ponteiro para sua imagem armazenada na tabela de strings como um proxy para a string. As informações derivadas da string – como o tamanho de uma constante de caracteres, ou o valor e o tipo de uma constante numérica – podem ser calculadas uma vez e referenciadas rapidamente pela tabela. Como a maioria dos computadores possui representações eficientes em termos de armazenamento para inteiros e ponteiros, isto reduz a quantidade de memória usada internamente no compilador. Usar os mecanismos de comparação de hardware nos proxies de inteiro e ponteiro, também simplifica o código usado para compará-los.

Overhead da pesquisa em tabela

Para cada caractere, o scanner controlado por tabela realiza duas pesquisas em tabela: uma em `CharCat` e outra em δ. Embora ambas levem um tempo **O**(1), a abstração de tabela impõe overheads com custo constante, que um scanner codificado diretamente pode evitar. Para acessar o *i*-ésimo elemento de `CharCat`, o código precisa calcular seu endereço, dado por

$$@CharCat_0 + i \times w$$

A discussão detalhada do código para endereçamento de array pode ser encontrada na Seção 7.5.

onde $@CharCat_0$ é uma constante relacionada ao endereço inicial de `CharCat` na memória, e *w* é o número de bytes em cada elemento de `CharCat`. Após calcular o endereço, o código precisa carregar os dados nele encontrados na memória.

Como δ tem duas dimensões, o cálculo de endereço é mais complexo. Para a referência δ*(state, cat)*, o código deve calcular

$$@\delta_0 + (estado \times número\ de\ colunas\ em\ \delta + cat) \times w$$

onde $@\delta_0$ é uma constante relacionada ao endereço inicial de δ na memória, e *w* o número de bytes por elemento de δ. Novamente, o scanner precisa realizar uma operação load para recuperar os dados armazenados nesse endereço.

Assim, o scanner controlado por tabela realiza dois cálculos de endereço e duas operações load para cada caractere que processa. As melhorias de velocidade em um scanner codificado diretamente vêm da redução desse overhead.

Substituindo o laço while do scanner controlado por tabela

Em vez de representar explicitamente o estado do DFA atual e o diagrama de transição, o scanner codificado diretamente tem um fragmento de código especializado para implementar cada estado. Ele transfere o controle diretamente de um fragmento de estado para outro, a fim de simular as ações do DFA. A Figura 2.16 mostra um scanner codificado diretamente para *r* $[0...9]^+$; ele é equivalente ao scanner controlado por tabela apresentado na Figura 2.14.

Considere o código para o estado s_1. Ele lê um caractere, concatena-o à palavra atual e avança o contador de caracteres. Se `char` for um dígito, ele salta para o estado s_2. Caso contrário, salta para s_{out}. O código não exige cálculos de endereço complicados, porque se refere a um pequeno conjunto de valores que podem ser mantidos nos registradores. Os outros estados possuem implementações igualmente simples.

O código na Figura 2.16 usa o mesmo mecanismo do scanner controlado por tabela para rastrear os estados de aceitação e reverter para eles após um passo excessivo. Como o código representa um DFA específico, poderíamos especializá-lo ainda mais. Em particular, como o DFA tem apenas um estado de aceitação, a pilha é desnecessária e as transições para s_{out} a partir de s_0 e s_1 podem ser substituídas por `relata falha`. Em um DFA no qual alguma transição leva de um estado de aceitação a um de não aceitação, o mecanismo mais geral é necessário.

Um gerador de scanner pode emitir diretamente um código semelhante ao mostrado na Figura 2.16. Cada estado tem algumas atribuições-padrão, seguidas pela lógica de desvio que implementa as transições a partir do estado. Diferentemente do scanner

```
s_init : lexeme ← " ";
         clear stack;
         push (bad);
         goto s_0 ;
s_0    : NextChar(char);
         lexeme ← lexeme + char;
         if state ∈ S_A
             then clear stack;
         push(state);
         if (char = 'r')
             then goto s_1 ;
             else goto s_out ;
s_1    :  NextChar(char);
         lexeme ← lexeme + char;
         if state ∈ S_A
             then clear stack;
         push(state);
         if ('0' ≤ char ≤ '9')
            then goto s_2 ;
            else goto s_out ;
s_2    :  NextChar(char);
         lexeme ← lexeme + char;
         if state ∉ S_A
             then clear stack;
         push(state);
         if '0' ≤ char ≤ '9'
            then goto s_2 ;
            else goto s_out
s_out  : while (state ∈ S_A and
                state ≠ bad) do
            state ← pop();
            truncate lexeme;
            RollBack();
         end;
         if state ∈ S_A
            then return Type[state];
            else return invalid;
```

■ **FIGURA 2.16** Um scanner codificado diretamente para $r\,[0\ldots9]^+$.

O código no estilo da Figura 2.16 normalmente é chamado *código espaguete*, em homenagem ao seu fluxo de controle confuso.

controlado por tabela, o código muda para cada conjunto de REs. Como esse código é gerado diretamente a partir das REs, a diferença não deve importar para o construtor de compiladores.

Naturalmente, o código gerado viola muitos dos preceitos da programação estruturada. Embora pequenos exemplos possam ser compreensíveis, o código para um conjunto complexo de expressões regulares pode ser difícil para um humano acompanhar. Novamente, como o código é gerado, os humanos não devem ter a necessidade de lê-lo ou depurá-lo. A velocidade adicional obtida pela codificação direta torna esta uma opção atraente, particularmente porque não ocasiona trabalho extra para o construtor de compiladores. Qualquer trabalho extra é empurrado para a implementação do gerador de scanner.

Classificando caracteres

O exemplo que estamos usando, $r[0...9]^+$, divide o alfabeto de caracteres de entrada em exatamente quatro classes. Um r cai na classe *Registrador*. Os dígitos 0, 1, 2, 3, 4, 5, 6, 7, 8 e 9 caem na classe *Dígito*, o caractere especial retornado quando NextChar esgota sua entrada cai na classe *EndOfFile*, e qualquer outra coisa cai na classe *Outro*.

Sequência de classificação
"Ordem alfabética" dos caracteres em um alfabeto, determinada pelos inteiros atribuídos a cada caractere.

O scanner pode, de modo fácil e eficiente, classificar um determinado caractere, como mostra a Figura 2.16. O estado s_0 usa um teste direto sobre 'r' para determinar se char está em *Registrador*. Como todas as outras classes possuem ações equivalentes no DFA, o scanner não precisa realizar outros testes. Os estados s_1 e s_2 classificam char como *Dígito* entre outras denominações, e aproveitam o fato de que os dígitos de 0 a 9 ocupam posições adjacentes na sequência de classificação ASCII, correspondentes aos inteiros de 48 a 57.

Em um scanner no qual a classificação de caractere é mais complicada, o método de tabela de tradução usado no scanner controlado por tabela pode ser menos dispendioso do que testar os caracteres diretamente. Em particular, se uma classe contém múltiplos caracteres que não ocupam posições adjacentes na sequência de classificação, uma pesquisa em tabela pode ser mais eficiente do que o teste direto. Por exemplo, uma classe que contenha os operadores aritméticos +, –, *, \, e ^ (43, 45, 42, 48 e 94 na sequência ASCII) exigiria uma série moderadamente longa de comparações. O uso de uma tabela de tradução, como CharCat no exemplo controlado por tabela, poderia ser mais rápido do que as comparações se a tabela de tradução permanecer no cache primário do processador.

2.5.3 Scanners codificados à mão

Scanners gerados, sejam controlados por tabela ou codificados diretamente, utilizam uma quantidade de tempo pequena e constante por caractere. Apesar disto, muitos compiladores usam scanners codificados à mão. Em um estudo informal de grupos de compiladores comerciais, descobrimos que uma fração surpreendentemente grande os usava. De modo semelhante, muitos dos compiladores open-source populares contam com este tipo de scanner. Por exemplo, o gerador de scanner *flex* foi aparentemente criado para dar suporte ao projeto *gcc*, mas o *gcc 4.0* usa scanners codificados à mão em vários de seus front ends.

O scanner codificado diretamente reduziu o overhead da simulação do DFA; o codificado à mão pode reduzir o overhead das interfaces entre ele e o restante do sistema. Em particular, uma implementação cuidadosa pode melhorar os mecanismos usados para ler e manipular caracteres na entrada e as operações necessárias para produzir uma cópia do lexema real na saída.

Buffering do fluxo de entrada

Embora a E/S caractere a caractere leve a formulações algorítmicas claras, o overhead de uma chamada de procedimento por caractere é significativo em relação ao custo da simulação do DFA em um scanner controlado por tabela ou codificado diretamente. Para reduzir o custo da E/S por caractere, o construtor de compiladores pode usar a E/S em buffer, em que cada operação de leitura retorna uma string de caracteres maior, ou buffer, e o scanner, então, indexa por meio deste. O scanner mantém um ponteiro para o buffer. A responsabilidade por manter o buffer cheio e acompanhar a posição atual no buffer fica com `NextChar`. Essas operações podem ser realizadas em linha; normalmente são codificadas em uma macro, para evitar encher o código com incrementos de ponteiro e recuperação de dados apontados por ponteiro (*dereference*).

O custo da leitura de um buffer cheio de caracteres tem dois componentes, um overhead fixo grande e um custo por caractere pequeno. Um esquema de buffer e ponteiro amortiza os custos fixos da leitura por muitas buscas de único caractere. Aumentar o buffer reduz o número de vezes que o scanner contrai este custo e reduz o overhead por caractere.

O uso de buffer e ponteiro também ocasiona uma implementação simples e eficaz da operação `RollBack` que ocorre ao final de ambos os scanners gerados. Para reverter a entrada, o scanner pode simplesmente decrementar o ponteiro de entrada. Esse esquema funciona desde que o scanner não decremente o ponteiro além do início do buffer. Nesse ponto, porém, o scanner precisa de acesso ao conteúdo anterior do buffer.

Na prática, o construtor de compiladores pode limitar a distância de *rollback* que um scanner precisará. Com o rollback limitado, o scanner pode simplesmente usar dois buffers adjacentes e incrementar o ponteiro em um padrão de módulo, como vemos a seguir:

Buffering duplo
O esquema que usa dois buffers de entrada em um padrão de módulo para fornecer *rollback* limitado normalmente é chamado *buffering duplo*.

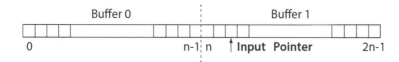

Para ler um caractere, o scanner incrementa o ponteiro, módulo $2n$, e retorna o caractere nesse local. Para reverter um caractere, o programa decrementa o ponteiro de entrada, módulo $2n$. E também precisa gerenciar o conteúdo do buffer, lendo caracteres adicionais do fluxo de entrada conforme a necessidade.

Tanto `NextChar` quanto `RollBack` possuem implementações simples e eficientes, como mostra a Figura 2.17. Cada execução de `NextChar` carrega um caractere, incrementa o ponteiro `Input` e testa se preenche ou não o buffer. A cada n caracteres, ele preenche o buffer. O código é pequeno o suficiente para ser incluído em linha, talvez gerado a partir de uma macro. Este esquema amortiza o custo de preenchimento do buffer sobre n caracteres. Escolhendo um tamanho razoável para n, como 2048, 4096, ou mais, o construtor de compiladores pode manter baixo o overhead de E/S.

`RollBack` é ainda menos dispendioso. Ele realiza um teste para garantir que o conteúdo do buffer é válido e depois decrementa o ponteiro de entrada. Novamente, a

```
Char ← Buffer[Input];                          Input ← 0;
Input ← (Input + 1) mod 2n;                    Fence ← 0;
if (Input mod n = 0)                           fill Buffer[0 : n];
   then begin;                                         Inicialização
      fill Buffer[Input : Input + n - 1];
      Fence ← (Input + n) mod 2n;              if (Input = Fence)
   end;                                           then sinalizar erro em rollback;
return Char;                                   Input ← (Input - 1) mod 2n;
      Implementando NextChar                        Implementando RollBack
```

■ **FIGURA 2.17** Implementando `NextChar` e `RollBack`.

implementação é suficientemente simples para ser expandida em linha. (Se usássemos essa implementação de `NextChar` e `RollBack` nos scanners gerados, `RollBack` precisaria truncar o caractere final para fora do `lexema`.)

Como uma consequência natural do uso de buffers finitos, `RollBack` tem um histórico limitado no fluxo de entrada. Para evitar que decremente o ponteiro além do início desse contexto, `NextChar` e `RollBack` cooperam. O ponteiro `Fence` sempre indica o início do contexto válido. `NextChar` define `Fence` toda vez que preenche um buffer. `RollBack` verifica `Fence` toda vez que tenta decrementar o ponteiro `Input`.

Depois de uma longa série de operações `NextChar`, digamos, mais de n vezes, `RollBack` sempre pode reverter pelo menos n caracteres. Porém, uma sequência de chamadas para `NextChar` e `RollBack` que funciona para a frente e para trás no buffer pode criar uma situação em que a distância entre `Input` e `Fence` é menor que n. Valores maiores de n diminuem esta probabilidade. As distâncias de reversão esperadas devem ser levadas em consideração na seleção do tamanho do buffer, n.

Gerando lexemas

O código mostrado para os scanners controlados por tabela e codificados diretamente acumulou os caracteres de entrada em uma string `lexeme`. Se a saída apropriada para cada categoria sintática é uma cópia textual do lexema, então esses esquemas são eficientes. Em alguns casos comuns, porém, o parser, que consome a saída do scanner, precisa da informação em outro formato.

Por exemplo, em muitas circunstâncias a representação natural para um número de registrador é um inteiro, ao invés de uma string de caracteres consistindo em um 'r' e uma sequência de dígitos. Se o scanner montar uma representação de caracteres, então, em algum ponto na interface essa string precisa ser convertida para um inteiro. Um modo típico de realizar esta conversão usa uma rotina de biblioteca, como atoi na biblioteca C-padrão, ou uma rotina de E/S baseada em strings, como sscanf. Um modo mais eficiente de resolver este problema seria acumular o valor do número inteiro usando um dígito de cada vez.

No exemplo que estamos usando, o scanner poderia inicializar uma variável, `RegNum`, em zero no seu estado inicial. Toda vez que reconhecesse um dígito, poderia multiplicar `RegNum` por 10 e somar o novo dígito. Quando alcançasse um estado de aceitação, `RegNum` teria o valor necessário. Para modificar o scanner da Figura 2.16, podemos excluir todas as instruções que se referem ao `lexeme`, acrescentar `RegNum ← 0`; a s_{init}, e substituir as ocorrências de `goto` s_2 nos estados s_1 e s_2 por:

```
begin;
    RegNum ← RegNum x 10 + (char - '0');
    goto s₂;
end;
```

onde tanto `char` quanto '0' são tratados como seus valores ordinais na sequência de classificação ASCII. Acumular assim o valor provavelmente tem um overhead menor do que montar a string e convertê-la no estado de aceitação.

Para outras palavras da linguagem, o lexema é implícito e, portanto, redundante. Para palavras de um único caractere, como um sinal de pontuação ou um operador, a categoria sintática é equivalente ao lexema. De modo semelhante, muitos scanners reconhecem comentários e espaços em branco e os descartam. Novamente, o conjunto de estados que reconhece o comentário não precisa acumular o lexema. Embora as economias individuais sejam pequenas, o efeito agregado é criar um scanner mais rápido e mais compacto.

Esta questão surge porque muitos geradores de scanner permitem que o construtor de compiladores especifique ações a serem realizadas em um estado de aceitação, mas não permitem ações em cada transição. Os scanners resultantes precisam acumular uma cópia em caracteres do lexema para cada palavra, seja esta cópia necessária ou não. Se o tempo de compilação importa (e deveria), então atentar a estes pequenos detalhes algorítmicos leva a um compilador mais rápido.

2.5.4 Tratando de palavras-chave

Consideramos, consistentemente, que as palavras-chave na linguagem de entrada devem ser reconhecidas incluindo REs explícitas para elas na descrição que gera o DFA e o reconhecedor. Muitos autores propuseram uma estratégia alternativa: fazer que o DFA os classifique como identificadores e testar cada identificador para determinar se é uma palavra-chave ou não.

Esta estratégia fez sentido no contexto de um scanner implementado à mão. A complexidade adicional acrescentada pela verificação explítica de palavras-chave causa uma expansão significativa no número de estados do DFA. Esse peso adicional na implementação importa em um programa codificado à mão. Com uma tabela hash razoável (ver Apêndice B.4), o custo esperado de cada pesquisa seria constante. De fato, este esquema tem sido usado como uma aplicação clássica para o *hashing perfeito*. Neste, o implementador garante, para um conjunto fixo de chaves, que a função hash gera um conjunto compacto de inteiros sem colisões, o que reduz o custo da pesquisa em cada palavra-chave. Se a implementação da tabela levar em conta a função de hashing perfeito, uma única sondagem serve para distinguir palavras-chave de identificadores. Porém, se tentar novamente em caso de falha, o comportamento pode ser muito pior para palavras não chave do que para as palavras-chave.

Se o construtor de compilador usar um gerador de scanner para construir o reconhecedor, então a complexidade adicional do reconhecimento de palavras-chave no DFA é tratada pelas ferramentas. Os estados extras que isso acrescenta consomem memória, mas não tempo de compilação. O uso do mecanismo de DFA para reconhecer palavras-chave evita uma pesquisa em tabela em cada identificador. E também evita o overhead de implementar uma tabela de palavras-chave e suas funções de suporte.

Na maior parte dos casos, deixar o reconhecimento de palavras-chave para o DFA faz mais sentido do que usar uma tabela de pesquisa separada.

> **REVISÃO DA SEÇÃO**
>
> A construção automática de um scanner funcional a partir de um DFA mínimo é simples. O gerador de scanner pode adotar um método controlado por tabela, no qual usa um esqueleto de scanner genérico e tabelas específicas da linguagem, ou, então, pode gerar um scanner codificado diretamente, que encadeia um fragmento de código para cada estado do DFA. Em geral, o método de código direto produz um scanner mais rápido, pois tem menor overhead por caractere.
>
> Apesar do fato de que todos os scanners baseados em DFA possuem pequenos custos constantes por caractere, muitos construtores de compilador escolhem codificar um scanner manualmente. Esta técnica serve para a implementação cuidadosa das interfaces entre o scanner e o sistema de E/S e entre o scanner e o parser.

> **QUESTÕES DE REVISÃO**
>
> 1. Dado o DFA mostrado a seguir, complete o seguinte:
>   a. Desenhe o classificador de caracteres que você usaria em uma implementação controlada por tabela desse DFA.
>   b. Construa a tabela de transição com base no diagrama de transição e no seu classificador de caracteres.
>   c. Escreva um scanner codificado diretamente equivalente.
>
>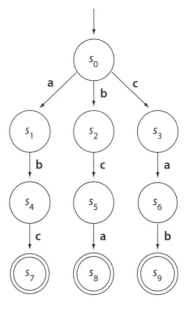
>
> 2. Uma implementação alternativa poderia usar um reconhecedor para $(a|b|c)(a|b|c)(a|b|c)$, seguido por uma pesquisa em uma tabela que contém as três palavras: abc, bca e cab.
>   a. Desenhe o DFA para essa linguagem.
>   b. Mostre o scanner codificado diretamente, incluindo a chamada necessária para realizar a pesquisa de palavra-chave.
>   c. Compare o custo desta técnica com aquelas da questão 1, acima.
> 3. Que impacto teria a inclusão das ações de transição-por-transição sobre o processo de minimização de DFA? (Suponha que tenhamos um mecanismo linguístico de conexão de fragmentos de código às arestas no grafo de transição.)

2.6 TÓPICOS AVANÇADOS
2.6.1 DFA para expressão regular

A etapa final no ciclo de construções, mostrado na Figura 2.3, é construir uma RE a partir de um DFA. A combinação da construção de Thompson e da construção de subconjunto fornece uma prova construtiva de que os DFAs são, pelo menos, tão poderoso quanto as REs. Esta seção apresenta a construção de Kleene, que monta uma RE para descrever o conjunto de strings aceitos por um DFA qualquer. Esse algoritmo estabelece que as REs são pelo menos tão poderosas quanto os DFAs. Juntos, eles mostram que REs e DFAs são equivalentes.

Considere o diagrama de transição de um DFA como um grafo com arestas rotuladas. O problema de derivar uma RE que descreve a linguagem aceita pelo DFA corresponde a um problema de caminho sobre o diagrama de transição do DFA. O conjunto de strings em $L(DFA)$ consiste do conjunto de rótulos de aresta para cada caminho de d_0 a d_i, $\forall\, d_i \in D_A$. Para qualquer DFA com um grafo de transição cíclico, o conjunto desses caminhos é infinito. Felizmente, as REs têm o operador de fechamento de Kleene para lidar com este caso e resumir o conjunto completo de subcaminhos criados por um ciclo.

A Figura 2.18 mostra um algoritmo para calcular esta expressão de caminho, considerando que o DFA tem estados numerados de 0 a $|D| - 1$, com d_0 como o estado inicial. Ele gera uma expressão que representa os rótulos ao longo de todos os caminhos entre dois nós para cada par de nós no diagrama de transição. Como etapa final, combina as expressões para cada caminho que sai de d_0 e alcança algum estado de aceitação, $d_i \in D_A$. Deste modo, sistematicamente constrói as expressões de caminho para todos os caminhos.

O algoritmo calcula um conjunto de expressões, indicado por R^k_{ij}, para todos os valores relevantes de i, j e k. R^k_{ij} é uma expressão que descreve todos os caminhos pelo grafo de transição a partir do estado i para o estado j, sem passar por um estado com numeração maior do que k. Aqui, *passar por* significa tanto entrar quanto sair, de modo que $R^2_{1,16}$ pode ser não vazio se uma aresta passar diretamente de 1 para 16.

```
for i = 0 to |D|-1
    for j = 0 to |D|-1
        R_ij^-1 = {a | δ(d_i, a) = d_j}
        if (i = j) then
            R_ij^-1 = R_ij^-1 | {ε}
for k = 0 to |D|-1
    for i = 0 to |D|-1
        for j = 0 to |D|-1
            R_ij^k = R_ik^{k-1}(R_kk^{k-1})* R_kj^{k-1} | R_ij^{k-1}

L = | s_j ∈ D_A   R_{0j}^{|D|-1}
```

■ **FIGURA 2.18** Derivando uma expressão regular a partir de um DFA.

> As instruções tradicionais deste algoritmo consideram que os nomes de nó variam de 1 a n, e não de 0 a $n-1$. Assim, colocam os caminhos diretos em R^0_{ij}.

Inicialmente, o algoritmo coloca todos os caminhos diretos de i a j em R_{ij}^{-1}, com $\{\varepsilon\}$ acrescentado a R_{ij}^{-1} se $i = j$. Por iterações sucessivas, constrói caminhos maiores para produzir R_{ij}^k acrescentando a R_{ij}^{k-1} os caminhos que passam por k no seu caminho de i a j. Dado R_{ij}^{k-1}, o conjunto de caminhos acrescentados passando de $k - 1$ a k é exatamente o conjunto de caminhos que vão de i a k não usando qualquer estado maior que $k - 1$, concatenado com os de k a si mesmo que não passam por qualquer estado maior que $k - 1$, seguido pelos caminhos que vão de k a j que não passam por qualquer estado maior que $k - 1$. Ou seja, cada iteração do loop em k acrescenta os caminhos que passam por k a cada conjunto R_{ij}^{k-1} para produzir R_{ij}^k.

Quando o loop k termina, as diversas expressões R^k_{ij} são responsáveis por todos os caminhos pelo grafo. A etapa final calcula o conjunto de caminhos que começa com d_0 e terminam em algum estado de aceitação, $d_j \in d_A$, como a união das expressões de caminho.

2.6.2 Outra técnica para minimização de DFA: algoritmo de Brzozowski

Se aplicarmos a construção de subconjunto a um NFA que possui vários caminhos do estado inicial para algum prefixo, ela agrupará os estados envolvidos nesses caminhos de prefixo duplicados e criará um único caminho para este prefixo no DFA. A construção de subconjunto sempre produz DFAs que não possuem caminhos de prefixo duplicados. Brzozowski usou esta observação para criar um algoritmo de minimização de DFA alternativo, que constrói diretamente o DFA mínimo a partir de um NFA.

Para um NFA n, considere que *reverse(n)* seja o NFA obtido revertendo o sentido de todas as transições, transformando o estado inicial em final, acrescentando um novo estado inicial e conectando-o a todos os estados que eram finais em n. Além disso, considere que *reachable(n)* seja uma função que retorna o conjunto de estados e transições em n que sejam alcançáveis a partir do seu estado inicial. Finalmente, considere que *subset(n)* seja o DFA produzido pela aplicação da construção de subconjunto a n.

Agora, dado um NFA n, o DFA equivalente mínimo é simplesmente

$$reachable(\ subset(\ reverse(\ reachable(\ subset(\ reverse(n)))\ ))).$$

A aplicação interna de *subset* e *reverse* elimina sufixos duplicados no NFA original. Em seguida, *reachable* descarta quaisquer estados e transições que não sejam mais interessantes. Finalmente, a aplicação externa dos três (*reachable*, *subset* e *reverse*) elimina quaisquer prefixos duplicados no NFA. (A aplicação de *reverse* a um DFA pode produzir um NFA.)

O exemplo na Figura 2.19 mostra as etapas do algoritmo em um NFA simples para a RE *abc | bc | ad*. O NFA na Figura 2.19a é semelhante ao que a construção de Thompson produziria; removemos as ε-transições que "colam" os NFAs para letras individuais. A Figura 2.19b mostra o resultado da aplicação de *reverse* a este NFA. A Figura 2.19c representa o DFA que *subset* constrói a partir do *reverse* do NFA. Nesse ponto, o algoritmo aplica *reachable* para remover quaisquer estados inalcançáveis; nosso NFA de exemplo não os possui. Em seguida, o algoritmo aplica *reverse* ao DFA, o que produz o NFA da Figura 2.19d. A aplicação de *subset* a este NFA produz o DFA da Figura 2.19e. Como ele não possui estados inalcançáveis, ele é o DFA mínimo para *abc | bc | cd*.

Esta técnica parece ser dispendiosa, pois aplica *subset* duas vezes, e sabemos que *subset* pode construir um conjunto de estados exponencialmente grande. Os estudos dos tempos de execução de diversas técnicas de minimização de FA sugerem, porém, que este algoritmo funciona razoavelmente bem, talvez devido às propriedades específicas

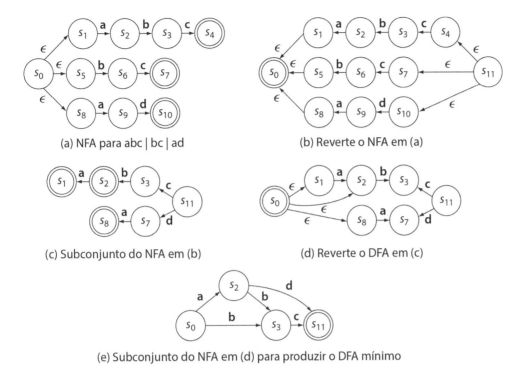

(a) NFA para abc | bc | ad
(b) Reverte o NFA em (a)
(c) Subconjunto do NFA em (b)
(d) Reverte o DFA em (c)
(e) Subconjunto do NFA em (d) para produzir o DFA mínimo

■ **FIGURA 2.19** Minimizando um DFA com o algoritmo de Brzozowski.

do NFA produzidas pela primeira aplicação de *reachable (subset(reverse(n)))*. Do ponto de vista da engenharia de software, pode ser que a implementação de *reverse* e *reachable* seja mais fácil do que a depuração do algoritmo de particionamento.

2.6.3 Expressões regulares sem fechamento

Uma subclasse das linguagens regulares que tem aplicação prática, além da análise léxica, é o conjunto de linguagens descritas por expressões regulares sem fechamento. Essas REs têm a forma $w_1 \mid w_2 \mid w_3 \mid \ldots \mid w_n$, na qual as palavras individuais, w_i, são apenas concatenações de caracteres no alfabeto, Σ, e a propriedade de que produzem DFAs com grafos de transição acíclicos.

Essas linguagens regulares simples são interessantes por dois motivos. Primeiro, muitos problemas de reconhecimento de padrões podem ser descritos com uma RE sem fechamento. Alguns exemplos são palavras em um dicionário, URLs que devem ser filtradas e chaves para uma tabela hash. Segundo, o DFA para uma RE sem fechamento pode ser construído de modo particularmente eficaz.

Para construí-lo, comece com um estado inicial s_0. Para acrescentar uma palavra ao DFA existente, o algoritmo segue o caminho para a nova palavra até esgotar o padrão ou encontrar uma transição para s_e. No primeiro caso, ele designa o estado final para a nova palavra como um estado de aceitação. No outro, acrescenta um caminho para o sufixo restante da nova palavra. O DFA resultante pode ser codificado em formato tabular ou codificado diretamente (ver Seção 2.5.2). De qualquer forma, o reconhecedor usa um tempo constante por caractere no fluxo de entrada.

Nesse algoritmo, o custo de acrescentar uma nova palavra a um DFA existente é proporcional ao tamanho da nova palavra. O algoritmo também funciona de modo incremental; uma aplicação pode facilmente acrescentar novas palavras a um DFA que esteja em uso. Essa propriedade torna o DFA acíclico uma alternativa interessante

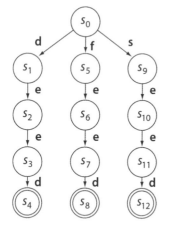

para implementar uma função hash perfeita. Para um pequeno conjunto de chaves, esta técnica produz um reconhecedor eficiente. À medida que o número de estados cresce (em um reconhecedor codificado diretamente), ou o tamanho da chave cresce (em um reconhecedor controlado por tabela), a implementação pode ficar mais lenta, devido às restrições de tamanho de cache. Em algum ponto, o impacto das falhas de cache tornará uma implementação eficiente de uma função hash mais tradicional mais atraente do que a construção incremental de um DFA acíclico.

Os DFAs assim produzidos não têm garantias de ser mínimos. Considere o DFA acíclico que seria produzido para as REs *deed, feed* e *seed*, apresentado ao lado. Ele tem três caminhos distintos que reconhecem, cada um, o sufixo *eed*. Logicamente, esses caminhos podem ser combinados para reduzir o número de estados e transições no DFA. A minimização combinará os estados (s_2, s_6, s_{10}), (s_3, s_7, s_{11}) e (s_4, s_8, s_{12}) para produzir um DFA com sete estados.

O algoritmo constrói DFAs que são mínimos em relação aos prefixos de palavras na linguagem. Qualquer duplicação toma a forma de vários caminhos para o mesmo sufixo.

2.7 RESUMO DO CAPÍTULO E PERSPECTIVA

O uso difundido de expressões regulares para pesquisa e análise léxica é uma das histórias de sucesso da ciência da computação moderna. Essas ideias foram desenvolvidas como parte inicial da teoria das linguagens formais e autômatos. E são aplicadas de forma rotineira em ferramentas que variam desde editores de textos a mecanismos de filtragem na Web e compiladores, como um meio de especificar, de forma concisa, grupos de strings que sejam linguagens regulares. Sempre que uma coleção finita de palavras precisa ser reconhecida, os reconhecedores baseados em DFA merecem uma séria consideração.

A teoria de expressões regulares e autômatos finitos têm desenvolvido técnicas que permitem o reconhecimento de linguagens regulares em um tempo proporcional ao tamanho do fluxo de entrada. As técnicas para derivação automática de DFAs a partir de REs e para minimização de DFA têm permitido a construção de ferramentas robustas que geram reconhecedores baseados em DFA. Tanto os scanners gerados quanto os codificados à mão são usados em compiladores modernos bem respeitados. De qualquer forma, uma implementação cuidadosa deve ser executada em um tempo proporcional ao tamanho do fluxo de entrada, com um pequeno overhead por caractere.

NOTAS DO CAPÍTULO

Originalmente, a separação da análise léxica, ou *scanning*, da análise sintática, ou *parsing*, foi justificada com o argumento da eficiência. Como o custo da análise léxica cresce linearmente com o número de caracteres, e os custos constantes são baixos, levar a análise léxica do parser para um scanner separado reduziu o custo da compilação. O advento de técnicas de análise sintática eficientes enfraqueceu este argumento, mas a prática de construção de scanners persiste, pois oferece uma separação clara de interesses entre as estruturas léxica e sintática.

Como a construção de scanner desempenha papel secundário na criação de um compilador real, tentamos manter este capítulo conciso. Assim, ele omitiu muitos teoremas sobre linguagens regulares e autômatos finitos, que o leitor ambicioso poderia apreciar. Os muitos e bons textos sobre este assunto podem oferecer um tratamento muito mais profundo dos autômatos finitos e expressões regulares e suas muitas propriedades úteis [194, 232, 315].

Kleene [224] estabeleceu a equivalência entre REs e FAs. Tanto o fechamento de Kleene quanto o algoritmo de DFA para RE ostentam seu nome. McNaughton e Yamada mostraram uma construção que relaciona REs a NFAs [262]. A construção mostrada neste capítulo foi moldada no trabalho de Thompson [333], motivado pela implementação de um comando de busca textual para um antigo editor de textos. Johnson descreve a primeira aplicação dessa tecnologia para automatizar a construção do scanner [207]. A construção de subconjunto deriva de Rabin e Scott [292]. Deve-se a Hopcroft [193] o algoritmo de minimização de DFA na Seção 2.4.4, que tem encontrado aplicação para muitos problemas diferentes, incluindo a detecção de quando duas variáveis de programa sempre têm o mesmo valor [22].

A ideia de gerar código ao invés de tabelas para produzir um scanner codificado diretamente parece ter origem no trabalho de Waite [340] e Heuring [189], que relatam um fator de melhoria de cinco em relação às implementações controladas por tabela. Ngassam et al. descrevem experimentos que caracterizam os ganhos de velocidade possíveis nos scanners codificados à mão [274]. Diversos autores examinaram os dilemas na implementação do scanners. Jones [208] defende a codificação direta, mas sustenta uma técnica estruturada para o controle de fluxo, ao invés do código espaguete mostrado na Seção 2.5.2. Brouwer et al. comparam a velocidade de 12 diferentes implementações de scanner; e descobriram um fator de 70 de diferença entre as implementações mais rápidas e mais lentas [59].

A técnica alternativa de minimização de DFA apresentada na Seção 2.6.2 foi descrita por Brzozowski em 1962 [60]. Diversos autores têm comparado as técnicas de minimização de DFA e seu desempenho [328, 344]. Muitos outros, ainda, examinaram a construção e a minimização de DFAs acíclicos [112, 343, 345].

EXERCÍCIOS

Seção 2.2

1. Descreva, informalmente, as linguagens aceitas pelos seguintes FAs:

   a.

   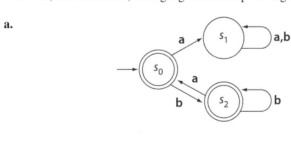

   b.

   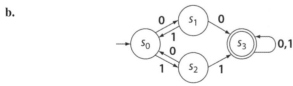

   c.

   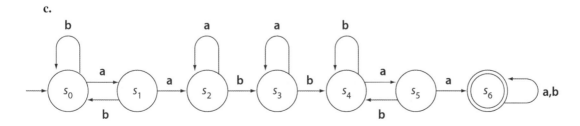

2. Construa um FA aceitando cada uma das seguintes linguagens:
   a. $\{w \in \{a, b\}^* \mid w$ começa com 'a' e contém '$baba$' como uma substring$\}$
   b. $\{w \in \{0, 1\}^* \mid w$ contém '111' como uma substring e não contém '00' como uma substring$\}$
   c. $\{w \in \{a, b, c\}^* \mid$ em w o número de 'a's no módulo 2 é igual ao de 'b's no módulo 3$\}$
3. Crie FAs para reconhecer (a) palavras que representem números complexos, e (b) palavras que representem números decimais escritos em notação científica.

Seção 2.3

4. Diferentes linguagens de programação utilizam diferentes notações para representar inteiros. Construa uma expressão regular para cada um dos seguintes:
   a. Inteiros não negativos em C representados nas bases 10 e 16.
   b. Inteiros não negativos em VHDL que possam incluir sublinhados (*underscores*), em que um caractere de sublinhado não pode ocorrer como primeiro ou último caractere.
   c. Moeda, em reais, representada como um número decimal positivo arredondado até o centésimo mais próximo. Esse número começa com o caractere $, tem pontos separando cada grupo de três dígitos à esquerda da vírgula decimal, e termina com dois dígitos à direita da vírgula decimal; por exemplo: $8.937,43 e $7.777.777,77.
5. Escreva uma expressão regular para cada uma das seguintes linguagens:
   a. Dado um alfabeto $\Sigma = \{0, 1\}$, L é o conjunto de todas as strings de pares de 0s e pares de 1s alternados.
   b. Dado um alfabeto $\Sigma = \{0, 1\}$, L é o conjunto de todas as strings de 0s e 1s que contêm um número par de 0s ou de 1s.
   c. Dado o alfabeto inglês minúsculo, L é o conjunto de todas as strings em que as letras aparecem em ordem lexicográfica crescente.
   d. Dado um alfabeto $\Sigma = \{a, b, c, d\}$, L é o conjunto de strings *xyzwy*, onde *x* e *w* são strings de um ou mais caracteres em Σ; *y* é qualquer caractere único de em Σ; e *z* é o caractere z, tomado de fora do alfabeto. (Cada string *xyzwy* contém duas palavras *xy* e *wy* criadas a partir das letras em Σ. As palavras terminam na mesma letra, *y*. E são separadas por *z*.)
   e. Dado um alfabeto $\Sigma = \{+, -, \times, \div, (,), \mathtt{id}\}$, L é o conjunto de expressões algébricas usando adição, subtração, multiplicação, divisão e parênteses sobre $\mathtt{ids}$.
6. Escreva uma expressão regular para descrever cada uma das seguintes construções de linguagem de programação:
   a. Qualquer sequência de tabulações e espaços (às vezes chamados espaço *em branco*).
   b. Comentários na linguagem de programação C.
   c. Constantes de string (sem caracteres de escape).
   d. Números de ponto flutuante.

Dica
Nem todas as especificações descrevem expressões regulares.

Seção 2.4

7. Considere as três expressões regulares:

$$(ab \mid ac)^*$$

$$(0 \mid 1)^* 1100\ 1^*$$

$$(01 \mid 10 \mid 00)^* 11$$

   a. Use a construção de Thompson para construir um NFA para cada RE.
   b. Converta os NFAs para DFAs.
   c. Minimize os DFAs.

8. Um modo de provar que duas REs são equivalentes é construir seus DFAs minimizados e depois compará-los. Se diferirem apenas por nomes de estado, então as REs são equivalentes. Use esta técnica para verificar os seguintes pares de REs e indique se são equivalentes ou não:
   a. $(0 \mid 1)^*$ e $(0^* \mid 10^*)^*$
   b. $(ba)^+ (a^* b^* \mid a^*)$ e $(ba)^* ba^+ (b^* \mid \in)$

9. Em alguns casos, dois estados conectados por um ε-movimento podem ser combinados.
   a. Sob que conjunto de condições dois estados conectados por um ε-movimento podem ser combinados?
   b. Dê um algoritmo para eliminar ε-movimentos.
   c. Como seu algoritmo se relaciona com a função de ∈-fechamento usada para implementar a construção de subconjunto?

10. Mostre que o conjunto de expressões regulares é fechado sob interseção.

11. O algoritmo de minimização de DFA dado na Figura 2.9 é formulado para enumerar todos os elementos de P e todos os caracteres em Σ em cada iteração do laço while.
    a. Reformule o algoritmo de modo que ele use uma worklist para manter os conjuntos que ainda precisam ser examinados.
    b. Reformule a função $Split$ de modo que ela particione o conjunto devido a todos os caracteres em Σ.
    c. Como a complexidade esperada dos seus algoritmos modificados se compara com a complexidade esperada do algoritmo original?

Seção 2.5

12. Construa um DFA para cada uma das seguintes construções da linguagem C e depois monte a tabela correspondente para uma implementação controlada por tabela para cada uma delas:
    a. Constantes inteiras.
    b. Identificadores.
    c. Comentários.

13. Para cada um dos DFAs no exercício anterior, monte um scanner codificado diretamente.

14. Este capítulo descreveu diversos estilos de implementações de DFA. Uma alternativa usaria funções mutuamente recursivas para implementar um scanner. Discuta as vantagens e desvantagens desta implementação.

15. Para reduzir o tamanho da tabela de transição, o gerador de scanner pode usar um esquema de classificação de caracteres. No entanto, a geração da tabela de classificação parece ser onerosa. O algoritmo óbvio exigiria um tempo $O(|\Sigma|^2 \cdot |estados|)$. Derive um algoritmo assintoticamente mais rápido para encontrar colunas idênticas na tabela de transição.

16. A Figura 2.15 mostra um esquema que evita o comportamento de rollback quadrático em um scanner criado pela simulação de um DFA. Infelizmente, este esquema exige que o scanner saiba com antecedência o tamanho do fluxo de entrada e que mantenha uma matriz de bits, $Failed$, de tamanho $|estados| \times |entrada|$. Crie um esquema que evite conhecer o tamanho do fluxo de entrada com antecedência. Você consegue usar o mesmo esquema para reduzir o tamanho da tabela $Failed$ em casos onde a entrada de pior caso não ocorre?

Capítulo 3

Analisadores Sintáticos (Parsers)

VISÃO GERAL DO CAPÍTULO

A tarefa do analisador sintático (parser) é determinar se o programa de entrada, representado pelo fluxo de palavras classificadas produzidas pelo scanner, é uma sentença válida na linguagem de programação. Para tanto, o parser tenta construir uma derivação para o programa de entrada, usando uma gramática para a linguagem de programação.

Este capítulo introduz as gramáticas livres de contexto, uma notação usada para especificar a sintaxe das linguagens de programação. E desenvolve várias técnicas para encontrar uma derivação, dada uma gramática e um programa de entrada.

Palavras-chave: Parsing, Analisador sintático, Gramática, LL(1), LR(1), Descida recursiva

3.1 INTRODUÇÃO

A análise sintática (*parsing*) é o segundo estágio do front end do compilador. O parser trabalha com o programa transformado pelo scanner; ele vê um fluxo de palavras, onde cada palavra está associada a uma categoria sintática (semelhante à sua classe gramatical). Ele deriva uma estrutura sintática para o programa, encaixando as palavras em um modelo gramatical da linguagem de programação-fonte. Se o parser determina que o fluxo de entrada é um programa válido, constrói um modelo concreto do programa para uso pelas últimas fases da compilação. Caso contrário, ele informa o problema e a informação de diagnóstico apropriada ao usuário.

Como um problema, a análise sintática tem muitas semelhanças com a léxica. O problema formal foi bastante estudado como parte da teoria de linguagens formais; este trabalho forma a base teórica para as técnicas práticas de análise sintática usadas na maioria dos compiladores. A velocidade importa; todas as técnicas que estudaremos levam um tempo proporcional ao tamanho do programa e de sua representação. Os detalhes de baixo nível afetam o desempenho; os mesmos compromissos de implementação surgem tanto na análise sintática quanto na léxica. As técnicas neste capítulo são receptivas à implementação de parsers controlados por tabela, codificados diretamente ou codificados à mão. Ao contrário dos scanners, para os quais a codificação à mão é comum, os parsers gerados por ferramenta são mais comuns do que os codificados à mão.

Roteiro conceitual

A tarefa principal do parser é determinar se o programa de entrada é ou não uma sentença sintaticamente válida na linguagem-fonte. Antes que possamos construir parsers que respondam a esta pergunta, precisamos de um mecanismo formal para especificar a sintaxe da linguagem-fonte e um método sistemático para determinar a condição de pertinência (*membership*), ou seja, de ser membro dessa linguagem especificada formalmente. Restringindo a forma da linguagem-fonte a um conjunto de linguagens chamadas linguagens livres de contexto, podemos garantir que o parser poderá responder de modo eficiente à questão sobre a condição de pertinência. A Seção 3.2

introduz as gramáticas livres do contexto (ou CFGs — *Context-Free Grammars*) como uma notação para especificar a sintaxe.

Muitos algoritmos foram propostos para responder à questão sobre a condição de pertinência para CFGs. Este capítulo examina duas técnicas diferentes para o problema. A Seção 3.3 introduz a análise sintática descendente (*top-down*) na forma de parsers de descida recursiva (também conhecidos como parsers recursivos descendentes) e LL(1). A Seção 3.4 examina a análise sintática ascendente (*bottom-up*) conforme exemplificada por parsers LR(1). A Seção 3.4.2 apresenta o algoritmo detalhado para gerar parsers LR(1) canônicos. A última seção explora diversas questões práticas que surgem na construção do parser.

Visão geral

Parsing
Dado um fluxo *s* de palavras e uma gramática *G*, encontrar uma derivação em *G* que produza *s*.

O parser de um compilador tem como responsabilidade principal reconhecer a sintaxe — ou seja, determinar se o programa sendo compilado é uma sentença válida no modelo sintático da linguagem de programação. Este modelo é expresso como uma gramática formal *G*; se alguma sequência de palavras *s* está na linguagem definida por *G*, dizemos que *G deriva s*. Para um fluxo de palavras *s* e uma gramática G, o parser tenta montar uma prova construtiva de que *s* pode ser derivado em *G* — processo chamado *parsing*.

Algoritmos de parsing podem ser de duas categorias gerais. Os parsers top-down tentam combinar o fluxo de entrada com as produções da gramática prevendo a próxima palavra (em cada ponto). Para uma classe de gramáticas limitada, esta previsão pode ser precisa e eficiente. Os parsers bottom-up trabalham a partir do detalhe em baixo nível — a sequência real de palavras — e acumulam o contexto até que a derivação seja aparente. Novamente, existe uma classe restrita de gramáticas para as quais podemos gerar parsers bottom-up eficientes. Na prática, esses conjuntos restritos de gramáticas são grandes o suficiente para compreender a maioria dos recursos de interesse nas linguagens de programação.

3.2 EXPRESSANDO A SINTAXE

A tarefa do parser é determinar se algum fluxo de palavras se encaixa ou não na sintaxe da linguagem-fonte que lhe cabe examinar. Implícita nesta descrição está a noção de que podemos descrever a sintaxe e verificá-la; na prática, precisamos de uma notação para descrever a sintaxe das linguagens que as pessoas poderiam usar para programar computadores. No Capítulo 2, trabalhamos com uma notação assim, as expressões regulares, que fornecem uma notação concisa para descrever sintaxe e um mecanismo eficaz para testar a condição de pertinência de uma string na linguagem descrita por uma RE. Infelizmente, REs não têm o poder de descrever a sintaxe complexa da maioria das linguagens de programação.

Para estas, a sintaxe é expressa na forma de uma gramática livre de contexto. Esta seção apresenta e define as CFGs e explora seu uso na verificação da sintaxe. Mostra como podemos começar a codificar significado na sintaxe e na estrutura. E, finalmente, apresenta as ideias em que se baseiam as técnicas de parsing eficientes, descritas nas seções seguintes.

3.2.1 Por que não expressões regulares?

Para motivar o uso de CFGs, considere o problema de reconhecer expressões algébricas sobre variáveis e os operadores +, −, × e ÷. Podemos definir "variável" como qualquer string que corresponda à RE [*a*...*z*]([*a*...*z*] | [0...9])*, versão simplificada e em minúsculas de um identificador Algol. Agora, podemos definir uma expressão da seguinte forma:

$$[a...z]([a...z] \mid [0...9])^* ((+ \mid - \mid \times \mid \div) [a...z]([a...z] \mid [0...9])^*)^*$$

Esta RE corresponde a "a + b × c" e "fee ÷ fie × foe". Nada a respeito da RE sugere uma noção de precedência de operador; em "a + b × c", qual operador deve ser executado primeiro, + ou ×? A regra-padrão da álgebra sugere que × e ÷ têm precedência sobre + e −. Para forçar outras ordens de avaliação, a notação algébrica normal inclui parênteses.

A inclusão de parênteses à RE nos locais onde precisam aparecer é um pouco delicada. Uma expressão pode começar com '(', de modo que precisamos da opção para um (inicial. De modo semelhante, precisamos da opção para um) final.

> Sublinharemos (e) de modo que sejam visualmente distintos dos (e) usados para o agrupamento nas REs.

$$(\underline{(} \mid \varepsilon) [a...z] ([a...z] \mid [0...9])^*$$
$$((+ \mid - \mid \times \mid \div) [a...z] ([a...z] \mid [0...9])^*)^* (\underline{)} \mid \varepsilon)$$

Esta RE pode produzir uma expressão delimitada por parênteses, mas não uma com parênteses internos para indicar precedência. Todas as ocorrências internas de (acontecem antes de uma variável; de modo semelhante, todas as ocorrências internas de) acontecem após uma variável. Esta observação sugere a seguinte RE:

$$(\underline{(} \mid \varepsilon) [a...z] ([a...z] \mid [0...9])^*$$
$$((+ \mid - \mid \times \mid \div) \ [a...z] ([a...z] \mid [0...9])^* (\underline{)} \mid \varepsilon))^*$$

Observe que simplesmente mudamos o) final para dentro do fechamento.

Esta RE combina com "a + b × c" e com "(a + b) × c". E combinará com qualquer expressão com uso correto de parênteses sobre variáveis e dos quatro operadores na RE. Mas, infelizmente, também combinará com muitas expressões sintaticamente incorretas, como "a + (b × c" e "a + b) × c)". De fato, não podemos escrever uma RE que combine com todas as expressões com parênteses balanceados. (Construções emparelhadas, como begin e end ou then e else, desempenham papel importante na maioria das linguagens de programação.) Este fato é uma limitação fundamental das REs; os reconhecedores correspondentes não podem contar, pois têm apenas um conjunto finito de estados. A linguagem $(^m)^n$, onde $m = n$, não é regular. Em princípio, os DFAs não podem contar. Embora funcionem bem para microssintaxes, não são adequados para descrever alguns recursos importantes das linguagens de programação.

3.2.2 Gramáticas livres de contexto

Gramática livre de contexto
Para uma linguagem L, sua CFG define os conjuntos de strings de símbolos que são sentenças válidas em L.

Para descrever a sintaxe de linguagens de programação, precisamos de uma notação mais poderosa do que as expressões regulares, e que ainda leve a reconhecedores eficientes. A solução tradicional é usar uma *gramática livre de contexto* (CFG). Felizmente, grandes subclasses das CFGs têm a propriedade de levar a reconhecedores eficientes.

Sentença
String de símbolos que podem ser derivados das regras de uma gramática.

Uma gramática livre de contexto, G, é um conjunto de regras que descrevem como formar *sentenças*. A coleção de sentenças que podem ser derivadas de G é chamada *linguagem definida por G*, indicada como $L(G)$. O conjunto de linguagens definidas por gramáticas livres de contexto é chamado de linguagens livres de contexto. Um exemplo pode ajudar. Considere a seguinte gramática, que chamamos de *SN*:

$$SomOvelha \rightarrow \texttt{baa}\ SomOvelha$$
$$|\ \texttt{baa}$$

Produção
Cada regra em uma CFG é chamada *produção*.

Símbolo não terminal
Variável sintática usada nas produções de uma gramática.

Símbolo terminal
Palavra que ocorre em uma sentença.

Uma palavra consiste em um lexema e sua categoria sintática. As palavras são representadas em uma gramática por sua categoria sintática.

A primeira regra, ou *produção*, é lida como: "*SomOvelha* pode derivar a palavra `baa` seguida por mais *SomOvelha*". Aqui, *SomOvelha* é uma variável sintática representando o conjunto de strings que podem ser derivados da gramática. Chamamos esta variável de *símbolo não terminal*. Cada palavra na linguagem definida pela gramática é um *símbolo terminal*. A segunda regra é lida como: "*SomOvelha* também pode derivar a string `baa`".

Para entender o relacionamento entre a gramática *SN* e *L(SN)*, precisamos especificar como aplicar as regras da *SN* para derivar sentenças em *L(SN)*. Para começar, temos que identificar o *símbolo-alvo*, ou *símbolo inicial* da *SN*, que representa o conjunto de todas as strings em *L(SN)*. Desta forma, ele não pode ser uma das palavras na linguagem. Ao invés disso, deve ser um dos símbolos não terminais introduzidos para acrescentar estrutura e abstração à linguagem. Como a *SN* tem apenas um não terminal, *SomOvelha* deve ser o símbolo-alvo.

FORMA DE BACKUS-NAUR
A notação tradicional usada por cientistas de computação para representar uma gramática livre de contexto é chamada *forma de Backus-Naur*, ou BNF (Backus-Naur Form). BNF indica os símbolos não terminais envolvendo-os em colchetes especiais, como em ⟨`SomOvelha`⟩, e os terminais sublinhados. O símbolo ::= significa "deriva" e |, "também deriva". Em BNF, a gramática do som da ovelha torna-se:

⟨SomOvelha⟩ ::= baa SomOvelha
| baa

Isto é completamente equivalente à nossa gramática *SN*.

BNF tem suas origens no final da década de 1950 e início da de 1960 [273]. As convenções sintáticas dos sinais ⟨ ⟩, sublinhado, ::= e | surgiram a partir de opções tipográficas limitadas disponíveis àqueles que escreviam descrições de linguagem. (Por exemplo, veja o livro de David Gries, *Compiler Construction for Digital Computers*, impresso inteiramente em uma impressora de linha padrão [171].) Em todo este livro, usamos uma forma de BNF tipograficamente atualizada. Não terminais são escritos em *itálico*; terminais em uma `fonte monoespaçada`. Usamos o símbolo → para "deriva".

Para derivar uma sentença, começamos com uma string protótipo que contém apenas o símbolo alvo, *SomOvelha*. Escolhemos um símbolo não terminal, α, na string protótipo, uma regra da gramática, $\alpha \rightarrow \beta$, e reescrevemos α como β. Repetimos este processo de reescrita até que a string protótipo não contenha mais não terminais, ponto em que consiste inteiramente de palavras, ou símbolos terminais, e seja uma sentença na linguagem.

Em cada ponto nesse processo de derivação, a string é uma coleção de símbolos terminais ou não terminais. Essa string é chamada *forma sentencial* se ocorrer em alguma etapa de uma derivação válida. Qualquer forma sentencial pode ser derivada do símbolo de início em zero ou mais etapas. De modo semelhante, a partir de qualquer forma sentencial, podemos derivar uma sentença válida em zero ou mais etapas. Assim, se começarmos com *SomOvelha* e aplicarmos reescritas sucessivas usando as duas regras da gramática, em cada etapa no processo, a string apresentará uma forma sentencial. Quando tivermos alcançado o ponto em que a string contém apenas símbolos terminais, ela se torna uma sentença em *L(SN)*.

Derivação
Sequência de etapas de reescrita que começa com o símbolo de início da gramática e termina com uma sentença na linguagem.

Forma sentencial
String de símbolos que ocorrem como uma etapa em uma derivação válida.

GRAMÁTICAS LIVRES DE CONTEXTO

Formalmente, gramática livre de contexto *G* é uma quádrupla (*T*, *NT*, *S*, *P*), onde:

- **T** é o conjunto de símbolos terminais, ou palavras, na linguagem *L(G)*. Símbolos terminais correspondem às categorias sintáticas retornadas pelo scanner.
- **NT** é o conjunto de símbolos não terminais que aparecem nas produções de *G*. Não terminais são variáveis sintáticas introduzidas para fornecer abstração e estrutura nas produções.
- **S** é um não terminal designado como *símbolo-alvo*, ou *símbolo inicial* da gramática. *S* representa o conjunto de sentenças em *L(G)*.
- **P** é o conjunto de produções ou regras de reescrita em *G*. Cada regra em *P* tem a forma $NT \rightarrow (T \cup NT)^+$; ou seja, ela substitui um não terminal por uma string de um ou mais símbolos da gramática.

Os conjuntos *T* e *NT* podem ser derivados diretamente do conjunto de produções, *P*. O símbolo inicial pode ser não ambíguo, como na gramática *SomOvelha*, ou não ser óbvio, como na gramática a seguir:

Parêntese	$\rightarrow$ *(Colchete)*	*Colchete*	$\rightarrow$ *[Parêntese]*
	| ( )		| [ ]

Neste caso, a escolha do símbolo inicial determina a forma dos delimitadores externos. O uso de *Parêntese* como *S* garante que cada sentença tenha um par mais externo de parênteses, enquanto o uso de *Colchete* força um par de colchetes. Para permitir qualquer um deles, precisaríamos introduzir um novo símbolo *Início* e as produções *Início* $\rightarrow$ *Parêntese* | *Colchete*.

Algumas ferramentas que manipulam gramáticas exigem que *S* não apareça no lado direito de qualquer produção, que torna *S* fácil de descobrir.

Para derivar uma sentença em *SN*, começamos com a string que consiste em um símbolo, *SomOvelha*. Podemos reescrever *SomOvelha* com a regra 1 ou a regra 2. Se reescrevermos *SomOvelha* com a regra 2, a string torna-se baa e não possui outras oportunidades para reescrita. A reescrita mostra que baa é uma sentença válida em *L(SN)*. A outra escolha, reescrever a string inicial com a regra 1, leva a uma string com dois símbolos: baa *SomOvelha*. Esta string tem um não terminal restante; reescrevê-lo com a regra 2 leva à string baa baa, que é uma sentença em *L(SN)*. Podemos representar essas derivações na forma tabular:

Regra	Forma sequencial
	SomOvelha
2	baa

Reescrever com a regra 2

Regra	Forma sequencial
	SomOvelha
1	baa **SomOvelha**
2	baa baa

Reescrever com as regras 1 e depois 2

Como uma conveniência de notação, usaremos $\rightarrow^+$ para indicar "deriva em uma ou mais etapas". Assim, *SomOvelha* $\rightarrow^+$ baa e *SomOvelha* $\rightarrow^+$ baa baa.

A regra 1 estende a string, enquanto a 2 elimina o não terminal *SomOvelha*. (A string nunca pode conter mais de uma ocorrência de *SomOvelha*.) Todas as strings válidas em *SN* são derivadas por zero ou mais aplicações da regra 1, seguidas pela regra 2. A aplicação da regra 1 *k* vezes seguida pela regra 2 gera uma string com *k*+1 baas.

3.2.3 Exemplos mais complexos

A gramática *SomOvelha* é muito simples para exibir a potência e a complexidade das CFGs. Em vez disso, vamos retornar ao exemplo que mostrou as deficiências das REs: a linguagem de expressões com parênteses.

1	*Expr*	$\rightarrow$	(*Expr*)
2		|	*Expr Op* nome
3		|	nome
4	*Op*	$\rightarrow$	+
5		|	-
6		|	×
7		|	÷

Começando com o símbolo inicial, *Expr*, podemos gerar dois tipos de subtermos: subtermos entre parênteses, com a regra 1, ou subtermos simples, com a regra 2. Para gerar a sentença "(a + b) × c", podemos usar a seguinte sequência de reescrita (2,6,1,2,4,3), mostrada à esquerda. Lembre-se de que a gramática lida com categorias sintáticas, como nome, em vez de lexemas, como a, b ou c.

Regra	Forma sentencial
	Expr
2	***Expr Op*** nome
6	***Expr*** × nome
1	(***Expr***) × nome
2	(***Expr Op*** nome) × nome
4	(***Expr*** + nome) × nome
3	(nome + nome) × nome

Derivação mais à direita de (a + b) × c

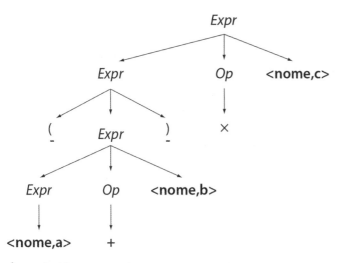

Árvore sintática correspondente

A árvore acima, chamada *árvore de análise ou árvore sintática*, representa a derivação como um grafo.

Árvore de análise ou árvore sintática
Grafo que representa uma derivação.

Esta CFG simples para expressões não pode gerar uma sentença com parênteses não balanceados ou indevidamente aninhados. Somente a regra 1 pode gerar um parêntese de abertura (abre-parênteses), e também gera o parêntese de fechamento (fecha-parênteses). Assim, ela não pode gerar strings como "a + (b × c" ou "a + b) × c)", e um parser montado a partir da gramática não aceitará tais strings. (A melhor RE na Seção 3.2.1 combinava com essas duas strings.) Claramente, as CFGs nos oferecem a capacidade de especificar construções que as REs não permitem.

A derivação de (a + b) × c reescreveu, a cada etapa, o símbolo não terminal restante mais à direita. Esse comportamento sistemático foi uma escolha, mas outras são possíveis. Uma alternativa óbvia é reescrever o não terminal mais à esquerda a cada etapa. O uso das escolhas mais à esquerda produziria uma sequência de derivação diferente para a mesma sentença. A derivação mais à esquerda de (a + b) × c seria:

Derivação mais à direita
Derivação que reescreve, a cada etapa, o não terminal mais à direita.

Derivação mais à esquerda
Derivação que reescreve, a cada etapa, o não terminal mais à esquerda.

Regra	Forma sentencial
	Expr
2	***Expr* Op** nome
1	(***Expr***) **Op** nome
2	(***Expr* Op** nome) **Op** nome
3	(nome **Op** nome) **Op** nome
4	(nome + nome) **Op** nome
6	(nome + nome) × nome

Derivação mais à esquerda de (a + b) × c

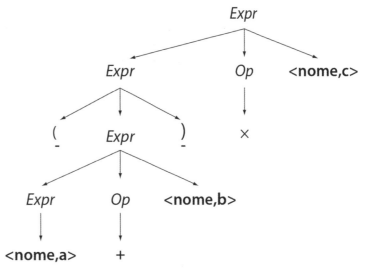

Árvore sintática correspondente

As derivações mais à esquerda e mais à direita utilizam o mesmo conjunto de regras; e aplicam essas regras em uma ordem diferente. Como a árvore sintática representa as regras aplicadas, mas não a ordem de sua aplicação, as árvores sintáticas para ambas as derivações são idênticas.

Ambiguidade
Uma gramática G é *ambígua* se alguma sentença em L(G) tiver mais de uma derivação mais à direita (ou mais à esquerda).

Do ponto de vista do compilador, é importante que cada sentença na linguagem definida pela CFG tenha uma única derivação mais à direita (ou mais à esquerda). Se existirem várias derivações mais à direita (ou mais à esquerda) para alguma sentença, então, em algum ponto na derivação várias reescritas distintas do não terminal mais à direita (ou mais à esquerda) levam à mesma sentença. Uma gramática em que existem várias derivações mais à direita (ou mais à esquerda) para uma sentença é chamada gramática *ambígua*. Uma gramática ambígua pode produzir várias derivações e várias árvores sintáticas. Como os estágios posteriores da tradução associarão significado à forma detalhada da árvore sintática, várias destas árvores implicam vários significados possíveis para um único programa — uma propriedade ruim para uma linguagem de programação ter. Se o compilador não puder ter certeza do significado de uma sentença, ele não poderá traduzi-la para uma sequência de código definitiva.

O exemplo clássico de uma construção ambígua na gramática para uma linguagem de programação é a construção `if-then-else` de muitas linguagens tipo Algol. A gramática simples para `if-then-else` poderia ser

1	*Comando*	→	`if` *Expr* `then` *Comando* `else` *Comando*
2		|	`if` *Expr* `then` *Comando*
3		|	*Atribuição*
4		|	*...outros comandos...*

Este fragmento mostra que `else` é opcional.

Infelizmente, o fragmento de código

$$\texttt{if } Expr_1 \texttt{ then } \texttt{if } Expr_2 \texttt{ then } Atribuição_1 \texttt{ else } Atribuição_2$$

tem duas derivações mais à direita distintas. A diferença entre elas é simples. A primeira tem $Atribuição_2$ controlada pelo `if` mais interno, de modo que $Atribuição_2$ é executada quando $Expr_1$ é verdadeira e $Expr_2$ é falsa:

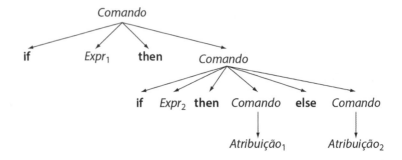

A segunda derivação associa a cláusula else com o primeiro if, de modo que *Atribuição₂* é executada quando *Expr₁* é falsa, independente do valor de *Expr₂*:

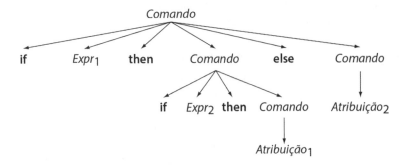

Claramente, essas duas derivações produzem comportamentos diferentes no código compilado.

Para remover essa ambiguidade, a gramática deve ser modificada para incluir uma regra que determina qual if controla um else. Para resolver a gramática do if-then-else, podemos reescrevê-la como:

1	*Comando*	→	if *Expr* then *Comando*
2		|	if *Expr* then *WithElse* else *Comando*
3		|	*Atribuição*
4	*WithElse*	→	if *Expr* then *WithElse* else *WithElse*
5		|	*Atribuição*

A solução restringe o conjunto de comandos que podem ocorrer na parte then de uma construção if-then-else. Ela aceita o mesmo conjunto de sentenças da gramática original, mas garante que cada else tenha uma correspondência não ambígua com um if específico. Ela codifica na gramática uma regra simples — vincular cada else ao if não fechado mais interno; e só tem uma derivação mais à direita para o exemplo.

Regra	Forma sentencial
	Comando
1	if *Expr* then *Comando*
2	if *Expr* then if *Expr* then *WithElse* else *Comando*
3	if *Expr* then if *Expr* then *WithElse* else *Atribuição*
5	if *Expr* then if *Expr* then *Atribuição* else *Atribuição*

A gramática reescrita elimina a ambiguidade.

A ambiguidade do if-then-else surge de uma deficiência na gramática original. A solução resolve a ambiguidade impondo uma regra que é fácil para o programador se lembrar. (Para evitar a ambiguidade totalmente, alguns projetistas de linguagem reestruturaram a construção if-then-else introduzindo elseif e endif.) Na Seção 3.5.3, vamos examinar outros tipos de ambiguidade e formas sistemáticas de tratá-las.

3.2.4 Codificação do significado na estrutura

A ambiguidade do if-then-else aponta o relacionamento entre significado e estrutura gramatical. Porém, ambiguidade não é a única situação em que o significado e a estrutura gramatical interagem. Considere a árvore sintática que seria montada a partir da derivação mais à direita da expressão simples a + b × c.

Regra	Forma sentencial
	Expr
2	**Expr Op** nome
6	**Expr** × nome
2	**Expr Op** nome × nome
4	**Expr** + nome × nome
3	nome + nome × nome

Derivação de a + b × c

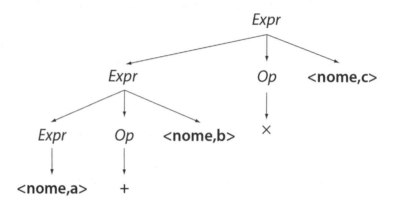

Árvore sintática correspondente

Um modo natural de avaliar a expressão é com um percurso em pós-ordem na árvore. Isto primeiro calcularia a + b, e depois multiplicaria o resultado por c para produzir o resultado (a + b) × c. Essa ordem de avaliação contradiz as regras clássicas de precedência algébrica, que avaliaria a expressão como a + (b × c). Como o objetivo final da análise sintática da expressão é produzir o código que a implementará, a gramática da expressão deveria ter a propriedade de montar uma árvore cuja avaliação pelo percurso "natural" produzisse o resultado correto.

O problema real está na estrutura da gramática. Ela trata todos os operadores aritméticos da mesma forma, sem considerar qualquer precedência. Na árvore sintática para (a + b) × c, o fato de que a subexpressão entre parênteses foi forçada a passar por uma produção extra na gramática aumenta um nível à árvore. Este nível extra, por sua vez, força um percurso em pós-ordem na árvore a avaliar a subexpressão entre parênteses antes de avaliar a multiplicação.

Podemos usar este efeito para codificar níveis de precedência de operador na gramática. Primeiro, precisamos decidir quantos níveis de precedência são exigidos. Na gramática de expressão simples, temos três: a precedência mais alta para ( ), a média para × e ÷, e a mais baixa para + e –. Em seguida, agrupamos os operadores em níveis distintos e usamos um não terminal para isolar a parte correspondente da gramática. A Figura 3.1 mostra a gramática resultante, que inclui um único símbolo inicial, *Alvo*, e uma produção para o símbolo terminal num que usaremos em outros exemplos.

Nesta gramática, *Expr* representa o nível para + e –; *Termo,* o nível para × e ÷; e *Fator,* o nível para ( ). Desta forma, a gramática deriva uma árvore sintática para a + b × c que é consistente com a precedência algébrica padrão, como vemos a seguir.

Regra	Forma sentencial
	Expr
1	*Expr* + *Termo*
4	*Expr* + *Termo* × *Fator*
6	*Expr* + *Termo* × nome
9	*Expr* + *Fator* × nome
9	*Expr* + nome × nome
3	*Termo* + nome × nome
6	*Fator* + nome × nome
9	nome + nome × nome

Derivação de a + b × c

0	*Alvo*	→	*Expr*
1	*Expr*	→	*Expr* + *Termo*
2		|	*Expr* - *Termo*
3		|	*Termo*
4	*Termo*	→	*Termo* × *Fator*
5		|	*Termo* ÷ *Fator*
6		|	*Fator*
7	*Fator*	→	(*Expr*)
8		|	num
9		|	nome

■ **FIGURA 3.1** Gramática de expressão clássica.

```
                    Expr
                  / ↓  \
              Expr  +  Termo
               ↓       / ↓ \
             Termo  Termo × Fator
               ↓      ↓       ↓
             Fator  Fator  <nome,z>
               ↓      ↓
           <nome,x> <nome,y>
```

Árvore sintática correspondente

Um percurso em pós-ordem sobre esta árvore sintática primeiro avaliará b × c, e depois somará o resultado a a, processo este que implementa as regras padrão da precedência aritmética. Observe que o acréscimo de não terminais para impor a precedência acrescenta nós interiores à árvore. De modo semelhante, substituir os operadores individuais por ocorrências de *Op*, os removerá.

Outras operações exigem precedência alta. Por exemplo, os subscritos de array devem ser aplicados antes das operações aritméticas padrão. Isso garante, por exemplo, que a + b[i] avalie b[i] para um valor antes de somá-lo a a, ao invés de tratar i como um subscrito em algum array cujo local é calculado como a + b. De modo semelhante, as operações que mudam o tipo de um valor, conhecidas como *type casts* em linguagens como C ou Java, possuem precedência mais alta do que a aritmética, porém mais baixa do que os parênteses ou operações de subscrito.

Se a linguagem permitir atribuição dentro das expressões, o operador de atribuição deve ter precedência baixa, a fim de garantir que o código avalie completamente tanto o lado esquerdo quanto o direito da atribuição antes de realizá-la. Se a atribuição (←) tivesse a mesma precedência da adição, por exemplo, a expressão a←b + c atribuiria o valor de b a a antes de realizar a adição, considerando uma avaliação da esquerda para a direita.

CLASSES DE GRAMÁTICAS LIVRES DE CONTEXTO E SEUS PARSERS

Podemos particionar o universo das gramáticas livres de contexto em uma hierarquia com base na dificuldade da análise sintática das gramáticas. Essa hierarquia tem muitos níveis. Este capítulo menciona quatro deles, a saber: CFGs arbitrárias, gramáticas LR(1), gramáticas LL(1) e gramáticas regulares (RGs). Esses conjuntos são aninhados conforme mostra o diagrama a seguir.

CFGs arbitrárias exigem mais tempo para fazer a análise do que as gramáticas LR(1) e LL(1), mais restritas. Por exemplo, o algoritmo de Earley analisa sintaticamente as CFGs arbitrárias, no pior caso, em tempo $O(n^3)$, onde n é o número de palavras no fluxo de entrada. Naturalmente, o tempo de execução real pode ser melhor. Historicamente, os construtores de compilador têm se esquivado de técnicas "universais", devido à sua ineficiência percebida.

As gramáticas LR(1) incluem um grande subconjunto de CFGs não ambíguas. Elas podem ser analisadas, de baixo para cima (*bottom-up*), em uma varredura linear da esquerda para a direita, examinando no máximo uma palavra à frente do símbolo de entrada atual. A grande disponibilidade de ferramentas que derivam parsers a partir de gramáticas LR(1) transformou os parsers LR(1) nos "favoritos de todos".

Gramáticas LL(1) são um subconjunto importante das gramáticas LR(1), e podem ser analisadas, de cima para baixo (*top-down*), em uma varredura linear da esquerda para a direita, com antecipação (*"lookahead"*) de uma palavra. Gramáticas LL(1) podem ser analisadas com um parser de descida recursiva, codificado à mão, ou com um parser LL(1) gerado. Muitas linguagens de programação podem ser escritas em uma gramática LL(1).

As gramáticas regulares (RGs) são CFGs que geram linguagens regulares. Estas são uma CFG na qual as produções são restritas a duas formas, ou $A \rightarrow a$ ou $A \rightarrow aB$, onde $A, B \in NT$, e a $\in T$. Gramáticas regulares são equivalentes a expressões regulares; e codificam exatamente aquelas linguagens que podem ser reconhecidas por um DFA. O uso principal para as linguagens regulares na construção de compiladores é especificar scanners.

Quase todas as construções de linguagens de programação podem ser expressas na forma LR(1), e frequentemente na forma LL(1). Assim, a maioria dos compiladores usa um algoritmo de análise rápida baseado em uma dessas duas classes restritas de CFG.

3.2.5 Descobrindo uma derivação para uma string de entrada

Vimos como usar uma CFG G como um sistema de reescrita para gerar sentenças que estão em $L(G)$. Ao contrário, um compilador precisa inferir uma derivação para uma determinada string de entrada, ou determinar que não existe tal derivação. O processo de construir uma derivação a partir de uma sentença de entrada específica é chamado *parsing* (ou análise sintática).

Um parser utiliza, como entrada, um suposto programa escrito em alguma linguagem fonte.

O parser vê o programa conforme ele vem do scanner: um fluxo de palavras associadas com suas categorias sintáticas. Assim, o parser veria a + b × c como ⟨nome,a⟩ + ⟨nome,b⟩× ⟨nome,c⟩. Como saída, o parser precisa produzir, ou uma derivação para o programa de entrada, ou uma mensagem de erro para um programa inválido. Para uma linguagem não ambígua, uma árvore sintática é equivalente a uma derivação; assim, podemos pensar na saída do parser como uma árvore sintática.

É útil visualizar o parser como criando uma árvore sintática para o programa de entrada. A raiz da árvore sintática é conhecida; ela representa o símbolo inicial da gramática. As folhas desta árvore também o são; elas precisam corresponder, na ordem da esquerda para a direita, ao fluxo de palavras retornado pelo scanner. A parte difícil da análise sintática está na descoberta da conexão gramatical entre as folhas e a raiz. Duas técnicas distintas e opostas para construir a árvore são sugeridas:

1. *Parsers top-down* começam com a raiz e fazem a árvore crescer em direção às folhas. A cada etapa, ele seleciona um nó para algum não terminal na borda inferior da árvore e o estende como uma subárvore que representa o lado direito de uma produção que reescreve o não terminal.
2. *Parsers bottom-up* começam com as folhas e fazem a árvore crescer em direção à raiz. Em cada etapa, ele identifica uma substring contígua da borda superior da árvore, que corresponde ao lado direito de alguma produção; depois, constrói um nó para o lado esquerdo da regra e o conecta à árvore.

Em qualquer cenário, o parser faz uma série de escolhas sobre quais produções aplicar. A maior parte da complexidade intelectual na análise sintática encontra-se nos mecanismos para fazer essas escolhas. A Seção 3.3 explora os aspectos e os algoritmos que surgem na análise sintática *top-down*, enquanto a Seção 3.4 examina a análise *bottom-up* em detalhes.

3.3 ANÁLISE SINTÁTICA DESCENDENTE (*TOP-DOWN*)

Um parser *top-down* começa com a raiz da árvore sintática e a estende sistematicamente para baixo até que suas folhas correspondam às palavras classificadas retornadas pelo scanner. Em cada ponto, o processo considera uma árvore sintática parcialmente construída. Ele seleciona um símbolo não terminal na borda inferior da árvore e o estende acrescentando filhos, que correspondem ao lado direito de alguma produção para esse não terminal. Ele não pode estender a fronteira a partir de um terminal. Esse processo continua até que:

a. A borda da árvore sintática contenha apenas símbolos terminais e o fluxo de entrada tenha sido esgotado.
b. Uma divergência clara ocorra entre a borda da árvore sintática parcialmente construída e o fluxo de entrada.

No primeiro caso, a análise tem sucesso. No segundo, duas situações são possíveis. O parser pode ter selecionado a produção errada em alguma etapa anterior no processo, e pode retroceder, reconsiderando sistematicamente as decisões anteriores. Para uma string de entrada que é uma sentença válida, o retrocesso (*backtrack*) levará o parser a uma sequência correta de escolhas e permitirá que ele construa uma árvore sintática correta. Alternativamente, se a string de entrada não for uma sentença válida, o retrocesso falhará e o parser deverá relatar o erro de sintaxe ao usuário.

3.3 Análise sintática descendente (top-down)

Uma ideia-chave torna a análise sintática *top-down* eficiente: *um grande subconjunto das gramáticas livres de contexto pode ser analisado sem retrocesso*. A Seção 3.3.1 mostra transformações que normalmente podem converter uma gramática qualquer em outra adequada para a análise sintática *top-down* livre de retrocesso. As duas seções seguintes introduzem duas técnicas distintas para construir os parsers *top-down:* analisadores sintáticos de descida recursiva codificados à mão, e analisadores LL(1) gerados.

A Figura 3.2 mostra um algoritmo concreto para um parser *top-down* que constrói uma derivação mais à esquerda. Ele monta uma árvore sintática, ancorada na variável root. Ele usa uma pilha, com funções de acesso push( ) e pop( ), para rastrear a parte não correspondida da borda.

A parte principal do parser consiste em um laço que focaliza o símbolo não correspondido mais à esquerda na borda inferior da árvore sintática parcialmente construída. Se o símbolo em foco é um não terminal, ele expande a árvore para baixo; escolhe uma produção, monta a parte correspondente da árvore de análise e move o foco para o símbolo mais à esquerda dessa nova parte da borda. Se o símbolo em foco for um terminal, ele compara o foco contra a próxima palavra na entrada. Uma correspondência move o foco para o próximo símbolo na borda e avança o fluxo de entrada.

Se o foco é um símbolo terminal que não corresponde à entrada, o parser precisa retroceder. Primeiro, ele sistematicamente considera alternativas para a regra escolhida mais recentemente. Se esgotar essas alternativas, retrocede de volta na árvore sintática e reconsidera as escolhas em um nível mais alto. Se este processo não conseguir corres-

```
root ← nó para o símbolo inicial, S ;
focus ← root;
push(null);
word ← NextWord( );
while (true) do;
  if (focus é um não terminal) then begin;
    pegar próxima regra para expandir focus (A→β₁, β₂, ..., βₙ );
    montar nós para β₁, β₂ ... βₙ como filhos de focus;
    push(βₙ, βₙ₋₁, ..., β₂);
    focus ← β₁;
  end;
  else if (palavra corresponde a focus) then begin;
    word ← NextWord( );
    focus ← pop( )
  end;
  else if (word = eof and focus = null)
    then aceitar a entrada e retornar root;
    else retroceder;
end;
```

■ **FIGURA 3.2** Algoritmo de análise sintática *top-down* mais à esquerda.

> Para facilitar a descoberta da "próxima" regra, o parser pode armazenar o número da regra em um nó não terminal quando o expande.

ponder à entrada, o parser informa um erro de sintaxe. O retrocesso aumenta o custo assintótico da análise sintática; na prática, este é um modo dispendioso de descobrir erros de sintaxe.

A implementação do retrocesso ("`backtrack`") é simples. Ele estabelece `focus` como o pai na árvore sintática parcialmente construída e desconecta seus filhos. Se ainda restar uma regra não tentada com `focus` em seu lado esquerdo, o parser expande `focus` usando essa regra. E constrói filhos para cada símbolo no lado direito, empilha esses símbolos na ordem da direita para a esquerda e define `focus` para que aponte para o primeiro filho. Se não restar nenhuma regra não tentada, o parser sobe outro nível e tenta novamente. Quando esgota as possibilidades, informa um erro de sintaxe e sai.

Ao realizar o retrocesso, o parser também precisa recuar o fluxo de entrada. Felizmente, a árvore sintática parcial codifica informações suficientes para tornar esta ação eficiente. O parser precisa colocar cada terminal correspondido na produção descartada de volta ao fluxo de entrada, ação que pode ser realizada enquanto os desconecta da árvore sintática na travessia da esquerda para a direita dos filhos descartados.

3.3.1 Transformação de uma gramática para análise sintática top-down

A eficiência de um parser *top-down* depende criticamente da sua capacidade de escolher a produção correta toda vez que expandir um não terminal. Se o parser sempre fizer a escolha certa, a análise sintática *top-down* é eficiente. Se restar escolhas ruins, o custo da análise aumenta. Para algumas gramáticas, o comportamento de pior caso é que o parser não termina. Esta seção examina duas questões estruturais com CFGs que ocasionam problemas com parsers *top-down* e apresenta transformações que o construtor de compiladores pode aplicar à gramática para evitar esses problemas.

Um parser top-down com escolha oracular

Como exercício inicial, considere o comportamento do parser da Figura 3.2 com a gramática de expressão clássica na Figura 3.1 quando aplicada à string a + b × c. Por enquanto, considere que o parser tem um oráculo que escolhe a produção correta em cada ponto na análise. Com a escolha oracular, ele pode proceder conforme mostra a Figura 3.3. A coluna da direita exibe a string de entrada, com um marcador ↑ para indicar a posição atual do parser na string. O símbolo → na coluna Regra representa uma etapa em que o parser corresponde a um símbolo terminal contra a string de entrada e avança a entrada. A cada etapa, a forma sentencial representa a borda inferior da árvore sintática parcialmente construída.

Com a escolha oracular, o parser deverá usar um número de etapas proporcional ao tamanho da derivação mais o tamanho da entrada. Para a + b × c, o parser aplicou oito regras e efetuou correspondência com cinco palavras.

Observe, porém, que a escolha oracular significa escolha inconsistente. Nas primeira e segunda etapas, o parser considerou o não terminal *Expr*. Na primeira, ele aplicou a regra 1, *Expr* → *Expr* + *Termo*. Na segunda, aplicou a regra 3, *Expr* → *Termo*. De modo semelhante, ao expandir *Termo* em uma tentativa de correspondência com a, aplicou a regra 6, *Termo* → *Fator*, mas, ao expandir *Termo* para corresponder com b, aplicou a regra 4, *Termo* → *Termo* × *Fator*. Seria difícil fazer o parser *top-down* funcionar com escolha consistente, algorítmica, ao usar esta versão da gramática de expressão.

Regra	Forma sentencial	Entrada
	Expr	↑ nome + nome × nome
1	*Expr* + *Termo*	↑ nome + nome × nome
3	*Termo* + *Termo*	↑ nome + nome × nome
6	*Fator* + *Termo*	↑ nome + nome × nome
9	nome + *Termo*	↑ nome + nome × nome
→	nome + *Termo*	nome ↑ + nome × nome
→	nome + *Termo*	nome + ↑ nome × nome
4	nome + *Termo* × *Fator*	nome + ↑ nome × nome
6	nome + *Fator* × *Fator*	nome + ↑ nome × nome
9	nome + nome × *Fator*	nome + ↑ nome × nome
→	nome + nome × *Fator*	nome + nome ↑ × nome
→	nome + nome × *Fator*	nome + nome × ↑ nome
9	nome + nome × nome	nome + nome × ↑ nome
→	nome + nome × nome	nome + nome × nome ↑

■ **FIGURA 3.3** Análise sintática *top-down* mais à esquerda de a + b × c com escolha oracular.

Eliminação da recursão à esquerda

Um problema com a combinação da gramática de expressão clássica e um parser *top-down* mais à esquerda surge devido à estrutura da gramática. Para ver a dificuldade, considere uma implementação que sempre tenta aplicar as regras na ordem em que aparecem na gramática. Suas primeiras, várias, ações seriam:

Regra	Forma sentencial	Entrada
	Expr	↑ nome + nome × nome
1	*Expr* + *Termo*	↑ nome + nome × nome
1	*Expr* + *Termo* + *Termo*	↑ nome + nome × nome
1	...	↑ nome + nome × nome

Ele começa com *Expr* e tenta a correspondência com a. Aplica a regra 1 para criar a forma sentencial *Expr* + *Termo* na borda. Agora, enxerga o não terminal *Expr* e a palavra de entrada a, novamente. Pela escolha consistente, aplica a regra 1 para substituir *Expr* por *Expr* + *Term*. Naturalmente, ele ainda tem pela frente *Expr* e a palavra de entrada a. Com essa gramática e escolhendo consistentemente as regras, o parser continuará a expandir a borda indefinidamente, pois essa expansão nunca gera um símbolo terminal no início.

Recursão à esquerda

Uma regra em uma CFG é recursiva à esquerda se o primeiro símbolo no seu lado direito for o mesmo símbolo no seu lado esquerdo, ou se puder derivar esse símbolo.

O primeiro caso é chamado recursão à esquerda *direta*; o segundo, recursão à esquerda *indireta*.

Este problema surge porque a gramática apresenta *recursão à esquerda* nas produções 1, 2, 4 e 5. Com recursão à esquerda, um parser *top-down* pode aplicar indefinidamente as regras sem gerar um símbolo terminal no início que ele possa corresponder (e avançar a entrada). Felizmente, podemos reformular uma gramática recursiva à esquerda, de modo que ela use recursão à direita — uma recursão que envolve o símbolo mais à direita em uma regra.

A tradução de recursão à esquerda para recursão à direita é mecânica. Para a recursão à esquerda direta, como a mostrada a seguir no lado esquerdo, podemos reescrever as produções individuais para usar a recursão à direita, conforme indicado no lado direito.

Fee →	Fee α	Fee →	β Fee'
|	β	Fee' →	α Fee'
		|	ε

A transformação introduz um novo não terminal, *Fee'*, e transfere a recursão para *Fee'*. Também acrescenta a regra *Fee'* → ε, onde ε representa a string vazia. Esta ε-*produção* exige interpretação cuidadosa no algoritmo de análise sintática. Para expandir a produção *Fee'* → ε, o parser simplesmente faz `focus ← pop( )`, que avança sua atenção para o próximo nó, terminal ou não terminal, na borda.

Na gramática de expressão clássica, a recursão à esquerda direta aparece nas produções tanto para *Expr* quanto para *Termo*.

Original			Transformada		
Expr	→	Expr + Termo	Expr	→	Termo Expr'
	|	Expr – Termo	Expr'	→	+ Termo Expr'
	|	Termo		|	– Termo Expr'
Termo	→	Termo × Fator		|	ε
	|	Termo ÷ Fator	Termo	→	Fator Termo'
	|	Fator	Termo'	→	× Fator Termo'
				|	÷ Fator Termo'
				|	ε

Fazendo essas substituições na gramática de expressão clássica gera-se uma variante recursiva à direita da gramática, mostrada na Figura 3.4. Esta nova gramática especifica o mesmo conjunto de expressões que a gramática de expressão clássica.

0	Alvo	→	Expr	6	Termo'	→	× Fator Termo'
1	Expr	→	Termo Expr'	7		|	÷ Fator Termo'
2	Expr'	→	+ Termo Expr'	8		|	ε
3		|	- Termo Expr'	9	Fator	→	(Expr)
4		|	ε	10		|	num
5	Termo	→	Fator Termo'	11		|	nome

■ **FIGURA 3.4** Variante recursiva à direita da gramática de expressão clássica.

Regra	Forma sentencial	Entrada
	Expr	↑ nome + nome × nome
1	**Termo Expr'**	↑ nome + nome × nome
5	**Fator Termo' Expr'**	↑ nome + nome × nome
11	nome **Termo' Expr'**	↑ nome + nome × nome
→	nome **Termo' Expr'**	nome ↑ + nome × nome
8	nome **Expr'**	nome ↑ + nome × nome
2	nome + **Termo Expr'**	nome ↑ + nome × nome
→	nome + **Termo Expr'**	nome + ↑ nome × nome
5	nome + **Fator Termo' Expr'**	nome + ↑ nome × nome
11	nome + nome **Termo' Expr'**	nome + ↑ nome × nome
→	nome + nome **Termo' Expr'**	nome + nome ↑ × nome
6	nome + nome × **Fator Termo' Expr'**	nome + nome ↑ × nome
→	nome + nome × **Fator Termo' Expr'**	nome + nome × ↑ nome
11	nome + nome × nome **Termo' Expr'**	nome + nome × ↑ nome
→	nome + nome × nome **Termo' Expr'**	nome + nome × nome ↑
8	nome + nome × nome **Expr'**	nome + nome × nome ↑
4	nome + nome × nome	nome + nome × nome ↑

■ **FIGURA 3.5** Análise sintática *top-down* mais à esquerda de a + b × c com a gramática de expressão recursiva à direita.

A gramática nesta figura elimina o problema de não terminação, mas não evita a necessidade de retrocesso. A Figura 3.5 mostra o comportamento do parser *top-down* com essa gramática na entrada a + b × c. O exemplo ainda assume a escolha oracular (resolveremos este problema na próxima subseção), consegue a correspondência com todos os 5 terminais e aplica 11 produções — 3 a mais do que na gramática recursiva à esquerda. Todas as aplicações de regra adicionais envolvem produções que derivam ε.

Esta transformação simples elimina a recursão à esquerda direta. Também precisamos eliminar a recursão à esquerda indireta, que ocorre quando uma cadeia de regras como $\alpha \to \beta, \beta \to \gamma$ e $\gamma \to \alpha\delta$ cria a situação em que $\alpha \to^+ \alpha\delta$. Esta recursão à esquerda indireta nem sempre é óbvia, e pode se tornar obscura por uma longa cadeia de produções.

Para converter a recursão à esquerda indireta em recursão à direita, precisamos de um método mais sistemático do que a inspeção seguida pela aplicação da nossa transformação. O algoritmo na Figura 3.6 elimina toda a recursão à esquerda de uma gramática pela aplicação completa de duas técnicas: substituição adiante para converter a recursão à esquerda indireta em recursão à esquerda direta, e reescrita da recursão à esquerda direta como recursão à direita, assumindo que a gramática original não possui ciclos ($A \to^+ A$) nem ε-produções.

```
Impor uma ordem sobre os não terminais, A₁, A₂, ..., Aₙ
for i ← 1 to n do;
    for j ← 1 to i - 1 do;
        if ∃ uma produção Aᵢ → Aⱼγ
            then substituir Aᵢ → Aⱼγ por uma ou
                mais produções que expandem Aⱼ
    end;
    reescrever as produções para eliminar qualquer
        recursão à esquerda direta sobre Aᵢ
end;
```

■ **FIGURA 3.6** Remoção da recursão à esquerda indireta.

O algoritmo impõe uma ordem arbitrária sobre os não terminais. O laço externo os percorre nessa ordem. O laço interno procura qualquer produção que expanda A_i em um lado direito que começa com A_j, para $j < i$. Essa expansão pode levar a uma recursão à esquerda indireta. Para evitar isto, o algoritmo substitui a ocorrência de A_j por todos os lados direitos alternativos para A_j. Ou seja, se o laço interno descobrir uma produção $A_i \rightarrow A_j\gamma$, e $A_j \rightarrow \delta_1|\delta_2 | \ldots |\delta_k$, então o algoritmo substitui $A_i \rightarrow A_j\gamma$ por um conjunto de produções $A_i \rightarrow \delta_1\gamma |\delta_2\gamma | \ldots |\delta_k\gamma$. Este processo, eventualmente, converte cada recursão à esquerda indireta em uma recursão à esquerda direta. A etapa final no laço externo converte qualquer recursão à esquerda direta sobre A_i em recursão à direita usando a transformação simples mostrada anteriormente. Como novos não terminais são acrescentados ao final e só envolvem recursão à direita, o laço pode ignorá-los — eles não precisam ser verificados e convertidos.

Considerando o invariante de laço para o laço externo pode esclarecer mais. No início da *i*-ésima iteração de laço externo:

∀ k < i, *nenhuma produção expandindo A_k tem A_l em seu lado direito, para $l < k$.*

Ao final deste processo, ($i = n$), toda a recursão à esquerda indireta foi eliminada por meio da aplicação repetitiva do laço interno, e toda a recursão à esquerda imediata foi eliminada na etapa final de cada iteração.

Análise sintática livre de retrocesso

A principal fonte de ineficiência no parser *top-down* mais à esquerda surge da sua necessidade de retroceder. Se o parser expandir a borda inferior com a produção errada, eventualmente encontra uma divergência entre esta borda e as folhas da árvore sintática, que correspondem às palavras retornadas pelo scanner. Quando ele descobre a divergência, precisa desfazer as ações que resultaram na borda errada e tentar outras produções. O ato de expandir, retrair e reexpandir a borda desperdiça tempo e esforço.

Na derivação da Figura 3.5, o parser escolheu a regra correta em cada etapa. Escolhendo consistentemente as regras, como considerar as produções na ordem de aparecimento na gramática, ele teria retrocedido em cada nome, primeiro tentando *Fator* → (*Expr*), e depois *Fator* → num, antes de derivar nome. De modo semelhante, as expansões pelas regras 4 e 8 teriam considerado as outras alternativas antes de expandir para ε.

Para esta gramática, o parser pode evitar o retrocesso com uma modificação simples. Quando ele for selecionar a próxima produção, pode considerar tanto o símbolo em foco quanto o próximo símbolo de entrada, chamado *símbolo de antecipação*. Usando este único símbolo de antecipação, o parser pode distinguir todas as escolhas que surgem na análise sintática pela gramática de expressão recursiva à direita. Assim, dizemos que a *gramática é livre de retrocesso* com antecipação de um símbolo. Uma gramática livre de retrocesso também é chamada *gramática preditiva*.

Podemos formalizar a propriedade que torna a gramática de expressão recursiva à direita livre de retrocesso. Em cada ponto na análise, a escolha de uma expansão é óbvia porque cada alternativa para o não terminal mais à esquerda leva a um símbolo terminal distinto. A comparação da próxima palavra no fluxo de entrada com essas escolhas revela a expansão correta.

A intuição é clara, mas formalizá-la exigirá alguma notação. Para cada símbolo α da gramática, defina FIRST(α) como o conjunto de símbolos terminais que podem aparecer como a primeira palavra em alguma string derivada de α. O domínio de FIRST é o conjunto de símbolos da gramática, $T \cup NT \cup \{\in, \text{eof}\}$ e seu contradomínio é $T \cup \{\varepsilon, \text{eof}\}$. Se α é um terminal, ε ou eof, então FIRST(α) tem exatamente um membro, α. Para um não terminal A, FIRST(A) contém o conjunto completo de símbolos terminais que podem aparecer como símbolo inicial em uma forma sentencial derivada de A.

A Figura 3.7 mostra um algoritmo que calcula os conjuntos FIRST para cada símbolo em uma gramática. Como sua etapa inicial, o algoritmo define os conjuntos FIRST para os casos simples, terminais, ε e eof. Para a gramática de expressão recursiva à direita mostrada na Figura 3.4, esta etapa inicial produz os seguintes conjuntos FIRST:

	num	nome	+	−	×	÷	(	)	eof	ε
FIRST	num	nome	+	−	×	÷	(	)	eof	ε

Em seguida, o algoritmo passa pelas produções, usando os conjuntos FIRST para o lado direito de uma produção para derivar o conjunto FIRST do não terminal em seu lado esquerdo. Este processo termina quando ele alcança um ponto fixo. Para a gramática de expressão recursiva à direita, os conjuntos FIRST dos não terminais são:

	Expr	*Expr'*	*Termo*	*Termo'*	*Fator*
FIRST	(, nome, num	+, −, ε	(, nome, num	×, ÷, ε	(, nome, num

Definimos conjuntos FIRST sobre símbolos únicos da gramática. Agora, é conveniente estender esta definição para strings de símbolos. Para uma string $s = \beta_1\,\beta_2\,\beta_3\ldots\beta_k$, definimos FIRST($s$) como a união dos conjuntos FIRST para $\beta_1, \beta_2, \beta_3,\ldots \beta_n$, onde β_n é o primeiro símbolo cujo conjunto FIRST não contém ε, e $\varepsilon \in$ FIRST(s) se, e somente se, ele estiver no conjunto para cada um dos β_i, $1 \leq i \leq k$. O algoritmo na Figura 3.7 calcula esta quantidade para a variável rhs.

Gramática livre de retrocesso
CFG para a qual o parser *top-down*, mais à esquerda, sempre pode prever a regra correta com antecipação de no máximo uma palavra.

Conjunto FIRST
Para um símbolo α da gramática, FIRST(α) é o conjunto de terminais que podem aparecer no início de uma sentença derivada de α;
eof ocorre implicitamente no final de cada sentença da gramática. Assim, ele está no domínio e no contradomínio de FIRST.

```
            for each α ∈ (T ∪ eof ∪ ε)  do;
               FIRST(α) ← α;
            end;

            for each A ∈ NT do;
               FIRST(A) ← φ;
            end;

            while (conjuntos FIRST ainda estão mudando)  do;
               for each p ∈ P, onde p tem a forma A → β do;
                  if β is β₁β₂ ... βₖ, where βᵢ ∈ T ∪ NT , then begin;
                     rhs ← FIRST(β₁) - {ε};
                     i ← 1;
                     while ((ε ∈ FIRST(βᵢ) and i ≤ (k-1) do;
                        rhs ← rhs ∪ (FIRST(βᵢ₊₁) - {ε});
                        i ← i + 1;
                     end;
                  end;
                  if i = k and ε ∈ FIRST(βₖ)
                     then rhs ← rhs ∪ {ε};
                  FIRST(A) ← FIRST(A) ∪ rhs;
               end;
            end;
```
■ **FIGURA 3.7** Calculando conjuntos FIRST para símbolos de uma gramática.

Conceitualmente, os conjuntos FIRST simplificam a implementação de um parser *top-down*. Considere, por exemplo, as regras para *Expr'* na gramática de expressão recursiva à direita:

2	*Expr'*	→	*+ Termo Expr'*
3		|	*− Termo Expr'*
4		|	∈

Quando o parser tenta expandir uma *Expr'*, usa o símbolo de antecipação e os conjuntos FIRST para escolher entre as regras 2, 3 e 4. Com uma antecipação de +, ele expande pela regra 2 porque + está em FIRST(+ *Term Expr'*), e não em FIRST(− *Term Expr'*), ou FIRST(ε). De modo semelhante, uma antecipação de — dita a escolha da regra 3.

A regra 4, ε-produção, apresenta um problema um pouco mais difícil. FIRST(ε) é simplesmente {ε}, que não corresponde a qualquer palavra retornada pelo scanner.

Intuitivamente, o parser deve aplicar a ε-produção quando o símbolo de antecipação não for um membro do conjunto FIRST de qualquer outra alternativa. Para diferenciar entre entradas legais e erros de sintaxe, o parser precisa saber quais palavras podem aparecer como símbolo inicial após uma aplicação válida da regra 4 — o conjunto de símbolos que podem vir após *Expr'*.

Para capturar este conhecimento, definimos o conjunto FOLLOW(*Expr'*) para conter todas as palavras que podem ocorrer imediatamente à direita de uma string derivada de *Expr'*. A Figura 3.8 apresenta um algoritmo para calcular este conjunto para cada não terminal em uma gramática, considerando a existência de conjuntos FIRST. O algoritmo inicializa cada conjunto FOLLOW como conjunto vazio, e depois, percorre as produções, calculando a contribuição dos sufixos parciais para o conjunto FOLLOW de cada símbolo em cada lado direito. O algoritmo termina quando alcança um ponto fixo. Para a gramática de expressão recursiva à direita, o algoritmo produz:

	Expr	*Expr'*	*Termo*	*Termo'*	*Fator*
FOLLOW	eof,)	eof,)	eof, +, -,)	eof, +, -,)	eof, +, -, ×, ÷,)

Conjunto FOLLOW
Para um não terminal α, FOLLOW(α) contém o conjunto de palavras que podem ocorrer imediatamente após α em uma sentença.

```
for each A ∈ NT do;
    FOLLOW(A) ← ϕ;
end;
FOLLOW(S) ← {eof};
while (conjuntos FOLLOW ainda estão mudando) do;
    for each p ∈ P na forma A → β₁β₂ ... βₖ do;
        TRAILER ← FOLLOW(A);
        for i ← k down to 1 do;
            if βᵢ ∈ NT then begin;
                FOLLOW(βᵢ) ← (βᵢ) ∪ TRAILER;
                if ε ∈ FIRST(βᵢ)
                    then TRAILER ← TRAILER (FIRST(βᵢ) - ε);
                    else TRAILER ← FIRST(βᵢ);
            end;
            else TRAILER ← FIRST(βᵢ);   // é {βᵢ}
        end;
    end;
end;
```

■ **FIGURA 3.8** Calculando conjuntos FOLLOW para símbolos não terminais.

O parser pode usar FOLLOW(*Expr'*) quando tentar expandir uma *Expr'*. Se o símbolo de antecedência for +, aplica a regra 2. Se o símbolo de antecedência for −, a regra 3. Se o símbolo de antecedência estiver em FOLLOW(*Expr'*), que contém eof e), aplica a regra 4. Qualquer outro símbolo causa um erro de sintaxe.

Usando FIRST e FOLLOW, podemos especificar exatamente a condição que torna uma gramática livre de retrocesso para um parser *top-down*. Para uma produção $A \to \beta$, defina seu conjunto FIRST aumentado, FIRST⁺, da seguinte forma:

$$\text{FIRST}^+(A \to \beta) = \text{FIRST}(\beta) \qquad \text{if } \varepsilon \notin \text{FIRST}(\beta)$$
$$\text{FIRST}(\beta) \cup \text{FOLLOW}(A) \qquad \textit{caso contrário}$$

Agora, uma gramática livre de retrocesso tem a propriedade de que, para qualquer não terminal *A* com múltiplos lados direitos, $A \to \beta_1 \mid \beta_2 \mid \cdots \mid \beta_n$

$$\text{FIRST}^+(A \to \beta_i) \cap \text{FIRST}^+(A \to \beta_j) = \varnothing, \ \forall \ 1 \le i, j \le n, \ i \ne j.$$

Qualquer gramática que tenha esta propriedade é *livre de retrocesso*.

Para a gramática de expressão recursiva à direita, somente as produções 4 e 8 têm conjuntos FIRST⁺ que diferem dos conjuntos FIRST.

	Produção	Conjunto FIRST	Conjunto FIRST⁺
4	***Expr'*** → ε	{ ε }	{ ε, eof,) }
8	***Termo'*** → ε	{ ε }	{ ε, eof, +, −,) }

A aplicação da condição livre de retrocesso a cada conjunto de lados direitos alternativos prova que a gramática, realmente, é livre de retrocesso.

Fatoração à esquerda para eliminar o retrocesso

Nem todas as gramáticas são livres de retrocesso. Para ver um exemplo deste tipo de gramática, considere a extensão da gramática de expressão para incluir chamadas de função, indicadas com parênteses, (e), e referências a elementos de array, indicadas com colchetes, [e]. Para acrescentar essas opções, substituímos a produção 11, *Fator* → nome, por um conjunto de três regras, mais um conjunto de regras recursivas à direita para listas de argumentos.

11	*Fator*	→	nome
12		|	nome [***ListaArgs***]
13		|	nome (***ListaArgs***)
15	*ListaArgs*	→	***Expr MaisArgs***
16	*MaisArgs*	→	, ***Expr MaisArgs***
17		|	ε

Fatoração à esquerda
Processo para extrair e isolar prefixos comuns em um conjunto de produções.

Como as produções 11, 12 e 13 começam todas com nome, possuem conjuntos FIRST⁺ idênticos. Quando o parser tenta expandir uma ocorrência de *Fator* com uma antecipação de nome, não tem base para escolher entre 11, 12 e 13. O construtor de compiladores pode implementar um parser que escolhe uma regra e retrocede quando está errado. Como alternativa, podemos transformar essas produções para criar conjuntos FIRST⁺ disjuntos.

A seguinte reescrita das produções 11, 12 e 13 descreve a mesma linguagem, mas produz conjuntos FIRST⁺ disjuntos:

Uma antecipação de duas palavras trataria deste caso. Porém, para qualquer antecipação finita, podemos idealizar uma gramática onde esta antecipação seja insuficiente.

11	*Fator*	→	nome Argumentos
12	*Argumentos*	→	[*ListaArgs*]
13			(*ListaArgs*)
14			ε

A reescrita quebra a derivação de *Fator* em duas etapas. A primeira corresponde ao prefixo comum das regras 11, 12 e 13. A segunda reconhece três sufixos distintos: [*Expr*], (*Expr*) e **ε**. A reescrita acrescenta um novo não terminal, *Argumentos*, e empurra os sufixos alternativos de *Fator* para os lados direitos de *Argumentos*. Chamamos esta transformação de *fatoração à esquerda*.

Podemos fatorar à esquerda qualquer conjunto de regras que tenha lados direitos alternativos com um prefixo comum. A transformação toma um não terminal e suas produções:

$$A \rightarrow \alpha\beta_1 \mid \alpha\beta_2 \mid \cdots \mid \alpha\beta_n \mid \gamma_1 \mid \gamma_2 \mid \cdots \mid \gamma_j$$

onde α é o prefixo comum e γ_i's representam os lados direitos que não começam com α. A transformação introduz um novo não terminal B para representar os sufixos alternativos para α e reescreve as produções originais de acordo com o padrão:

$$A \rightarrow \alpha B \mid \gamma_1 \mid \gamma_2 \mid \cdots \mid \gamma_j$$
$$B \rightarrow \beta_1 \mid \beta_2 \mid \cdots \mid \beta_n$$

Para fatorar à esquerda uma gramática completa, temos de inspecionar cada não terminal, descobrir prefixos comuns e aplicar a transformação de forma sistemática. Por exemplo, no padrão acima, devemos considerar a fatoração dos lados direitos de B, pois dois ou mais dos β_i's poderiam compartilhar um prefixo. O processo termina quando todos os prefixos comuns tiverem sido identificados e reescritos.

Fatorar à esquerda com frequência pode eliminar a necessidade de retrocesso. Porém, algumas linguagens livres de contexto não possuem gramática livre de retrocesso. Dada uma CFG qualquer, o construtor de compilador pode sistematicamente eliminar a recursão à esquerda e usar a fatoração à esquerda para eliminar prefixos comuns. Essas transformações podem produzir uma gramática livre de retrocesso. Em geral, porém, é indecidível o problema de determinar se existe ou não uma gramática livre de retrocesso para uma linguagem livre de contexto qualquer.

> **PARSERS PREDITIVOS *VERSUS* DFAS**
>
> Análise sintática preditiva é a extensão natural do raciocíno estilo-DFA sobre os parsers. Um DFA passa de um estado para outro com base unicamente no próximo caractere da entrada. Um parser preditivo escolhe uma expansão com base na próxima palavra no fluxo de entrada. Assim, para cada não terminal na gramática, deve haver um mapeamento exclusivo da primeira palavra em qualquer string de entrada aceitável para uma produção específica que leva a uma derivação para essa string. A diferença real em potência entre um DFA e uma gramática analisável preditivamente deriva do fato de que uma predição pode levar a um lado direito com muitos símbolos, enquanto, em uma gramática regular, ela prevê apenas um único símbolo. Isso permite que as gramáticas preditivas incluam produções como $p \to (p)$, que estão além do poder de descrever de uma expressão regular. (Lembre-se de que uma expressão regular pode reconhecer $(^+ \Sigma^*)^+$, mas isso não especifica que os números de abre parênteses e fecha parênteses devem corresponder.)
>
> Naturalmente, um parser de descida recursiva codificado à mão pode usar quaisquer truques para remover a ambiguidade das escolhas de produção. Por exemplo, se um lado esquerdo em particular não puder ser previsto com uma antecipação de único símbolo, o parser poderia usar dois símbolos. Feito de maneira prudente, isto não deve causar problemas.

3.3.2 Parsers de descida recursiva

Gramáticas livres de retrocesso prestam-se a uma análise sintática simples e eficiente com um paradigma chamado *descida recursiva*. O parser de descida recursiva (também conhecido como parser descendente recursivo) é estruturado como um conjunto de procedimentos mutuamente recursivos, um para cada não terminal na gramática. O procedimento correspondente ao não terminal *A* reconhece uma ocorrência de *A* no fluxo de entrada. Para reconhecer um não terminal *B* em algum lado direito de *A*, o parser chama o procedimento correspondente a *B*. Assim, a própria gramática serve como um guia para a implementação do parser.

Considere as três regras para *Expr'* na gramática de expressão recursiva à direita:

		Produção		FIRST$^+$
2	*Expr'*	→	+ *Termo Expr'*	{ + }
3		|	− *Termo Expr'*	{ − }
4		|	ε	{ ε, eof,) }

Para reconhecer ocorrências de *Expr'*, criaremos uma rotina `EPrime()`. Ela segue um esquema simples: escolher entre as três regras (ou um erro de sintaxe) com base nos conjuntos FIRST$^+$ dos seus lados direitos. Para cada lado direito, o código testa diretamente quaisquer outros símbolos.

Para testar a presença de um não terminal, digamos, *A*, o código chama o procedimento que corresponde a *A*. Para testar um símbolo terminal, como nome, realiza uma comparação direta e, se tiver sucesso, avança o fluxo de entrada chamando o scanner, `NextWord()`. Se ele corresponder a uma ε-produção, o código não chama `NextWord()`. A Figura 3.9 mostra uma implementação direta de `EPrime()`. Ela combina as regras 2 e 3, pois ambas terminam com o mesmo sufixo, *Termo Expr'*.

```
EPrime()
    /* Expr' →+ Termo Expr'  |  - Termo Expr'   */
    if (word = + or word = -) then begin;
        word ← NextWord();
        if (Termo())
            then return EPrime();
            else return false;
end;
else if (word = ) or word = eof)    /* Expr' → ε */
    then return true;
    else begin;                            /* não combina */
        informar erro de sintaxe;
        return false;
    end;
```

■ **FIGURA 3.9** Implementação de `EPrime()`.

A estratégia para construir um parser de descida recursiva completo é clara. Para cada não terminal, construímos um procedimento para reconhecer seus lados direitos alternativos. Esses procedimentos chamam-se uns aos outros para reconhecer não terminais, e reconhecem terminais pela correspondência direta. A Figura 3.10 mostra um parser de descida recursiva para a versão recursiva à direita da gramática de expressão clássica mostrada na Figura 3.4. O código para os lados direitos semelhantes foi combinado.

Para uma gramática pequena, um construtor de compiladores pode preparar rapidamente um parser de descida recursiva. Com um pouco de cautela, este parser pode produzir mensagens de erro precisas e informativas. O local natural para gerar essas mensagens é quando o parser deixa de encontrar um símbolo terminal esperado — dentro de *EPrime*, *TPrime* e *Fator* no exemplo.

3.3.3 Parsers LL(1) dirigidos por tabela

Seguindo as ideias em que se baseiam os conjuntos FIRST$^+$, podemos gerar automaticamente parsers *top-down* para gramáticas livres de retrocesso. A ferramenta constrói os conjuntos FIRST, FOLLOW e FIRST$^+$. Os conjuntos FIRST$^+$ ditam completamente as decisões de análise sintática, de modo que a ferramenta pode então construir um parser *top-down* eficiente. O parser resultante é chamado parser LL(1), nome que deriva do fato de que esses parsers varrem sua entrada da esquerda (<u>L</u>eft) para a direita, constroem uma derivação mais à esquerda (<u>L</u>eft) e usam um (<u>1</u>) símbolo de antecipação. As gramáticas que funcionam neste esquema LL(1) normalmente são chamadas gramáticas LL(1), que são, por definição, livres de retrocesso.

Para construir um parser LL(1), o construtor de compiladores fornece uma gramática recursiva à direita, livre de retrocesso, e um *gerador sintático* constrói o parser real.

```
Main( )
    /* Alvo → Expr */
    word ← NextWord( );
    if (Expr( ))
        then if (word = eof )
            then informar sucesso;
            else Fail( );

Fail( )
    informar erro de sintaxe;
    tentar recuperação de erro ou sair;

Expr( )
    /* Expr → Termo Expr' */

    if ( Termo( ) )
        then return EPrime( );
        else Fail();

EPrime( )
    /* Expr'→ + Termo Expr' */
    /* Expr'→ - Term Expr' */
    if (word = + or word = - )
        then begin;
            word ← NextWord( );
            if ( Termo() )
                then return EPrime( );
                else Fail();
        end;
    else if (word = ) or word = eof)
        /* Expr' → ε */
        then return true;

        else Fail();

Termo( )
    /* Termo → Fator Termo' */
    if ( Fator( ) )
        then return TPrime( );
        else Fail();
```

```
TPrime( )
    /* Termo'→ × Fator Termo' */
    /* Termo'→ ÷ Fator Termo' */
    if (word = × or word = ÷ )
        then begin;
            word ← NextWord( );
            if ( Fator( ) )
                then return TPrime( );
                else Fail();
        end;

    else if (word = + or word = - or
             word = ) or word = eof)

        /* Termo'→ ε */

        then return true;
        else Fail();

Fator( )
    /* Fator → ( Expr ) */
    if (word = ( ) then begin;
        word ← NextWord( );
        if (not Expr( ) )
            then Fail();
        if (word ≠ ) )
            then Fail();
        word ← NextWord( );
        return true;
    end;
    /* Fator → num */
    /* Fator → nome */
    else if (word = num or word = nome)
        then begin;
            word ← NextWord( );
            return true;
        end;
    else Fail();
```

■ **FIGURA 3.10** Parser de descida recursiva para expressões.

3.3 Análise sintática descendente (top-down)

A técnica de implementação mais comum para um *gerador de parser* LL(1) usa um esqueleto de parser controlado por tabela, como o mostrado no topo da Figura 3.11. O gerador de parser constrói a tabela, `Table`, que codifica as decisões de análise e dirige o esqueleto de parser. A parte inferior da Figura 3.11 mostra a tabela LL(1) para a gramática de expressão recursiva à direita mostrada na Figura 3.4.

Gerador de parser
Ferramenta que constrói um parser a partir de especificações, normalmente uma gramática em uma notação tipo BNF.

Geradores de parser também são chamados *compiladores de* compiladores.

```
word ← NextWord( );
colocar eof na pilha;
colocar o símbolo inicial, S, na pilha;
foco ← topo da pilha;
laço infinito;
   if (foco = eof and word = eof)
       then informar sucesso e sair do laço;
   else if (foco ∈ T or foco = eof) then begin;
       if foco corresponde a word then begin;
          remover da pilha;
          word ← NextWord( );
       end;
       else informar erro procurando símbolo no topo da pilha;
   end;
   else begin; /* foco é um não terminal */
       if Table[foco,word] is A → B₁ B₂ · · · Bₖ then begin;
          remover da pilha;
          for i ← k to 1 by -1 do;
             if (Bᵢ ≠ ε)
                then colocar Bᵢ na pilha;
          end;
       end;
       else informar erro expandindo foco;
   end;
   foco ← topo da pilha;
end;
```

(a) Esqueleto de parser LL(1)

	eof	+	-	×	÷	(	)	nome	num
Alvo	—	—	—	—	—	0	—	0	0
Expr	—	—	—	—	—	1	—	1	1
Expr´	4	2	3	—	—	—	4	—	—
Termo	—	—	—	—	—	5	—	5	5
Termo´	8	8	8	6	7	—	8	—	—
Fator	—	—	—	—	—	9	—	11	10

(b) Tabela de parse LL(1) para a gramática de expressão recursiva à direita.

■ **FIGURA 3.11** Parser LL(1) para expressões.

No esqueleto do parser, a variável `foco` mantém o próximo símbolo da gramática na borda inferior da árvore sintática parcialmente construída, que deve ser correspondido. (`foco` desempenha o mesmo papel na Figura 3.2.) A tabela de análise, `Table`, mapeia pares de não terminais e símbolos de antecipação (terminais ou `eof`) para produções. Dado um não terminal A e um símbolo de antecipação w, `Table[A, w]` especifica a expansão correta.

O algoritmo para montar `Table` é simples. Ele considera que os conjuntos FIRST, FOLLOW e FIRST⁺ estão disponíveis para a gramática, percorre os símbolos da gramática e preenche `Table`, como mostra a Figura 3.12. Se a gramática atende à condição de livre de retrocesso (ver subseção "Fatoração à esquerda para eliminar o retrocesso" da Seção 3.3.1), a construção produz uma tabela correta em um tempo $O(|P| \times |T|)$, onde P é o conjunto de produções, e T o conjunto de terminais.

Se a gramática não for livre de retrocesso, a construção irá atribuir mais de uma produção a alguns elementos de `Table`. Se a construção atribuir a `Table[A,w]` várias produções, então dois ou mais lados direitos alternativos para A têm w em seus conjuntos FIRST⁺, violando a condição livre de retrocesso. O gerador de parser pode detectar esta situação com um simples teste sobre duas atribuições para `Table`.

O exemplo na Figura 3.13 mostra as ações do parser de expressão LL(1) para a string de entrada a + b × c. A coluna central evidencia o conteúdo da pilha do parser, que mantém a borda inferior parcialmente completa da árvore sintática. O parse conclui com sucesso quando retira *Expr'* da pilha, nela deixando `eof` no topo e `eof` como o próximo símbolo, implicitamente, no fluxo de entrada.

Agora, considere as ações do parser LL(1) sobre a string de entrada ilegal x + ÷ y, mostrada na Figura 3.14. Ele detecta o erro de sintaxe quando tenta expandir um *Termo* com o símbolo de antecipação ÷. `Table`[*Termo*,÷] contém "—", indicando um erro de sintaxe.

```
Construir os conjuntos FIRST, FOLLOW e FIRST⁺;
for each não terminal A do;
    for each terminal w do;
        Table[A ,w] ← erro;
    end;
    for each produção p na forma A → β do;
        for each terminal w ∈ FIRST⁺ (A → β) do;
            Table[A ,w] ← p;
        end;
        if eof ∈ FIRST⁺(A → β)
            then Table[A ,eof] ← p;
    end;
end;
```

■ **FIGURA 3.12** Algoritmo de construção de tabela de análise LL(1).

3.3 Análise sintática descendente (top-down)

Regra	Pilha	Entrada
—	eof **Alvo**	↑ nome + nome × nome
0	eof **Expr**	↑ nome + nome × nome
1	eof **Expr' Termo**	↑ nome + nome × nome
5	eof **Expr' Termo' Fator**	↑ nome + nome × nome
11	eof **Expr' Termo'** nome	↑ nome + nome × nome
→	eof **Expr' Termo'**	nome ↑ + nome × nome
8	eof **Expr'**	nome ↑ + nome × nome
2	eof **Expr' Termo** +	nome ↑ + nome × nome
→	eof **Expr' Termo**	nome + ↑ nome × nome
5	eof **Expr' Termo' Fator**	nome + ↑ nome × nome
11	eof **Expr' Termo'** nome	nome + ↑ nome × nome
→	eof **Expr' Termo'**	nome + nome ↑ × nome
6	eof **Expr' Termo' Fator** ×	nome + nome ↑ × nome
→	eof **Expr' Termo' Fator**	nome + nome × ↑ nome
11	eof **Expr' Termo'** nome	nome + nome × ↑ nome
→	eof **Expr' Termo'**	nome + nome × nome ↑
8	eof **Expr'**	nome + nome × nome ↑
4	eof	nome + nome × nome ↑

■ **FIGURA 3.13** Ações do parser LL(1) sobre $a + b \times c$.

Regra	Pilha	Entrada
—	eof **Alvo**	↑ nome + ÷ nome
0	eof **Expr**	↑ nome + ÷ nome
1	eof **Expr' Termo**	↑ nome + ÷ nome
5	eof **Expr' Termo' Fator**	↑ nome + ÷ nome
11	eof **Expr' Termo'** nome	↑ nome + ÷ nome
→	eof **Expr' Termo'**	nome ↑ + ÷ nome
8	eof **Expr'**	nome ↑ + ÷ nome
2	eof **Expr' Termo** +	nome ↑ + ÷ nome
→	eof **Expr' Termo**	nome + ↑ ÷ nome

▨ *Erro de sintaxe neste ponto*

■ **FIGURA 3.14** Ações do parser LL(1) sobre $x + \div y$.

Como alternativa, um gerador de parser LL(1) poderia construir um parser codificado diretamente, no estilo dos scanners codificados diretamente discutidos no Capítulo 2. Este gerador montaria os conjuntos FIRST, FOLLOW e FIRST$^+$. Em seguida, percorreria a gramática, seguindo o mesmo esquema usado pelo algoritmo de construção de tabela da Figura 3.12. Ao invés de emitir entradas de tabela, geraria, para cada não terminal, um procedimento para reconhecer cada um dos lados direitos possíveis para esse não terminal. Esse processo seria guiado pelos conjuntos FIRST$^+$, e teria as mesmas vantagens de velocidade e localidade que decorrem dos scanners codificados diretamente e parsers de descida recursiva, mantendo as vantagens de um sistema gerado por gramática, como especificação concisa, de alto nível, e esforço de implementação reduzido.

REVISÃO DA SEÇÃO

Parsers preditivos são simples, compactos e eficientes. Podem ser implementados de diversas maneiras, incluindo parsers codificados à mão, com descida recursiva e parsers LL(1) gerados, sejam dirigidos por tabela ou codificados diretamente. Como esses parsers conhecem, em cada ponto na análise, o conjunto de palavras que pode ocorrer como o próximo símbolo em uma string de entrada válida, podem produzir mensagens de erro precisas e úteis.

A maior parte das construções de linguagens de programação pode ser expressa em uma gramática livre de retrocesso. Assim, essas técnicas têm aplicação generalizada. A restrição de que os lados direitos alternativos para um não terminal possuírem conjuntos FIRST$^+$ disjuntos não limita seriamente a utilidade das gramáticas LL(1). Conforme veremos na Seção 3.5.4, a principal desvantagem dos parsers *top-down* preditivos está em sua incapacidade de lidar com a recursão à esquerda. Gramáticas recursivas à esquerda modelam a associatividade da esquerda para a direita dos operadores de expressão de forma mais natural do que as gramáticas recursivas à direita.

QUESTÕES DE REVISÃO

1. Para construir um parser *top-down* eficiente, o construtor de compiladores precisa expressar a linguagem-fonte de uma forma um tanto restrita. Explique as restrições sobre a gramática da linguagem-fonte que são exigidas para torná-la receptiva à análise sintática *top-down* eficiente.
2. Cite duas vantagens em potencial de um parser com descida recursiva codificado à mão sobre um gerado, dirigido por tabela LL(1), e duas vantagens do parser LL(1) sobre a implementação com descida recursiva.

3.4 ANÁLISE SINTÁTICA *BOTTOM-UP*

Parsers *bottom-up* constroem uma árvore sintática começando com suas folhas e trabalhando em direção à raiz. O parser constrói um nó de folha na árvore para cada palavra retornada pelo scanner. Essas folhas formam a borda inferior da árvore sintática. Para montar uma derivação, o parser acrescenta camadas de não terminais em cima das folhas em uma estrutura orientada tanto pela gramática quanto pela parte inferior parcialmente completa da árvore sintática.

Em qualquer estágio da análise, a árvore parcialmente completa representa seu estado. Cada palavra que o scanner tiver retornado é representada por uma folha. Os nós acima das folhas codificam todo o conhecimento que o parser já derivou. O parser funciona junto à fronteira superior dessa árvore sintática parcialmente completa; essa fronteira corresponde à forma sentencial atual na derivação sendo montada pelo parser.

Para estender a fronteira para cima, o parser examina a fronteira atual em busca de uma substring que corresponda ao lado direito de alguma produção $A \rightarrow \beta$. Se encontrar β na fronteira, com sua extremidade direita em k, pode substituir β por A, para criar uma nova fronteira. Se a substituição de A por β na posição k for a próxima etapa em uma derivação válida para a string de entrada, então o par $\langle A \rightarrow \beta, k \rangle$ é um leque (*handle*) na derivação atual, e o parser deverá substituir β por A. Essa substituição é chamada *redução*, porque reduz o número de símbolos na fronteira, a menos que $|\beta| = 1$. Se o parser estiver montando uma árvore sintática, constrói um nó para A, acrescenta-o à árvore e conecta os nós representando β como filhos de A.

Handle
Um par, $\langle A \rightarrow \beta, k \rangle$, tal que β aparece na fronteira com sua extremidade direita na posição k, e a substituição β por A é a próxima etapa na análise.

Redução
A redução da fronteira de uma análise *bottom-up* usando $A \rightarrow \beta$ substitui β por A na fronteira.

Encontrar handles é a questão-chave que surge na análise *bottom-up*. As técnicas apresentadas nas próximas seções formam um mecanismo de localização de handle particularmente eficiente. Retornaremos a esta questão periodicamente no decorrer da Seção 3.4. Mas, primeiro, vamos terminar nossa descrição de alto nível dos parsers *bottom-up*.

O parser *bottom-up* repete um processo simples. Encontra um handle $\langle A \rightarrow \beta, k \rangle$ na fronteira, e substitui a ocorrência de β em k por A. Esse processo continua até que ele: (1) reduza a fronteira para um único nó que representa o símbolo-alvo da gramática, ou (2) não possa encontrar um handle. No primeiro caso, o parser encontrou uma derivação; se também tiver consumido todas as palavras no fluxo de entrada (ou seja, a próxima palavra é eof), então a análise tem sucesso. No segundo caso, ele não pode montar uma derivação para o fluxo de entrada e deve relatar esta falha.

Uma análise bem-sucedida passa por cada etapa da derivação. Quando uma análise falha, o parser deve usar o contexto acumulado na derivação parcial para produzir uma mensagem de erro significativa. Em muitos casos, o parser pode se recuperar do erro e continuar analisando, de modo que descubra o máximo de erros sintáticos possíveis em uma única análise (ver Seção 3.5.1).

O relacionamento entre a derivação e a análise desempenha um papel crítico para tornar a análise *bottom-up* tanto correta quanto eficiente. O parser *bottom-up* funciona a partir da sentença final em direção ao símbolo-alvo, enquanto uma derivação começa no símbolo-alvo e trabalha em direção à sentença final. O parser, então, descobre as etapas da derivação na ordem contrária. Para uma derivação

$$Alvo = \gamma_0 \rightarrow \gamma_1 \rightarrow \gamma_2 \rightarrow \ldots \rightarrow \gamma_{n-1} \rightarrow \gamma_n = \text{sentença},$$

o parser *bottom-up* descobre $\gamma_i \rightarrow \gamma_{i+1}$ antes de $\gamma_{i-1} \rightarrow \gamma_i$. O modo como monta a árvore sintática força esta ordem. O parser precisa acrescentar o nó para γ_i na fronteira antes que possa corresponder γ_i.

O scanner retorna palavras classificadas na ordem da esquerda para a direita. Para reconciliar esta ordem do scanner com a derivação reversa construída pelo scanner, um parser *bottom-up* procura uma derivação mais à direita. Nesta, a folha mais à esquerda é considerada por último. Reverter esta ordem leva ao comportamento desejado: folha mais à esquerda primeiro e folha mais à direita por último.

Em cada ponto, o parser opera na fronteira da árvore sintática parcialmente construída; a fronteira atual é um prefixo da forma sentencial correspondente na derivação. Como cada forma sentencial ocorre em uma derivação mais à direita, o sufixo não examinado consiste inteiramente de símbolos terminais. Quando o parser precisa de mais contexto da direita, chama o scanner.

Com uma gramática não ambígua, a derivação mais à direita é única. Para uma grande classe de gramáticas não ambíguas, γ_{i-1} pode ser determinado diretamente de γ_i (a fronteira superior da árvore sintática) e uma quantidade limitada de antecipação no fluxo de entrada. Em outras palavras, dada uma fronteira γ_i e um número limitado de palavras classificadas adicionais, o parser pode encontrar o handle que leva γ_i para γ_{i-1}. Para tais gramáticas, podemos construir um localizador de handle eficiente usando uma técnica chamada análise sintática LR. Esta seção examina um tipo em particular de parser LR, chamado parser LR(1) *dirigido por tabela*.

Um parser LR(1) varre a entrada da esquerda para a direita para montar uma derivação mais à direita reversa. Em cada etapa, toma decisões com base na história da análise e uma antecipação de, no máximo, um símbolo. O nome LR(1) deriva destas propriedades: varredura da esquerda para a direita (<u>L</u>eft-to-right), derivação mais à direita <u>R</u>eversa, e um (<u>1</u>) símbolo de antecedência.

Informalmente, diremos que uma linguagem tem a propriedade LR(1) se ela puder ser analisada em uma única varredura da esquerda para a direita para montar uma derivação mais à direita reversa, usando apenas um símbolo de antecipação para determinar as ações de análise. Na prática, o teste mais simples para determinar se uma gramática tem a propriedade LR(1) é permitir que um gerador de parser tente construir o parser LR(1). Se este processo falhar, a gramática não tem a propriedade LR(1). O restante desta seção apresenta os parsers LR(1) e sua operação. A Seção 3.4.2 apresenta a construção de um algoritmo para montar as tabelas que codificam um parser LR(1).

3.4.1 O algoritmo de análise sintática LR(1)

A etapa crítica em um parser *bottom-up*, como em um parser LR(1) dirigido por tabela, é encontrar o próximo handle. A localização eficiente do handle é a chave para a análise *bottom-up* eficiente. Um parser LR(1) usa um autômato de localização de handles codificado em duas tabelas, chamadas `Action` e `Goto`. A Figura 3.15 exibe um parser LR(1) simples dirigido por tabela.

O esqueleto de parser LR(1) interpreta as tabelas *Action* e *Goto* para encontrar handles sucessivos na derivação mais à direita reversa da string de entrada. Quando encontra um handle $\langle A \rightarrow \beta, k \rangle$, ele reduz β em k para A na forma sentencial atual — a fronteira superior da árvore sintática parcialmente completa. Ao invés de montar uma árvore sintática explícita, o esqueleto de parser mantém a fronteira superior atual da árvore parcialmente construída em uma pilha, intercalada com estados do autômato de localização de handles que lhe permitem encadear as reduções para uma análise. Em qualquer ponto na análise, a pilha contém um prefixo da fronteira atual. Além deste prefixo, a fronteira consiste em nós de folha. A variável `word` mantém a primeira palavra no sufixo que se encontra além do conteúdo da pilha; este é o *símbolo de antecipação*.

O uso de uma pilha permite que o parser LR(1) faça com que a posição k no handle seja constante e implícita.

Para encontrar o próximo handle, o parser LR(1) desloca símbolos para a pilha até que o autômato encontre a extremidade direita de um handle no topo da pilha. Quando tiver um handle, o parser o reduz pela produção correspondente. Para fazer isto, ele retira os símbolos de β da pilha e empilha o lado esquerdo correspondente, A. As tabelas `Action` e `Goto` encadeiam ações de deslocar (*shift*) e reduzir (*reduce*) em uma sequência dirigida pela gramática, que encontra uma derivação mais à direita reversa, se existir.

Para concretizar isto, considere a gramática mostrada na Figura 3.16a, que descreve a linguagem de parênteses devidamente aninhados. A Figura 3.16b mostra as tabelas `Action` e `Goto` para esta gramática, onde `acc` significa aceitar (accept), `sj` significa deslocar (shift) e passar para o estado j, e `rj` significa reduzir (reduce) usando a produção j.

```
empilhar $;
empilhar o estado inicial, s₀;
word ← NextWord( );
while (true) do;
   state ← topo da pilha;
   if Action[state,word] = "reduzir A → β" then begin;
      desempilhar 2 × | β | símbolos;
      state ← topo da pilha;
      empilhar A;
      empilhar Goto[state, A];
   end;
   else if Action[state,word] = "deslocar sᵢ"    then begin;
      empilhar word;
      empilhar sᵢ;
      word ← NextWord( );
   end;
   else if Action[state,word] = "aceitar"
      then break;
   else Fail( );
end;
informar sucesso;    /* break executado no caso "aceitar" */
```

■ **FIGURA 3.15** Esqueleto de parser LR(1).

				Tabela Action			Tabela Goto	
			Estado	eof	**(**	**)**	**Lista**	**Par**
			0		s3		1	2
			1	acc	s3			4
1	**Alvo**	→	**Lista**	2	r3	r3			
2	**Lista**	→	**Lista Par**	3		s6	s7		5
3		|	**Par**	4	r2	r2			
4	**Par**	→	**(Par)**	5			s8		
5		|	**( )**	6		s6	s10		9
				7	r5	r5			
				8	r4	r4			
				9			s11		
				10			r5		
				11			r4		

(a) Gramática de parênteses   (b) Tabelas *Action* e *Goto*

■ **FIGURA 3.16** A gramática de parênteses.

Quando usadas com o esqueleto de parser LR(1), elas criam um parser para a linguagem de parênteses.

Para entender o comportamento do esqueleto de parser LR(1), considere a sequência de ações que ele toma na string de entrada "( )".

Iteração	Estado	Palavra			Pilha		Handle	Ação
inicial	—	(	$	0			— *nada* —	—
1	0	(	$	0			— *nada* —	s3
2	3	)	$	0	(3		— *nada* —	s7
3	7	eof	$	0	(3	) 7	( )	r5
4	2	eof	$	0	*Par*	2	*Par*	r3
5	1	eof	$	0	*Lista*	1	*Lista*	acc

A primeira linha mostra o estado inicial do parser. As linhas subsequentes, mostram seu estado no início do laço while, junto com a ação que ele toma. No início da primeira iteração, a pilha não contém um handle, de modo que o parser desloca o símbolo de antecipação, (, e o empilha. Pela tabela `Action`, ele sabe deslocar e passar para o estado 3. No início da segunda iteração, a pilha ainda não contém um handle, de modo que o parser desloca) e o empilha para acumular mais contexto. E, então, passa para o estado 7.

Na terceira iteração, a situação mudou. A pilha contém um handle, ⟨*Par* → ( )⟩,*t*, onde *t* é o topo da pilha. A tabela `Action` direciona o parser para reduzir ( ) a *Par*. Usando o estado abaixo de *Par* na pilha, 0, e *Par*, o parser passa para o estado 2 (especificado por `Goto[0,Par]`). No estado 2, com *Par* no topo da pilha e eof como seu símbolo de antecipação, ele encontra o handle ⟨*Lista* → *Par,t*⟩ e reduz, o que deixa o parser no estado 1 (especificado por `Goto[0,Lista]`). Finalmente, no estado 1, com *Lista* no topo da pilha e eof como símbolo de antecipação, o parser descobre o handle ⟨*Alvo* → *Lista,t*⟩. A tabela `Action` codifica esta situação como uma ação aceitar (*acc*), e, assim, a análise sintática termina.

Este parse exigiu dois deslocamentos (shifts) e três reduções (reduces). Parsers LR(1) tomam um tempo proporcional ao tamanho da entrada (um deslocamento por palavra retornada do scanner) e o comprimento da derivação (uma redução por etapa na derivação). Em geral, não podemos esperar descobrir a derivação para uma sentença em menos etapas do que isto.

A Figura 3.17 mostra o comportamento do parser sobre a string de entrada, "(( )) ( )". Ele realiza seis shifts, cinco reduces e um accept nesta entrada. A Figura 3.18 mostra o estado da árvore sintática parcialmente montada no início de cada iteração do laço while do parser. O topo de cada desenho mostra um número de iteração e uma barra cinza que contém a fronteira superior da árvore sintática parcial. No parser LR(1), essa fronteira aparece na pilha.

Localização de handles

As ações do parser derramam conhecimento adicional no processo de localização de handles. Considere suas ações sobre a string "( )", como mostra a tabela no início desta seção. O parser encontra um handle em cada uma das iterações 3, 4 e 5. Na iteração 3, a fronteira de ( ) corresponde claramente ao lado direito da produção 5. Pela tabela `Action`, vemos que uma antecipação de eof ou (implica uma redução

> Em um parser LR, o handle é sempre posicionado no topo da pilha e a cadeia de handles produz uma derivação mais à direita reversa.

Iteração	Estado	word	Pilha	Handle	Ação
inicial	—	(	$ 0	— nada —	—
1	0	(	$ 0	— nada —	s3
2	3	(	$ 0 (3	— nada —	s6
3	6	)	$ 0 (3 (6	— nada —	s10
4	10	)	$ 0 (3 (6) 10	( )	r5
5	5	)	$ 0 (3 Par 5	— nada —	s8
6	8	(	$ 0 (3 Par 5) 8	(Par)	r4
7	2	(	$ 0 Par 2	Par	r3
8	1	(	$ 0 Lista 1	— nada —	s3
9	3	)	$ 0 Lista 1 (3	— nada —	s7
10	7	eof	$ 0 Lista 1 (3) 7	( )	r5
11	4	eof	$ 0 Lista 1 Par 4	Lista Par	r2
12	1	eof	$ 0 Lista 1	Lista	acc

■ **FIGURA 3.17** Estados do parser LR(1) sobre (( )) ( ) .

pela produção 5. Depois, na iteração 4, o parser reconhece que *Par*, seguido por uma antecipação de eof ou (, constitui um handle para a redução por *Lista* → *Par*. O handle final do parser, *Lista* com antecipação de eof no estado 1, dispara a ação de aceitação (accept).

Para entender como os estados preservados na pilha mudam o comportamento do parser, considere as ações deste parser sobre nossa segunda string de entrada, "(( )) ( )", como mostra a Figura 3.17. Inicialmente, o parser desloca (, (, e) para a pilha, nas iterações 1 a 3. Na iteração 4, reduz pela produção 5; então, substitui os dois símbolos do topo na pilha, (e), por *Par* e passa para o estado 5.

Entre estes dois exemplos, o parser reconheceu a string ( ) no topo da pilha como um handle três vezes. Ele se comportou de forma diferente em cada caso, com base no contexto esquerdo anterior codificado na pilha. A comparação dessas três simulações expõe como os estados empilhados controlam a direção futura da análise sintática.

Com o primeiro exemplo, ( ), o parser estava em s_7 com uma antecipação de eof quando encontrou o handle. A redução revela s_0 abaixo de ( ), e *Goto*[s_0,*Par*] é s_2. Em s_2, uma antecipação de eof leva a outra redução seguida por uma ação accept. Uma antecipação de) em s_2 produz um erro.

O segundo exemplo, (( )) ( ), encontra um handle para ( ) duas vezes. O primeiro ocorre na iteração 4. O parser está em s_{10} com uma antecipação de). Antes, ele deslocou (, (e) para a pilha. A tabela *Action* indica "r5", de modo que o parser reduz usando *Par* → ( ). A redução revela s_3 abaixo de ( ), e *Goto*[s_3,*Par*] é s_5, um estado em que outros)s são válidos. A segunda vez que ele encontra ( ) como um handle ocorre na iteração 10. A redução revela s_1 abaixo de ( ) e leva o parser para s_4. Em s_4, uma antecipação de eof ou (dispara uma redução de *Lista Par* para *Lista*, enquanto uma antecipação de) é um erro.

As tabelas *Action* e *Goto*, junto com a pilha, fazem com que o parser rastreie antes do contexto da esquerda anterior e permitem que ele tome ações diferentes com base nesse

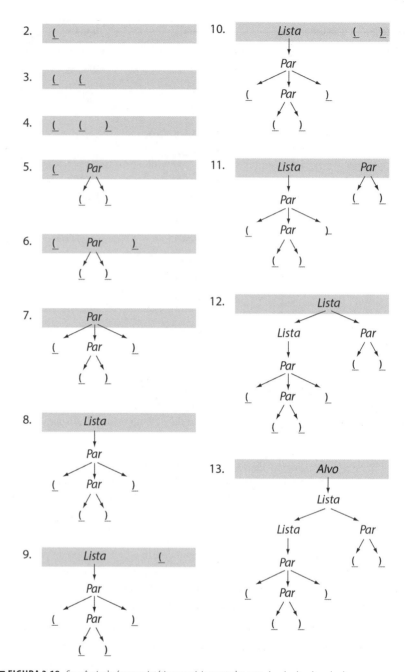

■ **FIGURA 3.18** Sequência de árvores sintáticas parciais montadas para (( )) ( ).

contexto. Assim, o parser trata corretamente cada uma das três ocorrências nas quais encontrou um handle para ( ). Vamos retornar a esta questão quando examinarmos a construção de *Action* e *Goto*.

Analisando uma string de entrada com erro

Para ver como um parser LR(1) descobre um erro de sintaxe, considere a sequência de ações que ele toma sobre a string "( ))", como vemos a seguir:

Iteração	Estado	word	Pilha			Handle	Ação
inicial	—	(	$ 0			— nada —	—
1	0	(	$ 0			— nada —	s3
2	3	)	$ 0	(3		— nada —	s7
3	7	)	$ 0	(3	) 7	— nada —	erro

As duas primeiras iterações do parse procedem como no primeiro exemplo, "( )". O parser desloca (e). Na terceira iteração do laço while, examina a entrada da tabela Action para o estado 7 e). Essa entrada não contém shift, nem reduce, nem accept, de modo que ele a interpreta como um erro.

O parser LR(1) detecta erros de sintaxe por meio de um mecanismo simples: a entrada da tabela correspondente é inválida. O parser detecta o erro o mais cedo possível, antes de ler quaisquer palavras além daquelas necessárias para provar a entrada errônea. Esta propriedade permite que o parser localize o erro para um ponto específico na entrada. Usando o contexto disponível e o conhecimento da gramática, podemos construir parsers LR(1) que fornecem boas mensagens de diagnóstico de erro.

O uso de parsers LR

A chave para a análise LR está na construção das tabelas Action e Goto. Elas codificam todas as sequências de redução válidas que podem surgir em uma derivação mais à direita reversa para determinada gramática. Embora o número dessas sequências seja muito grande, a gramática em si restringe a ordem em que as reduções podem ocorrer.

O construtor de compiladores pode montar tabelas Action e Goto manualmente. Porém, o algoritmo para esta construção exige um tratamento meticuloso; este é um exemplo importante do tipo de tarefa que deve ser automatizada e relegada a um computador. Existem muitos programas que automatizam esta construção. A próxima seção apresenta um algoritmo que pode ser usado para construir tabelas de análise sintática LR(1).

Com um gerador de parser LR(1), o papel do construtor de compiladores é definir a gramática e garantir que ela tenha a propriedade LR(1). Na prática, o gerador de tabelas LR(1) identifica as produções que são ambíguas ou expressas de um modo que exija mais de uma palavra de antecipação para distinguir entre uma ação de deslocamento (shift) e uma de redução (reduce). Conforme estudarmos o algoritmo de construção de tabelas, veremos como esses problemas surgem, como resolvê-los e como entender os tipos de informação de diagnóstico que os geradores de parser LR(1) produzem.

O uso de mais antecipação

Na realidade, as ideias que estão por trás dos parsers LR(1) definem uma família de parsers que variam na quantidade de antecipação que utilizam. Um parser LR(k) usa, no máximo, k símbolos de antecipação. A antecipação adicional permite que um parser LR(2) reconheça um conjunto maior de gramáticas do que um sistema de análise sintática LR(1). Quase paradoxalmente, porém, a antecipação acrescentada não aumenta o conjunto de linguagens que esses parsers podem reconhecer. Parsers LR(1) aceitam o mesmo conjunto de linguagens que os parsers LR(k), para $k > 1$. A gramática LR(1) para uma linguagem pode ser mais complexa do que uma gramática LR(k).

3.4.2 Construção de tabelas LR(1)

Para construir tabelas `Action` e `Goto`, um gerador de parser LR(1) constrói um modelo do autômato de reconhecimento de handles e usa esse modelo para preencher as tabelas. O modelo, chamado *coleção canônica de conjuntos de itens* LR(1), representa todos os estados possíveis do parser e as transições entre esses estados; semelhante à construção de subconjunto, da Seção 2.4.3.

Para ilustrar o algoritmo de construção de tabela, usaremos dois exemplos. O primeiro é a gramática de parênteses dada na Figura 3.16a. Ela é pequena o suficiente para ser usada como um exemplo, mas grande o suficiente para exibir algumas das complexidades do processo.

1	Alvo → Lista
2	Lista → Lista Par
3	| Par
4	Par → (Par)
5	| ( )

O segundo exemplo, na Seção 3.4.3, é uma versão resumida da ambiguidade clássica do `if-then-else`. A construção da tabela falha nessa gramática por causa de sua ambiguidade. O exemplo destaca as situações que levam a falhas no processo de construção de tabelas.

Itens LR(1)

Item LR(1)
$[A \rightarrow \beta \cdot \gamma, a]$, onde $A \rightarrow \beta \gamma$ é uma produção de gramática, • representa a posição do topo da pilha do parser, e a é um símbolo terminal na gramática.

Em um parser LR(1), as tabelas `Action` e `Goto` codificam informações sobre os handles em potencial em cada etapa da análise. O algoritmo de construção de tabelas, portanto, precisa de uma representação concreta tanto para handles como para handles em potencial, e seus símbolos de antecipação associados. Representamos cada handle em potencial com um *item LR(1)*. Um item LR(1) $[A \rightarrow \beta \cdot \gamma, a]$ consiste em uma produção $A \rightarrow \beta \gamma$; um marcador de lugar, •, que indica a posição do topo da pilha no lado direito da produção; e um símbolo terminal específico, a, como um símbolo de antecipação.

O algoritmo de construção de tabelas usa itens LR(1) para construir um modelo dos conjuntos de estados válidos para o parser, a coleção canônica de conjuntos de itens LR(1). Designamos a coleção canônica $CC = \{cc_0, cc_1, cc_2, ..., cc_n\}$. O algoritmo constrói CC seguindo possíveis derivações na gramática; na coleção final, cada conjunto cc_i em CC contém o conjunto de handles em potencial em alguma configuração de parser possível. Antes de nos aprofundarmos na construção da tabela, é preciso explicar mais sobre os itens LR(1).

Para uma produção $A \rightarrow \beta \gamma$ e um símbolo de antecipação a, o marcador de lugar pode gerar três itens distintos, cada um com sua própria interpretação. Em cada caso, a presença do item em algum conjunto cc_i na coleção canônica indica que uma entrada que o parser viu é consistente com a ocorrência de um A seguido por um a na gramática. A posição de • no item distingue entre os três casos.

1. $[A \rightarrow \cdot \beta\gamma, a]$ indica que um A seria válido e que reconhecer um β em seguida seria uma etapa em direção à descoberta de um A. Chamamos tal item de *possibilidade*, pois representa um término possível para a entrada já vista.
2. $[A \rightarrow \beta \cdot \gamma, a]$ indica que o parser prosseguiu do estado $[A \rightarrow \cdot \beta\gamma, a]$ reconhecendo β. O β é consistente com o reconhecimento de um A. Uma etapa seguinte válida seria reconhecer um γ. Chamamos tal item de *parcialmente completo*.

3. [$A \rightarrow \beta\gamma\bullet$,a] indica que o parser encontrou $\beta\gamma$ em um contexto onde um A seguido por um a seria válido. Se o símbolo de antecipação for a, então o item é um handle e o parser pode reduzir $\beta\gamma$ para A. Este item é *completo*.

Em um item LR(1), o • codifica algum contexto esquerdo local — as partes da produção já reconhecidas. (Lembre-se, dos exemplos anteriores, que os estados colocados na pilha codificam um resumo do contexto à esquerda do item LR(1) atual — basicamente, o histórico da análise sintática até aqui.) O símbolo de antecipação codifica um símbolo de contexto válido à direita. Quando o parser se encontra em um estado que inclui [$A \rightarrow \beta\gamma\bullet$,a] com uma antecipação de a, ele tem um handle e deve reduzir $\beta\gamma$ para A.

A Figura 3.19 mostra o conjunto completo de itens LR(1) gerados pela gramática de parênteses. Dois itens merecem menção em particular. O primeiro, [*Alvo*→•*Lista*,eof], representa o estado inicial do parser — encontrando uma string que reduz para *Alvo*, seguida por eof. Toda análise começa nesse estado. O segundo, [*Alvo*→*Lista*•,eof], representa o estado final desejado do parser — encontrando uma string que reduz para *Alvo*, seguido por eof. Este item representa toda análise bem-sucedida. Todos as possíveis análises resultam do encadeamento de estados do parser de uma maneira dirigida pela gramática, começando com [*Alvo*→•*Lista*,eof] e terminando com [*Alvo*→*Lista*•,eof].

Construção da coleção canônica

Para construir uma coleção canônica de conjuntos de itens LR(1), *CC*, um gerador de parser precisa começar do estado inicial do parser, [*Alvo*→•*Lista*,eof], e construir um modelo de todas as transições em potencial que podem ocorrer. O algoritmo representa cada configuração possível, ou estado, do parser como um conjunto de itens LR(1).

[***Alvo*** → • ***Lista***, eof]

[***Alvo*** → ***Lista*** •, eof]

[***Lista*** → • ***Lista Par***, eof]   [***Lista*** → • ***Lista Par***, ( ]

[***Lista*** → ***Lista*** • ***Par***, eof]   [***Lista*** → ***Lista*** • ***Par***, ( ]

[***Lista*** → ***Lista Par*** •, eof]   [***Lista*** → ***Lista Par*** •, ( ]

[***Lista*** → • ***Par***, eof]   [***Lista*** → • ***Par***, ( ]

[***Lista*** → ***Par*** •, eof]   [***Lista*** → ***Par*** •, ( ]

[***Par*** → • (***Par***), eof]   [***Par*** → • (***Par***),)]   [***Par*** → • (***Par***),(]

[***Par*** → (• ***Par***), eof]   [***Par*** → (• ***Par***),)]   [***Par*** → (• ***Par***),(]

[***Par*** → (***Par*** •), eof]   [***Par*** → (***Par*** •),)]   [***Par*** → (***Par*** •),(]

[***Par*** → (***Par***) •, eof]   [***Par*** → (***Par***) •,)]   [***Par*** → (***Par***) •,(]

[***Par*** → • ( ), eof]   [***Par*** → • ( ),(]   [***Par*** → • ( ),)]

[***Par*** → (•), eof]   [***Par*** → (•),(]   [***Par*** → (•),)]

[***Par*** → ( ) •, eof]   [***Par*** → ( ) •,(]   [***Par*** → ( ) •,)]

■ **FIGURA 3.19** Itens LR(1) para a gramática de parênteses.

O algoritmo baseia-se em duas operações fundamentais sobre esses conjuntos de itens LR(1): fechamento e cálculo de transições.

- A operação de fechamento completa um estado; dado algum conjunto inicial de itens LR(1) (denominado núcleo), ela acrescenta a esse conjunto quaisquer outros itens LR(1) relacionados que sejam implicados pelos itens do conjunto. Por exemplo, em qualquer lugar em que *Alvo→Lista* seja válido, as produções que derivam uma *Lista* também o são. Assim, o item [*Alvo* → •*Lista*, eof] implica tanto [*Lista* → •*Lista Par*, eof] quanto [*Lista* → •*Par*, eof]. O procedimento `closure` implementa essa função.
- Para modelar a transição que o parser faria a partir de determinado estado em algum símbolo da gramática, ×, o algoritmo calcula o conjunto de itens que resultaria do reconhecimento de um ×. Para fazer isto, o algoritmo seleciona o subconjunto do conjunto atual de itens LR(1) onde • precede × e avança o marcador • para além do × em cada um deles. O procedimento `goto` implementa esta função.

Para simplificar a tarefa de localizar o símbolo-alvo, exigimos que a gramática tenha um único símbolo-alvo que não aparece no lado direito de qualquer produção. Na gramática de parênteses, este símbolo é *Alvo*.

O item [*Alvo* → •*Lista*, eof] representa o estado inicial do parser para a gramática de parênteses; cada análise válida reconhece *Alvo* seguido por eof. Este item forma o núcleo do primeiro estado em *CC*, rotulado com cc_0. Se a gramática tiver várias produções para o símbolo-alvo, cada uma delas gera um item no núcleo inicial de cc_0.

O procedimento `closure`

Para calcular o estado inicial completo do parser, cc_0, a partir do seu núcleo, o algoritmo deve acrescentar a ele todos os itens implicados por aqueles presentes no núcleo. A Figura 3.20 mostra um algoritmo para este cálculo. O procedimento `closure` percorre todos os itens no conjunto *s*. Se um marcador de lugar • em um item precede imediatamente algum não terminal *C*, então `closure` deve acrescentar um ou mais itens para cada produção que pode derivar *C*. Closure coloca o marcador • na posição inicial de cada item construído desta forma.

```
closure(s)
    while (s ainda está mudando)
        for each item [A → β•Cδ, a] ∈ s
            for each produção C → γ ∈ P
                for each b ∈ FIRST(δa)
                    s ← s ∪ {[C → •γ, b]}
    return s
```

■ **FIGURA 3.20** O procedimento `closure`.

3.4 Análise sintática bottom-up 111

O raciocínio para `closure` é claro. Se $[A \to \beta \bullet C\delta, a] \in s$, então uma string que reduz a C seguida por δa completará o contexto da esquerda. O reconhecimento de um C seguido por δa deve causar uma redução para A, pois isto completa o lado direito da produção ($C\delta$) e em seguida há um símbolo de antecipação válido.

Para construir os itens para uma produção $C \to \gamma$, `closure` insere o marcador de lugar antes de γ e acrescenta os símbolos de antecipação apropriados — cada terminal que pode aparecer como o símbolo inicial em δa. Isto inclui cada terminal em FIRST(δ). Se $\varepsilon \in$ FIRST(δ), ele também inclui a. A notação FIRST(δa) no algoritmo representa esta extensão do conjunto FIRST para uma string desta forma. Se δ for ε, isto recai em FIRST(a) = {a}.

> Em nossa experiência, esse uso de FIRST(δa) é o ponto no processo onde um humano mais provavelmente cometeria um erro.

Para a gramática de parênteses, o item inicial é [*Alvo* → • *Lista*, `eof`]. Aplicando `closure` a este conjunto, os seguintes itens são acrescentados:

[*Lista* → • *Lista Par*, `eof`], [*Lista* → • *Lista Par*, `(`], [*Lista* → • *Par*, `eof`],

[*Lista* → • *Par*, `(`], [*Par* → • `(` *Par* `)`, `eof`], [*Par* → • `(` *Par* `)`, `(`],

[*Par* → • `(` `)`, `eof`] [*Par* → • `(` `)`, `(`]

Esses oito itens, junto com [*Alvo* → • *Lista*, `eof`], constituem o conjunto cc_0 na coleção canônica. A ordem em que `closure` acrescenta os itens depende de como a implementação de conjunto gerencia a interação entre o repetidor "`for each item`" e a união de conjunto no laço mais interno.

O procedimento `closure` é outra computação de ponto fixo. O laço triplamente aninhado, ou acrescenta itens a s, ou deixa s intacto. Ele nunca remove um item de s. Como o conjunto de itens LR(1) é finito, esse laço deve terminar. O laço triplamente aninhado é oneroso. Porém, um exame de perto revela que cada item em s precisa ser processado somente uma vez. Uma versão bem elaborada do algoritmo poderia aproveitar este fato.

O procedimento `goto`

A segunda operação fundamental para a construção da coleção canônica é a função `goto`. O procedimento `goto` usa como entrada um modelo de um estado do parser, representado como um conjunto cc_i na coleção canônica, e um símbolo x da gramática. Ele calcula, a partir de cc_i e x, um modelo do estado do parser que resultaria do reconhecimento de um x no estado i.

```
goto(s, x)
  moved ← ∅
  for each item i ∈ s
     if a forma de i é [α → β • xδ, a] then
        moved ← moved ∪ {[α → β x • δ, a]}
  return closure(moved)
```

■ **FIGURA 3.21** A função `goto`.

A função `goto`, apresentada na Figura 3.21, toma um conjunto de itens LR(1) *s* e um símbolo x da gramática e retorna um novo conjunto de itens LR(1). Ela percorre os itens em *s*. Quando encontra um item em que o marcador • precede imediatamente *x*, cria um novo item movendo o marcador • para a direita após *x*. Esse novo item representa a configuração do parser após reconhecer *x*. A função `goto` coloca esses novos itens em um novo conjunto, invoca o procedimento `closure` para completar o estado do parser e retorna esse novo estado.

Dado o conjunto inicial para a gramática de parênteses,

$$CC_0 = \begin{cases} [Alvo \rightarrow \bullet Lista, \texttt{eof}] & [Lista \rightarrow \bullet Lista\ Par, \texttt{eof}] & [Lista \rightarrow \bullet Lista\ Par, \underline{(}] \\ [Lista \rightarrow \bullet Par, \texttt{eof}] & [Lista \rightarrow \bullet Par, \underline{(}] & [Par \rightarrow \bullet \underline{(}Par\underline{)}, \texttt{eof}] \\ [Par \rightarrow \bullet \underline{(}Par\underline{)}, \underline{(}] & [Par \rightarrow \bullet \underline{(}\ \underline{)}, \texttt{eof}] & [Par \rightarrow \bullet \underline{(}\ \underline{)}, \underline{(}] \end{cases}$$

podemos derivar o estado do parser após ele reconhecer um <u>(</u> inicial calculando `goto`(cc$_0$, <u>(</u>). O laço interno encontra quatro itens que têm o marcador • antes de <u>(</u>. A função `goto` cria um novo item para cada um, com o marcador • avançado para além de <u>(</u>. O procedimento `closure` acrescenta mais dois itens, gerados a partir dos itens com o marcador • antes de *Par*. Esses itens introduzem o símbolo de antecipação <u>)</u>. Assim, `goto`(cc$_0$, <u>(</u>) retorna

$$\begin{cases} [Par \rightarrow \underline{(} \bullet Par \underline{)}, \texttt{eof}] & [Par \rightarrow \underline{(} \bullet Par \underline{)}, \underline{(}] & [Par \rightarrow \underline{(} \bullet \underline{)}, \texttt{eof}] \\ [Par \rightarrow \underline{(} \bullet \underline{)}, \underline{(}] & [Par \rightarrow \bullet \underline{(}Par\underline{)}, \underline{)}] & [Par \rightarrow \bullet \underline{(}\ \underline{)}, \underline{)}] \end{cases}$$

Para encontrar o conjunto de estados que deriva diretamente de algum estado como cc$_0$, o algoritmo pode calcular `goto`(cc$_0$, ×) para cada × que ocorre após um marcador • em um item em cc$_0$. Isto produz todos os conjuntos que estão um símbolo distante de cc$_0$. Para calcular a coleção canônica completa, simplesmente repetimos este processo até um ponto fixo.

O algoritmo

Para construir a coleção canônica de conjuntos de itens LR(1), o algoritmo calcula o conjunto inicial, cc$_0$, e depois encontra sistematicamente todos os conjuntos de itens LR(1) que podem ser alcançados a partir de cc$_0$. E repetidamente aplica `goto` aos novos conjuntos em *CC*; `goto`, por sua vez, usa `closure`. A Figura 3.22 mostra o algoritmo.

Para uma gramática com a produção alvo *S'*→*S*, o algoritmo começa inicializando *CC* para conter cc$_0$, conforme já descrito. Em seguida, sistematicamente estende *CC* procurando qualquer transição de um estado em *CC* para um estado que ainda não está em *CC*. Ele faz isto construtivamente, montando cada estado possível, `temp`, e testando se `temp` é um membro de *CC*. Se `temp` for novo, ele acrescenta `temp` a *CC*. Sendo `temp` novo ou não, ele registra a transição de cc$_i$ para `temp` para uso posterior na montagem da tabela `Goto` do parser.

```
cc₀ ← closure({[S'→• S, eof]})

CC ← { cc₀}

while (novos conjuntos ainda sendo acrescentados a CC)

  for each conjunto não marcado cc_i ∈ CC

    marca cc_i como processado

    for each x seguindo um marcador • em um item em cc_i

      temp ← goto(cc_i, x)

      if temp ∉ CC

        then CC ← CC ∪ {temp}

      registrar a transição de cc_i para temp em x
```

■ **FIGURA 3.22** O algoritmo para construir *CC*.

Para garantir que processe cada conjunto cc_i apenas uma vez, o algoritmo usa um esquema de marcação simples. Ele cria cada conjunto em uma condição não marcada e marca o conjunto à medida que o conjunto é processado. Isto reduz drasticamente o número de vezes que ele chama *goto* e *closure*.

Essa construção é uma computação de ponto fixo. A coleção canônica, *CC*, é um subconjunto do conjunto potência dos itens LR(1). O laço while é monotônico, acrescenta novos conjuntos a *CC* e nunca os remove. Se o conjunto de itens LR(1) tiver *n* elementos, então *CC* não poderá crescer para mais do que 2^n itens, de modo que a computação deve parar.

Esse limite superior no tamanho de *CC* é muito frouxo. Por exemplo, a gramática de parênteses tem 33 itens LR(1) e produz apenas 12 conjuntos em *CC*. O limite superior seria 2^{33}, um número muito maior. Para gramáticas mais complexas, |*CC*| é um problema, principalmente porque as tabelas *Action* e *Goto* crescem com |*CC*|. Conforme descrevemos na Seção 3.6, tanto o construtor de compilador quanto o construtor de gerador de parser podem efetuar etapas para reduzir o tamanho dessas tabelas.

Coleção canônica para a gramática de parênteses

Como primeiro exemplo, considere o problema de construir *CC* para a gramática de parênteses. O conjunto inicial, cc_0, é calculado como *closure*([*Alvo*→•*Lista*,eof]).

$$CC_0 = \begin{cases} [Alvo \to \bullet Lista, \text{eof}] & [Lista \to \bullet Lista\ Par, \text{eof}] & [Lista \to \bullet Lista\ Par, (] \\ [Lista \to \bullet Par, \text{eof}] & [Lista \to \bullet Par, (] & [Par \to \bullet (Par), \text{eof}] \\ [Par \to \bullet (Par), (] & [Par \to \bullet (\ ), \text{eof}] & [Par \to \bullet (\ ), (] \end{cases}$$

Como cada item tem o marcador • no início do seu lado direito, cc_0 contém apenas possibilidades. O que é apropriado, pois é o estado inicial do parser. A primeira iteração do laço `while` produz três conjuntos, cc_1, cc_2 e cc_3. Todas as outras combinações na primeira iteração produzem conjuntos vazios, conforme indicado na Figura 3.23, que rastreiam a construção de CC.

$$goto(cc_0, \mathit{Lista}) \text{ é } cc_1.$$

$$CC_1 = \begin{cases} [\mathit{Alvo} \rightarrow \mathit{Lista} \bullet, \texttt{eof}] & [\mathit{Lista} \rightarrow \mathit{Lista} \bullet \mathit{Par}, \texttt{eof}] & [\mathit{Lista} \rightarrow \mathit{Lista} \bullet \mathit{Par}, \underline{(}] \\ [\mathit{Par} \rightarrow \bullet(\underline{Par}), \texttt{eof}] & [\mathit{Par} \rightarrow \bullet(\underline{Par}), \underline{(}] & [\mathit{Par} \rightarrow \bullet(\underline{\ }), \texttt{eof}] \\ & [\mathit{Par} \rightarrow \bullet(\underline{\ }), \underline{(}] & \end{cases}$$

O conjunto cc_1 representa as configurações do parser que resultam do reconhecimento de uma *Lista*. Todos os itens são possibilidades que levam a outro par de parênteses, exceto para o item $[\mathit{Alvo} \rightarrow \mathit{Lista} \bullet, \texttt{eof}]$. Ele representa o estado de aceitação do parser — uma redução usando $\mathit{Alvo} \rightarrow \mathit{Lista}$, com uma antecipação de `eof`.

$$goto(cc_0, \mathit{Par}) \text{ é } cc_2.$$

$$CC_2 = \left\{ [\mathit{Lista} \rightarrow \mathit{Par} \bullet, \texttt{eof}] \quad [\mathit{Lista} \rightarrow \mathit{Par} \bullet, \underline{(}] \right\}$$

Iteração	Item	*Alvo*	*Lista*	*Par*	(	)	eof
0	cc_0	∅	cc_1	cc_2	cc_3	∅	∅
1	cc_1	∅	∅	cc_4	cc_3	∅	∅
	cc_2	∅	∅	∅	∅	∅	∅
	cc_3	∅	∅	cc_5	cc_6	cc_7	∅
2	cc_4	∅	∅	∅	∅	∅	∅
	cc_5	∅	∅	∅	∅	cc_8	∅
	cc_6	∅	∅	cc_9	cc_6	cc_{10}	∅
	cc_7	∅	∅	∅	∅	∅	∅
3	cc_8	∅	∅	∅	∅	∅	∅
	cc_9	∅	∅	∅	∅	cc_{11}	∅
	cc_{10}	∅	∅	∅	∅	∅	∅
4	cc_{11}	∅	∅	∅	∅	∅	∅

■ **FIGURA 3.23** Acompanhamento da construção LR(1) na gramática de parênteses.

O conjunto cc_2 representa as configurações do parser após ele ter reconhecido um *Par* inicial. Os dois itens são handles para uma redução usando *Lista* → *Par*.

$$goto(cc_0, \underline{(}) \text{ é } cc_3.$$

$$CC_3 = \begin{cases} [Par \to \bullet \underline{(} Par \underline{)}, \underline{)}] & [Par \to \underline{(} \bullet Par \underline{)}, \text{eof}] & [Par \to \underline{(} \bullet Par \underline{)}, \underline{(}] \\ [Par \to \bullet \underline{(} \underline{)}, \underline{)}] & [Par \to \underline{(} \bullet \underline{)}, \text{eof}] & [Par \to \underline{(} \bullet \underline{)}, \underline{(}] \end{cases}$$

O conjunto cc_3 representa a configuração do parser após ele reconhecer um $\underline{(}$ inicial. Quando o parser entra no estado 3, precisa reconhecer um $\underline{)}$ correspondente em algum ponto no futuro.

A segunda iteração do laço `while` tenta derivar novos conjuntos a partir de cc_1, cc_2 e cc_3. Cinco das combinações produzem conjuntos não vazios, quatro dos quais são novos.

$$goto(cc_1, Par) \text{ é } cc_4.$$

$$CC_4 = \{[Lista \to Lista\ Par \bullet, \text{eof}] \quad [Lista \to Lista\ Par \bullet, \underline{(}]\}$$

O contexto esquerdo para este conjunto é cc_1, que representa um estado onde o parser reconheceu uma ou mais ocorrências de *Lista*. Quando então reconhece um *Par*, ele entra nesse estado. Os dois itens representam uma redução usando *Lista* → *Lista Par*.

$goto(cc_1, \underline{(})$ é cc_3, que representa a necessidade futura de encontrar um $\underline{)}$ correspondente.

$goto(cc_3, Par)$ é cc_5.

$$CC_5 = \{[Par \to \underline{(}\ Par \bullet \underline{)}, \text{eof}] \quad [Par \to \underline{(}\ Par \bullet \underline{)}, \underline{(}]\}$$

O conjunto cc_5 consiste de dois itens parcialmente completos. O parser reconheceu um $\underline{(}$ seguido por um *Par*; e agora precisa encontrar um $\underline{)}$ correspondente. Se o parser encontrá-lo, reduzirá usando a regra 4, *Par* → $\underline{(}\ Par\ \underline{)}$.

$$goto(cc_3, \underline{(}) \text{ é } cc_6.$$

$$CC_6 = \begin{cases} [Par \to \bullet \underline{(} Par \underline{)}, \underline{)}] & [Par \to \underline{(} \bullet Par \underline{)}, \underline{)}] \\ [Par \to \bullet \underline{(} \underline{)}, \underline{)}] & [Par \to \underline{(} \bullet \underline{)}, \underline{)}] \end{cases}$$

O parser chega a cc_6 quando encontra um $\underline{(}$ e já tem pelo menos um $\underline{(}$ na pilha. Os itens mostram que um $\underline{(}$ ou um $\underline{)}$ levam a estados válidos.

$$goto(cc_3, \underline{)}) \text{ é } cc_7.$$

$$CC_7 = \left\{ [Par \to \underline{(} \; \underline{)} \; \bullet, \texttt{eof}] \; [Par \to \underline{(} \; \underline{)} \; \bullet, \underline{(}] \right\}$$

Se, no estado 3, o parser encontrar um $\underline{)}$, faz a transição para cc_7. Os dois itens especificam uma redução usando $Par \to \underline{(} \; \underline{)}$.

A terceira iteração do laço while tenta derivar novos conjuntos a partir de cc_4, cc_5, cc_6 e cc_7. Três das combinações produzem novos conjuntos, enquanto uma produz uma transição para um estado existente.

$$goto(cc_5, \underline{)}) \text{ é } cc_8.$$

$$CC_8 = \left\{ [Par \to \underline{(} \; Par \underline{)} \; \bullet, \texttt{eof}] \; [Par \to \underline{(} \; Par \underline{)} \; \bullet, \underline{(}] \right\}$$

Ao chegar ao estado 8, o parser terá reconhecido uma ocorrência da regra 4, $Par \to \underline{(} \; Par \; \underline{)}$. Os dois itens especificam a redução correspondente.

$$goto(cc_6, Par) \text{ é } cc_9.$$

$$CC_9 = \left\{ [Par \to \underline{(} \; Par \bullet \underline{)}, \underline{)}] \right\}$$

Em cc_9, o parser precisa encontrar um $\underline{)}$ para completar a regra 4.

$goto(cc_6, \underline{(})$ é cc_6. Em cc_6, outro $\underline{(}$ fará com que o parser empilhe outro estado 6 para representar a necessidade de um $\underline{)}$ correspondente.

$$goto(cc_6, \underline{)}) \text{ é } cc_{10}.$$

$$CC_{10} = \left\{ [Par \to \underline{(} \; \underline{)} \; \bullet, \underline{)}] \right\}$$

Este conjunto contém um item, que especifica uma redução para Par.

A quarta iteração do laço while tenta derivar novos conjuntos a partir de cc_8, cc_9 e cc_{10}. Somente uma combinação cria um conjunto não vazio.

$$goto(cc_9, \underline{)}) \text{ é } cc_{11}.$$

$$C_{11} = \left\{ [Par \to \underline{(} \; Par \; \underline{)} \; \bullet, \underline{)}] \right\}$$

O estado 11 exige uma redução usando $Par \to \underline{(} \; Par \; \underline{)}$.

A iteração final do laço while tenta derivar novos conjuntos a partir de cc_{11}. Ela encontra apenas conjuntos vazios, de modo que a construção termina com 12 conjuntos, cc_0 até cc_{11}.

O preenchimento das tabelas

Dada a coleção canônica de conjuntos de itens LR(1) para uma gramática, o gerador de parser pode preencher as tabelas Action e Goto percorrendo CC e examinando os itens em cada $cc_j \in CC$. Cada cc_j torna-se um estado do parser. Seus itens geram os elementos não vazios de uma linha de Action; as transições correspondentes registradas durante a construção de CC especificam os elementos não vazios de Goto. Três casos geram entradas na tabela Action:

1. Um item na forma $[A \rightarrow \beta \bullet c\gamma, a]$ indica que encontrar o símbolo terminal c seria uma próxima etapa válida em direção à descoberta do não terminal A. Assim, isto gera um *shift* em c no estado atual. O próximo estado para o reconhecedor é o estado gerado pelo cálculo de goto no estado atual com o terminal c. Ou β ou γ podem ser ε.
2. Um item na forma $[A \rightarrow \beta \bullet, a]$ indica que o parser reconheceu um β, e se o símbolo de antecipação for a, então o item é um handle. Assim, ele gera um *reduce* para a produção $A \rightarrow \beta$ em a no estado atual.
3. Um item da forma $[S' \rightarrow S \bullet, eof]$, onde S' é o símbolo-alvo, indica o estado de aceitação para o parser; o parser reconheceu um fluxo de entrada que se reduz ao símbolo-alvo, e o símbolo de antecipação é eof. Este item gera uma ação *accept* em eof no estado atual.

A Figura 3.24 torna isto concreto. Para uma gramática LR(1), é necessário definir exclusivamente as entradas que não são de erro nas tabelas Action e Goto.

Observe que o algoritmo de preenchimento de tabela basicamente ignora itens onde o marcador • precede um símbolo não terminal. Ações shift são geradas quando o marcador • precede um símbolo terminal. Ações reduce e accept são geradas quando

```
for each cc_i ∈ cc

    for each item I ∈ cc_i

        if I é [ A → β • Cγ ,a] and goto(cc_i ,c) = cc_j then

            Action[i, c] ← "shift j"

        else if I é [A → β, a] then

            Action[i, a] ← "reduce A → β"

        else if I é [S' → S•, eof] then

            Action[i , eof ] ← "accept"

    for each n ∈ NT

        if goto(cc_i ,n) = cc_j then

            Goto[i ,n] ← j
```

■ **FIGURA 3.24** Algoritmo de preenchimento de tabela LR(1).

As ações de preenchimento de tabela podem ser integradas à construção de CC.

o marcador • está no final à direita da produção. E se cc_i tiver um item $[A\rightarrow\beta \cdot \gamma\,\delta,\ a]$, onde $\gamma \in NT$? Embora este item não gere quaisquer entradas na tabela por si só, sua presença no conjunto força o procedimento `closure` a incluir itens que as geram. Quando `closure` encontra um marcador • que precede imediatamente um símbolo não terminal γ, ele acrescenta produções que possuem γ como seu lado esquerdo, com um marcador • antecedendo seus lados direitos. Este processo requer FIRST(γ) em cc_i. O procedimento `closure` encontrará cada $x \in$ FIRST(γ) e incluirá os itens em cc_i para gerar itens shift para cada x.

Para a gramática de parênteses, a construção produz as tabelas `Action` e `Goto` mostradas na Figura 3.16b. Como vimos, a combinação das tabelas com o esqueleto de parser da Figura 3.15 cria um parser funcional para a linguagem.

Na prática, um gerador de parser LR(1) precisa produzir outras tabelas necessárias para o esqueleto de parser. Por exemplo, quando o esqueleto de parser da Figura 3.15 efetua uma redução usando $A \rightarrow \beta$, ele remove "$2 \times |\beta|$" símbolos da pilha e empilha A. O gerador de tabela precisa produzir estruturas de dados que mapeiem uma produção a partir de uma entrada reduce na tabela `Action`, digamos, $A \rightarrow \beta$, em $|\beta|$ e A. Outras tabelas, como um mapeamento da representação de um símbolo da gramática como um número inteiro para seu nome textual, são necessárias para depuração e para mensagens de diagnóstico.

Localização de handle, revisão

Parsers LR(1) obtêm sua eficiência a partir do mecanismo rápido de localização de handles embutido nas tabelas `Action` e `Goto`. A coleção canônica, *CC*, representa um DFA de localização de handles para a gramática. A Figura 3.25 mostra o DFA para nosso exemplo, a gramática de parênteses.

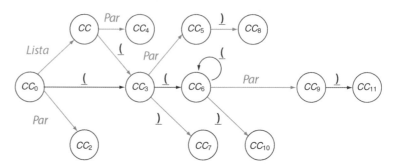

■ **FIGURA 3.25** DFA de localização de handles para a gramática de parênteses.

O parser LR(1) torna a posição do handle implícita no topo da pilha. Essa decisão de projeto reduz bastante o número de handles possíveis.

Como o parser LR(1) pode usar um DFA para encontrar os handles quando sabemos que a linguagem dos parênteses não é uma linguagem regular? Este parser conta com uma observação simples: *o conjunto de handles é finito*. O conjunto de handles é exatamente o conjunto de itens LR(1) completos — aqueles com o marcador • no extremo direito da produção do item. Qualquer linguagem com um conjunto finito de sentenças pode ser reconhecida por um DFA. Como o número de produções e o de símbolos de antecipação são ambos finitos, o número de itens completos também o é, e a linguagem de handles é uma linguagem regular.

Quando o parser LR(1) é executado, intercala dois tipos de ações: shifts e reduces. As ações shift simulam as etapas no DFA de localização de handles. O parser realiza uma ação shift por palavra no fluxo de entrada. Quando o DFA de localização de handles alcança um estado final, o parser LR(1) realiza uma ação reduce, que reinicia o estado do DFA de localização de handles para refletir o fato de que o parser reconheceu um handle e o substituiu por um não terminal. Para tanto, o parser remove o handle e seu estado da pilha, revelando um estado mais antigo. O parser usa esse estado mais antigo, o símbolo de antecipação e a tabela *Goto* para descobrir o estado no DFA a partir do qual a localização de handle deve continuar.

As ações reduce unem fases de localização de handles sucessivas. A redução utiliza o contexto da esquerda — o estado revelado pela redução resume a história anterior da análise sintática — para reiniciar o DFA de localização de handles em um estado que reflita o não terminal que o parser acabou de reconhecer. Por exemplo, na análise sintática de "(( )) ( )", o parser empilhou uma ocorrência do estado 3 para cada (que encontrou. Esses estados empilhados permitem que o algoritmo faça a correspondência dos parênteses de abertura e fechamento.

Observe que o DFA de localização de handles tem transições tanto nos símbolos terminais quanto nos símbolos não terminais. O parser percorre os limites de um não terminal apenas em uma ação reduce. Cada uma dessas transições, mostradas em cinza na Figura 3.25, corresponde a uma entrada válida na tabela `Goto`. O efeito combinado das ações de terminal e de não terminal é chamar o DFA recursivamente toda vez que tiver de reconhecer um não terminal.

3.4.3 Erros na construção de tabela

Como segundo exemplo da construção de tabela LR(1), considere a gramática ambígua para a construção `if-then-else` clássica. A abstração dos detalhes da expressão de controle e todos os outros comandos (tratando-os como símbolos terminais) produzem a seguinte gramática de quatro produções:

1	*Alvo*	→	*Cmd*
2	*Cmd*	→	if expr then *Cmd*
3		|	if expr then *Cmd* else *Cmd*
4		|	assign

Ela tem dois símbolos não terminais, *Alvo* e *Cmd*, e seis símbolos terminais, `if`, `expr`, `then`, `else`, `assign` e eof implícito.

A construção começa inicializando cc_0 para o item [*Alvo* → • *Cmd*, eof] e executando `closure` para produzir o primeiro conjunto.

$$CC_0 = \begin{cases} [\textit{Alvo} \rightarrow \bullet \textit{Cmd}, \text{eof}] [\textit{Cmd} \rightarrow \bullet \text{ if expr then } \textit{Cmd}, \text{eof}] \\ [\textit{Cmd} \rightarrow \bullet \text{ assign, eof}] [\textit{Cmd} \rightarrow \bullet \text{if expr then } \textit{Cmd} \text{ else } \textit{Cmd}, \text{eof}] \end{cases}$$

A partir desse conjunto, a construção começa derivando os membros restantes da coleção canônica dos conjuntos de itens LR(1).

Item	Alvo	Cmd	if	expr	then	else	assign	eof
0	cc_0	$\emptyset$	cc_1	cc_2	$\emptyset$	$\emptyset$	$\emptyset$	cc_3	$\emptyset$
1	cc_1	$\emptyset$	$\emptyset$	$\emptyset$	$\emptyset$	$\emptyset$	$\emptyset$	$\emptyset$	$\emptyset$
	cc_2	$\emptyset$	$\emptyset$	$\emptyset$	cc_4	$\emptyset$	$\emptyset$	$\emptyset$	$\emptyset$
	cc_3	$\emptyset$	$\emptyset$	$\emptyset$	$\emptyset$	$\emptyset$	$\emptyset$	$\emptyset$	$\emptyset$
2	cc_4	$\emptyset$	$\emptyset$	$\emptyset$	$\emptyset$	cc_5	$\emptyset$	$\emptyset$	$\emptyset$
3	cc_5	$\emptyset$	cc_6	cc_7	$\emptyset$	$\emptyset$	$\emptyset$	cc_8	$\emptyset$
4	cc_6	$\emptyset$	$\emptyset$	$\emptyset$	$\emptyset$	$\emptyset$	cc_9	$\emptyset$	$\emptyset$
	cc_7	$\emptyset$	$\emptyset$	$\emptyset$	cc_{10}	$\emptyset$	$\emptyset$	$\emptyset$	$\emptyset$
	cc_8	$\emptyset$	$\emptyset$	$\emptyset$	$\emptyset$	$\emptyset$	$\emptyset$	$\emptyset$	$\emptyset$
5	cc_9	$\emptyset$	cc_{11}	cc_2	$\emptyset$	$\emptyset$	$\emptyset$	cc_3	$\emptyset$
	cc_{10}	$\emptyset$	$\emptyset$	$\emptyset$	$\emptyset$	cc_{12}	$\emptyset$	$\emptyset$	$\emptyset$
6	cc_{11}	$\emptyset$	$\emptyset$	$\emptyset$	$\emptyset$	$\emptyset$	$\emptyset$	$\emptyset$	$\emptyset$
	cc_{12}	$\emptyset$	cc_{13}	cc_7	$\emptyset$	$\emptyset$	$\emptyset$	cc_8	$\emptyset$
7	cc_{13}	$\emptyset$	$\emptyset$	$\emptyset$	$\emptyset$	$\emptyset$	cc_{14}	$\emptyset$	$\emptyset$
8	cc_{14}	$\emptyset$	cc_{15}	cc_7	$\emptyset$	$\emptyset$	$\emptyset$	cc_8	$\emptyset$
9	cc_{15}	$\emptyset$	$\emptyset$	$\emptyset$	$\emptyset$	$\emptyset$	$\emptyset$	$\emptyset$	$\emptyset$

■ **FIGURA 3.26** Acompanhamento da construção LR(1) na gramática `If-Then-Else`.

A Figura 3.26 mostra o progresso da construção. A primeira iteração examina as transições a partir de cc_0 para cada símbolo da gramática. Ela produz três novos conjuntos para a coleção canônica de cc_0: cc_1 para *Cmd*, cc_2 para `if`, e cc_3 para `assign`. Estes conjuntos são:

$$CC_1 = \{[Alvo \to Cmd \bullet, \text{eof}]\}$$
$$CC_2 = \begin{cases} [Cmd \to \text{if} \bullet \text{expr then } Cmd, \text{eof}] \\ [Cmd \to \text{if} \bullet \text{expr then } Cmd \text{ else } Cmd, \text{eof}] \end{cases}$$
$$CC_3 = \{[Cmd \to \text{assign} \bullet, \text{eof}]\}$$

A segunda iteração examina transições a partir desses três novos conjuntos. Apenas uma combinação produz um novo conjunto, a partir de cc_2 com o símbolo `expr`.

$$CC_4 = \begin{cases} [Cmd \to \text{if expr} \bullet \text{then } Cmd, \text{eof}] \\ [Cmd \to \text{if expr} \bullet \text{then } Cmd \text{ else } Cmd, \text{eof}] \end{cases}$$

A próxima iteração calcula transições de cc_4; ela cria cc_5 como goto(cc_4, then).

$$CC_5 = \begin{cases} [Cmd \to \text{if expr} \bullet \text{then } Cmd, \text{eof}], \\ [Cmd \to \text{if expr} \bullet \text{then } Cmd \text{ else } Cmd, \text{eof}], \\ [Cmd \to \bullet \text{if expr then } Cmd, \{\text{eof, else}\}], \\ [Cmd \to \bullet \text{assign}, \{\text{eof, else}\}] \\ [Cmd \to \bullet \text{if expr then } Cmd \text{ else } Cmd, \{\text{eof, else}\}] \end{cases}$$

A quarta iteração examina transições a partir de cc_5. Ela cria novos conjuntos para *Cmd*, para `if` e para `assign`.

$$CC_6 = \begin{cases} [Cmd \rightarrow \text{if expr then } Cmd \bullet, \text{eof}] \\ [Cmd \rightarrow \text{if expr then } Cmd \bullet \text{else } Cmd, \text{eof}] \end{cases}$$

$$CC_7 = \begin{cases} [Cmd \rightarrow \text{if} \bullet \text{expr then } Cmd, \{\text{eof, else}\}] \\ [Cmd \rightarrow \text{if} \bullet \text{expr then } Cmd \text{ else } Cmd, \{\text{eof, else}\}] \end{cases}$$

$$CC_8 = \{[Cmd \rightarrow \text{assign} \bullet, \{\text{eof, else}\}]\}$$

A quinta iteração examina cc_6, cc_7 e cc_8. Embora a maior parte das combinações produza o conjunto vazio, duas delas levam a novos conjuntos. A transição em `else` a partir de cc_6 leva a cc_9, e a sobre `expr` a partir de cc_7 cria cc_{10}.

$$CC_9 = \begin{cases} [Cmd \rightarrow \text{if expr then } Cmd \text{ else } \bullet Cmd, \text{eof}], \\ [Cmd \rightarrow \bullet \text{if expr then } Cmd, \text{eof}], \\ [Cmd \rightarrow \bullet \text{if expr then } Cmd \text{ else } Cmd, \text{eof}], \\ [Cmd \rightarrow \bullet \text{assign, eof}] \end{cases}$$

$$CC_{10} = \begin{cases} [Cmd \rightarrow \text{if expr} \bullet \text{then } Cmd, \{\text{eof, else}\}], \\ [Cmd \rightarrow \text{if expr} \bullet \text{then } Cmd \text{ else } Cmd, \{\text{eof, else}\}] \end{cases}$$

Quando a sexta iteração examina os conjuntos produzidos na iteração anterior, cria dois novos conjuntos, cc_{11} a partir de cc_9 em *Cmd* e cc_{12} a partir de cc_{10} em `then`. E, também, conjuntos duplicados para cc_2 e cc_3 a partir de cc_9.

$$CC_{11} = \{[Cmd \rightarrow \text{if expr then } Cmd \text{ else } Cmd \bullet, \text{eof}]\}$$

$$CC_{12} = \begin{cases} [Cmd \rightarrow \text{if expr then} \bullet Cmd, \{\text{eof, else}\}], \\ [Cmd \rightarrow \text{if expr then} \bullet Cmd \text{ else } Cmd, \{\text{eof, else}\}], \\ [Cmd \rightarrow \bullet \text{if expr then } Cmd, \{\text{eof, else}\}], \\ [Cmd \rightarrow \bullet \text{if expr then } Cmd \text{ else } Cmd, \{\text{eof, else}\}], \\ [Cmd \rightarrow \bullet \text{ assign}, \{\text{eof, else}\}] \end{cases}$$

A sétima iteração cria cc_{13} a partir de cc_{12} em *Cmd*. E recria cc_7 e cc_8.

$$CC_{13} = \begin{cases} [Cmd \rightarrow \text{if expr then } Cmd \bullet, \{\text{eof, else}\}], \\ [Cmd \rightarrow \text{if expr then } Cmd \bullet \text{else } Cmd, \{\text{eof, else}\}] \end{cases}$$

A iteração oito encontra um novo conjunto, cc_{14}, a partir de cc_{13} na transição para else.

$$CC_{14} = \begin{cases} [\textit{Cmd} \rightarrow \texttt{if expr then}\ \textit{Cmd}\ \texttt{else} \bullet \textit{Cmd}, \{\texttt{eof, else}\}], \\ [\textit{Cmd} \rightarrow \bullet \texttt{if expr then}\ \textit{Cmd}, \{\texttt{eof, else}\}], \\ [\textit{Cmd} \rightarrow \bullet \texttt{if expr then}\ \textit{Cmd}\ \texttt{else}\ \textit{Cmd}, \{\texttt{eof, else}\}], \\ [\textit{Cmd} \rightarrow \bullet\ \texttt{assign}, \{\texttt{eof, else}\}] \end{cases}$$

A iteração nove gera cc_{15} a partir de cc_{14} na transição para *Cmd*, junto com duplicatas de cc_7 e cc_8.

$$CC_{15} = \{[\textit{Cmd} \rightarrow \texttt{if expr then}\ \textit{Cmd}\ \texttt{else}\ \textit{Cmd} \bullet, \{\texttt{eof, else}\}]\}$$

A iteração final examina cc_{15}. Como o marcador • está no final de cada item em cc_{15}, ele só pode gerar conjuntos vazios. Neste ponto, nenhum conjunto adicional de itens pode ser acrescentado à coleção canônica, de modo que o algoritmo alcançou um ponto fixo, e para.

A ambiguidade na gramática torna-se aparente durante o algoritmo de preenchimento de tabela. Os itens nos estados de cc_0 a cc_{12} não geram conflitos. O estado cc_{13} contém quatro itens:

1. [***Cmd*** → if expr then ***Cmd*** •, else]
2. [***Cmd*** → if expr then ***Cmd*** •, eof]
3. [***Cmd*** → if expr then ***Cmd*** • else ***Cmd***, else]
4. [***Cmd*** → if expr then ***Cmd*** • else ***Cmd***, eof]

Uma mensagem de erro típica de um gerador de parser inclui os itens LR(1) que geram o conflito; outro motivo para estudar a construção de tabela.

O item 1 gera uma entrada reduce para cc_{13} e a antecipação else; o item 3 gera uma entrada shift para o mesmo local na tabela. Claramente, a entrada da tabela não pode manter as duas ações. Esse *conflito shift-reduce* indica que a gramática é ambígua. Os itens 2 e 4 geram um conflito shift-reduce semelhante com uma antecipação de eof. Quando o algoritmo de preenchimento de tabela encontra esse conflito, a construção terá falhado. O gerador de tabela deve relatar o problema — uma ambiguidade fundamental entre as produções nos itens LR(1) específicos — ao construtor de compiladores.

Neste caso, o conflito surge porque a produção 2 na gramática é um prefixo da produção 3. O gerador de tabela poderia ser projetado para resolver esse conflito em favor do deslocamento (shift); isto força o parser a reconhecer a produção mais longa e vincula o else ao if mais próximo (mais interno).

Uma gramática ambígua também pode produzir um *conflito reduce-reduce,* que pode ocorrer se ela contiver duas produções $A \rightarrow \gamma \delta$ e $B \rightarrow \gamma \delta$ com o mesmo lado direito $\gamma \delta$. Se um estado contém os itens $[A \rightarrow \gamma \delta \bullet, a]$ e $[B \rightarrow \gamma \delta \bullet, a]$, então ele gerará duas ações reduce em conflito para o símbolo de antecipação a — uma para cada produção. Novamente, esse conflito reflete uma ambiguidade fundamental na gramática básica; o construtor de compiladores deve remodelar a gramática para eliminá-la (ver Seção 3.5.3).

Como existem muitos geradores de parser que automatizam este processo, o método de escolha para determinar se uma gramática tem a propriedade LR(1) é invocar um gerador de parser LR(1) sobre ela. Se o processo tiver sucesso, a gramática tem a propriedade LR(1).

> **REVISÃO DA SEÇÃO**
> Parsers LR(1) são muito usados nos compiladores construídos tanto na indústria como nas universidades. Eles aceitam uma grande classe de linguagens e usam um tempo proporcional ao tamanho da derivação que constroem. Existem muitas ferramentas que geram um parser LR(1) em uma grande variedade de linguagens de implementação. O algoritmo de construção de tabela LR(1) é uma aplicação elegante da teoria na prática. Ele constrói sistematicamente um modelo do DFA de reconhecimento de handles e depois traduz esse modelo em um par de tabelas que controlam o esqueleto de parser. A construção de tabela é um empreendimento complexo, que exige atenção cuidadosa aos detalhes. Este é exatamente o tipo de tarefa que deve ser automatizada — geradores de parser são melhores para seguir essas longas cadeias de computações do que os humanos. Apesar disso, um construtor de compiladores habilidoso deve entender os algoritmos de construção de tabela, pois oferecem percepções de como os parsers funcionam, quais tipos de erros o gerador de parser pode encontrar, como esses erros surgem e como eles podem ser remediados.

O Exercício 12 mostra uma gramática LR(1) que não tem uma gramática LL(1) equivalente.

Como um exemplo final, as tabelas LR para a gramática de expressão clássica aparecem nas Figuras 3.31 e 3.32.

> **QUESTÕES DE REVISÃO**
> 1. Mostre as etapas que o esqueleto de parser LR(1), com as tabelas para a gramática de parênteses, assumiria com a string de entrada "(( ) ( )) ( )".
> 2. Monte as tabelas LR(1) para a gramática *SomOvelha*, dada na Seção 3.2.2, e mostre as ações do esqueleto de parser para a entrada "`baa baa baa`".

3.5 QUESTÕES PRÁTICAS

Mesmo com geradores de parser automáticos, o construtor de compiladores precisa gerenciar várias questões a fim de produzir um parser robusto e eficiente para uma linguagem de programação real. Esta seção trata de diversas questões que surgem na prática.

3.5.1 Recuperação de erros

Os programadores constantemente compilam códigos que contêm erros de sintaxe. Na verdade, os compiladores são bastante aceitos como o modo mais rápido para descobrir esses erros. Nesta aplicação, o compilador deve encontrar tantos erros de sintaxe quantos forem possíveis em uma única tentativa de análise sintática do código. Isto exige atenção ao comportamento do parser nos estados de erro.

Todos os parsers mostrados neste capítulo têm o mesmo comportamento quando encontram um erro de sintaxe: eles relatam o problema e param. Este comportamento impede que o compilador desperdice tempo tentando traduzir um programa incorreto. Por outro lado, garante que o compilador encontre no máximo um erro de sintaxe por compilação. Esse compilador tornaria a descoberta de todos os erros de sintaxe em um arquivo de texto de programa um processo potencialmente longo e doloroso.

Um parser deve encontrar o máximo de erros possível em cada compilação. Isto requer um mecanismo que lhe permita recuperar de um erro passando para um estado a partir do qual pode continuar analisando. Um modo comum de conseguir isto é selecionar uma ou mais palavras que o parser possa usar para sincronizar a entrada com seu estado interno. Quando o parser encontra um erro, descarta os símbolos de entrada até encontrar uma palavra de sincronismo, e depois reinicia seu estado interno para um coerente com a palavra de sincronismo.

Em uma linguagem tipo Algol, com ponto e vírgula como separador de comandos, este caractere normalmente é usado como palavra de sincronismo. Quando ocorre um erro, o parser chama o scanner repetidamente até encontrar um ponto e vírgula. Depois, muda de estado para um que teria resultado do reconhecimento bem-sucedido de um comando completo, ao invés de um erro.

Em um parser com descida recursiva, o código pode simplesmente descartar palavras até encontrar um ponto e vírgula. Nesse ponto, pode retornar o controle para o ponto onde a rotina que analisa os comandos relata o sucesso. Isso pode envolver a manipulação da pilha de execução ou o uso de um salto não local como `setjmp` e `longjmp` da linguagem C.

Em um parser LR(1), este tipo de ressincronização é mais complexo. O parser descarta a entrada até que encontre um ponto e vírgula. Em seguida, varre a pilha de análise a partir do topo até encontrar um estado *s* tal que Goto[*s*, *Comando*] seja uma entrada válida, sem erro. O primeiro estado desse tipo na pilha representa o comando que contém o erro. A rotina de recuperação de erro, então, descarta entradas na pilha acima deste estado, empilha o estado Goto[*s*, *Comando*] e retoma a análise normal.

Em um parser controlado por tabela, seja LL(1) ou LR(1), o compilador precisa de um modo de dizer ao gerador de parser onde sincronizar. Isto pode ser feito usando produções de erro — uma produção cujo lado direito inclui uma palavra reservada que indica um ponto de sincronização de erro e um ou mais *tokens* de sincronização. Com tal construção, o gerador de parser pode construir rotinas de recuperação de erro que implementem o comportamento desejado.

Naturalmente, as rotinas de recuperação de erro devem tomar medidas para garantir que o compilador não tente gerar e otimizar código para um programa sintaticamente inválido. Isto exige um protocolo simples entre o aparato de recuperação de erro e o controlador de alto nível que invoca as diversas partes do compilador.

3.5.2 Operadores unários

A gramática de expressão clássica inclui apenas operadores binários. A notação algébrica, porém, inclui operadores unários, como o menos unário e o valor absoluto. Outros operadores unários surgem nas linguagens de programação, incluindo o autoincremento, autodecremento, endereço-de, valor-apontado-por, complemento booleano e conversões de tipo. A inclusão desses operadores à gramática da expressão exige algum cuidado.

Considere a inclusão de um operador de valor absoluto unário, ‖, à gramática de expressão clássica. O valor absoluto deve ter a precedência mais alta do que × ou ÷. Porém, ele precisa de uma precedência mais baixa do que *Fator* para forçar a avaliação das expressões entre parênteses antes da aplicação de ‖. Um modo de escrever essa gramática aparece na Figura 3.27. Com essas adições, a gramática ainda é LR(1). Ela permite que o programador forme o valor absoluto de um número, um identificador, ou uma expressão entre parênteses.

A Figura 3.27b mostra a árvore sintática para a string ‖x − 3, mostrando corretamente que o código deve avaliar ‖x antes de realizar a subtração. A gramática não permite que o programador escreva ‖ ‖x, pois isto faz pouco sentido matemático. Porém, permite ‖ (‖ x), que faz tão pouco sentido quanto ‖ ‖ x.

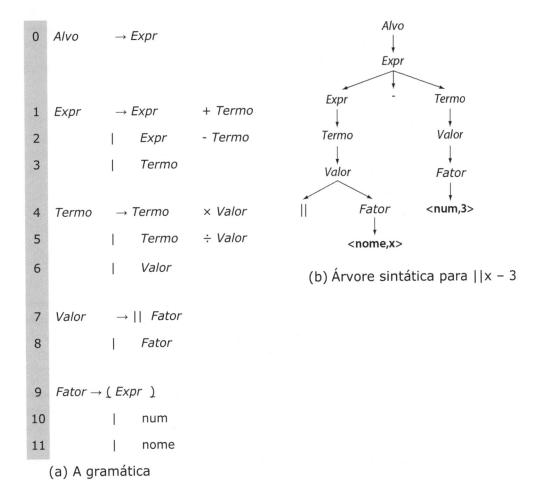

■ **FIGURA 3.27** Inclusão do valor absoluto unário à gramática de expressão clássica.

A incapacidade de escrever | | | | x dificilmente limita a expressividade da linguagem. Com outros operadores unários, porém, a questão parece mais séria. Por exemplo, um programador C pode precisar escrever ∗∗p para obter o valor apontado por uma variável declarada como `char **p;`. Também podemos acrescentar uma produção alternativa para *Valor* específica para isso: *Valor* → ∗ *Valor*. A gramática resultante ainda é uma gramática LR(1), mesmo que substituíssemos o operador × em *Termo* → *Termo* × *Valor* por ∗, sobrecarregando o operador "∗" do modo como é feito em C. Esta mesma técnica funciona para o menos unário.

3.5.3 Tratamento da ambiguidade sensível ao contexto

O uso de uma palavra para representar dois significados diferentes pode criar uma ambiguidade sintática. Um exemplo deste problema apareceu nas definições de diversas linguagens de programação, incluindo FORTRAN, PL/I e Ada. Essas linguagens usavam parênteses para delimitar tanto as expressões de subscrito de uma referência de array quanto a lista de argumentos de uma sub-rotina ou função. Dada uma referência textual, como `fee(i,j)`, o compilador não pode saber se `fee` é um array bidimensional ou um procedimento que deve ser chamado. A diferenciação entre estes dois casos exige conhecimento do tipo declarado de `fee`. Esta informação não é sintaticamente óbvia.

O scanner, sem dúvida, classifica fee como um nome em qualquer caso. Uma chamada de função e uma referência de array podem aparecer em muitas das mesmas situações.

Nenhuma dessas construções aparece na gramática de expressão clássica. Podemos acrescentar produções que as derivam a partir de *Fator*.

Fator	→	*ReferênciaFunção*
	|	*ReferênciaArray*
	|	(*Expr*)
	|	num
	|	nome
ReferênciaFunção	→	nome (*ListaArg*)
ReferênciaArray	→	nome (*ListaArg*)

Como as duas últimas produções possuem lados direitos idênticos, essa gramática é ambígua, que cria um conflito reduce-reduce em um gerador de tabela LR(1).

Resolver essa ambiguidade exige conhecimento extrassintático. Em um parser de descida recursiva, o construtor de compiladores pode combinar o código para *ReferênciaFunção* e *ReferênciaArray* e acrescentar o código extra exigido para verificar o tipo declarado de nome. Em um parser controlado por tabela, construído por um gerador de parser, a solução deve funcionar dentro do framework fornecido pelas ferramentas.

Duas técnicas diferentes têm sido usadas para solucionar este problema. O construtor de compiladores pode reescrever a gramática para combinar tanto a chamada de função quanto a referência de array em uma única produção. Nesse esquema, a questão é adiada até uma etapa posterior na tradução, quando pode ser resolvida com informações obtidas das declarações. O parser precisa construir uma representação que preserva todas as informações necessárias por qualquer resolução; a etapa posterior, então, reescreverá a referência na sua forma apropriada como uma referência de array ou uma chamada de função.

Como alternativa, o scanner pode classificar identificadores com base em seus tipos declarados, ao invés de suas propriedades microssintáticas. Essa classificação exige algum protocolo entre o scanner e o parser; a coordenação não é difícil de arranjar, desde que a linguagem tenha uma regra do tipo: "definir antes de usar". Como a declaração é analisada sintaticamente antes que ocorra o uso, o parser pode disponibilizar sua tabela de símbolos interna para o scanner para classificar identificadores em classes distintas, como nome-variável e nome-função. As produções relevantes tornam-se:

ReferênciaFunção → nome-função (**ListaArg**)

ReferênciaArray → nome-variável (**ListaArg**)

Reescrita desta forma, a gramática é não ambígua. Como o scanner retorna uma categoria sintática distinta em cada caso, o parser pode distinguir os dois casos.

3.5.4 Recursão à esquerda *versus* recursão à direita

Como vimos, os parsers *top-down* precisam de gramáticas recursivas à direita ao invés das recursivas à esquerda. Os parsers *bottom-up* podem acomodar a recursão à esquerda ou à direita. Assim, o construtor de compiladores precisa escolher entre a recursão à esquerda e a recursão à direita na escrita da gramática para um parser *bottom-up*. Diversos fatores influenciam esta decisão.

Profundidade de pilha

Em geral, a recursão à esquerda pode levar a profundidades de pilha menores. Considere duas gramáticas alternativas para uma construção de lista simples, mostrada nas Figuras 3.28a e 3.28b. (Observe a semelhança com a gramática de *SomOvelha*.) O uso dessas gramáticas para produzir uma lista de cinco elementos leva às derivações mostradas nas Figuras 3.28c e 3.28d, respectivamente. Um parser LR(1) construiria essas sequências de forma reversa. Assim, se lermos a derivação da linha inferior para a superior, poderemos seguir as ações do parser para cada gramática.

1. *Gramática recursiva à esquerda.* Esta gramática desloca elt_1 para sua pilha e a reduz imediatamente para *Lista*. Em seguida, desloca elt_2 para a pilha e o reduz para *Lista*. Ela prossegue até que tenha deslocado cada um dos cinco elt_is para a pilha e os tenha reduzido para *Lista*. Assim, a pilha alcança uma profundidade máxima de dois e uma profundidade média de $\frac{10}{6} = 1\frac{2}{3}$.

2. *Gramática recursiva à direita.* Esta versão desloca todos os cinco elt_is para sua pilha. Em seguida, reduz elt_5 para *Lista* usando a regra dois, e os elt_is restantes usando a regra um. Assim, sua profundidade de pilha máxima será cinco e sua média será $\frac{20}{6} = 3\frac{1}{3}$.

List → *List* elt
    | elt

(a) Gramática recursiva à esquerda

List → elt *List*
    | elt

(b) Gramática recursiva à direita

List
List elt_5
List elt_4 elt_5
List elt_3 elt_4 elt_5
List elt_2 elt_3 elt_4 elt_5
elt_1 elt_2 elt_3 elt_4 elt_5

(c) Derivação com recursão à esquerda

List
elt_1 *List*
elt_1 elt_2 *List*
elt_1 elt_2 elt_3 *List*
elt_1 elt_2 elt_3 elt_4 *List*
elt_1 elt_2 elt_3 elt_4 elt_5 *List*

(d) Derivação com recursão à direita

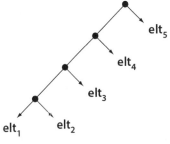

(e) Árvore sintática abstrata com recursão à esquerda

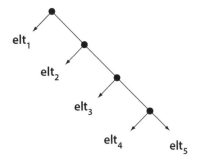

(f) Árvore sintática abstrata com recursão à direita

■ **FIGURA 3.28** Gramáticas de lista recursiva à esquerda e à direita.

A gramática recursiva à direita exige mais espaço de pilha; sua profundidade de pilha máxima está limitada apenas pelo comprimento da lista. Ao contrário, a profundidade de pilha máxima com a gramática recursiva à esquerda depende da gramática, ao invés do fluxo de entrada.

Para listas curtas, isto não é problema. Porém, se a lista representa a lista de instruções de um longo código, ela pode ter centenas de elementos. Neste caso, a diferença no espaço pode ser muito grande. Se todos os demais aspectos forem iguais, a menor altura de pilha é uma vantagem.

Associatividade

A recursão à esquerda produz naturalmente associatividade à esquerda, e a recursão à direita, associatividade à direita. Em alguns casos, a ordem de avaliação faz diferença. Considere as *árvores sintáticas abstratas* (ASTs) para as duas listas de cinco elementos apresentadas nas Figuras 3.28e e 3.28f. A gramática recursiva à esquerda reduz elt_1 a uma *Lista*, depois, reduz *Lista* elt_2, e assim por diante. Isto produz a AST apresentada à esquerda. De modo semelhante, a gramática recursiva à direita produz a AST apresentada à direita.

Árvore sintática abstrata (AST — Abstract Syntax Tree)
Uma AST é uma contração da árvore sintática. Veja a Seção 5.2.1.

Para uma lista, nenhuma dessas ordens é obviamente incorreta, embora a AST recursiva à direita possa parecer mais natural. Considere, porém, o resultado se substituirmos o construtor de lista por operações aritméticas, como nas gramáticas

Para a string $x_1 + x_2 + x_3 + x_4 + x_5$, a gramática recursiva à esquerda implica uma ordem de avaliação da esquerda para a direita, enquanto a recursiva à direita, uma ordem de avaliação da direita para a esquerda. Com alguns sistemas de números, como na aritmética de ponto flutuante, essas duas ordens de avaliação podem produzir resultados diferentes.

Como a mantissa de um número de ponto flutuante é pequena em relação ao intervalo do expoente, a adição pode se tornar uma operação de identidade com dois números distantes em magnitude. Por exemplo, se x_4 for muito menor que x_5, o processador pode calcular $x_4 + x_5 = x_5$. Com valores bem escolhidos, este efeito pode ser propagado e gerar respostas diferentes a partir de avaliações da esquerda para a direita e vice-versa.

De modo semelhante, se qualquer um dos termos na expressão for uma chamada de função, então a ordem de avaliação pode ser importante. Se a chamada de função mudar o valor de uma variável na expressão, então mudar a ordem de avaliação pode mudar o resultado.

Em uma string com subtrações, como $x_1 - x_2 + x_3$, mudar a ordem de avaliação pode produzir resultados incorretos. A associatividade à esquerda é avaliada, em um percurso de árvore pós-ordem, como $(x_1 - x_2) + x_3$, o resultado esperado. A associatividade à direita, por outro lado, implica uma ordem de avaliação de $x_1 - (x_2 + x_3)$. O compilador deve, naturalmente, preservar a ordem de avaliação ditada pela definição da linguagem. O construtor de compiladores pode escrever a gramática de expressão de modo que produza a ordem desejada ou cuide de gerar a representação intermediária para refletir a ordem e associatividade corretas, conforme descrito na Seção 4.5.2.

> **REVISÃO DA SEÇÃO**
> A criação de um compilador envolve mais do que apenas transcrever a gramática de alguma definição de linguagem. Na escrita da gramática, surgem muitas escolhas que têm impacto sobre a função e a utilidade do compilador resultante. Esta seção tratou de uma série de questões, variando desde como realizar a recuperação de erro até a relação de compromisso entre a recursão à esquerda e a recursão à direita.

> **QUESTÕES DE REVISÃO**
> 1. A linguagem de programação C usa colchetes para indicar um subscrito de array e parênteses para indicar uma lista de argumentos de procedimento ou função. Como isto simplifica a construção de um parser para C?
> 2. A gramática para valor absoluto unário introduziu um novo símbolo terminal como o operador unário. Considere a inclusão do menos unário à gramática de expressão clássica. O fato do mesmo símbolo terminal ocorrer como menos unário ou como menos binário gera complicações? Justifique sua resposta.

3.6 TÓPICOS AVANÇADOS

Para construir um parser satisfatório, o construtor de compiladores precisa entender os fundamentos da criação de uma gramática e um parser. Com um parser funcionando, normalmente existem maneiras de melhorar seu desempenho. Esta seção examina duas questões específicas na construção do parser. Primeiro, examinamos as transformações na gramática que reduzem o tamanho de uma derivação para produzir uma análise mais rápida. Essas ideias aplicam-se a parsers *top-down* e *bottom-up*. Segundo, discutimos as transformações na gramática e nas tabelas `Action` e `Goto` que reduzem o tamanho da tabela. Essas técnicas aplicam-se apenas a parsers LR.

3.6.1 Otimização de uma gramática

Embora a análise sintática não consuma mais uma grande fatia do tempo de compilação, o compilador não deve desperdiçar um tempo indevido nesta análise. A forma real de uma gramática tem efeito direto sobre a quantidade de trabalho exigida para analisá-la. Os parsers *top-down* e *bottom-up* constroem derivações. O primeiro realiza uma expansão para cada produção na derivação. O segundo, uma redução para cada produção na derivação. Uma gramática que produza derivações mais curtas exige menos tempo para a análise.

O construtor de compiladores normalmente pode reescrever a gramática para reduzir a altura da árvore sintática, reduzindo assim o número de expansões em um parser *top-down* e o número de reduções em um parser *bottom-up*. A otimização da gramática não pode mudar o comportamento assintótico do parser; afinal, a árvore sintática precisa ter um nó de folha para cada símbolo no fluxo de entrada. Ainda assim, a redução das constantes em partes altamente utilizadas da gramática, como a gramática de expressão, pode gerar uma diferença suficiente para justificar o esforço.

Considere, novamente, a gramática de expressão clássica da Seção 3.2.4. (As tabelas LR(1) para a gramática aparecem nas Figuras 3.31 e 3.32.) Para impor a precedência desejada entre os operadores, acrescentamos dois não terminais, *Termo* e *Fator*, e remodelamos a gramática para a forma mostrada na Figura 3.29a, que produz árvores sintáticas um tanto grandes, mesmo para expressões simples. Por exemplo, na expressão a + 2 × b, esta árvore tem 14 nós, como mostra a Figura 3.29b. Cinco desses nós são folhas que não podemos eliminar. (Mudar a gramática não pode encurtar o programa de entrada.)

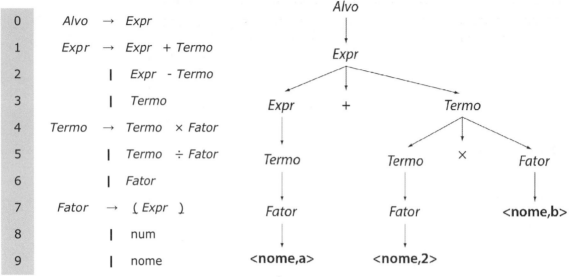

(a) Gramática de expressão clássica (b) Árvore sintática para a + 2 × b

■ **FIGURA 3.29** Gramática de expressão clássica revisada.

Qualquer nó interior que tenha apenas um filho é um candidato para otimização. A sequência de nós de *Expr* para *Term* para *Fator* para ⟨nome, a⟩ usa quatro nós para uma única palavra no fluxo de entrada. Podemos eliminar pelo menos uma camada, a de nós *Fator*, desdobrando as expansões alternativas para *Fator* em *Termo*, como mostra a Figura 3.30a. Ela multipica por três o número de alternativas para *Termo*, mas encurta a árvore sintática em uma camada, mostrada na Figura 3.30b.

Em um parser LR(1), essa mudança elimina três das nove ações reduce, e deixa os cinco shifts intactos. Em um parser de descida recursiva para uma gramática preditiva equivalente, este processo eliminaria 3 das 14 chamadas de procedimento.

Em geral, qualquer produção que tenha um único símbolo no seu lado direito pode ser desdobrada dessa forma. Essas produções, por vezes, são chamadas *produções inúteis*. Às vezes, produções inúteis têm uma finalidade — tornar a gramática mais compacta e, talvez, mais legível, ou forçar a derivação a assumir uma forma em particular. (Lembre-se de que a mais simples de nossas gramáticas de expressão aceita a + 2 × b, mas não codifica qualquer noção de precedência na árvore sintática.) Conforme veremos no Capítulo 4, o construtor de compiladores pode incluir uma produção inútil simplesmente para criar um ponto na derivação onde uma ação em particular possa ser realizada.

Desdobrar produções inúteis tem seus custos. Em um parser LR(1), isto pode tornar as tabelas maiores. Em nosso exemplo, eliminar *Fator* remove uma coluna da tabela Goto, mas as produções extras para *Termo* aumentam o tamanho de *CC* de 32 para 46 conjuntos. Assim, as tabelas têm uma coluna a menos, mas 14 linhas extras. O parser resultante realiza menos reduções (e executa mais rapidamente), mas tem tabelas maiores.

Em um parser de descida recursiva codificado à mão, a gramática maior pode aumentar o número de alternativas que devem ser comparadas antes de expandir algum lado esquerdo. O construtor de compiladores às vezes pode compensar o custo aumentado combinando casos. Por exemplo, o código para as expansões não triviais de *Expr'* na Figura 3.10 é idêntico. O construtor de compiladores poderia combiná-los com um teste que corresponda word a + ou a –. Como alternativa, poderia atribuir tanto + quanto - à mesma categoria sintática, fazer que o parser inspecione a categoria sintática e usar o lexema para diferenciar entre os dois quando for preciso.

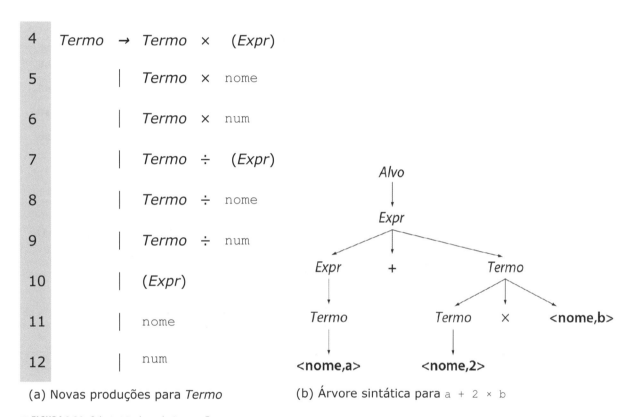

(a) Novas produções para *Termo* (b) Árvore sintática para a + 2 × b

■ **FIGURA 3.30** Substituição de produções para *Termo*.

3.6.2 Redução do tamanho das tabelas LR(1)

Infelizmente, as tabelas LR(1) geradas para gramáticas relativamente pequenas podem ser grandes. As Figuras 3.31 e 3.32 mostram as tabelas LR(1) canônicas para a gramática de expressão clássica. Existem muitas técnicas para encolher essas tabelas, incluindo as três abordagens para reduzir o tamanho da tabela descritas nesta seção.

	Tabela *Action*								
Estado	eof	+	–	×	÷	(	)	num	nome
0						s4		s5	s6
1	acc	s7	s8						
2	r4	r4	r4	s9	s10				
3	r7	r7	r7	r7	r7				
4						s14		s15	s16
5	r9	r9	r9	r9	r9				
6	r10	r10	r10	r10	r10				
7						s4		s5	s6
8						s4		s5	s6
9						s4		s5	s6
10						s4		s5	s6
11		s21	s22				s23		
12		r4	r4	s24	s25		r4		
13		r7	r7	r7	r7		r7		
14						s14		s15	s16
15		r9	r9	r9	r9		r9		
16		r10	r10	r10	r10		r10		
17	r2	r2	r2	s9	s10				
18	r3	r3	r3	s9	s10				
19	r5	r5	r5	r5	r5				
20	r6	r6	r6	r6	r6				
21						s14		s15	s16
22						s14		s15	s16
23	r8	r8	r8	r8	r8				
24						s14		s15	s16
25						s14		s15	s16
26		s21	s22				s31		
27		r2	r2	s24	s25		r2		
28		r3	r3	s24	s25		r3		
29		r5	r5	r5	r5		r5		
30		r6	r6	r6	r6		r6		
31		r8	r8	r8	r8		r8		

■ **FIGURA 3.31** Tabela *Action* para a gramática de expressão clássica.

Combinação de linhas ou colunas

Se o gerador de tabela puder encontrar duas linhas ou duas colunas que sejam idênticas, pode combiná-las. Na Figura 3.31, as linhas para os estados 0 e de 7 a 10 são idênticas, assim como as linhas 4, 14, 21, 22, 24 e 25. O gerador de tabela pode implementar cada um desses conjuntos uma vez e remapear os estados de modo correspondente. Isto removeria nove linhas da tabela, reduzindo seu tamanho em 28%. Para usar esta tabela, o esqueleto de parser precisa de um mapeamento de um estado do parser para um índice de linha na tabela Action. O gerador de tabela pode combinar colunas idênticas de modo semelhante. Uma inspeção separada da tabela Goto gerará um conjunto diferente de combinações de estado — em particular, todas as linhas contendo apenas zeros devem ser condensadas para uma única linha.

Em alguns casos, o gerador de tabela pode provar que duas linhas ou duas colunas diferem apenas em casos em que um dos dois tem uma entrada de "erro" (indicada por um espaço em branco em nossas figuras). Na Figura 3.31, as colunas para eof e para num diferem apenas quando um ou outro tem um espaço. A combinação dessas colunas produz o mesmo comportamento sobre entradas corretas. Isto muda o comportamento do parser em entradas errôneas e pode impedir a capacidade do parser de fornecer mensagens de erro precisas e úteis.

A combinação de linhas e colunas produz uma redução direta no tamanho da tabela. Se esta redução de espaço acrescentar uma indireção extra em cada acesso à tabela, o custo dessas operações em memória deve agir diretamente contra as

\	Tabela Goto		
Estado	**Expr**	**Termo**	**Fator**
0	1	2	3
1			
2			
3			
4	11	12	13
5			
6			
7		17	3
8		18	3
9			19
10			20
11			
12			
13			
14	26	12	13
15			

\	Tabela Goto		
Estado	**Expr**	**Termo**	**Fator**
16			
17			
18			
19			
20			
21		27	13
22		28	13
23			
24			29
25			30
26			
27			
28			
29			
30			
31			

■ **FIGURA 3.32** Tabela Goto para a gramática de expressão clássica.

economias de memória. O gerador de tabela também poderia usar outras técnicas para representar matrizes esparsas — novamente, o implementador deve considerar o compromisso entre o tamanho de memória contra qualquer aumento nos custos de acesso.

Encolhimento da gramática

Em muitos casos, o construtor de compiladores pode recodificar a gramática para reduzir o número de produções que ela contém. Isto normalmente ocasiona tabelas menores. Por exemplo, na gramática de expressão clássica, a distinção entre um número e um identificador é irrelevante para as produções *Alvo*, *Expr*, *Termo* e *Fator*. A substituição das duas produções *Fator* → num e *Fator* → nome por uma única produção *Fator* → val encolhe a gramática em uma produção. Na tabela Action, cada símbolo terminal tem sua própria coluna. Transformar num e nome em um único símbolo, val, remove uma coluna da tabela Action. Para que isto funcione na prática, o scanner precisa retornar a mesma categoria sintática, ou palavra, para num e nome.

Argumentos semelhantes podem ser dados para a combinação de × e ÷ em um único terminal muldiv, e para a combinação de + e - em um único terminal addsub. Cada uma dessas substituições remove um símbolo terminal e uma produção. Essas três mudanças produzem a gramática de expressão reduzida mostrada na Figura 3.33a, que gera um *CC* menor, removendo linhas da tabela. Por ter menos símbolos terminais, ela também tem menos colunas.

As tabelas Action e Goto resultantes aparecem na Figura 3.33b. A tabela Action contém 132 entradas, e a tabela Goto, 66, gerando um total de 198 entradas. Isto se compara favoravelmente com as tabelas para a gramática original, com suas 384 entradas. A mudança da gramática produziu uma redução de 48% no tamanho da tabela. As tabelas ainda contêm oportunidades para mais reduções. Por exemplo, as linhas 0, 6 e 7 na tabela Action são idênticas, assim como as linhas 4, 11, 15 e 17. De modo semelhante, a tabela Goto tem muitas linhas que só possuem a entrada de erro. Se o tamanho da tabela for um problema sério, linhas e colunas podem ser combinadas depois de encurtar a gramática.

Outras considerações podem limitar a capacidade do construtor de compiladores em combinar produções. Por exemplo, o operador × poderia ter tantos usos que tornassem sua combinação com ÷ impraticável. De modo semelhante, o parser poderia usar produções distintas para permitir tratar duas construções sintaticamente semelhantes de maneiras diferentes.

Codificação direta da tabela

Como melhoria final, o gerador de parser pode abandonar o esqueleto de parser dirigido por tabela em favor de uma implementação rigidamente codificada. Cada estado se torna um pequeno comando case ou uma coleção de comandos if-then-else que testam o tipo do próximo símbolo e geram ações shift, reduce, accept, ou informam um erro. O conteúdo inteiro das tabelas Action e Goto pode ser assim codificado. (Uma transformação semelhante para scanners é discutida na Seção 2.5.2.)

O parser resultante evita a representação direta de todos os estados "não se preocupe" nas tabelas Action e Goto, mostrados como espaços em branco nas figuras. Essas economias de espaço podem ser contrabalançadas pelo código de maior tamanho, pois cada estado agora inclui mais código. O novo parser, porém, não possui tabela de análise, não realiza pesquisas em tabela e nem tem o laço externo encontrado no esqueleto de parser. Embora sua estrutura o torne quase ilegível para pessoas, ele deve

1	Alvo	→	Expr
2	Expr	→	Expr addsub Termo
3		|	Termo
4	Termo	→	Termo muldiv Fator
5		|	Fator
6	Fator	→	(Expr)
7		|	val

(a) A gramática de expressão reduzida

	\multicolumn{6}{c}{Tabela Action}	\multicolumn{3}{c}{Tabela Goto}
	eof	addsub	muldiv	(	)	val	Expr	Termo	Fator
0				s4		s5	1	2	3
1	acc	s6							
2	r3	r3	s7						
3	r5	r5	r5						
4				s11		s12	8	9	10
5	r7	r7	r7						
6				s4		s5		13	3
7				s4		s5			14
8		s15			s16				
9		r3	s17		r3				
10		r5	r5		r5				
11				s11		s12	18	9	10
12		r7	r7		r7				
13	r2	r2	s7						
14	r4	r4	r4						
15				s11		s12		19	10
16	r6	r6	r6						
17				s11		s12			20
18		s15			s21				
19		r2	s17		r2				
20		r4	r4		r4				
21		r6	r6		r6				

(b) Tabelas Action e Goto para a gramática de expressão reduzida

■ **FIGURA 3.33** Gramática de expressão reduzida e suas tabelas.

executar mais rápido do que o parser correspondente, dirigido por tabela. Com técnicas de layout de código apropriadas, o parser resultante pode exibir localidade forte tanto na cache de instruções como no sistema de paginação. Por exemplo, devemos colocar todas as rotinas para a gramática de expressão juntas em uma única página, na qual não possam entrar em conflito umas com as outras.

Uso de outros algoritmos de construção

Existem vários outros algoritmos para construir parsers no estilo LR. Entre estas técnicas estão a construção SLR(1), de Simple LR(1), e a construção LALR(1), de LookAhead LR(1). Ambas produzem tabelas menores do que o algoritmo LR(1) canônico.

O algoritmo SLR(1) aceita uma classe menor de gramáticas do que a construção LR(1) canônica. Essas gramáticas são restritas, de modo que os símbolos de antecipação nos itens LR(1) não são necessários. O algoritmo utiliza conjuntos FOLLOW para distinguir entre os casos em que o parser deve usar a ação shift e aqueles em que deve usar reduce. Este mecanismo é poderoso o suficiente para resolver muitas gramáticas de interesse prático. Usando os conjuntos FOLLOW, o algoritmo elimina a necessidade de símbolos de antecipação, produzindo uma coleção canônica menor e uma tabela com menos linhas.

O algoritmo LALR(1) aproveita a observação de que alguns itens no conjunto representando um estado são críticos e que os restantes podem ser derivados dos itens críticos. A construção de tabela LALR(1) só representa os itens críticos; novamente, isto produz uma coleção canônica que é equivalente àquela produzida pela construção SLR(1). Os detalhes diferem, mas os tamanhos de tabela são os mesmos.

A construção LR(1) canônica apresentada anteriormente neste capítulo é o mais genérico desses algoritmos de construção de tabela. Ela produz as maiores tabelas, mas aceita a maior classe de gramáticas. Com técnicas apropriadas de redução de tabela, as tabelas LR(1) podem se aproximar em tamanho daquelas produzidas por técnicas mais limitadas. Porém, em um resultado ligeiramente contraintuitivo, qualquer linguagem que tenha uma gramática LR(1) também tem uma gramática LALR(1) e uma gramática SLR(1). As gramáticas para essas formas mais restritivas serão modeladas de modo a permitir a seus respectivos algoritmos de construção distinguir as situações em que o parser deve efetuar um deslocamento (shift) daquelas em que ele deve efetuar uma redução (reduce).

3.7 RESUMO E PERSPECTIVA

Quase todo compilador contém um parser. Por muitos anos, a análise sintática foi um assunto de grande interesse, o que levou ao desenvolvimento de muitas técnicas diferentes para a criação de parsers eficientes. A família de gramáticas LR(1) inclui todas as gramáticas livres de contexto que podem ser analisadas de modo determinístico. As ferramentas produzem parsers eficientes com propriedades provavamente fortes de detecção de erros. Esta combinação de recursos, junto com a disponibilidade generalizada de geradores de parser para gramáticas LR(1), LALR(1) e SLR(1), diminuiu o interesse em outras técnicas de análise sintática automáticas, como parsers de precedência de operador.

Os parsers de descida recursiva têm seu próprio conjunto de vantagens. Eles são, comprovadamente, os parsers codificados à mão mais fáceis de construir, e oferecem excelentes oportunidades para detectar e reparar erros de sintaxe, além de eficientes. De fato, um parser de descida recursiva pode ser mais rápido que um parser LR(1) dirigido por tabela. {O esquema de codificação direta para LR(1) pode superar esta vantagem de velocidade.} Em um parser de descida recursiva, o construtor de compiladores pode contornar com mais facilidade as ambiguidades na linguagem fonte que poderiam causar problemas para um parser LR(1) — como em uma linguagem em que os nomes de palavra-chave podem aparecer como identificadores. Um construtor de compiladores que queira construir um parser codificado à mão, por qualquer motivo, é aconselhado a usar o método de descida recursiva.

Entre gramáticas LR(1) e LL(1), a escolha recai nas ferramentas disponíveis. Na prática, poucas, ou nenhuma, construções de linguagem de programação caem na lacuna entre as gramáticas LR(1) e LL(1). Assim, começar com um gerador de parser disponível é sempre melhor do que implementar um a partir do zero.

Também existem algoritmos de análise sintática mais genéricos. Na prática, porém, as restrições impostas sobre gramáticas livres de contexto pelas classes LR(1) e LL(1) não causam problemas para a maioria das linguagens de programação.

NOTAS DO CAPÍTULO

Os compiladores mais antigos usavam parsers codificados à mão [27, 227, 314]. A riqueza sintática do Algol 60 desafiou os primeiros construtores de compilador, que tentaram diversos esquemas para analisar a linguagem sintaticamente. Randell e Russell oferecem uma visão geral fascinante dos métodos utilizados em uma série de compiladores Algol 60 [293, Capítulo 1].

Irons foi um dos primeiros a separar a noção de sintaxe da tradução [202]. Lucas parece ter introduzido a noção de análise sintática de descida recursiva [255]. Conway aplica ideias semelhantes a um compilador eficiente de passo único para COBOL [96].

As ideias por trás da análise sintática LL e LR apareceram na década de 1960. Lewis e Stearns introduziram as gramáticas LL(k) [245]; Rosenkrantz e Stearns descreveram suas propriedades com mais profundidade [305]. Foster desenvolveu um algoritmo para transformar uma gramática para o formato LL(1) [151]. Wood formalizou a noção de fatoração à esquerda de uma gramática e explorou as questões teóricas envolvidas na transformação de uma gramática para o formato LL(1) [353, 354, 355].

Knuth estabeleceu a teoria por trás da análise LR(1) [228]. DeRemer *et al.* desenvolveram técnicas, os algoritmos de construção de tabela SLR e LALR, que tornaram o uso de geradores de parser LR prático nos computadores com memória limitada da época [121, 122]. Waite e Goos descrevem uma técnica para eliminar automaticamente produções inúteis durante o algoritmo de construção de tabela LR(1) [339]. Penello sugeriu a codificação direta das tabelas para código executável [282]. Aho e Ullman [8] são uma referência definitiva sobre as análises sintáticas LL e LR. Bill Waite forneceu a gramática de exemplo no Exercício 3.7.

Diversos algoritmos para a análise de gramáticas livres de contexto arbitrárias apareceram na década de 1960 e no início dos anos 1970. Os algoritmos de Cocke e Schwartz [91], Younger [358], Kasami [212] e Earley [135] tinham todos complexidade computacional semelhante. O algoritmo de Earley merece uma observação especial, devido à sua semelhança com o algoritmo de construção de tabela LR(1); ele deriva o conjunto de estados de análise possíveis em tempo de análise, ao invés de em tempo de execução, onde as técnicas LR(1) pré-calculam esses estados em um gerador de parser. Numa visão de alto nível, os algoritmos LR(1) parecem ser uma otimização natural do algoritmo de Earley.

EXERCÍCIOS

Seção 3.2

1. Escreva uma gramática livre de contexto para a sintaxe de expressões regulares.
2. Escreva uma gramática livre de contexto para a notação no formato Backus-Naur (BNF) para gramáticas livres de contexto.
3. Quando perguntados sobre a definição de uma *gramática livre de contexto não ambígua* em um exame, dois alunos deram respostas diferentes. O primeiro a definiu como "uma gramática na qual cada sentença tem uma única árvore sintática por derivação mais à esquerda". O segundo, "uma gramática na qual cada sentença tem uma única árvore sintática por qualquer derivação". Qual deles está correto?

Seção 3.3

4. A gramática a seguir não é adequada para um parser preditivo *top-down*. Identifique o problema e o corrija, reescrevendo a gramática. Mostre que sua nova gramática satisfaz à condição LL(1).

5. Considere a seguinte gramática:

Esta gramática satisfaz à condição LL(1)? Justifique sua resposta. Se não, reescreva-a como uma gramática LL(1) para a mesma linguagem.

6. As gramáticas que podem ser analisadas de forma descendente *(top-down)*, em uma varredura linear da esquerda para a direita, com uma antecipação de k palavras são chamadas gramáticas LL(k). No texto, a condição LL(1) é descrita em termos dos conjuntos FIRST. Como você definiria os conjuntos FIRST necessários para descrever uma condição LL(k)?

7. Suponha que um elevador seja controlado por dois comandos: ↑ para movê-lo um andar acima e ↓ para movê-lo um andar abaixo. Suponha que o prédio tenha um tamanho qualquer e que o elevador comece no andar ×.

   Escreva uma gramática LL(1) que gere sequências de comando arbitrárias que (1) nunca façam que o elevador desça abaixo do andar ×, e (2) sempre retornem o elevador ao andar × ao final da sequência. Por exemplo, ↑↑↓↓ e ↑↓↑↓ são sequências de comando válidas, mas ↑↓↓↑ e ↑↓↓ não são. Por conveniência, você pode considerar uma sequência nula como válida. Prove que a sua gramática é LL(1).

Seção 3.4

8. Os parsers *top-down* e *bottom-up* criam árvores sintáticas em diferentes ordens. Escreva um par de programas, `TopDown` e `BottomUp`, que tomam uma árvore sintática como entrada e imprimem os nós em ordem de construção. `TopDown` deverá exibir a ordem para um parser *top-down*, enquanto `BottomUp`, a ordem para um parser *bottom-up*.

9. A linguagem *SomRelógio* (*SR*) é representada pela seguinte gramática:

Alvo	→	***SomRelógio***
SomRelógio	→	***SomRelógio*** `tique-taque`
	|	`tique-taque`

a. Quais são os itens LR(1) de *SR*?
b. Quais são os conjuntos FIRST de *SR*?
c. Construa a coleção canônica de conjuntos de itens LR(1) para *SR*.
d. Derive as tabelas `Action` e `Goto`.

10. Considere a seguinte gramática:

Início	→	*S*
S	→	*A a*
A	→	*B C*
	|	*B C f*
B	→	*b*
C	→	*c*

a. Construa a coleção canônica de conjuntos de itens LR(1) para esta gramática.
b. Derive as tabelas `Action` e `Goto`.
c. A gramática é LR(1)?

11. Considere um braço de robô que aceite dois comandos: ∇ coloca uma maçã na bolsa e Δ tira uma maçã da bolsa. Suponha que o braço do robô comece com uma bolsa vazia.
Uma sequência de comando válida para o braço do robô não deve ter prefixo que contenha mais comandos Δ do que ∇. Como exemplos, ∇∇ΔΔ e ∇Δ∇ são sequências de comando válidas, mas ∇ΔΔ∇ e ∇Δ∇ΔΔ não são.
a. Escreva uma gramática LR(1) que represente todas as sequências de comando de valor para o braço do robô.
b. Prove que a gramática é LR(1).

12. A gramática a seguir não possui uma equivalente LL(1) conhecida:

0	***Início***	→	***A***
1		|	***B***
2	***A***	→	(***A***)
3		|	a
4	***B***	→	(***B*** ≥
5		|	b

Mostre que a gramática é LR(1).

Seção 3.6

13. Escreva uma gramática para expressões que possam incluir operadores binários (+ e ×), menos unário (-), autoincremento (++) e autodecremento (- -) com sua precedência normal. Suponha que os menos unários repetidos não sejam permitidos, mas sim os operadores de autoincremento e autodecremento repetidos.

Seção 3.7

14. Considere a tarefa de construir um parser para a linguagem de programação Scheme. Compare o esforço exigido para um parser de descida recursiva com o que é necessário para um parser LR(1) dirigido por tabela. {Suponha que você já tenha um gerador de tabela LR(1)}

15. O capítulo descreve uma técnica manual para eliminar produções inúteis em uma gramática.

    a. Você conseguiria modificar o algoritmo de construção de tabela LR(1) de modo que ele automaticamente elimine os encargos (*overhead*) de produções inúteis?

    b. Embora uma produção seja sintaticamente inútil, ela pode servir para uma finalidade prática. Por exemplo, o construtor de compiladores poderia associar uma ação dirigida pela sintaxe (ver Capítulo 4) com a produção inútil. Como seu algoritmo de construção de tabela modificado deverá lidar com uma ação associada a uma produção inútil?

Capítulo 4

Análise sensível ao contexto

VISÃO GERAL DO CAPÍTULO

Um programa de entrada gramaticalmente correto ainda pode conter sérios erros que impediriam a compilação. Para detectá-los, um compilador realiza outro nível de verificação que envolve a consideração de cada comando em seu contexto real. Essas verificações encontram erros de tipo e de concordância.

Este capítulo introduz duas técnicas para a verificação sensível ao contexto. As gramáticas de atributo são um formalismo funcional para especificar a computação sensível ao contexto. A tradução *ad hoc* dirigida pela sintaxe oferece um framework simples no qual o construtor de compiladores pode pendurar trechos de código quaisquer para realizar essas verificações.

Palavras-chave: Elaboração semântica, Verificação de tipo, Gramáticas de atributo, Tradução *ad hoc* dirigida pela sintaxe

4.1 INTRODUÇÃO

A tarefa final do compilador é traduzir o programa de entrada para um formato que possa ser executado diretamente na máquina-alvo. Para esta finalidade, ele precisa de conhecimento sobre o programa de entrada que vai bem além da sintaxe. O compilador precisa acumular uma grande base de conhecimento sobre a computação detalhada que está codificada no programa de entrada; saber quais valores são representados, onde residem e como fluem de um nome para outro; entender a estrutura da computação e analisar como o programa interage com arquivos e dispositivos externos. Tudo isto pode ser derivado do código-fonte, usando conhecimento contextual. Assim, o compilador precisa realizar uma análise mais profunda, que é típica para um scanner ou um parser.

Esses tipos de análise são, ou realizados ao longo da análise sintática, ou em um passo posterior que percorre a IR produzida pelo parser. Chamamos esta análise de "análise sensível ao contexto", para diferenciá-la da análise sintática, ou de "elaboração semântica", pois elabora a IR. Este capítulo explora duas técnicas para organizar este tipo de análise em um compilador: uma abordagem automatizada com base nas gramáticas de atributo, e uma abordagem *ad hoc*, que se baseia em conceitos semelhantes.

Roteiro conceitual

Para acumular o conhecimento contextual necessário para tradução adicional, o compilador precisa desenvolver meios para visualizar o programa que não sejam pela sintaxe. Ele usa abstrações que representam algum aspecto do código, como um sistema de tipos, um mapa de armazenamento ou um grafo de fluxo de controle. Ele precisa entender o espaço de nomes do programa: os tipos de dados representados no programa, os tipos de dados que podem ser associados a cada nome e cada expressão, e o mapeamento desde o aparecimento de um nome no código até a ocorrência específica desse nome; e entender o fluxo de controle, tanto dentro dos procedimentos quanto entre os procedimentos. O compilador terá uma abstração para cada uma dessas categorias de conhecimento.

Este capítulo concentra-se nos mecanismos que os compiladores utilizam para obter conhecimento sensível ao contexto. Apresenta, ainda, uma das abstrações que o compilador manipula durante a elaboração semântica, o sistema de tipos. (Outras serão introduzidas em capítulos posteriores.) E, em seguida, apresenta um método automático com bons princípios para implementar essas computações na forma de *gramáticas de atributo*. Depois, apresenta a técnica mais utilizada, *tradução ad hoc dirigida pela sintaxe*, e compara os pontos fortes e fracos dessas duas ferramentas. A seção de tópicos avançados inclui breves descrições de situações que apresentam problemas mais difíceis na inferência de tipo, junto com um exemplo final de tradução *ad hoc* dirigida pela sintaxe.

Visão geral

Considere um único nome usado no programa sendo compilado; vamos chamá-lo de x. Antes que o compilador possa emitir um código executável na máquina-alvo para as computações envolvendo x, ele precisa ter respostas para muitas perguntas.

- *Que tipo de valor está armazenado em* x*?* As linguagens de programação modernas usam diversos tipos de dados, incluindo números, caracteres, valores booleanos, ponteiros para outros objetos, conjuntos (como {red, yellow, green}) e outros. A maioria das linguagens inclui objetos compostos que agregam valores individuais; estes incluem arrays, estruturas, conjuntos e strings.

- *Qual é o tamanho de* x*?* Como o compilador precisa manipular *x*, ele precisa saber o tamanho da representação de *x* na máquina-alvo. Se *x* for um número, ele poderia ocupar uma palavra (um inteiro ou número de ponto flutuante), duas palavras (um número de ponto flutuante de precisão dupla ou um número complexo) ou quatro palavras (um número de ponto flutuante com precisão quádrupla ou um número complexo com precisão dupla). Para arrays e strings, o número de elementos poderia ser fixado em tempo de compilação ou ser determinado em tempo de execução (runtime).

- *Se* x *é um procedimento, que argumentos ele utiliza? Que tipo de valor, se houver, ele retorna?* Antes que o compilador possa gerar código para chamar um procedimento, precisa saber quantos argumentos o código para o procedimento chamado espera, onde imagina encontrar esses argumentos e que tipo de valor espera de cada argumento. Se o procedimento retorna um valor, onde a rotina que chama o encontrará, e que tipo de dado ele será? (O compilador precisa garantir que o procedimento que chama, use o valor de maneira coerente e segura. Se o procedimento que chama, pressupõe que o valor de retorno é um ponteiro que ele pode seguir para encontrar o valor apontado, e o procedimento chamado retornar uma string de caracteres qualquer, os resultados podem não ser previsíveis, seguros ou coerentes.)

- *Por quanto tempo o valor de* x *deve ser preservado?* O compilador precisa garantir que o valor de *x* permanece acessível para qualquer parte da computação que possa legalmente referenciá-lo. Se *x* for uma variável local em Pascal, o compilador pode facilmente superestimar seu tempo de vida preservando seu valor pela duração do procedimento que declara *x*. Se *x* for uma variável global que possa ser referenciada em qualquer lugar, ou um elemento de uma estrutura alocada explicitamente pelo programa, o compilador pode ter certa dificuldade para determinar seu tempo de vida. O compilador sempre poderá preservar o valor de *x* por toda a computação; porém, informações mais precisas sobre o tempo de vida de *x* poderiam permitir que o compilador reutilizasse seu espaço para outros valores com tempos de vida não conflitantes.

- *Quem é responsável por alocar espaço para* x *(e inicializá-lo)?* O espaço é alocado para *x* implicitamente ou o programa aloca o espaço explicitamente para ele? Se a alocação é explícita, então o compilador precisa assumir que o endereço de *x* não pode ser conhecido até que o programa seja executado. Se, por outro lado, o compilador alocar espaço para *x* em uma das estruturas de dados que ele gerencia, então ele sabe mais sobre o endereço de *x*. Esse conhecimento pode permitir que ele gere um código mais eficiente.

O compilador precisa obter as respostas para essas perguntas, e de outras, a partir do programa fonte e das regras da linguagem-fonte. Em uma linguagem tipo Algol, como Pascal ou C, a maior parte dessas perguntas pode ser respondida examinando-se as declarações para *x*. Se a linguagem não possui declarações, como em APL, o compilador precisa obter esse tipo de informação analisando o programa ou deve gerar código que possa tratar qualquer caso que possa surgir.

Muitas dessas perguntas (se não todas) estão fora da sintaxe livre de contexto da linguagem-fonte. Por exemplo, as árvores sintáticas para x ← y e x ← z diferem apenas no texto do nome no lado direito da atribuição. Se x e y são inteiros, enquanto z é uma string de caracteres, o compilador pode ter que emitir um código diferente para x ← y do que emite para x ← z. Para distinguir entre esses casos, ele precisa se aprofundar no significado do programa. As análises léxica e sintática lidam unicamente com a forma do programa; a análise de significado está no âmbito da análise sensível ao contexto.

Para ver essa diferença entre sintaxe e significado mais claramente, considere a estrutura de um programa na maioria das linguagens tipo Algol. Essas linguagens exigem que cada variável seja declarada antes de ser usada e que cada uso de uma variável seja coerente com sua declaração. O construtor de compiladores pode estruturar a sintaxe para garantir que todas as declarações ocorram antes de qualquer comando executável. Uma produção como

$$CorpoProcedimento \rightarrow Declarações\ CódigoExecutável$$

na qual os não terminais possuem os significados óbvios, garante que todas as declarações ocorrerão antes de quaisquer comandos executáveis. Esta restrição sintática não faz nada para verificar a regra mais profunda — que o programa realmente declare cada variável antes do seu primeiro uso em um comando executável. E também não fornece um modo óbvio de lidar com a regra em C + + que exige a declaração antes do uso para algumas categorias de variáveis, mas permite que o programador misture declarações e comandos executáveis.

Impor a regra "declarar antes de usar" exige um nível de conhecimento mais profundo do que pode ser codificado na gramática livre de contexto. Esta gramática lida com categorias sintáticas ao invés de palavras específicas. Assim, ela pode especificar as posições em uma expressão na qual um nome de variável pode ocorrer. O parser pode reconhecer que a gramática permite que um nome de variável ocorra, e dizer que ele ocorreu. Porém, a gramática não tem como corresponder uma ocorrência de um nome de variável com outra; isto exigiria que a gramática especificasse um nível de análise muito mais profundo — uma análise que possa considerar o contexto e possa examinar e manipular informações em um nível mais profundo do que a sintaxe livre de contexto.

Para resolver esse problema, o compilador normalmente cria uma tabela de nomes. Ele insere um nome na declaração; e pesquisa o nome a cada referência. Uma falha na pesquisa indica a falta de uma declaração. Essa solução *ad hoc* exige muito do parser, mas utiliza mecanismos que estão bem fora do escopo das linguagens livres de contexto.

4.2 INTRODUÇÃO AOS SISTEMAS DE TIPO

A maior parte das linguagens de programação associa uma coleção de propriedades a cada valor de dados. Chamamos esta coleção de propriedades de *tipo* do valor. O tipo especifica um conjunto de propriedades mantidas em comum por todos os valores desse tipo. Os tipos podem ser especificados por uma condição de pertinência; por exemplo, um *integer* poderia ser qualquer número inteiro *i* pertencente ao intervalo $-2^{31} \leq i < 2^{31}$; ou, red poderia ser um valor em um tipo enumerado colors, definido como o conjunto {red, orange, yellow, green, blue, brown, black, white}. Os tipos podem, ainda, ser especificados por regras; por exemplo, a declaração de uma estrutura em C define um tipo. Neste caso, o tipo inclui qualquer objeto com os campos declarados na ordem declarada; os campos individuais possuem tipos que especificam os intervalos de valores permitidos e sua interpretação. (Representamos o tipo de uma estrutura como o produto dos tipos de seus campos constituintes, em ordem.) Alguns tipos são predefinidos por uma linguagem de programação; outros são construídos pelo programador. O conjunto de tipos em uma linguagem de programação, junto com as regras que utilizam tipos para especificar o comportamento do programa, são chamados, coletivamente, um *sistema de tipos*.

4.2.1 A finalidade dos sistemas de tipos

Os projetistas de linguagens de programação introduzem sistemas de *tipos* de modo que possam especificar o comportamento do programa em um nível mais preciso do que é possível em uma gramática livre de contexto. O sistema de tipos cria um segundo vocabulário para descrever a forma e o comportamento dos programas válidos. A análise de um programa do ponto de vista do seu sistema de tipos gera informações que não podem ser obtidas usando as técnicas de análises léxica e sintática. Em um compilador, essa informação normalmente é usada para três finalidades distintas: segurança, expressividade e eficiência de execução.

A garantia da segurança em tempo de execução

Um sistema de tipos bem projetado ajuda o compilador a detectar e evitar erros de execução. Este sistema deve garantir que os programas sejam bem comportados — ou seja, o compilador e o sistema de runtime podem identificar todos os programas malformados antes que executem uma operação que cause um erro de execução. Na verdade, o sistema de tipos não consegue capturar todos os programas malformados; o conjunto de programas malformados não é computável. Alguns erros de runtime, como a desreferenciação[1] de um ponteiro fora dos limites, têm efeitos óbvios (e normalmente catastróficos). Outros, como a interpretação equivocada de um inteiro como um número de ponto flutuante, podem ter efeitos sutis e acumulativos. O compilador deve eliminar o máximo de erros de runtime que puder, usando as técnicas de verificação de tipos.

Para conseguir isto, o compilador deve, primeiro, inferir um tipo para cada expressão. Esses tipos inferidos expõem situações em que um valor é incorretamente interpretado, como usar um número de ponto flutuante no lugar de um valor booleano. Segundo, precisa verificar os tipos dos operandos de cada operador em relação às regras que definem o que a linguagem permite. Em alguns casos, essas regras podem exigir que o compilador converta valores de uma representação para outra. Em outros, podem proibir tal conversão e simplesmente declarar que o programa está malformado, e, portanto, não é executável.

Em muitas linguagens, o compilador pode inferir um tipo para cada expressão. FORTRAN 77 tem um sistema de tipos particularmente simples com apenas alguns poucos tipos. A Figura 4.1 mostra todos os casos que podem surgir para o operador +. Dada uma expressão a + b e os tipos de a e b, a tabela especifica o tipo de a + b. Para um inteiro a e um b de precisão dupla, a + b produz um resultado de precisão dupla. Se, ao invés disso, a fosse complexo, a + b seria ilegal. O compilador detectaria essa

---

[1]Desreferenciação — Operação que corresponde a obter o valor apontado por um ponteiro.

Tipo
Categoria abstrata que especifica propriedades mantidas em comum por todos os seus membros.

Tipos comuns incluem *integer*, *list* e *character*.

Inferência de tipos
Processo de determinar um tipo para cada nome e cada expressão no código.

+	integer	real	double	complex
integer	integer	real	double	complex
real	real	real	double	complex
double	double	double	double	*ilegal*
complex	complex	complex	*ilegal*	complex

■ **FIGURA 4.1** Tipos de resultado para a adição em FORTRAN 77.

situação e a informaria antes que o programa fosse executado — um exemplo simples de segurança de tipos.

A alternativa é exigir que o programador escreva uma *conversão explícita* (conhecida como *cast*).

Conversão implícita
Muitas linguagens especificam regras que permitem que um operador combine valores de tipos diferentes e exigem que o compilador insira conversões conforme a necessidade.

Para algumas linguagens, o compilador não pode inferir os tipos para todas as expressões. APL, por exemplo, não possui declarações, permite que o tipo de uma variável mude em qualquer atribuição e que o usuário entre com um código qualquer nas requisições (*prompts*) de entrada. Embora isto torna a APL poderosa e expressiva, exige que a implementação realize alguma quantidade de inferência e verificação de tipo em tempo de execução. A alternativa, naturalmente, é considerar que o programa se comporta bem e ignorar esta verificação. Em geral, isto leva a um mau comportamento e o programa é malsucedido. Em APL, muitos dos recursos avançados dependem bastante da disponibilidade da informação de tipo e dimensão.

A segurança é um forte motivo para usar linguagens tipadas. Uma implementação de linguagem que garanta capturar a maioria dos erros relacionados a tipo antes que sejam executados pode simplificar o projeto e a implementação dos programas. Uma linguagem em que cada expressão pode receber um tipo não ambíguo é chamada *fortemente tipada*. Se cada expressão pode ser tipada em tempo de compilação, a linguagem é *estaticamente tipada*; se algumas expressões só podem ser tipadas em tempo de execução, a linguagem é *dinamicamente tipada*. Existem outras duas alternativas: uma linguagem *não tipada*, como o código assembly ou BCPL, e uma *fracamente tipada* — com um sistema de tipos fraco.

A melhoria da expressividade

Um sistema de tipo bem construído permite que o projetista da linguagem especifique o comportamento com mais precisão do que é possível com regras livres de contexto. Esta capacidade permite que o projetista inclua recursos que seriam impossíveis de especificar em uma gramática livre de contexto. Um exemplo excelente é a *sobrecarga de operador*, que dá significados dependentes do contexto a um operador. Muitas linguagens de programação usam + para indicar vários tipos de adição. A interpretação de + depende dos tipos de seus operandos. Em linguagens tipadas, muitos operadores são sobrecarregados. A alternativa, em uma linguagem não tipada, é fornecer operadores lexicamente diferentes para cada caso.

Sobrecarga de operador
Um operador que tem significados diferentes com base nos tipos dos seus argumentos está "sobrecarregado".

Por exemplo, em BCPL, o único tipo é uma "célula". Uma célula pode conter qualquer padrão de bits; a interpretação desse padrão de bits é determinado pelo operador aplicado à célula. Como as células são basicamente não tipadas, os operadores não podem ser sobrecarregados. Assim, BCPL usa + para adição de inteiros e #+ para adição de ponto flutuante. Dadas duas células a e b, tanto a + b quanto a #+ b são expressões válidas, e nenhuma delas realiza qualquer conversão em seus operandos.

Em contraste, até mesmo as linguagens tipadas mais antigas utilizam sobrecarga para especificar comportamento complexo. Conforme descrevemos na seção anterior, FORTRAN tem um único operador de adição, +, e usa a informação de tipo para determinar como ele deve ser implementado. ANSI C usa protótipos de função — declarações do número e tipo dos parâmetros de uma função e o tipo do seu valor retornado — para converter argumentos para os tipos apropriados. A informação de tipo determina o efeito do autoincremento de um ponteiro em C; a quantidade de incremento é determinada pelo tipo do ponteiro. As linguagens orientadas a objeto usam a informação de tipo para selecionar a implementação apropriada em cada chamada de procedimento. Por exemplo, Java seleciona entre um construtor padrão (*default*) e um especializado, examinando a lista de argumentos do construtor.

A geração de um código melhor

Um sistema de tipos bem projetado oferece ao compilador informações detalhadas sobre cada expressão no programa — informações que normalmente podem ser usadas para produzir traduções mais eficientes. Considere a implementação da adição em FORTRAN 77. O compilador pode determinar completamente os tipos de todas as expressões, de modo que pode consultar uma tabela semelhante à que aparece na Figura 4.2. O código à direita mostra a operação ILOC para a adição, junto com as conversões especificadas no padrão FORTRAN para cada expressão de tipos misturados. A tabela completa incluiria todos os casos da Figura 4.1.

Em uma linguagem com tipos que não podem ser totalmente determinados em tempo de compilação, parte desta verificação deve ser adiada até o tempo de execução. Para conseguir isto, o compilador precisa emitir um código semelhante ao pseudocódigo na Figura 4.3. A figura só mostra o código para dois tipos numéricos, inteiro e real.

Tipo de			Código
a	b	a + b	
integer	integer	integer	iADD r_a, r_b $\Rightarrow$ r_{a+b}
integer	real	real	i2f f_a $\Rightarrow$ r_{af}
			fADD r_{af}, r_b $\Rightarrow$ r_{af+b}
integer	double	double	i2d r_a $\Rightarrow$ r_{ad}
			dADD r_{ad}, r_b $\Rightarrow$ r_{ad+b}
real	real	real	fADD r_a, r_b $\Rightarrow$ r_{a+b}
real	double	double	r2d r_a $\Rightarrow$ r_{ad}
			dADD r_{ad}, r_b $\Rightarrow$ r_{ad+b}
double	double	double	dADD r_a, r_b $\Rightarrow$ r_{a+b}

■ **FIGURA 4.2** Implementação da adição em FORTRAN 77.

```
        // código parcial para "a+b ⇒ c"
        if (tag(a) = integer) then
            if (tag(b) = integer) then
                value(c) = value(a) + value(b);
                tag(c) = integer;
            else if (tag(b) = real) then
                temp = ConvertToReal(a);
                value(c) = temp + value(b);
                tag(c) = real;
            else if (tag(b) = . . . ) then
                // tratar todos os outros tipos . . .
            else
                sinalizar falha de tipo em runtime
        else if (tag(a) = real) then
            if (tag(b) = integer) then
                temp = ConvertToReal(b);
                value(c) = value(a) + temp;
                tag(c) = real;
            else if (tag(b) = real) then
                value(c) = value(a) + value(b);
                tag(c) = real;
            else if (tag(b) = . . . ) then
                // tratar todos os outros tipos. . .
            else
                sinalizar falha de tipo em runtime
        else if (tag(a) = . . . ) then
            // tratar todos os outros tipos . . .
        else
            sinalizar valor de tag ilegal;
```

■ **FIGURA 4.3** Esquema para implementar adição com verificação de tipo em tempo de execução.

Uma implementação realista precisaria abranger todo o conjunto de possibilidades. Embora esta técnica garanta a segurança em tempo de execução, acrescenta um overhead significativo a cada operação. Um dos objetivos da verificação em tempo de compilação é oferecer tal segurança sem o custo em tempo de execução (custo de runtime).

Observe que a verificação de tipo em tempo de execução exige uma representação de runtime para o tipo. Assim, cada variável tem um campo de valor e um de tag. O código que realiza a verificação em runtime — a estrutura if-then-else aninhada na Figura 4.3 — conta com os campos de tag, enquanto a aritmética usa os campos de valor. Com tags, cada item de dados precisa de mais espaço, ou seja, mais bytes na memória. Se uma variável é armazenada em um registrador, tanto seu valor quanto seu tag precisarão de registradores. Finalmente, as tags precisam ser inicializadas, lidas, comparadas e escritas em runtime. Todas essas atividades aumentam o overhead para uma simples operação de adição.

> O benefício de manter *x* em um registrador vem da velocidade de acesso. Se a tag de *x* estiver na RAM, este benefício se perde.
> Uma alternativa é usar parte do espaço em *x* para armazenar a tag e reduzir o intervalo de valores que *x* pode conter.

Esta verificação de tipo impõe um grande overhead sobre a aritmética simples e sobre outras operações que manipulam dados. A substituição de uma única adição, ou uma conversão e uma adição, pelo aninhamento de código if-then-else da Figura 4.3 tem impacto significativo sobre o desempenho. O tamanho do código na Figura 4.3 sugere fortemente que operadores, como adição, sejam implementados como procedimentos, e que cada ocorrência de um operador seja tratada como uma chamada de procedimento. Em uma linguagem que exija verificação de tipo em runtime, os custos desta verificação podem facilmente superar os custos das operações reais.

A realização de inferência e verificação de tipo em tempo de compilação eliminam este tipo de overhead, e podem substituir o código complexo da Figura 4.3 pelo código rápido e compacto da Figura 4.2. Sob o ponto de vista do desempenho, a verificação de tipo em tempo de compilação é *sempre* preferível. Porém, o projeto da linguagem determina se isto é possível ou não.

Verificação de tipo

Para evitar o overhead da verificação de tipo em tempo de execução, o compilador precisa analisar o programa e atribuir um tipo a cada nome e a cada expressão, e, ainda verificar esses tipos para garantir que sejam usados em contextos nos quais sejam válidos. Juntas, essas atividades normalmente são chamadas de *verificação de tipo*. Este não é um nome apropriado, pois trata juntas as atividades distintas de inferência de tipo e identificação de erros relacionados ao tipo.

O programador deve entender como a verificação de tipo é realizada em determinada linguagem e compilador. Uma linguagem fortemente tipada, estaticamente verificável, pode ser implementada com (ou sem) verificação em tempo de execução. Uma linguagem não tipada pode ser implementada de um modo que capture certos tipos de erros. Tanto ML quanto Modula-3 são bons exemplos de linguagens fortemente tipadas que podem ser estaticamente verificadas. Common Lisp tem um sistema de tipos forte, que deve ser verificado dinamicamente. ANSI C é uma linguagem tipada, mas algumas implementações realizam um trabalho fraco de identificação de erros de tipo.

A teoria por trás dos sistemas de tipos abrange um corpo de conhecimento grande e complexo. Esta seção fornece uma visão geral desses sistemas de tipos e introduz alguns problemas simples na verificação de tipo. As seções subsequentes usam problemas simples de inferência de tipo como exemplos de computações sensíveis ao contexto.

4.2.2 Componentes de um sistema de tipo

Um sistema de tipo para uma linguagem moderna típica tem quatro componentes principais: um conjunto de tipos básicos, ou tipos embutidos; regras para construir novos tipos a partir dos existentes; um método para determinar se dois tipos são equivalentes ou compatíveis; e regras para inferir o tipo de cada expressão da linguagem-fonte. Muitas linguagens também incluem regras para a conversão implícita de valores de um tipo para outro com base no contexto. Esta seção descreve cada um destes com mais detalhes, com exemplos de linguagens de programação populares.

Tipos básicos

A maior parte das linguagens de programação inclui tipos básicos para alguns dos (se não todos) seguintes tipos de dados: números, caracteres e booleanos. Estes tipos são admitidos diretamente pela maioria dos processadores. Números normalmente podem ter vários formatos, como inteiros e de ponto flutuante. As linguagens individuais acrescentam outros tipos básicos. Lisp inclui tanto um tipo número racional quanto um tipo recursivo `cons`. Números racionais são, basicamente, pares de inteiros interpretados como frações. Um `cons` é definido como o valor designado `nil` ou como (`cons first rest`), onde first é um objeto, `rest` é um `cons`, e `cons` cria uma lista a partir de seus argumentos.

As definições precisas para os tipos básicos, e os operadores definidos para eles, variam entre as linguagens. Algumas delas refinam esses tipos básicos para criar mais tipos; por exemplo, muitas distinguem entre vários tipos de números em seus sistemas de tipos. Outras não possuem um ou mais desses tipos básicos. Por exemplo, C não possui o tipo string, de modo que os programadores C usam um array de caracteres em seu lugar. Quase todas as linguagens incluem facilidades para construir tipos mais complexos a partir de seus tipos básicos.

Números

Quase todas as linguagens de programação incluem um ou mais tipos de números como tipos básicos. Normalmente, admitem inteiros de intervalo limitado e números reais aproximados, usualmente chamados de *números de ponto flutuante*. Muitas linguagens de programação expõem a implementação de hardware subjacente criando tipos distintos para diferentes implementações de hardware. Por exemplo, C, C + + e Java distinguem entre inteiros com e sem sinal.

FORTRAN, PL/I e C expõem o tamanho dos números. Tanto C quanto FORTRAN especificam o tamanho dos itens de dados em termos relativos. Por exemplo, um `double` em FORTRAN tem o dobro do tamanho de um `real`. As duas linguagens, porém, dão ao compilador o controle sobre o tamanho da menor categoria de número. Ao contrário, declarações PL/I especificam um tamanho em bits. O compilador mapeia esse tamanho desejado para uma das representações do hardware. Assim, a implementação IBM 370 da PL/I mapeava tanto uma variável `fixed binary(12)` quanto uma variável `fixed binary(15)` para um inteiro de 16 bits, enquanto um `fixed binary(31)` tornava-se um inteiro de 32 bits.

Algumas linguagens especificam as implementações em detalhes. Por exemplo, Java define tipos distintos para inteiros com sinal com tamanhos de 8, 16, 32 e 64 bits, que, respectivamente, são `byte`, `short`, `int` e `long`. De modo semelhante, o tipo `float` em Java especifica um número de ponto flutuante IEEE de 32 bits, enquanto seu tipo `double`, um número de ponto flutuante IEEE de 64 bits. Esta técnica garante um comportamento idêntico em arquiteturas diferentes.

Scheme usa uma abordagem diferente. A linguagem define uma hierarquia de tipos numéricos, mas permite que o implementador selecione um subconjunto para dar suporte. Porém, o padrão faz uma distinção cuidadosa entre números exatos e inexatos, e especifica um conjunto de operações que deverá retornar um número exato quando todos os seus argumentos forem exatos. Isto oferece um grau de flexibilidade ao implementador, enquanto lhe permite raciocinar sobre quando e onde a aproximação pode ocorrer.

Caracteres

Muitas linguagens incluem um tipo caractere. De modo abstrato, caractere é uma única letra. Durante anos, devido ao tamanho limitado dos alfabetos ocidentais, isto levou a uma representação de um único byte (8 bits) para os caracteres, normalmente mapeados para o conjunto de caracteres ASCII. Recentemente, mais implementações — tanto de sistema operacional quanto de linguagem de programação — começaram a dar suporte a conjuntos de caracteres maiores, expressos no formato-padrão do Unicode, que exige 16 bits. A maioria das linguagens considera que o conjunto de caracteres é ordenado, de modo que operadores de comparação-padrão, como <, = e >, funcionam intuitivamente, forçando a ordenação lexicográfica. A conversão entre um caractere e um inteiro aparece em algumas linguagens. Poucas outras operações fazem sentido sobre dados de caractere.

Booleanos

A maioria das linguagens de programação inclui um tipo booleano que assume dois valores: `true` (verdadeiro) e `false` (falso). As operações-padrão fornecidas para booleanos incluem `and`, `or`, `xor` e `not`. Os valores booleanos, ou expressões com valor booleano, normalmente são usadas para determinar o fluxo de controle. C considera valores booleanos como uma subfaixa dos inteiros sem sinal, restrita aos valores zero (`false`) e um (`true`).

Tipos compostos e construídos

Embora os tipos básicos de uma linguagem de programação normalmente ofereçam uma abstração adequada dos tipos reais de dados tratados diretamente pelo hardware, frequentemente são inadequados para representar o domínio de informações necessário aos programas. Os programas rotineiramente lidam com estruturas de dados mais complexas, como grafos, árvores, tabelas, arrays, registros, listas e pilhas. Essas estruturas consistem em um ou mais objetos, cada um com seu próprio tipo. A capacidade de construir novos tipos para esses objetos compostos e agregados é um recurso essencial de muitas linguagens de programação, que permite ao programador organizar informações de maneiras novas e específicas ao programa. Unir essa organização ao sistema de tipos melhora a capacidade do compilador de detectar programas malformados, e também permite que a linguagem expresse operações de nível mais alto, como uma atribuição de estrutura inteira.

Veja, por exemplo, o caso da linguagem Lisp, que oferece bastante suporte para a programação com listas. Nela, uma lista é um tipo construído. Uma lista é, ou o valor designado `nil`, ou `(cons first rest)`, onde `first` é um objeto, `rest` é uma lista, e `cons` é um construtor que cria uma lista a partir de seus dois argumentos. Esta implementação Lisp pode verificar cada chamada a `cons` para garantir que seu segundo argumento seja, de fato, uma lista.

Arrays

Arrays estão entre os objetos agregados mais utilizados. Um array agrupa múltiplos objetos do mesmo tipo e oferece um nome distinto a cada um deles — apesar de ser um nome implícito, calculado, ao invés de um explícito, designado pelo programador. A declaração C `int a[100][200];` reserva espaço para $100 \times 200 = 20.000$ inteiros e garante que eles possam ser endereçados usando o nome `a`. As referências `a[1][17]` e `a[2][30]` acessam locais de memória distintos e independentes. A propriedade essencial de um array é que o programa pode computar nomes para cada um de seus elementos usando números (ou algum outro tipo ordenado, discreto) como subscritos.

O suporte para operações sobre arrays varia bastante. FORTRAN 90, PL/I e APL admitem a atribuição de arrays inteiros ou parciais, e, também, a aplicação elemento a elemento de operações aritméticas com arrays. Para os arrays 10×10 `x`, `y` e `z`, indexados de 1 a 10, a instrução `x = y + z` sobrescreveria cada `x[i,j]` como `y[i,j] + z[i,j]` para todo $1 \leq i, j \leq 10$. APL usa a noção de operações com array mais do que na maioria das linguagens, e inclui operadores para produto interno, produto externo e vários tipos de reduções. Por exemplo, a redução de soma de `y`, escrita como `x ← +/y`, atribui a `x` a soma escalar dos elementos de `y`.

Um array pode ser visto como um tipo construído, pois o construímos especificando o tipo dos seus elementos. Assim, um array 10×10 de inteiros tem o tipo *array bidimensional de inteiros*. Algumas linguagens incluem as dimensões do array em seu tipo; assim, um array 10×10 de inteiros tem um tipo diferente de um array 12×12 de inteiros. Isto permite que o compilador capture operações de array em que as dimensões são incompatíveis como um erro de tipo. A maioria das linguagens permite arrays de qualquer tipo básico; algumas linguagens também permitem arrays de tipos construídos.

Strings

Algumas linguagens de programação tratam as strings como um tipo construído. PL/I, por exemplo, tem strings de bits e de caracteres. Propriedades, atributos e operações definidas nesses dois tipos são semelhantes, e são propriedades de uma string. O intervalo de valores permitidos em qualquer posição difere entre uma string de bits e outra de caracteres. Assim, visualizá-los como uma *string de bits* e *string de caracteres* é apropriado. (A maioria das linguagens que admite strings limita o suporte embutido a um único tipo de string — a de caracteres.) Outras linguagens, como C, admitem strings de caracteres tratando-as como arrays de caracteres.

Um verdadeiro tipo string difere de um tipo array de várias maneiras importantes. As operações que fazem sentido em strings, como concatenação, tradução e cálculo do tamanho, podem não ter correspondentes para arrays. Conceitualmente, a comparação de strings deve funcionar a partir da ordem lexicográfica, de modo que `"a" < "boo"` e `"fee" < "fie"`. Os operadores de comparação-padrão podem ser sobrecarregados e usados na forma natural. A implementação da comparação para um array de caracteres sugere uma comparação equivalente para um array de números ou de estruturas, em que a analogia com strings pode não ser mantida. De modo semelhante, o tamanho real de uma string pode diferir do seu tamanho alocado, embora a maioria dos usos de um array utilize todos os elementos alocados.

Tipos enumerados

Muitas linguagens permitem que o programador crie um tipo que contém um conjunto específico de valores constantes. O *tipo enumerado*, introduzido em Pascal, permite que o programador use nomes autodocumentáveis para pequenos conjuntos de constantes. Exemplos clássicos incluem dias da semana e meses. Em sintaxe C, estes poderiam ser:

```
enum DiaSemana {Segunda, Terça, Quarta, Quinta, Sexta, Sábado,
                Domingo};
enum Mês {Janeiro, Fevereiro, Março, Abril, Maio, Junho, Julho,
          Agosto, Setembro, Outubro, Novembro, Dezembro};
```

O compilador mapeia cada elemento de um tipo enumerado para um valor distinto. Os elementos de um tipo enumerado são ordenados, assim, comparações entre elementos do mesmo tipo fazem sentido; por exemplo, Segunda < Terça e Junho < Julho. Operações que comparam diferentes tipos enumerados não fazem sentido — por exemplo, Terça > Setembro e devem produzir um erro de tipo; Pascal garante que cada tipo enumerado se comporte como se fosse uma subfaixa dos inteiros. Por exemplo, o programador pode declarar um array indexado pelos elementos de um tipo enumerado.

Estruturas e variantes

Estruturas, ou *registros*, agrupam vários objetos de um tipo qualquer. Os elementos, ou membros, da estrutura normalmente recebem nomes explícitos. Por exemplo, um programador implementando uma árvore sintática em C poderia precisar de nós com um e dois filhos.

```
struct Node1 {                  struct Node2 {
  struct   Node1 *left;           struct   Node2 *left;
  unsigned Operator;              struct   Node2 *right;
  int      Value                  unsigned Operator;
}                                 int      Value
                                }
```

O tipo de uma estrutura é o produto ordenado dos tipos dos elementos individuais que ela contém. Assim, poderíamos descrever o tipo de um Node1 como (Node1 *) × unsigned × int, enquanto um Node2 seria (Node2 *) × (Node2 *) × unsigned × int. Esses novos tipos deverão ter as mesmas propriedades essenciais que um tipo básico tem. Em C, o autoincremento de um ponteiro para um Node1 ou a conversão de um ponteiro para um Node1 * tem o efeito desejado — o comportamento é semelhante ao que acontece para um tipo básico.

Muitas linguagens de programação permitem a criação de um tipo que é a união de outros tipos. Por exemplo, alguma variável x pode ter o tipo integer ou boolean ou DiaSemana. Em Pascal, isto é feito com registros variantes — *registro* é o termo em Pascal para uma estrutura. Em C, isto é feito com uma union. O tipo de uma union é uma união dos seus tipos componentes; assim, nossa variável x tem o tipo integer ∪ boolean ∪ DiaSemana. Uniões também podem incluir estruturas de tipos distintos, mesmo quando os tipos de estruturas individuais têm tamanhos diferentes. A linguagem precisa oferecer um mecanismo para referenciar cada campo de forma não ambígua.

> **UMA VISÃO ALTERNATIVA DAS ESTRUTURAS**
>
> A visão clássica das estruturas trata cada tipo de estrutura como um tipo distinto. Esta técnica para os tipos de estrutura segue o tratamento de outras agregações, como arrays e strings; ela parece natural, e faz distinções que são úteis para o programador. Por exemplo, um nó de árvore com dois filhos provavelmente deve ter um tipo diferente de um nó de árvore com três filhos; presume-se que eles sejam usados em situações diferentes. Um programa que atribui um nó de três filhos a um nó de dois filhos deve gerar um erro de tipo e uma mensagem de advertência para o programador.
>
> Sob o ponto de vista do sistema de runtime, porém, tratar cada estrutura como um tipo distinto complica o quadro. Com tipos de estrutura distintos, a heap contém um conjunto qualquer de objetos retirados de um conjunto qualquer de tipos. Isto torna difícil raciocinar sobre programas que lidam diretamente com os objetos na heap, como um coletor de lixo, por exemplo. Para simplificar tais programas, seus autores às vezes usam uma técnica diferente para os tipos de estrutura.
>
> Esse modelo alternativo considera todas as estruturas no programa como de um único tipo. As declarações de estruturas individuais criam, cada uma, uma forma variante do tipo *structure*. Este tipo, por si só, é a união de todas essas variantes. Esta técnica permite que o programa veja a heap como uma coleção de objetos de um único tipo, ao invés de uma coleção de muitos tipos. Esta visão torna o código que manipula a heap muito mais simples de analisar e otimizar.

Ponteiros

Estes são endereços de memória abstratos, que permitem que o programador manipule quaisquer estruturas de dados. Muitas linguagens incluem um tipo ponteiro. Ponteiros permitem que um programa salve um endereço e mais tarde examine o objeto que ele endereça. Ponteiros são criados quando os objetos são criados (`new` em Java ou `malloc` em C). Algumas linguagens oferecem um operador que retorna o endereço de um objeto, como o operador `&` em C.

Para evitar que os programadores usem um ponteiro para o tipo *t* a fim de referenciar uma estrutura do tipo *s*, algumas linguagens restringem a atribuição de ponteiro para tipos "equivalentes". Nelas, o ponteiro no lado esquerdo de uma atribuição precisa ter o mesmo tipo da expressão no lado direito. Um programa pode legalmente atribuir um *ponteiro para inteiro* a uma variável declarada como *ponteiro para inteiro*, mas não para uma declarada como *ponteiro para ponteiro para inteiro* ou *ponteiro para booleano*. Estas últimas são abstrações ilegais ou exigem uma conversão explícita pelo programador.

> O operador de endereço, quando aplicado a um objeto do tipo *t*, retorna um valor do tipo *ponteiro para t*.

Naturalmente, o mecanismo para criar novos objetos deve retornar um objeto do tipo apropriado. Assim, `new`, de Java, cria um objeto tipado; outras linguagens usam uma rotina polimórfica que toma o tipo de retorno como um parâmetro. ANSI C trata disto de um modo incomum: a rotina de alocação padrão `malloc` retorna um *ponteiro* para `void`, o que força o programador a converter (cast) o valor retornado por cada chamada a `malloc`.

> **Polimorfismo**
>
> Uma função que pode operar sobre argumentos de diferentes tipos é uma função *polimórfica*.
>
> Se o conjunto de tipos tiver que ser especificado explicitamente, a função usa o *polimorfismo ad hoc*; se o corpo da função não especificar tipos, usa o *polimorfismo paramétrico*.

Algumas linguagens permitem a manipulação direta de ponteiros. A aritmética sobre ponteiros, incluindo autoincremento e autodecremento, permite que o programa construa novos ponteiros. C utiliza o tipo de um ponteiro para determinar as magnitudes de autoincremento e autodecremento. O programador pode definir um ponteiro para o início de um array; o autoincremento avança o ponteiro de um elemento no array para o próximo elemento.

A segurança de tipo com ponteiros baseia-se em uma suposição implícita de que os endereços correspondem a objetos tipados. A capacidade de construir novos ponteiros reduz seriamente a capacidade do compilador e do seu sistema de runtime de raciocinar sobre computações baseadas em ponteiro e otimizar tal código. (Veja, por exemplo, a Seção 8.4.1.)

Equivalência de tipo

Um componente crítico de qualquer sistema de tipos é o mecanismo que ele usa para decidir se duas declarações de tipos diferentes são equivalentes ou não. Considere as duas declarações em C mostradas ao lado. Tree e STree têm o mesmo tipo? São equivalentes? Qualquer linguagem de programação com um sistema de tipos não trivial precisa incluir uma regra não ambígua para responder a estas perguntas para tipos quaisquer.

```
struct Tree {
  struct Tree *left;
  struct Tree *right;
  int value
}
struct STree {
  struct STree *left;
  struct STree *right;
  int value
}
```

Historicamente, dois métodos gerais tem sido testados. O primeiro, *equivalência de nomes*, afirma que dois tipos são equivalentes se e somente se ambos tiverem o mesmo nome. Filosoficamente, esta regra considera que o programador pode selecionar qualquer nome para um tipo; se escolher nomes diferentes, a linguagem e sua implementação devem honrar este ato deliberado. Infelizmente, a dificuldade de manter nomes consistentes aumenta com o tamanho do programa, com o número de autores e com o número de arquivos de código distintos.

O segundo método, *equivalência estrutural*, declara que dois tipos são equivalentes se e somente se ambos tiverem a mesma estrutura. Filosoficamente, esta regra declara que dois objetos são intercambiáveis se consistirem no mesmo conjunto de campos, na mesma ordem, e todos esses campos tiverem tipos equivalentes. A equivalência estrutural examina as propriedades essenciais que definem o tipo.

Cada política tem pontos fortes e fracos. A equivalência de nomes considera que nomes idênticos ocorrem como um ato deliberado; em um grande projeto de programação, isto requer disciplina para evitar conflitos não intencionais. A equivalência estrutural assume que objetos intercambiáveis podem ser usados com segurança um no lugar do outro; mas pode criar problemas se alguns dos valores tiverem significados "especiais". (Imagine dois tipos hipotéticos, estruturalmente idênticos. O primeiro contém um bloco de controle do sistema de E/S, enquanto o segundo, contém a coleção de informações sobre uma imagem na tela como um mapa de bits. Tratá-los como tipos distintos permitiria que o compilador detectasse um uso indevido — passando o bloco de controle de E/S para uma rotina de atualização de tela —, mas isto não aconteceria ao tratá-los como o mesmo tipo.)

REPRESENTAÇÃO DE TIPOS

Assim como a maioria dos objetos que um compilador precisa manipular, os tipos precisam de uma representação interna. Algumas linguagens, como FORTRAN 77, possuem um pequeno conjunto fixo de tipos. Para estas linguagens, uma pequena tag de inteiros é tão eficiente quanto suficiente. Porém, muitas linguagens modernas possuem sistemas de tipos abertos. Para estas, o construtor de compiladores precisa projetar uma estrutura que possa representar tipos arbitrários.

Se o sistema de tipos for baseado em equivalência de nomes, qualquer quantidade de representações simples será suficiente, desde que o compilador possa usar a representação para rastrear até uma representação da estrutura real. Se o sistema de tipos for baseado em equivalência estrutural, a representação do tipo precisa codificar sua estrutura. A maioria desses sistemas constrói árvores para representar tipos; constroem uma árvore para cada declaração de tipo e comparam estruturas de árvore para testar a equivalência.

Regras de inferência

Em geral, regras de inferência de tipo especificam, para cada operador, o mapeamento entre os tipos de operando e o tipo do resultado. Para alguns casos, o mapeamento é simples. Uma atribuição, por exemplo, tem um operando e um resultado. O resultado, ou lado esquerdo, precisa ter um tipo que seja compatível com o do operando, ou lado direito. (Em Pascal, a subfaixa 1..100 é compatível com os inteiros, pois qualquer elemento da subfaixa pode ser atribuído com segurança a um inteiro.) Esta regra permite a atribuição de um valor inteiro a uma variável inteira, e proíbe a atribuição de uma estrutura a uma variável inteira sem uma conversão explícita que faça sentido para a operação.

O relacionamento entre os tipos de operando e os tipos de resultado normalmente é especificado como uma função recursiva sobre o tipo da árvore de expressão. A função calcula o tipo do resultado de uma operação como uma função dos tipos de seus operandos. As funções podem ser especificadas em forma tabular, semelhante à tabela na Figura 4.1. Às vezes, o relacionamento entre tipos de operando e tipos de resultado é especificado por uma regra simples. Em Java, por exemplo, a soma de dois tipos inteiros de precisão diferente produz um resultado do tipo mais preciso (mais longo).

As regras de inferência apontam erros de tipo. As expressões de tipo misto podem ser ilegais. Em FORTRAN 77, um programa não pode somar um `double` e um `complex`. Em Java, um programa não pode atribuir um número a um caractere. Essas combinações devem produzir um erro de tipo em tempo de compilação, juntamente com uma mensagem que indique como o programa está malformado.

Algumas linguagens exigem que o compilador realize conversões implícitas. O compilador precisa reconhecer certas combinações de expressões de tipos misturados e tratar delas inserindo as conversões apropriadas. Em FORTRAN, a soma de um inteiro e de um número de ponto flutuante força a conversão do inteiro para a forma de ponto flutuante antes da adição. De modo semelhante, Java exige conversões implícitas para a adição inteira de valores com precisão diferente. O compilador precisa forçar o valor de menor precisão para a forma do valor mais preciso antes da adição. Uma situação semelhante surge em Java com a atribuição de inteiros. Se o lado direito for menos preciso, é convertido para o tipo mais preciso do lado esquerdo. Porém, se o lado esquerdo for menos preciso do que o lado direito, a atribuição produz um erro de tipo, a menos que o programador insira uma operação de conversão explícita para mudar seu tipo e forçar seu valor.

Declarações e inferência

Como já mencionamos, muitas linguagens de programação incluem uma regra de "declarar antes de usar". Com declarações obrigatórias, cada variável possui um tipo bem definido. O compilador precisa de um modo de atribuir tipos a constantes. Duas técnicas são comuns. Ou a forma de uma constante implica um tipo específico — por exemplo, 2 é um inteiro e 2.0 um número de ponto flutuante — ou o compilador deduz o tipo de uma constante pelo seu uso — por exemplo, sin(2) implica que 2 é um número de ponto flutuante, enquanto x ← 2, para um x, inteiro, que 2 é um inteiro. Com tipos declarados para variáveis, tipos implícitos para constantes e um conjunto completo de regras de inferência de tipos, o compilador pode atribuir tipos a qualquer expressão sobre variáveis e constantes. As chamadas de função complicam o quadro, conforme veremos.

Algumas linguagens livram o programador da escrita de quaisquer declarações. Nestas, o problema de inferência de tipos torna-se muito mais complicado. A Seção 4.5 descreve alguns dos problemas que isto cria e algumas das técnicas que os compiladores usam para resolvê-los.

Este esquema sobrecarrega 2 com diferentes significados em diferentes contextos. A experiência sugere que os programadores são bons em entender este tipo de sobrecarga.

> **CLASSIFICAÇÃO DE SISTEMAS DE TIPOS**
>
> Muitos termos são usados para descrever os sistemas de tipos. No texto, apresentamos os termos *linguagens fortemente tipadas, não tipadas* e *fracamente tipadas*. Outras distinções entre sistemas de tipos e suas implementações são importantes.
>
> *Implementações verificadas e não verificadas.* A implementação de uma linguagem de programação pode decidir realizar verificação suficiente para detectar e impedir todos os erros de runtime que resultem do mau uso de um tipo. (Isto realmente pode excluir alguns erros específicos de valor, como a divisão por zero). Tal implementação é chamada *fortemente verificada*. O oposto desta é a *implementação não verificada* — que considera um programa bem formado. Entre esses extremos encontra-se um espectro de *implementações fracamente verificadas*, que realizam verificação parcial.
>
> *Atividade em tempo de compilação* versus *em tempo de execução*. Uma linguagem fortemente tipada pode ter a propriedade de que toda a inferência e verificação podem ser feitas em tempo de compilação. Uma implementação que realmente faz todo esse trabalho em tempo de compilação é chamada *estaticamente tipada* e *estaticamente verificada*. Algumas linguagens têm construções que devem ser tipadas e verificadas em tempo de execução. Esta são chamadas *dinamicamente tipadas* e *dinamicamente verificadas*. Para confundir ainda mais as coisas, é claro, um construtor de compiladores pode implementar uma linguagem fortemente tipada, estaticamente tipada com verificação dinâmica. Java é um exemplo de uma linguagem que pode ser estaticamente tipada e verificada, exceto para um modelo de execução que impeça o compilador de ver todo o código-fonte ao mesmo tempo, forçando-o a realizar a inferência de tipo à medida que as classes são carregadas e fazer parte da verificação em tempo de execução.

Inferência de tipos para expressões

O objetivo da inferência de tipos é atribuir um tipo a cada expressão que ocorre em um programa. O caso mais simples ocorre quando o compilador pode atribuir um tipo a cada elemento básico de uma expressão — ou seja, para cada folha na árvore sintática para uma expressão. Isto requer declarações para todas as variáveis, tipos inferidos para todas as constantes, e informações de tipo sobre todas as funções.

Conceitualmente, o compilador pode atribuir um tipo a cada valor na expressão durante um percurso simples de árvore em pós-ordem. Isto deve permitir que o compilador detecte cada violação de uma regra de inferência e a informe *em tempo de compilação*. Se a linguagem não possuir um ou mais dos recursos que possibilitam este estilo de inferência simples, o compilador precisará usar técnicas mais sofisticadas. Se a inferência de tipo em tempo de compilação se tornar muito difícil, o construtor de compiladores pode ter que mover parte da análise e verificação para o runtime.

A inferência de tipos para expressões, neste caso simples, segue diretamente a estrutura da expressão. As regras de inferência descrevem o problema em termos da linguagem-fonte. A estratégia de avaliação opera de baixo para cima (*bottom-up*) na árvore sintática. Por esses motivos, a inferência de tipos para expressões tornou-se um problema-exemplo clássico para ilustrar a análise sensível ao contexto.

Aspectos interprocedurais da inferência de tipos

A inferência de tipos para expressões depende, inerentemente, dos outros procedimentos que formam o programa executável. Mesmo nos sistemas de tipo mais simples as expressões contêm chamadas de função. O compilador precisa verificar cada uma delas, garantir que cada parâmetro real tenha tipo compatível com o parâmetro formal correspondente, e determinar o tipo de qualquer valor retornado para uso em outras inferências.

Para analisar e entender as chamadas de procedimento, o compilador precisa de uma *assinatura de tipo* para cada função. Por exemplo, a função `strlen` na biblioteca-padrão de C usa um operando do tipo `char *` e retorna um `int` que contém seu tamanho em bytes, excluindo o caractere de término. Em C, o programador pode registrar este fato com um *protótipo de função*, que se parece com:

```
unsigned int strlen(const char *s);
```

Este protótipo garante que `strlen` utiliza um argumento do tipo `char *`, que ele não modifica, conforme indicado pelo atributo `const`. A função retorna um inteiro não negativo. Escrevendo isso em uma notação mais abstrata, poderíamos dizer que:

$$\text{strlen} : \text{const char *} \rightarrow \text{unsigned int}$$

que lemos como "`strlen` é uma função que usa uma string de caracteres de valor constante e retorna um inteiro sem sinal". Como segundo exemplo, a função clássica `filter` da linguagem Scheme tem a seguinte assinatura:

$$\text{filter}: (\alpha \rightarrow boolean) \times list\ of\ \alpha \rightarrow list\ of\ \alpha$$

Ou seja, `filter` é uma função que usa dois argumentos. O primeiro deve ser uma função que mapeia algum tipo α para um booleano, escrito como $(\alpha \rightarrow boolean)$, e o segundo, uma lista cujos elementos são do mesmo tipo α. Dados argumentos desses tipos, `filter` retorna uma lista cujos elementos possuem tipo α. A função `filter` exige *polimorfismo paramétrico;* seu tipo de resultado é uma função dos seus tipos de argumento.

Para realizar uma inferência de tipos exata, o compilador precisa de uma assinatura de tipo para cada função, podendo obtê-la de várias maneiras. O compilador pode eliminar compilação separada, exigindo que o programa inteiro seja apresentado para compilação como uma unidade. Pode exigir que o programador forneça uma assinatura de tipo para cada função; isto normalmente tem a forma de protótipos de função obrigatórios. Pode adiar a verificação de tipo até o tempo de ligação ou tempo de execução, quando toda essa informação está disponível. Finalmente, o construtor de compiladores pode embutir o compilador em um sistema de desenvolvimento de programas que reúne a informação de requisito e a torna disponível ao compilador por demanda. Todas essas técnicas têm sido usadas em sistemas reais.

Assinatura de tipo
Especificação dos tipos dos parâmetros formais e valor(es) de retorno de uma função.

Protótipo de função
A linguagem C inclui uma preparação que permite ao programador declarar funções que não estão presentes, permitindo-lhe inserir uma declaração esqueleto, chamada *protótipo de função.*

REVISÃO DA SEÇÃO

Um sistema de tipos associa a cada valor no programa algum nome textual, um tipo, que representa um conjunto de propriedades comuns mantidas por todos os valores desse tipo. A definição de uma linguagem de programação especifica interações entre objetos do mesmo tipo, como as operações legais sobre valores de um tipo, e entre objetos de tipos diferentes, como as operações aritméticas de tipo misto. Um sistema de tipos bem projetado pode aumentar a expressividade da linguagem de programação, permitindo o uso seguro de recursos como sobrecarga. Pode expor erros sutis em um programa muito antes que se tornem erros confusos em runtime ou respostas erradas. E pode, ainda, permitir que o compilador evite verificações em tempo de execução que desperdiçam tempo e espaço.

Um sistema de tipos consiste em um conjunto de tipos básicos, regras para construir novos tipos a partir dos existentes, um método para determinar a equivalência de dois tipos e regras para inferir os tipos de cada expressão em um programa. As noções de tipos básicos, tipos construídos e equivalência de tipo devem ser familiar a qualquer um que tenha programado em uma linguagem de alto nível. A inferência de tipos desempenha um papel crítico na implementação do compilador.

> **QUESTÕES DE REVISÃO**
> 1. Para a sua linguagem de programação favorita, escreva os tipos básicos de seu sistema de tipos. Que regras e construções a linguagem permite para construir tipos agregados? Ela oferece um mecanismo para criar um procedimento que use um número variável de argumentos, como `printf` da biblioteca de E/S-padrão da linguagem C?
> 2. Que tipos de informação o compilador deve ter para garantir a segurança de tipos nas chamadas de procedimento? Esboce um esquema com base no uso de protótipos de função. Esboce um esquema que possa verificar a validade desses protótipos de função.

4.3 O FRAMEWORK DE GRAMÁTICA DE ATRIBUTO

Um formalismo que tem sido proposto para realizar análise sensível ao contexto é a *gramática de atributo*, ou gramática livre de contexto atribuída, que consiste em uma gramática livre de contexto aumentada por um conjunto de regras que especificam computações. Cada regra define um valor, ou *atributo*, em termos dos valores de outros atributos. A regra associa o atributo a um símbolo específico da gramática; cada ocorrência do símbolo em uma árvore de derivação (ou árvore sintática) tem uma ocorrência correspondente do atributo. As regras são funcionais; não implicam uma ordem de avaliação específica, e definem o valor de cada atributo de forma única.

Atributo
Valor ligado a um ou mais dos nós em uma árvore de derivação.

Para tornar estas noções mais concretas, considere uma gramática livre de contexto para números binários com sinal. A Figura 4.4 define a gramática $SBN = (T, NT, S, P)$, que gera todos os números binários com sinal, como -101, $+11$, -01 e $+11111001100$, e exclui os números binários sem sinal, como 10.

A partir de *SBN*, podemos construir uma gramática de atributos que associa *Number* ao valor do número binário com sinal que ele representa. Para construir uma gramática de atributo a partir de uma gramática livre de contexto, temos que decidir quais atributos cada nó precisa, e elaborar as produções com regras que definem valores para esses atributos. Para nossa versão atribuída de *SBN*, os seguintes atributos são necessários:

$$P = \begin{cases} Number \rightarrow Sign\ List \\ Sign \rightarrow + \\ \qquad\quad |\ - \\ List \rightarrow List\ Bit \\ \qquad\quad |\ Bit \\ Bit \rightarrow 0 \\ \qquad\ |\ 1 \end{cases} \qquad \begin{aligned} T &= \{+, -, 0, 1\} \\ NT &= \{Number, Sign, List, Bit\} \\ S &= \{Number\} \end{aligned}$$

■ **FIGURA 4.4** Uma gramática de atributo para números binários com sinal.

Símbolo	Atributos
Number	value
Sign	negative
List	position, value
Bit	position, value

Neste caso, nenhum atributo é necessário para os símbolos terminais.

A Figura 4.5 mostra as produções de *SBN* elaboradas com regras de atribuição. Subscritos são acrescentados aos símbolos da gramática sempre que um símbolo específico aparece várias vezes em uma única produção. Esta prática retira a ambiguidade das referências a este símbolo nas regras. Assim, as duas ocorrências de *List* na produção 5 têm subscritos, tanto na produção quanto nas regras correspondentes.

As regras acrescentam atributos aos nós da árvore de derivação por meio de seus nomes. O atributo mencionado em uma regra deve ser invocado a cada ocorrência desse tipo de nó.

Cada regra especifica o valor de um atributo em termos de constantes literais e os atributos de outros símbolos na produção. Uma regra pode passar informações do lado esquerdo da produção para o seu lado direito; e, também, no sentido inverso. As regras para a produção 4 passam informações nos dois sentidos. A primeira regra

	Produção	Regras de atribuição
1	**Number** → **Sign List**	**List**.position ← 0
		if **Sign**.negative
		then **Number**.value ← −**List**.value
		else **Number**.value ← **List**.value
2	**Sign** → +	**Sign**.negative ← false
3	**Sign** → -	**Sign**.negative ← true
4	**List** → **Bit**	**Bit**.position ← **List**.position
		List.value ← **Bit**.value
5	**List**$_0$ → **List**$_1$ **Bit**	**List**$_1$.position ← **List**$_0$.position + 1
		Bit.position ← **List**$_0$.position
		List$_0$.value ← **List**$_1$.value + **Bit**.value
6	**Bit** → 0	**Bit**.value ← 0
7	**Bit** → 1	**Bit**.value ← $2^{Bit.position}$

■ **FIGURA 4.5** Gramática de atributo para números binários com sinal.

define *Bit.position* como *List.position*, enquanto a segunda define *List.value* como *Bit.value*. Gramáticas de atributo mais simples podem resolver este problema em particular; escolhemos esta para demonstrar recursos em particular das gramáticas de atributo.

Dada uma string na gramática *SBN*, as regras de atribuição definem *Number.value* como o valor decimal da string de entrada binária. Por exemplo, a string −101 causa a atribuição mostrada na Figura 4.6a. (Os nomes para *value*, *number* e *position* são truncados na figura.) Observe que *Number.value* tem o valor −5.

Para avaliar uma árvore de derivação atribuída para alguma sentença em *L(SBN)*, os atributos especificados nas diversas regras são invocados para cada nó na árvore. Isto cria, por exemplo, uma ocorrência de atributo para *value* e *position* em cada nó *List*. Cada regra define implicitamente um conjunto de dependências; o atributo sendo definido depende de cada argumento para a regra. Tomadas sobre a árvore de derivação inteira, essas dependências formam um *grafo de dependência de atributos*. As arestas no grafo seguem o fluxo de valores na avaliação de uma regra; uma aresta de $node_i.field_j$ para $node_k.field_l$ indica que a regra definindo $node_k.field_l$ usa o valor de $node_i.field_j$ como uma de suas entradas. A Figura 4.6b mostra o grafo de dependência de atributo induzido pela árvore de derivação para a string −101.

Atributo sintetizado
Atributo definido totalmente em termos dos atributos do nó, seus filhos e constantes.

Atributo herdado
Atributo definido totalmente em termos dos atributos próprios do nó e daqueles de seus irmãos ou seu pai na árvore de derivação (além de constantes).

A regra *node.field* ← 1 pode ser tratada como sintetizada ou herdada.

O fluxo bidirecional de valores que antes observamos (por exemplo, na produção 4) aparece no grafo de dependência, onde as setas indicam tanto o fluxo para cima, até a raiz (*Number*), quanto para baixo, até as folhas. Os nós *List* mostram este efeito mais claramente. Distinguimos entre os atributos com base no sentido do fluxo de valor. *Atributos sintetizados* são definidos pelo fluxo de informações de baixo para cima; uma regra que define um atributo para o lado esquerdo da produção cria um atributo sintetizado, que pode retirar valores do próprio nó, dos seus descendentes na árvore de derivação e de constantes. *Atributos herdados* são definidos pelo fluxo de informações de cima para baixo e lateralmente; a regra que define um atributo para o lado direito da produção cria um atributo herdado. Como a regra de atribuição pode nomear qualquer símbolo usado na produção correspondente, um atributo herdado pode retirar valores do próprio nó, de seu pai e de seus irmãos na árvore de derivação, e de constantes. A

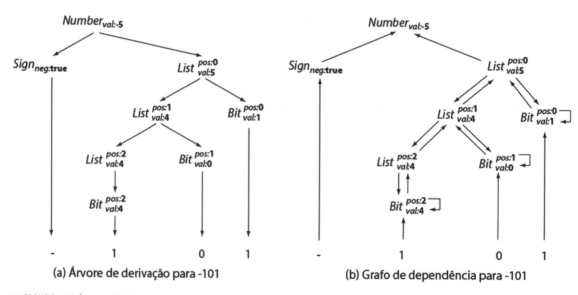

■ **FIGURA 4.6** Árvore atribuída para o número binário com sinal −101.

Figura 4.6b mostra que os atributos `value` e `negative` são sintetizados, enquanto `position` é herdado.

Qualquer esquema para avaliar atributos precisa respeitar os relacionamentos codificados implicitamente no grafo de dependência de atributo. Cada atributo deve ser definido por alguma regra. Se esta regra depender dos valores de outros atributos, não poderá ser avaliada até que todos esses valores tenham sido definidos. Se não depender, então deve produzir seu valor a partir de uma constante ou de alguma fonte externa. Desde que nenhuma regra conte com seu próprio valor, as regras devem definir cada valor de forma única.

Naturalmente, a sintaxe das regras de atribuição permite que uma regra referencie seu próprio resultado, direta ou indiretamente. Uma gramática de atributo contendo tais regras é malformada. Dizemos que essas regras são *circulares* porque podem criar um ciclo no grafo de dependência. Por enquanto, vamos ignorar a *circularidade*; a Seção 4.3.2 trata desta questão.

Circularidade
Uma gramática de atributo é circular se puder, para algumas entradas, criar um grafo de dependência cíclico.

O grafo de dependência captura o fluxo de valores que um avaliador precisa respeitar na avaliação de um exemplar de uma árvore atribuída. Se a gramática for não circular, ela impõe uma ordem parcial sobre os atributos. Esta ordem parcial determina quando a regra que define cada atributo pode ser avaliada. A ordem de avaliação não está relacionada à ordem em que as regras aparecem na gramática.

Considere a ordem de avaliação para as regras associadas ao nó *List* mais alto na árvore — o filho à direita de *Number*. O nó resulta da aplicação da produção 5, *List* → *List Bit*; esta aplicação acrescenta três regras à avaliação. As duas regras que definem atributos herdados para os filhos do nó *List* precisam ser executadas primeiro. Elas dependem do valor de *List.position* e definem os atributos `position` para as subárvores do nó. A terceira regra, que define o atributo `value` do nó *List*, não pode ser executada até que as duas subárvores tenham definido os atributos `value`. Como estas subárvores não podem ser avaliadas até que as duas primeiras regras no nó *List* o tenham sido, a sequência de avaliação incluirá as duas primeiras regras mais cedo, e a terceira muito mais tarde.

Para criar e usar uma gramática de atributo, o construtor de compiladores determina um conjunto de atributos para cada símbolo da gramática e projeta um conjunto de regras para calcular seus valores. Essas regras especificam uma computação para qualquer árvore de derivação válida. Para criar uma implementação, ele precisa criar um avaliador, o que pode ser feito com um programa *ad hoc* ou usando um gerador de avaliador — a opção mais atraente. O gerador de avaliador toma como entrada a especificação para a gramática de atributo, e produz como saída, o código para um avaliador. Este é o atrativo das gramáticas de atributo para o construtor de compiladores; as ferramentas usam uma especificação de alto nível, não procedimental, e automaticamente produzem uma implementação.

Um detalhe crítico por trás do formalismo da gramática de atributo é a noção de que as regras de atribuição podem ser associadas às produções na gramática livre de contexto. Como as regras são funcionais, os valores que produzem são independentes da ordem de avaliação, para qualquer ordem que respeite os relacionamentos incorporados no grafo de dependência de atributo. Na prática, qualquer ordem que avalia uma regra, somente após todas as suas entradas terem sido definidas respeita as dependências.

4.3.1 Métodos de avaliação

O modelo de gramática de atributo tem uso prático somente se pudermos criar avaliadores que interpretem as regras para avaliar um exemplar do problema automaticamente

— uma árvore de derivação específica, por exemplo. Muitas técnicas de avaliação de atributo foram propostas na literatura. Em geral, todas encontram-se em uma destas três categorias principais.

1. *Métodos dinâmicos*. Estas técnicas utilizam a estrutura de uma particular árvore de derivação atribuída para determinar a ordem de avaliação. O artigo original de Knuth sobre gramáticas de atributo propôs um avaliador que operasse de maneira semelhante a uma arquitetura de computador de fluxo de dados — cada regra era "disparada" assim que todos os seus operandos estivessem disponíveis. Em termos práticos, isto pode ser implementado usando uma fila de atributos que estejam prontos para avaliação. À medida que cada atributo é avaliado, seus sucessores no grafo de dependência de atributos têm sua "prontidão" verificada (ver Seção 12.3). Um esquema relacionado construiria o grafo de dependência de atributos, o ordenaria topologicamente e usaria esta ordem para avaliar os atributos.

2. *Métodos desatentos*. Nestes métodos, a ordem de avaliação independe da gramática de atributo e da particular árvore de derivação atribuída. Presume-se que o projetista do sistema seleciona um método considerado apropriado para a gramática de atributo e para o ambiente de avaliação. Exemplos deste estilo de avaliação incluem passagens repetidas da esquerda para a direita (até que todos os atributos tenham valores), da direita para a esquerda, e alternadas da esquerda para a direita e da direita para a esquerda. Estes métodos têm implementações simples e overheads de runtime relativamente pequenos. Mas falta-lhes, naturalmente, qualquer melhoria que possa ser derivada do conhecimento da árvore específica sendo atribuída.

3. *Métodos baseados em regra*. Métodos baseados em regra baseiam-se em uma análise estática da gramática de atributo para construir uma ordem de avaliação. Nesse framework, o avaliador confia na estrutura gramatical; assim, a árvore de derivação guia a aplicação das regras. No exemplo do número binário com sinal, a ordem de avaliação para a produção 4 deve usar a primeira regra para definir *Bit.position*, fazer a recursão para baixo até *Bit* e, no retorno, usar *Bit.value* para definir *List.value*. De modo semelhante, para a produção 5, deve avaliar as duas primeiras regras para definir os atributos *position* no lado direito, e depois fazer a recursão para baixo até cada filho. No retorno, pode avaliar a terceira regra para definir o campo *List.value* do nó *List* pai. Ferramentas que realizam a análise estática necessária off-line podem produzir rápidos avaliadores baseados em regra.

4.3.2 Circularidade

As gramáticas de atributo circulares podem fazer surgir grafos cíclicos de dependência de atributos. Nossos modelos para avaliação falham quando o grafo de dependência contém um ciclo. Uma falha deste tipo em um compilador causa sérios problemas — por exemplo, o compilador pode não ser capaz de gerar código para sua entrada. O impacto catastrófico dos ciclos no grafo de dependência sugere que esta questão merece muita atenção.

Se um compilador usa gramáticas de atributo, deve lidar com a circularidade de modo apropriado. Duas técnicas são possíveis.

1. *Evitamento*. O construtor de compiladores pode restringir a gramática de atributo a uma classe que não fará surgir grafos de dependência circulares. Por exemplo, restringir a gramática para usar apenas atributos sintetizados e constantes elimina qualquer possibilidade de um grafo de dependência circular. Existem

classes mais genéricas de gramáticas de atributo não circulares; algumas, como as *gramáticas de atributo fortemente não circulares*, possuem testes de tempo polinomial para verificar a condição de pertinência.

2. *Avaliação*. O construtor de compiladores pode usar um método de avaliação que concede um valor a cada atributo, mesmo para aqueles envolvidos em ciclos. O avaliador pode percorrer o ciclo e atribuir valores apropriados ou valores default, evitando assim os problemas associados a uma falha para atribuir a árvore totalmente.

Na prática, a maioria dos sistemas de gramática de atributo restringe sua atenção a gramáticas não circulares. Os métodos de avaliação baseados em regra podem falhar ao construir um avaliador se a gramática de atributo for circular. Os métodos desatentos e os dinâmicos tentam avaliar um grafo de dependência circular, mas simplesmente não conseguirão definir algumas das ocorrências de atributo.

4.3.3 Exemplos estendidos

Para melhor entender os pontos fortes e fracos das gramáticas de atributo como ferramenta, trabalharemos com dois exemplos mais detalhados que podem surgir em um compilador: inferindo tipos para árvores de expressão em uma linguagem simples, tipo Algol, e estimativa do tempo de execução, em ciclos, para uma sequência de código direta.

Inferência de tipos de expressão

Qualquer compilador que tente gerar código eficiente para uma linguagem tipada precisa encarar o problema de inferir os tipos para cada expressão no programa. Este problema conta, inerentemente, com a informação sensível ao contexto; o tipo associado a um name ou num depende de sua identidade — seu nome textual —, ao invés de sua categoria sintática.

Considere uma versão simplificada do problema de inferência de tipos para expressões derivadas da gramática de expressão clássica dada no Capítulo 3. Suponha que as expressões sejam representadas como árvores sintáticas, e que qualquer nó representando name ou num já tenha um atributo *type*. (Vamos retornar ao problema de levar a informação de tipo para esses atributos *type* mais adiante neste capítulo.) Para cada operador aritmético da gramática, precisamos de uma função que mapeie os dois tipos de operando para um tipo de resultado. Chamaremos estas funções de $\mathcal{F}_+$, $\mathcal{F}_-$, $\mathcal{F}_\times$ e $\mathcal{F}_\div$, que codificam a informação encontrada em tabelas, como a que aparece na Figura 4.1. Com essas suposições, podemos escrever regras de atribuição simples que definem um atributo *type* para cada nó na árvore. A Figura 4.7 mostra as regras de atribuição.

Se a tem o tipo integer (indicado por $\mathcal{I}$) e c tem o tipo real (indicado por $\mathcal{R}$), então este esquema gera a seguinte árvore de derivação atribuída para a string de entrada a - 2 × c:

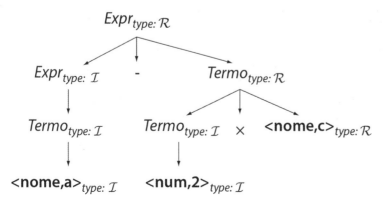

Produção			Regras de atribuição
$Expr_0$	→	$Expr_1$ + $Termo$	$Expr_0.\text{type} \leftarrow \mathcal{F}_+(Expr_1.\text{type}, Termo.\text{type})$
	|	$Expr_1$ − $Termo$	$Expr_0.\text{type} \leftarrow \mathcal{F}_-(Expr_1.\text{type}, Termo.\text{type})$
	|	$Termo$	$Expr_0.\text{type} \leftarrow Termo.\text{type}$
$Termo_0$	→	$Termo_1$ $Fator$	$Termo_0.\text{type} \leftarrow \mathcal{F}_\times(Termo_1.\text{type}, Fator.\text{type})$
	|	$Termo_1$ $Fator$	$Termo_0.\text{type} \leftarrow \mathcal{F}_\div(Termo_1.\text{type}, Fator.\text{type})$
	|	$Fator$	$Termo_0.\text{type} \leftarrow Fator.\text{type}$
$Fator$	→	($Expr$)	$Fator.\text{type} \leftarrow Expr.\text{type}$
	|	`num`	`num`.type já está definido
	|	`nome`	`name`.type já está definido

■ **FIGURA 4.7** Gramática de atributo para inferir tipos de expressão.

Os nós folha têm seus atributos `type` inicializados de modo apropriado. O restante dos atributos é definido pelas regras da Figura 4.7, com a suposição de que F_+, F_-, $F_\times$ e $F_\div$ refletem as regras do FORTRAN 77.

Uma visão mais aproximada das regras de atribuição mostra que todos os atributos são sintetizados. Assim, todas as dependências fluem de um filho para seu pai na árvore de derivação. Essas gramáticas às vezes são chamadas *gramáticas S-atribuídas*. Este estilo de atribuição tem um esquema de avaliação simples, baseado em regra. Ele se encaixa bem com a análise sintática *bottom-up*; cada regra pode ser avaliada quando o parser reduz o lado direito correspondente. O paradigma de gramática de atributo encaixa-se bem a este problema. A especificação é curta, e facilmente compreendida, além de levar a um avaliador eficiente.

A inspeção cuidadosa da árvore de expressão atribuída mostra dois casos em que uma operação tem um operando cujo tipo é diferente do tipo do resultado da operação. Em FORTRAN 77, isto exige que o compilador insira uma operação de conversão entre o operando e o operador. Para o nó *Termo* que representa a multiplicação de 2 e c, o compilador converteria 2 de uma representação de inteiro para uma de real. Para o nó *Expr* na raiz da árvore, ele converteria a de um inteiro para um real. Infelizmente, mudanças na árvore de derivação não se ajustam muito bem no paradigma de gramática de atributo.

Para representar essas conversões na árvore atribuída, poderíamos acrescentar um atributo a cada nó que mantém seu tipo convertido, junto com as regras para definir os atributos de modo apropriado. Como alternativa, seria possível contar com o processo que gera código a partir da árvore para comparar os dois tipos — pai e filho — durante a travessia e inserir a conversão necessária. A primeira técnica acrescenta algum trabalho durante a avaliação de atributo, mas localiza toda a informação necessária para uma conversão em um único nó da árvore sintática.

A segunda adia este trabalho até a geração de código, mas faz isso ao custo de distribuir o conhecimento sobre tipos e conversões entre duas partes distintas do compilador. Qualquer uma das técnicas funcionará; a diferença é, em grande parte, uma questão de gosto.

Um simples estimador de tempo de execução

Como segundo exemplo, considere o problema de estimar o tempo de execução de uma sequência de instruções de atribuição. Podemos gerar uma sequência de atribuições acrescentando três novas produções à gramática de expressão clássica:

$$\begin{array}{rcl}
Bloco & \to & Bloco\ Atrib \\
      & | & Atrib \\
Atrib & \to & \texttt{nome}\ =\ Expr;
\end{array}$$

onde *Expr* vem da gramática de expressão. A gramática resultante é simplista porque permite apenas identificadores simples como variáveis, e não contém chamadas de função. Apesar disto, é complexa o suficiente para transmitir os problemas que surgem na estimativa do comportamento em tempo de execução.

A Figura 4.8 mostra uma gramática de atributo que estima o tempo de execução de um bloco de instruções de atribuição. As regras de atribuição estimam o contador total de

Produção			Regras de atribuição
$Bloco_0$	$\to$	$Bloco_1\ Atrib$	$\{\ Bloco_0.cost \leftarrow Bloco_1.cost + Atrib.cost\ \}$
	|	$Atrib$	$\{\ Bloco_0.cost \leftarrow Atrib.cost\ \}$
$Atrib$	$\to$	$\texttt{nome} = Expr;$	$\{\ Atrib.cost \leftarrow \texttt{Cost(store)} + Expr.cost\ \}$
$Expr_0$	$\to$	$Expr_1 + Termo$	$\{\ Expr_0.cost \leftarrow Expr_1.cost + \texttt{Cost(add)} + Termo.cost\ \}$
	|	$Expr_1 - Termo$	$\{\ Expr_0.cost \leftarrow Expr_1.cost + \texttt{Cost(sub)} + Termo.cost\ \}$
	|	$Termo$	$\{\ Expr_0.cost \leftarrow Termo.cost\ \}$
$Termo_0$	$\to$	$Termo_1 \times Fator$	$\{\ Termo_0.cost \leftarrow Termo_1.cost + \texttt{Cost(mult)} + Fator.cost\ \}$
	|	$Termo_1 \div Fator$	$\{\ Termo_0.cost \leftarrow Termo_1.cost + \texttt{Cost(div)} + Fator.cost\ \}$
	|	$Fator$	$\{\ Termo_0.cost \leftarrow Fator.cost\ \}$
$Fator$	$\to$	$(Expr)$	$\{\ Fator.cost \leftarrow Expr.cost\ \}$
	|	$\texttt{num}$	$\{\ Fator.cost \leftarrow \texttt{Cost(loadI)}\ \}$
	|	$\texttt{nome}$	$\{\ Fator.cost \leftarrow \texttt{Cost(load)}\ \}$

■ **FIGURA 4.8** Gramática de atributo simples para estimar o tempo de execução.

ciclos para o bloco, considerando um processador único que executa uma operação por vez. Esta gramática, como aquela para inferir tipos de expressão, utiliza apenas atributos sintetizados. A estimativa aparece no atributo `cost` do nó *Bloco* mais alto da árvore de derivação. A metodologia é simples. Os custos são calculados de baixo para cima; para ler o exemplo, comece com as produções para *Fator* e suba até aquelas para *Bloco*. A função `Cost` retorna a latência de uma dada operação ILOC.

Melhorando a estimativa de custo de execução

Para tornar este exemplo mais realístico, podemos melhorar o modelo de como o compilador trata as variáveis. A versão inicial da nossa gramática de atributo para estimativa de custo considera que o compilador ingenuamente gera uma operação `load` separada para cada referência a uma variável. Para a atribuição x = y + y, o modelo conta duas operações load para y. Poucos compiladores gerariam um load redundante para y. Mais provavelmente, eles gerariam uma sequência como:

```
loadAI  r_arp, @y    ⇒    r_y
add     r_y, r_y     ⇒    r_x
storeAI r_x          ⇒    r_arp, @x
```

que carrega y apenas uma vez. Para aproximar melhor o comportamento do compilador, podemos modificar a gramática de atributo para cobrar apenas um único load para cada variável usada no bloco, o que requer regras de atribuição mais complexas.

Para considerar loads com mais precisão, as regras precisam rastrear referências a cada variável pelo seu nome. Esses nomes são extragramaticais, pois a gramática rastreia a categoria sintática nome ao invés de nomes individuais, como x, y e z. A regra para nome deve seguir este esboço geral:

```
if ( nome não foi carregado )
   then Fator. cost   Cost(load);
   else Fator. cost   0;
```

A chave para fazer isto funcionar é o teste "nome *não foi carregado*".

Para implementar este teste, o construtor de compiladores pode acrescentar um atributo que mantém o conjunto de todas as variáveis já carregadas. A produção *Bloco* → *Atrib* pode inicializar o conjunto. As regras devem orientar as árvores de expressão a passarem o conjunto através de cada atribuição. Isto sugere aumentar cada nó com dois conjuntos, `Before` e `After`. O conjunto `Before` para um nó contém os lexemas de todos os nomes que ocorreram anteriormente no *Bloco*; cada um destes já deve ter sido carregado. O conjunto `After` de um nó contém todos os nomes em seu conjunto `Before`, mais quaisquer outros nomes que seriam carregados na subárvore enraizada nesse nó.

As regras expandidas para *Fator* aparecem na Figura 4.9. O código considera que ele pode obter o nome textual — o lexema — de cada nome. A primeira produção, que deriva (*Expr*), copia o conjunto `Before` para baixo na subárvore *Expr* e o conjunto `After` para cima até *Fator*. A segunda produção, que deriva num, simplesmente copia o conjunto `Before` do seu pai para o conjunto `After` do seu pai. num deve ser uma folha na árvore; portanto, nenhuma outra ação é necessária. A produção final, que

Produção		Regras de atribuição
Fator	→ (*Expr*)	{ *Fator*.cost ← *Expr*.cost;
		Expr.Before ← *Fator*.Before;
		Fator.After ← *Expr*.After }
	| num	{ *Fator*.cost ← Cost(loadI);
		Fator.After ← *Fator*.Before }
	| nome	{ if (nome.lexeme ∉ *Fator*.Before)
		then
		Fator.cost ← Cost(load);
		Fator.After ← *Fator*.Before
		∪ { nome.lexeme }
		else
		Fator.cost ← 0;
		Fator.After ← *Fator*.Before }

■ **FIGURA 4.9** Regras para rastrear loads em produções *Fator*.

deriva nome, realiza o trabalho crítico; testa o conjunto Before para determinar se um load é necessário ou não, e atualiza os atributos cost e After do pai de modo correspondente.

Para completar a especificação, o construtor de compiladores deve acrescentar regras que copiem os conjuntos Before e After pela árvore de derivação. Às vezes chamadas *regras de cópia*, elas conectam os conjuntos Before e After dos diversos nós *Fator*. Como as regras de atribuição podem referenciar somente atributos locais — definidos como os atributos do pai de um nó, seus irmãos e seus filhos —, a gramática de atributo precisa copiar valores explicitamente pela árvore de derivação para garantir que sejam locais. A Figura 4.10 mostra as regras necessárias para as outras produções da gramática. Uma regra adicional foi acrescentada; ela inicializa o conjunto Before da primeira instrução *Assign* como ∅.

Este modelo é muito mais complexo do que o modelo simples. Tem mais de três vezes o número de regras; cada regra precisa ser escrita, entendida e avaliada. Ele usa atributos sintetizados e herdados, de modo que a estratégia simples de avaliação *bottom-up* não funcionará mais. Finalmente, as regras que manipulam os conjuntos Before e After exigem muita atenção — o tipo de detalhe de baixo nível que esperaríamos evitar usando um sistema baseado em especificações de alto nível.

De volta à inferência de tipos de expressão

Na discussão inicial sobre a inferência de tipos de expressão, consideramos que os atributos nome.type e num.type já estavam definidos por algum mecanismo externo. Para

Produção	Regras de atribuição
$Bloco_0 \rightarrow Bloco_1\ Atrib$	$\{Bloco_0.cost \leftarrow Bloco_1.cost + Atrib.cost;$
	$Atrib.Before \leftarrow Bloco_1.After;$
	$Bloco_0.After \leftarrow Atrib.After\}$
$\mid\ Atrib$	$\{Bloco_0.cost \leftarrow Atrib.cost;$
	$Atrib.Before \leftarrow \emptyset;$
	$Bloco_0.After \leftarrow Atrib.After\ \}$
$Atrib \rightarrow$ nome $= Expr;$	$\{Atrib.cost \leftarrow Cost(\texttt{store}) + Expr.cost;$
	$Expr.Before \leftarrow Atrib.Before;$
	$Atrib.After \leftarrow Expr.After\ \}$
$Expr_0 \rightarrow Expr_1 + Termo$	$\{Expr_0.cost \leftarrow Expr_1.cost + Cost(\texttt{add}) + Termo.cost;$
	$Expr_1.Before \leftarrow Expr_0.Before;$
	$Termo.Before \leftarrow Expr_1.After;$
	$Expr_0.After \leftarrow Termo.After\ \}$
$\mid\ Expr_1 - Termo$	$\{Expr_0.cost \leftarrow Expr_1.cost + Cost(\texttt{sub}) + Termo.cost;$
	$Expr_1.Before \leftarrow Expr_0.Before;$
	$Termo.Before \leftarrow Expr_1.After;$
	$Expr_0.After \leftarrow Termo.After\ \}$
$\mid\ Termo$	$\{Expr_0.cost \leftarrow Termo.cost;$
	$Termo.Before \leftarrow Expr_0.Before;$
	$Expr_0.After \leftarrow Termo.After\ \}$
$Termo_0 \rightarrow Termo_1 \times Fator$	$\{Termo_0.cost \leftarrow Termo_1.cost + Cost(\texttt{mult}) + Fator.cost;$
	$Termo_1.Before \leftarrow Termo_0.Before;$
	$Fator.Before \leftarrow Termo_1.After;$
	$Termo_0.After \leftarrow Fator.After\ \}$
$\mid\ Termo_1 \div Fator$	$\{Termo_0.cost \leftarrow Termo_1.cost + Cost(\texttt{div}) + Fator.cost;$
	$Termo_1.Before \leftarrow Termo_0.Before;$
	$Fator.Before \leftarrow Termo_1.After;$
	$Termo_0.After \leftarrow Fator.After\ \}$
$\mid\ Fator$	$\{Termo_0.cost \leftarrow Fator.cost;$
	$Fator.Before \leftarrow Termo_0.Before;$
	$Termo_0.After \leftarrow Fator.After\ \}$

■ **FIGURA 4.10** Regras de cópia para rastrear loads.

preencher esses valores usando uma gramática de atributo, o construtor de compiladores precisaria desenvolver um conjunto de regras para a parte da gramática que lida com declarações.

Essas regras precisariam registrar a informação de tipo para cada variável nas produções associadas à sintaxe de declaração; coletar e agregar esta informação de modo que um pequeno conjunto de atributos contivessem a informação necessária sobre todas as variáveis declaradas; propagar esta informação pela árvore de derivação até um nó que seja um ancestral de todas as instruções executáveis, e depois copiá-la para baixo, para cada expressão. Finalmente, em cada folha que é um nome ou num, as regras precisariam extrair os fatos apropriados a partir da informação agregada.

O conjunto de regras resultante seria semelhante àquelas que desenvolvemos para rastrear loads, porém mais complexo no nível detalhado. Essas regras também criam atributos grandes e complexos, que devem ser copiados pela árvore de derivação. Em uma implementação simples, cada ocorrência de uma regra de cópia criaria uma nova cópia. Algumas dessas cópias poderiam ser compartilhadas, mas muitas das versões criadas pela junção de informações de vários filhos seriam diferentes (e, assim, precisam ser cópias distintas). O mesmo problema surge com os conjuntos `Before` e `After` no exemplo anterior.

Uma melhoria final no estimador de custo de execução

Embora o rastreamento de loads melhore a fidelidade dos custos de execução estimados, muitos outros refinamentos são possíveis. Considere, por exemplo, o impacto dos conjuntos finitos de registradores sobre o modelo. Até aqui, nosso modelo considerou que o computador de destino fornece um conjunto ilimitado de registradores. Na realidade, os computadores disponibilizam pequenos conjuntos de registradores. Para modelar a capacidade do conjunto de registradores, o estimador poderia limitar o número de valores permitidos nos conjuntos `Before` e `After`.

Numa primeira etapa, temos de substituir a implementação de `Before` e `After`, que foram implementados como conjuntos de tamanho arbitrário; neste modelo refinado, os conjuntos devem manter exatamente k valores, onde k é o número de registradores disponíveis para manter os valores de variáveis. Em seguida, temos que reescrever as regras para a produção *Fator* → nome a fim de modelar a ocupação do registrador. Se um valor ainda não foi carregado, e um registrador está disponível, ele cobra por um único load. Se um load for necessário, mas nenhum registrador estiver disponível, pode remover um valor de algum registrador e cobrar pelo load. A escolha de qual valor remover é complexa (a discussão a este respeito encontra-se no Capítulo 13). Como a regra para *Atrib* sempre cobra por um store, o valor na memória será atual. Assim, nenhum store é necessário quando um valor é removido. Finalmente, se o valor já tiver sido carregado e ainda estiver em um registrador, então nenhum custo é cobrado.

Este modelo complica o conjunto de regras para *Fator* → nome e exige uma condição inicial ligeiramente mais complexa (na regra para *Bloco* → *Atrib*). Porém, não complica as regras de cópia para todas as outras produções. Assim, a precisão do modelo não aumenta significativamente a complexidade do uso de uma gramática de atributo. Toda a complexidade adicionada cai nas poucas regras que manipulam diretamente o modelo.

4.3.4 Problemas com a técnica de gramática de atributo

Os exemplos anteriores ilustram muitas das questões computacionais que surgem no uso das gramáticas de atributo para realizar computações sensíveis ao contexto sobre árvores sintáticas. Algumas impõem problemas particulares para o uso de gramáticas de atributo em um compilador. Em particular, a maioria das aplicações das gramáticas de atributo no front end de um compilador assume que os resultados da atribuição devem ser preservados, normalmente na forma de uma árvore de derivação atribuída. Esta seção detalha o impacto dos problemas que vimos nos exemplos anteriores.

Tratamento de informações não locais

Alguns problemas são mapeados claramente no paradigma de gramática de atributo, particularmente aqueles em que toda a informação flui no mesmo sentido. Porém, os problemas com um padrão complexo de fluxo de informações podem ser difíceis de expressar como gramáticas de atributo. Uma regra de atribuição pode nomear somente valores associados a um símbolo da gramática que aparece na mesma produção; isto restringe a regra para usar apenas informações próximas, ou locais. Se a computação exigir um valor não local, a gramática de atributo deve incluir regras de cópia para mover esses valores para os pontos onde são usados.

As regras de cópia podem inchar o tamanho de uma gramática de atributo; compare as Figuras 4.8, 4.9 e 4.10. O implementador precisa escrever cada uma dessas regras. No avaliador, cada uma das regras precisa ser executada, criando novos atributos e trabalho adicional. Quando a informação é agregada, como na regra de declarar-antes-de-usar ou no framework para estimar os tempos de execução, uma nova cópia da informação deve ser feita toda vez que uma regra muda o valor de uma agregação. Essas regras de cópia acrescentam outra camada de trabalho às tarefas de escrever e avaliar uma gramática de atributo.

Gerenciamento de espaço de armazenamento

Para exemplos realistas, a avaliação produz grandes quantidades de atributos. O uso de regras de cópia para mover informações pela árvore sintática pode multiplicar o número de ocorrências de atributo que a avaliação cria. Se a gramática agrega informações em estruturas complexas — para passar informações de declaração pela árvore sintática, por exemplo —, os atributos individuais podem ser grandes. O avaliador precisa gerenciar o espaço de armazenamento para atributos; um esquema de gerenciamento de espaço de armazenamento fraco pode ter impacto negativo desproporcionalmente grande sobre os requisitos de recursos do avaliador.

Se o avaliador puder determinar quais valores de atributo podem ser usados após a avaliação, será capaz de reutilizar algum espaço de armazenamento de atributo recuperando o espaço para os valores que podem nunca ser usados novamente. Por exemplo, uma gramática de atributo que avalie uma árvore de expressão para um único valor pode retorná-lo ao processo que o chamou. Nesse cenário, os valores intermediários calculados nos nós interiores poderiam ser descartados — nunca usados novamente — e, assim, candidatos à recuperação. Por outro lado, se a árvore resultante da atribuição for persistente e sujeita a inspeção posterior — como poderia ser o caso em uma gramática de atributo para inferência de tipos —, então o avaliador deve assumir que uma fase posterior do compilador pode percorrer a árvore e inspecionar atributos arbitrários. Neste caso, ele não pode recuperar o espaço de armazenamento para qualquer uma das ocorrências de atributo.

Este problema reflete um choque fundamental entre a natureza funcional do paradigma de gramática de atributo e o uso imperativo para o qual ele poderia ser colocado no compilador. Os usos possíveis de um atributo em fases posteriores do compilador têm o efeito de acrescentar dependências deste atributo a usos não especificados na gramática de atributos, o que modifica o paradigma funcional e remove um de seus pontos fortes: a capacidade de gerenciar automaticamente o armazenamento de atributos.

Instanciação da árvore de derivação

Uma gramática de atributo especifica uma computação relativa à árvore sintática para uma sentença válida na gramática subjacente. O paradigma conta, inerentemente, com a disponibilidade da árvore de derivação. O avaliador pode simulá-la, mas deve se comportar como se ela existisse. Embora esta árvore seja útil para discussões sobre a análise sintática, poucos compiladores realmente a constroem.

Alguns compiladores usam uma árvore sintática abstrata (AST) para representar o programa que está sendo compilado. A AST tem a estrutura essencial da árvore sintática, mas elimina muitos dos nós internos que representam símbolos não terminais na gramática (veja a descrição começando na página 198 da Seção 5.2.1). Se o compilador construísse uma AST, ele poderia usar uma gramática de atributo ligada a uma gramática para a AST. Porém, se o compilador não tiver outro uso para a AST, então o esforço de programação e o custo em tempo de compilação associado à construção e manutenção da AST devem ser pesados contra os benefícios de usar o formalismo de gramática de atributo.

Localização de respostas

Um problema final com os esquemas de gramática de atributo para análise sensível ao contexto é mais sutil. O resultado da avaliação de atributo é uma árvore atribuída. Os resultados da análise são distribuídos por essa árvore na forma de valores de atributo. Para usar esses resultados em passos posteriores, o compilador precisa percorrer a árvore a fim de localizar a informação desejada.

O compilador pode usar travessias cuidadosamente construídas para localizar um nó em particular, o que exige percorrer a árvore sintática desde a raiz para baixo até o local apropriado — em cada acesso. Isto torna o código tão mais lento quanto mais difícil de escrever, pois o compilador precisa executar cada uma dessas travessias, e o construtor de compiladores, construir cada uma delas. A alternativa é copiar as respostas importantes em um ponto na árvore, normalmente a raiz, onde sejam facilmente encontradas, processo este que introduz mais regras de cópia, exacerbando este problema.

Quebra do paradigma funcional

Um modo de resolver todos esses problemas é acrescentar um repositório central para atributos. Nesse cenário, uma regra de atributo pode registrar informações diretamente em uma tabela global, onde outras regras possam ler as informações. Esta técnica híbrida pode eliminar muitos dos problemas que surgem de informações não locais. Como a tabela pode ser acessada a partir de qualquer regra de atribuição, tem o efeito de fornecer acesso local a qualquer informação já derivada.

A inclusão de um repositório central para fatos complica as coisas de outra maneira. Se duas regras se comunicarem por um mecanismo diferente de uma regra de atribuição, a dependência implícita entre elas é removida do grafo de dependência de atributos. As dependências que faltam devem restringir o avaliador para garantir que ambas as regras sejam processadas na ordem correta; sem isto, o avaliador pode terminar construindo uma ordem que, embora correta para a gramática, tem comportamento não intencionado, devido à restrição removida. Por exemplo, passar informações entre a sintaxe de declaração e uma expressão executável através de uma tabela pode permitir que o avaliador processe declarações após algumas ou todas as expressões que usam as variáveis declaradas. Se a gramática usar regras de cópia para propagar esta mesma informação, estas regras restringem o avaliador a ordens que respeitam as dependências incorporadas por estas regras de cópia.

> **REVISÃO DA SEÇÃO**
>
> Gramáticas de atributo fornecem uma especificação funcional que pode ser usada para solucionar uma série de problemas, incluindo muitos dos que surgem na realização da análise sensível ao contexto. Nesta técnica, o construtor de compiladores produz regras sucintas para descrever a computação; o avaliador de gramática de atributo, então, fornece os mecanismos para executar a computação real. Um sistema de gramática de atributo de alta qualidade simplifica a construção da seção de elaboração semântica de um compilador.
>
> A técnica de gramática de atributo nunca conseguiu uma popularidade generalizada por uma série de motivos triviais. Grandes problemas, como a dificuldade de realizar computação não local e a necessidade de percorrer a árvore sintática para descobrir respostas para perguntas simples, desencorajaram a adoção dessas ideias. Pequenos problemas, como o gerenciamento de espaço para atributos de vida curta, eficiência do avaliador e a falta de avaliadores de gramática de atributo disponíveis e de código aberto, também tornaram essas ferramentas e técnicas menos atraentes.

```
Calc  → Expr

Expr  → Expr + Termo

      |  Expr − Termo

      |  Termo

Termo |  Termo × num

      |  Termo ÷ num

      |  num
```

Calculadora de quatro funções

> **QUESTÕES DE REVISÃO**
>
> 1. A partir da gramática da "calculadora de quatro funções" mostrada ao lado, construa um esquema de gramática de atributo que atribua cada nó *Calc* à computação especificada, exibindo a resposta em cada redução para *Expr*.
> 2. A regra "definir antes de usar" especifica que cada variável usada em um procedimento deve ser declarada antes que apareça no texto. Esboce um esquema de gramática de atributo para verificar se um procedimento está de acordo com esta regra. O problema é mais fácil se a linguagem exigir que todas as declarações precedam qualquer comando executável?

4.4 TRADUÇÃO *AD HOC* DIRIGIDA PELA SINTAXE

Os avaliadores baseados em regra para gramáticas de atributo introduzem uma ideia poderosa, que serve como base para as técnicas *ad hoc* usadas para a análise sensível ao contexto em muitos compiladores. Nesses avaliadores, o construtor de compiladores especifica uma sequência de ações que estão associadas a produções da gramática. A observação básica, de que as ações exigidas para a análise sensível ao contexto podem ser organizadas em torno da estrutura da gramática, leva a uma técnica poderosa, embora *ad hoc*, para incorporar esse tipo de análise no processo de análise de uma gramática livre de contexto. Vamos nos referir a esta técnica como tradução *ad hoc* dirigida pela sintaxe.

Neste esquema, o construtor de compiladores fornece trechos de código que são executados no momento da análise sintática. Cada trecho, ou *ação*, está ligado diretamente a uma produção na gramática. Toda vez que o parser reconhece que está em um local em particular na gramática, a ação correspondente é chamada para realizar sua tarefa. Para implementar isto em um parser de descida recursiva, o construtor de compiladores simplesmente acrescenta o código apropriado nas rotinas de análise sintática, e, com isto, tem controle completo sobre quando as ações são executadas. Em um parser *bottom-up*, shift-reduce, as ações são realizadas toda vez que o parser realiza uma ação reduce, processo mais restritivo, mas que ainda assim funciona.

Para tornar isto concreto, considere a reformulação do exemplo de número binário com sinal em um framework de tradução *ad hoc* dirigida pela sintaxe. A Figura 4.11 mostra este framework. Cada símbolo da gramática tem um único valor associado a ele, indicado por `val` nos trechos de código. O trecho de código para cada regra define o valor associado ao símbolo do lado esquerdo da regra. A regra 1 simplesmente multiplica o valor de *Sign* pelo de *List*. As regras 2 e 3 definem o valor de *Sign* de modo apropriado, assim como as regras 6 e 7 definem o valor para cada ocorrência de *Bit*. A regra 4 simplesmente copia o valor de *Bit* para *List*. O trabalho real ocorre na regra 5, que multiplica o valor acumulado dos bits iniciais (em *List.val*) por dois e depois soma ao próximo bit.

Até aqui, isto parece ser muito semelhante a uma gramática de atributo. Porém, há duas simplificações-chave. Os valores fluem em apenas um sentido, das folhas para a raiz, e, por isso, somente é permitido um único valor por símbolo da gramática. Mesmo assim, o esquema na Figura 4.11 calcula corretamente o valor do número binário com sinal. Ele deixa esse valor na raiz da árvore, assim como a gramática de atributo para números binários com sinal.

Essas duas simplificações tornam possível um método de avaliação que funciona bem com um parser *bottom-up*, como os parsers LR(1) descritos no Capítulo 3. Como cada trecho de código está associado ao lado direito de uma produção específica, o parser pode chamar a ação toda vez que efetuar uma redução usando essa produção. Isto exige pequenas modificações na ação reduce no esqueleto do parser LR(1), apresentado na Figura 3.15.

```
else if Action[s,word] = "reduce A → β" then
    chamar a ação reduce apropriada
    desempilhar 2 × |β| símbolos
    s ← topo da pilha
    empilhar A
    empilhar Goto[s,A]
```

O gerador de parser pode reunir as ações dirigidas pela sintaxe, embuti-las em uma instrução case, que seleciona o número da produção que está sendo reduzida, e colocar essa instrução case antes de desempilhar o lado direito da produção.

O esquema de tradução ilustrado na Figura 4.11 é mais simples do que o usado para explicar as gramáticas de atributo. Naturalmente, podemos escrever uma gramática de atributo que aplique a mesma estratégia, que usaria apenas atributos sintetizados, e teria menos regras de atribuição e menos atributos do que aquela ilustrada na Figura 4.5. Escolhemos o esquema de atribuição mais complexo para ilustrar o uso de atributos sintetizados e herdados.

4.4.1 Implementação da tradução *ad hoc* dirigida pela sintaxe

Para fazer a tradução *ad hoc* dirigida pela sintaxe funcionar, o parser precisa incluir mecanismos para passar valores de suas definições em uma ação para seus usos em outra, fornecer nomeação conveniente e coerente e permitir ações que sejam executadas

	Produção			Trecho de código
1	Number	→	Sign List	Number.val ← Sign.val × List.val
2	Sign	→	+	Sign.val ← 1
3	Sign	→	-	Sign.val ← -1
4	List	→	Bit	List.val ← Bit.val
5	List$_0$	→	List$_1$ Bit	List$_0$.val ← 2 × List$_1$.val + Bit.val
6	Bit	→	0	Bit.val ← 0
7	Bit	→	1	Bit.val ← 1

■ **FIGURA 4.11** Tradução *ad hoc* dirigida pela sintaxe para números binários com sinal.

em outros pontos na análise sintática. Esta seção descreve mecanismos para tratar dessas questões em um parser *bottom-up*, shift-reduce. Ideias semelhantes funcionam para parsers *top-down*. Adotamos uma notação introduzida no sistema Yacc, um antigo e popular gerador de parser LALR(1) distribuído com o sistema operacional Unix. A notação do Yacc tem sido adotada por muitos sistemas subsequentes.

Comunicação entre ações

Para passar valores entre ações, o parser deve ter uma metodologia para alocar espaço de armazenamento de valores produzidos pelas diversas ações. Este mecanismo deve tornar possível que uma ação que utiliza um valor o encontre. Uma gramática de atributo associa os valores (atributos) aos nós na árvore sintática; unir o armazenamento do atributo ao armazenamento dos nós da árvore torna possível encontrar valores de atributo de um modo sistemático. Na tradução *ad hoc* dirigida pela sintaxe, o parser pode não construir a árvore sintática. Ao invés disso, o parser pode integrar o armazenamento para valores ao seu próprio mecanismo de rastreamento do estado da análise — sua pilha interna.

Lembre-se de que o esqueleto de parser LR(1) armazenou dois valores na pilha para cada símbolo da gramática: o símbolo e um estado correspondente. Quando ele reconhece um handle, como uma sequência *List Bit* para corresponder com o lado direito da regra 5, o primeiro par na pilha representa o *Bit,* abaixo, está o par representando a *List*. Podemos substituir esses pares ⟨símbolo, estado⟩ por triplas ⟨valor, símbolo, estado⟩. Isto fornece um atributo de valor único por símbolo da gramática — exatamente do que o esquema simplificado precisa. Para gerenciar a pilha, o parser empilha e desempilha mais valores. Em uma redução usando $A \to \beta$, retira $3 \times |\beta|$ itens da pilha, ao invés de $2 \times |\beta|$, e empilha o valor junto com o símbolo e o estado.

Esta técnica armazena os valores em locais facilmente calculados em relação ao topo da pilha. Cada redução coloca seu resultado na pilha como parte da tripla que representa o lado esquerdo. A ação lê os valores para o lado direito a partir de suas posições relativas na pilha; o *i*-ésimo símbolo no lado direito tem seu valor na *i*-ésima tripla a partir do topo da pilha. Os valores são restritos a um tamanho fixo; na prática, esta limitação significa que valores mais complexos são passados usando ponteiros para estruturas.

Para economizar espaço de armazenamento, o parser pode omitir da pilha os símbolos reais da gramática. A informação necessária para a análise sintática é codificada no estado. Este processo encurta a pilha e agiliza a análise, eliminando as operações que empilham e desempilham esses símbolos. Por outro lado, o símbolo de gramática pode ajudar no relato de erros e na depuração do parser. Este dilema normalmente é decidido em favor de não modificar o parser que as ferramentas produzem — essas modificações precisam ser refeitas toda vez que o parser é gerado novamente.

Nomeação de valores

Para simplificar o uso de valores baseados em pilha, o construtor de compiladores precisa de uma notação para nomeá-los. O Yacc introduziu uma notação concisa para resolver este problema. O símbolo $$ refere-se ao local do resultado para a produção atual. Assim, a atribuição $$ = 0; empilha o valor inteiro zero como resultado correspondente à redução atual. Essa atribuição poderia implementar a ação para a regra 6 na Figura 4.11. Para o lado direito, os símbolos $1, $2, ..., $n referem-se aos locais para o primeiro, segundo até o n-ésimo símbolo no lado direito, respectivamente.

A reescrita do exemplo da Figura 4.11 nesta notação produz a seguinte especificação:

	Produção		Trecho de código
1	Number	$\rightarrow$ Sign List	$\$\$ \leftarrow \$1 \times \$2$
2	Sign	$\rightarrow +$	$\$\$ \leftarrow 1$
3	Sign	$\rightarrow -$	$\$\$ \leftarrow -1$
4	List	$\rightarrow$ Bit	$\$\$ \leftarrow \$1$
5	$List_0$	$\rightarrow List_1$ Bit	$\$\$ \leftarrow 2 \times \$1 + \$2$
6	Bit	$\rightarrow 0$	$\$\$ \leftarrow 0$
7	Bit	$\rightarrow 1$	$\$\$ \leftarrow 1$

Observe como os trechos de código são compactos. Este esquema tem uma implementação eficiente; os símbolos são traduzidos diretamente em deslocamentos (*offsets*) a partir do topo da pilha. A notação $1 indica um local $3 \times |\beta|$ posições abaixo do topo da pilha, enquanto uma referência a i designa o local $3 \times (|\beta| - i + 1)$ posições a partir do topo da pilha. Assim, a notação posicional permite que os trechos de ação leiam e escrevam diretamente nos locais da pilha.

Ações em outros pontos da análise

Os construtores de compilador talvez também tenham de realizar uma ação no meio de uma produção ou em uma ação shift. Para que consigam, os construtores de compilador podem transformar a gramática de modo que seja realizada uma redução em cada ponto onde uma ação é necessária. Para reduzir no meio de uma produção, eles podem quebrá-la em duas partes em torno do ponto onde a ação deve ser executada. Uma produção de nível mais alto, que sequencia a primeira parte e depois a segunda, é acrescentada. Quando a primeira parte é reduzida, o parser chama a ação. Para forçar ações sobre shifts, o construtor de compiladores pode movê-la para o scanner ou acrescentar uma produção para conter a ação. Por exemplo, para realizar uma ação sempre que o parser desloca o símbolo *Bit*, o construtor de compiladores pode acrescentar uma produção

$$ShiftedBit \rightarrow Bit$$

e substituir cada ocorrência de *Bit* por *ShiftedBit*. Isto acrescenta uma redução extra para cada símbolo terminal. Assim, o custo adicional é diretamente proporcional ao número de símbolos terminais no programa.

4.4.2 Exemplos

Para entender como funciona a tradução *ad hoc* dirigida pela sintaxe, considere a reescrita do estimador de tempo de execução usando esta técnica. A principal desvantagem da solução de gramática de atributo está na proliferação de regras para copiar informações pela árvore, porque cria muitas regras adicionais na especificação e duplica os valores de atributo em muitos nós.

Para resolver esses problemas em um esquema de tradução *ad hoc* dirigida pela sintaxe, o construtor de compiladores normalmente introduz um repositório central para informações sobre variáveis, conforme já sugerimos. Isto elimina a necessidade de copiar valores pelas árvores, e também simplifica o tratamento de valores herdados. Como o parser determina a ordem de avaliação, não precisamos nos preocupar sobre quebras de dependências entre atributos.

A maioria dos compiladores monta e usa este repositório, chamado *tabela de símbolos*, que mapeia um nome para uma série de anotações como um tipo, o tamanho de sua representação em tempo de execução e a informação necessária para gerar um endereço de runtime. A tabela também pode armazenar diversos campos dependentes de tipo, como a assinatura de tipo de uma função ou o número de dimensões e seus limites para um array. A Seção 5.5 e o Apêndice B.4 aprofundam-se mais no projeto da tabela de símbolos.

Rastreamento de loads, revisão

Considere, novamente, o problema de rastrear operações `load` que surgiram como parte da estimativa de custos de execução. A maior parte da complexidade na gramática de atributos para este problema surgiu da necessidade de passar informações pela árvore. Em um esquema de tradução *ad hoc* dirigida pela sintaxe que usa tabela de símbolos, o problema é fácil de ser tratado. O construtor de compiladores pode reservar um campo na tabela para manter um booleano que indica se esse identificador já foi ou não carregado por um `load`. O campo é inicialmente definido como `false`. O código crítico é associado à produção *Fator* → `nome`. Se a entrada na tabela de símbolos de `nome` indicar que ele não foi carregado por um `load`, então o custo é atualizado e o campo é definido como `true`.

A Figura 4.12 ilustra este caso, juntamente com todas as outras ações. Como as ações podem conter um código qualquer, o compilador pode acumular `cost` em uma única variável, ao invés de criar um atributo `cost` em cada nó da árvore sintática. Este esquema exige menos ações do que as regras de atribuição para o modelo de execução mais simples, embora forneça a precisão do modelo mais complexo.

Produção	Ações dirigidas pela sintaxe
Bloco₀ → **Bloco₁ Atrib**	
| **Atrib**	
Atrib → nome = **Expr** ;	{ cost = cost + Cost(store) }
Expr → **Expr** + **Termo**	{ cost = cost + Cost(add) }
| **Expr** − **Termo**	{ cost = cost + Cost(sub) }
| **Termo**	
Termo → **Termo** × **Fator**	{ cost = cost + Cost(mult) }
| **Termo** ÷ **Fator**	{ cost = cost + Cost(div) }
| **Fator**	
Fator → (**Expr**)	
| num	{ cost = cost + Cost(loadI) }
| nome	{ if campo da tabela de símbolos para nome indica que não foi carregado then cost = cost + Cost(load) definir o campo como true }

■ **FIGURA 4.12** Rastreando loads com a tradução *ad hoc* dirigida pela sintaxe.

Observe que várias produções não possuem ações, e as restantes são simples, exceto para aquela tomada sobre uma redução de nome. Toda complicação introduzida pelo rastreamento de loads encontra-se nesta única ação. Compare isto com a versão da gramática de atributo, onde a tarefa de passar os conjuntos Before e After chegou a dominar a especificação. A versão *ad hoc* é mais limpa e mais simples, em parte porque o problema se encaixa bem na ordem de avaliação ditada pelas ações de redução (reduce) em um parser shift-reduce. Naturalmente, o construtor de compiladores precisa implementar a tabela de símbolos ou importá-la de alguma biblioteca de implementações de estruturas de dados.

Claramente, algumas dessas estratégias também poderiam ser aplicadas em um framework de gramática de atributo. Porém, elas violam a natureza funcional da gramática de atributo. Elas forçam partes críticas do trabalho, do framework de gramática de atributo para a configuração *ad hoc*.

O esquema na Figura 4.12 ignora uma questão crítica: inicializar cost. A gramática, conforme está escrita, não contém uma produção que possa apropriadamente inicializar cost como zero. A solução, já descrita, é modificar a gramática de um modo que crie um local para a inicialização. Uma produção inicial, como *Start* → *CostInit Block*, juntamente com *CostInit* → ε, faz isto. O framework pode realizar a atribuição `cost ← 0` na redução de ε para *CostInit*.

Inferência de tipos para expressões, revisão

O problema da inferência de tipos para expressões encaixa-se bem ao framework de gramática de atributo, desde que assumamos que os nós folha já contenham informações de tipo. A simplicidade da solução mostrada na Figura 4.7 deriva de dois fatos principais. Primeiro, como os tipos de expressão são definidos recursivamente na árvore de expressão, o fluxo natural de informações corre de baixo para cima, das folhas até a raiz, fazendo que a solução se volte para uma gramática S-atribuída. Segundo, os tipos de expressão são definidos em termos da sintaxe da linguagem fonte. Isto se encaixa bem ao framework da gramática de atributo, que implicitamente exige a presença de uma árvore sintática. Todas as informações de tipo podem ser ligadas a ocorrências de símbolos da gramática, que correspondem exatamente aos nós na árvore sintática.

Podemos reformular este problema em um framework *ad hoc*, como mostra a Figura 4.13. Ele usa as funções de inferência de tipo introduzidas com a Figura 4.7. O framework resultante parece ser semelhante à gramática de atributo para a mesma finalidade da Figura 4.7. O framework *ad hoc* não oferece uma vantagem real para este problema.

Criação de uma árvore sintática abstrata

Os front ends de compiladores precisam criar uma representação intermediária do programa para usar na parte do meio do compilador e no seu back end. As árvores sintáticas abstratas são uma forma comum de IR estruturada em árvore. A tarefa de criar uma AST assenta-se bem a um esquema de tradução *ad hoc* dirigida pela sintaxe.

Suponha que o compilador tenha uma série de rotinas chamadas `MakeNode`$_i$, para $0 \leq i \leq 3$. A rotina usa, como primeiro argumento, uma constante que identifica exclusivamente o símbolo da gramática que o novo nó representará. Os *i* argumentos restantes

	Produção		Ações dirigidas pela sintaxe
Expr	→	*Expr* + *Termo*	{ $\$\$ \leftarrow \mathcal{F}_+(\$1,\$3)$ }
	|	*Expr* – *Termo*	{ $\$\$ \leftarrow \mathcal{F}_-(\$1,\$3)$ }
	|	*Termo*	{ $\$\$ \leftarrow \$1$ }
Term	→	*Termo* × *Fator*	{ $\$\$ \leftarrow \mathcal{F}_\times(\$1,\$3)$ }
	|	*Termo* ÷ *Fator*	{ $\$\$ \leftarrow \mathcal{F}_\div(\$1,\$3)$ }
	|	*Fator*	{ $\$\$ \leftarrow \$1$ }
Factor	→	(*Expr*)	{ $\$\$ \leftarrow \$2$ }
	|	`num`	{ $\$\$ \leftarrow$ *tipo do* `num` }
	|	`nome`	{ $\$\$ \leftarrow$ *tipo do* `nome` }

■ **FIGURA 4.13** Framework *ad hoc* para inferir tipos de expressão.

são os nós que encabeçam cada uma das *i* subárvores. Assim, `MakeNode₀ (number)` constrói um nó folha e o marca como representando um num. De modo semelhante,

`MakeNode₂ (Plus, MakeNode₀ (number,) makeNode₀ (number))`

cria uma AST cuja raiz é um nó para `plus` com dois filhos, cada um deles um nó folha para num.

Para criar uma árvore sintática abstrata, o esquema de tradução *ad hoc* dirigida pela sintaxe segue dois princípios gerais:

As rotinas `MakeNode` podem implementar a árvore de qualquer maneira que seja apropriada. Por exemplo, podem mapear a estrutura para uma árvore binária, conforme discutido na Seção B.3.1.

1. Para um operador, cria um nó com um filho para cada operando. Assim, 2 + 3 cria um nó binário para + com os nós para 2 e 3 como filhos.
2. Para uma produção inútil, como *Termo → Fator*, reutiliza o resultado da ação *Fator* como seu próprio resultado.

Produção			Ações dirigidas pela sintaxe
Expr	→	*Expr + Termo*	{ $\$\$ \leftarrow$ `MakeNode₂(add, $1, $3);` $\$\$.type \leftarrow \mathcal{F}_+ (\$1.type, \$3.type)$ }
	|	*Expr − Termo*	{ $\$\$ \leftarrow$ `MakeNode₂ (sub, $1, $3);` $\$\$.type \leftarrow \mathcal{F}_- (\$1.type, \$3.type)$ }
	|	*Termo*	{ $\$\$ \leftarrow \$1$ }
Termo	→	*Termo × Fator*	{ $\$\$ \leftarrow$ `MakeNode₂ (mult, $1, $3);` $\$\$.type \leftarrow \mathcal{F}_\times (\$1.type, \$3.type)$ }
	|	*Termo ÷ Fator*	{ $\$\$ \leftarrow$ `MakeNode₂ (div, $1, $3);` $\$\$.type \leftarrow \mathcal{F}_\div (\$1.type, \$3.type)$ }
	|	*Fator*	{ $\$\$ \leftarrow \$1$ }
Fator	→	*(Expr)*	{ $\$\$ \leftarrow \$2$ }
	|	num	{ $\$\$ \leftarrow$ `MakeNode₀ (number);` $\$\$.text \leftarrow$ *texto retornado pelo scanner;* $\$\$.type \leftarrow$ *tipo do número* }
	|	nome	{ $\$\$ \leftarrow$ `MakeNode₀ (identifier);` $\$\$.text \leftarrow$ *texto retornado pelo scanner;* $\$\$.type \leftarrow$ *tipo do identificador* }

■ **FIGURA 4.14** Construindo uma árvore sintática abstrata e inferindo tipos de expressão.

Desta maneira, este esquema evita a criação de nós de árvore que representam variáveis sintáticas, como *Fator*, *Termo* e *Expr*. A Figura 4.14 mostra um exemplo de tradução dirigida pela sintaxe que incorpora essas ideias.

Geração de ILOC para expressões

Como exemplo final de manipulação de expressões, considere um framework *ad hoc* que gera ILOC ao invés de uma AST. Faremos várias suposições para simplificar. O exemplo limita sua atenção a inteiros — o tratamento de outros tipos aumenta a complexidade, mas não muito a percepção —, e também considera que todos os valores podem ser mantidos em registradores; tanto, que os valores cabem nos registradores, como que a implementação ILOC fornece mais registradores do que a computação usará.

A geração de código exige que o compilador rastreie muitos pequenos detalhes. Para remover o máximo desses detalhes (e adiar algumas questões mais profundas para os capítulos seguintes), o framework de exemplo utiliza quatro rotinas de suporte.

1. *Address* utiliza um nome de variável como seu argumento. Ela retorna o número de um registrador que contém o valor especificado por nome. Se for preciso, gera código para carregar este valor.
2. *Emit* trata dos detalhes da criação de uma representação concreta para as diversas operações ILOC, e pode formatá-las e imprimi-las em um arquivo. Como alternativa, pode ainda criar uma representação interna, para uso posterior.
3. *NextRegister* retorna um novo número de registrador. Uma implementação simples poderia incrementar um contador global.
4. *Value* utiliza um número como seu argumento e retorna um número de registrador. Garante que o registrador contém o número passado como seu argumento, e, se for preciso, gera código para mover esse número para o registrador.

A Figura 4.15 mostra o framework dirigido pela sintaxe para este problema. As ações se comunicam passando os nomes de registradores na pilha de análise. As ações passam esses nomes para `Emit` conforme a necessidade, a fim de criar as operações que implementam a expressão de entrada.

Processamento de declarações

Naturalmente, o construtor de compiladores pode usar ações dirigidas pela sintaxe para preencher muitas informações que residem na tabela de símbolos. Por exemplo, o fragmento de gramática apresentado na Figura 4.16 descreve um subconjunto limitado da sintaxe para declaração de variáveis em C. (Ele omite `typedefs`, `structs`, `unions`, os qualificadores de tipo `const`, `restrict` e `volatile`, bem como os detalhes da sintaxe de inicialização, assim como deixa vários não terminais não elaborados.) Considere as ações exigidas para criar entradas da tabela de símbolos para cada variável declarada. Cada *Declaração* começa com um conjunto de um ou mais qualificadores que especificam o tipo e a classe de armazenamento da variável. Esses qualificadores são seguidos por uma lista de um ou mais nomes de variável; cada nome de variável pode incluir especificações sobre indireção (uma ou mais ocorrências de *), dimensões de array e valores iniciais para a variável.

Por exemplo, a produção *ClasseArmazenamento* permite que o programador especifique informações sobre o tempo de vida do valor de uma variável; uma variável `auto` tem um tempo de vida que corresponde ao do bloco que a declara, enquanto variáveis `static` têm tempos de vida que duram por toda a execução do programa. O especificador `register` sugere ao compilador que o valor deve ser mantido em

Produção		Ações dirigidas pela sintaxe
Expr	→ Expr + Termo	{ $$ ← NextRegister; Emit(add, $1, $3, $$) }
	| Expr − Termo	{ $$ ← NextRegister; Emit(sub, $1, $3, $$) }
	| Termo	{ $$ ← $1 }
Termo	→ Termo × Fator	{ $$ ← NextRegister; Emit(mult, $1, $3, $$) }
	| Termo ÷ Fator	{ $$ ← NextRegister; Emit(div, $1, $3,$$) }
	| Fator	{ $$ ← $1 }
Fator	→ (Expr)	{ $$ ← $2 }
	| num	{ $$ ← Value(texto retornado pelo scanner); }
	| nome	{ $$ ← Address(texto retornado pelo scanner); }

■ **FIGURA 4.15** Emissão de ILOC para expressões.

um local que possa ser acessado rapidamente — historicamente, um registrador de hardware. O especificador `extern` diz ao compilador que as declarações com o mesmo nome em diferentes unidades de compilação devem ser ligadas como um único objeto.

O compilador precisa garantir que cada nome declarado tenha no máximo um atributo de classe de armazenamento. A gramática coloca os especificadores antes de uma lista de um ou mais nomes. O compilador pode registrar os especificadores enquanto os processa e aplicá-los aos nomes quando os encontrar mais tarde. A gramática admite um número qualquer de palavras-chave de *ClasseArmazenamento* e *EspecificadorTipo*; o padrão limita as formas como as palavras-chave reais podem ser combinadas. Por exemplo, permite apenas uma *ClasseArmazenamento* por declaração. O compilador precisa impor esta restrição através da verificação sensível ao contexto. Restrições semelhantes aplicam-se aos *EspecificadoresTipo*. Por exemplo, `short` é válido com `int`, mas não com `float`.

Embora essas restrições possam ser codificadas na gramática, os escritores padrão resolveram deixar isso para a elaboração semântica verificar, ao invés de complicar uma gramática já grande.

ListaDeclaração	→	*ListaDeclaração Declaração*
	|	*Declaração*
Declaração	→	*ListaEspecificador ListaDeclaradorInic* ;
ListaEspecificador	→	*Especificador ListaEspecificador*
	|	*Especificador*
Especificador	→	*ClasseArmazenamento*
	|	*EspecificadorTipo*
ClasseArmazenamento	→	`auto`
	|	`static`
	|	`extern`
	|	`register`
EspecificadorTipo	→	`void`
	|	`char`
	|	`short`
	|	`int`
	|	`long`
	|	`signed`
	|	`unsigned`
	|	`float`
	|	`double`
ListaDeclaradorInic	→	ListaDeclaradorInic, DeclaradorInic
	|	DeclaradorInic
DeclaradorInic	→	Declarador = Inicializador
	|	Declarador
Declarador	→	Ponteiro DeclaradorDireto
	|	DeclaradorDireto
Ponteiro	→	*
	|	* Ponteiro
DeclaradorDireto	→	`ident`
	|	(*Declarador*)
	|	*DeclaradorDireto* ( )
	|	*DeclaradorDireto* (*ListaTipoParâmetro*)
	|	*DeclaradorDireto* (*ListaIdentificador*)
	|	*DeclaradorDireto* [ ]
	|	*DeclaradorDireto* [*ExprConstante*]

■ **FIGURA 4.16** Subconjunto da sintaxe de declaração da linguagem C.

> **E AS GRAMÁTICAS SENSÍVEIS AO CONTEXTO?**
>
> Dada a progressão de ideias dos capítulos anteriores, pode ser natural considerar o uso de linguagens sensíveis ao contexto para realizar verificações sensíveis ao contexto, como a inferência de tipos. Afinal, usamos linguagens regulares para realizar análise léxica e linguagens livres de contexto para a análise sintática. Uma progressão natural poderia sugerir o estudo de linguagens sensíveis ao contexto e suas gramáticas. As gramáticas sensíveis ao contexto podem expressar uma família maior de linguagens do que as gramáticas livres de contexto.
>
> Porém, gramáticas sensíveis ao contexto não são a resposta certa por dois motivos distintos. Primeiro, o problema de analisar uma gramática sensível ao contexto é P-Espeço completo. Assim, um compilador que usasse tal técnica poderia executar *muito* lentamente. Segundo, muitas das questões importantes são difíceis, se não impossíveis de codificar em uma gramática sensível ao contexto. Por exemplo, considere a questão da declaração antes do uso. Escrever esta regra em uma gramática sensível ao contexto exigiria que a gramática codificasse cada combinação distinta de variáveis declaradas. Com um espaço de nomes suficientemente pequeno (por exemplo, Dartmouth BASIC limitava o programador a nomes com única letra, com um único dígito opcional) isto pode ser administrável; em uma linguagem moderna, com um grande espaço de nomes, o conjunto de nomes é muito grande para ser codificado em uma gramática sensível ao contexto.

Para processar declarações, o compilador precisa coletar os atributos a partir dos qualificadores, acrescentar quaisquer atributos de indireção, dimensão ou inicialização, e entrar com a variável na tabela. O construtor de compiladores pode preparar uma estrutura de propriedades cujos campos correspondem às propriedades de uma entrada na tabela de símbolos. Ao final de uma *Declaração*, ele pode inicializar os valores de cada campo na estrutura. À medida que reduz as diversas produções na sintaxe de declaração, ele pode ajustar os valores na estrutura de modo correspondente.

- Em uma redução de `auto` para *ClasseArmazenamento*, o compilador pode verificar que o campo para a classe de armazenamento ainda não foi definido e então defini-lo como auto. Ações semelhantes para `static`, `extern` e `register` completam o tratamento dessas propriedades de um nome.
- As produções de especificador de tipo definirão outros campos na estrutura, e devem incluir verificações para garantir que ocorram somente combinações válidas.
- A redução de `ident` para *DeclaradorDireto* deve disparar uma ação que cria uma nova entrada na tabela de símbolos para o nome e copiar as configurações atuais da estrutura de propriedades para essa entrada.
- A redução pela produção

   ListaDeclaradorInic → *ListaDeclaradorInic* , *DeclaradorInic*

   pode reiniciar os campos de propriedades que se relacionam ao nome específico, incluindo aqueles definidos pelas produções *Ponteiro*, *Inicializador* e *DeclaradorDireto*.

Coordenando uma série de ações entre as produções na sintaxe da declaração, o construtor de compiladores pode providenciar para que a estrutura de propriedades contenha as configurações apropriadas toda vez que um nome é processado.

Quando o parser terminar de construir a *ListaDeclaração* terá criado uma entrada da tabela de símbolos para cada variável declarada no escopo atual. Neste ponto, pode ter que realizar algumas tarefas de manutenção, como atribuir locais de armazenamento a variáveis declaradas, o que pode ser feito em uma ação para a produção que reduz a *ListaDeclaração*. Se for necessário, essa produção pode ser dividida para criar um ponto conveniente para a ação.

> **REVISÃO DA SEÇÃO**
> A introdução dos geradores de parser criou a necessidade de um mecanismo para unir as ações sensíveis ao contexto ao comportamento em tempo de análise do compilador. A tradução *ad hoc* dirigida pela sintaxe, conforme descrita nesta seção, evoluiu para atender a esta necessidade. Ela utiliza algumas das mesmas intuições da técnica de gramática de atributo; só permite uma ordem de avaliação; e tem um espaço de nomes limitado para uso nos trechos de código que formam as ações semânticas.
>
> Apesar dessas limitações, o poder de permitir um código qualquer nas ações semânticas, junto com o suporte para esta técnica em geradores de parser bastante utilizados, levou ao uso generalizado da tradução *ad hoc* dirigida pela sintaxe, que funciona bem em conjunto com estruturas de dados globais, como uma tabela de símbolos, para realizar a comunicação não local, resolvendo de modo eficiente e eficaz uma classe de problemas que surgem na criação do front end de um compilador.

$$Calc \rightarrow Expr$$
$$Expr \rightarrow Expr + Term$$
$$|\ Expr - Term$$
$$|\ Term$$
$$Term \rightarrow Term \times num$$
$$|\ Term \div num$$
$$|\ num$$

Calculadora de quatro funções
Dica: lembre-se de que uma gramática de atributos não especifica a ordem da avaliação.

> **QUESTÕES DE REVISÃO**
> 1. Considere o problema de incluir ações *ad hoc* a um gerador de parser LL(1). Como você modificaria o esqueleto de parser LL(1) para incluir ações definidas pelo usuário para cada produção?
> 2. Na questão de revisão 1 da Seção 4.3, você criou um framework de gramática de atributo para calcular valores na gramática da "calculadora de quatro funções". Agora, considere a implementação de um *widget* calculadora para a área de trabalho do seu computador pessoal. Compare a utilidade de sua gramática de atributo com seu esquema de tradução *ad hoc* dirigida pela sintaxe para a implementação da calculadora.

4.5 TÓPICOS AVANÇADOS

Este capítulo vem apresentando as noções básicas da teoria de tipos e as utilizou como um exemplo motivador para os frameworks de gramática de atributo e para a tradução *ad hoc* dirigida pela sintaxe. Um tratamento mais profundo da teoria de tipos e suas aplicações poderia facilmente preencher um volume inteiro.

Esta primeira subseção estabelece algumas questões de projeto de linguagem que afetam o modo como um compilador deve realizar a inferência de tipos e a verificação de tipos. A segunda examina um problema que surge na prática: rearranjar uma computação durante o processo de criação da representação intermediária para ela.

4.5.1 Problemas mais difíceis na inferência de tipos

Linguagens fortemente tipadas verificadas estaticamente, podem ajudar o programador a produzir programas válidos detectando grandes classes de programas errôneos. Os mesmos recursos que expõem erros podem melhorar a capacidade do compilador de gerar código eficiente para um programa, eliminando verificações em tempo de execução e expondo onde o compilador pode construir um código especial para alguma construção, a fim de eliminar casos que não possam ocorrer em runtime. Estes fatos explicam, em parte, o papel cada vez maior dos sistemas de tipos nas linguagens de programação modernas.

Porém, nossos exemplos fizeram suposições que não se aplicam a todas as linguagens de programação. Por exemplo, consideramos que variáveis e procedimentos são declarados — o programador escreve uma especificação concisa e obrigatória para cada nome. Variar essas suposições pode mudar radicalmente a natureza do problema de verificação de tipos e das estratégias que o compilador pode usar para implementar a linguagem.

Algumas linguagens de programação, ou omitem declarações ou as tratam como informações opcionais. Programas em Scheme não têm declarações para variáveis. Programas em Smalltalk declaram classes, mas a classe de um objeto é determinada somente quando o programa constrói o objeto. As linguagens que têm suporte para compilação separada — compilar procedimentos de forma independente e combiná-los em tempo de ligação para formar um programa — podem não exigir declarações para procedimentos compilados desta forma.

Na ausência de declarações, a verificação de tipos é mais difícil, pois o compilador precisa contar com dicas contextuais para determinar o tipo apropriado para cada nome. Por exemplo, se i é usado como um índice para algum array a, isso pode restringir i a ter um tipo numérico. A linguagem poderia permitir somente subscritos inteiros; alternativamente, poderia permitir qualquer tipo que pudesse ser convertido para um inteiro.

Regras de tipos são especificadas pela definição da linguagem. Os detalhes específicos dessas regras determinam quão difícil é inferir um tipo para cada variável, o que, por sua vez, tem um efeito direto sobre as estratégias que um compilador pode usar para implementar a linguagem.

Usos consistentes de tipo e tipos de função constante

Considere uma linguagem livre de declaração que exige o uso consistente de variáveis e funções. Neste caso, o compilador pode atribuir a cada nome um tipo geral e estreitá-lo examinando cada uso do nome no contexto. Por exemplo, uma instrução como $a \leftarrow b \times 3.14159$ fornece evidências de que a e b são números, e que a deve ter um tipo que lhe permita armazenar um número decimal. Se b também aparece nos contextos onde um inteiro é esperado, como em uma referência de array $c(b)$, então o compilador deve escolher entre um número não inteiro (para $b \times 3.14159$) e um inteiro {para $c(b)$}. Qualquer que seja a escolha, ele precisará de uma conversão para um dos usos.

Se as funções tiverem tipos de retorno que sejam conhecidos e constantes — ou seja, uma função fee sempre retorna o mesmo tipo —, então o compilador pode resolver o problema de inferência de tipos com um algoritmo iterativo de ponto fixo operando sobre uma grade de tipos.

Usos consistentes de tipo e tipos de função desconhecidos

Se o tipo de uma função variar com os argumentos da função, então o problema de inferência de tipo torna-se mais complexo. Esta situação surge na linguagem Scheme,

> Map também pode tratar de funções com múltiplos argumentos. Para fazê-lo, ele toma várias listas passadas como argumento e as trata como listas de argumentos, em ordem.

por exemplo. Seu procedimento de biblioteca map usa como argumentos uma função e uma lista. Ele retorna o resultado da aplicação da função passada como argumento a cada elemento da lista. Ou seja, se a função do argumento leva o tipo α para β, então map leva uma lista de α para uma lista de β. Escreveríamos sua assinatura de tipo como

$$\texttt{map}: (\alpha \rightarrow \beta) \times \textit{list of } \alpha \rightarrow \textit{list of } \beta$$

Como o tipo de retorno de map depende dos tipos de seus argumentos, uma propriedade conhecida como *polimorfismo paramétrico*, as regras de inferência precisam incluir equações sobre o espaço de tipos. (Com tipos de retorno conhecidos e constantes, as funções retornam valores neste espaço.) Com esse acréscimo, uma simples técnica iterativa de ponto fixo para a inferência de tipos não é suficiente.

O método clássico para verificar esses sistemas mais complexos baseia-se na unificação, embora projetos inteligente do sistema de tipos e das representações de tipo possam permitir o uso de técnicas mais simples ou mais eficientes.

Mudanças dinâmicas no tipo

Se o tipo de uma variável puder mudar durante a execução, outras estratégias são exigidas para descobrir onde ocorrem as mudanças de tipo e inferir os tipos apropriados. Em princípio, um compilador pode renomear as variáveis de modo que cada local de definição corresponda a um nome exclusivo. Ele pode, então, inferir os tipos para esses nomes com base no contexto fornecido pela operação que define cada nome.

Para inferir os tipos com sucesso, tal sistema precisa lidar com pontos no código onde definições distintas devem se mesclar em razão da convergência de diferentes caminhos do fluxo de controle, como ocorre com as funções Ø no formato de atribuição única estática (ver Seções 5.4.2 e 9.3). Se a linguagem incluir o polimorfismo paramétrico, o mecanismo de inferência de tipos precisa tratar disso também.

O método clássico para implementar uma linguagem com tipos que mudam dinamicamente é recorrer à interpretação. Lisp, Scheme, Smalltalk e APL possuem problemas semelhantes. A prática de implementação padrão para essas linguagens envolve a interpretação dos operadores, marcando os dados com seus tipos e verificando erros de tipo em tempo de execução.

Em APL, o programador pode facilmente escrever um programa no qual a × b multiplica inteiros na primeira vez que é executado e multiplica arrays multidimensionais de números de ponto flutuante na próxima vez. Isso levou a muitos trabalhos de pesquisa sobre eliminação de verificação e mudança de verificação. Os melhores sistemas APL evitaram a maior parte das verificações que um interpretador simples precisaria.

4.5.2 **Mudança de associatividade**

Como vimos na Seção 3.5.4, a associatividade pode fazer diferença na computação numérica. De maneira semelhante, ela pode mudar o modo como as estruturas de dados são criadas. Podemos usar ações dirigidas pela sintaxe para criar representações que reflitam uma associatividade diferente daquela que a gramática naturalmente produziria.

Produção	Ações
List -> List elt	{$$ <- L($1.$2)}
| elt	{$$ <- $1}

Produção	Ações
List -> elt List	{$$ <-L($1.$2)}
| elt	{$$ <- $1}

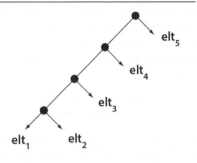
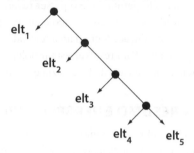

Reversão à esquerda   Reversão à direita

■ **FIGURA 4.17** Recursão *versus* associatividade.

Em geral, as gramáticas recursivas à esquerda naturalmente produzem associatividade à esquerda, enquanto gramáticas recursivas à direita, naturalmente produzem associatividade à direita. Para ver isto, considere gramáticas de lista recursivas à esquerda e à direita, aumentadas com ações dirigidas pela sintaxe para criar listas, apresentadas no alto da Figura 4.17. As ações associadas a cada produção constroem uma representação de lista. Suponha que $L(x,y)$ seja um construtor de lista; que pode ser implementado como $MakeNode_2(cons,x,y)$. A parte inferior da figura mostra o resultado da aplicação dos dois esquemas de tradução a uma entrada consistindo em cinco elts.

Ambas as árvores são, de várias maneiras, equivalentes. Uma travessia em ordem de ambas visita os nós folha na mesma ordem. Se acrescentarmos parênteses para refletir a estrutura de árvore, a árvore recursiva à esquerda é ((((elt1,elt2),elt3),elt4),elt5), enquanto a árvore recursiva à direita é (elt1,(elt2,(elt3,(elt4,elt5)))). A ordenação produzida pela recursão à esquerda corresponde à ordenação clássica da esquerda para a direita para operadores algébricos; a ordenação produzida pela recursão à direita, corresponde à noção de uma lista encontrada em Lisp e Scheme.

Por vezes, é conveniente usar diferentes direções para recursão e associatividade. Para criar a árvore recursiva à direita a partir da gramática recursiva à esquerda, poderíamos usar um construtor que acrescenta elementos sucessivos ao final da lista. Uma implementação direta desta ideia teria que percorrer a lista a cada redução, fazendo o construtor tomar um tempo $O(n^2)$, onde n é o comprimento da lista. Para evitar este overhead, o compilador pode criar um nó de cabeçalho de lista que contém ponteiros para o primeiro e último nós na lista, introduzindo assim um nó extra na lista. Se o sistema construir muitas listas curtas, o overhead pode ser um problema.

Uma solução que achamos particularmente atraente é usar um nó de cabeçalho de lista durante a construção e descartá-lo após a lista ter sido criada. Isto pode ser feito de forma elegante, reescrevendo a gramática para usar uma ε-produção.

	Gramática			Ações
List	→		ε	{$$ ← *MakeListHeader()*}
	|		*List* elt	{$$ ← *AddToEnd($1, $2)*}
Quux	→		*List*	{$$ ← *RemoveListHeader($1)*}

Uma redução com a ε-produção cria o nó de cabeçalho de lista temporário; com um parser shift-reduce essa redução ocorre primeiro. A produção *List* → *List* elt chama um construtor que conta com a presença do nó de cabeçalho temporário. Quando *List* é reduzida no lado direito de qualquer outra produção, a ação correspondente chama uma função que descarta o cabeçalho temporário e retorna o primeiro elemento da lista.

Este método permite que o parser reverta a associatividade ao custo de um pequeno overhead constante em espaço e em tempo. Isto exige uma redução a mais por lista para a ε-produção. A gramática revisada admite uma lista vazia, enquanto a gramática original não. Para resolver este problema, `RemoveListHeader` pode verificar explicitamente o caso da lista vazia e relatar o erro.

4.6 RESUMO E PERSPECTIVA

Nos Capítulos 2 e 3, vimos que grande parte do trabalho no front end de um compilador pode ser automatizada. As expressões regulares funcionam bem para a análise léxica, e as gramáticas livres de contexto, para a análise sintática. Neste capítulo, examinamos duas formas de realizar a análise sensível ao contexto: o formalismo da gramática de atributo e uma técnica *ad hoc*. Para a análise sensível ao contexto, diferentemente das análises léxica e sintática, o formalismo não substituiu o método *ad hoc*.

A técnica formal, usando gramáticas de atributo, oferece a expectativa de escrever especificações de alto nível que produzem executáveis razoavelmente eficientes. Embora estas gramáticas não sejam a solução para todos os problemas na análise sensível ao contexto, encontraram aplicação em diversos domínios, variando desde provadores de teorema até análise de programa. Para problemas em que o fluxo de atributos é principalmente local, elas funcionam bem. Os problemas que podem ser totalmente formulados em termos de uma espécie de atributo, seja ele herdado ou sintetizado, em geral produzem soluções limpas, intuitivas, quando moldados como gramáticas de atributo. Quando o problema de direcionar o fluxo de atributos pela árvore com regras de cópia chega a dominar a gramática, provavelmente é o momento de sair do paradigma funcional dessas gramáticas e introduzir um repositório central para fatos.

A técnica *ad hoc*, tradução dirigida pela sintaxe, integra trechos arbitrários de código ao parser e permite que este sequencie as ações e passe valores entre elas, e tem sido bastante adotada por causa da sua flexibilidade e sua inclusão na maioria dos sistemas geradores de parser. Ela evita os problemas práticos que surgem do fluxo de atributos não locais e da necessidade de gerenciar o armazenamento de atributos. Os valores fluem em um sentido ao longo da representação interna de seu estado (valores sintetizados para parsers *bottom-up* e herdados para parsers *top-down*). Esses esquemas utilizam estruturas de dados globais para passar informações no outro sentido e para lidar com o fluxo de atributos não locais.

Na prática, o construtor de compiladores normalmente tenta resolver vários problemas ao mesmo tempo, como a criação de uma representação intermediária, a inferência de tipos e a atribuição de locais de armazenamento. Isto costuma criar fluxos de atributos significativos nos dois sentidos, levando o implementador para uma solução *ad hoc*, que usa algum repositório central para fatos, como uma tabela de símbolos. Em geral, a justificativa para resolver muitos problemas em um passo é a eficiência em tempo de compilação. Porém, a solução dos problemas em passos separados normalmente pode produzir soluções que são mais fáceis de entender, implementar e manter.

Este capítulo introduziu as ideias por trás dos sistemas de tipo como um exemplo do modelo de análise sensível ao contexto que um compilador precisa realizar. O estudo da teoria de tipos e o projeto do sistema de tipos são uma atividade significativamente erudita, com extensa literatura especializada. Aqui, apenas arranhou-se a superfície da inferência e da verificação de tipos, mas um tratamento mais profundo dessas questões está fora do escopo deste livro. Na prática, o construtor de compiladores precisa estudar o sistema de tipos da linguagem fonte por completo e projetar a implementação da inferência e verificação de tipos com cuidado. As sugestões neste capítulo são um início, mas uma implementação realista exige mais estudo.

NOTAS DO CAPÍTULO

Os sistemas de tipos têm sido uma parte integral das linguagens de programação desde o compilador FORTRAN original. Embora os primeiros sistemas de tipos refletissem os recursos da máquina subjacente, níveis de abstração mais profundos logo apareceram nos sistemas de tipos para linguagens como Algol 68 e Simula 67. A teoria dos sistemas de tipos foi ativamente estudada durante décadas, produzindo uma série de linguagens que incorporavam princípios importantes. Estas incluem Russell [45] (polimorfismo paramétrico), CLU [248] (tipos de dados abstratos), Smalltalk [162] (subtipos por herança) e ML [265] (tratamento meticuloso e completo de tipos como objetos de primeira classe). Cardelli escreveu uma excelente visão geral dos sistemas de tipo [69]. A comunidade APL produziu uma série de artigos clássicos que lidavam com técnicas para eliminar verificações em tempo de execução [1, 35, 264, 349].

Gramáticas de atributo, como muitas ideias na ciência da computação, foram propostas inicialmente por Knuth [229, 230]. A literatura especializada tem se concentrado em avaliadores [203, 342], teste de circularidade [342] e aplicações de gramáticas de atributo [157, 298]. Essas gramáticas serviram de base para diversos sistemas bem-sucedidos, incluindo o compilador Pascal da Intel para o 80286 [142, 143], o Cornell Program Synthesizer [297] e o Synthesizer Generator [198, 299].

A tradução *ad hoc* dirigida pela sintaxe sempre foi uma parte do desenvolvimento de parsers reais. Irons descreveu as ideias básicas por trás da tradução dirigida pela sintaxe para separar as ações de um parser da descrição de sua sintaxe [202]. Sem dúvida, as mesmas ideias básicas foram usadas nos parsers de precedência codificados à mão. O estilo da escrita de ações dirigidas pela sintaxe que descrevemos foi introduzido por Johnson no Yacc [205]. A mesma notação foi transportada para sistemas mais recentes, incluindo bison, do projeto Gnu.

EXERCÍCIOS

Seção 4.2

1. Em Scheme, o operador + é sobrecarregado. Visto que esta linguagem é tipada dinamicamente, descreva um método para verificar o tipo de uma operação da forma (+ a b), onde a e b podem ser de qualquer tipo que seja válido para o operador +.
2. Algumas linguagens, como APL ou PHP, não exigem declaração de variável nem forçam a consistência entre atribuições para a mesma variável. (Um programa pode atribuir o inteiro 10 a × e, depois, o valor de string "livro" a × no mesmo escopo.) Este estilo de programação às vezes é chamado *malabarismo de tipos*.
Suponha que você tenha uma implementação existente de uma linguagem que não possui declarações, mas exige usos consistentes em relação ao tipo. Como você a modificaria para permitir o malabarismo de tipos?

Seção 4.3

3. Com base nas regras de avaliação a seguir, desenhe uma árvore sintática anotada que mostre como a árvore sintática para a − (b + c) é construída.

Produção			Regras de avaliação	
E_0	$\rightarrow$	$E_1 + T$	$\{E_0 \leftarrow$	.nptr $\leftarrow$ mknode(+, E_1.nptr, T.nptr)$\}$
E_0	$\rightarrow$	$E_1 - T$	$\{E_0 \leftarrow$	.nptr $\leftarrow$ mknode(-, E_1.nptr, T.nptr)$\}$
E_0	$\rightarrow$	T	$\{E_0 \leftarrow$	.nptr $\leftarrow$ T.nptr$\}$
T	$\rightarrow$	(E)	$\{T$.nptr $\leftarrow$ E.nptr$\}$	
T	$\rightarrow$	id	$\{T$.nptr $\leftarrow$ mkleaf(id,id.entry)$\}$	

4. Use o paradigma de gramática de atributo para escrever um interpretador para a gramática de expressão clássica. Suponha que cada nome tenha um atributo value e um atributo lexeme. Suponha, também, que todos os atributos já estejam definidos e que todos os valores sempre terão o mesmo tipo.

5. Escreva uma gramática para descrever todos os números binários que sejam múltiplos de quatro. Acrescente regras de atribuição à gramática que anotarão o símbolo inicial de uma árvore sintática com um atributo value que contém o valor decimal do número binário.

6. Usando a gramática definida no exercício anterior, crie a árvore sintática para o número binário 11100.
   a. Mostre todos os atributos na árvore com seus valores correspondentes.
   b. Desenhe o grafo de dependência para a árvore sintática e classifique todos os atributos como sendo sintetizados ou herdados.

Seção 4.4

7. Um programa em Pascal pode declarar duas variáveis inteiras a e b com a sintaxe

   var a, b: int

   Esta declaração poderia ser descrita com a seguinte gramática:

   VarDecl $\rightarrow$ var *IDList* : *TypeID*

   IDList $\rightarrow$ *IDList*, *ID*

   | *ID*

   onde *IDList* deriva uma lista de nomes de variável separados por vírgulas, e *TypeID* deriva um tipo válido em Pascal. Você pode achar necessário reescrever a gramática.
   a. Escreva uma gramática de atributo que atribua o tipo de dado correto a cada variável declarada.
   b. Escreva um esquema de tradução *ad hoc* dirigida pela sintaxe que atribua o tipo de dados correto a cada variável declarada.
   c. Algum esquema pode operar em um único passo sobre a árvore sintática?

8. Às vezes, o construtor de compiladores pode mover uma questão pela fronteira entre a análise livre de contexto e a análise sensível ao contexto. Considere, por exemplo, a ambiguidade clássica que surge entre a chamada de função e referências de array em FORTRAN 77 (e outras linguagens). Essas construções poderiam ser acrescentadas à gramática de expressão clássica usando as produções:

   Fator $\rightarrow$ nome *(ExprList)*

   ExprList $\rightarrow$ *ExprList* , *Expr*

   | *Expr*

Aqui, a única diferença entre uma chamada de função e uma referência de array está na forma como nome é declarado.

Em capítulos anteriores, discutimos o uso da cooperação entre o scanner e o parser para remover a ambiguidade dessas construções. O problema pode ser resolvido durante a análise sensível ao contexto? Qual solução é preferível?

9. Às vezes, uma especificação de linguagem usa mecanismos sensíveis ao contexto para verificar propriedades que podem ser testadas de uma forma livre de contexto. Considere o fragmento de gramática na Figura 4.16. Ele permite um número arbitrário de especificadores de *ClasseArmazenamento* quando, na verdade, o padrão restringe uma declaração a um único especificador de *ClasseArmazenamento*.

   a. Reescreva a gramática para impor a restrição gramaticalmente.
   b. De modo semelhante, a linguagem permite apenas um conjunto limitado de combinações de *EspecificadorTipo*. `long` é permitido com `int` ou `float`; `short`, apenas com `int`. Tanto `signed` quanto `unsigned` podem aparecer com qualquer forma de `int`. `signed` também pode aparecer em `char`. Essas restrições podem ser escritas na gramática?
   c. Proponha uma explicação para o motivo pelo qual os autores estruturaram a gramática da forma como foi feito.
   d. Suas revisões na gramática mudam a velocidade geral do parser? Na criação de um parser para C, você usaria a gramática como a da Figura 4.16, ou preferiria sua gramática revisada? Justifique sua resposta.

Dica: o scanner retornou um único tipo de *token* para qualquer um dos valores de *ClasseArmazenamento* e outro tipo de token para qualquer um dos *EspecificadoresTipo*.

Seção 4.5

10. As linguagens orientadas a objeto permitem sobrecarga de operador e função. Nelas, o nome da função nem sempre é um identificador exclusivo, pois você pode ter várias definições relacionadas, como em

```
void Show(int);
void Show(char *);
void Show(float);
```

Para fins de pesquisa, o compilador precisa construir um identificador distinto para cada função. Às vezes, essas funções sobrecarregadas também terão diferentes tipos de retorno. Como você criaria identificadores distintos para tais funções?

11. A herança pode criar problemas para a implementação de linguagens orientadas a objeto. Quando o tipo de objeto *A* é um pai do tipo *B*, um programa pode atribuir um "ponteiro para *B*" para um "ponteiro para *A*", com uma sintaxe como a ← b. Isto não deve causar problemas, pois tudo o que *A* pode fazer *B* também pode. Porém, não se pode atribuir um "ponteiro para *A*" para um "ponteiro para *B*", pois a classe de objeto *B* pode implementar métodos que a classe de *A* não implemente.

    Crie um mecanismo que possa usar a tradução *ad hoc* dirigida pela sintaxe para determinar se uma atribuição de ponteiro deste tipo é permitida ou não.

Capítulo 5

Representações intermediárias

VISÃO GERAL DO CAPÍTULO

A estrutura de dados central em um compilador é a forma intermediária do programa sendo compilado. A maioria dos passos no compilador lê e manipula o formato IR do código. Assim, as decisões sobre o que e como representar desempenham um papel crucial no custo da compilação e na sua eficácia. Este capítulo apresenta um estudo das formas de IR que os compiladores usam, incluindo a IR gráfica, IRs lineares e tabelas de símbolos.

Palavras-chave: Representação intermediária, IR gráfica, IR linear, Formato SSA, Tabela de símbolos

5.1 INTRODUÇÃO

Os compiladores, em geral, são organizados como uma série de passos. À medida que o compilador deriva conhecimento sobre o código que compila, precisa transmitir esta informação de um passo para outro. E, portanto, necessita de uma representação para todos os fatos que deriva sobre o programa. Chamamos isto de *representação intermediária*, ou IR (*Intermediate Representation*). Um compilador pode ter uma única IR, ou então uma série de IRs que utiliza enquanto transforma o código da linguagem fonte para sua linguagem-alvo. Durante a tradução, o formato IR do programa de entrada é a forma definitiva do programa. O compilador não se refere de volta ao texto-fonte; ao invés disso, examina o formato IR do código. As propriedades da IR ou das IRs possuem um efeito direto sobre o que o compilador pode fazer com o código.

Quase toda fase do compilador manipula o programa em seu formato de IR. Assim, as propriedades da IR, como os mecanismos de leitura e escrita de campos específicos, para encontrar fatos específicos ou anotações, e para navegar por um programa no formato IR, têm um impacto direto sobre a facilidade de escrever os passos individuais e sobre seu custo da execução.

Roteiro conceitual

Este capítulo se concentra nas questões que cercam o projeto e o uso de uma IR na compilação. A Seção 5.1.1 fornece uma visão geral taxonômica das IRs e suas propriedades. Muitos construtores de compilador consideram árvores e grafos como a representação natural para programas; por exemplo, árvores sintáticas facilmente capturam as derivações criadas por um parser. A Seção 5.2 descreve várias IRs com base em árvores e grafos. Naturalmente, a maioria dos processadores que os compiladores visam possui linguagens assembly lineares como sua linguagem nativa. Por conseguinte, alguns compiladores utilizam IRs lineares com o raciocínio de que estas IRs expõem propriedades do código da máquina-alvo que os compiladores deveriam ver explicitamente. A Seção 5.3 examina as IRs lineares.

As últimas seções deste capítulo tratam de questões que se relacionam às IRs, mas não são, estritamente falando, questões de projeto de IR. A Seção 5.4 explora as questões que se relacionam à nomeação: a escolha de nomes específicos para valores específicos, que pode ter forte impacto sobre o tipo de código gerado por um compilador. Esta discussão inclui uma visão detalhada de uma IR específica, bastante utilizada, chamada *forma de atribuição única estática*, ou SSA *(Static Single-Assignment)*. A Seção 5.5 fornece uma visão geral de alto nível de como o compilador constrói, usa e mantém *tabelas de símbolos*. A maioria dos compiladores constrói uma ou mais dessas tabelas para manter informações sobre nomes e valores e fornecer acesso eficiente a elas.

Visão geral

O Apêndice B.4 oferece mais material sobre a implementação da tabela de símbolos.

Para transmitir informações entre seus passos, o compilador precisa de uma representação para todo o conhecimento que deriva sobre o programa que está sendo compilado. Assim, quase todos os compiladores utilizam alguma forma de representação intermediária para modelar o código sendo analisado, traduzido e otimizado. A maioria dos passos no compilador consome IR — o scanner é uma exceção. A maioria dos passos produz IR; os passos no gerador de código podem ser exceções. Muitos compiladores modernos utilizam várias IRs durante o curso de uma única compilação. Já em um compilador estruturado em passos, a IR serve como a representação principal e definitiva do código.

A IR precisa ser expressiva o suficiente para registrar todos os fatos úteis que o compilador pode ter que transmitir entre os passos. O código-fonte é insuficiente para esta finalidade; o compilador deriva muitos fatos que não têm representação no código-fonte, como endereços de variáveis e constantes ou do registrador em que determinado parâmetro é passado. Para registrar todos os detalhes que o compilador precisa codificar, a maioria dos construtores de compilador aumenta a IR com tabelas e conjuntos que registram informações adicionais. Consideramos essas tabelas como parte da IR.

A seleção de uma IR apropriada para um projeto de compilador exige conhecimento da linguagem-fonte, da máquina-alvo e das propriedades das aplicações que o compilador traduzirá. Por exemplo, um tradutor fonte a fonte pode usar uma IR que seja muito semelhante ao código-fonte, enquanto um compilador que produz código assembly para um microcontrolador pode obter melhores resultados com uma IR tipo código assembly. De modo semelhante, um compilador para C pode precisar de anotações sobre valores de ponteiro que são irrelevantes em outro para Perl, e um compilador Java mantém registros sobre a hierarquia de classes que não tem correspondente em um compilador C.

A implementação de uma IR força o construtor de compiladores a se concentrar nas questões práticas. O compilador precisa de meios pouco dispendiosos para realizar suas operações frequentes, e de formas concisas para expressar toda a faixa de construções que podem surgir durante a compilação. O construtor de compiladores também precisa de mecanismos que permitam que as pessoas examinem o programa IR fácil e diretamente. O interesse próprio deve garantir que os construtores de compilador prestem atenção a este último ponto. Finalmente, compiladores que usam uma IR quase sempre fazem vários passos pela IR para um programa. A capacidade de reunir informações em um passo e usá-las em outro melhora a qualidade do código que o compilador pode gerar.

O símbolo ⇒ na ILOC não tem outra finalidade senão melhorar a legibilidade.

5.1.1 Uma taxonomia de representações intermediárias

Os compiladores têm usado muitos tipos de IR. Vamos organizar esta discussão ao longo de três eixos: organização estrutural, nível de abstração e disciplina de nomeação. Em geral, estes três atributos são independentes; e a maioria das combinações entre eles já foi usada em algum compilador.

Em linhas gerais, as IRs encaixam-se em três categorias estruturais:

- *IRs gráficas* codificam o conhecimento do compilador em um grafo. Os algoritmos são expressos em termos de objetos gráficos: nós, arestas, listas ou árvores. As árvores sintáticas usadas para representar derivações no Capítulo 3 são uma IR gráfica.
- *IRs lineares* são semelhantes ao pseudocódigo para alguma máquina abstrata. Os algoritmos percorrem sequências de operações lineares, simples. O código ILOC usado neste livro é uma forma de IR linear.
- *IRs híbridas* combinam elementos das IRs gráficas e lineares, em uma tentativa de capturar seus pontos fortes e evitar os fracos. Uma representação híbrida comum usa uma IR linear de baixo nível para representar blocos de código em linha e um grafo para representar o fluxo de controle entre esses blocos.

A organização estrutural de uma IR tem forte impacto sobre como o construtor de compiladores pensa a respeito da análise, otimização e geração de código. Por exemplo, IRs do tipo árvore levam naturalmente a passos estruturados como alguma forma de percurso em árvore. De modo semelhante, IRs lineares levam naturalmente a passos que percorrem as operações em ordem.

O segundo eixo de nossa taxonomia de IR é o nível de abstração pelo qual a IR representa operações. A IR pode variar de uma representação quase fonte, em que um único nó poderia representar um acesso a array ou uma chamada de procedimento, até uma de baixo nível, em que várias operações de IR precisam ser combinadas para formar uma única operação na máquina-alvo.

Para ilustrar as possibilidades, suponha que A[1...10, 1...10] seja um array de elementos de quatro bytes armazenados em ordem de linha, e considere como o compilador poderia representar a referência de array A[i,j] em uma árvore de nível fonte e em ILOC.

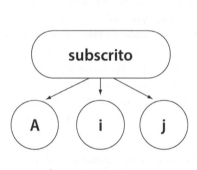

Árvore de nível fonte   Código ILOC

Na árvore de nível fonte, o compilador pode facilmente reconhecer a computação como uma referência de array; o código ILOC oculta este fato muito bem. Em um compilador que tenta determinar quando duas referências diferentes podem tocar no mesmo local da memória, a árvore facilita encontrar e comparar referências. Ao contrário, o código ILOC torna essas tarefas difíceis. A otimização só torna a situação pior; no código ILOC, a otimização poderia mover partes do cálculo do endereço para outro lugar. O nó da árvore permanecerá intacto sob otimização.

Por outro lado, se o objetivo é otimizar o código da máquina-alvo gerado para o acesso ao array, o código ILOC permite que o compilador melhore detalhes que permanecem implícitos na árvore de nível fonte. Para esta finalidade, uma IR de baixo nível pode ser melhor.

Nem todas as IRs baseadas em árvore utilizam um nível de abstração próximo do código-fonte. Por certo, árvores sintáticas são implicitamente relacionadas ao código-fonte, mas árvores com outros níveis de abstração têm sido usadas em muitos compiladores. Por exemplo, muitos compiladores C têm usado árvores de expressão de baixo nível. De modo semelhante, IRs lineares podem ter construções relativamente de alto nível, como um operador max ou min, ou uma operação de cópia de strings.

O terceiro eixo de nossa taxonomia de IR lida com o espaço de nomes usado para representar valores no código. Na tradução do código-fonte para uma forma de nível mais baixo, o compilador precisa escolher nomes para uma série de valores distintos. Por exemplo, para avaliar a − 2 × b em uma IR de baixo nível, ele poderia gerar uma sequência de operações como as mostradas ao lado. Aqui, o compilador usou quatro nomes, de t_1 a t_4. Um esquema também válido substituiria as ocorrências de t_2 e t_4 por t_1, o que reduz a quantidade de nomes pela metade.

$t_1 \leftarrow b$
$t_2 \leftarrow 2 \times t_1$
$t_3 \leftarrow a$
$t_4 \leftarrow t_3 - t_2$

A escolha de um esquema de nomeação tem forte efeito sobre como a otimização pode melhorar o código. Se a subexpressão 2 − b tem um nome exclusivo, o compilador pode encontrar outras avaliações de 2 − b que possa substituir por uma referência ao valor então produzido. Se o nome for reutilizado, o valor atual pode não estar disponível na avaliação subsequente, redundante. A escolha de um esquema de nomeação também tem impacto sobre o tempo de compilação, pois determina os tamanhos de muitas estruturas de dados em tempo de compilação.

Por uma questão prática, os custos de geração e manipulação de uma IR devem interessar ao construtor de compiladores, pois afetam diretamente a velocidade de um compilador. Os requisitos de espaço de dados de diferentes IRs variam sobre um grande intervalo. Como o compilador normalmente toca em todo o espaço que aloca, o espaço de dados normalmente tem relacionamento direto com o tempo de execução. Para tornar esta discussão mais concreta, considere as IRs usadas em dois sistemas de pesquisa diferentes que criamos na Rice University.

- O $\mathcal{R}^n$ Programming Environment montava uma árvore sintática abstrata para o FORTRAN. Os nós na árvore ocupavam 92 bytes cada. O parser montava uma média de onze nós por linha-fonte, para um tamanho de pouco mais de 1.000 bytes por linha de código-fonte.
- O compilador de pesquisa MSCP usava uma implementação completa da ILOC. (ILOC, neste livro, é um simples subconjunto.) As operações ILOC ocupam de 23 a 25 bytes. O compilador gera uma média de aproximadamente 15 operações ILOC por linha de código-fonte, ou cerca de 375 bytes. A otimização reduz o tamanho para pouco mais de três operações por linha de código-fonte, ou menos de 100 bytes.

Finalmente, o construtor de compiladores deve considerar a expressividade da IR — sua capacidade de acomodar todos os fatos que o compilador precisa registrar. A IR para um procedimento pode incluir o código que o define, os resultados de análise estática, os dados de perfil de execuções anteriores e mapeamentos para permitir que o depurador entenda o código e seus dados. Todos estes requisitos devem ser expressos de modo que torne claro seu relacionamento com pontos específicos na IR.

5.2 IRs GRÁFICAS

Muitos compiladores utilizam IRs que representam o código subjacente como um grafo. Embora todas as IRs gráficas consistam em nós e arestas, diferem em seu nível de abstração, no relacionamento entre o grafo e o código subjacente e na estrutura do grafo.

5.2.1 Árvores relacionadas à sintaxe

As árvores sintáticas mostradas no Capítulo 3 são grafos que representam a forma de código-fonte do programa. E são uma forma específica de IRs tipo árvore. Na maioria destas IRs, a estrutura da árvore corresponde à sintaxe do código-fonte.

Árvores sintáticas

Como vimos na Seção 3.2.2, *árvore sintática* é uma representação gráfica para a derivação, ou análise sintática, que corresponde ao programa de entrada. A Figura 5.1 mostra a gramática de expressão clássica junto com uma árvore deste tipo para a × 2 + a × 2 × b. A árvore sintática é grande em relação ao texto fonte, pois representa a derivação completa, com um nó para cada símbolo da gramática na derivação. Como o compilador precisa alocar memória para cada nó e cada aresta, e necessita percorrer todos esses nós e arestas durante a compilação, vale a pena considerar maneiras de encolher esta árvore sintática.

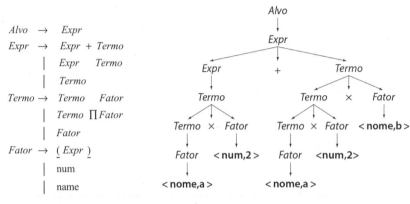

(a) Gramática de expressão clássica   (b) Árvore sintática para a × 2 + a × 2 × b

■ **FIGURA 5.1** Árvore sintática para a × 2 + a × 2 × b usando a gramática de expressão clássica.

Pequenas transformações na gramática, conforme descritas na Seção 3.6.1, podem eliminar algumas das etapas na derivação e seus nós correspondentes da árvore sintática. Uma técnica mais eficiente é remover aqueles nós que não têm finalidade no restante do compilador, o que leva a uma versão simplificada da árvore, chamada árvore sintática abstrata.

Árvores sintáticas são usadas principalmente em discussões de análise sintática, e nos sistemas de gramática de atributo, onde elas são a IR principal. Na maioria das outras aplicações em que uma árvore de nível fonte é necessária, os construtores de compilador costumam usar uma das alternativas mais concisas, descritas no restante desta subseção.

Árvores sintáticas abstratas

A *árvore sintática abstrata* (AST — *Abstract Syntax Tree*) retém a estrutura essencial da árvore de derivação, mas elimina os nós irrelevantes. A precedência e o significado da expressão permanecem, mas os nós irrelevantes desapareceram. Aqui está a AST para a × 2 + a × 2 × b:

Árvore sintática abstrata
AST é uma contração da árvore de derivação, que omite a maioria dos nós para símbolos não terminais.

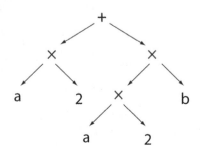

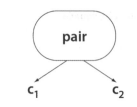

AST projetada para edição

AST para compilação

AST é uma representação quase de nível fonte. Devido à sua correspondência aproximada com uma árvore de derivação, o parser pode criar uma AST diretamente (ver Seção 4.4.2).

Elas têm sido usadas em muitos sistemas de compilador práticos. Sistemas de fonte a fonte, incluindo editores dirigidos pela sintaxe e ferramentas automáticas de paralelização, normalmente utilizam uma AST da qual o código-fonte pode ser facilmente regenerado. As S-expressões encontradas nas implementações Lisp e Scheme são, basicamente, ASTs.

Mesmo quando esta árvore é usada como uma representação quase de nível fonte, as escolhas de representação afetam a usabilidade. Por exemplo, a AST no $\mathcal{R}^n$ Programming Environment usava a subárvore mostrada ao lado para representar uma constante complex em FORTRAN, escrita como (c_1, c_2). Esta opção funcionava bem para o editor dirigido pela sintaxe, em que o programador era capaz de mudar c_1 e c_2 independentemente; o nó pair correspondia aos parênteses e à vírgula.

Esse formato de par, porém, provou ser problemático para o compilador. Cada parte do compilador que tratava com constantes precisava de um código especial para as constantes complexas. Todas as outras constantes eram representadas com um único nó que continha um ponteiro para o texto real da constante. Usar um formato semelhante para constantes complexas teria complicado algumas operações, como a edição de constantes complexas e sua carga em registradores. Isto teria simplificado outras, como a comparação de duas constantes. Tomadas pelo sistema inteiro, as simplificações provavelmente teriam superado as complicações.

> **EFICIÊNCIA DE ARMAZENAMENTO E REPRESENTAÇÕES GRÁFICAS**
>
> Muitos sistemas práticos têm usado árvores sintáticas abstratas para representar o texto-fonte sendo traduzido. Um problema comum encontrado nesses sistemas é o tamanho da AST em relação ao texto de entrada. Grandes estruturas de dados podem limitar o tamanho dos programas que as ferramentas podem tratar.
>
> Os nós da AST no $\mathcal{R}^n$ Programming Environment eram grandes o suficiente para que impusessem um problema aos sistemas de memória limitada das estações de trabalho da década de 1980. O custo de E/S de disco para as árvores reduzia a velocidade de todas as ferramentas $\mathcal{R}^n$.
>
> Nenhum problema isolado leva a esta explosão no tamanho da AST. R^n tinha apenas um tipo de nó, de modo que a estrutura incluía todos os campos necessários para qualquer nó. Isto simplificou a alocação, mas aumentou o tamanho do nó. (Aproximadamente metade dos nós eram folhas, que não precisam de ponteiros para filhos.) Em outros sistemas, os nós crescem por meio do acréscimo de inúmeros campos secundários usados por um passo ou outro no compilador. Às vezes, o tamanho do nó aumenta com o tempo, à medida que novos recursos e passos são acrescentados.
>
> A atenção cuidadosa com a forma e o conteúdo da AST pode encurtar seu tamanho. No $\mathcal{R}^n$, montamos programas para analisar o conteúdo da AST e como a AST era usada. Combinamos alguns campos e eliminamos outros. (Em alguns casos, foi menos dispendioso recalcular informações do que escrevê-las e lê-las.) Em alguns poucos casos, usamos hash linking para registrar fatos incomuns — usando um bit no campo que armazena o tipo de cada nó para indicar a presença de informações adicionais armazenadas em uma tabela hash. (Este esquema reduziu o espaço dedicado aos campos que raramente eram usados.) Para registrar a AST em disco, a convertemos em uma representação linear com uma travessia de árvore em pré-ordem, eliminando assim a necessidade de registrar quaisquer ponteiros internos.
>
> No $\mathcal{R}^n$, essas mudanças reduziram o tamanho das ASTs em memória em cerca de 75%. No disco, após os ponteiros serem removidos, os arquivos tinham cerca da metade do tamanho de sua representação na memória. Essas mudanças permitiram que o $\mathcal{R}^n$ tratasse de programas maiores e tornou as ferramentas mais responsivas.

As árvores sintáticas abstratas foram muito difundidas. Muitos compiladores e interpretadores as utilizam; e o nível de abstração que esses sistemas precisam varia bastante. Se o compilador gera código-fonte como sua saída, a AST normalmente possui abstrações de nível-fonte. Se o compilador gera código assembly, em geral a versão final da AST está no nível de abstração do conjunto de instruções da máquina ou abaixo dele.

Grafos acíclicos direcionados

Embora a AST seja mais concisa do que uma árvore sintática, ela retém fielmente a estrutura do código-fonte original. Por exemplo, a AST para a × 2 + a × 2 × b contém duas cópias distintas da expressão a × 2. Um *grafo acíclico direcionado* (DAG — *Directed Acyclic Graph*) é uma contração da AST que evita esta duplicação. Em um DAG, os nós podem ter múltiplos pais, e subárvores idênticas são reutilizadas. Tal compartilhamento torna o DAG mais compacto do que a AST correspondente.

Para expressões sem atribuição, expressões textualmente idênticas devem produzir valores idênticos. O DAG para a × 2 + a × 2 × b, mostrado ao lado, reflete este fato compartilhando uma única cópia de a × 2. Ele codifica uma dica explícita para avaliar a expressão. Se o valor de a não puder mudar entre os dois usos de a, então o compilador deve gerar código para avaliar a × 2 uma vez e usar o resultado duas vezes. Esta estratégia pode reduzir o custo da avaliação. Porém, o compilador precisa provar que o valor de a não pode mudar. Se a expressão não contém atribuição nem chama outros procedimentos, a prova é fácil. Como uma atribuição ou uma chamada de procedimento podem mudar o valor associado a um nome, o algoritmo de construção do DAG precisa invalidar as subárvores à medida que os valores de seus operandos mudarem.

Grafo acíclico direcionado
DAG é uma AST com compartilhamento. Subárvores idênticas ocorrem apenas uma vez, com múltiplos pais.

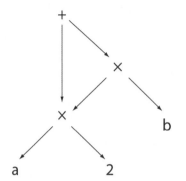

DAGs são usados em sistemas reais por dois motivos. Se as restrições de memória limitarem o tamanho dos programas que o compilador pode tratar, seu uso pode ajudar, reduzindo o requisito de memória. Outros sistemas utilizam DAGs para expor redundâncias. Aqui, o benefício está no melhor código compilado. Esses sistemas mais novos tendem a usar o DAG como uma IR derivativa — montando o DAG, transformando a IR definitiva para refletir as redundâncias e descartando-o.

Nível de abstração

Todas as nossas árvores de exemplo até aqui têm mostrado IRs de nível quase fonte. Os compiladores também usam árvores de baixo nível. Técnicas baseadas em árvore para otimização e geração de código, na verdade, podem exigir este tipo de detalhe. Como exemplo, considere a instrução w ← a − 2 × b. A AST de nível-fonte cria uma forma concisa, como mostra a Figura 5.2a, porém, ela não possui tanto detalhe quanto necessário para traduzir a instrução para código assembly. Uma árvore de baixo nível, mostrada na Figura 5.2b, pode tornar este detalhe explícito. Essa árvore introduz quatro novos tipos de nó. Um nó val representa um valor já em um registrador; um nó num, uma constante conhecida; um nó lab, um label em nível de assembly, em geral um símbolo relocável; finalmente, ♦ é um operador que desreferencia um valor; ele trata o valor como um endereço de memória e retorna o conteúdo da memória nesse endereço.

A árvore de baixo nível revela os cálculos de endereço para as três variáveis. w é armazenado no deslocamento 4 a partir do ponteiro em r_{arp}, que mantém o ponteiro para a área de dados para o procedimento atual. A desreferência dupla de a mostra que ele é um parâmetro formal de chamada por referência, acessado por meio de um ponteiro armazenado 16 bytes antes de r_{arp}. Finalmente, b é armazenado no deslocamento 12 após o label @G.

Área de dados
O compilador agrupa o espaço de armazenamento para valores que possuem o mesmo tempo de vida e visibilidade. Chamamos esses blocos de armazenamento de *áreas de dados*.

O nível de abstração importa porque o compilador, em geral, só pode otimizar detalhes que estão expostos na IR. As propriedades que estão implícitas na IR são difíceis de

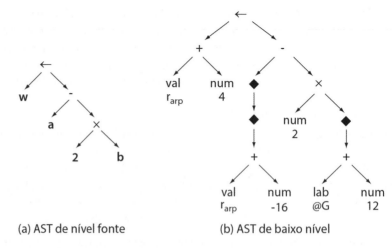

(a) AST de nível fonte (b) AST de baixo nível

■ **FIGURA 5.2** Árvores sintáticas abstratas com diferentes níveis de abstração.

mudar, em parte porque o compilador precisaria traduzir fatos implícitos de formas diferentes, específicas da ocorrência. Por exemplo, para personalizar o código gerado para uma referência de array, o compilador precisa reescrever as expressões IR relacionadas. Em um programa real, diferentes referências de array são otimizadas de diferentes maneiras, cada uma de acordo com o contexto ao redor. Para o compilador ajustar essas referências, ele precisa ser capaz de escrever as melhorias na IR.

Como último ponto, observe que as representações para as referências de variável na árvore de baixo nível refletem as diferentes interpretações que ocorrem nos lados direito e esquerdo da atribuição. No lado esquerdo, w é avaliado como um endereço, enquanto tanto a quanto b são avaliados como valores, em razão do operador ◆.

5.2.2 Grafos

Embora as árvores forneçam uma representação natural para a estrutura gramatical do código-fonte, descoberta pela análise sintática, sua estrutura rígida as torna menos úteis para representar outras propriedades dos programas. Para modelar esses aspectos do comportamento do programa, os compiladores normalmente usam grafos mais gerais como IRs. O DAG introduzido na seção anterior é um exemplo de um grafo.

Grafo de fluxo de controle

Bloco básico
Sequência de tamanho máximo do código sem desvios. Começa com uma operação rotulada e termina com um desvio, salto ou operação predicada.

Grafo de fluxo de controle
CFG tem um nó para cada bloco básico e uma aresta para cada transferência de controle possível entre blocos. Usamos o acrônimo CFG tanto para *gramática livre de contexto* quanto para *grafo de fluxo de controle*. O significado fica claro pelo contexto.

A unidade de fluxo de controle mais simples em um programa é o *bloco básico* — sequência de tamanho máximo de código direto livre de ramificações — uma série de operações que sempre é executada junta, a menos que uma operação dispare uma exceção. O controle sempre entra em um bloco básico em sua primeira operação e sai na última.

Um *grafo de fluxo de controle* (CFG — *Control-Flow Graph*) modela o fluxo de controle entre os blocos básicos em um programa; é um grafo dirigido, $G = (N, E)$. Cada nó $n \in N$ corresponde a um bloco básico. Cada aresta $e = (n_i, n_j) \in E$ corresponde a uma possível transferência de controle do bloco n_i para o bloco n_j.

Para simplificar a discussão da análise de programa nos Capítulos 8 e 9, consideramos que cada CFG tem um único nó de entrada, n_0, e um único nó de saída, n_f. No CFG para um procedimento, n_0 corresponde ao ponto de entrada do procedimento. Se um procedimento tem várias entradas, o compilador pode inserir um n_0 exclusivo e acrescentar arestas de n_0 para cada ponto de entrada real. De modo semelhante, n_j corresponde à saída do procedimento. Múltiplas saídas são mais comuns do que múltiplas entradas, mas o compilador pode facilmente acrescentar um n_f exclusivo, assim conectando a ele cada uma das saídas reais.

O CFG oferece uma representação gráfica dos possíveis caminhos do fluxo de controle de execução, diferente das IRs orientadas pela sintaxe, como uma AST, em que as arestas mostram a estrutura gramatical. Considere o seguinte CFG para um laço while:

```
        while(i < 100)         while i < 100
            begin               ⟋       ⟍
                stmt₁          (    stmt₁  )
            end                 ⟍    ↙
        stmt₂                    stmt₂
```

A aresta de $stmt_1$ de volta para o cabeçalho do laço cria um ciclo; a AST para este fragmento seria acíclica. Para uma construção if-then-else, o CFG é acíclico:

```
        if (x = y)              if (x = y)
            then stmt₁          ↙        ↘
            else stmt₂        stmt₁      stmt₂
        stmt₃                   ↘        ↙
                                  stmt₃
```

Ele mostra que o controle sempre flui de $stmt_1$ e $stmt_2$ para $stmt_3$. Em uma AST, esta conexão é implícita, ao invés de explícita.

Em geral, compiladores usam um CFG em conjunto com outra IR. O primeiro representa os relacionamentos entre blocos, enquanto as operações dentro de um bloco são representadas por outra IR, como uma AST em nível de expressão, um DAG ou uma das IRs lineares. A combinação resultante é uma IR híbrida.

Alguns autores recomendam a criação de CFGs em que cada nó represente um segmento de código mais curto do que um bloco básico. O bloco alternativo mais comum é o *bloco de única instrução*. O uso destes blocos pode simplificar algoritmos para análise e otimização.

O compromisso entre um CFG criado com *blocos de única instrução* e outro com blocos básicos gira em torno de tempo e espaço. O primeiro tem mais nós e arestas do que o segundo. A versão de única instrução usa mais memória e leva mais tempo para atravessar do que a versão de bloco básico. Mais importante, à medida que o compilador inclui anotações nos nós e arestas do CFG, o CFG de única instrução tem muito mais conjuntos do que o de bloco básico. O tempo e o espaço gastos na construção e no uso dessas anotações sem dúvida ofusca o custo da construção do CFG.

Blocos de única instrução
Bloco de código que corresponde a uma única instrução de nível fonte.

Muitas partes do compilador contam com um CFG, explicita ou implicitamente. A análise para dar suporte à otimização geralmente começa com a análise do fluxo de controle e a construção do CFG (Capítulo 9). O escalonamento de instruções precisa de um CFG para entender como o código escalonado para blocos individuais flui junto (Capítulo 12). A alocação de registradores globais conta com um CFG para entender com que frequência cada operação pode ser executada e onde inserir loads e stores para valores derramados (Capítulo 13).

Grafo de dependência

Compiladores também usam grafos para codificar o fluxo de valores a partir do ponto onde um valor é criado, uma *definição*, até qualquer ponto onde é usado, um *uso*. O *grafo de dependência de dados* incorpora este relacionamento. Os nós em um grafo de dependência de dados representam operações. A maioria destas operações contém definições e usos. Uma aresta em um grafo de dependência de dados conecta dois nós,

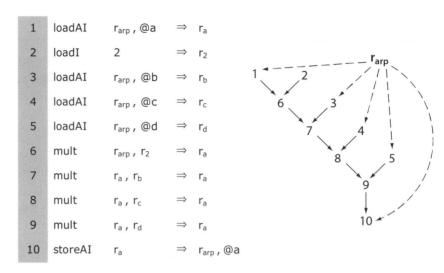

FIGURA 5.3 Um bloco básico ILOC e seu grafo de dependência.

Grafo de dependência de dados
Grafo que modela o fluxo de valores desde suas definições até seus usos em um fragmento de código.

um que define um valor e outro que o utiliza. Desenhamos grafos de dependência com arestas que vão da definição até o uso.

Para tornar isto concreto, a Figura 5.3 reproduz o exemplo da Figura 1.3 e mostra seu grafo de dependência de dados. O grafo tem um nó para cada instrução no bloco. Cada aresta mostra o fluxo de um único valor. Por exemplo, a aresta de 3 para 7 reflete a definição de r_b na instrução 3 e seu uso subsequente na instrução 7. r_{arp} contém o endereço inicial da área de dados local. Os usos de r_{arp} referem-se à sua definição implícita no início do procedimento; eles aparecem com linhas tracejadas.

As arestas no grafo representam restrições reais sobre a sequência de operações — um valor não pode ser usado até que tenha sido definido. Porém, o grafo de dependência não captura totalmente o fluxo de controle do programa. Por exemplo, o grafo exige que 1 e 2 venham antes de 6. Nada, porém, exige que 1 ou 2 venham antes de 3. Muitas sequências de execução preservam as dependências mostradas no código, incluindo ⟨1, 2, 3, 4, 5, 6, 7, 8, 9, 10⟩ e ⟨2, 1, 6, 3, 7, 4, 8, 5, 9, 10⟩. A liberdade nessa ordem parcial é exatamente o que um processador "desarranjado" explora.

Em um nível mais alto, considere o fragmento de código mostrado na Figura 5.4. As referências a a[i] aparecem obtendo seus valores de um nó que representa as definições anteriores de a. Isto conecta todos os usos de a por meio de um único nó.

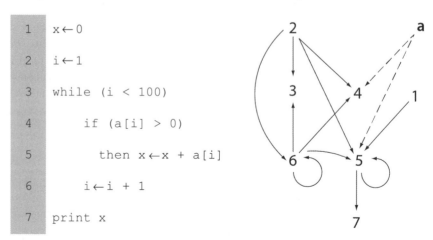

FIGURA 5.4 Interação entre fluxo de controle e grafo de dependência.

Sem uma análise sofisticada das expressões de subscrito, o compilador não consegue diferenciar as referências aos elementos individuais do array.

Esse grafo de dependência é mais complexo do que o do exemplo anterior. Os nós 5 e 6 dependem de si mesmos; usam valores que podem ter definido em uma iteração anterior. O nó 6, por exemplo, pode assumir o valor de i a partir de 2 (na iteração inicial) ou de si mesmo (em qualquer iteração subsequente). Os nós 4 e 5 também possuem duas fontes distintas para o valor de i: os nós 2 e 6.

Grafos de dependência de dados são frequentemente utilizados como uma IR secundária — construída a partir da IR definitiva para uma tarefa específica, usada e depois descartada. Eles desempenham um papel central no escalonamento de instruções (Capítulo 12). E encontram aplicação em diversas otimizações — particularmente transformações que reordenam laços para expor paralelismo e melhorar o comportamento da memória —, que normalmente exigem análise sofisticada de subscritos de array para determinar mais precisamente os padrões de acesso aos arrays. Em aplicações mais sofisticadas do grafo de dependência de dados, o compilador pode realizar uma análise extensiva dos valores de subscrito de array para determinar quando as referências ao mesmo array podem se sobrepor.

Grafo de chamada

Para enfrentar ineficiências que surgem entre fronteiras de procedimento, alguns compiladores realizam análise e otimização *intraprocedimental*. Para representar as transferências de controle em tempo de execução entre procedimentos, os compiladores usam um *grafo de chamada,* que tem um nó para cada procedimento e uma aresta para cada local distinto de chamada de procedimento. Assim, se o código chama q a partir de três locais textualmente distintos em p; o grafo de chamada tem três arestas (p, q), uma para cada local de chamada.

Tanto a prática de engenharia de software quanto os recursos da linguagem complicam a construção de um grafo de chamada.

- Compilação separada. A prática de compilar pequenos subconjuntos de um programa de forma independente, limita a capacidade do compilador de montar um grafo de chamada e realizar análise interprocedimental e otimização. Alguns compiladores constroem grafos de chamada parciais para todos os procedimentos em uma unidade de compilação e realizam análise e otimização por este conjunto. Para analisar e otimizar o programa inteiro em tal sistema, o programador precisa apresentá-lo ao compilador por inteiro, de uma só vez.
- Parâmetros produzidos por procedimentos. Tanto os parâmetros de entrada como os valores de retorno, complicam a construção do grafo de chamada, introduzindo locais de chamada ambíguos. Se fee usa um argumento produzido por um procedimento e o chama, esse local tem o potencial de chamar um procedimento diferente a cada chamada de fee. O compilador precisa realizar uma análise interprocedimental para limitar o conjunto de arestas que tal chamada induz no grafo de chamada.
- Programas orientados a objeto com herança normalmente criam chamadas de procedimento ambíguas, que só podem ser resolvidas com informação de tipo adicional. Em algumas linguagens, a análise interprocedimental da hierarquia de classes pode fornecer a informação necessária para retirar a ambiguidade dessas chamadas. Em outras linguagens, essa informação não pode ser conhecida antes da execução. A resolução de chamadas ambíguas em tempo de execução impõe um problema sério para a construção do grafo de chamada; e também cria overheads significativos de runtime na execução das chamadas ambíguas.

Interprocedimental
Qualquer técnica que examina interações entre múltiplos procedimentos é chamada *interprocedimental*.

Intraprocedimental
Qualquer técnica que limita sua atenção a um único procedimento é chamada *intraprocedimental*.

Grafo de chamada
Grafo que representa os relacionamentos de chamada entre os procedimentos em um programa.
O grafo de chamada tem um nó para cada procedimento e uma aresta para cada local de chamada.

A Seção 9.4 discute técnicas práticas para a construção do grafo de chamada.

> **REVISÃO DA SEÇÃO**
>
> As IRs gráficas apresentam uma visão abstrata do código que está sendo compilado, e diferem no significado imputado a cada nó e cada aresta.
>
> - Em uma árvore sintática, os nós representam elementos sintáticos na gramática da linguagem-fonte, enquanto as arestas ligam esses elementos a uma derivação.
> - Em uma árvore sintática abstrata ou em um DAG, os nós representam itens concretos do programa na linguagem-fonte, e as arestas ligam esses nós de um modo que indica os relacionamentos de fluxo de controle e o fluxo de dados.
> - Em um grafo de fluxo de controle, os nós representam blocos de código, e as arestas, transferências de controle entre os blocos. A definição de um bloco pode variar, de um único comando até um bloco básico.
> - Em um grafo de dependência, os nós representam computações, e as arestas, o fluxo de valores desde as definições até os usos; desta forma, as arestas também implicam uma ordem parcial nas computações.
> - Em um grafo de chamada, os nós representam procedimentos individuais, e as arestas, locais de chamada individuais. Cada local de chamada tem uma aresta distinta para fornecer uma representação para o conhecimento específico do local de chamada, como vínculos de parâmetros.
>
> IRs gráficas codificam relacionamentos que podem ser difíceis de representar em uma IR linear, e podem fornecer ao compilador um modo eficiente de se mover entre pontos logicamente conectados no programa, como a definição de uma variável e seu uso, ou a origem de um desvio condicional e seu destino.

Prettyprinter
Programa que percorre uma árvore sintática e escreve seu conteúdo original de uma forma fácil de ser entendido.

> **QUESTÕES DE REVISÃO**
>
> 1. Compare a dificuldade de escrever um programa formatador (*prettyprinter*) para uma árvore sintática, uma AST e um DAG. Que informações adicionais seriam necessárias para reproduzir o formato do código original com precisão?
> 2. Como o número de arestas em um grafo de dependência cresce em função do tamanho do programa de entrada?

5.3 IRs LINEARES

A alternativa a uma IR gráfica é a IR linear. Um programa em linguagem assembly é uma forma de código linear, que consiste em uma sequência de instruções executada em sua ordem de aparecimento (ou em outra ordem coerente com esta). As instruções podem conter mais de uma operação; neste caso, as operações são executadas em paralelo. As IRs lineares usadas nos compiladores são semelhantes ao código assembly para uma máquina abstrata.

A lógica por trás do uso do formato linear é simples. O código-fonte que serve como entrada para o compilador está em um formato linear, assim como o código da máquina-alvo que ele emite. Vários compiladores mais antigos usavam IRs lineares; esta era uma notação natural para seus autores, pois eles haviam programado anteriormente em código assembly.

IRs lineares impõem uma ordenação clara e útil sobre a sequência de operações. Por exemplo, na Figura 5.3, compare o código ILOC com o grafo de dependência de dados. O código ILOG tem uma ordem implícita; o grafo de dependência impõe uma ordenação parcial que permite muitas ordens de execução diferentes.

Se uma IR linear for usada como a representação definitiva em um compilador, ela precisa incluir um mecanismo para codificar transferências de controle entre pontos no programa. O fluxo de controle em uma IR linear normalmente modela a implementação deste fluxo sobre a máquina-alvo. Assim, códigos lineares normalmente incluem desvios condicionais e saltos. O fluxo de controle demarca os blocos básicos em uma IR linear; os blocos terminam nos desvios, em saltos ou exatamente antes de operações rotuladas.

Na ILOC usada no decorrer deste livro, incluímos um desvio ou salto ao final de cada bloco. Nela, as operações de desvio especificam um label tanto para o caminho tomado como para o caminho não tomado. Isto elimina quaisquer caminhos de falha (*fall-through*) ao final de um bloco. Juntas, essas estipulações tornam mais fácil encontrar blocos básicos e reordená-los.

Muitos tipos de IRs lineares têm sido usadas nos compiladores.

- Códigos de um endereço modelam o comportamento das máquinas acumuladoras e de pilha. Esses códigos expõem o uso de nomes implícitos, de modo que o compilador pode ajustar o código a este uso. O código resultante é bastante compacto.
- Códigos de dois endereços modelam uma máquina que tem operações destrutivas. Esses códigos caíram em desuso quando as restrições de memória se tornaram menos importantes; um código de três endereços pode modelar *operações destrutivas* explicitamente.
- Códigos de três endereços modelam uma máquina na qual a maioria das operações utiliza dois operandos e produzem um resultado. O surgimento de arquiteturas RISC nas décadas de 1980 e 1990 tornaram esses códigos populares, pois são semelhantes a uma máquina RISC simples.

O restante desta seção descreve duas IRs lineares que continuam sendo populares: código de máquina de pilha e código de três endereços. O primeiro oferece uma representação compacta, eficiente em termos de armazenamento. Em aplicações nas quais o tamanho da IR importa, como um applet Java transmitido por uma rede antes da execução, o código de máquina de pilha faz sentido. O segundo modela o formato de instrução de uma máquina RISC moderna; ele tem nomes distintos para dois operandos e um resultado. Você já está acostumado com um código de três endereços: a ILOC usada neste livro.

Desvio tomado
Na maioria das ISAs (Arquitetura de Conjunto de Instruções), os desvios condicionais usam um rótulo. O controle flui, ou para o rótulo, chamado *desvio tomado*, ou para a operação que vem após o rótulo, chamada *desvio não tomado*, ou *fall-through*.

Operação destrutiva
Operação em que um dos operandos é sempre redefinido com o resultado.

5.3.1 Código de máquina de pilha

O código de máquina de pilha, um formato de código de um endereço, assume a presença de uma pilha de operandos. A maioria das operações retira seus operandos da pilha e coloca seus resultados de volta na pilha. Por exemplo, uma operação de subtração de inteiros removeria os dois elementos do topo da pilha e colocaria sua diferença na pilha. A disciplina de pilha cria a necessidade para algumas operações novas. IRs de pilha normalmente incluem uma operação swap que troca os dois elementos do topo da pilha. Vários computadores baseados em pilha têm sido criados; esta IR parece ter aparecido em resposta às demandas de compilação para essas máquinas. O código de máquina de pilha para a expressão a - 2 x b aparece ao lado.

```
push 2
push b
multiply
push a
subtract
```
Código de máquina de pilha

Este código é compacto. A pilha cria um espaço de nomes implícito e elimina muitos nomes da IR, encurtando o tamanho de um programa no formato IR. Porém, o uso da pilha significa que todos os resultados e argumentos são transitórios, a menos que o código os mova explicitamente para a memória.

Código de máquina de pilha é simples de gerar e de executar. Smalltalk 80 e Java utilizam *bytecodes*, uma IR semelhante em conceito ao código de máquina de pilha. Os bytecodes são executados em um interpretador ou traduzidos para o código da máquina-alvo imediatamente antes da execução. Isto cria um sistema com uma

Bytecode
IR projetada especificamente por sua forma compacta; normalmente, o código para uma máquina de pilha abstrata. O nome deriva do seu tamanho limitado; códigos de operação são limitados a um byte ou menos.

forma compacta do programa para distribuição e um esquema razoavelmente simples para transportar a linguagem para uma nova máquina-alvo (implementando o interpretador).

5.3.2 Código de três endereços

Neste código, a maioria das operações tem a forma i ← j op k, com um operador (op), dois operandos (j e k) e um resultado (i). Alguns operadores, como um load imediato e um salto, precisarão de menos argumentos. Às vezes, uma operação com mais de três endereços é necessária. O código de três endereços para a - 2 × b aparece ao lado. ILOC é um exemplo deste código.

t1 ← 2
t2 ← b
t3 ← t1 × t2
t4 ← a
t5 ← t4 — t3
Código de três endereços

O código de três endereços é atraente por vários motivos. Primeiro, é razoavelmente compacto. A maioria das operações consiste em quatro itens: uma operação e três nomes. Tanto a operação quanto os nomes são retirados de conjuntos limitados. As operações normalmente exigem 1 ou 2 bytes. Os nomes, em geral, são representados por inteiros ou índices de tabela; de qualquer forma, 4 bytes usualmente são suficientes. Segundo, nomes distintos para os operandos e o resultado dão ao compilador liberdade para controlar a reutilização de nomes e valores; este tipo de código não possui operações destrutivas. Ele introduz um novo conjunto de nomes gerados pelo compilador — nomes que armazenam os resultados das diversas operações. Um espaço de nomes cuidadosamente escolhido pode revelar novas oportunidades para melhorar o código. Finalmente, como muitos processadores modernos implementam operações de três endereços, este código modela bem suas propriedades.

Dentro destes códigos, o conjunto de operadores específicos que são aceitos e seus níveis de abstração podem variar bastante. Normalmente, uma IR de três endereços terá principalmente operações de baixo nível, como saltos, desvios e operações de memória simples, junto com operações mais complexas, que encapsulam fluxo de controle, como max ou min. A representação direta dessas operações complexas as torna mais fáceis de analisar e otimizar.

Por exemplo, mvcl (move characters long) toma um endereço de origem, outro de destino e um contador de caracteres. Ele copia o número específico de caracteres da memória a partir do endereço de origem para a memória começando no endereço de destino. Algumas máquinas, como a IBM 370, implementam esta funcionalidade em uma única instrução (mvcl é um código de operação da 370). Em máquinas que não implementam a operação em hardware, podem ser necessárias muitas operações para realizar tal cópia.

A inclusão de mvcl ao código de três endereços permite que o compilador use uma representação compacta para esta operação complexa, possibilitando que o compilador analise, otimize e mova a operação sem se preocupar com seu funcionamento interno. Se o hardware admitir este tipo de operação, então a geração de código mapeará a construção da IR diretamente para a operação do hardware. Se o hardware não a admitir, então o compilador pode traduzir mvcl para uma sequência de operações de IR de nível inferior ou para uma chamada de procedimento antes da otimização final e da geração de código.

5.3.3 Representando códigos lineares

Muitas estruturas de dados têm sido usadas para implementar IRs lineares. As escolhas que um construtor de compiladores faz afetam os custos das diversas operações sobre o código IR. Como um compilador gasta a maior parte do seu tempo manipulando o formato IR do código, esses custos merecem alguma atenção. Embora esta discussão se concentre nos códigos de três endereços, a maior parte dos pontos aplica-se igualmente ao código de máquina de pilha (ou qualquer outro formato linear).

Os códigos de três endereços frequentemente são implementados como um conjunto de quádruplas, cada uma representada com quatro campos: um operador, dois operandos (ou origens) e um destino. Para formar blocos, o compilador precisa de um mecanismo para conectar quádruplas individuais. Os compiladores implementam quádruplas de diversas maneiras.

A Figura 5.5 mostra três esquemas diferentes para implementar o código de três endereços para a - 2 × b, repetido ao lado. O esquema mais simples, na Figura 5.5a, usa um array curto para representar cada bloco básico. Normalmente, o construtor de compiladores coloca o array dentro de um nó no CFG. (Esta pode ser a forma mais comum de IR híbrida.) O esquema na Figura 5.5b utiliza um array de ponteiros para agrupar quádruplas em um bloco; este array pode estar contido em um nó do CFG. O esquema final, na Figura 5.5c, liga as quádruplas para formar uma lista. Ele exige menos armazenamento no nó do CFG, ao custo de restringir os acessos às travessias sequenciais.

$t1 \leftarrow 2$
$t2 \leftarrow b$
$t3 \leftarrow t1 \times t2$
$t4 \leftarrow a$
$t5 \leftarrow t4 - t3$
Código de três endereços

Considere os custos contraídos na rearrumação do código neste bloco. A primeira operação carrega uma constante em um registrador; na maioria das máquinas, isto é traduzido diretamente para uma operação de load imediato. A segunda e quarta operações carregam valores da memória, que na maioria das máquinas poderia incorrer em atraso multiciclos, a menos que os valores já estejam na cache principal. Para ocultar

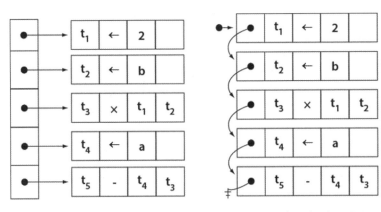

■ **FIGURA 5.5** Implementações do código de três endereços para a - 2 × b.

parte do atraso, o escalonador de instruções poderia mover os loads de b e a para a frente do load imediato de 2.

No esquema de array simples, mover o load de b para antes do load imediato exige salvar os quatro campos da primeira operação, copiar os campos correspondentes do segundo slot para o primeiro, e sobrescrever os campos no segundo slot com os valores salvos para o load imediato. O array de ponteiros exige a mesma técnica de três etapas, exceto que somente os valores de ponteiro precisam ser alterados. Assim, o compilador salva o ponteiro para o load imediato, copia o ponteiro para o load de b no primeiro slot do array e sobrescreve o segundo slot no array com o ponteiro salvo para o load imediato. Para a lista encadeada, as operações são semelhantes, exceto que o compilador precisa salvar estado suficiente para permitir que ele atravesse a lista.

Agora, considere o que acontece no front endereço quando gera a rodada inicial da IR. Com a forma de array simples e o array de ponteiros, o compilador precisa selecionar um tamanho para o array — ou seja, o número de quádruplas que ele espera em um bloco. Ao gerar as quádruplas, preenche o array. Se o array for muito grande, desperdiça espaço. Se for muito pequeno, o compilador precisa realocá-lo para obter um array maior, copiar o conteúdo do array "muito pequeno" para o novo array, maior, e desalocar o array pequeno. A lista encadeada, porém, evita esses problemas. A expansão da lista só exige alocar uma nova quádrupla e definir o ponteiro apropriado na lista.

REPRESENTAÇÕES INTERMEDIÁRIAS EM USO REAL

Na prática, os compiladores usam uma variedade de IRs. Os compiladores FORTRAN legendários de ontem, como os FORTRAN H da IBM, usavam uma combinação de quádruplas e grafos de fluxo de controle para representar o código para otimização. Como o FORTRAN H foi escrito em FORTRAN, ele mantinha a IR em um array.

Por muito tempo, o GCC (GNU Compiler Collection) contou com uma IR de muito baixo nível, chamada linguagem de transferência de registrador (RTL — *Register Transfer Language*). Em anos recentes, GCC passou para uma série de IRs. Os parsers inicialmente produzem uma árvore de nível quase fonte; essas árvores podem ser específicas da linguagem, mas são exigidas para implementar partes de uma interface comum. Essa interface inclui uma facilidade para reduzir as árvores para a segunda IR, GIMPLE. Conceitualmente, o GIMPLE consiste em uma estrutura independente da linguagem, tipo árvore, para construções de fluxo de controle, anotada com código de três endereços para expressões e atribuições. Ela é projetada, em parte, para simplificar a análise. Grande parte do novo otimizador do GCC usa GIMPLE; por exemplo, o GCC monta o formato de atribuição única estática em cima do GIMPLE. Por fim, o GCC traduz GIMPLE para RTL, para a otimização e geração de código final.

O compilador LLVM utiliza uma única IR de baixo nível; na verdade — o nome LLVM significa *"Low-Level Virtual Machine"*. A IR do LLVM é um código linear de três endereços. A IR é totalmente tipada e possui suporte explícito para endereços de array e estrutura. Ela oferece suporte para dados e operações de vetor ou SIMD (*Single Instruction, Multiple Data*). Os valores escalares são mantidos em formato SSA por todo o compilador. O ambiente LLVM utiliza front ends GCC, de modo que a IR do LLVM é produzida por um passo que realiza a tradução de GIMPLE para LLVM.

O compilador Open64, de fonte aberto para a arquitetura IA-64, usa uma família de cinco IRs relacionadas, chamadas WHIRL. A tradução inicial no parser produz um WHIRL quase de nível fonte. As fases subsequentes do compilador introduzem mais detalhes ao programa WHIRL, reduzindo o nível de abstração para o código de máquina real, permitindo que o compilador use uma AST de nível fonte para transformações baseadas em dependência no texto fonte e uma IR de baixo nível para os estágios posteriores de otimização e geração de código.

Um compilador multipasso pode usar diferentes implementações para representar a IR em diferentes pontos no processo de compilação. No front end, onde o foco está na geração da IR, uma lista encadeada poderia tanto simplificar a implementação quanto reduzir o custo geral. Em um escalonador de instruções, com foco na rearrumação das operações, qualquer uma das implementações de array pode fazer mais sentido.

Observe que alguma informação está faltando da Figura 5.5. Por exemplo, nenhum rótulo aparece, pois estes são uma propriedade do bloco, ao invés de uma quádrupla individual qualquer. O armazenamento de uma lista de rótulos com o bloco economiza espaço em cada quádrupla; e também torna explícita a propriedade de que os rótulos só ocorrem na primeira operação em um bloco básico. Com rótulos conectados a um bloco, o compilador pode ignorá-los ao reordenar operações dentro do bloco, evitando mais uma complicação.

5.3.4 A criação de um grafo de fluxo de controle a partir de um código linear

Os compiladores normalmente precisam converter entre diferentes IRs; em geral, diferentes estilos de IRs. Uma conversão de rotina é construir um CFG a partir de uma IR linear como ILOC. Os recursos essenciais de um CFG são: identifica o início e o final de cada bloco básico e conecta os blocos resultantes com arestas que descrevem as possíveis transferências de controle entre os blocos. Normalmente, o compilador deve construir um CFG a partir de uma IR simples, linear, que representa um procedimento.

Como primeiro passo, o compilador precisa encontrar o início e o final de cada bloco básico na IR linear. Vamos chamar a operação inicial de um bloco de *guia*. Uma operação é uma guia se for a primeira operação no procedimento, ou se tiver um rótulo que seja, potencialmente, o destino de algum desvio. O compilador pode identificar guias em uma única passada pela IR, mostrada na Figura 5.6a, que percorre as operações no programa, em ordem, encontra as instruções rotuladas e as registra como guias.

Se a IR linear tiver rótulos que não são usados como destinos de desvio, então tratá-los como guias pode dividir blocos desnecessariamente. O algoritmo poderia rastrear quais rótulos são destinos de salto. Porém, se o código tiver quaisquer saltos ambíguos, então precisa tratar todas as instruções rotuladas como guias de qualquer forma.

Salto ambíguo
Desvio ou salto cujo destino não pode ser determinado em tempo de compilação; normalmente, um salto para um endereço em um registrador.

```
                        for i ← 1 to next - 1
                            j ← Leader[i] + 1
                            while (j ≤ n and op_j ∉ Leader)
                                j ← j + 1
                            j ← j - 1
                            Last[i] ← j
                            if op_j is "cbr r_k → l_1 , l_2" then
next ← 1                        add edge from j to node for l_1
Leader[next++] ← 1              add edge from j to node for l_2
for i ← 1 to n              else if op_j is "jump → l_1" then
    if op_i has a label l_i then
                                add edge from j to node for l_1
        Leader[next++] ← i  else if op_j is "jump → r_1" then
        create a CFG node for l_i
                                add edge from j to all labeled statements
(a) Determinação de guias.  (b) Determinação de final e inclusão de arestas
```

■ **FIGURA 5.6** Criação de um grafo de fluxo de controle.

> **COMPLICAÇÕES NA CONSTRUÇÃO DO CFG**
>
> Algumas características da IR, da máquina de destino e da linguagem-fonte podem complicar a construção do CFG.
>
> Saltos ambíguos podem forçar o compilador a introduzir arestas que nunca são viáveis em tempo de execução. O construtor de compiladores pode melhorar esta situação incluindo recursos na IR que registram os destinos de salto em potencial. A ILOC inclui a pseudo-operação tbl para permitir que o compilador registre os destinos em potencial de um salto ambíguo. Sempre que o compilador gera um jump, deve segui-lo com um conjunto de operações tbl que registrem os possíveis destinos de desvio. A construção do CFG pode usar essas dicas para evitar arestas falsas.
>
> Se o compilador construir um CFG a partir do código da máquina de destino, os recursos da arquitetura de destino podem complicar o processo. O algoritmo na Figura 5.6 considera que todas as guias, exceto a primeira, são rotuladas. Se a máquina de destino tiver desvios de falha (*fall-through*), o algoritmo precisa ser estendido para reconhecer instruções não rotuladas que recebem controle em um caminho de falha. Os desvios relativos ao contador de programa causam um conjunto de problemas semelhante.
>
> Slots de atraso de desvio (*branch delay slots*) introduzem vários problemas. Uma instrução rotulada que se situa em um destes slots é um membro de dois blocos distintos. O compilador pode resolver este problema por replicação — criando cópias novas (não rotuladas) das operações nos slots de atraso. Slots de atraso também complicam a descoberta do final de um bloco. O compilador precisa colocar as operações localizadas em slots de atraso no bloco que precede o desvio ou salto.
>
> Se um desvio ou salto puder ocorrer em um slot de atraso de desvio, o construtor do CFG precisa andar para a frente a partir da guia para encontrar o desvio de final de bloco — o primeiro desvio que encontrar. Os desvios no slot de atraso de um desvio de final de bloco podem, por si sós, estar pendentes na entrada para o bloco de destino. Eles podem dividir o bloco de destino e forçar a criação de novos blocos e novas arestas. Este tipo de comportamento complica seriamente a construção do CFG.
>
> Algumas linguagens permitem saltos para rótulos fora do procedimento atual. No procedimento contendo o desvio, o destino pode ser modelado com um novo nó do CFG criado para esta finalidade. A complicação surge na outra ponta do desvio. O compilador precisa saber que o rótulo de destino é o destino de um desvio não local, ou então uma análise subsequente poderá produzir resultados enganosos. Por este motivo, linguagens como Pascal ou Algol restringiram os gotos não locais para rótulos nos escopos léxicos externos visíveis. C exige o uso das funções setjmp e longjmp para expor essas transferências.

O segundo passo, mostrado na Figura 5.6b, encontra cada operação de final de bloco, porque considera que cada bloco termina com um desvio ou um salto, e que os desvios especificam rótulos para ambos os resultados — um rótulo de "desvio tomado" e um de "desvio não tomado". Isto simplifica o tratamento de blocos e permite que o back end do compilador escolha qual caminho será o caso *"fall-through"* de um desvio. (Por um momento, suponha que os desvios não tenham slots de atraso.)

Para encontrar o final de cada bloco, o algoritmo percorre os blocos, em ordem de aparecimento no array Leader. Ele caminha para a frente pela IR até encontrar a guia do próximo bloco. A operação imediatamente antes desta guia termina o bloco atual. O algoritmo registra o índice desta operação em Last[i], de modo que o par ⟨Leader[i], Last[i]⟩ descreve o bloco *i*, e acrescenta arestas ao CFG conforme a necessidade.

Por diversos motivos, o CFG deve ter um único nó de entrada n_0 e um único nó de saída n_f. O código subjacente deve ter esta forma. Se não tiver, um pós-passo simples pelo grafo pode criar n_0 e n_f.

> **REVISÃO DA SEÇÃO**
>
> IRs lineares representam o código que está sendo compilado como uma sequência ordenada de operações. Elas podem variar em seu nível de abstração — o código-fonte para um programa em um arquivo de texto simples é uma forma linear, assim como o código assembly para este mesmo programa. IRs lineares prestam-se a representações compactas, legíveis por pessoas.
>
> Duas IRs lineares muito usadas são bytecodes, geralmente implementados como código de um endereço com nomes implícitos em muitas operações, e código de três endereços, em geral implementado como um conjunto de operações binárias que possuem nomes de campo distintos para dois operandos e um resultado.

> **QUESTÕES DE REVISÃO**
> 1. Considere a expressão a × 2 + a × 2 × b. Traduza-a para os códigos de máquina de pilha e de três endereços. Compare o número de operações e o de operandos em cada formato. Como eles se comparam com as árvores na Figura 5.1?
> 2. Esboce um algoritmo para construir grafos de fluxo de controle a partir da ILOC para programas que incluem rótulos falsos e saltos ambíguos.

5.4 MAPEAMENTO DE VALORES PARA NOMES

A escolha de uma IR específica e um nível de abstração ajuda a determinar quais operações o compilador pode manipular e otimizar. Por exemplo, uma AST de nível fonte facilita a localização de todas as referências a um array x. Ao mesmo tempo, oculta os detalhes dos cálculos de endereço exigidos para acessar um elemento de x. Ao contrário, uma IR de baixo nível, linear, como a ILOC, expõe os detalhes do cálculo de endereço, ao custo de obscurecer o fato de que uma referência específica se relaciona a x.

De modo semelhante, a disciplina que o compilador usa para atribuir nomes internos aos diversos valores calculados durante a execução tem efeito sobre o código que ele pode gerar. Um esquema de nomeação pode expor oportunidades para otimização ou obscurecê-las. O compilador precisa inventar nomes para muitos, se não todos, resultados intermediários que o programa produz quando é executado. As escolhas que faz com relação aos nomes determina, em grande parte, quais computações podem ser analisadas e otimizadas.

5.4.1 Nomeação de valores temporários

O formato IR de um programa normalmente contém mais detalhes do que a versão fonte. Alguns destes detalhes estão implícitos no código-fonte; outros resultam de escolhas deliberadas na tradução. Para ver isto, considere o bloco de código-fonte de quatro linhas apresentado na Figura 5.7a. Suponha que os nomes se refiram a valores distintos.

	$t_1 \leftarrow b$	$t_1 \leftarrow b$
	$t_2 \leftarrow c$	$t_2 \leftarrow c$
	$t_3 \leftarrow t_1 + t_2$	$t_3 \leftarrow t_1 + t_2$
	$a \leftarrow t_3$	$a \leftarrow t_3$
	$t_4 \leftarrow d$	$t_4 \leftarrow d$
	$t_1 \leftarrow t_3 - t_4$	$t_5 \leftarrow t_3 - t_4$
	$b \leftarrow t_1$	$b \leftarrow t_5$
$a \leftarrow b + c$	$t_2 \leftarrow t_1 + t_2$	$t_6 \leftarrow t_5 + t_2$
$b \leftarrow a - d$	$c \leftarrow t_1 + t_2$	$c \leftarrow t_6$
$c \leftarrow b + c$	$t_4 \leftarrow t_3 - t_4$	$t_5 \leftarrow t_3 - t_4$
$d \leftarrow a - d$	$d \leftarrow t_4$	$d \leftarrow t_5$
(a) Código-fonte	(b) Nomes de fonte	(c) Nomes de valor

■ **FIGURA 5.7** A nomeação leva a diferentes traduções.

O bloco lida com apenas quatro nomes, {a, b, c, d}, mas refere-se a mais de quatro valores. Cada um de b, c e d possui um valor antes que a primeira instrução seja executada. Esta primeira instrução calcula um novo valor, b + c, e a segunda, a – d. A expressão b + c na terceira instrução calcula um valor diferente do b + c anterior, a menos que c = d inicialmente. Por fim, a última instrução calcula a – d; seu resultado é sempre idêntico àquele produzido pela segunda instrução.

Os nomes do código fonte dizem ao compilador pouca coisa sobre os valores que mantêm. Por exemplo, o uso de b na primeira e terceira instruções refere-se a valores distintos (a menos que c = d). O reuso do nome b não transmite informação; na verdade, isto poderia levar um leitor ocasional a pensar que o código define a e c com o mesmo valor.

Quando o compilador nomeia cada uma dessas expressões, pode escolher nomes que codificam especificamente informações úteis sobre seus valores. Considere, por exemplo, as traduções mostradas nas Figuras 5.7b e 5.7c. Essas duas variantes foram geradas com diferentes disciplinas de nomeação.

O código na Figura 5.7b usa menos nomes do que o na 5.7c. Ele segue os nomes do código-fonte, de modo que um leitor pode facilmente relacionar o código ao da Figura 5.7a. O código na Figura 5.7c usa mais nomes do que aquele em 5.7b. Sua disciplina de nomeação reflete os valores calculados e garante que expressões textualmente idênticas produzam o mesmo resultado. Este esquema deixa óbvio que a e c podem receber valores diferentes, enquanto b e d devem receber o mesmo valor.

Como outro exemplo do impacto dos nomes, considere novamente a representação de uma referência de array, A[i,j]. A Figura 5.8 mostra dois fragmentos que representam a mesma computação em níveis de abstração muito diferentes. A IR de alto nível, na Figura 5.8a, contém toda a informação essencial e é fácil de identificar como uma referência de subscrito. A IR de baixo nível, na Figura 5.8b, expõe muitos detalhes ao compilador que são implícitos no fragmento AST de alto nível; todos os detalhes na IR de baixo nível podem ser inferidos a partir da AST de nível fonte.

```
                    load    1          →  r₁
                    sub     rⱼ , r₁   →  r₂
                    loadI   10         →  r₃
                    mult    r₂ , r₃   →  r₄
                    sub     rᵢ , r₁   →  r₅
                    add     r₄ , r₅   →  r₆
                    loadI   @A         →  r₇
                    add     r₇ , r₆   →  r₈
                    load    r₈         →  rAᵢⱼ
```

        (a) Árvore sintática abstrata de nível fonte   (b) Código linear de baixo nível (ILOC)

■ **FIGURA 5.8** Diferentes níveis de abstração para uma referência de subscrito de array.

Na IR de baixo nível, cada resultado intermediário tem seu próprio nome. O uso de nomes distintos expõe esses resultados à análise e transformação. Na prática, a maior parte da melhoria que os compiladores conseguem na otimização surge do aproveitamento do contexto. Para possibilitar esta melhoria, a IR deve expor o contexto. A nomeação pode ocultar o contexto, como quando ela reutiliza um nome para muitos valores distintos. Ela também pode expor o contexto, como quando cria uma correspondência entre nomes e valores. Esta questão não é especificamente uma propriedade dos códigos lineares; o compilador poderia usar uma AST de nível inferior que expusesse o cálculo completo de endereço.

5.4.2 Forma de atribuição única estática

Forma de atribuição única estática (SSA — *Static Single-Assignment*) é uma disciplina de nomeação que muitos compiladores modernos utilizam para codificar informações sobre os fluxos de controle e de valores de dados no programa. Na *forma SSA*, nomes correspondem exclusivamente a pontos de definição específicos no código; cada nome é definido por uma operação, daí a denominação atribuição única estática. Como corolário, cada uso de um nome como um argumento em alguma operação codifica informações sobre onde o valor foi originado; o nome textual refere-se a um ponto de definição específico. Para reconciliar esta disciplina de nomeação de atribuição única com os efeitos do fluxo de controle, a forma SSA insere operações especiais, chamadas *funções ϕ*, em pontos onde os caminhos do fluxo de controle se encontram.

Um programa está na forma SSA quando atende a duas restrições: (1) cada definição tem um nome distinto; e (2) cada uso refere-se a uma única definição. Para transformar um programa IR para a forma SSA, o compilador insere funções ϕ em pontos onde diferentes caminhos do fluxo de controle se juntam e depois renomeia variáveis para manter a propriedade de atribuição única

Para esclarecer o impacto dessas regras, considere o pequeno laço mostrado no lado esquerdo da Figura 5.9. A coluna da direita mostra o mesmo código na forma SSA. Os nomes de variável incluem subscritos para criar um nome distinto para cada definição. Funções ϕ foram inseridas em pontos onde diversos valores distintos podem alcançar o início de um bloco. Finalmente, a construção `while` foi reescrita com dois testes distintos, para refletir o fato de que o teste inicial se refere a x_0, enquanto o teste de fim de loop a x_2.

O comportamento da função ϕ depende do contexto. Este define seu nome SSA de destino com o valor do seu argumento que corresponde à aresta ao longo da qual o controle

Forma SSA
IR que tem um sistema de nomes baseado em valor, criado pela renomeação e uso de pseudo-operações, chamadas funções ϕ.
SSA codifica o fluxo de controle e o fluxo de valor. É muito usada na otimização (ver Seção 9.3.)

Função ϕ
Uma função ϕ toma vários nomes e os junta, definindo um novo nome.

```
x ← ...
y ← ...
while (x < 100)
    x ← x + 1
    y ← y + x
```

```
            x₀ ← ...
            y₀ ← ...
            if (x₀ ≥ 100) goto next
loop:   x₁ ← ø(x₀,x₂)
        y₁ ← ø(y₀,y₂)
        x₂ ← x₁ + 1
        y₂ ← y₁ + x₂
        if (x₂ < 100) goto loop
next:   x₃ ← ø(x₀,x₂)
        y₃ ← ø(y₀,y₂)
```

(a) Código original   (b) Código em formato SSA

■ **FIGURA 5.9** Um pequeno laço em formato SSA.

entrou no bloco. Assim, quando o controle flui para o laço a partir do bloco acima do laço, as funções ϕ no topo do corpo do laço copiam os valores de x_0 e y_0 para x_1 e y_1, respectivamente. Quando o controle flui para o laço a partir do teste na parte inferior do laço, as funções ϕ selecionam seus outros argumentos, x_2 e y_2.

Na entrada de um bloco básico, todas as suas funções ϕ são executadas, simultaneamente, antes de qualquer outra instrução. Primeiro, todas lêem os valores dos argumentos apropriados, depois, todas definem seus nomes SSA de destino. A definição de seu comportamento desta forma permite que os algoritmos que manipulam a forma SSA ignorem a ordenação das funções ϕ no topo de um bloco — uma simplificação importante —, o que pode complicar o processo de tradução da forma SSA de volta ao código executável, conforme veremos na Seção 9.3.5.

A forma SSA teve por finalidade a otimização do código. A colocação de funções ϕ na forma SSA codifica informações sobre a criação de valores e seus usos. Uma propriedade de atribuição única do espaço de nomes permite que o compilador evite muitas questões relacionadas aos tempos de vida dos valores; por exemplo, como os nomes nunca são redefinidos ou mortos, o valor de um nome está disponível ao longo de qualquer caminho que prossegue a partir dessa operação. Essas duas propriedades simplificam e melhoram muitas técnicas de otimização.

O exemplo expõe algumas esquisitices da forma SSA que merecem explicação. Considere a função ϕ que define x_1. Seu primeiro argumento, x_0, é definido no bloco que precede o laço. O segundo, x_2, é definido mais adiante no bloco rotulado como `loop`. Assim, quando a função ϕ é executada inicialmente, um de seus argumentos é indefinido. Em muitos contextos de linguagem de programação, isto causaria problemas. Como a função ϕ lê apenas um argumento, e este corresponde à aresta seguida mais recentemente no CFG, ela nunca poderá ler o valor indefinido.

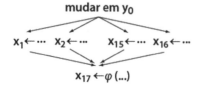

Funções ϕ não estão em conformidade com o modelo de três endereços. Uma função ϕ toma um número qualquer de operandos. Para ajustar a forma SSA a uma IR de três endereços, o construtor de compiladores precisa incluir um mecanismo para representar operações com listas de operandos mais longas. Considere o bloco ao final de uma instrução case, como mostramos ao lado.

O IMPACTO DA NOMEAÇÃO

No final da década de 1980, experimentamos os esquemas de nomeação em um compilador FORTRAN. A primeira versão gerava um novo registrador temporário para cada computação, incrementando um contador simples. Ele produzia grandes espaços de nomes, por exemplo, 985 nomes para uma implementação de 210 linhas da decomposição de valor singular (SVD — *Singular Value Decomposition*). O espaço de nomes parecia grande para o tamanho do programa. Isto causou problemas de velocidade e espaço no alocador de registradores, onde o tamanho do espaço de nomes controla o tamanho de muitas estruturas de dados. (Hoje, temos estruturas de dados melhores e máquinas mais velozes, com mais memória.)

A segunda versão usava um protocolo alocar/liberar para gerenciar os nomes. O front end alocava temporários por demanda e os liberava quando os usos imediatos terminavam. Este esquema usava menos nomes; por exemplo, SVD usava cerca de 60 nomes. Isto agilizava a alocação, reduzindo, por exemplo, o tempo para encontrar variáveis vivas na SVD em 60%.

Infelizmente, a associação de múltiplas expressões a um único nome temporário obscureceu o fluxo de dados e degradou a qualidade da otimização. O declínio na qualidade do código encobriu quaisquer benefícios em tempo de compilação.

Mais experimentação levou a um curto conjunto de regras que gerava uma forte otimização, enquanto mitigava o crescimento no espaço de nomes.

1. Cada expressão textual recebeu um nome exclusivo, determinado pela entrada do operador e dos operandos em uma tabela hash. Assim, cada ocorrência de uma expressão, por exemplo, $r_{17} + r_{21}$, visava o mesmo registrador.
2. Em $\langle op \rangle\, r_i,\ r_j \Rightarrow r_k$, k foi escolhido, de modo que i,j<k.
3. Operações de cópia de registrador (i2i $r_i \Rightarrow r_j$ na ILOC) tinham permissão para ter i>j somente se r_j correspondesse a uma variável escalar do programa. Os registradores para estas variáveis só eram definidos por operações de cópia. As expressões eram avaliadas em seu registrador "natural" e depois movidas para o registrador para a variável.
4. Cada operação store (store $r_i \Rightarrow r_j$ na ILOC) é seguida por uma cópia de r_i para o registrador nomeado da variável. (A regra 1 garante que os loads desse local sempre visam o mesmo registrador. A regra 4 garante que o registrador virtual e o local da memória contenham o mesmo valor.)

Este esquema de espaço de nomes usava cerca de 90 nomes para o SVD, mas expunha todas as otimizações encontradas com o primeiro esquema de espaço de nomes. O compilador usou essas regras até que adotamos a forma SSA, com sua disciplina para nomes.

CRIAÇÃO DA SSA

A forma de atribuição única estática (SSA) é a única IR que descrevemos que não tem um algoritmo de construção óbvio. A Seção 9.3 apresenta o algoritmo em detalhes. Porém, um esboço do processo de construção esclarecerá algumas das questões.

Suponha que o programa de entrada já esteja em formato ILOC. Para convertê-lo para um formato linear equivalente SSA, o compilador primeiro deve inserir funções ϕ e depois renomear os registradores virtuais da ILOC.

O modo mais simples de inserir funções ϕ é somar um para cada registrador virtual ILOC no início de cada bloco básico que tem mais de um predecessor no grafo de fluxo de controle. Isto insere muitas funções ϕ desnecessárias; a maior parte da complexidade no algoritmo completo visa reduzir o número de funções ϕ irrelevantes.

> Para renomear os registradores virtuais da ILOC, o compilador pode processar os blocos em profundidade. Para cada registrador virtual, ele mantém um contador. Quando encontra uma definição de r_i, incrementa o contador para r_i, digamos para k, e reescreve a definição com o nome r_{ik}. À medida que o compilador percorre o bloco, reescreve cada uso de r_i como r_{ik} até que encontre outra definição de r_i. (Esta definição aumenta o contador para k + 1.) Ao final de um bloco, o compilador examina cada aresta de fluxo de controle e reescreve o parâmetro da função ϕ apropriado para r_i em cada bloco que possui múltiplos predecessores.
>
> Após a renomeação, o código está em conformidade com as duas regras da forma SSA. Cada definição cria um nome exclusivo. Cada uso refere-se a uma única definição.
>
> Existem diversos algoritmos melhores de construção SSA, que inserem menos funções ϕ do que esta técnica simples.

A função ϕ para x_{17} precisa ter um argumento para cada caso. Uma operação ϕ tem um argumento para cada caminho entrante de fluxo de controle; assim, não se enquadra no esquema de número fixo de argumentos, como o esquema de três endereços.

Em uma representação de array simples para o código de três endereços, o construtor de compiladores precisa usar vários slots para cada operação ϕ ou uma estrutura de dados paralela para manter os argumentos dessas operações. Nos outros dois esquemas para implementação do código de três endereços apresentado na Figura 5.5, o compilador pode inserir tuplas de tamanho variável. Por exemplo, as tuplas para load e load imediato poderiam ter espaço para apenas dois nomes, enquanto a tupla para uma operação ϕ ser grande o suficiente para acomodar todos os seus operandos.

5.4.3 Modelos de memória

Assim como o mecanismo para nomear valores temporários afeta as informações que podem ser representadas em uma versão IR de um programa, o mesmo acontece na escolha, pelo compilador, de um local de armazenamento para cada valor. O compilador precisa determinar, para cada valor calculado no código, onde este residirá. Para o código ser executado, precisa atribuir um local específico, como o registrador r_{13} ou 16 bytes a partir do rótulo L0089. Porém, antes dos estágios finais da geração de código, ele pode usar endereços simbólicos que codificam um nível na hierarquia de memória, por exemplo, registradores ou memória, mas não um local específico dentro desse nível.

Considere os exemplos de ILOC usados no decorrer deste livro. Um endereço de memória simbólico é indicado prefixando-o com o caractere @. Assim, @x é o deslocamento de x a partir do início da área de armazenamento que o contém. Como r_{arp} mantém o ponteiro de registro de ativação, uma operação que use @x e r_{arp} para calcular um endereço depende, implicitamente, da decisão de armazenar a variável x na memória reservada para o registro de ativação do procedimento atual.

Em geral, os compiladores funcionam a partir de um dos dois modelos de memória.

1. *Registrador para registrador*. Sob este modelo, o compilador mantém valores nos registradores agressivamente, ignorando quaisquer limitações impostas pelo tamanho do conjunto de registradores físicos da máquina. Qualquer valor que possa legalmente ser mantido em um registrador para a maior parte do seu tempo de vida nele é mantido. Os valores são armazenados na memória somente quando a semântica do programa assim exige — por exemplo, em uma chamada de procedimento, qualquer variável local cujo endereço é passado como um parâmetro

ao procedimento chamado precisa ser armazenada de volta na memória. Um valor que não pode ser mantido em um registrador pela maior parte do seu tempo de vida é armazenado na memória. O compilador gera código para armazenar seu valor toda vez que ele é calculado e para carregar seu valor a cada uso.

2. *Memória para memória.* Sob este modelo, o compilador assume que todos os valores são mantidos em locais da memória, e se movem da memória para um registrador imediatamente antes de serem usados. Os valores se movem de um registrador para a memória imediatamente após serem definidos. O número de registradores nomeados na versão IR do código pode ser pequeno em comparação com o modelo registrador-para-registrador. Neste, o projetista poderá achar vantajoso incluir operações de memória-para-memória, como um add de memória para memória, na IR.

A escolha do modelo de memória em geral ortogonal à escolha da IR. O construtor de compiladores pode criar uma AST de memória-para-memória ou uma versão de memória-para-memória da ILOC tão facilmente quanto as versões de registrador-para-registrador de qualquer uma dessas IRs. (Os códigos de máquina de pilha e para uma máquina de acumulador poderiam ser exceções, porque contêm seus próprios modelos de memória exclusivos.)

A HIERARQUIA DE OPERAÇÕES DE MEMÓRIA EM ILOC 9X

A ILOC usada neste livro é abstraída de uma IR chamada ILOC 9X, usada em um projeto de pesquisa sobre compiladores na Rice University. ILOC 9X inclui uma hierarquia de operações de memória que o compilador usa para codificar o conhecimento sobre valores. Na parte mais baixa da hierarquia, o compilador tem pouco ou nenhum conhecimento sobre o valor; no topo da hierarquia, ele conhece o valor real. Essas operações são as seguintes:

Operação	Significado
Load imediato	Carrega um valor constante conhecido em um registrador.
Load não variável	Carrega um valor que não muda durante a execução. O compilador não conhece o valor, mas pode provar que ele não é definido por uma operação do programa.
Load & store escalares	Operam sobre um valor escalar, não um elemento de array, um elemento de estrutura ou um valor baseado em ponteiro.
Load & store gerais	Operam sobre um valor que pode ser um elemento de array, um elemento de estrutura ou um valor baseado em ponteiro. Este é o caso geral da operação.

Usando esta hierarquia, o front end pode codificar o conhecimento sobre o valor de destino diretamente no código ILOC 9X. À medida que outros passos descobrem informações adicionais, podem reescrever operações para mudar um valor que usam um load de propósito geral para uma forma mais restrita. Se o compilador descobrir que algum valor é uma constante conhecida, pode substituir um load geral ou um load escalar desse valor por um load imediato. Se uma análise de definições e usos descobrir que algum local não pode ser definido por qualquer operação de store executável, os loads desse valor podem ser reescritos para que usem um load não variável.

As otimizações podem aproveitar o conhecimento codificado neste padrão. Por exemplo, uma comparação entre o resultado de um load não variável e uma constante deverá ser invariante — um fato que poderia ser difícil ou impossível de provar com um load escalar ou um load geral.

A escolha do modelo de memória tem impacto sobre o restante do compilador. Com um modelo registrador-para-registrador, o compilador normalmente usa mais registradores do que a máquina de destino oferece. Assim, o alocador de registradores precisa mapear o conjunto de *registradores virtuais* usados no programa IR para os registradores físicos fornecidos pela máquina-alvo. Isto normalmente exige a inserção de operações load, store e copy extras, tornando o código mais lento e maior. Porém, com um modelo memória para memória, em geral a versão IR do código usa menos registradores do que um processador moderno oferece. Aqui, o alocador de registradores procura valores baseados em memória que possa manter em registradores por períodos de tempo maiores. Nesse modelo, o alocador torna o código mais rápido e menor, removendo loads e stores.

Compiladores para máquinas RISC tendem a usar o modelo registrador-para-registrador por dois motivos. Primeiro, este modelo reflete mais de perto os conjuntos de instruções das arquiteturas RISC. Estas máquinas não têm um complemento total de operações memória-para-memória; ao invés disso, consideram implicitamente que os valores podem ser mantidos em registradores. Segundo, este modelo permite que o compilador codifique diretamente na IR alguns dos fatos sutis que deriva. O fato de um valor ser mantido em um registrador significa que o compilador, em algum ponto anterior, teve uma prova de que mantê-lo assim é seguro. A menos que ele codifique este fato na IR, o compilador precisará prová-lo, mais e mais vezes.

Entrando em mais detalhes, se o compilador pode provar que somente um nome fornece acesso a um valor, pode manter este valor em um registrador. Se vários nomes puderem existir, o compilador precisa se comportar de modo conservador e manter o valor na memória. Por exemplo, uma variável local x pode ser mantida em um registrador, a menos que possa ser referenciada em outro escopo. Em uma linguagem que admite escopos aninhados, como Pascal ou Ada, esta referência pode ocorrer em um procedimento aninhado. Em C, isto pode ocorrer se o programa apanhar o endereço de x, &x e acessar o valor por meio deste endereço. Em Algol ou PL/I, o programa pode passar x como um parâmetro de chamada por referência para outro procedimento.

REVISÃO DA SEÇÃO

Os esquemas usados para nomear valores na IR de um compilador têm efeito direto sobre a capacidade do compilador de otimizar a IR e gerar código assembly de qualidade a partir dela. O compilador precisa gerar nomes internos para todos os valores, desde variáveis do programa em linguagem-fonte até valores intermediários calculados como parte de uma expressão de endereço para uma referência de array com subscrito. O uso cuidadoso de nomes pode codificar e expor fatos para uso posterior na otimização; ao mesmo tempo, a proliferação de nomes pode atrasar o compilador, forçando-o a usar estruturas de dados maiores.

O espaço de nomes gerado na forma SSA tem obtido popularidade, pois codifica propriedades úteis; por exemplo, cada nome corresponde a uma definição exclusiva no código. Essa precisão pode auxiliar na otimização, conforme veremos no Capítulo 8.

O espaço de nomes também pode codificar um modelo de memória. Uma divergência entre o modelo de memória e o conjunto de instruções da máquina-alvo pode complicar a otimização e a geração de código subsequente, enquanto uma correspondência melhor permite que o compilador se ajuste cuidadosamente à máquina-alvo.

> **QUESTÕES DE REVISÃO**
> 1. Considere a função `fib` apresentada. Escreva a ILOC que o front end de um compilador poderia gerar para esse código sob o modelo registrador-para-registrador e sob o modelo memória-para-memória. Qual é a semelhança entre os dois? Sob quais circunstâncias cada modelo de memória poderia ser desejável?
> 2. Converta o código registrador-para-registrador que você gerou na questão anterior para a forma SSA. Existem funções ϕ cujo valor de saída nunca pode ser usado?

5.5 TABELAS DE SÍMBOLOS

```
int fib(int n) {
  int x = 1;
  int y = 1;
  int z = 1;
  while(n > 1)
     z = x + y;
     x = y;
     y = z;
     n = n - 1;
  return z;
}
```

Como parte da tradução, um compilador obtém informações sobre as diversas entidades manipuladas pelo programa que está sendo traduzido. Ele deve descobrir e armazenar muitos tipos distintos de informação, e encontra uma grande variedade de nomes — variáveis, constantes definidas, procedimentos, funções, rótulos, estruturas e arquivos. Conforme discutimos na seção anterior, o compilador também gera muitos nomes. Para uma variável, precisa de um tipo de dados, sua classe de armazenamento, o nome e nível léxico de seu procedimento de declaração e um endereço de base e deslocamento (*offset*) na memória. Para um array, também precisa do número de dimensões e os limites superior e inferior para cada dimensão. Para registros ou estruturas, precisa de uma lista dos campos, juntamente com as informações relevantes para cada campo. Para funções e procedimentos, precisa do número de parâmetros e seus tipos, além dos tipos de quaisquer valores retornados; uma tradução mais sofisticada poderia registrar informações sobre quais variáveis um procedimento pode referenciar ou modificar.

O compilador precisa, ou registrar essa informação na IR, ou recalculá-la por demanda. Por questão de eficiência, a maioria dos compiladores registra fatos ao invés de recalculá-los. Esses fatos podem ser registrados diretamente na IR. Por exemplo, o compilador que constrói uma AST poderia registrar informações sobre variáveis como anotações (ou atributos) do nó que representa a declaração de cada variável. A vantagem desta técnica é que ela usa uma única representação para o código sendo compilado, o que fornece um método de acesso uniforme e uma única implementação. Sua desvantagem é que o método de acesso único pode ser ineficiente — navegar pela AST para encontrar a declaração apropriada tem seus próprios custos. Para eliminar esta ineficiência, o compilador pode encadear a IR de modo que cada referência tenha um vínculo de volta para a declaração correspondente. Isso aumenta o espaço da IR e o overhead para o criador da IR.

A alternativa, como vimos no Capítulo 4, é criar um repositório central para esses fatos e fornecer acesso eficiente a ele. Esse repositório central, chamado tabela de símbolos, torna-se uma parte integral da IR do compilador. Esta tabela localiza informações obtidas de partes potencialmente distintas do código-fonte; disponibiliza tais informações de modo fácil e eficiente, e simplifica o projeto e a implementação de qualquer código que deva se referir às informações sobre variáveis obtidas anteriormente na compilação. Isto evita o custo de pesquisar a IR para encontrar a parte que representa a declaração de uma variável; o uso de uma tabela de símbolos normalmente elimina a necessidade de representar as declarações diretamente na IR. (Uma exceção ocorre na tradução de fonte para fonte. O compilador pode construir uma tabela de símbolos por eficiência e preservar a sintaxe da declaração na IR de modo que possa produzir um programa de saída que seja o mais próximo possível do de entrada.) Isso elimina o overhead de fazer com que cada referência contenha um ponteiro para a declaração, e substitui ambos por um mapeamento computado a partir do nome textual para a informação armazenada. Assim, de certa forma, a tabela de símbolos é simplesmente um truque de eficiência.

Quando o compilador grava a IR em disco, pode ser mais barato recalcular fatos do que escrevê-los e depois lê-los.

Em muitos locais neste texto, referimo-nos sobre "a tabela de símbolos". Conforme veremos na Seção 5.5.4, o compilador pode incluir diversas, distintas e especializadas tabelas de símbolos. Uma implementação cuidadosa poderia usar os mesmos métodos de acesso para todas essas tabelas.

A implementação da tabela de símbolos exige atenção aos detalhes. Como quase todo aspecto da tradução refere-se à tabela de símbolos, a eficiência de acesso é crítica. Como o compilador não pode prever, antes da tradução, a quantidade de nomes que encontrará, a expansão da tabela precisa ser harmoniosa e eficiente. Esta seção fornece um tratamento de alto nível das questões que surgem no projeto de uma tabela de símbolos. Apresenta os aspectos específicos do compilador sobre o projeto e uso da tabela de símbolos. Para obter detalhes mais profundos de implementação e alternativas de projeto, consulte a Seção B.4 no Apêndice B.

5.5.1 Tabelas hash

Um compilador acessa sua tabela de símbolos com frequência. Portanto, eficiência é uma questão-chave no projeto desta tabela. Como as tabelas hash fornecem pesquisas esperadas em tempo constante, são o método escolhido para esta implementação. As tabelas hash são conceitualmente elegantes; usam uma *função hash*, h, para mapear nomes a inteiros pequenos, e usam o inteiro pequeno para indexar a tabela. Com uma tabela hash como tabela de símbolos, o compilador armazena todas as informações que obtém sobre o nome n no slot $h(n)$ da tabela. A figura ao lado mostra uma tabela hash simples com dez slots, que é um vetor de registros, cada um mantendo a descrição gerada pelo compilador de um único nome. Os nomes a, b e c já foram inseridos. O nome d está sendo inserido, em $h(d) = 2$.

O motivo principal para usar tabelas hash é fornecer uma pesquisa em tempo esperado constante usando um nome textual como chave. Para conseguir isto, o cálculo de h não pode ser dispendioso. Dada uma função apropriada h, o acesso ao registro para n exige calcular $h(n)$ e indexar na tabela em $h(n)$. Se h mapear dois ou mais símbolos para o mesmo inteiro pequeno, ocorre uma "colisão". (Na figura ao lado, isto ocorreria se $h(d) = 3$.) A implementação precisa tratar desta situação de modo controlado, preservando tanto a informação quanto o tempo de pesquisa. Nesta seção, consideramos que h é uma função hash perfeita, ou seja, nunca produz uma colisão. Além do mais, consideramos que o compilador sabe, antecipadamente, o tamanho que a tabela terá. O Apêndice B4 descreve a implementação da tabela hash com mais detalhes, incluindo funções hash, tratamento de colisão e esquemas para expandir esta tabela.

Tabelas hash podem ser usadas como uma representação eficiente para grafos esparsos. Dados dois nós, x e y, uma entrada para a chave xy indica que a aresta (x, y) existe. (Este esquema exige uma função hash que gere uma boa distribuição a partir de um par de pequenos inteiros; as funções hash multiplicativas e universais descritas no Apêndice B4.1 funcionam bem.) Uma tabela hash bem implementada pode fornecer inserção rápida e um teste rápido para a presença de uma aresta específica. Informações adicionais são necessárias para responder a perguntas como "que nós são adjacentes a x?".

5.5.2 Construção de uma tabela de símbolos

A tabela de símbolos define duas rotinas de interface para o restante do compilador.

1. `LookUp(nome)` retorna o registro armazenado na célula $h(nome)$ da tabela, se existir. Caso contrário, retorna um valor indicando que `nome` não foi encontrado.
2. `Insert(nome, r)` armazena a informação disponível em `r` na célula $h(nome)$ da tabela. Esta operação pode expandir a tabela para acomodar o registro para `nome`.

O compilador pode usar funções distintas para `LookUp` e `Insert`, ou elas podem ser combinadas passando para `LookUp` um parâmetro que especifica se o nome deve ser inserido ou não. Isto garante, por exemplo, que um `LookUp` de uma variável não declarada falhará — uma propriedade útil para detectar uma violação da regra "declarar antes de usar" nos esquemas de tradução dirigida pela sintaxe ou para admitir escopos léxicos aninhados.

Essa interface simples encaixa-se diretamente nos esquemas de tradução *ad hoc* dirigida pela sintaxe, descritos no Capítulo 4. No processamento da sintaxe de declaração, o compilador constrói um conjunto de atributos para cada variável. Quando o parser reconhece uma produção que declara alguma variável, pode incluir o nome e os atributos na tabela de símbolos usando `Insert`. Se um nome de variável puder aparecer em apenas uma declaração, o parser pode, primeiro, chamar `LookUp` para detectar um uso repetido do nome. Quando o parser encontra um nome de variável fora da sintaxe de declaração, usa `LookUp` para obter a informação apropriada a partir da tabela de símbolos. `LookUp` falha ao tentar encontrar qualquer nome não declarado. O construtor de compiladores, naturalmente, pode ter de acrescentar funções para inicializar a tabela, armazená-la, recuperá-la a partir de uma mídia externa, e para finalizá-la. Para uma linguagem com um único espaço de nomes, esta interface é suficiente.

ALTERNATIVA AO HASHING

Hashing é o método mais utilizado para organizar a tabela de símbolos de um compilador. A discriminação de multiconjuntos é uma alternativa interessante, que elimina qualquer possibilidade de comportamento de pior caso. A ideia crítica por trás desta discriminação é que o índice pode ser construído off-line no scanner.

Para usar a discriminação de multiconjuntos, o construtor de compiladores precisa usar uma técnica diferente para a análise léxica. Ao invés de processar a entrada de modo incremental, o compilador varre o programa inteiro para encontrar o conjunto completo de identificadores. Ao descobrir cada identificador, cria uma tupla ⟨*nome, posição*⟩, onde *nome* é o texto do identificador e *posição* a sua posição ordinal na lista de palavras classificadas, ou *tokens*. Ele inclui todas as tuplas em um grande conjunto.

O próximo passo ordena o conjunto lexicograficamente. Com efeito, isto cria um conjunto de subconjuntos, um por identificador. Cada um desses subconjuntos contém as tuplas para todas as ocorrências de seu identificador. Como dada tupla refere-se a um *token* específico, por meio do seu valor de *posição* o compilador pode usar o conjunto ordenado para modificar o fluxo de *tokens*. O compilador faz uma varredura linear pelo conjunto, processando cada subconjunto; aloca um índice da tabela de símbolos para o subconjunto inteiro, depois reescreve os *tokens* para incluir este índice. Isto aumenta os *tokens* de identificadores com seus índices na tabela de símbolos. Se o compilador precisar de uma função de pesquisa textual, a tabela resultante está ordenada alfabeticamente para uma pesquisa binária.

O preço de usar esta técnica é um passo extra pelo fluxo de *tokens*, além do custo da classificação lexicográfica. As vantagens, do ponto de vista da complexidade, são: isso evita qualquer possibilidade de comportamento de pior caso do hashing, e torna óbvio o tamanho inicial da tabela de símbolos, mesmo antes da análise sintática. Esta técnica pode ser usada para substituir uma tabela hash em quase toda aplicação em que uma solução off-line funcione.

5.5.3 Tratamento de escopos aninhados

Poucas linguagens de programação fornecem um único espaço de nomes unificado. A maioria delas permite que um programa declare nomes em múltiplos níveis. Cada um desses níveis tem um *escopo*, ou uma região no texto do programa onde o nome pode ser usado. Cada um desses níveis tem um *tempo de vida*, ou um período em tempo de execução em que o valor é preservado.

Se a linguagem fonte permitir que os escopos sejam aninhados uns nos outros, então o front end precisa de um mecanismo para traduzir uma referência, como *x*, para o escopo e o tempo de vida apropriados. O principal mecanismo que os compiladores utilizam para realizar esta tradução é uma tabela de símbolos com escopo.

Para os propósitos desta discussão, suponha que um programa possa criar um número qualquer de escopos aninhados um no outro. Adiaremos a discussão mais detalhada do escopo léxico para a Seção 6.3.1, porém, a maioria dos programadores tem experiência suficiente com o conceito para esta discussão. A Figura 5.10 mostra um programa

```
static int w;  /* nível 0 */
int x;

void example(int a, int b) {
  int c;          /* nível 1 */
  {
    int b, z;    /* nível 2a */
    ...
  }
  {
    int a, x;    /* nível 2b */
    ...
    {
      int c, x;  /* nível 3 */
      b = a + b + c + w;
    }
  }
}
```

Nível	Nomes
0	w, x, example
1	a, b, c
2a	b, z
2b	a, x
3	c, x

■ **FIGURA 5.10** Exemplo de escopo léxico simples em C.

em C que cria cinco escopos distintos. Vamos rotulá-los com números que indicam os relacionamentos de aninhamento entre eles. O escopo de nível *0* é o mais externo, enquanto o de nível *3* é o mais interno.

A tabela abaixo da Figura 5.10 mostra os nomes declarados em cada escopo. A declaração de b no nível *2a* oculta a do nível *1* de qualquer código dentro do bloco que cria o nível *2a*. Dentro do nível *2b*, uma referência a b novamente se refere ao parâmetro de nível *1*. De modo semelhante, as declarações de a e × no nível *2b* ocultam suas declarações mais antigas (no nível *1* e no nível *0*, respectivamente).

Este contexto cria o ambiente de nomeação em que o comando de atribuição é executado. Incluindo subscritos aos nomes para mostrar seu nível, descobrimos que a atribuição se refere a

$$b_1 = a_{2b} + b_1 + c_3 + w_0$$

Observe que a atribuição não pode usar os nomes declarados no nível *2a* porque este bloco é fechado, junto com seu escopo, antes que o nível *2b* seja aberto.

Para compilar um programa que contém escopos aninhados, o compilador precisa mapear cada referência de variável à sua declaração específica. Este processo, chamado *resolução de nome*, mapeia cada referência ao nível léxico em que é declarada. O mecanismo que os compiladores usam para realizar essa resolução de nomes é uma tabela de símbolos com escopo léxico. O restante desta seção descreve o projeto e a implementação de tabelas de símbolos com escopo léxico. Os mecanismos de runtime correspondentes, que traduzem o nível léxico de uma referência para um endereço, são descritos na Seção 6.4.3. As tabelas de símbolos com escopo também têm aplicação direta na otimização de código. Por exemplo, o algoritmo de numeração de valor superlocal, apresentado na Seção 8.5.1, conta com uma tabela hash com escopo por questão de eficiência.

O conceito

Para gerenciar escopos aninhados, o parser precisa mudar, ligeiramente, sua técnica para o gerenciamento da tabela de símbolos. Toda vez que o parser entra em um novo escopo léxico, pode criar uma nova tabela de símbolos para este escopo. Este esquema cria um feixe de tabelas, interligadas em uma ordem que corresponde aos níveis de aninhamento léxicos. Ao encontrar declarações no escopo, ele inclui a informação na tabela atual. `Insert` opera sobre a tabela de símbolos atual. Ao encontrar uma referência de variável, `LookUp` precisa verificar a tabela para o escopo atual. Se a tabela atual não contém uma declaração para o nome, verifica a tabela para o escopo que engloba o escopo atual. Trabalhando desta maneira pelas tabelas de símbolos, buscando níveis léxicos com numeração sucessivamente inferior, o parser, ou encontra a declaração mais recente para o nome, ou falha no escopo mais externo, indicando que a variável não possui declaração visível no escopo atual.

A Figura 5.11 mostra a tabela de símbolos construída neste padrão para o nosso programa de exemplo, no ponto onde o parser alcançou o comando de atribuição. Quando o compilador chama a função `LookUp` modificada para o nome b, ela irá falhar no nível *3*, falhar no nível *2* e encontrar o nome no nível *1*. Isto corresponde exatamente ao nosso entendimento do programa — a declaração mais recente para b é como um parâmetro para example, no nível *1*. Como o primeiro bloco no nível *2*, bloco *2a*, já foi fechado, sua tabela de símbolos não está na cadeia de pesquisa. O nível no qual o símbolo é encontrado, *1* neste caso, forma a primeira parte de um endereço para b. Se o registro da tabela de símbolos incluir um deslocamento (*offset*) de armazenamento para cada variável, então o par $\langle n, d \rangle$ especifica onde encontrar b na memória — no *deslocamento d* a partir do início do armazenamento para o escopo de *nível n*. Chamamos este par de *coordenada estática* de b.

Coordenada estática
Um par, $< n, d >$, que registra informações de endereço sobre alguma variável *x*; *n* especifica o nível léxico onde *x* é declarada; *d* especifica o deslocamento dentro da área de dados para este nível.

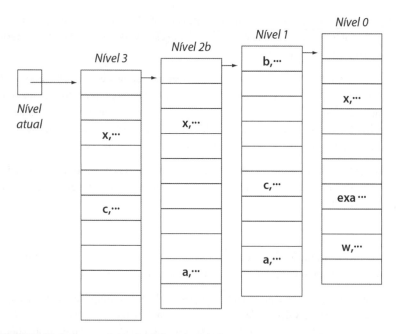

■ **FIGURA 5.11** Implementação simples do "feixe de tabelas".

Os detalhes

Para lidar com este esquema, duas chamadas adicionais são necessárias. O compilador precisa de uma chamada que inicializa uma nova tabela de símbolos para um escopo e outra que finaliza a tabela para um escopo.

1. *InitializeScope()* incrementa o nível atual e cria uma nova tabela de símbolos para este nível. Vincula a nova tabela à tabela do nível que o engloba e atualiza o ponteiro do nível atual usado por *LookUp* e *Insert*.
2. *FinalizeScope()* muda o ponteiro do nível atual de modo que aponte para a tabela em direção ao escopo que engloba o nível atual e depois decrementa o nível atual. Se o compilador precisar preservar as tabelas nível por nível para uso posterior, *FinalizeScope* pode deixar a tabela intacta na memória ou escrevê-la para uma mídia externa e reivindicar seu espaço.

Para considerar o escopo léxico, o parser chama *InitializeScope* toda vez que entra em um novo escopo léxico, e *FinalizeScope* toda vez que sai de um escopo léxico. Este esquema produz a seguinte sequência de chamadas para o programa da Figura 5.10:

1. *InitializeScope*
2. *Insert(w)*
3. *Insert(x)*
4. *Insert(example)*
5. *InitializeScope*
6. *Insert(a)*
7. *Insert(b)*
8. *Insert(c)*
9. *InitializeScope*
10. *Insert(b)*
11. *Insert(z)*
12. *FinalizeScope*
13. *InitializeScope*
14. *Insert(a)*
15. *Insert(×)*
16. *InitializeScope*
17. *Insert(c)*
18. *Insert(×)*
19. *LookUp(b)*
20. *LookUp(a)*
21. *LookUp(b)*
22. *LookUp(c)*
23. *LookUp(w)*
24. *FinalizeScope*
25. *FinalizeScope*
26. *FinalizeScope*
27. *FinalizeScope*

Ao entrar em cada escopo, o compilador chama *InitializeScope,* e acrescenta cada nome na tabela usando *Insert*. Quando sai de determinado escopo, chama

FinalizeScope para descartar as declarações para este escopo. Para o comando de atribuição, pesquisa cada um dos nomes conforme encontrados. (A ordem das chamadas de *LookUp* variará dependendo de como o comando de atribuição é percorrido.)

Se *FinalizeScope* retiver na memória as tabelas de símbolos para os níveis finalizados, o resultado final dessas chamadas será a tabela de símbolos mostrada na Figura 5.12. O ponteiro do nível atual é definido como um valor nulo. As tabelas para todos os níveis são deixadas na memória e ligadas para refletir o aninhamento léxico. O compilador pode fornecer aos passos subsequentes do compilador o acesso à informação relevante da tabela de símbolos armazenando um ponteiro para a tabela apropriada na IR no início de cada novo nível. Como alternativa, os identificadores na IR podem apontar diretamente para suas entradas na tabela de símbolos.

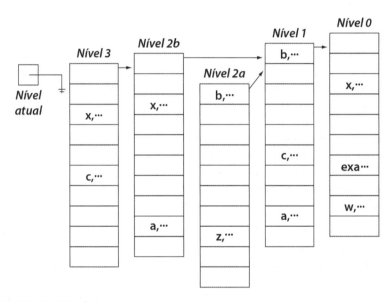

■ **FIGURA 5.12** Tabela final para o exemplo.

5.5.4 Os muitos usos para as tabelas de símbolos

A discussão anterior focalizou uma tabela de símbolos central, apesar de poder ser composta de várias tabelas. Na realidade, os compiladores montam várias destas tabelas que utilizam para diferentes propósitos.

Tabela de estrutura

As strings textuais usadas para nomear campos em uma estrutura ou registro existem em um espaço de nomes diferente das variáveis e procedimentos. O nome `size` poderia ocorrer em várias estruturas diferentes em um único programa. Em muitas linguagens de programação, como C ou Ada, o uso de `size` como um campo em uma estrutura não impede seu uso como um nome de variável ou função.

Para cada campo em uma estrutura, o compilador precisa registrar seu tipo, seu tamanho e seu deslocamento dentro do registro. Ele colhe esta informação das declarações, usando os mesmos mecanismos que utiliza para processar declarações de variável. E também precisa determinar o tamanho geral para a estrutura, normalmente calculado como a soma dos tamanhos de campo mais qualquer espaço de overhead exigido pelo sistema de runtime.

Existem várias técnicas para gerenciar o espaço de nomes dos nomes de campo:

1. *Tabelas separadas*. O compilador pode manter uma tabela de símbolos distinta para cada definição de registro. Esta é a ideia mais limpa, conceitualmente. Se o overhead para usar tabelas múltiplas for pequeno, como na maioria das implementações orientadas a objeto, então faz sentido usar uma tabela separada e associá-la à entrada da tabela de símbolos para o nome da estrutura.
2. *Tabela seletora*. O compilador pode manter uma tabela separada para nomes de campo. Para evitar choques entre campos com nomes idênticos em estruturas diferentes, ele precisa usar nomes qualificados — concatenar, ou o nome da estrutura, ou algo que a mapeie exclusivamente, como o índice da tabela de símbolos do nome da estrutura, ao nome do campo. Para esta técnica, o compilador precisa, de alguma forma, ligar os campos individuais associados a cada estrutura.
3. *Tabela unificada*. O compilador pode armazenar nomes de campo em sua tabela de símbolos principal usando nomes qualificados. Isto diminui o número de tabelas, mas significa que a tabela de símbolos principal deve admitir todos os campos exigidos para variáveis e funções, além de todos os campos necessários para cada seletor de campo em uma estrutura. Das três opções, esta provavelmente é a menos atraente.

A técnica de tabela separada tem a vantagem de que quaisquer questões de escopo — como reivindicar a tabela de símbolos associada a uma estrutura — se encaixam naturalmente ao framework de gerenciamento de escopo para a tabela de símbolos principal. Quando a estrutura pode ser vista, sua tabela de símbolos interna é acessível por meio do registro de estrutura correspondente.

Nos dois últimos esquemas, o construtor de compiladores precisa prestar muita atenção a questões de escopo. Por exemplo, se o escopo atual declarar uma estrutura `fee` e um escopo que o englobe já tiver definido `fee`, então o mecanismo de escopo precisa mapear corretamente `fee` à estrutura (e suas entradas de campo correspondentes). Isso pode também introduzir complicações na criação de nomes qualificados. Se o código tiver duas definições de `fee`, cada uma com um campo chamado `size`, então `fee.size` não é uma chave única para qualquer uma das entradas de campo. Este problema pode ser resolvido associando-se um inteiro único, gerado por um contador global, a cada nome de estrutura.

Tabelas vinculadas para a resolução de nomes em uma linguagem orientada a objeto

Em uma linguagem orientada a objetos, as regras de escopo de nome são controladas pela estrutura dos dados tanto quanto pela estrutura do código. Isto cria um conjunto de regras mais complicado, e também leva a um conjunto mais complicado de tabelas de símbolos. Java, por exemplo, precisa de tabelas para o código que está sendo compilado, para quaisquer classes externas que sejam conhecidas e referenciadas no código, e para a hierarquia de herança acima da classe contendo o código.

Uma implementação simples vincula uma tabela de símbolos a cada classe, com duas hierarquias de aninhamento: uma para a definição do escopo léxico dentro dos métodos individuais e a outra seguindo a hierarquia de herança para cada classe. Como uma única classe pode servir como superclasse para várias subclasses, esta última hierarquia é mais complicada do que pode sugerir o desenho simples do feixe de tabelas. Entretanto, isto é facilmente administrado.

Para resolver um nome fee ao compilar um método m na classe *C*, o compilador primeiro consulta a tabela de símbolos com escopo léxico para m. Se não encontrar fee nesta tabela, procura os escopos para as diversas classes na hierarquia de herança, começando com *C* e prosseguindo para cima na cadeia de superclasses a partir de *C*. Se essa pesquisa não conseguir encontrar fee, a busca então verifica a tabela de símbolos global para uma classe ou tabela de símbolos desse nome. Esta tabela global precisa conter informações sobre o pacote atual e quaisquer outros pacotes que tenham sido usados.

Assim, o compilador precisa de uma tabela com escopo léxico para cada método, construída enquanto ele compila os métodos; precisa de uma tabela de símbolos para cada classe, com vínculos para cima por meio da hierarquia de herança; precisa de vínculos para as outras classes em seu pacote e para uma tabela de símbolos para variáveis em nível de pacote; e precisa de acesso às tabelas de símbolos para cada classe utilizada. O processo de procura (*lookup*) é mais complexo, pois deve seguir esses links na ordem correta e examinar apenas nomes que sejam visíveis. Porém, os mecanismos básicos exigidos para implementar e manipular as tabelas já são conhecidos.

5.5.5 Outros usos para a tecnologia de tabela de símbolos

As ideias básicas que estão por trás da implementação da tabela de símbolos têm aplicação generalizada, tanto dentro de um compilador quanto em outros domínios. Tabelas hash são usadas para implementar estruturas de dados esparsas; por exemplo, um array esparso pode ser implementado construindo uma chave hash a partir dos índices e apenas armazenando valores diferentes de zero. Sistemas de runtime para linguagens tipo LISP têm reduzido seus requisitos de armazenamento fazendo com que o operador cons realize o hashing de seus argumentos — efetivamente impondo uma regra de que objetos textualmente idênticos compartilhem uma única ocorrência na memória. Funções puras, aquelas que sempre retornam os mesmos valores para os mesmos parâmetros de entrada, podem usar uma tabela hash para produzir uma implementação que se comporta como uma *função memo*.

Função memo
Função que armazena resultados em uma tabela hash sob uma chave construída a partir de seus argumentos e que usa a tabela hash para evitar recalcular resultados anteriores.

REVISÃO DA SEÇÃO

Várias tarefas dentro de um compilador exigem mapeamentos eficientes de dados não inteiros para um conjunto compacto de inteiros. A tecnologia da tabela de símbolos oferece um modo eficiente e eficaz de implementar muitos desses mapeamentos. Os exemplos clássicos mapeiam uma string textual, como o nome de uma variável ou um nome temporário, para um inteiro. As principais considerações que surgem na implementação da tabela de símbolos incluem escalabilidade, eficiência de espaço e custo de criação, inserção, exclusão e destruição, tanto para entradas individuais quanto para novos escopos.

Esta seção apresentou uma técnica simples e intuitiva para implementar uma tabela de símbolos: feixes vinculados de tabelas hash. (A Seção B4, no Apêndice B, apresenta vários esquemas de implementação alternativos.) Na prática, este esquema simples funciona bem em muitas aplicações dentro de um compilador, variando desde a tabela de símbolos do parser até o rastreamento de informações para numeração de valor superlocal (ver Seção 8.5.1).

> **QUESTÕES DE REVISÃO**
> 1. Usando o esquema de "feixe de tabelas", qual é a complexidade para inserir um novo nome na tabela no escopo atual? E para pesquisar um nome declarado em um escopo qualquer? Qual é, pela sua experiência, o nível máximo de aninhamento de escopo léxico para os programas que você escreve?
> 2. Quando o compilador inicializa um escopo, pode ter que fornecer um tamanho inicial da tabela de símbolos. Como você poderia estimar este tamanho inicial da tabela de símbolos no parser? Como você poderia estimá-lo em passos subsequentes do compilador?

5.6 RESUMO E PERSPECTIVA

A escolha de uma representação intermediária tem impacto importante sobre o projeto, implementação, velocidade e eficácia de um compilador. Nenhuma das formas intermediárias descritas neste capítulo é, definitivamente, a resposta certa para todos os compiladores ou todas as tarefas em determinado compilador. O projetista precisa considerar os objetivos gerais de um projeto de compilador ao selecionar uma forma intermediária, projetando sua implementação e acrescentando estruturas de dados auxiliares, como tabelas de símbolos e rótulos.

Os sistemas de compilador contemporâneos utilizam todas as formas de representações intermediárias, variando desde árvores sintáticas, árvores sintáticas abstratas (normalmente usadas em sistemas de fonte a fonte) até códigos lineares de nível inferior ao de máquina (usadas, por exemplo, nos sistemas de compilador Gnu). Muitos compiladores utilizam várias IRs — criando uma segunda ou terceira para realizar uma análise ou transformação em particular, depois modificando a original, e definitiva, para refletir o resultado.

NOTAS DO CAPÍTULO

A literatura sobre representações intermediárias e a experiência com elas é muito esparsa. Isto é de certa forma uma surpresa, em razão do grande impacto que as decisões sobre IRs têm sobre a estrutura e o comportamento de um compilador. As formas clássicas de IR têm sido descritas em diversos livros-texto [7, 33, 147, 171]. Formas mais recentes, como SSA [50, 110, 270], são descritas na literatura sobre análise e otimização. Muchnick fornece um tratamento moderno do assunto e destaca o uso de múltiplos níveis de IR em um único compilador [270].

A ideia de usar uma função hash para reconhecer operações textualmente idênticas vem desde Ershov [139]. Sua aplicação específica em sistemas LISP parece ter surgido no início da década de 1970 [124, 164]; em 1980, ela era comum o suficiente para que McCarthy a mencione sem citação [259].

Cai e Paige introduziram a discriminação de multiconjuntos como uma alternativa ao hashing [65]. A intenção era fornecer um mecanismo de pesquisa eficiente, com comportamento em tempo constante garantido. Observe que as expressões regulares livres de fechamento, descritas na Seção 2.6.3, podem ser aplicadas para se conseguir um efeito semelhante. O trabalho sobre encolhimento do tamanho da AST de $\mathcal{R}^n$ foi feito por David Schwartz e Scott Warren.

Na prática, o projeto e a implementação de uma IR têm impacto excessivamente grande sobre as características eventuais do compilador completo. IRs grandes e complexas parecem modelar sistemas em sua própria imagem. Por exemplo, as grandes ASTs usadas nos ambientes de programação do início da década de 1980, como $\mathcal{R}^n$, limitaram o tamanho dos programas que poderiam ser analisados. O formato RTL usado no GCC tem um baixo nível de abstração. Em consequência, o compilador realiza um ótimo trabalho de gerenciar detalhes, como aqueles necessários para a geração de código, mas tem menos transformações (ou nenhuma) que exigem conhecimento tipo fonte, como o bloqueio de laço para melhorar o comportamento da hierarquia de memória.

EXERCÍCIOS

Seção 5.2

1. Uma árvore sintática contém muito mais informações do que uma árvore sintática abstrata (AST).
   a. Em que circunstâncias você poderia precisar da informação encontrada na árvore sintática, mas não na AST?
   b. Qual é o relacionamento entre o tamanho do programa de entrada e sua árvore sintática? E sua AST?
   c. Proponha um algoritmo para recuperar a árvore sintática de um programa a partir de sua AST.
2. Escreva um algoritmo para converter uma árvore de expressão em um DAG.

Seção 5.3.

3. Mostre como o seguinte fragmento de código:

   ```
   if (c[i] ≠ 0)
       then a[i]← b[i] ÷ c[i];
       else a[i]← b[i];
   ```

   poderia ser representado em uma árvore sintática abstrata, em um grafo de fluxo de controle e em quádruplas. Discuta as vantagens de cada representação. Para quais aplicações uma representação seria preferível às outras?
4. Examine o fragmento de código mostrado na Figura 5.13. Desenhe seu CFG e mostre sua forma SSA como um código linear.
5. Mostre como a expressão $x - 2 \times y$ poderia ser traduzida em uma árvore sintática abstrata, código de um endereço, código de dois endereços e código de três endereços.
6. Dada uma lista linear de operações ILOC, desenvolva um algoritmo que encontre os blocos básicos no código ILOC. Estenda seu algoritmo para construir um grafo de fluxo de controle para representar as conexões entre blocos.

Seção 5.4

7. Para o código mostrado na Figura 5.14, encontre os blocos básicos e construa o CFG.
8. Considere os três procedimentos em C mostrados na Figura 5.15.
   a. Suponha que um compilador use um modelo de memória registrador-para-registrador. Quais variáveis nos procedimentos A, B e C o compilador seria forçado a armazenar na memória? Justifique suas respostas.
   b. Suponha que um compilador use um modelo de memória-para-memória. Considere a execução das duas instruções que estão na cláusula if da construção if-else. Se o compilador tem dois registradores disponíveis neste ponto da computação, quantos loads e stores ele precisaria emitir a fim de carregar valores nos registradores e armazená-los de volta na memória durante a execução dessas duas instruções? E se o compilador tivesse três registradores disponíveis?

CAPÍTULO 5 Representações intermediárias

```
       . . .
    x ← . . .
    y ← . . .
    a ← y + 2
    b ← 0
 while (x < a)
    if (y < x)
       x ← y + 1
       y ← b × 2
    else
       x ← y + 2
       y ← a ÷ 2;
       w ← x + 2
       z ← y × a
       y ← y + 1
```

■ **FIGURA 5.13** Fragmento de código para o Exercício 4.

```
L01:  add      r_a, r_b    ⇒ r_1        L05:  add      r_9, r_b    ⇒ r_11
      add      r_c, r_d    ⇒ r_2              add      r_a, r_b    ⇒ r_12
      add      r_1, r_2    ⇒ r_3              add      r_c, r_d    ⇒ r_13
      add      r_a, r_b    ⇒ r_4              i2i      r_a         ⇒ r_13
      cmp-LT   r_1, r_2    ⇒ r_5              add      r_13, r_b   ⇒ r_14
      cbr      r_5         L02, L04           multI    r_12, 17    ⇒ r_15
L02:  add      r_a, r_b    ⇒ r_6              jumpI                L03
      multI    r_6, 17     ⇒ r_7        L06:  add      r_1, r_2    ⇒ r_16
      jumpI                L03                i2i      r_2         ⇒ r_17
L03:  add      r_a, r_b    ⇒ r_22             i2i      r_1         ⇒ r_18
      multI    r_22, 17    ⇒ r_23             add      r_17, r_18  ⇒ r_19
      jumpI                L07                add      r_18, r_17  ⇒ r_20
L04:  add      r_c, r_d    ⇒ r_8              multI    r_1, 17     ⇒ r_21
      i2i      r_a         ⇒ r_9              jumpI                L03
      cmp-LT   r_9, r_d    ⇒ r_10       L07:  nop
      cbr      r_10        L05, L06
```

■ **FIGURA 5.14** Fragmento de código para o Exercício 7.

```
static int max = 0;

void A(int b, int e)
{
  int a, c, d, p;
  a = B(b);
  if (b > 100) {
    c = a + b;
    d = c * 5 + e;
  }
  else
    c = a * b;
  *p = c;
  C (&p);
}
```

```
int B(int k)
{
  int x, y;
  x = pow(2, k);
  y = x * 5;
  return y;
}


void C(int *p)
{
  if (*p > max)
     max = *p;
}
```

■ **FIGURA 5.15** Código para o Exercício 8.

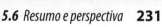

9. Em FORTRAN, duas variáveis podem ser forçadas a começar no mesmo local de armazenamento com uma instrução `equivalence`. Por exemplo, a instrução a seguir força a e b a compartilharem o armazenamento:

$$\texttt{equivalence (a,b)}$$

O compilador pode manter uma variável local em um registrador por todo o procedimento se esta variável aparecer em uma instrução `equivalence`? Justifique sua resposta.

Seção 5.5

10. Alguma parte do compilador precisa ser responsável por incluir cada identificador na tabela de símbolos.
    a. O scanner ou o parser devem incluir identificadores na tabela de símbolos? Cada um tem uma oportunidade para fazer isto.
    b. Existe uma interação entre essa questão, regras de declarar antes de usar, e remoção da ambiguidade de subscritos a partir de chamadas de função em uma linguagem com a ambiguidade do FORTRAN 77?

11. O compilador precisa armazenar informações na versão IR do programa, que permite que ele retorne à entrada da tabela de símbolos para cada nome. Entre as opções abertas ao construtor de compiladores estão ponteiros para as strings de caracteres originais e subscritos na tabela de símbolos. Naturalmente, o implementador inteligente pode descobrir outras opções. Quais são as vantagens e desvantagens de cada uma dessas representações para um nome? Como você o representaria?

```
1   procedure main
2      integer a, b, c;
3      procedure f1(w,x);
4         integer a, x, y;
5         call f2(w,x);
6      end;
7      procedure f2(y,z);
8         integer a, y, z;
9         procedure f3(m,n);
10           integer b, m, n;
11           c = a * b * m * n;

12        end;
13        call f3(c,z);
14     end;
15     ...
16     call f1(a,b);
17  end;
```

■ **FIGURA 5.16** Programa para o Exercício 12.

12. Você está escrevendo um compilador para uma linguagem com escopo léxico simples. Considere o programa de exemplo mostrado na Figura 5.16.
    a. Desenhe a tabela de símbolos e seu conteúdo na linha 11.
    b. Que ações são necessárias para o gerenciamento da tabela de símbolos quando o parser entra em um novo procedimento e quando sai de um procedimento?
13. A técnica de implementação mais comum para uma tabela de símbolos usa uma tabela hash, na qual as operações de inserção e exclusão têm custo esperado $O(1)$.
    a. Qual é o custo de pior caso para inserção e exclusão em uma tabela hash?
    b. Sugira um esquema de implementação alternativo que garanta a inserção e exclusão $O(1)$.

Capítulo 6

A abstração de procedimento

VISÃO GERAL DO CAPÍTULO

Os procedimentos desempenham um papel crítico no desenvolvimento de sistemas de software. Eles fornecem abstrações para fluxo de controle e nomeação, e ocultação de informações básica. São o bloco de construção sobre o qual os sistemas fornecem interfaces. E uma das principais formas de abstração em linguagens tipo Algol; linguagens orientadas a objeto contam com procedimentos para implementar seus métodos ou membros de código.

Este capítulo fornece uma visão detalhada da implementação de procedimentos e chamadas de procedimento do ponto de vista de um construtor de compiladores, destacando as semelhanças e diferenças de implementação entre linguagens tipo Algol e linguagens orientadas a objeto.

Palavras-chave: Chamadas de procedimento, Vinculação de parâmetros, Convenções de ligação

6.1 INTRODUÇÃO

Procedimento (ou *procedure*) é uma das principais abstrações na maioria das linguagens de programação modernas. Eles criam um ambiente de execução controlado; cada procedimento tem seu próprio espaço de armazenamento nomeado privado. Procedimentos ajudam a definir interfaces entre componentes do sistema; interações entre componentes normalmente são estruturadas por meio de chamadas de procedimento. Finalmente, procedimentos são a unidade de trabalho básica para a maioria dos compiladores. Um compilador típico processa uma coleção de procedimentos e para eles produz código, que será ligado e executado corretamente com outras coleções de procedimentos compilados.

Este último recurso, normalmente chamado compilação separada, nos permite criar grandes sistemas de software. Se o compilador precisasse do texto inteiro de um programa para cada compilação, grandes sistemas de software seriam insustentáveis. Imagine recompilar uma aplicação de muitos milhões de linhas para cada mudança de edição feita durante o desenvolvimento! Assim, os procedimentos desempenham um papel tão crítico no projeto e engenharia de sistemas quanto no projeto da linguagem e implementação do compilador. Este capítulo se concentra em como os compiladores implementam a abstração de procedimento.

Roteiro conceitual

Para traduzir um programa na linguagem-fonte para código executável, o compilador precisa mapear todas as construções da linguagem-fonte que o programa utiliza para operações e estruturas de dados do processador-alvo, e, para tanto, precisa de uma estratégia para cada uma das abstrações admitidas pela linguagem-fonte. Essas estratégias incluem tanto algoritmos quanto estruturas de dados que estão embutidas no código executável. Esses algoritmos e estruturas de dados de runtime combinam-se para implementar o comportamento ditado pela abstração. Essas estratégias de runtime também exigem suporte em tempo de compilação na forma de algoritmos e estruturas de dados que são executados dentro do compilador.

Este capítulo explica as técnicas usadas para implementar procedimentos e chamadas de procedimento. Especificamente, examina a implementação de controle, de nomeação e da interface de chamada. Essas abstrações encapsulam muitos dos recursos que tornam as linguagens de programação usáveis e que permitem a construção de sistemas em larga escala.

Visão geral

O procedimento é uma das abstrações centrais que estão por trás da maioria das linguagens de programação modernas. Procedimentos criam um ambiente de execução controlado. Cada um tem seu próprio espaço de armazenamento nomeado privado. As instruções executadas dentro do procedimento podem acessar as variáveis privadas, ou locais, nesse espaço de armazenamento privado. Um procedimento é executado quando invocado, ou chamado, por outro procedimento (ou pelo sistema operacional). O procedimento *chamado* pode retornar um valor ao seu *chamador*, caso em que o procedimento é considerado uma *função*. Esta interface entre procedimentos permite que os programadores desenvolvam e testem partes de um programa isoladamente; a separação entre procedimentos oferece algum isolamento contra problemas em outros procedimentos.

Procedimentos desempenham um papel importante no modo como os programadores desenvolvem software e como os compiladores traduzem programas. Três abstrações críticas que os procedimentos oferecem permitem a construção de programas não triviais.

Chamador
Em uma chamada de procedimento, referimo-nos ao procedimento que chamou como *chamador*.

Chamado
Em uma chamada de procedimento, referimo-nos ao procedimento que é invocado como *chamado*.

Convenção de ligação
Acordo entre o compilador e o sistema operacional que define as ações tomadas para chamar um procedimento ou uma função.

Parâmetro formal
Nome declarado como parâmetro de algum procedimento p é um *parâmetro formal* de p.

Parâmetro real
Valor ou variável passada como parâmetro em uma chamada é um *parâmetro real* da chamada.

1. *Abstração de chamada de procedimento*. As linguagens procedimentais admitem uma abstração para chamadas de procedimento. Cada linguagem tem um mecanismo padrão para chamar um procedimento e mapear um conjunto de argumentos, ou parâmetros, do espaço de nomes do chamador para o espaço de nomes do chamado. Esta abstração normalmente inclui um mecanismo para retornar o controle ao chamador e continuar a execução no ponto imediatamente após a chamada. A maioria das linguagens permite que um procedimento retorne um ou mais valores ao chamador. O uso de *convenções de ligação* padrão, às vezes chamadas *sequências de chamada*, permite que o programador chame código escrito e compilado por outras pessoas e em outras ocasiões, o que, por sua vez, permite que a aplicação chame rotinas de biblioteca e serviços de sistema.

2. *Espaço de nomes*. Na maioria das linguagens, cada procedimento cria um espaço de nomes novo e protegido. O programador pode declarar novos nomes, como variáveis e rótulos, sem se preocupar com o contexto ao redor. Dentro do procedimento, essas declarações locais têm precedência sobre quaisquer declarações anteriores para os mesmos nomes. O programador pode criar parâmetros para o procedimento, que permitem que o chamador mapeie valores e variáveis no espaço de nomes do chamador para *parâmetros formais* no espaço de nomes do chamado. Como o procedimento possui um espaço de nomes conhecido e separado, pode funcionar correta e consistentemente quando chamado a partir de diferentes contextos. A execução de uma chamada cria o espaço de nomes do chamado. A chamada deve criar armazenamento para os objetos declarados pelo chamado. Esta alocação deve ser automática e eficiente – uma consequência de chamar o procedimento.

3. *Interface externa*. Os procedimentos definem as interfaces críticas entre as partes de grandes sistemas de software. A convenção de ligação define regras

que mapeiam nomes a valores e locais, que preservam o ambiente de runtime do chamador e criam o ambiente do chamado, e transferem o controle do chamador para o chamado e de volta. Ela cria um contexto em que o programador pode chamar com segurança o código escrito por outras pessoas. A existência de sequências de chamada uniformes permite o desenvolvimento e o uso de bibliotecas e chamadas de sistema. Sem uma convenção de ligação, tanto o programador quanto o compilador precisariam ter conhecimento detalhado sobre a implementação do chamado em cada chamada de procedimento.

Assim, o procedimento é, de várias maneiras, a abstração fundamental que está por trás de linguagens como Algol. É uma fachada elaborada, criada de modo colaborativo pelo compilador e o hardware subjacente, com auxílio do sistema operacional. Procedimentos criam variáveis nomeadas e as mapeiam para endereços virtuais; o sistema operacional mapeia endereços virtuais a endereços físicos. Procedimentos estabelecem regras para visibilidade de nomes e endereçabilidade; o hardware normalmente fornece diversas variantes de operações load e store. Procedimentos nos permitem decompor grandes sistemas de software em componentes; ligadores (*linkers*) e carregadores (*loaders*) juntam esses componentes para formar um programa executável, que o hardware pode executar avançando seu contador de programa e seguindo desvios.

> **UMA PALAVRA SOBRE TEMPO**
> Este capítulo lida tanto com mecanismos em tempo de compilação quanto em tempo de execução. A distinção entre os eventos que ocorrem em tempo de compilação e aqueles que ocorrem em tempo de execução pode ser confusa. O compilador gera todo o código que é executado em runtime. Como parte do processo de compilação, ele analisa o código-fonte e constrói estruturas de dados que codificam os resultados da análise. (Lembre-se da discussão de tabelas de símbolos com escopo léxico, na Seção 5.5.3.) O compilador determina grande parte do layout de armazenamento que o programa usará em tempo de execução. Depois, gera o código necessário para criar esse layout, mantê-lo durante a execução e para acessar os objetos de dados e código na memória. Quando o código compilado é executado, acessa objetos de dados e chama procedimentos ou métodos. Todo código é gerado em tempo de compilação; todos os acessos ocorrem em tempo de execução.

Grande parte da tarefa do compilador é colocar no lugar o código necessário para realizar os diversos segmentos da abstração de procedimento. O compilador precisa ditar o layout de memória e codificá-lo no programa gerado. Como pode compilar os diferentes componentes do programa em momentos diferentes, sem conhecer seus relacionamentos uns com os outros, este layout de memória e todas as convenções que isso induz precisam ser padronizados e uniformemente aplicados. O compilador também precisa usar as diversas interfaces fornecidas pelo sistema operacional, lidar com entrada e saída, gerenciar a memória e comunicar-se com outros processos.

Este capítulo se concentra no procedimento como uma abstração e nos mecanismos que o compilador usa para estabelecer sua abstração de controle, espaço de nomes, e interface com o mundo exterior.

6.2 CHAMADAS DE PROCEDIMENTO

Em linguagens como Algol (ALLs — *Algol-like languages*), os procedimentos possuem uma disciplina de chamada/retorno simples e clara. Uma chamada de procedimento transfere o controle do local de chamada no chamador para o início do procedimento chamado; na saída do chamado, o controle retorna ao ponto no chamador que vem

```
program Main(input, output);
   var x,y,z: integer;
   procedure Fee;
      var x: integer;
      begin   { Fee }
         x := 1;
         y := x * 2 + 1
      end;
   procedure Fie;
      var y: real;
      procedure Foe;
         var z: real;
            procedure Fum;
               var y: real;
               begin  { Fum }
                  x := 1.25 * z;
                  Fee;
                  writeln('x = ',x)
               end;
         begin   { Foe }
            z := 1;
            Fee;
            Fum
         end;
      begin   { Fie }
         Foe;
         writeln('x = ',x)
      end;
   begin   { Main }
      x := 0;
      Fie
   end.
```

(a) Exemplo de programa em Pascal

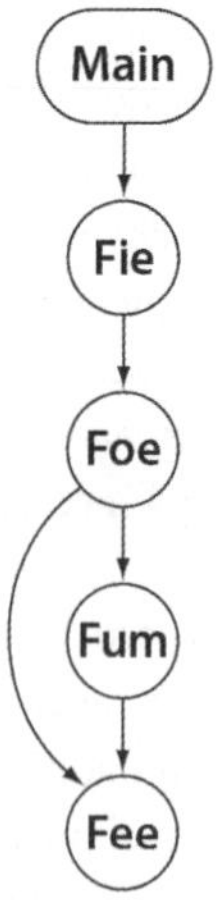

(b) Grafo de chamadas

1. Main chama Fie
2. Fie chama Foe
3. Foe chama Fee
4. Fee retorna para Foe
5. Foe chama Fum
6. Fum chama Fee
7. Fee retorna para Fum
8. Fum retorna para Foe
9. Foe retorna para Fie
10. Fie retorna para Main

(c) Histórico de execução

■ **FIGURA 6.1** Programa não recursivo em Pascal e seu histórico de execução.

imediatamente após sua invocação. Se o procedimento chamado invocar outros procedimentos, eles retornam o controle da mesma maneira. A Figura 6.1a mostra um programa em Pascal com vários procedimentos aninhados, enquanto as Figuras 6.1b e 6.1c exibem o grafo de chamadas do programa e seu *histórico de execução*, respectivamente.

O grafo de chamadas mostra o conjunto de chamadas em potencial entre os procedimentos. A execução de Main pode resultar em duas chamadas a Fee: uma a partir de Foe e outra de Fum. O histórico de execução mostra que as duas chamadas ocorrem em tempo de execução. Cada uma delas cria uma ocorrência distinta, ou *ativação*, de Fee. Quando Fum é chamado, a primeira ocorrência de Fee não está mais ativa. Ela foi criada pela chamada de Foe (evento 3 no histórico de execução) e destruída depois

Ativação
Uma chamada a um procedimento o *ativa*; denominamos uma ocorrência de sua execução como *ativação*.

que retornou o controle para Foe (evento 4). Quando o controle retorna para Fee, pela chamada em Fum (evento 6), ele cria uma nova ativação de Fee. O retorno de Fee para Fum destrói essa ativação.

Quando o programa executa a atribuição x:=1 na primeira chamada de Fee, os procedimentos ativos são Fee, Foe, Fie e Main. Todos eles se encontram em um caminho do grafo de chamadas de Main para Fee. De modo semelhante, quando executa a segunda chamada de Fee, os procedimentos ativos (Fee, Fum, Foe, Fie e Main) se encontram em um caminho de Main até Fee. O mecanismo de chamada e retorno do Pascal garante que, em qualquer ponto durante a execução, as ativações de procedimento correspondem a algum caminho a partir da raiz no grafo de chamadas.

Quando o compilador gera código para chamadas e retornos, esse código deve preservar informações suficientes para que chamadas e retornos operem corretamente. Assim, quando Foe chama Fum, o código deve registrar o endereço de Foe para o qual Fum deverá retornar o controle. Fum pode *divergir*, ou não retornar, devido a um erro de execução, um laço infinito ou uma chamada a outro procedimento que não retorne. Ainda assim, o mecanismo de chamada deve preservar informações suficientes para permitir que a execução seja retomada em Foe se Fum retornar.

Divergir
Diz-se que uma computação que não termina normalmente *diverge*.

O comportamento de chamada e retorno das ALLs pode ser modelado com uma pilha. Quando Fie chama Foe, coloca o *endereço de retorno* de Fie na pilha. Quando Foe retorna, retira esse endereço da pilha e salta para ele. Se todos os procedimentos utilizarem a mesma pilha, a remoção de um endereço de retorno expõe o próximo.

Endereço de retorno
Quando *p* chama *q*, o endereço em *p* onde a execução deve continuar após seu retorno é chamado *endereço de retorno*.

O mecanismo de pilha também trata da recursão. O mecanismo de chamada, efetivamente desdobra o caminho cíclico pelo grafo de chamadas e cria uma ativação distinta para cada chamada a um procedimento. Desde que a recursão termine, este caminho será finito, e a pilha de endereços de retorno capturará corretamente o comportamento do programa.

Para tornar isto concreto, considere a computação recursiva para fatorial mostrada na Figura 6.2. Quando chamada para calcular (fact 5), gera uma série de chamadas recursivas: (fact 5) chama (fact 4) que chama (fact 3) que chama (fact 2) que chama (fact 1). Neste ponto, a instrução cond executa a cláusula para (<= k1), terminando a recursão. A recursão retorna na ordem contrária, com a chamada a (fact 1) retornando o valor 1 para (fact 2). Esta, por sua vez, retorna o valor 2 para (fact 3), que retorna 6 para (fact 4). Finalmente, (fact 4) retorna 24 para (fact 5), que multiplica 24 por 5 para retornar a resposta 120. O programa recursivo exibe um comportamento do tipo "último a entrar, primeiro a sair" (LIFO – *Last In First Out*), de modo que o mecanismo de pilha rastreia corretamente todos os endereços de retorno.

```
(define (fact k)
  (cond
    [(<= k 1) 1]
    [else (* (fact (sub1 k)) k)]
))
```

■ **FIGURA 6.2** Programa recursivo de fatorial em Scheme.

Fluxo de controle em linguagens orientadas a objeto

Do ponto de vista de chamadas e retornos de procedimento, as linguagens orientadas a objeto (OOLs) são semelhantes às ALLs. As principais diferenças entre elas estão no mecanismo usado para nomear o procedimento chamado e nos mecanismos usados para localizar o chamado em tempo de execução.

Fecho (*Closure*)
Um procedimento e o contexto de execução que define suas variáveis livres.

Fluxo de controle mais complexo

Seguindo Scheme, muitas linguagens de programação permitem que um programa encapsule um procedimento e seu contexto de execução em um objeto chamado *fecho* (*closure*). Quando o fecho é invocado, o procedimento é executado no contexto de execução encapsulado. Uma pilha simples é inadequada para implementar esta abstração de controle. Ao invés disso, a informação de controle deve ser salva em alguma estrutura mais geral, que possa representar o relacionamento de fluxo de controle mais complexo. Problemas semelhantes surgem se a linguagem permitir referências a variáveis locais que durem mais do que a ativação de um procedimento.

REVISÃO DA SEÇÃO

Em linguagens como Algol, os procedimentos são invocados com uma chamada e terminam em um retorno, a menos que o procedimento divirja. Para traduzir chamadas e retornos, o compilador precisa fazer com que o código registre, em cada chamada, o endereço de retorno apropriado e use, em cada retorno, o endereço de retorno que corresponde à chamada correta. O uso de uma pilha para manter corretamente os endereços de retorno modela o comportamento "último a entrar, primeiro a sair" dos endereços de retorno.

Uma estrutura de dados-chave usada para analisar os relacionamentos chamador-chamado é o grafo de chamadas, que representa o conjunto de chamadas entre procedimentos, com uma aresta de Foe para Fum para cada local de chamada em Foe que invoca Fum. Assim, ele captura o relacionamento estático entre chamadores e chamados, definido pelo código-fonte, mas não o relacionamento dinâmico, ou de execução, entre os procedimentos; por exemplo, ele não pode dizer quantas vezes o programa recursivo de fatorial da Figura 6.2 chama a si mesmo.

QUESTÕES DE REVISÃO

1. Muitas linguagens de programação incluem uma transferência de controle direta, normalmente chamada goto. Compare e contraste uma chamada de procedimento e um goto.
2. Considere o programa de fatorial mostrado na Figura 6.2. Escreva o histórico de execução de uma chamada para (**fact 5**). Faça explicitamente as correspondências entre chamadas e retornos. Mostre o valor de k e do valor de retorno.

6.3 ESPAÇOS DE NOMES

Escopo
Em uma linguagem como Algol, *escopo* refere-se a um espaço de nomes. O termo normalmente é usado em discussões sobre a visibilidade de nomes.

Na maioria das linguagens procedimentais, um programa completo terá vários espaços de nomes. Cada um destes espaços, ou *escopo*, mapeia um conjunto de nomes a um conjunto de valores e procedimentos sobre algum conjunto de instruções no código. Essa faixa de instruções poderia ser o programa inteiro, alguma coleção de procedimentos, um único procedimento ou um pequeno conjunto de instruções. O escopo pode herdar alguns nomes de outros escopos. Dentro de um escopo, o programador pode criar nomes que são inacessíveis fora dele. A criação de um nome, fee, dentro de um escopo pode obscurecer as definições de fee nos escopos que o englobam, com efeito, tornando-os inacessíveis dentro do *escopo*. Assim, as regras de escopo dão ao programador controle sobre o acesso à informação.

6.3.1 Espaços de nomes de linguagens como Algol

A maioria das linguagens de programação herda muitas das convenções que foram definidas para Algol 60. Isto é particularmente verdade para as regras que controlam a visibilidade de nomes. Esta seção explora a noção de nomeação que prevalece nas ALLs, com ênfase em particular às regras de escopo hierárquicas que se aplicam a tais linguagens.

Escopos léxicos aninhados

A maioria das ALLs permite que o programador aninhe escopos um dentro do outro. Os limites de um escopo são marcados por símbolos terminais específicos da linguagem de programação. Normalmente, cada novo procedimento define um escopo que cobre sua definição inteira. Pascal demarcava escopos com begin no início e end no final. C usa chaves, { e }, para começar e terminar um *bloco*; cada bloco define um novo escopo.

Pascal popularizou os procedimentos aninhados. Cada procedimento define um novo escopo, e o programador pode declarar novas variáveis e procedimentos em cada escopo. A linguagem usa a disciplina de definição de escopo mais comum, chamada *escopo léxico*, cujo princípio geral é simples:

> *Em determinado escopo, cada nome refere-se à sua definição lexicamente mais próxima.*

Assim, se *s* for usado no escopo atual, refere-se ao *s* declarado neste escopo, se houver. Se não, refere-se à declaração de *s* que ocorre no escopo que o engloba mais próximo. O escopo mais externo contém variáveis globais.

Para tornar o escopo léxico mais claro, considere o programa em Pascal mostrado na Figura 6.3, que contém cinco escopos distintos, um correspondente ao programa Main e um para cada um dos procedimentos Fee, Fie, Foe e Fum. Cada procedimento declara algum conjunto de variáveis retirado do conjunto de nomes x, y e z.

A figura mostra cada nome com um subscrito que indica seu número de nível. Os nomes declarados em um procedimento sempre têm um nível uma unidade superior ao nível do nome do procedimento. Assim, se Main tem nível 0, conforme mostrado, os nomes declarados diretamente em Main, como x, y, z, Fee e Fie, têm todos nível 1.

Para representar nomes em uma linguagem com escopo léxico, o compilador pode usar a *coordenada estática* para cada nome. A coordenada estática é um par $\langle n, d \rangle$, onde n é o nível de aninhamento léxico do nome e d o deslocamento na área de dados para este nível. Para obter n, o front end usa uma tabela de símbolos com escopo léxico, conforme descrito na Seção 5.5.3. O deslocamento, d, deve ser armazenado com o nome e seu nível na tabela de símbolos. (Deslocamentos podem ser atribuídos quando as declarações são processadas durante a análise sensível ao contexto.) A tabela no lado direito da Figura 6.3 mostra a coordenada estática para cada nome de variável em cada procedimento.

Escopo léxico
Escopos que se aninham na ordem em que são encontrados no programa normalmente são chamados *escopos léxicos*.
No escopo léxico, um nome refere-se à definição que está lexicamente mais próxima de seu uso — ou seja, a definição no escopo mais próximo que o englobe.

Coordenada estática
Para um nome x declarado no escopo *s*, sua coordenada estática é um par $\langle n, d \rangle$, onde *n* é o nível de aninhamento léxico de *s*, e *d*, o deslocamento onde x está armazenado na área de dados do escopo.

```
program Main₀(input, output);
  var x₁,y₁,z₁: integer;
  procedure Fee₁;
    var x₂: integer;
    begin { Fee₁ }
      x₂ := 1;
      y₁ := x₂ * 2 + 1
    end;
  procedure Fie₁;
    var y₂: real;
    procedure Foe₂;
      var z₃: real;
      procedure Fum₃
        var y₄: real;
        begin { Fum₃ }
          x₁ := 1.25 * z3;
          Fee₁;
          writeln('x= ',x₁)
        end;
      begin { Foe₂ }
        z₃ := 1;
        Fee₁;
        Fum₃
      end;
    begin { Fie₁ }
      Foe₂;
      writeln('x= ',x₁)
    end;
  begin { Main₀ }
    x₁ := 0;
    Fie₁
  end.
```

(a) Programa Pascal

Escopo	x	y	z
Main	1,0	1,4	1,8
Fee	2,0	1,4	1,8
Fie	1,0	2,0	1,8
Foe	1,0	2,0	3,0
Fum	1,0	4,0	3,0

(b) Coordenadas estáticas

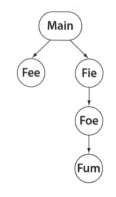

(c) Relacionamentos de Aninhamento

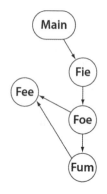

(d) Relacionamentos de Chamada

■ **FIGURA 6.3** Escopos léxicos aninhados em Pascal.

A segunda parte da tradução de nomes ocorre durante a geração de código. O compilador precisa usar a coordenada estática para localizar o valor em tempo de execução. Dada uma coordenada ⟨n, d⟩, o gerador de código precisa emitir código que traduza n para o endereço de runtime da área de dados apropriada. Depois, pode usar o deslocamento d para calcular o endereço para a variável correspondente a ⟨n, d⟩. A Seção 6.4.3 descreve duas maneiras diferentes de realizar esta tarefa.

> **ESCOPO DINÂMICO**
>
> A alternativa ao escopo léxico é o escopo dinâmico. A distinção entre estes escopos só importa quando um procedimento se refere a uma variável que é declarada fora do próprio escopo do procedimento, normalmente chamada *variável livre*.
>
> Com o escopo léxico, a regra é simples e consistente: uma variável livre está vinculada à declaração para seu nome que estiver lexicamente mais próxima ao uso. Se o compilador começar no escopo contendo o uso e verificar os sucessivos escopos que o englobam, a variável é ligada à primeira declaração que encontrar. A declaração sempre vem de um escopo que engloba a referência.
>
> Com o escopo dinâmico, a regra é igualmente simples: uma variável livre está ligada àquela com esse nome que foi criada mais recentemente em tempo de execução. Assim, quando a execução encontra uma variável livre, vincula esta variável livre à ocorrência mais recente desse nome. As primeiras implementações criavam uma pilha de nomes em tempo de execução, na qual cada um era empilhado à medida que sua declaração era encontrada. Para vincular uma variável livre, o código em execução pesquisava a pilha de nomes do topo para baixo, até que uma variável com o nome correto fosse encontrada. Implementações posteriores são mais eficientes.
>
> Embora muitos dos primeiros sistemas LISP usassem escopo dinâmico, o léxico tornou-se a escolha dominante. O escopo dinâmico é fácil de ser implementado em um interpretador, e um pouco mais difícil de ser implementado com eficiência em um compilador, porque pode criar defeitos (*bugs*) que são difíceis de detectar e de entender. O escopo dinâmico ainda aparece em algumas linguagens; por exemplo, Common List ainda permite ao programa especificar escopo dinâmico.

Regras de escopo em diferentes linguagens

As regras de escopo de linguagens de programação variam de maneira característica conforme a linguagem. O construtor de compiladores precisa entender as regras específicas de uma linguagem fonte e adaptar os esquemas de tradução gerais para trabalhar com essas regras específicas. A maioria das ALLs tem regras de escopo semelhantes. Considere as regras para as linguagens FORTRAN, C e Scheme:

- FORTRAN tem um espaço de nomes simples. Um programa FORTRAN cria um único escopo global junto com um escopo local para cada procedimento ou função. As variáveis globais são agrupadas em um "bloco common"; cada bloco common consiste em um nome e uma lista de variáveis. O escopo global mantém os nomes dos procedimentos e blocos common. Nomes globais têm tempos de vida que correspondem ao tempo de vida do programa. O escopo de um procedimento mantém nomes de parâmetro, variáveis locais e rótulos. Nomes locais obscurecem os nomes globais, se conflitarem. Os nomes no escopo local têm, como padrão, tempos de vida que correspondem a uma invocação do procedimento. O programador pode dar a uma variável local o tempo de vida de uma variável global, listando-a em uma instrução save.

- C tem regras mais complexas. Um programa C tem um escopo global para nomes de procedimento e variáveis globais. Cada procedimento tem um escopo local para variáveis, parâmetros e rótulos. A definição da linguagem não permite procedimentos aninhados, embora alguns compiladores tenham implementado este recurso como uma extensão. Os procedimentos podem conter blocos (delimitados por abre e fecha chaves) que criam escopos locais separados; os blocos podem ser aninhados. Os programadores normalmente usam um escopo em nível de bloco para criar armazenamento temporário para o código gerado

> A compilação separada torna difícil para os compiladores FORTRAN detectar diferentes declarações para um bloco common em arquivos distintos. Assim, o compilador precisa traduzir referências de bloco common em pares ⟨*bloco, deslocamento*⟩ para produzir comportamento correto.

Nome estático
Variável declarada como *static* retém seu valor entre as chamadas de seu procedimento de definição.
As variáveis que não são estáticas são chamadas *automáticas*.

por um pré-processador de macros ou para criar uma variável local cujo escopo é o corpo de um laço.

C introduz outro escopo: o escopo em nível de arquivo, que inclui nomes declarados, como `static`, que não estão delimitados em um procedimento. Assim, procedimentos e funções `static` estão no escopo em nível de arquivo, assim como quaisquer variáveis `static` declaradas em nível mais externo no arquivo. Sem o atributo `static`, esses nomes seriam variáveis globais. Os nomes no escopo em nível de arquivo são visíveis a qualquer procedimento no arquivo, mas não são visíveis fora do arquivo. Tanto variáveis quanto procedimentos podem ser declarados como estáticos.

- Scheme tem um conjunto simples de regras de escopo. Quase todos os objetos em Scheme residem em um único espaço global. Os objetos podem ser dados ou expressões executáveis. As funções fornecidas pelo sistema, como `cons`, convivem com o código escrito pelo usuário e itens de dados. O código, que consiste de uma expressão executável, pode criar objetos privados usando uma expressão `let`. O aninhamento de expressões `let` umas dentro das outras pode criar escopos léxicos aninhados de profundidade arbitrária.

6.3.2 Estruturas de runtime para dar suporte a linguagens como Algol

Para implementar as abstrações casadas de chamadas de procedimento e espaços de nomes com escopo, a tradução precisa estabelecer um conjunto de estruturas de runtime. A principal estrutura de dados envolvida no controle e na nomeação é o *registro de ativação* (AR – *Activation Record*), um bloco de memória privado associado a uma chamada específica de um procedimento específico. Em princípio, cada chamada de procedimento faz surgir um novo AR.

Registro de ativação
Uma região de armazenamento separada para manter informações de controle e armazenamento de dados associados a uma única ocorrência de um único procedimento.

- O compilador precisa fazer com que cada chamada armazene o endereço de retorno onde o procedimento chamado possa encontrá-lo. Este endereço entra no AR.
- O compilador precisa mapear os parâmetros reais no local de chamada aos nomes de parâmetro formais pelos quais são conhecidos no procedimento chamado. Para tanto, armazena informações de parâmetro ordenadas no AR.
- O compilador precisa criar espaço de armazenamento para variáveis declaradas no escopo local do procedimento chamado. Como esses valores possuem tempos de vida que correspondem ao tempo de vida do endereço de retorno, é conveniente armazená-los no AR.
- O procedimento chamado precisa de outras informações para conectá-lo ao programa ao seu redor, e para permitir que interaja com segurança com outros procedimentos. O compilador consegue armazenar essa informação no AR do procedimento chamado.

Como cada chamada cria um novo AR, quando várias ocorrências de um procedimento estão ativas, cada uma tem seu próprio AR. Assim, a recursão faz surgir múltiplos ARs, cada um mantendo o estado local para uma chamada diferente do procedimento recursivo.

Ponteiro de registro de ativação
Para localizar o AR atual, o compilador mantém um ponteiro para o AR, o *ponteiro de registro de ativação*, em um registrador designado.

A Figura 6.4 mostra como o conteúdo de um AR poderia ser disposto. O AR inteiro é endereçado por meio de um *ponteiro de registro de ativação* (ARP – *Activation Record Pointer*), com diversos campos no AR encontrados em deslocamentos positivos e negativos a partir do ARP. Os ARs na Figura 6.4 possuem diversos campos.

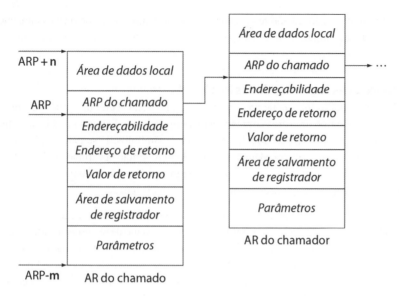

FIGURA 6.4 Registros de ativação típicos.

- A área de parâmetros mantém os parâmetros reais do local de chamada, em uma ordem que corresponde à sua ordem de aparecimento na chamada.
- A área de salvamento de registradores contém espaço suficiente para manter registradores que o procedimento deve preservar devido a chamadas de procedimento.
- O slot de valor de retorno fornece espaço para comunicar dados do procedimento chamado de volta ao chamador, se necessário.
- O slot de endereço de retorno mantém o endereço de runtime onde a execução deve reiniciar quando o procedimento chamado terminar.
- O slot de "endereçabilidade" mantém informações usadas para permitir que o procedimento chamado acesse variáveis nos escopos léxicos ao seu redor (não necessariamente o chamador).
- O slot no ARP do procedimento chamado armazena o ARP do chamador. O procedimento chamado precisa deste ponteiro para que possa restaurar o ambiente do chamador quando terminar sua execução.
- A área de dados local mantém variáveis declaradas no escopo local do procedimento chamado.

Por questão de eficiência, algumas informações mostradas na Figura 6.4 podem ser mantidas em registradores dedicados.

Armazenamento local

O AR para uma chamada de procedimento q mantém os dados locais e a informação de estado para esta chamada. Cada chamada distinta para q gera um AR distinto. Todos os dados no AR são acessados por meio do ARP. Como os procedimentos normalmente acessam seu AR com frequência, a maioria dos compiladores dedica um registrador de hardware para manter o ARP do procedimento atual. Em ILOC, referimo-nos a esse registrador dedicado como r_{arp}.

O ARP sempre aponta para um local designado no AR. A parte central do AR tem um layout estático; todos os campos possuem tamanhos fixos conhecidos. Isto garante que o código compilado pode acessar esses itens em deslocamentos fixos a partir do

ARP. Os extremos do AR são reservados para áreas de armazenamento cujos tamanhos podem mudar de uma chamada para outra, normalmente um mantém o armazenamento de parâmetros, enquanto o outro, os dados locais.

Reserva de espaço para dados locais

Cada item de dados local pode precisar de espaço no AR. O compilador deve atribuir a cada item deste tipo uma área com tamanho apropriado e registrar o nível léxico atual e seu deslocamento a partir do ARP na tabela de símbolos. Esse par, nível léxico e deslocamento, torna-se a coordenada estática do item. Então, a variável pode ser acessada usando uma operação como `loadAO`, com r_{arp}, e o deslocamento como seus argumentos, para fornecer acesso eficiente às variáveis locais.

O compilador pode não conhecer os tamanhos de algumas variáveis locais em tempo de compilação. Por exemplo, o programa poderia ler o tamanho de um array a partir de uma mídia externa, ou determiná-lo pelo trabalho feito em uma fase anterior da computação. Para tais variáveis, o compilador pode deixar espaço na área de dados local para um ponteiro para os dados reais ou para um descritor de array (ver Seção 7.5.3). O compilador aloca o espaço de armazenamento real em outro lugar, em tempo de execução, e preenche o slot reservado com o endereço da memória alocada dinamicamente. Neste caso, a coordenada estática leva o compilador ao local do ponteiro, e o acesso real usa o ponteiro diretamente ou usa o ponteiro para calcular um endereço apropriado na área de dados de tamanho variável.

Inicialização de variáveis

Se a linguagem-fonte permitir que o programa especifique um valor inicial para uma variável, o compilador precisa fazer com que esta inicialização ocorra. Se a variável for alocada estaticamente – ou seja, se ela tiver um tempo de vida que seja independente de qualquer procedimento – e o valor inicial for conhecido em tempo de compilação, os dados podem ser inseridos diretamente nos locais apropriados pelo carregador (*loader*). (Variáveis estáticas normalmente são armazenadas fora de todos os ARs. Uma ocorrência dessa variável fornece a semântica necessária – um único valor preservado por todas as chamadas. Usar uma área de dados estática separada – uma por procedimento ou uma para o programa inteiro – permite que o compilador use os recursos de inicialização normalmente encontrados nos *loaders*.)

As variáveis locais, por outro lado, precisam ser inicializadas em tempo de execução. Como um procedimento pode ser chamado várias vezes, a única maneira viável de definir valores iniciais é gerar instruções que armazenam os valores necessários nos locais apropriados. Com efeito, essas inicializações são atribuições executadas antes da primeira instrução do procedimento, toda vez que este for chamado.

Espaço para valores salvos de registradores

Quando *p* chama *q*, um deles precisa salvar os valores de registrador que *p* precisará depois da chamada. Pode ser necessário salvar todos os valores de registrador; por outro lado, um subconjunto pode ser suficiente. No retorno para *p*, esses valores salvos devem ser restaurados. Como cada ativação de *p* armazena um conjunto distinto de valores, faz sentido armazenar esses registradores salvos no AR de *p* ou de *q*, ou de ambos. Se o procedimento chamado salva um registrador, seu valor é armazenado na área de salvamento de registradores do procedimento chamado. De modo semelhante, se o chamador salva um registrador, seu valor é armazenado na área de salvamento de registradores do chamador. Para um chamador *p*, somente uma chamada dentro de *p* pode estar ativa a cada vez. Assim, uma única área de salvamento de registradores no AR de *p* é suficiente para todas as chamadas que *p* pode fazer.

Alocação de registros de ativação

Quando *p* chama *q* em tempo de execução, o código que implementa a chamada precisa alocar um AR para *q* e inicializá-lo com os valores apropriados. Se todos os campos mostrados na Figura 6.4 estiverem armazenados na memória, então o AR precisa estar disponível ao chamador, *p*, para que possa armazenar os parâmetros reais, endereço de retorno, ARP do chamador e informações de endereçabilidade. Isto força a alocação do AR de *q* em *p*, onde o tamanho de sua área de dados local pode não ser conhecido. Por outro lado, se esses valores forem passados em registradores, a alocação real do AR pode ser executada no procedimento chamado, *q*. Isto permite que *q* aloque o AR, incluindo qualquer espaço exigido para a área de dados local. Após a alocação, ele pode armazenar em seu AR alguns dos valores passados em registradores.

O construtor de compiladores tem várias opções para alocar registros de ativação. A escolha afeta tanto o custo das chamadas de procedimento quanto o custo de implementação de recursos avançados da linguagem, como a criação de um fecho (*closure*). Afeta também, a quantidade total de memória necessária para os registros de ativação.

Alocação de registros de ativação em pilha

Em muitos casos, o conteúdo de um AR é de interesse apenas durante o tempo de vida do procedimento cuja ativação causa sua criação. Resumindo, a maior parte das variáveis não pode sobreviver fora do procedimento que as cria, assim como a maioria das ativações de procedimento em relação aos seus chamadores. Com essas restrições, chamadas e retornos são balanceados; e seguem uma disciplina do tipo último a entrar, primeiro a sair (LIFO). Uma chamada de *p* para *q* eventualmente retorna, e quaisquer retornos que ocorram entre a camada de *p* para *q* e o retorno de *q* para *p* devem resultar de chamadas feitas (direta ou indiretamente) por *q*. Neste caso, os registros de ativação também seguem a ordenação LIFO; assim, podem ser alocados em uma pilha. Pascal, C e Java normalmente são implementados com ARs alocados em pilha.

Manter registros de ativação em uma pilha tem muitas vantagens. A alocação e a desalocação são pouco dispendiosas; cada uma exige uma operação aritmética sobre o valor que marca o topo da pilha. O chamador pode iniciar o processo de configuração do AR do procedimento chamado. E pode alocar todo o espaço até a área de dados local. O procedimento chamado pode estender o AR para incluir a área de dados local, incrementando o ponteiro do topo da pilha (TOS - *Top-of-Stack*). E pode usar o mesmo mecanismo para estender o AR atual de modo incremental, a fim de manter objetos de tamanho variável, conforme mostra a Figura 6.5. Aqui, o procedimento chamado copiou o ponteiro do TOS para o slot da área de dados local de *A* e depois incrementou o ponteiro do TOS pelo tamanho de *A*. Finalmente, com ARs alocados em pilha, um depurador pode percorrer a pilha do topo até a base para produzir um instantâneo dos procedimentos atualmente ativos.

Alocação de registros de ativação em heap

Se o procedimento puder sobreviver ao seu chamador, a disciplina de pilha para alocar ARs perde sua validade. De modo semelhante, se um procedimento pode retornar um objeto, como um fecho (*closure*), que inclui, explícita ou implicitamente, referências às suas variáveis locais, a alocação em pilha é imprópria, pois deixará para trás ponteiros soltos. Nessas situações, os ARs podem ser mantidos em heap (ver Seção 6.6). As implementações de Scheme e ML normalmente utilizam ARs alocados em heap.

Um alocador de memória moderno pode manter baixo o custo da alocação em heap. Com ARs alocados em heap, objetos de tamanho variável podem ser alocados como objetos separados no heap. Se os objetos do heap precisarem de desalocação explícita,

■ **FIGURA 6.5** Alocação de pilha de um array dimensionado dinamicamente.

então o código para o retorno do procedimento deve liberar o AR e suas extensões de tamanho variável. Com desalocação implícita (ver Seção 6.6.2), o coletor de lixo os libera quando não forem mais úteis.

Alocação estática dos registros de ativação

Se um procedimento q não chama outros procedimentos, então q nunca pode ter várias chamadas ativas. Chamamos q de *procedimento folha*, pois ele termina um caminho por um grafo de possíveis chamadas de procedimento. O compilador pode alocar estaticamente registros de ativação para procedimentos folha, o que elimina os custos de runtime da alocação do AR. Se a convenção de chamada exigir que o chamador salve seus próprios registradores, então o AR de q não precisa de área de salvamento de registradores.

Se a linguagem não permitir fechos, o compilador pode fazer melhor do que alocar um AR estático para cada procedimento folha. Em qualquer ponto durante a execução, somente um procedimento folha pode estar ativo. (Para ter dois ativos, o primeiro precisaria chamar outro procedimento, de modo que não seria uma folha.) Assim, o compilador pode alocar um único AR estático para ser usado por todos os procedimentos folha. O AR estático deve ser grande o suficiente para acomodar qualquer um desses procedimentos folha do programa. As variáveis estáticas declaradas em qualquer um dos procedimentos folha podem ser dispostas juntas nesse único AR. O uso de um único AR estático para procedimentos folha reduz o overhead de espaço dos ARs estáticos separados para cada procedimento folha.

Aglutinação de registros de ativação

Se o compilador descobrir um conjunto de procedimentos que sempre são chamados em uma sequência fixa, pode ser capaz de combinar seus registros de ativação. Por exemplo, se uma chamada de p para q sempre resultar em chamadas para r e s, o compilador pode achar lucrativo alocar os ARs para q, r e s ao mesmo tempo. A combinação de ARs pode economizar nos custos de alocação; os benefícios variarão diretamente com os custos de alocação. Na prática, esta otimização é limitada pela compilação separada e o uso de parâmetros com valor de função. Ambos limitam a capacidade do compilador de determinar os relacionamentos de chamada que realmente ocorrem em tempo de execução.

6.3.3 Espaços de nomes de linguagens orientadas a objeto

Muito tem sido escrito sobre projeto orientado a objeto, programação orientada a objeto e linguagens orientadas a objeto. Linguagens como Simula, Smalltalk, C + + e Java admitem este tipo de programação. Muitas outras possuem extensões que lhes fornecem recursos para dar suporte à programação orientada a objetos. Infelizmente, o termo *orientado a objeto* tem recebido tantos significados e implementações diferentes, que passou a significar uma grande gama de recursos de linguagem e paradigmas de programação.

Conforme veremos, nem todas as OOLs podem ser compiladas, pelo menos não no sentido tradicional de uma tradução que finaliza todos os detalhes sobre o programa executável. Características de algumas OOLs criam espaços de nomes que não podem ser entendidos antes do tempo de execução. As implementações dessas linguagens contam com mecanismos de runtime que passam da interpretação à compilação em runtime (os chamados *compiladores just-in-time*, ou JITs). Como os interpretadores e JITs utilizam muitas das mesmas estruturas que um compilador, descrevemos o problema conforme poderia ser implementado em um compilador tradicional.

Do ponto de vista do compilador, as OOLs reorganizam o espaço de nomes do programa. A maioria das OOLs retém as convenções de escopo léxico orientadas a

---

Procedimento folha
Procedimento que não contém chamadas.

Compilador *just-in-time*
Esquemas que realizam algumas das tarefas de um compilador tradicional em tempo de execução normalmente são chamados de compiladores *just-in-time*, ou JITs.
Em um JIT, o tempo de compilação torna-se parte do runtime, de modo que os JITs enfatizam a eficiência em tempo de compilação.

procedimento de uma ALL para uso dentro do código procedimental. E aprimoram esse esquema de nomeação clássico com um segundo conjunto de convenções para nomeação, organizado em torno do layout de dados – especificamente, as definições de objetos. Essa disciplina de nomeação centrada nos dados leva a uma segunda hierarquia de escopos e a um segundo mecanismo para resolução de nomes – ou seja, para mapear um nome na linguagem-fonte ao endereço de runtime, de modo que o código compilado possa acessar os dados associados a esse nome.

> **TERMINOLOGIA PARA LINGUAGENS ORIENTADAS A OBJETO**
> A diversidade de linguagens orientadas a objeto tem causado alguma ambiguidade nos termos que usamos para discutir a respeito delas. Para tornar a discussão neste capítulo mais concreta, usaremos os seguintes termos:
> 1. *Objeto*. Uma abstração com um ou mais membros. Esses membros podem ser itens de dados, código que manipula esses itens de dados ou outros objetos. Um objeto com membros de código é uma *classe*. Cada objeto possui um estado interno – dados cujos tempos de vida correspondem ao tempo de vida do objeto.
> 2. *Classe*. Uma coleção de objetos com a mesma estrutura abstrata e características. Uma classe define o conjunto de membros de dados em cada *ocorrência* da classe e define os membros de código (*métodos*) que são locais a esta classe. Alguns métodos são *públicos*, ou visíveis externamente, outros, *privados*, ou invisíveis fora da classe.
> 3. *Herança*. Refere-se a um relacionamento entre classes que define uma ordem parcial sobre os escopos de nome das classes. Cada classe pode ter uma *superclasse*, da qual ela herda tanto membros de código quanto membros de dados. Se *a* é a superclasse de *b*, então *b* é uma subclasse de *a*. Algumas linguagens permitem que uma classe tenha várias superclasses.
> 4. *Receptor*. Métodos são invocados em relação a algum objeto, denominado receptor do método. Dentro do método, o receptor é conhecido por um nome designado, como `this` ou `self`.
>
> A complexidade e o poder de uma OOL surgem, em grande parte, das possibilidades organizacionais apresentadas por seus múltiplos espaços de nomes.

A herança impõe um relacionamento de ancestral sobre as classes de uma aplicação. Cada classe tem, por declaração, uma ou mais classes pai, ou superclasses. A herança muda tanto o espaço de nomes da aplicação quanto o mapeamento de nomes de método a implementações. Se α é uma superclasse de β, então β é uma subclasse de α, e qualquer método definido em α deve operar corretamente em um objeto da classe β, se estiver visível em β. O contrário não é verdadeiro; um método declarado na classe β não pode ser aplicado a um objeto de sua superclasse α, pois o método de β pode precisar de campos presentes em um objeto da classe β que estejam ausentes em um objeto da classe α.

Visibilidade

Quando um método é executado, pode referenciar nomes definidos em várias hierarquias de escopo. O método é um procedimento, com seu próprio espaço de nomes definido pelo conjunto de escopos léxicos em que é declarado, e pode acessar nomes nesses escopos usando as convenções familiares definidas para ALLs. Quando chamado em relação a algum receptor, o método pode acessar os próprios membros desse objeto. O método é definido na classe do receptor. Pode acessar os membros dessa classe e, por herança, de suas superclasses. Finalmente, o programa cria algum espaço de nomes global e é executado nele. O método em execução pode acessar quaisquer nomes que estejam contidos nesse espaço de nomes global.

A sintaxe e a terminologia usadas para especificar subclasses variam entre as linguagens. Em Java, uma subclasse *estende* sua superclasse, enquanto em C + + uma subclasse é *derivada* de sua superclasse.

Para tornar essas questões concretas, considere o exemplo simplificado apresentado na Figura 6.6, que define uma classe, Point, de objetos com campos inteiros x e y e métodos draw (desenhar) e move (mover). ColorPoint é uma subclasse de Point que a estende com um campo adicional c do tipo Color. Ela usa o método de Point para move, sobrescreve o método para draw e define um novo método test que realiza alguma computação e depois chama draw. Finalmente, a classe C define os campos e métodos locais e usa ColorPoint.

Agora, considere os nomes que estão visíveis dentro do método m da classe C. O método m mapeia x e y às suas declarações em C. E referencia expressamente os nomes de classe Point e ColorPoint. A atribuição y = p.x toma seu lado direito do campo x do objeto p, que p tem por herança da classe Point. O lado esquerdo refere-se à variável local y de m. A chamada a graw mapeia o método definido em ColorPoint. Assim, m refere-se às definições de todas as três classes no exemplo.

Para traduzir este exemplo, o compilador precisa rastrear a hierarquia de nomes e escopos estabelecida tanto pelas regras de escopo dentro dos métodos e classes quanto pela hierarquia de classes e superclasses estabelecida pelos extends. A resolução de nomes nesse ambiente depende tanto dos detalhes das definições de código quanto da estrutura de classes das definições de dados. Para traduzir uma OOL, o compilador precisa modelar tanto o espaço de nomes do código quanto os espaços de nomes associados com a hierarquia de classes. A complexidade desse modelo depende dos detalhes da OOL específica.

Para acrescentar uma complicação final, algumas OOLs fornecem atributos para nomes individuais que mudam sua visibilidade. Por exemplo, um nome em Java pode ter os atributos public ou private. De modo semelhante, algumas OOLs fornecem um mecanismo para referenciar nomes obscurecidos pelo aninhamento.

```
class Point {
    public int x, y;
    public void draw() { ... };
    public void move() { ... };
}
class ColorPoint extends Point{        // herda x, y & move()
    Color c;                           // campo local de ColorPoint
    public void draw(){ ... };         // oculta draw() de Point
    public void test(){ ...; draw(); };// método local
}
class C {
    int x, y;                          // campos locais
    public void m() {                  // método local
        int y;                         // variável local de m
        Point p = new ColorPoint();    // usa ColorPoint e, por
        y = p.x                        //   herança, Point
        p.draw()
    }
}
```

■ **FIGURA 6.6** Definições para Point e ColorPoint.

Em C + +, o operador : : permite que o código nomeie um escopo, enquanto em Java o programador pode usar um nome totalmente qualificado.

Em Java, `public` torna um nome visível em qualquer lugar, enquanto `private` o torna visível apenas dentro de sua própria classe.

Nomeação na hierarquia de classes

A hierarquia de classes define um conjunto de escopos de nomes aninhados, assim como faz um conjunto de procedimentos e blocos aninhados em uma ALL. Em uma ALL, a posição léxica define o relacionamento entre esses escopos de nome – se o procedimento d é declarado dentro do procedimento c, então o espaço de nomes de d é aninhado dentro do espaço de nomes de c. Em uma OOL, as declarações de classe podem ser lexicamente disjuntas e a relação de subclasse é especificada por declarações explícitas.

Para encontrar a declaração de um nome, o compilador deve pesquisar a hierarquia léxica, a hierarquia de classes e o espaço de nomes global. Para um nome x em um método m, o compilador primeiro procura os escopos léxicos que englobam a referência em m. Se essa pesquisa falhar, procura na hierarquia de classes a classe que contém m. Conceitualmente, ele pesquisa a classe declarada de m, depois a *superclasse direta* de m, a superclasse direta dessa classe, e assim por diante, até encontrar o nome ou esgotar a hierarquia de classes. Se o nome não for encontrado na hierarquia léxica ou na hierarquia de classes, o compilador procura no espaço de nomes global.

Superclasse direta
Se a classe α estende β, então β é a superclasse direta de α. Se β tem uma superclasse γ, então γ é, por transitividade, uma superclasse de α, mas não superclasse direta de α.

Para dar suporte ao ambiente de nomeação mais complexo de uma OOL, o construtor de compiladores usa as mesmas ferramentas básicas usadas com ALL: um conjunto interligado de tabelas de símbolos (ver Seção 5.5.3). Em uma OOL, o compilador simplesmente tem mais tabelas do que em uma ALL, e precisa usá-las de um modo que reflita o ambiente de nomeação. Ele pode interligar as tabelas na ordem apropriada, ou então manter os três tipos de tabelas separados e pesquisá-los na ordem apropriada.

A principal complicação que surge com algumas OOLs deriva não da presença de uma hierarquia de classes, mas de quando essa hierarquia é definida. Se a OOL exigir que as definições de classe estejam presentes em tempo de compilação e que não mudem após o tempo de compilação, então a resolução de nomes dentro dos métodos pode ser realizada em tempo de compilação. Dizemos que essa linguagem tem uma *estrutura de classes fechada*. Por outro lado, se a linguagem permitir que o programa em execução mude sua estrutura de classes, seja importando classes, como em Java, ou editando-as, como em Smalltalk, então a linguagem tem uma *estrutura de classes aberta*.

Estrutura de classes fechada
Se a estrutura de classes de uma aplicação for fixa em tempo de compilação, a OOL tem uma *hierarquia fechada*.

Estrutura de classes aberta
Se uma aplicação puder mudar sua estrutura de classes em tempo de execução, tem uma *hierarquia aberta*.

TRADUÇÃO DE JAVA

A linguagem de programação Java foi projetada para ser portável, segura e ter uma representação compacta para transmissão por redes. Esses objetivos de projeto levaram diretamente a um esquema de tradução em dois estágios, que é seguido em quase todas as implementações Java.

O código é primeiro compilado, no sentido tradicional, da fonte Java para uma IR, chamada bytecode Java, que é compacto e forma o conjunto de instruções para a Máquina Virtual Java (JVM - *Java Virtual Machine*). A JVM tem sido implementada com um interpretador que pode ser compilado em quase toda plataforma-alvo, provendo portabilidade. Como o código Java é executado dentro da JVM, esta pode controlar interações entre o código Java e o sistema, limitando a capacidade de um programa Java em obter acesso ilícito aos recursos do sistema – um forte recurso de segurança.

Este projeto implica um esquema de tradução específico. O código Java é primeiro compilado para bytecode Java, que é então interpretado pela JVM. Como a interpretação acrescenta overhead em tempo de execução, muitas implementações JVM incluem um compilador *just-in-time* que traduz sequências de bytecode bastante utilizadas em código nativo para o hardware subjacente. Como resultado, a tradução Java é uma combinação de compilação e interpretação.

C++ tem uma estrutura de classes fechada. Quaisquer funções, exceto as funções virtuais, podem ser resolvidas em tempo de compilação. Funções virtuais exigem resolução em tempo de execução.

Dado um método m, o compilador pode mapear um nome que aparece em m para uma declaração em algum escopo aninhado de m, ou para a definição de classe que contém m. Se o nome for declarado em uma superclasse, a capacidade do compilador de determinar qual superclasse declara o nome dependerá se a estrutura de classes é aberta ou fechada. Se fechada, o compilador tem a hierarquia de classes completa, de modo que pode resolver todos os nomes de volta às suas declarações e, com estruturas de runtime apropriadas para dar suporte à nomeação, pode gerar código para acessar qualquer nome. Se aberta, o compilador pode não conhecer a estrutura de classes antes do tempo de execução. Essas linguagens exigem mecanismos de runtime para resolver nomes na hierarquia de classes; este requisito, por sua vez, normalmente leva a implementações que contam com interpretação ou compilação em tempo de execução. Situações semelhantes podem surgir das conversões explícita ou implícita em uma linguagem com estrutura de classes fechada; por exemplo, funções virtuais em C++ podem exigir suporte em tempo de execução.

6.3.4 Estruturas de runtime para dar suporte às linguagens orientadas a objeto

Assim como linguagens como Algol precisam de estruturas de runtime para dar suporte aos seus espaços de nomes léxicos, também as linguagens orientadas a objeto precisam destas estruturas para dar suporte às suas hierarquias léxica e de classes. Algumas dessas estruturas são idênticas àquelas encontradas em uma ALL. Por exemplo, a informação de controle para os métodos, bem como o armazenamento para nomes locais ao método, são armazenados em ARs. Outras estruturas são projetadas para enfrentar problemas específicos introduzidos pela OOL. Por exemplo, os tempos de vida de objetos não precisam corresponder à chamada de qualquer método em particular, de modo que seu estado persistente não pode ser armazenado em algum AR. Assim, cada objeto precisa do seu próprio registro de objeto (OR – *Object Record*) para manter seu estado. Os ORs de classes utilizam a hierarquia de herança, e desempenham papel crítico na tradução e na execução.

A quantidade de suporte em runtime que uma OOL precisa depende muito das características da OOL. Para explicar a gama de possibilidades, começaremos com as estruturas que poderiam ser geradas para as definições na Figura 6.6, considerando uma linguagem com herança única e estrutura de classes aberta. A partir deste caso básico, exploraremos as simplificações e as otimizações permitidas por uma estrutura de classe fechada.

A Figura 6.7 mostra as estruturas de runtime que poderiam resultar da criação de três objetos, usando as definições da Figura 6.6. SimplePoint utiliza Point, enquanto

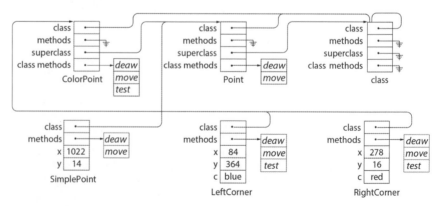

■ **FIGURA 6.7** Estrutura de runtime para o exemplo ColorPoint.

tanto `LeftCorner` quanto `RightCorner` utilizam `ColorPoint`. Cada objeto tem seu próprio OR, assim como as classes `Point` e `ColorPoint`. Para ser completo, o diagrama mostra um OR para a classe `class`. Dependendo da linguagem, uma implementação pode evitar a representação de alguns desses campos, vetores de métodos e ponteiros.

O OR para um objeto simples, como `LeftCorner`, contém um ponteiro para a classe que definiu `LeftCorner`, um ponteiro para o vetor de métodos para esta classe, e espaço para seus campos, x, y e c. Observe que os campos herdados em um `ColorPoint` e em seu vetor de métodos têm o mesmo deslocamento que teriam na classe de base `Point`. O OR para `ColorPoint` literalmente estende o OR para `Point`. A consistência resultante permite que um método de superclasse, como `Point.move`, opere corretamente sobre um objeto de subclasse, como `LeftCorner`.

OR para uma classe contém um ponteiro para sua classe, `class`, um ponteiro para o vetor de métodos para `class` e seus campos locais, que incluem `superclass` e `class methods`. Na figura, todos os vetores de métodos são desenhados como vetores de métodos completos – ou seja, incluem todos os métodos para a classe, tanto locais quanto herdados. O campo `superclass` registra a hierarquia de herança, que pode ser necessária em uma estrutura de classe aberta. O campo `class methods` aponta para o vetor de métodos usado pelos membros da classe.

Para evitar um emaranhado confuso de linhas na figura, simplificamos os vetores de métodos de várias maneiras. O desenho mostra vetores de métodos separados, ao invés de ponteiros para uma cópia compartilhada dos vetores de métodos da classe. As cópias são desenhadas em cinza. A classe `class` tem ponteiros nulos para seus campos `methods` e `class methods`. Em uma implementação real, estes provavelmente teriam alguns métodos que, por sua vez, causariam ponteiros não nulos no campo `methods` de `Point` e `ColorPoint`.

Chamada de método

Como o compilador gera código para invocar um método como `draw`? Métodos sempre são chamados em relação a um objeto, digamos `RightCorner`, como receptor. Para que a chamada seja válida, `RightCorner` precisa ser visível no ponto da chamada, de modo que o compilador possa descobrir como encontrar `RightCorner` com uma pesquisa em tabela de símbolos. O compilador, primeiro, examina na hierarquia léxica do método, depois na hierarquia de classes e, finalmente, no escopo global. Essa pesquisa fornece informações suficientes para permitir que o compilador emita código para obter um ponteiro para o OR de `RightCorner`.

Uma vez que o compilador tenha emitido código para obter o ponteiro do OR, localiza o ponteiro do vetor de métodos no deslocamento 4 do ponteiro do OR. E usa o deslocamento de `draw`, que é 0 em relação ao ponteiro do vetor de métodos, para obter um ponteiro para a implementação desejada de `draw`. Utiliza esse ponteiro de código em uma chamada de procedimento padrão com um detalhe: passa o ponteiro do OR de `RightCorner` como primeiro parâmetro implícito para `draw`. Como localizou `draw` a partir do OR de `RightCorner`, que contém um ponteiro para o vetor `class methods` de `ColorPoint`, a sequência de código localiza a implementação apropriada de `draw`. Se a chamada tivesse sido `SimplePoint.draw`, então o mesmo processo teria encontrado o ponteiro do vetor do método `Point` e chamado de `Point.draw`.

O exemplo considera que cada classe tem um vetor de método completo. Assim, o slot para `move` no vetor de métodos de `ColorPoint` aponta para `Point.move`, enquanto o slot para `draw` aponta para `ColorPoint.draw`. Esse esquema produz o resultado desejado – um objeto da classe x chama a implementação de um método que é visível dentro da definição para esta classe. O esquema alternativo representaria apenas os métodos definidos localmente de ColorPoint em seu vetor class methods, e localizaria um método herdado perseguindo ORs pela cadeia de superclasses acima de maneira semelhante aos links de acesso para o escopo léxico e ARs.

Layout de registro de objeto

Um ponto sutil no exemplo é que uma implementação precisa manter deslocamentos consistentes, por nome, para cima e para baixo na hierarquia de superclasses. Campos, como x e y, precisam aparecer no mesmo deslocamento em um OR da classe Point e ColorPoint para um método, como move, operar corretamente sobre ORs da sua classe ou suas superclasses. Pelo mesmo motivo, os métodos precisam aparecer nos mesmos deslocamentos nos vetores de método de classes relacionadas.

Sem herança, o compilador pode atribuir deslocamentos em uma ordem qualquer para os campos e os métodos da classe. Ele compila esses deslocamentos diretamente no código. O código usa o ponteiro do receptor (por exemplo, this) e os deslocamentos para localizar qualquer campo desejado no OR ou qualquer método no vetor de métodos.

"Implementação" pode ser um compilador, um interpretador ou um JIT. O problema do layout é o mesmo.

Com herança única, o layout do OR é simples. Como cada classe tem apenas uma superclasse direta, o compilador anexa os novos campos ao final do layout do OR da superclasse, estendendo-o. Esta técnica, chamada *prefixação*, garante deslocamentos consistentes para cima e para baixo na hierarquia de superclasse. Quando um objeto é convertido para uma de suas superclasses, os campos no OR estão em seus locais esperados. Os ORs na Figura 6.7 seguem este esquema.

Em uma linguagem com estrutura de classes fechada, o layout do registro de objeto pode ser feito em tempo de compilação, assim que todas as superclasses forem conhecidas. Já em uma linguagem com estrutura de classes aberta, o layout do registro de objeto precisa ser feito entre o momento em que a estrutura da superclasse é conhecida e o momento em que os ORs são alocados. Se a estrutura de classes for desconhecida em tempo de compilação, mas não puder mudar em tempo de execução, essas questões podem ser resolvidas em tempo de ligação ou no início da execução. Mas, se a estrutura de classes puder mudar em tempo de execução, como em Java ou Smalltalk, então o ambiente de runtime precisa estar preparado para ajustar layouts de objeto e a hierarquia de classes.

Em Java, por exemplo, as classes só mudam quando o carregador de classes é executado. Portanto, o carregador de classes pode disparar o processo de recriação.

- Se as classes mudarem com pouca frequência, o overhead para ajustar layouts de registro de objeto pode ser pequeno. O ambiente de runtime, seja um interpretador ou um JIT e um interpretador, pode calcular os layouts de registro de objeto e construir vetores de método para cada classe afetada quando a estrutura de classes mudar.
- Se as classes mudarem com frequência, o compilador ainda precisa calcular os layouts de registro de objeto e ajustá-los. Porém, pode ser mais eficiente para a implementação usar vetores de método incompletos e pesquisar, ao invés de recriar os vetores de método de classe a cada mudança. (Veja a próxima subseção.)

Como última questão, considere o que acontece se a linguagem permitir mudanças na estrutura de uma classe que tenha objetos já criados. Neste caso, a inclusão de um campo ou um método necessita de visitação a esses objetos, criando-se para eles novos ORs e conectando estes ORs de volta ao ambiente de runtime de forma transparente. (Normalmente, este último requisito exige um nível extra de indireção nas referências aos ORs.) Para evitar essas complicações, a maioria das linguagens proíbe mudanças nas classes que já têm objetos criados.

Despachos estático e dinâmico

As estruturas de runtime apresentadas na Figura 6.7 sugerem que cada chamada de método exige uma ou mais operações load para localizar a implementação do método. Em uma linguagem com estrutura de classes fechada, o compilador pode evitar este overhead para a maioria das chamadas. Em C + +, por exemplo, o compilador pode resolver qualquer método para uma implementação concreta em tempo de compilação, a menos que o método seja declarado como *virtual* – significando, basicamente, que o programador quer localizar a implementação relativa à classe do receptor.

Com um método virtual, o despacho é feito por meio do vetor de métodos apropriado. O compilador emite código para localizar a implementação do método em tempo de execução usando o vetor method do objeto, um processo chamado despacho dinâmico. Porém, se o compilador C + + puder provar que alguma chamada de método virtual tem uma classe receptora invariante conhecida, pode gerar uma chamada direta, às vezes chamada despacho estático.

Linguagens com estruturas de classe abertas podem precisar contar com o despacho dinâmico. Se a estrutura de classes puder mudar em tempo de execução, o compilador não poderá resolver nomes de método para implementações; ao invés disso, ele precisa adiar esse processo para o runtime. As técnicas usadas para resolver este problema variam desde recálculo de vetores de métodos a cada mudança na hierarquia de classes até resolução de nomes e busca na hierarquia de classes em tempo de execução.

- Se a hierarquia de classes mudar com pouca frequência, a implementação pode simplesmente recriar os vetores de métodos para as classes afetadas após cada mudança. Neste esquema, o sistema de runtime precisa percorrer a hierarquia da superclasse para localizar implementações de método e criar vetores de métodos de subclasse.
- Se a hierarquia de classes mudar com frequência, o implementador pode escolher manter vetores de métodos incompletos em cada classe – registrando apenas os métodos locais. Neste esquema, a chamada para um método de superclasse dispara uma busca em runtime na hierarquia de classes para o primeiro método desse nome.

Despacho
O processo de chamar um método é normalmente chamado *despacho*, termo derivado do modelo de passagem de mensagens das OOLs como Smalltalk.

CACHES DE MÉTODO

Para dar suporte a uma hierarquia de classe aberta, o compilador pode ter que produzir uma chave de busca para cada nome de método e reter um mapeamento de chaves para implementações que possa pesquisar em tempo de execução. O mapeamento do nome de método para a chave de busca pode ser simples – usando o nome do método ou um índice hash para aquele nome –, ou pode ser complexo – atribuindo a cada nome de método um inteiro a partir de um conjunto compacto usando algum mecanismo em tempo de ligação. Em qualquer caso, o compilador precisa incluir tabelas que possam ser pesquisadas em tempo de execução para localizar a implementação de um método no ancestral mais recente da classe do receptor.

Para melhorar a pesquisa de método neste ambiente, o sistema de runtime pode implementar uma *cache de método* – um software semelhante à cache de dados do hardware encontrado na maioria dos processadores. A cache de método tem um pequeno número de entradas, digamos, 1000. Cada entrada consiste em uma chave, uma classe e um ponteiro para uma implementação de método.
Um despacho dinâmico começa com uma pesquisa na cache de método; se encontrar uma entrada com a classe do receptor e chave de método, ele retorna o ponteiro do método em cache. Se a pesquisa falhar, o despacho realiza uma pesquisa completa para cima na cadeia de superclasse, começando com a classe do receptor; coloca em cache o resultado que encontrar e retorna o ponteiro do método.

> Naturalmente, a criação de uma nova entrada pode forçar a remoção de alguma outra entrada da cache. As políticas padrão de substituição de cache, como pela entrada usada menos recentemente ou por rodízio, podem selecionar o método a ser removido. Caches maiores retêm mais informações, mas exigem mais memória e podem levar mais tempo para pesquisar. Quando a estrutura de classes muda, a implementação pode limpar a cache de método para impedir resultados incorretos em pesquisas futuras.
>
> Para capturar a localidade de tipo em chamadas individuais, algumas implementações usam a *cache de método em linha*, uma única entrada de cache localizada no local real da chamada. A cache armazena a classe do receptor e o ponteiro de método a partir da última chamada neste local. Se a classe de receptor atual combinar com a classe de receptor anterior, a chamada usa o ponteiro do método em cache. Uma mudança na hierarquia de classes precisa invalidar a cache, seja alterando sua tag ou sobrescrevendo as tags de classe em cada cache em linha. Se a classe atual não combinar com a classe em cache, uma pesquisa completa é usada, escrevendo seus resultados na cache em linha.

Qualquer um desses esquemas exige que o sistema de runtime da linguagem retenha tabelas de pesquisa com nomes de método – seja nomes em nível de fonte ou chaves de busca derivadas desses nomes. Cada classe precisa de um pequeno dicionário em seu OR. A resolução de nomes em tempo de execução procura o nome do método nos dicionários por meio da hierarquia, de maneira semelhante à cadeia de tabelas de símbolos descrita na Seção 5.5.3.

As implementações de OOL tentam reduzir o custo do despacho dinâmico por meio de uma de duas estratégias gerais. Podem realizar análise para provar que uma determinada chamada de método sempre use um receptor da mesma classe conhecida, quando podem substituir o despacho dinâmico pelo estático. Para chamadas onde não conseguem descobrir a classe do receptor, ou onde a classe varia em tempo de execução, podem manter em cache os resultados da busca, para melhorar o desempenho. Neste esquema, a busca consulta uma cache de métodos antes de consultar a hierarquia de classes. Se a cache de métodos tiver o mapeamento para a classe do receptor e o nome do método, a chamada usa o ponteiro do método em cache e evita a pesquisa.

Herança múltipla

Algumas OOLs permitem a herança múltipla, significando que uma nova classe pode herdar de várias superclasses que têm layouts de objeto inconsistentes. Esta situação impõe um novo problema: o código compilado para um método da superclasse usa deslocamentos com base no layout do OR para essa superclasse. Naturalmente, diferentes superclasses imediatas podem atribuir deslocamentos conflitantes aos seus campos. Para reconciliar esses deslocamentos em conflito, o compilador precisa adotar um esquema ligeiramente mais complexo: usar ponteiros de OR diferentes com métodos de superclasses diferentes.

Considere uma classe α que herda de várias superclasses, β, γ e δ. Para estabelecer o OR para um objeto de classe α, a implementação primeiro precisa impor uma ordem sobre as superclasses de α – digamos, β, γ, δ. Isto estabelece o OR para a classe α como o OR inteiro, incluindo o ponteiro de classe e o vetor de métodos para β, seguido pelo OR inteiro para γ, seguido pelo OR inteiro para δ. Para este layout, ele anexa quaisquer campos declarados localmente na declaração de α, e constrói o vetor de métodos para α anexando os métodos de α ao vetor de métodos para a primeira superclasse.

O desenho ao lado mostra o layout do OR resultante para a classe α. Consideramos que α define dois campos locais, α_1 e α_2, e que os campos para β, γ e δ são nomeados de forma semelhante. O OR para α divide-se em quatro seções lógicas: o OR para β, o OR para γ, o OR para δ e o espaço para os campos declarados em α. Os métodos declarados em α são acrescentados ao vetor de métodos para a primeira seção. Os ponteiros de classe "sombra" e vetores de métodos, cujos rótulos aparecem em cinza, existem para permitir que esses métodos de superclasse recebam o ambiente que esperam – o layout do OR da superclasse correspondente.

A complicação restante envolvida na herança múltipla encontra-se no fato de o ponteiro do OR ter de ser ajustado quando um método da superclasse é chamado usando um dos ponteiros de classe sombra e vetores de métodos. A chamada precisa ajustar o ponteiro pela distância entre o ponteiro de classe no topo do OR e o ponteiro de classe sombra. O mecanismo mais simples para realizar este ajuste é inserir uma *função trampolim* entre o vetor de métodos e o método real, que ajusta o ponteiro do OR, chama o método com todos os parâmetros e reajusta o ponteiro do OR no retorno.

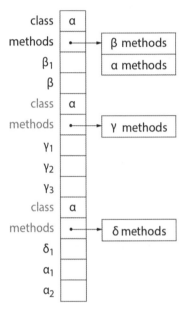

Object Record for α

> **REVISÃO DA SEÇÃO**
> Linguagens como Algol normalmente utilizam escopo léxico, em que os espaços de nomes são devidamente aninhados e novas ocorrências de um nome obscurecem as mais antigas. Para manter os dados associados ao seu escopo local, um procedimento tem um registro de ativação para cada chamada. Ao contrário, embora as linguagens orientadas a objeto possam usar escopos léxicos para nomes locais ao procedimento, também contam com uma hierarquia de escopos definida pelos dados – pela hierarquia de definições de classes. Esse espaço de nomes com hierarquia dual leva a interações mais complexas entre nomes e implementações mais complexas.
>
> Os dois estilos de nomeação exigem estruturas de runtime que reflitam e implementem a hierarquia de nomeação. Em uma ALL, os registros de ativação podem capturar a estrutura do espaço de nomes, fornecer o espaço de armazenamento necessário para a maioria dos valores e preservar o estado necessário para a correta execução. Em uma OOL, os registros de ativação do código em execução ainda capturam a parte de escopo léxico do espaço de nomes e o estado da execução; porém, a implementação também precisa de uma hierarquia de registros de objeto e registros de classe para modelar a parte baseada em objeto do espaço de nomes.

> **QUESTÕES DE REVISÃO**
> 1. Em C, `setjmp` e `longjmp` fornecem um mecanismo para transferência de controle entre procedimentos. `setjmp` cria uma estrutura de dados; chamar `longjmp` sobre esta estrutura faz com que a execução continue imediatamente após `setjmp`, com o contexto presente quando `setjmp` foi executado. Que informações `setjmp` deve preservar? Como a implementação de `setjmp` muda entre os ARs alocados em pilha e alocados em heap?
> 2. Considere o exemplo da Figura 6.7. Se o compilador encontrar uma referência a `LeftCorner` com conversão para a classe `Point`, que implementação do método `draw` essa referência de conversão chamaria? Como o programador poderia se referir à outra implementação de `draw`?

6.4 COMUNICAÇÃO DE VALORES ENTRE PROCEDIMENTOS

A noção central por trás do conceito de um procedimento é a abstração. O programador abstrai operações comuns relativas a um pequeno conjunto de nomes, ou parâmetros formais, e encapsula essas operações em um procedimento. Para usar o procedimento, o programador o chama com uma *vinculação* apropriada de valores, ou parâmetros reais, para aqueles parâmetros formais. O procedimento chamado é executado usando os nomes de parâmetros formais para acessar os valores passados como parâmetros reais. Se o programador quiser, o procedimento pode retornar um resultado.

6.4.1 Passagem de parâmetros

A vinculação de parâmetros mapeia os parâmetros reais em um local de chamada aos formais do procedimento chamado, permitindo que o programador escreva um procedimento sem conhecimento dos contextos em que ele será chamado. Permite ainda, que o programador chame o procedimento de muitos contextos distintos sem expor detalhes da operação interna do procedimento a cada chamador. Assim, a vinculação de parâmetros desempenha um papel crítico em nossa capacidade de escrever código abstrato, modular.

A maioria das linguagens de programação modernas utiliza uma de duas convenções para mapear parâmetros reais a parâmetros formais: vinculação de *chamada por valor* e vinculação de *chamada por referência*. Essas técnicas diferem em seus comportamentos. A distinção entre elas pode ser melhor explicada entendendo-se suas implementações.

Chamada por valor

Chamada por valor
Convenção pela qual o chamador avalia os parâmetros reais e passa seus valores ao procedimento chamado. Qualquer modificação de um parâmetro passado por valor no procedimento chamado não é visível no chamador.

Considere o procedimento a seguir, escrito em C, e os vários locais de chamada que o invocam:

```
int fee(int x, int y) {           c = fee(2,3);
    x = 2 * x;                    a = 2;
    y = x + y;                    b = 3;
    return y;                     c = fee(a,b);
}                                 a = 2;
                                  b = 3;
                                  c = fee(a,a);
```

VINCULAÇÃO DE PARÂMETROS EM CHAMADA POR NOME
Algol introduziu outro mecanismo de vinculação de parâmetros, *chamada por nome*. Neste tipo de vinculação, uma referência a um parâmetro formal comporta-se exatamente como se o parâmetro real tivesse sido substituído textualmente em seu lugar, com o nome devidamente trocado. Essa regra simples pode levar a um comportamento complexo. Considere o seguinte exemplo artificial em Algol 60:

```
begin comment Simple array example;
    procedure zero(Arr,i,j,u1,u2);
        integer Arr;
        integer i,j,u1,u2;
        begin;
            for i := 1 step 1 until u1 do
                for j := 1 step 1 until u2 do
                    Arr := 0;
        end;
    integer array Work[1:100,1:200];
    integer p, q, x, y, z;
    x := 100;
    y := 200;
    zero(Work[p,q],p,q,x,y);
end
```

> A chamada a `zero` atribui zero a cada elemento do array `Work`. Para ver isto, reescreva `zero` com o texto dos parâmetros reais.
> Embora a vinculação em chamada por nome fosse fácil de definir, foi difícil de implementar e entender. Em geral, o compilador precisa produzir, para cada parâmetro formal, uma função que avalie o parâmetro real e retorne um ponteiro. Essas funções são chamadas *thunks*. A geração de thunks competentes era complexa, e a avaliação de um thunk para cada acesso de parâmetro, dispendiosa. Por fim, essas desvantagens superaram quaisquer vantagens que a vinculação de parâmetros em chamadas por nome oferecia.
> A linguagem de programação R, uma ferramenta específica para análise estatística, implementa uma forma preguiçosa de vinculação com chamada por valor. Esta implementação cria e passa thunks que são invocados na primeira vez que o valor do parâmetro é realmente referenciado. O thunk, ou compromisso (*promise*), armazena seu resultado para referências subsequentes.

Com a passagem de parâmetros com *chamada por valor*, como em C, o chamador copia o valor de um parâmetro real no local apropriado para o parâmetro formal correspondente – um registrador ou um slot de parâmetro no AR do procedimento chamado. Somente um nome se refere a esse valor – o nome do parâmetro formal. Seu valor é uma condição inicial, determinada avaliando-se o parâmetro real no momento da chamada. Se o procedimento chamado mudar seu valor, esta mudança será visível dentro do procedimento chamado, mas não no chamador.

As três chamadas produzem os seguintes resultados quando invocadas usando a vinculação de parâmetro com chamada por valor:

Chamada por valor	a in	a out	b in	b out	Valor de retorno
fee(2,3)	-	-	-	-	7
fee(a, b)	2	2	3	3	7
fee(a, a)	2	2	3	3	6

Com a chamada por valor, a vinculação é simples e intuitiva.

Uma variação na vinculação de chamada por valor é a vinculação de *chamada por valor-resultado*. No esquema valor-resultado, os valores dos parâmetros formais são copiados de volta para os parâmetros reais correspondentes como parte do processo de retornar o controle do procedimento chamado ao chamador. A linguagem de programação Ada inclui parâmetros de valor-resultado. O mecanismo valor-resultado também satisfaz as regras da definição da linguagem FORTRAN 77.

Chamada por referência

Com a passagem de parâmetros do tipo *chamada por referência*, o chamador armazena um ponteiro no slot do AR para cada parâmetro. Se o parâmetro real for uma variável, armazena o endereço da variável na memória; se for uma expressão, o chamador avalia a expressão, armazena o resultado na área de dados local do seu próprio AR e então armazena um ponteiro para esse resultado no slot de parâmetro apropriado no AR do procedimento chamado. As constantes devem ser tratadas como expressões para evitar qualquer possibilidade de o procedimento chamado mudar seu valor. Algumas

Chamada por referência
Convenção na qual o compilador passa um endereço para o parâmetro formal ao procedimento chamado. Se o parâmetro real for uma variável (ao invés de uma expressão), então a alteração do valor do parâmetro formal também altera o valor do parâmetro real.

linguagens proíbem a passagem de expressões como parâmetros reais para parâmetros formais com chamada por referência.

Dentro do procedimento chamado, cada referência a um parâmetro formal com chamada por referência precisa de um nível de indireção extra. A chamada por referência difere da chamada por valor de duas maneiras críticas. Primeiro, qualquer redefinição de um parâmetro formal por referência é refletida no parâmetro real correspondente. Segundo, qualquer parâmetro formal por referência poderia estar ligado a uma variável que é acessível por outro nome dentro do procedimento chamado. Quando isto acontece, dizemos que os nomes são pseudônimos (*aliases*), pois referem-se ao mesmo local de armazenamento. A criação de pseudônimos pode criar comportamento contraintuitivo.

Considere o exemplo anterior, reescrito em PL/I, que usa a vinculação de parâmetros com chamadas por referência.

```
fee: procedure (x,y)              c = fee(2,3);
        returns fixed binary;     a = 2;
     declare x, y fixed binary;   b = 3;
     x = 2 * x;                   c = fee(a,b);
     y = x + y;                   a = 2;
     return y;                    b = 3;
end fee;                          c = fee(a,a);
```

Com a vinculação de parâmetros com chamadas por referência, o exemplo produz resultados diferentes. A primeira chamada é simples. A segunda chamada redefine tanto a quanto b; essas mudanças seriam visíveis no chamador. A terceira chamada faz com que x e y se refiram ao mesmo local e, assim, ao mesmo valor. Este *alias* muda o comportamento de fee. A primeira atribuição dá o valor 4 para a. A segunda, então, dá o valor 8 para a, e fee retorna 8, onde fee(2, 2) retornaria 6.

Alias
Quando dois nomes podem se referir ao mesmo local, são considerados *aliases*.
No exemplo, a terceira chamada cria um alias entre x e y dentro de fee.

Chamada por valor	a in	a out	b in	b out	Valor de retorno
fee(2, 3)	-	-	-	-	7
fee(a, b)	2	4	3	7	7
fee(a, a)	2	8	3	3	8

Espaço para os parâmetros

O tamanho da representação para um parâmetro tem impacto sobre o custo das chamadas de procedimento. Os valores escalares, como variáveis e ponteiros, são armazenados em registradores ou na área de parâmetros do AR do procedimento chamado. Com os parâmetros com chamada por valor, o valor real é armazenado; com parâmetros com chamada por referência, o endereço do parâmetro é armazenado. De qualquer forma, o custo por parâmetro é pequeno.

Valores grandes, como arrays, registros ou estruturas, impõem um problema para a chamada por valor. Se a linguagem exigir que grandes valores sejam copiados, o overhead de copiá-los para a área de parâmetros do procedimento chamado aumentará um custo significativo à chamada de procedimento. (Neste caso, o programador pode querer modelar a chamada por referência e passar um ponteiro para o objeto, ao invés do objeto.) Algumas linguagens permitem que a implementação passe esses objetos por referência. Outras incluem provisões que permitem ao programador especificar que a passagem de um parâmetro em particular por referência é aceitável; por exemplo, o atributo `const` em C garante ao compilador que um parâmetro com esse atributo não será modificado.

6.4.2 Retorno de valores

Para retornar um valor de uma função, o compilador precisa reservar espaço para isto. Como o valor de retorno, por definição, é usado depois que o procedimento chamado termina, ele precisa de espaço de armazenamento fora do AR do procedimento chamado. Se o construtor de compiladores puder garantir que este valor tem um tamanho fixo pequeno, então pode armazená-lo no AR do chamador ou em um registrador designado.

> Com parâmetros com chamada por valor, as convenções de ligação normalmente designam o registrador reservado para o primeiro parâmetro como o registrador que armazena o valor de retorno.

Todas as nossas figuras do AR incluíram um slot para um valor retornado. Para usar este slot, o chamador aloca espaço para o valor retornado em seu próprio AR e armazena um ponteiro para este espaço no slot de retorno do seu próprio AR. O procedimento chamado pode carregar o ponteiro a partir do slot de valor de retorno do chamador (usando a cópia do ARP do chamador que tem no AR do procedimento chamado), e usar o ponteiro para acessar o espaço de armazenamento reservado no AR do chamador para o valor retornado. Desde que o chamador e o chamado concordem a respeito do tamanho do valor retornado, isso funciona.

Se o chamador não puder saber o tamanho do valor retornado, o procedimento chamado pode ter que alocar espaço para ele, possivelmente no heap. Neste caso, o procedimento chamado aloca o espaço, armazena nele o valor retornado, e armazena o ponteiro no slot de valor de retorno do AR do chamador. No retorno, o chamador pode acessar o valor de retorno usando o ponteiro que encontra em seu slot de valor de retorno. O chamador precisa liberar o espaço alocado pelo procedimento chamado.

Se o valor de retorno for pequeno – do tamanho do slot do valor de retorno ou menos –, então o compilador pode eliminar a indireção. Para um valor de retorno pequeno, o procedimento chamado pode armazená-lo diretamente no slot de valor de retorno do AR do chamador, que pode, então, usar o valor diretamente a partir do seu AR. Essa melhoria exige, naturalmente, que o compilador trate o valor da mesma forma nos procedimentos chamador e chamado. Felizmente, as assinaturas de tipo para os procedimentos podem garantir que as duas compilações tenham a informação necessária.

6.4.3 Estabelecendo a endereçabilidade

Como parte da convenção de ligação, o compilador precisa garantir que cada procedimento possa gerar um endereço para cada variável que precisa referenciar. Em uma ALL, um procedimento pode se referir a variáveis globais, variáveis locais e qualquer variável declarada em um escopo léxico que o englobe. Em geral, o cálculo de endereço consiste em duas partes: encontrar o *endereço de base* da *área de dados* apropriada para o escopo que contém o valor, e encontrar o deslocamento correto dentro desta área de dados. O problema de encontrar endereços de base divide-se em dois casos: áreas de dados com endereços de base estáticos e aquelas cujo endereço não pode ser conhecido antes da execução.

Área de dados
A região na memória que mantém os dados para um escopo específico é chamada *área de dados*.

Endereço de base
O endereço do início de uma área de dados normalmente é chamado *endereço de base*.

Variáveis com endereços de base estáticos

Os compiladores organizam áreas de dados globais e áreas de dados estáticas de modo a ter endereços de base estáticos. A estratégia para gerar um endereço para tal variável é simples: calcular o endereço de base da área de dados em um registrador e somar

Deformação de nome
O processo de construir uma string exclusiva a partir de um nome na linguagem-fonte é chamado *deformação de nome*.
Se &fee. for muito grande para um load imediato, o compilador pode ter que usar várias operações para carregar o endereço.

seu deslocamento ao endereço de base. O IR do compilador normalmente incluirá os modos de endereço para representar este cálculo; por exemplo, em ILOC, `loadAI` representa um modo "registrador + deslocamento imediato", e `loadAO`, um modo "registrador + registrador".

Para gerar o endereço em tempo de execução de um endereço de base estático, o compilador conecta um rótulo simbólico, em nível de assembly, à área de dados. Dependendo do conjunto de instruções da máquina-alvo, esse rótulo pode ser usado em uma operação de load imediato ou para inicializar um local conhecido, caso em que pode ser movido para um registrador com uma operação load padrão.

O compilador constrói o rótulo para um endereço de base *deformando* o nome. Normalmente, acrescenta um prefixo, um sufixo ou ambos ao nome original, usando caracteres que são válidos no código assembly, mas não na linguagem-fonte. Por exemplo, a deformação do nome da variável global `fee` pode produzir o rótulo `&fee`, que é então anexado a uma pseudo-operação de linguagem assembly que reserva espaço para `fee`. Para mover o endereço para um registrador, o compilador pode emitir uma operação como `loadI & fee.` $\Rightarrow r_i$. Operações subsequentes podem então usar r_i para acessar o local de memória para `fee`. O rótulo torna-se um símbolo realocável para o assembler e para o loader, que o converte em um endereço virtual em tempo de execução.

Variáveis globais podem ser rotuladas individualmente ou em grupos maiores. Em FORTRAN, por exemplo, a linguagem reúne variáveis globais em blocos common. Um compilador FORTRAN típico estabelece um rótulo para cada bloco common; atribui um deslocamento a cada variável em cada bloco e gera operações `load` e `store` relativa ao rótulo do bloco common. Se a área de dados for maior que o deslocamento permitido em uma operação "registrador + deslocamento", pode ser vantajoso ter vários rótulos para partes da área de dados.

De modo semelhante, o compilador pode combinar todas as variáveis estáticas de um único escopo em uma área de dados, reduzindo a probabilidade de um conflito de nomes inesperado; tais conflitos são descobertos durante a ligação ou carga, e podem ser confusos para o programador. Para evitar esses conflitos, o compilador pode basear o rótulo em um nome, associado ao escopo, globalmente visível. Essa estratégia diminui o número de endereços de base em uso a qualquer momento, reduzindo a demanda por registradores. O uso de muitos registradores para manter endereços de base pode afetar de forma adversa o desempenho geral em tempo de execução.

Variáveis com endereços de base dinâmicos

Conforme descrevemos na Seção 6.3.2, as variáveis locais declaradas dentro de um procedimento em geral são armazenadas no AR do procedimento. Assim, têm endereços de base dinâmicos. Para acessar esses valores, o compilador precisa de um mecanismo para encontrar os endereços de diversos ARs. Felizmente, as regras de escopo léxico limitam o conjunto de ARs que podem ser acessados a partir de qualquer ponto no código ao AR atual e aos ARs dos procedimentos que o englobam lexicamente.

Variável local do procedimento atual

O acesso a uma variável local do procedimento atual é trivial. Seu endereço de base é simplesmente o do AR atual, que é armazenado no ARP. Assim, o compilador pode emitir código que acrescenta seu deslocamento ao ARP e usa o resultado como o endereço do valor. (Esse deslocamento é o mesmo valor do deslocamento na coordenada estática do valor.) Em ILOC, o compilador pode usar um `loadAI` (uma operação "endereço + deslocamento imediato") ou `loadAO` (uma operação "endereço + deslocamento"). A maioria dos processadores fornece suporte eficiente para essas operações comuns.

Em alguns casos, um valor não é armazenado a um deslocamento constante a partir do ARP. O valor poderia residir em um registrador, caso em que loads e stores não são necessários. Se a variável tiver um tamanho imprevisível ou mutável, o compilador o armazenará em uma área reservada para objetos de tamanho variável, seja no final do AR ou em um heap. Neste caso, o compilador pode reservar espaço no AR para um ponteiro para o local real da variável e gerar um load adicional para acessar a variável.

Variáveis locais de outros procedimentos

Para acessar uma variável local de algum escopo léxico que a engloba, o compilador deve se preparar para a construção de estruturas de dados de runtime que mapeiem uma coordenada estática, produzida usando-se uma tabela de símbolos com escopo léxico no parser, de um endereço de runtime.

Por exemplo, suponha que o procedimento fee, de nível léxico m, referencia a variável a do ancestral léxico de fee, fie, de nível n. O parser converte essa referência em uma coordenada estática $\langle n, d \rangle$, onde d é o deslocamento de a no AR para fie. O compilador pode calcular o número de níveis léxicos entre fee e fie como $m-n$. (A coordenada $\langle m-n, d \rangle$ às vezes é chamada *coordenada de distância estática* da referência.)

O compilador precisa de um mecanismo para converter $\langle n, d \rangle$ em um endereço de runtime. Em geral, este esquema usará estruturas de dados de runtime para encontrar o ARP do procedimento de nível n mais recente, e usará este ARP como o endereço de base em seu cálculo. Ele soma o deslocamento d a esse endereço de base para produzir um endereço de runtime para o valor cuja coordenada estática é $\langle n, d \rangle$. A complicação está na criação e travessia das estruturas de dados de runtime para encontrar o endereço de base. As subseções seguintes examinam dois métodos comuns: uso de links de acesso e de um display global.

Links de acesso

A intuição por trás dos links de acesso é simples. O compilador garante que cada AR contenha um ponteiro, chamado *link de acesso* ou *link estático*, para o AR do seu ancestral léxico imediato. Os links de acesso formam uma cadeia que inclui todos os ancestrais léxicos do procedimento atual, como mostra a Figura 6.8. Assim, qualquer

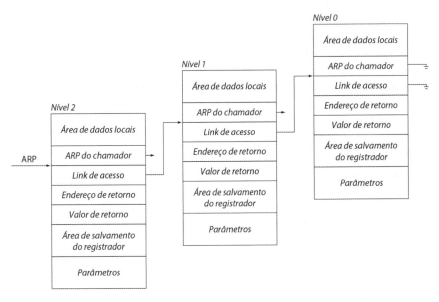

■ **FIGURA 6.8** Usando links de acesso.

variável local de outro procedimento que seja visível ao atual é armazenado em um AR na cadeia de links de acesso que começa no procedimento atual.

Para acessar um valor $\langle n, d \rangle$ a partir de um procedimento de nível m, o compilador emite código para percorrer a cadeia de links e encontrar o ARP de nível n. Em seguida, emite um load que usa o AR de nível n e d. Para melhor entender, considere o programa representado pela Figura 6.8. Suponha que m seja 2 e que o link de acesso seja armazenado em um deslocamento de –4 a partir do ARP. A tabela a seguir mostra um conjunto de três coordenadas estáticas diferentes ao lado do código ILOC que um compilador poderia gerar para elas. Cada sequência deixa o resultado em r_2.

Coordenada	Código		
$\langle 2, 24 \rangle$	loadAI	$r_{arp}, 24$	$\Rightarrow r_2$
$\langle 1, 12 \rangle$	loadAI	$r_{arp}, -4$	$\Rightarrow r_1$
	loadAI	$r_1, 12$	$\Rightarrow r_2$
$\langle 0, 16 \rangle$	loadAI	$r_{arp}, -4$	$\Rightarrow r_1$
	loadAI	$r_1, -4$	$\Rightarrow r_1$
	loadAI	$r_1, 16$	$\Rightarrow r_2$

Como o compilador tem a coordenada estática para cada referência, pode calcular a distância estática (m–n), que lhe diz quantos loads devem ser gerados para seguir a cadeia, de modo que possa emitir a sequência correta para cada referência não local. O custo do cálculo de endereço é proporcional à distância estática. Se os programas exibirem um aninhamento léxico superficial, a diferença em custo entre acessar duas variáveis em diferentes níveis será muito pequena.

Para manter os links de acesso, o compilador deve acrescentar código para cada chamada de procedimento que encontre o ARP apropriado e o armazene como o link de acesso do procedimento chamado. Para um chamador no nível m e um procedimento chamado no nível n, surgem três casos. Se $n = m + 1$, o procedimento chamado é aninhado dentro do chamador, e o chamado pode usar o ARP do chamador como seu link de acesso. Se $n = m$, o link de acesso do chamado é o mesmo que o do chamador. Finalmente, se $n < m$, o link de acesso do procedimento chamado é link de acesso de nível $n - 1$ para o chamador. (Se n for zero, o link de acesso é nulo.) O compilador pode gerar uma sequência de $m - n + 1$ loads para encontrar esse ARP e armazenar esse ponteiro como o link de acesso do procedimento chamado.

Display global

Neste esquema, o compilador aloca um único array global, chamado *display*, para manter o ARP da ativação mais recente de um procedimento em cada nível léxico. Todas as referências a variáveis locais de outros procedimentos tornam-se referências indiretas por meio do display. Para acessar uma variável $\langle n, d \rangle$, o compilador usa o ARP do elemento n do display, usa d como deslocamento e gera a operação load apropriada. A Figura 6.9 mostra esta situação.

Retornando às coordenadas estáticas usadas na discussão dos links de acesso, a tabela a seguir mostra o código que o compilador poderia emitir para uma implementação

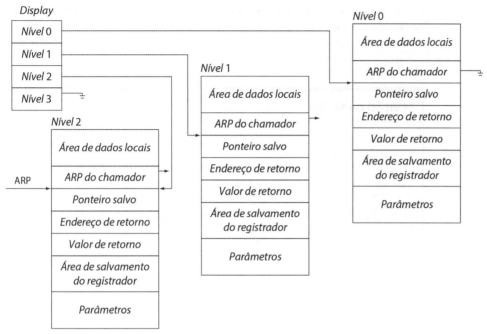

FIGURA 6.9 Usando o display global.

baseada em display. Suponha que o procedimento atual esteja no nível léxico 2, e que o rótulo _disp indique o endereço do display.

Coordenada	Código			
⟨2,24⟩	loadAI	r_{arp}, 24	⇒	r_2
⟨1,12⟩	loadAI	_disp	⇒	r_1
	loadAI	r_1, 4	⇒	r_1
⟨0,16⟩	loadAI	r_1, 12	⇒	r_2
	loadAI	_disp	⇒	r_1
	loadAI	r_1, 16	⇒	r_2

Com um display, o custo do acesso não local é fixo. Com links de acesso, o compilador gera uma série de *m–n* loads; com um display, usa $n \times l$ como deslocamento no display, onde *l* é o tamanho de um ponteiro (4, no exemplo). O acesso local ainda é mais barato do que o não local, mas, com um display, a penalidade para o acesso não local é constante, ao invés de variável.

Naturalmente, o compilador precisa inserir código onde for necessário para manter o display. Assim, quando o procedimento *p* no nível *n* chama algum procedimento *q* no nível *n* + 1, o ARP de *p* torna-se a entrada do display para o nível *n*. (Enquanto *p* está sendo executado, essa entrada não é usada.) O modo mais simples de manter o display atualizado é fazer que *p* atualize a entrada de nível *n* quando o controle entra em *p* e restaurá-lo na saída de *p*. Na entrada, *p* pode copiar a entrada do display de nível *n* para o slot de endereçabilidade reservado em seu AR e armazenar seu próprio ARP no slot de nível *n* do display.

Muitas dessas atualizações de display podem ser evitadas. Os únicos procedimentos que podem usar o ARP armazenado por um procedimento *p* são os procedimentos *q* que *p* chama (direta ou indiretamente), onde *q* está aninhado dentro do escopo de *p*. Assim, qualquer *p* que não chame um procedimento aninhado dentro de si mesmo não precisa atualizar o display, o que elimina todas as atualizações nos procedimentos folha, bem como muitas outras atualizações.

> **REVISÃO DA SEÇÃO**
> Se o propósito fundamental de um procedimento é a abstração, então a capacidade de comunicar valores entre procedimentos é crítica à sua utilidade. O fluxo de valores entre procedimentos ocorre por dois mecanismos diferentes: o uso de parâmetros e o de valores que são visíveis em múltiplos procedimentos. Em cada um desses casos, o construtor de compiladores precisa providenciar convenções de acesso e estruturas de runtime para dar suporte ao acesso. Para a vinculação de parâmetros, dois mecanismos em particular surgiram como os casos comuns: chamadas por valor e chamadas por referência. Para os acessos não locais, o compilador precisa emitir código para calcular os endereços de base apropriados. Dois mecanismos surgiram como os casos comuns: links de acesso e display.
>
> O aspecto mais confuso deste material é a distinção entre ações que acontecem em tempo de compilação, como a determinação, pelo parser, das coordenadas estáticas para uma variável, e aquelas que acontecem em tempo de execução, como o rastreamento, feito pelo programa em execução, de uma cadeia de links de acesso para encontrar o ARP de algum escopo apropriado. No primeiro caso, o compilador realiza a ação diretamente. No segundo, o compilador emite código que realizará a ação em tempo de execução.

```
subroutine change(n)
   integer n
   n = n * 2
end

program test
   call change(2)
   print *, 2 * 2
end
```

> **QUESTÕES DE REVISÃO**
> 1. Uma antiga implementação FORTRAN tinha um bug estranho. O programa curto mostrado na margem imprimia, como seu resultado, o valor 16. O que o compilador fez que levou a este resultado? O que ele deveria ter feito? (FORTRAN usa chamada por referência como vinculação de parâmetros.)
> 2. Compare os custos envolvidos no uso de links de acesso em relação a displays globais para estabelecer endereços para referências a variáveis declaradas em outros escopos. Qual você escolheria? As características da linguagem afetam sua escolha?

6.5 LIGAÇÕES PADRONIZADAS

A ligação de procedimentos é um contrato entre o compilador, o sistema operacional e a máquina-alvo que claramente divide a responsabilidade pela nomeação, alocação de recursos, endereçabilidade e proteção. A ligação de procedimentos garante a interoperabilidade de procedimentos entre o código do usuário, conforme traduzido pelo compilador, e o código de outras fontes, incluindo bibliotecas do sistema, bibliotecas de aplicação, e código escrito em outras linguagens de programação. Normalmente, todos os compiladores para determinada combinação de máquina-alvo e sistema operacional utilizam a mesma ligação ao máximo possível.

A convenção de ligação isola cada procedimento dos diferentes ambientes encontrados nos locais de chamada que o chamam. Suponha que o procedimento *p* tem um parâmetro inteiro *x*. Diferentes chamadas a *p* poderiam vincular *x* a uma variável local armazenada no frame de pilha do chamador, a uma variável global, a um elemento de algum array estático ou ao resultado da avaliação de uma expressão inteira, como *y* + 2. Uma vez que a convenção de ligação especifica como avaliar o parâmetro real e armazenar seu valor, além de como acessar *x* no procedimento chamado, o compilador pode gerar código para o procedimento chamado que ignora as diferenças entre os ambientes de runtime nos diferentes locais de chamadas. Desde que todos os procedimentos obedeçam à convenção de ligação, os detalhes serão mesclados para criar a transferência transparente de valores prometida pela especificação da linguagem-fonte.

A convenção de ligação é, necessariamente, dependente da máquina. Por exemplo, ela depende implicitamente de informações como o número de registradores disponíveis na máquina-alvo e os mecanismos para executar uma chamada e um retorno.

A Figura 6.10 mostra como as partes de uma ligação de procedimento padrão se encaixam. Cada procedimento tem uma *sequência de prólogo* e uma *sequência de epílogo*. Cada local de chamada inclui uma *sequência de pré-chamada* e uma *sequência de pós-retorno*.

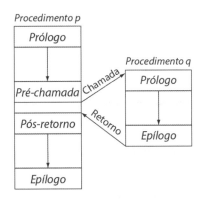

■ **FIGURA 6.10** Uma ligação de procedimento padrão.

- *Sequência de pré-chamada*. Inicia o processo de construção do ambiente do procedimento chamado. Avalia os parâmetros reais, determina o endereço de retorno e, se necessário, o endereço do espaço reservado para manter um valor de retorno. Se um parâmetro real de chamada por referência for alocado a um registrador, esta sequência precisa armazená-lo no AR do chamador, de modo que possa passar o endereço desse local ao procedimento chamado.
- Muitos dos valores mostrados nos diagramas do AR podem ser passados ao procedimento chamado em registradores. O endereço de retorno, um endereço para o valor de retorno e o AR do chamador são candidatos óbvios.
Os primeiros k parâmetros reais também podem ser passados nos registradores – um valor típico para k poderia ser 4. Se a chamada tiver mais de k parâmetros, os parâmetros reais restantes precisam ser armazenados no AR do procedimento chamado ou do chamador.
- *Sequência de pós-retorno*. Desfaz as ações da sequência de pré-chamada. Ela deve restaurar quaisquer parâmetros de chamada-por-referência e chamada-por--valor-resultado que precisam ser retornados aos registradores, e restaura quaisquer registradores da área de salvamento de registradores salvos pelo chamador, e, ainda, pode ter que desalocar todo ou parte do AR do procedimento chamado.
- *Sequência de prólogo*. O prólogo para um procedimento completa a tarefa de criar o ambiente de runtime do procedimento chamado. Ele pode criar espaço no AR do procedimento chamado para armazenar alguns dos valores passados pelo chamador em registradores. Ele deve criar espaço para variáveis locais e inicializá-las, conforme a necessidade. Se o procedimento chamado referenciar uma área de dados estáticos específica do procedimento, o prólogo pode ter que carregar o rótulo para essa área de dados em um registrador.

- *Sequência de epílogo.* O epílogo para um procedimento inicia o processo de desmontar o ambiente do procedimento chamado e reconstruir o ambiente do chamador. Ele pode participar na desalocação do AR do procedimento chamado. Se o procedimento retornar um valor, o epílogo poderá ser responsável por armazenar o valor no endereço especificado pelo chamador. (Alternativamente, o código gerado para uma instrução de retorno pode realizar esta tarefa.) Finalmente, o epílogo restaura o ARP do chamador e salta para o endereço de retorno.

Esse framework fornece orientação geral para a criação de uma convenção de ligação. Muitas das tarefas podem ser deslocadas entre os procedimentos chamador e chamado. Em geral, mover o trabalho para o código de prólogo e de epílogo produz um código mais compacto. As sequências de pré-chamada e de pós-retorno são geradas para cada chamada, enquanto o prólogo e o epílogo ocorrem uma vez por procedimento. Se os procedimentos são chamados mais de uma vez em média, então existem menos sequências de prólogo e epílogo do que de pré-chamada e pós-retorno.

MAIS SOBRE TEMPO

Em um sistema típico, a convenção de ligação é negociada entre os implementadores do compilador e os implementadores do sistema operacional em um estágio inicial do desenvolvimento do sistema. Assim, questões como a distinção entre registradores de salvamentos do chamador e do chamado são decididas em tempo de projeto. Quando o compilador é executado, ele precisa emitir sequências de prólogo e epílogo de procedimento para cada procedimento, junto com sequências de pré-chamada e pós-retorno para cada local de chamada. Esse código é executado em tempo de execução. Assim, o compilador não consegue saber o endereço de retorno que deve armazenar no AR do procedimento chamado. (E nem pode saber, em geral, o endereço desse AR.) Porém, pode incluir um mecanismo que gerará o endereço de retorno em tempo de ligação (usando um rótulo realocável de linguagem assembly) ou em tempo de execução (usando algum deslocamento a partir do contador de programa) e armazená-lo no local apropriado no AR do procedimento chamado.

De modo semelhante, em um sistema que usa um display para fornecer endereçabilidade para variáveis locais de outros procedimentos, o compilador não pode saber os endereços em tempo de execução do display ou do AR. Apesar disso, emite código para manter o display. O mecanismo que consegue isto exige duas informações: o nível de aninhamento léxico do procedimento atual e o endereço do display global. O primeiro é conhecido em tempo de compilação; o outro pode ser determinado em tempo de ligação usando um rótulo realocável de linguagem assembly. Assim, o prólogo pode simplesmente carregar a entrada de display atual para o nível do procedimento (usando um `loadAO` a partir do endereço de display) e armazená-la no AR (usando um `storeAO` relativo ao ARP). Finalmente, o compilador armazena o endereço do novo AR no slot do display para o nível léxico do procedimento.

Salvamento de registradores

Registradores salvos pelo chamador
Os registradores designados para salvamento pelo procedimento chamador são *registradores salvos pelo chamador.*

Em algum ponto na sequência de chamada, quaisquer valores de registrador que o chamador espera que sobreviva à chamada precisam ser salvos na memória. O procedimento chamador ou o chamado pode realizar o salvamento real; existe uma vantagem em cada uma das escolhas. Se o chamador salva os registradores, pode evitar o salvamento de valores que sabe não são úteis no decorrer da chamada; este conhecimento pode permitir que ele preserve menos valores. De modo semelhante, se o chamado salva os registradores, pode evitar o salvamento de valores de registradores que não utiliza; novamente, este conhecimento pode resultar em menos valores salvos.

Em geral, o compilador pode usar seu conhecimento do procedimento que está sendo compilado para otimizar o comportamento de salvamento de registradores. Para qualquer divisão específica de trabalho entre chamador e chamado, podemos construir programas para os quais essa divisão funcione bem e programas para os quais não funcione bem. A maioria dos sistemas modernos segue um caminho intermediário e designa uma parte do conjunto de registradores para serem salvos pelo chamador e uma parte para serem salvos pelo chamado. Na prática, isto parece funcionar bem, pois encoraja o compilador a colocar valores de vida longa em registradores salvos pelo procedimento chamado, onde serão armazenados somente se o procedimento chamado realmente precisar do registrador, e estimula o compilador a colocar valores de vida curta em registradores salvos pelo chamador, podendo assim evitar salvá-los em uma chamada.

Registradores salvos pelo chamado
Os registradores designados para salvamento pelo procedimento chamado são *registradores salvos pelo chamado*.

Alocação do registro de ativação

No caso mais geral, tanto o chamador quanto o procedimento chamado precisam acessar o AR do chamado. Infelizmente, o chamador não tem como saber, em geral, o tamanho que o AR do procedimento chamado precisa ter (a menos que o compilador e o linker possam planejar para que o linker cole os valores apropriados em cada local de chamada).

Com ARs alocados em pilha, um meio-termo é possível. Como a alocação consiste em incrementar o ponteiro de topo da pilha, o chamador pode iniciar a criação do AR do procedimento chamado removendo o topo da pilha e armazenando valores nos locais apropriados. Quando o controle passa para o procedimento chamado, pode estender o AR parcialmente criado, incrementando o topo da pilha para criar espaço para dados locais. A sequência de pós-retorno pode então reiniciar o ponteiro do topo da pilha, realizando a desalocação inteira em uma única etapa.

Com ARs alocados em heap, pode não ser possível estender o AR do procedimento chamado de forma incremental. Nesta situação, o construtor de compiladores tem duas escolhas.

1. O compilador pode passar os valores que precisa armazenar no AR do procedimento chamado em registradores; a sequência de prólogo pode então alocar um AR de tamanho apropriado e armazenar os valores passados nele. Neste esquema, o construtor de compiladores reduz o número de valores que o chamador passa ao chamado, organizando-se para armazenar os valores de parâmetro no AR do chamador. O acesso a esses parâmetros usa a cópia do ARP do chamador que está armazenada no AR do procedimento chamado.

2. O construtor de compiladores pode dividir o AR em múltiplas partes distintas, uma para manter o parâmetro e as informações de controle geradas pelo chamador e as outras para manter o espaço necessário pelo procedimento chamado, mas desconhecido do chamador. O chamador não pode, em geral, saber o tamanho da área de dados local. O compilador pode armazenar esse número para cada procedimento chamado usando rótulos deformados; o chamador pode, então, carregar o valor e usá-lo. Alternativamente, o procedimento chamado pode alocar sua própria área de dados local e manter seu endereço de base em um registrador ou em um slot no AR criado pelo chamador.

ARS alocados em heap aumentam o custo de overhead de uma chamada de procedimento. O cuidado na implementação da sequência de chamada e do alocador pode reduzir esses custos.

Gerenciamento de displays e links de acesso

Qualquer mecanismo para gerenciar acesso não local exige algum trabalho na sequência de chamada. Usando um display, a sequência de prólogo atualiza o registro do display para o seu próprio nível e a sequência de epílogo o restaura. Se o procedimento nunca chama um procedimento mais profundamente aninhado, ele pode pular esta etapa. Usando links de acesso, a sequência de pré-chamada precisa localizar o primeiro link de acesso apropriado para o procedimento chamado. A quantidade de trabalho varia com a diferença no nível léxico entre o procedimento chamador e o chamado. Desde que o chamado seja conhecido em tempo de compilação, qualquer esquema é razoavelmente eficiente, mas, se for desconhecido (se for, por exemplo, um parâmetro com valor de função), o compilador pode precisar emitir código especial para realizar as etapas apropriadas.

> **REVISÃO DA SEÇÃO**
>
> A ligação de procedimentos une os procedimentos. A convenção de ligação é um contrato social entre o compilador, o sistema operacional e o hardware subjacente, que governa a transferência de controle entre procedimentos, a preservação do estado do chamador e a criação do estado do procedimento chamado, além das regras para passagem de valores entre eles.
>
> As ligações padrão de procedimentos nos permitem montar programas executáveis a partir de procedimentos que possuem diferentes autores, que são traduzidos em diferentes momentos e que são compilados com diferentes compiladores. As ligações de procedimentos permitem que cada um opere de forma segura e correta. As mesmas convenções permitem que o código da aplicação invoque chamadas de sistema e de biblioteca. Embora os detalhes da convenção de ligação variem de um sistema para outro, os conceitos básicos são semelhantes entre a maioria das combinações de máquina-alvo, sistema operacional e compilador.

> **QUESTÕES DE REVISÃO**
>
> 1. Que papel a convenção de ligação desempenha na construção de grandes programas? E de programas escritos em diferentes linguagens? Que fatos o compilador precisa saber a fim de gerar código para uma chamada em um programa escrito em diferentes linguagens?
> 2. Se o compilador sabe, em uma chamada de procedimento, que o procedimento chamado, por si só, não contém quaisquer chamadas de procedimento, que etapas ele poderia omitir da sequência de chamada? Existem campos no AR que o procedimento chamado nunca precisaria?

6.6 TÓPICOS AVANÇADOS

O compilador precisa organizar a alocação de espaço para manter as diversas estruturas de runtime discutidas na Seção 6.3. Para algumas linguagens, essas estruturas têm tempos de vida que não se encaixam bem na disciplina "primeiro a entrar, primeiro a sair" de uma pilha. Nesses casos, a implementação da linguagem aloca espaço no heap de runtime – região da memória separada para tais objetos gerenciada por rotinas de uma biblioteca de suporte de runtime. O compilador também precisa se organizar para o armazenamento de outros objetos que têm tempos de vida não relacionados ao fluxo de controle, como muitas listas em um programa Scheme ou muitos objetos em Java.

Vamos considerar uma interface simples para o heap, a saber, uma rotina `allocate(size)`, e uma rotina `free(address)`. A rotina `allocate` usa um argumento inteiro `size` e retorna o endereço de um bloco de espaço no heap que contém pelo menos `size` bytes. A rotina `free` toma o endereço de um bloco de espaço alocado anteriormente no heap e o retorna ao pool de espaço livre. As questões críticas que surgem no projeto de algoritmos para gerenciar o heap explicitamente são as velocidades de `allocate` e `free` e em que extensão o pool de espaço livre se torna fragmentado em pequenos blocos.

Esta seção esboça os algoritmos envolvidos na alocação e na reivindicação de espaço em um heap de runtime. A Seção 6.6.1 focaliza as técnicas para o gerenciamento explícito do heap, e descreve como implementar `free` para cada um dos esquemas. A Seção 6.6.2 examina a desalocação implícita – técnicas que evitam a necessidade de `free`.

6.6.1 Gerenciamento explícito de heap

A maioria das implementações de linguagens inclui um sistema de runtime que oferece funções de suporte para o código gerado pelo compilador. Este sistema normalmente inclui provisão para o gerenciamento de um heap em runtime. As rotinas reais que implementam o heap podem ser específicas da linguagem, como em um interpretador Scheme ou em uma máquina virtual Java, ou podem fazer parte do sistema operacional subjacente, como nas implementações POSIX de `malloc` e `free`.

Embora muitas técnicas tenham sido propostas para implementar `allocate` e `free`, a maioria compartilha estratégias e ideias comuns. Esta seção explora uma estratégia simples, *alocação de primeiro encaixe*, que expõe a maioria das questões, e, a seguir, mostra como este tipo de estratégia é usada para implementar um alocador moderno.

Alocação de primeiro encaixe

O objetivo de um alocador de primeiro encaixe é alocar e liberar espaço no heap rapidamente. O primeiro encaixe enfatiza mais a velocidade do que a utilização de memória. Cada bloco no heap tem um campo oculto que armazena seu tamanho. Em geral, o campo de tamanho está localizado na palavra anterior ao endereço retornado por `allocate`, como mostra a Figura 6.11a. Os blocos disponíveis para alocação residem em uma lista chamada *lista livre*. Além do campo de tamanho obrigatório, os blocos nesta lista possuem campos adicionais, como mostra a Figura 6.11b. Cada bloco livre tem um ponteiro para o próximo bloco na lista livre (definido como nulo no último bloco) e um ponteiro para o próprio bloco na última palavra do bloco. Para inicializar o heap, o alocador cria uma lista livre que contém um único bloco grande e não alocado.

Uma chamada `allocate(k)` causa a seguinte sequência de eventos: a rotina `allocate` percorre a lista livre até descobrir um bloco com tamanho maior ou igual a k mais uma palavra para o campo `size`. Suponha que ele encontre um bloco apropriado, b_i. Neste caso, remove-o da lista livre. Se b_i for maior que o necessário, `allocate` cria um novo bloco livre a partir do espaço em excesso no final de b_i e coloca esse bloco na lista livre. A rotina `allocate` retorna um ponteiro para a segunda palavra de b_i.

Se `allocate` não encontrar um bloco grande o suficiente, ele tenta estender o heap. Se tiver sucesso nesta extensão, retorna um bloco de tamanho apropriado a partir dessa parte recém-alocada do heap. Se a extensão do heap falhar, `allocate` relata a falha (normalmente retornando um ponteiro nulo).

Para desalocar um bloco, o programa chama `free` com o endereço do bloco, b_j. A implementação mais simples de `free` acrescenta b_j ao início da lista livre e retorna. Isto produz uma rotina `free` rápida. Infelizmente, isto leva a um alocador que, com o tempo, fragmenta a memória em pequenos blocos.

```
        ┌─────────────────────┐         ┌──────────────┐
        │ size                │         │ size │•│    •│
        └─────────────────────┘         └──────┼───────┘
                                               └→ next
              (a) Bloco Alocado                (b) Bloco Livre
```

■ **FIGURA 6.11** Blocos em um alocador de primeiro encaixe.

Para contornar esta falha, o alocador pode usar o ponteiro ao final de um bloco liberado para agrupar blocos livres adjacentes. A rotina `free` carrega a palavra que precede o campo de tamanho de b_j, que é o ponteiro de fim de bloco para o que precede imediatamente b_j na memória. Se essa palavra contiver um ponteiro válido, que aponte para um cabeçalho de bloco correspondente (um cujo endereço mais o campo de tamanho apontem para o início de b_j), então tanto b_j quanto seu predecessor estão livres. A rotina `free` pode combiná-los aumentando o campo de tamanho do predecessor e armazenando o ponteiro apropriado ao final de b_j. A combinação desses blocos permite que `free` evite a atualização da lista livre.

Para que este esquema funcione, `allocate` e `free` precisam manter os ponteiros de fim de bloco. Toda vez que `free` processa um bloco, deve atualizar esse ponteiro com o endereço do início do bloco. A rotina `allocate` precisa invalidar o ponteiro `next` ou o ponteiro de fim de bloco para impedir que `free` agrupe um bloco liberado com um alocado em que esses campos não foram sobrescritos.

A rotina `free` também pode tentar combinar b_j com seu sucessor na memória, b_k, usando o campo de tamanho de b_j para localizar o início de b_k. Ela pode usar o campo de tamanho de b_k e o ponteiro de fim de bloco para determinar se b_k está livre. Se estiver, então `free` pode combinar os dois blocos, removendo b_k da lista livre, acrescentando b_j à lista livre e atualizando o campo de tamanho de b_j e o ponteiro de fim de bloco de modo apropriado. Para tornar a atualização da lista livre eficiente, esta lista deve ser duplamente encadeada. Naturalmente, os ponteiros são armazenados em blocos não alocados, de modo que o overhead de espaço é irrelevante. O tempo extra exigido para atualizar a lista livre duplamente encadeada é mínimo.

ALOCAÇÃO BASEADA EM ARENA

Dentro do próprio compilador, o construtor de compiladores pode achar lucrativo usar um alocador especializado. Os compiladores têm atividades orientadas por fases, o que serve muito bem para um esquema de alocação baseado em arena (uma área projetada para acomodar um grande número de objetos).

Com um alocador baseado em arena, o programa cria uma arena no início de uma atividade. E a usa para manter objetos alocados que estão relacionados ao seu uso. As chamadas para alocar objetos na arena são satisfeitas em um padrão tipo pilha; uma alocação envolve incrementar um ponteiro para o marcador de máximo já alocado da arena e retornar um ponteiro para o bloco recém-alocado. Nenhuma chamada é usada para desalocar objetos individuais; estes são liberados quando a arena que os contém for desalocada.

O alocador baseado em arena é um meio-termo entre os alocadores tradicionais e os de coleta de lixo. Com este tipo de alocador, as chamada a `allocate` podem ser leves (como no alocador moderno). Nenhuma chamada de liberação é necessária; o programa libera a arena inteira em uma única chamada quando terminar a atividade para a qual a arena foi criada.

Conforme descrevemos, o esquema de agrupamento depende do fato de o relacionamento entre o ponteiro final e o campo de tamanho em um bloco livre estar ausente em um bloco alocado. Embora seja extremamente improvável que o alocador identifique um bloco alocado como livre, isto pode acontecer. Para evitar este evento improvável, o implementador pode tornar o ponteiro de fim de bloco um campo que exista nos blocos alocados e nos blocos livres. Na alocação, o ponteiro é definido para conter um endereço fora do heap, como zero. Na liberação, o ponteiro é definido como o endereço do próprio bloco. O custo desta certeza adicional é um campo extra em cada bloco alocado e um espaço de armazenamento extra para cada alocação.

Muitas variações da alocação de primeiro encaixe tem sido experimentadas. Elas negociam o custo de `allocate`, o custo de `free`, a quantidade de fragmentação produzida por uma longa série de alocações e a quantidade de espaço desperdiçada retornando blocos maiores do que o solicitado.

Alocadores de pools múltiplos

Alocadores modernos são derivados da alocação de primeiro encaixe, mas simplificados por algumas observações sobre o comportamento dos programas. À medida que os tamanhos de memória cresceram no início da década de 1980, tornou-se razoável desperdiçar algum espaço se isso levasse à alocação mais rápida. Ao mesmo tempo, os estudos de comportamento de programa sugeriram que programas reais frequentemente alocam memória em alguns tamanhos comuns, e com pouca frequência em tamanhos grandes ou incomuns.

Os alocadores modernos usam pools de memória separados para vários tamanhos comuns. Normalmente, tamanhos selecionados são potências de dois, começando com um pequeno tamanho de bloco (como 16 bytes) e aumentando até o de uma página da memória virtual (normalmente, 4096 ou 8192 bytes). Cada pool tem apenas um tamanho de bloco, de modo que `allocate` pode retornar o primeiro bloco na lista livre apropriada, e `free` simplesmente acrescentar o bloco ao início da lista livre apropriada. Para solicitações maiores do que uma página, um alocador do primeiro ajuste separado é utilizado. Alocadores baseados nessas ideias são rápidos, e funcionam particularmente bem para alocação em heap de registros de ativação.

Essas mudanças simplificam `allocate` e `free`. A rotina `allocate` precisa verificar uma lista livre vazia e acrescentar uma nova página à lista livre, se estiver vazia. A rotina `free` insere o bloco liberado no início da lista livre para o seu tamanho. Uma implementação cuidadosa poderia determinar o tamanho de um bloco liberado verificando seu endereço em relação aos segmentos de memória alocados para cada pool. Esquemas alternativos incluem o uso de um campo de tamanho como antes e, se o alocador colocar todo o armazenamento de uma página em um único pool, armazenar o tamanho dos blocos em uma página na primeira palavra da página.

Ajuda na depuração

Programas escritos com alocação e desalocação explícitas são notoriamente difíceis de depurar. Parece que os programadores têm dificuldade em decidir quando liberar os objetos alocados em heap. Se o alocador puder distinguir rapidamente entre um objeto alocado e um objeto livre, então o software de gerenciamento de heap pode fornecer ao programador alguma ajuda na depuração.

Por exemplo, para agrupar blocos livres adjacentes, o alocador precisa de um ponteiro do final de um bloco até o seu início. Se um bloco alocado tiver este ponteiro definido como um valor inválido, então a rotina de desalocação pode verificar esse campo e relatar um erro de execução quando o programa tentar desalocar um bloco livre ou um endereço ilegal – um ponteiro para qualquer ponto que não seja o início de um bloco alocado.

Por um modesto overhead adicional, o software de gerenciamento de heap pode oferecer ajuda adicional. Encadeando blocos alocados, o alocador pode criar um ambiente de ferramentas de depuração de alocação de memória. Uma ferramenta de estado de sistema (*snapshot*) pode percorrer a lista de blocos alocados. A marcação de blocos pelo local de chamada que os criou permite que a ferramenta exponha vazamentos de memória. Suas informações de tempo (*timestamping*) permitem que a ferramenta forneça ao programador informações detalhadas sobre o uso da memória. Ferramentas deste tipo podem oferecer uma ajuda valiosa na localização de blocos que nunca são desalocados.

6.6.2 Desalocação implícita

Coleta de lixo
Desalocação implícita de objetos que residem no heap de runtime.

Muitas linguagens de programação admitem a desalocação implícita de objetos de heap. A implementação desaloca objetos da memória automaticamente quando não estão mais em uso. Isto exige algum cuidado na implementação tanto do alocador como do código compilado. Para realizar a desalocação implícita, ou *coleta de lixo*, o compilador e o sistema de runtime devem incluir um mecanismo para determinar quando um objeto não é mais de interesse, ou está *morto*, e um mecanismo para reivindicar e reciclar o espaço morto.

O trabalho associado à coleta de lixo pode ser realizado de forma incremental, por instruções individuais, ou como uma tarefa em lote (*batch*), executada por demanda, quando o pool de espaço livre é esgotado. A contagem de referência é um modo clássico de realizar a coleta de lixo incremental. A coleta marcar-varrer é um método clássico de realizar a coleta orientada por lotes.

Contagem de referência

Esta técnica acrescenta um contador a cada objeto alocado no heap. O contador acompanha o número de ponteiros pendentes que se referem ao objeto. Quando o alocador cria o objeto, também define seu contador de referência. Cada atribuição a uma variável de ponteiro ajusta duas contagens de referência; decrementa a contagem de referência do valor de pré-atribuição do ponteiro e incrementa a contagem de referência do seu valor de pós-atribuição. Quando o contador de referência de um objeto cai para zero, não existe um ponteiro que possa alcançá-lo, de modo que o sistema pode seguramente liberá-lo. A liberação de um objeto pode, por sua vez, descartar ponteiros para outros objetos, o que deve decrementar seus contadores de referência. Assim, descartar o último ponteiro para uma árvore sintática abstrata deve liberar a árvore inteira. Quando o contador de referência do nó raiz cair para zero, o nó é liberado e os contadores de referência de seus descendentes são decrementados. Isto, por sua vez, deve liberar os descendentes, decrementando os contadores de seus filhos. Este processo continua até que a AST inteira tenha sido liberada.

A presença de ponteiros nos objetos alocados cria problemas para esquemas de contagem de referência, como a seguir:

1. O código em execução precisa de um mecanismo para distinguir ponteiros de outros dados. Ele pode armazenar informação extra no campo de cabeçalho para cada objeto ou limitar a faixa de ponteiros para menos de uma palavra inteira e usar os bits restantes para "etiquetar" o ponteiro. Os coletores em lote enfrentam o mesmo problema e utilizam as mesmas soluções.
2. A quantidade de trabalho realizado para um único decremento pode se tornar muito grande. Se as restrições externas exigirem tempos de desalocação limitados, o sistema de runtime pode adotar um protocolo mais complexo, que limita o número de objetos desalocados para cada atribuição de ponteiro. Mantendo uma fila de objetos que devem ser liberados e limitando o número tratado em cada ajuste de contagem de referência, o sistema pode distribuir o custo

de liberar objetos por um conjunto maior de operações, o que amortiza o custo de liberação pelo conjunto de todas as atribuições a objetos alocados em heap e limita o trabalho feito por atribuição.

3. O programa pode formar grafos cíclicos com ponteiros. As contagens de referência para uma estrutura de dados cíclica não podem ser decrementadas até zero. Quando o último ponteiro externo é descartado, o ciclo torna-se inalcançável e não reciclável. Para garantir que todos esses objetos sejam liberados, o programador precisa quebrar o ciclo antes de descartar o último ponteiro para o ciclo. (A alternativa, para realizar análise de alcançabilidade sobre os ponteiros em runtime, tornaria a contagem de referência proibidamente dispendiosa.) Muitas categorias de objetos alocados em heap, como strings de tamanho variável e registros de ativação, não podem ser envolvidos em tais ciclos.

Contagem de referência incorre em custo adicional a cada atribuição de ponteiro. A quantidade de trabalho feito para uma atribuição de ponteiro específica pode ser limitada; em qualquer esquema bem projetado, o custo total pode ser limitado a algum fator constante multiplicado pelo número de atribuições de ponteiro executadas mais o número de objetos alocados. Os proponentes da contagem de referência argumentam que esses overheads são muito pequenos, e que o padrão de reúso nos sistemas de contagem de referência produz boa localidade de programa. Os oponentes, por sua vez, argumentam que os programas reais realizam mais atribuições de ponteiro do que alocações, de modo que a coleta de lixo alcança funcionalidade equivalente com menos trabalho total.

Coletores em lote

Coletores em lote consideram a desalocação somente quando o pool de espaço livre tiver sido esgotado. Quando o alocador falha ao encontrar o espaço necessário, chama o coletor em lote, que interrompe a execução do programa, examina o pool de memória alocada para descobrir objetos não usados e reivindica seu espaço. Ao final do processo, o pool de espaço livre normalmente está não vazio. O alocador pode terminar sua tarefa original e retornar um novo objeto alocado ao chamador. (Assim como a contagem de referência, existem esquemas que realizam coleta de forma incremental para amortizar o custo sobre maiores períodos de execução.)

> Se o coletor não puder liberar qualquer espaço, então precisa solicitar espaço adicional do sistema. Se não houver algum disponível, a alocação falha.

Logicamente, os coletores em lote prosseguem em duas fases. A primeira descobre o conjunto de objetos que podem ser alcançados a partir de ponteiros armazenados em variáveis de programa e temporários gerados pelo compilador. O coletor assume, de forma conservadora, que qualquer objeto assim alcançável está vivo e que o restante está morto. A segunda fase desaloca e recicla objetos mortos. Duas técnicas comumente utilizadas são coletores *marcar-varrer* e coletores de *cópia*, que diferem na implementação da segunda fase da coleta – reciclagem.

Identificação de dados vivos

Alocadores de coleta descobrem objetos vivos usando um algoritmo de marcação. O coletor precisa de um bit para cada objeto no heap, chamado *bit de marcação*, que pode ser armazenado no cabeçalho do objeto, junto com informações de tag usadas para registrar locais de ponteiro ou tamanho de objeto. Como alternativa, o coletor pode criar um denso mapa de bits para o heap quando necessário. A etapa inicial apaga todos os bits de marcação e monta uma lista de trabalho que contém todos os ponteiros armazenados nos registradores e em variáveis acessíveis aos procedimentos atuais ou pendentes. A segunda fase do algoritmo caminha para a frente a partir desses ponteiros e marca cada objeto que é alcançável a partir desse conjunto de ponteiros visíveis.

```
Apagar todas as marcações
Worklist ← { valores de ponteiro dos registros de ativação e registradores }

while (Worklist?≠ ∅)
    remover p da Worklist
    if (p → objeto está desmarcado)
        marcar p → object
        acrescentar ponteiros de p → object para a Worklist
```

■ **FIGURA 6.12** Um algoritmo de marcação simples.

A Figura 6.12 apresenta um esboço de alto nível de um algoritmo de marcação. Ele é uma computação simples de ponto fixo que termina porque o heap é finito e as marcações impedem que um ponteiro contido no heap entre na `worklist` mais de uma vez. O custo da marcação é, na pior das hipóteses, proporcional ao número de ponteiros contidos nas variáveis de programa e temporários mais o tamanho do heap.

O algoritmo de marcação pode ser preciso ou conservador. A diferença está em como ele determina que um valor de dado específico é um ponteiro na linha final do laço `while`.

- Em um coletor preciso, o compilador e o sistema de runtime conhecem o tipo e o layout de cada objeto. Essa informação pode ser registrada nos cabeçalhos de objeto, ou ser conhecida implicitamente a partir do sistema de tipos. De qualquer forma, a fase de marcação segue apenas ponteiros reais.
- Em uma fase de marcação conservadora, o compilador e o sistema de runtime podem ser inseguros a respeito do tipo e do layout de alguns objetos. Assim, quando um objeto é marcado, o sistema considera cada campo que pode ser um possível ponteiro. Se seu valor puder ser um ponteiro, é tratado como um ponteiro. Qualquer valor que não represente um endereço alinhado em palavra pode ser excluído, assim como os valores que ficam fora dos limites conhecidos do heap.

Coletores conservadores têm limitações; falham ao reivindicar alguns objetos que um coletor preciso encontraria. Apesar disso, têm sido aperfeiçoados com sucesso em implementações para linguagens, como C, que normalmente não admitem coleta de lixo.

Quando o algoritmo de marcação termina, qualquer objeto não marcado deve ser inalcançável a partir do programa. Assim, a segunda fase do coletor pode tratar esse objeto como morto. Alguns objetos marcados como vivos também podem estar mortos. Porém, o coletor permite que sobrevivam, pois não pode provar que estão mortos. Quando a segunda fase percorre o heap para coletar o lixo, ela pode reiniciar os campos de marcação para "desmarcado". Isso permite que o coletor evite a travessia inicial do heap na fase de marcação.

Coletores marcar-varrer

Coletores marcar-varrer reivindicam e reciclam objetos fazendo uma passada linear sobre o heap. O coletor acrescenta cada objeto desmarcado à lista livre (ou uma delas), onde o alocador o encontrará e o reutilizará. Com uma única lista livre, a mesma coleção de técnicas usadas para agrupar blocos no alocador de primeiro encaixe se aplica. Se a compactação for desejável, pode ser implementada misturando objetos vivos de forma incremental durante a varredura, ou com um passo de compactação pós-varredura.

Coletores de cópia

Coletores de cópia dividem a memória em dois pools, um *antigo* e um *novo*. O alocador sempre opera a partir do pool antigo. O tipo mais simples de coletor de cópia é chamado *parar e copiar*. Quando uma alocação falha, um coletor do tipo parar-e-copiar copia todos os dados vivos do pool antigo para o novo e troca as identidades desses pools. O ato de copiar dados vivos os compacta; após a coleta, todo o espaço livre está em um único bloco contíguo. A coleta pode ser feita em dois passos, como marcar-varrer, ou ser feita de modo incremental, à medida que dados vivos são descobertos. Um esquema incremental pode marcar objetos no pool antigo, enquanto os copia para evitar copiar o mesmo objeto várias vezes.

Uma família importante de coletores de cópia são os *coletores de geração*. Estes aproveitam a observação de que um objeto que sobrevive a uma coleta é mais provável de sobreviver a coletas subsequentes. Para aproveitar esta observação, coletores de geração reparticionam periodicamente seu pool "novo" em um "novo" e um "antigo". Deste modo, coletas sucessivas examinam apenas objetos recém-alocados. Os esquemas de geração variam na frequência com que declaram uma nova geração, congelando os objetos sobreviventes e isentando-os da próxima coleta, e se eles periodicamente reexaminam as gerações mais antigas ou não.

Comparação de técnicas

A coleta de lixo libera o programador de ter que se preocupar em liberar memória e rastrear os vazamentos de armazenamento inevitáveis, que resultam da tentativa de gerenciar alocação e desalocação explicitamente. Os esquemas individuais têm seus pontos fortes e fracos. Na prática, os benefícios da desalocação implícita superam as desvantagens de qualquer esquema para a maioria das aplicações.

A contagem de referência distribui o custo da desalocação mais uniformemente pela execução do programa do que a coleta em lote. Porém, aumenta o custo de cada atribuição que envolve um valor alocado em heap – mesmo que o programa nunca esgote o espaço livre. Ao contrário, os coletores em lote não incorrem em custo até que o alocador falhe ao encontrar o espaço necessário. Neste ponto, porém, o programa incorre no custo total da coleta. Assim, qualquer alocação pode provocar uma coleta.

Os coletores marcar-varrer examinam o heap inteiro, enquanto os de cópia só examinam os dados vivos. Coletores de cópia, na realidade, movem cada objeto vivo, enquanto os coletores marcar-varrer os deixam no lugar. O compromisso entre esses custos variará com o comportamento da aplicação e com os custos reais de diversas referências de memória.

As implementações de contagem de referência e os coletores em lote conservadores têm problemas para reconhecer estruturas cíclicas, pois não conseguem distinguir entre referências de dentro do ciclo e as de fora. Os coletores marcar-varrer começam de um conjunto externo de ponteiros, de modo que descobrem que uma estrutura cíclica morta é inalcançável. Os coletores de cópia, começando pelo mesmo conjunto de ponteiros, simplesmente não conseguem copiar os objetos envolvidos no ciclo.

Os coletores de cópia compactam a memória como uma parte natural do processo. O coletor pode atualizar todos os ponteiros armazenados, ou exigir o uso de uma tabela de indireção para cada acesso a objeto. Um coletor marcar-varrer preciso também pode compactar a memória, movendo objetos de um extremo da memória para o espaço livre no outro extremo. Novamente, o coletor pode reescrever os ponteiros existentes ou exigir o uso de uma tabela de indireção.

Em geral, um bom implementador pode fazer que tanto marcar-varrer quanto de cópia funcionem bem o suficiente para que sejam aceitáveis para a maioria das aplicações.

Em aplicações que não podem tolerar um overhead imprevisível, como controladores em tempo real, o sistema de runtime deve incrementar o processo, como é feito pelo esquema de contagem de referência amortizado. Esses coletores são denominados *coletores de tempo real*.

6.7 RESUMO E PERSPECTIVA

A razão principal para ir além da linguagem assembly é oferecer um modelo de programação mais abstrato, e, assim, elevar a produtividade do programador e a inteligibilidade dos programas. Cada abstração que uma linguagem de programação admite precisa de uma tradução para o conjunto de instruções da máquina-alvo. Este capítulo explorou as técnicas comumente utilizadas para traduzir algumas dessas abstrações.

A programação procedimental foi inventada cedo na história da programação. Alguns dos primeiros procedimentos foram rotinas de depuração escritas para os primeiros computadores; a disponibilidade dessas rotinas previamente escritas permitiu que os programadores entendessem o estado de runtime de um programa com erro. Sem tais rotinas, as tarefas que agora aceitamos sem questionar, como examinar o conteúdo de uma variável ou solicitar o rastreamento de uma pilha de chamadas, exigiam que o programador entrasse com longas sequências de linguagem de máquina sem erro.

A introdução do escopo léxico em linguagens como Algol 60 influenciou o projeto de linguagens durante décadas. A maioria das linguagens de programação modernas aproveita parte da filosofia do Algol na nomeação e na endereçabilidade. Técnicas desenvolvidas para dar suporte ao escopo léxico, como links de acesso e displays, reduziram o custo de runtime dessa abstração. Essas técnicas ainda são usadas hoje.

As linguagens orientadas a objeto tomam os conceitos de escopo das ALLs e os reorientam de maneiras direcionadas a dados. O compilador para uma linguagem orientada a objeto utiliza estruturas em tempo de compilação e em tempo de execução inventadas para o escopo léxico a fim de implementar a disciplina de nomeação imposta pela hierarquia de herança de um programa específico.

As linguagens modernas acrescentaram alguns novos caprichos. Transformando procedimentos em objetos de primeira classe, linguagens como Scheme criaram novos paradigmas de fluxo de controle, que exigem variações nas técnicas de implementação tradicionais – por exemplo, alocação de registros de ativação em heap. De modo semelhante, a aceitação cada vez maior da desalocação implícita exige ocasionalmente tratamento conservador de um ponteiro. Se o compilador puder exercer um pouco mais de cuidado e liberar o programador de sequer desalocar o armazenamento novamente, isto parece ser uma boa escolha. (Gerações de experiências sugerem que os programadores não são eficazes na liberação de todo o armazenamento que alocam. Eles também liberam objetos aos quais retêm ponteiros.)

À medida que surgem novos paradigmas de programação, serão introduzidas novas abstrações que exigem pensamento e implementação cuidadosos. Estudando as técnicas bem-sucedidas do passado e entendendo as restrições e os custos envolvidos nas implementações reais, os construtores de compilador desenvolverão estratégias que diminuem a penalidade de runtime de usar níveis mais altos de abstração.

NOTAS DO CAPÍTULO

Grande parte do material neste capítulo vem da experiência acumulada pela comunidade de construção de compiladores. A melhor maneira de aprender mais sobre as estruturas de espaço de nomes de diversas linguagens é consultar as próprias definições da linguagem. Esses documentos são uma parte necessária da biblioteca de um construtor de compiladores.

Os procedimentos apareceram nas linguagens de alto nível mais antigas – ou seja, linguagens que eram mais abstratas do que a linguagem assembly. FORTRAN [27] e Algol 60 [273] tinham procedimentos com a maior parte dos recursos encontrados nas linguagens modernas. As linguagens orientadas a objeto apareceram no final da década de 1960 com SIMULA 67 [278], seguida por Smalltalk 72 [233].

O escopo léxico foi introduzido em Algol 60, e persiste até os dias atuais. Os primeiros compiladores Algol introduziram a maior parte dos mecanismos de suporte descritos neste capítulo, incluindo registros de ativação, links de acesso e técnicas de passagem de parâmetros. Grande parte do material das Seções 6.3 a 6.5 estava presente nesses primeiros sistemas [293]. As otimizações apareceram rapidamente, como armazenamento para um escopo de bloco no registro de ativação do procedimento que o contém. As convenções de ligação do IBM 370 reconheceram a diferença entre os procedimentos folha e outros; elas evitavam alocar uma área de salvamento de registrador para rotinas folha. Murtagh usou uma técnica mais completa e sistemática para agrupar registros de ativação [272].

A referência clássica sobre esquemas de alocação de memória é o livro *Art of Computer Programming* [231, § 2.5], de Knuth. Os modernos alocadores de múltiplos *pools* apareceram no início da década de 1980. A contagem de referência data do início da década de 1960, e tem sido usada em muitos sistemas [95, 125]. Cohen e mais tarde Wilson, fornecem amplos estudos da literatura sobre coleta de lixo [92, 350]. Coletores conservadores foram introduzidos por Boehm e Weiser [44, 46, 120]. Coletores de cópia apareceram em resposta aos sistemas de memória virtual [79, 144]; e levaram, de modo um tanto natural, aos coletores de geração muito utilizados hoje [247, 337]. Hanson introduziu a noção de alocação baseada em arena [179].

EXERCÍCIOS

Seção 6.2

1. Mostre a árvore de chamadas e o histórico de execução para o seguinte programa em C:

```
int Sub(int i, int j) {
    return i - j;
}
int Mul(int i, int j) {
    return i * j;
}
int Delta(int a, int b, int c) {
    return Sub(Mul(b,b), Mul(Mul(4,a),c));
}
void main() {
    int a, b, c, delta;
    scanf("%d %d %d", &a, &b, &c);
    delta = Delta(a, b, c);
    if (delta == 0)
        puts("Two equal roots");
    else if (delta > 0)
        puts("Two different roots");
    else
        puts("No root");
}
```

2. Mostre a árvore de chamadas e o histórico de execução para o seguinte programa em C:

```c
void Output(int n, int x) {
   printf("The value of %d! is %s.nn", n, x);
}
int Fat(int n) {
   int x;
     if (n > 1)
    x = n * Fat(n - 1);
   else
     x = 1;
   Output(n, x);
   return x;
}
void main() {
   Fat(4);
}
```

Seção 6.3

3. Considere o seguinte programa em Pascal, no qual aparecem apenas chamadas de procedimento e declarações de variáveis:

```
1   program Main(input, output);
2     var a, b, c : integer;
3     procedure P4; forward;
4     procedure P1;
5       procedure P2;
6         begin
7         end;
8       var b, d, f : integer;
9       procedure P3;
10        var a, b : integer;
11        begin
12          P2;
13        end;
14      begin
15        P2;
16        P4;
17        P3;
18      end;
19    var d, e : integer;
20    procedure P4;
21      var a, c, g : integer;
22      procedure P5;
23        var c, d : integer;
24        begin
25          P1;
26        end;
27      var d : integer;
28      begin
29        P1;
30        P5;
31      end;
32    begin
33      P1;
34      P4;
35    end.
```

a. Construa uma tabela de coordenadas estáticas, semelhante à da Figura 6.3.
b. Construa um grafo para mostrar os relacionamentos de aninhamento no programa.
c. Construa um grafo para mostrar os relacionamentos de chamada no programa.

4. Algumas linguagens de programação permitem que o programador use funções na inicialização de variáveis locais, mas não na inicialização de variáveis globais.
   a. Existe uma razão de implementação para explicar essa aparentemente peculiaridade da definição da linguagem?
   b. Que mecanismos seriam necessários para permitir a inicialização de uma variável global com o resultado de uma chamada de função?

5. O construtor de compiladores pode otimizar a alocação de ARs de várias maneiras. Por exemplo, o compilador poderia:
   a. Alocar ARs para os procedimentos folha estaticamente.
   b. Combinar os ARs para procedimentos que sempre são chamados juntos. (Quando α é chamado, sempre chama β.)
   c. Usar um alocador no estilo arena no lugar da alocação em heap dos ARs.
   Para cada esquema, considere as seguintes questões:
   a. Que fração das chamadas poderia se beneficiar? Na melhor das hipóteses? Na pior?
   b. Qual é o impacto sobre a utilização de espaço em tempo de execução?

6. Desenhe as estruturas que o compilador precisaria criar para dar suporte a um objeto do tipo Dumbo, definido da seguinte forma:

```
class Elephant {
    private int Length;
    private int Weight;
    static int type;

    public int GetLen();
    public int GetTyp();
}

class Dumbo extends Elephant {
    private int EarSize;
    private boolean Fly;

    public boolean CanFly();
}
```

7. Em uma linguagem de programação com estrutura de classes aberta, o número de chamadas de método que precisam de resolução de nomes em tempo de execução, ou despacho dinâmico, pode ser muito grande. Uma cache de métodos, conforme descrito na Seção 6.3.4, pode reduzir o custo de runtime dessa pesquisa realizando um curto-circuito delas. Como uma alternativa para uma cache de métodos global, a implementação poderia manter uma cache de métodos de entrada única em cada local de chamada – uma cache de métodos em linha que registra o endereço do método despachado mais recentemente a partir desse local, junto com sua classe.
Desenvolva o pseudocódigo para usar e manter essa cache de método em linha. Explique a inicialização das caches de métodos em linha e quaisquer modificações na rotina de pesquisa de método geral exigidas para dar suporte às caches de método em linha.

```
 1  procedure main;
 2    var a : array[1...3] of int;
 3        i : int;
 4    procedure p2(e : int);
 5      begin
 6        e := e + 3;
 7        a[i] := 5;
 8        i := 2;
 9        e := e + 4;
10      end;
11    begin
12      a := [1, 10, 77];
13      i := 1;
14      p2(a[i]);
15      for i := 1 to 3 do
16        print(a[i]);
17    end.
```

■ **FIGURA 6.13** Programa para o Problema 8.

Seção 6.4

8. Considere o programa escrito em pseudocódigo tipo Pascal mostrado na Figura 6.13. Simule sua execução sob as regras de vinculação de parâmetros de chamada por valor, chamada por referência, chamada por nome e chamada por valor-resultado. Mostre os resultados das instruções print em cada caso.

9. A possibilidade de que duas variáveis distintas se refiram ao mesmo objeto (área de memória) é considerada indesejável em linguagens de programação. Considere o seguinte procedimento em Pascal, com os parâmetros passados por referência:

```
procedure mystery(var x, y : integer);
  begin
    x := x + y;
    y := x - y;
    x := x - y;
  end;
```

Se não houver overflow ou underflow durante as operações aritméticas:
   a. Que resultado mystery produz quando é chamado com duas variáveis distintas, a e b?
   b. Qual seria o resultado esperado se mystery fosse chamado com uma única variável a passada aos dois parâmetros? Qual é o resultado real neste caso?

Seção 6.5

10. Considere o programa em Pascal mostrado na Figura 6.14a. Suponha que a implementação use ARs conforme mostra a Figura 6.14b. (Alguns campos foram omitidos por simplicidade.) A pilha de implementação aloca os ARs, com a pilha crescendo para o topo da página. O ARP é o único ponteiro para o AR, de modo que os links de acesso são valores anteriores do ARP. Finalmente, a Figura 6.14c mostra o AR inicial para uma computação. Para o programa de exemplo da Figura 6.14a, desenhe o conjunto de seus ARs imediatamente antes do retorno da função F1. Inclua todas as entradas nos ARs. Use números de linha para os endereços de retorno. Desenhe arcos direcionados para os links de acesso. Rotule os valores das variáveis locais e dos parâmetros. Rotule cada AR com seu nome de procedimento.

```
1    program main(input, output);
2      procedure P1( function g(b: integer): integer);
3        var a: integer;
4        begin
5          a := 3;
6          writeln(g(2))
7        end;
8      procedure P2;
9        var a: integer;
10       function F1(b: integer): integer;
11         begin
12           F1 := a + b
13         end;
14       procedure P3;
15         var a: integer;
16         begin
17           a := 7;
18           P1(F1)
19         end;
20       begin
21         a := 0;
22         P3
23       end;
24     begin
25       P2
26     end.
```

(a) Exemplo de programa Pascal

	Variáveis locais
	Link de acesso
ARP →	Endereço de retorno
	Argumento 1
	...
	Argumento n

(b) Estrutura de registro de ativação

ARP →	Link de acesso(0)
	Endereço de retorno(0)

(b) Registro de ativação inicial

■ **FIGURA 6.14** Programa para o Problema 10.

11. Suponha que o compilador seja capaz de analisar o código para determinar fatos como "deste ponto em diante, a variável v não é usada novamente neste procedimento" ou "a variável v tem seu próximo uso na linha 11 deste procedimento", e que compilador mantém todas as variáveis locais em registradores para os três procedimentos a seguir:

```
procedure main
    integer a, b, c
    b = a + c;
    c = f1(a,b);
    call print(c);
    end;
procedure f1(integer x, y)
    integer v;
    v = x * y;
    call print(v);
    call f2(v);
    return -x;
    end;
procedure f2(integer q)
    integer k, r;
    ...
    k = q / r;
    end;
```

a. A variável x no procedimento f1 está viva durante as duas chamadas de procedimento. Para a execução mais rápida do código compilado, o compilador deve mantê-la em um registrador salvo pelo chamador ou em um registrador salvo pelo chamado? Justifique sua resposta.

b. Considere as variáveis a e c no procedimento main. O compilador deverá mantê-las em registradores salvos pelo chamador ou pelo chamado, novamente supondo que o compilador está tentando maximizar a velocidade do código compilado? Justifique sua resposta.

12. Considere o seguinte programa Pascal. Suponha que os ARs sigam o mesmo layout que no Exercício 10, com a mesma condição inicial, *exceto* que a implementação usa um display global ao invés de links de acesso.

```
1   program main(input, output);
2     var x : integer;
3         a : float;
4     procedure p1();
5       var g:character;
6       begin
7         ...
8       end;
9     procedure p2();
10      var h:character;
11      procedure p3();
12        var h,i:integer;
13        begin
14          p1();
15        end;
16      begin
17        p3();
18      end;
19    begin
20      p2();
21    end.
```

Desenhe o conjunto de ARs que estão na pilha de runtime quando o programa alcança a linha 7 no procedimento p1.

Capítulo 7

Forma de código

VISÃO GERAL DO CAPÍTULO

Para traduzir um programa de aplicação, o compilador deve mapear cada instrução da linguagem fonte para uma sequência de uma ou mais operações no conjunto de instruções da máquina-alvo. E precisa escolher entre muitas formas alternativas de implementar cada construção. Essas escolhas têm um impacto forte e direto sobre a qualidade do código que o compilador eventualmente produz.

Este capítulo explora algumas das estratégias de implementação que o compilador pode empregar para uma série de construções comuns da linguagens de programação.

Palavras-chave: Geração de código, Estruturas de controle, Avaliação de expressão

7.1 INTRODUÇÃO

Quando o compilador traduz o código da aplicação para a forma executável, enfrenta inúmeras escolhas sobre detalhes específicos, como a organização da computação e a localização dos dados. Essas decisões normalmente afetam o desempenho do código resultante, e são orientadas por informações que o compilador obtém no decorrer da tradução. Quando a informação é descoberta em um passo e usada em outro, o compilador precisa registrá-la para seu próprio uso posterior.

Com frequência, os compiladores codificam fatos na forma IR (*Intermediate Representation*) do programa — fatos que são difíceis de obter novamente, a menos que estejam codificados. Por exemplo, o compilador poderia gerar a IR de modo que cada variável escalar que pode residir seguramente em um registrador seja armazenada em um registrador virtual. Neste esquema, a tarefa do alocador de registradores é decidir quais registradores virtuais deve rebaixar para a memória. A alternativa, gerar a IR com variáveis escalares armazenadas na memória e fazer com que o alocador as promova para registradores, exige uma análise muito mais complexa. Codificar o conhecimento no espaço de nomes da IR desta maneira simplifica os últimos passos e melhora a eficácia e a eficiência do compilador.

Roteiro conceitual

A tradução das construções do código fonte para operações na máquina alvo é um dos atos fundamentais da compilação. O compilador precisa produzir código-alvo para cada construção da linguagem-fonte. Muitas das mesmas questões surgem ao gerar a IR no front end do compilador e ao gerar código assembly para um processador real em seu back end. O processador-alvo pode, devido a recursos finitos e características peculiares, apresentar um problema mais difícil, mas os princípios são os mesmos.

Este capítulo focaliza as formas de implementar diversas construções da linguagem-fonte. Em muitos casos, detalhes específicos da implementação afetam a capacidade do compilador de analisar e melhorar o código nos últimos passos. O conceito de "forma de código" encapsula todas as decisões, grandes e pequenas, que o construtor de compiladores faz sobre como representar a computação tanto na IR como no código assembly. Uma atenção cuidadosa à forma do código pode simplificar a tarefa de analisar e melhorar o código, além de melhorar a qualidade do código final que o compilador produz.

Visão geral

Em geral, o construtor de compiladores deve se concentrar em modelar o código de modo que os diversos passos no compilador possam ser combinados para produzir código de qualidade. Na prática, um compilador pode implementar a maioria das construções da linguagem-fonte de muitas maneiras em um determinado processador. Essas variações usam diferentes operações e diferentes abordagens. Algumas dessas implementações são mais rápidas que outras; outras usam menos memória; algumas, menos registradores; outras, ainda, podem consumir menos energia durante a execução. Consideramos essas diferenças como questões de forma de código.

Forma de código tem forte impacto sobre o comportamento do código compilado e sobre a capacidade do otimizador e do back end de melhorá-lo. Considere, por exemplo, o modo como um compilador C poderia implementar um comando `switch` que desviasse com base em um valor de caractere de único byte. Ele poderia usar uma série em cascata de comandos `if-then-else` para implementar o comando `switch`. Dependendo do layout dos testes, isto poderia produzir resultados diferentes. Se o primeiro teste for para zero, o segundo para um, e assim por diante, então esta técnica regride para a busca linear sobre um campo de 256 chaves. Se os caracteres forem distribuídos uniformemente, as buscas de caractere exigirão uma média de 128 testes e desvios por caractere — um modo dispendioso de implementar um comando case. Se, ao invés, os testes realizarem uma pesquisa binária, o caso médio envolveria oito testes e desvios, um número mais aceitável. Para comprometer espaço de dados em função da velocidade, o compilador pode construir uma tabela de 256 rótulos e interpretar o caractere carregando a entrada de tabela correspondente e saltando para ela — com um overhead constante por caractere.

Todas essas são implementações legais do comando `switch`. Decidir qual faz sentido para um determinado comando `switch` depende de muitos fatores. Em particular, o número de casos e suas frequências relativas de execução são importantes, assim como o conhecimento detalhado da estrutura de custo para os desvios no processador. Mesmo quando o compilador não pode determinar a informação de que precisa para fazer a melhor escolha, ainda assim precisa fazer uma escolha. As diferenças entre as implementações possíveis e a escolha do compilador são questões de forma de código.

Como outro exemplo, considere a expressão simples x+y+z, onde x, y e z são inteiros. A Figura 7.1 mostra várias maneiras de implementá-la. Na forma de código-fonte, podemos pensar na operação como uma adição ternária, mostrada à esquerda. Porém, o mapeamento dessa operação idealizada em uma sequência de adições binárias expõe

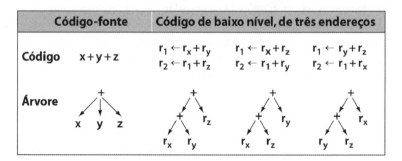

■ **FIGURA 7.1** Formas de código alternativas x+y+z.

o impacto da ordem de avaliação. As três versões à direita da Figura 7.1 mostram três ordens de avaliação possíveis, tanto como código de três endereços quanto como árvores sintáticas abstratas. (Consideramos que cada variável está em um registrador de nome apropriado e que a linguagem fonte não especifica a ordem de avaliação para tal expressão.) Como a adição de inteiros é comutativa e associativa, todas as ordens são equivalentes; o compilador precisa escolher uma para implementar.

A associatividade à esquerda produziria a primeira árvore binária, que parece "natural", porque a associatividade à esquerda corresponde ao nosso estilo de leitura da esquerda para a direita. Considere o que acontece se substituirmos y pela constante literal 2 e z por 3. Naturalmente, x+2+3 é equivalente a x+5. O compilador deve detectar o cálculo de 2+3, avaliá-lo e usar o resultado diretamente no código. Porém, na forma associativa à esquerda, nunca ocorre. A ordem x+z+y também a oculta. A versão associativa à direita expõe a oportunidade para melhoria. Para cada árvore em perspectiva, entretanto, existe uma atribuição de variáveis e constantes a x, y e z que não expõe a expressão constante para otimização.

Assim como o comando switch, o compilador não pode escolher a melhor forma para essa expressão sem entender o contexto em que ela aparece. Se, por exemplo, a expressão x+y tiver sido calculada recentemente e nenhum dos valores de x nem de y tiver mudado, então o uso da forma mais à esquerda permitiria que o compilador substituísse a primeira operação, $r_1 \leftarrow r_x + r_y$, por uma referência ao valor calculado anteriormente. Em geral, a melhor ordem de avaliação depende do contexto do código ao redor.

Este capítulo explora as questões de forma de código que surgem na implementação de muitas construções comuns de linguagem-fonte. Focaliza o código que deve ser gerado para construções específicas, ignorando em grande parte os algoritmos exigidos para escolher instruções específicas de linguagem assembly. As questões de seleção de instrução, alocação de registrador e escalonamento de instrução são tratadas separadamente, em outros capítulos.

7.2 ATRIBUIÇÃO DE LOCAIS DE ARMAZENAMENTO

Como parte da tradução, o compilador precisa atribuir um local de armazenamento para cada valor produzido pelo código, e entender o tipo do valor, seu tamanho, sua visibilidade e seu tempo de vida. Precisa, ainda, levar em conta o layout da memória em tempo de execução, quaisquer restrições da linguagem fonte sobre o layout das áreas e estruturas de dados, e quaisquer restrições do processador-alvo sobre o posicionamento ou uso dos dados. O compilador resolve essas questões definindo e seguindo um conjunto de convenções.

Um procedimento típico calcula muitos valores. Alguns deles, como variáveis em uma linguagem como Algol, têm nomes explícitos no código-fonte. Outros valores têm nomes implícitos, como o valor i−3 na expressão A[i−3, j+2].

- O tempo de vida de um valor nomeado é definido por regras da linguagem-fonte e o uso real no código. Por exemplo, o valor de uma variável estática precisa ser preservado por várias chamadas de seu procedimento de definição, enquanto uma variável local do mesmo procedimento só é necessária a partir de sua primeira definição até seu último uso em cada chamada.
- Ao contrário, o compilador tem mais liberdade no modo como trata valores não nomeados, como i−3. E precisa tratar deles de formas coerentes com o significado do programa, mas tem grande liberdade em determinar onde esses valores residem e por quanto tempo retê-los.

As opções de compilação podem, ainda, afetar o posicionamento; por exemplo, o código compilado, para funcionar com um depurador, deve preservar todos os valores que o depurador pode nomear — normalmente, variáveis nomeadas.

O compilador também precisa decidir, para cada valor, se deverá mantê-lo em um registrador ou na memória. Em geral, os compiladores adotam um "modelo de memória" — um conjunto de regras para guiá-lo na escolha de locais para valores. Duas políticas comuns são os modelos de memória-para-memória e de registrador-para-registrador. A escolha entre eles tem impacto importante sobre o código que o compilador produz.

Com o modelo de memória-para-memória, o compilador assume que todos os valores residem na memória. Valores são carregados em registradores conforme a necessidade, mas o código os armazena de volta para a memória após cada definição. Neste modelo, a IR normalmente usa nomes de *registrador físico*. O compilador garante que, a cada instrução, a demanda por registradores não excede a quantidade existente.

Registrador físico
Registrador nomeado na ISA de destino.

Registrador virtual
Nome simbólico usado na IR no lugar do nome de um registrador físico.

No modelo registrador-para-registrador, o compilador assume que tem registradores suficientes para expressar o cálculo. Ele inventa um nome distinto, um *registrador virtual*, para cada valor que pode residir legalmente em um registrador. O código compilado armazenará o valor de um registrador virtual na memória somente quando for absolutamente necessário, como quando é passado como parâmetro ou valor de retorno, ou quando o alocador de registradores o colocar para fora.

A escolha do modelo de memória também afeta a estrutura do compilador. Por exemplo, em um modelo de memória-para-memória, o alocador de registradores é uma otimização que melhora o código. Já em um modelo de registrador-para-registrador, o alocador de registradores é uma fase obrigatória que reduz a demanda por registradores e mapeia os nomes de registradores virtuais para nomes de registradores físicos.

7.2.1 Posicionamento de estruturas de dados em tempo de execução

Para realizar a atribuição de espaço de armazenamento, o compilador precisa entender as convenções no nível de sistema sobre alocação e uso de memória. O compilador, o sistema operacional e o processador cooperam para garantir que vários programas possam ser executados com segurança em uma base intercalada (fatiada no tempo). Assim, muitas das decisões sobre como dispor, manipular e gerenciar o espaço de endereços de um programa estão fora do alcance do construtor de compiladores. Porém, as decisões têm forte impacto sobre o código que o compilador gera. Assim, o construtor de compiladores precisa ter grande conhecimento dessas questões.

O compilador pode criar áreas de dados estáticas adicionais para manter valores constantes, tabelas de salto, e informações de depuração.

A Figura 7.2 mostra um layout típico para o espaço de endereços utilizado por um único programa compilado. O layout posiciona regiões de tamanho fixo de código e dados no

Baixo 2^n

| Código | Estático | Heap | → Memória livre ← | Pilha |

■ **FIGURA 7.2** Layout lógico do espaço de endereços.

extremo inferior do espaço de endereços. O código situa-se na parte inferior do espaço de endereços; a região adjacente, rotulada *Estático*, mantém as áreas de dados estática e global, juntamente com qualquer dado de tamanho fixo criado pelo compilador. A região acima dessas áreas de dados estáticas é dedicada às áreas de dados que se expandem e se contraem. Se o compilador puder alocar ARs em pilha, precisará de uma pilha de runtime. Na maioria das linguagens, também precisará de um heap para as estruturas de dados alocadas dinamicamente. Para permitir utilização eficiente de espaço, o heap e a pilha devem ser colocadas em extremos opostos do espaço aberto e crescer um em direção ao outro. Na figura, o heap cresce para endereços mais altos, enquanto a pilha, para os mais baixos. O arranjo oposto funciona igualmente bem.

Do ponto de vista do compilador, este espaço de endereços lógico é a imagem completa. Porém, os modernos sistemas de computação normalmente executam muitos programas em um padrão intercalado. O sistema operacional mapeia vários espaços de endereço lógicos no único espaço de endereços físico admitido pelo processador. A Figura 7.3 mostra esta imagem maior. Cada programa é isolado em seu próprio espaço de endereços lógico; cada um pode se comportar como se tivesse sua própria máquina.

Um único espaço de endereços lógico pode ocupar páginas disjuntas no espaço de endereços físico; assim, os endereços 100.000 e 200.000 no espaço de endereços lógico do programa não precisam estar 100.000 bytes afastados na memória física. De fato, o endereço físico associado ao endereço lógico 100.00 pode ser maior que o endereço físico associado ao endereço lógico 200.000. O mapeamento de endereços lógicos para endereços físicos é mantido de forma cooperativa pelo hardware e pelo sistema operacional. Isto está, em quase todos os aspectos, fora do alcance do compilador.

Página
Unidade de alocação em um espaço de endereço virtual.
O sistema operacional mapeia páginas virtuais em frames de página física.

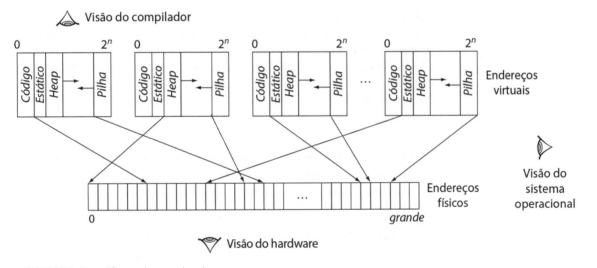

■ **FIGURA 7.3** Visões diferentes do espaço de endereços.

7.2.2 Layout para área de dados

Por conveniência, o compilador agrupa o armazenamento para valores com os mesmos tempos de vida e visibilidade; e cria áreas de dados distintas para eles. O posicionamento dessas áreas de dados depende das regras de linguagem sobre tempos de vida e visibilidade de valores. Por exemplo, o compilador pode posicionar o armazenamento automático de procedimento local dentro do registro de ativação do procedimento, exatamente porque os tempos de vida dessas variáveis correspondem ao do AR. Em contraste, precisa posicionar o armazenamento estático ao procedimento local onde existirá durante as chamadas — na região "estática" da memória. A Figura 7.4 mostra um conjunto típico de regras para atribuir uma variável a uma área de dados específica. As linguagens orientadas a objeto seguem regras diferentes, mas os problemas não são mais complexos.

```
if x é declarado localmente no procedimento p, e
    seu valor não é preservado entre chamadas distintas de p
        then atribuir ao espaço de armazenamento local ao procedimento
    if seu valor é preservado entre as chamadas de p
        then atribuir ao espaço de armazenamento estático local ao procedimento
if x é declarado como globalmente visível
    then atribuir ao espaço de armazenamento global
if x é alocado sob controle do programa
    then atribuir ao heap de runtime
```

■ **FIGURA 7.4** Atribuição de nomes a áreas de dados.

> Para estabelecer o endereço de uma área de dados estática ou global, o compilador normalmente carrega um rótulo relocável de linguagem assembly.

O posicionamento de variáveis automáticas locais no AR leva a um acesso eficiente. Como o código já precisa do ARP em um registrador, pode usar deslocamentos relativos ao ARP para acessar esses valores, com operações como `loadAI` ou `loadAO`. O acesso frequente ao AR provavelmente o manterá na cache de dados. O compilador posiciona variáveis com tempos de vida estáticos ou visibilidade global para as áreas de dados na região "estática" da memória. O acesso a esses valores exige um pouco mais de trabalho em tempo de execução; o compilador precisa garantir que terá um endereço para a área de dados em um registrador.

Valores armazenados no heap têm tempos de vida que o compilador não pode prever com facilidade. Um valor pode ser colocado no heap por dois mecanismos distintos. O programador pode alocar armazenamento explicitamente a partir do heap; o compilador não deve modificar esta decisão. O compilador pode colocar um valor no heap quando detectar que o valor poderia sobreviver ao procedimento que o criou. De qualquer forma, um valor no heap é representado por um endereço completo, ao invés de um deslocamento a partir de algum endereço de base.

UMA CARTILHA SOBRE MEMÓRIAS CACHE

Uma forma pela qual os arquitetos tentam preencher a lacuna entre velocidade de processador e velocidade de memória é por meio do uso de *memórias cache*. Uma cache é uma memória pequena e rápida, colocada entre o processador e a memória principal. É dividida em uma série de *frames* de mesmo tamanho. Cada um tem um campo de endereço, chamado *tag*, que mantém um endereço na memória principal.

O hardware automaticamente mapeia locais da memória a frames de cache. O mapeamento mais simples, usado em uma cache mapeada diretamente, calcula o endereço de cache como o principal endereço de memória módulo do tamanho da cache. Isto particiona a memória em um conjunto linear de blocos, cada um do tamanho de um frame de cache. Uma *linha* é um bloco de memória mapeado para um frame. Em qualquer ponto no tempo, cada frame de cache mantém uma cópia dos dados de um de seus blocos. Seu campo de tag mantém o endereço na memória onde esses dados normalmente residem.

Em cada acesso de leitura à memória, o hardware verifica se a palavra solicitada já está em seu frame de cache. Se sim, os bytes solicitados são retornados ao processador. Se não, o bloco atualmente no frame é removido e o solicitado é trazido para a cache.

> Algumas caches usam mapeamentos mais complexos. A cache associativa em conjunto usa múltiplos frames para cada linha de cache, normalmente dois ou quatro frames por linha. A cache totalmente associativa pode colocar qualquer bloco em qualquer frame. Esses dois esquemas usam uma busca associativa sobre as tags para determinar se um bloco está na cache. Os esquemas associativos usam uma política para determinar qual bloco remover; os esquemas comuns são a substituição aleatória e a substituição do bloco usado menos recentemente (LRU — Least Recently Used).
>
> Na prática, a velocidade efetiva de memória é determinada pela largura de banda da memória, tamanho de bloco de cache, razão entre velocidade de cache e velocidade de memória, e a porcentagem de acessos que têm sucesso na cache. Do ponto de vista do compilador, os três primeiros são fixos. Os esforços baseados em compilador para melhorar o desempenho da memória se concentram no aumento da razão entre sucessos e falhas de cache, chamada razão de acerto.
>
> Algumas arquiteturas fornecem instruções que permitem a um programa dar à cache dicas sobre quando blocos específicos devem ser trazidos para a memória (*pré-buscados*) e quando não são mais necessários (*esvaziados*).

Atribuição de deslocamentos

No caso de áreas de dados locais, estáticas e globais, o compilador precisa atribuir a cada nome um deslocamento (offset) dentro da área de dados. ISAs de máquinas-alvo restringem o posicionamento de itens de dados na memória. Um conjunto típico de restrições poderia especificar que inteiros de 32 bits e números de ponto flutuante de 32 bits comecem em fronteiras de palavra (32 bits), que inteiros de 64 bits e dados de ponto flutuante comecem em fronteiras de palavra dupla (64 bits), e que dados de string comecem em fronteiras de meia palavra (16 bits). Chamamos isto de regras de alinhamento.

Alguns processadores fornecem operações para implementar chamadas de procedimento além de uma simples operação de salto. Este suporte normalmente acrescenta mais restrições de alinhamento. Por exemplo, a ISA poderia ditar o formato do AR e o alinhamento do início de cada AR. Os computadores VAX da DEC tinham uma instrução de chamada particularmente elaborada; ela armazenava o estado de registradores e outras partes do processador com base em uma máscara de bits específica de chamada, que o compilador produzia.

Para cada área de dados, o compilador precisa calcular um layout que atribui o deslocamento de cada variável na área de dados. Esse layout precisa ser compatível com as regras de alinhamento da ISA. O compilador pode ter que inserir preenchimentos entre algumas variáveis para obter os alinhamentos apropriados. Para reduzir o espaço desperdiçado, o compilador deve ordenar as variáveis em grupos, daqueles com as regras de alinhamento mais restritivas para aqueles com as menos restritivas. (Por exemplo, o alinhamento de palavra dupla é mais restritivo do que o de palavra.) O compilador, então, atribui deslocamentos às variáveis na categoria mais restrita, seguido pela próxima classe mais restrita, e assim por diante, até que todas as variáveis tenham deslocamentos. Como as regras de alinhamento quase sempre especificam uma potência de dois, o final de cada categoria se ajustará naturalmente à restrição para a próxima categoria.

> A maioria das linguagens assembly possui diretivas para especificar o alinhamento do início de uma área de dados, como uma fronteira de palavra dupla.

Deslocamentos relativos e desempenho de cache

O uso generalizado de memórias cache nos sistemas de computador modernos tem implicações sutis para o layout de variáveis em memória. Se dois valores forem usados em proximidade no código, o compilador gostaria de garantir que ambos possam residir na cache ao mesmo tempo. Isto pode ser realizado de duas maneiras. Na melhor das hipóteses, os dois valores compartilhariam um único bloco de cache, que garante que eles serão buscados da memória para a cache juntos. Se não puderem compartilhar um bloco de cache, o compilador gostaria de garantir que as duas variáveis sejam mapeadas para linhas de cache diferentes. E pode conseguir isso controlando a distância entre seus endereços.

Se considerarmos apenas duas variáveis, o controle da distância entre elas parece ser algo administrável. Porém, quando todas as variáveis ativas são consideradas, o problema do arranjo ótimo para uma cache é NP-completo. A maioria das variáveis tem interações com muitas outras; isto cria uma teia de relacionamentos que o compilador pode não ser capaz de satisfazer simultaneamente. Se considerarmos um laço que usa vários arrays grandes, o problema de arrumar a não interferência mútua torna-se ainda pior. Se o compilador puder descobrir o relacionamento entre as diversas referências de array no laço, pode incluir preenchimento entre os arrays para aumentar a probabilidade de que as referências atinjam diferentes linhas de cache e, assim, não interfiram umas com as outras.

Conforme vimos, o mapeamento do espaço de endereços lógicos do programa para o de endereços físicos do hardware não precisa preservar a distância entre variáveis específicas. Contudo, levando isto para sua conclusão lógica, o leitor se questionará como o compilador pode garantir algo sobre deslocamentos relativos que sejam maiores do que o tamanho de uma página de memória virtual. A cache do processador pode usar endereços virtuais ou físicos em seus campos de tag. Uma cache endereçada virtualmente preserva o espaçamento entre valores que o compilador cria; com tal cache, o compilador pode ser capaz de planejar a não interferência entre objetos grandes. Com uma cache endereçada fisicamente, a distância entre dois locais em páginas diferentes é determinada pelo mapeamento de página (a menos que tamanho de cache ≤ tamanho de página). Assim, as decisões do compilador sobre layout de memória têm pouco ou nenhum efeito, exceto dentro de uma única página. Nesta situação, o compilador deve se concentrar em obter objetos que são referenciados juntos na mesma página e, se possível, na mesma linha de cache.

7.2.3 Mantendo valores em registradores

Derramar
Quando o alocador de registradores não pode atribuir algum registrador virtual a um registrador físico, ele *derrama* o valor, armazenando-o na RAM após cada definição, e carregando-o para um registrador temporário antes de cada uso.

No modelo de memória de registrador-para-registrador, o compilador tenta atribuir o máximo de valores possível aos registradores virtuais. Nesta técnica, o compilador conta com o alocador de registradores para mapear registradores virtuais na IR a registradores físicos no processador e *derramar* para a memória qualquer registrador virtual que ele não possa manter em um registrador físico. Se o compilador mantiver um valor estático em um registrador, deverá carregar o valor antes do seu primeiro uso no procedimento e armazená-lo de volta para a memória antes de sair do procedimento, seja na saída do procedimento ou em qualquer local de chamada dentro do procedimento.

Na maioria dos exemplos deste livro, seguimos um método simples para atribuir registradores virtuais a valores. Cada valor recebe seu próprio registrador virtual com um subscrito distinto. Esta disciplina expõe o maior conjunto de valores para análise e otimização subsequentes. Ela pode, de fato, usar muitos nomes. Porém, esse esquema tem três vantagens principais. É simples. Pode melhorar os resultados da análise e otimização. Impede o construtor de compiladores de trabalhar com restrições específicas do processador no código antes da otimização, melhorando assim a portabilidade. Um alocador de registradores forte pode gerenciar o espaço de nomes e ajustá-lo exatamente às necessidades da aplicação e aos recursos disponíveis no processador-alvo.

Um valor que o compilador pode manter em um registrador é chamado *valor não ambíguo*; um valor que pode ter mais de um nome é chamado *valor ambíguo*. A ambiguidade surge de várias maneiras. Os valores armazenados em variáveis baseadas em ponteiro normalmente são ambíguas. As interações entre parâmetros formais de chamada por referência e regras de escopo de nome podem tornar os parâmetros formais ambíguos. Muitos compiladores tratam valores de elemento de array como ambíguos, pois o compilador não consegue saber se duas referências, como A[i,j] e A[m,n], podem se referir ao mesmo local. Em geral, o compilador não pode manter um valor ambíguo em um registrador por meio de uma definição ou do uso de outro valor ambíguo.

Valor não ambíguo
Valor que pode ser acessado por apenas um nome é *não ambíguo*.

Valor ambíguo
Qualquer valor que pode ser acessado por vários nomes é *ambíguo*.

Com uma análise cuidadosa, o compilador pode remover a ambiguidade de alguns desses casos. Considere a sequência de atribuições na margem, supondo que tanto a quanto b sejam ambíguos. Se a e b se referem ao mesmo local, então c recebe o valor 26; caso contrário, recebe m+n+13. O compilador não pode manter a em um registrador por meio de uma atribuição a outra variável ambígua, a menos que possa provar que os conjuntos de locais aos quais os dois nomes podem se referir são disjuntos. Este tipo de análise de emparelhamento comparativa é dispendiosa, de modo que os compiladores normalmente relegam valores ambíguos à memória, com um load antes de cada uso e um store após cada definição.

a ← m + n;
b ← 13;
c ← a + b;

A análise da ambiguidade, portanto, concentra-se em provar que determinado valor não é ambíguo. A análise pode ser superficial e local. Por exemplo, em C, qualquer variável local cujo endereço nunca é tomado é não ambígua no procedimento onde é declarada. Análises mais complexas montam conjuntos de nomes possíveis para cada variável de ponteiro; qualquer variável cujo conjunto tenha apenas um elemento é não ambígua. Infelizmente, a análise não pode resolver todas as ambiguidades. Assim, o compilador precisa estar preparado para lidar com valores ambíguos de modo cuidadoso e correto.

Características da linguagem podem afetar a capacidade do compilador de analisar a ambiguidade. Por exemplo, ANSI C inclui duas palavras-chave que comunicam diretamente informações sobre ambiguidade: restrict informa ao compilador que um ponteiro é não ambíguo — normalmente usada quando um procedimento passa um endereço diretamente em um local de chamada —; enquanto volatile permite que o programador declare que o conteúdo de uma variável pode mudar arbitrariamente e sem aviso — usada para registradores de dispositivo de hardware e para variáveis que poderiam ser modificadas por rotinas de atendimento de interrupção ou outras tarefas (threads) de controle em uma aplicação.

REVISÃO DA SEÇÃO

O compilador precisa determinar, para cada valor calculado no programa, onde ele deve ser armazenado: na memória ou em um registrador e, nos dois casos, o local específico. Precisa também atribuir a cada valor um local que seja coerente com seu tempo de vida (ver Seção 6.3) e sua endereçabilidade (ver Seção 6.4.3). Assim, o compilador agrupará valores em áreas de dados nas quais cada valor tem a mesma classe de armazenamento.

A atribuição de armazenamento fornece ao compilador uma oportunidade estratégica para codificar informações na IR para uso por passos posteriores. Especificamente, a distinção entre um valor ambíguo e um não ambíguo pode ser difícil de obter pela análise da IR. Porém, se o compilador atribuir a cada valor não ambíguo seu próprio registrador virtual por todo seu tempo de vida, as fases subsequentes do compilador podem usar o local de armazenamento de um valor para determinar se uma referência é ou não ambígua. Esse conhecimento simplifica a otimização subsequente.

```
void fee () {
  int a,*b;
  ...
  b = &a;
  ...
}
```

> **QUESTÕES DE REVISÃO**
> 1. Esboce um algoritmo que atribua deslocamentos a uma lista de variáveis estáticas em um único arquivo a partir de um programa em C. Como ele ordena as variáveis? Que restrições de alinhamento seu algoritmo poderia encontrar?
> 2. Considere o pequeno fragmento de programa em C na margem. Ele menciona três valores: a, b e *b. Quais valores são ambíguos? Quais são não ambíguos?

7.3 OPERADORES ARITMÉTICOS

Processadores modernos fornecem um vasto suporte para avaliação de expressões. Uma máquina RISC típica tem um suplemento completo de operações de três endereços, incluindo operadores aritméticos, deslocamentos e operadores booleanos. A forma de três endereços permite que o compilador nomeie o resultado de qualquer operação e o preserve para reúso posterior. E também elimina a principal complicação da forma de dois endereços: operações destrutivas.

Para gerar código para uma expressão trivial, como a+b, o compilador, primeiro, emite código para garantir que os valores de a e b estejam em registradores, digamos r_a e r_b. Se a estiver armazenado na memória no deslocamento @a no AR atual, o código resultante poderia ser

```
loadI   @a           ⇒ r₁
loadA0  r_arp, r₁    ⇒ r_a
```

Porém, se o valor de a já estiver em um registrador, o compilador pode simplesmente usar este registrador no lugar de r_a. O compilador segue uma cadeia de decisões semelhante para b. E, finalmente, emite uma instrução para realizar a adição, como

```
add r_a, r_b ⇒ r_t
```

Se a expressão for representada em uma IR em forma de árvore, este processo se ajusta a um percurso de árvore em pós-ordem. A Figura 7.5a mostra o código para um percurso de árvore que gera código para expressões simples, que conta com duas rotinas, base e, para ocultar parte da complexidade. A rotina base retorna o nome de um registrador mantendo o endereço de base para um identificador; se for preciso, emite código para colocar esse endereço em um registrador. A rotina offset tem função semelhante; retorna o nome de um registrador que mantém o deslocamento do identificador em relação ao endereço retornado por base.

O mesmo código lida com +, −, × e ÷. Sob o ponto de vista de geração de código, esses operadores são intercambiáveis, ignorando a comutatividade. A chamada da rotina expr pela Figura 7.5a na AST para a−b×c, mostrada na parte b da Figura, produz os resultados mostrados na parte c. O exemplo considera que a, b e c ainda não estão nos registradores, e que cada um reside no AR atual.

Observe a semelhança entre o gerador de código de percurso em árvore e o esquema de tradução *ad hoc* dirigida pela sintaxe, mostrado na Figura 4.15. O percurso em árvore torna os detalhes mais explícitos, incluindo o tratamento de terminais e a ordem de avaliação para subárvores. No esquema de tradução dirigida pela sintaxe, a ordem de avaliação é controlada pelo parser. Ainda assim, os dois esquemas produzem código relativamente equivalente.

7.3.1 Redução da demanda por registradores

Muitos aspectos afetam a qualidade do código gerado. Por exemplo, a escolha dos locais de armazenamento tem um impacto direto, mesmo para esta expressão simples. Se a estivesse em uma área de dados global, a sequência de instruções necessária para obter a de um registrador poderia exigir um loadI adicional a fim de obter o endereço de

```
expr(node) {
  int result, t1, t2;
  switch(type(node)) {
    case ×, ÷, +, - :
      t1 ← expr(LeftChild(node));
      t2 ← expr(RightChild(node));
      result ← NextRegister( );
      emit(op(node), t1, t2, result);
      break;

    case IDENT :
      t1 ← base(node);
      t2 ← offset(node);
      result ← NextRegister( );
      emit(loadAO, t1, t2, result);
      break;

    case NUM :
      result ← NextRegister( );
      emit(loadI, val(node), none,
           result);
      break;
  }
  return result;
}
```

(a) Gerador de código de travessia em árvore

(b) Árvore sintática abstrata para a - b × c

```
loadI    @a            ⇒ r₁
loadAO   r_arp, r₁     ⇒ r₂

loadI    @b            ⇒ r₃
loadAO   r_arp, r₃     ⇒ r₄

loadI    @c            ⇒ r₅
loadAO   r_arp, r₅     ⇒ r₆

mult     r₄, r₆        ⇒ r₇
sub      r₂, r₇        ⇒ r₈
```

(c) Código simples

■ **FIGURA 7.5** Gerador de código simples de percurso em árvore para expressões.

base e um registrador para manter esse valor por um breve tempo. Como alternativa, se a estivesse em um registrador, as duas instruções usadas para carregá-lo em r_2 poderiam ser omitidas, e o compilador usaria o nome do registrador que mantém a diretamente na instrução sub. Manter o valor em um registrador evita tanto o acesso à memória quanto qualquer cálculo de endereço. Se a, b e c já estivessem em registradores, a sequência de sete instruções poderia ser encurtada para uma sequência de duas instruções.

Decisões de forma de código codificadas no gerador de código por percurso em árvore têm efeito sobre a demanda por registradores. O código simples da figura utiliza oito registradores mais r_{arp}. É tentador assumir que o alocador de registradores, quando é executado mais adiante na compilação, pode reduzir o número de registradores a um mínimo. Por exemplo, o alocador de registradores poderia reescrever o código como mostra a Figura 7.6a, que reduz o uso de registradores de oito para três, mais o r_{arp}. A demanda máxima por registradores ocorre na sequência que carrega c e realiza a multiplicação.

Uma forma de código diferente pode reduzir a demanda por registradores. O gerador de código por percurso em árvore carrega a antes de calcular b×c, um artefato da decisão de usar o percurso em árvore da esquerda para a direita. O uso do percurso em árvore da direita para a esquerda produziria o código mostrado na Figura 7.6b. Embora o código inicial use o mesmo número de registradores do código gerado da esquerda para a direita, a alocação de registradores revela que o código na realidade precisa de menos registradores, como mostra a Figura 7.6c.

Naturalmente, a avaliação da direita para a esquerda não é uma solução geral. Para a expressão a×b+c, a avaliação da esquerda para a direita produz demanda mais baixa por registradores. Algumas expressões, como a+(b+c)×d, desafiam uma regra estática simples. A ordem de avaliação que minimiza a demanda por registradores é a+((b+c)×d).

loadI	@a	$\Rightarrow r_1$
loadAO	r_{arp}, r_1	$\Rightarrow r_1$
loadI	@b	$\Rightarrow r_2$
loadAO	r_{arp}, r_3	$\Rightarrow r_2$
loadI	@c	$\Rightarrow r_3$
loadAO	r_{arp}, r_5	$\Rightarrow r_3$
mult	r_2, r_3	$\Rightarrow r_2$
sub	r_1, r_2	$\Rightarrow r_2$

(a) Exemplo após alocação

loadI	@c	$\Rightarrow r_1$
loadAO	r_{arp}, r_1	$\Rightarrow r_2$
loadI	@b	$\Rightarrow r_3$
loadAO	r_{arp}, r_3	$\Rightarrow r_4$
mult	r_2, r_4	$\Rightarrow r_5$
loadI	@a	$\Rightarrow r_6$
loadAO	r_{arp}, r_6	$\Rightarrow r_7$
sub	r_7, r_5	$\Rightarrow r_8$

(b) Avaliando b × c primeiro

loadI	@c	$\Rightarrow r_1$
loadAO	r_{arp}, r_1	$\Rightarrow r_1$
loadI	@b	$\Rightarrow r_2$
loadAO	r_{arp}, r_2	$\Rightarrow r_2$
mult	r_1, r_2	$\Rightarrow r_1$
loadI	@a	$\Rightarrow r_2$
loadAO	r_{arp}, r_2	$\Rightarrow r_2$
sub	r_2, r_1	$\Rightarrow r_1$

(c) Após alocação de registradores

■ **FIGURA 7.6** Reescrevendo a − b × c para reduzir a demanda por registradores.

Para escolher uma ordem de avaliação que reduza a demanda por registradores, o gerador de código deve alternar entre filhos à direita e à esquerda; ele precisa de informações sobre as necessidades de registrador detalhadas de cada subárvore. Como uma regra, o compilador pode minimizar o uso de registrador avaliando primeiro, em cada nó, a subárvore que necessita de mais registradores. O código gerado precisa preservar o valor da primeira subárvore que avalia por meio da avaliação da segunda subárvore; logo, o tratamento da subárvore menos exigente primeiro aumenta em 1 registrador a demanda por registradores na subárvore mais exigente. Esta técnica exige um passo inicial pelo código para calcular a demanda por registradores, seguido por um passo que emite o código real.

Esta técnica, análise seguida por transformação, aplica-se à geração de código e à otimização [150].

7.3.2 Acesso a valores de parâmetro

O gerador de código na Figura 7.5 considera implicitamente que um único método de acesso funciona para todos os identificadores. Os parâmetros formais podem precisar de tratamento diferente. Um parâmetro de chamada por valor passado no AR pode ser tratado como se fosse uma variável local. Um parâmetro de chamada por referência passado no AR exige uma indireção adicional. Assim, para o parâmetro de chamada por referência d, o compilador poderia gerar

$$\begin{array}{lll} \text{loadI} & @d & \Rightarrow r_1 \\ \text{loadAO} & r_{arp}, r_1 & \Rightarrow r_2 \\ \text{load} & r_2 & \Rightarrow r_3 \end{array}$$

para obter o valor de d. As duas primeiras operações movem o endereço do valor do parâmetro para r_2. A operação final move o próprio valor para r_3.

GERAÇÃO DE CARREGAMENTO DE ENDEREÇO IMEDIATO

Um leitor atento poderia observar que o código na Figura 7.5 nunca gera a instrução de carregamento de endereço imediato da ILOC, loadAI. Ao invés disso, gera um load imediato (loadAI) seguido por um load de deslocamento de endereço (loadAO).

$$\begin{array}{llll} \text{loadI} & @a & \Rightarrow r_1 \\ \text{loadAO} & r_{arp}, r_1 & \Rightarrow r_2 \end{array} \quad \text{em vez de} \quad \text{loadAI } r_{arp}, @a \Rightarrow r_2$$

No decorrer deste livro, os exemplos consideram que é preferível gerar essa sequência de duas operações, ao invés de uma única operação. Três fatores sugerem essa conduta.
1. A sequência de código maior dá um nome explícito a @a. Se @a for reutilizado em outros contextos, este nome pode ser reutilizado.
2. O deslocamento @a pode não caber no campo imediato de um loadAI. Esta determinação é melhor feita no seletor de instrução.
3. A sequência de duas operações leva a uma decomposição funcional clara no gerador de código, mostrada na Figura 7.5.

O compilador pode converter a sequência de duas operações em uma única operação durante a otimização se for apropriado (por exemplo, @a não é reutilizado ou é mais barato recarregá-lo). O melhor caminho, porém, pode ser adiar o problema para a seleção de instruções, isolando assim o comprimento constante dependente da máquina em uma parte do compilador que já é altamente dependente da máquina.

Se o construtor de compiladores quiser gerar o loadAI mais cedo, dois métodos simples funcionam. Ele pode refazer o gerador de código de percurso em árvore da Figura 7.5 e levar a lógica oculta em base e offset para o caso IDENT. Como alternativa, pode fazer com que emit mantenha um pequeno buffer de instrução, reconheça este caso especial e emita o loadAI. O uso de um pequeno buffer torna este método prático (ver Seção 11.5).

Muitas convenções de ligação passam os primeiros parâmetros em registradores. Conforme escrito, o código contido na Figura 7.5 não pode tratar de um valor que seja permanentemente mantido em um registrador. As extensões necessárias, porém, são fáceis de implementar.

- Parâmetros de chamada por valor. *O caso IDENT precisa verificar se o valor já está em um registrador. Se estiver, apenas atribui o número do registrador a result. Caso contrário, usa os mecanismos padrão para carregar o valor da memória.*
- Parâmetro de chamada por referência. *Se o endereço residir em um registrador, o compilador simplesmente carrega o valor em um registrador. Se residir no AR, deve carregar o endereço antes de carregar o valor.*

COMUTATIVIDADE, ASSOCIATIVIDADE E SISTEMAS NUMÉRICOS

O compilador, com frequência, pode tirar proveito das propriedades algébricas dos operadores. Adição e multiplicação são comutativas e associativas, assim como os operadores booleanos. Portanto, se o compilador encontrar um fragmento de código que calcule a+b e depois calcular b+a, sem quaisquer atribuições entre os dois para a ou b, ele deve reconhecer que ambos calculam o mesmo valor. De modo semelhante, se encontrar as expressões a+b+c e d+a+b, deve reconhecer que a+b é uma subexpressão comum. Se avaliar as duas expressões na ordem estrita da esquerda para a direita, nunca reconhecerá a subexpressão comum, pois calculará a segunda expressão como d+a e depois (d+a)+b.

O compilador deve usar a comutatividade e a associatividade para melhorar a qualidade do código que gera. A reordenação de expressões pode expor oportunidades adicionais para muitas transformações.

*Devido às limitações na precisão, os números de ponto flutuante em um computador representam apenas um subconjunto dos números reais, que não preserva a associatividade. Por este motivo, os compiladores não **devem** reordenar as expressões de ponto flutuante, a menos que a definição da linguagem assim permita especificamente.*

Considere o exemplo a seguir: calcular a−b−c. Podemos atribuir valores de ponto flutuante para a, b e c, de modo que

$$b, c < a \qquad a - b = a \qquad a - c = a$$

mas a−(b+c) ≠ a. Neste caso, o resultado numérico depende da ordem de avaliação. A avaliação de (a−b)−c produz resultado idêntico a a, enquanto a avaliação de b+c primeiro e a subtração dessa quantidade de a produz um resultado distinto de a.

Este problema surge pela natureza aproximada dos números de ponto flutuante; a mantissa é pequena em relação ao intervalo do expoente. Para somar dois números, o hardware precisa normalizá-los; se a diferença em expoentes for maior do que a precisão da mantissa, o número menor será truncado para zero. O compilador não pode facilmente resolver esta questão, de modo que, em geral, deve evitar a reordenação de cálculos de ponto flutuante.

De qualquer forma, o código ajusta-se muito bem ao framework de percurso em árvore. Observe que o compilador não pode manter o valor de um parâmetro de chamada por referência em um registrador por meio de uma atribuição, a menos que possa provar que a referência é não ambígua em todas as chamadas ao procedimento.

7.3.3 Chamadas de função em uma expressão

Até aqui, consideramos que todos os operandos em uma expressão são variáveis, constantes e valores temporários produzidos por outras subexpressões. As chamadas de função

---

Se o parâmetro real for uma variável local do chamador e seu endereço nunca for tomado, o parâmetro formal correspondente é não ambíguo.

também ocorrem como operandos em expressões. Para avaliar uma chamada de função, o compilador simplesmente gera a sequência de chamada necessária para invocar a função e emite o código necessário para mover o valor retornado para um registrador (ver Seção 7.9). A convenção de ligação limita o impacto do procedimento chamado sobre o chamador.

A presença de uma chamada de função pode restringir a capacidade do compilador de mudar a ordem de avaliação de uma expressão. A função pode ter efeitos colaterais que modificam os valores das variáveis usadas na expressão. O compilador deve respeitar a ordem de avaliação implícita da expressão de origem, pelo menos com relação à chamada. Sem conhecimento sobre os efeitos colaterais possíveis de uma chamada, ele não pode mover referências por meio da chamada. Também, deve assumir o pior caso — que a função modifica e usa cada variável que ela pode acessar. O desejo de melhorar, em hipóteses de pior caso, como neste caso, tem motivado grande parte do trabalho sobre análise interprocedimental (ver Seção 9.4).

7.3.4 Outros operadores aritméticos

Para lidar com outras operações aritméticas, podemos estender o modelo de percurso em árvore. O esquema básico permanece o mesmo: obter os operandos nos registradores, realizar a operação e armazenar o resultado. A precedência de operadores, a partir da gramática da expressão, garante a ordem correta de avaliação. Alguns operadores exigem sequências complexas de múltiplas operações para sua implementação (por exemplo, exponenciação e funções trigonométricas). Estes podem ser expandidos em linha ou implementados com uma chamada a uma rotina de biblioteca fornecida pelo compilador ou pelo sistema operacional.

7.3.5 Expressões de tipo misto

Uma complicação permitida por muitas linguagens de programação é uma operação com operandos de diferentes tipos. (Aqui, estamos preocupados principalmente com os tipos básicos na linguagem-fonte, ao invés de tipos definidos pelo programador.) Conforme descrito na Seção 4.2, o compilador deve reconhecer esta situação e inserir o código de conversão exigido pela tabela de conversão de cada operador. Normalmente, isto envolve converter um ou ambos os operandos a um tipo mais geral e realizar a operação nesse tipo mais geral. A operação que consome o valor do resultado pode precisar convertê-lo para ainda outro tipo.

Alguns processadores fornecem operadores de conversão explícita; outros, esperam que o compilador gere código complexo, dependente de máquina. Em qualquer caso, o construtor de compiladores pode querer fornecer operadores de conversão no IR. Estes operadores encapsulam todos os detalhes da conversão, incluindo qualquer fluxo de controle, e permitem que o compilador os sujeite a uma otimização uniforme. Assim, a movimentação de código pode puxar uma conversão invariante, para fora de um laço sem se preocupar com o fluxo de controle interno do laço.

Normalmente, a definição da linguagem de programação especifica uma fórmula para cada conversão. Por exemplo, para converter `integer` para `complex` em FORTRAN 77, o compilador primeiro converte o `integer` para um `real`. Usa o número resultante como a parte real do número complexo e define a parte imaginária como um zero `real`.

Para tipos definidos pelo usuário, o compilador não terá tabelas de conversão que definem cada caso específico. Porém, a linguagem-fonte ainda define o significado da expressão. A tarefa do compilador é implementar esse significado; se uma conversão for ilegal, então deve ser evitada. Como vimos no Capítulo 4, muitas conversões ilegais podem ser detectadas e evitadas em tempo de compilação. Quando uma verificação em tempo de compilação for impossível ou inconclusiva, o compilador deve gerar uma verificação em tempo de execução que teste os casos ilegais. Quando o código tenta uma conversão ilegal, a verificação deve disparar um erro de runtime.

7.3.6 Atribuição como um operador

A maioria das linguagens do tipo Algol implementa a atribuição com as seguintes regras simples:

1. Avaliar o lado direito da atribuição como um valor.
2. Avaliar o lado esquerdo da atribuição como um local.
3. Armazenar o valor do lado direito no local do lado esquerdo.

Assim, em uma instrução como a ← b, as duas expressões a e b são avaliadas de formas diferentes. Como b aparece à direita do operador de atribuição, é avaliado para produzir um valor; se b é uma variável inteira, este valor é um inteiro. Como a está à esquerda do operador de atribuição, é avaliado para produzir um local; se a é uma variável inteira, este valor é o local de um inteiro. Esse local pode ser um endereço na memória, ou então um registrador. Para distinguir entre esses modos de avaliação, às vezes nos referimos ao resultado da avaliação no lado direito de uma atribuição como um *rvalue*, e a do lado esquerdo como um *lvalue*.

Em uma atribuição, o tipo do lvalue pode diferir do tipo do rvalue. Dependendo da linguagem e dos tipos específicos, esta situação pode exigir, ou uma conversão inserida pelo compilador, ou uma mensagem de erro. A regra típica da linguagem-fonte para a conversão faz que o compilador avalie o rvalue para seu tipo natural, e depois converta o resultado para o tipo do lvalue.

REVISÃO DA SEÇÃO

O percurso de árvore em pós-ordem fornece um modo natural para estruturar um gerador de código para árvores de expressão. O framework básico é facilmente adaptado para lidar com uma série de complicações, incluindo múltiplos tipos e locais de valores, chamadas de função, conversões de tipo e operadores novos. Para melhorar ainda mais o código, pode ser preciso realizar várias passagens por ele.

Algumas otimizações são difíceis de se ajustar em um framework de percurso em árvore. Em particular, fazer bom uso dos modos de endereço do processador (ver Capítulo 11), ordenar operações para ocultar atrasos específicos do processador (ver Capítulo 12) e alocação de registradores (ver Capítulo 13) não se ajustam bem ao framework de percurso em árvore. Se o compilador utiliza um percurso em árvore para gerar a IR, pode ser melhor mantê-la simples e permitir que o back end resolva essas questões com algoritmos especializados.

QUESTÕES DE REVISÃO

1. Esboce o código para as duas rotinas de suporte, `base` e `offset`, usadas pelo gerador de código de percurso em árvore na Figura 7.5.
2. Como você adaptaria o gerador de código de percurso em árvore para lidar com uma operação de salto incondicional, como a instrução `goto` da linguagem C?

7.4 OPERADORES BOOLEANOS E RELACIONAIS

A maioria das linguagens de programação opera sobre um conjunto mais rico de valores do que números. Normalmente, isto inclui os resultados de operadores booleanos e relacionais, ambos produzindo valores booleanos. Como a maioria das linguagens de programação tem operadores relacionais que produzem resultados booleanos, tratamos os operadores booleanos e relacionais juntos. Um uso comum para as expressões booleanas e relacionais é alterar o fluxo de controle do programa. Grande parte do poder das modernas linguagens de programação deriva da capacidade de calcular e testar esses valores.

A Figura 7.7 mostra a gramática de expressão padrão aumentada com operadores booleanos e relacionais. O construtor de compiladores, por sua vez, deve decidir como representar esses valores e como calculá-los. Para expressões aritméticas, essas decisões de projeto são em grande parte ditadas pela arquitetura-alvo, que fornece formatos numéricos e instruções para realizar a aritmética básica. Felizmente, os arquitetos de processador parecem ter alcançado um acordo geral sobre como dar suporte à aritmética. De modo semelhante, a maioria das arquiteturas oferece um conjunto rico de operações booleanas. Porém, o suporte para operadores relacionais varia muito de uma arquitetura para outra. O construtor de compiladores deve usar uma estratégia de avaliação que combine as necessidades da linguagem com o conjunto de instruções disponível.

Expr	→	*Expr* ∨ *TermoE*	*ExprNum*	→	*ExprNum* + *Termo*
	|	*TermoE*		|	*ExprNum* − *Termo*
TermoE	→	*TermoE* ∧ *ExprRel*		|	*Termo*
	|	*ExprRel*	*Termo*	→	*Termo* × *Valor*
ExprRel	→	*ExprRel* < *ExprNum*		|	*Termo* ÷ *Valor*
	|	*ExprRel* ≤ *ExprNum*		|	*Fator*
	|	*ExprRel* = *ExprNum*	*Valor*	→	¬ *Fator*
	|	*ExprRel* ≠ *ExprNum*		|	*Fator*
	|	*ExprRel* ≥ *ExprNum*	*Fator*	→	(*Expr*)
	|	*ExprRel* > *ExprNum*		|	num
	|	*ExprNum*		|	nome

■ **FIGURA 7.7** Inclusão de booleanos e relacionais à gramática de expressão.

7.4.1 Representações

Tradicionalmente, duas representações têm sido propostas para os valores booleanos: uma codificação numérica e uma codificação posicional. A primeira atribui valores específicos a true e false e os manipula usando operações aritméticas e lógicas da máquina-alvo. A segunda codifica o valor da expressão como uma posição no código executável, e usa comparações e desvios condicionais para avaliar a expressão; os diferentes caminhos do fluxo de controle representam o resultado da avaliação. Cada técnica funciona bem para alguns exemplos, mas não para outros.

A gramática usa os símbolos ¬ para not, ∧ para and e ∨ para or a fim de evitar confusão com os operadores da ILOC.
O verificador de tipos deve garantir que cada expressão aplique operadores a nomes, números e expressões de tipos apropriados.

Codificação numérica

Quando o programa armazena o resultado de uma operação booleana ou relacional em uma variável, o compilador precisa garantir que o valor tenha uma representação concreta. O construtor de compiladores precisa atribuir valores numéricos a true e false que funcionem com operações de hardware, como and, or e not. Os valores típicos são zero para false e um ou uma palavra de uns, ¬ false, para true.

Por exemplo, se b, c e d estão todos em registradores, o compilador pode produzir o seguinte código para o exemplo b ∨ c ∧ ¬ d:

not	r_d	$\Rightarrow r_1$
and	r_c, r_1	$\Rightarrow r_2$
or	r_b, r_2	$\Rightarrow r_3$

Para uma comparação, como a < b, o compilador precisa gerar código que compare a e b e atribua o valor apropriado ao resultado. Se a máquina-alvo admite uma operação de comparação que retorna um booleano, o código é trivial:

$$\text{cmp\_LT} \; r_a, r_b \Rightarrow r_1$$

Se, por outro lado, a comparação define um código de condição que deve ser lido com um desvio, o código resultante é maior e mais complicado. Este estilo de comparação leva a uma implementação mais confusa para a < b.

	comp	r_a, r_b	$\Rightarrow cc_1$
	cbr_LT	cc_1	$\rightarrow L_1, L_2$
L_1:	loadI	true	$\Rightarrow r_1$
	jumpI		$\rightarrow L_3$
L_2:	loadI	false	$\Rightarrow r_1$
	jumpI		$\rightarrow L_3$
L_3:	nop		

A implementação de a < b com operações de código de condição exige mais operações do que usar uma comparação que retorna um booleano.

Codificação posicional

No exemplo anterior, o código em L_1 cria o valor true e o em L_2 cria o valor false. Em cada um desses pontos, o valor é conhecido. Em alguns casos, o código não precisa produzir um valor concreto para o resultado da expressão. Ao invés disso, o compilador pode codificar esse valor como um local no código, como L_1 ou L_2.

A Figura 7.8a mostra o código que um gerador de código por percurso em árvore emite para a expressão a<b∨c<d∧e<f. O código avalia as três subexpressões, a<b, c<d e e<f, usando uma série de comparações e saltos. Depois, combina o resultado das três avaliações de subexpressão usando as operações booleanas em L_9. Infelizmente, isto produz uma sequência de operações em que cada caminho usa 11 operações, incluindo três desvios e três saltos. Parte da complexidade deste código pode ser eliminada representando os valores de subexpressão implicitamente e gerando código que realiza o curto-circuito da avaliação, como na Figura 7.8b. Esta versão do código avalia a < b ∨ c < d ∧ e < f com menos operações porque não cria valores para representar as subexpressões.

A codificação posicional faz sentido se o resultado de uma expressão nunca for armazenado. Quando o código usa o resultado de uma expressão para determinar o fluxo de controle, a codificação posicional normalmente evita operações irrelevantes. Por exemplo, no fragmento de código

```
if (a < b)
    then instrução₁
    else instrução₂
```

o único uso para a < b é determinar se *instrução₁* ou *instrução₂* será executada. neste caso, a produção de um valor explícito para a < b não tem um propósito direto.

> A ILOC contém sintaxe para implementar os dois estilos de comparação e desvio. Uma IR normal escolheria um deles; a ILOC inclui ambos para que possa expressar o código nesta seção.

```
            comp       r_a, r_b      ⇒ cc_1    // a < b
            cbr_LT     cc_1          → L_1, L_2
L_1:        load I     true          ⇒ r_1
            jump I                   → L_3
L_2:        load I     false         ⇒ r_1
            jump I                   → L_3
L_3:        comp       r_c, r_d      ⇒ cc_2    // c < d
            cbr_LT     cc_2          → L_4, L_5
L_4:        load I     true          ⇒ r_2
            jump I                   → L_6
L_5:        load I     false         ⇒ r_2
            jump I                   → L_6
L_6:        comp       r_e, r_f      ⇒ cc_3    // e < f
            cbr_LT     cc_3          → L_7, L_8
L_7:        load I                   ⇒ r_3
            jump I                   → L_9
L_8:                   false         ⇒ r_3
            jump I                   → L_9
L_9:        and        r_2, r_3      ⇒ r_4
            or         r_1, r_4      ⇒ r_5
```

(a) Codificação simples

```
            comp       r_a, r_b      ⇒ cc_1    // a < b
            cbr_LT     cc_1          → L_3, L_1
L_1:        comp       r_c, r_d      ⇒ cc_2    // c < d
            cbr_LT     cc_2          → L_2, L_4
L_2:        comp       r_e, r_f      ⇒ cc_3    // e < f
            cbr_LT     cc_3          → L_3, L_4
L_3:        load I     true          ⇒ r_5
            jump I                   → L_5
L_4:        load I     false         ⇒ r_5
            jump I                   → L_5
L_5:        nop
```

(b) Codificação posicional com avaliação em curto-circuito

■ **FIGURA 7.8** Codificação de $a < b \vee c < d \wedge e < f$.

Em uma máquina na qual o compilador precisa usar uma comparação e um desvio para produzir um valor, ele pode simplesmente colocar o código para *instrução*₁ e *instrução*₂ nos locais onde o código simples atribuiria true e false. Este uso da codificação posicional leva a um código mais simples e mais rápido do que o da codificação numérica.

```
          comp      rₐ,rᵦ      ⇒ cc₁      //a < b
          cbr_LT    cc₁        → L₁,L₂
L₁:  código para instrução₁
          jumpI                → L₆
L₂:  código para instrução₂
          jumpI                → L₆
L₆:  nop
```

Aqui, o código para avaliar a < b foi combinado com aquele para selecionar entre *instrução*₁ e *instrução*₂. O código representa o resultado de a < b como uma posição, ou L₁ ou L₂.

AVALIAÇÃO EM CURTO-CIRCUITO

Em muitos casos, o valor de uma subexpressão determina o da expressão inteira. Por exemplo, o código mostrado na Figura 7.8a avalia c < d ∧ e < f, mesmo que já tenha sido determinado que a<b, caso em que a expressão inteira é avaliada como true. De modo semelhante, se tanto a ≥ b quanto c ≥ d, então o valor de e < f não importa. O código na Figura 7.8b usa esses relacionamentos para produzir um resultado assim que o valor da expressão puder ser conhecido. Esta técnica de avaliação de expressão, em que o código avalia a quantidade mínima da expressão necessária para determinar seu valor final, é chamada *avaliação em curto-circuito*, que conta com duas identidades booleanas:

$$\forall x, \text{false} \land x = \text{false}$$
$$\forall x, \text{true} \lor x = \text{true}$$

Para gerar o código em curto-circuito, o compilador precisa analisar a expressão à luz dessas duas identidades e encontrar o conjunto de condições mínimas que determina seu valor. Se as cláusulas na expressão contêm operadores dispendiosos ou se a avaliação usar desvios, como muitos dos esquemas discutidos nesta seção, então a avaliação em curto-circuito pode reduzir significativamente o custo da avaliação de expressões booleanas.

Algumas linguagens de programação, como C, exigem que o compilador use a avaliação em curto-circuito. Por exemplo, a expressão

(x != 0 && y / x > 0.001)

em C conta com a avaliação em curto-circuito por segurança. Se x é zero, y/x não é definido. Nitidamente, o programador deseja evitar a exceção de hardware disparada pela divisão por zero. A definição da linguagem especifica que esse código nunca realizará a divisão se x tiver o valor zero.

7.4.2 Suporte de hardware para operações relacionais

Detalhes específicos de baixo nível no conjunto de instruções da máquina-alvo influenciam fortemente a escolha de uma representação para valores relacionais. Em particular, o construtor de compiladores precisa prestar atenção ao tratamento de códigos de condição, operações de comparação e operações de movimentação condicional, pois têm impacto importante sobre os custos relativos das diversas representações. Vamos considerar quatro esquemas para dar suporte a expressões relacionais: códigos de condição diretos, códigos de condição aumentados com uma operação de movimento (move) condicional, comparações booleanas e operações predicadas. Cada esquema é uma versão idealizada de uma implementação real.

A Figura 7.9 mostra duas construções de nível-fonte e suas implementações sob cada um desses esquemas. A Figura 7.9a mostra um `if-then-else` que controla um par de instruções de atribuição. A Figura 7.9b mostra a atribuição de um valor booleano.

> **AVALIAÇÃO EM CURTO-CIRCUITO COMO UMA OTIMIZAÇÃO**
>
> A avaliação em curto-circuito surgiu de uma codificação posicional dos valores das expressões booleanas e relacionais. Em processadores que usam códigos de condição para registrar o resultado de uma comparação e usam desvios condicionais para interpretar o código de condição, o curto-circuito faz sentido.
>
> À medida que os processadores incluem recursos, como movimentação condicional, comparações de valor booleano e execução predicada, as vantagens da avaliação em curto-circuito irão provavelmente desaparecer. Com o crescimento das latências de desvio, o custo dos desvios condicionais exigido para o curto-circuito também cresce. Quando os custos de desvio excedem as economias de evitar a avaliação, o curto-circuito não é mais uma vantagem. Ao invés disso, a avaliação total será mais rápida.
>
> Quando a linguagem exigir a avaliação em curto-circuito, como acontece em C, o compilador pode precisar realizar alguma análise para determinar quando é seguro substituir a avaliação total pela avaliação em curto-circuito. Assim, futuros compiladores C podem incluir a análise e a transformação para substituir o curto-circuito pela avaliação total, assim como os compiladores no passado realizavam a análise e a transformação para substituir a avaliação completa pelo curto-circuito.

Códigos de condição diretos

Neste esquema, a operação de comparação define um registrador de código de condição. A única instrução que interpreta o código de condição é um desvio condicional, com variantes que desviam em cada uma das seis relações ($<, \leq, =, \geq, >$ e $\neq$). Essas instruções podem existir para operandos de vários tipos.

O compilador precisa usar desvios condicionais para interpretar o valor de um código de condição. Se o único uso do resultado for para determinar o fluxo de controle, como na Figura 7.9a, então o desvio condicional que o compilador usa para ler o código de condição normalmente também pode implementar a construção de fluxo de controle de nível-fonte. Se o resultado for usado em uma operação booleana, ou preservado em uma variável, como na Figura 7.9b, o código precisa converter o resultado em uma representação concreta de um booleano, como fazem as duas operações `loadI` na Figura 7.9b. De qualquer forma, o código tem pelo menos um desvio condicional por operador relacional.

A vantagem dos códigos de condição vem de outro recurso que os processadores normalmente implementam junto com esses códigos. Normalmente, as operações aritméticas nesses processadores definem o código de condição para refletir seus resultados calculados. Se o compilador puder planejar para fazer com que as operações aritméticas que precisam ser realizadas também definam o código de condição necessário para controlar o desvio, então a operação de comparação pode ser omitida. Assim, os defensores deste estilo de arquitetura argumentam que isto permite uma codificação mais eficiente do programa — o código pode executar menos instruções do que faria com um comparador que coloca um valor booleano em um registrador de propósito geral.

Código-fonte	if (x < y)
	   then a ← c + d
	   else a ← e + f	

Código ILOC	comp r_x, r_y ⇒ cc_1
	cbr_LT cc_1 → L_1, L_2
	L_1: add r_c, r_d ⇒ r_a
	      jumpI → L_{out}
	L_2: add r_e, r_f ⇒ r_a
	      jumpI → L_{out}
	L_{out}: nop
	Códigos de condição diretos
		cmp_LT r_x, r_y ⇒ cc_1
		cbr r_1 → L_1, L_2
		L_1: add r_c, r_d ⇒ r_a
		      jumpI → L_{out}
		L_2: add r_e, r_f ⇒ r_a
		      jumpI → L_{out}
		L_{out}: nop
		Comparação booleana

	comp r_x, r_y ⇒ cc_1 add r_c, r_d ⇒ r_1 add r_e, r_f ⇒ r_2 i2i_LT cc_1, r_1, r_2 ⇒ r_a **Movimentação condicional**	cmp_LT r_x, r_y ⇒ r_1 not r_1 ⇒ r_2 (r_1)? add r_c, r_d ⇒ r_a (r_2)? add r_e, r_f ⇒ r_a **Execução predicada**

(a) Usando uma expressão relacional para controlar o fluxo de controle

Código-fonte	x ← a < b ∧ c < d	

Código ILOC	comp r_a, r_b ⇒ cc_1
	cbr_LT cc_1 → L_1, L_2
	L_1: comp r_c, r_d ⇒ cc_2
	      cbr_LT cc_2 → L_3, L_2
	L_2: loadI false ⇒ r_x
	      jumpI → L_{out}
	L_3: loadI true ⇒ r_x
	      jumpI → L_{out}
	L_{out}: nop
	Códigos de condição diretos
		comp r_a, r_b ⇒ cc_1
		i2i_LT cc_1, r_T, r_F ⇒ r_1
		comp r_c, r_d ⇒ cc_2
		i2i_LT cc_2, r_T, r_F ⇒ r_2
		and r_1, r_2 ⇒ r_x
		Movimentação condicional
		
		cmp_LT r_a, r_b ⇒ r_1
		cmp_LT r_c, r_d ⇒ r_2
		and r_1, r_2 ⇒ r_x
		Comparação booleana
		
		cmp_LT r_a, r_b ⇒ r_1
		cmp_LT r_c, r_d ⇒ r_2
		and r_1, r_2 ⇒ r_x
		Execução predicada

(b) Usando uma expressão relacional para produzir um valor

■ **FIGURA 7.9** Implementação de operadores booleanos e relacionais.

Movimentação condicional

Este esquema acrescenta uma instrução de movimentação condicional ao modelo de código de condição direto. Na ILOC, uma movimentação condicional se parece com:

$$i2i\_LT\ cc_i,\ r_j,\ r_k \Rightarrow r_m$$

Se o código de condição cc_i combinar com LT, então o valor de r_j é copiado para r_m. Caso contrário, o valor de r_k é copiado para r_m. A operação de movimentação condicional normalmente é executada em um único ciclo. Isto leva a um código mais rápido, permitindo que o compilador evite desvios.

A movimentação condicional retém a principal vantagem do uso de códigos de condição — evitar uma comparação quando uma operação anterior já tiver definido o código de condição. Como vemos na Figura 7.9a, isto permite que o compilador codifique operações condicionais simples com desvios. Aqui, o compilador avalia especulativamente as duas adições, e usa a movimentação condicional para a atribuição final. Isto é seguro, desde que nenhuma adição possa gerar uma exceção.

Se o compilador tiver valores para true e false em registradores, digamos r_T e r_F respectivamente, então pode usar a movimentação condicional para converter o código de condição em um booleano. A Figura 7.9b usa esta estratégia. Ela compara a e b e coloca o resultado booleano em r_1; calcula o booleano para c < d em r_2; e o resultado final como a conjunção lógica (and) de r_1 e r_2.

Comparações booleanas

Este esquema evita totalmente os códigos de condição. O operador de comparação retorna um valor booleano em um registrador. O desvio condicional toma esse resultado como um argumento que determina seu comportamento.

As comparações booleanas não ajudam com o código na Figura 7.9a. O código é equivalente ao esquema de código de condição direto. Ele exige comparações, desvios e saltos para avaliar a construção if-then-else.

A Figura 7.9b mostra a força deste esquema. A comparação booleana permite que o código avalie o operador relacional sem um desvio e sem converter os resultados da comparação para valores booleanos. A representação uniforme dos valores booleanos e relacionais leva a um código conciso e eficiente para este exemplo.

Um ponto fraco deste modelo é que exige comparações explícitas. Embora os modelos de código de condição às vezes possam evitar a comparação, tratando de definir o código de condição apropriado com uma operação aritmética anterior, o modelo de comparação booleana sempre precisa de uma comparação explícita.

Execução predicada

As arquiteturas que dão suporte à *execução predicada* permitem que o compilador evite alguns desvios condicionais. Na ILOC, escrevemos uma instrução predicada incluindo uma expressão predicada antes da instrução. Para lembrar o leitor da finalidade do predicado, vamos delimitá-lo por parênteses e usar um ponto de interrogação depois. Por exemplo,

$$(r_{17})\ ?\ add\quad r_a, r_b\quad \Rightarrow r_c$$

indica uma operação de adição (r_a+r_b) que é executada se, e somente se, r_{17} contiver true.

O exemplo na Figura 7.9a mostra a força da execução predicada. O código é simples e conciso, e gera dois predicados, r_1 e r_2, que são utilizados para controlar o código

Execução predicada
Um recurso arquitetural em que algumas operações tomam um operando booleano que determina se a operação tem efeito ou não.

nas partes `then` e `else` da construção fonte. Na Figura 7.9b, a predicação leva ao mesmo código do esquema de comparação booleana.

O processador pode usar a predicação para evitar a execução da operação, ou pode executar a operação e usar o predicado para evitar a atribuição do resultado. Desde que a operação ociosa não levante uma exceção, as diferenças entre essas duas técnicas são irrelevantes para a nossa discussão. Nossos exemplos mostram as operações exigidas para produzir tanto o predicado quanto seu complemento. Para evitar a computação extra, um processador poderia fornecer comparações que retornam dois valores, tanto o valor booleano quanto seu complemento.

> **REVISÃO DA SEÇÃO**
>
> A implementação de operadores booleanos e relacionais envolve mais escolhas do que a implementação dos operadores aritméticos. O construtor de compiladores precisa escolher entre uma codificação numérica e uma posicional. O compilador precisa mapear essas decisões no conjunto de operações fornecidas pela ISA do processador-alvo.
>
> Na prática, os compiladores escolhem entre a codificação numérica e a posicional com base no contexto. Se o código utiliza o valor, a codificação numérica é necessária. Se o único uso do valor é determinar o fluxo de controle, a codificação posicional normalmente produz melhores resultados.

> **QUESTÕES DE REVISÃO**
> 1. Se o compilador atribui o valor zero para false, quais são os méritos relativos de cada um dos seguintes valores para true? Um? Qualquer número diferente de zero? Uma palavra composta totalmente por 'uns'?
> 2. Como o esquema de geração de código por percurso em árvore poderia ser adaptado para gerar código posicional para expressões booleanas e relacionais? Você pode usar a avaliação em curto-circuito no seu método?

7.5 ARMAZENAMENTO E ACESSO A ARRAYS

Até aqui, consideramos que as variáveis armazenadas na memória contêm valores escalares. Muitos programas precisam de arrays ou estruturas semelhantes. O código exigido para localizar e referenciar um elemento de um array é surpreendentemente complexo. Esta seção mostra vários esquemas para dispor arrays na memória e descreve o código que cada esquema produz para uma referência de array.

7.5.1 Referência a um elemento de vetor

A forma mais simples de um array tem uma única dimensão; vamos chamá-la de *vetor*. Vetores normalmente são armazenados em memória contígua, de modo que o *i*-ésimo elemento precede o (*i* + 1)-ésimo elemento. Assim, o vetor V[3...10] gera o seguinte layout de memória, no qual o número abaixo de uma célula indica seu índice no vetor:

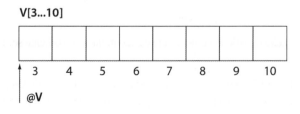

Quando o compilador encontra uma referência, como V[6], precisa usar o índice no vetor, junto com fatos disponíveis a partir da declaração de V, a fim de gerar um deslocamento para V[6]. O endereço real é então calculado como a soma do deslocamento e de um ponteiro para o início de V, que escrevemos como @V.

Como exemplo, suponha que V tenha sido declarado como V*[low...high]*, onde *low* e *high* são os limites inferior e superior do vetor. Para traduzir a referência V[i], o compilador precisa de um ponteiro para o início do armazenamento para V e do deslocamento do elemento i dentro de V. O deslocamento é simplesmente $(i - low) \times w$, onde *w* é o tamanho de um único elemento de V. Assim, se *low* é 3, i é 6, e *w* é 4; o deslocamento é $(6 - 3) \times 4 = 12$. Supondo que r_i armazene o valor de i, o fragmento de código a seguir calcula o endereço de V[i] em r_3 e carrega seu valor em r_V:

```
loadI   @V         ⇒ r_@v    // obtém endereço de V
subI    r_i, 3     ⇒ r_1     // (deslocamento-limite inferior)
multI   r_1, 4     ⇒ r_2     // x tamanho do elemento (4)
add     r_@v, r_2  ⇒ r_3     // endereço de V[i]
load    r_3        ⇒ r_V     // valor de V[i]
```

Observe que a simples referência V[i] introduz três operações aritméticas. O compilador pode melhorar essa sequência. Se *w* for uma potência de dois, a multiplicação pode ser substituída por um shift aritmético; muitos tipos básicos em linguagens de programação reais têm esta propriedade. A soma do endereço e do deslocamento parece ser inevitável; talvez isto explique por que a maioria dos processadores inclui um modo de endereçamento que usa um endereço de base e um deslocamento e acessa o local em endereço de base + deslocamento. Na ILOC, escrevemos isso como loadAO.

```
loadI   @V         ⇒ r_@v    // obtém endereço de V
subI    r_i, 3     ⇒ r_1     // (deslocamento-limite inferior)
lshiftI r_1, 2     ⇒ r_2     // x tamanho do elemento (4)
loadAO  r_@v, r_2  ⇒ r_V     // valor de V[i]
```

O uso do limite inferior zero elimina a subtração. Se o compilador souber o limite inferior de V, pode incorporar a subtração em @V. Ao invés de usar @V como endereço de base para V, pode usar $V_0 = @V - low \times w$. Chamamos @V de *falso zero* de V.

Falso zero
O falso zero de um vetor **V** é o endereço onde V[0] estaria.
Em múltiplas dimensões, este é o local de um zero em cada dimensão.

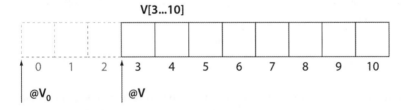

Usando $@V_0$ e supondo que i esteja em r_i, o código para acessar V[i] torna-se

```
loadI   @V0            ⇒ r_@v   // obtém endereço de V
lshiftI r_i, 2         ⇒ r_1    // x tamanho do elemento (4)
loadAO  r_@v_0, r_1    ⇒ r_V    // valor de V[i]
```

Este código é mais curto e, supostamente, mais rápido. Um bom programador em linguagem assembly poderia escrevê-lo. Em um compilador, a sequência maior pode produzir melhores resultados pela exposição de detalhes, como a multiplicação e a adição, para a otimização. Melhorias de baixo nível, como converter a multiplicação em um shift e a conversão da sequência `add-load` por `loadAO`, podem ser feitas mais tarde na compilação.

Se o compilador não souber os limites de um array, ele pode calcular o falso zero do array em tempo de execução e reutilizar esse valor em cada referência ao array. Pode, ainda, calcular o falso zero na entrada para um procedimento que referencia elementos do array várias vezes. Uma estratégia alternativa, empregada em linguagens como C, força o uso de zero como um limite inferior, o que garante que @V_0=@V e simplifica todos os cálculos de endereço de array. Porém, a atenção aos detalhes no compilador pode conseguir os mesmos resultados sem restringir a escolha de um limite inferior pelo programador.

7.5.2 Layout de armazenamento de array

O acesso a um elemento de um array multidimensional exige mais trabalho. Antes de discutir as sequências de código que o compilador precisa gerar, temos que considerar como ele mapeará índices de array para locais de memória. A maioria das implementações usa um de três esquemas: *ordem por linhas*, *ordem por colunas* ou *vetores de indireção*. A definição da linguagem-fonte normalmente especifica um desses mapeamentos.

O código exigido para acessar um elemento de array depende do modo como o array é mapeado na memória. Considere o array A[1...2,1...4]. Conceitualmente, ele se parece com:

	1,1	1,2	1,3	1,4
A	2,1	2,2	2,3	2,4

Na álgebra linear, a *linha* de uma matriz bidimensional é a sua primeira dimensão, e a *coluna* é a segunda. Na ordem por linhas, os elementos de A são mapeados para locais de memória consecutivos, de modo que elementos adjacentes de uma única linha ocupam locais de memória consecutivos. Isto produz o seguinte layout:

| 1,1 | 1,2 | 1,3 | 1,4 | 2,1 | 2,2 | 2,3 | 2,4 |

O aninhamento de laço a seguir mostra o efeito da ordem por linhas sobre os padrões de acesso à memória:

```
for i ← 1 to 2
  for j ← 1 to 4
    A[i,j] ← A[i,j] + 1
```

Na ordem por linhas, a instrução de atribuição percorre a memória em ordem sequencial, começando com A[1,1], A[1,2], A[1,3], seguindo até A[2,4]. Este acesso sequencial funciona bem com a maioria das hierarquias de memória. Mover o laço i para dentro do laço j, resulta em uma sequência de acesso que salta entre as linhas, acessando A[1,1], A[2,1], A[1,2], ..., A[2,4]. Para um array pequeno, como A, isto não é um problema. Para arrays que são maiores que a cache, a falta de acesso sequencial poderia produzir um desempenho fraco na hierarquia de memória. Em regra, a ordem por linhas produz acesso sequencial quando o subscrito mais à direita, j neste exemplo, varia mais rápido.

FORTRAN usa a ordem por colunas.

A alternativa óbvia à ordem por linhas é a ordem por colunas, que mantém as colunas de A em locais contíguos, produzindo o seguinte layout:

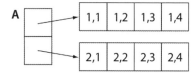

A ordem por colunas produz acesso sequencial quando o subscrito mais à esquerda varia mais rapidamente. Em nosso laço duplamente aninhado, ter o laço i na posição externa produz aceso não sequencial, enquanto movê-lo para a posição interna produziria o acesso sequencial.

Uma terceira alternativa, não tão óbvia, tem sido usada em diversas linguagens. Este esquema usa vetores de indireção para reduzir todos os arrays multidimensionais a um conjunto de vetores. Para o nosso array A, produziria:

Cada linha tem seu próprio armazenamento contíguo. Dentro de uma linha, os elementos são endereçados como em um vetor. Para permitir o endereçamento sistemático dos vetores de linha, o compilador aloca um vetor de ponteiros e o inicializa de modo apropriado. Um esquema semelhante pode criar vetores de indireção em ordem por colunas.

Os vetores de indireção parecem simples, mas introduzem sua própria complexidade. Primeiro, exigem mais armazenamento do que qualquer um dos esquemas de armazenamento contíguos, conforme apresentado graficamente na Figura 7.10. Segundo, exigem que a aplicação inicialize, em tempo de execução, todos os ponteiros de indireção. Uma vantagem do método de vetor de indireção é que permite a fácil implementação de arrays irregulares, ou seja, arrays nos quais o tamanho da última dimensão varia.

Cada um desses esquemas tem sido usado em uma linguagem de programação popular. Para linguagens que armazenam arrays usando o armazenamento contíguo, a ordem por linhas tem sido a escolha típica; a única exceção digna de nota é FORTRAN, que usa a ordem por colunas. Tanto BCPL quanto Java admitem vetores de indireção.

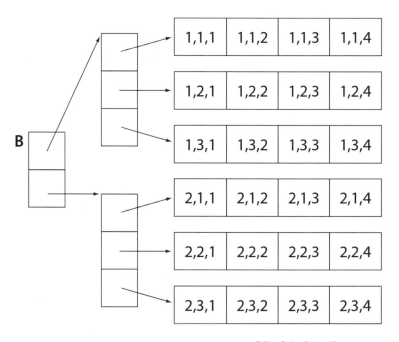

■ **FIGURA 7.10** Vetores de indireção em ordem por linhas para B[1...2,1...3,1...4].

7.5.3 Referência a um elemento de array

Programas que usam arrays normalmente contêm referências a seus elementos individuais. Assim como para os vetores, o compilador precisa traduzir uma referência de array em um endereço de base para o armazenamento do array e um deslocamento onde o elemento é localizado em relação ao endereço inicial.

Esta seção descreve os cálculos de endereço para arrays armazenados como um bloco contíguo em ordem por linhas e como um conjunto de vetores de indireção. Os cálculos para a ordem por colunas seguem o mesmo esquema básico daqueles para a ordem por linhas, com as dimensões invertidas. Deixamos essas equações para o leitor derivar.

Ordem por linhas

Nesta ordem, o cálculo de endereço precisa encontrar o início da linha e depois gerar um deslocamento dentro dela como se fosse um vetor. Estendendo a notação que usamos para descrever os limites de um vetor, acrescentamos subscritos a *low* e *high* que especificam uma dimensão. Assim, low_1 refere-se ao limite inferior da primeira dimensão, e $high_2$ ao limite superior da segunda dimensão. Em nosso exemplo A[1...2,1...4], low_1 é 1 e $high_2$ é 4.

Para acessar o elemento A[i,j], o compilador precisa emitir código que calcula o endereço da linha i, acompanhado do deslocamento para o elemento j, que sabemos da Seção 7.5.1 que $(j - low_2) \times w$. Cada linha contém quatro elementos, calculados como $high_2 - low_2 + 1$, onde $high_2$ é a coluna de número mais alto e low_2 a de número mais baixo — os limites superior e inferior da segunda dimensão de A. Para simplificar a exposição, seja $len_k = high_k - low_k + 1$, o tamanho da dimensão k. Como as linhas são dispostas consecutivamente, a linha i começa em $(i - low_1) \times len_2 \times w$ a partir do início de A. Isto sugere o cálculo de endereço:

$$@A + (i - low_1) \times len_2 \times w + (j - low_2) \times w$$

Substituindo os valores reais para i, j, *low1*, *high2*, *low2* e *w*, descobrimos que A[2,3] se encontra no deslocamento:

$$(2 - 1) \times (4 - 1 + 1) \times 4 + (3 - 1) \times 4 = 2$$

a partir de A[1,1] (supondo que @A aponte para A[1,1], no deslocamento 0). Examinando A na memória, descobrimos que o endereço de A[1,1] + 24 é, na verdade, o de A[2,3].

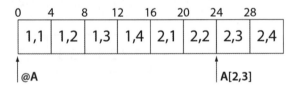

No caso do vetor, pudemos simplificar o cálculo quando os limites superior e inferior eram conhecidos em tempo de compilação. A aplicação da mesma álgebra para criar um falso zero no caso bidimensional produz:

$$@A + (i - len_2 \times w) - (low_1 \times len_2 \times w) + (j \times w) - (low_2 \times w) \text{, ou}$$

$$@A + (i - len_2 \times w) + (j \times w) - (low_1 \times len_2 \times w + low_2 \times w)$$

O último termo, $(low_1 \times len_2 \times w + low_2 \times w)$, é independente de i e j, de modo que pode ser fatorado diretamente para o endereço de base:

$$@A_0 = @A - (low_1 \times len_2 \times w + low_2 \times w) = @A - 20$$

Agora, a referência de array é simplesmente:

$$@A_0 + i \times \times len_2 \times \times w + j \times \times w$$

Finalmente, podemos refatorar e mover o *w* para fora, evitando uma multiplicação irrelevante:

$$@A_0 + (i \times \times len_2 \times + j) \times w$$

Para o endereço de A[2,3], isto é avaliado como:

$$@A_0 + (2 \times \times 4 + 3) \times 4 = @A_0 + 44$$

Como @A_0 é exatamente @A−20, isto é equivalente a @A−20+44=@A+24, o mesmo local encontrado com a versão original do endereço de array polinomial.

Se considerarmos que i e j estão em r_i e r_j, e que len_2 é uma constante, essa forma polinomial leva à seguinte sequência de código:

```
loadI    @A₀              ⇒ r_@A₀    //base ajustada para A
         r_i, len₂         ⇒ r_1     // i × len₂
add      r_1, r_j          ⇒ r_2     // + j
multI    r_2, 4            ⇒ r_3     // x tamanho do elemento(4)
loadAO   r_@A₀, r_3        ⇒ r_a     // valor de A[i,j]
```

Rvalue
Uma expressão avaliada como um valor é um *rvalue*.

Lvalue
Uma expressão avaliada como um local é um *lvalue*.

Desta forma, reduzimos o cálculo a duas multiplicações e duas adições (uma no loadAO). A segunda multiplicação pode ser reescrita como um shift.

Se o compilador não tiver acesso aos limites do array, deve calcular o falso zero em tempo de execução ou usar a forma polinomial mais complexa que inclui as subtrações que ajustam limites inferiores. A primeira opção pode ser lucrativa se os elementos do array forem acessados várias vezes em um procedimento; calcular o falso zero na entrada do procedimento permite que o código use o cálculo de endereço menos dispendioso. O cálculo mais complexo só faz sentido se o array for acessado com pouca frequência.

As ideias por trás do cálculo de endereço para os arrays com duas dimensões podem ser generalizadas para arrays de dimensão maior. O polinômio de endereço para um array armazenado em ordem por colunas pode ser obtido de modo semelhante. As otimizações que aplicamos para reduzir o custo dos cálculos de endereço aplicam-se igualmente bem aos polinômios de endereço para esses outros tipos de arrays.

Vetores de indireção

O uso destes vetores simplifica o código gerado para acessar um elemento individual. Como a dimensão mais externa é armazenada como um conjunto de vetores, a etapa final se parece com o acesso de vetor descrito na Seção 7.5.1. Para B[i,j,k], a etapa final calcula um deslocamento a partir de k, o limite inferior da dimensão mais externa, e o *tamanho* de um elemento para B. As etapas preliminares derivam o endereço inicial para esse vetor seguindo os ponteiros apropriados por meio da estrutura de vetor de indireção.

Assim, para acessar o elemento B[i,j,k] no array B, apresentado na Figura 7.10, o compilador usa @B_0, i e o tamanho de um ponteiro para encontrar o vetor para o subarray B[i,*,*]. Em seguida, usa este resultado, junto com j e o tamanho de um ponteiro, para encontrar o vetor para o subarray B[i,j,*]. Finalmente, usa este endereço de base no cálculo do endereço de vetor com k e o tamanho do elemento *w* para encontrar o endereço de B[i,j,k].

Se os valores atuais para i, j e k existem nos registradores r_i, r_j e r_k, respectivamente, e @B_0 é o endereço ajustado em zero da primeira dimensão, então B[i,j,k] pode ser referenciado da seguinte forma:

```
loadI    @B₀           ⇒ r@B₀   // falso zero de B

multI    rᵢ,4          ⇒ r₁     // considerando ponteiro de 4 bytes

loadA0   r@B₀, r₁      ⇒ r₂     // obtém @B[i,*,*]

multI    rⱼ,4          ⇒ r₃     // ponteiro de 4 bytes

loadA0   r₂, r₃        ⇒ r₄     // obtém @B[i,j,*]

multI    rₖ,4          ⇒ r₅     // considerando tamanho de elemento = 4

loadA0   r₄, r₅        ⇒ rᵦ     // obtém @B[i,j,k]
```

Este código assume que os ponteiros na estrutura de indireção já foram ajustados para considerar os limites inferiores diferentes de zero. Se este não for o caso, então os valores em r_j e r_k devem ser decrementados pelos limites inferiores correspondentes. As multiplicações podem ser substituídas por shifts neste exemplo.

Usando vetores de indireção, a referência exige apenas duas operações por dimensão. Esta propriedade tornou o esquema de vetor de indireção eficiente em sistemas nos quais o acesso à memória é rápido em relação à aritmética — por exemplo, na maioria dos sistemas antes de 1985. À medida que o custo dos acessos à memória aumentou em relação à aritmética, este esquema perdeu sua vantagem em velocidade.

Em máquinas baseadas em cache, a localidade é crítica para o desempenho. Quando os arrays crescem para se tornar muito maiores do que a cache, a ordem de armazenamento afeta a localidade. Os esquemas de armazenamento em ordem por linhas e por colunas produzem boa localidade para algumas operações baseadas em array. As propriedades de localidade de um array implementado com vetores de indireção são mais difíceis para o compilador prever e, talvez, otimizar.

Acesso a parâmetros com valor de array

Quando um array é passado como parâmetro, a maior parte das implementações o passa por referência. Mesmo em linguagens que usam a chamada por valor para todos os outros parâmetros, os arrays normalmente são passados por referência. Considere o mecanismo exigido para passar um array por valor. O chamador precisaria copiar o valor de cada elemento de array para o registro de ativação do procedimento chamado. A passagem do array como um parâmetro por referência pode reduzir bastante o custo de cada chamada.

Se o compilador tiver que gerar referências de array no procedimento chamado, precisará de informações sobre as dimensões do array que está vinculado ao parâmetro. Em FORTRAN, por exemplo, o programador precisa declarar o array usando constantes ou outros parâmetros formais para especificar suas dimensões. Assim, esta linguagem dá ao programador a responsabilidade por passar ao procedimento chamado as informações de que precisa para endereçar corretamente um parâmetro array.

Outras linguagens deixam a tarefa de coletar, organizar e passar as informações necessárias para o compilador. O compilador constrói um descritor que contém tanto um ponteiro para o início do array quanto a informação necessária para cada dimensão. O descritor tem tamanho conhecido, mesmo quando o tamanho do array não pode ser conhecido em tempo de compilação. Assim, o compilador pode alocar espaço para o descritor no AR do procedimento chamado. O valor passado no slot de parâmetro do array é um ponteiro para esse descritor, chamado *vetor dopado*.

Quando o compilador gera uma referência a um parâmetro array formal, precisa extrair a informação do vetor dopado. Ele gera o mesmo polinômio de endereço que usaria para uma referência a um array local, carregando valores do vetor dopado conforme a necessidade. O compilador precisa decidir, por uma questão de política, qual forma de polinômio de endereço usará. Com o polinômio de endereço simples, o vetor dopado contém um ponteiro para o início do array, o limite inferior de cada dimensão e os tamanhos de todas as dimensões, menos uma. Com o polinômio de endereço baseado no falso zero, a informação de limite inferior é desnecessária. Por poder compilar os procedimentos chamador e chamado separadamente, o compilador precisa ser consistente em sua decisão. Na maior parte dos casos, o código para construir o vetor dopado real pode ser movido do local de chamada e colocado no código de prólogo do chamador. Para uma chamada dentro de um laço, esse movimento reduz o overhead da chamada.

Vetor dopado
Descritor para um parâmetro real com valor de array. Vetores dopados também podem ser usados para arrays cujos limites são determinados em tempo de execução.

Um procedimento poderia ser chamado a partir de vários locais de chamada, cada um passando um array diferente. O procedimento `main` em PL/I da Figura 7.11a contém duas chamadas ao procedimento `fee`. A primeira passa o array x, enquanto a segunda passa y. Dentro de `fee`, o parâmetro real (x ou y) está ligado ao parâmetro formal A. O código em `fee` para uma referência a A precisa de um vetor dopado para descrever o parâmetro real. A Figura 7.11b mostra os respectivos vetores dopados para os dois locais de chamada, com base na versão de falso zero do polinômio de endereço.

```
program main;
  begin;
    declare x(1:100,1:10,2:50),
      y(1:10,1:10,15:35) float;
    ...
    call fee(x)
    call fee(y);
  end main;

  procedure fee(A)
    declare A( *,*,*) float;
    begin;
      declare x float;
      declare i, j, k fixed binary;
      ...
      x = A(i,j,k);
      ...
    end fee;
```

Na primeira chamada:
A → | @x₀ | 100 | 10 | 49 |

Na segunda chamada:
A → | @y₀ | 10 | 10 | 21 |

(a) Código que passa arrays completos   (b) Vetores dopados para os locais de chamada

■ **FIGURA 7.11** Vetores dopados.

Observe que o custo de acessar um parâmetro com valor de array ou um array de tamanho dinâmico é maior do que o custo de acessar um array local com limites fixos. Na melhor das hipóteses, o vetor dopado introduz referências de memória adicionais para acessar as entradas relevantes. Na pior, ele impede que o compilador realize otimizações que se baseiam no conhecimento completo de uma declaração de array.

7.5.4 Verificação de limites (range)

A maior parte das definições de linguagens de programação pressupõe, explícita ou implicitamente, que um programa se refere apenas a elementos de array dentro dos limites definidos de um array. Um programa que referencia um elemento fora dos limites, por definição, não está bem formado. Algumas linguagens (por exemplo, Java e Ada) exigem que os acessos fora dos limites sejam detectados e relatados. Em outras, os compiladores incluíram mecanismos opcionais para detectar e relatar esses acessos.

A implementação mais simples da *verificação de limites (range checking)* insere um teste antes de cada referência de array. O teste verifica se cada valor de índice se encontra dentro da faixa válida para a dimensão em que é usado. Em um programa com uso intenso de arrays, o overhead dessas verificações pode ser significativo. Muitas melhorias sobre este esquema simples são possíveis. A alternativa menos dispendiosa é provar, no compilador, que uma determinada referência não pode gerar uma referência fora dos limites.

Se o compilador pretender inserir verificações de limites para parâmetros com valor de array, pode ter que incluir informações adicionais nos vetores dopados. Por exemplo, se o compilador utiliza o polinômio de endereço baseado no falso zero do array, tem informações de tamanho para cada dimensão, mas não de limite superior e inferior. Ele pode realizar um teste impreciso verificando o deslocamento contra o tamanho global do array. Porém, para realizar um teste preciso, precisa incluir os limites superior e inferior para cada dimensão no vetor dopado e testar cada um deles.

Quando o compilador gera o código de runtime para a verificação de limites, insere muitas cópias do código para relatar um subscrito fora dos limites. Os compiladores otimizadores normalmente contêm técnicas que melhoram o código de verificação de limites. As verificações podem ser combinadas. E podem ser movidas para fora dos laços. Pode-se provar que elas são redundantes. Juntas, essas otimizações podem reduzir bastante o overhead da verificação de limites.

REVISÃO DA SEÇÃO

As implementações de linguagem de programação armazenam arrays em diversos formatos. Os principais são arrays contíguos em ordem por linhas ou por colunas e arrays disjuntos usando vetores de indireção. Cada formato tem uma fórmula distinta para calcular o endereço de determinado elemento. Os polinômios de endereço para arrays contíguos podem ser otimizados com uma álgebra simples, para reduzir seus custos de avaliação.

Os parâmetros passados como arrays exigem cooperação entre o procedimento chamador e o chamado. O chamador precisa criar um vetor dopado para manter as informações que o procedimento chamado requer. Os procedimentos chamador e chamado devem concordar quanto ao formato do vetor dopado.

QUESTÕES DE REVISÃO

1. Para um array bidimensional A armazenado em ordem por colunas, escreva o polinômio de endereço para a referência `A[i,j]`. Suponha que A seja declarado com as dimensões $(l_1 : h_1)$ e $(l_2 : h_2)$ e que os elementos de A ocupam w bytes.

2. Dado um array de inteiros com dimensões `A[0:99,0:89,0:109]`, quantas palavras de memória são usadas para representar A como um array compacto em ordem por linhas? Quantas palavras são necessárias para representar A usando vetores de indireção? Suponha que ponteiros e inteiros exijam uma palavra cada.

7.6 STRINGS DE CARACTERES

As operações que as linguagens de programação oferecem para dados de caractere são diferentes daquelas fornecidas para dados numéricos. O nível de suporte da linguagem de programação para strings de caracteres varia do nível de suporte da linguagem C, na qual a maior parte da manipulação toma a forma de chamadas para rotinas de biblioteca, até o nível de suporte da PL/I, na qual a linguagem oferece mecanismos de primeira classe para atribuir caracteres individuais, especificar substrings quaisquer e concatenar strings para formar novas strings. Para ilustrar os problemas que surgem na implementação de strings, esta seção discute a atribuição, concatenação e cálculo de tamanho de string.

As operações com strings podem ser muito dispendiosas. As arquiteturas CISC mais antigas, como S/370 da IBM e a VAX da DEC, oferecem bastante suporte para a manipulação de strings. Arquiteturas RISC modernas contam mais com o compilador para codificar essas operações complexas usando um conjunto de operações mais simples. A operação básica, copiar bytes de um local para outro, surge em muitos contextos diferentes.

7.6.1 Representações de string

O construtor de compiladores precisa escolher uma representação para strings; os detalhes desta representação têm forte impacto sobre o custo das operações de string. Para verificar este ponto, considere duas representações comuns de uma string b. A da esquerda é tradicional nas implementações C; usa um vetor de caracteres simples, com um caractere designado ('\0') servindo como terminador. O símbolo ƀ representa um espaço em branco. A representação da direita armazena o tamanho da string (8) junto com seu conteúdo. Muitas implementações de linguagem têm usado este método.

Terminador nulo   Campo de tamanho explícito

Se o campo de tamanho precisar de mais espaço do que o terminador nulo, então o armazenamento do tamanho aumentará um pouco o tamanho da string na memória. (Nossos exemplos consideram que o tamanho ocupa 4 bytes; na prática, poderia ser menor.) Todavia, o armazenamento do tamanho simplifica várias operações sobre strings. Se uma linguagem permitir que strings de tamanho variável sejam armazenadas dentro de uma alocada com algum tamanho fixo, o implementador também poderia armazenar o tamanho alocado com a string. O compilador pode usar o tamanho alocado para verificação de limites em runtime na atribuição e concatenação.

```
loadI      @b            ⇒ r_@b
cloadAI    r_@b, 2       ⇒ r_2
loadI      @a            ⇒ r_@a
cstoreAI   r_2           ⇒ r_@a, 1
```

7.6.2 Atribuição de strings

A atribuição de strings é conceitualmente simples. Em C, a atribuição do terceiro caractere de b ao segundo de a pode ser escrita como a[1] = b[2]. Em uma máquina com operações de memória com tamanho de caractere (cload e cstore), isto se traduz em um código simples, mostrado na margem. (Lembre-se de que o primeiro caractere em a é a[0], pois C usa zero como limite inferior de todos os arrays.)

Porém, se o hardware subjacente não admitir operações de memória orientadas a caractere, o compilador deve gerar um código mais complexo. Supondo que a e b comecem sobre fronteiras de palavra, que um caractere ocupa 1 byte e uma palavra ocupe 4 bytes, o compilador poderia emitir o seguinte código:

loadI	0x0000FF00	$\Rightarrow r_{c2}$	// máscara para 2º caractere
loadI	0xFF00FFFF	$\Rightarrow r_{c124}$	// máscara para caracteres 1, 2 & 4
loadI	@b	$\Rightarrow r_{@b}$	// endereço de b
load	$r_{@b}$	$\Rightarrow r_1$	// obtém 1ª palavra de b
and	r_1, r_{c2}	$\Rightarrow r_2$	// mascara outros
lshiftI	$r_2, 8$	$\Rightarrow r_3$	// move por 1 byte
loadI	@a	$\Rightarrow r_{@a}$	// endereço de a
load	$r_{@a}$	$\Rightarrow r_4$	// obtém 1ª palavra de a
and	r_4, r_{c124}	$\Rightarrow r_5$	// mascara 2º caractere
or	r_3, r_5	$\Rightarrow r_6$	// coloca no novo 2º caractere
store	r_6	$\Rightarrow r_{@a}$	// coloca de volta em a

Este código carrega a palavra que contém b[2], extrai o caractere, desloca-o para a posição, mascara-o para a posição apropriada na palavra que contém a[1] e armazena o resultado de volta ao local. Na prática, as máscaras que o código carrega em r_{c2} e r_{c124} provavelmente seriam guardadas em armazenamento inicializado estaticamente ou calculadas. A complexidade adicional dessa sequência de código pode explicar por que as operações load e store orientadas a caractere são comuns.

O código é semelhante para strings maiores. PL/I tem um operador de atribuição de string. O programador pode escrever uma instrução como a = b; onde a e b foram declaradas como strings de caracteres. Suponha que o compilador use a representação de tamanho explícito. O laço simples a seguir moverá os caracteres em uma máquina com operações cload e cstore orientadas a byte.

	loadI	@b	$\Rightarrow r_{@b}$	
	loadAI	$r_{@b}, -4$	$\Rightarrow r_1$	// obtém tamanho de b
	loadI	@a	$\Rightarrow r_{@a}$	
a = b;	loadAI	$r_{@a}, -4$	$\Rightarrow r_2$	// obtém tamanho de a
	cmp_LT	r_2, r_1	$\Rightarrow r_3$	// b caberá em a?
	cbr	r_3	$\rightarrow L_{sov}, L_1$	// gera estouro (overflow)
L_1:	loadI	0	$\Rightarrow r_4$	// contador
	cmp_LT	r_4, r_1	$\Rightarrow r_5$	// mais para copiar?
	cbr	r_5	$\rightarrow L_2, L_3$	
L_2:	cloadAO	$r_{@b}, r_4$	$\Rightarrow r_6$	// obtém caractere de b
	cstoreAO	r_6	$\Rightarrow r_{@a}, r_4$	// coloca em a
	addI	$r_4, 1$	$\Rightarrow r_4$	// incrementa deslocamento
	cmp_LT	r_4, r_1	$\Rightarrow r_7$	// mais para copiar?
	cbr	r_7	$\rightarrow L_2, L_3$	
L_3:	storeAI	r_1	$\Rightarrow r_{@a}, -4$	// define tamanho

Observe que este código testa os tamanhos de a e b para evitar estourar a. (Com representação de tamanho explícita, o overhead é pequeno.) O rótulo L_{sov} representa um tratador de erro em tempo de execução para condições de estouro de string (string overflow).

Em C, que usa a terminação nula para strings, a mesma atribuição seria escrita como um laço de cópia de caracteres:

```
                         loadI     @b      ⇒ r_@b     // obtém ponteiros
                         loadI     @a      ⇒ r_@a
                         loadI     NULL    ⇒ r_1      // terminador
                         cload     r_@b    ⇒ r_2      // obtém próximo caractere
t_1 = a;
t_2 = b;           L_1:  cstore    r_2     ⇒ r_@a     // armazena-o
do {                     addI      r_@b,1  ⇒ r_@b     // avança ponteiros
  *t_1++ = *t_2++;
} while (*t_2 != '\0')   addI      r_@a,1  ⇒ r_@a
                         cload     r_@b    ⇒ r_2      // obtém próximo caractere
                         cmp_NE    r_1,r_2 ⇒ r_4
                         cbr       r_4     → L_1,L_2
                   L_2:  nop                          // próxima instrução
```

Se a máquina-alvo admite autoincremento sobre operações `load` e `store`, os dois `add`s no laço podem ser realizados nas operações `cload` e `cstore`, o que reduz o laço a quatro operações. (Lembre-se de que C foi implementada originalmente no PDP/11 da DEC, que admitia o pós-incremento automático.)

Sem o autoincremento, o compilador geraria um código melhor usando `cloadAO` e `cstoreAO` com um deslocamento comum. Esta estratégia só usaria uma operação `add` dentro do laço.

Para conseguir uma execução eficiente para strings longas alinhadas por palavra, o compilador pode gerar código que usa loads e stores de palavra completa, seguido por um laço orientado a caractere para tratar de quaisquer caracteres restantes ao final da string.

Se o processador não tiver operações de memória orientadas a caractere, o código será mais complexo. O compilador poderia substituir o load e o store no corpo do laço por uma generalização do esquema para mascarar e deslocar caracteres isolados mostrados na atribuição de único caractere. O resultado é um laço funcional, porém feio, que exige muito mais instruções para copiar b para a.

As vantagens dos laços orientados a caractere são a simplicidade e a generalidade. Este tipo de laço trata dos casos incomuns, porém complexos, como a sobreposição de substrings e strings com diferentes alinhamentos. A desvantagem é sua ineficiência em relação a um laço que move blocos de memória maiores em cada iteração. Na prática, o compilador poderia muito bem chamar uma rotina de biblioteca cuidadosamente otimizada para implementar os casos não triviais.

7.6.3 Concatenação de strings

Concatenação é simplesmente uma abreviação para uma sequência de uma ou mais atribuições. E pode ter duas formas básicas: anexar a string b à string a, e criar uma nova string que contém a seguida imediatamente por b.

O primeiro caso é um cálculo de tamanho seguido por uma atribuição. O compilador emite código para determinar o tamanho de a. Se o espaço permitir, ele realiza uma atribuição de b ao espaço que vem imediatamente após o conteúdo de a. (Se não houver espaço suficiente, o código gera um erro em tempo de execução.) O segundo caso exige a cópia de cada caractere em a e cada caractere em b. O compilador trata a concatenação como um par de atribuições e gera código para as atribuições.

De qualquer forma, o compilador deve garantir que haja espaço suficiente alocado para manter o resultado. Na prática, ou o compilador ou o sistema de runtime deve conhecer o tamanho alocado de cada string. Se o compilador souber esses tamanhos, poderá realizar a verificação durante a geração de código e evitar a verificação em tempo de execução. Em casos em que o compilador não pode saber os tamanhos de a e b, ele deve gerar código para calcular os tamanhos em tempo de execução e realizar o teste apropriado: o desvio.

7.6.4 Tamanho de string

Os programas que manipulam strings normalmente precisam calcular o tamanho de uma string de caracteres. Nos programas em C, a função strlen da biblioteca padrão toma uma string como seu argumento e retorna o tamanho dela, expresso como um inteiro. Em PL/I, a função interna length realiza a mesma função. As duas representações de string descritas anteriormente levam a custos radicalmente diferentes para o cálculo do tamanho.

1. *String terminada em nulo.* O cálculo de tamanho deve começar no início da string e examinar cada caractere, em ordem, até que alcance o nulo. O código é semelhante ao laço de cópia de caracteres em C, e exige tempo proporcional ao tamanho da string.
2. *Campo de tamanho explícito.* O cálculo de tamanho é uma referência de memória. Em ILOC, isto se torna um loadI do endereço inicial da string para um registrador, seguido por um loadAI para obter o tamanho. O custo é constante e pequeno.

O compromisso entre essas representações é simples. O terminador nulo economiza uma pequena quantidade de espaço, mas exige mais código e mais tempo para o cálculo do tamanho. Um campo de tamanho explícito custa uma palavra a mais por string, mas faz com que o cálculo do tamanho tome um tempo constante.

Um exemplo clássico de um problema de otimização de string é encontrar o tamanho que resultaria da concatenação de duas strings, a e b. Em uma linguagem com operadores de string, isto poderia ser escrito como length(a+b), onde + significa concatenação. Esta expressão tem duas implementações óbvias: construir a string concatenada e calcular seu tamanho (strlen(strcat(a,b)) em C) ou somar os tamanhos de a e b (strlen(a)+strlen(b) em C). A segunda solução, naturalmente, é desejada. Com um campo de tamanho explícito, a operação pode ser otimizada para usar dois loads e um add.

REVISÃO DA SEÇÃO

Em princípio, as operações de string são semelhantes a operações sobre vetores. Os detalhes da representação de string e as complicações introduzidas por questões de alinhamento e o desejo de eficiência podem complicar o código que o compilador deve gerar. Laços simples que copiam um caractere por vez são fáceis de gerar, entender e provar serem corretos. Laços mais complexos, que movem vários caracteres por iteração, podem ser mais eficientes; o custo desta eficiência é código adicional para lidar com os casos de fim. Muitos compiladores simplesmente lançam mão de uma rotina de cópia de string fornecida pelo sistema, como as rotinas strcpy ou memmove do Linux, para os casos complexos.

QUESTÕES DE REVISÃO

1. Escreva o código ILOC para a atribuição de string a ← b usando loads e stores com tamanho de palavra. (Use loads e stores com tamanho de caractere em um laço subsequente para limpar os casos de fim.) Suponha que a e b sejam alinhados por palavra e não se sobreponham.
2. Como seu código muda se a e b forem alinhados por caractere ao invés de por palavra? Que complicações as strings sobrepostas introduziriam?

7.7 REFERÊNCIAS DE ESTRUTURA

A maior parte das linguagens de programação fornece um mecanismo para agregar dados em uma estrutura. A estrutura C é típica; agrega elementos com nomes individuais, normalmente de tipos diferentes. Uma implementação de lista, em C, poderia, por exemplo, usar a seguinte estrutura para criar listas de inteiros:

```
struct node      {
  int value;
  struct node * next;
};

struct node NILNode = { 0, (struct node*) 0 };
struct node  * NIL  =   & NILNode;
```

Cada `node` contém um único inteiro e um ponteiro para outro nó. As declarações finais criam um nó, `NILNode`, e um ponteiro, `NIL`. Eles inicializam `NILNode` com o valor zero e um ponteiro `next` ilegal, e definem `NIL` para que aponte para `NILNode`. (Os programas normalmente utilizam um ponteiro designado `NIL` para indicar o final de uma lista.) A introdução de estruturas e ponteiros cria dois problemas distintos para o compilador: *valores anônimos* e *layout de estrutura*.

7.7.1 Entendendo layouts de estrutura

Quando o compilador emite código para referências de estrutura, precisa conhecer o endereço inicial da estrutura e o deslocamento e o tamanho de cada elemento da estrutura. Para manter estes fatos, o compilador pode construir uma tabela separada de layouts de estrutura. Esta tabela de tempo de compilação precisa incluir o nome textual para cada elemento da estrutura, seu deslocamento dentro da estrutura e seu tipo de dados na linguagem-fonte. Para o exemplo anterior de lista, o compilador poderia construir as tabelas mostradas na Figura 7.12. As entradas na tabela de elementos utilizam nomes totalmente qualificados para evitar conflitos devido ao reúso de um nome em várias estruturas distintas.

Tabela de *layout* de estrutura

Nome	Tamanho	1º elemento
node	8	•
...	...	•

Tabela de elementos de estrutura

Nome	Tamanho	Deslocamento	Tipo	Próximo
node.value	4	0	int	•
node.next	4	4	struct node *	•
...	...	...	...	...

■ **FIGURA 7.12** Tabelas de estrutura para o exemplo de lista.

Com esta informação, o compilador pode facilmente gerar código para referências de estrutura. Retornando ao exemplo de lista, o compilador poderia traduzir a referência p1->next, para um ponteiro para o nó p1, no seguinte código ILOC:

```
loadI    4              ⇒ r₁      //deslocamento de next
loadAO   r_{p1}, r₁     ⇒ r₂      // valor de p1->next
```

Aqui, o compilador encontra o deslocamento de next seguindo a tabela a partir da entrada node na tabela de estrutura até a cadeia de entradas para node na tabela de elementos. Percorrendo essa cadeia, ele encontra a entrada para node.next e seu deslocamento, 4.

Para realizar o layout de uma estrutura e a atribuição de deslocamentos aos seus elementos, o compilador precisa obedecer às regras de alinhamento da arquitetura-alvo, o que poderá forçá-lo a deixar um espaço não usado na estrutura. O compilador enfrenta este problema quando estabelece a estrutura declarada à esquerda:

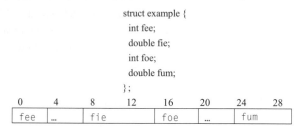

Elementos em ordem de declaração

Elementos ordenados por alinhamento

O desenho no alto, à direita, mostra o layout da estrutura se o compilador estiver restrito a colocar os elementos na ordem de declaração. Como fie e fum precisam ser alinhados em uma palavra dupla, o compilador precisa inserir um preenchimento após fee e foe. Se o compilador pudesse ordenar os elementos na memória de forma arbitrária, poderia usar o layout apresentado embaixo, à direita, que não precisa de preenchimento. Este é uma questão de projeto de linguagem: a definição da linguagem especifica se o layout de uma estrutura é ou não exposto ao usuário.

7.7.2 Arrays de estruturas

Muitas linguagens de programação permitem que o usuário declare um array de estruturas. Se ele tiver permissão para apanhar o endereço de um elemento com valor de um array de estrutura, então o compilador deve dispor os dados na memória como múltiplas cópias do layout de estrutura. Se o programador não puder apanhar o endereço de um elemento com valor de array de estrutura, o compilador poderia dispor a estrutura como se fosse uma estrutura composta de elementos que, por si só, são arrays. Dependendo de como o código acessa os dados, essas duas estratégias podem ter desempenho notavelmente diferente em um sistema com memória cache.

Para endereçar um array de estruturas disposto como múltiplas cópias da estrutura, o compilador usa os polinômios de endereço de array descritos na Seção 7.5. O tamanho global da estrutura, incluindo qualquer preenchimento necessário, torna-se o tamanho de elemento *w* no polinômio de endereço. O polinômio gera o endereço do início da estrutura. Para obter o valor de um elemento específico, o deslocamento do elemento é somado ao endereço da estrutura.

Se o compilador tiver disposto a estrutura com elementos que são arrays, deve calcular o local inicial do array de elementos usando a informação da tabela de deslocamento e a dimensão do array. Esse endereço pode então ser usado como o ponto de partida para um cálculo de endereço usando o polinômio apropriado de endereço de array.

7.7.3 Uniões e etiquetas de runtime

Muitas linguagens permitem que o programador crie uma estrutura com múltiplas interpretações dependentes dos dados. Em C, a construção de união tem este efeito. Pascal conseguiu o mesmo efeito com seus registros variantes.

Uniões e variantes apresentam uma complicação adicional. Para emitir código para uma referência a um elemento de uma união, o compilador precisa associar a referência a um deslocamento específico. Como uma união está construída a partir de várias definições de estrutura, existe a possibilidade de que os nomes de elemento não sejam exclusivos. O compilador precisa associar cada referência a um deslocamento e tipo únicos no objeto de runtime.

Este problema tem uma solução linguística. A linguagem de programação pode forçar o programador a tornar a referência não ambígua. Considere as declarações em C apresentadas na Figura 7.13. O painel a mostra declarações para dois tipos de nó, um que mantém um valor inteiro e outro, um valor de ponto flutuante.

O código no painel b declara uma união chamada one que é um n1 ou um n2. Para referenciar um inteiro value, o programador especifica u1.inode.value. Para referenciar um value, de ponto flutuante, especifica u1.fnode.value. O nome totalmente qualificado resolve qualquer ambiguidade.

O código no painel c declara uma união chamada two, que tem as mesmas propriedades de one. A declaração de two mostra explicitamente sua estrutura interna. Entretanto, o mecanismo linguístico para remover a ambiguidade de uma referência ao valor é o mesmo — o programador especifica um nome totalmente qualificado.

Alternativamente, alguns sistemas têm contado com a discriminação em tempo de execução. Aqui, cada variante na união tem um campo que a distingue de todas

```
                                          union two    {
struct n1      {                           struct       {
  int kind;                                  int kind;
  int value;                                 int valu;
};                                         }inode;
                                           struct       {
struct n2      {      unio none   {          int kind;
  int kind;             srtuct n1  inode;    float value;
  float value;          srtuct n2  inode;   }fnode;
};                    } u1;                } u2;
```

(a) Estruturas básicas   (b) União de estruturas   (c) União de estruturas implícitos

■ **FIGURA 7.13** Declarações de união em C.

as outras variantes — uma "etiqueta" ("*tag*"). (Por exemplo, a declaração de `two` poderia inicializar `kind` como um para `inode` e dois para `fnode`.) O compilador pode, assim, emitir o código para verificar o valor do campo de etiqueta e garantir que cada objeto seja tratado corretamente. Basicamente, emite uma instrução case com base no valor da etiqueta. A linguagem pode exigir que o programador defina o campo de etiqueta e seus valores; como alternativa, o compilador poderia gerar e inserir etiquetas automaticamente. Neste último caso, o compilador tem uma forte motivação para realizar a verificação de tipo e remover o máximo de verificações possível.

7.7.4 Ponteiros e valores anônimos

Um programa em C pode criar uma estrutura de duas maneiras. Pode declarar a estrutura, como com `NilNode` no exemplo anterior. Alternativamente, o código pode alocar explicitamente uma estrutura. Para uma variável `fee` declarada como um ponteiro para `node`, a alocação se pareceria com:

```
fee = (struct node *) malloc(sizeof(node));
```

O único acesso a este novo `node` ocorre devido ao ponteiro `fee`. Assim, pensamos nele como um valor anônimo, pois não possui um nome permanente.

Como o único nome para um valor anônimo é um ponteiro, o compilador não pode determinar facilmente se duas referências de ponteiro especificam o mesmo local da memória. Considere o fragmento de código

```
1  p1 = (node *) malloc(sizeof(node));
2  p2 = (node *) malloc(sizeof(node));
3  if(...)
4     then p3 = p1;
5     else p3 = p2;
6  p1->value = ...;
7  p3->value = ...;
8  ...  = p1->value;
```

As duas primeiras linhas criam `node`s anônimos. A linha 6 escreve em `p1`, enquanto a linha 7, em `p3`. Devido ao `if-then-else`, `p3` pode se referir ao nó alocado na linha 1 ou na linha 2. Finalmente, a linha 8 referencia `p1->value`.

O uso de ponteiros limita a capacidade do compilador de manter valores em registradores. Considere a sequência de atribuições nas linhas de 6 a 8. A linha 8 reutiliza o valor atribuído na linha 6 ou o valor atribuído na linha 7. Por uma questão de eficiência, o compilador deve evitar armazenar esse valor na memória e recarregá-lo. Porém, ele não pode determinar facilmente qual valor a linha 8 usa. A resposta para esta questão depende do valor da expressão condicional na linha 3.

Embora possa ser possível saber o valor da expressão condicional em certos casos específicos (por exemplo, `1>2`), isto é indecidível no caso geral. A menos que o compilador saiba o valor da expressão condicional, deverá emitir um código conservador para as três atribuições. Ele precisa carregar o valor usado na linha 8 a partir da memória, ainda que recentemente tivesse o valor em um registrador.

A incerteza introduzida pelos ponteiros impede que o compilador mantenha valores usados nas referências baseadas em ponteiro nos registradores. Os objetos anônimos complicam ainda mais o problema, pois introduzem um conjunto ilimitado de objetos para acompanhar. Como resultado, instruções que envolvem referências baseadas em ponteiro normalmente são menos eficientes do que as computações correspondentes em valores de locais não ambíguos.

Efeito semelhante ocorre para o código que faz uso intenso de arrays. A menos que o compilador realize uma análise profunda dos subscritos de array, pode não ser capaz de determinar se duas referências de array se sobrepõem. Quando ele não pode distinguir entre duas referências, como em a[i,j,k] e a a[i,j,l], deve tratar ambas de modo conservador. O problema de remover a ambiguidade de referências de array, embora desafiador, é mais fácil do que o de remover a ambiguidade de referências de ponteiro.

A análise para remover a ambiguidade das referências de ponteiro e de array é uma fonte de melhoria em potencial no desempenho do programa. Para programas com uso intenso de ponteiros, o compilador pode realizar uma análise interprocedimental de fluxo de dados que visa descobrir, para cada ponteiro, o conjunto de objetos para os quais ele pode apontar. Para programas com uso intenso de array, o compilador pode usar a análise de dependência de dados para entender os padrões de referências de array.

A análise de dependência de dados está fora do escopo deste livro. Consulte [352, 20, 270].

> **REVISÃO DA SEÇÃO**
>
> Para implementar estruturas e arrays de estruturas, o compilador precisa estabelecer um layout para cada estrutura e ter uma fórmula para calcular o deslocamento de qualquer elemento da estrutura. Em uma linguagem na qual as declarações ditam a posição relativa dos elementos de dados, o layout da estrutura simplesmente requer que o compilador calcule deslocamentos. Se a linguagem permitir que o compilador determine a posição relativa dos elementos de dados, então o problema de layout é semelhante ao layout de área de dados (ver Seção 7.2.2). O cálculo de endereço para um elemento de estrutura é uma aplicação simples dos esquemas usados para variáveis escalares (por exemplo, base + deslocamento) e para elementos de array.
>
> Dois recursos relacionados a estruturas introduzem complicações. Se a linguagem permitir uniões ou estruturas variantes, o código de entrada deve especificar o elemento desejado de forma não ambígua. A solução típica para este problema é o uso de nomes totalmente qualificados para elementos de estrutura em uma união. A segunda questão surge da alocação de estruturas em tempo de execução. O uso de ponteiros para manter endereços de objetos alocados dinamicamente introduz ambiguidades que complicam a questão de quais valores podem ser mantidos em registradores.

> **QUESTÕES DE REVISÃO**
>
> **1.** Quando o compilador estabelece o layout de uma estrutura, precisa garantir que cada elemento da estrutura esteja alinhado na fronteira apropriada. Ele pode ter que inserir um preenchimento (espaço em branco) entre elementos para atender às restrições de alinhamento. Escreva um conjunto de "regras práticas" que um programador poderia usar para reduzir a probabilidade de preenchimento inserido pelo compilador.
>
> **2.** Se o compilador tiver liberdade para reajustar estruturas e arrays, às vezes pode melhorar o desempenho. Quais recursos da linguagem de programação inibem a capacidade do compilador de realizar esse rearranjo?

7.8 CONSTRUÇÕES DE CONTROLE DE FLUXO

Um bloco básico é apenas uma sequência com tamanho máximo de código em linha reta, não predicado. Qualquer instrução que não afete o fluxo de controle pode aparecer dentro de um bloco. Qualquer transferência de fluxo de controle termina o bloco, assim como uma instrução rotulada, pois pode ser o destino de um desvio. À medida que o compilador gera código, pode construir blocos básicos simplesmente agregando operações consecutivas, não rotuladas, que não sejam de controle de fluxo. (Consideramos que uma instrução rotulada não é rotulada voluntariamente, ou seja, cada instrução rotulada é o destino de algum desvio.) A representação de um bloco básico não precisa ser complexa. Por exemplo, se o compilador tiver uma representação tipo assembly mantida em um array linear simples, então o bloco pode ser descrito por um par, ⟨*primeiro, último*⟩, que mantém os índices da instrução que inicia o bloco e da instrução que o termina. (Se os índices de bloco forem armazenados em ordem numérica crescente, um array de *primeiros* será suficiente.)

Para unir um conjunto de blocos de modo que formem um procedimento, o compilador precisa inserir código que implementa as operações de fluxo de controle do programa fonte. Para capturar os relacionamentos entre blocos, muitos compiladores constroem um grafo de fluxo de controle (CFG — *Control-Flow Graph*, ver Seções 5.2.2 e 8.6.1) e o utilizam para análise, otimização e geração de código. No CFG, os nós representam blocos básicos e as arestas, possíveis transferências de controle entre blocos. Normalmente, o CFG é uma representação secundária que contém referências para uma representação mais detalhada de cada bloco.

O código para implementar as construções de controle de fluxo reside nos blocos básicos — no final de cada bloco ou perto dele. (Em ILOC, não existe o caso *fall-through* em um desvio, de modo que cada bloco termina com um desvio ou um salto. Se a IR modelar slots de atraso, então a operação de controle de fluxo pode não ser a última no bloco.) Embora muitas convenções sintáticas diferentes tenham sido usadas para expressar o controle de fluxo, o número de conceitos básicos é pequeno. Esta seção examina muitas das construções de controle de fluxo encontradas nas linguagens de programação modernas.

7.8.1 **Execução condicional**

A maior parte das linguagens de programação fornece alguma versão de construção if-then-else. Dado o texto-fonte:

$$\text{if } expr$$
$$\text{then } instrução_1$$
$$\text{else } instrução_2$$
$$instrução_3$$

o compilador deve gerar código que avalie *expr* e desvie para *instrução*₁ ou *instrução*₂, com base no valor de *expr*. O código ILOC que implementa as duas instruções deve terminar com um salto para *instrução*₃. Conforme vimos na Seção 7.4, o compilador tem muitas opções para implementar construções if-then-else.

A discussão na Seção 7.4 focalizou a avaliação da expressão de controle. E mostrou como o conjunto de instruções básico influencia as estratégias para tratar a expressão de controle e, em alguns casos, as instruções controladas.

Os programadores podem colocar fragmentos de código arbitrariamente grandes dentro das partes then e else. O tamanho desses fragmentos de código tem impacto sobre a estratégia do compilador para implementar a construção if-then-else. Com as partes then e else triviais, conforme mostra a Figura 7.9, a principal consideração para o compilador é corresponder a avaliação da expressão ao hardware subjacente. À medida que essas partes then e else crescem, a importância da execução eficiente dentro delas começa a superar o custo da execução da expressão de controle.

Por exemplo, em uma máquina que aceita a execução predicada, o uso de predicados para grandes blocos nas partes then e else pode desperdiçar ciclos de execução.

Como o processador deve emitir cada instrução predicada para uma de suas unidades funcionais, cada operação com um predicado falso tem um custo de oportunidade — prende um slot de emissão. Com blocos de código grandes sob as partes `then` e `else`, o custo de instruções não executadas pode superar o overhead do uso de um desvio condicional.

A Figura 7.14 ilustra este compromisso. Ela assume que as partes `then` e `else` contêm 10 operações ILOC independentes e que a máquina-alvo pode emitir duas operações por ciclo.

PREDIÇÃO DE DESVIO PELOS USUÁRIOS

Uma lenda urbana de compiladores trata da predição de desvio. FORTRAN tem uma instrução `if` aritmético que usa um dentre três desvios, dependendo se a expressão de controle é avaliada como um valor negativo, zero ou positivo. Um antigo compilador permitia que o usuário fornecesse um peso para cada rótulo que refletisse a probabilidade relativa de tomar esse desvio. E, então, usava os pesos para ordenar os desvios de um modo que minimizasse o atraso esperado total a partir do desvio.

Depois que o compilador estava em campo por um ano, diz a história, um mantenedor descobriu que os pesos estavam sendo usados na ordem contrária, maximizando o atraso esperado. Ninguém havia reclamado. A história geralmente é contada como uma fábula sobre o valor das opiniões dos programadores sobre o comportamento do código que eles escrevem. (Naturalmente, ninguém relatou a melhoria, se é que houve alguma, com o uso de pesos de desvio na ordem correta.)

Unidade 1		Unidade 2	
\multicolumn{4}{c}{*comparison* $\Rightarrow r_1$}			
(r_1)	op_1	$(\neg r_1)$	op_{11}
(r_1)	op_2	$(\neg r_1)$	op_{12}
(r_1)	op_3	$(\neg r_1)$	op_{13}
(r_1)	op_4	$(\neg r_1)$	op_{14}
(r_1)	op_5	$(\neg r_1)$	op_{15}
(r_1)	op_6	$(\neg r_1)$	op_{16}
(r_1)	op_7	$(\neg r_1)$	op_{17}
(r_1)	op_8	$(\neg r_1)$	op_{18}
(r_1)	op_9	$(\neg r_1)$	op_{19}
(r_1)	op_{10}	$(\neg r_1)$	op_{20}

(a) Usando predicados

	Unidade 1	Unidade 2
	\multicolumn{2}{c}{*compare & desvie*}	
L_1:	op_1	op_2
	op_3	op_4
	op_5	op_6
	op_7	op_8
	op_9	op_{10}
	jumpI	$\rightarrow L_3$
L_2:	op_{11}	op_{12}
	op_{13}	op_{14}
	op_{15}	op_{16}
	op_{17}	op_{18}
	op_{19}	op_{20}
	jumpI	$\rightarrow L_3$
L_3:	nop	

(b) Usando desvios

■ **FIGURA 7.14** Predicação *versus* ramificação.

A Figura 7.14a mostra o código que poderia ser gerado usando a predicação; ele considera que o valor da expressão de controle esteja em r_1. O código emite duas instruções por ciclo. Uma delas é executada em cada ciclo. Todas as operações da parte `then` são emitidas para a Unidade 1, enquanto as operações da parte `else` são emitidas para a Unidade 2. O código evita toda a ramificação. Se cada operação usar um único ciclo, são necessários 10 ciclos para executar as instruções controladas, independentemente de qual desvio é tomado.

A Figura 7.14b mostra o código que poderia ser gerado usando desvios; ele considera que o controle flui para L_1 para a parte `then` ou para L_2 para a parte `else`. Como as instruções são independentes, o código emite duas instruções por ciclo. Seguir o caminho `then` exige cinco ciclos para executar as operações para o caminho tomado, mais o custo do salto terminal. O custo para a parte `else` é idêntico.

A versão predicada evita o desvio inicial exigido no código não predicado (para L_1 ou L_2 na figura), bem como os saltos terminais (para L_3). A versão de desvio incorre no overhead de um desvio e um salto, mas pode ser executada mais rapidamente. Cada caminho contém um desvio condicional, cinco ciclos de operações e um salto terminal. (Algumas das operações podem ser usadas para preencher slots de atraso nos saltos.) A diferença está na taxa de emissão efetiva — a versão de desvio emite aproximadamente metade das instruções da versão predicada. À medida que os fragmentos de código nas partes `then` e `else` aumentam, essa diferença se torna maior.

A escolha entre ramificação e predicação para implementar um `if-then-else` requer algum cuidado. Várias questões devem ser consideradas, como a seguir:

1. *Frequência de execução esperada.* Se um lado da condicional for executado com muito mais frequência, as técnicas que agilizam a execução deste caminho podem produzir um código mais rápido. Este viés pode tomar a forma de predição de um desvio, de executar algumas instruções de forma especulativa ou de reordenar a lógica.
2. *Quantidades de código desiguais.* Se um caminho pela construção tiver muito mais instruções do que o outro, isto pode pesar contra a predicação ou para uma combinação de predicação e ramificação.
3. *Fluxo de controle dentro da construção.* Se qualquer caminho tiver fluxo de controle não trivial, como um `if-then-else`, laço, instrução case ou chamada, então a predicação pode ser uma escolha ruim. Em particular, construções `if` aninhadas criam predicados complexos e reduzem a fração de operações emitidas que são úteis.

Para tomar a melhor decisão, o compilador precisa considerar todos esses fatores, bem como o contexto em que ocorrem. Esses fatores podem ser difíceis de avaliar cedo na compilação; por exemplo, a otimização pode mudá-los de maneiras significativas.

7.8.2 Laços e iteração

A maioria das linguagens de programação inclui construções de laço para realizar iteração. O primeiro compilador FORTRAN introduziu o laço `do` para esta realização. Hoje, os laços são encontrados em muitas formas. Em sua maior parte, têm uma estrutura semelhante.

Considere o laço `for` em C como exemplo. A Figura 7.15 mostra como o compilador poderia dispor o código. O laço `for` tem três expressões de controle e_1, que fornece inicialização; e_2, que é avaliada como um booleano e controla a execução do laço; e e_3,

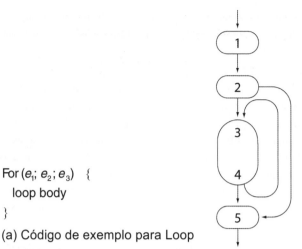

For (e_1; e_2; e_3) {
  loop body
}
(a) Código de exemplo para Loop   (b) Esquema para implementação de Loop

■ **FIGURA 7.15** Esquema geral para layout de um laço `for`.

que é executada no final de cada iteração e, potencialmente, atualiza os valores usados em e_2. Usaremos esta figura como o esquema básico para explicar a implementação de vários tipos de laços.

Se o corpo do laço consiste em um único bloco básico — ou seja, não contém outro fluxo de controle —, então o laço que resulta deste esquema tem um desvio inicial mais um desvio por iteração. O compilador poderia ocultar a latência desse desvio de duas maneiras. Se a arquitetura lhe permitir que preveja se o desvio é tomado ou não, ele deve prever o desvio na etapa 4 como sendo tomado (para iniciar a próxima iteração). Se a arquitetura lhe permitir mover as instruções para o(s) slot(s) de atraso do desvio, ele deve tentar preencher o(s) slot(s) de atraso com instrução(ões) a partir do corpo do laço.

Laços for

Para mapear um laço `for` no código, o compilador segue o esquema geral da Figura 7.15. Para tornar isto mais concreto, considere o seguinte exemplo. As etapas 1 e 2 produzem um único bloco básico, como mostra o código a seguir:

```
for (i=1; i<=100; i++) {
    corpo do laço
}
próxima instrução
            loadl      1          ⇒ r_i       // Etapa 1
            loadl      100        ⇒ r_1       // Etapa 2
            cmp_GT     r_i, r_1   ⇒ r_2
            cbr        r_2        → L_2, L_1
    L_1:    corpo do laço                     // Etapa 3
            addl       r_i, r_1   ⇒ r_i       // Etapa 4
            cmp_LE     r_i, r_1   ⇒ r_3
            cbr        r_3        → L_2, L_1
    L_2:    próxima instrução                 // Etapa 5
```

O código produzido nas etapas 1, 2 e 4 é simples. Se o corpo do laço (etapa 3) consistir em um único bloco básico ou terminar com um único bloco básico, então o compilador pode otimizar a atualização e teste produzidos na etapa 4 com o corpo do laço, o que pode levar a melhorias no código — por exemplo, o escalonador de instruções poderia usar operações do final da etapa 3 para preencher slots de atraso no desvio da etapa 4.

O compilador também pode modelar o laço de modo que tenha apenas uma cópia do teste — aquela na etapa 2. Dessa forma, a etapa 4 avalia e_3 e depois salta para a etapa 2. O compilador substituiria a sequência `cmp_LE`, `cbr` ao final do laço por um `jumpI`. Esta forma do laço é uma operação a menos que a forma de dois testes. Porém, cria um laço de dois blocos até mesmo para os laços mais simples, o que estende o caminho pelo laço em pelo menos uma operação. Quando o tamanho do código é uma consideração séria, o uso consistente desta forma de laço mais compacta pode ser valioso. Desde que o salto de fim de laço seja um salto imediato, o hardware pode tomar medidas para minimizar qualquer problema que isto possa causar.

A forma canônica de laço da Figura 7.15 também prepara o palco para a otimização posterior. Por exemplo, se e_1 e e_2 tiverem apenas constantes conhecidas, como no exemplo, o compilador pode passar o valor da etapa 1 para o teste na etapa 2 e eliminar o "compare & desvie" (se o controle entrar no laço) ou eliminar o corpo do laço (se o controle nunca entrar no laço). No laço de teste único, o compilador não pode fazer isto. Ao invés disso, ele encontra dois caminhos levando ao teste — um da etapa 1 e um da etapa 4. O valor usado no teste, r_i, tem um valor variável ao longo da aresta da etapa 4, de modo que o resultado do teste não é previsível.

Laço do *em FORTRAN*

Em FORTRAN, o laço iterativo é um laço `do`. É semelhante ao laço `for` em C, mas tem uma forma mais restrita.

```
        j = 1
        do 10 i = 1, 100
            corpo do laço
        j = j + 2
    10  continue
        próxima instrução
```

	loadI	1	$\Rightarrow r_j$	// $j \leftarrow 1$
	loadI	1	$\Rightarrow r_i$	// Etapa 1
	loadI	100	$\Rightarrow r_1$	// Etapa 2
	cmp_GT	r_i, r_1	$\Rightarrow r_2$	
	cbr	r_2	$\rightarrow L_2, L_1$	
L_1:	corpo do laço			// Etapa 3
	addI	$r_j, 2$	$\Rightarrow r_j$	// $j \leftarrow j + 2$
	addI	$r_i, 1$	$\Rightarrow r_i$	// Etapa 4
	cmp_LE	r_i, r_1	$\Rightarrow r_3$	
	cbr	r_3	$\rightarrow L_2, L_1$	
L_2:	próxima instrução			// Etapa 5

Os comentários mapeiam partes do código ILOC para o esquema da Figura 7.15.

A definição de FORTRAN, como a de muitas linguagens, tem alguns detalhes interessantes. Uma peculiaridade relaciona-se aos laços `do` e suas variáveis de índice. O número de iterações de um laço é fixado antes que a execução entre no laço. Se o programa mudar o valor da variável de índice, esta mudança não afeta o número de iterações que são executadas. Para garantir o comportamento correto, o compilador pode ter que gerar uma variável de índice oculta, chamada *variável sombra de índice*, para controlar a iteração.

Laços while

Um laço `while` também pode ser implementado com o esquema de laço da Figura 7.15. Diferentemente do laço `for` da linguagem C ou do laço `do` do FORTRAN, um `while` não tem inicialização. Assim, o código é ainda mais compacto.

```
while (x < y) {
   corpo do laço
}
próxima instrução
```

	cmp_LT	r_x, r_y	$\Rightarrow r_1$	//Etapa 2
	cbr	r_2	$\rightarrow L_1, L_2$	
$L_1:$	corpo do laço			//Etapa 3
	cmp_LT	r_x, r_y	$\Rightarrow r_2$	//Etapa 4
	cbr	r_2	$\rightarrow L_1, L_2$	
$L_2:$	próxima instrução			//Etapa 5

A replicação do teste na etapa 4 cria a possibilidade de um laço com um único bloco básico. Os mesmos benefícios que advêm de um laço `for` a partir desta estrutura também ocorrem para um `while`.

Laços until

Um laço `until` se repete enquanto a expressão de controle for falsa. Ele verifica esta expressão após cada iteração. Assim, sempre entra no laço e realiza pelo menos uma iteração, produzindo uma estrutura de laço particularmente simples, pois evita as etapas 1 e 2 no esquema:

```
{
   corpo do laço
} until (x < y)
próxima instrução
```

$L_1:$	corpo do laço			// Etapa 3
	cmp_LT	r_x, r_y	$\Rightarrow r_2$	// Etapa 4
	cbr	r_2	$\rightarrow L_2, L_1$	
$L_2:$	próxima instrução			// Etapa 5

C não tem um laço `until`. Sua construção `do` é semelhante a este laço, exceto que o sentido da condição é invertido. Ela repete enquanto a condição é avaliada como verdadeira, enquanto o `untile` repete enquanto a condição é falsa.

Expressando a iteração como recursão de cauda

Em linguagens como LISP, a iteração normalmente é implementada (pelos programadores) usando uma forma estilizada de recursão. Se a última ação executada por uma função for uma chamada, esta é conhecida como *chamada de cauda*. Por exemplo, para encontrar o último elemento de uma lista em Scheme, o programador poderia escrever a seguinte função simples:

```
(define (last alon)
   (cond
      ((empty? alon) empty)
      ((empty? (cdr alon)) (car alon))
      (else (last (cdr alon)))))
```

Os compiladores normalmente sujeitam chamadas de cauda a um tratamento especial, pois eles podem gerar chamadas particularmente eficientes para elas (ver Seção 10.4.1). A recursão de cauda pode ser usada para conseguir os mesmos efeitos da iteração, como no código Scheme a seguir:

```
(define (count alon ct)
  (cond
    ((empty? alon) ct)
    (else (count (cdr alon) (+ ct 1)))))
(define (len alon)
  (count alon 0))
```

A chamada de `len` para uma lista retorna o tamanho da lista. `len` baseia-se em `count`, que implementa um contador simples usando chamadas de cauda.

Instruções break

Várias linguagens implementam variações de uma instrução `break` ou `exit`. A instrução `break` é uma forma estruturada de sair de uma construção de controle de fluxo. Em um laço, `break` transfere o controle para a primeira instrução após o laço. Para laços aninhados, `break` normalmente sai do laço mais interno. Algumas linguagens, como Ada e Java, permitem um rótulo opcional em uma instrução `break`. Isto faz com que a instrução `break` saia da construção delimitada especificada por este rótulo. Em um laço aninhado, um `break` rotulado permite que o programa saia de vários laços ao mesmo tempo. C também usa `break` em sua instrução `switch` para transferir o controle para a instrução que vem após a instrução `switch`.

Essas ações têm implementações simples. Cada laço e cada instrução case devem terminar com um rótulo para a instrução que vem em seguida. Um `break` seria implementado como um salto imediato para este rótulo. Algumas linguagens incluem uma instrução `skip` ou `continue` que salta para a próxima iteração de um laço. Esta construção pode ser implementada como um salto imediato para o código que reavalia a expressão de controle e testa seu valor. Como alternativa, o compilador pode simplesmente inserir uma cópia da avaliação, teste e desvio no ponto onde ocorre o `skip`.

7.8.3 Instruções case

Chamada de cauda
Chamada de procedimento que ocorre como a última ação em algum procedimento é conhecida como chamada de cauda. Uma chamada de cauda recursiva é denominada uma *recursão de cauda*.

Muitas linguagens de programação incluem alguma variante de uma instrução case. FORTRAN tem seu goto calculado. Algol-W introduziu a instrução case em sua forma moderna. BCPL e C têm uma construção `switch`, enquanto PL/I, uma construção generalizada que mapeia bem em um conjunto aninhado de instruções `if-then-else`. Como a introdução deste capítulo sugeriu, a implementação de uma instrução case de modo eficiente é algo complexo.

Considere a implementação da instrução `switch` de C. A estratégia básica é simples: (1) avaliar a expressão de controle; (2) desviar para o caso selecionado; e (3) executar o código para esse caso. As etapas 1 e 3 são bem entendidas, pois seguem de discussões anteriores deste capítulo. Em C, os casos individuais normalmente terminam com uma instrução `break` que sai da instrução `switch`.

A parte complexa da implementação da instrução case está na escolha de um método eficiente para localizar o caso designado. Como o caso desejado não é conhecido antes da execução, o compilador precisa emitir código que usará o valor da expressão de controle para localizar o caso correspondente. Nenhum método isolado funciona bem para todas as instruções case. Muitos compiladores têm provisão para vários esquemas de busca diferentes e escolhem entre eles com base nos detalhes específicos do conjunto de casos.

Esta seção examina três estratégias: busca linear, busca binária e endereço calculado. Cada estratégia é apropriada sob diferentes circunstâncias.

Busca linear

O modo mais simples de localizar o caso apropriado é tratar a instrução case como a especificação para um conjunto aninhado de instruções if-then-else. Por exemplo, a instrução switch mostrada na Figura 7.16a pode ser traduzida para o aninhamento de instruções mostrado na Figura 7.16b. Essa tradução preserva o significado da instrução switch, mas torna o custo de alcançar casos individuais dependente da ordem em que eles são escritos. Com uma estratégia de busca linear, o compilador deve tentar ordenar os casos pela frequência de execução estimada. Ainda assim, quando o número de casos é pequeno — digamos, três ou quatro —, esta estratégia pode ser eficiente.

```
switch (e₁)    {
  case 0: block₀;
          break;
  case 1: block₁;
          break;
  case 3: block₃;
          break;
  default: block_d;
           break;
}
```
(a) Instrução switch

$t_1 \leftarrow e_1$
if ($t_1 = 0$)
   then block₀
   else if ($t_1 = 1$)
     then block₁
     else if ($t_1 = 2$)
       then block₂
       else if ($t_1 = 3$)
         then block₃
         else block_d

(b) Implementada como uma busca linear

■ **FIGURA 7.16** Instrução case implementada com busca linear.

Cálculo de endereço diretamente

Se os rótulos de caso formarem um conjunto compacto, o compilador pode fazer melhor do que a pesquisa binária. Considere a instrução switch mostrada na Figura 7.17a. Ela tem os rótulos de caso de zero a nove, mais um caso default. Para esse código, o compilador pode construir um vetor compacto, ou *tabela de saltos*, que contém os rótulos de bloco, e encontrar o rótulo apropriado pelo índice na tabela. A tabela de saltos é mostrada na Figura 7.17b, enquanto o código para calcular o rótulo de caso correto aparece na Figura 7.17c. O código de busca assume que a tabela de saltos é armazenada em @Table e que cada rótulo ocupa quatro bytes.

Para um conjunto de rótulos denso, esse esquema gera código compacto e eficiente. O custo é pequeno e constante — um breve cálculo, uma referência de memória e um jump. Se houver uns poucos buracos no conjunto de rótulos, o compilador preencherá esses slots com o rótulo para o caso default. Se não existir um caso default, a ação apropriada depende da linguagem. Em C, por exemplo, o código deverá desviar para a primeira instrução após o switch, de modo que o compilador pode colocar esse rótulo em cada buraco na tabela. Se a linguagem tratar um caso ausente como um erro, como PL/I fazia, o compilador pode preencher os buracos na tabela de saltos com o rótulo de um bloco que dispara o apropriado erro de runtime.

Busca binária

À medida que o número de casos aumenta, a eficiência da busca linear torna-se um problema. De modo semelhante, quando o conjunto de rótulos torna-se menos denso e menos compacto, o tamanho da tabela de saltos pode se tornar um problema para o cálculo direto de endereço. As soluções clássicas que surgem na criação de uma busca

(a) Instrução switch

```
switch(e₁) {
  case 0:   block₀;
            break;
  case 1:   block₁;
            break;
  case 2:   block₂;
            break;
  ...
  case 9:   block₉;
            break;
  default:  block_d;
            break;
}
```

(b) Tabela de saltos

Rótulo
LB₀
LB₁
LB₂
LB₃
LB₄
LB₅
LB₆
LB₇
LB₈
LB₉

(c) Código para cálculo de endereço

$t_1 \leftarrow e_1$
if ($0 > t_1$ or $t_1 > 9$)
  then jump to LB_d
else
  $t_2 \leftarrow$ @Table + $t_1 \times 4$
  $t_3 \leftarrow$ memory (t_2)
  jump to t_3

■ **FIGURA 7.17** Instrução case implementada com cálculo direto de endereço

eficiente se aplicam a esta situação. Se o compilador pode impor uma ordem sobre os rótulos de caso, pode usar a busca binária para obter uma busca logarítmica, ao invés de linear.

A ideia é simples. O compilador constrói uma tabela ordenada compacta de rótulos de caso, junto com seus correspondentes rótulos de desvio. Usa a busca binária para descobrir um rótulo de caso, ou a ausência de uma correspondência. E, finalmente, desvia para o rótulo correspondente ou para o caso `default`.

A Figura 7.18a mostra nosso exemplo de instrução case, reescrito com um conjunto de rótulos diferente. Para a figura, vamos considerar os rótulos 0, 15, 23, 37, 41, 50, 68, 72, 83 e 99, bem como um caso default. Os rótulos poderiam, é claro, cobrir uma faixa muito maior. Para tal instrução case, o compilador poderia montar uma tabela de busca como aquela mostrada na Figura 7.18b e gerar uma busca binária, como na Figura 7.18c, para localizar o caso desejado. Se o comportamento *fall-through* for permitido, como em C, o compilador precisa garantir que os blocos apareçam na memória em sua ordem original.

Em uma busca binária ou cálculo direto de endereço, o construtor de compiladores deve garantir que o conjunto potencial de destinos de salto seja visível na IR, usando uma construção como a pseudo-operação `tbl` da ILOC (ver Apêndice A.4.2). Essas dicas simplificam a análise posterior e tornam seus resultados mais precisos.

A forma exata do laço de busca pode variar. Por exemplo, o código na figura não realiza o curto-circuito do caso quando encontra o rótulo mais cedo. O teste empírico de diversas variantes escritas no código assembly da máquina-alvo é necessário para encontrar as melhores escolhas.

```
       do 10 i=1,100
          corpo do laço
          i=i+2
    10 continue
```

> **REVISÃO DA SEÇÃO**
>
> As linguagens de programação incluem uma série de recursos para implementar o controle de fluxo. O compilador precisa de um esquema para cada construção de controle de fluxo aceito nas linguagens-fonte. Em alguns casos, como em um laço, um método serve para uma série de construções diferentes. Em outros, como em uma instrução case, o compilador deve escolher uma estratégia de implementação baseada nas propriedades específicas do código em mãos.

```
switch(e₁)   {
  case 0:      block₀ ;
               break;
  case 15:     block₁₅ ;
               break;
  case 23:     block₂₃ ;
               break;
  ...
  case 99:     block₉₉ ;
               break;
  default:     block_d ;
               break;
}
```

Valor	Rótulo
0	LB_0
15	LB_{15}
23	LB_{23}
37	LB_{37}
41	LB_{41}
50	LB_{50}
68	LB_{68}
72	LB_{72}
83	LB_{83}
99	LB_{99}

```
t₁ ← e₁
down ← 0   // lower bound
up ← 10    // upper bound +1
while (down + 1 < up) {
  middle ← (up + down) ÷ 2
  if (Value [middle] ≤ t₁)
     then down ← middle
     else up ← middle
}
if (Value [down] = t₁
   then jump to Label [down]
   else jump told B_b
```

(a) Instrução switch   (b) Tabela de busca   (c) Código para busca binária

■ **FIGURA 7.18** Instrução case implementada com busca binária.

QUESTÕES DE REVISÃO
1. Escreva o código ILOC para o laço em FORTRAN mostrado na margem. Lembre-se de que o corpo do laço deve executar 100 iterações, embora o laço modifique o valor de i.
2. Considere a escolha entre implementar uma instrução switch em C com cálculo direto de endereço e busca binária. Em que ponto o compilador deve passar do cálculo direto de endereço para a busca binária? Quais propriedades do código real devem desempenhar um papel nesta determinação?

Tabela de saltos
Vetor de rótulos usado para transferir o controle com base em um índice calculado para a tabela.

7.9 CHAMADAS DE PROCEDIMENTO

A implementação de chamadas de procedimento é, na maior parte, simples. Como vemos na Figura 7.19, uma chamada de procedimento consiste em duas sequências, de pré-chamada e de pós-retorno no chamador, e um prólogo e um epílogo no procedimento chamado. Um único procedimento pode conter vários locais de chamada, cada um com suas próprias sequências de pré-chamada e pós-retorno. Na maioria das linguagens, um procedimento tem um ponto de entrada, de modo que tem uma sequência de prólogo e uma de epílogo. (Algumas linguagens permitem vários pontos

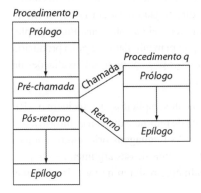

■ **FIGURA 7.19** Ligação padrão de procedimento.

de entrada, cada um com sua própria sequência de prólogo.) Muitos dos detalhes envolvidos nessas sequências são descritos na Seção 6.5. Esta seção focaliza questões que afetam a capacidade do compilador de gerar código eficiente, compacto e consistente para chamadas de procedimento.

Em regra, mover operações das sequências de pré-chamada e pós-retorno para as de prólogo e epílogo deve reduzir o tamanho geral do código final. Se a chamada de p para q apresentada na Figura 7.19 for a única chamada para q no programa inteiro, então mover uma operação da sequência de pré-chamada em p para o prólogo em q (ou da sequência de pós-retorno em p para o epílogo em q) não tem impacto sobre o tamanho do código. Porém, se outros locais de chamada invocarem q e o compilador move uma operação do chamador para o procedimento chamado (em todos os locais de chamada), deve reduzir o tamanho geral do código, substituindo várias cópias de uma operação por uma só. À medida que o número de locais de chamada que invocam um determinado procedimento aumenta, as economias aumentam. Consideramos que a maioria dos procedimentos é chamada a partir de vários locais; se não, tanto o programador como o compilador devem considerar a inclusão do procedimento em linha no ponto de sua própria chamada.

Do ponto de vista da forma de código, chamadas de procedimento são semelhantes em linguagens tipo Algol e em linguagens orientadas a objeto. A principal diferença entre elas está na técnica usada para nomear o procedimento chamado (ver Seção 6.3.4). Além disso, uma chamada em uma linguagem orientada a objeto normalmente acrescenta um parâmetro real implícito, ou seja, o registro de objeto do receptor.

7.9.1 Avaliação de parâmetros reais

Ao construir a sequência de pré-chamada, o compilador precisa emitir código para avaliar os parâmetros reais da chamada. Ele trata cada parâmetro real como uma expressão. Para um parâmetro de chamada por valor, a sequência de pré-chamada avalia a expressão e armazena seu valor em um local designado para esse parâmetro — ou em um registrador ou no AR do procedimento chamado. Para um parâmetro de chamada por referência, a sequência de pré-chamada avalia o parâmetro para um endereço e armazena este endereço em um local designado para esse parâmetro. Se um parâmetro de chamada por referência não tiver local de armazenamento, então o compilador pode ter que alocar espaço para manter o valor do parâmetro de modo que tenha um endereço para passar ao procedimento chamado.

Se a linguagem-fonte especificar uma ordem de avaliação para os parâmetros reais, o compilador deve, naturalmente, segui-la. Caso contrário, deve usar uma ordem consistente — seja da esquerda para a direita ou da direita para a esquerda. A ordem de avaliação importa para os parâmetros que possam ter efeitos colaterais. Por exemplo, um programa que usasse duas rotinas push e pop para manipular uma pilha produziria diferentes resultados para a sequência subtract(pop( ), pop( )) sob avaliações da esquerda para a direita e da direita para a esquerda.

Os procedimentos normalmente têm vários argumentos implícitos, que incluem o ARP do procedimento, o ARP do chamador, o endereço de retorno e quaisquer informações necessárias para estabelecer a endereçabilidade. As linguagens orientadas a objeto passam o receptor como um parâmetro implícito. Alguns desses argumentos são passados em registradores, enquanto outros normalmente residem na memória. Muitas arquiteturas possuem uma operação como

$$\text{jsr label}_1 \Rightarrow r_1$$

que transfere o controle para $label_i$ e coloca o endereço da operação que vem após o jsr em r_i.

Procedimentos passados como parâmetros reais podem exigir tratamento especial. Se p chama q, passando o procedimento r como um argumento, p deverá passar para q mais informações do que o endereço inicial de r. Em particular, se o código compilado utiliza links de acesso para encontrar variáveis não locais, o procedimento chamado precisa do nível léxico de r para que uma chamada subsequente a r possa encontrar o link de acesso correto para o nível de r. O compilador pode construir um par ⟨*endereço,nível*⟩ e passá-lo (ou seu endereço) no lugar do parâmetro com valor de procedimento. Quando o compilador constrói a sequência de pré-chamada para um parâmetro com valor de procedimento, precisa inserir o código extra para buscar o nível léxico e ajustar o link de acesso de modo correspondente.

7.9.2 Salvamento e restauração de registradores

Sob qualquer convenção de chamada, o procedimento chamador ou o chamado (ou ambos) deve preservar valores de registrador. Normalmente, as convenções de ligação utilizam uma combinação de salvamentos de registradores pelo chamador e pelo chamado. Como tanto o custo das operações de memória quanto o número de registradores têm aumentado, o custo de salvar e restaurar registradores nos locais de chamada aumentou, ao ponto de merecer uma atenção cuidadosa.

Na escolha de uma estratégia para salvar e restaurar registradores, o construtor de compiladores deve considerar a eficiência e o tamanho do código. Alguns recursos do processador afetam essa escolha. Recursos que derramam uma parte do conjunto de registradores podem reduzir o tamanho do código; alguns exemplos são janelas de registrador nas máquinas SPARC, as operações load e store com múltiplas palavras nas arquiteturas Power e a operação de chamada de alto nível no VAX. Cada um oferece ao compilador um modo compacto de salvar e restaurar alguma parte do conjunto de registradores.

Embora conjuntos de registradores maiores possam aumentar o número de registradores que o código salva e restaura, em geral, o uso desses registradores adicionais melhora a velocidade do código resultante. Com menos registradores, o compilador seria forçado a gerar loads e stores por meio do código; com mais registradores, muitos dos derramamentos ocorrem somente em um local de chamada. (O conjunto de registradores maior deve reduzir o número total de derramamentos no código.) A concentração de salvamentos e restaurações nos locais de chamada apresenta ao compilador oportunidades para melhor tratar deles do que poderia se estivessem espalhados pelo procedimento inteiro.

- *Uso de operações de memória com múltiplos registradores.* Ao salvar e restaurar registradores adjacentes, o compilador pode usar uma operação de memória com múltiplos registradores. Muitas ISAs admitem operações load e store com palavra dupla e quádrupla. O uso dessas operações pode reduzir o tamanho do código; e também melhorar a velocidade de execução. As operações de memória com múltiplos registradores generalizadas podem ter o mesmo efeito.
- *Uso de uma rotina de biblioteca.* À medida que o número de registradores aumenta, as sequências de pré-chamada e pós-retorno aumentam. O construtor de compiladores pode substituir a sequência de operações de memória individuais por uma chamada a uma rotina de salvamento ou restauração fornecida pelo compilador. Feita em todas as chamadas, esta estratégia pode produzir economias significativas no tamanho do código. Como as rotinas de salvamento ou restauração são conhecidas apenas pelo compilador, podem usar uma sequência de chamada mínima para manter baixo o custo de runtime.

As rotinas de salvamento ou restauração podem tomar um argumento que especifica quais registradores devem ser preservados. Pode ser valioso gerar versões otimizadas para os casos comuns, como preservar todos os registradores de salvamentos do chamador ou chamado.

- *Combinação de responsabilidades.* Para reduzir ainda mais o overhead, o compilador poderia combinar o trabalho de salvamento de registradores pelo chamador e pelo chamado. Nesse esquema, o chamador passa um valor ao chamado que especifica quais registradores ele deverá salvar. O procedimento chamado acrescenta a esse valor os registradores que ele precisa salvar e chama a rotina apropriada de salvamento fornecida pelo compilador. O epílogo passa o mesmo valor para a rotina de restauração, de modo que possa recarregar os registradores necessários. Esta técnica limita o overhead a uma chamada para salvar registradores e uma para restaurá-los, e, assim, separa a responsabilidade (salvamentos pelo chamador *versus* salvamentos pelo chamado) do custo para chamar a rotina.

O construtor de compiladores precisa prestar muita atenção às implicações das diversas opções sobre o tamanho do código e da velocidade de execução. O código deve usar as operações mais rápidas para salvamentos e restaurações, o que exige um exame atento dos custos das operações de único e de múltiplos registradores na arquitetura-alvo. O uso de rotinas de biblioteca para realizar salvamentos e restaurações pode economizar espaço; a implementação cuidadosa dessas rotinas de biblioteca pode reduzir o custo adicional de chamá-las.

REVISÃO DA SEÇÃO

O código gerado para chamadas de procedimento é dividido entre o chamador e o chamado, e entre as quatro partes da sequência de ligação (prólogo, epílogo, pré-chamada e pós-retorno). O compilador coordena o código nesses múltiplos locais para implementar a convenção de ligação, conforme discutimos no Capítulo 6. As regras da linguagem e as convenções de ligação de parâmetro ditam a ordem de avaliação e o estilo de avaliação para os parâmetros reais. Convenções em nível de sistema determinam a responsabilidade por salvar e restaurar registradores.

Os escritores de compilador devem prestar particular atenção à implementação de chamadas de procedimento, pois as oportunidades são difíceis para as técnicas de otimização gerais (ver Capítulos 8 e 10). A natureza muitos-para-um do relacionamento chamador-chamado complica a análise e a transformação, assim como a natureza distribuída das sequências de código em cooperação. Igualmente importantes, os pequenos desvios da convenção de ligação definida podem causar incompatibilidades no código compilado com diferentes compiladores.

QUESTÕES DE REVISÃO

1. Quando um procedimento salva registradores, sejam salvamentos pelo procedimento chamado em seu prólogo ou de salvamentos pelo procedimento chamador em uma sequência de pré-chamada, onde ele deve salvar esses registradores? Todos os registradores salvos para alguma chamada são armazenados no mesmo AR?
2. Em algumas situações, o compilador deve criar um local de armazenamento para manter o valor de um parâmetro de chamada por referência. Que tipos de parâmetros podem não ter seus próprios locais de armazenamento? Que ações poderiam ser exigidas nas sequências de pré-chamada e pós-chamada para lidar corretamente com esses parâmetros reais?

7.10 RESUMO E PERSPECTIVA

Uma das tarefas mais sutis que o construtor de compiladores enfrenta é selecionar um padrão de operações da máquina-alvo para implementar cada construção da linguagem fonte. Múltiplas estratégias de implementação são possíveis para quase toda instrução da linguagem-fonte. As escolhas específicas feitas em tempo de projeto têm forte impacto sobre o código que o compilador gera.

Em um compilador que não é voltado para uso em produção — um compilador de depuração ou um de aluno —, o construtor do compilador poderia selecionar traduções fáceis de implementar para cada estratégia, que produzam código simples, compacto. Em um compilador otimizador, o construtor de compiladores deve focalizar traduções que exponham o máximo de informações possíveis para as próximas fases do compilador — otimização de baixo nível, escalonamento de instruções e alocação de registradores. Essas duas perspectivas diferentes levam a diferentes formas para laços, diferentes disciplinas para nomeação de variáveis temporárias e, possivelmente, diferentes ordens de avaliação para expressões.

O exemplo clássico dessa distinção é a instrução case. Em um compilador de depuração, a implementação como uma série de construções if-then-else em cascata é razoável. Já em um compilador otimizador, a ineficiência desses inúmeros testes e desvios justifica um esquema de implementação mais complexo. O esforço para melhorar a instrução case precisa ser feito quando a IR for gerada; poucos otimizadores (se houver algum) converterão uma série de condicionais em cascata para uma busca binária ou para uma tabela de salto direto.

NOTAS DO CAPÍTULO

O material contido neste capítulo pode ser dividido, grosseiramente, em duas categorias: geração de código para expressões e tratamento de construções de controle de fluxo. A avaliação de expressões é bastante explorada na literatura. Discussões de como tratar o controle de fluxo são mais raras; grande parte do material sobre fluxo de controle neste capítulo deriva do folclore, da experiência e da leitura cuidadosa da saída de compiladores.

Floyd apresentou o primeiro algoritmo de passagem múltipla para geração de código a partir de árvores de expressão [150]. Ele indica que tanto a eliminação da redundância quanto a reassociação algébrica têm potencial para melhorar os resultados de seu algoritmo. Sethi e Ullman [311] propuseram um algoritmo de dois passos que é ótimo para um modelo de máquina simples; Proebsting e Fischer estenderam esse trabalho para considerar pequenas latências de memória [289]. Aho e Johnson [5] introduziram a programação dinâmica para encontrar implementações de menor custo.

A predominância de cálculos de array em programas científicos levou ao trabalho sobre expressões de endereçamento de array e a otimizações (como a redução de força, Seção 10.7.2) que as melhoraram. Os cálculos descritos na Seção 7.5.3 seguem Scarborough e Kolsky [307].

Harrison usou a manipulação de strings como exemplo motivador para o uso difuso da substituição e especialização em linha [182]. O exemplo mencionado no final da Seção 7.6.4 vem deste artigo.

Mueller e Whalley descrevem o impacto das diferentes formas de laço sobre o desempenho [271]. Bernstein fornece uma discussão detalhada das opções que surgem na geração de código para instruções case [40]. Convenções de chamada são melhor descritas nos manuais específicos do processador e do sistema operacional.

A otimização de verificações de limites tem uma longa história. O compilador PL/.8 insistia em verificar cada referência; a otimização reduziu o overhead [257]. Mais recentemente, Gupta e outros estenderam essas ideias para aumentar o conjunto de verificações que podem ser movidas para o tempo de compilação [173].

EXERCÍCIOS

Seção 7.2

1. O layout de memória afeta os endereços atribuídos a variáveis. Suponha que as variáveis de caractere não tenham restrição de alinhamento, as variáveis de inteiro pequeno devam ser alinhadas em limites de meia palavra (2 bytes), as variáveis inteiras alinhadas em limites de palavra (4 bytes) e as variáveis inteiras longas alinhadas em limites de palavra dupla (8 bytes). Considere o seguinte conjunto de declarações:

   ```
   char a;
   long int b;
   int c;
   short int d;
   long int e;
   char f;
   ```

   Desenhe um mapa da memória para essas variáveis:
   a. Supondo que o compilador não possa reordenar as variáveis.
   b. Supondo que o compilador possa reordenar as variáveis para economizar espaço.

2. Conforme demonstrado na questão anterior, o compilador precisa de um algoritmo para ajustar locais de memória dentro de uma área de dados. Suponha que o algoritmo receba como entrada uma lista de variáveis, seus tamanhos e suas restrições de alinhamento, como em
   $\langle a, 4, 4 \rangle, \langle b, 1, 3 \rangle, \langle c, 8, 8 \rangle, \langle d, 4, 4 \rangle, \langle e, 1, 4 \rangle, \langle f, 8, 16 \rangle, \langle g, 1, 1 \rangle$.
   O algoritmo deve produzir, como saída, uma lista de variáveis e seus deslocamentos na área de dados. O objetivo do algoritmo é minimizar o espaço não usado, ou desperdiçado.
   a. Escreva um algoritmo para estabelecer o layout de uma área de dados com o mínimo de espaço desperdiçado.
   b. Aplique seu algoritmo à lista do exemplo acima e duas outras que você projete para demonstrar os problemas que podem surgir no layout do armazenamento.
   c. Qual é a complexidade do seu algoritmo?

3. Para cada um dos tipos de variável a seguir, indique onde, na memória, o compilador poderia alocar o espaço para tal variável. As respostas possíveis incluem registradores, registros de ativação, áreas de dados estáticas (com diferentes visibilidades) e heap de *runtime*.
   a. Uma variável local a um procedimento.
   b. Uma variável global.
   c. Uma variável global alocada dinamicamente.
   d. Um parâmetro formal.
   e. Uma variável temporária gerada pelo compilador.

Seção 7.3

4. Use o algoritmo de geração de código de travessia em árvore, da Seção 7.3, para gerar um código simples para a árvore de expressão a seguir. Considere um conjunto ilimitado de registradores.

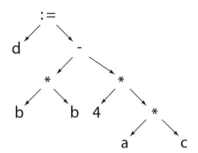

5. Encontre o número mínimo de registradores exigidos para avaliar as seguintes árvores usando o conjunto de instruções ILOC. Para cada nó não folha, indique quais de seus filhos devem ser avaliados primeiro a fim de conseguir esse número mínimo de registradores.

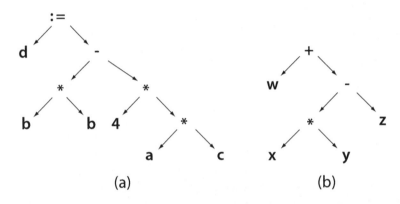

(a)   (b)

6. Construa árvores de expressão para as duas expressões aritméticas a seguir, usando a precedência padrão e a avaliação da esquerda para a direita. Calcule o número mínimo de registradores exigidos para avaliar cada uma delas usando o conjunto de instruções ILOC.

   a. ((a+b)+(c+d))+((e+f)+(g+h))

   b. a+b+c+d+e+f+g+h

Seção 7.4

7. Gere a ILOC predicada para a seguinte sequência de código. (Nenhum desvio deve aparecer na solução.)

   if (x < y)
      then z = x * 5;
      else z = y * 5;
   w = z + 10;

8. Conforme mencionamos na Seção 7.4, o código em curto-circuito para a expressão a seguir em C evita um potencial erro de divisão por zero:

   a != 0 && b / a > 0.5

   Se a definição da linguagem-fonte não especificar a avaliação em curto-circuito para expressões com valor booleano, o compilador pode gerar código em curto-circuito como uma otimização para tais expressões? Que problemas poderiam surgir?

Seção 7.5

9. Para um array de caracteres A[10...12,1...3] armazenado em ordem por linhas, calcule o endereço da referência A[i,j], usando, no máximo, quatro operações aritméticas no código gerado.

10. O que é um vetor dopado? Dê o conteúdo do vetor dopado para o array de caracteres da questão anterior. Por que o compilador precisa de um vetor dopado?

11. Ao implementar um compilador C, pode ser aconselhável fazer com que o compilador realize verificação de limites para referências de array. Considerando que as verificações de limites sejam usadas e que todas as referências de array em um programa C tenham passado com sucesso por elas, é possível que o programa acesse um armazenamento fora dos limites de um array, por exemplo, acessando A[-1] para um array declarado com limite inferior zero e limite superior N?

Seção 7.6

12. Considere o seguinte laço de cópia de caracteres da Seção 7.6.2:

```
do {                        loadI   @b      ⇒ r_@b      //obtém ponteiros
  *a++ = *b++;              loadI   @a      ⇒ r_@a
} while (*b!='\0')          loadI   NULL    ⇒ r_1       //terminador
                      L_1:  cload   r_@b    ⇒ r_2       //obtém próximo caractere
                            cstore  r_2     ⇒ r_@a      //armazena-o
                            addI    r_@b,1  ⇒ r_@b      //avança ponteiros
                            addI    r_@a,1  ⇒ r_@a
                            cmp_NE  r_1,r_2 ⇒ r_4
                            cbr     r_4     → L_1,L_2
                      L_2:  nop                         //próxima instrução
```

Modifique o código de modo que ele desvie para um tratador de erro em L_{sov} em qualquer tentativa de estourar o tamanho alocado de a. Suponha que o tamanho alocado de a esteja armazenado como um inteiro sem sinal de quatro bytes em um deslocamento de –8 a partir do início de a.

13. Atribuições arbitrárias de string podem gerar casos desalinhados.

    a. Escreva o código ILOC que gostaria que seu compilador emitisse para uma atribuição de caracteres no estilo PL/I, como

    fee (i : j) = fie (k : l);

    onde j-i=l-k. Essa instrução copia os caracteres em fie, começando no local k e chegando até o local l na string fee, começando no local i e chegando até o local j.
    Inclua versões usando operações de memória orientadas a caractere e versões usando operações de memória orientadas a palavra. Você pode considerar que fee e fie não se sobreponham na memória.

    b. O programador pode criar strings de caracteres que se sobreponham. Em PL/I, o programador poderia escrever

    fee(i : j) = fie(i + 1 ; j + l);

    ou, ainda mais diabolicamente,

    fee (i + k; j + k) = fee (i : j);

    Como isso complica o código que o compilador precisa gerar para a atribuição de caracteres?

    c. Existem otimizações que o compilador poderia aplicar aos diversos laços de cópia de caracteres que melhorariam o comportamento em runtime? Como elas ajudariam?

Seção 7.7

14. Considere as seguintes declarações de tipo em C:

```
struct S2    {              union U      {              struct S1    {
    int i;                      float r;                     int a;
    int f;                      struct S2;                   double b;
};                          };                               union U;
                                                             int d;
                                                         };
```

Crie uma tabela de elementos de estrutura para S1. Inclua toda a informação que um compilador precisaria para gerar referências a elementos de uma variável do tipo S1, inserindo nome, tamanho, deslocamento e tipo de cada elemento.

15. Considere as seguintes declarações em C:

```
struct record {
    int StudentId;
    int CourseId;
    int Grade;
} grades[1000];
int g, i;
```

mostre o código que um compilador geraria para armazenar na variável g o valor do grau do *i*-ésimo elemento de grades, supondo o seguinte:

a. O array grades é armazenado como um array de estruturas.
b. O array grades é armazenado como uma estrutura de arrays.

Seção 7.8

16. Como programador, você está interessado na eficiência do código que produz. Você recentemente implementou, manualmente, um scanner, que gasta a maior parte do seu tempo em um único laço while que contém uma grande instrução case.

a. Como as diferentes técnicas de implementação de instrução case afetariam a eficiência do seu scanner?
b. Como você mudaria seu código-fonte para melhorar o desempenho em runtime sob cada uma das estratégias de implementação de instrução case?

17. Converta a função com recursão de cauda em C para um laço:

```
List * last(List *l) {
    if (l == NULL)
        return NULL;
    else if (l->next == NULL)
        return l;
    else
        return last(l->next); }
```

Seção 7.9

18. Suponha que x seja uma variável inteira não ambígua, local, e que x seja passada como um parâmetro real de chamada por referência no procedimento onde é declarada. Por ser local e não ambígua, o compilador poderia tentar mantê-la em um registrador durante seu tempo de vida. Por ser passada como um parâmetro de chamada por referência, ela precisa ter um endereço de memória no ponto da chamada.

a. Onde o compilador deve armazenar x?
b. Como o compilador deve tratar x no local de chamada?

c. Como suas respostas mudam se x fosse passado como um parâmetro de chamada por valor?
19. A convenção de ligação é um contrato entre o compilador e quaisquer chamadores externos do código compilado. Ela cria uma interface conhecida que pode ser usada para chamar um procedimento e obter quaisquer resultados que ele retorna (enquanto protege o ambiente de runtime do chamador). Assim, o compilador só deveria violar a convenção de ligação quando tal violação não puder ser detectada de fora do código compilado.
    a. Sob quais circunstâncias o compilador pode estar certo de que o uso de uma variação da convenção de ligação é seguro? Dê exemplos obtidos de linguagens de programação reais.
    b. Nessas circunstâncias, o que o compilador poderia mudar sobre a sequência de chamada e a convenção de ligação?

Capítulo 8

Introdução à otimização

VISÃO GERAL DO CAPÍTULO

Para melhorar a qualidade do código que gera, um compilador otimizador analisa o código e o reescreve para uma forma mais eficiente. Este capítulo apresenta os problemas e as técnicas da otimização de código, e mostra os principais conceitos por meio de uma série de exemplos. O Capítulo 9 expande este material com uma exploração mais profunda da análise do programa. O Capítulo 10 oferece uma cobertura mais ampla das transformações de otimização.

Palavras-chave: Otimização, Segurança, Lucratividade, Escopo de otimização, Análise, Transformação

8.1 INTRODUÇÃO

O front end do compilador traduz o programa em código-fonte para alguma representação intermediária (IR — *Intermediate Representation*). O back end traduz o programa em IR para uma forma que possa ser executada diretamente na máquina alvo, seja uma plataforma de hardware, como um microprocessador comercial, ou uma máquina virtual, como em Java. Entre esses processos situa-se a seção do meio do compilador, seu otimizador, cuja tarefa é transformar o programa IR, produzido pelo front end, de forma que melhore a qualidade do código produzido pelo back end. A "melhoria" pode assumir muitos significados. Frequentemente, isto implica execução mais rápida para o código compilado. E também pode significar um executável que utiliza menos energia ou que ocupa menos espaço na memória. Todos esses objetivos estão no âmbito da otimização.

Este capítulo introduz o assunto de otimização de código e fornece exemplos de várias técnicas diferentes que atacam diferentes tipos de ineficiências e operam sobre diferentes regiões do código. O Capítulo 9 fornece um tratamento mais profundo de algumas das técnicas de análise de programa que são usadas para dar suporte à otimização. O Capítulo 10 descreve transformações adicionais para melhoria do código.

Roteiro conceitual

O objetivo da otimização de código é descobrir, em tempo de compilação, informações sobre o comportamento de runtime do programa e usar esta informação para melhorar o código gerado pelo compilador. A melhoria pode assumir muitas formas. O objetivo mais comum da otimização é fazer com que o código compilado seja executado mais rapidamente. Para algumas aplicações, porém, o tamanho do código compilado supera sua velocidade de execução; considere, por exemplo, uma aplicação que será confinada a uma memória somente de leitura, onde o tamanho do código afeta o custo do sistema. Outros objetivos incluem a redução do custo de energia de execução, melhoria da resposta do código a eventos em tempo real ou a redução do tráfego total de memória.

Otimizadores usam muitas técnicas diferentes para melhorar o código. Uma discussão apropriada da otimização deve considerar as ineficiências que podem ser melhoradas e as técnicas propostas para fazê-lo. Para cada fonte de ineficiência, o construtor de

Segurança
Uma transformação é *segura* quando não muda os resultados da execução do programa.

Lucro
Uma transformação é *lucrativa* para se aplicar em algum ponto quando o resultado é uma melhoria real.

compiladores deve fazer uma escolha dentre várias técnicas que afirmam melhorar a eficiência. O restante desta seção ilustra alguns dos problemas que surgem na otimização, examinando dois exemplos que envolvem ineficiências em cálculos de endereço de array.

Antes de implementar uma transformação, o construtor de compiladores deve entender quando ela pode ser aplicada *com segurança* e quando esperar *lucro* de sua aplicação. A Seção 8.2 explora segurança e lucratividade. A Seção 8.3 apresenta as diferentes granularidades, ou escopos, sobre as quais a otimização ocorre. O restante do capítulo usa exemplos selecionados para ilustrar diferentes fontes de melhoria e diferentes escopos de otimização. Este capítulo não inclui uma seção de "Tópicos avançados"; os Capítulos 9 e 10 servem a esta finalidade.

Visão geral

As oportunidades para otimização surgem de muitas fontes. Uma fonte importante de ineficiência aparece da implementação de abstrações da linguagem-fonte. Como a tradução do código-fonte para IR é um processo local — ocorre sem muita análise do contexto ao redor —, normalmente gera IR para lidar com o caso mais geral de cada construção. Com conhecimento contextual, o otimizador frequentemente pode determinar que o código não precisa dessa generalidade completa; quando isso acontece, ele pode reescrever o código de uma forma mais restrita e mais eficiente.

Uma segunda fonte significativa de oportunidade para o otimizador encontra-se na máquina-alvo. Ele precisa entender, em detalhes, as propriedades do alvo que afetam seu desempenho. Questões como o número de unidades funcionais e suas capacidades, latência e largura de banda para vários níveis de hierarquia da memória, os diversos modos de endereçamento admitidos no conjunto de instruções e a disponibilidade de operações incomuns ou complexas afetam o tipo de código que o compilador deve gerar para determinada aplicação.

Historicamente, a maioria dos compiladores otimizadores tem focalizado a melhoria da velocidade de execução do código compilado. A melhoria pode, porém, tomar outras formas. Em algumas aplicações, o tamanho do código compilado é tão importante quanto sua velocidade. Alguns exemplos incluem o código que será confinado em memória somente de leitura, onde o tamanho é uma restrição econômica, ou código que será transmitido por um canal de comunicações com largura de banda limitada antes de ser executado, onde o tamanho tem um impacto direto sobre o tempo até o término. A otimização para essas aplicações deve produzir código que ocupe menos espaço. Em outros casos, o usuário pode querer otimizar para critérios como uso de registrador, uso de memória, consumo de energia ou resposta a eventos em tempo real.

Otimização é um assunto vasto e detalhado, cujo estudo poderia preencher um ou mais cursos (e livros) completos. Este capítulo introduz o assunto e algumas das suas ideias críticas, que desempenham um significativo papel nos Capítulos 11, 12 e 13. Os dois capítulos seguintes tratam mais profundamente da análise e transformação de programas. O Capítulo 9 apresenta uma visão geral da análise estática; descreve alguns dos problemas de análise que um compilador otimizador precisa resolver e apresenta técnicas práticas que tem sido usadas para solucioná-los. Já o Capítulo 10, examina as chamadas otimizações escalares — intencionadas para um uniprocessador — de uma forma mais sistemática.

8.2 FUNDAMENTOS

Até o início da década de 1980, muitos construtores de compilador consideravam a otimização como um recurso que deveria ser acrescentado ao compilador somente depois que suas outras partes estivessem funcionando bem, o que levou a uma distinção entre *compiladores depuradores* e *compiladores otimizadores*. Os primeiros enfatizam a compilação rápida à custa da qualidade do código. Esses compiladores não rearranjam o código de modo significativo, por isso permanece uma correspondência forte entre o código-fonte e o executável, simplificando a tarefa de mapeamento entre um erro de execução e uma linha específica do código-fonte; daí o termo *depurador*. Ao contrário, um compilador otimizador focaliza a melhoria do tempo de execução do código executável, à custa do tempo de compilação. Gastar mais tempo na compilação normalmente produz um código melhor. Como o otimizador frequentemente movimenta operações, o mapeamento entre código-fonte e código executável é menos transparente, e a depuração, por consequência, mais difícil.

Quando os processadores RISC entraram no mercado (e as técnicas de implementação RISC foram aplicadas a arquiteturas CISC), mais peso pelo desempenho de runtime caiu sobre os compiladores. Para aumentar o desempenho, os arquitetos de processador voltaram-se para recursos que exigem mais suporte do compilador, que incluem slots de atraso após desvios, operações de memória sem bloqueio, maior uso de pipelines e maior número de unidades funcionais. Esses recursos tornam os processadores mais sensíveis ao desempenho tanto para as questões de alto nível de layout e estrutura de programa, quanto para detalhes de baixo nível de escalonamento e alocação de recursos. À medida que a lacuna entre velocidade de processador e desempenho de aplicação aumentava, a demanda por otimização crescia, até o ponto em que os usuários esperam que todo compilador realize otimização.

A inclusão rotineira de um otimizador, por sua vez, muda o ambiente em que o front end e o back end operam. A otimização isola ainda mais o front end dos problemas de desempenho; até certo ponto, isso simplifica a tarefa de geração da IR no front end. Ao mesmo tempo, a otimização muda o código que o back end processa. Os otimizadores modernos consideram que o back end tratará da alocação de recursos; assim, normalmente visam uma máquina idealizada que tem um estoque ilimitado de registradores, memória e unidades funcionais. Isto, por sua vez, coloca mais pressão sobre as técnicas usadas no back end do compilador.

Se os compiladores tiverem que assumir sua fatia de responsabilidade pelo desempenho de runtime, precisam incluir otimizadores. Conforme veremos, as ferramentas de otimização também desempenham papel importante no back end do compilador. Por esses motivos, é importante introduzir a otimização e explorar algumas das questões que ela levanta antes de discutir as técnicas usadas no back end de um compilador.

8.2.1 Exemplos

A fim de fornecer um foco para esta discussão, vamos começar examinando dois exemplos em profundidade. O primeiro, um cálculo simples de endereço de array bidimensional, mostra o papel que o conhecimento e o contexto desempenham no tipo de código que o compilador pode produzir. O segundo, um aninhamento de laço a partir da rotina dmxpy na biblioteca numérica LINPACK, de grande utilização, fornece ideias para o próprio processo de transformação e para os desafios que o código transformado pode apresentar ao compilador.

Melhoria do cálculo de endereço de array

Considere a IR que o front end de um compilador poderia gerar para uma referência de array, como m(i,j) em FORTRAN. Sem o conhecimento específico sobre m, i e j, ou sobre o contexto ao redor, o compilador deve gerar a expressão completa para endereçamento de um array bidimensional armazenado em ordem por colunas. No Capítulo 7, vimos o cálculo para a ordem por linhas; esta, em FORTRAN, é semelhante:

$$@m + (j - low_2(m)) \times (high_1(m) - low_1(m) + 1) \times w + (i - low_1(m)) \times w$$

onde @n é o endereço de runtime do primeiro elemento de m, low_i(m) e $high_i$(m) são os limites inferior e superior, respectivamente, da i-ésima dimensão de m, e w é o tamanho de um elemento de m. A capacidade do compilador de reduzir o custo desse cálculo depende diretamente de sua análise do código e do contexto ao redor.

Se m for um array local com limites inferiores de um em cada dimensão e limites superiores conhecidos, então o compilador pode simplificar o cálculo para:

$$@m + (j - 1) \times hw + (i - 1) \times w$$

onde hw é $high_i$(m) $\times$ w. Se a referência ocorrer dentro de um laço onde j vai de 1 a k, o compilador poderia usar a *redução de força do operador* para substituir o termo $(j - 1) \times hw$ por uma sequência $j'_1, j'_2, j'_3, \ldots j'_k$, onde $j'_1 = (1-1) \times hw =$ (e $j'_i = j'_{i-1} + hw$. Se i também for a variável de indução de um laço que vai de 1 a l, então a redução de força pode substituir $(i - 1) \times w$ pela sequência $i'_1, i'_2, i'_3, \ldots i'_l$, onde $i'_1 = 0$ e $i'_j = i'_{j-1} + w$. Depois dessas mudanças, o cálculo de endereço é apenas:

$$@m + j' + i'$$

O laço j precisa incrementar j' de hw, e o laço i, incrementar i' de w. Se o laço j for o externo, então o cálculo de @m + j' pode ser movido para fora do laço interno. Neste ponto, o cálculo de endereço no laço interno contém uma soma e o incremento para i', enquanto o externo contém uma soma e o incremento para j'. O conhecimento do contexto em torno da referência a m(i,j) permite ao compilador reduzir significativamente o custo do endereçamento de array.

Se m for um parâmetro real para o procedimento, então o compilador pode não saber disso em tempo de compilação. De fato, os limites superior e inferior para m poderiam mudar em cada chamada para o procedimento. Nesses casos, o compilador pode ser incapaz de simplificar o cálculo de endereço conforme o que foi apresentado.

Melhoria do aninhamento de laço em LINPACK

Como exemplo mais dramático de contexto, considere o aninhamento de laço mostrado na Figura 8.1. É o aninhamento de laço central da versão FORTRAN da rotina dmxpy da biblioteca numérica LINPACK. O código envolve dois laços em torno de uma única atribuição longa. Este aninhamento forma o núcleo de uma rotina para calcular $y + x \times m$, para vetores x e y e matriz m. Vamos considerar o código sob dois pontos de vista diferentes: primeiro, as transformações que o autor aplicou à mão para melhorar o desempenho; segundo, os desafios que o compilador enfrenta na tradução desse aninhamento de laço para ser executado de modo eficiente em um processador específico.

Redução de força
Uma transformação que reescreve uma série de operações, por exemplo

$i.c, (i + 1).c, \ldots, (i + k).c$

para uma série equivalente

$i'_1, i'_2, \ldots, i'_k,$

onde $i'_1 = i \cdot c$ e $i'_j = i'_{j-1} + c$
Ver Seção 10.7.2.

```
        subroutine dmxpy (n1, y, n2, ldm, x, m)
        double precision y(*), x(*), m(ldm,*)
           ...
        jmin = j+16
        do 60 j = jmin, n2, 16
           do 50 i = 1, n1
              y(i) = ((((((((((((((( (y(i))
    $             + x(j-15)*m(i,j-15)) + x(j-14)*m(i,j-14))
    $             + x(j-13)*m(i,j-13)) + x(j-12)*m(i,j-12))
    $             + x(j-11)*m(i,j-11)) + x(j-10)*m(i,j-10))
    $             + x(j- 9)*m(i,j- 9)) + x(j- 8)*m(i,j- 8))
    $             + x(j- 7)*m(i,j- 7)) + x(j- 6)*m(i,j- 6))
    $             + x(j- 5)*m(i,j- 5)) + x(j- 4)*m(i,j- 4))
    $             + x(j- 3)*m(i,j- 3)) + x(j- 2)*m(i,j- 2))
    $             + x(j- 1)*m(i,j- 1)) + x(j) *m(i,j)
50         continue
60      continue
           ...
        end
```

■ **FIGURA 8.1** Trecho de `dmxpy` em LINPACK.

Antes que o autor transformasse o código à mão, o aninhamento de laço realizou a seguinte versão mais simples do mesmo cálculo:

```
        do 60 j = 1, n2
           do 50 i = 1, n1
              y(i) = y(i) + x(j) * m(i,j)
50         continue
60      continue
```

Para melhorar o desempenho, o autor *desenrolou* o laço externo, o laço j, 16 vezes. Essa modificação criou 16 cópias da instrução de atribuição com valores distintos para j, variando de j até j − 15. Isto também mudou o incremento no laço externo de 1 para 16. Em seguida, o autor mesclou as 16 atribuições em uma única instrução, eliminando 15 ocorrências de `y(i) = y(i) +...`; assim excluindo 15 adições e a maior parte dos loads e stores de *y*(i). O *desenrolamento do laço* elimina algumas operações escalares. Isto normalmente também melhora a localidade de cache.

Para lidar com os casos em que os limites do array não são múltiplos integrais de 16, o procedimento completo tem quatro versões do aninhamento de laço que precedem aquele apresentado na Figura 8.1. Esses "laços de configuração" processam até 15 colunas para m, deixando j definido como um valor para o qual n2 - j é um múltiplo integral de 16. O primeiro laço trata de uma única coluna de m, correspondendo a um n2 ímpar. Os outros três aninhamentos de laço lidam com duas, quatro e oito colunas de m. Isto garante que o aninhamento de laço final, mostrado na Figura 8.1, possa processar as colunas 16 a cada vez.

O ideal é que o compilador transforme automaticamente o aninhamento de laço original nessa versão mais eficiente, ou na forma mais apropriada para determinada máquina-alvo. Porém, poucos compiladores incluem todas as otimizações necessárias para realizar este objetivo. No caso de dmxpy, o autor realizou as otimizações à mão para produzir um bom desempenho para uma grande faixa de máquinas alvo e compiladores.

Desenrolamento de laço
Replica o corpo do laço para iterações distintas e ajusta correspondentemente os cálculos de índice.

Do ponto de vista do compilador, o mapeamento do aninhamento de laço mostrado na Figura 8.1 para a máquina-alvo apresenta alguns desafios difíceis. O aninhamento de laço contém 33 expressões de endereço de array distintas, 16 para m, 16 para x e uma para y, que ele usa duas vezes. A menos que o compilador possa simplificar esses cálculos de endereço, o laço estará inundado de aritmética de inteiros.

Considere as referências a x. Elas não mudam durante a execução do laço interno, que varia i. O otimizador pode mover os cálculos de endereço e os loads para x para fora do laço interno. Se puder manter os valores de x em registradores, ele pode eliminar uma grande parte do overhead do laço mais interno. Para uma referência como x(j - 12), o cálculo de endereço é apenas @x+(j-12)× w. Para simplificar as coisas ainda mais, o compilador pode refatorar todas as 16 referências a x para a forma @x + jw − ck, onde jw é j··w e c_k é k··w para cada $0 \leq k \leq 15$. Nesse formato, cada load usa o mesmo endereço de base, @x + jw, com um deslocamento constante diferente, c_k.

Para mapear isso de modo eficiente na máquina-alvo, é preciso ter conhecimento dos modos de endereçamento disponíveis. Se o destino tiver o equivalente da operação loadAI da ILOC (endereço de base de registrador mais um pequeno deslocamento constante), então todos os acessos a x podem ser escritos para usar uma única variável de indução. Seu valor inicial é @x+jmin·w. Cada iteração do laço j o incrementa de w.

Os 16 valores de m usados no laço interno mudam a cada iteração. Assim, o laço interno precisa calcular endereços e carregar 16 elementos de m em cada iteração. A refatoração cuidadosa das expressões de endereço, combinada com a redução de força, podem reduzir o overhead do acesso a m. O valor @m+j · $high_1$(m) pode ser calculado no laço j. (Observe que $high_1$(m) é a única dimensão concreta declarada no cabeçalho de dmxpy.) O laço interno pode produzir um endereço de base somando-o a (i-1)· w. Depois, os 16 loads podem usar constantes distintas, c_k · $high_1$(m), onde c_k é k · w para cada $0 \leq k \leq 15$.

Para alcançar essa forma de código, o compilador precisa refatorar as expressões de endereço, realizar a redução de força, reconhecer cálculos invariantes ao laço e movê-los para fora dos laços internos, e escolher o modo de endereçamento apropriado para os loads. Mesmo com essas melhorias, o laço interno precisa realizar 16 loads, 16 multiplicações de ponto flutuante e 16 adições de ponto flutuante, mais um store. O bloco resultante apresentará um desafio para o escalonador de instruções.

Se o compilador falhar em alguma parte desta sequência de transformação, o código resultante pode ser substancialmente pior do que o original. Por exemplo, se ele não puder refatorar as expressões de endereço em torno de um endereço de base comum para x e um para m, o código poderia manter 33 variáveis de indução distintas — uma para cada expressão de endereço distinta para x, m e y. Se a demanda resultante por registradores forçar o alocador de registradores ao derramamento, ele inserirá loads e stores adicionais no laço (que provavelmente já é ligado à memória). Em casos como este, a qualidade do código produzido pelo compilador depende da série orquestrada de transformações que precisa funcionar; quando uma deixa de alcançar seu propósito, a sequência global pode produzir um código de qualidade inferior ao que o usuário espera.

8.2.2 Considerações em relação à otimização

No exemplo anterior, o programador aplicou as transformações acreditando que fariam o programa ser executado mais rapidamente. Ele teve de acreditar que elas preservariam o significado do programa. (Afinal, se as transformações não precisarem preservar o significado, por que não substituir o procedimento inteiro por um único nop?)

Duas questões, segurança e lucratividade, estão no centro de cada otimização. O compilador precisa ter um mecanismo para provar que cada aplicação da transformação é segura — ou seja, preserva o significado do programa. O compilador precisa ainda ter um motivo para crer que a aplicação da transformação é lucrativa — que melhora o desempenho do programa. Se um destes não for verdadeiro — ou seja, a aplicação da transformação mudar o significado do programa ou piorar seu desempenho —, o compilador não deve aplicá-la.

Segurança

Como o programador soube que essa transformação era segura? Ou, por que ele acreditou que o código transformado produziria os mesmos resultados do código original? Um exame mais atento do aninhamento de laço mostra que a única interação entre iterações sucessivas ocorre por meio dos elementos de y.

> **DEFINIÇÃO DE SEGURANÇA**
>
> Exatidão (*correctness*) é o critério isolado mais importante que um compilador precisa atender — o código que ele produz precisa ter o mesmo significado do programa de entrada. Toda vez que o otimizador aplica uma transformação, essa ação precisa preservar a exatidão da tradução.
>
> Normalmente, *significado* é definido como o comportamento observável do programa. Para um programa em lote (*batch*), este é o estado da memória após ele terminar, junto com qualquer saída que ele gera. Se o programa termina, os valores de todas as variáveis visíveis imediatamente antes que ele termine deverão ser os mesmos sob qualquer esquema de tradução. Para um programa interativo, o comportamento é mais complexo e difícil de capturar.
>
> Plotkin formalizou esta noção como *equivalência observacional*.
>
> *Para duas expressões, M e N, dizemos que M e N são empiricamente equivalentes se, e somente se, em qualquer contexto C onde tanto M quanto N são fechadas (ou seja, não possuem variáveis livres), a avaliação de C[M] e C[N] ou produz resultados idênticos ou nenhuma delas termina [286].*
>
> Assim, duas expressões são empiricamente equivalentes se seus impactos sobre o ambiente visível, externo, forem idênticos.
>
> Na prática, os compiladores usam uma noção mais simples e mais frouxa de equivalência do que a de Plotkin, a saber: se, em seu contexto real de programa, duas expressões diferentes *e* e *e'* produzem resultados idênticos, então o compilador pode substituir *e* por *e'*. Esse padrão lida somente com contextos que realmente surgem no programa; moldar o código ao contexto é a essência da otimização. Ele não menciona o que acontece quando um cálculo sai errado ou diverge.
>
> Na prática, os compiladores cuidam de não introduzir divergência — o código original funcionaria corretamente, mas o otimizado tenta dividir por zero, ou entra em um laço sem fim. O caso oposto, em que o código original divergiria, mas o código otimizado não, raramente é mencionado.

- Um valor calculado como y(i) não é reutilizado até a próxima iteração do laço externo. As iterações do laço interno são independentes uma da outra, pois cada uma define exatamente um valor, e nenhuma outra iteração referencia esse valor. Assim, as iterações podem ser executadas em qualquer ordem. (Por exemplo, se executarmos o laço mais interno de n1 para 1, isto produz os mesmos resultados.)
- A interação por meio de y é limitada em seu efeito. O *i*-ésimo elemento de y acumula a soma de todas as *i*-ésimas iterações do laço interno. Esse padrão de acúmulo é seguramente reproduzido no laço desenrolado.

Grande parte da análise feita na otimização prossegue fornecendo a segurança das transformações.

Lucratividade

Por que o programador achou que o desenrolamento do laço melhoraria o desempenho? Ou, por que a transformação é lucrativa? Diversos efeitos diferentes do desenrolamento podem acelerar o código.

- O número total de iterações de laço é reduzido por um fator de 16. Isto reduz as operações de overhead devido ao controle do laço: adições, comparações, saltos e desvios. Se o laço for executado com frequência, essas economias podem ser significativas.
- Este efeito poderia sugerir o desenrolamento por um fator ainda maior. Limites de recurso finitos provavelmente ditarão a escolha de 16. Por exemplo, o laço interno usa os mesmos 16 valores de x para todas as iterações do laço interno. Muitos processadores possuem apenas 32 registradores que podem manter um número de ponto flutuante. Desenrolar por 32, a próxima potência de dois, criaria tantos desses valores "invariantes de laço" que poderiam não caber no conjunto de registradores. Derramá-los para a memória acrescentaria loads e stores ao laço interno e desfaria os benefícios do desenrolamento.
- Os cálculos de endereço de array contêm trabalho duplicado. Considere o uso de y(i). O código original calculava o endereço de y(i) uma vez por multiplicação de x e m; o código transformado o calcula uma vez a cada 16 multiplicações. O código desenrolado realiza $\frac{1}{16}$ do trabalho para endereçar y(i). As 16 referências a m, e em menor grau x, também devem incluir partes comuns que o laço pode calcular uma vez e reutilizar.
- O laço transformado realiza mais trabalho por operação de memória, onde "trabalho" exclui o overhead de implementar as abstrações de array e laço. O laço original realizava duas operações aritméticas para três de memória, enquanto o laço desenrolado realiza 32 operações aritméticas para 18 de memória, supondo que todos os valores x permaneçam nos registradores. Assim, o laço desenrolado teria menos chances de ser *ligado à memória*. Ele tem aritmética independente suficiente para sobrepor os loads e ocultar algumas de suas latências.

Ligado à memória
Laço no qual loads e stores usam mais ciclos do que a computação é considerado *ligado à memória*.
Para determinar se um laço é ligado à memória, é preciso que se tenha conhecimento detalhado sobre o laço e a máquina-alvo.

O desenrolamento pode ajudar com outros efeitos dependentes da máquina. Ele aumenta a quantidade de código no laço interno, que pode fornecer ao escalonador de instruções mais oportunidades para ocultar latências. Se o desvio de fim de laço tiver uma latência longa, o corpo de laço maior pode permitir que o compilador preencha mais dos slots de atraso desse desvio. Em alguns processadores, slots de atraso não usados precisam ser preenchidos com nops, caso em que o desenrolamento de laço pode diminuir o número de nops buscados, reduzir o tráfego de memória e, talvez, reduzir a energia usada para executar o programa.

Risco

Se as transformações voltadas em melhorar o desempenho tornarem mais difícil para o compilador gerar um bom código para o programa, esses potenciais problemas devem ser considerados como questões de lucratividade. As transformações manuais realizadas sobre dmxpy criam novos desafios para um compilador, incluindo:

- *Demanda por registradores*. O laço original só precisa de alguns registradores para manter seus valores ativos. Somente x(j), alguma parte dos cálculos de endereço para x, y e m, e as variáveis de índice de laço precisam de registradores entre as iterações de laço, enquanto y(i) e m(i,j) precisam deles brevemente. Ao contrário, o laço transformado tem 16 elementos de x para manter em registradores durante o laço, juntamente com os 16 valores de m e y(i) que precisam de registradores brevemente.

- *Forma do cálculo de endereço.* O laço original lida com três endereços, um para cada y, x e m. Como o laço transformado referencia muito mais locais distintos em cada iteração, o compilador precisa modelar os cálculos de endereço cuidadosamente para evitar cálculos repetidos e demanda excessiva por registradores. No pior dos casos, o código poderia usar cálculos independentes para todos os 16 elementos de x, todos os 16 de m e um elemento de y.

  Se o compilador formatar os cálculos de endereço de modo apropriado, pode usar um único ponteiro para m e outro para x, cada um com 16 deslocamentos de valor constante. E pode reescrever o laço para usar esse ponteiro no teste de fim de laço, evitando a necessidade de outro registrador e eliminando outra atualização. Planejamento e otimização fazem a diferença.

Outros problemas de natureza específica de máquina também aparecem. Por exemplo, os 17 loads e um store, as 16 multiplicações, as 16 adições mais os cálculos de endereço e operações de overhead de laço em cada iteração devem ser escalonados com cuidado. O compilador pode ter que emitir algumas das operações load em uma iteração anterior, de modo que possa escalonar a tempo as operações iniciais de ponto flutuante.

8.2.3 Oportunidades para otimização

Conforme vimos, a tarefa de otimizar um simples laço pode envolver considerações complexas. Em geral, os compiladores otimizadores aproveitam as oportunidades que surgem de várias fontes distintas.

1. *Reduzir o overhead de abstração.* Conforme vimos para o cálculo de endereço de array no início do capítulo, as estruturas e tipos de dados introduzidos pelas linguagens de programação exigem suporte de runtime. Os otimizadores usam análise e transformação para reduzir esse overhead.
2. *Tirar proveito de casos especiais.* Normalmente, o compilador pode usar o conhecimento sobre o contexto em que uma operação é executada para especializar essa operação. Como um exemplo, um compilador C++ às vezes pode determinar que uma chamada a uma função virtual sempre usa a mesma implementação. Neste caso, ele pode remapear a chamada e reduzir o custo de cada invocação.
3. *Equiparar o código aos recursos do sistema.* Se os requisitos de recursos de um programa diferirem das capacidades do processador, o compilador pode transformá-lo para alinhar suas necessidades mais perto dos recursos disponíveis. As transformações aplicadas a dmxpy têm este efeito, diminuem o número de acessos à memória por operação de ponto flutuante.

Essas são áreas extensas, descritas com generalidade abrangente. À medida que discutirmos sobre técnicas específicas de análise e transformação, nos Capítulos 9 e 10, preencheremos essas áreas com exemplos mais detalhados.

REVISÃO DA SEÇÃO

A maior parte da otimização baseada em compilador funciona especializando código de propósito geral ao seu contexto específico. Para algumas transformações de código, os benefícios advêm de efeitos locais, como as melhorias nos cálculos de endereço de array. Outras exigem um amplo conhecimento de regiões maiores no código, e seus benefícios advêm dos efeitos que ocorrem sobre extensões maiores do código.

Considerando qualquer otimização, o construtor de compiladores precisa se preocupar com:
1. Segurança; por exemplo, a transformação não muda o significado do código?
2. Lucratividade; por exemplo, como a transformação melhorará o código?
3. Encontrar oportunidades; por exemplo, como o compilador pode localizar rapidamente locais no código onde a aplicação de determinada transformação é segura e lucrativa?

> **QUESTÕES DE REVISÃO**
> 1. No fragmento de código de *dmxpy* da biblioteca LINPACK, por que o programador escolhe desdobrar o laço externo ao invés do interno? Como você acha que os resultados seriam diferentes se ele tivesse desdobrado o laço interno?
> 2. No fragmento de código C a seguir, que fatos o compilador precisaria descobrir antes que pudesse melhorar o código além de uma simples implementação load/store orientada a bytes?

```
MemCopy(char *source, char *dest, int length) {
    int i;
    for (i=1; i ≤ length; i++)
        { *dest++ = *source++; }
}
```

8.3 ESCOPO DE OTIMIZAÇÃO

Otimizações operam em diferentes granularidades ou escopos. Na seção anterior, examinamos a otimização de uma única referência de array e de um aninhamento de laço completo. Os diferentes *escopos dessas otimizações* apresentaram diferentes oportunidades ao otimizador. A reformulação da referência do array melhorou o desempenho para sua execução. A reescrita do laço melhorou o desempenho por uma região maior. Em geral, as transformações e as análises que lhes dão suporte operam sobre um de quatro escopos distintos: local, regional, global ou programa inteiro.

Escopo de otimização
A região de código onde uma otimização opera é o seu *escopo de otimização*.

Métodos locais

Métodos locais operam sobre um único bloco básico: uma sequência de máximo tamanho de código livre de desvio. Em um programa ILOC, o bloco básico começa com uma operação rotulada e termina com um desvio ou um salto. Em ILOC, a operação após um desvio ou salto precisa ser rotulada, ou não poderá ser alcançada; outras notações permitem um desvio "*fall-through*", de modo que a operação após um desvio ou salto não precisa ser rotulada. O comportamento do código em linha reta é mais fácil de analisar e entender do que o código que contém desvios e ciclos.

Dentro de um bloco básico, duas propriedades importantes são mantidas. Primeiro, as instruções são executadas em sequência. Segundo, se qualquer instrução for executada, o bloco inteiro é executado, a menos que ocorra uma exceção em runtime. Essas duas propriedades permitem que o compilador prove, com análises relativamente simples, fatos que podem ser mais fortes do que aqueles demonstráveis para escopos maiores. Assim, os métodos locais às vezes fazem melhorias que simplesmente não podem ser obtidas para escopos maiores. Ao mesmo tempo, são limitados a melhorias que envolvem operações que ocorrem todas no mesmo bloco.

Métodos regionais

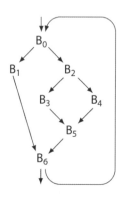

Métodos regionais operam sobre escopos maiores do que um único bloco, porém menores que um procedimento inteiro. No exemplo de grafo de fluxo de controle (CFG) na margem deste parágrafo, o compilador poderia considerar o laço inteiro, $\{B_0, B_1, B_2, B_3, B_4, B_5, B_6\}$, como uma única região. Em alguns casos, considerar um subconjunto do código para o procedimento inteiro produz análise mais nítida, e melhores resultados de transformação do que ocorreria com informações do procedimento inteiro. Por exemplo, dentro de um aninhamento de laço, o compilador pode ser capaz de provar que um ponteiro muito utilizado é invariante (valor único), embora seja modificado em outro lugar no procedimento. Esse conhecimento pode permitir otimizações, como manter em um registrador o valor referenciado por meio desse ponteiro.

O compilador pode escolher regiões de muitas e diferentes maneiras. Uma região pode ser definida por alguma estrutura de controle de código-fonte como um aninhamento de laço. O compilador poderia examinar o subconjunto de blocos na região que forma um *bloco básico estendido* (EBB — *Extended Basic Block*). O CFG de exemplo contém três EBBs: $\{B_0, B_1, B_2, B_3, B_4\}$, $\{B_5\}$ e $\{B_6\}$. Embora os dois EBBs de bloco único não ofereçam vantagem em relação a uma visão puramente local, o EBB grande pode oferecer oportunidades para otimização (ver Seção 8.5.1). Finalmente, o compilador poderia considerar um subconjunto do CFG definido por alguma propriedade teórica do grafo, como uma *relação de dominância* ou um dos componentes fortemente conectados no CFG.

Métodos regionais têm vários pontos fortes. A limitação do escopo de uma transformação para uma região menor que o procedimento inteiro permite que o compilador foque seus esforços em regiões bastante executadas — por exemplo, o corpo de um laço normalmente é executado com muito mais frequência do que o código em volta. O compilador pode aplicar diferentes estratégias de otimização para regiões distintas. Finalmente, o foco em uma área limitada no código com frequência permite que o compilador obtenha informações mais nítidas sobre o comportamento do programa, que, por sua vez, expõe oportunidades para melhoria.

Bloco básico estendido
Conjunto de blocos $\beta_1, \beta_2, \ldots, \beta_n$ onde β_1 tem múltiplos predecessores no CFG e todo β_i tem apenas um, que é algum β_j no conjunto.

Dominância
Em um CFG, *x domina y* se, e somente se, todo caminho da raiz até *y* inclui *x*.

Métodos globais

Estes métodos, também chamados *métodos intraprocedimentais*, utilizam um procedimento inteiro como contexto. A motivação para os métodos globais é simples: decisões que são localmente ótimas podem ter consequências ruins em algum contexto maior. O procedimento oferece ao compilador uma fronteira natural para análise e transformação. Os procedimentos são abstrações que encapsulam e isolam ambientes de runtime. Ao mesmo tempo, servem como unidades de compilação separada em muitos sistemas.

Métodos globais normalmente operam criando uma representação do procedimento, como um CFG, analisando-a e transformando o código subjacente. Se o CFG puder ter ciclos, o compilador deve analisar o procedimento inteiro para entender quais fatos são mantidos na entrada de qualquer bloco específico. Assim, a maior parte das transformações globais possui fases separadas para análise e transformação. A fase analítica colhe fatos e motivos a respeito deles. A fase de transformação usa esses fatos para determinar a segurança e a lucratividade de uma transformação específica. Em virtude de sua visão global, esses métodos podem descobrir oportunidades que nem os métodos locais nem os regionais podem descobrir.

INTRAPROCEDIMENTAL *VERSUS* INTERPROCEDIMENTAL

Poucos termos na compilação criam tanta confusão quanto a palavra *global*. A análise e a otimização global operam sobre um procedimento inteiro. Porém, a conotação moderna do termo global sugere um escopo mais abrangente, como no uso deste termo nas discussões sobre regras de escopo léxico. Porém, em análise e otimização, global significa pertencer a um único procedimento.

O interesse em análise e otimização entre fronteiras de procedimento exigiu uma terminologia para diferenciar entre análise *global* e análise sobre escopos maiores. O termo *interprocedimental* foi introduzido para descrever a análise que abrangia de dois procedimentos a um programa inteiro. Por conseguinte, os autores começaram a usar *intraprocedimental* para as técnicas que abrangem um único procedimento. Como essas palavras são muito próximas em ortografia e pronúncia, são passíveis de confusão e, provavelmente, inadequadas para se usar.

A Perkin-Elmer Corporation tentou remediar essa confusão quando introduziu seu compilador otimizador "universal" FORTRAN VIIZ para o PE 3200; o sistema realizava expansões em linha extensivamente seguido por otimização global agressiva no código resultante. Universal não pegou. Preferimos o termo *programa inteiro* e o usamos sempre que possível, porque transmite a distinção correta e lembra ao leitor e ao ouvinte que "global" não é "universal".

Métodos interprocedimentais

Estes métodos, às vezes chamados *métodos de programa inteiro*, consideram escopos maiores do que um único procedimento. Consideramos qualquer transformação que envolva mais de um procedimento como sendo interprocedimental. Assim como mover de um escopo local para um global expõe novas oportunidades, mover de procedimentos únicos para múltiplos pode mostrar novas oportunidades. Mas também levanta novos desafios. Por exemplo, as regras de vinculação de parâmetros introduzem complicações significativas para a análise que dá suporte à otimização.

A análise e a otimização interprocedimentais ocorrem, pelo menos em conceito, no grafo de chamada do programa. Em alguns casos, essas técnicas analisam o programa inteiro; em outros, o compilador pode examinar apenas um subconjunto do código-fonte. Dois exemplos clássicos de otimizações interprocedimentais são a substituição em linha, que substitui uma chamada de procedimento por uma cópia do corpo do procedimento chamado, e a propagação de constante interprocedimental, que propaga e cruza informações sobre constantes ao longo do programa inteiro.

> **REVISÃO DA SEÇÃO**
> Os compiladores realizam análise e transformação sobre uma série de escopos, variando desde blocos básicos isolados (métodos locais) até programas inteiros (métodos de programa inteiro). Em geral, o número de oportunidades para melhoria aumenta com o escopo da otimização. Porém, a análise de escopos maiores frequentemente resulta em um conhecimento menos preciso sobre o comportamento do código. Assim, não existe relacionamento simples entre escopo de otimização e qualidade do código resultante. Seria intelectualmente atraente se um escopo de otimização maior levasse, em geral, melhor qualidade de código. Infelizmente, esse relacionamento não necessariamente é verdadeiro.

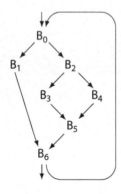

> **QUESTÕES DE REVISÃO**
> 1. Os blocos básicos têm a propriedade de que, se uma instrução for executada, todas as instruções no bloco são executadas, em uma ordem especificada (a menos que haja uma exceção). Indique a propriedade mais fraca que se mantém para um bloco em um bloco básico estendido, exceto o bloco de entrada, como o bloco B_2 no EBB $\{B_0, B_1, B_2, B_3, B_4\}$, para o grafo de fluxo de controle mostrado na margem.
> 2. Que tipos de melhoria o compilador poderia encontrar com a compilação do programa inteiro? Cite algumas ineficiências que só podem ser resolvidas examinando o código entre limites de procedimento. Como a otimização interprocedimental interage com o desejo de compilar procedimentos separadamente?

8.4 OTIMIZAÇÃO LOCAL

Otimizações que operam sobre um escopo local — um único bloco básico — estão entre as técnicas mais simples que o compilador pode usar. O modelo de execução simples de um bloco básico leva a uma análise razoavelmente precisa no suporte da otimização. Assim, esses métodos são surpreendentemente eficazes.

Esta seção apresenta dois métodos locais como exemplos. O primeiro, *numeração de valor*, encontra expressões redundantes em um bloco básico e substitui as avaliações *redundantes* pelo reúso de um valor previamente calculado. O segundo, *balanceamento de altura de árvore*, reorganiza árvores de expressão para expor mais paralelismo em nível de instrução.

Redundante
Uma expressão *e* é *redundante* em *p* se já tiver sido avaliada em cada caminho que leva a *p*.

8.4.1 Numeração de valor local

Considere o bloco básico de quatro instruções mostrado na margem. Vamos nos referir ao bloco como B. Uma expressão, como b+c ou a-d, é redundante em B se, e somente se, tiver sido calculada anteriormente em B e nenhuma operação interveniente redefinir um de seus argumentos constituintes. Em B, a ocorrência de b+c na terceira operação não é redundante, pois a segunda redefine b. A ocorrência de a-d na quarta operação é redundante porque B não redefine a ou d entre a segunda e a quarta operações.

O compilador pode reescrever esse bloco de modo que calcule a-d uma vez, como mostramos na margem. A segunda avaliação de a-d é substituída por uma cópia de b. Uma estratégia alternativa substituiria usos subsequentes de d por usos de b. Porém, esse método exige análise para determinar se b é redefinido ou não antes de algum uso de d. Na prática, é mais simples fazer o otimizador inserir uma cópia e permitir que um passo subsequente determine quais operações de cópia são de fato necessárias e quais podem ter seus nomes de origem e destino combinados.

Em geral, substituir avaliações redundantes por referências a valores previamente calculados é lucrativo — ou seja, o código resultante roda mais rapidamente do que o original. Porém, a lucratividade não é garantida. Substituir d ← a - a por d ← b tem o potencial de estender o tempo de vida de b e encurtar os de a ou d, ou ambos — dependendo, em cada caso, de onde se encontra o último uso do valor. Dependendo dos detalhes precisos, cada reescrita pode aumentar a demanda por registradores, diminuí-la ou deixá-la inalterada. A substituição de uma computação redundante por uma referência provavelmente não será lucrativa se a reescrita fizer que o alocador de registrador derrame um valor no bloco.

Na prática, o otimizador não pode prever de forma consistente o comportamento do alocador de registradores, em parte porque o código ainda será transformado antes de alcançar o alocador. Portanto, a maior parte dos algoritmos para remover a redundância considera que a reescrita para evitar redundância é lucrativa.

No exemplo anterior, a expressão redundante era textualmente idêntica à ocorrência anterior. A atribuição pode, naturalmente, produzir uma expressão redundante que difere textualmente de sua predecessora. Considere o bloco mostrado na margem. A atribuição de b a d faz com que a expressão d × c produza o mesmo valor que b × c. Para reconhecer este caso, o compilador deve rastrear o fluxo de valores por meio dos nomes. As técnicas que se baseiam na identidade textual não detectam tais casos.

Os programadores protestarão porque não escrevem código que contém expressões redundantes, como aquelas no exemplo. Na prática, a eliminação da redundância encontra muitas oportunidades. A tradução do código fonte para a IR elabora muitos detalhes, como cálculos de endereço, e introduz expressões redundantes.

Muitas técnicas que encontram e eliminam redundâncias têm sido desenvolvidas. *Numeração de valor local* é uma das mais antigas e mais poderosas dessas transformações. Ela descobre tais redundâncias dentro de um bloco básico e reescreve o bloco para evitá-las, e fornece um framework simples e eficiente para outras otimizações locais, como o desdobramento de constante e a simplificação usando identidades algébricas.

```
a ← b + c
b ← a - d
c ← b + c
d ← a + d
```
Bloco original

```
a ← b + c
b ← a - d
c ← b + c
d ← b
```
Bloco reescrito

Tempo de vida
O tempo de vida de um nome é a região de código entre suas definições e seus usos. Aqui, a definição significa atribuição.

```
a ← b × c
d ← b
e ← d × c
```
Efeito da atribuição

O algoritmo

A ideia por trás da numeração de valor é simples. O algoritmo atravessa um bloco básico e atribui um número distinto a cada valor que ele calcula; e escolhe os números de modo que duas expressões, e_i e e_j, tenham o mesmo número de valor se, e somente se, e_i e e_j tiverem valores provadamente iguais para todos os operandos possíveis das expressões.

A Figura 8.2 mostra o algoritmo de numeração de valor local (LVN — *Local Value Numbering*), que usa como entrada um bloco com *n* operações binárias, cada uma na forma $T_i \leftarrow L_i\ Op_i\ R_i$; examina cada operação, em ordem; e usa uma tabela hash para mapear nomes, constantes e expressões em números de valor distintos. A tabela hash está inicialmente vazia.

```
para i ← 0 to n - 1, onde o bloco tem n operações "Tᵢ ← Lᵢ Opᵢ Rᵢ"

  1. obter os números de valor para Lᵢ e Rᵢ
  2. construir uma chave hash a partir de Opᵢ e dos números de valor para Lᵢ e Rᵢ
  3. se a chave hash já estiver presente na tabela, então
        substituir a operação i por uma cópia do valor em Tᵢ e associar o número de valor a Tᵢ
     então
        inserir um novo número de valor na tabela, no local da chave hash
        registrar esse novo número de valor para Tᵢ
```

■ **FIGURA 8.2** Numeração de valor de um único bloco.

Para processar a *i*-ésima operação, a LVN obtém números de valor para L_i e R_i procurando-os na tabela hash. Se encontrar uma entrada, usa o número de valor dessa entrada. Se não, cria uma e atribui um novo número de valor.

Dados os números de valor para L_i e R_i, chamados $VN(L_i)$ e $VN(R_i)$, a LVN constrói uma chave hash a partir de $\langle VN(L_i), Op_i, VN(R_i) \rangle$ procura por essa chave na tabela. Se existir uma entrada, a expressão é redundante e pode ser substituída por uma referência ao valor previamente calculado. Se não, a operação *i* é a primeira computação da expressão nesse bloco, de modo que a LVN cria uma entrada para sua chave hash e atribui a essa entrada um novo número de valor. Ela também atribui o número de valor da chave hash, seja novo ou preexistente, à entrada de tabela para T_i. Como a LVN usa números de valor para construir a chave hash da expressão, ao invés de nomes, pode efetivamente rastrear o fluxo de valores por meio de operações de cópia e atribuição, como no pequeno exemplo rotulado "Efeito da Atribuição" na página anterior. A extensão da LVN para expressões de aridade arbitrária é simples.

A IMPORTÂNCIA DA ORDEM

A ordem específica em que as expressões são escritas tem impacto direto sobre a capacidade de as otimizações as analisarem e transformarem. Considere as seguintes codificações distintas de v ← a × b × c:

$$t_0 \leftarrow a \times b \qquad t_0 \leftarrow b \times c$$
$$v \leftarrow t_0 \times c \qquad v \leftarrow a \times t_0$$

A codificação à esquerda atribui números de valor a a × b, a (a × b) × c e a v, enquanto a codificação à direita atribui números de valor a b × c, a a × (b × c) e a v. Dependendo do contexto ao redor, uma ou outra codificação pode ser preferível. Por exemplo, se b × c ocorre mais tarde no bloco, mas a × b não, então a codificação da direita produz redundância, enquanto a da esquerda não.

Em geral, o uso da comutatividade, associatividade e distributividade para reordenar expressões pode mudar os resultados da otimização. Efeitos semelhantes podem ser vistos com o desdobramento de constante; se substituirmos **a** por 3 e **c** por 5, nenhuma ordenação produz a operação constante 3 × 5, que pode ser desdobrada.

Como o número de maneiras de reordenar expressões é proibitivamente grande, os compiladores usam técnicas heurísticas para encontrar boas ordenações para expressões. Por exemplo, o compilador IBM FORTRAN H gerava cálculos de endereço de array em uma ordem que costumava melhorar outras otimizações. Outros compiladores têm classificado os operandos de operações comutativas e associativas em uma ordem que corresponde ao nível de aninhamento de laço em que são definidos. Como tantas soluções são possíveis, as heurísticas para o problema normalmente exigem experimentação e ajuste para descobrir o que é apropriado para uma linguagem, compilador e estilo de codificação específicos.

Para ver como a LVN funciona, considere nosso exemplo original de bloco, apresentado na página 365. A versão na margem mostra os números de valor que ela atribui como sobrescritos. Na primeira operação, com uma tabela de valores vazia, b e c obtêm novos números de valor, 0 e 1 respectivamente. A LVN constrói a string textual "0 + 1" como uma chave hash para a expressão b + c e realiza uma pesquisa. Não encontra uma entrada para essa chave, de modo que a pesquisa falha. Em consequência, a LVN cria uma nova entrada para "0 + 1" e atribui a ela o número de valor 2. Depois, cria uma entrada para a e lhe atribui o número de valor da expressão; ou seja, 2. Repetindo esse processo para cada operação, em ordem sequencial, a LVN produz o restante dos números de valor mostrados na margem.

$a^2 \leftarrow b^0 + c^1$
$b^4 \leftarrow a^2 - d^3$
$c^5 \leftarrow b^4 + c^1$
$d^4 \leftarrow a^2 - d^3$

Os números de valor revelam, corretamente, que as duas ocorrências b + c produzem valores diferentes, devido à redefinição intermediária de b. Por outro lado, as duas ocorrências de a − d produzem o mesmo valor, pois têm os mesmos números de valor de entrada e o mesmo operador. A LVN descobre e registra isso atribuindo a b e d o mesmo número de valor; a saber, 4. Esse conhecimento permite que a LVN reescreva a quarta operação como d ← b, como mostramos na margem. Os passos subsequentes podem eliminar a cópia.

a ← b + c
b ← a - d
c ← b + c
d ← b

Estendendo o algoritmo

A LVN fornece um framework natural para realizar diversas outras otimizações locais.

- *Operações comutativas*. Operações comutativas que diferem apenas na ordem de seus operandos, como a × b e b × a, devem receber os mesmos números de valor. Como a LVN constrói uma chave hash para o lado direito da operação atual, pode classificar os operandos usando algum esquema conveniente, como ordená-los pelo número de valor. Esta simples ação garantirá que as variantes comutativas recebam o mesmo número de valor.
- *Desdobramento de constante*. Se todos os operandos de uma operação tiverem valores constantes conhecidos, a LVN pode realizar a operação e utilizar a resposta diretamente no código. A LVN pode armazenar informações sobre constantes na tabela hash, incluindo seu valor. Antes da formação da chave hash, ela pode testar os operandos e, se possível, avaliá-los. Se descobrir uma expressão constante, pode substituir a operação por um load imediato do resultado. O desdobramento de cópia subsequente irá limpar o código.
- *Identidades algébricas*. A LVN pode aplicar identidades algébricas para simplificar o código. Por exemplo, x + 0 e x devem receber o mesmo número de valor. Infelizmente, a LVN precisa de código especial para cada identidade. Diversos testes, um por identidade, podem facilmente se tornar longos o suficiente para produzir um atraso inaceitável no algoritmo. Para melhorar esse problema, a LVN deve organizar os testes em árvores de decisão específicas de operador. Como cada operador tem apenas algumas identidades, esta técnica mantém o overhead baixo. A Figura 8.3 mostra algumas das identidades que podem ser tratadas dessa maneira.

```
a + 0 = a        a - 0 = a        a - a = 0        2 × a = a + a
a × 1 = a        a × 0 = 0        a ÷ 1 = a        a ÷ a = 1, a ≠ 0
a¹ = a           a² = a × a       a >> 0 = a       a << 0 = a
a AND a = a      a OR a = a       MAX(a,a) = a     MIN(a,a) = a
```

■ **FIGURA 8.3** Identidades algébricas para numeração de valor.

para i ← 0 to n - 1, onde o bloco tem n operações "T_i ← L_i Op_i R_i"

1. obter os números de valor para L_i e R_i
2. if L_i e R_i forem constantes then
    avaliar L_i Op_i R_i, atribuir o resultado a T_i e marcar T_i como constante
3. if L_i Op_i R_i corresponde a uma identidade na Figura 8.3, then substituí-lo por uma operação de cópia ou uma atribuição
4. construir uma chave hash a partir de Op_i e dos números de valor para L_i e R_i, usando os números de valor em ordem crescente, se Op_i for comutativo
5. se a chave hash já estiver presente na tabela, então
    substituir a operação i por uma cópia do valor em T_i e associar o número de valor a T_i
   então
    inserir um novo número de valor na tabela no local indicado pela chave hash
    registrar esse novo número de valor para T_i

■ **FIGURA 8.4** Numeração de valor local com extensões.

NaN
Not a Number, uma constante definida que representa um resultado inválido ou sem significado no padrão IEEE para aritmética de ponto flutuante.

Um implementador inteligente descobrirá outras identidades, incluindo algumas que são específicas de tipo. O ou-exclusivo de dois valores idênticos deve gerar um zero do tipo apropriado. Os números de ponto flutuante no formato IEEE têm seus próprios casos especiais introduzidos pelas representações explícitas de ∞ e NaN; por exemplo, ∞ − ∞ = NaN, ∞ − NaN = NaN, e ∞ ÷ NaN = NaN.

A Figura 8.4 mostra a LVN com essas extensões. As etapas 1 e 5 apareceram no algoritmo original; a etapa 2 avalia e desdobra operações com valor constante; a etapa 3 verifica identidades algébricas usando as árvores de decisão mencionadas anteriormente; a etapa 4 reordena os operandos de operações comutativas. Mesmo com essas extensões, o custo por operação da IR permanece extremamente baixo. Cada etapa tem uma implementação eficiente.

O papel da nomeação

A escolha de nomes para variáveis e valores pode limitar a eficácia da numeração de valor. Considere o que acontece quando a LVN é aplicada ao bloco mostrado na margem. Novamente, os sobrescritos indicam os números de valor atribuídos a cada nome e valor.

a^3 ← x^1 + y^2
b^3 ← x^1 + y^2
a^4 ← 17^4
c^3 ← x^1 + y^2

Na primeira operação, a LVN atribui 1 a x, 2 a y e 3 a x + y e a a. Na segunda, descobre que x + y é redundante, com número de valor 3. De modo correspondente, reescreve b ← x + y como b ← a. A terceira operação é simples e não redundante. Na quarta operação, ela novamente descobre que x + y é redundante, com número de valor 3. Entretanto, não pode reescrevê-la como c ← a, pois a não tem mais o número de valor 3.

Podemos tratar esse problema de duas maneiras distintas. Modificar a LVN de modo que mantenha um mapeamento dos números de valor para nomes. Em uma atribuição a algum nome, digamos, a, ela deve remover a da lista para seu número de valor antigo e acrescentar a à lista para seu novo número de valor. Depois, em uma substituição, pode usar qualquer nome que contenha atualmente esse número de valor. Essa técnica acrescenta algum custo ao processamento de cada atribuição e confunde o código para o algoritmo básico.

a_0^3 ← x_0^1 + y_0^2
b_0^3 ← x_0^1 + y_0^2
a_1^4 ← 17^4
d_0^3 ← x_0^1 + y_0^2

Como alternativa, o compilador pode reescrever o código de modo que dê um nome distinto a cada atribuição. Acrescentar um subscrito a cada nome, para que haja exclusividade, como vemos na margem, é suficiente. Com esses novos nomes, o código define cada valor exatamente uma vez. Assim, nenhum valor é redefinido ou perdido, ou *morto*. Se aplicarmos a LVN a esse bloco, isto produz o resultado desejado. Isso prova que a segunda e a quarta operações são redundantes; cada uma pode ser substituída por uma cópia de a_0.

Entretanto, agora o compilador precisa reconciliar esses nomes em subscrito com aqueles nos blocos ao redor, para preservar o significado do código original. Em nosso exemplo, o nome original a deveria se referir ao valor do nome subscritado a_1 no código reescrito. Uma implementação inteligente mapearia o novo a_1 ao a original, b_0 ao b original, c_0 ao c original, e renomearia a_0 para um novo nome temporário. Essa solução reconcilia o espaço de nomes do bloco transformado com o contexto ao redor sem introduzir cópias.

Esse esquema de nomeação assemelha-se a uma propriedade do espaço de nomes criado para a forma de atribuição única estática, ou SSA (*Static Single-Assignment*), introduzida na Seção 5.4.2. A Seção 9.3 explora a tradução de código linear para a forma SSA e da forma SSA de volta para o código linear. Os algoritmos que ela apresenta para tradução do espaço de nomes são mais gerais do que o necessário para um único bloco, mas certamente tratarão do caso de único bloco e tentarão minimizar o número de operações de cópia que devem ser inseridas.

EXCEÇÕES EM RUNTIME E OTIMIZAÇÃO

Algumas condições de runtime anormais podem gerar exceções. Exemplos incluem referências de memória fora dos limites, operações aritméticas indefinidas, como divisão por zero, e operações malformadas. (Um modo para o depurador disparar um ponto de interrupção é substituir a instrução por uma malformada e capturar a exceção.) Algumas linguagens incluem recursos para tratamento de exceções, tanto para situações predefinidas quanto definidas pelo programador.

Normalmente, uma exceção de runtime causa transferência de controle para um tratador de exceção. Este pode resolver o problema, reexecutar a operação problemática e retornar o controle ao bloco. Como alternativa, pode transferir o controle para algum outro lugar ou terminar a execução.

O otimizador precisa entender quais operações podem disparar uma exceção e precisa considerar o impacto de uma exceção sobre a execução do programa. Como um tratador de exceção poderia modificar os valores de variáveis ou transferir o controle, o compilador precisa tratar de operações causadoras de exceção de forma conservadora. Por exemplo, cada uma dessas operações poderia forçar o término do bloco básico atual. Esse tratamento pode limitar bastante a capacidade do otimizador de melhorar o código.

Para otimizar o código carregado de exceções, o compilador precisa entender e modelar os efeitos dos tratadores de exceção. Para fazê-lo, precisa acessar o código dos tratadores de exceção e precisa de um modelo de execução global para entender quais tratadores poderão estar em vigor quando uma operação específica causadora de exceção for executada.

O impacto das atribuições indiretas

A discussão anterior considera que as atribuições são diretas e óbvias, como em $a \leftarrow b \times c$. Muitos programas contêm atribuições indiretas, nos quais o compilador pode não saber quais valores ou locais são modificados. Exemplos incluem a atribuição por meio de um ponteiro, como em *p = 0; em C, ou a atribuição a um elemento de estrutura ou um elemento de array, como em a(i,j) = 0 em FORTRAN. As atribuições indiretas complicam a numeração de valor e outras otimizações, pois criam imprecisões no entendimento do fluxo de valores pelo compilador.

Considere a numeração de valor com o esquema de nomeação com subscrito apresentado na seção anterior. Para gerenciar os subscritos, o compilador mantém um mapeamento do nome de variável básico, digamos, a, para o seu subscrito atual. Em uma atribuição, como $a \leftarrow b \times c$, o compilador simplesmente incrementa o subscrito

Dica: a tabela hash de números de valor precisa refletir os nomes com subscritos. O compilador pode usar uma segunda tabela, menor, para mapear os nomes básicos aos subscritos.

atual para a. As entradas na tabela de valores para o subscrito anterior permanecem intactas. Em uma atribuição indireta, como *p ← 0, o compilador pode não saber quais subscritos de nome básico incrementar. Sem conhecimento específico dos locais de memória aos quais p pode se referir, o compilador precisa incrementar o subscrito de cada variável que a atribuição possivelmente poderia modificar — potencialmente o conjunto de todas as variáveis. De modo semelhante, uma atribuição como a(i,j) = 0, onde o valor de i ou j é desconhecido, precisa ser tratada como se mudasse o valor de cada elemento de a.

Referência ambígua
Uma referência é *ambígua* se o compilador não puder associá-la a um único local da memória.

Embora isso pareça drástico, mostra o verdadeiro impacto de uma atribuição indireta ambígua sobre o conjunto de fatos que o compilador pode deduzir. O compilador pode realizar análise para retirar a ambiguidade das referências de ponteiro — ou seja, para estreitar o conjunto de variáveis às quais ele acredita que um ponteiro pode endereçar. De modo semelhante, pode usar uma série de técnicas para entender os padrões de acesso aos elementos de um array — novamente, para reduzir o conjunto de locais que ele precisa assumir que são modificados por uma atribuição a um elemento.

8.4.2 Balanceamento de altura de árvore

Como vimos no Capítulo 7, os detalhes específicos de como o compilador codifica uma computação podem afetar sua capacidade de otimizar essa computação. Muitos processadores modernos têm várias unidades funcionais, de modo que possam executar várias operações independentes em cada ciclo. Se o compilador puder arrumar o fluxo de instruções de modo que contenha operações independentes, codificadas da forma apropriada, específica da máquina, então a aplicação será executada mais rapidamente.

$t_1 \leftarrow a + b$
$t_2 \leftarrow t_1 + c$
$t_3 \leftarrow t_2 + d$
$t_4 \leftarrow t_3 + e$
$t_5 \leftarrow t_4 + f$
$t_6 \leftarrow t_5 + g$
$t_7 \leftarrow t_6 + h$

Considere o código para a + b + c + d + e + f + g + h mostrado na margem. Uma avaliação da esquerda para a direita produziria a árvore associativa à esquerda na Figura 8.5a. Outras árvores permissíveis incluem aquelas nas Figuras 8.5b e c. Cada árvore distinta implica restrições sobre a ordem de execução que não são exigidas pelas regras de adição. A árvore associativa à esquerda implica que o programa precisa avaliar a+b antes de poder realizar as adições envolvendo g ou h. A árvore associativa à direita correspondente, criada por uma gramática recursiva à direita, implica que g+h precisa preceder as adições envolvendo a ou b. A árvore balanceada impõe menos restrições, mas ainda implica uma ordem de avaliação com mais restrições do que a aritmética real.

Se o processador puder realizar mais de uma adição por vez, então a árvore balanceada deve permitir que o compilador produza um escalonamento mais curto para a computação. A Figura 8.6 mostra possíveis escalonamentos para a árvore balanceada e a associativa à esquerda em um computador com dois somadores de único ciclo. A

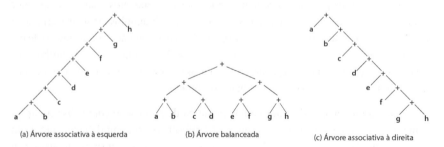

(a) Árvore associativa à esquerda   (b) Árvore balanceada   (c) Árvore associativa à direita

■ **FIGURA 8.5** Formas potenciais de árvore para a + b + c + d + e + f + g + h.

árvore balanceada pode ser executada em quatro ciclos, com uma unidade ociosa no quarto ciclo.

Ao contrário, a árvore associativa à esquerda exige sete ciclos, deixando o segundo somador ocioso durante a computação. Esta forma de árvore força o compilador a serializar as adições. A árvore associativa à direita produzirá efeito semelhante.

Esse pequeno exemplo sugere uma otimização importante: usar as leis comutativa e associativa da aritmética para expor paralelismo adicional na avaliação de expressão. O restante desta seção apresenta um algoritmo para reescrever código a fim de criar expressões cuja forma de árvore se aproxima à de uma árvore balanceada. Essa transformação em particular visa melhorar o tempo de execução, expondo mais operações concorrentes, ou *paralelismo em nível de instrução*, ao escalonador de instruções do compilador.

Para formalizar essas noções em um algoritmo, seguiremos um esquema simples.

1. O algoritmo identifica árvores de expressão candidatas no bloco. Todos os operadores em uma árvore candidata precisam ser idênticos, e também comutativos e associativos. Igualmente importante, cada nome que rotule um nó interior da árvore candidata precisa ser usado exatamente uma vez.
2. Para cada árvore candidata, o algoritmo encontra todos os seus operandos, atribui-lhes uma classificação e os inclui em uma fila de prioridade, ordenada por classificação crescente. A partir dessa fila, o algoritmo então reconstrói uma árvore que assemelha-se a uma binária balanceada.

	Árvore balanceada			Árvore associativa à esquerda	
	Unidade 0	Unidade 1		Unidade 0	Unidade 1
1	$t_1 \leftarrow a + b$	$t_2 \leftarrow c + d$	1	$t_1 \leftarrow a + b$	—
2	$t_3 \leftarrow e + f$	$t_4 \leftarrow g + h$	2	$t_2 \leftarrow t_1 + c$	—
3	$t_5 \leftarrow t_1 + t_2$	$t_6 \leftarrow t_3 + t_4$	3	$t_3 \leftarrow t_2 + d$	—
4	$t_7 \leftarrow t_5 + t_6$	—	4	$t_4 \leftarrow t_3 + e$	—
5	—	—	5	$t_5 \leftarrow t_4 + f$	—
6	—	—	6	$t_6 \leftarrow t_5 + g$	—
7	—	—	7	$t_7 \leftarrow t_6 + h$	—

■ **FIGURA 8.6** Escalonamentos de diferentes formas de árvore para $a + b + c + d + e + f + g + h$.

Esse esquema de duas fases, análise seguida pela transformação, é comum na otimização.

Bloco básico curto

$t_1 \leftarrow a \times b$
$t_2 \leftarrow c - d$
$y \leftarrow t_1 + t_2$
$z \leftarrow t_1 \times t_2$

Determinação de árvores candidatas

Um bloco básico consiste em uma ou mais computações misturadas. O compilador pode interpretar um bloco, em código linear, como um grafo de dependência (ver Seção 5.2.2); este captura o fluxo de valores e as restrições de ordenação sobre as operações. No bloco curto mostrado na margem, o código precisa calcular $a \times b$ antes que possa calcular $t_1 + t_2$ ou $t_1 \times t_2$.

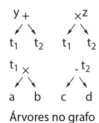

Seu grafo de dependência

Árvores no grafo

Valor observável
Um valor é *observável*, com relação a um fragmento de código (bloco, laço etc.), se for lido fora desse fragmento.

O grafo de dependência, em geral, não forma uma única árvore. Ao invés disso, consiste em várias árvores conectadas interligadas. As árvores de expressão candidatas que o algoritmo de balanceamento precisa contêm um subconjunto dos nós do grafo de dependência do bloco. Nosso bloco de exemplo é muito curto para ter árvores não triviais, mas tem quatro árvores distintas — uma para cada operação, como mostramos na margem.

Quando o algoritmo rearruma os operandos, árvores candidatas maiores oferecem mais oportunidades para este rearranjo. Assim, o algoritmo tenta construir árvores candidatas de tamanho máximo. Conceitualmente, o algoritmo encontra árvores candidatas que podem ser consideradas como um único operador *n*-ário, para um valor de *n* o maior possível. Diversos fatores limitam o tamanho de uma árvore candidata.

1. A árvore não pode ser maior do que o bloco que representa. Outras transformações podem aumentar o tamanho de um bloco básico (ver Seção 10.6.1).
2. O código reescrito não pode mudar os *valores observáveis* do bloco — ou seja, qualquer valor usado fora do bloco deve ser calculado e preservado como se estivesse no código original. De modo semelhante, qualquer valor usado várias vezes no bloco deve ser preservado; no exemplo, tanto t_1 quanto t_2 têm essa propriedade.
3. A árvore não pode se estender para trás para além do início do bloco. Em nosso exemplo da margem, a, b, c e d recebem seus valores antes do início do bloco, e, assim, tornam-se folhas na árvore.

A fase de localização de árvore também precisa saber, para cada nome T_i definido no bloco, onde T_i é referenciado. Ele assume um conjunto USES(T_i) que contém o índice no bloco de cada uso de T_i. Se T_i é usado após o bloco, então USES(T_i) deve conter duas entradas adicionais — inteiros arbitrários maiores do que o número de operações no bloco. Esse truque garante que |USES(x)| = 1 se, e somente se, x for usada como uma variável temporária local. Deixamos a construção dos conjuntos USES como um exercício para o leitor (ver Exercício 8.8); ela conta com os conjuntos LIVEOUT (ver Seção 8.6.1).

As Figuras 8.7 e 8.8 apresentam o algoritmo para balancear um bloco básico. A fase 1 do algoritmo, na Figura 8.7, é enganosamente simples. Ela percorre as operações no bloco; e testa cada operação para ver se esta operação deve ser a raiz de sua própria árvore. Quando encontra uma raiz, acrescenta o nome definido por essa operação em uma fila de prioridade de nomes, ordenada pela precedência do operador da raiz.

O teste para identificar uma raiz tem duas partes. Suponha que a operação *i* tenha a forma $T_i \leftarrow L_i \ Op_i \ R_i$. Primeiro, Op_i precisa ser comutativo e associativo. Segundo, uma das duas condições a seguir precisa ser mantida:

1. Se T_i for usado mais de uma vez, então a operação i deve ser marcada como uma raiz para garantir que T_i esteja disponível para todos os seus usos. Múltiplos usos tornam T_i observável.
2. Se T_i for usado apenas uma vez, na operação j, mas $Op_i \neq Op_j$, então a operação i deve ser uma raiz, pois não pode fazer parte da árvore que contém Op_j.

Em qualquer caso, a fase 1 marca Op_j como uma raiz e o coloca na fila.

```
// Rebalancear um bloco b de n operações, cada uma na forma "T_i ← L_i Op_i R_i"
// Fase 1 : cria uma fila, Roots, das árvores candidatas
Roots ← nova fila de nomes
for i ← 0 a n - 1
    Rank(T_i) ← -1;
    if Op_i é comutativo e associativo and
        (|USES(T_i)| > 1 or (|USES(T_i)| = 1 and Op_{USES(T_i)} ≠ Op_i)) then
            marcar T_i como uma raiz
            Enqueue(Roots, T_i, precedência de Op_i)

// Fase 2 : remove uma árvore de Roots e a rebalanceia
while(Roots não está vazia)
    var ← Dequeue(Roots)
    Balance(var)


Balance(root)          // Cria árvore balanceada a partir de sua raiz, T_i em "T_i ← L_i Op_i R_i"
    if Rank(root) ≥ 0
        then return            // já processou esta árvore

    q ← nova fila de nomes               // Primeiro, achata a árvore
    Rank(root) ← Flatten(L_i, q) + Flatten(R_i, q)
    Rebuild(q, Op_i)                     // Depois, recria uma árvore balanceada


Flatten(var, q)    // Calcula uma ordem para var & constrói a fila
    if var é uma constante            // Não pode recorrer mais
        then
            Rank(var) ← 0
            Enqueue(q, var, Rank(var))
        else if var ∈ UEVAR(b)
            then
                Rank(var) ← 1         // Não pode recorrer além do topo do bloco
                Enqueue(q, var, Rank(var))
            else if var é uma raiz
                then                  // Nova fila para nova raiz
                    Balance(var)      // Recorre para achar sua ordem
                    Enqueue(q, var, Rank(var))
                else                  // var é T_j na j° operação do bloco
                    Flatten(L_j, q)   // Recorre no operando esquerdo
                    Flatten(R_j, q)   // Recorre no operando direito
    return Rank(var)
```

FIGURA 8.7 Algoritmo de balanceamento de altura de árvore, Parte I.

Reconstrução do bloco na forma balanceada

A fase 2 toma a fila de raízes de árvores candidatas e constrói, a partir de cada raiz, uma árvore aproximadamente balanceada. Esta fase começa com um laço while que chama `Balance` para cada raiz de árvore candidata. `Balance`, `Flatten` e `Rebuild` implementam a fase dois.

`Balance` é chamado para uma raiz de árvore candidata. Trabalhando com `Flatten`, cria uma fila de prioridades que mantém todos os operandos da árvore atual. `Balance` aloca uma nova fila e depois chama `Flatten` para percorrer a árvore recursivamente, atribuir ordens a cada operando e enfileirá-los. Quando a árvore candidata tiver sido achatada e ordenada, `Balance` chama `Rebuild` (ver Figura 8.8) para reconstruir o código.

`Rebuild` usa um algoritmo simples para construir a nova sequência de código. Repetidamente, retira da árvore os dois itens com ordenação mais baixa; emite uma

```
            Rebuild(q,op)                  // Constrói uma expressão balanceada
               while(q não está vazia)
                  NL ← Dequeue(q)          // Obtém um operando esquerdo
                  NR ← Dequeue(q)          // Obtém um operando direito
                  if NL e NR são constantes then
                     NT ← Fold(op,NL,NR)
                     if q está vazia
                        then
                           Emit("root ← NT")
                           Rank(root) = 0;
                        else
                           Enqueue(q,NT,0)
                           Rank(NT) = 0;    // op não é uma expressão constante
                  else                      // Obtém um nome para resultado
                     if q está vazia
                        then NT ← root
                        else NT ← novo nome // Calcula sua ordem  // Mais ops em q ⇒ acrescenta NT a q
                     Emit("NT ← NL op NR")
                     Rank(NT) ← Rank(NL) + Rank(NR)
                     if q não é vazio
                        then Enqueue(q,NT,r)
```
■ **FIGURA 8.8** Algoritmo de balanceamento de altura de árvore, Parte II.

operação para combiná-los; ordena o resultado e o insere já ordenado de volta na fila de prioridade. Esse processo continua até que a fila esteja vazia.

Vários detalhes desse esquema são importantes.

1. Ao atravessar uma árvore candidata, `Flatten` pode encontrar a raiz de outra árvore. Nesse ponto, recorre a `Balance`, ao invés de `Flatten`, para criar uma nova fila de prioridade para a árvore candidata da raiz e garantir que emita o código para a subárvore de precedência mais alta antes do código que referencia o valor da subárvore Lembre-se de que a fase 1 ordenou a fila `Roots` por ordem crescente de precedência, o que força a ordem de avaliação correta aqui.

2. O bloco contém três tipos de referências: constantes, nomes definidos no bloco antes de seu uso no bloco e *nomes expostos para cima*. A rotina `Flatten` trata cada caso separadamente, e conta com o conjunto UEVAR(*b*) que contém todos os nomes expostos para cima (*Upward-Exposed*) do bloco *b*. A computação de UEVAR é descrita na Seção 8.6.1 e apresentada na Figura 8.14a.

Exposto para cima (Upward-Exposed)
Um nome *x* é *exposto para cima* no bloco *b* se o primeiro uso de *x* em *b* se refere a um valor calculado antes da entrada de *b*.

3. A fase 2 ordena os operandos de um modo cuidadoso. Constantes recebem ordenação zero, o que as força para a frente da fila, onde `Fold` avalia operações com valor constante, cria novos nomes para os resultados e trabalha os resultados na árvore. As folhas recebem ordem um. Os nós interiores recebem a soma das ordenações de cada subárvore, que é igual ao número de operandos não constantes na subárvore. Essa ordenação produz uma aproximação a uma árvore binária balanceada.

Exemplos

Considere o que acontece quando aplicamos o algoritmo ao nosso exemplo original na Figura 8.5. Suponha que t_7 esteja vivo na saída do bloco, que t_1 a t_6 não estejam e `Enqueue` insira antes do primeiro elemento de mesma prioridade. Neste caso, a fase 1 encontra uma única raiz, t_7, e a 2 chama `Balance` sobre t_7. `Balance`, por sua vez, chama `Flatten` seguido por `Rebuild`. `Flatten` monta a fila:

$$\{ \langle h,1 \rangle, \langle g,1 \rangle, \langle f,1 \rangle, \langle e,1 \rangle, \langle d,1 \rangle, \langle c,1 \rangle, \langle b,1 \rangle, \langle a,1 \rangle \}.$$

`Rebuild` retira da fila $\langle h,1 \rangle$ e $\langle g,1 \rangle$, emite "$n_0 \leftarrow h + g$" e coloca $\langle n_0,2 \rangle$ na fila. Em seguida, retira da fila $\langle f,1 \rangle$ e $\langle e,1 \rangle$, emite "$n_1 \leftarrow f + e$" e coloca $\langle n_1,2 \rangle$ na fila.

Retira da fila ⟨d, 1⟩ e ⟨c, 1⟩, emite "$n_2 \leftarrow d + c$" e coloca ⟨n_2,2⟩ na fila. Depois, retira da fila ⟨b, 1⟩ e ⟨a, 1⟩, emite "$n_3 \leftarrow b + a$" e coloca ⟨n_3, 2⟩ na fila.

Neste ponto, *Rebuild* terá produzido somas parciais com todos os oito valores originais. A fila agora contém {⟨n_3, 2⟩,⟨n_2, 2⟩,⟨n_1, 2⟩,⟨n_0, 2⟩}. A próxima iteração retira ⟨n_3, 2⟩ e ⟨n_2, 2⟩, emite "$n_4 \leftarrow n_3 + n_2$" e coloca ⟨n_4, 4⟩ na fila. Em seguida, retira ⟨n_1, 2⟩ e ⟨n_0, 2⟩ da fila, emite "$n_5 \leftarrow n_1 + n_0$" e coloca ⟨n_5, 4⟩ na fila, A iteração final retira ⟨n_5, 4⟩ e ⟨n_4, 4⟩ da fila e emite "$t_7 \leftarrow n_5 + n_4$". A sequência de código completa, mostrada na margem, corresponde à árvore balanceada mostrada na Figura 8.5c; o código resultante pode ser escalonado como no lado esquerdo da Figura 8.6.

$n_0 \leftarrow h + g$
$n_1 \leftarrow f + e$
$n_2 \leftarrow d + c$
$n_3 \leftarrow b + a$
$n_4 \leftarrow n_3 + n_2$
$n_5 \leftarrow n_1 + n_0$
$t_7 \leftarrow n_5 + n_4$

Como segundo exemplo, considere o bloco básico mostrado na Figura 8.9a. Esse código poderia resultar da numeração de valor local; constantes foram desdobradas e computações redundantes eliminadas. O bloco contém várias computações entrelaçadas. A Figura 8.9b mostra as árvores de expressão no bloco. Observe que t_3 e t_7 são reutilizados por nome. A cadeia de computação de caminho mais longo é a árvore encabeçada por t_6 que possui seis operações.

Quando aplicamos a fase 1 do algoritmo de balanceamento de altura de árvore ao bloco na Figura 8.9, ela encontra cinco raízes, mostradas em caixas na Figura 8.9c. Marca t_3 e t_7 porque possuem múltiplos usos. E marca t_6, t_{10} e t_{11} porque estão em LIVEOUT(b). Ao final da fase 1, a fila de prioridade Roots contém:

$$\{\ \langle t_{11},1\rangle\ ,\ \langle t_7,1\rangle\ ,\ \langle t_3,1\rangle\ ,\ \langle t_{10},2\rangle\ ,\ \langle t_6,2\rangle\ ,\ \},$$

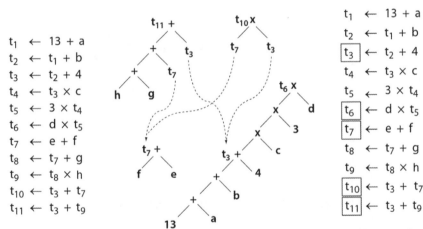

(a) Código original   (b) Árvores no código   (c) Determinação de raízes

■ **FIGURA 8.9** Exemplo de balanceamento de altura de árvore.

supondo que a precedência de + é 1, a de × é 2.

A fase 2 do algoritmo remove repetidamente um nó da fila Roots e chama Balance para processá-lo. Balance, por sua vez, usa Flatten para criar uma fila de prioridades dos operandos e, depois, Rebuild para criar uma computação balanceada a partir dos operandos. (Lembre-se de que cada árvore contém apenas um tipo de operação.)

A fase 2 começa chamando Balance em t_{11}. Lembre-se, da Figura 8.9, que t_{11} é a soma de t_3 e t_7. Balance chama Flatten em cada um desses nós, que são, por si sós, raízes de outras árvores. Assim, a chamada a Flatten(t_3, q) invoca Balance para t_3 e depois o invoca para t_7.

Balance(t_3) achata essa árvore para a fila {⟨4, 0⟩, ⟨13, 0⟩, ⟨b, 1⟩, ⟨a, 1⟩} e invoca Rebuild para essa fila. Rebuild retira ⟨4, 0⟩ e ⟨13, 0⟩ da fila, combina-os e inclui

$n_0 \leftarrow 17 + b$
$t_3 \leftarrow n_0 + a$

⟨17, 0⟩ na fila. Em seguida, retira ⟨17, 0⟩ e ⟨b, 1⟩ da fila, emite "$n_0 \leftarrow 17 + b$" e acrescenta ⟨n_0, 1⟩ na fila. Na iteração final para a árvore t_3, retira ⟨n_0, 1⟩ e ⟨a, 1⟩ e emite "$t_3 \leftarrow n_0 + a$". E marca t_3 com a ordem 2 e retorna.

Invocar *Balance* em t_7 monta uma fila trivial, {⟨e, 1⟩, ⟨f, 1⟩}, e emite a operação "$t_7 \leftarrow e + f$". Completando assim a primeira iteração do laço while na fase 2.

Em seguida, a fase 2 invoca *Balance* na árvore em t_{11}. Chama *Flatten*, que constrói a fila {⟨h, 1⟩, ⟨g, 1⟩, ⟨t_7, 2⟩, ⟨t_3, 3⟩}. Depois, *Rebuild* emite o código "$n_1 \leftarrow h + g$" e coloca n_1 na fila com ordem 2. Em seguida, emite o código "$n_2 \leftarrow n_1 + t_7$" e coloca n_2 na fila com ordem 4. Finalmente, emite o código "$t_{11} \leftarrow n_2 + t_3$" e marca t_{11} com ordem 6.

Os dois itens seguintes que a fase 2 retira da fila *Roots*, t_7 e t_3, já foram processados, de modo que possuem ordens diferentes de zero. Assim, *Balance* retorna imediatamente em cada um deles.

A chamada final para *Balance* da fase 2 lhe passa a raiz t_6. Para t_6, *Flatten* constrói a fila: {⟨3, 0⟩, ⟨d, 0⟩, ⟨c, 1⟩, ⟨t_3, 1⟩}. *Rebuild* emite o código "$n_3 \leftarrow 3 + d$" e coloca n_3 na fila com ordem 1. Em seguida, emite "$n_4 \leftarrow n_3 + c$" e coloca n_4 na fila com ordem 2. Finalmente, emite "$t_6 \leftarrow n_4 + t_3$" e marca t_3 com ordem 4.

A árvore resultante é mostrada na Figura 8.10. Observe que a árvore enraizada em t_6 agora tem altura de três operações, ao invés de seis.

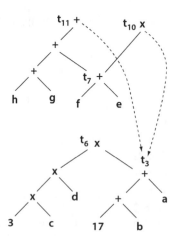

$n_0 \leftarrow 17 + b$
$t_3 \leftarrow n_0 + a$
$t_7 \leftarrow f + e$
$n_1 \leftarrow h + g$
$n_2 \leftarrow n_1 + t_7$
$t_{11} \leftarrow n_2 + t_3$
$t_{10} \leftarrow t_7 \times t_3$
$n_3 \leftarrow 3 \times c$
$n_4 \leftarrow n_3 \times d$
$t_6 \leftarrow n_4 \times t_3$

(a) Código transformado   (b) Árvores no código

■ **FIGURA 8.10** Estrutura de código após balanceamento.

REVISÃO DA SEÇÃO

A otimização local opera sobre o código para um único bloco básico. As técnicas contam com as informações disponíveis no bloco para reescrevê-lo. No processo, elas precisam manter as interações do bloco com o contexto de execução ao redor. Em particular, precisam preservar quaisquer valores observáveis calculados no bloco.

Por limitarem seu escopo a um único bloco, as otimizações locais podem contar com propriedades que só são verdadeiras no código em linha reta. Por exemplo, a numeração de valor local conta com o fato de que todas as operações no bloco são executadas em uma ordem consistente com a execução em linha reta. Assim, ela pode construir um modelo de contexto anterior que expõe redundâncias e expressões com valor constante. De modo semelhante, o balanceamento de altura de árvore conta com o fato de que um bloco tem apenas uma saída para determinar quais subexpressões no bloco precisa preservar e quais ele pode rearranjar.

QUESTÕES DE REVISÃO
1. Esboce um algoritmo para encontrar os blocos básicos em um procedimento expresso em ILOC. Que estruturas de dados você poderia usar para representar o bloco básico?
2. O algoritmo de balanceamento de altura de árvore dado nas Figuras 8.7 e 8.8 classifica um nó N na árvore de expressão final com o número de folhas não constantes abaixo dele na árvore final. Como você modificaria o algoritmo para produzir classificações que correspondam à altura de N na árvore? Isso mudaria o código que o algoritmo produz?

8.5 OTIMIZAÇÃO REGIONAL

As ineficiências não estão limitadas a blocos isolados. O código que é executado em um bloco pode fornecer o contexto para melhorar o código em outro bloco. Assim, a maior parte das otimizações examina um contexto maior do que um único bloco.

Esta seção examina duas técnicas que operam sobre regiões de código que incluem vários blocos, mas, normalmente, não se estendem a um procedimento inteiro. A principal complicação que surge na mudança da otimização local para a regional é a necessidade de lidar com mais de uma possibilidade para o fluxo de controle. Um `if-then-else` pode assumir um de dois caminhos. O desvio no final de um laço pode saltar de volta para outra iteração ou para o código que vem após o laço.

Para ilustrar as técnicas regionais, apresentamos duas delas. A primeira, numeração de valor superlocal, é uma extensão da numeração de valor local para regiões maiores. A segunda é uma otimização de laço que apareceu em nossa discussão do aninhamento de laço `dmxpy`: desenrolamento de laço.

8.5.1 Numeração de valor superlocal

Para melhorar os resultados da numeração de valor local, o compilador pode estender seu escopo de um único bloco básico para um bloco básico estendido, ou EBB. Para processar um EBB, o algoritmo deve numerar o valor de cada caminho através do EBB. Considere, por exemplo, o código mostrado na Figura 8.11a. Seu CFG, mostrado na Figura 8.11b, contém um EBB não trivial, $(B_0, B_1, B_2, B_3, B_4)$, e dois EBBs triviais, (B_5) e (B_6). Chamamos o algoritmo resultante de *numeração de valor superlocal* (SVN — *Superlocal Value Numbering*).

No EBB grande, a SVN poderia tratar cada um dos três caminhos como se fosse um único bloco. Ou seja, poderia se comportar como se cada um de (B_0, B_1), (B_0, B_2, B_3) e (B_0, B_2, B_4) fosse código em linha reta. Para processar (B_0, B_1), o compilador pode aplicar a LVN a B_0 e usar a tabela hash resultante como ponto de partida quando aplicar a LVN a B_1. A mesma técnica trataria (B_0, B_2, B_3) e (B_0, B_2, B_4) processando cada um dos blocos em ordem e levando adiante as tabelas hash. O efeito desse esquema é tratar um caminho como se fosse um único bloco. Por exemplo, ele otimizaria (B_0, B_2, B_3) como se tivesse o código mostrado na Figura 8.11c. Qualquer bloco com vários predecessores, como B_5 e B_6, deve ser tratado como na numeração de valor local — sem contexto de quaisquer predecessores.

Essa técnica pode encontrar redundâncias e expressões de valor constante que um algoritmo de numeração de valor estritamente local não acharia.

- Em (B_0, B_1), a LVN descobre que as atribuições a n_0 e r_0 são redundantes. A SVN descobre as mesmas redundâncias.

B_0: $m_0 \leftarrow a_0 + b_0$
$n_0 \leftarrow a_0 + b_0$
$(a_0 > b_0) \rightarrow B_1, B_2$

B_1: $p_0 \leftarrow c_0 + d_0$
$r_0 \leftarrow c_0 + c_0$
$\rightarrow B_6$

B_2: $q_0 \leftarrow a_0 + b_0$
$r_1 \leftarrow c_0 + d_0$
$(a_0 > b_0) \rightarrow B_3, B_4$

B_3: $e_0 \leftarrow b_0 + 18$
$s_0 \leftarrow a_0 + b_0$
$u_0 \leftarrow e_0 + f_0$
$\rightarrow B_5$

B_4: $e_1 \leftarrow a_0 + 17$
$t_0 \leftarrow c_0 + d_0$
$u_1 \leftarrow e_1 + f_0$
$\rightarrow B_5$

B_5: $e_2 \leftarrow \phi(e_0, e_1)$
$u_2 \leftarrow \phi(u_0, u_1)$
$v_0 \leftarrow a_0 + b_0$
$w_0 \leftarrow c_0 + d_0$
$x_0 \leftarrow e_2 + f_0$
$\rightarrow B_6$

B_6: $r_2 \leftarrow \phi(r_0, r_1)$
$y_0 \leftarrow a_0 + b_0$
$z_0 \leftarrow c_0 + d_0$

(a) Código original

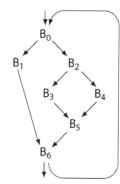

(b) O CFG

B_0: $m_0 \leftarrow a_0 + b_0$
$n_0 \leftarrow a_0 + b_0$
$q_0 \leftarrow a_0 + b_0$
$r_1 \leftarrow c_0 + d_0$
$e_0 \leftarrow b_0 + 18$
$s_0 \leftarrow a_0 + b_0$
$u_0 \leftarrow e_0 + f_0$

(c) Caminho (B_0, B_2, B_3)

1. *Criar escopo para* B_0
2. *Aplicar* LVN *a* B_0
3. *Criar escopo para* B_1
4. *Aplicar* LVN *a* B_1
5. *Acrescentar* B_6 *à* `WorkList`
6. *Excluir escopo de* B_1
7. *Criar escopo para* B_2
8. *Aplicar* LVN *a* B_2
9. *Criar escopo para* B_3
10. *Aplicar* LVN *a* B_3
11. *Acrescentar* B_5 *à* `WorkList`
12. *Excluir escopo de* B_3
13. *Criar escopo para* B_4
14. *Aplicar* LVN *a* B_4
15. *Excluir escopo de* B_4
16. *Excluir escopo de* B_2
17. *Excluir escopo de* B_0
18. *Criar escopo para* B_5
19. *Aplicar* LVN *a* B_5
20. *Excluir escopo de* B_5
21. *Criar escopo para* B_6
22. *Aplicar* LVN *a* B_6
23. *Excluir escopo de* B_6

(d) Manipulações de escopo

■ **FIGURA 8.11** Exemplo de numeração de valor superlocal.

- Em (B_0, B_2, B_3), a LVN descobre que a atribuição a n_0 é redundante. A SVN também descobre que as atribuições a q_0 e s_0 são redundantes.
- Em (B_0, B_2, B_4), a LVN descobre que a atribuição a n_0 é redundante. A SVN também descobre que as atribuições a q_0 e t_0 são redundantes.
- Em B_5 e B_6, a SVN degenera-se à LVN.

A dificuldade nessa técnica está em tornar o processo eficiente. A técnica óbvia é tratar cada caminho como se fosse um único bloco, fingindo, por exemplo, que o código para (B_0, B_2, B_3) se parece com o código da Figura 8.11c. Infelizmente, essa técnica analisa um bloco uma vez para cada caminho que o inclui. No exemplo, ela analisaria B_0 três vezes e B_2 duas. Embora desejemos os benefícios da otimização que vêm do exame do contexto aumentado, também queremos minimizar os custos de tempo de compilação. Por esse motivo, os algoritmos superlocais com frequência aproveitam a estrutura de árvore do EBB.

Para tornar a SVN eficiente, o compilador precisa reutilizar os resultados dos blocos que ocorrem como prefixos em vários caminhos por meio do EBB. Precisa, também, de um modo de desfazer os efeitos do processamento de um bloco. Após o processamento de (B_0, B_2, B_3), ele precisa recriar o estado para o final de (B_0, B_2) de modo que possa reutilizar esse estado para processar B_4.

Algumas entre as muitas maneiras como o compilador pode realizar esse efeito:

- Registrar o estado da tabela em cada fronteira de bloco e restaurar esse estado quando necessário.
- Desfazer os efeitos de um bloco percorrendo o bloco para trás e, em cada operação, desfazendo o trabalho da passagem para a frente.
- Implementar a tabela de valores usando os mecanismos desenvolvidos para definir o escopo léxico das tabelas hash. Ao entrar em um bloco, ele cria um novo escopo. Para retrair os efeitos do bloco, exclui o escopo dele.

Embora todos os três esquemas funcionem, o uso de uma tabela de valor com escopo pode produzir implementação mais simples e mais rápida, particularmente se o compilador puder reutilizar uma implementação do front end (ver Seção 5.5.3).

A Figura 8.12 mostra um esboço de alto nível do algoritmo SVN usando uma tabela de valor com escopo. Ela considera que o algoritmo LVN foi parametrizado para aceitar um bloco e uma tabela de valor com escopo. Em cada bloco b, ele aloca uma tabela de valor para b, vincula as tabelas de valor do bloco predecessor como se fosse um escopo englobante e chama a LVN no bloco b com essa nova tabela. Quando a LVN retorna, a SVN precisa decidir o que fazer com cada um dos sucessores de b.

> A implementação do "feixe de tabelas" mostrada na Seção 5.5.3 tem as propriedades certas para a SVN. A SVN pode facilmente estimar o tamanho de cada tabela. O mecanismo de exclusão é simples e rápido.

Para um sucessor s de b, surgem dois casos. Se s tem exatamente um predecessor, b, então deve ser processado com o contexto acumulado de b. De forma correspondente, a SVN recorre sobre s com a tabela contendo o contexto de b. Se s tiver múltiplos predecessores, então s deve começar com um contexto vazio. Assim, a SVN acrescenta s à `WorkList` onde o laço externo mais tarde o encontrará e chama SVN sobre ele e com a tabela vazia.

Resta uma complicação. O número de valor de um nome é registrado na tabela de valor associada à primeira operação no EBB que o define. Esse efeito pode atrapalhar nosso uso do mecanismo de definição de escopo. Em nosso CFG de exemplo, se um nome x fosse definido em cada um dos blocos B_0, B_3 e B_4, seu número de valor seria registrado na tabela com escopo para B_0. Ao processar B_3, a SVN registraria o novo número de valor de x a partir de B_3 na tabela para B_0. Ao excluir a tabela para B_3 e criar uma nova tabela para B_4, o número de valor da definição em B_3 permaneceria.

```
// Início do processo
WorkList ← {bloco de entrada}
Empty ← nova tabela
while (WorkList não está vazia)
    remover b de WorkList
    SVN(b, Empty)

// Algoritmo de numeração de valor superlocal
SVN(Block, Table)
    t ← nova tabela para Block
    Encadear Table como escopo englobante para t
    LVN(Block, t)
    for each sucessor s de Block do
      if s tem apenas 1 predecessor
         then SVN(s,t)
         else if s não foi processado
            then acrecentar s à WorkList
    desalocar t
```

■ **FIGURA 8.12** Algoritmo de numeração de valor superlocal.

Para evitar essa complicação, o compilador pode executar a SVN em uma representação que define cada nome uma vez. Como vimos na Seção 5.4.2, a forma SSA tem a propriedade de requisito; cada nome é definido exatamente em um ponto no código. O uso da forma SSA garante que a SVN registra o número de valor para uma definição na tabela que corresponde ao bloco que contém a definição. Com a forma SSA, a exclusão da tabela para um bloco desfaz todos os seus efeitos e reverte a tabela de valor ao seu estado na saída do predecessor CFG do bloco. Conforme discutimos na Seção 8.4.1, o uso da forma SSA também pode tornar a LVN mais eficiente.

A aplicação do algoritmo da Figura 8.12 ao código da Figura 8.11a produz a sequência de ações apresentada na Figura 8.11d. Ele começa com B_0 e prossegue até B_1. Ao final de B_1, visita B_6, observa que B_6 tem vários predecessores e o acrescenta à worklist. Em seguida, recua e processa B_2 e depois B_3. Ao final de B_3, acrescenta B_5 à worklist. Depois, recua para B_2 e processa B_4. Nesse ponto, o controle retorna ao laço while, que invoca a SVN para os dois blocos simples da worklist, B_5 e B_6.

Em termos de eficiência, a SVN descobre e remove computações redundantes que a LVN não consegue. Conforme já mencionamos na seção, a SVN descobre que as atribuições a q_0, s_0 e t_0 são redundantes por causa das definições em blocos anteriores. A LVN, com seu escopo puramente local, não consegue encontrar essas redundâncias.

Por outro lado, a SVN tem suas próprias limitações. Ela não consegue encontrar redundâncias em B_5 e B_6. O leitor pode ver, por inspeção, que cada atribuição nesses dois blocos é redundante. Como eles têm vários predecessores, a SVN não pode transportar o contexto para eles. Assim, perde essas oportunidades; para aproveitá-las, precisamos de um algoritmo que possa considerar uma quantidade maior de contexto.

8.5.2 Desenrolamento de laço (loop unrolling)

Desenrolamento de laço talvez seja a transformação de laço mais antiga e mais conhecida. Para desenrolar um laço, o compilador replica o corpo do laço e ajusta a lógica que controla o número de iterações realizadas. Para ver isso, considere o aninhamento de laço de dmxpy usado como exemplo na Seção 8.2.

```
         do 60 j = 1, n2
            do 50 i = 1, n1
               y(i) = y(i) + x(j) * m(i,j)
50          continue
60       continue
```

O compilador pode desenrolar o laço interno ou o externo. O resultado do desenrolamento do laço interno aparece na Figura 8.13a. O desenrolamento do laço externo produz quatro laços internos; se o compilador combinar esses corpos de laço interno — transformação chamada *fusão de laço* —, produzirá um código semelhante ao que aparece na Figura 8.13b. A combinação do desenrolamento do laço externo e a subsequente fusão dos laços internos normalmente é chamada *desenrolar-e-comprimir*.

Em cada caso, o código transformado precisa de um curto laço de prólogo que remova iterações suficientes para garantir que o laço desenrolado processe um múltiplo inteiro de quatro iterações. Se os respectivos limites de laço forem todos conhecidos em tempo de compilação, o compilador pode determinar se o prólogo é necessário ou não.

Estas duas estratégias distintas, desenrolamentos de laço interno e de laço externo, produzem diferentes resultados para este aninhamento de laço em particular. O desenrolamento do laço interno produz código que executa muito menos sequências de teste-e-desvio do que o código original. Ao contrário, o desenrolamento do laço externo seguido pela fusão dos laços internos não apenas reduz o número de sequências de teste-e-desvio, mas também produz a reutilização de y(i) e o acesso sequencial a x e m. A reutilização aumentada muda fundamentalmente a razão entre operações aritméticas e de memória no laço; sem dúvida, o autor do dmxpy tinha este efeito em mente quando otimizou o código à mão. Conforme já discutimos, cada método também pode gerar benefícios indiretos.

Fusão de laço

O processo de combinar dois corpos de laço em um é chamado *fusão*.

A fusão é segura quando cada definição e cada uso no laço resultante têm o mesmo valor que tinham nos laços originais.

O acesso a *m* é sequencial porque FORTRAN armazena arrays na ordem por colunas.

```
         do 60 j = 1, n2
            nextra = mod(n1,4)
            if (nextra .ge. 1) then
               do 49 i = 1, nextra
                  y(i) = y(i) + x(j) * m(i,j)
49             continue

            do 50 i = nextra + 1, n1, 4
               y(i)   = y(i)   + x(j) * m(i,j)
               y(i+1) = y(i+1) + x(j) * m(i+1,j)
               y(i+2) = y(i+2) + x(j) * m(i+2,j)
               y(i+3) = y(i+3) + x(j) * m(i+3,j)
50          continue
60       continue
```

(a) Desenrolamento de laço interno por quatro

```
         nextra = mod(n2,4)
         if (nextra .ge. 1) then
            do 59 j = 1, nextra
               do 49 i = 1, n1
                  y(i) = y(i) + x(j) * m(i,j)
49             continue
59          continue
         do 60 j = nextra+1, n2, 4
            do 50 i = 1, n1
               y(i) = y(i) + x(j)   * m(i,j)
               y(i) = y(i) + x(j+1) * m(i,j+1)
               y(i) = y(i) + x(j+2) * m(i,j+2)
               y(i) = y(i) + x(j+3) * m(i,j+3)
50          continue
60       continue
```

(b) Desenrolamento de laço externo por quatro, fusão de laços internos

■ **FIGURA 8.13** Desenrolamento do aninhamento de laço de dmxpy.

Fontes de melhoria e degradação

O desenrolamento de laço tem efeitos diretos e indiretos sobre o código que o compilador pode produzir para um determinado laço. O desempenho final do laço depende de todos os efeitos, diretos e indiretos.

Em termos de benefícios diretos, o desenrolamento deve reduzir o número de operações exigidas para completar o laço. As mudanças no fluxo de controle reduzem o número total de sequências de teste-e-desvio. O desenrolamento pode criar reutilização dentro do corpo do laço, reduzindo o tráfego de memória. Finalmente, se o laço contém uma cadeia cíclica de operações de cópia, o desenrolamento pode eliminar as cópias (ver Exercício 5 neste capítulo).

Como um risco, porém, o desenrolamento aumenta o tamanho do programa, tanto em sua forma IR quanto na final, como código executável. O crescimento na IR aumenta o tempo de compilação; o crescimento no código executável tem pouco efeito até que o laço ultrapasse a capacidade da cache de instruções — momento em que a degradação provavelmente supera quaisquer benefícios diretos.

O compilador também pode desenrolar para produzir efeitos indiretos, o que pode afetar o desempenho. O principal efeito colateral do desenrolamento é aumentar o número de operações dentro do corpo do laço. Outras otimizações podem tirar proveito dessa mudança de várias maneiras:

- Aumentar o número de operações independentes no corpo do laço pode levar a melhores escalonamentos de instrução. Com mais operações, o escalonador tem melhor chance de manter várias unidades funcionais ocupadas e ocultar a latência das operações de longa duração, como desvios e acessos à memória.
- O desenrolamento pode mover acessos consecutivos à memória para a mesma iteração de laço, onde o compilador pode escaloná-los juntos. Isso pode melhorar a localidade ou permitir o uso de operações de múltiplas palavras.
- O desenrolamento pode expor as redundâncias entre iterações que são difíceis de descobrir no código original. Por exemplo, as duas versões do código mostrado na Figura 8.13 reutilizam expressões de endereço entre iterações do laço original. No laço desenrolado, a numeração de valor local encontraria e eliminaria essas redundâncias. No original, não as acharia.
- O laço desenrolado pode gerar um modo diferente de otimização em relação ao laço original. Por exemplo, aumentar o número de vezes que uma variável ocorre dentro do laço pode mudar os pesos usados na seleção de código derramado dentro do alocador de registradores (ver Seção 13.4). A mudança do padrão de derramamento de registrador pode afetar radicalmente a velocidade do código final para o laço.
- O corpo do laço desenrolado pode ter uma demanda maior por registradores do que o corpo do laço original. Se a maior demanda por registradores induzir derramamentos de registrador adicionais (stores e reloads), então o tráfego de memória resultante pode superar os potenciais benefícios do desenrolamento.

Essas interações indiretas são muito mais difíceis de caracterizar e entender do que os efeitos diretos. Elas podem produzir melhorias de desempenho significativas. E também produzir degradações de desempenho. A dificuldade de prever esses efeitos indiretos tem levado alguns pesquisadores a defender um método adaptativo para a escolha de fatores de desenrolamento; nesses sistemas, o compilador experimenta vários fatores de desenrolamento e mede o desempenho do código resultante.

REVISÃO DA SEÇÃO

As otimizações que se concentram em regiões maiores do que o bloco e menores do que um procedimento inteiro podem fornecer desempenho melhorado à custa de um aumento modesto no tempo de compilação. Para algumas transformações, a análise necessária para dar suporte à transformação e o impacto que isso tem sobre o código compilado são ambos limitados em escopo.

As transformações superlocais têm uma rica história na literatura e na prática da otimização de código. Muitas transformações locais adaptam-se fácil e eficientemente aos blocos básicos estendidos. As extensões superlocais para escalonamento de instruções têm sido um componente importante dos compiladores otimizadores por muitos anos (ver Seção 12.4).

As otimizações baseadas em laço, como o desenrolamento, podem produzir melhorias significativas, principalmente porque muitos programas gastam uma fração significativa de seu tempo de execução dentro de laços. Esse simples fato torna os laços e aninhamentos de laço alvos interessantes para análise e transformação. As melhorias feitas dentro de um laço têm impacto muito maior do que aquelas feitas no código fora de todos os aninhamentos de laço. Um método regional para a otimização de laço faz sentido porque diferentes aninhamentos de laço podem ter características de desempenho radicalmente diferentes. Assim, a otimização de laço tem sido foco importante da pesquisa em otimização há décadas.

QUESTÕES DE REVISÃO

1. A numeração de valor superlocal estende a numeração de valor local para blocos básicos estendidos por meio do uso inteligente de uma tabela hash com escopo. Considere os problemas que poderiam surgir na extensão do algoritmo de balanceamento de altura de árvore para um escopo superlocal.
   a. Como você lidaria com um único caminho por meio de um EBB, como (B_0, B_2, B_3), no grafo de fluxo de controle mostrado na margem desta página?
   b. Que complicações surgem quando o algoritmo tenta processar (B_0, B_2, B_4) depois de processar (B_0, B_2, B_3)?
2. O fragmento de código a seguir calcula uma média dos três últimos anos:

```
TYTA(float *Series; float *TYTAvg; int count) {
    int i;
    float Minus2, Minus1;
    Minus2 = Series++;
    Minus1 = Series++;

    for (i=1; i£ count; i++) {
        Current = Series++;
        TYTAvg++ = (Current + Minus1 + Minus2)/3;
        Minus2 = Minus1;
        Minus1 = Current;
    }
}
```

Que melhorias seriam causadas pelo desenrolamento do laço? Como o fator de desenrolamento afeta os benefícios?

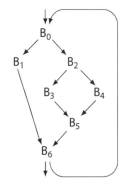

Dica: compare as possíveis melhorias com os fatores de desenrolamento de dois e três.

8.6 OTIMIZAÇÃO GLOBAL

Otimizações globais operam sobre um procedimento (ou método) inteiro. Como seu escopo inclui construções de controle de fluxo cíclicas, como laços, os métodos de otimização global normalmente realizam uma fase de análise antes de modificar o código.

Esta seção apresenta dois exemplos de análise e otimização globais. O primeiro, encontrar variáveis não inicializadas com informações vivas, não é estritamente uma otimização. Ao invés disso, usa a análise global de fluxo de dados para descobrir informações úteis sobre o fluxo de valores em um procedimento. Usaremos a discussão para introduzir a computação de informação de *variáveis vivas*, que desempenha um papel importante em muitas técnicas de otimização, incluindo balanceamento de altura de árvore (Seção 8.4.2), construção de informação de SSA (Seção 9.3) e alocação de registradores (Capítulo 13). O segundo, posicionamento de código global, usa informações de perfil colhidas da execução do código compilado para rearrumar o layout do código executável.

8.6.1 Localização de variáveis não inicializadas com informação viva

Se um procedimento p puder usar o valor de alguma variável v antes que v tenha recebido um valor, dizemos que v está "não inicializado" nesse uso. O uso de uma variável não inicializada quase sempre indica um erro lógico no procedimento que está sendo compilado. Se o compilador puder identificar essas situações, ele deve alertar ao programador de sua existência.

Podemos encontrar potenciais usos de variáveis não inicializadas computando informações sobre *vivência* (*liveness*). Uma variável v está viva no ponto p se, e somente se, houver um caminho no CFG a partir de p até um uso de v ao longo do qual v não é redefinida. Codificamos informações vivas calculando, para cada bloco b no procedimento, um conjunto LIVEOUT(b) que contém todas as variáveis que estão vivas na saída de b. Dado um conjunto LIVEOUT para o nó de entrada n_0 do CFG, cada variável em LIVEOUT(n_0) tem um uso potencialmente não inicializado.

Análise de fluxo de dados
Forma de análise em tempo de compilação para raciocinar a respeito do fluxo de valores em tempo de execução.

A computação de conjuntos LIVEOUT é um exemplo de *análise global de fluxo de dados*, uma família de técnicas para raciocinar, em tempo de compilação, sobre o fluxo de valores em tempo de execução. Os problemas na análise de fluxo de dados normalmente são propostos como um conjunto de equações simultâneas sobre conjuntos associados a nós e arestas de um grafo.

Definição do problema de fluxo de dados

A computação de conjuntos LIVEOUT é um problema clássico na análise de fluxo de dados global. O compilador calcula, para cada nó n no CFG do procedimento, um conjunto LIVEOUT(n) que contém todas as variáveis que estão vivas na saída do bloco correspondente a n. Para cada nó n no CFG do procedimento, LIVEOUT(n) é definido por uma equação que usa os conjuntos LIVEOUT dos sucessores de n no CFG, e dois conjuntos UEVAR(n) e VARKILL(n) que codificam fatos sobre o bloco associado a n. Podemos resolver as equações usando um método iterativo de ponto fixo, semelhante aos métodos de ponto fixo que vimos em capítulos anteriores, como a construção de subconjunto na Seção 2.4.3.

A equação de definição para LIVEOUT é:

$$\text{LiveOut}(n) = \bigcup_{m \in succ(n)} (\text{UEVar}(m) \cup (\text{LiveOut}(m) \cap \overline{\text{VarKill}(m)}))$$

UEVAR(*m*) contém as variáveis expostas para cima em *m* — aquelas variáveis que são usadas em *m* antes de qualquer redefinição em *m*. VARKILL(*m*) contém todas as variáveis que são definidas em *m* e a barra superior em VARKILL(*m*) indica seu complemento lógico, o conjunto de todas as variáveis não definidas em *m*. Como LIVEOUT(*n*) é definido em termos dos sucessores de *n*, a equação descreve um *problema de fluxo de dados retroativo*.

Problema de fluxo de dados retroativo
Problema em que a informação flui para trás pelas arestas do grafo.

Problema de fluxo de dados progressivo
Problema em que a informação flui ao longo das arestas do grafo.

A equação codifica a definição de um modo intuitivo. LIVEOUT(*n*) é simplesmente a união daquelas variáveis que estão vivas no início de algum bloco *m* que vem imediatamente após *n* no CFG. A definição exige que um valor esteja vivo em algum caminho, e não em todos. Assim, as contribuições dos sucessores de *n* no CFG são unidas para formar LIVEOUT(*n*). A contribuição de um sucessor específico *m* de *n* é:

$$\text{UERVAR}(m) \cup (\text{LIVEOUT}(m) \cap \overline{\text{VARKILL}(m)})$$

Uma variável, *v*, está viva na entrada de *m* quando se atende uma de duas condições. Ela pode ser referenciada em *m* antes de ser redefinida em *m*, quando $v \in \text{UEVAR}(m)$. Pode estar viva na saída de *m* e passar ilesa por *m* porque *m* não a redefine, quando $v \in \text{LIVEOUT}(m) \cap \overline{\text{VARKILL}(m)}$. A combinação desses dois conjuntos, com $\cup$, dá a contribuição necessária de *m* para LIVEOUT(*n*). Para calcular LIVEOUT(*n*), o analisador combina as contribuições de todos os sucessores de *n* indicados como *succ*(*n*).

Solução do problema de fluxo de dados

Para calcular os conjuntos LIVEOUT para um procedimento e seu CFG, o compilador pode usar um algoritmo de três etapas.

1. *Construir um* CFG. Esta etapa é conceitualmente simples, embora características da linguagem e da arquitetura possam complicar o problema (ver Seção 5.3.4).
2. *Colher informações iniciais*. O analisador calcula um conjunto UEVAR e VARKILL para cada bloco *b* em um percurso simples, como mostra a Figura 8.14a.
3. *Solucionar as equações para produzir* LIVEOUT*(b) para cada bloco b*. A Figura 8.14b mostra um algoritmo iterativo simples de ponto fixo que resolve as equações.

As próximas seções trabalham com um exemplo de computação de LIVEOUT. A Seção 9.2 trata as computações de fluxo de dados com mais profundidade.

```
//considera que o bloco b tem k operações        //considera que CFG tem N blocos
//na forma "x ← y op z"                          //numerados de 0 a N - 1
for each block b                                 for i ← 0 to N - 1
    Init(b)                                          LiveOut(i) ← ∅
                                                 changed ← true
Init(b)                                          while (changed)
    UEVar(b) ← ∅                                     changed ← false
    VarKill(b) ← ∅                                   for i ← 0 to N - 1
    for i ← 1 to k                                       recompute LiveOut(i)
        if y ∉ VarKill(b)                                if LiveOut(i) changed then
            then add y to UEVar(b)                           changed ← true
        if z ∉ VarKill(b)
            then add z to UEVar(b)
        add x to VarKill(b)
```

(a) Colhendo informações iniciais   (b) Solucionando as equações

■ **FIGURA 8.14** Análise viva iterativa.

Colhendo informações iniciais

Para calcular LIVEOUT, o analisador precisa dos conjuntos UEVAR e VARKILL para cada bloco. Um único passo pode calcular ambos. Para cada bloco, o analisador inicializa esses conjuntos como $\emptyset$. Em seguida, percorre o bloco, de cima para baixo, e atualiza tanto UEVAR quanto VARKILL para refletir o impacto de cada operação. A Figura 8.14a mostra os detalhes dessa computação.

Considere o CFG com um laço simples que contém uma construção if-then, mostrada na Figura 8.15a. O código remove muitos detalhes. A Figura 8.14b mostra os conjuntos UEVAR e VARKILL correspondentes.

Solucionando as equações para LIVEOUT

Dados os conjuntos UEVAR e VARKILL, o compilador aplica o algoritmo da Figura 8.14b para calcular conjuntos LIVEOUT para cada nó do CFG. Ele inicializa todos os conjuntos LIVEOUT como $\emptyset$. Em seguida, calcula o conjunto LIVEOUT para cada bloco, na ordem de B_0 a B_4. E repete o processo, calculando LIVEOUT para cada nó em ordem, até que os conjuntos LIVEOUT não se alterem mais.

A tabela na Figura 8.15c mostra os valores dos conjuntos LIVEOUT a cada iteração do algoritmo. A linha rotulada como *Inicial* mostra os valores iniciais. A primeira iteração calcula uma aproximação inicial para os conjuntos LIVEOUT. Como o algoritmo processa os blocos em ordem crescente de seus rótulos, B_0, B_1 e B_2 recebem valores com base unicamente nos conjuntos UEVAR de seus sucessores CFG. Quando o algoritmo alcança B_3, ele já calculou uma aproximação para LIVEOUT(B_1), de modo que o valor que calcula para B_3 reflete a contribuição do novo valor para LIVEOUT(B_1). LIVEOUT(B_4) está vazio, conforme é apropriado para o bloco de saída.

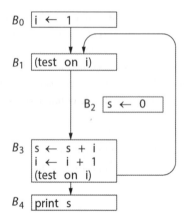

(a) Exemplo de grafo de fluxo de controle   (b) Informação inicial

(c) Progresso da solução

■ **FIGURA 8.15** Exemplo de computação para LIVEOUT.

Na segunda iteração, o valor s é acrescentado a LIVEOUT(B_0) como uma consequência de sua presença na aproximação de LIVEOUT(B_1). Nenhuma outra mudança acontece. A terceira iteração não muda os valores dos conjuntos LIVEOUT e termina.

A ordem em que o algoritmo processa os blocos afeta os valores dos conjuntos intermediários. Se o algoritmo visitasse os blocos em ordem decrescente de seus rótulos, exigiria um passo a menos. Os valores finais dos conjuntos LIVEOUT são independentes da ordem de avaliação. O algoritmo iterativo na Figura 8.14 calcula uma solução de ponto fixo para as equações de LIVEOUT.

O algoritmo termina porque os conjuntos LIVEOUT são finitos e o recálculo do conjunto LIVEOUT para um bloco só pode aumentar o número de nomes nesse conjunto. O único mecanismo na equação para excluir um nome é a interseção com $\overline{\text{VARKILL}}$. Como VARKILL não muda durante a computação, a atualização a cada conjunto LIVEOUT aumenta monotonicamente e, assim, o algoritmo por fim tem que parar.

Localização de variáveis não inicializadas

Uma vez que o compilador tenha calculado conjuntos LIVEOUT para cada nó no CFG do procedimento, encontrar usos de variáveis que possam ser não inicializadas é muito simples. Considere alguma variável v. Se $v \in$ LIVEOUT(n_0), onde n_0 é o nó de entrada do CFG do procedimento, então, pela construção de LIVEOUT(n_0), existe um caminho de n_0 para um uso de v ao longo do qual v não é definido. Assim, $v \in$ LIVEOUT(n_0) implica que v tem um uso que pode receber um valor não inicializado.

Essa técnica identifica variáveis que têm um uso potencialmente não inicializado. O compilador deve reconhecer essa situação e informá-la ao programador. Porém, esse método pode gerar falsos positivos por vários motivos.

- Se v é acessível por meio de outro nome e inicializado por este nome, a análise viva não conectará a inicialização com o uso. Essa situação pode surgir quando um ponteiro é definido para o endereço de uma variável local, como no fragmento de código mostrado na margem.
- Se v existir antes que o procedimento atual seja invocado, então ele pode ter sido inicializado anteriormente de uma maneira invisível ao analisador. Este caso pode surgir com variáveis estáticas do escopo atual ou com variáveis declaradas fora do escopo atual.
- As equações para análise viva podem descobrir um caminho a partir da entrada do procedimento para um uso de v ao longo do qual v não está definida. Se esse caminho não for viável em tempo de execução, então v aparecerá em LIVEOUT(n_0) mesmo que nenhuma execução use o valor não inicializado. Por exemplo, o programa em C na margem sempre inicializa s antes do seu uso, embora s $\in$ LIVEOUT(n_0).

```
...
p = &x;
*p = 0;
...
x = x + 1;
```

```
main() {
  int i, n, s;
  scanf("%d",&n);
  i = 1;
  while (i<=n) {
    if (i==1)
      s = 0;
    s = s + i++;
  }
}
```

Se o procedimento contém uma chamada de procedimento e v é passada para este procedimento de um modo que permita a modificação, então o analisador precisa considerar possíveis efeitos colaterais da chamada. Na ausência de informações específicas sobre o procedimento chamado, o analisador deve considerar que cada variável que poderia ser modificada é modificada e que qualquer variável que poderia ser usada é usada. Essas suposições são seguras, pois representam o comportamento de pior caso.

O exemplo marginal com o laço while ilustra um dos limites fundamentais da análise de fluxo de dados: considera que todos os caminhos por meio do CFG são viáveis em tempo de execução. Essa suposição pode ser extremamente conservadora, como no exemplo. O único caminho no CFG levando a um uso não inicializado leva da entrada de main para o laço, evita a inicialização de s, e atinge o incremento de s. Esse caminho nunca pode ocorrer, pois i deve ter o valor 1 na primeira iteração do laço. As equações para LIVEOUT não podem descobrir este fato.

A suposição de que todos os caminhos no CFG são viáveis reduz bastante o custo da análise. Ao mesmo tempo, a suposição produz uma perda de precisão nos conjuntos calculados. Para descobrir que s é inicializado na primeira iteração do laço for, o compilador precisaria combinar uma análise que rastreasse caminhos individuais com alguma forma de propagação de constante e com análise viva. A solução do problema em geral exigiria a avaliação simbólica de partes do código durante a análise, uma perspectiva muito mais dispendiosa.

Outros usos para variáveis vivas

Os compiladores usam a vivência em muitos contextos diferentes da localização de variáveis não inicializadas.

- A informação de variável viva desempenha papel crítico na alocação de registradores global (ver Seção 13.4). O alocador de registradores não precisa manter valores em registradores a menos que estejam vivos; quando um valor faz a transição de vivo para não vivo, o alocador pode reutilizar seu registrador para outra finalidade.
- A informação de variável viva é usada para melhorar a construção de SSA; um valor não precisa de uma função φ em qualquer bloco onde não esteja vivo. O uso de informações vivas deste modo pode reduzir significativamente o número de funções φ que o compilador precisa inserir ao construir a forma SSA de um programa.
- O compilador pode usar informação viva para descobrir operações de store sem utilidade. Em uma operação que armazena *v* na memória, se *v* não estiver viva, então o store é inútil. Esta técnica simples funciona bem para variáveis escalares não ambíguas — ou seja, variáveis conhecidas por apenas um nome.

Em contextos diferentes, a vivência é calculada para diferentes conjuntos de nomes. Discutimos LIVEOUT com um domínio implícito de nomes de variável. Na alocação de registradores, o compilador calculará conjuntos LIVEOUT sobre o domínio de nomes de registrador ou sobre subfaixas contíguas desses nomes.

8.6.2 Posicionamento de código global

Muitos processadores têm custos de desvio assimétricos; o custo de um desvio *fall-through* é menor do que o de um desvio tomado. Cada desvio tem dois blocos básicos sucessores; o compilador pode escolher qual deles se encontra no caminho *fall-through* e qual no caminho tomado. A otimização do posicionamento de código global baseia-se, implicitamente, na observação de que alguns desvios têm um comportamento desequilibrado — o caminho *fall-through* tem um custo menor do que o caminho tomado.

Considere o CFG mostrado na margem. (B_0, B_2) é executado 100 vezes mais frequentemente do que (B_0, B_1). Com custos de desvio assimétricos, o compilador deve usar o desvio menos dispendioso para (B_0, B_2). Se (B_0, B_1) e (B_0, B_2) tivessem frequências de execução aproximadamente iguais, o posicionamento de bloco teria pouco impacto para esse código.

Dois layouts diferentes para esse código são mostrados a seguir. O layout "lento" usa o desvio *fall-through* para implementar (B_0, B_1) e o desvio tomado para (B_0, B_2). O layout

Desvio *fall-through*
Um desvio de um endereço ou é *tomado* ou a execução *segue direto* (*falls-through*) para a próxima operação na sequência.

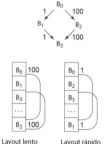

"rápido" inverte essa decisão. Se o desvio *fall-through* for mais rápido que o desvio tomado, então o layout "rápido" usa o desvio mais rápido com 100 vezes mais frequência.

O compilador pode tirar proveito dos custos de desvio assimétricos. Se ele souber as frequências relativas de execução esperadas dos desvios em um procedimento, poderá selecionar um layout de código que melhore o desempenho de runtime.

Para realizar o posicionamento de código global, o compilador reordena os blocos básicos de um procedimento para otimizar o uso dos desvios *fall-through*. E segue dois princípios. Primeiro, ele deve fazer com que os caminhos de execução mais prováveis usem desvios *fall-through*. Assim, sempre que possível, o bloco deverá ser seguido imediatamente por seu sucessor mais frequente. Segundo, o compilador deve mover o código que é executado com pouca frequência para o final do procedimento. Juntos, esses princípios produzem sequências maiores, que são executadas sem um desvio disruptivo, ou seja, que rompe a execução em linha reta (por exemplo, um desvio tomado).

Esperamos dois efeitos benéficos dessa ordem de execução. O código deve executar uma proporção maior de desvios *fall-through*, o que pode melhorar diretamente o desempenho. Esse padrão deve levar ao uso mais eficiente da cache de instruções.

O posicionamento de código, como a maioria das otimizações de escopo global, tem fases separadas de análise e transformação. A fase de análise precisa colher estimativas da frequência relativa de execução de cada desvio. A transformação usa essas frequências de desvio, expressas como pesos nas arestas do CFG, para construir um modelo dos caminhos executados frequentemente. Depois, ordena-se os blocos básicos a partir desse modelo.

COLHENDO DADOS DE PERFIL

Se o compilador entende as frequências relativas de execução das diversas partes do programa, pode usar essa informação para melhorar o desempenho do programa. Os dados de perfil podem desempenhar papel importante em otimizações como posicionamento de código global (Seção 8.6.2) ou substituição em linha (Seção 8.7.1). Vários métodos são usados para colher dados de perfil.

- *Executáveis instrumentalizados*. Neste esquema, o compilador gera código para contar eventos específicos, como entradas e saídas de procedimento ou desvios tomados. Em tempo de execução, os dados são escritos em um arquivo externo e processados off-line por outra ferramenta.
- *Interrupções de temporizador*. Ferramentas que usam este método interrompem a execução do programa em intervalos frequentes, regulares. A ferramenta constrói um histograma de locais do contador de programa onde as interrupções ocorreram. O pós-processamento constrói um perfil a partir do histograma.
- *Contadores de desempenho*. Muitos processadores oferecem alguma forma de contadores de hardware para registrar eventos de hardware, como ciclos totais, falhas de cache ou desvios tomados. Se os contadores estiverem disponíveis, o sistema de runtime pode usá-los para construir dados tipo perfil altamente precisos.

Esses métodos produzem informações um tanto diferentes e têm custos distintos. Um executável instrumentalizado pode medir quase toda propriedade da execução; uma engenharia cuidadosa pode limitar os custos de overhead. Um sistema de interrupção de temporizador tem overhead inferior, mas apenas localiza instruções executadas com frequência (não os caminhos tomados para alcançá-las). Contadores de hardware são precisos e eficientes, mas dependem de maneira idiossincrática da arquitetura e implementação do processador específico.

Todos esses métodos provaram ser bem-sucedidos para focalizar a otimização. Cada um deles exige a cooperação entre o compilador e a ferramenta de perfil sobre questões como formatos de dados, layout de código e métodos para mapear locais de runtime para nomes baseados no programa.

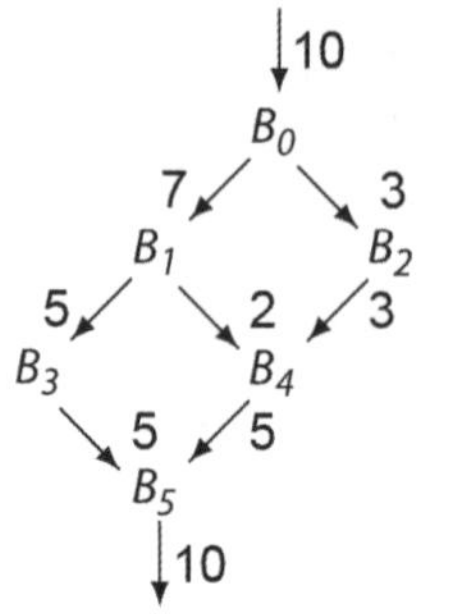

Exemplo CFG

Obtenção de dados de perfil

Para o posicionamento de código global, o compilador precisa de estimativas da frequência relativa de execução de cada aresta no CFG. Pode-se obter essa informação a partir de um perfil de execução do código: compilar o programa inteiro, executá-lo sob uma ferramenta de perfil com dados representativos e dar ao compilador acesso aos dados de perfil resultantes. Pode-se obter essa informação a partir de um modelo de execução de programa; esses modelos variam de simples a elaborados, com uma série de precisões.

Especificamente, o compilador precisa de contagens de execução para as arestas do CFG. O CFG na margem ilustra por que os contadores de aresta são superiores aos contadores de bloco para posicionamento de código. A partir dos contadores de execução, mostrados como rótulos nas arestas, vemos que os blocos B_0 e B_5 são executados dez vezes cada um. O caminho (B_0, B_1, B_3, B_5) é executado mais do que qualquer outro caminho nesse fragmento de CFG.

Os contadores de aresta sugerem, por exemplo, que tornar o desvio (B_1, B_3) o caso *fall-through* é melhor do que torná-lo o caso tomado. Porém, com base nos contadores de execução para os blocos, o compilador deduziria que os blocos B_3 e B_4 têm a mesma importância; e poderia muito bem escolher a aresta menos importante, (B_1, B_4), como o caso *fall-through*. O algoritmo de posicionamento de código usa dados de perfil para classificar as arestas do CFG pela frequência de execução. Assim, dados de aresta precisos têm efeito direto sobre a qualidade dos resultados.

Construção de cadeias como caminhos quentes no CFG

Para determinar como deve arranjar o código, o compilador constrói um conjunto de caminhos de CFG que incluem as arestas executadas com mais frequência — chamados *caminhos quentes* (*hot paths*). Cada caminho é uma cadeia de um ou mais blocos. Cada caminho tem uma prioridade que será usada para construir o layout de código final.

O compilador pode usar um algoritmo guloso para encontrar os caminhos quentes. A Figura 8.16 mostra um algoritmo deste tipo. Para começar, o algoritmo cria uma cadeia degenerada a partir de cada bloco que contém exatamente esse bloco; e define a prioridade de cada cadeia degenerada como um número grande, como o número de arestas no CFG ou o maior inteiro disponível.

```
E ← |edges|
for each bloco b
    criar uma cadeia degenerada, d, para b
    priority(d) ← E
P ← 0
for each aresta do CFG ⟨x, y⟩, x ≠ y, em ordem decrescente de frequência
    if x é a cauda da cadeia a e y é a cabeça da cadeia b, então
        t ← priority(a)
        anexar b em a
        priority(a) ← min(t, priority(b), P++)
```

■ **FIGURA 8.16** Construção de caminhos quentes.

Em seguida, ele percorre as arestas do CFG e constrói cadeias que modelam os caminhos quentes. Ele apanha as arestas na ordem de frequência de execução, com as mais usadas primeiro. Para uma aresta, $\langle x,y \rangle$, o algoritmo mescla a cadeia contendo x com a cadeia contendo y se, e somente se, x for o último nó em sua cadeia e y for o primeiro de sua cadeia. Se uma dessas condições não for verdadeira, ele deixa as cadeias que contêm x e y intactas.

O algoritmo ignora os laços para si mesmo, $\langle x,x \rangle$, porque eles não afetam as decisões de posicionamento.

Se mesclar as cadeias para x e y, o algoritmo deverá atribuir à nova cadeia uma prioridade apropriada. Ele calcula essa prioridade como o mínimo das prioridades das cadeias para x e y. Se tanto x quanto y forem cadeias degeneradas com sua alta prioridade inicial, ele define a prioridade da nova cadeia como o número ordinal de mesclagens que o algoritmo realizou, indicado como P. Esse valor coloca a cadeia atrás das cadeias construídas a partir de arestas de frequência mais alta e à frente daquelas construídas a partir de arestas de frequência mais baixa.

O algoritmo termina depois de examinar cada aresta, e produz um conjunto de cadeias que modelam os caminhos quentes no CFG. Cada nó pertence a exatamente uma cadeia. As arestas nas cadeias são executadas com mais frequência do que as que cruzam de uma cadeia para outra. Os valores de prioridade de cada cadeia codificam uma ordem para o layout relativo das cadeias, que se aproxima do número máximo de *desvios executados para a frente*.

Desvio para a frente
Desvio cujo destino tem um endereço mais alto do que sua origem é chamado *desvio para a frente*. Em algumas arquiteturas, estes desvios atrapalham menos do que os desvios para trás.

Para ilustrar a operação do algoritmo, considere seu comportamento quando aplicado ao CFG de exemplo da seção anterior, repetido na margem. O algoritmo prossegue da seguinte forma:

Aresta	Conjunto de cadeias	P
—	$(B_0)_E, (B_1)_E, (B_2)_E, (B_3)_E, (B_4)_E, (B_5)_E$	0
(B_0, B_1)	$(B_0, B_1)_0, (B_2)_E, (B_3)_E, (B_4)_E, (B_5)_E$	1
(B_3, B_5)	$(B_0, B_1)_0, (B_2)_E, (B_3, B_5)_1, (B_4)_E$	2
(B_4, B_5)	$(B_0, B_1)_0, (B_2)_E, (B_3, B_5)_1, (B_4)_E$	2
(B_1, B_3)	$(B_0, B_1, B_3, B_5)_0, (B_2)_E, (B_4)_E$	3
(B_0, B_2)	$(B_0, B_1, B_3, B_5)_0, (B_2)_E, (B_4)_E$	3
(B_2, B_4)	$(B_0, B_1, B_3, B_5)_0, (B_2, B_4)_3$	4
(B_1, B_4)	$(B_0, B_1, B_3, B_5)_0, (B_2, B_4)_3$	4

Exemplo CFG

As prioridades são mostradas como subscritos na cadeia e E é o número de arestas (edges) no CFG, como na Figura 8.16.

O desempate entre arestas de mesma prioridade de modo diferente pode produzir um conjunto diferente de cadeias. Por exemplo, se o algoritmo considerar (B_4, B_5) antes de (B_3, B_5), então ele produz duas cadeias: $(B_0, B_1, B_3)_0$ e $(B_2, B_4, B_5)_1$. Cadeias diferentes podem gerar diferentes layouts de código. O algoritmo de layout ainda produz bons resultados, mesmo com uma ordenação não ótima para arestas de mesmo peso.

Executando o layout de código

O conjunto de cadeias produzidas pelo algoritmo da Figura 8.16 constitui uma ordem parcial no conjunto de blocos básicos. Para produzir uma imagem executável do código, o compilador precisa colocar todos os blocos em uma ordem linear fixa. A Figura 8.17 mostra um algoritmo que calcula um layout linear a partir do conjunto de cadeias. Ele codifica duas heurísticas simples: (1) colocar os blocos de uma cadeia em ordem, de modo que os desvios *fall-through* implementem as arestas da cadeia, e (2) escolher entre alternativas usando o número de prioridade registrado para as cadeias.

```
t ← cadeia encabeçada pelo nó de entrada doCFG
WorkList ← {(t,priority(t))}
while(Worklist ≠ ∅)
    remover uma cadeia c de menor prioridade da WorkList
    for each bloco x de c em ordem de cadeia
        colocar x no final do código executável
    for each bloco x de c
        for each aresta, ⟨x, y⟩, onde y estiver não posicionado
            t ← cadeia contendo ⟨x, y⟩
            if (t,priority(t)) ∉ WorkList
                then WorkList ← WorkList ∪ {(t,priority(t))}
```

■ **FIGURA 8.17** Algoritmo de layout de código.

O algoritmo representa uma cadeia com um par (c, p), onde c é o nome da cadeia e p sua prioridade. Por questão de eficiência, o teste que evita posicionar uma cadeia na worklist duas vezes pode ser eliminado se implementarmos a worklist com um conjunto esparso (ver Apêndice B.2.3). A tabela a seguir mostra o comportamento do algoritmo sobre o primeiro conjunto de cadeias produzido para o CFG de exemplo:

Etapa	WorkList	Layout de código
—	$(B_0, B_1, B_3, B_5)_0$	
1	$(B_2, B_4)_3$	B_0, B_1, B_3, B_5
2	∅	$B_0, B_1, B_3, B_5, B_2, B_4$

A primeira linha mostra o estado inicial. Ela coloca a cadeia que contém B_0 na worklist. A primeira iteração do laço while posiciona todos os blocos dessa cadeia. Enquanto processa as arestas que saem dos blocos posicionados, acrescenta a outra cadeia, (B_2, B_4), na worklist. A segunda iteração posiciona esses dois blocos; e não acrescenta nada à worklist, de modo que o algoritmo termina.

Observamos que uma mudança no desempate poderia produzir uma mudança no conjunto de cadeias produzido para o exemplo. Colocar a aresta (B_4, B_5) antes de (B_3, B_5) produziu as cadeias $(B_0, B_1, B_3)_0$ e $(B_2, B_4, B_5)_1$. Trabalhando a partir dessas cadeias, o algoritmo de layout de código comporta-se da seguinte forma:

Etapa	WorkList	Layout de código
—	$(B_0, B_1, B_3)_0$	
1	$(B_2, B_4, B_5)_1$	B_0, B_1, B_3
2		$B_0, B_1, B_3, B_2, B_4, B_5$

Se considerarmos que as frequências de execução estimadas estão corretas, não existe motivo para preferir um layout em relação ao outro.

Um exemplo final

Considere como o algoritmo de posicionamento de código global trata o CFG apresentado na margem. O algoritmo de construção de cadeia prossegue da seguinte forma:

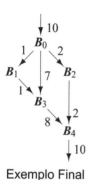

Exemplo Final

Aresta	Conjunto de cadeias	P
—	$(B_0)_E, (B_1)_E, (B_2)_E, (B_3)_E, (B_4)_E$	10
(B_3, B_4)	$(B_0)_E, (B_1)_E, (B_2)_E, (B_3, B_4)_0$	1
(B_0, B_3)	$(B_0, B_3, B_4)_0, (B_1)_E, (B_2)_E$	2
(B_2, B_4)	$(B_0, B_3, B_4)_0, (B_1)_E, (B_2)_E$	2
(B_0, B_2)	$(B_0, B_3, B_4)_0, (B_1)_E, (B_2)_E$	2
(B_1, B_3)	$(B_0, B_3, B_4)_0, (B_1)_E, (B_2)_E$	2
(B_0, B_1)	$(B_0, B_3, B_4)_0, (B_1)_E, (B_2)_E$	2

Neste grafo, o algoritmo termina com uma cadeia de múltiplos nós e duas cadeias degeneradas, ambas com prioridade alta inicial.

- O algoritmo de layout primeiro posiciona (B_0, B_3, B_4). Ao examinar as arestas de saída dos nós posicionados, acrescenta ambos os blocos degenerados na worklist. As duas iterações seguintes removem os blocos degenerados, numa ordem qualquer, e os posiciona. Não há motivo para preferir uma ou outra ordem.

REVISÃO DA SEÇÃO

As otimizações que examinam um procedimento inteiro têm oportunidades para melhoria que não estão disponíveis em escopos menores. Como o escopo global, ou em nível de procedimento, inclui caminhos cíclicos e desvios para trás, as otimizações globais normalmente precisam de análise global. Como consequência, esses algoritmos têm um estilo off-line; eles consistem em uma fase de análise seguida por uma fase de transformação.

Esta seção destacou dois tipos distintos de análise: a análise de fluxo de dados global e a coleta de dados de perfil em runtime. A primeira é uma técnica em tempo de compilação que considera, matematicamente, os efeitos ao longo de todos os caminhos possíveis pelo código. Ao contrário, os dados de perfil registram o que realmente aconteceu em uma única execução do código, com um único conjunto de dados de entrada. A análise de fluxo de dados é conservadora, pois considera todas as possibilidades. O perfil de runtime é agressivo, pois assume que execuções futuras compartilharão características de execução com as do perfil. Ambos podem desempenhar papel importante na otimização.

QUESTÕES DE REVISÃO

1. Em algumas situações, o compilador precisa saber que uma variável está viva ao longo de *todos* os caminhos que saem de um bloco, ao invés de ao longo de *algum* caminho. Reformule as equações para LIVEOUT de modo que elas calculem o conjunto de nomes que são usados antes da definição, junto com cada caminho a partir do final do bloco até o nó de saída do CFG, n_f.

2. Para coletar perfis precisos do tipo contador de aresta, o compilador pode instrumentalizar cada aresta no CFG do procedimento em questão. Uma implementação inteligente pode instrumentalizar um subconjunto dessas arestas e deduzir as contagens para o restante. Crie um esquema que obtenha dados precisos de contagem de aresta sem instrumentalizar cada desvio. Sobre que princípios baseia-se seu esquema?

8.7 OTIMIZAÇÃO INTERPROCEDIMENTAL

Como discutimos no Capítulo 6, as chamadas de procedimento formam fronteiras nos sistemas de software. A divisão de um programa em vários procedimentos tem impactos positivos e negativos sobre a capacidade do compilador de gerar código eficiente. No lado positivo, isto restringe a quantidade de código que o compilador considera a qualquer momento, efeito este que mantém pequenas as estruturas de dados e limita o custo de diversos algoritmos em tempo de compilação, pela limitação dos tamanhos dos problemas.

No lado negativo, a divisão do programa em procedimentos limita a capacidade do compilador de entender o que acontece dentro de uma chamada. Por exemplo, considere uma chamada de fee para fie que passa uma variável x como um parâmetro de chamada por referência. Se o compilador sabe que x tem valor 15 antes da chamada, não pode usar esse fato após a chamada, a menos que saiba que a chamada não pode alterar x. Para usar o valor de x após a chamada, o compilador precisa provar que o parâmetro formal correspondente a x não será modificado por fie ou por qualquer procedimento que ele chame, direta ou indiretamente.

Uma segunda fonte importante de ineficiência introduzida pelas chamadas de procedimento surge do fato de que cada chamada ocasiona a execução de uma sequência de pré-chamada e pós-retorno no chamador, e outra de prólogo e epílogo no procedimento chamado. Operações implementadas nessas sequências levam tempo. As transições entre elas exigem saltos (potencialmente disruptivo). Essas operações são todas um overhead necessário no caso geral para implementar as abstrações da linguagem-fonte. Porém, em qualquer chamada específica, o compilador pode ser capaz de adaptar as sequências ou o procedimento chamado ao ambiente de runtime local e alcançar um desempenho melhor.

Esses efeitos, no conhecimento em tempo de compilação e nas ações em tempo de execução, podem introduzir ineficiências que a otimização intraprocedimental não consegue resolver. Para reduzir as ineficiências introduzidas por procedimentos separados, o compilador pode analisar e transformar vários procedimentos juntos, usando análise e otimização interprocedimentais. Essas técnicas são igualmente importantes em linguagens tipo Algol e em linguagens orientadas a objeto.

Nesta seção, vamos examinar duas otimizações interprocedimentais diferentes: substituição em linha de chamadas de procedimento e posicionamento de procedimento para a localidade de código melhorada. Como a otimização do programa inteiro exige que o compilador tenha acesso ao código que está sendo analisado e transformado, a decisão de realizar a otimização do programa inteiro tem implicações na estrutura do compilador. Assim, a subseção final discute as questões estruturais que surgem em um sistema que inclui análise e otimização interprocedimentais.

O termo "programa inteiro" indica claramente analisar todo o código. Preferimos o termo "interprocedimental" quando falamos sobre analisar alguns, mas não todos, os procedimentos.

8.7.1 Substituição em linha

Como vimos nos Capítulos 6 e 7, o código que o compilador precisa gerar para implementar uma chamada de procedimento envolve um número significativo de operações. O código precisa alocar um registro de ativação, avaliar cada parâmetro real, preservar o estado do chamador, criar o ambiente do procedimento chamado, transferir o controle do chamador para o chamado, e de volta, e, se necessário, retornar valores do procedimento chamado para o chamador. De certa forma, essas ações em tempo de execução fazem parte do overhead de usar uma linguagem de programação; elas mantêm as abstrações da linguagem de programação, mas não são estritamente necessárias para calcular os resultados. Os compiladores otimizadores tentam reduzir o custo desses overheads.

Em alguns casos, o compilador pode melhorar a eficiência do código final substituindo o local de chamada por uma cópia do corpo do procedimento chamado, apropriadamente ajustada ao local de chamada específico. Essa transformação, chamada *substituição em linha*, permite que o compilador evite a maior parte do código de ligação de procedimento e ajuste a nova cópia do corpo do procedimento chamado ao contexto do chamador. Como a transformação move o código de um procedimento para outro e altera o grafo de chamadas do programa, a substituição em linha é considerada uma transformação interprocedimental.

Substituição em linha
Transformação que substitui um local de chamada por uma cópia do corpo do procedimento chamado, reescrito para refletir as vinculações de parâmetros.

Assim como em muitas otimizações, a substituição em linha tem uma partição natural em dois subproblemas: a transformação real e um procedimento de decisão que escolhe os locais de chamada para colocar em linha. A transformação em si é relativamente simples. O procedimento de decisão é mais complexo e tem impacto direto sobre o desempenho.

A transformação

Para fazer a substituição em linha, o compilador reescreve um local de chamada com o corpo do procedimento chamado, realizando as modificações apropriadas para modelar os efeitos da vinculação de parâmetros. A Figura 8.18 mostra dois procedimentos, `fee` e `fie`, ambos chamando um terceiro, `foe`. A Figura 8.19 representa o fluxo de controle após a colocação em linha da chamada de `fie` para `foe`. O compilador criou

■ **FIGURA 8.18** Antes da substituição em linha.

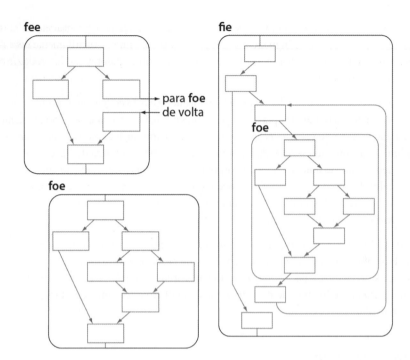

■ **FIGURA 8.19** Após a substituição em linha.

uma cópia de `foe` e a moveu para dentro de `fie`, conectou a sequência de pré-chamada de `fie` diretamente ao prólogo de sua cópia interna de `foe` e conectou o epílogo à sequência de pós-chamada de modo semelhante. Alguns dos blocos resultantes podem ser mesclados, permitindo melhoria com uma otimização subsequente.

Naturalmente, o compilador deve usar uma IR que possa representar o procedimento colocado em linha. Algumas construções da linguagem-fonte podem criar construções de controle de fluxo arbitrárias e incomuns no código resultante. Por exemplo, um procedimento chamado com diversos retornos prematuros pode gerar um grafo de fluxo de controle complexo. De modo semelhante, a construção de *retorno alternativo* do FORTRAN permite que o procedimento chamador passe rótulos para o chamado; este pode então fazer com que o controle retorne para qualquer um desses rótulos. De qualquer forma, o grafo de fluxo de controle resultante pode ser difícil de representar em uma AST de nível quase fonte.

Na implementação, o construtor de compiladores deve prestar atenção à proliferação de variáveis locais. Uma implementação simples criaria uma nova variável local no chamador para cada variável local no procedimento chamado. Se o compilador colocar diversos procedimentos em linha, ou vários locais de chamada para o mesmo procedimento chamado, o espaço de nomes locais pode crescer a ponto de se tornar muito grande. Embora o crescimento no espaço de nomes não seja um problema de exatidão, ele pode aumentar o custo da compilação do código transformado e, em alguns casos, prejudicar o desempenho no código final. Atentar a esse detalhe pode facilmente evitar o problema de reutilizar nomes por vários procedimentos chamados em linha.

O procedimento de decisão

A escolha de quais locais de chamada devem ser colocados em linha é tarefa complexa. A colocação em linha de determinado local de chamada pode melhorar o desempenho; infelizmente, também pode degradá-lo. Para fazer escolhas inteligentes, o compilador precisa considerar uma grande gama de características do procedimento chamador, do chamado e do local de chamada, e, ainda, entender seus próprios pontos fortes e fracos.

As principais fontes de melhoria com a colocação em linha são: eliminação direta de operações e eficiência melhorada de outras otimizações. O primeiro efeito aparece quando partes da sequência de ligação podem ser eliminadas; por exemplo, o código de salvamento e recuperação de registrador poderia ser eliminado em favor da permissão para que o alocador de registradores tome essas decisões. O conhecimento do chamador também pode provar que outro código dentro do procedimento chamado está morto ou é inútil. Este último efeito surge quando se tem mais informações contextuais na otimização global.

A principal fonte de degradação da substituição em linha é a menor eficácia de otimização de código no código resultante. A colocação do procedimento chamado em linha pode aumentar o tamanho do código e o tamanho do espaço de nomes, o que, por consequência, pode aumentar a demanda por registradores nas vizinhanças do local de chamada original. A eliminação do código de salvamento e recuperação de registradores muda o problema visto pelo alocador de registradores. Na prática, qualquer um destes pode levar a uma diminuição na eficácia da otimização.

> As mudanças na arquitetura, como conjuntos maiores de registradores, podem aumentar o custo de uma chamada de procedimento, o que, por sua vez, pode tornar mais atrativa a colocação de código em linha.

Em cada local de chamada, o compilador precisa decidir se coloca ou não a chamada em linha. Para complicar as coisas, uma decisão tomada em um local de chamada afeta a decisão em outros. Por exemplo, se *a* chama *b* que chama *c*, a escolha de colocar *c* em *b* muda as características do procedimento que poderia ser colocado em linha em *a* e o grafo de chamadas do programa subjacente. Além do mais, a colocação em linha tem efeitos, como o crescimento no tamanho do código, que devem ser vistos por todo o programa; o construtor de compiladores pode querer limitar o crescimento geral no tamanho do código.

Procedimentos de decisão para a substituição em linha examinam diversos critérios em cada local de chamada. Entre eles:

- *Tamanho do procedimento chamado.* Se este procedimento for menor que o código de ligação (pré-chamada, pós-retorno, prólogo e epílogo), então sua colocação em linha deverá reduzir o tamanho do código e executar menos operações. Esta situação surge, surpreendentemente, com muita frequência.
- *Tamanho do chamador.* O compilador pode limitar o tamanho geral de qualquer procedimento para reduzir aumentos no tempo de compilação e diminuições na eficácia da otimização.
- *Contagem dinâmica de chamadas.* Uma melhoria em um local de chamada executado com frequência fornece maior benefício do que em um local executado com pouca frequência. Na prática, os compiladores usam dados de perfil ou estimativas simples, como 10 vezes a profundidade de aninhamento de laço.
- *Parâmetros reais com valores constantes.* O uso destes parâmetros conhecidos em um local de chamada cria o potencial para melhoria, pois essas constantes podem ser incorporadas no corpo do procedimento chamado.
- *Contagem estática de chamadas.* Os compiladores normalmente rastreiam o número de locais distintos que chamam um procedimento. Qualquer procedimento chamado de apenas um local pode ser colocado em linha sem qualquer crescimento no espaço de código. O compilador deve atualizar essa métrica ao colocar o código em linha, a fim de detectar procedimentos que passam a ter apenas um local de chamada.
- *Contagem de parâmetros.* O número de parâmetros pode servir como um substituto ao custo da ligação de procedimentos, pois o compilador deve gerar código para avaliar e armazenar cada parâmetro real.
- *Chamadas no procedimento.* Rastrear o número de chamadas em um procedimento fornece um jeito fácil de detectar folhas no grafo de chamada — elas não contêm chamadas. Os procedimentos folha normalmente são bons candidatos para colocação em linha.

- *Profundidade de aninhamento de laço.* Os locais de chamada em laços são executados com mais frequência do que os fora deles. E também atrapalham a capacidade do compilador de escalonar o laço como uma unidade isolada (ver Seção 12.4).
- *Fração de tempo de execução.* O cálculo da fração de tempo de execução gasto em cada procedimento a partir de dados de perfil pode impedir que o compilador coloque em linha rotinas que não podem ter impacto significativo sobre o desempenho.

Na prática, os compiladores pré-calculam algumas ou todas essas métricas e depois aplicam uma heurística ou um conjunto de heurísticas para determinar quais locais de chamada colocar em linha. A Figura 8.20 mostra uma heurística típica, que conta com uma série de parâmetros de patamar, denominados t_0 a t_4. Os valores específicos escolhidos para os parâmetros controlarão grande parte do comportamento da heurística; por exemplo, t_3 deve, sem dúvida alguma, ter valor maior do que o tamanho das sequências padrão de pré-chamada e pós-retorno. Os melhores valores para esses parâmetros são, sem dúvida, específicos de cada programa.

```
Colocar em linha qualquer local de chamada que corresponda a uma das seguintes situações:
(1)  O procedimento chamado usa mais de t0 por cento de tempo de execução, e
     (a) o procedimento chamado não contém chamadas, ou
     (b) o contador de chamada estático é um, ou
     (c) o local de chamada tem mais de t1 parâmetros com valor constante.
(2)  O local de chamada representa mais de t2 por cento de todas as chamadas, e
     (a) o procedimento chamado é menor que t3, ou
     (b) a colocação da chamada em linha produzirá um procedimento menor do que t4
```

■ **FIGURA 8.20** Heurística de decisão típica para a substituição em linha.

8.7.2 Posicionamento de procedimento

A técnica de posicionamento de código global, da Seção 8.6.2, rearrumou os blocos dentro de um único procedimento. Existe um problema semelhante na escala interprocedimental: rearrumar procedimentos dentro de uma imagem executável.

> *Dado o grafo de chamada para um programa, com anotações sobre as frequências de execução medidas ou estimadas para cada local de chamada, rearrume os procedimentos para reduzir tamanhos de conjuntos de trabalho de memória virtual e para limitar o potencial de conflitos induzidos por chamada na cache de instruções.*

O princípio é simples. Se o procedimento p chama q, queremos que p e q ocupem locais adjacentes na memória.

Lembre-se de que o grafo de chamada de um programa tem um nó para cada procedimento e uma aresta (x, y) para cada chamada de x para y.

Para resolver este problema, podemos tratar o grafo de chamada como um conjunto de restrições sobre o posicionamento relativo de procedimentos no código executável. Cada aresta do grafo de chamada, (p,q), especifica uma adjacência que deve ocorrer no código executável. Infelizmente, o compilador não pode satisfazer todas essas adjacências. Por exemplo, se p chama q, r e s, ele não consegue colocar todos os três próximos de p. Assim, compiladores que realizam posicionamento de procedimento tendem a usar uma técnica aproximada gulosa para encontrar um bom posicionamento, ao invés de tentar calcular um posicionamento ótimo.

O posicionamento de procedimento difere sutilmente do problema de posicionamento de código global discutido na Seção 8.6.2. Aquele algoritmo melhora o código, garantindo que os caminhos quentes possam ser implementados com desvios *fall-through*. Assim, o algoritmo de construção de cadeia na Figura 8.16 ignora qualquer aresta de CFG, a menos que seja executado do final de uma cadeia para o início de outra. Ao contrário, quando o algoritmo de posicionamento de procedimento constrói cadeias de procedimentos, pode usar arestas que são executadas entre procedimentos que se encontram no meio de suas cadeias, pois seu objetivo é simplesmente colocar procedimentos próximos um do outro — para reduzir tamanhos de conjuntos de trabalho e interferência na cache de instruções. Se p chama q e a distância entre p e q é menor que o tamanho da cache de instruções, o posicionamento tem sucesso. Assim, de certa forma, o algoritmo de posicionamento de procedimento tem mais liberdade do que o algoritmo de layout de bloco.

O posicionamento de procedimento consiste em duas fases: análise e transformação. A análise opera sobre o grafo de chamada do programa. E repetidamente seleciona dois nós no grafo de chamada e os combina. A ordem de combinação é controlada pelos dados de frequência de execução, medida ou estimada, e determina o layout final. A fase de layout é simples; simplesmente rearruma o código para os procedimentos na ordem escolhida pela fase de análise.

A Figura 8.21 mostra um algoritmo guloso para a fase de análise do posicionamento de procedimento. Ele opera sobre o grafo de chamada do programa e constrói iterativamente um posicionamento considerando arestas em ordem de sua frequência de execução estimada. Como primeiro passo, constrói o grafo de chamada, atribui a cada aresta um peso que corresponde à sua frequência de execução estimada e combina todas as arestas entre dois nós em uma única aresta. Como parte final de seu trabalho de inicialização, constrói uma fila de prioridade das arestas do grafo de chamada, ordenada por seus pesos.

```
// Trabalho de inicialização
Construir o multigrafo de chamada G
inicializa Q como uma fila de prioridade      // Ordenar Q do mais alto ao mais baixo

for each aresta (x,y) ∈ G                      // Acrescentar pesos às arestas
  if(x = y)                                    // Laço para si mesmo é irrelevante
    then excluir (x,y) de G
    else weight((x,y)) ← frequência de execução estimada para (x,y)

for each nó x ∈ G
  list(x) ← {x}                                // Inicializar listas de posicionamento
  if existem múltiplas arestas de x até y
    then combinar as arestas e seus pesos
  for each aresta (x,y) ∈ G                    // Colocar cada aresta em Q
    Enqueue(Q,(x,y),weight((x,y)))

// Redução iterativa do grafo
while Q não é vazia
  (x,y) ← Dequeue(Q)                           // Apanhar aresta de maior prioridade
  for each aresta (y,z) ∈ G                    // Mover origem de y para x
    ReSource((y,z),x)
  for each aresta (z,y) ∈ G                    // Mover destino de y para x
    ReTarget((z,y),x)
  anexar list(y) a list(x)                     // Atualizar lista de posicionamento
  remover y e suas arestas de G                // Limpar G
```

■ **FIGURA 8.21** Algoritmo de posicionamento de procedimento.

A segunda metade do algoritmo constrói iterativamente uma ordem para o posicionamento do procedimento. O algoritmo associa a cada nó do grafo uma lista ordenada de procedimentos. Essas listas especificam uma ordem linear entre os procedimentos nomeados. Quando o algoritmo terminar, as listas especificarão uma ordem total sobre os procedimentos que pode ser usada para posicioná-los no código executável.

O algoritmo usa os pesos de aresta do grafo de chamada para orientar o processo. Repetidamente seleciona a aresta de peso mais alto, digamos, (x,y), da fila de prioridades e combina sua origem x e seu destino y. Em seguida, ele precisa atualizar o grafo de chamada para refletir a mudança.

1. Para cada aresta (y, z), chama `ReSource` para substituir (y, z) por (x, z) e atualizar a fila de prioridades. Se (x, z) já existir, `ReSource` os combina.
2. Para cada aresta (z, y), chama `ReTarget` para substituir (z, y) por (z, x) e atualizar a fila de prioridades. Se (z, x) já existir, `ReTarget` os combina.

Para afetar o posicionamento de y após x, o algoritmo acrescenta $list(y)$ a $list(x)$. Finalmente, exclui y e suas arestas do grafo de chamada.

O algoritmo termina quando a fila de prioridades está vazia. O grafo final terá um nó para cada um dos componentes conectados do grafo de chamada original. Se todos os nós eram alcançáveis a partir do nó que representa a entrada do programa, o grafo final consistirá em um único nó. Se alguns procedimentos não eram alcançáveis, seja porque não existe um caminho no programa que os chame ou porque esses caminhos são obscurecidos por chamadas ambíguas, então o grafo final consistirá em múltiplos nós. De qualquer forma, o compilador e o ligador podem usar as listas associadas aos nós no grafo final para especificar o posicionamento relativo dos procedimentos.

Exemplo

Para ver como funciona o algoritmo de posicionamento de procedimento, considere o exemplo de grafo de chamada apresentado no painel 0 da Figura 8.22. A aresta de P_5 para si mesmo aparece em cinza porque só afeta o algoritmo alterando as frequências de execução. Um laço para si mesmo não pode afetar o posicionamento, pois sua origem e destino são idênticos.

O painel 0 mostra o estado do algoritmo imediatamente antes que a redução iterativa comece. Cada nó tem a lista trivial que contém seu próprio nome. A fila de prioridades tem cada aresta, exceto o laço para si mesmo, classificada por frequência de execução.

O painel 1 mostra o estado do algoritmo após a primeira iteração do laço while. O algoritmo juntou P_6 em P_5, e atualizou a lista para P_5 e a fila de prioridades.

No painel 2, o algoritmo juntou P_4 em P_5. Redirecionou (P_1, P_4) para P_5 e mudou o nome da aresta correspondente na fila de prioridades. Além disso, removeu P_4 do grafo e atualizou a lista para P_5.

As outras iterações procedem de modo semelhante. O painel 4 mostra uma situação onde combinou arestas. Quando juntou P_5 em P_1, redirecionou (P_0, P_5) para P_1. Como (P_0, P_1) já existia, ele simplesmente combinou seus pesos e atualizou a fila de prioridades excluindo (P_0, P_5) e alterando o peso em (P_0, P_1).

Ao final das iterações, o grafo foi encolhido para um único nó, P_0. Embora este exemplo tenha construído um layout que começa com o nó de entrada, isso aconteceu por causa dos pesos de aresta, e não por projeto algorítmico.

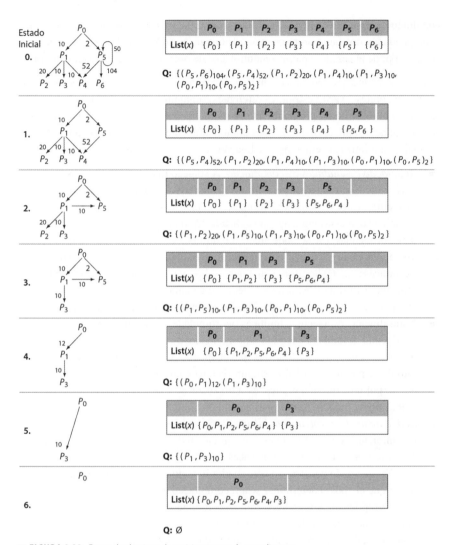

■ **FIGURA 8.22** Etapas do algoritmo de posicionamento de procedimento.

8.7.3 Organização do compilador para otimização interprocedimental

A construção de um compilador que realiza análise e otimização por dois ou mais procedimentos fundamentalmente muda o relacionamento entre o compilador e o código que produz. Os compiladores tradicionais têm unidades de compilação de um único procedimento, uma única classe ou um único arquivo de código; o código resultante depende unicamente do conteúdo dessa *unidade de compilação*. Quando o compilador usa conhecimento sobre um procedimento para otimizar outro, a exatidão do código resultante depende do estado dos dois procedimentos.

Considere o impacto da substituição em linha sobre a validade do código otimizado. Suponha que o compilador coloque `fie` em linha em `fee`. Qualquer alteração de edição subsequente em `fie` precisará que `fee` seja compilado novamente — uma dependência que resulta de uma decisão de otimização, ao invés de qualquer relacionamento exposto no código-fonte.

Se o compilador coleta e usa informações interprocedimentais, problemas semelhantes podem surgir. Por exemplo, `fee` pode chamar `fie`, que chama `foe`; suponha que o compilador se baseie no fato de que a chamada a `fie` não mude o valor constante conhecido da variável global *x*. Se o programador mais tarde editar `foe` de modo que

Unidade de compilação
A porção de um programa apresentada ao compilador normalmente é chamada *unidade de compilação*.

modifique *x*, essa mudança pode invalidar a compilação anterior de ambos `fee` e `fie`, pela mudança dos fatos sobre os quais a otimização se baseia. Assim, uma mudança em `foe` pode necessitar de uma recompilação de outros procedimentos no programa.

Para resolver esta questão fundamental e fornecer ao compilador acesso a todo o código fonte que precise, várias estruturas diferentes foram propostas para compiladores que realizam otimização do programa inteiro ou interprocedimental: ampliar as unidades de compilação, embutir o compilador em um ambiente de desenvolvimento integrado e realizar a otimização em tempo de ligação.

- *Ampliação de unidades de compilação*. A solução mais simples para os problemas práticos introduzidos pela otimização interprocedimental é esta ampliação. Se o compilador só considera otimização e análise dentro de uma unidade de compilação, e essas unidades são aplicadas de modo consistente, então pode evitar os problemas. Ele só pode analisar e otimizar o código que é compilado junto; assim, não pode introduzir dependências entre unidades de compilação nem deve exigir acesso ao código-fonte ou a fatos sobre outras unidades. O compilador otimizador PL/I da IBM usou esta técnica; a qualidade do código melhorava à medida que procedimentos relacionados eram agrupados no mesmo arquivo.
- Naturalmente, esta técnica limita as oportunidades para otimização interprocedimental. E também encoraja o programador a criar unidades de compilação maiores e agrupar procedimentos que chamam um ao outro. Ambos podem introduzir problemas práticos em um sistema com vários programadores. Ainda assim, por uma questão prática, essa organização é atraente porque atrapalha menos nosso modelo de comportamento do compilador.
- *Ambiente de desenvolvimento integrado*. Se o projeto embute o compilador em um ambiente de desenvolvimento integrado (IDE — *Integrated Development Environment*), o compilador pode acessar o código conforme necessário por meio do IDE, que pode notificar ao compilador quando o código-fonte mudar, de modo que ele possa determinar se a recompilação é necessária. Esse modelo desloca a propriedade dos códigos-fonte e compilado do desenvolvedor para o IDE. A colaboração entre o IDE e o compilador, então, garante que ações apropriadas sejam tomadas para assegurar a otimização consistente e correta.
- *Otimização em tempo de ligação*. O construtor de compiladores pode deslocar a otimização interprocedimental para o ligador, onde terá acesso a todo o código ligado *estaticamente*. Para obter os benefícios da otimização interprocedimental, o *linker* também pode ter que realizar uma otimização global subsequente. Como os resultados da otimização em tempo de ligação são apenas registrados no executável, e este é descartado na próxima compilação, esta estratégia contorna o problema da recompilação. E quase certamente realiza mais análise e otimização do que as outras técnicas, além de oferecer simplicidade e exatidão óbvia.

Muitos sistemas modernos utilizam a ligação em tempo de execução, ou *dinâmica*, para bibliotecas compartilhadas. A ligação em tempo de execução limita as oportunidades para otimização em tempo de ligação.

> **REVISÃO DA SEÇÃO**
>
> Análise e otimização entre fronteiras de procedimento podem revelar novas oportunidades para melhoria do código. Alguns exemplos incluem ajustar a ligação de procedimentos (sequências de pré-chamada, prólogo, epílogo e pós-chamada) para um local de chamada específico, por meio da exposição de valores constantes ou valores redundantes em uma chamada. Muitas técnicas foram propostas para reconhecer e explorar essas oportunidades; substituição em linha é uma das mais conhecidas e eficientes.
>
> Um compilador que aplica análise e otimização interprocedimentais deve garantir que os executáveis que cria sejam baseados em uma visão consistente do programa inteiro. O uso de fatos de um procedimento para modificar o código em outro pode introduzir dependências sutis entre o código em procedimentos distantes, que o compilador precisa reconhecer e respeitar. Várias estratégias foram propostas para aliviar esses efeitos; talvez a mais simples seja realizar transformações interprocedimentais em tempo de ligação.

> **QUESTÕES DE REVISÃO**
> 1. Suponha que o procedimento *a* invoque *b* e *c*. Se o compilador colocar em linha a chamada para *b*, que economias nos espaços de código e de dados poderiam surgir? Se ele também colocar *c* em linha, outras economias no espaço de dados são possíveis?
> 2. No posicionamento de procedimento, o que acontece com um procedimento cujas arestas de entrada possuem frequências de execução estimadas iguais a zero? Onde o algoritmo deve posicionar tal procedimento? O tratamento de um procedimento desse tipo afeta o desempenho de tempo de execução? O compilador pode eliminá-las como inúteis?

8.8 RESUMO E PERSPECTIVA

O otimizador em um compilador moderno contém uma coleção de técnicas que tentam melhorar o desempenho do código compilado. Embora a maioria das otimizações tente melhorar a velocidade em tempo de execução, elas também podem visar outras medidas, como o tamanho do código ou o consumo de energia. Este capítulo mostrou diversas técnicas que operam sobre escopos que variam de blocos básicos isolados até programas inteiros.

As otimizações melhoram o desempenho ajustando os esquemas de tradução gerais aos detalhes específicos do código à mão. As transformações em um otimizador tentam remover o overhead introduzido no suporte de abstrações da linguagem-fonte, incluindo estruturas de dados, estruturas de controle e verificação de erros. Tentam reconhecer casos especiais que possuem implementações eficientes e reescrever o código para concretizar essas economias. Tentam combinar os recursos necessários do programa com os recursos reais disponíveis no processador-alvo, incluindo unidades funcionais, capacidade e largura de banda de cada nível na hierarquia de memória (registradores, cache, TLBs — *Translation Lookaside Buffers* e memória) e paralelismo em nível de instrução.

Antes que o otimizador possa aplicar uma transformação, precisa determinar que a reescrita proposta do código seja segura — que preserva o significado original do código. Normalmente, isso exige que o otimizador analise o código. Neste capítulo, vimos diversas técnicas para provar a segurança, variando da construção *bottom-up* da tabela de valores na numeração de valor local até a computação de conjuntos LIVEOUT para detectar variáveis não inicializadas.

Uma vez que o otimizador tenha determinado que pode, seguramente, aplicar uma transformação, precisa decidir se a reescrita melhorará ou não o código. Algumas técnicas, como numeração de valor local, simplesmente consideram que as reescritas que elas usam são lucrativas. Outras técnicas, como substituição em linha, exigem procedimentos de decisão complicados para determinar quando uma transformação poderia melhorar o código.

Este capítulo forneceu uma introdução básica ao campo da otimização de código baseada em compilador. Introduziu muitos dos termos e questões que surgem na otimização. Mas não inclui uma seção de "Tópicos avançados"; o leitor interessado encontrará material adicional sobre análise estática para dar suporte à otimização no Capítulo 9 e sobre transformações de otimização no Capítulo 10.

NOTAS DO CAPÍTULO

O campo da otimização de código conta com uma literatura extensa e detalhada. Para um tratamento mais profundo, o leitor deve considerar alguns dos livros especializados sobre o assunto [20, 268, 270]. Seria intelectualmente agradável se a otimização de código tivesse se desenvolvido de uma maneira lógica e disciplinada, começando com técnicas locais, estendendo-as primeiro para regiões, depois procedimentos inteiros e finalmente programas inteiros. Porém, este desenvolvimento ocorreu em um padrão mais irregular. Por exemplo, o compilador FORTRAN original [27] realizava otimização local e global — a primeira sobre árvores de expressão e a segunda para alocação de registradores. O interesse em técnicas regionais, como otimização de laço [252], e técnicas de programa inteiro, como substituição em linha, também apareceu desde cedo na literatura [16].

Numeração de valor local, com suas extensões para simplificações algébricas e desdobramento de constantes, normalmente é creditada a Balke, no final da década de 1960 [16, 87], embora seja claro que Ershov conseguiu efeitos semelhantes em um sistema muito mais antigo [139]. De modo semelhante, Floyd mencionou o potencial para eliminação de redundância local e aplicação de comutatividade [150]. A extensão para EBBs na numeração de valor superlocal é natural e, sem dúvida, foi inventada e reinventada em muitos compiladores. Nosso tratamento deriva de Simpson [53].

O algoritmo de balanceamento de altura de árvore deve-se a Hunt [200]; ele usa uma função de ordenação inspirada pelos códigos de Huffman, mas é facilmente adaptado para outras métricas. O algoritmo clássico para o balanceamento de árvores de instrução deve-se a Baer e Bovet [29]. O problema completo de encontrar e explorar o paralelismo em nível de instrução está intimamente relacionado ao escalonamento de instrução (ver Capítulo 12).

Desenrolamento de laço é a mais simples das otimizações de aninhamento de laço, e tem uma longa história na literatura [16]. O uso do desenrolamento para eliminar operações de cópia de registrador-para-registrador, como na questão de revisão 2 da Seção 8.5, deve-se a Kennedy [214]. O desenrolamento pode ter efeitos sutis e surpreendentes [108]. A seleção de fatores de desenrolamento também foi estudada [114, 325].

As ideias que fundamentam a análise viva já existem desde que os compiladores automaticamente alocam locais de armazenamento para valores [242]. Beatty definiu inicialmente a análise viva em um relatório técnico interno da IBM [15]. Lowry e Medlock discutem variáveis "ocupadas" [p. 16, 252] e o uso desta informação na eliminação de código morto e no raciocínio sobre interferência (ver Capítulo 13). A análise foi formulada como um problema de análise de fluxo de dados global por volta de 1971 [13, 213]. A análise viva irá aparecer novamente na construção do formato SSA, no Capítulo 9, e na discussão sobre alocação de registradores, no Capítulo 13.

Os algoritmos de posicionamento de código, nos escopos global e de programa inteiro, são retirados de Pettis e Hansen [284]. Trabalhos subsequentes sobre este problema concentraram-se na coleta de melhores dados de perfil e na melhoria dos posicionamentos [161, 183]. Estudos mais recentes incluem o trabalho sobre alinhamento de desvio [66, 357] e layout de código [78, 93, 161].

Substituição em linha tem sido discutida na literatura há décadas [16]. Embora a transformação seja simples, sua lucratividade tem sido assunto de muitos estudos [31, 99, 119, 301].

Análise e otimização interprocedimentais têm sido discutidas na literatura há décadas [18, 34, 322]. A substituição em linha tem uma longa história na literatura [16]. Todos os cenários mencionados na Seção 8.7.3 têm sido explorados em sistemas reais [104, 322, 341]. A análise de recompilação é tratada com profundidade por Burke e Torczon [64, 335]. Veja as notas do Capítulo 9 para obter mais referências sobre a análise interprocedimental.

EXERCÍCIOS

Seção 8.4

1. Aplique o algoritmo da Figura 8.4 a cada um dos seguintes blocos:

$t_1 \leftarrow a + b$	$t_1 \leftarrow a \times b$
$t_2 \leftarrow t_1 + c$	$t_2 \leftarrow t_1 \times 2$
$t_3 \leftarrow t_2 + d$	$t_3 \leftarrow t_2 \times c$
$t_4 \leftarrow b + a$	$t_4 \leftarrow 7 + t_3$
$t_5 \leftarrow t_3 + e$	$t_5 \leftarrow t_4 + d$
$t_6 \leftarrow t_4 + f$	$t_6 \leftarrow t_5 + 3$
$t_7 \leftarrow a + b$	$t_7 \leftarrow t_4 + e$
$t_8 \leftarrow t_4 - t_7$	$t_8 \leftarrow t_6 + f$
$t_9 \leftarrow t_8 * t_6$	$t_9 \leftarrow t_1 + 6$
Bloco b_0	Bloco b_1

2. Considere um bloco básico, como b_0 ou b_1 na questão anterior. Ele tem n operações, numeradas de 0 a $n - 1$.
   a. Para um nome x, USES(x) contém o índice em b de cada operação que usa x como um operando. Escreva um algoritmo para calcular o conjunto USES para cada nome mencionado no bloco b. Se $x \in$ LIVEOUT(b), então acrescente duas entradas fictícias ($> n$) a USES(x).
   b. Aplique seu algoritmo aos blocos b_0 e b_1 acima.
   c. Para uma referência a x na operação i do bloco b, DEF(x,i) é o índice em b onde o valor de x visível na operação i foi definido. Escreva um algoritmo para calcular DEF(x,i) para cada referência x em b. Se x for exposto para cima em i, então DEF(x,i) deve ser -1.
   d. Aplique seu algoritmo aos blocos b_0 e b_1 acima.

3. Aplique o algoritmo de balanceamento de altura de árvore das Figuras 8.7 e 8.8 aos dois blocos no problema 1. Use a informação computada no Exercício 2b acima. Além disso, considere que LIVEOUT(b_0) é $\{t_3, t_9\}$, LIVEOUT(b_1) é $\{t_7, t_8, t_9\}$ e que os nomes de a até f são expostos para cima nos blocos.

Seção 8.5

4. Considere o seguinte grafo de fluxo de controle:

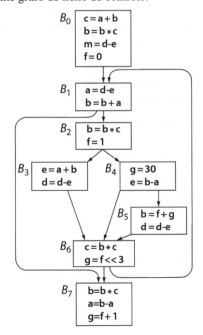

a. Encontre os blocos básicos estendidos e liste seus caminhos distintos.
b. Aplique a numeração de valor local a cada bloco.
c. Aplique a numeração de valor superlocal aos EBBs e observe quaisquer melhorias que ela encontra além daquelas encontradas pela numeração de valor local.

5. Considere a seguinte computação simples de estêncil com cinco pontos:

```
         do 20 i = 2, n-1, 1
            t1 = A(i,j-1)
            t2 = A(i,j)
            do 10 j = 2, m-1, 1
               t3 = A(i,j+1)
               A(i,j) = 0.2 × (t1 + t2 + t3 + A(i-1,j) + A(i+1,j))
               t1 = t2
               t2 = t3
10          continue
20       continue
```

Cada iteração do laço executa duas operações de cópia.
a. O desenrolamento de laço pode eliminar as operações de cópia. Que fator de desenrolamento é necessário para eliminar todas as operações de cópia nesse laço?
b. Em geral, se um laço contém vários ciclos de operações de cópia, como você pode calcular o fator de desenrolamento necessário para eliminar todas as operações de cópia?

Seção 8.6

6. Em algum ponto p, LIVE(p) é o conjunto de nomes que estão *vivos* em p. LIVEOUT(b) é simplesmente o conjunto LIVE ao final do bloco b.
   a. Desenvolva um algoritmo que use como entrada um bloco b e seu conjunto LIVEOUT, e produza como saída o conjunto LIVE para cada operação no bloco.
   b. Aplique seu algoritmo aos blocos b_0 e b_1 no Exercício 1, usando LIVEOUT(b_0) = {t_3, t_9} e LIVEOUT(b_1) = {t_7, t_8, t_9}.
7. A Figura 8.16 mostra um algoritmo para construir caminhos quentes no CFG.
   a. Elabore uma construção alternativa de caminho quente que esteja atenta aos empates entre arestas de mesmo peso.
   b. Construa dois exemplos onde seu algoritmo leva a um layout de código que melhore aquele produzido pelo algoritmo do livro. Use o algoritmo de layout de código da Figura 8.17 com as cadeias construídas pelo seu algoritmo e aquelas criadas pelo algoritmo do livro.

Seção 8.7

8. Considere o seguinte fragmento de código, que mostra um procedimento fee e dois locais de chamada que invocam *fee*.

```
static int A[1000,1000], B[1000];
   ...
x = A[i,j] + y;
call fee(i,j,1000);
   ...
call fee(1,1,0);
   ...
fee(int row; int col; int ub) {
   int i, sum;
   sum = A[row,col];
   for (i=0; i<ub; i++) {
      sum = sum + B[i];
   }
}
```

a. Que benefícios de otimização você esperaria da colocação de fee em linha em cada um dos locais de chamada? Estime a fração do código de fee que permaneceria após a colocação em linha e a otimização subsequente.

b. Com base na sua experiência da parte a, esboce um algoritmo de alto nível para estimar os benefícios da colocação em linha de um local de chamada específico. Sua técnica deve considerar o local de chamada e o procedimento chamado.

9. No Exercício 8, características do local de chamada e seu contexto determinaram a extensão à qual o otimizador poderia melhorar o código que foi colocado em linha. Esboce, em alto nível, um procedimento para estimar as melhorias que poderiam advir da colocação em linha de um local de chamada específico. (Com tal estimador, o compilador poderia colocar em linha os locais de chamada com os lucros estimados mais altos, parando quando alcançasse algum patamar no tamanho do procedimento ou tamanho total do programa.)

10. Quando o algoritmo de posicionamento de procedimento, mostrado na Figura 8.21, considera uma aresta $\langle p,q \rangle$, sempre coloca p antes de q.

    a. Formule uma modificação do algoritmo que consideraria o posicionamento do destino de uma aresta antes de sua origem.

    b. Construa um exemplo onde essa técnica posiciona dois procedimentos mais próximos do que o algoritmo original. Suponha que todos os procedimentos sejam de tamanho uniforme.

Capítulo 9

Análise de fluxo de dados

VISÃO GERAL DO CAPÍTULO

Os compiladores analisam o formato IR do programa que está sendo compilado para identificar oportunidades onde o código pode ser melhorado e provar a segurança e a lucratividade das transformações que poderiam melhorá-lo. Análise de fluxo de dados é a técnica clássica para a análise de programa em tempo de compilação. Ela que permite que o compilador raciocine a respeito do fluxo de valores do programa em tempo de execução.

Este capítulo explora a análise de fluxo de dados iterativa, que usa um algoritmo simples de ponto fixo. A partir dos fundamentos da análise de fluxo de dados, ele desenvolve a construção da forma de atribuição única estática (SSA — *Static Single-Assignment*), ilustra o uso desta forma e introduz a análise interprocedimental.

Palavras-chave: Análise de fluxo de dados, Forma SSA, Dominância, Propagação de constante

9.1 INTRODUÇÃO

Como vimos no Capítulo 8, otimização é o processo de analisar um programa e transformá-lo de forma a melhorar seu comportamento durante o tempo de execução. Antes que o compilador possa melhorar o código, precisa localizar pontos no programa onde a mudança do código provavelmente o melhore, *e* deve provar que a mudança do código nesses pontos é segura. Essas duas tarefas exigem um entendimento mais profundo do código do que o front end do compilador normalmente deriva. Para colher as informações necessárias a fim de localizar oportunidades para otimização e justificar essas otimizações, os compiladores usam alguma forma de análise estática.

Em geral, análise estática envolve o raciocínio em tempo de compilação sobre o fluxo de valores em tempo de execução. Este capítulo explora técnicas que os compiladores usam para analisar programas para dar suporte à otimização. Apresenta a análise de fluxo de dados em um nível mais profundo do que o fornecido no Capítulo 8. Em seguida, a Seção 9.3 apresenta algoritmos para a construção e destruição da forma de atribuição única estática. A Seção 9.4 discute problemas na análise de programa inteiro. A seção "Tópicos avançados" apresenta mais material sobre dominância de computação e uma discussão sobre redutibilidade de grafos.

Roteiro conceitual

Compiladores usam a análise estática para determinar onde as transformações de otimização podem ser aplicadas de modo seguro e lucrativo. No Capítulo 8, vimos que as otimizações operam sobre diferentes escopos, do local ao interprocedimental. Em geral, uma transformação precisa de informações analíticas que cubram pelo menos um escopo tão grande quanto a transformação; ou seja, uma otimização local precisa, pelo menos, de informação local, enquanto uma otimização de procedimento inteiro, ou global, de informações globais.

A análise estática geralmente começa com a análise de fluxo de controle — análise da forma IR do código para entender o fluxo de controle entre as operações. O resultado da análise de fluxo de controle é um grafo de fluxo de controle. Em seguida, os compiladores analisam os detalhes de como os valores fluem pelo código. E utilizam a informação resultante para encontrar oportunidades para melhoria e para provar a segurança das transformações. A comunidade de otimização desenvolveu a análise de fluxo de dados global para responder a essas questões.

A forma de atribuição única estática é uma representação intermediária que unifica os resultados das análises de fluxo de controle e de fluxo de dados em uma única estrutura de dados esparsa, que provou ser útil na análise e na transformação, e tornou-se uma representação padrão usada nos compiladores de pesquisa e de produção.

Visão geral

O Capítulo 8 introduziu o assunto de análise e transformação de programas examinando métodos locais, regionais, globais e interprocedimentais. A numeração de valor é algoritmicamente simples, embora alcance efeitos complexos; encontra expressões redundantes, simplifica o código com base nas identidades algébricas e zero, e propaga valores constantes conhecidos. Ao contrário, encontrar uma variável não inicializada é conceitualmente simples, mas exige que o compilador analise o procedimento inteiro para rastrear definições e usos.

Ponto de junção
Em um CFG, um *ponto de junção* é um nó que possui vários predecessores.

A diferença entre esses dois problemas está nos tipos de fluxos de controle que cada método precisa entender. A numeração de valor local e superlocal só lida com subconjuntos do CFG que formam árvores. Para identificar uma variável não inicializada, o compilador precisa raciocinar a respeito do CFG inteiro, incluindo ciclos e *pontos de junção*, ambos complicando a análise. Em geral, os métodos que se restringem a grafos de fluxo de controle que podem ser expressos como árvores são receptivos a soluções on-line, enquanto aqueles que lidam com ciclos no CFG exigem soluções off-line — a análise inteira precisa ser completada antes que a reescrita possa começar.

Análise estática, ou em tempo de compilação, é uma coleção de técnicas que os compiladores usam para provar a segurança e a lucratividade de uma transformação em potencial. A análise estática sobre blocos únicos ou árvores de blocos normalmente é simples. Este capítulo concentra-se na análise global, onde o CFG pode conter ciclos e pontos de junção. E mencionará vários problemas na análise interprocedimental, que operam sobre o grafo de chamada do programa ou algum grafo relacionado. Para realizar a análise interprocedimental, o compilador deve ter acesso a informações sobre outros procedimentos no programa.

Em casos simples, a análise estática pode produzir resultados precisos — o compilador pode saber exatamente o que acontecerá quando o código for executado. Se o compilador puder obter informações precisas, será capaz de substituir a avaliação em tempo de execução de uma expressão ou função por um load imediato do resultado. Por outro lado, se o código lê valores de qualquer fonte externa, envolve quantidades até mesmo modestas de fluxo de controle ou encontra quaisquer referências de memória ambíguas (de ponteiros, referências de array ou parâmetros de chamada por referência), então a análise estática torna-se muito mais difícil e seus resultados são menos precisos.

Este capítulo começa examinando problemas clássicos na análise de fluxo de dados. Focamos um algoritmo iterativo para solucioná-los, pois ele é simples, robusto e fácil de entender. A Seção 9.3 apresenta um algoritmo para construir uma forma de atribuição única estática para um procedimento. A construção conta bastante com os resultados da análise de fluxo de dados. A seção "Tópicos avançados" explora a noção de redutibilidade de grafo de fluxo, apresenta uma técnica mais rápida para calcular dominadores e fornece uma introdução à análise de fluxo de dados interprocedimental.

9.2 ANÁLISE DE FLUXO DE DADOS ITERATIVA

Compiladores usam análise de fluxo de dados — uma coleção de técnicas para raciocinar em tempo de compilação sobre o fluxo de valores em tempo de execução — para localizar oportunidades de otimização e provar a segurança de transformações específicas. Como vimos com a análise viva na Seção 8.6.1, os problemas na análise de fluxo de dados tomam a forma de um conjunto de equações simultâneas definidas sobre conjuntos associados aos nós e arestas de um grafo que representa o código que está sendo analisado. A análise viva é formulada como um problema de fluxo de dados global que opera sobre o grafo de fluxo de controle (CFG) de um procedimento.

Nesta seção, exploraremos as propriedades de problemas de fluxo de dados global e suas soluções com mais detalhes do que foi possível no Capítulo 8. Iremos nos concentrar em uma técnica de solução específica: um algoritmo iterativo de ponto fixo, que tem vantagens de simplicidade e robustez. Como um exemplo inicial, examinaremos o cálculo de informação de dominância. Quando precisarmos de um exemplo mais complexo, retornaremos à consideração dos conjuntos LIVEOUT.

9.2.1 Dominância

Muitas técnicas de otimização precisam raciocinar a respeito das propriedades estruturais do código subjacente e seu grafo de fluxo de controle. Uma ferramenta-chave que os compiladores usam para raciocinar a respeito da forma e estrutura do CFG é a noção de *dominadores*. Conforme veremos, os dominadores desempenham um papel-chave na construção da forma de atribuição única estática. Embora muitos algoritmos tenham sido propostos para calcular informações de *dominância*, um problema de fluxo de dados extremamente simples será suficiente para incluir em cada nó b_i no CFG, que representa um bloco básico, um conjunto DOM(b_i) que contém os nomes de todos os nós que dominam b_i.

Dominância
Em um grafo de fluxo com nó de entrada b_0, o nó b_i *domina* o nó b_j, escrito como $b_i >> b_j$, se, e somente se, b_i estiver em cada caminho de b_0 a b_j. Por definição, $b_i >> b_i$.

Para tornar essa noção de dominância concreta, considere o nó B_6 no CFG apresentado a seguir. (Observe que esse CFG difere ligeiramente do exemplo no Capítulo 8.) Todos os nós B_0, B_1, B_5 e B_6 encontram-se em cada caminho de B_0 a B_6, de modo que DOM(B_6) é $\{B_0, B_1, B_5, B_6\}$. O conjunto completo de conjuntos DOM para o CFG é o seguinte:

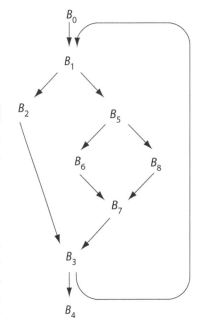

	B0	B1	B2	B3	B4	B5	B6	B7	B8
DOM(n)	{0}	{0,1}	{0,1,2}	{0,1,3}	{0,1,3,4}	{0,1,5}	{0,1,5,6}	{0,1,5,7}	{0,1,5,8}

Para calcular esses conjuntos, o compilador pode resolver o seguinte problema de fluxo de dados:

$$\text{DOM}(n) = \{n\} \cup \left(\bigcap_{m \in preds(n)} \text{DOM}(m) \right)$$

com as condições iniciais de que DOM(n_0) = $\{n_0\}$, e $n \neq n_0$, DOM(n) = N, onde N é o conjunto de todos os nós no CFG. Essas equações capturam de forma concisa a noção de dominância. Dado um grafo de fluxo qualquer — ou seja, um grafo direcionado com uma única entrada e uma única saída —, as equações calcularão corretamente o conjunto DOM para cada nó. Como calculam DOM(n) como uma função dos predecessores de n, indicado como $preds(n)$, essas equações formam um problema de fluxo de dados para a frente.

Para usar as equações, o compilador pode empregar o mesmo procedimento em três etapas utilizado para a análise viva na Seção 8.6.1. Ele precisa (1) construir um CFG, (2) colher informações iniciais para cada bloco e (3) resolver as equações para produzir os conjuntos DOM para cada bloco. Para DOM, a etapa 2 é trivial. Lembre-se de que as equações para LIVEOUT usaram dois conjuntos por bloco: UEVAR(b) e VARKILL(b). Como a dominância lida apenas com a estrutura do grafo, e não com o comportamento do código em cada bloco, a única informação local necessária para um bloco b_i é seu nome, i.

```
n ← |N| - 1
Dom( 0) ← {0}
for i  ← 1 to n
    Dom( i )  ← N

changed ← true
while ( changed)
    changed ← false

    for i ← 1 to n
        temp ← {i} ∪ ( ∩_{j ∈ preds(i)} Dom(j) )

        if temp ≠ Dom( i ) then
            Dom( i ) ← temp
            changed ← true
```

■ **FIGURA 9.1** Solucionador iterativo para a dominância.

A Figura 9.1 mostra um solucionador iterativo em rodízio (*round-robin*) para as equações de dominância, que considera os nós na ordem de seu nome no CFG, B_0, B_1, B_2, e assim por diante. Ele inicializa o conjunto DOM para cada nó, e então, repetidamente, recalcula esses conjuntos DOM até que parem de mudar. Isto produz os seguintes valores nos conjuntos DOM para o nosso exemplo:

				DOM(n)				
B0	B1	B2	B3	B4	B5	B6	B7	B8
-	{0}	N	N	N	N	N	N	N	N
1	{0}	{0,1}	{0,1,2}	{0,1,2,3}	{0,1,2,3,4}	{0,1,5}	{0,1,5,6}	{0,1,5,6,7}	{0,1,5,8}
2	{0}	{0,1}	{0,1,2}	{0,1,3}	{0,1,3,4}	{0,1,5}	{0,1,5,6}	{0,1,5,7}	{0,1,5,8}
3	{0}	{0,1}	{0,1,2}	{0,1,3}	{0,1,3,4}	{0,1,5}	{0,1,5,6}	{0,1,5,7}	{0,1,5,8}

A primeira coluna mostra o número da iteração; a linha marcada com um traço mostra os valores iniciais para os conjuntos DOM. A primeira iteração calcula os conjuntos DOM corretos para qualquer nó com um caminho único a partir de B_0, mas também conjuntos DOM extremamente grandes para B_3, B_4 e B_7. Na segunda iteração, o conjunto DOM menor para B_7 corrige o conjunto para B_3, que, por sua vez, encurta DOM(B_4). De modo semelhante, o conjunto para B_8 corrige o conjunto para B_7. A terceira iteração é exigida para reconhecer que o algoritmo alcançou um ponto fixo. Observe que os conjuntos DOM finais correspondem à nossa tabela anterior.

Três perguntas críticas surgem com relação a este procedimento de solução. Primeiro, o algoritmo termina? Ele repete até que os conjuntos DOM parem de mudar, de modo que o argumento para o término não é óbvio. Segundo, produz conjuntos DOM corretos? A resposta é fundamental se quisermos usar conjuntos DOM na otimização. Finalmente, qual é a velocidade do solucionador? Os construtores de compilador devem evitar algoritmos que sejam desnecessariamente lentos.

Término

O cálculo iterativo dos conjuntos DOM termina porque os conjuntos aproximados ao longo da computação encolhem monotonicamente. O algoritmo inicializa o conjunto DOM para n_0 como $\{0\}$, para o nó de entrada n_0, e inicializa todos os outros como N, o conjunto de todos os nós. Um conjunto DOM não pode ser menor que um nome de nó nem ser maior que $|N|$. Um raciocínio cuidadoso sobre o laço while mostra que um conjunto DOM, digamos $DOM(n_i)$, não pode crescer de uma iteração para outra. Ou ele encolhe, à medida que o conjunto DOM de um de seus predecessores encolhe, ou permanece inalterado.

O laço while termina assim que faz uma passagem sobre os nós em que nenhum conjunto DOM muda. Como os conjuntos DOM só podem mudar encolhendo e são limitados em tamanho, o laço while por fim terá que parar. Quando termina, terá encontrado um ponto fixo para esse particular cálculo de DOM.

Exatidão

Lembre-se da definição de um dominador. O nó n_i domina n_j se cada caminho do nó de entrada n_0 para n_j contém n_i. A dominância é uma propriedade dos caminhos no CFG.

$DOM(n_j)$ contém i se, e somente se, $i \in DOM(n_k)$ para todo $k \in preds(j)$, ou se $i = j$. O algoritmo calcula $DOM(n_j)$ como a interseção dos conjuntos DOM de todos os predecessores de n_j, mais o próprio n_j. Como esse cálculo local sobre arestas individuais relaciona-se à propriedade de dominância definida sobre todos os caminhos por meio do CFG?

Os conjuntos DOM calculados pelo algoritmo iterativo formam uma solução de ponto fixo das equações de dominância. A teoria da análise de fluxo de dados iterativa, que está além do escopo deste texto, garante-nos que existe um ponto fixo para essas equações em particular e que ele é único [210]. A solução de todos os caminhos da definição é também um ponto fixo para as equações, chamada solução *encontro-sobre-todos-os-caminhos*. A unicidade do ponto fixo garante que a solução encontrada pelo algoritmo iterativo é esta solução.

Operador de encontro (meet operator)
Na teoria da análise de fluxo de dados, o *operador de encontro* (meet) é usado para combinar fatos na confluência de dois caminhos.

Eficiência

A unicidade da solução de ponto fixo para as equações DOM para um CFG específico garante que a solução seja independente da ordem em que o solucionador calcula esses conjuntos. Assim, o construtor de compiladores está livre para escolher uma ordem de avaliação que melhore o tempo de execução do analisador.

A travessia em *pós-ordem reversa* (RPO — *Reverse PostOrder*) do grafo é particularmente eficaz para o algoritmo iterativo. Uma travessia em pós-ordem visita o máximo possível dos filhos de um nó, em uma ordem consistente, antes de visitar o nó. (Em um grafo cíclico, o filho de um nó também pode ser seu ancestral.) A travessia RPO é o oposto — ela visita o máximo possível dos predecessores de um nó antes de visitar o próprio nó. O número de RPO de um nó é simplesmente $|N| + 1$ menos seu número de pós-ordem, onde N é o conjunto de nós do grafo. Os grafos mais interessantes terão múltiplas *numerações de pós-ordem* reversa; do ponto de vista do algoritmo iterativo, elas são equivalentes.

Número de pós-ordem
Rótulo dos nós de um grafo com sua ordem de visita em uma travessia de pós-ordem.

Postorder

Reverse Postorder

CFG reverso

CFG com suas arestas invertidas; o compilador pode ter que acrescentar um nó de saída único de modo que o CFG reverso tenha um único nó de entrada.

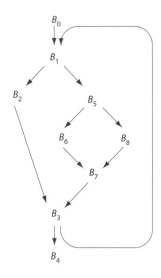

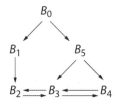

Para um problema de fluxo de dados para a frente, como DOM, o algoritmo iterativo deve usar um RPO calculado no CFG. Para um problema de fluxo de dados para trás, como LIVEOUT, o algoritmo deve usar um RPO calculado sobre o *CFG reverso*.

Para ver o impacto da ordenação, considere o impacto de uma travessia RPO em nosso cálculo de DOM de exemplo. Uma numeração de RPO para o CFG de exemplo é:

	B_0	B_1	B_2	B_3	B_4	B_5	B_6	B_7	B_8
RPO (n)	0	1	6	7	8	2	4	5	3

Visitar os nós nessa ordem produz as seguintes iterações e valores:

	DOM(n)								
	B_0	B_1	B_2	B_3	B_4	B_5	B_6	B_7	B_8
-	{0}	N	N	N	N	N	N	N	N
1	{0}	{0,1}	{0,1,2}	{0,1,3}	{0,1,3,4}	{0,1,5}	{0,1,5,6}	{0,1,5,7}	{0,1,5,8}
2	{0}	{0,1}	{0,1,2}	{0,1,3}	{0,1,3,4}	{0,1,5}	{0,1,5,6}	{0,1,5,7}	{0,1,5,8}

Trabalhando em RPO, o algoritmo calcula conjuntos DOM precisos para esse grafo na primeira iteração e termina depois da segunda iteração. Usando RPO, o algoritmo termina em duas passagens pelo grafo, ao invés de três. Conforme veremos, ele não calcula conjuntos DOM precisos na primeira passagem para todos os grafos.

Como um segundo exemplo, considere o CFG mostrado na margem. Sua estrutura é mais complexa do que o CFG anterior. Tem dois laços, (B_2,B_3) e (B_3,B_4), com várias entradas. Em particular, (B_2,B_3) tem entradas de (B_0,B_1,B_2) e (B_0,B_5,B_3), enquanto (B_3,B_4) tem entradas de (B_0,B_5,B_3) e (B_0,B_5,B_4). Essa propriedade torna o grafo mais difícil de ser analisado (ver Seção 9.5.1).

Para aplicar o algoritmo iterativo, precisamos de uma numeração de pós-ordem reversa. Esta numeração para esse CFG é:

	B_0	B_1	B_2	B_3	B_4	B_5
RPO (n)	0	2	3	4	5	1

Com essa numeração de RPO, o algoritmo executa as seguintes iterações:

	DOM(n)					
	B_0	B_1	B_2	B_3	B_4	B_5
-	{0}	N	N	N	N	N
1	{0}	{0,1}	{0,1,2}	{0,3}	{0,4}	{0,5}
2	{0}	{0,1}	{0,2}	{0,3}	{0,4}	{0,5}
3	{0}	{0,1}	{0,2}	{0,3}	{0,4}	{0,5}

O algoritmo exige duas iterações para calcular os conjuntos DOM corretos. A iteração final reconhece que a computação alcançou um ponto fixo.

O cálculo de dominância baseia-se apenas na estrutura do grafo; ignora o comportamento do código em qualquer um dos blocos do CFG. Assim, poderia ser considerado uma forma de análise de fluxo de controle. A maioria dos problemas de fluxo de dados envolve o raciocínio sobre o comportamento do código e do fluxo de dados entre operações. Como exemplo desse tipo de cálculo, retornaremos à análise de variáveis vivas.

9.2.2 Análise de variável viva

Na Seção 8.6.1, usamos os resultados da análise viva para identificar variáveis não inicializadas. Os compiladores usam informações vivas para muitas outras finalidades, como alocação de registradores e construção de algumas variantes da forma SSA. Formulamos a análise viva como um problema de fluxo de dados global com a equação:

$$\text{LiveOut}(n) = \bigcup_{m \in succ(n)} (\text{UEVar}(m) \cup (\text{LiveOut}(m) \cap \overline{\text{VarKill}(m)}))$$

e a condição inicial de que $\text{LIVEOUT}(n) = \emptyset, \forall n$.

NOMEAÇÃO DE CONJUNTOS NAS EQUAÇÕES DE FLUXO DE DADOS

Na escrita das equações de fluxo de dados para problemas clássicos, renomeamos muitos dos conjuntos que contêm informações locais. Os artigos originais usavam nomes de conjunto mais intuitivos. Infelizmente, estes nomes entram em conflito uns com os outros entre os problemas. Por exemplo, expressões disponíveis, variáveis vivas, definições de alcance e expressões antecipáveis utilizam alguma noção de um conjunto *kill*. Contudo, esses quatro problemas são definidos por três domínios distintos: expressões (AVAILOUT e ANTOUT), pontos de definição (REACHES) e variáveis (LIVEOUT). Assim, o uso de um único nome de conjunto, como KILL ou KILLED, leva a confusão entre os problemas.

Os nomes que adotamos codificam tanto o domínio quanto uma dica quanto ao significado do conjunto. Assim, VARKILL(n) contém o conjunto de variáveis mortas no bloco n, enquanto EXPRKILL(n) contém o conjunto de expressões mortas no mesmo bloco. De modo semelhante, UEVAR(n) contém o conjunto de variáveis expostas para cima no bloco n, enquanto UEEXPR(n) contém o conjunto de expressões expostas para cima. Embora esses nomes sejam um tanto esquisitos, tornam explícita a distinção entre a noção de kill usada nas expressões disponíveis (EXPRKILL) e aquela usada nas definições de alcance (DEFKILL).

A comparação das equações para LIVEOUT e DOM revela diferenças entre os problemas. LIVEOUT é um problema de fluxo de dados para trás, pois LIVEOUT(n) é calculado como uma função da informação conhecida na entrada de cada um dos sucessores de n no CFG. DOM é um problema de fluxo de dados para a frente, pois DOM(n) é calculado como uma função da informação conhecida ao final de cada um dos predecessores de n no CFG. LIVEOUT procura um uso futuro em *qualquer caminho* no CFG; e, assim, junta informações de vários caminhos com o operador de união. DOM procura predecessores que se encontrem em *todos os caminhos* a partir do nó de entrada; e, assim, junta informações de vários caminhos com o operador de interseção. Finalmente, LIVEOUT raciocina a respeito dos efeitos das operações. Por este motivo, usa os conjuntos de constantes específicos de bloco, UEVAR e VARKILL, que são derivados do código para cada bloco. Ao contrário, DOM só lida com a estrutura do CFG. Por consequência, seu conjunto de constantes específico de bloco contém apenas o nome do bloco.

Apesar dessas diferenças, o framework para resolver um caso de LIVEOUT é o mesmo que para um caso de DOM. O compilador precisa:

1. Realizar análise de fluxo de controle para construir um CFG, como na Figura 5.6.
2. Calcular os valores dos conjuntos iniciais, como na Figura 8.14a.
3. Aplicar o algoritmo iterativo, como na Figura 8.14b.

Para ver as questões que surgem na solução de casos de LIVEOUT, considere o exemplo na Figura 9.2. Ele concretiza o CFG de exemplo que temos usado ao longo deste capítulo. A Figura 9.2a mostra o código para cada bloco básico. A Figura 9.2b mostra o CFG e a Figura 9.2c mostra os conjuntos UEVAR e VARKILL para cada bloco.

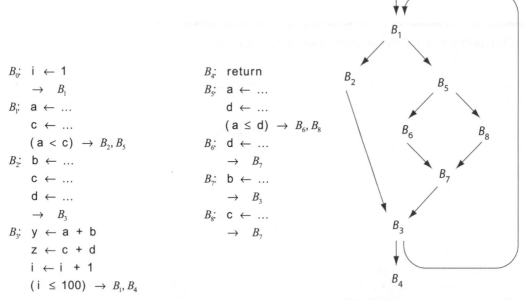

(a) Código para os blocos básicos (b) Grafo de fluxo de controle (CFG)

	B_0	B_1	B_2	B_3	B_4	B_5	B_6	B_7	B_8
UEVAR	∅	∅	∅	{a, b, c, d, i}	∅	∅	∅	∅	∅
VARKILL	{i}	{a, c}	{b, c, d}	{y, z, i}	∅	{a, d}	{d}	{b}	{c}

(c) Informação inicial

■ **FIGURA 9.2** Exemplo de análise viva.

A Figura 9.3 mostra o progresso do solucionador iterativo no exemplo da Figura 9.2 usando o mesmo RPO que usamos no cálculo de DOM, a saber, $B_0, B_1, B_5, B_8, B_6, B_7, B_2, B_3, B_4$. Embora as equações para LIVEOUT sejam mais complexas do que aquelas para DOM, os argumentos para terminação, exatidão e eficiência são semelhantes àqueles para as equações de dominância.

| | \multicolumn{9}{c}{LIVEOUT(n)} |
	B_0	B_1	B_2	B_3	B_4	B_5	B_6	B_7	B_8
–	∅	∅	∅	∅	∅	∅	∅	∅	∅
1	∅	∅	{a,b,c,d,i}	∅	∅	∅	∅	{a,b,c,d,i}	∅
2	∅	{a,i}	{a,b,c,d,i}	{i}	∅	∅	{a,c,d,i}	{a,b,c,d,i}	{a,c,d,i}
3	{i}	{a,i}	{a,b,c,d,i}	{i}	∅	{a,c,d,i}	{a,c,d,i}	{a,b,c,d,i}	{a,c,d,i}
4	{i}	{a,c,i}	{a,b,c,d,i}	{i}	∅	{a,c,d,i}	{a,c,d,i}	{a,b,c,d,i}	{a,c,d,i}
5	{i}	{a,c,i}	{a,b,c,d,i}	{i}	∅	{a,c,d,i}	{a,c,d,i}	{a,b,c,d,i}	{a,c,d,i}

■ **FIGURA 9.3** Progresso do solucionador vivo iterativo sobre o exemplo da Figura 9.2.

Terminação

A análise de variável viva iterativa termina porque os conjuntos crescem monotonicamente. Toda vez que o algoritmo avalia a equação LIVEOUT em um nó do CFG, esse conjunto LIVEOUT ou cresce ou permanece inalterado. A equação não pode encolher o conjunto LIVEOUT. Em cada iteração, um ou mais conjuntos LIVEOUT crescem em tamanho, a menos que todos permaneçam inalterados. Quando o conjunto completo de conjuntos LIVEOUT permanece inalterado em uma iteração, eles não mudarão em iterações subsequentes. Ele terá alcançado um ponto fixo.

Lembre-se de que, em DOM, os conjuntos encolhem monotonicamente.

Sabemos que o algoritmo alcançará um ponto fixo porque os conjuntos LIVEOUT são finitos. O tamanho de qualquer conjunto LIVEOUT é limitado pelo número de variáveis, $|V|$; qualquer conjunto LIVEOUT é V ou um subconjunto próprio de V. No pior caso, um conjunto LIVEOUT cresceria por um elemento a cada iteração; esse comportamento terminaria após $n \times |V|$ iterações, onde n é o número de nós no CFG.

Esta propriedade, terminação do algoritmo iterativo devido à combinação de monotonicidade e o número finito de valores possíveis para os conjuntos subjacentes, normalmente é chamada *propriedade de cadeia descendente finita*. No problema de dominância, os conjuntos DOM encolhem monotonicamente e são limitados pelo número de nós no CFG. Essa combinação, monotonicidade e tamanho limitado, novamente garante a terminação.

V é $\{a,b,c,d,i,y,z\}$ no código da Figura 9.2. $|V|$ é sete.

Exatidão (Correctness)

A análise viva iterativa está correta se, e somente se, encontrar todas as variáveis que satisfazem a definição de vivência (*liveness*) ao final de cada bloco. Lembre-se da definição: uma variável v está viva no ponto p se, e somente se, houver um caminho de p para um uso de v ao longo do qual v não é redefinida. Assim, vivência é definida em termos dos caminhos no CFG. Um caminho que não contém definições de v precisa existir de p para um uso de v, chamado caminho limpo de v.

LIVEOUT(n) deve conter v se, e somente se, v estiver viva ao final do bloco n. Para formar LIVEOUT(n), o solucionador iterativo calcula a contribuição de cada sucessor de n no CFG. Combina essas contribuições usando a união, pois $v \in$ LIVEOUT(n) se v estiver viva em *qualquer* caminho saindo de n. Como essa computação local sobre arestas individuais relaciona-se com a vivência definida sobre todos os caminhos?

Os conjuntos LIVEOUT calculados pelo solucionador iterativo são uma solução de ponto fixo para as equações vivas. Novamente, a teoria da análise de fluxo de dados iterativa nos garante que essas equações em particular têm um único ponto fixo [210]. A unicidade do ponto fixo garante que a solução de ponto fixo calculada pelos algoritmos iterativos é idêntica à solução de encontro-sobre-todos-os-caminhos, exigida pela definição.

ANÁLISE ESTÁTICA *VERSUS* ANÁLISE DINÂMICA

A noção de análise estática leva diretamente à pergunta: e a análise dinâmica? Por definição, a análise estática tenta estimar, em tempo de compilação, o que acontecerá em tempo de execução. Em muitas situações, o compilador não pode dizer o que acontecerá, embora a resposta possa ser óbvia com o conhecimento de um ou mais valores em tempo de execução.

Considere, por exemplo, o fragmento em C:

```
x = y * z + 12;
*p = 0;
q = y * z + 13;
```

Ele contém uma expressão redundante, y*z, se, e somente se, p não contém o endereço de y ou z. Em tempo de compilação, o valor de p e o endereço de y e z podem ser desconhecidos. Em tempo de execução, são conhecidos e podem ser testados. Testar esses valores em tempo de execução permitiria que o código evitasse recalcular y*z, embora a análise em tempo de compilação seria incapaz de responder a questão.

Porém, o custo de testar se p==&y ou p==&z ou nenhum deles e atuar sobre o resultado provavelmente excederá o custo de recalcular y*z. Para a análise dinâmica fazer sentido, ela precisaria ser, *a priori*, lucrativa — ou seja, as economias precisam exceder o custo da análise. Isto acontece em alguns casos, mas na maioria não. Ao contrário, o custo da análise estática pode ser amortizado sobre várias execuções do código executável, de modo que, em geral, seja mais atraente.

Eficiência

> É tentador pensar que o RPO no CFG reverso é equivalente à pré-ordem reversa no CFG. Veja o Exercício 4, ao final do capítulo, para obter um contraexemplo.

Para um problema retroativo, como LIVEOUT, o solucionador deve usar uma travessia RPO no CFG reverso, como mostra a Figura 9.4. A avaliação iterativa apresentada anteriormente usava RPO no CFG. Para o CFG de exemplo, um RPO no CFG reverso é:

	B_0	B_1	B_2	B_3	B_4	B_5	B_6	B_7	B_8
RPO(n)	8	7	6	1	0	5	4	2	3

Visitar os nós em RPO no CFG reverso produz as iterações apresentadas na Figura 9.5. Agora, o algoritmo termina em três iterações, ao invés das cinco exigidas com uma travessia ordenada pela RPO no CFG. Comparando essa tabela com a computação

```
for i ← 0 to |N| - 1
    LiveOut( i ) ← ∅
changed ← true
while (changed)
    changed ← false
    for i ← 1 to |N| - 1
        j ← RPO[ i ]  // Calculado sobre o CFG reverso
        LiveOut( j ) ← ∪_{k ∈ succ(j)} UEVar( k ) ∪ ( LiveOut( k ) ∩ VarKill( k ) )
        if LiveOut( j ) tiver mudado then
            changed ← true
```

■ **FIGURA 9.4** Solucionador de pós-ordem reversa em rodízio para LIVEOUT.

	B₀	B₁	B₂	B₃	B₄	LIVEOUT(n) B₅	B₆	B₇	B₈
—	∅	∅	∅	∅	∅	∅	∅	∅	∅
1	{i}	{a,c,i}	{a,b,c,d,i}	∅	∅	{a,c,d,i}	{a,c,d,i}	{a,b,c,d,i}	{a,c,d,i}
2	{i}	{a,c,i}	{a,b,c,d,i}	{i}	∅	{a,c,d,i}	{a,c,d,i}	{a,b,c,d,i}	{a,c,d,i}
3	{i}	{a,c,i}	{a,b,c,d,i}	{i}	∅	{a,c,d,i}	{a,c,d,i}	{a,b,c,d,i}	{a,c,d,i}

■ **FIGURA 9.5** Iterações de análise viva usando RPO sobre o CFG reverso.

anterior, podemos ver por quê. Na primeira iteração, o algoritmo calculou os conjuntos LIVEOUT corretos para todos os nós, exceto B_3. Foi necessária uma segunda iteração para B_3 devido à aresta de volta — de B_3 para B_1. A terceira iteração é necessária para reconhecer que o algoritmo alcançou seu ponto fixo.

9.2.3 Limitações na análise de fluxo de dados

Existem limites sobre o que um compilador pode descobrir com a análise de fluxo de dados. Em alguns casos, eles surgem das suposições por trás da análise. Em outros, pelos recursos da linguagem que está sendo analisada. Para tomar decisões inteligentes, o construtor de compiladores deve entender o que a análise de fluxo de dados pode e o que não pode fazer.

Ao calcular o conjunto LIVEOUT para um nó n no CFG, o algoritmo iterativo usa os conjuntos LIVEOUT, UEVAR e VARKILL para todos os sucessores de n no CFG. Isso implicitamente considera que a execução pode alcançar todos esses sucessores; na prática, um ou mais deles podem não ser alcançáveis. Considere o fragmento de código mostrado na Figura 9.6 junto com seu CFG.

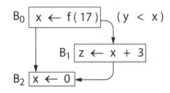

(a) Construção if-then simples   (b) Grafo de fluxo de controle correspondente

■ **FIGURA 9.6** Fluxo de controle limita a precisão da análise de fluxo de dados.

A atribuição a x em B_0 é viva por causa do uso de x em B_1. A atribuição a x em B_2 mata o conjunto de valores em B_0. Se B_1 não puder ser executado, então o valor de x a partir de B_0 não está vivo após a comparação com y, e x ∉ LIVEOUT(B_0). Se o compilador puder provar que o teste (y < x) é sempre falso, então o controle nunca será transferido para o bloco B_1 e a atribuição a z nunca será executada. Se a chamada a f não tiver efeitos colaterais, a instrução inteira em B_0 é inútil e não precisa ser executada. Como o resultado do teste é conhecido, o compilador pode eliminar completamente os blocos B_0 e B_1.

As equações para LIVEOUT, porém, tomam a união sobre todos os sucessores do bloco, não apenas os sucessores executáveis do bloco. Assim, o analisador calcula LIVEOUT(B_0) como:

$$\text{UEVar}(B_1) \cup (\text{LiveOut}(B_1) \cap \overline{\text{VarKill}(B_1)}) \cup$$
$$\text{UEVar}(B_2) \cup (\text{LiveOut}(B_2) \cap \overline{\text{VarKill}(B_2)})$$

A análise de fluxo de dados considera que todos os caminhos pelo CFG são viáveis. Assim, a informação que eles calculam resume os possíveis eventos de fluxo de dados, considerando que cada caminho pode ser tomado. Isso limita a precisão da informação resultante; dizemos que a informação é precisa "até a execução simbólica". Com essa suposição, $x \in$ LIVEOUT(B_0) e tanto B_0 quanto B_1 precisam ser preservados.

Outra forma de imprecisão nos resultados da análise de fluxo de dados vem do tratamento de arrays, ponteiros e chamadas de procedimento. Uma referência de array, como A[i,j,k,], refere-se a um único elemento de A. Porém, sem a análise que revele os valores de i, j e k, o compilador não pode saber qual elemento de A está sendo acessado. Por este motivo, os compiladores tradicionalmente têm agregado todas as referências a um array A. Assim, um uso de A[x,y,z] conta como um uso de A, e uma definição de A[c,d,e] conta como uma definição de A.

Porém, deve-se tomar cuidado para evitar fazer uma inferência muito forte. O compilador, sabendo que sua informação sobre arrays é imprecisa, precisa interpretar essa informação conservadoramente. Assim, se o objetivo da análise é determinar onde um valor não está mais vivo (ou seja, o valor deve ter sido morto), uma definição de A[i,j,k] não mata o valor de A. Se o objetivo é reconhecer onde um valor *poderia* não sobreviver, então uma definição de A[i,j,k] *poderia* definir qualquer elemento de A.

Ponteiros acrescentam outro nível de imprecisão aos resultados da análise estática. A aritmética explícita sobre ponteiros torna as coisas piores. Sem uma análise que rastreie especificamente os valores de ponteiros, o compilador precisa interpretar uma atribuição a uma variável do tipo ponteiro como uma potencial definição para cada variável que o ponteiro poderia alcançar. A segurança de tipo pode limitar o conjunto de objetos definidos potencialmente por uma atribuição por meio de um ponteiro; um ponteiro declarado como apontando para um objeto do tipo *t* só pode ser usado para modificar objetos do tipo *t*. Sem a análise dos valores de ponteiro ou uma garantia da segurança de tipo, a atribuição a uma variável do tipo ponteiro pode forçar o analisador a assumir que cada variável foi modificada. Na prática, este efeito frequentemente impede o compilador de manter o valor de uma variável do tipo ponteiro em um registrador por meio de qualquer atribuição baseada em ponteiro. A menos que o compilador possa provar especificamente que o ponteiro usado na atribuição não pode se referir ao local de memória correspondente ao valor registrado, não poderá manter com segurança o valor em um registrador.

A complexidade da análise do uso de ponteiro leva muitos compiladores a evitar manter valores em registradores se estes puderem ser o alvo de um ponteiro. Normalmente, algumas variáveis podem ser excluídas desse tratamento — como variáveis locais cujo endereço nunca foi tomado explicitamente. A alternativa é realizar a análise de fluxo de dados voltada para remover a ambiguidade de referências baseadas em ponteiro — reduzindo o conjunto de possíveis variáveis que um ponteiro poderia referenciar em cada ponto do código. Se o programa puder passar ponteiros como parâmetros ou usá-los como variáveis globais, a remoção da ambiguidade de ponteiro torna-se inerentemente interprocedimental.

Chamadas de procedimento fornecem uma fonte de imprecisão final. Para entender o fluxo de dados no procedimento atual, o compilador precisa saber o que o procedimento chamado pode fazer a cada variável que é acessível aos procedimentos chamador e chamado. O procedimento chamado pode, por sua vez, chamar outros procedimentos que têm seus próprios efeitos colaterais em potencial.

A menos que o compilador calcule informações de resumo precisas para cada chamada de procedimento, ele deve estimar seu comportamento de pior caso. Embora as suposições específicas variem de um problema para outro, a regra geral é considerar que o procedimento chamado tanto usa quanto modifica cada variável que pode endereçar, e que os parâmetros de chamada por referência criam referências ambíguas. Como poucos procedimentos exibem este comportamento, esta suposição normalmente superestima os efeitos de uma chamada e introduz mais imprecisão aos resultados da análise de fluxo de dados.

9.2.4 Outros problemas de fluxo de dados

Os compiladores usam análises de fluxo de dados para provar a segurança da aplicação de transformações em situações particulares. Assim, muitos e distintos problemas de fluxo de dados têm sido propostos, cada um para controlar uma otimização em particular.

Expressões disponíveis

Para identificar expressões redundantes, o compilador pode calcular informações sobre a *disponibilidade* das expressões. Uma expressão e está *disponível* no ponto p em um procedimento se, e somente se, em cada caminho a partir da entrada do procedimento até p, e é avaliada e nenhuma das suas subexpressões constituintes é redefinida entre essa avaliação e p. Essa análise associa a cada nó n no CFG um conjunto AVAILIN(n), que contém os nomes de todas as expressões no procedimento que estão disponíveis na entrada para o bloco correspondente a n. Para calcular AVAILIN, o compilador inicialmente define

$$\text{AvailIn}(n_f) = \varnothing$$
$$\text{AvailIn}(n) = \{\textit{todas as expressões}\}, \forall n \neq n_f$$

Em seguida, resolve as seguintes equações:

$$\text{AvailIn}(n) = \bigcap_{m \,\in\, preds\,(n)} (\text{DeExpr}(m) \cup (\text{AvailIn}(m) \cap \overline{\text{ExprKill}(m)}))$$

Aqui, DEEXPR(n) é o conjunto de expressões expostas para baixo em n. Uma expressão $e \in$ DEEXPR(n) se, e somente se, o bloco n avalia e e nenhum dos operandos de e é definido entre a última avaliação de e em n e o final de n. EXPRKILL(n) contém todas aquelas expressões que estão "mortas" por uma definição em n. Uma expressão está morta se um ou mais de seus operandos são redefinidos no bloco. Observe que a equação define um problema de fluxo de dados para a frente.

Uma expressão e está disponível na entrada de n se, e somente se, estiver disponível na saída de cada um dos predecessores de n no CFG. Como a equação indica, uma expressão e está disponível na saída de algum bloco m se uma de duas condições for satisfeita: ou e é exposta para baixo em m, ou está disponível na entrada de m e não está morta em m.

Conjuntos AVAILIN podem ser usados para realizar a eliminação de redundância global, às vezes chamada *eliminação de subexpressão comum global*. Talvez o modo mais simples de conseguir esse efeito seja calcular conjuntos AVAILIN para cada bloco e usá-los na numeração de valor local (ver Seção 8.4.1). O compilador pode simplesmente inicializar a tabela hash para um bloco b como AVAILIN(b) antes da numeração de valor de b. A movimentação de código preguiçoso é uma forma mais forte de eliminação de subexpressão comum, que também usa disponibilidade (ver Seção 10.3.1).

Definições de alcance

Em alguns casos, o compilador precisa saber onde um operando foi definido. Se vários caminhos no CFG levarem à operação, então várias definições podem fornecer o valor do operando. Para encontrar o conjunto de definições que alcançam um bloco, o compilador pode calcular *definições de alcance*. O domínio de REACHES é o conjunto de definições no procedimento. Uma definição d de alguma variável v *alcança* a operação i se, e somente se, i lê o valor de v e existe um caminho de d até i que não define v.

O compilador associa a cada nó n no CFG um conjunto REACHES(n), calculado como um problema de fluxo de dados para a frente:

$$\text{Reaches}(n) = \emptyset, \forall n$$
$$\text{Reaches}(n) = \bigcup_{m \in preds(n)} (\text{DeDef}(m) \cup (\text{Reaches}(m) \cap \overline{\text{DefKill}(m)}))$$

DEDEF(m) é o conjunto de definições expostas para baixo (*Downward-Exposed*) em m; aquelas definições em m para as quais o nome definido não é subsequentemente redefinido em m. DEFKILL(m) contém *todos* os pontos de definição que são obscurecidos por uma definição do mesmo nome em m; $d \in$ DEFKILL(m) se d define algum nome v e m contém uma definição que também define v. Assim, $\overline{\text{DefKill}(m)}$ consiste dos pontos de definição que não estão obscurecidos em m.

DEDEF e DEFKILL são ambos definidos sobre o conjunto de pontos de definição, mas calcular cada um deles exige um mapeamento de nomes (variáveis e temporários gerados pelo compilador) para pontos de definição. Assim, colher a informação inicial para as definições de alcance é mais complexo do que é para variáveis vivas.

Expressões antecipáveis

Uma expressão e é considerada *antecipável*, ou *muito ocupada*, na saída do bloco b se, e somente se, (1) cada caminho que sai de b avalia e subsequentemente usa e, e (2) a avaliação de e no final de b produzir o mesmo resultado da primeira avaliação de e ao longo de cada um desses caminhos. O termo "antecipável" deriva da segunda condição, que implica que uma avaliação de e em b antecipa as avaliações subsequentes ao longo de todos os caminhos. O conjunto de expressões antecipáveis na saída de um bloco pode ser calculado como um problema de fluxo de dados para trás no CFG. O domínio do problema é o conjunto de expressões.

$$\text{AntOut}(n_f) = \emptyset$$
$$\text{AntOut}(n) = \{\text{todas as expressões}\}, \forall n \neq n_f$$
$$\text{AntOut}(n) = \bigcap_{m \in succ(n)} (\text{UEExpr}(m) \cup (\text{AntOut}(m) \cap \overline{\text{ExprKill}(m)}))$$

Aqui, UEEXPR(m) é o conjunto de expressões expostas para cima (*Upward-Exposed*) — aquelas usadas em m antes que estejam mortas. EXPRKILL(m) é o conjunto de expressões definidas em m; este é o mesmo conjunto que aparece nas equações para expressões disponíveis.

Os resultados da análise de expressões antecipáveis são usados na movimentação de código tanto para diminuir o tempo de execução, na movimentação de código preguiçoso, e para reduzir o tamanho do código compilado, como também na elevação de código. As duas transformações são discutidas na Seção 10.3.

IMPLEMENTAÇÃO DE FRAMEWORKS DE FLUXO DE DADOS

As equações para muitos problemas de fluxo de dados globais mostram uma semelhança marcante. Por exemplo, expressões disponíveis, variáveis vivas, definições de alcance e expressões antecipáveis possuem funções de propagação na forma

$$f(x) = c_1 \; op_1 \; (x \; op_2 \; c_2)$$

onde c_1 e c_2 são constantes determinadas pelo código real, e op_1 e op_2 operações padrões de conjunto, como $\cup$ e $\cap$. Essa semelhança aparece nas descrições dos problemas. E também deve aparecer em suas implementações.

O construtor de compiladores pode facilmente desconsiderar os detalhes nos quais esses problemas diferem e implementar um único analisador parametrizado. O analisador precisa de funções para calcular c_1 e c_2, implementações dos operadores e uma indicação da direção do problema. No retorno, ele produz a informação de fluxo de dados desejada.

Essa estratégia de implementação encoraja o reúso de código; oculta os detalhes de baixo nível do solucionador; e, ao mesmo tempo, cria uma situação em que o construtor de compiladores pode lucrativamente investir esforços na otimização da implementação. Por exemplo, um esquema que permita ao framework implementar $f(x) = c_1 \; op_1 \; (x \; op_2 \; c_2)$ como única função pode superar uma implementação que usa $f_1(x) = c_1 \; op_1 \; x$ e $f_2(x) = x \; op_1 \; c_2$ e calcula $f(x)$ como $f_1(f_2(x))$. Este esquema permite que todas as transformações cliente se beneficiem com a otimização de representações de conjunto e de implementações de operador.

Problemas de resumo interprocedimental

Ao analisar um único procedimento, o compilador precisa levar em consideração o impacto de cada chamada de procedimento. Na ausência de informações específicas sobre a chamada, o compilador deve fazer suposições de pior caso, que levam em conta todas as ações possíveis do procedimento chamado, ou quaisquer procedimentos que, por sua vez, ele chame. Essas suposições de pior caso podem degradar seriamente a qualidade da informação global de fluxo de dados. Por exemplo, o compilador precisa supor que o procedimento chamado modifica cada variável que possa acessar; essa suposição basicamente suspende a propagação de fatos em um local de chamada para todas as variáveis globais, variáveis em nível de módulo e parâmetros de chamada por referência.

Para limitar tal impacto, o compilador pode calcular informações de resumo em cada local de chamada. Os problemas clássicos de resumo calculam o conjunto de variáveis que poderiam ser modificadas como resultado da chamada e que poderiam ser usadas como resultado da chamada. O compilador pode então usar esses conjuntos de resumo calculados no lugar de suas suposições de pior caso.

O problema interprocedimental conhecido como "*pode modificar*" (*may-modify*) associa a cada local de chamada um conjunto de nomes que o procedimento chamado e os procedimentos que ele chama podem modificar. Este é um dos problemas mais simples na análise interprocedimental, mas pode ter impacto significativo sobre a qualidade da informação produzida por outras análises, como a propagação de constante global. O problema "pode modificar" é proposto como um conjunto de equações de fluxo de dados sobre o grafo de chamada do programa que associa a cada procedimento um conjunto MAYMOD.

$$\text{MayMod}(p) = \text{LocalMod}(p) \cup \left(\bigcap_{e=(p,q)} unbind_e(\text{MayMod}(q)) \right)$$

onde $e = (p, q)$ é uma aresta de p para q no grafo de chamada. A função $unbind_e$ mapeia um conjunto de nomes em outro. Para uma aresta do grafo de chamada $e = (p,q)$, $unbind_e(x)$ mapeia cada nome em x do espaço de nomes de q para o espaço de nomes de p, usando as ligações no local de chamada específico que corresponde a e. Finalmente, LOCALMOD(p) contém todos os nomes modificados localmente em p que são visíveis

Insensível ao fluxo
Esta formulação de MAYMOD ignora o fluxo de controle dentro dos procedimentos. Tal formulação é considerada como *insensível ao fluxo*.

fora de p. Ele é calculado como o conjunto de nomes definidos em p menos quaisquer nomes que sejam estritamente locais a p.

Para solucionar o problema MAYMOD, o compilador pode definir MAYMOD(p) como LOCALMOD(p) para todos os procedimentos p, e então avaliar iterativamente a equação para MAYMOD até alcançar um ponto fixo. Dados os conjuntos MAYMOD para cada procedimento, o compilador pode calcular o conjunto de nomes que poderiam ser modificados em uma chamada específica, $e = (p,q)$, calculando um conjunto S como $unbind_e$ (MAYMOD(q)) e então acrescentando a S quaisquer nomes que sejam pseudônimos (*aliases*) dentro do procedimento p de nomes em S.

O compilador também pode calcular informações sobre quais variáveis poderiam ser referenciadas como resultado da execução de uma chamada de procedimento — o problema "*pode referenciar*" da análise interprocedimental. As equações para associar cada procedimento p a um conjunto MAYREF(p) são semelhantes às equações para MAYMOD.

> **REVISÃO DA SEÇÃO**
>
> A análise de fluxo de dados iterativa funciona reavaliando repetidamente a equação de fluxo de dados em cada nó no grafo subjacente até que os conjuntos definidos pelas equações alcancem um ponto fixo. Muitos problemas de fluxo de dados têm um único ponto fixo, o que garante a solução correta, independente da ordem de avaliação, e a propriedade de cadeia descendente finita, que garante a terminação independente da ordem de avaliação. Como o analisador pode escolher qualquer ordem, deve optar por uma que produza terminação rápida. Para a maioria dos problemas de fluxo de dados para a frente (*forward*), esta ordem é a pós-ordem reversa; para a maioria dos problemas para trás (*backward*), a ordem é a pós-ordem reversa no CFG reverso. Essas ordens forçam o algoritmo iterativo a avaliar o máximo de predecessores (para problemas para frente) ou sucessores (para problemas para trás) possíveis antes de avaliar um nó n.
>
> Muitos problemas de fluxo de dados aparecem na literatura e nos compiladores modernos. Exemplos incluem análise viva, usada na alocação de registradores; disponibilidade e antecipação, usada na eliminação de redundância e movimentação de código; e informação de resumo interprocedimental, usada para aperfeiçoar os resultados da análise de fluxo de dados de procedimento único. A forma SSA, descrita na próxima seção, fornece uma estrutura unificada que codifica tanto informações de fluxo de dados, como definições de alcance, quanto informações de fluxo de controle, como dominância. Muitos compiladores modernos usam a forma SSA como uma alternativa para resolver vários problemas distintos de fluxo de dados.

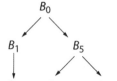

QUESTÕES DE REVISÃO

1. Calcule conjuntos DOM para o CFG apresentado a seguir, avaliando os nós na ordem $\{B_4, B_2, B_1, B_5, B_3, B_0\}$. Explique por que esse cálculo usa um número de iterações diferente daquele da versão mostrada na página 404.

2. Antes que um compilador possa calcular informações de fluxo de dados interprocedimental, precisa montar um grafo de chamada para o programa. Assim como os saltos ambíguos complicam a construção do CFG, também as chamadas ambíguas complicam a construção do grafo de chamada. Que recursos da linguagem poderiam levar a um local de chamada ambíguo — um onde o compilador fique incerto quanto à identidade do procedimento chamado?

9.3 FORMA DE ATRIBUIÇÃO ÚNICA ESTÁTICA

Com o tempo, muitos e diferentes problemas de fluxo de dados têm sido formulados. Se cada transformação usa sua própria análise idiossincrática, a quantidade de tempo e esforço gastos implementando, depurando e mantendo os passos de análise podem se tornar incrivelmente grandes. Para limitar o número de análises que o construtor de compiladores precisa implementar e o compilador precisa executar, é desejável usar uma única análise para realizar múltiplas transformações.

Uma estratégia para implementar essa análise "universal" envolve a criação de uma forma variante do programa que codifica tanto o fluxo de dados quanto o fluxo de controle diretamente na IR. A forma SSA, introduzida nas Seções 5.4.2 e 8.5.1, tem esta propriedade. Ela pode servir como base para um grande conjunto de transformações. A partir de uma única implementação que traduz o código para a forma SSA, o compilador pode realizar muitas das otimizações escalares clássicas.

Considere os diversos usos da variável x no fragmento de código mostrado na Figura 9.7a. As linhas cinzas mostram quais definições podem alcançar cada uso de x. A Figura 9.7b mostra o mesmo fragmento, reescrito para converter x para a forma SSA. As definições de x foram renomeadas, com subscritos, para garantir que cada definição tenha um único nome SSA. Para simplificar, deixamos as referências a outras variáveis sem modificação.

A forma SSA do código inclui novas atribuições (para x_3, x_5 e x_6) que reconciliam os nomes SSA distintos para x com os usos de x (nas atribuições para s e z). Essas atribuições garantem que, ao longo de cada aresta no CFG, o valor atual de x tenha recebido um nome exclusivo, independentemente de qual caminho levou o controle para a aresta. Os lados direitos dessas atribuições contêm uma função especial, função-ϕ, que combina os valores de arestas distintas.

Uma função-ϕ usa como argumentos os nomes SSA para os valores associados a cada aresta que entra no bloco. Quando o controle entra em um bloco, todas as funções-ϕ do bloco são executadas simultaneamente. Elas são avaliadas para o argumento que

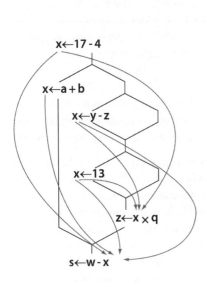
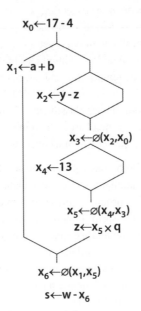

(a) Fragmento de código original   (b) Com x na forma SSA

■ **FIGURA 9.7** SSA: codificação do fluxo de controle no fluxo de dados.

corresponde à aresta ao longo da qual o controle entrou no bloco. Por convenção de notação, escrevemos os argumentos da esquerda para a direita, para corresponder às arestas da esquerda para a direita. Na página impressa, isto é fácil. Já na implementação, exige algum cuidado.

A construção SSA insere funções-ϕ após cada ponto no CFG onde vários caminhos convergem — cada ponto de junção. Nos pontos de junção, nomes SSA distintos precisam ser reconciliados para um único nome. Após o procedimento inteiro ter sido convertido para a forma SSA, duas regras são válidas: (1) cada definição no procedimento cria um nome exclusivo, e (2) cada uso refere-se a uma única definição.

Para transformar um procedimento na forma SSA, o compilador deve inserir as funções-ϕ apropriadas para cada variável no código, e renomear as variáveis com subscritos para fazer com que as duas regras sejam válidas. Este plano simples, em duas etapas, produz o algoritmo básico de construção de SSA.

9.3.1 Um método simples para criação da forma SSA

Para construir a forma SSA de um programa, o compilador deve inserir funções-ϕ nos pontos de junção do CFG, e renomear variáveis e valores temporários conforme as regras que controlam o espaço de nomes SSA. O algoritmo segue este esboço:

1. *Inserção de funções-ϕ*. No início de cada bloco que possui vários predecessores, insira uma função-ϕ, como $y \leftarrow \phi(y,y)$, para cada nome y que o código define ou usa no procedimento atual. A função-ϕ deve ter um argumento para cada bloco predecessor no CFG. Esta regra insere uma função-ϕ em cada caso onde uma é necessária. E também insere muitas funções-ϕ irrelevantes. O algoritmo pode inserir as funções-ϕ em uma ordem arbitrária. A definição das funções-ϕ exige que todas elas no topo de um bloco sejam executadas simultaneamente — ou seja, todas leiam seus parâmetros de entrada simultaneamente e depois escrevam seus valores de saída simultaneamente. Isto permite que o algoritmo evite pequenos detalhes que uma ordenação poderia introduzir.
2. *Renomeação*. Após as funções-ϕ terem sido inseridas, o compilador pode calcular as definições de alcance (ver Seção 9.2.4). Como as funções-ϕ inseridas também são definições, garantem que somente uma definição alcance qualquer uso. Em seguida, o compilador pode renomear cada uso, tanto de variáveis quanto de temporários, para refletir a definição que o alcança.

O compilador precisa classificar as definições que alcançam cada função-ϕ e fazer que os nomes correspondam aos caminhos ao longo dos quais elas alcançam o bloco que contém a função-ϕ. Embora conceitualmente simples, esta tarefa exige algum cuidado.

Este algoritmo constrói uma forma SSA correta para o programa. Cada variável é definida exatamente uma vez, e cada referência usa o nome de uma definição distinta. Porém, produz a forma SSA que tem, potencialmente, muito mais funções-ϕ do que o necessário. Funções-ϕ extras são problemáticas; diminuem a precisão de alguns tipos de análise quando realizadas sobre a forma SSA, e ocupam espaço, de modo que o compilador desperdiça memória representando funções-ϕ que são redundantes (ou seja $x_j \leftarrow \phi(x_i, x_i)$) ou não estão vivas. Elas aumentam o custo de qualquer algoritmo que use a forma SSA resultante, pois ele precisa passar por todas as funções-ϕ irrelevantes.

Chamamos essa versão SSA de *forma SSA máxima*. Para criar a forma SSA com menos funções-ϕ, é preciso realizar mais trabalho; em particular, o compilador precisa analisar o código para determinar onde valores potencialmente distintos convergem no CFG. Essa computação baseia-se na informação de dominância descrita na Seção 9.2.1.

As próximas três subseções apresentam, em detalhes, um algoritmo para criar a *forma SSA semipodada* — uma versão com menos funções-ϕ. A Seção 9.3.2 mostra como a informação de dominância introduzida na Seção 9.2.1 pode ser usada para calcular *fronteiras de dominância* para orientar a inserção de funções-ϕ. A Seção 9.3.3 dá um algoritmo para inserir funções-ϕ e a Seção 9.3.4 mostra como reescrever nomes de variável para completar a construção da forma SSA. A Seção 9.3.5 discute as dificuldades que podem surgir na conversão do código de volta para uma forma executável.

9.3.2 Fronteiras de dominância

O principal problema com a forma SSA máxima é que ela contém muitas funções-ϕ. Para reduzir este número, o compilador deve determinar mais cuidadosamente onde elas são exigidas. A chave para posicionar funções-ϕ está em entender quais variáveis precisam de uma função-ϕ em cada ponto de junção. Para resolver este problema de modo eficiente e eficaz, o compilador pode dar meia-volta na questão. Ele pode determinar, para cada bloco i, o conjunto de blocos que precisarão de uma função-ϕ para qualquer definição no bloco i. A dominância desempenha um papel crítico nessa computação.

Considere uma definição no nó n do CFG. Esse valor potencialmente poderia alcançar cada nó m onde $n \in \text{DOM}(m)$ sem necessidade de uma função-ϕ, pois cada caminho que alcança m passa por n. A única maneira do valor não alcançar m é se outra definição do mesmo nome interferir — ou seja, se ocorrer em algum nó p entre n e m. Neste caso, a definição em n não força a presença de uma função-ϕ; mas, a redefinição em p a força.

A definição no nó n força uma função-ϕ nos pontos de junção que se encontram imediatamente fora da região do CFG que n domina. Mais formalmente, uma definição no nó n força uma função-ϕ correspondente em qualquer ponto de junção m onde (1) n domina um predecessor de m ($q \in preds(m)$ e $n \in \text{DOM}(q)$), e (2) n não *domina* m *estritamente*. (O uso de dominância estrita ao invés de dominância permite uma função-ϕ no início de um laço de bloco único. Neste caso, $n = m$, e $m \notin \text{DOM}(n) - \{n\}$.) Chamamos a coleção de nós m que têm essa propriedade com relação a n de *fronteira de dominância* de n, indicada por $\text{DF}(n)$.

Dominância estrita
a domina estritamente b se, e somente se, $a \in \text{DOM}(b) - \{b\}$.

Informalmente, $\text{DF}(n)$ contém os primeiros nós alcançáveis a partir de n, que n não domina, em cada caminho do CFG saindo de n. No CFG do nosso exemplo em andamento, B_5 domina B_6, B_7 e B_8, mas não domina B_3. Em cada caminho saindo de B_5, B_3 é o primeiro nó que B_5 não domina. Assim, $\text{DF}(B_5) = \{B_3\}$.

Árvores de dominadores

Antes de dar um algoritmo para calcular fronteiras de dominância, temos que introduzir mais uma noção, a *árvore de dominadores*. Dado um nó n em um grafo de fluxo, o conjunto de nós que dominam estritamente n é dado por $(\text{DOM}(n) - n)$. O nó neste conjunto que está mais próximo de n é chamado de dominador imediato de n, indicado por $\text{IDOM}(n)$. O nó de entrada do grafo de fluxo não possui dominador imediato.

Árvore de dominadores
Árvore que codifica a informação de dominância para um grafo de fluxo.

A árvore de dominadores de um grafo de fluxo contém cada nó do grafo de fluxo. Suas arestas codificam os conjuntos IDOM de um modo simples. Se m é $\text{IDOM}(n)$, então a árvore de dominadores tem uma aresta de m para n. Esta árvore para o nosso CFG de exemplo aparece na margem. Observe que B_6, B_7 e B_8 são todos filhos de B_5, embora B_7 não seja um sucessor imediato de B_5 no CFG.

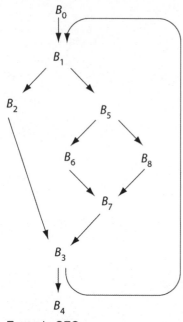

Exemplo CFG

Sua árvore de dominadores

A árvore de dominadores codifica de modo compacto tanto a informação de IDOM quanto os conjuntos DOM completos para cada nó. Dado um nó n nesta árvore, IDOM(n) é simplesmente seu pai na árvore. Os nós em DOM(n) são exatamente aqueles que se encontram no caminho da raiz da árvore de dominadores até n, inclusive a raiz e n. A partir da árvore, podemos ler os seguintes conjuntos:

	B_0	B_1	B_2	B_3	B_4	B_5	B_6	B_7	B_8
D_{OM}	{0}	{0,1}	{0,1,2}	{0,1,3}	{0,1,3,4}	{0,1,5}	{0,1,5,6}	{0,1,5,7}	{0,1,5,8}
ID_{OM}	—	0	1	1	3	1	5	5	5

Esses conjuntos DOM correspondem àqueles calculados anteriormente; o símbolo — indica um valor indefinido.

```
for all os nós, n, no CFG
    DF( n ) ← ∅
for all os nós, n, no CFG
    if n tem múltiplos predecessores then
        for each predecessor p de n
            runner ← p
            while runner ¹≠ IDOM ( n )
                DF( runner ) ← DF( runner ) ∪ {n}
                runner ← IDOM ( runner )
```

■ **FIGURA 9.8** Algoritmo para calcular fronteiras de dominância.

Cálculo de fronteiras de dominância

Para tornar a inserção-ϕ eficiente, precisamos calcular a fronteira de dominância para cada nó no grafo de fluxo. Poderíamos formular um problema de fluxo de dados para calcular DF(n) para cada n no grafo. Usando a árvore de dominadores e o CFG, podemos formular um algoritmo simples e direto, mostrado na Figura 9.8. Como somente os nós que são pontos de junção no CFG podem ser membros de uma fronteira de dominância, primeiro identificamos todos os pontos de junção no grafo. Para um ponto de junção j, examinamos cada um de seus predecessores no CFG.

O algoritmo é baseado em três observações. Primeiro, os nós em um conjunto DF devem ser pontos de junção no grafo. Segundo, para um ponto de junção j, cada predecessor k de j deve ter $j \in$ DF(k), pois k não pode dominar j se j tiver mais de um predecessor. Finalmente, se $j \in$ DF(k) para algum predecessor k, então j também deve estar em DF(l) para cada $l \in$ DOM(k), a menos que $l \in$ DOM(j).

O algoritmo segue essas observações. Localiza os nós j que são pontos de junção no CFG. Depois, para cada predecessor p de j, percorre a árvore de dominadores a partir de p até encontrar um nó que domina j. Pelas segunda e terceira observações no parágrafo anterior, j pertence a DF(l) para cada nó l que o algoritmo atravessa nesse percurso da árvore de dominadores, exceto para o nó final do percurso, pois este domina j. Um pequeno esforço é necessário para garantir que qualquer n seja acrescentado à fronteira de dominância de um nó apenas uma vez.

Para ver como isso funciona, considere novamente o CFG de exemplo e sua árvore de dominância. O analisador examina os nós em alguma ordem, procurando nós com múltiplos predecessores. Supondo que apanhe os nós em ordem de nome, ele encontra os pontos de junção como B_1, depois B_3, depois B_7.

1. B_1. Para o predecessor do CFG B_0, o algoritmo descobre que B_0 é IDOM(B_1), de modo que nunca entra no laço while. Para o predecessor no CFG B_3, acrescenta B_1 a DF(B_3) e avança para B_1. Acrescenta B_1 a DF(B_1) e avança para B_0, onde termina.
2. B_3. Para o predecessor no CFG B_2, acrescenta B_3 a DF(B_2), avança para B_1 que é IDOM(B_3), e termina. Para o predecessor no CFG B_7, acrescenta B_3 a DF(B_7) e avança para B_5. Acrescenta B_3 a DF(B_5) e avança para B_1, onde termina.
3. B_7. Para o predecessor no CFG B_6, acrescenta B_7 a DF(B_6), avança para B_5 que é IDOM(B_7), e termina. Para o predecessor no CFG B_8, acrescenta B_7 a DF(B_8) e avança para B_5, onde termina.

Acumulando esses resultados, obtemos as seguintes fronteiras de dominância:

	B_0	B_1	B_2	B_3	B_4	B_5	B_6	B_7	B_8
DF	∅	{B1}	{B3}	{B1}	∅	{B3}	{B7}	{B3}	{B7}

9.3.3 Posicionamento de funções-ϕ

O algoritmo simples posicionou uma função-ϕ para cada variável no início de cada nó de junção. Com as fronteiras de dominância, o compilador pode determinar mais precisamente onde as funções-ϕ poderiam ser necessárias. A ideia básica é simples. Uma definição de x no bloco b força uma função-ϕ em cada nó em DF(b). Como essa função-ϕ é uma nova definição de x, pode, por sua vez, forçar a inserção de funções-ϕ adicionais.

O compilador pode ainda estreitar o conjunto de funções-ϕ que insere. Uma variável que só está viva dentro de um único bloco pode nunca ter uma função-ϕ viva. Para aplicar esta observação, o compilador pode calcular o conjunto de nomes que estão vivos por meio de múltiplos blocos — um conjunto que chamaremos *nomes globais*. Ele pode inserir funções-ϕ para esses nomes e ignorar qualquer nome que não esteja nesse conjunto. (Essa restrição distingue a forma SSA semipodada de outras variedades de forma SSA.)

A palavra *global* é usada aqui para significar interesse pelo procedimento inteiro.

O compilador pode encontrar os nomes globais a um baixo custo. Em cada bloco, procura nomes com usos expostos para cima — o conjunto UEVAR a partir do cálculo de variáveis vivas. Qualquer nome que apareça em um ou mais conjuntos LIVEOUT deve estar no conjunto UEVAR de algum bloco. Tomar a união de todos os conjuntos UEVAR dá ao compilador o conjunto de nomes que estão vivos na entrada de um ou mais blocos e, consequentemente, vivos em múltiplos blocos.

O algoritmo, mostrado na Figura 9.9a, é derivado do algoritmo óbvio para calcular UEVAR. Ele constrói um único conjunto, `Globals`, onde a computação de LIVEOUT precisa calcular um conjunto distinto para cada bloco. Ao construir o conjunto `Globals`, também constrói, para cada nome, uma lista de todos os blocos que contêm uma definição desse nome. Essas listas de blocos servem como uma lista de trabalho inicial para o algoritmo de inserção-ϕ.

O algoritmo para inserir funções-ϕ aparece na Figura 9.9b. Para cada nome global x, ele inicializa `Worklist` com `Blocks(x)`. Para cada bloco b na `worklist`, ele insere funções-ϕ no início de cada bloco d na fronteira de dominância de b. Como todas as funções-ϕ em um bloco são executadas simultaneamente, por definição, o algoritmo pode inseri-las no início de d em qualquer ordem. Depois de acrescentar uma função-ϕ para x a d, ele acrescenta d a `worklist` para refletir a nova atribuição a x em d.

```
Globals ← ∅
Initialize all the Blocks sets to ∅
for each block b
    VarKill ← ∅
    for each operation i in b, in order
        assume that op_i is "x ← y op z"
        if y ∉ VarKill then
            Globals ← Globals ∪ {y}
        if z ∉ VarKill then
            Globals ← Globals ∪ {z}
        VarKill ← VarKill ∪ {x}
        Blocks(x) ← Blocks(x) ∪ {b}
```

(a) Encontrar nomes globais

```
for each name x ∈ Globals
    WorkList ← Blocks(x)
    for each block b ∈ WorkList
        for each block d in DF(b)
            if d has no função-φ for x then
                insert a função-φ for x in d
                WorkList ← WorkList ∪ {d}
```

(b) Reescrever o código

■ **FIGURA 9.9** Inserção de função-φ.

Exemplo

A Figura 9.10 resume nosso exemplo corrente. O painel a mostra o código; o painel b, o CFG; o painel c, as fronteiras de dominância para cada bloco; e o painel e, a árvore de dominadores montada a partir do CFG.

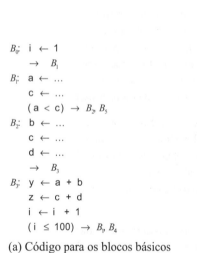

(a) Código para os blocos básicos

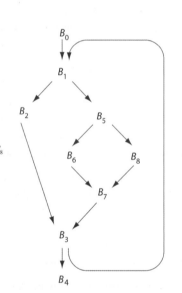

(b) Grafo de fluxo de controle (CFG)

	B_0	B_1	B_2	B_3	B_4	B_5	B_6	B_7	B_8
DF	∅	{B_1}	{B_3}	{B_1}	∅	{B_3}	{B_7}	{B_3}	{B_7}

(c) Fronteiras de dominância no CFG

	a	b	c	d	i	y	z
Blocos	{1,5}	{2,7}	{1,2,8}	{2,5,6}	{0,3}	{3}	{3}

(d) Conjuntos de *blocos* para cada nome

(e) Árvore dominadora

■ **FIGURA 9.10** SSA de exemplo para a inserção de função-φ.

O primeiro passo no algoritmo de inserção de função-ϕ encontra nomes globais e calcula o conjunto $Blocks$ para cada nome. Para o código na Figura 9.10a, os nomes globais são {a,b,c,d,i}. A Figura 9.10d mostra os conjuntos $Blocks$. Observe que o algoritmo cria conjuntos $Blocks$ para y e z, embora eles não estejam em $Globals$. A separação da computação de $Globals$ daquela de $Blocks$ evitaria instanciar esses conjuntos extras, à custa de outra passagem pelo código.

O algoritmo de reescrita de função-ϕ funciona com base em cada nome. Considere suas ações para a variável a no exemplo. Ele inicializa a worklist como $Blocks(a)$, que contém B_1 e B_5. A definição em B_1 faz que ele insira uma função-ϕ no início de cada bloco em DF(B_1) = {B_1}. Esta ação também inclui B_1 de volta na worklist. Em seguida, ele remove B_5 da worklist e insere uma função-ϕ em cada bloco de DF(B_5) = {B_3}. A inserção em B_3 também coloca B_3 na worklist. Quando B_3 sai da worklist, ele tenta acrescentar uma função-ϕ em B_1, pois B_1 ∈ DF(B_3). O algoritmo observa que B_1 já tem essa função-ϕ, de modo que não realiza a inserção. Assim, o processamento de a termina com uma worklist vazia. O algoritmo segue a mesma lógica para cada nome em $Globals$, para produzir as seguintes inserções:

	a	b	c	d	i
funções-ϕ	{B_1,B_3}	{B_1,B_3}	{B_1,B_3,B_7}	{B_1,B_3,B_7}	{B_1}

O código resultante aparece na Figura 9.11.

B_0: i ← 1
    → B_1
B_1: a ← ϕ(a, a)
    b ← ϕ(b, b)
    c ← ϕ(c, c)
    d ← ϕ(d, d)
    i ← ϕ(i , i)
    a ← …
    c ← …
    (a < c) → B_2, B_5
B_2: b ← …
    c ← …
    d ← …
    → B_3

B_3: a ← ϕ(a, a)
    b ← ϕ(b, b)
    c ← ϕ(c, c)
    d ← ϕ(d, d)
    y ← a + b
    z ← c + d
    i ← i + 1
    (i ≤ 100) → B_1, B_4
B_4: return
B_5: a ← …
    d ← …
    (a ≤ d) → B_6, B_8

B_6: d ← …
    → B_7
B_7: c ← ϕ(c, c)
    d ← ϕ(d, d)
    b ← …
    → B_3
B_8: c ← …
    → B_7

■ **FIGURA 9.11** Código de exemplo com funções-ϕ, antes da renomeação.

Limitar o algoritmo a nomes globais permite que ele evite a inserção de funções-ϕ mortas para x e y no bloco B_1. (B_1 ∈ DF(B_3) e B_3 contém definições de x e y.) Porém, a distinção entre nomes locais e globais não é suficiente para evitar todas as funções-ϕ mortas. Por exemplo, a função-ϕ para b em B_1 não está viva porque b é redefinido antes que seu valor seja usado. Para evitar a inserção dessas funções-ϕ, o compilador pode construir conjuntos LIVEOUT e acrescentar um teste com base na vivência para o laço interno do algoritmo de inserção-ϕ. Essa modificação faz que o algoritmo produza a *forma SSA podada*.

> **OS DIFERENTES TIPOS DE FORMA SSA**
>
> Vários tipos distintos de forma SSA têm sido propostos na literatura, que diferem em seus critérios para inserção de funções-ϕ. Para um determinado programa, eles podem produzir diferentes conjuntos de funções-ϕ.
>
> *SSA mínima* insere uma função-ϕ em qualquer ponto de junção onde duas definições distintas para o mesmo nome original se encontram. Este é o número mínimo consistente com a definição da SSA. Algumas dessas funções-ϕ, porém, podem estar mortas; a definição não diz nada sobre os valores estarem vivos quando se encontram.
>
> *SSA podada* acrescenta um teste de vivência ao algoritmo de inserção-ϕ para evitar a inclusão de funções-ϕ mortas. A construção deve calcular conjuntos LIVEOUT, de modo que o custo da criação de SSAs podadas é mais alto do que o de construir a SSA mínima.
>
> *SSA semipodada* é um meio-termo entre as SSAs mínimas e as podadas. Antes de inserir funções-ϕ, o algoritmo elimina quaisquer nomes que não estejam vivos em uma fronteira de bloco, o que pode encolher o espaço de nomes e reduzir o número de funções-ϕ sem o overhead de calcular conjuntos LIVEOUT. Este é o algoritmo dado na Figura 9.9.
>
> Naturalmente, o número de funções-ϕ depende do programa específico que está sendo convertido para a forma SSA. Para alguns programas, as reduções obtidas por SSAs semipodadas e podadas são significativas. O encolhimento da forma SSA pode levar a uma compilação mais rápida, pois os passos que usam a forma SSA operam sobre programas que contêm menos operações — e menos funções-ϕ.

Melhorias na eficiência

Para melhorar a eficiência, o compilador deve evitar dois tipos de duplicação. Primeiro, o algoritmo deve evitar colocar qualquer bloco na worklist mais de uma vez por nome global. E pode manter uma lista de verificação de blocos que já foram processados. Como o algoritmo precisa reiniciar a lista de verificação para cada nome global, a implementação deve usar um conjunto esparso ou uma estrutura semelhante (ver Apêndice B.2.3).

Segundo, um determinado bloco pode estar na fronteira de dominância de vários nós que aparecem na `Worklist`. Como vemos na figura, o algoritmo precisa examinar o bloco para procurar uma função-ϕ preexistente. Para evitar essa busca, o compilador pode manter uma lista de verificação de blocos que já contêm funções-ϕ para x. Isto exige um único conjunto esparso, reinicializado juntamente com `Worklist`.

9.3.4 Renomeação

Na descrição da forma SSA máxima, indicamos que a renomeação de variáveis era conceitualmente simples. Os detalhes, porém, exigem alguma explicação.

Na forma SSA final, cada nome global torna-se um nome básico, e definições individuais desse nome básico são distinguidas pela adição de um subscrito numérico. Para um nome que corresponde a uma variável na linguagem-fonte, digamos, x, o algoritmo usa x como o nome básico. Assim, a primeira definição de x que o algoritmo de renomeação encontra será chamado x_0 e o segundo x_1. Para um temporário gerado pelo compilador, o algoritmo precisa gerar um nome básico distinto.

O algoritmo, apresentado na Figura 9.12, renomeia definições e usos em um percurso em pré-ordem pela árvore de dominadores do procedimento. Em cada bloco, primeiro renomeia os valores definidos por funções-ϕ no início do bloco, depois visita cada operação no bloco, em ordem. Reescreve os operandos com os nomes SSA atuais, depois cria um novo nome SSA para o resultado da operação. Este último ato torna o novo nome o nome corrente. Depois que todas as operações no bloco tiverem sido reescritas, o algoritmo reescreve os parâmetros apropriados da função-ϕ em cada sucessor do bloco no CFG, usando os nomes SSA atuais. Finalmente, ele se repete em quaisquer filhos do bloco na árvore de dominadores. Ao retornar dessas chamadas recursivas, restaura o conjunto de nomes SSA atuais para o estado que existia antes que o bloco atual fosse visitado.

```
for each global name i
    counter[i] ← 0
    stack[i] ← ∅
Rename(n₀)


NewName(n)
    i ← counter[n]
    counter[n] ← counter[n] + 1
    push i onto stack[n]
    return "nᵢ"

Rename(b)
    for each função-φ em b, "x ← φ(···)"
        reescreve x como NewName(x)
    for each operação "x ← ¬y op z" em b
        reescreve y com subscrito top(stack[y])
        reescreve z com subscrito top(stack[z])
        reescreve x como NewName(x)
    for each sucessor de b no CFG
        preenche parâmetros de função-φ
    for each sucessor s de b na árvore de dominadores
        Rename(s)
    for each operação "x¬← y op z" em b
        e cada função-φ "x ← φ(···)"
            pop(stack[x])
```

■ **FIGURA 9.12** Renomeação após inserção-ϕ.

Para controlar este processo, o algoritmo usa um contador e uma pilha para cada nome global. A pilha de um nome global mantém o subscrito do nome SSA atual do nome. Em cada definição, o algoritmo gera um novo subscrito para o nome visado, empilhando o valor do seu contador atual e incrementando o contador. Assim, o valor no topo da pilha para n é sempre o subscrito do nome SSA atual de n. Como última etapa no processamento de um bloco, o algoritmo remove todos os nomes gerados nesse bloco de suas respectivas pilhas, para restaurar os nomes que se mantinham no final do dominador imediato desse bloco. Esses nomes podem ser necessários para processar os irmãos restantes do bloco na árvore de dominadores.

A pilha e o contador servem a finalidades distintas e separadas. À medida que o controle no algoritmo sobe e desce na árvore de dominadores, a pilha é gerenciada para simular o tempo de vida da definição mais recente no bloco atual. O contador, por outro lado, cresce monotonicamente para garantir que cada definição sucessiva receba um único nome SSA.

A Figura 9.12 resume o algoritmo. Ela inicializa as pilhas e contadores, depois chama *Rename* para a raiz da árvore de dominadores — o nó de entrada do CFG. *Rename* reescreve o bloco e se repete nos sucessores da árvore de dominadores. Para terminar com o bloco, *Rename* remove quaisquer nomes que foram colocados nas pilhas durante o processamento do bloco. A função *Newname* manipula os contadores e pilhas para criar novos nomes SSA conforme a necessidade.

Resta um último detalhe. Ao final do bloco b, *Rename* precisa reescrever os parâmetros da função-ϕ para cada um dos sucessores CFG de b. O compilador deve atribuir um slot ordinal de parâmetro nestas funções-ϕ para b. Quando desenhamos a forma SSA, sempre consideramos uma ordem da esquerda para a direita que combina com a ordem da esquerda para a direita em que as arestas são desenhadas. Internamente, o compilador pode numerar as arestas e slots de parâmetro em qualquer padrão consistente que produza o resultado desejado. Isto requer cooperação entre o código que constrói a forma SSA e o que constrói o CFG. (Por exemplo, se a implementação CFG usa uma lista de arestas saindo de cada bloco, a ordem desta lista pode determinar o mapeamento.)

Exemplo

Para terminar o exemplo em uso, vamos aplicar o algoritmo de renomeação ao código contido na Figura 9.11. Suponha que a_0, b_0, c_0 e d_0 sejam definidos na entrada de B_0. A Figura 9.13 mostra os estados dos contadores e pilhas para nomes globais em vários pontos durante o processo.

424 CAPÍTULO 9 Análise de fluxo de dados

	a	b	c	d	i
Contadores	1	1	1	1	0
Pilhas	a_0	b_0	c_0	d_0	

(a) Condição inicial, antes de B_0

	a	b	c	d	i
Contadores	1	1	1	1	1
Pilhas	a_0	b_0	c_0	d_0	i_0

(b) Na entrada de B_1

	a	b	c	d	i
Contadores	3	2	3	2	2
Pilhas	a_0	b_0	c_0	d_0	i_0
	a_1	b_1	c_1	d_1	i_1
	a_2		c_2		

(c) Na entrada de B_2

	a	b	c	d	i
Contadores	3	3	4	3	2
Pilhas	a_0	b_0	c_0	d_0	i_0
	a_1	b_1	c_1	d_1	i_1
	a_2	b_2	c_2	d_2	
			c_3		

(d) Ao final de B_2

	a	b	c	d	i
Contadores	3	3	4	3	2
Pilhas	a_0	b_0	c_0	d_0	i_0
	a_1	b_1	c_1	d_1	i_1
	a_2		c_2		

(e) Na entrada de B_3

	a	b	c	d	i
Contadores	4	4	5	4	3
Pilhas	a_0	b_0	c_0	d_0	i_0
	a_1	b_1	c_1	d_1	i_1
	a_2	b_2	c_2	d_3	i_2
	a_3		c_4		

(f) Ao final de B_3

	a	b	c	d	i
Contadores	4	4	5	4	3
Pilhas	a_0	b_0	c_0	d_0	i_0
	a_1	b_1	c_1	d_1	i_1
	a_2		c_2		

(g) Na entrada de B_5

	a	b	c	d	i
Contadores	5	4	5	5	3
Pilhas	a_0	b_0	c_0	d_0	i_0
	a_1	b_1	c_1	d_1	i_1
	a_2		c_2	d_4	
	a_4				

(h) Entrada de B_6

	a	b	c	d	i
Contadores	5	4	5	6	3
Pilhas	a_0	b_0	c_0	d_0	i_0
	a_1	b_1	c_1	d_1	i_1
	a_2		c_2	d_4	
	a_4				

(i) Entrada de B_7

	a	b	c	d	i
Contadores	5	5	6	7	32
Pilhas	a_0	b_0	c_0	d_0	i_0
	a_1	b_1	c_1	d_1	i_1
	a_2		c_2	d_4	
	a_4				

(j) Na entrada de B_8

■ **FIGURA 9.13** Estados no exemplo de renomeação.

O algoritmo faz um percurso em pré-ordem sobre a árvore de dominadores, que corresponde a visitar os nós em ordem crescente de nome, de B_0 a B_8. A configuração inicial das pilhas e contadores aparece na Figura 9.13a. À medida que o algoritmo prossegue pelos blocos, realiza as seguintes ações:

- *Bloco B_0*. Este bloco contém apenas uma operação. Rename reescreve i com i_0, incrementa o contador e coloca i_0 na pilha para i. Em seguida, visita o sucessor de B_0 no CFG, B_1, e reescreve os parâmetros da função-ϕ que correspondem a B_0 com seus nomes atuais: a_0, b_0, c_0, d_0 e i_0. Depois, o algoritmo se repete sobre o filho de B_0 na árvore de dominadores, B_1. Depois disso, remove o topo da pilha para i e retorna.

- *Bloco B_1*. Rename entra em B_1 com o estado apresentado na Figura 9.13b. Ele reescreve os alvos das funções-ϕ com nomes novos, a_1, b_1, c_1, d_1 e i_1. Em seguida, cria novos nomes para as definições de a e c e as reescreve. Reescreve os usos de a e c na comparação. Nenhum dos sucessores de B_1 no CFG tem funções-ϕ, de modo que ele se repete sobre os filhos da árvore de dominadores de B_1, ou seja, B_2, B_3 e B_5. Finalmente, remove os topos das pilhas e retorna.

- *Bloco B_2*. Rename entra em B_2 com o estado apresentado na Figura 9.13c. Esse bloco não tem funções-ϕ para reescrever. Rename reescreve as definições de b, c e d, criando um novo nome SSA para cada um. Depois, reescreve os parâmetros da função-ϕ no sucessor de B_2 no CFG, que é B_3. A Figura 9.13d mostra as pilhas e os contadores imediatamente antes de serem removidos da pilha. Finalmente, ele remove os topos das pilhas e retorna.

- *Bloco B_3*. Rename entra em B_3 com o estado mostrado na Figura 9.13e. Observe que as pilhas voltaram ao seu estado quando Rename entrou em B_2, mas os contadores refletem os nomes criados dentro de B_2. Em B_3, Rename reescreve os alvos da função-ϕ, criando novos nomes SSA para cada um. Em seguida, reescreve cada atribuição no bloco, usando os nomes SSA atuais para os usos e depois criando novos nomes SSA para a definição. (Como y e z não são nomes globais, ele os deixa intactos.)

- B_3 tem dois sucessores no CFG, B_1 e B_4. Em B_1, ele reescreve os parâmetros da função-ϕ que correspondem à aresta de B_3, usando as pilhas e contadores mostrados na Figura 9.13f. B_4 não tem funções-ϕ. Em seguida, Rename se repete sobre o filho da árvore de dominadores de B_3, que é B_4. Quando essa chamada retorna, Rename remove os topos das pilhas e retorna.

- *Bloco B_4*. Esse bloco só contém uma instrução de retorno, e não possui funções-ϕ, definições, usos ou sucessores no CFG ou na árvore de dominadores. Assim, Rename não realiza ações e deixa as pilhas e contadores inalterados.

- *Bloco B_5*. Após B_4, Rename remove da pilha de B_3 até B_1. Com as pilhas conforme mostradas na Figura 9.13g, ele se repete para o filho da árvore de dominadores final de B_1, que é B_5. B_5 não possui funções-ϕ. Rename reescreve as duas instruções de atribuição e a expressão no condicional, criando novos nomes SSA conforme a necessidade. Nenhum dos sucessores de B_5 no CFG tem funções-ϕ. Rename, em seguida, se repete sobre os filhos da árvore de dominadores de B_5, que são B_6, B_7 e B_8. E, finalmente, remove os topos das pilhas e retorna.

- *Bloco B_6*. Rename entra em B_6 com o estado apresentado na Figura 9.13h. B_6 não tem funções-ϕ. Rename reescreve a atribuição a d, gerando o novo nome SSA d_5. Em seguida, visita as funções-ϕ no sucessor de B_6 no CFG, que é B_7. Reescreve os argumentos da função-ϕ que correspondem ao caminho a partir de B_6 com seus nomes atuais, c_2 e d_5. Como B_6 não tem filhos na árvore de dominadores, ele remove o topo da pilha para d e retorna.

- *Bloco B_7*. Rename entra em B_7 com o estado apresentado na Figura 9.13i. Ele, primeiro, renomeia os alvos da função-ϕ com novos nomes SSA, c_5 e d_6. Em seguida, reescreve a atribuição a b com o novo nome SSA b_4. Depois, reescreve os argumentos da função-ϕ no sucessor de B_7 no CFG, B_3, com seus nomes atuais. Como B_7 não tem filhos na árvore de dominadores, ele remove os topos das pilhas e retorna.

- *Bloco B_8*. Rename entra em B_8 com o estado apresentado na Figura 9.13j. B_8 não tem funções-ϕ. Rename reescreve a atribuição a c com o novo nome SSA c_6. Examina o sucessor de B_8 no CFG, que é B_7, e reescreve os argumentos correspondentes da função-ϕ com seus nomes atuais, c_6 e d_4. Como B_8 não possui filhos na árvore de dominadores, ele remove o topo das pilhas e retorna.

A Figura 9.14 mostra o código depois que Rename termina.

B_0: $i_0 \leftarrow 1$
$\quad \rightarrow B_1$
B_1: $a_1 \leftarrow \phi(a_0, a_3)$
$\quad b_1 \leftarrow \phi(b_0, b_3)$
$\quad c_1 \leftarrow \phi(c_0, c_4)$
$\quad d_1 \leftarrow \phi(d_0, d_3)$
$\quad i_1 \leftarrow \phi(i_0, i_2)$
$\quad a_2 \leftarrow \ldots$
$\quad c_2 \leftarrow \ldots$
$\quad (a_2 < c_2) \rightarrow B_2, B_5$
B_2: $b_2 \leftarrow \ldots$
$\quad c_3 \leftarrow \ldots$
$\quad d_2 \leftarrow \ldots$
$\quad \rightarrow B_3$

B_3: $a_3 \leftarrow \phi(a_2, a_4)$
$\quad b_3 \leftarrow \phi(b_2, b_4)$
$\quad c_4 \leftarrow \phi(c_3, c_5)$
$\quad d_3 \leftarrow \phi(d_2, d_6)$
$\quad y \leftarrow a_3 + b_3$
$\quad z \leftarrow c_4 + d_3$
$\quad i_2 \leftarrow i_1 + 1$
$\quad (i_2 \leq 100) \rightarrow B_1, B_4$
B_4: return
B_5: $a_4 \leftarrow \ldots$
$\quad d_4 \leftarrow \ldots$
$\quad (a_4 \leq d_4) \rightarrow B_6, B_8$

B_6: $d_5 \leftarrow \ldots$
$\quad \rightarrow B_7$
B_7: $c_6 \leftarrow \phi(c_2, c_6)$
$\quad d_6 \leftarrow \phi(d_5, d_4)$
$\quad b_4 \leftarrow \ldots$
$\quad \rightarrow B_3$
B_8: $c_6 \leftarrow \ldots$
$\quad \rightarrow B_7$

■ **FIGURA 9.14** Exemplo após a renomeação.

Uma melhoria final

Uma implementação inteligente de NewName pode reduzir o tempo e o espaço despendidos em manipulação de pilha. O principal uso das pilhas é reiniciar o espaço de nomes na saída de um bloco. Se um bloco redefine o mesmo nome básico várias vezes, NewName só precisa manter o nome mais recente. Isto aconteceu com a e c no bloco B_1 do exemplo. NewName pode sobrescrever o mesmo slot de pilha várias vezes dentro de um único bloco.

Isto torna os tamanhos máximos da pilha previsíveis; nenhuma pilha pode ser maior do que a profundidade da árvore de dominadores. Isto reduz os requisitos de espaço global, evita a necessidade de testes de overflow em cada empilhamento e diminui o número de operações de pilha (*push* e *pop*), e exige outro mecanismo para determinar em quais pilhas o topo deve ser removido na saída de um bloco. NewName pode encadear as entradas da pilha para um bloco. ReName pode usar o encadeamento para remover os topos das pilhas apropriadas.

9.3.5 Tradução a partir da forma SSA

Como os processadores modernos não implementam funções-ϕ, o compilador precisa traduzir a forma SSA de volta para código executável. Pelos exemplos, é tentador acreditar que ele possa simplesmente remover os subscritos dos nomes SSA, reverter aos nomes básicos e excluir as funções-ϕ. Se o compilador simplesmente criar a forma SSA e convertê-la de volta em código executável, esta técnica funcionará. Porém, se o código tiver sido rearrumado ou os valores sido renomeados, ela pode produzir um código incorreto.

Como exemplo, vimos na Seção 8.4.1 que o uso de nomes SSA poderia permitir a numeração de valor local (LVN — *Local Value Numbering*) para descobrir e eliminar mais redundâncias.

Antes da LVN	Após a LVN
a ← x + y	a ← x + y
b ← x + y	b ← a
a ← 17	a ← 17
c ← x + y	c ← x + y

Espaço original de nomes

Antes da LVN	Após a LVN
$a_0 \leftarrow x_0 + y_0$	$a_0 \leftarrow x_0 + y_0$
$b_0 \leftarrow x_0 + y_0$	$b_0 \leftarrow a_0$
$a_1 \leftarrow 17$	$a_1 \leftarrow 17$
$c_0 \leftarrow x_0 + y_0$	$c_0 \leftarrow a_0$

Espaço de nomes SSA

A tabela da esquerda mostra um bloco de quatro operações e os resultados que a LVN produz quando usa o próprio espaço de nomes do código. A tabela da direita mostra o mesmo exemplo usando o espaço de nomes SSA. Como este espaço dá a a_0 um nome distinto de a_1, a LVN pode substituir a avaliação de $x_0 + y_0$ na operação final por uma referência a a_0.

Observe, porém, que simplesmente retirar os subscritos dos nomes de variável produz um código incorreto, pois c recebe o valor 17. Transformações mais agressivas, como a movimentação de código e o desdobramento de cópia, podem reescrever a forma SSA de maneira que introduzem problemas mais sutis.

Para evitar tais problemas, o compilador pode manter o espaço de nomes SSA intacto e substituir cada função-ϕ por um conjunto de operações de cópia — uma ao longo de cada aresta de entrada. Para a função-ϕ $x_i \leftarrow \phi(x_j, x_k)$, o compilador deve inserir $x_i \leftarrow x_j$ ao longo da aresta que transporta o valor x_j e $x_i \leftarrow x_k$ ao longo da aresta que transporta x_k.

A Figura 9.15 mostra o exemplo atual após funções-ϕ terem sido substituídas por operações de cópia. As quatro funções-ϕ que estavam em B_3 foram substituídas por um conjunto de quatro cópias em cada um de B_2 e B_7. De modo semelhante, as duas funções-ϕ em B_7 induzem um par de cópias em cada um de B_6 e B_8. Nesses dois casos, o compilador pode inserir as cópias nos blocos predecessores.

B_0: $i_0 \leftarrow 1$　　　　　　B_3: $y \leftarrow a_3 + b_3$　　　　B_8: $c_6 \leftarrow \ldots$
　　　$a_1 \leftarrow a_0$　　　　　　　　$z \leftarrow c_4 + d_3$　　　　　　$c_5 \leftarrow c_6$
　　　$b_1 \leftarrow b_0$　　　　　　　　$i_2 \leftarrow i_1 + 1$　　　　　　$d_6 \leftarrow d_4$
　　　$c_1 \leftarrow c_0$　　　　　　　　($i_2 \leq 100$) $\rightarrow B_1, B_4$　　　$\rightarrow B_7$
　　　$d_1 \leftarrow d_0$　　　　　B_4: return　　　　　　　　　B_9: $a_1 \leftarrow a_3$
　　　$i_1 \leftarrow i_0$　　　　　　B_5: $a_4 \leftarrow \ldots$　　　　　　　　$b_1 \leftarrow b_3$
　　　$\rightarrow B_1$　　　　　　　　　$d_4 \leftarrow \ldots$　　　　　　　　$c_1 \leftarrow c_4$
B_1: $a_2 \leftarrow \ldots$　　　　　　　　($a_4 \leq d_4$) $\rightarrow B_6, B_8$　　　$d_1 \leftarrow d_3$
　　　$c_2 \leftarrow \ldots$　　　　　B_6: $d_5 \leftarrow \ldots$　　　　　　　　$i_1 \leftarrow i_2$
　　　($a_2 < c_2$) $\rightarrow B_2, B_5$　　　　$c_5 \leftarrow c_2$　　　　　　　　$\rightarrow B_1$
B_2: $b_2 \leftarrow \ldots$　　　　　　　　$d_6 \leftarrow d_5$
　　　$c_3 \leftarrow \ldots$　　　　　　　　$\rightarrow B_7$
　　　$d_2 \leftarrow \ldots$　　　　　B_7: $b_4 \leftarrow \ldots$
　　　$a_3 \leftarrow a_2$　　　　　　　　$a_3 \leftarrow a_4$
　　　$b_3 \leftarrow b_2$　　　　　　　　$b_3 \leftarrow b_4$
　　　$c_4 \leftarrow c_3$　　　　　　　　$c_4 \leftarrow c_5$
　　　$d_3 \leftarrow d_2$　　　　　　　　$d_3 \leftarrow d_6$
　　　$\rightarrow B_3$　　　　　　　　　$\rightarrow B_3$

■ **FIGURA 9.15** Exemplo após inserção de cópia para eliminar funções-ϕ.

Se os nomes definidos pelas cópias não forem LIVEIN em B_4, então as cópias seriam inofensivas. Entretanto, a estratégia do compilador deve funcionar se os nomes forem LIVEIN.

As funções-ϕ em B_1 revelam uma situação mais complicada. O compilador pode inserir cópias diretamente em seu predecessor B_0, mas não em seu predecessor B_3. Como B_3 tem vários sucessores, a inserção de cópias para as funções-ϕ de B_1 no final de B_3 também faria com que eles fossem executados ao longo do caminho de B_3 para B_4, onde não são necessárias e poderiam produzir resultados incorretos. Para remediar este problema, o compilador pode dividir a aresta (B_3, B_1), inserir um novo bloco entre B_3 e B_1, e colocar as cópias nesse novo bloco, rotulado como B_9 na Figura 9.15. Após a inserção de cópia, o exemplo parece ter muitas cópias supérfluas. Felizmente, o compilador pode remover a maioria ou todas essas cópias com otimizações subsequentes, como o desdobramento de cópia (ver Seção 13.4.6).

Aresta crítica
Em um CFG, uma aresta cuja fonte tem vários sucessores e cujo destino tem múltiplos predecessores é chamada *aresta crítica*.

Chamamos uma aresta como (B_3, B_1) de *aresta crítica*. Quando o compilador insere um bloco no meio de uma aresta crítica, ele a *divide*. Algumas transformações na forma SSA consideram que o compilador divide todas as arestas críticas antes de aplicar a transformação.

Na tradução a partir da forma SSA, o compilador pode dividir arestas críticas para criar locais para as operações de cópia necessárias. Essa transformação resolve a maior parte dos problemas que surgem durante a tradução a partir da SSA. Porém, dois problemas mais sutis podem aparecer. O primeiro, que chamamos problema da cópia perdida, surge de uma combinação de transformações de programa agressivas e arestas críticas não divididas. O segundo, chamado problema de troca (*swap*), surge de uma interação de algumas transformações de programa agressivas e a definição detalhada da forma SSA.

O problema de cópia perdida

Muitos algoritmos baseados em SSA exigem que as arestas críticas sejam divididas. Porém, por vezes o compilador não pode (ou não deve) dividi-las. Por exemplo, se a aresta crítica for o ramo de fechamento de um laço bastante executado, a inclusão de um bloco com uma ou mais operações de cópia e um salto pode ter impacto contrário sobre a velocidade de execução. De modo semelhante, a inclusão de blocos e arestas nos últimos estágios da compilação pode interferir com o escalonamento regional, com a alocação de registradores e com otimizações como o posicionamento de código.

O problema de cópia perdida surge da combinação de desdobramento de cópia e arestas críticas que não podem ser divididas. A Figura 9.16 mostra um exemplo. O painel a mostra o código original — um laço simples. No painel b, o compilador converteu o laço para a forma SSA e desdobrou a cópia de i para y, substituindo o único uso de y por uma referência a i_1. O painel c mostra o código produzido pela inserção de cópia direta para os blocos predecessores da função-ϕ. Esse código atribui valor errado a z_0. O código original atribui a z_0 o segundo valor de i; o código no painel c atribui a z_0 o último valor de i. Com a divisão de aresta crítica, como no painel d, a inserção de cópia produz o comportamento correto. Porém, acrescenta um salto a cada iteração do laço.

A combinação de uma aresta crítica não dividida e desdobramento de cópia cria a cópia perdida. O desdobramento de cópia eliminou a atribuição y ← i desdobrando i_1 para a referência a y no bloco que vem após o laço. Assim, o desdobramento de cópia estendeu o tempo de vida de i_1. Depois, o algoritmo de inserção de cópia substituiu a função-ϕ no topo do corpo do laço por uma operação de cópia em cada um dos predecessores do bloco, inserindo a cópia $i_1 \leftarrow i_2$ no final do bloco — em um ponto onde i_1 ainda está vivo.

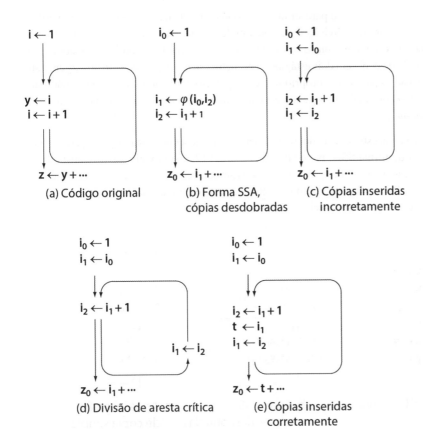

FIGURA 9.16 Exemplo do problema de cópia perdida.

O compilador pode evitar o problema de cópia perdida verificando a vivência do nome-alvo para cada cópia que tenta inserir durante a tradução a partir da forma SSA. Ao descobrir um alvo de cópia que está vivo, ele deve preservar o valor vivo em um nome temporário e reescrever os usos subsequentes para se referir ao nome temporário. Essa etapa de reescrita pode ser feita com um algoritmo modelado na etapa de renomeação do algoritmo de construção da SSA. A Figura 9.16e mostra o código que essa técnica produz.

O problema de troca (swap)

Este problema surge da definição de execução de função-ϕ. Quando um bloco é executado, todas as suas funções-ϕ são executadas simultaneamente antes de qualquer outra instrução no bloco. Ou seja, todas as funções-ϕ leem simultaneamente seus parâmetros de entrada apropriados e depois redefinem também de forma simultânea seus valores-alvo.

A Figura 9.17 mostra um exemplo simples do problema de troca. O painel a mostra o código original, um laço simples que troca os valores de x e y. O painel b, o código após a conversão da forma SSA e o desdobramento de cópia agressivo. Nessa forma, com as regras para avaliação de funções-ϕ, o código retém seu significado original. Quando o corpo do laço é executado, os parâmetros da função-ϕ são lidos antes que quaisquer alvos da função-ϕ sejam definidos. Na primeira iteração, ele lê x_0 e y_0 antes de definir x_1 e y_1. Em iterações subsequentes, o corpo do laço lê x_1 e y_1 antes de redefini-los. O painel c mostra o mesmo código, após o algoritmo de inserção de cópia simples ter sido executado. Como as cópias são executadas sequencialmente, e não simultaneamente, tanto x_1 quanto y_1 recebem o mesmo valor, um resultado incorreto.

À primeira vista, pode parecer que a divisão da aresta de volta — uma aresta crítica — ajuda. Porém, a divisão da aresta simplesmente coloca as mesmas duas cópias, na mesma ordem, em outro bloco. O reparo direto para este problema é adotar um protocolo de cópia em dois estágios. O primeiro estágio copia cada um dos argumentos da função-ϕ para o seu próprio nome temporário, simulando o comportamento das funções-ϕ originais. O segundo estágio, então, copia esses valores para os alvos da função-ϕ.

Infelizmente, esta solução dobra o número de operações de cópia exigidas para traduzir a partir da forma SSA. No código da Figura 9.17a, isto exigiria quatro atribuições: $s \leftarrow y_1, t \leftarrow x_1, x_1 \leftarrow s$ e $y_1 \leftarrow t$. Todas essas atribuições são executadas em cada iteração do laço. Para evitar esta perda de eficiência, o compilador deve tentar minimizar o número de cópias que insere.

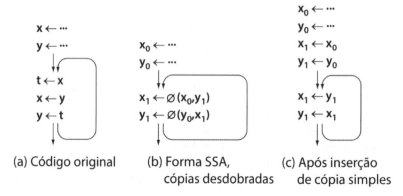

(a) Código original   (b) Forma SSA, cópias desdobradas   (c) Após inserção de cópia simples

■ **FIGURA 9.17** Exemplo do problema de troca.

De fato, o problema de troca pode surgir sem um ciclo de cópias; tudo o que é preciso é um conjunto de funções-ϕ que tenha, como entradas, variáveis definidas como saídas de outras funções-ϕ no mesmo bloco. No caso acíclico, em que funções-ϕ referenciam os resultados de outras funções-ϕ no mesmo bloco, o compilador pode evitar o problema ordenando cuidadosamente as cópias inseridas.

Em geral, para resolver este problema, o compilador pode detectar casos em que funções-ϕ referenciam os alvos de outras funções-ϕ no mesmo bloco. Para cada ciclo de referências, ele precisa inserir uma cópia em um temporário que quebre o ciclo. Depois, pode escalonar as cópias para que respeitem as dependências implicadas pelas funções-ϕ.

O código mínimo para o exemplo usaria uma cópia extra; ele é semelhante ao código na Figura 9.17a.

9.3.6 Uso da forma SSA

Um compilador usa a forma SSA porque melhora a qualidade da análise, da otimização, ou de ambas. Para ver como a análise sobre a forma SSA difere das técnicas clássicas de análise de fluxo de dados apresentadas na Seção 9.2, considere a realização da propagação de constante global na forma SSA usando um algoritmo chamado propagação de constante simples esparsa (SSCP — *Sparse Simple Constant Propagation*).

No algoritmo SSCP, o compilador inclui anotações constituídas de um valor em cada nome SSA. O conjunto de valores possíveis forma um *semirreticulado*, que consiste em um conjunto L de valores e um operador de reunião, $\wedge$. O operador de reunião deve ser idempotente, comutativo e associativo; ele impõe uma ordem sobre os elementos de L da seguinte forma:

Semirreticulado
Um conjunto L e um operador de *reunião* $\wedge$ tal que $\forall a, b \text{ e } c \in L$,

1. $a \wedge a = a$,
2. $a \wedge b = b \wedge a$, e
3. $a \wedge (b \wedge c) = (a \wedge b) \wedge c$

Compiladores usam semirreticulados para modelar os domínios de dados dos problemas de análise.

$$a \geq b \quad \text{se e somente se} \quad a \wedge b = b, e$$
$$a > b \quad \text{se e somente se} \quad a \geq b \text{ e } a \neq b$$

Um semirreticulado tem um elemento inferior, $\bot$, com as propriedades

$$\forall a \in L, a \wedge \bot = \bot, \quad e \quad \forall a \in L, a \geq \bot.$$

Alguns semirreticulados também têm um elemento superior, $\top$, com as propriedades

$$\forall a \in L, a \wedge \top = a \quad e \quad \forall a \in L, \top \geq a.$$

Na propagação de constantes, a estrutura do semirreticulado usado para modelar os valores de programa desempenha papel crítico na complexidade de execução do algoritmo. O semirreticulado para um único nome SSA aparece na margem, e consiste em $\top$, $\bot$ e um conjunto infinito de valores de constantes distintos. Para duas constantes quaisquer, c_i e c_j, $c_i \wedge c_j = \bot$.

Na SSCP, o algoritmo inicializa o valor associado a cada nome SSA como $\top$, que indica que o algoritmo não tem conhecimento do valor do nome SSA. Se o algoritmo mais tarde descobrir que o nome SSA x tem o valor constante conhecido c_i, modela esse conhecimento atribuindo `Value(x)` ao elemento do semirreticulado c_i. Se descobrir que x tem um valor mutável, modela este fato com o valor $\bot$.

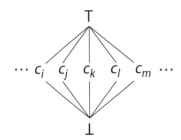

Semirreticulado para a propagação de constante

O algoritmo para SSCP, apresentado na Figura 9.18, consiste em uma fase de inicialização e uma fase de propagação. A primeira percorre os nomes SSA. Para cada nome SSA n, o algoritmo examina a operação que define n e define `Value(n)` de acordo com um conjunto simples de regras. Se n for definido por uma função-ϕ, SSCP define `Value(n)` como $\top$. Se o valor de n for uma constante conhecida c_i, SSCP define `Value(n)` como c_i. Se o valor de n não puder ser conhecido — por exemplo, é definido lendo um valor a partir de um meio externo —, SSCP define `Value(n)` como $\bot$.

Finalmente, se o valor de n não for conhecido, SSCP define `Value(n)` como ⊤. Se `Value(n)` não for ⊤, o algoritmo acrescenta n à worklist.

```
// Fase de inicialização
WorkList ← ∅
for each nome SSA n
    inicializar Value(n) pelas regras especificadas no texto
    if Value(n) ≠ ⊤ then
        WorkList ← WorkList ∪ {n}

// Fase de propagação — Repete até um ponto fixo
while (WorkList¹ ≠ ϕ)
    remover algum n da WorkList              // Escolhe um nome qualquer
    for each operação op que usa n
        Seja m o nome SSA que op define
        if Value(m) ≠ ⊥ then                 // Recalcula e testa se mudou
            t ← Value(m)
            Value(m) resultado da interpretação de op sobre os valores de reticulado
            if Value(m) ≠ t
                then WorkList WorkList ∪ {m}
```

■ **FIGURA 9.18** Algoritmo de propagação de constante simples esparsa.

⊤ ∧ x = ∀x
⊥ ∧ x = ⊥ ∀x
c_i ∧ c_j = c_i se c_i = c_j
c_i ∧ c_j = ⊥ se c_i ≠ c_j
Regras para reunião

A fase de propagação é simples, remove um nome SSA n da worklist. O algoritmo examina cada operação op que usa n, onde op define algum nome SSA m. Se `Value(m)` já tiver alcançado ⊥, então nenhuma outra avaliação é necessária. Caso contrário, ele modela a avaliação de op interpretando a operação sobre os valores de reticulado de seus operandos. Se o resultado for inferior no reticulado a `Value(m)`, ele reduz `Value(m)` de modo correspondente e acrescenta m à worklist. O algoritmo termina quando a worklist está vazia.

A interpretação de uma operação sobre valores de reticulado exige algum cuidado. Para uma função-ϕ, o resultado é simplesmente a reunião dos valores de reticulado de todos os argumentos da função-ϕ; as regras para reunião aparecem na margem, em ordem de precedência. Para outros tipos de operações, o compilador deve aplicar o conhecimento específico do operador. Se qualquer operando tiver o valor de reticulado ⊤, a avaliação retorna Γ. Se nenhum dos operandos tiver o valor ⊤, o modelo deve produzir um valor apropriado.

Para cada operação produtora de valor na IR, SSCP precisa de um conjunto de regras que modele o comportamento dos operandos. Considere a operação $a \times b$. Se $a = 4$ e $b = 17$, o modelo deve produzir o valor 68 para $a \times b$. Porém, se $a = \bot$, ele deve produzir ⊥ para qualquer valor de b, exceto 0. Como $a \times 0 = 0$, independente do valor de a, $a \times 0$ deve produzir o valor 0.

Complexidade

A fase de propagação de SSCP é um esquema clássico de ponto fixo. Os argumentos para terminação e complexidade seguem da extensão das cadeias descendentes pelo reticulado usado para representar valores, conforme mostra a Figura 9.18. O `Value` associado a qualquer nome SSA pode ter um de três valores iniciais — ⊤, alguma constante c_i diferente de ⊤ ou ⊥, ou ⊥. A fase de propagação só pode reduzir seu valor. Para um determinado nome SSA, isso pode acontece no máximo duas vezes — de ⊤ para c_i para ⊥. O algoritmo SSCP acrescenta um nome SSA à worklist somente quando seu valor muda, de modo que cada nome SSA aparece na worklist no máximo duas vezes. SSCP avalia uma operação quando um de seus operandos é removido da worklist. Assim, o número total de avaliações é de, no máximo, o dobro do número de usos no programa.

Otimismo: o papel do elemento superior

O algoritmo SSCP difere dos problemas de fluxo de dados na Seção 9.2 porque inicializa valores desconhecidos para o elemento de reticulado $\top$. No reticulado para valores constantes, $\top$ é um valor especial que representa uma falta de conhecimento sobre o valor do nome SSA. Essa inicialização desempenha papel crítico na propagação de constante; ela permite que os valores se propaguem em ciclos no grafo, que são causados pelos laços no CFG.

Por inicializar valores desconhecidos como $\top$, ao invés de $\bot$, pode propagar alguns valores em ciclos no grafo — laços no CFG. Os algoritmos que começam com o valor $\top$, ao invés de $\bot$, normalmente são chamados algoritmos *otimistas*. A intuição por trás deste termo é que a inicialização como $\top$ permite que o algoritmo propague informações em uma região cíclica, supondo de forma otimista que o valor ao longo da aresta de volta confirmará essa propagação inicial. Uma inicialização para $\bot$, chamada *pessimista*, rejeita esta possibilidade.

Para ver isso, considere o fragmento SSA na Figura 9.19. Se o algoritmo inicializar x_1 e x_2 de forma pessimista como $\bot$, não propagará o valor 17 no laço. Ao avaliar a função-ϕ para x_1, ele calcula $17 \wedge \bot$ para gerar $\bot$. Com x_1 definido como $\bot$, x_2 também é definido como $\bot$, mesmo que i_{12} tenha um valor conhecido, como 0.

Se, por outro lado, o algoritmo inicializar valores desconhecidos de forma otimista como $\top$, o algoritmo pode propagar o valor de x_0 no laço. Ao calcular um valor para x_1, avalia $17 \wedge \top$ e atribui o resultado, 17, a x_1. Como o valor de x_1 mudou, o algoritmo coloca x_1 na worklist. E, então, reavalia a definição de x_2. Se, por exemplo, i_{12} tem o valor 0, então isso atribui a x_2 o valor 17 e acrescenta x_2 à worklist. Ao reavaliar a função-ϕ, ele calcula $17 \wedge 17$ e prova que x_1 é 17.

Considere o que aconteceria se, ao invés, i_{12} tivesse valor 2. Então, quando SSCP avaliar $x_1 + i_{12}$, atribui a x_2 o valor 19. Agora, x_1 recebe o valor $17 \wedge 19$, ou $\bot$, o que, por sua vez, propaga de volta para x_2, produzindo o mesmo resultado final do algoritmo pessimista.

O valor da forma SSA

No algoritmo SSCP, a forma SSA leva a um algoritmo simples e eficiente. Para ver este ponto, considere uma técnica clássica de fluxo de dados para a propagação de constantes, que associaria um conjunto CONSTANTSIN a cada bloco no código, definiria uma equação para calcular CONSTANTSIN(b_i) como uma função dos conjuntos CONSTANTSOUT dos predecessores de b_i e definiria um procedimento para interpretar o código em um bloco para obter CONSTANTSOUT(b_i) a partir de CONSTANTSIN(b_i). Ao contrário, o algoritmo na Figura 9.18 é relativamente simples. Ele ainda tem um mecanismo idiossincrático para interpretar operações, mas fora isso é um simples algoritmo de ponto fixo iterativo sobre um reticulado particularmente superficial.

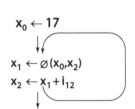

Etapa de tempo	Valores de reticulado					
	Pessimista			Otimista		
	x_0	x_1	x_2	x_0	x_1	x_2
0	17	$\bot$	$\bot$	17	$\top$	$\top$
1	17	$\bot$	$\bot$	17	17	$17 + i_{12}$

(a) O fragmento de código   (b) Resultados das análises pessimista e otimista

■ **FIGURA 9.19** Exemplo de constante otimista.

Na forma SSA, a etapa de propagação é esparsa; ela só avalia expressões de valores de reticulado em operações (e funções-ϕ) que usem esses valores. Igualmente importante, a atribuição de valores a nomes SSA individuais torna a inicialização otimista natural, ao invés de artificial e complicada. Resumindo, SSA leva a um algoritmo esparso eficiente e inteligível para a propagação de constante global.

> **REVISÃO DA SEÇÃO**
>
> A forma SSA codifica informações sobre os fluxos de dados e de controle de uma forma intermediária conceitualmente simples. Para utilizar a SSA, o compilador primeiro precisa transformar o código para a forma SSA. Esta seção concentrou-se nos algoritmos necessários para criar a *forma SSA semipodada*. A construção é um processo em duas etapas. A primeira insere funções-ϕ no código em pontos de junção onde definições distintas podem convergir. O algoritmo conta bastante com fronteiras de dominância para ganhar eficiência. A segunda cria o espaço de nomes SSA, acrescentando subscritos aos nomes básicos originais durante uma travessia sistemática do procedimento inteiro.
>
> Como as máquinas modernas não implementam diretamente as funções-ϕ, o compilador deve traduzir o código a partir da forma SSA antes que ele possa ser executado. A transformação do código ainda na forma SSA pode complicar a tradução a partir da SSA. A Seção 9.3.5 examinou o "problema de cópia perdida" e o "problema de troca", descrevendo técnicas para lidar com ambos. Finalmente, a Seção 9.3.6 mostrou um algoritmo que realiza a propagação de constante global sobre a forma SSA.

> **QUESTÕES DE REVISÃO**
>
> 1. A forma SSA máxima inclui funções-ϕ irrelevantes, que definem valores não vivos, e funções-ϕ redundantes, que mesclam valores idênticos (por exemplo, $x_8 \leftarrow \phi(x_7, x_7)$). Como a construção de SSA semipodada lida com essas funções-ϕ desnecessárias?
> 2. Suponha que a máquina-alvo do seu compilador implemente `swap` r_1, r_2, uma operação que simultaneamente realiza $r_1 \leftarrow r_2$ e $r_2 \leftarrow r_1$. Que impacto a operação `swap` teria sobre a tradução a partir da SSA?
>
>   `swap` pode ser implementada com a sequência de três operações:
>
> $$r_1 \leftarrow r_1 + r_2$$
> $$r_2 \leftarrow r_1 - r_2$$
> $$r_1 \leftarrow r_1 - r_2$$
>
> Quais seriam as vantagens e desvantagens de usar essa implementação de `swap` na tradução a partir da SSA?

9.4 ANÁLISE INTERPROCEDIMENTAL

As ineficiências introduzidas pelas chamadas de procedimento aparecem em duas formas distintas: (1) perda de conhecimento na análise e otimização de procedimento único que surge pela presença de um local de chamada na região que está sendo analisada e transformada, e (2) overhead específico introduzido para manter as abstrações inerentes na chamada de procedimento. A análise interprocedimental foi introduzida para resolver o primeiro problema. Vimos, na Seção 9.2.4, como o compilador pode calcular conjuntos que resumem os efeitos colaterais de um local de chamada. Esta seção explora questões mais complexas na análise interprocedimental.

9.4.1 Construção do grafo de chamada

O primeiro problema que o compilador precisa resolver na análise interprocedimental é a construção de um grafo de chamada. No caso mais simples, em que cada chamada de procedimento invoca um procedimento nomeado por uma constante literal, como em "call foo(x,y,z)", o problema é simples. O compilador cria um nó do grafo de chamada para cada procedimento no programa e acrescenta uma aresta ao grafo para cada local de chamada. Esse processo toma um tempo proporcional ao número de procedimentos e o número de locais de chamada no programa; na prática, o fator limitador será o custo de varredura dos procedimentos para encontrar os locais de chamada.

Características da linguagem-fonte podem tornar a construção do grafo de chamada muito mais difícil. Até mesmo programas em FORTRAN e C têm complicações. Por exemplo, considere o pequeno programa C mostrado na Figura 9.20a. Seu grafo de chamada exato aparece na Figura 9.20b. As próximas subseções esboçam as características de linguagem que complicam a construção do grafo de chamada.

```
int compose (int f(), int g()) {
   return f(g);
}
int a(int z() ) {
   return z();
}
int b( int z() ) {
   return z();
}
int c( ) {
   return ...;
}
int d( ) {
   return ...;
}
int main(int argc, char *argv[]) {
   return compose(a, c)
        + compose(b, d);
}
```

(a) Exemplo de programa em C

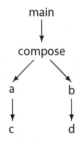

(b) Grafo de chamada exato

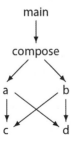

(c) Grafo de chamada aproximado

■ **FIGURA 9.20** Criação de um grafo de chamada com parâmetros com valor de função.

Variáveis com valor de procedimento (procedure-valued variables)

Se o programa utiliza variáveis com valor de procedimento, o compilador deve analisar o código para estimar o conjunto de potenciais procedimentos chamados em cada local que invoca uma variável com valor de procedimento. Para começar, o compilador pode construir o grafo especificado pelas chamadas que utilizam constantes literais explícitas. Em seguida, ele pode rastrear a propagação de funções como valores por esse subconjunto do grafo de chamada, acrescentando arestas conforme indicado.

> Em SSCP, inicialize parâmetros formais com valor de função com valores constantes conhecidos. Os parâmetros reais com os valores conhecidos revelam onde as funções são passadas.

O compilador pode usar uma analogia simples da propagação de constante global para transferir valores de função de uma entrada de procedimento para os locais de chamada que os utilizam, usando a união de conjunto como seu operador de reunião. Para melhorar sua eficiência, ele pode construir expressões para cada variável com valor de parâmetro usada em um procedimento (veja a discussão sobre funções de salto na Seção 9.4.2).

Como mostra o código na Figura 9.20a, uma análise direta pode superestimar o conjunto de arestas do grafo de chamada. O código chama compose para calcular a(c) e b(d). Porém, uma análise simples concluirá que o parâmetro formal g em compose pode receber c ou d, e que, como resultado, o programa poderia compor qualquer um de a(c), a(d), b(c) ou b(d), como mostra a Figura 9.20c. Para criar o grafo de chamada exato, o programa precisa rastrear conjuntos de parâmetros que são passados juntos, pelo mesmo caminho. O algoritmo poderia, então, considerar cada conjunto de forma independente para obter um grafo exato. Como alternativa, poderia marcar cada valor com o caminho que os valores atravessam e usar a informação de caminho para evitar a inclusão de arestas irrelevantes, como (a,d) ou (b,c).

Nomes resolvidos contextualmente

Algumas linguagens permitem que os programadores usem nomes que são resolvidos pelo contexto. Em linguagens orientadas a objeto, com hierarquia de herança, a ligação de um nome de método a uma implementação específica depende da classe do receptor e do estado da hierarquia de herança.

Se a hierarquia de herança e todos os procedimentos estiverem fixos no momento da análise, então o compilador pode usar a análise interprocedimental da estrutura de classes para estreitar o conjunto de métodos que podem ser chamados em um dado local de chamada qualquer. O construtor do grafo de chamada precisa incluir uma aresta desse local de chamada para cada procedimento ou método que pode ser chamado.

> A ligação dinâmica, usada em alguns sistemas operacionais para reduzir os requisitos de memória virtual, introduz complicações semelhantes. Se o compilador não puder determinar qual código irá executar, não pode construir um grafo de chamada completo.

Para uma linguagem que permite que o programa importe código executável ou novas definições de classe em tempo de execução, o compilador precisa construir um grafo de chamada conservador, que reflete o conjunto completo de potenciais procedimentos chamados em cada local de chamada. Uma forma de realizar este objetivo é construir um nó no grafo de chamada que represente procedimentos desconhecidos e dotá-lo com comportamento de pior caso; seus conjuntos MAYMOD e MAYREF devem ser o conjunto completo de nomes visíveis.

A análise que reduz o número de locais de chamada que podem nomear múltiplos procedimentos pode melhorar a precisão do grafo de chamada, reduzindo o número de arestas irrelevantes — arestas para chamadas que não poderão ocorrer em tempo de execução. De mesma ou maior importância, quaisquer locais de chamada que possam ser reduzidos a um único procedimento chamado podem ser implementados com uma chamada simples; aqueles com múltiplos procedimentos chamados podem exigir pesquisas em tempo de execução para o despacho da chamada (ver Seção 6.3.3).

As pesquisas em tempo de execução para dar suporte ao despacho dinâmico são muito mais dispendiosas do que uma chamada direta.

Outras questões de linguagem

Na análise intraprocedimental, consideramos que o grafo de fluxo de controle tem uma única entrada e uma única saída; acrescentamos um nó de saída artificial se o procedimento tiver vários retornos. Na análise interprocedimental, características de linguagem podem criar os mesmos tipos de problemas.

Por exemplo, Java tem inicializadores e finalizadores. A máquina virtual Java chama um inicializador de classe depois que carrega e verifica a classe; chama um inicializador de objeto depois de alocar espaço para o objeto, mas antes de retornar o código hash do objeto. Métodos de partida de processo (*thread-start*), finalizadores e destruidores também têm a propriedade de que são executados sem uma chamada explícita no programa-fonte.

O criador do grafo de chamada deverá prestar atenção a esses procedimentos. Inicializadores podem ser conectados aos locais que criam objetos; finalizadores poderiam ser conectados ao nó de entrada do grafo de chamada. As conexões específicas dependerão da definição da linguagem e da análise sendo realizada. A análise MAYMOD, por exemplo, poderia ignorá-los como irrelevantes, enquanto a propagação de constante interprocedimental precisa das informações de métodos de inicialização e de partida.

9.4.2 Propagação de constante interprocedimental

A propagação de constante interprocedimental rastreia valores constantes conhecidos de variáveis e parâmetros globais à medida que se propagam pelo grafo de chamada, tanto por corpos de procedimento quanto pelas arestas do grafo de chamada. O objetivo da propagação de constante interprocedimental é descobrir situações em que um procedimento sempre recebe um valor constante conhecido ou um procedimento sempre retorna um valor constante conhecido. Quando a análise descobre tal constante, pode especializar o código para esse valor.

Conceitualmente, a propagação de constante interprocedimental consiste em três subproblemas: descobrir um conjunto inicial de constantes, propagar valores constantes conhecidos pelo grafo de chamada e modelar a transmissão de valores por meio dos procedimentos.

Descobrir um conjunto inicial de constantes

O analisador precisa identificar, em cada local de chamada, quais parâmetros reais têm valores constantes conhecidos. Diversas técnicas são possíveis. O método mais simples é reconhecer valores constantes literais usados como parâmetros. Uma técnica mais eficaz e dispendiosa poderia utilizar uma etapa completa de propagação de constante global (ver Seção 9.3.6) para identificar parâmetros com valor constante.

Propagar valores constantes conhecidos pelo grafo de chamada

Dado um conjunto inicial de constantes, o analisador propaga os valores constantes pelas arestas do grafo de chamada e por meio dos procedimentos, da entrada para cada local de chamada no procedimento. Essa parte da análise é semelhante aos algoritmos iterativos de fluxo de dados da Seção 9.2. Este problema pode ser resolvido com o algoritmo iterativo, mas o algoritmo pode exigir muito mais iterações do que seria necessário para problemas mais simples, como variáveis vivas ou expressões disponíveis.

Modelar a transmissão de valores pelos procedimentos

Toda vez que processa um nó do grafo de chamada, o analisador precisa determinar como os valores constantes conhecidos na entrada do procedimento afetam o conjunto de valores constantes conhecidos em cada local de chamada. Para fazer isto, constrói um pequeno modelo para cada parâmetro real, chamado *função de salto*. Um local de chamada s com n parâmetros tem um vetor de funções de salto, $\mathcal{J}_s = \langle \mathcal{J}_s^a, \mathcal{J}_s^b, \mathcal{J}_s^c, \ldots, \mathcal{J}_s^n \rangle$, onde a é o primeiro parâmetro formal no procedimento chamado, b é o segundo, e assim por diante. Cada função de salto, $\mathcal{J}_s^x$, conta com os valores de algum subconjunto dos parâmetros formais para o procedimento p que contenha s; indicamos este conjunto como Support($\mathcal{J}_s^x$).

Por enquanto, considere que $\mathcal{J}_s^x$ consiste em uma árvore de expressões cujas folhas são todos os parâmetros formais do procedimento chamador ou constantes literais. É preciso que $\mathcal{J}_s^x$ retorne $\top$ se Value(y) for $\top$ para qualquer $y \in$ Support($\mathcal{J}_s^x$).

O algoritmo

A Figura 9.21 mostra um algoritmo simples para a propagação de constante interprocedimental pelo grafo de chamada. Este é semelhante ao algoritmo SSCP apresentado na Seção 9.3.6.

```
// Fase 1 : Inicializações
Construir todas as funções de salto e mapeamentos de Support
Worklist ← ∅
for each procedimento p no programa
    for each parâmetro formal f para p
        Value(f) ← T                                  // Valor inicial otimista
        Worklist ← Worklist ∪ {f }
for each local de chamadas no programa
    for each parâmetro formal f que recebe um falor em s
        Value(f) ← Value(f) ∧ 𝒥ₛᶠ                    // Fator a constantes iniciais em 𝒥ₛᶠ

// Fase 2 : Repete até um ponto fixo
while (Worklist ≠ ∅)
    escolher parâmetro f de Worklist                  // Escolhe um parâmetro qualquer
    p é o procedimento declarando f
    // Atualiza o valor de cada parâmetro que depende de f
    for each local de chamada sem pe parâmetro xtal que f  ∈ Support ( 𝒥ₛᶠ)
        t ← Value(x)
        Value(x) ← Value(x) ∧ 𝒥ₛᶠ                    // Calcula novo valor
        if ( Value(x) < t )
            then Worklist   Worklist ∪ {x }

// Pós - processa conjuntos Val para produzir CONSTANTS
for each procedimento p
    CONSTANTS(p) ← ∅
    for each parâmetro formal f para p
        if ( Value(f) = T)
            then Value(f) ← ⊥
        if ( Value(f) ≠ ⊥)
            then CONSTANTS(p) ← CONSTANTS(p) ∪ {⟨f, Value(f) ⟩}
```

■ **FIGURA 9.21** Algoritmo iterativo de propagação de constante interprocedimental.

O algoritmo associa um campo *Value*(x) a cada parâmetro formal x de cada procedimento p. (Considera nomes exclusivos, ou totalmente qualificados, para cada parâmetro formal.) A fase de inicialização define de forma otimista todos os campos *Value* como $\top$. Em seguida, ele percorre cada parâmetro real a em cada local de chamada s no programa, atualiza o campo *Value* do parâmetro formal f correspondente a a como *Value* (f) $\wedge\ \mathcal{J}_s^f$, e acrescenta f à worklist. Essa etapa fatora o conjunto inicial de constantes representadas pelas funções de salto para os campos *Value* e define a worklist para que contenha todos os parâmetros formais.

A segunda fase seleciona repetidamente um parâmetro formal da worklist e o propaga. Para propagar o parâmetro formal f do procedimento p, o analisador localiza cada local de chamada s em p e cada parâmetro formal x (que corresponde a um parâmetro real do local de chamada s) de modo que $f \in Support(\mathcal{J}_s^x)$. Ele avalia $\mathcal{J}_s^x$ e o combina com $Value(x)$. Se isso mudar $Value(x)$, ele acrescenta x à worklist. A worklist deve ser implementada com uma estrutura de dados, como um conjunto esparso, que permita apenas uma cópia de x na worklist (ver Seção B.2.3).

A segunda fase termina porque cada conjunto $Value$ pode assumir no máximo três valores de reticulado: $\top$, algum c_i e $\bot$. Uma variável x só pode entrar na worklist quando seu $Value$ inicial for calculado ou quando seu $Value$ mudar. Cada variável x pode aparecer na worklist no máximo três vezes. Assim, o número total de mudanças é limitado e a iteração termina. Depois que a segunda fase termina, uma etapa de pós-processamento constrói os conjuntos de constantes conhecidas na entrada de cada procedimento.

Implementação da função de salto

As implementações das funções de salto variam desde aproximações estáticas simples, que não mudam durante a análise, até pequenos modelos parametrizados, para esquemas mais complexos que realizam uma extensa análise em cada avaliação de função de salto. Em qualquer um desses esquemas, vários princípios são mantidos. Se o analisador determinar que o parâmetro x no local de chamada s é uma constante conhecida c, então $\mathcal{J}_s^x = c$ e $Support(\mathcal{J}_s^x) = \emptyset$. Se $y \in Support(\mathcal{J}_s^x)$ e $Value(y) = \top$, então $\mathcal{J}_s^x = \top$. Se o analisador determinar que o valor de $\mathcal{J}_s^x$ não pode ser determinado, então $\mathcal{J}_s^x = \bot$.

Por exemplo, $Support(\mathcal{J}_s^x)$ poderia conter um valor lido de um arquivo, de modo que $\mathcal{J}_s^x = \bot$.

O analisador pode implementar $\mathcal{J}_s^x$ de várias maneiras. Uma implementação simples poderia propagar uma constante somente se x for o nome SSA de um parâmetro formal no procedimento contendo s. (Uma funcionalidade semelhante pode ser obtida usando a informação de REACHES, da Seção 9.2.4.) Um esquema mais complexo poderia construir expressões compostas de nomes SSA de parâmetros formais e constantes literais. Uma técnica eficaz e dispendiosa seria executar o algoritmo SSCP por demanda para atualizar os valores das funções de salto.

Estendendo o algoritmo

O algoritmo apresentado na Figura 9.21 apenas propaga parâmetros reais com valor constante para a frente ao longo das arestas do grafo de chamada. Podemos estendê-lo, de modo simples, para lidar com valores retornados e variáveis que sejam globais a um procedimento.

Assim como o algoritmo constrói funções de salto para modelar o fluxo de valores do procedimento chamador para o chamado, pode construir *funções de salto de retorno* para modelar os valores retornados do procedimento chamado para o chamador. As funções de salto de retorno são particularmente importantes para rotinas que inicializam valores, seja preenchendo um bloco `common` em FORTRAN ou definindo valores iniciais para um objeto ou classe em Java. O algoritmo pode tratar as funções de salto de retorno da mesma maneira como trata de funções de salto comuns; a única complicação significativa é que a implementação precisa evitar a criação de ciclos de funções de salto de retorno que divergem (por exemplo, para um procedimento com recursão de cauda).

Para estender o algoritmo de modo que abranja uma classe de variáveis maior, o compilador pode simplesmente estender o vetor de funções de salto de modo apropriado. A expansão do conjunto de variáveis aumentará o custo da análise, mas dois fatores aliviam o custo. Primeiro, na construção de função de salto, o analisador pode observar que muitas dessas variáveis não têm um valor que possa ser facilmente modelado; ele pode mapear essas variáveis para uma função de salto universal que retorna $\bot$ e evitar colocá-las na worklist. Segundo, para as variáveis que poderiam ter valores constantes, a estrutura do reticulado garante que elas estarão na worklist no máximo duas vezes. Assim, o algoritmo deve ainda ser bastante rápido.

> **REVISÃO DA SEÇÃO**
>
> Os compiladores realizam análise interprocedimental para capturar o comportamento de todos os procedimentos no programa e trazer esse conhecimento para a otimização dentro dos procedimentos individuais. Para realizar a análise interprocedimental, o compilador precisa acessar todo o código do programa.
>
> Um problema interprocedimental típico exige que o compilador construa um grafo de chamada (ou algum semelhante), inclua neste grafo informações obtidas diretamente dos procedimentos individuais e propague essa informação pelo grafo.
>
> Os resultados da informação interprocedimental são aplicados diretamente na análise e otimização intraprocedimentais. Por exemplo, os conjuntos MAYMOD e MAYREF podem ser usados para reduzir o impacto de um local de chamada sobre a análise de fluxo de dados global, ou para evitar a necessidade de funções-ϕ após um local de chamada. A informação da propagação de constante interprocedimental pode ser usada para inicializar um algoritmo global, como SSCP ou SCCP.

> **QUESTÕES DE REVISÃO**
>
> 1. Que características do software moderno poderiam complicar a análise interprocedimental?
> 2. Como o analisador poderia incorporar a informação de MAYMOD na propagação de constante interprocedimental? Que efeito você esperaria obter disso?

9.5 TÓPICOS AVANÇADOS

A Seção 9.2 focou a análise iterativa de fluxo de dados. O texto enfatiza a abordagem iterativa porque ela é simples, robusta e eficiente. Outras técnicas de análise de fluxo de dados costumam contar bastante com propriedades estruturais do grafo subjacente. A Seção 9.5.1 discute a redutibilidade do grafo de fluxo — uma propriedade crítica para a maioria dos algoritmos estruturais.

A Seção 9.5.2 visita novamente o framework de dominância iterativo da Seção 9.2.1. A simplicidade desse framework o torna atraente; porém, algoritmos mais especializados e complexos têm complexidades assintóticas muito menores. Nesta seção, apresentaremos um conjunto de estruturas de dados que torna a técnica iterativa simples competitiva com os velozes algoritmos de dominador para os grafos de fluxo de até vários milhares de nós.

9.5.1 Algoritmos de fluxo de dados estruturais e redutibilidade

Neste e no Capítulo 8, apresentamos o algoritmo iterativo porque, em geral, funciona sobre qualquer conjunto de equações bem formadas sobre qualquer grafo. Existem outros algoritmos de análise de fluxo de dados; muitos funcionam derivando um modelo simples da estrutura de fluxo de controle do código que está sendo analisado e usando esse modelo para resolver as equações. Frequentemente, esse modelo é criado encontrando-se uma sequência de transformações para o grafo que reduza sua complexidade — combinando nós ou arestas de maneira cuidadosamente definida. Este processo de redução de grafo está no centro de quase todo algoritmo de fluxo de dados, *exceto* o algoritmo iterativo.

Algoritmos de fluxo de dados não iterativos normalmente funcionam aplicando uma série de transformações a um grafo de fluxo; cada transformação seleciona um subgrafo e o substitui por um único nó para representá-lo. Isto cria uma série de grafos derivados, em que cada um difere do seu predecessor na série pelo efeito de uma única etapa de transformação. À medida que o analisador transforma o grafo, calcula os conjuntos de fluxo de dados para os novos nós representantes em cada grafo derivado com sucesso. Esses conjuntos resumem os efeitos do subgrafo substituído. As transformações reduzem grafos bem comportados a um único nó. O algoritmo, então, inverte o processo, seguindo do grafo derivado final, com seu único nó, de volta ao grafo de fluxo original. Enquanto ele expande o grafo de volta à sua forma original, o analisador calcula os conjuntos de fluxo de dados finais para cada nó.

Basicamente, a fase de redução colhe informações do grafo inteiro e as consolida, enquanto a de expansão propaga os efeitos no conjunto consolidado de volta aos nós do grafo original. Qualquer grafo para o qual essa fase de redução tem sucesso é considerado *redutível*. Se o grafo não puder ser reduzido a um único nó, ele é *irredutível*.

A Figura 9.22 mostra um par de transformações que pode ser usado para testar a redutibilidade e construir um algoritmo de fluxo de dados estrutural. T_1 remove um laço próprio, uma aresta que vai de um nó de volta para si mesmo. A figura mostra T_1 aplicada a b, indicado como $T_1(b)$. T_2 retorna um nó b que tem exatamente um predecessor a de volta para a; ele remove a aresta $\langle a, b \rangle$ e torna a a origem de quaisquer arestas que originalmente saíam de b. Se isto deixar várias arestas a

Grafo redutível
Um grafo de fluxo é *redutível* se as duas transformações, T_1 e T_2, o reduzirem a um único nó. Se esse processo falhar, o grafo é *irredutível*.
Existem outras maneiras de testar a redutibilidade. Por exemplo, se o framework DOM iterativo, usando uma ordem de travessia RPO, precisar de mais de duas iterações sobre um grafo, esse grafo é irredutível.

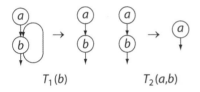

■ **FIGURA 9.22** Transformações T_1 e T_2.

partir de a para algum nó n, ela as consolida. A Figura 9.22 mostra T_2 aplicada a a e b, indicado como $T_2(a, b)$. Qualquer grafo que possa ser reduzido a um único nó pela aplicação repetida de T_1 e T_2 é considerado redutível. Para entender como isto funciona, considere o CFG do nosso exemplo em andamento. A Figura 9.23a mostra uma sequência de aplicações de T_1 e T_2 que o reduz a um grafo de único nó. Ele aplica T_2 até que não haja mais oportunidades: $T_2(B_1, B_2)$, $T_2(B_5, B_6)$, $T_2(B_5, B_8)$, $T_2(B_5, B_7)$, $T_2(B_1, B_5)$ e $T_2(B_1, B_3)$. Em seguida, usa $T_1(B_1)$ para remover o laço, seguido por $T_2(B_0, B_1)$ e $T_2(B_0, B_4)$ para completar a redução. Como o grafo final é um único nó, o grafo original é redutível.

Outras ordens de aplicação também reduzem o grafo. Por exemplo, se começarmos com $T_2(B_1, B_5)$, isto leva a uma série diferente de transformações. T_1 e T_2 têm a propriedade Church-Rosser finita, que garante que o resultado final é independente da ordem de aplicação e que a sequência termina. Assim, o analisador pode aplicar T_1 e T_2 de modo oportunista — encontrando locais no grafo onde uma delas se aplica e usando-a.

A Figura 9.23b mostra o que pode acontecer quando aplicamos T_1 e T_2 a um grafo com laços de várias entradas. O analisador usa $T_2(B_0, B_1)$ seguido por $T_2(B_0, B_5)$. Nesse ponto, porém, nenhum nó ou par de nós restantes é um candidato para T_1 ou T_2. Assim, o analisador não pode reduzir o grafo ainda mais. (Nenhuma outra ordem funcionaria.) O grafo não é redutível a um único nó; ele é irredutível.

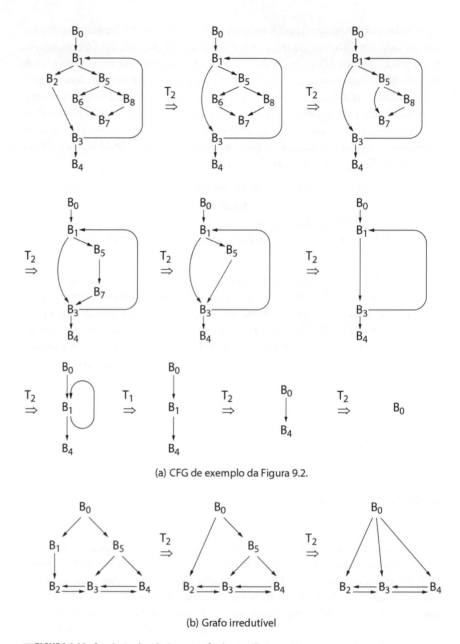

(a) CFG de exemplo da Figura 9.2.

(b) Grafo irredutível

■ **FIGURA 9.23** Sequências de redução para grafos de exemplo.

A falha de T_1 e T_2 em reduzir esse grafo vem de uma propriedade fundamental do grafo. O grafo é irredutível porque contém um laço, ou ciclo, que possui arestas que entram nele em diferentes nós. Em termos da linguagem-fonte, o programa que gerou o grafo tem um laço com várias entradas. Podemos ver isso no grafo; considere o ciclo formado por B_2 e B_3. Ele tem arestas que entram nele por B_1, B_4 e B_5. De modo semelhante, o ciclo formado por B_3 e B_4 tem arestas que entram nele por B_2 e B_5.

A irredutibilidade impõe um problema sério para algoritmos baseados em transformações como T_1 e T_2. Se a sequência de redução não puder ser completada, produzindo um grafo com único nó, então o método deve relatar a falha, modificar o grafo dividindo um ou mais nós, ou usar uma técnica iterativa para resolver o sistema no grafo reduzido. Em geral, os métodos baseados em reduzir o grafo de fluxo estruturalmente são limitados a grafos redutíveis. O algoritmo iterativo, ao contrário, funciona corretamente sobre um grafo irredutível.

Para transformar um grafo irredutível em redutível, o analisador pode dividir um ou mais nós. A divisão mais simples para o grafo de exemplo, mostrado na margem, copia B_2 e B_4 para criar $B_{2'}$ e $B_{4'}$, respectivamente. O analisador, então, redireciona as arestas (B_3, B_2) e (B_3, B_4) para formar um laço complexo, $\{B_3, B_{2'}, B_{4'}\}$. O novo laço tem uma única entrada, através de B_3.

Essa transformação cria um grafo redutível que executa a mesma sequência de operações do grafo original. Os caminhos que, no grafo original, entravam em B_3 a partir de B_2 ou B_4, agora são executados como prólogos do laço $\{B_3, B_{2'}, B_{4'}\}$. Tanto B_2 quanto B_4 têm predecessores exclusivos no novo grafo. B_3 tem vários predecessores, mas esta é a única entrada do laço, e o laço é redutível. Assim, a divisão de nó produziu um grafo redutível, à custa da clonagem de dois nós.

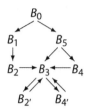

Grafo irredutível após a divisão de nós

Tanto a cultura popular quanto os estudos publicados sugerem que os grafos irredutíveis raramente surgem na análise de fluxo de dados global. O surgimento da programação estruturada durante a década de 1970 reduziu a chance de os programadores usarem transferências de controle arbitrárias, como uma instrução goto. As construções de laço estruturadas, como os laços do, for, while e until, não pode produzir grafos irredutíveis. Porém, a transferência de controle para fora de um laço (por exemplo, a instrução break da linguagem C) cria um CFG que é irredutível para uma análise para trás. (Como o laço tem várias saídas, o CFG reverso tem várias entradas.) De modo semelhante, grafos irredutíveis podem surgir com mais frequência na análise interprocedimental devido a sub-rotinas mutuamente recursivas. Por exemplo, o grafo de chamada de um parser com descida recursiva, codificado à mão, provavelmente terá subgrafos irredutíveis. Felizmente, um analisador iterativo pode lidar com eles de modo correto e eficaz.

9.5.2 Acelerando o framework de dominância iterativo

O framework iterativo para calcular a dominância é particularmente simples. Enquanto a maioria dos problemas de fluxo de dados tem equações envolvendo vários conjuntos, as equações para DOM envolvem calcular uma interseção aos pares sobre os conjuntos DOM e a inclusão de um único elemento a esses conjuntos. A natureza simples dessas equações apresenta uma oportunidade para usar uma estrutura de dados particularmente simples para melhorar a velocidade do cálculo de DOM.

O framework DOM iterativo usa um conjunto DOM discreto em cada nó. Podemos reduzir a quantidade de espaço exigida pelos conjuntos DOM observando que a mesma informação pode ser representada com um único fato em cada nó, seu dominador imediato, ou IDOM. Pelos IDOMs para os nós, o compilador pode calcular todas as outras informações de dominância de que precisa.

Lembre-se de nosso CFG de exemplo da Seção 9.2.1, repetido na margem, com sua árvore de dominadores. Seus conjuntos IDOM são os seguintes:

	B_0	B_1	B_2	B_3	B_4	B_5	B_6	B_7	B_8
IDOM(n)	?	0	1	1	3	1	5	5	5

Observe que a árvore de dominadores e os IDOMs são isomórficos. IDOM(b) é simplesmente o predecessor de b na árvore de dominadores, cuja raiz não tem predecessor; de modo correspondente, seu conjunto IDOM é indefinido.

O compilador pode ler os conjuntos DOM de um grafo a partir de sua árvore de dominadores. Para um nó n, seu conjunto DOM pode ser lido como o conjunto de nós que se encontra no caminho de n até a raiz da árvore de dominadores, inclusive das extremidades. No exemplo, o caminho da árvore de dominadores de B_7 a B_1 consiste em (B_7, B_5, B_1, B_0), que corresponde ao conjunto calculado para DOM(B_7) na Seção 9.2.1.

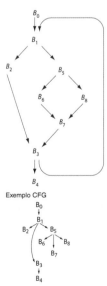

Exemplo CFG

Sua árvore de dominadores

Assim, podemos usar os conjuntos IDOM como um substituto para os conjuntos DOM, desde que possamos fornecer métodos eficientes para inicializar os conjuntos e fazer sua interseção. Para lidar com as inicializações, vamos reformular ligeiramente o algoritmo iterativo. Para fazer a interseção de dois conjuntos DOM a partir de seus conjuntos IDOM, usaremos o algoritmo mostrado no procedimento *Intersect*, no final da Figura 9.24, que conta com dois fatos críticos:

1. Quando o algoritmo percorre o caminho de um nó até a raiz para recriar um conjunto DOM, encontra os nós em uma ordem consistente. A interseção de dois conjuntos DOM é simplesmente o sufixo comum dos rótulos nos caminhos dos nós até a raiz.
2. O algoritmo precisa ser capaz de reconhecer o sufixo comum. Ele começa nos dois nós, i e j, cujos conjuntos devem sofrer interseção, e percorre para cima a partir de cada um até a raiz. Se nomearmos os nós com seus números de RPO, então uma comparação simples permitirá que o algoritmo descubra o ancestral comum mais próximo — o IDOM de i e j.

O algoritmo *Intersect* na Figura 9.24 é uma variante do algoritmo clássico de "dois dedos". Ele usa dois ponteiros para rastrear os caminhos para cima na árvore. Quando eles combinam, ambos apontam para o nó que representa o resultado da interseção.

```
for all nós, b   //   inicializa array de dominadores
    IDoms[b] ← Indefinido
IDoms[b₀] ← b₀
Changed ← true
while (Changed)
    Changed ← false
    for all nós, b, em pós-ordem reversa (exceto raiz)
        NewIDom ← primeiro predecessor (processado) de b //   escolhe um
        for all outros predecessores, p, de b
            if IDoms[p] ≠ Undefined //   isto é, Doms[p] já calculado
                then NewI dom ← Intersect(p, NewI dom)
        if IDoms[b] ≠ NewI dom then
            IDoms[b] ← NewI dom
            Changed ← true

Intersect(i, j)
    finger1 ← i
    finger2 ← j
    while (finger1 ≠ finger2)
        while (RPO(finger1) > RPO(finger2))
            finger1 = IDoms[finger1]
        while (RPO(finger2) > RPO(finger1))
            finger2 = IDoms[finger2]
    return finger1
```

■ **FIGURA 9.24** O algoritmo iterativo de dominadores modificado.

O algoritmo atribui a IDOM(b_0) o valor b_0 para simplificar o restante do algoritmo.

O topo da Figura 9.24 mostra um algoritmo iterativo reformulado que evita o problema de inicializar os conjuntos IDOM e usa o algoritmo *Intersect*. Ele mantém a informação do IDOM em um array, *IDoms* o, e inicializa a entrada do IDOM para a raiz, b_0, como ele próprio. Depois, processa os nós em pós-ordem reversa. Na computação das interseções, ele ignora os predecessores cujos IDOMs ainda não foram computados.

Para ver como o algoritmo opera, considere o grafo da Figura 9.25a. A Figura 9.25b mostra um RPO para esse grafo que ilustra os problemas causados pela irredutibilidade. Usando essa ordem, o algoritmo falha na computação dos IDOMs de B_3, e de B_4 na primeira iteração. São necessárias duas iterações para que o algoritmo corrija esses IDOMs, e uma iteração final para reconhecer que os IDOMs pararam de mudar.

Esse algoritmo melhorado é executado rapidamente. Ele tem um pequeno requisito de memória. Em qualquer grafo redutível, ele termina em dois passos: o primeiro passo calcula os conjuntos IDOM corretos, e o segundo confirma que nenhuma mudança ocorreu. Um grafo irredutível usará mais de dois passos. Na verdade, o algoritmo fornece um teste de redutibilidade rápido — se qualquer entrada IDOM mudar no segundo passo, o grafo é irredutível.

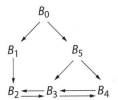

(a) Um grafo irredutível

	B_0	B_1	B_2	B_3	B_4	B_5
RPO(n)	0	1	5	4	3	2

(b) Uma RPO de pior caso

	\multicolumn{6}{c}{IDOM(n)}
	B_0	B_1	B_2	B_3	B_4	B_5
—	0	?	?	?	?	?
1	0	0	0	5	5	0
2	0	0	0	0	5	0
3	0	0	0	0	0	0
4	0	0	0	0	0	0

(c) Progresso da computação de IDOM

■ **FIGURA 9.25** Um grafo com uma forma mais complexa.

9.6 RESUMO E PERSPECTIVA

A maior parte da otimização adapta o código de uso geral ao contexto específico que ocorre no código compilado. A capacidade do compilador de adaptar o código normalmente é limitada pela falta de conhecimento sobre a variação de comportamentos do programa em tempo de execução.

A análise de fluxo de dados permite que o compilador modele o comportamento de runtime de um programa em tempo de compilação e retire o conhecimento importante e específico dos modelos. Muitos problemas de fluxo de dados têm sido propostos; este capítulo apresentou vários. Muitos têm propriedades que levam a análises eficientes. Em particular, os problemas que podem ser expressos em frameworks iterativos têm soluções eficientes usando solucionadores iterativos simples.

SSA é uma forma intermediária que codifica as informações de fluxo de dados e as informações dependentes de controle para o espaço de nomes do programa. Trabalhar com a forma SSA normalmente simplifica a análise e a transformação. Muitas transformações modernas baseiam-se na forma SSA do código.

NOTAS DO CAPÍTULO

O crédito para a primeira análise de fluxo de dados geralmente é dado a Vyssotsky, do Bell Labs, no início da década de 1960 [338]. O trabalho mais antigo, no compilador FORTRAN original, incluía a construção de um grafo de fluxo de controle e uma análise no estilo Markov sobre o CFG, para estimar as frequências de execução [26]. Esse analisador, criado por Lois Haibt, pode ser considerado um analisador de fluxo de dados.

A análise iterativa de fluxo de dados tem uma longa história na literatura. Entre os primeiros artigos sobre este tópico estão o artigo de 1973 de Kildall [223], o trabalho de Hecht e Ullman [186] e dois artigos de Kam e Ullman [210, 211]. O tratamento neste capítulo segue o trabalho de Kam.

Este capítulo focou a análise iterativa do fluxo de dados. Muitos outros algoritmos para solucionar problemas de fluxo de dados foram propostos [218]. O leitor interessado deve explorar as técnicas estruturais, incluindo análise de intervalo [17, 18, 62]; análise T_1-T_2 [336, 185]; o algoritmo de Graham-Wegman [168, 169]; árvore balanceada, algoritmo de compactação de caminho [330, 331]; gramáticas de grafo [219]; e a técnica de variável particionada [359].

Dominância tem uma longa história na literatura. Prosser a introduziu em 1959, mas não ofereceu um algoritmo para calcular dominadores [290]. Lowry e Medlock descrevem o algoritmo usado em seu compilador [252]; ele toma um tempo pelo menos $O(N^2)$, onde N é o número de instruções no procedimento. Diversos autores desenvolveram algoritmos mais rápidos, baseados na remoção de nós do CFG [8, 3, 291]. Tarjam propôs um algoritmo $O(N \log N + E)$ baseado na pesquisa em profundidade e descoberta de união [329]. Lengauer e Tarjan melhoraram esse limite de tempo [244], assim como outros [180, 23, 61]. A formulação de fluxo de dados para dominadores é retirada de Allen [12, 17]. As estruturas de dados rápidas para dominância iterativa devem-se a Harvey [100]. O algoritmo da Figura 9.8 é de Ferrante, Ottenstein e Warren [145].

A construção de SSA é baseada no trabalho inicial de Cytron e outros [110], que, por sua vez, baseou-se nos trabalhos de Shapiro e Saint [313]; Reif [295, 332]; e Ferrante, Ottenstein e Warren [145]. O algoritmo na Seção 9.3.3 constrói a forma SSA semipodada [49]. Os detalhes do algoritmo de renomeação e do algoritmo para reconstruir o código executável são descritos por Briggs e outros [50]. As complicações introduzidas por arestas críticas há muito tempo têm sido reconhecidas na literatura sobre otimização [304, 133, 128, 130, 225]; não deve ser surpresa que elas também apareçam na tradução da SSA de volta para o código executável. O algoritmo de constante simples esparsa, SSCP, deve-se a Reif e Lewis [296]. Wegman e Zadeck reformularam a SSCP para usar a forma SSA [346, 347].

O compilador otimizador PL/I da IBM foi um dos primeiros sistemas a realizar análise de fluxo de dados interprocedimental [322]. A análise de efeito colateral fez surgir uma vasta literatura [34, 32, 102, 103]. O algoritmo de propagação de constante interprocedimental vem da tese de Torczon e artigos subsequentes [68, 172, 263]; Cytron e Wegman sugeriram outras técnicas para o problema [111, 347]. Burke e Torczon [64] formularam uma análise que determina quais módulos em um programa grande precisam ser recompilados em resposta a uma mudança na informação interprocedimental de um programa. A análise de ponteiro é inerentemente interprocedimental; uma quantidade cada vez maior de literatura descreve este problema [348, 197, 77, 238, 80, 123, 138, 351, 312, 190, 113, 191]. Ayers, Gottlieb e Schooler descreveram um sistema prático que analisava e otimizava um subconjunto do programa inteiro [25].

EXERCÍCIOS

Seção 9.2

1. O algoritmo para a análise viva na Figura 9.2 inicializa o conjunto LIVEOUT de cada bloco como ϕ. Existem outras inicializações possíveis? Elas mudam o resultado da análise? Justifique sua resposta.

2. Na análise de variável viva, como o compilador deve tratar um bloco contendo uma chamada de procedimento? O que o conjunto UEVar do bloco deve conter? O que seu conjunto VARKILL deve conter?
3. Na computação de expressões disponíveis, a inicialização define

$$\text{AvailIn}(n_f) = \varnothing$$
$$\text{AvailIn}(n) = \{\textit{todas as expressões}\}, \forall n \neq n_0$$

Construa um pequeno programa de exemplo que mostre por que a segunda inicialização é necessária. O que acontece no seu exemplo se os conjuntos AVAILIN forem inicializados uniformemente como $\varnothing$?
4. Para cada um dos seguintes grafos de fluxo de controle:

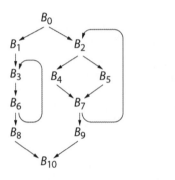
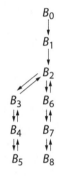

(a) Múltiplos laços   (b) Corpo de laço dobrado

   a. Calcule as numerações em pós-ordem reversa para o CFG e para o CFG reverso.
   b. Calcule a pré-ordem reversa no CFG.
   c. A pré-ordem reversa no CFG é equivalente à pós-ordem no CFG reverso?

Seção 9.3
5. Considere os três grafos de fluxo de controle mostrados a seguir.

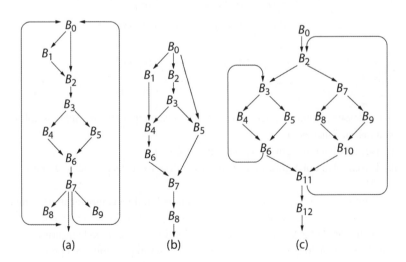

   a. Calcule as árvores de dominadores para os CFGs a, b e c.
   b. Calcule as fronteiras de dominância para os nós 3 e 5 do CFG a, os nós 4 e 5 do CFG b, e os nós 3 e 11 do CFG c.

6. Traduza o código mostrado na Figura 9.26 para a forma SSA. Mostre apenas o código final, após a inserção-ϕ e a renomeação.
7. Considere o conjunto de todos os blocos que recebem uma função-ϕ devido a uma atribuição $x \leftarrow \ldots$ em algum bloco b. O algoritmo da Figura 9.9 insere uma função-ϕ em cada bloco em DF(b). Cada um desses blocos é acrescentado à worklist; eles, por sua vez, podem acrescentar nós em seus conjuntos DF à worklist. O algoritmo usa uma lista de verificação para evitar a inclusão de um bloco à worklist mais de uma vez. Chame o conjunto de todos esses blocos de DF$^+$(b). Podemos definir DF$^+$(b) como o limite da sequência:

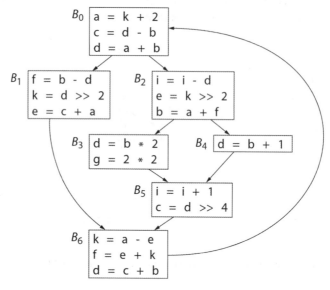

FIGURA 9.26 CFG para o Exercício 6.

$$DF_1(b) = DF(b)$$
$$DF_2(b) = DF_1(b) \ \cup_{x \in DF_1(b)} DF_1(x)$$
$$DF_3(b) = DF_2(b) \ \cup_{x \in DF_2(b)} DF_2(x)$$
$$\ldots$$
$$DF_i(b) = DF_{i-1}(b) \ \cup_{x \in DF_{i-1}(b)} DF_{i-1}(x)$$

O uso desses conjuntos estendidos, $DF^+(b)$, leva a um algoritmo mais simples para inserir funções-ϕ.

a. Desenvolva um algoritmo para calcular $DF^+(b)$.
b. Desenvolva um algoritmo para inserir funções-ϕ usando esses conjuntos DF^+.
c. Compare o custo geral do seu algoritmo, incluindo a computação de conjuntos DF^+, com o custo do algoritmo de inserção-ϕ dado na Seção 9.3.3.

8. A construção de SSA máxima é simples e intuitiva. Porém, pode inserir muito mais funções-ϕ do que o algoritmo semipodado. Em particular, ela pode inserir funções-ϕ redundantes ($x_i \leftarrow \phi(x_j, x_j)$) e funções-$\phi$ mortas — em que o resultado nunca é utilizado.

a. Proponha um método para detectar e remover as funções-ϕ extras que a construção máxima insere.

b. Seu método pode reduzir o conjunto de funções-ϕ a apenas aquelas que a construção semipodada insere?
  c. Compare a complexidade assintótica do seu método com a da construção semipodada.
9. A informação de dominância e a forma SSA nos permitem melhorar o algoritmo de numeração de valor superlocal (SVN) da Seção 8.5.1. Suponha que o código esteja na forma SSA.
   a. Para cada nó no CFG com múltiplos predecessores, a SVN começa com uma tabela hash vazia. Para tal bloco, b_i, você pode usar informações de dominância para selecionar um bloco cujos fatos precisam ser mantidos na entrada de b_i?
   b. Com quais propriedades da forma SSA esse algoritmo conta?
   c. Supondo que o código já esteja na forma SSA, com informações de dominância disponíveis, qual é o custo extra dessa numeração de valor baseada em dominador?

Seção 9.4

10. Mostre, para cada um dos seguintes grafos de fluxo de controle, se ele é redutível ou não:

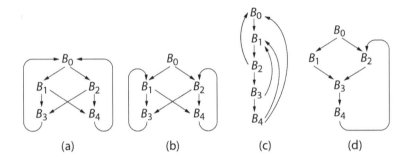

11. Prove que a definição a seguir de um grafo redutível é equivalente à definição que usa as transformações T_1 e T_2: "Um grafo G é redutível se, e somente se, para cada ciclo em G existe um nó n no ciclo com a propriedade de que n domina cada nó nesse ciclo".

12. Mostre uma sequência de reduções, usando T_1 e T_2, que reduza o grafo a seguir:

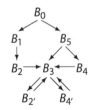

Capítulo 10

Otimizações escalares

VISÃO GERAL DO CAPÍTULO

Um compilador otimizador melhora a qualidade do código que gera aplicando transformações que reescrevem o código. Este capítulo baseia-se na introdução à otimização, do Capítulo 8, e no material sobre análise estática do Capítulo 9, para focar a otimização do código para uma única thread de controle — a chamada otimização escalar. O capítulo introduz uma grande seleção de transformações independentes de máquina que tratam de uma série de ineficiências no código compilado.

Palavras-chave: Otimização, Transformação, Dependente de máquina, Independente de máquina, Redundância, Código morto, Propagação de constante

10.1 INTRODUÇÃO

Um otimizador analisa e transforma o código com a intenção de melhorar seu desempenho. O compilador usa análises estáticas, como a de fluxo de dados (ver Capítulo 9), para descobrir oportunidades de transformações e provar sua segurança. Essas análises são prelúdios das transformações — a menos que o compilador reescreva o código, nada mudará.

A otimização de código tem uma história que é tão longa quanto a dos compiladores. O primeiro compilador FORTRAN incluía a otimização cuidadosa com a intenção de fornecer um desempenho que competisse com o código assembly codificado à mão. Desde esse primeiro compilador otimizador no final da década de 1950, a literatura sobre otimização tem aumentado para incluir milhares de artigos que descrevem análises e transformações.

Decidir quais transformações usar e selecionar uma ordem de aplicação para elas continua sendo uma das decisões mais assustadoras que um construtor de compiladores enfrenta. Este capítulo se concentra na *otimização escalar*, ou seja, aquela do código ao longo de uma única thread de controle. Identifica cinco fontes-chave de ineficiências no código compilado e depois apresenta um conjunto de otimizações que ajuda a removê-las. O capítulo é organizado em torno desses cinco efeitos; esperamos que um construtor de compiladores, ao escolher otimizações, possa usar o mesmo esquema organizacional.

Otimização escalar
Técnicas de melhoria de código que se concentram em uma única *thread* de controle.

Roteiro conceitual

Otimização baseada em compilador é o processo de análise do código para determinar suas propriedades e uso dos resultados dessa análise para reescrever o código em um formato mais eficiente ou mais eficaz. Essa melhoria pode ser medida de várias maneiras, incluindo menos tempo de execução, tamanho de código reduzido ou menor uso de energia pelo processador durante a execução. Cada compilador tem algum conjunto de programas de entrada para os quais produz um código altamente eficaz. Um bom otimizador deve tornar esse desempenho disponível em um conjunto muito maior de entradas. O otimizador deve ser robusto, ou seja, pequenas mudanças na entrada não devem produzir mudanças extravagantes no desempenho.

Independente de máquina
Considera-se *independente de máquina* uma transformação que melhora o código na maioria das máquinas-alvo.

Dependente de máquina
Considera-se *dependente de máquina* uma transformação que conta com o conhecimento do processador-alvo.

Um otimizador alcança esses objetivos por meio de dois mecanismos principais: elimina o overhead desnecessário introduzido por abstrações da linguagem de programação e combina as necessidades do programa resultante com os recursos de hardware e software disponíveis da máquina-alvo. No sentido mais amplo, as transformações podem ser classificadas como *independentes* ou *dependentes de máquina*. Por exemplo, a substituição de uma computação redundante por um reúso do valor já calculado normalmente é mais rápida do que recalcular o valor; assim, a eliminação de redundância é considerada independente de máquina. Ao contrário, a implementação de uma operação de cópia de string de caracteres com o hardware do tipo "espalhar-juntar" em um processador vetorial é certamente *dependente de máquina*. A reescrita dessa operação de cópia com uma chamada para a rotina bcopy, do sistema, otimizada à mão, poderia ser mais amplamente aplicável.

Visão geral

A maioria dos otimizadores é construída como uma série de passos, como apresentado na margem. Cada passo toma o código na forma IR como entrada e produz uma versão reescrita do código IR como saída. Esta estrutura quebra a implementação em pedaços menores e evita algumas das complexidades que surgem em programas grandes, monolíticos. Ela permite que os passos sejam construídos e testados independentemente, o que simplifica o desenvolvimento, teste e manutenção. Ela cria um caminho natural para o compilador fornecer diferentes níveis de otimização; cada nível especifica um conjunto de passos a serem executados. A estrutura de passos permite ao construtor de compiladores executar alguns passos várias vezes, se desejável. Na prática, alguns passos devem ser executados uma vez, enquanto outros podem ser executados várias vezes em diferentes pontos da sequência.

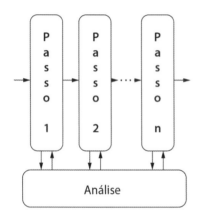

SEQUÊNCIAS DE OTIMIZAÇÃO

A escolha de transformações específicas e da ordem de sua aplicação tem forte impacto sobre a eficácia de um otimizador. Para tornar o problema mais difícil, transformações individuais têm efeitos superpostos (por exemplo, numeração de valor local *versus* numeração de valor superlocal), e aplicações individuais têm diferentes conjuntos de ineficiências.

Igualmente difíceis, as transformações que visam diferentes efeitos interagem umas com as outras. Uma determinada transformação pode criar oportunidades para outras. Simetricamente, uma determinada transformação pode obscurecer ou eliminar oportunidades para outras.

Os compiladores otimizadores clássicos disponibilizam vários níveis de otimização (por exemplo, -O, -O1, -O2, ...) como um meio de oferecer ao usuário final várias sequências que eles possam experimentar. Os pesquisadores têm focado as técnicas para derivar sequências personalizadas para códigos de aplicação específicos, selecionando tanto o conjunto de transformações quanto uma ordem de aplicação. A Seção 10.7.3 discute este problema com mais profundidade.

No projeto de um otimizador, a seleção e a ordenação de transformações desempenham papel crítico para determinar a eficácia geral do otimizador. A seleção de transformações determina quais ineficiências específicas no programa em IR o otimizador descobre e como reescreve o código para reduzi-las. A ordem em que o compilador aplica as transformações determina como os passos interagem.

Por exemplo, no contexto apropriado ($r_2 > 0$ e $r_5 = 4$), um otimizador poderia substituir mult $r_2, r_5 \Rightarrow r_{17}$ por lshiftI $r_2, 2 \Rightarrow r_{17}$. Essa mudança substitui uma multiplicação de inteiros em múltiplos ciclos por uma única operação shift de único ciclo e reduz a demanda por registradores. Na maioria dos casos, essa reescrita é lucrativa. Porém, se o próximo passo contar com a comutatividade para rearrumar as expressões, então a substituição de uma multiplicação por um shift impede uma oportunidade (a multiplicação é comutativa, o shift não). Na medida em que uma transformação torne os passos posteriores menos eficientes, pode prejudicar a qualidade geral do código. Adiar a substituição de multiplicações por shifts pode evitar este problema; o contexto necessário para provar a segurança e a lucratividade dessa reescrita provavelmente deve sobreviver aos passos intermediários.

O primeiro obstáculo no projeto e na construção de um otimizador é conceitual. A literatura sobre otimização descreve centenas de algoritmos distintos para melhorar os programas em IR. O construtor de compiladores deve selecionar um subconjunto dessas transformações para implementar e aplicar. Embora a leitura de artigos originais possa ajudar na implementação, ele fornece poucos critérios para o processo decisório, pois a maioria dos artigos defende o uso de suas próprias transformações.

Os construtores de compilador precisam entender quais ineficiências aparecem em aplicações traduzidas por seus compiladores e que impacto essas ineficiências têm sobre a aplicação. Dado um conjunto de falhas específicas a resolver, eles podem então selecionar transformações específicas para resolvê-las. Muitas transformações, na verdade, resolvem várias ineficiências, e, portanto, a seleção cuidadosa pode reduzir o número de passos necessários. Como a maioria dos otimizadores é construída com recursos limitados, o construtor de compiladores pode priorizar as transformações por seu impacto esperado sobre o código final.

Conforme mencionamos no roteiro conceitual, as transformações podem estar em duas categorias gerais: transformações independentes de máquina e transformações dependentes de máquina. Alguns exemplos das primeiras, dos capítulos anteriores, incluem numeração de valor local, substituição em linha e propagação de constante. As segundas normalmente encontram-se no âmbito da geração de código — alguns exemplos incluem otimização *peephole* (ver Seção 11.5), escalonamento de instruções e alocação de registradores —; outras encontram-se no âmbito do otimizador; alguns exemplos são balanceamento de altura de árvore, posicionamento de código global e posicionamento de procedimento. Algumas transformações resistem à classificação; o desenrolamento de laço pode resolver questões independentes de máquina, como overhead de laço, ou questões dependentes de máquina, como escalonamento de instruções.

> A distinção entre essas categorias pode não ser clara. Chamamos uma transformação de independente de máquina se ela deliberadamente ignora considerações da máquina-alvo, como seu impacto sobre a alocação de registradores.

Os Capítulos 8 e 9 já apresentaram uma série de transformações, selecionadas para ilustrar pontos específicos. Os três capítulos seguintes se concentram na geração de código, uma atividade dependente de máquina. Muitas das técnicas apresentadas nesses capítulos, como otimização *peephole*, escalonamento de instruções e alocação de registradores, são transformações dependentes de máquina. Este capítulo apresenta uma grande seleção de transformações, principalmente transformações independentes de máquina. As transformações são organizadas em torno do efeito que têm sobre o código final. Vamos nos preocupar com cinco efeitos específicos.

- *Eliminar código inútil e inalcançável*. O compilador pode descobrir que uma operação é inútil ou inalcançável. Na maioria dos casos, a eliminação dessas operações produz código menor e mais rápido.
- *Movimentar código*. O compilador pode mover uma operação para um local onde execute menos vezes, mas produz a mesma resposta. Na maioria dos casos, a movimentação de código reduz o tempo de execução, e, em alguns casos, o tamanho do código.

- *Especializar uma computação.* O compilador pode usar o contexto em torno de uma operação para especializá-la, como no exemplo anterior que reescreveu uma multiplicação como um shift. A especialização reduz o custo das sequências de código geral.
- *Eliminar uma computação redundante.* O compilador pode provar que um valor já foi calculado e reutilizar o valor anterior. Em muitos casos, a reutilização custa menos do que a recomputação. A numeração de valor local captura este efeito.
- *Habilitar outras transformações.* O compilador pode reescrever o código de modo que exponha novas oportunidades para outras transformações. A substituição em linha, por exemplo, cria oportunidades para muitas outras otimizações.

Esse conjunto de categorias abrange a maior parte dos efeitos independentes de máquina que o compilador pode resolver. Na prática, muitas transformações atacam efeitos em mais de uma categoria. A numeração de valor local, por exemplo, elimina computações redundantes, especializa computações com valores constantes conhecidos e usa identidades algébricas para identificar e remover alguns tipos de computações inúteis.

> **OTIMIZAÇÃO COMO ENGENHARIA DE SOFTWARE**
>
> Ter um otimizador separado pode simplificar o projeto e a implementação de um compilador. O otimizador simplifica o front end; que pode gerar um código de uso geral e ignorar casos especiais. O otimizador simplifica o back end; que pode se concentrar no mapeamento da versão em IR do programa para a máquina-alvo. Sem um otimizador, tanto o front end quanto o back end devem se preocupar em encontrar oportunidades para melhoria e explorá-las.
>
> Em um otimizador estruturado por passos, cada passo contém uma transformação e a análise exigida para lhe dar suporte. Em princípio, cada tarefa que o otimizador realiza pode ser implementada uma vez. Isso oferece um único ponto de controle e permite que o construtor de compiladores implemente funções complexas apenas uma vez, ao invés de muitas. Por exemplo, a exclusão de uma operação da IR pode ser complicada. Se a operação excluída deixar um bloco básico vazio, exceto para o desvio ou salto ao final do bloco, então a transformação também deve excluir o bloco e reconectar os predecessores do bloco aos seus sucessores, conforme a necessidade. Manter essa funcionalidade em um só local simplifica a implementação, compreensão e manutenção.
>
> Sob o ponto de vista da engenharia de software, a estrutura de passos, com uma separação clara de interesses, faz sentido. Isto permite que cada passo se concentre em uma única tarefa, e fornece uma separação clara de interesses — a numeração de valor ignora a pressão sobre o registrador, e o alocador de registradores ignora as subexpressões comuns, permitindo que o construtor de compiladores teste os passos independente e completamente, e também simplifica o isolamento de falhas.

10.2 ELIMINAÇÃO DE CÓDIGO INÚTIL E INALCANÇÁVEL

Às vezes, os programas contêm computações que não possuem efeito visível externamente. Se o compilador puder determinar que uma dada operação não afeta os resultados do programa, ele pode eliminá-la. A maioria dos programadores não escreve tal código intencionalmente. Porém, ele surge na maioria dos programas como resultado direto da otimização no compilador e normalmente pela expansão de macro ou tradução ingênua no front end do compilador.

Inútil
Uma operação é *inútil* se nenhuma operação utiliza seu resultado, ou se todos os usos do resultado são, por si sós, mortos.

Inalcançável
Uma operação é *inalcançável* se nenhum caminho válido no fluxo de controle contiver a operação.

Dois efeitos distintos podem tornar uma operação elegível para remoção. Ela pode ser *inútil*, significando que seu resultado não tem efeito visível externamente. Alternativamente, ela pode ser *inalcançável*, significando que não pode ser executada. Se uma operação cai em qualquer dessas categorias, pode ser eliminada. O termo *código morto* é usado normalmente para significar código inútil ou inalcançável; usamos o termo para significar inútil.

A remoção de código inútil ou inalcançável encolhe a forma IR do código, o que leva a um programa executável menor, compilação mais rápida e, normalmente, execução mais rápida. Isto também pode aumentar a capacidade do compilador de aperfeiçoar o código. Por exemplo, o código inalcançável pode ter efeitos que aparecem nos resultados da análise estática e impedem a aplicação de algumas transformações. Neste caso, a remoção do bloco inalcançável pode mudar os resultados da análise e permitir mais transformações (veja, por exemplo, a propagação de constante condicional, ou SCCP, na Seção 10.7.1).

Algumas formas de eliminação de redundância também removem código inútil. Por exemplo, a numeração de valor local aplica identidades algébricas para simplificar o código. Alguns exemplos são $x + 0 \Rightarrow x$, $y \times 1 \Rightarrow y$ e $\max(z,z) \Rightarrow z$. Cada uma dessas simplificações elimina uma operação inútil — por definição, operação que, quando removida, não faz diferença no comportamento visível externamente do programa.

Como os algoritmos nesta seção modificam o grafo de fluxo de controle (CFG) do programa, distinguimos cuidadosamente entre os termos *desvio*, como em um `cbr` da ILOC, e *salto*, como em um `jump` da ILOC. Atenção cuidadosa a esta distinção ajudará o leitor a entender os algoritmos.

10.2.1 Eliminação de código inútil

Os algoritmos clássicos para eliminar código inútil operam de maneira semelhante aos coletores de lixo do tipo marcar-varrer, com o código IR servindo como dados (ver Seção 6.6.2). Assim como os coletores marcar-varrer, eles realizam duas passagens sobre o código. A primeira começa limpando todos os campos de marca e marcando operações "críticas" como "úteis". Uma operação é *crítica* se definir valores de retorno para o procedimento, se for uma instrução de entrada/saída, ou se afetar o valor em um local de armazenamento que pode ser acessível de fora do procedimento atual. Alguns exemplos de operações críticas incluem o código de prólogo e epílogo de um procedimento e as sequências de pré-chamada e pós-retorno nas chamadas. Em seguida, o algoritmo rastreia os operandos de operações úteis de volta às suas definições e marca essas operações como úteis. Esse processo continua, em um esquema iterativo simples de worklist, até que mais nenhuma operação possa ser marcada como útil. A segunda passagem percorre o código e remove qualquer operação não marcada como útil.

A Figura 10.1 torna essas ideias concretas. O algoritmo, chamado de `Dead`, considera que o código está na forma SSA, que simplifica o processo, porque cada uso refere-se a uma única definição. `Dead` consiste em duas passagens. A primeira, chamada `Mark`, descobre o conjunto de operações úteis. A segunda, chamada `Sweep`, remove operações inúteis. `Mark` conta com fronteiras de dominância reversas, que derivam das fronteiras de dominância usadas na construção da SSA (ver Seção 9.3.2).

O tratamento de operações diferentes de desvios ou saltos é simples. A fase de marcação determina se uma operação é útil. A fase de varrição remove operações que não foram marcadas como úteis.

O tratamento de operações de fluxo de controle é mais complexo. Cada salto é considerado útil. Os desvios são considerados úteis somente se a execução de uma operação útil depender da sua presença. À medida que a fase de marcação descobre operações úteis, também marca os desvios apropriados como úteis. Para mapear uma operação

---

Uma operação pode definir um valor de retorno de várias maneiras, incluindo atribuição a um parâmetro de chamada por referência ou a uma variável global, atribuição por meio de um ponteiro ambíguo, ou passagem de um valor de retorno por meio de uma instrução return.

```
Mark()
  WorkList ← ∅
  for each operação i
     limpar marca de i
     if i é crítico then
        marcar i
        WorkList ← WorkList ∪ {i}
  while (WorkList ≠ ∅)
     remover i da WorkList
        (considere que i é x ← y op z)
     if def(y) não está marcado then
        marcar def(y)
        WorkList ← WorkList ∪ {def(y)}
     if def(z) is not marked then
        marcar def(z)
        WorkList ← WorkList ∪ {def(z)}
     for each bloco b ∈ RDF(block(i))
        seja j o desvio que termina b
        if j está desmarcado then
           marcar j
           WorkList ← WorkList ∪ {j}
```

(a) A rotina Mark

```
Sweep()
  for each operação i
     if i está desmarcado then
        if i é um desvio then
           reescrever i com um salto para o
           pós-dominador marcado mais próximo de i
        if i não é um salto then
           excluir i
```

(b) A rotina Sweep

■ **FIGURA 10.1** Eliminação de código inútil.

Pós-dominância

Em um CFG, *j pós-domina i* se, e somente se, cada caminho de *i* até o nó de saída passar por *j*.
Veja também a definição de dominância na página 417.

marcada aos desvios que ela torna úteis, o algoritmo conta com a noção de dependência de controle.

A definição de dependência de controle baseia-se na *pós-dominância*. Em um CFG, o nó *j* pós-domina o nó *i* se cada caminho de *i* até o nó de saída do CFG passar por *j*. Usando a pós-dominância, podemos definir a dependência de controle da seguinte forma: em um CFG, o nó *j* é dependente de controle do nó *i* se, e somente se:

1. Houver um caminho não nulo de *i* até *j* tal que *j* pós-domina cada nó no caminho após *i*. Quando a execução começar nesse caminho, ela deve fluir por *j* para alcançar a saída do CFG (a partir da definição da pós-dominância).

2. *j* não pós-domina estritamente *i*. Outra aresta sai de *i* e o controle pode fluir ao longo de um caminho para um nó que não está no caminho até *j*. Deve haver um caminho começando com essa aresta que leve à saída do CFG sem passar por *j*.

Em outras palavras, duas ou mais arestas saem do bloco *i*. Uma ou mais levam a *j* e uma ou mais não. Assim, a decisão tomada no desvio de término do bloco *i* pode determinar se *j* é executado ou não. Se uma operação em *j* for útil, então o desvio que termina *i* também é útil.

Essa noção de dependência de controle é capturada exatamente pela *fronteira de dominância reversa* de *j*, indicada por RDF(*j*). Essas fronteiras são simplesmente fronteiras de dominância calculadas sobre o CFG reverso. Quando Mark marca uma operação no bloco *b* como útil, esta visita cada bloco na fronteira de dominância reversa de *b* e marca seus desvios de término de bloco como úteis. Ao marcá-los, ela os acrescenta na worklist, terminando quando esta estiver vazia.

Sweep substitui qualquer desvio não marcado por um salto até seu primeiro pós--dominador que contém uma operação marcada. Se o desvio for não marcado, então seus sucessores, até seu pós-dominador imediato, não contêm operações úteis. (Caso contrário, quando essas operações fossem marcadas, o desvio teria sido marcado.) Um argumento semelhante aplica-se se o pós-dominador imediato não tiver operações marcadas. Para encontrar o pós-dominador útil mais próximo, o algoritmo pode percorrer a árvore de pós-dominadores até encontrar um bloco que contenha uma operação útil. Como, por definição, o bloco de saída é útil, essa busca deve terminar.

Depois que Dead é executado, o código não contém computações inúteis. Ele pode conter blocos vazios, que podem ser removidos pelo próximo algoritmo.

10.2.2 Eliminação de fluxo de controle inútil

A otimização pode mudar a forma IR do programa de modo que tenha fluxo de controle inútil. Se o compilador incluir otimizações que possam produzir fluxo de controle inútil como um efeito colateral, então deve incluir um passo que simplifica o CFG eliminando fluxo de controle inútil. Esta seção apresenta um algoritmo simples, chamado Clean, que trata desta tarefa.

Clean opera diretamente sobre o CFG do procedimento; ele usa quatro transformações, mostradas na margem, que são aplicadas na seguinte ordem:

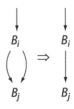

1. *Desdobrar um desvio redundante.* Se Clean encontra um bloco que termina em um desvio, e os dois lados do desvio visam o mesmo bloco, ele substitui o desvio por um salto para o bloco de destino. Essa situação surge como resultado de outras simplificações. Por exemplo, B_i poderia ter tido dois sucessores, cada um com um salto para B_j. Se outra transformação já tivesse esvaziado esses blocos, então a remoção de bloco vazio, discutida a seguir, poderia produzir o grafo inicial mostrado na margem.
2. *Remover um bloco vazio.* Se Clean encontrar um bloco que contém somente um salto, pode mesclar o bloco em seu sucessor. Essa situação surge quando outras passagens removem todas as operações de um bloco B_i. Considere o grafo da esquerda do par mostrado na margem. Como B_i tem apenas um sucessor, B_j, a transformação redireciona as arestas que entram em B_i para B_j e exclui B_i do conjunto de predecessores de B_j. Isso simplifica o grafo, e também deve acelerar a execução. No grafo original, os caminhos por meio de B_i precisavam de duas operações de fluxo de controle para alcançar B_j. No grafo transformado, esses caminhos usam uma operação para o mesmo objetivo.
3. *Combinar blocos.* Se Clean encontrar um bloco B_i que termine em um salto para B_j, e B_j tiver apenas um predecessor, pode combinar os dois blocos, como mostramos na margem. Essa situação pode surgir de várias maneiras. Outra transformação poderia eliminar outras arestas que entraram em B_j, ou B_i e B_j poderiam ser o resultado do desdobramento de um desvio redundante (descrito acima). De qualquer forma, os dois blocos podem ser combinados em um único, eliminando assim o salto ao final de B_i.
4. *Elevar um desvio.* Se Clean encontrar um bloco B_i que termina com um salto para um bloco vazio B_j, e B_j terminar com um desvio, pode substituir o salto de final de bloco em B_i por uma cópia do desvio a partir de B_j. Com efeito, isso eleva o desvio para B_i, como mostramos na margem. Essa situação surge quando

outras passagens eliminam as operações em B_j, deixando um salto para um desvio. O código transformado alcança o mesmo efeito com apenas um desvio. Isso acrescenta uma aresta ao CFG. Observe que B_i não pode ser vazio, ou então a remoção de bloco vazio o teria eliminado. De modo semelhante, B_i não pode ser o único predecessor de B_j, ou então Clean teria combinado os dois blocos. (Após a elevação, B_j ainda tem pelo menos um predecessor.)

Algum cuidado é necessário para implementar essas transformações. Algumas das modificações são triviais. Para desdobrar um desvio redundante em um programa representado por ILOC e um CFG gráfico, Clean simplesmente sobrescreve o desvio de final de bloco com um salto e ajusta as listas de sucessor e predecessor dos blocos. Outras são mais difíceis. Mesclar dois blocos pode envolver alocar espaço para o bloco mesclado, copiar as operações para o novo bloco, ajustar as listas de predecessor e sucessor do novo bloco e seus vizinhos no CFG, e descartar os dois blocos originais.

Muitos compiladores e montadores têm incluído um passo *ad hoc* que elimina um salto para um salto ou um salto para um desvio. Clean consegue o mesmo efeito de um modo sistemático.

Clean aplica essas quatro transformações em um padrão sistemático. Ele percorre o grafo em pós-ordem, de modo que os sucessores de B_i são simplificados antes de B_i, a menos que o sucessor se encontre ao longo de uma aresta de volta com relação à numeração de pós-ordem. Neste caso, Clean visitará o predecessor antes do sucessor, o que é inevitável em um grafo cíclico. Simplificar sucessores antes de predecessores reduz o número de vezes que a implementação deve mover algumas arestas.

Em algumas situações, mais de uma das transformações poderá se aplicar. A análise cuidadosa de vários casos leva à ordem mostrada na Figura 10.2, que corresponde àquela em que eles são apresentados nesta seção. O algoritmo usa uma série de instruções *if*, ao invés de um *if-then-else*, para lhe permitir aplicar várias transformações em uma única visita a um bloco.

Se o CFG contém arestas de volta, uma passagem de Clean pode criar oportunidades adicionais — a saber, sucessores não processados ao longo das arestas de volta. Tais arestas, por sua vez, podem criar outras oportunidades. Por esse motivo, Clean repete a sequência de transformações iterativamente até que o CFG pare de mudar. Ele precisa calcular a nova numeração de pós-ordem entre as chamadas a OnePass porque cada passagem muda o grafo subjacente. A Figura 10.2 mostra o pseudocódigo para Clean.

Clean não pode, por si só, eliminar um laço vazio. Considere o CFG mostrado na margem. Suponha que o bloco B_2 esteja vazio. Nenhuma das transformações de Clean pode eliminar B_2, pois o desvio que termina B_2 não é redundante. B_2 não termina com

```
Clean()
  while o CFG continua mudando
    calcular pós-ordem
    OnePass()


OnePass()
  for each bloco i, em pós-ordem
    if i termina em um desvio condicional then
       if os dois alvos são idênticos then
          substituir o desvio por um salto            /* caso 1 */
    if i termina em um salto para j then
       if i está vazio then
          substituir transferência para i por transferência para j  /* caso 2 */
       if j tem apenas um predecessor then
          combinar i e j                              /* caso 3 */
       if j está vazio e termina em um desvio condicional then
          sobrescrever o salto de i por uma cópia do desvio de j  /* caso 4 */
```

■ **FIGURA 10.2** Algoritmo para Clean.

um salto, de modo que `Clean` não pode combiná-lo com B_3. Seu predecessor termina com um desvio, ao invés de um salto, de modo que `Clean` não pode combinar B_2 com B_1 nem desdobrar seu desvio para B_1.

Porém, a cooperação entre `Clean` e `Dead` pode eliminar o laço vazio. `Dead` usou a dependência de controle para marcar desvios úteis. Se B_1 e B_3 tiverem operações úteis, mas B_2 não, então o passo de `Mark` em `Dead` decidirá que o desvio terminando em B_2 não é útil, pois $B_2 \notin \text{RDF}(B_3)$. Como o desvio é inútil, o código que calcula a condição de desvio também é. Assim, `Dead` elimina todas as operações em B_2 e converte o desvio que o termina em um salto para o seu pós-dominador útil mais próximo, B_3, eliminando assim o laço original e produzindo o CFG rotulado como "Após Dead" na margem.

Dessa forma, `Clean` desdobra B_2 para B_1, para produzir o CFG rotulado como "Remove B_2" na margem. Essa ação também torna redundante o desvio ao final de B_1. `Clean` o reescreve com um salto, produzindo o CFG rotulado como "Desdobra o desvio" na margem. Nesse ponto, se B_1 é o único predecessor restante de B_3, `Clean` agrupa os dois blocos em um único.

Essa cooperação é mais simples e mais eficaz do que acrescentar uma transformação a `Clean` que trate de laços vazios. Tal transformação poderia reconhecer um desvio de B_i para si mesmo e, para um B_i vazio, reescrevê-lo com um salto para o outro destino do desvio. O problema está em determinar quando B_i está verdadeiramente vazio. Se B_i não tiver operações além do desvio, então o código que calcula a condição de desvio precisa estar fora do laço. Assim, a transformação só é segura se o autolaço (*self-loop*) nunca for executado. O raciocínio sobre o número de execuções do autolaço exige conhecimento sobre o valor em tempo de execução da comparação, uma tarefa que, em geral, está além da capacidade de um compilador. Se o bloco contém operações, mas somente operações que controlam o desvio, então a transformação precisaria reconhecer a situação com um casamento de padrões. De qualquer forma, essa nova transformação seria mais complexa do que as quatro incluídas em `Clean`. Contar com a combinação de `Dead` e `Clean` alcança o resultado apropriado de forma mais simples, mais modular.

10.2.3 Eliminação de código inalcançável

Às vezes, o CFG contém código que é inalcançável. O compilador deve encontrar os blocos inalcançáveis e removê-los. Um bloco pode ser inalcançável por dois motivos distintos: pode não haver caminho pelo CFG que leve ao bloco, ou os caminhos que alcançam o bloco podem não ser executáveis — por exemplo, guardados por uma condição que sempre é avaliada como falsa.

O primeiro caso é fácil de tratar. O compilador pode realizar uma análise de alcance no estilo marcar-varrer sobre o CFG. Primeiro, ele inicializa uma marca em cada bloco com o valor "inalcançável". Em seguida, começa com a entrada e marca cada nó do CFG que ele pode alcançar como "alcançável". Se todos os desvios e saltos forem não ambíguos, então todos os blocos não marcados podem ser excluídos. Com desvios ou saltos ambíguos, o compilador precisa preservar qualquer bloco que o desvio ou salto possa alcançar. Essa análise é simples e não dispendiosa. E pode ser feita durante travessias do CFG para outras finalidades ou durante a própria construção do CFG.

O tratamento do segundo caso é mais difícil. Exige que o compilador raciocine a respeito dos valores de expressões que controlam desvios. A Seção 10.7.1 apresenta um algoritmo que encontra alguns blocos que são inalcançáveis porque os caminhos que levam a eles não são executáveis.

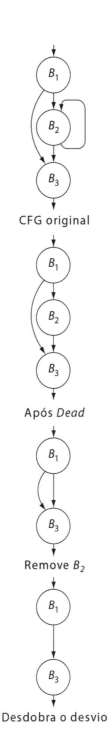

CFG original

Após *Dead*

Remove B_2

Desdobra o desvio

Se a linguagem-fonte permitir aritmética sobre ponteiros ou rótulos do código, o compilador deve preservar todos os blocos. Caso contrário, pode limitar o conjunto preservado a blocos cujos rótulos são referenciados.

> **REVISÃO DA SEÇÃO**
> As transformações de código normalmente criam código inútil ou inalcançável. Porém, para determinar exatamente quais operações são mortas, é preciso haver uma análise global. Muitas transformações simplesmente deixam as operações mortas na forma IR do código e contam com transformações separadas, especializadas, como `Dead` e `Clean`, para removê-las. Assim, a maioria dos compiladores otimizadores inclui um conjunto de transformações para remover o código morto. Frequentemente, essas passagens são executadas várias vezes durante a sequência de transformações.
>
> As três transformações apresentadas neste capítulo realizam um trabalho completo de eliminação de código inútil e inalcançável. A análise subjacente, porém, pode limitar a capacidade dessas transformações em provar que o código está morto. O uso dos valores baseados em ponteiro pode impedir que o compilador determine que um valor é não usado. Os desvios condicionais podem ocorrer em locais onde o compilador não pode detectar o fato de que eles sempre seguem o mesmo caminho; a Seção 10.8 apresenta um algoritmo que resolve parcialmente este problema.

Dica: escreva o código para acessar `A[i,j]` onde `A` é dimensionado como `A[1:N,1:M]`.

> **QUESTÕES DE REVISÃO**
> 1. Os programadores experientes normalmente questionam a necessidade da eliminação de código inútil. Eles parecem estar certos de que não escrevem código que seja inútil ou inalcançável. Quais transformações do Capítulo 8 poderiam criar código inútil?
> 2. Como o compilador, ou o ligador, poderia detectar e eliminar procedimentos inalcançáveis? Que benefícios haveria com o uso desta técnica?

10.3 MOVIMENTAÇÃO DE CÓDIGO

Mover uma computação para um ponto onde ele seja executado com menos frequência do que em sua posição original deve reduzir a contagem total de operações do programa em execução. A primeira transformação apresentada nesta seção, *movimentação de código pouco ativo*, usa a movimentação de código para acelerar a execução. Como os laços tendem a ser executados muito mais vezes do que o código que os cerca, grande parte do trabalho nessa área tem focado a movimentação de expressões que não variam no laço para fora dos laços. A movimentação de código pouco ativo realiza a movimentação de código invariante no laço; estende as noções formuladas originalmente no problema de fluxo de dados das expressões disponíveis, para incluir operações que são redundantes ao longo de alguns, mas não de todos os caminhos; insere código para torná-las redundantes em todos os caminhos e remove a expressão recém-redundante.

Alguns compiladores, porém, otimizam por outros critérios. Se o compilador se preocupa com o tamanho do código executável, pode realizar a movimentação de código para reduzir o número de cópias de uma operação específica. A segunda transformação apresentada nesta seção, *elevação*, usa a movimentação de código para reduzir a duplicação de instruções, e descobre casos em que a inserção de uma operação torna várias cópias da mesma operação redundantes sem mudar os valores calculados pelo programa.

10.3.1 Movimentação de código pouco ativo

A movimentação de código pouco ativo (LCM — *Lazy Code Motion*) utiliza a análise de fluxo de dados para descobrir tanto operações que são candidatas à movimentação de código quanto locais onde ele pode colocar essas operações. O algoritmo opera sobre a forma IR do programa e seu CFG, ao invés da SSA. O algoritmo usa três conjuntos diferentes de equações de fluxo de dados e deriva conjuntos adicionais a partir desses resultados. Ele produz, para cada aresta no CFG, um conjunto de expressões que devem ser avaliadas ao longo desta aresta e, para cada nó no CFG, um conjunto de expressões cujas avaliações expostas para cima devem ser removidas do bloco correspondente. Uma estratégia de reescrita simples interpreta esses conjuntos e modifica o código.

LCM combina a movimentação de código com a eliminação de computações redundantes e parcialmente *redundantes*. A redundância foi introduzida no contexto da numeração de valor local e superlocal na Seção 8.4.1. Uma computação é *parcialmente redundante* no ponto p se ocorrer em algum, mas não todos os caminhos que alcançam p e nenhum de seus operandos constituintes mudar entre essas avaliações e p. A Figura 10.3 mostra duas maneiras como uma expressão pode ser parcialmente redundante. Na Figura 10.3a, a ← b × c ocorre em um caminho levando ao ponto de junção, mas não no outro. Para tornar a segunda computação redundante, a LCM insere uma avaliação de a ← b × c no outro caminho, como mostra a Figura 10.3b. Na Figura 10.3c, a ← b × c é redundante ao longo da aresta de volta do laço, mas não ao longo da aresta que entra no laço. A inserção de uma avaliação de a ← b × c antes do laço torna a ocorrência dentro dele redundante, como mostra a Figura 10.3d. Tornando a computação invariante no laço redundante e eliminando-a, a LCM a retira do laço, uma otimização chamada *movimentação de código invariante de laço* quando realizada por si só.

As ideias fundamentais em que a LCM se baseia foram introduzidas na Seção 9.2.4. A LCM calcula expressões disponíveis e expressões antecipáveis. Em seguida, usa os resultados dessas análises para incluir anotações em cada aresta $\langle i,j \rangle$ do CFG com um conjunto EARLIEST(i, j) que contenha as expressões para as quais essa aresta é o *posicionamento válido mais antigo*. A seguir, ela resolve um terceiro problema de fluxo de dados para encontrar os *posicionamentos mais recentes*, ou seja, situações em que a avaliação de uma expressão após seu posicionamento mais antigo tem o mesmo efeito. Os posicionamentos mais recentes são desejáveis porque podem encurtar os tempos de vida dos valores definidos pelas avaliações inseridas. Finalmente, a LCM calcula seus produtos finais, dois conjuntos INSERT e DELETE, que guiam sua etapa de reescrita de código.

Redundante
Uma expressão *e* é *redundante* em *p* se já tiver sido avaliada em cada caminho que leva a *p*.

Parcialmente redundante
Uma expressão *e* é *parcialmente redundante* em *p* se ela ocorrer em alguns, mas não em todos os caminhos que alcançam *p*.

Neste contexto, *mais antigo* significa a posição no CFG mais próxima do nó de entrada.

(a) Parcialmente redundante

(b) Redundante

(c) Parcialmente redundante

(d) Redundante

■ **FIGURA 10.3** Conversão de redundâncias parciais em redundâncias.

Observe que essas regras são consistentes com as de nomeação de registrador descritas na Seção 5.4.2.

Forma de código

LCM baseia-se em diversas suposições implícitas sobre a forma do código. Expressões textualmente idênticas sempre definem o mesmo nome. Assim, cada ocorrência de $r_i + r_j$ sempre visa o mesmo r_k. Desta forma, o algoritmo pode usar r_k como um substituto para $r_i + r_j$. Esse esquema de nomeação simplifica a etapa de reescrita; o otimizador pode simplesmente substituir uma avaliação redundante de $r_i + r_j$ por uma cópia de r_k, ao invés de criar um novo nome temporário e inserir cópias nesse nome após cada avaliação prévia.

A LCM move avaliações de expressão, e não atribuições. A disciplina de nomeação requer uma segunda regra para variáveis de programa, pois elas recebem valores de diferentes expressões. Assim, essas variáveis são definidas por operações de cópia do tipo registrador-para-registrador. Um modo simples de dividir o espaço de nomes entre variáveis e expressões é exigir que as variáveis tenham subscritos menores do que qualquer expressão, e que, em qualquer operação diferente de uma cópia, o subscrito do registrador definido deve ser maior do que os subscritos dos argumentos da operação. Assim, em $r_i + r_j \Rightarrow r_k$, $i < k$ e $j < k$. O exemplo na Figura 10.4 tem esta propriedade.

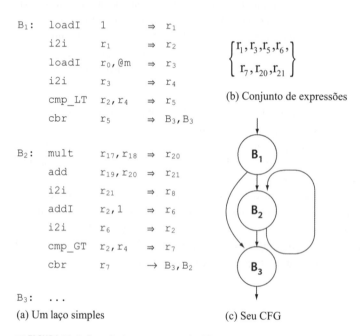

■ **FIGURA 10.4** Exemplo de movimentação de código pouco ativo.

Essas regras de nomeação permitem que o compilador facilmente separe variáveis de expressões, encurtando o domínio dos conjuntos manipulados nas equações de fluxo de dados. Na Figura 10.4, as variáveis são r_2 r_4 e r_8, cada qual definida por uma operação de cópia. Todos os outros nomes, r_1, r_3, r_5, r_6, r_7, r_{20} e r_{21}, representam expressões. A tabela a seguir mostra a informação local para os blocos no exemplo:

	B_1	B_2	B_3
DEExpr	$\{r_1, r_3, r_5\}$	$\{r_7, r_{20}, r_{21}\}$	$\emptyset$
UEExpr	$\{r_1, r_3\}$	$\{r_6, r_{20}, r_{21}\}$	$\emptyset$
ExprKill	$\{r_5, r_6, r_7\}$	$\{r_5, r_6, r_7\}$	$\emptyset$

DEEXPR(*b*) é o conjunto de expressões expostas para baixo (*downward-exposed*) no bloco *b;* UEEXPR(*b*) o conjunto de expressões expostas para cima (*upward-exposed*) em *b;* e EXPRKILL(*b*) o conjunto de expressões mortas por alguma operação em *b*. Vamos considerar, para simplificar, que os conjuntos para B_3 estão todos vazios.

Expressões disponíveis

A primeira etapa na LCM calcula expressões disponíveis, de maneira semelhante à que foi definida na Seção 9.2.4. A LCM precisa de disponibilidade ao final do bloco, e, assim, calcula AVAILOUT ao invés de AVAILIN. Uma expressão *e* está disponível na saída do bloco *b* se, ao longo de cada caminho de n_0 até *b*, *e* tiver sido avaliada e nenhum de seus argumentos tiver sido definido subsequentemente.

LCM calcula AVAILOUT da seguinte forma:

$$\text{AVAILOUT}(n_0) = \varnothing$$

$$\text{AVAILOUT}(n) = \{\text{ todas as expressões }\}, \quad \forall n \neq n_0$$

e depois avalia iterativamente a seguinte equação, até alcançar um ponto fixo:

$$\text{AVAILOUT}(n) = \bigcap_{m \in preds(n)} (\text{DEEXPR}(m) \cup \text{AVAILOUT}(m) \cap \overline{\text{EXPRKILL}(m)})$$

para o exemplo na Figura 10.4, esse processo produz os seguintes conjuntos:

	B_1	B_2	B_3
AVAILOUT	$\{r_1, r_3, r_5\}$	$\{r_1, r_3, r_7, r_{20}, r_{21}\}$	...

A LCM usa os conjuntos AVAILOUT para ajudar a determinar possíveis posicionamentos para uma expressão no CFG. Se uma expressão $e \in$ AVAILOUT (*b*), o compilador poderia colocar uma avaliação de *e* ao final do bloco *b* e obter o resultado produzido por sua avaliação mais recente em qualquer caminho de fluxo de controle de n_0 até *b*.

Se $e \notin$ AVAILOUT(*b*), então uma das subexpressões constituintes de *e* foi modificada desde a avaliação mais recente de *e*, e uma avaliação no final do bloco *b* possivelmente produziria um valor diferente. Em vista disso, conjuntos AVAILOUT () dizem ao compilador o quanto para a frente no CFG ele pode mover a avaliação de *e*, ignorando quaisquer usos de *e*.

Expressões antecipáveis

Para capturar informações para a movimentação de expressões para trás, a LCM calcula a antecipação. Lembre-se, pela Seção 9.2.4, que uma expressão é antecipável no ponto *p* se, e somente se, for calculada em cada caminho que sai de *p* e produzir o mesmo valor em cada uma dessas computações. Como a LCM precisa de informações sobre as expressões antecipáveis no início e no final de cada bloco, refatoramos a equação para introduzir um conjunto ANTIN(*n*) que mantém o conjunto de expressões antecipáveis para a entrada do bloco correspondente ao nó *n* no CFG. A LCM inicializa os conjuntos ANTOUT da seguinte forma:

$$\text{ANTOUT}(n_f) = \varnothing$$

$$\text{ANTOUT(n)} = \{\text{ todas as expressões }\}, \quad \forall \text{n} \neq n_f$$

Em seguida, calcula iterativamente conjuntos ANTIN e ANTOUT para cada bloco até que o processo alcance um ponto fixo.

$$\text{ANTIN}(m) = \text{UEEXPR}(m) \cup (\text{ANTOUT}(m) \cap \overline{\text{EXPRKILL}(m)})$$

$$\text{ANTOUT}(n) = \bigcap_{m \in succ(n)} \text{ANTIN}(m), \ n \uparrow n_f$$

Para o exemplo, esse processo produz os seguintes conjuntos:

	B_1	B_2	B_3
AntIn	$\{r_1, r_3\}$	$\{r_{20}, r_{21}\}$	$\varnothing$
AntOut	$\varnothing$	$\varnothing$	$\varnothing$

ANTOUT fornece informações sobre a segurança da elevação de uma avaliação para o início ou para o final do bloco atual. Se $x \in \text{ANTOUT}(b)$, o compilador pode colocar uma avaliação de x ao final de b, com duas garantias. Primeiro, a avaliação ao final de b produzirá o mesmo valor que a próxima avaliação de x ao longo de qualquer caminho de execução no procedimento. Segundo, ao longo de qualquer caminho de execução saindo de b, o programa avaliará x antes de redefinir qualquer um de seus argumentos.

Posicionamento mais cedo

Dadas as soluções para disponibilidade e antecipação, o compilador pode determinar, para cada expressão, o ponto mais cedo no programa em que ele pode avaliar a expressão. Para simplificar as equações, a LCM considera que colocará a avaliação em uma aresta do CFG, ao invés de no início ou final de um bloco específico. O cálculo do posicionamento de aresta permite que o compilador adie a decisão de colocar a avaliação no final da origem da aresta, no início de seu destino ou em um novo bloco no meio da aresta. (Veja a discussão das arestas críticas na Seção 9.3.5.)

Para uma aresta $\langle i, j \rangle$ do CFG, uma expressão e está em EARLIEST(i,j) se, e somente se, o compilador puder legalmente mover e para $\langle i, j \rangle$, e não puder movê-la para qualquer aresta anterior no CFG. A equação EARLIEST codifica esta condição como a interseção de três termos:

$$\text{EARLIEST}(i,j) = \text{ANTIN}(j) \cap \overline{\text{AVAILOUT}(i)} \cap \overline{\text{EXPRKILL}(i)} \cup \overline{\text{ANTOUT}(i)})$$

Esses termos definem um posicionamento mais cedo para e da seguinte forma:

1. $e \in \text{ANTIN}(j)$ significa que o compilador pode seguramente mover e para o início de j. As equações de antecipação garantem que e produzirá o mesmo valor de sua próxima avaliação em qualquer caminho que sai de j, e que cada um desses caminhos avalia e.
2. $e \notin \text{AVAILOUT}(i)$ mostra que nenhuma computação anterior de e está disponível na saída de i. Se $e \in \text{AVAILOUT}(i)$, a inserção de e em $\langle i, j \rangle$ seria redundante.
3. A terceira condição codifica dois casos. Se $e \in \text{EXPRKILL}(i)$, o compilador não pode mover e por meio do bloco i, devido a uma definição em i. Se $e \notin \text{ANTOUT}(i)$, o compilador não pode mover e para i porque $e \notin \text{ANTIN}(k)$ para alguma aresta $\langle i,k \rangle$. Se um destes for verdadeiro, então e não pode ser movido para além de $\langle i, j \rangle$.

O nó de entrada do CFG, n_0, apresenta um caso especial. A LCM não pode movimentar uma expressão para antes de n_0, de modo que pode ignorar o terceiro termo na equação para EARLIEST (n_0,k), para qualquer k. Os conjuntos EARLIEST para o exemplo em andamento são os seguintes:

	$\langle B_1, B_2 \rangle$	$\langle B_1, B_3 \rangle$	$\langle B_2, B_2 \rangle$	$\langle B_2, B_3 \rangle$
EARLIEST	$\{r_{20}, r_{21}\}$	$\emptyset$	$\emptyset$	$\emptyset$

Posicionamento posterior

O último problema de fluxo de dados na LCM determina quando um posicionamento mais cedo pode ser adiado para um ponto mais adiante no CFG enquanto alcança o mesmo efeito. A análise posterior é formulada como um problema de fluxo de dados para a frente no CFG com um conjunto LATERIN (n) associado a cada nó e outro conjunto LATER(i, j) associado a cada aresta $\langle i,j \rangle$. A LCM inicializa os conjuntos LATERIN da seguinte forma:

$$\text{LATERIN}(n_0) = \emptyset$$

$$\text{LATERIN}(n) = \{\text{ todas as expressões }\}, \ \forall n \neq n_0$$

Em seguida, calcula iterativamente conjuntos LATERIN e LATER para cada bloco. A computação termina quando alcança um ponto fixo.

$$\text{LATERIN}(j) = \bigcap_{i \in pred(j)} \text{LATERIN}(i,j), \ j \neq n_0$$
$$\text{LATERIN}(i,j) = \text{EARLIEST}(i,j) \cup \text{LATERIN}(i) \cap \overline{\text{UEEXPR}(i)}\ ), \ i \in pred(j)$$

Assim como na disponibilidade e na antecipação, essas equações têm uma única solução de ponto fixo.

Uma expressão $e \in \text{LATERIN}(k)$ se, e somente se, cada caminho que alcança k incluir uma aresta $\langle p,q \rangle$ tal que $e \in \text{EARLIEST}(p,q)$ e o caminho de q a k não redefine os operandos de e nem contém uma avaliação de e que um posicionamento anterior de e antecipasse. O termo EARLIEST na equação para LATER garante que LATER(i,j) inclui EARLIEST(i, j). O restante dessa equação coloca e em LATER(i, j) se e puder ser movido para a frente de i ($e \in \text{LATERIN}(i)$) e um posicionamento na entrada de i não antecipar um uso em i ($e \notin \text{UEEXPR}(i)$).

Dados os conjuntos LATER e LATERIN, $e \in \text{LATERIN}(i)$ implica que o compilador pode mover a avaliação de e para a frente por meio de i sem perder qualquer benefício — ou seja, não existe avaliação de e em i que uma avaliação anterior anteciparia, e $e \in \text{LATER}(i,j)$ implica que o compilador pode mover uma avaliação de e em i para j.

Para o exemplo em andamento, essas equações produzem os seguintes conjuntos:

	B_1	B_2	B_3
LATERIN	$\emptyset$	$\emptyset$	$\emptyset$

	$\langle B_1, B_2 \rangle$	$\langle B_1, B_3 \rangle$	$\langle B_2, B_2 \rangle$	$\langle B_2, B_3 \rangle$
LATER	$\{r_{20}, r_{21}\}$	$\emptyset$	$\emptyset$	$\emptyset$

Reescrever o código

A etapa final da realização da LCM é reescrever o código de modo que ele aproveite o conhecimento derivado das computações de fluxo de dados. Para controlar o processo de reescrita, a LCM calcula dois conjuntos adicionais, INSERT e DELETE.

O conjunto INSERT especifica, para cada aresta, as computações que a LCM deve inserir nessa aresta.

$$\text{INSERT}(i,j) = \text{LATER}(i,j) \cap \overline{\text{LATERIN}(j)}$$

Se i tem apenas um sucessor, a LCM pode inserir as computações no final de i. Se j tem apenas um predecessor, pode inseri-las na entrada de j. Se nenhuma dessas condições se aplica, a aresta $\langle i,j \rangle$ é uma aresta crítica e o compilador deve dividi-la inserindo um bloco no meio da aresta para avaliar as expressões em INSERT(i,j).

O conjunto DELETE especifica, para um bloco, quais computações a LCM deve excluir do bloco.

$$\text{DELETE}(i) = \text{UEEXPR}(i) \cap \overline{\text{LATERIN}(i)} \quad i \neq n_0$$

DELETE(n_0) é vazio, naturalmente, pois nenhum bloco precede n_0. Se $e \in$ DELETE(i), então a primeira computação de e em i é redundante após todas as inserções terem sido feitas. Qualquer avaliação subsequente de e em i que tenha os usos expostos para cima — ou seja, os operandos não forem definidos entre o início de i e a avaliação — também pode ser excluída. Como todas as avaliações de e definem o mesmo nome, o compilador não precisa reescrever referências subsequentes à avaliação excluída. Elas simplesmente se referirão a avaliações anteriores de e que a LCM tenha provado produzir o mesmo resultado.

Para o nosso exemplo, os conjuntos INSERT e DELETE são simples.

	$\langle B_1, B_2 \rangle$	$\langle B_1, B_3 \rangle$	$\langle B_2, B_2 \rangle$	$\langle B_2, B_3 \rangle$
INSERT	$\{r_{20}, r_{21}\}$	$\varnothing$	$\varnothing$	$\varnothing$

	B_1	B_2	B_3
DELETE	$\varnothing$	$\{r_{20}, r_{21}\}$	$\varnothing$

O compilador interpreta os conjuntos INSERT e DELETE e reescreve o código conforme apresentado na Figura 10.5. A LCM exclui as expressões que definem r_{20} e r_{21} de B_2 e as insere na aresta de B_1 a B_2.

Como B_1 tem dois sucessores e B_2 tem dois predecessores, $\langle B_1, B_2 \rangle$ é uma aresta crítica. Assim, a LCM a divide, criando um novo bloco B_{2a} para manter as computações inseridas de r_{20} e r_{21}. A divisão de $\langle B_1, B_2 \rangle$ acrescenta um jump extra ao código. O trabalho subsequente na geração de código quase certamente implementará o jump em B_{2a} como um *fall-through*, eliminando qualquer custo associado a ele.

Agrupamento
Passagem que determina quando uma cópia de registrador para registrador pode ser seguramente eliminada e os nomes de origem e destino combinados.

Observe que a LCM deixa a cópia definindo r_8 em B_2. Ela move expressões, e não atribuições. (Lembre-se de que r_8 é uma variável, não uma expressão.) Se a cópia for desnecessária, o *agrupamento* de cópia subsequente, seja no alocador de registradores ou como uma passagem independente, deve descobrir este fato e eliminar a operação de cópia.

10.3.2 Elevação de código

As técnicas de movimentação de código também podem ser usadas para reduzir o tamanho do código compilado. Uma transformação chamada *elevação de código*

```
B₁:   loadI    1          ⇒ r₁
      loadAI   r₀,@m      ⇒ r₂
      cmp_LT   r₁,r₂      ⇒ r₃
      cbr      r₃         → B₂ₐ,B₃

B₂ₐ:  mult     r₁₇,r₁₈    ⇒ r₂₀
      add      r₁₉,r₂₀    ⇒ r₂₁
      jump                → B₂

B₂:   i2i      r₂₁        ⇒ r₈
      addI     r₁,1       ⇒ r₄
      i2i      r₄         ⇒ r₁
      cmp_GT   rr₁,r₂     ⇒ r₅
      cbr      r₅         → B₃,B₂

B₃:   ...
```

(a) Código transformado   (b) Seu CFG

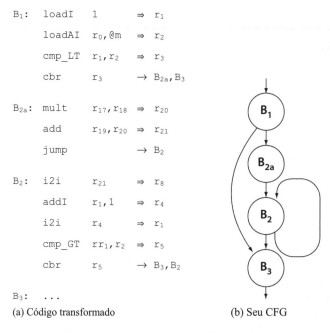

■ **FIGURA 10.5** Exemplo após movimentação de código pouco ativo.

fornece um modo direto de alcançar este objetivo. Ela usa os resultados da análise de antecipação de maneira particularmente simples.

Se uma expressão $e \in$ ANTOUT(b) para algum bloco b, isto significa que e é avaliada ao longo de cada caminho que sai de b, e que a avaliação de e ao final de b tornaria redundante a primeira avaliação ao longo de cada caminho. (As equações para ANTOUT garantem que nenhum dos operandos de e é redefinido entre o final de b e a próxima avaliação de e ao longo de cada caminho saindo de b.) Para reduzir o tamanho do código, o compilador pode inserir uma avaliação de e ao final de b e substituir a primeira ocorrência de e em cada caminho saindo de b por uma referência ao valor previamente calculado. O efeito desta transformação é substituir várias cópias da avaliação de e por uma única, reduzindo o número geral de operações no código compilado.

Para substituir essas expressões diretamente, o compilador precisaria localizá-las. Ele poderia inserir e, depois resolver outro problema de fluxo de dados, provando que o caminho de b para alguma avaliação de e está livre de definições para os operandos de e. Alternativamente, poderia atravessar cada um dos caminhos saindo de b para encontrar o primeiro bloco onde e é definido — examinando no conjunto UEEXPR do bloco. Cada uma dessas técnicas parece complicada.

Uma técnica mais simples faz com que o compilador visite cada bloco b e insira uma avaliação de e ao final de b, para cada expressão $e \in$ ANTOUT(b). Se o compilador usar uma disciplina uniforme para nomeação, conforme sugerido na discussão da LCM, então cada avaliação definirá o nome apropriado. A aplicação subsequente da LCM ou da numeração de valor superlocal, então, removerá as expressões recém-redundantes.

REVISÃO DA SEÇÃO

Os compiladores realizam movimentação de código por dois motivos principais. A movimentação de uma operação para um ponto onde ela execute menos vezes do que em sua posição original deve reduzir o tempo de execução. A movimentação de uma operação para um ponto onde uma ocorrência pode abranger vários caminhos no CFG deve reduzir o tamanho do código. Esta seção apresentou um exemplo de cada uma delas.

LCM é um exemplo clássico de otimização global controlada por fluxo de dados. Ela identifica expressões redundantes e parcialmente redundantes, calcula o melhor local para essas expressões, e as movimenta. Por definição, uma expressão invariante de laço é redundante ou parcialmente redundante; a LCM move uma grande classe de expressões invariantes de laço para fora dos laços. Elevação usa uma técnica muito mais simples; encontra operações que são redundantes em cada caminho saindo de algum ponto *p* e substitui todas as ocorrências redundantes por uma única ocorrência em *p*. Assim, a elevação normalmente é realizada para reduzir o tamanho do código.

A implementação comum do abaixamento é chamada *cross jumping*.

QUESTÕES DE REVISÃO

1. A elevação descobre a situação quando alguma expressão *e* existe ao longo de cada caminho que sai do ponto *p* e cada uma dessas ocorrências pode ser substituída com segurança por uma avaliação de *e* em *p*. Formule a otimização simétrica e equivalente, abaixamento de código (*code sinking*), que descobre quando múltiplas avaliações de expressão podem ser seguramente movidas para a frente no código — de pontos que precedem *p* para *p*.
2. Considere o que aconteceria se você aplicasse sua transformação de abaixamento de código durante o ligador, quando todo o código para a aplicação inteira está presente. Que efeito isso poderia ter sobre o código de ligação de procedimento?

10.4 ESPECIALIZAÇÃO

Na maioria dos compiladores, a forma do programa IR é determinada pelo front end, antes de qualquer análise detalhada do código. Necessariamente, isto produz um código geral que funciona em qualquer contexto que o programa em execução poderia encontrar. Com a análise, porém, o compilador, em geral, pode descobrir o suficiente para estreitar os contextos em que o código deve operar. Isto cria a oportunidade para que o compilador especialize a sequência de operações de forma que aproveitem seu conhecimento do contexto em que o código será executado.

As principais técnicas que realizam especialização aparecem em outras seções deste livro. A propagação de constantes, descrita nas Seções 9.3.6 e 10.8, analisa um procedimento para descobrir valores que sempre têm o mesmo valor, e, depois, desdobra esses valores diretamente na computação. A propagação de constantes interprocedimental, introduzida na Seção 9.4.2, aplica as mesmas ideias no escopo de programa inteiro. A redução de força de operador, apresentada na Seção 10.4, substitui as sequências indutivas de computações dispendiosas por sequências equivalentes de operações mais rápidas. A otimização *peephole*, da Seção 11.5, usa o casamento de padrões sobre curtas sequências de instruções para descobrir melhorias locais. A numeração de valor, das Seções 8.4.1 e 8.5.1, simplifica sistematicamente a forma IR do código, aplicando identidades algébricas e desdobramento de constante local. Cada uma dessas técnicas implementa uma forma de especialização.

Os compiladores otimizadores contam com essas técnicas gerais para melhorar o código. Além disso, a maioria deles contém técnicas de especialização que visam especificamente propriedades das linguagens-fonte ou de aplicações que o construtor de compiladores espera encontrar. O restante desta seção apresenta três dessas técnicas, que visam ineficiências específicas em chamadas de procedimento: otimização de chamada de cauda, otimização de chamada de folha e promoção de parâmetros.

10.4.1 Otimização de chamada de cauda

Quando a última ação que um procedimento realiza é uma chamada, referimo-nos a esta como uma chamada de cauda (*tail-call*). O compilador pode especializar as chamadas de cauda aos seus contextos de forma que eliminem grande parte do overhead da ligação de procedimento. Para entender como surge essa oportunidade de melhoria, considere o que acontece quando o chama p e p chama q. Quando q retorna, executa sua sequência de epílogo e salta de volta para a sequência de pós-retorno de p. A execução continua em p até que p retorna, ponto em que p executa sua sequência de epílogo e salta para a sequência de pós-retorno de o.

Se a chamada de p para q for uma chamada de cauda, então nenhuma computação útil ocorre entre a sequência de pós-retorno e a sequência de epílogo em p. Assim, qualquer código que preserve e restaure o estado de p, além do que é necessário para o retorno de p para o, é inútil. Uma ligação padrão, conforme descrita na Seção 6.5, gasta muito de seu esforço para preservar o estado que é inútil no contexto de uma chamada de cauda.

Na chamada de p para q, a sequência mínima de pré-chamada deve avaliar os parâmetros reais na chamada de p para q e ajustar os links de acesso ou o display, se necessário. Ela não precisa preservar quaisquer registradores de salvamento do procedimento chamador, pois eles não podem estar vivos, nem alocar um novo AR, pois q pode usar o AR de p. Deve deixar intacto o contexto criado para um retorno para o, a saber, o endereço de retorno e o ARP do chamador que o passou para p e quaisquer registradores de salvamento do procedimento chamado que p preservou escrevendo-os no AR. (Esse contexto fará com que o código de epílogo para q retorne o controle diretamente para o.) Finalmente, a sequência de pré-chamada deve saltar para uma sequência de prólogo adaptada para q.

Nesse esquema, q deve executar uma sequência de prólogo personalizada para combinar com a sequência de pré-chamada mínima em p. Ele só salva aquelas partes do estado de p que permitem um retorno para o. A sequência de pré-chamada não preserva os registradores de salvamentos do procedimento chamado por dois motivos. Primeiro, os valores de p nesses registradores não estão mais vivos. Segundo, os valores que p deixou na área de salvamento de registradores do AR são necessários para o retorno para o. Assim, a sequência de prólogo em q deve inicializar as variáveis locais e os valores que q precisa, e, então, desviar para o código de q.

Com essas mudanças na sequência de pré-chamada em p e a sequência de prólogo em q, a chamada de cauda evita preservar e restaurar o estado de p e elimina grande parte do overhead da chamada. Naturalmente, uma vez que a sequência de pré-chamada em p tiver sido adaptada desta forma, as sequências de pós-retorno e epílogo são inalcançáveis. As técnicas padrão como `Dead` e `Clean` não descobrirão este fato, pois assumem que os saltos interprocedimentais aos seus rótulos são executáveis. Quando o otimizador adaptar a chamada, ele poderá eliminar essas sequências mortas.

Com um pouco de cuidado, o otimizador pode planejar para que as operações no prólogo adaptado para q apareçam como últimas operações em seu prólogo mais geral. Nesse esquema, a chamada de cauda de p para q simplesmente salta para um ponto mais adiante na sequência de prólogo do que uma chamada normal de alguma outra rotina.

Se a chamada de cauda for do tipo autorrecursiva — ou seja, p e q são o mesmo procedimento —, então a otimização de chamada de cauda pode produzir um código particularmente eficiente. Em uma recursão de cauda, a sequência inteira de pré-

-chamada é devolvida para avaliação do argumento e um desvio de volta ao topo da rotina. Um retorno eventual da recursão exige um desvio, ao invés de um desvio por invocação recursiva. O código resultante compete com um laço tradicional em termos de eficiência.

10.4.2 Otimização de chamada de folha

Parte do overhead envolvido em uma chamada de procedimento surge da necessidade de preparar para chamadas que o procedimento chamado poderia fazer. Um procedimento que não faz chamadas, chamado procedimento folha, cria oportunidades para especialização. O compilador pode facilmente reconhecer a oportunidade; o procedimento não chama outros procedimentos.

> O outro motivo para armazenar o endereço de retorno é permitir que um depurador ou um monitor de desempenho retroceda a pilha de chamada. Quando essas ferramentas estão em uso, o compilador deve deixar a operação de salvamento intacta.

Durante a tradução de um procedimento folha, o compilador pode evitar inserir operações cuja única finalidade é se preparar para chamadas subsequentes. Por exemplo, o código de prólogo de procedimento pode salvar o endereço de retorno de um registrador em um slot no AR. Essa ação é desnecessária, a menos que o próprio procedimento faça outra chamada. Se o registrador que mantém o endereço de retorno for necessário para alguma outra finalidade, o alocador de registradores pode derramar o valor. De modo semelhante, se a implementação usa um display para fornecer endereçabilidade para variáveis não locais, conforme descrevemos na Seção 6.4.3, ela pode evitar a atualização do display na sequência de prólogo.

O alocador de registradores deve tentar usar registradores de salvamentos do chamador antes dos registradores de salvamentos do procedimento chamado em um procedimento folha. Se chegar ao ponto de poder deixar os registradores de salvamento do procedimento chamado intocáveis, pode evitar o código de salvamento e restauração para eles no prólogo e epílogo. Em pequenos procedimentos folha, o compilador pode ser capaz de evitar todo o uso dos registradores de salvamento do procedimento chamado. Se o compilador tiver acesso aos procedimentos chamador e chamado, poderá fazer melhor; para procedimentos folha que precisam de menos registradores do que o conjunto de salvamento do chamador inclui, também poderá evitar alguns dos salvamentos e restaurações de registrador no procedimento chamador.

Além disso, o compilador pode evitar o overhead de runtime da alocação de registro de ativação para os procedimentos folha. Em uma implementação em que o heap aloca ARs, esse custo pode ser significativo. Em uma aplicação com única thread de controle, o compilador pode alocar estaticamente o AR de qualquer procedimento folha. Um compilador mais agressivo poderia alocar um AR estático que seja grande o suficiente para trabalhar para qualquer procedimento folha e fazer com que todos os procedimentos folha compartilhem esse AR.

Se o compilador tiver acesso ao procedimento folha e a seus chamadores, pode alocar espaço para o AR do procedimento folha em cada um dos ARs de seus chamadores. Esse esquema amortiza o custo da alocação de AR por pelo menos duas chamadas — a invocação do chamador e a chamada ao procedimento folha. Se o chamador invocar o procedimento folha várias vezes, as economias são multiplicadas.

10.4.3 Promoção de parâmetros

Referências de memória ambíguas impedem o compilador de manter valores em registradores. Às vezes, o compilador pode provar que um valor ambíguo tem apenas um local de memória correspondente por meio da análise detalhada de valores de ponteiro ou valores de subscrito de array, ou pela análise de caso especial. Nesses casos, pode reescrever o código para mover esse valor para uma variável escalar local, onde o alocador de registradores pode mantê-la em um registrador. Esse tipo de transformação normalmente é chamado *promoção*. A análise para promover referências de array ou referências baseadas em ponteiro está fora do escopo deste livro. Porém, um caso mais simples pode ilustrar essas transformações igualmente bem.

Considere o código gerado para um parâmetro ambíguo de chamada por referência. Esses parâmetros podem surgir de várias maneiras. O código poderia passar o mesmo parâmetro real em dois slots de parâmetros distintos, ou passar uma variável global como um parâmetro real. A menos que o compilador realize análise interprocedimental para rejeitar essas possibilidades, deve tratar todos os parâmetros de referência como potencialmente ambíguos. Assim, cada uso do parâmetro exige um load, e cada definição um store.

Se o compilador puder provar que o parâmetro real deve ser não ambíguo no procedimento chamado, pode promover o valor do parâmetro para um valor escalar local, o que permite que o procedimento chamado o mantenha em um registrador. Se o parâmetro real não for modificado pelo procedimento chamado, o parâmetro promovido pode ser passado por valor. Se o procedimento chamado modificar o parâmetro real e o resultado estiver vivo no chamador, então o compilador deve usar a semântica de valor-resultado para passar o parâmetro promovido (ver Seção 6.4.1).

Para aplicar essa transformação a um procedimento p, o otimizador deve identificar todos os locais de chamada que possam invocar p. Ele pode, ou provar que a transformação se aplica a todos esses locais de chamada, ou clonar p para criar uma cópia que trate dos valores promovidos (ver Seção 10.6.2). A promoção de parâmetros é mais atraente em uma linguagem que usa a vinculação de chamada por referência.

Promoção
Categoria de transformações que move um valor ambíguo para um nome escalar local para expô-lo à alocação de registrador.

REVISÃO DA SEÇÃO

A especialização inclui muitas técnicas eficazes para adaptar as computações de uso geral aos seus contextos detalhados. Outros capítulos e seções apresentam poderosas técnicas de especialização global e regional, como propagação de constantes, otimização *peephole* e redução de força de operador.

Esta seção concentrou-se nas otimizações que o compilador pode aplicar ao código envolvido em uma chamada de procedimento. A otimização de chamada de cauda é uma ferramenta valiosa, que converte a recursão de cauda para uma forma que compete com a iteração convencional em termos de eficiência; e também se aplica a chamadas de cauda não recursivas. Os procedimentos folha oferecem oportunidades especiais para melhoria, pois o procedimento chamado pode omitir partes importantes da sequência de ligação padrão. Promoção de parâmetros é um exemplo de uma classe de transformações importantes que removem ineficiências relacionadas a referências ambíguas.

QUESTÕES DE REVISÃO

1. Muitos compiladores incluem uma forma simples de redução de força, em que operações individuais que possuem um operando de valor constante são substituídas por outras operações mais eficientes, menos gerais. O exemplo clássico é substituir uma multiplicação de inteiros de um número positivo por uma série de shifts e adds. Como você poderia desdobrar essa transformação em numeração de valor local?

2. A substituição em linha poderia ser uma alternativa para as otimizações de chamada de procedimento nesta seção. Como você poderia aplicar a substituição em linha em cada caso? Como o compilador poderia escolher a alternativa mais lucrativa?

10.5 ELIMINAÇÃO DE REDUNDÂNCIA

Um cálculo $x + y$ é redundante em algum ponto p no código se, ao longo de cada caminho que alcança p, $x + y$ já tiver sido avaliado e x e y não tiverem sido modificados desde a avaliação. Os cálculos redundantes normalmente surgem como artefatos da tradução ou da otimização.

Já apresentamos três técnicas eficazes para eliminação de redundância: numeração de valor local (LVN) na Seção 8.4.1, numeração de valor superlocal (SVN) na 8.5.1 e movimentação de código pouco ativo (LCM) na Seção 10.3.1. Esses algoritmos cobrem uma faixa que vai desde simples e rápido (LVN) até complexo e abrangente (LCM). Embora todos as três técnicas sejam diferentes no escopo que cobrem, a principal distinção entre eles está no método que usam para estabelecer que dois valores são idênticos. A próxima seção explora essa questão com detalhes. A segunda seção apresenta mais uma versão da numeração de valor, uma técnica baseada em dominador.

10.5.1 Identidade de valor versus identidade de nome

A LVN introduziu um mecanismo simples para provar que duas expressões tinham o mesmo valor. Ela baseia-se em dois princípios: atribui a cada valor um número de identificação exclusivo — seu número de valor, e considera que duas expressões produzem o mesmo valor se eles tiverem o mesmo operador e seus operandos os mesmos números de valor. Essas regras simples permitem que a LVN encontre uma grande classe de operações redundantes — qualquer operação que produza um número de valor preexistente é redundante.

Com essas regras, a LVN pode provar que $2 + a$ tem o mesmo valor que $a + 2$ ou que $2 + b$ quando a e b têm o mesmo número de valor. Mas não pode provar que $a + a$ e $2 \times a$ têm o mesmo valor, pois possuem operadores diferentes. De modo semelhante, ela não pode provar que $a + 0$ e a têm o mesmo valor. Assim, estendemos a LVN com identidades algébricas que podem lidar com os casos bem definidos não cobertos pela regra original. A tabela na Figura 8.3 mostra a faixa de identidades que a LVN pode tratar.

Ao contrário, a LCM baseia-se em nomes para provar que dois valores têm o mesmo número. Se encontrar $a + b$ e $a + c$, considera que têm valores diferentes porque b e c têm nomes diferentes. E baseia-se, também, em uma comparação léxica — identidade de nome. As análises de fluxo de dados subjacentes não podem acomodar diretamente a noção de identidade de valor; os problemas de fluxo de dados operam em um espaço de nomes predefinidos e propagam fatos sobre esses nomes pelo CFG. O tipo das comparações *ad hoc* usadas na LVN não se ajusta ao framework de fluxo de dados.

Conforme descrevemos na Seção 10.6.4, um modo de melhorar a eficácia da LCM é codificar a identidade de valor no espaço de nomes do código antes de aplicá-la. LCM reconhece redundâncias que nem a LVN nem a SVN podem encontrar. Em particular, encontra redundâncias que se encontram nos caminhos por meio de pontos de junção no CFG, incluindo aqueles que fluem ao longo de desvios de fechamento de laço, e, encontra ainda, redundâncias parciais. Por outro lado, tanto LVN quanto SVN encontram redundâncias e simplificações baseadas em valor que a LCM não consegue. Assim, codificar a identidade de valor no espaço de nomes permite que o compilador tire proveito dos pontos fortes de ambas as técnicas.

10.5.2 Numeração de valor baseada em dominador

O Capítulo 8 apresentou a numeração de valor local (LVN) e sua extensão para blocos básicos estendidos (EBBs), chamada numeração de valor superlocal (SVN). Embora a SVN descubra mais redundâncias do que a LVN, ela ainda perde algumas opor-

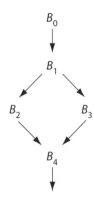

tunidades, pois está limitada a EBBs. Lembre-se de que o algoritmo SVN propaga informações ao longo de cada caminho por um EBB. Por exemplo, no fragmento de CFG mostrado na margem, a SVN processará os caminhos (B_0,B_1,B_2) e (B_0,B_1,B_3). Assim, otimiza tanto $B2$ quanto $B3$ no contexto do caminho de prefixo (B_0, B_1). Como B_4 forma seu próprio EBB degenerado, a SVN o otimiza sem contexto anterior.

Sob o ponto de vista algorítmico, a SVN inicia cada bloco com uma tabela que inclui os resultados de todos os predecessores em seu caminho EBB. O bloco B_4 não tem predecessores, de modo que começa sem contexto anterior. Para melhorar essa situação, temos que responder à pergunta: em qual estado B_4 poderia confiar? B_4 não pode confiar em valores calculados em B_2 ou B_3, pois nenhum se encontra em cada caminho que alcança B_4. Ao contrário, B_4 pode confiar nos valores calculados em B_0 e B_1, pois ocorrem em cada caminho que o alcança. Assim, poderíamos estender a numeração de valor para B_4 com informações sobre cálculos em B_0 e B_1. Porém, devemos considerar o impacto de atribuições nos blocos intermediários, B_2 ou B_3.

Considere uma expressão, $x + y$, que ocorre ao final de B_1 e novamente no início de B_4. Se nem B_2 nem B_4 redefinirem x ou y, então a avaliação de $x + y$ em B_4 é redundante, e o otimizador pode reutilizar o valor calculado em B_1. Por outro lado, se um desses blocos redefine x ou y, então a avaliação de $x + y$ em B_4 calcula um valor distinto da avaliação em B_1, e a avaliação não é redundante.

Felizmente, o espaço de nomes SSA codifica exatamente essa distinção. Em SSA, um nome que é usado no mesmo bloco B_i só pode entrar em B_i de duas maneiras: ou ele é definido por uma função-ϕ no topo de B_i, ou é definido em algum bloco que domina B_i. Assim, uma atribuição a x em B_2 ou B_3 cria um novo nome para x e força a inserção de uma função-ϕ para x no início de B_4. Esta função-ϕ cria um novo nome SSA para x, e o processo de renomeação muda o nome SSA usado no cálculo subsequente de $x + y$. Assim, a forma SSA codifica a presença ou ausência de uma atribuição intermediária em B_2 ou B_3 diretamente nos nomes usados na expressão. Nosso algoritmo pode contar com os nomes SSA para evitar este problema.

A outra pergunta importante que devemos responder antes que possamos estender a SVN para regiões maiores é: dado um bloco como B_4, como localizamos o predecessor mais recente com informações que o algoritmo possa usar? A informação de dominância, bastante discutida nas Seções 9.2.1 e 9.3.2, captura precisamente este efeito. $DOM(B_4) = \{B_0,B_1,B_4\}$. O dominador imediato de B_4, definido como o nó em $(DOM(B_4) - B_4)$ que está mais próximo de B_4, é B_1, o último nó que ocorre em todo o caminho desde o nó de entrada B_0 até B_4.

A técnica de numeração de valor baseada em dominador (DVNT) fundamenta-se nas ideias por trás da SVN; usa uma tabela hash com escopo para manter números de valor; abre um novo escopo para cada bloco e os descarta quando não são mais necessários. A DVNT, na realidade, usa nomes SSA como números de valor; assim, o número de valor para uma expressão $a_i \times b_j$ é o nome SSA definido na primeira avaliação de $a_i \times b_j$. (Ou seja, se a primeira avaliação ocorre em $t_k \leftarrow a_i \times b_j$, então o número de valor para $a_i \times b_j$ é t_k.)

A Figura 10.6 mostra o algoritmo; ele toma a forma de um procedimento recursivo que o otimizador chama no bloco de entrada de um procedimento; segue o CFG para o procedimento, representado pela árvore de dominadores, e o fluxo de valores na forma SSA. Para cada bloco B, a DVNT realiza três etapas: processa as funções-ϕ em B, se houver alguma; numera as atribuições com números de valor e propaga informações para os sucessores de B; e recorre sobre os filhos de B na árvore de dominadores.

```
procedure DVNT(B)
   alocar um novo escopo para B
   for each função-ϕ na forma "n ← ϕ(...)" em B
      if p é sem significado ou redundante then
         VN[n] ← o número de valor para p
         remover p
      else
         VN[n] ← n
         Acrescentar p à tabela hash
   for each atribuição a na forma "x ← y op z" em B
      sobrescrever y com VN[y]
      sobrescrever z com VN[z]

      fazer expr ← "y op z"
      if expr pode ser simplificada para expr' then
         substituir a por "x ← expr'
         expr ← expr'
      if expr tem um número de valor v na tabela hash then
         VN[x] ← v
         remover instrução a
      else
         VN[x] ← x
         acrescentar expr à tabela hash com número de valor x
   for each sucessor s de B
      ajustar as entradas da função-ϕ em s
   for each filho c de B na árvore de dominadores
      DVNT(c)
   Desalocar o escopo para B
```

■ **FIGURA 10.6** Técnica de numeração de valor baseada em dominadores.

Processar as funções-ϕ em B

A DVNT precisa atribuir a cada função-ϕ p um número de valor. Se p não tiver significado — ou seja, todos os seus argumentos tiverem o mesmo número de valor —, a DVNT define seu número de valor como o número de valor de um de seus argumentos e exclui p. Se p é redundante — ou seja, produz o mesmo número de valor que outra função-ϕ em B —, a DVNT atribui a p o mesmo número de valor da função-ϕ que ela duplica, e, então, exclui p.

Caso contrário, a função-ϕ calcula um novo valor. Surgem dois casos. Os argumentos de p possuem números de valor, mas a combinação específica de argumento não foi vista antes nesse bloco, ou um ou mais dos argumentos de p não têm número de valor. Este último caso pode surgir a partir de uma aresta de volta no CFG.

Processar as atribuições em B

Lembre-se, pela construção de SSA, que nomes não inicializados não são permitidos.

A DVNT percorre as atribuições em B e as processa de maneira semelhante à LVN e SVN. Uma sutileza aparece com o uso de nomes SSA como números de valor. Quando o algoritmo encontra uma instrução x ← y op z, pode simplesmente substituir y por VN[y], pois o nome em VN[y] mantém o mesmo valor de y.

Propagar as informações aos sucessores de B

Quando a DVNT tiver processado todas as funções-ϕ e atribuições em B, visita cada um dos sucessores CFG s de B e atualiza os argumentos da função-ϕ que correspondem a valores fluindo pela aresta (B, s); registra o número do valor atual para o argumento na função-ϕ sobrescrevendo o nome SSA do argumento (observe a semelhança entre essa etapa e a correspondente na fase de renomeação da construção de SSA); em seguida, o algoritmo recorre sobre os filhos de B na árvore de dominadores, e finalmente desaloca o escopo da tabela hash que é usada para B.

Esse esquema de recursão faz com que a DVNT siga um percurso em pré-ordem na árvore de dominadores, que garante que as tabelas apropriadas foram construídas antes de visitar um bloco. Essa ordem pode produzir uma travessia contraintuitiva; para o CFG na margem, o algoritmo poderia visitar B_4 antes de B_2 ou B_3. Como os únicos fatos que o algoritmo pode usar em B_4 são aqueles descobertos processando B_0 e B_1, a ordenação relativa de B_2, B_3 e B_4 não apenas é não especificada, mas também irrelevante.

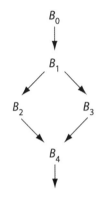

REVISÃO DA SEÇÃO

A eliminação de redundância opera sobre a suposição de que é mais rápido reutilizar um valor do que recalculá-lo. Com base nessa suposição, esses métodos identificam o máximo de computações redundantes possível e eliminam a computação duplicada. As duas principais noções de equivalência usadas por essas transformações são a identidade de valor e a identidade de nome. Esses diferentes testes de identidade produzem diferentes resultados.

A numeração de valor e a LCM eliminam computação redundante. LCM elimina a avaliação de expressão redundante e parcialmente redundante; mas não elimina atribuições. A numeração de valor não reconhece redundâncias parciais, mas pode eliminar atribuições. Alguns compiladores usam uma técnica baseada em valor, como DVNT, para descobrir redundância e então codificar essa informação no espaço de nomes para uma transformação baseada em nome, como LCM. Na prática, essa técnica combina os pontos fortes das duas ideias.

QUESTÕES DE REVISÃO

1. O algoritmo DVNT é semelhante à fase de renomeação do algoritmo de construção de SSA. Você consegue reformular esta fase de modo que realize a numeração de valor enquanto renomeia valores? Que impacto essa mudança teria sobre o tamanho da forma SSA para um procedimento?

2. O algoritmo DVNT não propaga um valor ao longo de uma aresta de fechamento de laço — uma aresta de volta no grafo de chamada. LCM propagará informações ao longo dessas arestas. Escreva vários exemplos de expressões redundantes que uma verdadeira técnica "global", como LCM, consegue encontrar e que a DVNT não.

10.6 HABILITANDO OUTRAS TRANSFORMAÇÕES

Normalmente, um otimizador inclui passos cuja principal finalidade é criar ou expor oportunidades para outras transformações. Em alguns casos, uma transformação muda a forma do código para torná-lo mais receptivo à otimização. Em outros, ela cria um ponto no código onde condições específicas são mantidas para tornar outra transformação

476 CAPÍTULO 10 Otimizações escalares

segura. Criando diretamente a forma de código necessária, essas transformações habilitadoras reduzem a sensibilidade do otimizador à forma do código de entrada.

Várias transformações habilitadoras são descritas em outras partes do livro. O desenrolamento de laço (Seção 8.5.2) e a substituição em linha (Seção 8.7.1) obtêm a maior parte dos seus benefícios pela criação de contexto para outra otimização. (Em cada caso, a transformação elimina algum overhead, mas o efeito maior vem da aplicação subsequente de outras otimizações.) O algoritmo de balanceamento de altura de árvore (Seção 8.4.2) não elimina quaisquer operações, mas cria uma forma de código que pode produzir melhores resultados com o escalonamento de instruções. Esta seção apresenta quatro transformações habilitadoras: *clonagem de superbloco*, *clonagem de procedimento*, *remoção de condicionais de laço* (*loop unswitching*) e *renomeação*.

10.6.1 Clonagem de superbloco

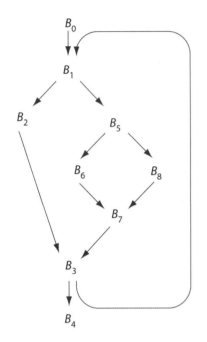

Geralmente, a capacidade do otimizador de transformar o código é limitada pela informação específica de caminho no código. Imagine usar a SVN no CFG mostrado na margem. O fato de que os blocos B_3 e B_7 têm vários predecessores pode limitar a capacidade do otimizador de melhorar o código nesses blocos. Se, por exemplo, o bloco B_6 atribuísse a x o valor 7 e o bloco B_8 atribuísse a x o valor 13, um uso de x em B_7 pareceria receber o valor $\bot$, embora o valor seja conhecido e previsível ao longo de cada caminho levando a B_7.

Nessas circunstâncias, o compilador pode clonar blocos para criar código que seja mais adequado para a transformação. Neste caso, ele poderia criar duas cópias de $B7$, digamos, $B7a$ e $B7b$, e redirecionar as arestas que chegam em $B7$ como $\langle B6, B7a \rangle$ e $\langle B8, B7b \rangle$. Com essa mudança, o otimizador poderia propagar o valor 7 para x em $B7a$ e o valor 13 para x em $B7b$.

Como um benefício adicional, como B_{7a} e B_{7b} possuem predecessores exclusivos, o compilador pode realmente mesclar os blocos para criar um único de B_6 e B_{7a} e outro de B_8 e B_{7b}. Essa transformação elimina o salto de final de bloco em B_6 e B_8 e, potencialmente, permite melhorias adicionais na otimização e no escalonamento de instruções.

Desvio para trás
Aresta do CFG cujo destino tem um número de profundidade menor do que sua origem, com relação a alguma travessia em profundidade do CFG.

Um problema neste tipo de clonagem é: quando o compilador deve parar de clonar? Uma técnica, chamada *clonagem de superbloco*, é muito usada para criar contexto adicional para o escalonamento de instruções dentro de laços. Na clonagem de superbloco, o otimizador começa com um cabeçalho de laço — a entrada em um laço — e clona cada caminho até alcançar um *desvio para trás*.

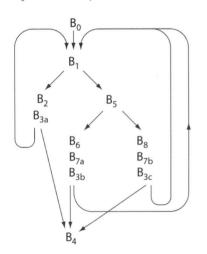

A aplicação desta técnica ao CFG de exemplo produz o CFG modificado mostrado na margem. B_1 é o cabeçalho de laço. Cada um dos nós no corpo do laço tem um predecessor exclusivo. Se o compilador aplicar uma otimização superlocal (baseada em blocos básicos estendidos), cada caminho que ele encontrar abrangerá uma única iteração do corpo do laço. (Para encontrar caminhos maiores, o otimizador precisaria desenrolar o laço de modo que a clonagem de superbloco abrangesse várias iterações.)

A clonagem de superbloco pode melhorar os resultados da otimização de três principais formas:

1. *Cria blocos maiores*. Blocos maiores permitem que a otimização local trate de mais contexto. No caso de numeração de valor, as versões superlocal e de dominador são tão fortes quanto a versão local. Para algumas técnicas, porém, este não é o caso. Para o escalonamento de instruções, por exemplo, as versões superlocal e de dominador são mais fracas do que o método local. Neste caso, a clonagem, seguida pela otimização local, pode produzir um código melhor.

2. *Elimina desvios.* A combinação de dois blocos elimina um desvio entre eles. Os desvios exigem tempo para sua execução, e também interrompem alguns dos mecanismos críticos ao desempenho no processador, como a busca de instruções e muitas das funções de pipeline. O efeito final da remoção de desvios é reduzir o tempo de execução, eliminando operações e tornando mais eficazes os mecanismos de hardware para previsão de comportamento.

3. *Cria pontos onde a otimização possa ocorrer.* Quando a clonagem elimina um ponto de junção do fluxo de controle, cria novos pontos no programa onde o compilador pode obter um conhecimento mais preciso sobre o contexto em tempo de execução. O código transformado pode apresentar oportunidades para especialização e eliminação de redundância que não existem em outro lugar no código original.

Naturalmente, a clonagem também tem custos, porque cria várias cópias de operações individuais, o que leva a um código maior. O código maior pode ser executado mais rapidamente, pois evita alguns saltos de final de bloco. Ele pode executar mais lentamente se o tamanho causar falhas adicionais na cache de instrução. Em aplicações nas quais o usuário se importa mais com o espaço do código do que com a velocidade em tempo de execução, a clonagem de superbloco pode ser contraprodutiva.

10.6.2 Clonagem de procedimento

A substituição em linha, descrita na Seção 8.7.1, tem efeitos semelhantes à clonagem de superbloco. Para uma chamada de p para q, ela cria uma cópia única de q e a mescla com o local de chamada em p. Os mesmos efeitos que surgem com a clonagem de superbloco aparecem com a substituição em linha, incluindo a especialização a um contexto em particular, eliminação de algumas operações de fluxo de controle e tamanho de código aumentado.

Em alguns casos, o compilador pode alcançar alguns dos benefícios da substituição em linha com menos aumento de código clonando o procedimento. A ideia é semelhante à clonagem de bloco que ocorre na clonagem de superbloco. O compilador cria várias cópias do procedimento chamado e atribui algumas das chamadas a exemplares do clone.

A atribuição cuidadosa de chamadas aos clones pode criar situações em que cada chamada tem um contexto semelhante para otimização. Considere, por exemplo, o grafo de chamada simples mostrado na margem. Suponha que P_3 seja uma rotina de biblioteca cujo comportamento dependa fortemente de um de seus parâmetros de entrada; para um valor de um, o compilador pode gerar código que fornece acesso eficiente à memória, enquanto, para outros valores, produz um código muito maior e mais lento. Além do mais, suponha que tanto P_0 quanto P_1 lhe passem o valor 1, enquanto P_2 lhe passa o valor 17.

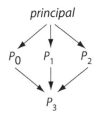

Grafo de chamada original

A propagação de constante pelo grafo de chamada não ajuda aqui porque ela precisa calcular o parâmetro como $1 \wedge 1 \wedge 17 = \bot$. Apenas com esta propagação, o compilador ainda deve gerar o código totalmente genérico para P_3. A clonagem de procedimento pode criar um local onde o parâmetro é sempre 1; P_{3a} no grafo na margem. A chamada que inibe a otimização, (P_2,P_3) no grafo de chamada original, é atribuída a P_{3b}. O compilador pode gerar código otimizado para P_{3a} e o código geral para P_{3b}.

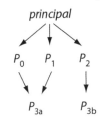

Após a clonagem de P_3

10.6.3 Remoção de condicionais de laço (*loop unswitching*)

O *loop unswitching* retira as operações de fluxo de controle invariantes de laço para fora de um laço. Se o predicado em uma construção `if-then-else` for invariante de laço, então o compilador pode reescrever o laço puxando o `if-then-else` para fora do laço e gerando uma cópia adaptada do laço dentro de cada metade do novo `if--then-else`. A Figura 10.7 mostra essa transformação para um laço curto.

```
do i = 1 to n                       if (x > y) then
   if (x > y)                          do i = 1 to n
      then a(i) = b(i) * x                a(i) = b(i) * x
      else a(i) = b(i) * y          else
                                        do i = 1 to n
                                           a(i) = b(i) * y
         (a) Laço original             (b) Versão após o loop unswitching
```

■ **FIGURA 10.7** *Loop unswitching* de um laço curto.

A remoção de condicionais de laço é uma transformação habilitadora; permite que o compilador adapte corpos de laço que de outra forma são difíceis de se conseguir. Após a remoção de condicionais, os laços restantes contêm menos fluxo de controle. Executam menos desvios e outras operações para dar suporte a esses desvios. Isso pode levar a um escalonamento melhor, melhor alocação de registradores e execução mais rápida. Se o laço original tivesse código invariante de laço que estivesse dentro do `if-then-else`, então a LCM não poderia movê-lo para fora do laço. Após o *loop unswitching*, a LCM facilmente localiza e remove tais redundâncias.

A remoção de condicionais de laço também tem um efeito simples e direto, que pode melhorar um programa: move a lógica de desvio que controla o condicional invariante de laço para fora do laço. É difícil mover fluxo de controle para fora de laços. Técnicas baseadas em análise de fluxo de dados, como LCM, têm dificuldade para mover essas construções porque a transformação modifica o CFG em que a análise se baseia. As técnicas baseadas em numeração de valor podem reconhecer casos em que os predicados controlando as construções `if-then-else` são idênticos, mas normalmente não podem remover a construção de um laço.

10.6.4 Renomeação

A maior parte das transformações escalares reescreve ou reordena as operações no código. Vimos, em vários pontos no texto, que a escolha de nomes pode esconder ou expor oportunidades para melhoria. Por exemplo, na LVN, a conversão dos nomes em um bloco para o espaço de nomes SSA expôs algumas oportunidades para reutilização que, de outra forma, seriam difíceis de capturar.

Para muitas transformações, a construção cuidadosa do espaço de nomes "correto" pode expor oportunidades adicionais, seja tornando mais fatos visíveis à análise seja evitando alguns dos efeitos colaterais que surgem da reutilização de armazenamento. Como exemplo, considere a LCM. Por contar com a análise de fluxo de dados para identificar oportunidades, a análise conta com uma noção de identidade léxica — operações redundantes precisam ter a mesma operação e seus operandos os mesmos nomes. Assim, a LCM não pode descobrir que $x + x$ e $2 \cdot x$ têm o mesmo valor, ou que $x + x$ e $x + y$ têm o mesmo valor quando $x = y$.

Para melhorar os resultados da LCM, o compilador pode codificar a identidade de valor no espaço de nomes antes de aplicá-la. O compilador usaria uma técnica de redundância baseada em valor, como DVNT, e depois reescreveria o espaço de nomes de modo que valores equivalentes compartilhem o mesmo nome. Codificando a identidade de valor na identidade léxica, o compilador expõe mais redundância à LCM e a torna mais eficaz.

De modo semelhante, os nomes importam para o escalonamento de instruções. Em um escalonador, os nomes codificam as dependências de dados que restringem o posicionamento de operações no código escalonado. Quando a reutilização de um nome reflete o fluxo real de valores, ela fornece informações críticas exigidas para a exatidão. Se a reutilização de um nome ocorre porque um passo anterior comprimiu o espaço de nomes, então a reutilização pode restringir desnecessariamente o escalonamento. Por exemplo, o alocador de registradores coloca valores distintos no mesmo registrador físico para melhorar a utilização do registrador. Se o compilador realizar alocação antes do escalonamento, o alocador poderá introduzir restrições aparentes sobre o escalonador que não são exigidas pelo código original.

A ilusão de uma restrição introduzida pela nomeação normalmente é chamada *compartilhamento falso*.

A renomeação é uma questão sutil. Transformações individuais podem se beneficiar dos espaços de nomes com propriedades diferentes. Os construtores de compilador há muito têm reconhecido que operações de movimentação e reescrita podem melhorar os programas. Da mesma maneira, devem reconhecer que a renomeação pode melhorar a eficácia do otimizador. Como a SSA mostrou, o compilador não precisa estar limitado pelo espaço de nomes introduzido pelo programador ou pelo front end do compilador. A renomeação é um terreno fértil para trabalho futuro.

REVISÃO DA SEÇÃO

Como vimos no Capítulo 7, a forma da IR para um procedimento tem efeito sobre o código que o compilador pode gerar para ele. As técnicas discutidas nesta seção criam oportunidades para outras otimizações mudando a forma do código. Elas utilizam replicação, reescrita seletiva e renomeação para criar locais no código que sejam receptivos à melhoria por transformações específicas.

A clonagem, no nível de bloco ou de procedimento, consegue seus resultados eliminando os efeitos danosos que ocorrem nos pontos de junção do fluxo de controle. Ao eliminar arestas, no CFG ou no grafo de chamada, a clonagem também cria oportunidades para mesclar código. O *loop unswitching* realiza a movimentação de código especializado de estruturas de controle, mas seu principal benefício vem da criação de laços mais simples, que não contêm fluxo de controle condicional. Este último benefício melhora os resultados de transformações que variam da LCM ao escalonamento de instruções. A renomeação é uma ideia poderosa, com aplicações amplas; o caso específico da codificação de identidade de valor na identidade léxica tem sido provado em diversos compiladores bem conhecidos.

QUESTÕES DE REVISÃO

1. A clonagem de superbloco cria novas oportunidades para outras otimizações. Considere o balanceamento de altura de árvore. Quanto a clonagem de superbloco pode ajudar? Você pode imaginar uma transformação que venha após a clonagem de superbloco que exponha mais oportunidades para o balanceamento de altura de árvore? Para a SVN, como os resultados do seu uso após a clonagem se comparam com os da execução da LCM sobre o mesmo código?

2. A clonagem de procedimento ataca algumas das mesmas ineficiências que a substituição em linha. Existe um papel para essas duas transformações em um único compilador? Quais são os benefícios e riscos em potencial de cada transformação? Como um compilador poderia escolher entre elas?

> **O GRAFO SSA**
>
> Em alguns algoritmos, a visualização da forma SSA do código como um grafo simplifica a discussão ou a implementação. O algoritmo para redução de força interpreta a forma SSA do código como um grafo.
>
> Na forma SSA, cada nome tem uma definição exclusiva, de modo que um nome especifica uma operação particular no código que calculou seu valor. Cada uso de um nome ocorre em uma operação específica, de modo que este uso pode ser interpretado como uma cadeia que vai do uso até sua definição. Assim, uma simples tabela de pesquisa que mapeia nomes às operações que os definem cria uma cadeia de cada uso até a definição correspondente. O mapeamento de uma definição até as operações que a utilizam é um pouco mais complexo. Porém, esse mapeamento pode ser facilmente construído durante a fase de renomeação da construção da SSA.
>
> Desenhamos grafos SSA com arestas que vão de um uso até sua definição correspondente, o que indica o relacionamento implicado pelos nomes SSA. O compilador precisa percorrer as arestas nos dois sentidos. A redução de força se move, principalmente, dos usos para as definições. O algoritmo SCCP transmite valores das definições até os usos. O construtor de compiladores pode facilmente acrescentar as estruturas de dados necessárias para permitir a travessia nos dois sentidos.

10.7 TÓPICOS AVANÇADOS

A maioria dos exemplos neste capítulo foi escolhida para ilustrar um efeito específico que o compilador pode usar para acelerar o código executável. Às vezes, a realização de duas otimizações juntas pode produzir resultados que não seriam obtidos com qualquer combinação de suas aplicações em separado. A próxima subseção mostra um exemplo deste tipo: combinação de propagação de constante com eliminação de código inalcançável. A Seção 10.7.2 apresenta um segundo exemplo mais complexo de especialização: redução de força de operador com substituição de teste de função linear. O algoritmo que apresentamos, OSR, é mais simples do que os anteriores, pois conta com as propriedades da forma SSA. Finalmente, a Seção 10.7.3 discute algumas das questões que surgem na escolha de uma ordem de aplicação específica para o conjunto de transformações do otimizador.

10.7.1 Combinação de otimizações

Às vezes, a reformulação de duas otimizações distintas em um framework unificado e sua solução conjunta pode produzir resultados que não podem ser obtidos por qualquer combinação das otimizações executadas separadamente. Como um exemplo, considere o algoritmo de propagação de constante simples esparsa (SSCP) descrito na Seção 9.3.6. Ele atribui um valor de reticulado ao resultado de cada operação na forma SSA do programa. Quando ele termina, terá marcado cada definição com um valor de reticulado que pode ser $\top$, $\bot$ ou uma constante. Uma definição só pode ter o valor $\top$ se contar com uma variável não inicializada ou se ocorrer em um bloco não alcançável.

A SSCP atribui um valor de reticulado ao operando usado por um desvio condicional. Se o valor for $\bot$, então qualquer alvo de desvio é alcançável. Se o valor não for $\bot$ nem $\top$, então o operando deve ter um valor conhecido, e o compilador pode reescrever o desvio com um salto para um de seus dois alvos, simplificando o CFG. Como isto remove uma aresta do CFG, pode tornar inalcançável o bloco que era o alvo do desvio. A propagação de constante pode ignorar quaisquer efeitos de um bloco inalcançável. A SSCP não tem um mecanismo para tirar proveito deste conhecimento.

Podemos estender o algoritmo SSCP para aproveitar essas observações. O algoritmo resultante, chamado *propagação de constante condicional esparsa* (SCCP — *Sparse Conditional Constant Propagation*), aparece nas Figuras 10.8, 10.9 e 10.10.

```
CFGWorkList ← { arestas saindo de n₀ }
SSAWorkList ← ∅
for each aresta e no CFG
    marcar e como não executado
for each definição e cada uso, x, no procedimento
    Value(x) ← T
while (CFGWorkList ≠ ∅ or SSAWorkList ≠ ∅)
    if CFGWorkList ≠ ∅ then
        remover uma aresta e = (m,n) de CFGWorkList
        if e é marcado como não executado then
            marcar e como executado
            EvaluateAllPhisInBlock((m,n))
            if nenhuma outra aresta entrando em n é marcada como executada then
                if n é uma atribuição
                    EvaluateAssign(n)
                    Seja o sucessor CFG de n
                    acrescentar (n,o) à CFGWorkList
                else EvaluateConditional(n)
    if SSAWorkList ≠ ∅ then
        remover uma aresta e = (s,d) de SSAWorkList
        c ← nó do CFG que usa d
        if qualquer aresta entrando em c é marcada como executada then
            if d é um argumento de função-φ
                then EvaluatePhi((s,d))
            else if c é uma atribuição then
                EvaluateAssign(c)
            else EvaluateConditional(c)
```
■ **FIGURA 10.8** Propagação de constante condicional esparsa.

```
EvaluateAssign(m)  /* m é um nó do CFG */
    for each valor y usado pela expressão em m
        Seja (x,y) a aresta da SSA que fornece y
        Value(y) ← Value(x)
    Seja d o nome do valor produzido por m
    if Value(d) ≠ ⊥ then
        v ← avaliação de m sobre valores de reticulado
        if v ≠ Value(d) then
            Value(d) ← v
            for each aresta da SSA (d,u)
                acrescentar (d,u) à SSAWorklist
EvaluateConditional(m)  /* m é um nó do CFG */
    Seja (s,d) a aresta da SSA referenciada em m
    if Value(d) ≠ ⊥ then
        if Value(d) ≠ Value(s) then
            Value(d) ← Value(s)
            if Value(d) = ⊥ then
                for each aresta do CFG (m,n)
                    acrescentar (m,n) à CFGWorkList
            else
                Seja (m,n) a aresta CFG que corresponde a Value(d)
                acrescentar (m,n) à CFGWorkList
```
■ **FIGURA 10.9** Avaliação de atribuições e condicionais.

```
EvaluatePhi((s,d))  /* (s,d) é uma aresta do grafo SSA */
    Seja p a função-ϕ que usa d
    EvaluateOperands(p)
    EvaluateResult(p)

EvaluateAllPhisInBlock((m,n)) /* (m,n) é uma aresta do CFG */
    for each função-ϕ p no bloco n
        EvaluateOperands(p)
    for each função-ϕ p no bloco n
        Evaluate Result(p)

EvaluateOperands(phi)
    Seja x o nome definido pela função-ϕ phi
    if Value(x)≠ ⊥ then
        for each parâmetro p da função-ϕ phi
            Seja c a aresta do CFG correspondente a p
            Seja (x,y) a aresta da SSA terminando em p
            if c está marcado como executado
                then Value(y) ←  Value(x)

EvaluateResult(phi)
    Seja x o nome definido pela função-ϕ phi
    if Value(x)≠ ⊥ then
        v ←  avaliação de phi sobre valores de reticulado
        if Value(x) ≠ v then
            Value(x) ← v
            for each aresta (x,y) do grafo SSA
                acrescentar (x,y) à SSAWorkList
```

■ **FIGURA 10.10** Avaliação de funções-ϕ.

Em conceito, a SCCP opera de um modo simples. Inicializa as estruturas de dados, e percorre dois grafos, o CFG e o grafo SSA. Ela propaga informações de acessibilidade no CFG e informações de valor no grafo SSA. Termina quando a informação de valor alcança um ponto fixo; como o reticulado de propagação de constante é muito superficial, ela termina rapidamente. Combinando esses dois tipos de informação, a SCCP pode descobrir tanto código inalcançável quanto valores constantes que o compilador simplesmente não poderia descobrir com qualquer combinação da SSCP e eliminação de código inalcançável.

Para simplificar a explicação da SCCP, consideramos que cada bloco no CFG representa apenas uma instrução e mais algumas funções-ϕ opcionais. Um nó do CFG com um único predecessor mantém, ou uma instrução de atribuição, ou um desvio condicional. Um nó do CFG com múltiplos predecessores mantém um conjunto de funções-ϕ, seguido por uma atribuição ou um desvio condicional.

Em detalhes, a SCCP é muito mais complexa do que a SSCP ou a eliminação de código inalcançável. O uso de dois grafos introduz trabalho adicional. Fazer com que o fluxo de valores dependa da acessibilidade introduz trabalho adicional para o algoritmo. O resultado é um algoritmo poderoso, porém complexo.

O algoritmo procede da seguinte forma: inicializa cada campo `Value` com ⊤ e marca cada aresta do CFG como "não executada"; inicializa duas listas de trabalho (*worklists*), uma para as arestas do CFG e a outra para as do grafo SSA. A worklist do CFG recebe o conjunto de arestas que saem do nó de entrada do procedimento, n_0. A worklist da SSA recebe o conjunto vazio.

Após a fase de inicialização, o algoritmo repetidamente apanha uma aresta de uma das duas worklists e a processa. Para uma aresta (m,n) do CFG, a SCCP determina se ela está marcada como executada. Se (m,n) assim estiver marcada, a SCCP não toma outra ação para (m,n). Se (m,n) está marcada como não executada, então a SCCP a marca como executada e avalia todas as funções-ϕ no início do bloco n. Em seguida, determina se o bloco n foi alcançado anteriormente ao longo de outra aresta. Se não, avalia a atribuição ou desvio condicional em n. Esse processamento pode acrescentar arestas a qualquer uma das worklists.

> Nesta discussão, um bloco é *alcançável* se, e somente se, alguma aresta do CFG que entra neste bloco for marcada como executável.

Para uma aresta da SSA, o algoritmo, primeiro, verifica se o bloco de destino é alcançável. Se for, a SCCP chama um dentre `EvaluatePhi`, `EvaluateAssign` ou `EvaluateConditional`, com base no tipo de operação que usa o nome da SSA. Quando a SCCP tiver que avaliar uma atribuição ou uma condicional sobre o reticulado de valores, segue o mesmo esquema usado na SSCP discutido na Seção 9.3.6. Toda vez que o valor do reticulado para uma definição mudar, todos os usos desse nome são acrescentados à worklist da SSA.

Como a SCCP só propaga valores em blocos que ela já provou serem executáveis, evita o processamento dos blocos não alcançáveis. Como cada etapa de propagação de valor é protegida por um teste sobre a marca de executável para a aresta que entra, valores de blocos inalcançáveis não fluem desses blocos. Assim, valores de blocos inalcançáveis não têm papel na definição dos valores de reticulado em outros blocos.

Após a etapa de propagação, uma passagem final é necessária para substituir operações que possuem operandos com tags `Value` diferentes de $\bot$. Ela pode especializar muitas dessas operações, e também deve reescrever desvios que possuem resultados conhecidos por operações de salto apropriadas. Outras passagens podem remover o código inalcançável (ver Seção 10.2). O algoritmo não pode reescrever o código até que a propagação termine.

Sutilezas na avaliação e na reescrita de operações

Algumas questões sutis aparecem na modelagem de operações individuais. Por exemplo, se o algoritmo encontrar uma operação de multiplicação com operandos $\top$ e $\bot$, pode concluir que a operação produz $\bot$. Porém, esta é uma decisão prematura. A análise subsequente poderia reduzir $\top$ à constante 0, de modo que a multiplicação produz um valor 0. Se a SCCP usar a regra $\top \times \bot \rightarrow \bot$, introduzirá o potencial para o comportamento não monotônico — o valor da multiplicação poderia seguir a sequência $\top, \bot, 0$, que aumentaria o tempo de execução da SCCP. Igualmente importante, isto poderia incorretamente levar outros valores a $\bot$ e fazer com que a SCCP perdesse oportunidades para melhoria.

Para resolver isto, a SCCP deve usar três regras para multiplicações que envolvam $\bot$ da seguinte forma: $\top \times \bot \rightarrow \top$, $\alpha \times \bot \rightarrow \bot$ para $\alpha \neq \top$ e $\alpha \neq 0$, e $0 \times \bot \rightarrow 0$. Este mesmo efeito ocorre para qualquer operação para a qual o valor de um argumento pode determinar completamente o resultado. Outros exemplos incluem um shift por mais do que o tamanho da palavra, um AND lógico com zero e um OR lógico com todos os bits iguais a um.

Algumas reescritas têm consequências imprevistas. Por exemplo, substituir $4 \times s$, para um s não negativo, por um shift substitui uma operação comutativa por uma não comutativa. Se o compilador mais tarde tentar rearrumar as expressões usando a comutatividade, essa reescrita antecipada impede uma oportunidade. Este tipo de interação pode ter efeitos observáveis sobre a qualidade do código. Para decidir quando o compilador deve converter 4 × s em um shift, o construtor de compiladores deve considerar a ordem em que as otimizações serão aplicadas.

Eficácia

A SCCP pode encontrar constantes que o algoritmo SSCP não consegue. De modo semelhante, ela pode descobrir código inalcançável que nenhuma combinação dos algoritmos da Seção 10.2 pode. Ela deriva seu poder da combinação da análise de acessibilidade com a propagação dos valores de reticulado; pode eliminar algumas arestas do CFG porque os valores de reticulado são suficientes para determinar qual caminho um desvio toma; e pode ignorar arestas da SSA que surgem a partir de operações inalcançáveis (inicializando essas definições como ⊤), pois essas operações serão avaliadas se o bloco torna-se marcado como alcançável. O poder da SCCP vem da interação entre essas análises — propagação de constante e acessibilidade.

Se a acessibilidade não afetou os valores finais do reticulado, então os mesmos efeitos poderiam ser alcançados realizando a propagação de constante (e reescrevendo como saltos os desvios com valor constante) seguida pela eliminação de código inalcançável. Se a propagação de constante não teve papel algum na acessibilidade, então os mesmos efeitos poderiam ser alcançados pela outra ordem — eliminação de código inalcançável seguida por propagação de constante. O poder da SCCP para encontrar simplificações além dessas combinações vem exatamente do fato de que as duas otimizações são interdependentes.

10.7.2 Redução de força

A redução de força de operador é uma transformação que substitui uma série repetida de operações dispendiosas ("fortes") por outra de operações pouco dispendiosas ("fracas"), que calculam os mesmos valores. O exemplo clássico substitui multiplicações de inteiros baseadas em um índice de laço por adições equivalentes. Este caso em particular surge rotineiramente com a expansão de endereços de array e de estrutura em laços. A Figura 10.11a mostra a ILOC que poderia ser gerada para o laço a seguir:

$$\text{sum} \leftarrow 0$$
$$\text{for } i \leftarrow 1 \text{ to } 100$$
$$\text{sum} \leftarrow \text{sum} + a(i)$$

O código está na forma SSA semipodada; as variáveis puramente locais (r_2, r_2, r_3 e r_4) não possuem subscritos nem funções-ϕ. Observe como a referência a a(i) se expande para quatro operações — o subI, multI e addI que calculam (i-1) × 4 - @a e o load que define r_4.

Para cada iteração, essa sequência de operações calcula o endereço de a(i) a partir do zero como uma função da variável de índice de laço i. Considere as sequências de valores assumidas por r_{i1}, r_1, r_2 e r_3.

$$r_{i1}: \{\ 1, 2, 3, \ldots, 100\ \}$$
$$r_1: \{\ 0, 1, 2, \ldots, 99\ \}$$
$$r_2: \{\ 0, 4, 8, \ldots, 396\ \}$$
$$r_3: \{\ @a, @a+4, @a+8, \ldots, @a+396\ \}$$

Os valores em r_1, r_2 e r_3 existem unicamente para calcular o endereço para a operação load. Se o programa calculasse cada valor de r_3 a partir do anterior, poderia eliminar as operações que definem r_1 e r_2. Naturalmente, r_3 então precisaria de uma inicialização e uma atualização, o que o tornaria um nome não local, de modo que também precisaria de uma função-ϕ em l_1 e l_2.

A Figura 10.11b mostra o código após a redução de força, substituição do teste de função linear e eliminação de código morto. Ele calcula aqueles valores que antes estavam em r_3 diretamente em r_{t7} e usa r_{t7} na operação load. O teste de fim de laço, que usava r_1 no código original, foi modificado para usar r_{t8}. Isto torna as computações de r_1, r_2, r_3, r_{i0}, r_{i1} e r_{i2} todas mortas. Elas foram removidas para produzir o código final. Agora, o laço contém apenas cinco operações, ignorando funções-ϕ, enquanto o código original continha oito. (Na tradução da forma SSA de volta para código executável, as funções-ϕ tornam-se operações de cópia que o alocador de registradores normalmente pode remover.)

```
        loadI   0          ⇒ r_s0
        loadI   1          ⇒ r_i0              loadI   0          ⇒ r_s0
        loadI   100        ⇒ r_100             loadI   @a         ⇒ r_t6
l_1:    phi     r_i0,r_i2  ⇒ r_i1              addI    r_t6,396   ⇒ r_lim
        phi     r_s0,r_s2  ⇒ r_i1     l_1:    phi     r_t6,r_t8  ⇒ r_t7
        subI    r_i1,1     ⇒ r_1               phi     r_s0,r_s2  ⇒ r_s1
        multI   r_1,4      ⇒ r_2               load    r_t7       ⇒ r_4
        addI    r_2,@a     ⇒ r_3               add     r_s1,r_4   ⇒ r_s2
        load    r_3        ⇒ r_4               addI    r_t7,4     ⇒ r_t8
        add     r_s1,r_4   ⇒ r_s2              cmp_LE  r_t8,r_lim ⇒ r_5
        addI    r_i1,1     ⇒ r_s2              cbr     r_5        → l_1,l_2
        cmp_LE  r_i2,r100  ⇒ r_5      l_2:    ...
        cbr     r_5        → l_1,l_2
l_2:    ...
        (a) Código original                    (b) Código de força reduzida
```

■ **FIGURA 10.11** Exemplo de redução de força.

Se a operação multI for mais dispendiosa do que um addI, as economias serão maiores. Historicamente, o alto custo da multiplicação justificou a redução de força. Porém, mesmo que a multiplicação e a adição tenham custos iguais, a forma de força reduzida do laço pode ser preferida, pois cria uma forma de código melhor para transformações posteriores e para geração de código. Em particular, se a máquina alvo tem um modo de endereçamento de autoincremento, então a operação addI no laço pode ser desdobrada para a operação de memória. Esta opção simplesmente não existe para a multiplicação original.

O restante desta seção apresenta um algoritmo simples para redução de força, que chamamos *OSR*, seguido por um esquema para substituição de teste de função linear que desloca os testes de fim de laço para longe de variáveis que de outra forma estariam mortas. *OSR* opera sobre a forma SSA do código, considerada como um grafo. A Figura 10.12 mostra o código para o nosso exemplo, junto com seu grafo SSA.

```
           loadI    0           ⇒  r_s0
           loadI    1           ⇒  r_i0
           loadI    100         ⇒  r_100
    l_1:   phi      r_i0,r_i2   ⇒  r_i1
           phi      r_s0,r_s2   ⇒  r_i1
           subI     r_i1,1      ⇒  r_1
           multI    r_1,4       ⇒  r_2
           addI     r_2,@a      ⇒  r_3
           load     r_3         ⇒  r_4
           add      r_s1,r_4    ⇒  r_s2
           addI     r_i1,1      ⇒  r_s2
           cmp_LE   r_i2,100    ⇒  r_5
           cbr      r_5         →  l_1,l_2
    l_2:   ...
```

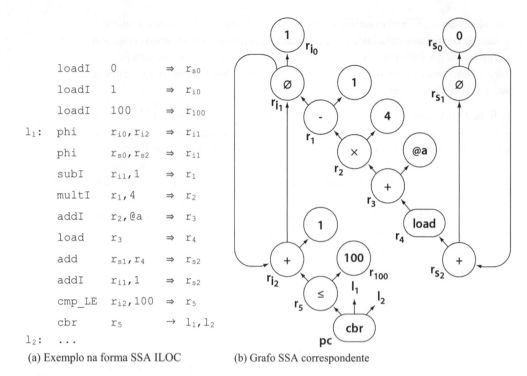

(a) Exemplo na forma SSA ILOC (b) Grafo SSA correspondente

■ **FIGURA 10.12** Relacionando SSA em ILOC com o grafo SSA.

Constante de região
Um valor que não varia dentro de determinado laço é uma *constante de região* para esse laço.

Variável de indução
Um valor que aumenta ou diminui por uma quantidade constante em cada iteração de um laço é uma *variável de indução*.

$x \leftarrow c \times i$

$x \leftarrow i \times c$

$x \leftarrow c + i$

$x \leftarrow i + c$

$x \leftarrow i - c$

Operações candidatas

Fundamentos

A redução de força procura contextos em que uma operação, como uma multiplicação, é executada dentro de um laço e seus operandos são (1) um valor que não varia nesse laço, chamado *constante de região*, e (2) um valor que varia sistematicamente de uma iteração para outra, chamado *variável de indução*. Ao encontrar esta situação, ela cria uma nova variável de indução que calcula a mesma sequência de valores da multiplicação original de modo mais eficiente. As restrições na forma dos operandos da operação de multiplicação garantem que essa nova variável de indução possa ser calculada usando adições, ao invés de multiplicações.

Chamamos uma operação que pode assim ser reduzida de *operação candidata*. Para simplificar a apresentação do *OSR*, consideramos apenas operações candidatas que têm uma das cinco formas dispostas na margem, onde c é uma constante de região e i uma variável de indução. A chave para encontrar e reduzir operações candidatas é a identificação eficaz de constantes de região e variáveis de indução. Uma operação é uma candidata se, e somente se, tiver uma dessas formas, incluindo as restrições sobre operandos.

Uma constante de região pode ser uma constante literal, como 10, ou um valor invariante de laço, ou seja, que não é modificado dentro do laço. Com o código na forma SSA, o compilador pode determinar se um argumento é invariante de laço verificando o local de sua única definição — sua definição deve dominar a entrada para o laço que define a variável de indução. OSR pode verificar essas duas condições em tempo constante. A realização da LCM e propagação de constante antes da redução de força pode expor mais constantes de região.

Intuitivamente, uma variável de indução é uma variável cujos valores no laço formam uma progressão aritmética. Para os propósitos deste algoritmo, podemos usar uma definição muito mais específica e restrita: uma variável de indução é um componente fortemente conectado (SCC — *Strongly Connected Component*) do grafo SSA em que cada operação que atualiza seu valor é um, dentre (1) uma variável de indução mais uma constante de região, (2) uma variável de indução menos uma constante de região, (3) uma função-ϕ, ou (4) uma cópia registrador-para-registrador de outra variável de indução. Embora esta definição seja muito menos genérica do que as definições convencionais, é suficiente para permitir que o algoritmo OSR encontre e reduza operações candidatas. Para identificar variáveis de indução, OSR encontra SCCs no grafo SSA e itera sobre eles para determinar se cada operação no SCC é de um desses quatro tipos.

Como OSR define variáveis de indução no grafo SSA e constantes de região relativas a um laço no CFG, o teste para determinar se um valor é constante em relação ao laço contendo uma variável de indução específica é complicado. Considere uma operação o na forma x ← i x c, onde i é uma variável de indução. Para que o seja um candidato para redução de força, c precisa ser uma constante de região em relação ao laço mais externo em que i varia. Para testar se c tem essa propriedade, OSR precisa relacionar o SCC para i no grafo SSA de volta para um laço no CFG.

OSR encontra o nó do grafo SSA com o número de pós-ordem reversa mais baixo no SCC definindo i. Ele considera esse nó como sendo o cabeçalho do SCC e registra este fato no campo de cabeçalho de cada nó do SCC. (Qualquer nó no grafo SSA que não faz parte de uma variável de indução tem seu campo de cabeçalho definido como null.) Na forma SSA, o cabeçalho da variável de indução é a função-ϕ no início do laço mais externo em que ela varia. Em uma operação x ← i x c, onde i é uma variável de indução, c é uma constante de região se o bloco CFG que contém sua definição dominar o bloco que contém o cabeçalho de i. Essa condição garante que c é invariante no laço mais externo em que i varia. Para realizar esse teste, a construção da SSA deve produzir um mapeamento de cada nó da SSA para o bloco do CFG onde ele foi originado.

O campo de cabeçalho desempenha papel crítico na determinação de se uma operação pode ou não ter a força reduzida. Quando OSR encontra uma operação x ← y × z, pode determinar se y é uma variável de indução seguindo a aresta do grafo SSA para a definição de y e inspecionando seu campo de cabeçalho. Um campo de cabeçalho null indica que y não é uma variável de indução. Se tanto y quanto z tiverem campos de cabeçalho null, a operação não pode ter a força reduzida.

Se dentre y ou z um tiver um campo de cabeçalho não null, então OSR usa este campo de cabeçalho para determinar se o outro operando é uma constante de região. Suponha que o cabeçalho de y seja não null. Para encontrar o bloco CFG para a entrada do laço mais externo onde y varia, OSR consulta o mapeamento SSA-para-CFG indexado pelo cabeçalho de y. Se o bloco CFG contendo a definição de z domina o bloco CFG do cabeçalho de y, então z é uma constante de região relativa à variável de indução y.

O algoritmo

Para realizar a redução de força, OSR precisa examinar cada operação e determinar se um de seus operandos é uma variável de indução, e o outro, uma constante de região. Se a operação atender a esses critérios, OSR pode reduzi-la criando uma nova variável de indução que calcule os valores necessários e substituindo a operação por uma cópia registrador-para-registrador dessa nova variável de indução. (Ele deve evitar a criação de variáveis de indução duplicadas.)

Com base na discussão anterior, sabemos que OSR pode identificar variáveis de indução localizando SCCs no grafo SSA. E pode, ainda, descobrir uma constante de região examinando a definição do valor. Se a definição resulta de uma operação imediata, ou seu bloco CFG domina o bloco CFG do cabeçalho da variável de indução, então o valor é uma constante de região. A chave é colocar essas ideias juntas em um algoritmo eficiente.

`OSR` usa o localizador de região fortemente conectada de Tarjan para controlar o processo inteiro. Como vemos na Figura 10.13, `OSR` toma um grafo SSA como seu argumento e aplica repetidamente o localizador de região fortemente conectada, `DFS`, a ele. (Esse processo termina quando `DFS` tiver visitado cada nó em `G`.)

```
OSR(G)
    nextNum ← 0
    while existe um n ∈ G não
      visitado
        DFS(n)

DFS(n)
    n.Num ← nextNum++
    n.Visited ← true
    n.Low ← n.Num
    push(n)
    for each operando o de n
        if o.Visited = false then
            DFS(o)
            n.Low ← min(n.Low,o.Low)
        if o.Num < n.Num e
           o está na pilha
        then n.Low ←
            min(n.Low,o.Num)
    if n.Low = n.Num then
        SCC ← ∅
        until x = n do
            x ← pop()
            SCC ← SCC ∪ { x }
        Process(SCC)
```

```
Process(N)
    if N tem apenas um membro n
        then if n é uma operação
                candidata
            then Replace(n,iv,rc)
            else n.Header ← null
        else ClassifyIV(N)

ClassifyIV(N)
    IsIV ← true
    for each nó n ∈ N
        if n não é uma atualização
           válida para uma variável de
           indução
        then IsIV ← false
    if IsIV then
        header ← n ∈ N com o menor
                 número de RPO
        for each nó n ∈ N
            n.Header ← header
    else
        for each nó n ∈ N
            if n é uma operação candidata
                then Replace(n,iv,rc)
                else n.Header ← nulL
```

■ **FIGURA 10.13** Algoritmo de redução de força de operador.

`DFS`, realiza uma busca em profundidade no grafo SSA; atribui a cada nó um número, correspondente à ordem em que visita o nó; empilha cada nó e o rotula com o menor número de profundidade de um nó que pode ser alcançado a partir de seus filhos. Quando retorna do processamento dos filhos, se o nó mais baixo alcançável a partir de `n` tiver o número de `n`, então `n` é o cabeçalho de um SCC. `DFS` remove os nós da pilha até alcançar `n`; todos esses nós são membros do SCC.

`DFS` remove SCCs da pilha em uma ordem que simplifica o restante do `OSR`. Quando um SCC é removido da pilha e passado para `Process`, `DFS` já visitou todos os seus filhos no grafo SSA. Se interpretarmos o grafo SSA de modo que suas arestas vão dos usos para as definições, como mostra o grafo SSA na Figura 10.12, então as operações candidatas são encontradas somente depois que seus operandos tiverem sido passados para `Process`. Quando `Process` encontra uma operação que é candidata para redução de força, seus operandos já foram classificados. Assim, `Process` pode examinar operações, identificar candidatos e invocar `Replace` para reescrevê-las na forma de força reduzida durante a busca em profundidade.

$x \leftarrow c \times i$

$x \leftarrow i \times c$

$x \leftarrow c + i$

$x \leftarrow i + c$

$x \leftarrow i - c$

Operações candidatas

`DFS` passa cada SCC para `Process`. Se o SCC consiste em um único nó `n` que tem a forma de uma operação candidata, mostrada na margem, `Process` passa `n` para `Replace`, junto com sua variável de indução, `iv`, e sua constante de região, `rc`.

`Replace` reescreve o código, conforme descrito na próxima seção. Se o SCC contém vários nós, `Process` passa o SCC para `ClassifyIV` para determinar se ele é ou não uma variável de indução.

`ClassifyIV` examina cada nó no SCC para verificá-lo contra o conjunto de atualizações válidas para uma variável de indução. Se todas as atualizações forem válidas, o SCC é uma variável de indução, e `Process` define o campo de cabeçalho de cada nó para conter o nó no SCC com o menor número de pós-ordem reversa. Se o SCC não for uma variável de indução, `ClassifyIV` visita novamente cada nó no SCC para testá-lo como uma operação candidata, passando-o para `Replace` ou definindo seu cabeçalho para mostrar que não é uma variável de indução.

Quando `Process` identifica `n` como uma operação candidata, encontra tanto a variável de indução, `iv`, quanto a constante de região, `rc`.

Reescrevendo o código

A parte restante do `OSR` implementa a etapa de reescrita. Tanto `Process` quanto `ClassifyIV` chamam `Replace` para realizá-la. A Figura 10.14 mostra o código para `Replace` e suas funções de suporte `Reduce` e `Apply`.

```
Replace(n, iv, rc)
  result ← Reduce(n.op, iv, rc)
  substituir n por uma cópia de
  result
  n.header ← iv.header

Reduce(op,iv,rc)
  result ← Lookup(op, iv, rc)
  if result é "não encontrado"
  then
     result ← NewName()
     Insert(op, iv, rc,result)
     newDef ← Clone(iv, result)
     newDef.header ← iv.header
     for each operando o de newDef
       if o.header = iv.header
          then reescrever o com
             Reduce(op, o, rc)
          else if op é × ou
             newDef.op é ϕ
           then substituir o com
             Apply(op, o, rc)
  return result
```

```
Apply(op, o1, o2)
  result ← Lookup(op, o1,
  o2)
  if result é "não
  encontrado" then
    if o1 é uma variável de
      indução
     and o2 é uma constante
       de região
     then result ← Reduce(op,
       o1, o2)
    else if o2 é uma variável de
      indução
     and o1 é uma constante
       de região
     then result ← Reduce(op,
       o2, o1)
    else
      result ← NewName()
      Insert(op, o1,
      o2,result)
      Encontrar o bloco b
       dominado      pelas
       definições de o1 e o2
      Criar "op o1, o2 ⇒
       result" ao final de b e
       definir seu cabeçalho
       como null
  return result
```

■ **FIGURA 10.14** Algoritmo para a etapa de reescrita.

`Replace` usa três argumentos, um nó do grafo SSA `n`, uma variável de indução `iv`, e uma constante de região `rc`. Os dois últimos são operandos de `n`. `Replace` chama `Reduce` para reescrever a operação representada por `n`. Em seguida, ele substituir `n` por uma operação de cópia do resultado produzido por `Replace`. Ele define o campo de cabeçalho de `n` e retorna.

`Reduce` e `Apply` fazem a maior parte do trabalho, usando uma tabela hash para evitar a inserção de operações duplicadas. Como `OSR` atua sobre nomes SSA, uma única tabela hash global é suficiente, que pode ser inicializada no `OSR` antes da primeira chamada ao `DFS`. `Insert` acrescenta entradas à tabela hash; `Lookup` consulta a tabela.

O plano para *Reduce* é simples. Ele usa um código de operação (*opcode*) e seus dois operandos, e cria uma nova variável de indução para substituir a computação ou retorna o nome de uma variável de indução criada anteriormente para a mesma combinação de código de operação e operandos, e consulta a tabela hash para evitar trabalho duplicado. Se a variável de indução desejada não estiver na tabela hash, *Reduce* cria a variável de indução em um processo de duas etapas. Primeiro, chama *Clone* para copiar a definição para *iv*, a variável de indução na operação que está sendo reduzida. Em seguida, recorre sobre os operandos dessa nova definição.

Esses operandos podem estar em duas categorias. Se o operando estiver definido dentro do SCC, faz parte da *iv*, de modo que *Reduce* recorre sobre esse operando. Isso forma a nova variável de indução clonando seu caminho pelo SCC da variável de indução original *iv*. Um operando definido fora do SCC precisa ser o valor inicial de *iv* ou um valor pelo qual *iv* é incrementada. O valor inicial precisa ser um argumento de função-ϕ de fora do SCC; *Reduce* chama *Apply* sobre cada argumento desse tipo. *Reduce* pode deixar um incremento de variável de indução intacto, a menos que a operação candidata seja uma multiplicação. Para esta, *Reduce* deve calcular um novo incremento como o produto do incremento antigo e a constante de região original *rc*. Ele invoca *Apply* para gerar este cálculo.

Apply usa um código de operação e dois operandos, localiza um ponto apropriado no código e insere esta operação. Ele retorna o novo nome SSA para o resultado dessa operação. Alguns detalhes precisam de mais explicação. Se essa nova operação for, por si só, uma candidata, *Apply* invoca *Reduce* para tratar dela. Caso contrário, *Apply* recebe um novo nome, insere a operação e retorna o resultado. (Se tanto *o1* quanto *o2* forem constantes, *Apply* pode avaliar a operação e inserir um load imediato.) *Apply* localiza um bloco apropriado para a nova operação usando a informação de dominância. Intuitivamente, a nova operação deve entrar em um bloco dominado pelos blocos que definem seus operandos. Se um operando for uma constante, *Apply* pode duplicar a constante no bloco que define o outro operando. Caso contrário, os dois operandos precisam ter definições que dominam o bloco de cabeçalho, e um deve dominar o outro. *Apply* pode inserir a operação imediatamente após esta última definição.

De volta ao exemplo

Considere o que acontece quando *OSR* encontra o exemplo da Figura 10.12. Suponha que ele comece com o nó rotulado como r_{s2} e visite os filhos da esquerda antes dos da direita. Ele recorre pela cadeia de operações que definem r_4, r_3, r_2, r_1 e r_{i1}. Em r_{i1}, recorre sobre r_{i2} e depois r_{i0}. Ele encontra os dois SCCs de nó único que contêm a constante literal um. Nenhuma é candidata, de modo que *Process* as marca como variáveis não de indução definindo seus cabeçalhos como *null*.

O primeiro SCC não trivial que *DFS* descobre contém r_{i1} e r_{i2}. Todas as operações são atualizações válidas para uma variável de indução, de modo que *ClassifyIV* marca cada nó como uma variável de indução, definindo seu campo de cabeçalho para que aponte para o nó com o número mais baixo em profundidade do SCC — o nó para r_{i1}.

Agora, *DFS* retorna ao nó para r_1. Seu filho da esquerda é uma variável de indução e o da direita, uma constante de região, de modo que invoca *Reduce* para criar uma variável de indução. Neste caso, r_1 é $r_{i1} - 1$, de modo que a variável de indução tem um valor inicial igual a um a menos do que o valor inicial da antiga variável de indução, ou zero. O incremento é o mesmo. A Figura 10.15 mostra o SCC que *Reduce* e *Apply* criam, sob o rótulo "para r_1". Finalmente, a definição de r_1 é substituída por uma operação de cópia, $r_1 \leftarrow r_{t1}$. A operação de cópia é marcada como uma variável de indução.

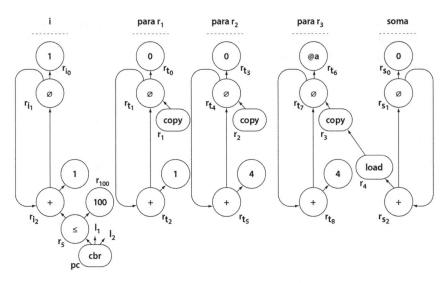

■ **FIGURA 10.15** Grafo SSA transformado para o exemplo.

Em seguida, *DFS* descobre o SCC que consiste no nó rotulado como r_2. *Process* descobre que ele é um candidato porque seu operando da esquerda (a cópia que agora define r_1) é uma variável de indução e o da direita é uma constante de região. *Process* invoca *Replace* para criar uma variável de indução que tem o valor $r_1 \times 4$. *Reduce* e *Apply* clonam a variável de indução para r_1, ajustam o incremento, pois a operação é uma multiplicação, e acrescentam uma cópia a r_2.

DFS em seguida passa o nó de r_3 para *Process*, criando outra variável de indução com @a como seu valor inicial e copia este valor para r_3.

Process trata do load, seguido pelo SCC que calcula a soma. E descobre que nenhuma dessas operações são candidatas.

Finalmente, *OSR* invoca *DFS* no nó não visitado para o cbr. *DFS* visita a comparação, a variável de indução marcada anteriormente e a constante 100. Nenhuma outra redução acontece depois disso.

O grafo SSA na Figura 10.15 mostra todas as variáveis de indução criadas por este processo. As variáveis de indução rotuladas com "para r_1" e "para r_2" estão mortas. A variável de indução para i estaria morta, exceto pelo teste de fim de laço ainda a utilizar. Para eliminar essa variável de indução, o compilador pode aplicar a substituição de teste de função linear para transferir o teste para a variável de indução para r_3.

Substituição de teste de função linear

A redução de força constantemente elimina todos os usos de uma variável de indução, exceto para um teste de fim de laço. Neste caso, o compilador pode ser capaz de reescrever o teste de fim de laço para usar outra variável de indução encontrada no laço. Se o compilador puder remover este último uso, ele pode eliminar a variável de indução original como código morto. Essa transformação é chamada de substituição de teste de função linear (LFTR — *Linear-Function Test Replacement*).

Para realizar LFTR, o compilador deve (1) localizar comparações que contam com variáveis de indução de outra forma desnecessárias, (2) localizar uma nova variável de indução apropriada que a comparação pudesse usar, (3) calcular a constante de região correta para o teste reescrito, e (4) reescrever o código. Fazer com que LFTR coopere com *OSR* pode simplificar todas essas tarefas para produzir uma transformação rápida e eficaz.

As operações que LFTR visa comparam o valor de uma variável de indução com uma constante de região. `OSR` examina cada operação no programa para determinar se é uma candidata para redução de força. Ele pode montar, de modo fácil e pouco dispendioso, uma lista de todas as operações de comparação que envolvem variáveis de indução. Após `OSR` terminar seu trabalho, LFTR deve revisitar cada uma dessas comparações. Se o argumento variável de indução de uma comparação teve a força reduzida por `OSR`, LFTR deve redirecionar a comparação para usar a nova variável de indução.

Para facilitar este processo, `Reduce` pode registrar o relacionamento aritmético que usa para derivar cada nova variável de indução. Ele pode inserir uma aresta LFTR especial a partir de cada nó na variável de indução original até o nó correspondente em seu equivalente reduzido e rotulá-lo com a operação e constante de região da operação candidata responsável por criar essa variável de indução. A Figura 10.16 mostra o grafo SSA com essas arestas adicionais em preto. A sequência de reduções no exemplo cria uma cadeia de arestas rotuladas. Começando da variável de indução original, encontramos os rótulos -1, x4 e +@a.

Quando LFTR encontra uma comparação que deve ser substituída, pode seguir as arestas a partir de seu argumento variável de indução até a variável de indução final que resultou de uma cadeia de uma ou mais reduções. A comparação deve usar essa variável de indução com uma nova constante de região apropriada.

Os rótulos nas arestas LFTR descrevem a transformação que deve ser aplicada à constante de região original para derivar a nova constante de região. No exemplo, a trilha de arestas leva de r_{i2} a r_{t8} e produz o valor $(100 - 1) \times 4 + @a$ para o teste transformado. A Figura 10.16 mostra as arestas e o teste reescrito.

Esta versão da LFTR é simples, eficiente e eficaz. Ela conta com a colaboração de `OSR` para identificar comparações que poderiam ser redirecionadas e para registrar as reduções enquanto as aplica. Usando essas duas estruturas de dados, a LFTR pode encontrar comparações para redirecionar, encontrar o local apropriado para redirecioná-las e encontrar a transformação necessária para o argumento constante da comparação.

10.7.3 Escolhendo uma sequência de otimização

A eficácia de um otimizador sobre um dado código depende da *sequência de otimizações* que ele aplica ao código — tanto as transformações específicas que usa quanto

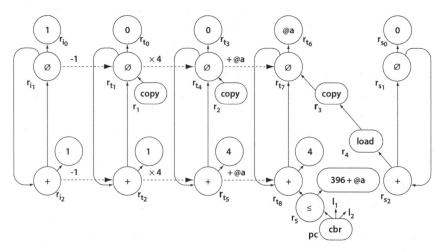

■ **FIGURA 10.16** Exemplo após LFTR.

a ordem em que as aplica. Os compiladores otimizadores tradicionais têm oferecido ao usuário a escolha de várias sequências (por exemplo, -O, -O1, -O2,...). Essas sequências fornecem um compromisso entre tempo de compilação e a quantidade de otimização que o compilador tenta realizar. Porém, um esforço de otimização aumentado não garante melhoria.

Sequência de otimização
Um conjunto de otimizações e uma ordem de sua aplicação.

O problema da sequência de otimização surge porque a eficácia de qualquer transformação dada depende de diversos fatores.

1. A oportunidade que a transformação visa aparece no código? Se não, a transformação não pode melhorar o código.
2. Uma transformação anterior escondeu ou encobriu essa oportunidade? Por exemplo, a otimização de identidades algébricas na LVN pode converter 2 x a em uma operação shift, que substitui uma operação comutativa por uma otimização não comutativa mais rápida. Qualquer transformação que precisa de comutatividade para efetuar sua melhoria poderia ver oportunidades perdidas pela aplicação anterior da LVN.
3. Alguma outra transformação já eliminou a ineficiência? As transformações possuem efeitos sobrepostos e idiossincráticos; por exemplo, a LVN consegue alguns dos efeitos da propagação de constante global e o desenrolamento de laço alcança efeito semelhante à clonagem de superbloco. O construtor de compiladores poderia incluir as duas transformações por seus efeitos não superpostos.

As interações entre transformações tornam difícil prever a melhoria a partir da aplicação de qualquer transformação isolada ou de qualquer sequência de transformações.

Alguns compiladores de pesquisa tentam descobrir boas sequências de otimização. As abordagens variam em detalhamento e em técnica. Os diversos sistemas têm procurado sequências nos níveis de bloco, de arquivo fonte e de programa inteiro. A maior parte desses sistemas tem usado algum tipo de busca sobre o espaço das sequências de otimização.

O espaço de potenciais sequências de otimização é imenso. Por exemplo, se o compilador escolhe uma sequência de tamanho 10 a partir de um *pool* de 15 transformações, ele tem 10^{15} sequências possíveis que pode gerar — um número impraticavelmente grande para explorar. Assim, os compiladores que procuram boas sequências usam técnicas heurísticas para amostrar partes menores do espaço de busca. Em geral, essas técnicas encontram-se em três categorias: (1) algoritmos genéticos adaptados para atuar como buscas inteligentes, (2) algoritmos de busca aleatória, e (3) técnicas estatísticas de aprendizado de máquina. Todas as três abordagens têm se mostrado promissoras.

Apesar do imenso tamanho dos espaços de busca, algoritmos de busca bem ajustados podem encontrar boas sequências de otimização com 100 a 200 sondagens do espaço de busca. Embora esse número ainda não seja prático, refinamentos adicionais podem reduzir o número de sondagens a um nível prático.

Neste contexto, uma *boa* sequência é aquela que produz resultados dentro de 5% dos melhores resultados.

Uma aplicação interessante dessas técnicas é derivar as sequências usadas pelas opções de linha de comando do compilador, como −O2. O construtor de compiladores pode usar um conjunto de aplicações representativas para descobrir boas sequências gerais e depois aplicar essas sequências como as sequências default do compilador. Uma abordagem mais agressiva, usada em diversos sistemas, é derivar algumas boas sequências para conjuntos de aplicações diferentes e fazer com que o compilador teste cada uma dessas sequências e retenha o melhor resultado.

10.8 RESUMO E PERSPECTIVA

O projeto e implementação de um compilador otimizador é um empreendimento complexo. Este capítulo introduziu um framework conceitual para reflexão a respeito de transformações — a taxonomia de efeitos. Cada categoria na taxonomia é representada por vários exemplos, seja neste capítulo ou em outros pontos do livro.

O desafio para o construtor de compiladores é selecionar um conjunto de transformações que funcionem bem juntas para produzir um bom código — código que atenda às necessidades do usuário. As transformações específicas implementadas em um compilador determinam, em grande parte, os tipos de programas para os quais ele produzirá um bom código.

NOTAS DO CAPÍTULO

Embora os algoritmos apresentados neste capítulo sejam modernos, muitas das ideias básicas eram bem conhecidas nas décadas de 1960 e 1970. A eliminação de código morto, movimentação de código, redução de força e eliminação de redundância são todos descritos por Allen [11] e Cocke e Schwartz [91]. Diversos artigos fornecem visões gerais do estado do campo em diferentes pontos no tempo [16, 28, 30, 316]. Os livros de Morgan [268] e Muchnick [270] discutem o projeto, a estrutura e a implementação dos compiladores otimizadores. Wolfe [352] e Allen e Kennedy [20] focam a análise baseada em dependência e transformações.

Dead implementa um estilo marcar-varrer de eliminação de código morto que foi introduzido por Kennedy [215, 217]. Ele é reminiscente do algoritmo de marcação de Schorr-Waite [309]. Dead é adaptado especificamente pelo trabalho de Cytron e outros [110, Seção 7.1]. Clean foi desenvolvido e implementado em 1992 por Rob Shillner [254].

LCM melhora o algoritmo clássico de Morel e Renvoise para eliminação de redundância parcial [267]. Esse artigo inspirou muitas melhorias, incluindo [81, 130, 133, 321]. A LCM de Knoop, Rüthing e Steffen [225] melhorou o posicionamento de código; a formulação na Seção 10.3 usa equações de Drechsler e Stadel [134]. Bodik, Gupta e Soffa combinaram esta técnica com replicação para encontrar e remover todo o código redundante [43]. O algoritmo DVNT deve-se a Briggs [53]. Ele foi implementado em diversos compiladores.

A elevação aparece no catálogo de Allen-Cocke como uma técnica para reduzir o espaço de código [16]. A formulação usando antecipabilidade aparece em vários lugares, incluindo Fischer e LeBlanc [147]. O abaixamento de código (*code sinking*) ou *cross jumping* é descrito por Wulf e outros [356].

Tanto a otimização *peephole* quanto a eliminação de recursão de cauda datam do início da década de 1960. A primeira foi descrita inicialmente por McKeeman [260]; a segunda é mais antiga; a cultura popular diz que McCarthy a descreveu no quadro-negro durante uma palestra em 1963. A tese de Steele [323] é uma referência clássica para eliminação de recursão de cauda.

A clonagem de superbloco foi introduzida por Hwu e outros [201]. As otimizações de laço como a remoção de condicionais (*loop unswitching*) e desenrolamento (*loop unrolling*) têm sido bastante estudadas [20, 28]; Kennedy usou o desenrolamento para evitar operações de cópia no final de um laço [214].

Cytron, Lowrey e Zadeck apresentam uma alternativa interessante ao *loop unswitching* [111]. McKinley e outros oferecem ideias práticas para o impacto de otimizações de memória sobre o desempenho [94, 261].

A combinação de otimizações, como no SCCP, normalmente leva a melhorias que não podem ser obtidas pela aplicação independente das otimizações originais. A numeração de valor combina eliminação de redundância, propagação de constante e simplificação de identidades algébricas [53]. LCM combina eliminação de redundâncias e redundâncias parciais com movimentação de código [225]. Click e Cooper [86] combinam o algoritmo de particionamento de Alpern [21] com SCCP [347]. Muitos autores têm combinado alocação de registradores e escalonamento de instruções [48, 163, 269, 276, 277, 285, 308].

O algoritmo SCCP deve-se a Wegman e Zadeck [346, 347]. Seu trabalho esclareceu a distinção entre algoritmos otimista e pessimista; Click discute a mesma questão do ponto de vista da criação de conjunto [84].

A redução de força de operador tem uma história rica. Uma família de algoritmos de redução de força desenvolveu-se do trabalho de Allen, Cocke e Kennedy [19, 88, 90, 216, 256]. O algoritmo *OSR* está nesta família [107]. Outra família de algoritmos cresceu da técnica de fluxo de dados para a otimização exemplificada pelo algoritmo LCM; diversas fontes oferecem técnicas nessa família [127, 129, 131, 178, 209, 220, 226]. A versão do *OSR* na Seção 10.7.2 só reduz multiplicações. Allen e outros mostram as sequências de redução para muitos outros operadores [19]; a extensão do *OSR* para tratar desses casos é simples. Uma forma mais fraca de redução de força reescreve multiplicações de inteiros por operações mais rápidas [243].

EXERCÍCIOS

Seção 10.1
1. Uma das principais funções de um otimizador é remover o overhead que o compilador introduziu durante a tradução da linguagem-fonte para a IR.
   a. Dê quatro exemplos de ineficiências que você esperaria que um otimizador melhorasse, junto com as construções da linguagem-fonte que lhes dão origem.
   b. Dê quatro exemplos de ineficiências que você esperaria que um otimizador deixasse escapar, embora elas possam ser melhoradas. Explique por que um otimizador teria dificuldade para melhorá-las.

Seção 10.2
2. A Figura 10.1 mostra o algoritmo para *Dead*. A passagem de marcação é uma computação clássica de ponto fixo.
   a. Explique por que essa computação termina.
   b. O ponto fixo que ela encontra é único? Prove sua resposta.
   c. Derive um limitante apertado de tempo para o algoritmo.
3. Considere o algoritmo *Clean* da Seção 10.2. Ele remove o fluxo de controle inútil e simplifica o CFG.
   a. Por que o algoritmo termina?
   b. Dê um limitante de tempo geral para o algoritmo.

Seção 10.3
4. LCM usa a análise de fluxo de dados para encontrar redundância e realizar a movimentação de código. Assim, ela conta com uma noção léxica de identidade para encontrar redundância — duas expressões só podem ser redundantes se a análise de fluxo de dados mapeá-las para o mesmo nome interno. Ao contrário, a numeração de valor calcula a identidade com base em valores.
   a. Dê um exemplo de uma expressão redundante que a LCM descobrirá, mas um algoritmo baseado em valor (digamos, uma versão global da numeração de valor) não.

b. Dê exemplo de uma expressão redundante que a LCM não descobrirá, mas um algoritmo baseado em valor sim.
5. A eliminação de redundância tem uma série de efeitos sobre o código que o compilador gera.
   a. Como a LCM afeta a demanda por registradores no código que está sendo transformado? Justifique sua resposta.
   b. Como a LCM afeta o tamanho do código gerado para um procedimento? (Você pode considerar que a demanda por registradores é inalterada.)
   c. Como a elevação afeta a demanda por registradores no código que está sendo transformado? Justifique sua resposta.
   d. Como a elevação afeta o tamanho do código gerado para um procedimento? (Use as mesmas suposições.)

Seção 10.4

6. Uma forma simples de redução de força de operador substitui uma única ocorrência de uma operação dispendiosa por uma sequência de operações que são menos dispendiosas de se executar. Por exemplo, algumas operações de multiplicação de inteiros podem ser substituídas por uma sequência de shifts e adds.
   a. Que condições devem existir para que o compilador substitua com segurança uma operação com inteiros $x \leftarrow y \times z$ por uma única operação shift?
   b. Esboce um algoritmo que substitua uma multiplicação de uma constante conhecida e um inteiro sem sinal por uma sequência de shifts e adds em casos em que a constante não é uma potência de dois.
7. Tanto a otimização de chamada de cauda quanto a substituição em linha tentam reduzir o overhead causado pela ligação de procedimentos.
   a. O compilador pode substituir em linha uma chamada de cauda? Quais são os obstáculos? Como você poderia contorná-los?
   b. Compare o código produzido no seu esquema em linha modificado com aquele produzido pela otimização de chamada de cauda.

Seção 10.5

8. Um compilador pode encontrar e eliminar computações redundantes de muitas maneiras diferentes. Entre elas estão DVNT e LCM.
   a. Dê dois exemplos de redundâncias eliminadas por DVNT que não podem ser encontradas por LCM.
   b. Dê um exemplo que a LCM encontra e que é perdido pela DVNT.

Seção 10.6

9. Desenvolva um algoritmo para renomear o valor em um procedimento para aquele que codifica a identidade de valor em nomes de variável.
10. A clonagem de superbloco pode causar um crescimento significativo no código.
    a. Como o compilador poderia aliviar o crescimento de código na clonagem de superbloco, mas retendo o máximo possível do benefício?
    b. Que problemas poderiam surgir se o otimizador permitisse que a clonagem de superbloco continuasse por um desvio de fechamento de laço? Compare sua abordagem com o desenrolamento de laço.

Dica: lembre-se do algoritmo de posicionamento de bloco, visto no Capítulo 8.

Capítulo 11

Seleção de instruções

VISÃO GERAL DO CAPÍTULO

O front end e o otimizador do compilador operam sobre o código em sua forma IR. Antes que o código possa ser executado em um processador-alvo, a forma IR do código precisa ser reescrita para o conjunto de instruções do processador. O processo de mapeamento de operações da IR para operações na máquina-alvo é chamado seleção de instruções.

Este capítulo introduz duas técnicas diferentes para seleção de instruções. A primeira usa a tecnologia de algoritmos de casamento de padrões de árvore. A segunda baseia-se na transformação clássica de último estágio, a otimização *peephole*. Ambas foram bastante utilizadas em compiladores reais.

Palavras-chave: Seleção de instruções, Casamento de padrões de árvore, Otimização *peephole*

11.1 INTRODUÇÃO

Para traduzir um programa de uma representação intermediária como uma árvore sintática abstrata ou um código linear de baixo nível para a forma executável, o compilador precisa mapear cada construção da IR para uma construção correspondente e equivalente no conjunto de instruções do processador-alvo. Dependendo dos níveis de abstração relativos na IR e ISA da máquina-alvo, essa tradução pode envolver a elaboração de detalhes que estão ocultos no programa em IR, ou a combinação de múltiplas operações da IR em uma única instrução de máquina. As escolhas específicas que o compilador faz têm impacto sobre a eficiência global do código compilado.

A complexidade da seleção de instruções deriva do grande número de implementações alternativas que uma ISA típica fornece até mesmo para operações simples. Na década de 1970, o PDP-11 da DEC tinha um conjunto de instruções pequeno e compacto; assim, um bom compilador, como o BLISS-11, poderia realizar a seleção de instruções com um passo simples, codificado à mão. À medida que as ISAs do processador se expandiram, o número de codificações possíveis para cada programa cresceu de forma incontrolável. Essa explosão levou a técnicas sistemáticas para seleção de instruções, como as apresentadas neste capítulo.

Roteiro conceitual

A seleção de instruções, que mapeia a IR do compilador na ISA alvo, é um problema de casamento de padrão (*pattern-matching*). Na forma mais simples, o compilador pode fornecer uma única sequência de ISA alvo para cada operação da IR. O seletor resultante forneceria uma expansão tipo gabarito (*template*) que produziria o código correto. Infelizmente, esse código poderia fazer um mau uso dos recursos da máquina-alvo. Melhores técnicas consideram muitas sequências de código possíveis para cada operação da IR e escolhem a sequência que tem o menor custo esperado.

Este capítulo apresenta duas técnicas para seleção de instruções: uma baseada em casamento de padrões de árvore e outra em otimização *peephole*. A primeira conta com uma notação de árvore de alto nível tanto para a IR do compilador quanto para a ISA da máquina-alvo; a segunda traduz a ISA do compilador para uma IR linear de baixo nível, melhora-a sistematicamente e depois a mapeia para a ISA alvo. Cada uma dessas técnicas pode produzir código de alta qualidade que leva em consideração o contexto local. Cada uma tem sido incorporada em ferramentas que tomam uma descrição da máquina-alvo e produzem um seletor de instrução funcional.

Visão geral

Técnicas sistemáticas para geração de código tornam mais fácil redirecionar um compilador. O objetivo deste trabalho é minimizar o esforço exigido para transportar o compilador para um novo processador ou sistema. O ideal é que o front end e o otimizador precisem de mudanças mínimas, e grande parte do back end pode ser reutilizado também. Essa estratégia faz bom uso do investimento na criação, depuração e manutenção das partes comuns do compilador.

> Na prática, uma nova linguagem normalmente precisa de algumas novas operações na IR. O objetivo, porém, é estendê-la, ao invés de reinventá-la.

Grande parte da responsabilidade por tratar de alvos diversificados está no seletor de instrução. Um compilador típico usa uma IR comum para todos os alvos e, até o máximo possível, para todas as linguagens-fonte; otimiza a forma intermediária com base em um conjunto de suposições que são verdadeiras na maioria, se não em todas as máquinas-alvo; e, finalmente, usa um back end em que o construtor de compiladores procura isolar e extrair os detalhes dependentes do alvo.

Embora o escalonador e o alocador de registradores precisem de informações dependentes do alvo, o bom projeto pode isolar esse conhecimento em uma descrição concreta da máquina-alvo e sua ISA. Essa descrição poderia incluir tamanhos de conjunto de registradores; número, capacidades e latências de operação das unidades funcionais; restrições de alinhamento de memória; e a convenção de chamada de procedimento. Os algoritmos para escalonamento e alocação são então parametrizados por essas características do sistema e reutilizados para diferentes ISAs e sistemas.

Assim, a chave para o redirecionamento de alvo está na implementação do seletor de instrução. Um seletor de instrução redirecionável consiste em um mecanismo de casamento de padrões acoplado a um conjunto de tabelas que codificam o conhecimento necessário sobre o mapeamento da IR para a ISA alvo. O seletor consome a IR do compilador e produz código assembly para a máquina-alvo. Em tal sistema, o construtor de compiladores cria uma descrição da máquina-alvo e executa o gerador de back end (às vezes chamado *gerador de código*). O gerador de back end, por sua vez, usa a especificação para derivar as tabelas necessárias para o casamento de padrões. Assim como um gerador de parser, o gerador de back end trabalha off-line durante o desenvolvimento do compilador. Assim, podemos usar algoritmos para criar as tabelas que exigem mais tempo do que os algoritmos normalmente empregados em um compilador.

Embora o objetivo seja isolar todo o código dependente de máquina no seletor de instrução, escalonador e alocador de registradores, a realidade quase sempre fica aquém desse ideal. Alguns detalhes dependentes de máquina aparecem, inevitavelmente, em partes anteriores do compilador. Por exemplo, as restrições de alinhamento nos registros de ativação podem diferir entre máquinas-alvo, alterando deslocamentos (*offsets*) para valores armazenados nos registros de ativação (ARs). O compilador pode precisar representar explicitamente recursos, como execução predicada, slots de atraso de desvio e operações de memória multipalavra se precisar fazer bom uso destes recursos. Ainda assim, empurrar detalhes dependentes de alvo para a seleção de instruções pode reduzir o número de mudanças em outras partes do compilador que são necessárias para transportá-lo para um novo processador alvo.

Este capítulo examina duas técnicas para automatizar a construção de seletores de instrução. A Seção 11.3 revisita o esquema simples de percurso em árvore do Capítulo 7 e o utiliza como uma introdução detalhada para as complexidades da seleção de instruções. As duas seções seguintes apresentam diferentes maneiras de aplicar técnicas de casamento de padrões para transformar as sequências IR em sequências assembly. A primeira técnica, na Seção 11.4, baseia-se em algoritmos para correspondência entre padrões de árvore e árvores. A segunda, na Seção 11.5, baseia-se em ideias da otimização *peephole*. Esses dois métodos são baseados em descrição. O construtor de compiladores escreve uma descrição da ISA alvo; uma ferramenta, então, constrói um seletor para uso em tempo de compilação. Os dois métodos têm sido usados em compiladores portáteis de sucesso.

SELEÇÃO, ESCALONAMENTO E ALOCAÇÃO

Os três processos principais no back end são: seleção de instruções, escalonamento e alocação de registradores. Todos eles têm impacto direto sobre a qualidade do código gerado, e todos interagem entre si.

A seleção muda diretamente o processo de escalonamento, e dita tanto o tempo exigido para uma operação quanto as unidades funcionais nas quais ela pode ser executada. O escalonamento pode afetar a seleção de instruções. Se o gerador de código pode implementar uma operação da IR com qualquer uma de duas operações assembly, e essas operações usam recursos diferentes, o gerador de código pode precisar entender o escalonamento final para garantir a melhor escolha.

A seleção interage com a alocação de registradores de várias maneiras. Se o processador-alvo tem um conjunto de registradores uniforme, então o seletor de instrução pode assumir um estoque ilimitado de registradores e contar com o alocador para inserir os loads e stores necessários para encaixar os valores no conjunto de registradores. Se, por outro lado, a máquina-alvo tiver regras que restringem o uso de registradores, então o seletor precisa prestar muita atenção aos registradores físicos específicos, o que pode complicar a seleção e predeterminar algumas ou todas as decisões de alocação. Nessa situação, o gerador de código poderia usar uma corrotina para realizar a alocação de registradores local durante a seleção de instruções.

Manter seleção, escalonamento e alocação separados — o máximo possível — pode simplificar a implementação e a depuração de cada processo. Porém, como cada um desses processos pode restringir os outros, o construtor de compiladores precisa tomar cuidado para evitar a inclusão de restrições desnecessárias.

11.2 GERAÇÃO DE CÓDIGO

O back end do compilador precisa solucionar três problemas para gerar código executável para um programa na forma IR: converter as operações da IR em operações na ISA do processador-alvo, processo chamado *seleção de instruções*, que é o assunto deste capítulo; selecionar uma ordem em que essas operações deverão ser executadas, processo chamado *escalonamento de instruções*, assunto do Capítulo 12; e deve determinar, em cada ponto no código final, quais valores deverão residir em registradores e quais devem residir na memória, processo chamado *alocação de registradores*, assunto do Capítulo 13. A maioria dos compiladores trata desses três processos separadamente. Esses três processos distintos, porém relacionados, normalmente são reunidos no termo "geração de código", embora o seletor de instrução tenha a responsabilidade principal por gerar instruções da máquina-alvo.

Cada um desses três problemas, por si só, é uma questão computacionalmente difícil. Embora não seja claro como definir a seleção de instruções ótima, o problema de gerar a sequência de código mais rápida para um CFG com fluxo de controle envolve um grande número de alternativas. O escalonamento de instruções é NP-completo para um bloco básico sob a maioria dos modelos de execução realísticos; passar para regiões de código maiores não simplifica o problema. A alocação de registradores, em sua forma geral, também é um problema NP-completo em procedimentos com fluxo de controle. A maioria dos compiladores trata desses problemas de modo independente.

O nível de detalhe exposto no programa IR faz diferença. Uma IR com um nível de abstração mais alto do que a ISA exige que o seletor de instrução forneça detalhes adicionais. (A geração mecânica desse detalhe nesse último estágio da compilação pode levar a um código tipo *template* com baixo nível de personalização.) Uma IR com nível de abstração mais baixo do que a ISA permite que o seletor adapte suas seleções de modo correspondente. Compiladores que realizam pouca ou nenhuma otimização geram código diretamente a partir da IR produzida pelo front end.

A complexidade da seleção de instruções vem do fato de que um processador típico oferece muitas e distintas maneiras de realizar a mesma computação. Desconsidere, por enquanto, as questões de escalonamento de instrução e alocação de registradores; voltaremos a eles nos dois capítulos seguintes. Se cada operação da IR tivesse apenas uma implementação na máquina-alvo, o compilador poderia simplesmente reescrever cada uma delas como uma sequência equivalente de operações de máquina. Na maioria dos contextos, porém, uma máquina-alvo fornece várias maneiras de implementar cada construção da IR.

Considere, por exemplo, uma construção da IR que copia um valor de um registrador de uso geral, r_i, para outro, r_j. Suponha que o processador-alvo use ILOC como seu conjunto de instrução nativo. Conforme veremos, até mesmo ILOC tem complexidade suficiente para expor muitos dos problemas de geração de código. A implementação óbvia de $r_i \rightarrow r_j$ usa i2i $r_i \Rightarrow r_j$; essa cópia de registrador-para-registrador normalmente é uma das operações menos dispendiosas que um processador oferece. Porém, existem muitas outras implementações. Estas incluem, por exemplo, cada uma das seguintes operações:

addI $r_i,0 \Rightarrow r_j$	subI $r_i,0 \Rightarrow r_j$	multI $r_i,1 \Rightarrow r_j$
divI $r_i,1 \Rightarrow r_j$	lshiftI $r_i,0 \Rightarrow rj$	rshiftI $r_i,0 \Rightarrow r_j$
and $r_i,r_i \Rightarrow r_j$	orI $r_i,0 \Rightarrow rj$	xorI $r_i,0 \Rightarrow r_j$

Ainda existem outras possibilidades. Se o processador mantém um registrador cujo valor é sempre 0, outro conjunto de operações funciona, usando `add`, `sub`, `lshift`, `rshift`, or e `xor`. Um conjunto maior de sequências de duas operações, incluindo um store seguido por um load, também funciona.

Um programador humano rapidamente não consideraria a maioria, se não todas essas sequências alternativas. O uso de i2i é simples, rápido e óbvio. Um processo automatizado, porém, pode ter que considerar todas as possibilidades e fazer as escolhas apropriadas. A capacidade de uma ISA específica de realizar o mesmo efeito de várias maneiras aumenta a complexidade da seleção de instruções. Para ILOC, a ISA fornece apenas algumas operações simples de baixo nível para cada efeito em particular. Mesmo assim, ela admite inúmeras maneiras de implementar a cópia de registrador para registrador.

Processadores reais são mais complexos que a ILOC. Eles podem incluir operações de nível mais alto e modos de endereçamento que o gerador de código deve considerar. Embora esses recursos permitam que um programador habilidoso ou um compilador cuidadosamente preparado criem programas mais eficientes, também aumentam o número de escolhas com que o seletor de instrução se depara — e aumentam o espaço de potenciais implementações.

Cada sequência alternativa tem seus próprios custos. A maioria das máquinas modernas implementa operações simples, como i2i, add e lshift, de modo que sejam executadas em um único ciclo. Algumas operações, como multiplicação e divisão de inteiros, podem levar mais tempo. A velocidade de uma operação da memória depende de muitos fatores, incluindo o estado atual detalhado do sistema de memória do computador.

Em alguns casos, o custo real de uma operação pode depender do contexto. Se, por exemplo, o processador tem várias unidades funcionais, pode ser melhor realizar uma cópia de registrador para registrador usando uma operação diferente de cópia, que será executada em uma unidade funcional pouco utilizada. Se a unidade estiver ociosa, a operação efetivamente não tem custo; passá-la para esta unidade realmente acelera a computação inteira. Se o gerador de código tiver que reescrever a cópia para uma operação específica que é executada apenas na unidade pouco utilizada, isto é um problema de seleção. Se a mesma operação puder ser executada em qualquer unidade, é um problema de escalonamento.

Na maior parte dos casos, o construtor de compiladores deseja que o back end produza código que seja executado rapidamente. Porém, outras métricas são possíveis. Por exemplo, se o código final for executado em um dispositivo alimentado por bateria, o compilador poderia considerar o consumo de energia típico de cada operação. (Operações individuais podem consumir diferentes quantidades de energia.) Os custos em um compilador que tenta otimizar por energia podem ser radicalmente diferentes daqueles que uma métrica de velocidade envolveriam. O consumo de energia do processador depende muito de detalhes do hardware subjacente e, assim, pode mudar de uma implementação de um processador para outra. De modo semelhante, se o espaço de código for crítico, o construtor de compiladores poderia atribuir custos com base unicamente no tamanho da sequência. Como alternativa, ele poderia simplesmente excluir todas as sequências de múltiplas operações que conseguem o mesmo efeito que uma sequência de operação única.

> Como uma sequência de código mais curta busca menos bytes da RAM, a redução do espaço do código também pode reduzir o consumo de energia.

Para complicar as coisas ainda mais, algumas ISAs colocam restrições adicionais sobre operações específicas. Uma multiplicação de inteiros poderia ter que tomar seus operandos de uma subfaixa dos registradores; uma operação de ponto flutuante poderia necessitar que seus operandos estivessem em registradores com número par; uma operação de memória poderia ser executada apenas em uma das unidades funcionais do processador; uma unidade de ponto flutuante poderia incluir uma operação que calcule a sequência $(r_i \times r_j) + r_k$ mais rapidamente do que as operações individuais de multiplicação e adição; operações de load múltiplo e store múltiplo poderiam exigir registradores contíguos; o sistema de memória poderia oferecer sua melhor largura de banda e latência para loads de palavra dupla ou quádrupla, ao invés de loads de palavra única. Restrições como essas restringem a seleção de instruções. Ao mesmo tempo, aumentam a importância da descoberta de uma solução que use a melhor operação em cada ponto do programa de entrada.

Quando o nível de abstração da IR e da ISA alvo diferem significativamente, ou os modelos de computação subjacentes divergem, a seleção de instruções pode desempenhar papel crítico para preencher essa lacuna. A extensão pela qual a seleção de instruções pode mapear as computações no programa em IR eficientemente para a máquina-alvo frequentemente determinará a eficiência do código gerado. Por exemplo, considere três cenários para gerar código a partir de uma IR tipo ILOC.

1. *Máquina RISC simples, escalar.* O mapeamento da IR para o assembly é direto. O gerador de código poderia considerar apenas uma ou duas sequências em linguagem assembly para cada operação da IR.
2. *Processador CISC.* Para fazer uso eficaz de um conjunto de instruções CISC, o compilador pode ter que agregar várias operações da IR em uma operação da máquina-alvo.
3. *Máquina de pilha.* O gerador de código precisa traduzir do estilo computacional de registrador-para-registrador da ILOC para um estilo baseado em pilha com seus nomes implícitos e, em alguns casos, operações destrutivas.

> Passar de um código de um endereço para outro de três endereços acarreta problemas semelhantes.

À medida que a lacuna na abstração entre a IR e a ISA alvo aumenta, também aumenta a necessidade de ferramentas para ajudar a criar geradores de código.

Embora a seleção de instruções possa desempenhar papel importante para determinar a qualidade do código, o construtor de compiladores precisa ter em mente o enorme tamanho do espaço de busca que o seletor de instrução poderia explorar. Conforme veremos, até mesmo os conjuntos de instruções com tamanho moderado podem produzir espaços de busca que contêm centenas de milhões de estados. Claramente, o compilador não tem condições de explorar esses espaços exaustivamente. As técnicas que descrevemos exploram o espaço de sequências de código alternativas em um padrão disciplinado e, ou limitam sua pesquisa, ou pré-calculam informações suficientes para tornar eficiente uma pesquisa profunda.

11.3 EXTENSÃO DO ESQUEMA SIMPLES DE PERCURSO EM ÁRVORE

Para tornar a discussão concreta, considere as questões que podem surgir na geração de código para uma instrução de atribuição como $a \leftarrow b - 2 \times c$. Ela poderia ser representada por uma árvore sintática abstrata (AST), como mostramos à esquerda, ou por uma tabela de quádruplas, como mostramos à direita

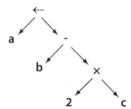

A seleção de instruções precisa produzir um programa em linguagem assembly a partir de representações IR como essas duas. Por questão de discussão, suponha que ela deva gerar operações no subconjunto da ILOC apresentado na Figura 11.1.

Operações aritméticas	Operações de memória
add $r_1, r_2 \Rightarrow r_3$	store $r_1 \Rightarrow r_2$
addI $r_1, c_2 \Rightarrow r_3$	storeAO $r_1 \Rightarrow r_2, r_3$
sub $r_1, r_2 \Rightarrow r_3$	storeAI $r_1 \Rightarrow r_2, c_3$
subI $r_1, c_2 \Rightarrow r_3$	loadI $c_1 \Rightarrow r_3$
rsubI $r_2, c_1 \Rightarrow r_3$	load $r_1 \Rightarrow r_3$
mult $r_1, r_2 \Rightarrow r_3$	loadAO $r_1, r_2 \Rightarrow r_3$
multI $r_1, c_2 \Rightarrow r_3$	loadAI $r_1, c_2 \Rightarrow r_3$

■ **FIGURA 11.1** Subconjunto ILOC.

No Capítulo 7, vimos que uma rotina simples de percurso em árvore poderia gerar código a partir da AST para uma expressão. O código na Figura 7.5 tratou dos operadores binários +, −, × e ÷ aplicados a variáveis e números. Ele gerou código simples para a expressão e serviu para ilustrar uma técnica que poderia ser usada para gerar uma IR linear, de baixo nível, ou código assembly para uma máquina RISC simples.

A técnica simples de percurso em árvore gera o mesmo código para cada ocorrência de um particular tipo de nó da AST. Embora isso produza código correto, nunca aproveita a oportunidade para adaptar o código a circunstâncias e contexto específicos. Se um compilador realizar otimização significativa após a seleção de instruções, isto pode não ser um problema. Porém, sem a otimização subsequente, o código final provavelmente terá ineficiências óbvias.

Considere, por exemplo, o modo como a rotina simples de percurso em árvore trata de variáveis e números. O código para os casos relevantes é:

```
case IDENT:                         case NUM:
t1 ← base(node);                    result ← NextRegister( );
t2 ← offset(node);                  emit (loadI, val(node), none, result);
result ← NextRegister( );
                                    break;
emit (loadAO, t1, t2, result);

break;
```

Para variáveis, ele conta com duas rotinas, *base* e *offset*, para obter o endereço de base e o deslocamento em registradores. Depois, emite uma operação `loadAO` que soma esses dois valores para produzir um endereço efetivo e recupera o conteúdo do local de memória nesse endereço. Como a AST não diferencia entre as classes de armazenamento de variáveis, presume-se que *base* e *offset* consultam a tabela de símbolos para obter as informações adicionais de que elas precisam.

LAYOUT DE CÓDIGO

Antes de começar a emitir código, o compilador tem oportunidade de estabelecer a disposição dos blocos básicos na memória. Se cada desvio na IR tiver dois destinos de desvio explícitos, como a ILOC faz, então o compilador pode escolher qualquer um dos sucessores lógicos de um bloco para vir depois dele na memória. Se os desvios tiverem apenas um destino de desvio explícito, a rearrumação dos blocos pode exigir a reescrita dos desvios — permutando os desvios tomado e *fall-through*.

Duas considerações arquiteturais devem orientar esta decisão. Em alguns processadores, tomar o desvio exige mais tempo do que a passagem direta para a próxima operação. Em máquinas com memória cache, os blocos que são executados juntos devem ser localizados juntos. Ambos favorecem a mesma estratégia para o layout. Se o bloco *a* termina em um desvio que visa *b* e *c*, o compilador deve colocar o destino tomado com mais frequência depois de *a* na memória.

Naturalmente, se um bloco tiver múltiplos predecessores no grafo de fluxo de controle, apenas um deles pode precedê-lo imediatamente na memória. Os outros exigirão um desvio ou um salto para alcançá-lo (ver Seção 8.6.2).

A extensão desse esquema para um conjunto mais realista de casos, incluindo variáveis que possuem representações em diferentes tamanhos, parâmetros de chamada por valor e chamada por referência, e variáveis que residem em registradores por todo seu tempo de vida, exigiria escrever código explícito para verificar todos os casos em cada referência, o que tornaria o código para o caso *IDENT* muito maior (e muito mais lento), eliminando grande parte da atraente simplicidade do esquema de percurso em árvore codificado à mão.

O código para lidar com números é igualmente simples. Ele considera que um número deve ser carregado em um registrador em cada caso, e que *val* pode recuperar o valor do número a partir da tabela de símbolos. Se a operação que usa o número (seu pai na árvore) tiver uma forma imediata na máquina-alvo e a constante tiver um valor que se ajusta ao campo imediato, o compilador deve usar a forma imediata, pois ela utiliza um registrador a menos. Se o número for de um tipo não admitido por uma operação imediata, o compilador deve dar um jeito de armazenar o valor na memória e gerar uma referência de memória apropriada para carregar o valor em um registrador. Isto, por sua vez, pode criar oportunidades para outras melhorias, como manter a constante em um registrador.

Considere as três operações de multiplicação mostradas na Figura 11.2. As anotações da tabela de símbolos aparecem abaixo dos nós folha das árvores. Para um identificador, isso consiste em um nome, um rótulo para o endereço de base (ou ARP para indicar o registro de ativação atual) e um deslocamento a partir do endereço de base. Abaixo de cada árvore existem duas sequências de código — o gerado pelo avaliador de percurso em árvore simples e o que gostaríamos que o compilador gerasse. No primeiro

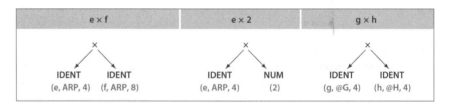

■ **FIGURA 11.2** Variações na multiplicação.

caso, e × f, a ineficiência vem do fato de que o esquema de percurso em árvore não gera operações loadAI. O código mais complicado no caso *IDENT* pode resolver este problema.

O segundo caso, e × 2, é mais difícil. O gerador de código poderia implementar a multiplicação com uma operação multI. Porém, para reconhecer este fato, ele precisa examinar além do contexto local. Para trabalhar isto no esquema de percurso em árvore, o caso para × poderia reconhecer que uma subárvore é avaliada como uma constante. Alternativamente, o código que trata do nó *NUM* poderia determinar que seu pai pode ser implementado com uma operação imediata. De qualquer forma, isto exige contexto não local que viola o paradigma simples de percurso em árvore.

O terceiro caso, g × h, tem outro problema não local. As duas subárvores de × referem-se a uma variável com deslocamento 4 a partir de seu endereço de base. As referências têm diferentes endereços de base. O esquema de percurso em árvore original gera uma operação loadI explícita para cada constante — @G, 4, @H e 4. Uma versão corrigida para usar loadAI, conforme mencionamos, geraria loadIs separados para @G e @H, ou dois loadIs para 4. (Naturalmente, os tamanhos dos valores de @G e @H entram em cena. Se forem muito longos, o compilador precisa usar 4 como operando imediato para as operações loadAI.)

O problema fundamental com este terceiro exemplo está no fato de que o código final contém uma subexpressão comum que foi ocultada na AST. Para descobrir a redundância e tratar dela de modo apropriado, o gerador de código exigiria um código que verificasse explicitamente o endereço de base e os valores de deslocamento das subárvores e gerasse sequências apropriadas para todos os casos. Este tratamento seria complicado. O tratamento de todos os casos semelhantes que podem surgir exigiria uma quantidade proibitiva de codificação adicional.

Um modo melhor de capturar esse tipo de redundância é expor os detalhes redundantes na IR e permitir que o otimizador os elimine. Para a atribuição de exemplo, a ← b − 2 × c, o front end poderia produzir a árvore de baixo nível mostrada na Figura 11.3, que tem vários novos tipos de nós. Um nó Val representa um valor conhecido para residir em um registrador, como o ARP em r_{arp}.

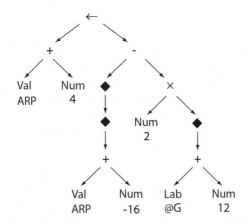

■ **FIGURA 11.3** AST de baixo nível para a ← b − 2 × c.

> **GERAÇÃO DE CÓDIGO ÓTIMO**
>
> O esquema de percurso em árvore para selecionar instruções produz a mesma sequência de código toda vez que encontra um tipo particular de nó AST. Esquemas mais realistas consideram vários padrões e usam modelos de custo para escolher entre eles. Isto leva, naturalmente, à pergunta: um compilador pode fazer escolhas ótimas?
>
> Se cada operação tem um custo associado, e se ignorarmos os efeitos do escalonamento de instrução e alocação de registradores, então a seleção de instruções ótima é possível. Os geradores de código de casamento de padrões de árvore, descritos na Seção 11.4, produzem sequências localmente ótimas — ou seja, cada subárvore é calculada por uma sequência de custo mínimo.
>
> A dificuldade de capturar o comportamento em tempo de execução em um único número de custo questiona a importância desta afirmação. O impacto da ordem de execução, recursos de hardware limitados e o comportamento sensível ao contexto na hierarquia de memória complicam o problema de determinar o custo real de qualquer sequência de código específica.
>
> Na prática, os compiladores mais modernos ignoram bastante o escalonamento e a alocação durante a seleção de instruções, e assumem que os custos associados a diversas regras de reescrita são precisos. Com essas suposições, o compilador procura sequências localmente ótimas — aquelas que minimizam o custo estimado para uma subárvore inteira. O compilador, então, realiza o escalonamento e a alocação em uma ou mais pós-passagens pelo código produzido pela seleção de instruções.

Um nó Lab representa um símbolo relocável, normalmente um rótulo de nível assembly usado para código ou dados. Um nó ♦ significa um nível de indireção; seu filho é um endereço e ele produz o valor armazenado neste endereço. Esses novos tipos de nó exigem que o construtor de compiladores especifique mais regras de correspondência. Porém, em retorno, o detalhe adicional pode ser otimizado, como as referências duplicadas a 4 em g × h.

Esta versão da árvore expõe detalhes em um nível de abstração mais baixo do que o conjunto de instruções ILOC alvo. A inspeção dessa árvore revela, por exemplo, que a é uma variável local armazenada no deslocamento 4 a partir do ARP, que b é um parâmetro de chamada por referência (observe os dois nós ♦) e que c está armazenado no deslocamento 12 a partir do rótulo @G. Além do mais, as adições que são implícitas nas operações loadAI e storeAI aparecem explicitamente na árvore — como uma subárvore de um nó ♦, ou como o filho da esquerda de um nó ←.

A exposição de mais detalhes na AST deve levar a um código melhor, assim como o aumento no número de operações da máquina-alvo que o gerador de código considera. Juntos, porém, esses fatores criam uma situação em que o gerador de código pode descobrir muitas maneiras diferentes de implementar determinada subárvore. O esquema simples de percurso em árvore tinha uma opção para cada tipo de nó AST. Para fazer uso eficaz do conjunto de instruções da máquina-alvo, o gerador de código deve considerar tantas possibilidades quanto possível.

Essa complexidade aumentada não surge por uma metodologia em particular ou um algoritmo de casamento específico; ao invés, isto reflete um aspecto fundamental do problema subjacente — qualquer máquina poderia oferecer várias maneiras de implementar uma construção da IR. Quando o gerador de código considera várias combinações possíveis para determinada subárvore, precisa de um modo para escolher entre elas. Se o construtor de compiladores puder associar um custo a cada padrão, então o esquema de casamento pode selecionar padrões de um modo que minimize os custos. Se os custos realmente refletirem o desempenho, este tipo de seleção de instruções controlada por custo deve levar a um bom código.

O construtor de compiladores precisa de ferramentas para ajudar a gerenciar a complexidade da geração de código para máquinas reais. Ao invés de escrever código que navega explicitamente pela IR e testa a aplicabilidade de cada operação, o construtor de compiladores deve especificar regras, e as ferramentas, produzir o código exigido para que essas regras correspondam à forma IR do código. A duas seções seguintes exploram duas técnicas diferentes para gerenciar a complexidade que surge para o conjunto de instruções de uma máquina moderna. A próxima seção explora o uso das técnicas de casamento de padrões de árvore. Esses sistemas escondem a complexidade do processo de construção do algoritmo de casamento (*matcher*), da mesma maneira que os scanners encerram suas escolhas nas tabelas de transição de DFAs. A seção seguinte examina o uso da otimização *peephole* para a seleção de instruções. Os sistemas baseados em *peephole* passam a complexidade da escolha para um esquema uniforme de simplificação de baixo nível, seguido pelo casamento de padrões para encontrar as instruções apropriadas. Para manter baixo o custo do casamento, esses sistemas limitam seu escopo a segmentos de código curtos — duas ou três operações por vez.

> **REVISÃO DA SEÇÃO**
> Se o compilador tiver que tirar proveito total das complexidades da máquina-alvo, precisa expô-las na IR e considerá-las durante a seleção de instruções. Muitos compiladores expandem sua IR para uma forma detalhada de baixo nível antes de selecionar instruções. Essas IRs detalhadas podem ser estruturais, como em nossa AST de baixo nível, ou lineares, como veremos na Seção 11.5. De qualquer forma, o seletor de instrução precisa combinar os detalhes da forma IR do código com sequências de instruções na máquina-alvo. Esta seção mostrou que podemos expandir um avaliador *ad hoc* de percurso em árvore para realizar a tarefa; e também expôs algumas das questões que o seletor de instrução precisa tratar. As duas seções seguintes mostram técnicas mais genéricas para este problema.

> **QUESTÕES DE REVISÃO**
> 1. Para produzir o código mostrado na coluna da direita da Figura 11.2 para a expressão g × h, o seletor de instrução precisa diferenciar entre o tamanho de diversas constantes. Por exemplo, o código desejado considera que @G e @H cabem no campo imediato da operação loadAI. Como a IR poderia representar os tamanhos dessas constantes? Como o algoritmo de percurso em árvore poderia levá-los em consideração?
> 2. Muitos compiladores usam IRs com um nível de abstração mais alto nos primeiros estágios da compilação e depois passam para uma IR mais detalhada no back end. Que considerações poderiam ser argumentadas contra a exposição dos detalhes de baixo nível nos primeiros estágios da compilação?

11.4 SELEÇÃO DE INSTRUÇÕES POR CASAMENTO DE PADRÕES DE ÁRVORE

O construtor de compiladores pode usar as ferramentas de casamento de padrões de árvore para enfrentar a complexidade da seleção de instruções. Para transformar a geração de código em casamento de padrões de árvore, tanto a forma IR do programa quanto o conjunto de instruções da máquina-alvo devem ser expressos como árvores.

$$r_k \; + \\ \;/\;\backslash\; \\ r_i \quad r_j$$
add $r_i, r_j \Rightarrow r_k$

$$r_k \; + \\ \;/\;\backslash\; \\ r_i \quad c_j$$
add $r_i, c_j \Rightarrow r_k$

Como vimos, o compilador pode usar uma AST de baixo nível como um modelo detalhado do código que está sendo compilado, e usar árvores semelhantes para representar as operações disponíveis no processador-alvo. Por exemplo, as operações de adição da ILOC poderiam ser modeladas por árvores de operação como aquelas mostradas na margem esquerda. Pelo casamento sistemático de árvores de operação com subárvores de uma AST, o compilador pode descobrir todas as potenciais implementações para a subárvore.

Para trabalhar com padrões de árvore, precisamos de uma notação mais conveniente para descrevê-los. Usando uma notação de prefixo, podemos escrever a árvore de operações para add como +(r_i, r_j) e addI como +(r_i, c_j). Naturalmente, +(c_i, r_j) é a variante comutativa de +(r_i, c_j). As folhas da árvore de operações codificam informações sobre os tipos de armazenamento dos operandos. Por exemplo, em +(r_i, c_j), o símbolo r indica um operando em um registrador, e c um operando constante conhecido. Os subscritos são acrescentados para garantir exclusividade, como fizemos nas regras para uma gramática de atributo. Se reescrevermos a AST da Figura 11.3 na forma de prefixo, ela se torna:

$$\leftarrow(+Val_1, Num_1),$$
$$-(\blacklozenge(\blacklozenge\ (+Val_2, Num_2))),$$
$$\times(Num_3, \blacklozenge(+(Lab_1, Num_4)))))),$$

Embora o desenho da árvore possa ser mais intuitivo, esta forma de prefixo linear contém a mesma informação.

Dada uma AST e uma coleção de árvores de operação, o objetivo é mapear a AST para operações construindo um *ladrilhamento* (*tiling*) da AST com árvores de operação. Um ladrilhamento é uma coleção de pares ⟨*nó-ast, árvore-op*⟩, onde *nó-ast* é um nó na AST e *árvore-op* é uma árvore de operações. A presença de um par ⟨*nó-ast,árvore-op*⟩ no ladrilhamento significa que a operação da máquina-alvo representada por *árvore-op* poderia implementar *nó-ast*. Naturalmente, a escolha de uma implementação para *nó-ast* depende das implementações de suas subárvores. O ladrilhamento especificará, para cada uma das subárvores de *nó-ast*, uma implementação que se "conecta" à *árvore-op*.

O ladrilhamento *implementa* a AST se implementar cada operação e cada ladrilho se conectar com seus vizinhos. Dizemos que um ladrilho ⟨*nó-ast,árvore-op*⟩ conecta-se aos seus vizinhos se *nó-ast* for coberto por uma folha em outra *árvore-op* no ladrilhamento, a menos que *nó-ast* seja a raiz da AST. Quando duas dessas árvores se sobrepõem (em *nó-ast*), deve haver concordância entre elas sobre a classe de armazenamento de seu nó comum. Por exemplo, se ambas assumirem que o valor comum reside em um registrador, então as sequências de código para as duas *árvores-op* são compatíveis. Se uma assumir que o valor reside na memória e a outra que reside em um registrador, as sequências de código são incompatíveis, pois não transmitirão corretamente o valor da árvore inferior para a superior.

Dado um ladrilhamento que implementa uma AST, o compilador pode facilmente gerar código assembly em um percurso de baixo para cima. Assim, a chave para tornar esta técnica prática está em algoritmos que rapidamente encontram bons ladrilhamentos para uma AST. Várias técnicas eficientes surgiram para casamento de padrões de árvore a ASTs de baixo nível. Todos esses sistemas associam custos às árvores de operação e produzem ladrilhamentos de custo mínimo. Eles diferem na tecnologia usada para o casamento — casamento de árvore, casamento de texto e sistemas de reescrita de baixo para cima — e na generalidade de seus modelos de custo — custos fixos estáticos *versus* custos que podem variar durante o processo de casamento.

11.4.1 Regras de reescrita

O construtor de compiladores codifica os relacionamentos entre árvores de operação e subárvores na AST como um conjunto de *regras de reescrita*. O conjunto de regras inclui uma ou mais regras para cada tipo de nó da AST. Uma regra de reescrita consiste em uma produção em uma gramática de árvore, um gabarito de código e um custo associado. A Figura 11.4 mostra um conjunto de regras de reescrita para ladrilhar nossa AST de baixo nível com operações ILOC

	Produção		Custo	Gabarito de código	
1	Goal	→	Assign	0		
2	Assign	→	← (Reg$_1$, Reg$_2$)	1	store	$r_2 \Rightarrow r_1$
3	Assign	→	← (+ (Reg$_1$, Reg$_2$), Reg$_3$)	1	storeAO	$r_3 \Rightarrow r_1, r_2$
4	Assign	→	← (+ (Reg$_1$, Num$_2$), Reg$_3$)	1	storeAI	$r_3 \Rightarrow r_1, n_2$
5	Assign	→	← (+ (Num$_1$, Reg$_2$), Reg$_3$)	1	storeAI	$r_3 \Rightarrow r_2, n_1$
6	Reg	→	Lab$_1$	1	loadI	$l_1 \Rightarrow r_{new}$
7	Reg	→	Val$_1$	0		
8	Reg	→	Num$_1$	1	loadI	$n_1 \Rightarrow r_{new}$
9	Reg	→	♦ (Reg$_1$)	1	load	$r_1 \Rightarrow r_{new}$
10	Reg	→	♦ (+ (Reg$_1$, Reg$_2$))	1	loadAO	$r_1, r_2 \Rightarrow r_{new}$
11	Reg	→	♦ (+ (Reg$_1$, Num$_2$))	1	loadAI	$r_1, n_2 \Rightarrow r_{new}$
12	Reg	→	♦ (+ (Num$_1$, Reg$_2$))	1	loadAI	$r_2, n_1 \Rightarrow r_{new}$
13	Reg	→	♦ (+ (Reg$_1$, Lab$_2$))	1	loadAI	$r_1, l_2 \Rightarrow r_{new}$
14	Reg	→	♦ (+ (Lab$_1$, Reg$_2$))	1	loadAI	$r_2, l_1 \Rightarrow r_{new}$
15	Reg	→	+ (Reg$_1$, Reg$_2$)	1	add	$r_1, r_2 \Rightarrow r_{new}$
16	Reg	→	+ (Reg$_1$, Num$_2$)	1	addI	$r_1, n_2 \Rightarrow r_{new}$
17	Reg	→	+ (Num$_1$, Reg$_2$)	1	addI	$r_2, n_1 \Rightarrow r_{new}$
18	Reg	→	+ (Reg$_1$, Lab$_2$)	1	addI	$r_1, l_2 \Rightarrow r_{new}$
19	Reg	→	+ (Lab$_1$, Reg$_2$)	1	addI	$r_2, l_1 \Rightarrow r_{new}$
20	Reg	→	− (Reg$_1$, Reg$_2$)	1	sub	$r_1, r_2 \Rightarrow r_{new}$
21	Reg	→	− (Reg$_1$, Num$_2$)	1	subI	$r_1, n_2 \Rightarrow r_{new}$
22	Reg	→	− (Num$_1$, Reg$_2$)	1	rsubI	$r_2, n_1 \Rightarrow r_{new}$
23	Reg	→	× (Reg$_1$, Reg$_2$)	1	mult	$r_1, r_2 \Rightarrow r_{new}$
24	Reg	→	× (Reg$_1$, Num$_2$)	1	multI	$r_1, n_2 \Rightarrow r_{new}$
25	Reg	→	× (Num$_1$, Reg$_2$)	1	multI	$r_2, n_1 \Rightarrow r_{new}$

■ **FIGURA 11.4** Regras de reescrita para ladrilhamento da árvore de baixo nível com ILOC.

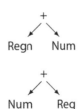

Considere a regra 16, que corresponde à árvore desenhada na margem. (Seu resultado, no nó +, é implicitamente um Reg.) A regra descreve uma árvore que calcula a soma de um valor localizado em um Reg e um valor imediato em um Num. O lado esquerdo da tabela dá o padrão de árvore para a regra, Reg → + (Reg$_1$, Num$_2$). A coluna do centro lista seu custo, 1. A coluna da direita mostra uma operação ILOC que implementa a regra, addI $r_1, n_2 \Rightarrow r_{new}$. Os operandos no padrão de árvore, Reg$_1$ e Num$_2$, correspondem aos operandos r_1 e n_2 no gabarito de código. O compilador precisa reescrever o campo r_{new} no gabarito de código com o nome de um registrador alocado para manter o resultado da adição. Este nome, por sua vez, torna-se uma folha na subárvore que se conecta a essa subárvore. Observe que a regra 16 tem uma variante comutativa, a regra 17. Uma regra explícita é necessária para corresponder subárvores como aquela desenhada na margem

As regras na Figura 11.4 formam uma gramática de árvore semelhante àquelas que usamos para especificar a sintaxe das linguagens de programação. Cada regra de reescrita, ou produção, tem um símbolo não terminal como seu lado esquerdo. Na regra 16, o não terminal é Reg, que representa uma coleção de subárvores que a gramática de árvore pode gerar, neste caso, usando as regras de 6 a 25. O lado direito de uma regra é um padrão de árvore linearizado. Na regra 16, este padrão é + (Reg1, Num2), representando a adição de dois valores, um Reg e um Num.

As regras na Figura 11.4 usam Reg tanto como um símbolo terminal quanto como não terminal do conjunto de regras. Este fato reflete uma abreviação no exemplo. Um conjunto completo de regras incluiria um conjunto de produções que reescreve Reg com um nome de registrador específico, como Reg → r_0, Reg → r_1, ... e Reg → r_k.

Os não terminais na gramática permitem a abstração. Eles servem para conectar as regras da gramática, além de codificar o conhecimento sobre onde o valor correspondente é armazenado em tempo de execução e que forma ele tem. Por exemplo, Reg representa um valor produzido por uma subárvore e armazenado em um registrador, enquanto Val representa um valor já armazenado em registrador. Um Val poderia ser um valor global, como o ARP. Ele poderia ser o resultado de uma computação realizada em uma subárvore disjunta — uma subexpressão comum.

O custo associado a uma produção deve fornecer ao gerador de código uma estimativa realista do custo de execução do código apresentado no gabarito. Para a regra 16, o custo é 1 para refletir o fato de que a árvore pode ser implementada com uma única operação que exige apenas um ciclo para sua execução. O gerador de código usa os custos para escolher entre as alternativas possíveis. Algumas técnicas de casamento restringem os custos a números; outras permitem custos que variem durante o casamento para refletir o impacto das escolhas anteriores sobre o custo das alternativas atuais.

Três padrões podem capturar contexto de um modo que o gerador de código de percurso em árvore simples não consegue. Cada uma das regras de 10 a 14 realiza o casamento com dois operadores (♦ e +). Essas regras expressam as condições em que os operadores ILOC loadAO e loadAI podem ser usados. Qualquer subárvore que corresponda a uma dessas cinco regras pode ser ladrilhada com uma combinação de outras regras. Uma subárvore que case com a regra 10 também pode ser ladrilhada com o casamento da regra 15 para produzir um endereço, e com a regra 9 para carregar o valor. Essa flexibilidade torna o conjunto de regras de reescrita ambígua. A ambiguidade reflete o fato de que a máquina-alvo tem várias maneiras de implementar essa subárvore em particular. Como o gerador de código de percurso em árvore realiza o casamento de um operador por vez, ele não pode gerar diretamente qualquer uma dessas operações ILOC.

Para aplicar essas regras a uma árvore, procuramos uma sequência de etapas de reescrita que reduz a árvore a um único símbolo. Para uma AST que representa um programa completo, esse símbolo deve ser o símbolo inicial. Para um nó interior, este símbolo normalmente representa o valor produzido pela avaliação da subárvore enraizada na expressão. O símbolo também deve especificar onde o valor existe — normalmente em um registrador, em um local da memória ou como um valor constante conhecido.

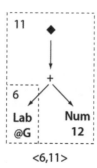

A Figura 11.5 mostra uma sequência de reescrita para a subárvore que referencia a variável c na Figura 11.3. (Lembre-se de que c estava no deslocamento 12 a partir do rótulo @G.) O painel mais à esquerda mostra a subárvore original. Os painéis restantes mostram uma sequência de redução para essa subárvore. O primeiro casamento na sequência reconhece que a folha da esquerda (um nó Lab) combina com a regra 6, o que nos permite reescrevê-la como um Reg. A árvore agora reescrita combina com o lado direito da regra 11, ♦(+ (Reg_1, Num_2)), de modo que podemos reescrever a árvore inteira enraizada em ♦ como Reg. Essa sequência, indicada como ⟨6,11⟩, reduz a subárvore inteira para Reg.

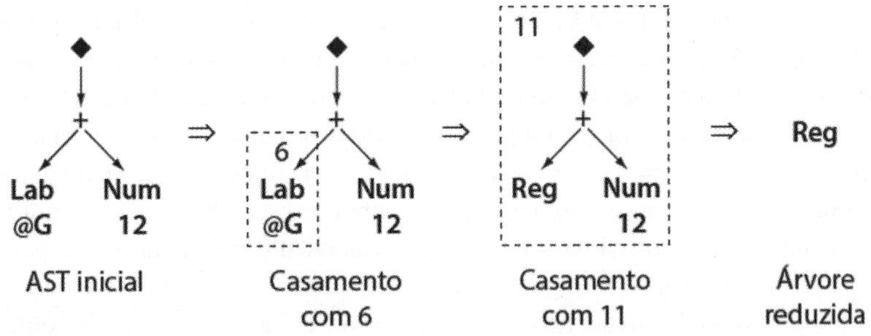

FIGURA 11.5 Sequência simples de reescrita de árvore.

Para resumir tal sequência, usaremos um desenho como aquele mostrado na margem. As caixas tracejadas mostram os lados direitos específicos que combinaram na árvore, com o número da regra registrado no canto superior esquerdo de cada caixa. A lista de números de regra abaixo do desenho indica a sequência em que as regras foram aplicadas. A sequência de reescrita substitui a subárvore em caixa pelo lado esquerdo da regra final

Observe como os não terminais garantem que as árvores de operação se conectem de modo apropriado nos pontos onde elas se sobrepõem. A regra 6 reescreve um `Lab` como um `Reg`. A folha esquerda na regra 11 é um `Reg`. Exibir os padrões como regras em uma gramática encerra todas as considerações que surgem nas fronteiras entre as árvores de operação na rotulagem de não terminais.

Para esta subárvore trivial, as regras geram muitas sequências de reescrita, refletindo a ambiguidade da gramática. A Figura 11.6 mostra oito dessas sequências. Todas as regras em nosso esquema têm um custo de 1, exceto para as regras 1 e 7. Como nenhuma das sequências de reescrita utiliza essas regras, seus custos são iguais ao tamanho de sua sequência. As sequências encontram-se em três categorias por custo. O primeiro par de sequências, ⟨6,11⟩ e ⟨8,14⟩, tem custo dois cada um. As quatro seguintes, ⟨6,8,10⟩, ⟨8,6,10⟩, ⟨6,16,9⟩ e ⟨8,19,9⟩, têm custo três cada. As sequências finais, ⟨6,8,15,9⟩ e ⟨8,6,15,9⟩, possuem custo quatro cada.

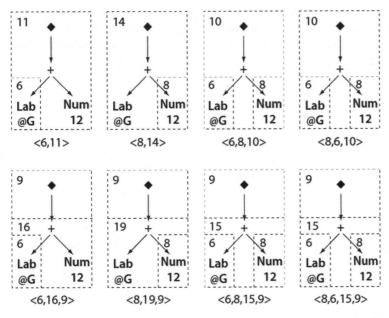

FIGURA 11.6 Potenciais casamentos.

Para produzir código assembly, o seletor usa os gabaritos de código associados a cada regra. O gabarito de código de uma regra consiste em uma sequência de operações de código assembly que implementa a subárvore gerada pela produção. Por exemplo, a regra 15 mapeia o padrão de árvore + (Reg$_1$, Reg$_2$) ao gabarito de código add r$_1$, r$_2$ $\Rightarrow$ r$_{new}$. O seletor substitui cada um de r$_1$ e r$_2$ pelo nome de registrador que mantém o resultado da subárvore correspondente, e aloca um novo nome de registrador virtual para r$_{new}$. Um ladrilhamento para uma AST especifica quais regras o gerador de código deve usar. Este usa os gabaritos associados para gerar código assembly em um percurso de baixo para cima; fornece nomes, conforme a necessidade, para unir os locais de armazenamento e emite as operações correspondentes ao percurso.

O seletor de instrução deve escolher um ladrilhamento que produz a sequência de código assembly com menor custo. A Figura 11.7 mostra o código que corresponde a cada ladrilhamento em potencial. Os nomes de registrador arbitrários foram substituídos onde apropriado. Tanto $\langle 6,11 \rangle$ quanto $\langle 8,14 \rangle$ produzem o custo mais baixo — dois, e levam a sequências de código diferentes, porém equivalentes. Como têm custos idênticos, o seletor está livre para escolher entre elas. As outras sequências são, conforme esperado, mais dispendiosas.

Se o loadAI só aceitar argumentos em um intervalo limitado, a sequência $\langle 8,14 \rangle$ pode não funcionar, pois o endereço que eventualmente substituir @G pode ser muito grande para o campo imediato da operação. Para lidar com este tipo de restrição, o construtor de compiladores pode introduzir na gramática de reescrita a noção de uma constante com um intervalo de valores adequadamente limitado. Isso pode tomar a forma de um novo símbolo terminal que só pode representar inteiros em um determinado intervalo, tal como $0 \leq i < 4096$ para um campo de 12 bits. Com tal distinção, e com código que verifica cada ocorrência de um inteiro para classificá-la, o gerador de código poderia evitar a sequência $\langle 8,14 \rangle$, a menos que @G caia no intervalo permitido para um operando imediato de loadAI.

O modelo de custo orienta o gerador de código a selecionar uma das melhores sequências. Por exemplo, observe que a sequência $\langle 6,8,10 \rangle$ usa duas operações loadI, seguidas por um loadAO. O gerador de código prefere as sequências de menor custo, cada uma das quais evita uma das operações loadI e emite menos operações. De modo semelhante, o modelo de custo evita as quatro sequências que usam uma adição explícita — preferindo, ao invés disso, realizar a adição implicitamente no hardware de endereçamento.

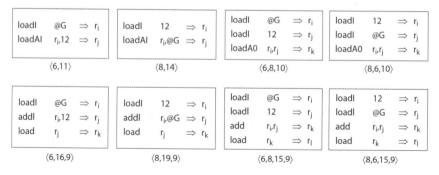

■ FIGURA 11.7 Sequências de código para os casamentos.

11.4.2 Determinação de um ladrilhamento

Para aplicar essas ideias à geração de código, precisamos de um algoritmo que possa construir um bom ladrilhamento, ou seja, um que produza código eficiente. Dado um conjunto de regras que codificam as árvores de operadores e as relacionem à estrutura de uma AST, o gerador de código deve descobrir um ladrilhamento eficiente para uma AST específica. Existem várias técnicas para esta construção, semelhantes em conceito, mas diferentes nos detalhes.

Para simplificar o algoritmo, fazemos duas suposições sobre a forma das regras de reescrita. Primeiro, cada operação tem, no máximo, dois operandos. A extensão do algoritmo para lidar com o caso geral é simples, mas os detalhes complicam a explicação. Segundo, o lado direito de uma regra contém no máximo uma operação. Esta restrição simplifica o algoritmo de casamento, com nenhuma perda de generalidade. Um procedimento mecânico simples pode transformar o caso irrestrito a este mais simples. Para uma produção $\alpha \to op_1(\beta, op_2(\gamma, \delta))$, reescreva-a como $\alpha \to op_1(\beta, \alpha')$ e $\alpha' \to op_2(\gamma, \delta)$, onde α' é um novo símbolo que só ocorre nessas duas regras. O crescimento resultante é linear no tamanho da gramática original.

Para tornar isto concreto, considere a regra 11, Reg → ♦ (+ (Reg₁, Num₂)). A transformação a reescreve como Reg → ♦ (R11P2) e R11P2 → + (Reg₁, Num₂), onde R11P2 é um novo símbolo. Observe que a nova regra para R11P2 duplica a regra 16 para addI. A transformação acrescenta outra ambiguidade à gramática. Porém, rastrear e realizar o casamento das duas regras independentemente permite que o algoritmo de casamento de padrões considere o custo de cada uma. O par de regras que substitui a regra 11 deve ter um custo de um, o custo da regra original. (Cada regra poderia ter custo fracionário, ou uma delas ter custo zero.) Isto reflete o fato de que a reescrita com a regra 16 produz uma operação addI, enquanto a regra para R11P2 inclui a adição na geração de endereço de uma operação loadAI. O casamento de duas regras, pelo menor custo, levará o algoritmo de casamento de padrões à sequência de código loadAI quando possível — especializando o código para aproveitar o acréscimo pouco dispendioso fornecido no modo de endereço AI.

O objetivo do ladrilhamento é rotular cada nó da AST com um conjunto de padrões que o compilador possa usar para implementá-lo. Como os números de regra correspondem diretamente aos padrões do lado direito, o gerador de código pode usá-los como uma abreviação para os padrões. O compilador pode calcular sequências de números de regra, ou padrões, para cada nó em uma travessia em pós-ordem da árvore. A Figura 11.8 esboça um algoritmo, *Tile*, que encontra ladrilhamentos para a árvore enraizada no nó *n* da AST. Ela inclui em cada nó AST *n* um conjunto *Label(n)* que contém todos os números de regra que podem ser usados para ladrilhar a árvore enraizada no nó *n*, e calcula os conjuntos *Label* em uma travessia em pós-ordem para garantir que rotula os filhos do nó antes de rotular o nó.

Considere o laço interno para o caso de um nó binário. Para calcular *Label(n)*, ele examina cada regra *r* que implementa a operação especificada por *n*, e usa as funções *left* e *right* para percorrer a AST e os padrões de árvore (ou lados direitos das regras). Como *Tile* já rotulou os filhos de *n*, pode usar um teste simples de pertinência para comparar os filhos de *r* com os de *n*. Se *left(r)* ∈ *Label(left(n))*, então *Tile* já descobriu que pode gerar código para a subárvore esquerda de *n* de um modo compatível com o uso de *r* para implementar *n*. Um argumento semelhante vale para as subárvores da direita de *r* e *n*. Se as duas subárvores combinarem, então *r* pertence a *Label(n)*.

Cada regra especifica um operador e no máximo dois filhos. Assim, para uma regra *r*, *left(r)* e *right(r)* têm significados claros.

Um gerador de código de casamento de padrões de árvore criado a partir desse algoritmo gastará a maior parte do seu tempo nos dois laços for — calculando combinações para operadores binários ou unários. Para acelerar o gerador de código, o construtor de compiladores pode pré-calcular todas as combinações possíveis e armazenar os resultados em uma tabela tridimensional, indexada por uma operação (n no algoritmo) e os conjuntos de rótulos de seus filhos da esquerda e da direita. Se substituirmos cada um dos laços for por uma simples pesquisa em tabela, o algoritmo se torna um percurso de custo linear sobre a árvore.

As tabelas neste esquema podem se tornar muito grandes. Por exemplo, a tabela de pesquisa para operadores binários tem tamanho |*árvores de operação*| × |*conjuntos de rótulos*|^2; para operadores unários, tem apenas duas dimensões, com tamanho |*árvores de operação*| × |*conjuntos de rótulos*|. Os conjuntos de rótulos são limitados em tamanho. Se R é o número de regras, então |`Label(n)`| ≤ R, e não poderá haver mais do que 2^R conjuntos de rótulos distintos.

Para uma máquina com 200 operações e uma gramática com 1024 conjuntos de rótulos distintos (R = 10), a tabela resultante tem mais de 200.000.000 de entradas. Como a estrutura da gramática elimina muitas possibilidades, as tabelas construídas para esta finalidade são esparsas e podem ser codificadas de modo eficiente. Na verdade, a descoberta de maneiras de criar e codificar essas tabelas de modo eficiente foi um dos principais avanços que tornaram o casamento de padrões de árvore uma ferramenta prática para a geração de código.

Determinação de casamentos de baixo custo

O algoritmo da Figura 11.8 encontra todos os casamentos possíveis dentro do conjunto de padrões. Na prática, queremos que o gerador de código encontre o casamento de menor custo. Embora ele possa obter o casamento de menor custo a partir do conjunto de todos os casamentos, existem maneiras mais eficientes de calcular o casamento.

Conceitualmente, o gerador de código pode descobrir o casamento de menor custo para cada subárvore em uma passagem de baixo para cima pela AST. Esta travessia pode calcular o custo de cada casamento alternativo — o custo da regra casada mais os custos dos casamentos de subárvore associados. Em princípio, isto pode descobrir casamentos como na Figura 11.8 e reter os de menor custo, ao invés de todos os casamentos. Na prática, o processo é ligeiramente mais complexo.

```
Tile(n)
  Label(n) ← ∅
  if n é um nó binário then
    Tile(left(n))
    Tile(right(n))
    for each regra r que casa com a operação de n
      if left(r) ∈ Label(left(n)) and right(r) ∈ Label(right(n))
        then Label(n) ← Label(n) ∪ {r}
  else if n é um nó unário then
    Tile(left(n))
    for each regra r que casa com a operação de n
      if left(r) ∈ Label(left(n))
        then Label(n) ← Label(n) ∪ {r}
  else /* n é uma folha */
    Label(n) ← {todas as regras que casam com a operação em n}
```

■ **FIGURA 11.8** Cálculo dos conjuntos `Label` para ladrilhar uma AST.

A função de custo depende, inerentemente, do processador-alvo; ela não pode ser derivada automaticamente da gramática. Ao invés disso, deve codificar propriedades da máquina alvo e refletir as interações que ocorrem entre as operações em um programa assembly — particularmente, o fluxo de valores de uma operação para outra.

Um valor no programa compilado pode ter diferentes formas e residir em diferentes locais. Por exemplo, um valor poderia residir em um local da memória ou em um registrador; alternativamente, poderia ser uma constante que seja pequena o suficiente para caber em algumas ou todas as operações imediatas. (Um operando imediato reside no fluxo de instruções.) As escolhas entre as formas e os locais importa para o seletor de instrução porque elas mudam o conjunto de operações da máquina-alvo que podem usar o valor.

Quando o seletor de instrução constrói o conjunto de casamentos para determinada subárvore, precisa saber o custo de avaliar cada um dos operandos da subárvore. Se esses operandos puderem estar em diferentes classes de armazenamento — como registradores, locais da memória ou constantes imediatas —, o gerador de código precisa saber o custo de avaliar o operando para cada um dessas classes de armazenamento. Assim, precisa rastrear as sequências de menor custo que geram cada uma dessas classes. Ao fazer a travessia de baixo para cima para calcular os custos, o gerador de código pode facilmente determinar o casamento de menor custo para cada classe. Isto acrescenta uma pequena quantidade de espaço e tempo ao processo, mas o aumento é limitado por um fator igual ao número de classes de armazenamento — número que depende inteiramente da máquina-alvo, e não do número de regras de reescrita.

Uma implementação cuidadosa pode acumular esses custos enquanto ladrilha a árvore. Se, em cada casamento, o gerador de código retiver os casamentos de menor custo, produzirá um ladrilhamento localmente ótimo. Ou seja, em cada nó não existe uma alternativa melhor, dado o conjunto de regras e as funções de custo. Esse acúmulo de custos de baixo para cima implementa uma solução de programação dinâmica para encontrar o ladrilhamento de custo mínimo.

Otimização local
Um esquema no qual o compilador não tem melhor alternativa, em cada ponto no código, é considerado *localmente ótimo*.

Se exigirmos que os custos sejam fixos, o cálculo do custo pode ser incluído na construção do algoritmo de casamento de padrões. Essa estratégia transfere a computação do tempo de compilação para o algoritmo de construção e quase sempre produz um gerador de código mais rápido. Se permitirmos que os custos variem e considerarmos o contexto em que um casamento é feito, então o cálculo e a comparação de custo devem ser feitos em tempo de compilação. Embora esse esquema possa tornar mais lento o gerador de código, permite mais flexibilidade e precisão nas funções de custo.

11.4.3 Ferramentas

Conforme vimos, uma técnica de geração de código orientada por árvore, de baixo para cima, pode produzir seletores de instrução eficientes. Existem várias maneiras do construtor de compiladores implementar geradores de código com base nesses princípios.

1. O construtor de compiladores pode codificar à mão um algoritmo de casamento de padrões, semelhante a `Tile`, que verifica explicitamente as regras de casamento enquanto ladrilha a árvore. Uma implementação cuidadosa pode limitar o conjunto de regras que devem ser examinadas para cada nó, o que evita a grande tabela esparsa e leva a um gerador de código compacto.
2. Como o problema é finito, o construtor de compiladores pode codificá-lo como um autômato finito — autômato de casamento de árvore — e obter o comportamento de baixo custo de um DFA. Nesse esquema, a tabela de pesquisa codifica a função de transição do autômato incorporando implicitamente toda a

informação de estado exigida. Vários sistemas diferentes têm sido criados usando essa técnica, normalmente chamados sistemas de reescrita de baixo para cima (BURS — *Bottom-Up Rewrite Systems*).

3. A forma das regras como de uma gramática sugere o uso de técnicas de parsing (análise sintática). Os algoritmos de parsing devem ser estendidos para lidar com as gramáticas altamente ambíguas que resultam de descrições de máquina e para escolher análises de menor custo.

4. Linearizando a árvore em uma string de prefixos, o problema pode ser traduzido para um problema de casamento de strings. Então, o compilador pode usar algoritmos de casamento de padrões de strings para encontrar os potenciais casamentos.

Existem ferramentas disponíveis para implementar cada uma das três últimas abordagens. O construtor de compiladores produz uma descrição do conjunto de instruções de uma máquina-alvo e um gerador de código cria o código executável a partir da descrição.

As ferramentas automatizadas diferem nos detalhes. O custo por instrução emitida varia com a técnica. Algumas são mais rápidas, outras são mais lentas; nenhuma é lenta o suficiente para que tenha impacto importante sobre a velocidade do compilador resultante. As abordagens permitem diferentes modelos de custo. Alguns sistemas restringem o construtor de compiladores a um custo fixo para cada regra; como retorno, podem realizar alguma ou toda a programação dinâmica durante a geração de tabela. Outros permitem modelos de custo mais genéricos, que podem variar o custo durante o processo de casamento; esses sistemas precisam realizar a programação dinâmica durante a geração de código. Em geral, porém, todas essas abordagens produzem geradores de código que são eficientes e eficazes.

> **REVISÃO DA SEÇÃO**
>
> A seleção de instruções por meio do casamento de padrões de árvore conta com o fato simples de que as árvores são uma representação natural para as operações em um programa e para as operações na ISA da máquina-alvo. O construtor de compiladores desenvolve uma biblioteca de padrões de árvore que mapeia as construções da IR do compilador em operações na ISA alvo. Cada padrão consiste em uma pequena árvore de IR, um gabarito de código e um custo. O seletor encontra um ladrilhamento de baixo custo para a árvore; em um percurso em pós-ordem da árvore ladrilhada, gera o código a partir dos gabaritos dos ladrilhos selecionados.
>
> Várias tecnologias têm sido usadas para implementar os passos de ladrilhamento. Estas incluem algoritmos de casamento codificados à mão, conforme o apresentado na Figura 11.8, algoritmos de casamento baseados em parser operando sobre gramáticas ambíguas, algoritmos de casamento lineares baseados em algoritmos de casamento de strings para as formas linearizadas de árvores e algoritmos de casamento baseados em autômatos. Todas essas tecnologias têm funcionado bem em um ou mais sistemas. Os seletores de instrução resultantes são executados rapidamente e produzem código de alta qualidade.

> **QUESTÕES DE REVISÃO**
>
> 1. O casamento de padrões de árvore parece ser natural para uso em um compilador com uma IR tipo árvore. Como o compartilhamento na árvore, ou seja, o uso de um grafo acíclico direcionado (DAG) ao invés de uma árvore, poderia afetar o algoritmo? Como você poderia aplicá-lo a uma IR linear?
>
> 2. Alguns sistemas baseados em casamento de padrões de árvore exigem que os custos associados a um padrão sejam fixos, enquanto outros permitem custos dinâmicos — calculados no momento em que a combinação é considerada. Como o compilador poderia usar os custos dinâmicos?

11.5 SELEÇÃO DE INSTRUÇÕES POR MEIO DA OTIMIZAÇÃO *PEEPHOLE*

Outra técnica para realizar as operações de casamento que se encontram no centro da seleção de instruções é baseada em uma tecnologia desenvolvida para a otimização de último estágio, chamada *otimização peephole*. Para evitar a complexidade de codificação no gerador de código, esta técnica combina a otimização local sistemática em uma IR de baixo nível com um esquema simples de casamento da IR com as operações da máquina-alvo. Esta seção introduz a otimização *peephole*, explora seu uso como um mecanismo para seleção de instruções e descreve as técnicas que foram desenvolvidas para automatizar a construção dos otimizadores *peephole*.

11.5.1 Otimização *peephole*

A premissa básica da otimização *peephole* é simples: o compilador pode eficientemente encontrar melhorias locais examinando curtas sequências de operações adjacentes. Conforme proposto originalmente, o otimizador *peephole* era executado após todas as ouras etapas na compilação; consumia e produzia código assembly. O otimizador tinha uma janela deslizante, ou "*peephole*", que movia sobre o código. A cada etapa, examinava as operações na janela, procurando padrões específicos que pudesse melhorar. Quando reconhecia um padrão, o reescrevia com uma sequência de instruções melhor. A combinação de um conjunto limitado de padrões e uma área limitada de foco levava a um processamento rápido.

Um padrão de exemplo clássico é um store seguido por um load do mesmo local. O load pode ser substituído por uma cópia.

```
storeAI r₁  ⇒ r_arp,8        ⇒        storeAI r₁  ⇒ r_arp,8
loadAI  r_arp,8 ⇒ r₁₅                  i2i r₁      ⇒ r₁₅
```

Se o otimizador *peephole* reconhecesse que essa reescrita tornava a operação store morta (ou seja, o load era o único uso para o valor armazenado na memória), também poderia eliminar a operação store. Em geral, porém, reconhecer stores mortos exige a análise global, que está além do escopo de um otimizador *peephole*. Outros padrões receptivos à melhoria pela otimização *peephole* incluem identidades algébricas simples, como

```
addI r₂,0  ⇒ r₇              ⇒        mult r₄,r₂ ⇒ r₁₀
mult r₄,r₇ ⇒ r₁₀
```

e casos em que o destino de um desvio é, por si só, um desvio

```
      jumpI → l₁₀            ⇒             jumpI → l₁₁
l₁₀:  jumpI → l₁₁                   l₁₀:   jumpI → l₁₁
```

Se isto eliminar o último desvio para l_{10}, o bloco básico começando em l_{10} torna-se inalcançável e pode ser eliminado. Infelizmente, provar que a operação em l_{10} é inalcançável exige mais análise do que normalmente está disponível durante a otimização *peephole* (ver Seção 10.2.2).

CASAMENTO DE PADRÕES DE ÁRVORE SOBRE QUÁDRUPLAS?

Os termos usados para descrever essas técnicas — *casamento de padrões de árvore* e *otimização peephole* — contêm suposições implícitas sobre os tipos de IR aos quais podem ser aplicados. A teoria BURS lida com a reescrita de operações em árvores. Isto cria a impressão de que os geradores de código baseados em BURS exigem IRs em forma de árvore. De modo semelhante, os otimizadores *peephole* foram propostos inicialmente como um passo final de melhoria de assembly para assembly. A ideia de uma janela de instrução em movimento sugere fortemente uma IR linear, de baixo nível, para um gerador de código baseado em *peephole*.

As duas técnicas podem ser adaptadas para a maioria das IRs. Um compilador pode interpretar uma IR linear de baixo nível, como a ILOC, como se fossem árvores. Cada operação torna-se um nó da árvore; as arestas são implicadas pela reutilização de operandos. De modo semelhante, se o compilador atribui um nome a cada nó, pode interpretar árvores como uma forma linear realizando um percurso de árvore em pós-ordem. Um implementador inteligente pode adaptar os métodos apresentados neste capítulo a uma grande variedade de IRs reais.

Os primeiros otimizadores *peephole* usavam um conjunto limitado de padrões codificados à mão; utilizavam uma busca exaustiva para realizar o casamento de padrões, mas eram executados rapidamente, devido ao pequeno número de padrões e o pequeno tamanho de janela — normalmente, duas ou três operações.

A otimização *peephole* progrediu além do casamento de um pequeno número de padrões. ISAs cada vez mais complexas levavam a técnicas mais sistemáticas. Um otimizador *peephole* moderno quebra o processo em três tarefas distintas: expansão, simplificação e casamento. Ele substitui a otimização controlada por padrão dos primeiros sistemas por uma aplicação sistemática de interpretação e simplificação simbólicas.

Estruturalmente, isto se parece com um compilador. A expansão reconhece o código de entrada na forma IR e cria uma representação interna. A simplificação realiza algumas operações de reescrita sobre essa IR. O casamento transforma a IR em código da máquina-alvo, normalmente código assembly (ASM). Se as linguagens de entrada e saída forem a mesma, este sistema é um otimizador *peephole*. Com diferentes linguagens como entrada e saída, os mesmos algoritmos podem realizar seleção de instruções, conforme veremos na Seção 11.5.2.

A expansão reescreve a IR, operação por operação, para uma sequência de operações de IR de nível mais baixo (LLIR — *Lower-Level IR*) que representa todos os efeitos diretos de uma operação — pelo menos, todos aqueles que afetam o comportamento do programa. Se a operação add $r_i,r_j \Rightarrow r_k$ define o código de condição, então sua representação LLIR deve incluir operações que atribuem $r_i + r_j$ a r_k e definem o código de condição para o valor apropriado. Normalmente, a expansão tem uma estrutura simples. As operações podem ser expandidas individualmente, sem considerar o contexto. O processo usa um gabarito para cada operação da IR e substitui os nomes de registrador, constantes e rótulos apropriados nos gabaritos.

A simplificação faz uma passagem sobre a LLIR, examinando as operações em uma pequena janela e tentando melhorá-las sistematicamente. Os mecanismos básicos de simplificação são substituição direta, simplificação algébrica (por exemplo, $x + 0 \Rightarrow x$), avaliação de expressões com valor constante (por exemplo, 2 + 17 ⇒ 19) e eliminação de efeitos inúteis, como a criação de códigos de condição não usados. Assim, a simplificação realiza otimização local limitada na LLIR da janela. Isso sujeita todos os detalhes expostos na LLIR (aritmética de endereço, destinos de desvio, e assim por diante) a um nível uniforme de otimização local.

Na última etapa, o casamento compara a LLIR simplificada com a biblioteca de padrões, procurando o padrão que melhor capture todos os efeitos da LLIR. A sequência de código final pode produzir efeitos além daqueles exigidos pela sequência LLIR; por exemplo, poderia criar um valor de código de condição novo, embora inútil. Porém, ela deve preservar os efeitos necessários para a exatidão. E não pode eliminar um valor vivo, independentemente de se o valor está armazenado na memória, em um registrador ou em um local definido implicitamente como o código de condição.

A Figura 11.9 mostra como esta técnica poderia funcionar no exemplo da Seção 11.3. Ela começa, no canto superior esquerdo, com as quádruplas para a AST de baixo nível mostradas na Figura 11.3. (Lembre-se de que a AST calcula a ← b − 2 × c, com a armazenado no deslocamento 4 na AR local, b como um parâmetro de chamada por referência cujo ponteiro está armazenado no deslocamento −16 a partir do ARP, e c no deslocamento 12 a partir do rótulo @G.) A expansão cria a LLIR mostrada no canto superior direito. A simplificação reduz esse código para produzir o código LLIR no canto inferior direito. A partir desse fragmento de LLIR, o casamento constrói o código ILOC no canto inferior esquerdo.

A chave para entender este processo está na simplificação. A Figura 11.10 mostra as sequências sucessivas que o otimizador *peephole* tem em sua janela enquanto processa a IR de baixo nível para o exemplo. Suponha que ele tenha uma janela de três operações. A sequência 1 mostra a janela com as três primeiras operações. Nenhuma simplificação é possível. O otimizador rola a primeira operação, definindo r_{10}, para fora da janela e

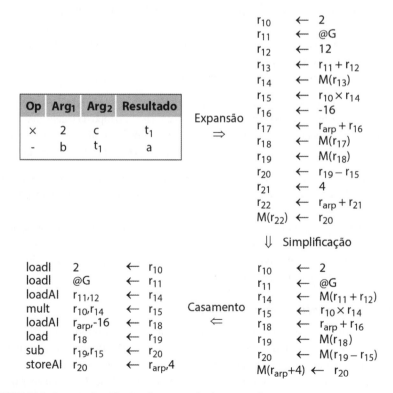

■ **FIGURA 11.9** Expansão, Simplificação e Casamento aplicados ao exemplo.

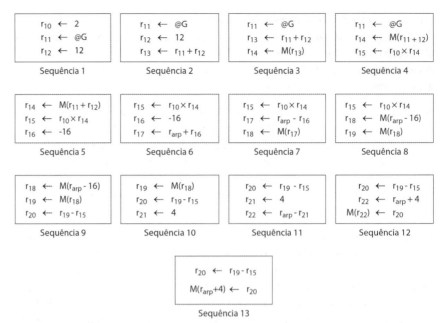

FIGURA 11.10 Sequências produzidas pela simplificação.

traz a definição de r_{13}. Nesta janela, ele pode substituir r_{12} para frente, na definição de r_{13}. Como isso torna r_{12} morto, o otimizador descarta a definição de r_{12} e puxa outra operação para o final da janela, para alcançar a sequência 3. Em seguida, coloca r_{13} na referência de memória que define r_{14}, produzindo a sequência 4.

Nenhuma simplificação é possível na sequência 4, de modo que o otimizador rola a definição de r_{11} para fora da janela. Ele também não pode simplificar a sequência 5, de modo que também rola a definição de r_{14} para fora da janela. Ele pode simplificar a sequência 6 substituindo para frente, -16 na adição que define r_{17}, ação que produz a sequência 7. O otimizador continua dessa maneira, simplificando o código quando possível e avançando quando não. Quando alcança a sequência 13, ele termina porque não pode simplificar mais a sequência e não possui código adicional para trazer para a janela.

Voltando à Figura 11.9, compare o código simplificado com o original. O código simplificado consiste naquelas operações que rolam para fora do topo da janela, mais aquelas deixadas na janela quando a simplificação termina. Após a simplificação, a computação usa 8 operações, ao invés de 14. E usa 7 registradores (fora r_{arp}), ao invés de 13.

Várias questões de projeto afetam a capacidade de um otimizador *peephole* de melhorar o código. A capacidade de detectar quando um valor está morto desempenha papel crítico na simplificação. O tratamento das operações de fluxo de controle determina o que acontece nas fronteiras de bloco. O tamanho da janela *peephole* limita a capacidade do otimizador de combinar operações relacionadas. Por exemplo, uma janela maior permitiria que o simplificador incluísse a constante 2 para a operação de multiplicação. A três subseções a seguir exploram essas questões.

Reconhecimento de valores mortos

Quando o simplificador confronta uma sequência como a mostrada na margem, pode incluir o valor 2 no lugar do uso de r_{12} na segunda operação. Porém, não pode eliminar a primeira operação, a menos que saiba que r_{12} não está vivo após o uso na segunda operação — ou seja, o valor está morto. Assim, a capacidade de reconhecer quando um valor não está mais vivo desempenha papel crítico na operação do simplificador.

$$r_{12} \leftarrow 2$$
$$r_{14} \leftarrow r_{12} + r_{12}$$

O compilador pode calcular conjuntos LIVEOUT para cada bloco e depois, em uma passada reversa pelo bloco, rastrear quais valores estão vivos em cada operação. Como alternativa, pode usar a ideia que está por trás da forma SSA semipodada; ele pode identificar nomes que são usados em mais de um bloco e considerar qualquer nome deste tipo como vivo na saída de cada bloco. Essa estratégia alternativa evita o custo da análise viva; e identificará corretamente qualquer valor que seja estritamente local ao bloco onde é definido. Na prática, os efeitos introduzidos pela expansão são estritamente locais, de modo que a técnica menos dispendiosa produz bons resultados.

Dados os conjuntos LIVEOUT ou o conjunto de nomes globais, a expansão pode marcar os últimos usos na LLIR. Duas observações tornam isto possível. Primeira, a expansão pode processar um bloco de baixo para cima; a expansão é um processo simples controlado por gabarito. Segunda, ao percorrer o bloco de baixo para cima, a expansão pode montar um conjunto de valores que estão vivos em cada operação, LIVENOW.

Último uso
Uma referência a um nome após a qual o valor representado por este nome não está mais vivo.

O cálculo de LIVENOW é simples. A expansão define o valor inicial para LIVENOW como sendo igual o conjunto LIVEOUT para o bloco. (Na ausência de conjuntos LIVEOUT, ele pode definir LIVENOW para que contenha todos os nomes globais.) Agora, ao processar uma operação $r_i \leftarrow r_j$ op r_k, o algoritmo acrescenta r_j e r_k a LIVENOW e exclui r_i. Esse algoritmo produz, em cada etapa, um conjunto LIVENOW que é tão preciso quanto a informação inicial usada no final do bloco.

Em uma máquina que usa um código de condição para controlar desvios condicionais, muitas operações definem o valor deste código. Em um bloco típico, muitos desses valores de código de condição estão mortos. A expansão deve inserir atribuições explícitas ao código de condição. A simplificação deve entender quando o valor do código de condição está morto, pois atribuições irrelevantes ao código de condição podem impedir que o casamento gere algumas sequências de instrução.

Por exemplo, considere o cálculo $r_i \times r_j + r_k$. Se tanto $\times$ quanto $+$ definirem o código de condição, a sequência de duas operações poderia gerar a seguinte LLIR:

$$r_{t1} \leftarrow r_i \times r_j$$
$$cc \leftarrow f_\times(r_i, r_j)$$
$$r_{t2} \leftarrow r_{t1} + r_k$$
$$cc \leftarrow f_+(r_{t1}, r_k)$$

A primeira atribuição a cc está morta. Se a simplificação eliminá-la, poderá combinar as operações restantes em uma operação de multiplicação-adição, supondo que a máquina alvo tenha tal instrução. Porém, se não puder eliminar cc ← fx(ri, rj), o casamento não poderá usar a multiplicação-adição, pois não pode definir o código de condição duas vezes.

Operações de fluxo de controle

A presença de operações de fluxo de controle complica a simplificação. O modo mais fácil de tratar delas é limpar a janela do simplificador quando esta alcançar um desvio, um salto ou uma instrução rotulada. Isto impede que o simplificador mova efeitos para caminhos onde não estavam presentes.

O simplificador pode alcançar resultados melhores examinando o contexto ao redor de desvios, mas isto introduz vários casos especiais ao processo. Se a linguagem de entrada codificar desvios com um único destino e um caminho *fall-through*, então o simplificador deve rastrear e eliminar os rótulos mortos. Se eliminar o último uso de um rótulo e o bloco anterior tiver uma saída *fall-through*, então pode remover o rótulo, combinar os blocos e simplificar por meio da fronteira antiga. Se a linguagem de entrada codifica desvios com dois destinos, ou o bloco anterior terminar com um salto, então um rótulo morto implica um bloco inalcançável, que pode ser completamente eliminado. De qualquer forma, o simplificador deve rastrear o número de usos para cada rótulo e eliminar os que não podem mais ser referenciados. (A expansão pode contar referências de rótulo, permitindo que o simplificador use um esquema simples de contagem de referência para rastrear o número de referências restantes.)

Uma técnica mais agressiva poderia considerar as operações nos dois lados de um desvio. Algumas simplificações podem ser possíveis por meio do desvio, combinando os efeitos da operação imediatamente antes do desvio com aqueles da operação no destino do desvio. Porém, o simplificador precisa considerar *todos* os caminhos que alcançam a operação rotulada.

As operações predicadas exigem algumas dessas mesmas considerações. Em *runtime*, os valores predicados determinam quais operações realmente são executadas. Com efeito, os predicados especificam um caminho através de um CFG simples, embora sem rótulos ou desvios explícitos. O simplificador precisa reconhecer esses efeitos e tratá-los da mesma forma cuidadosa que usa para as operações rotuladas.

Janelas físicas versus *janelas lógicas*

A discussão, até o momento, se concentrou em uma janela contendo operações adjacentes na IR de baixo nível. Essa noção tem uma boa intuição física e torna o conceito concreto. Porém, operações adjacentes na IR de baixo nível podem não operar sobre os mesmos valores. De fato, à medida que as máquinas-alvo oferecem mais paralelismo em nível de instrução, o front end e o otimizador de um compilador devem gerar programas IR que tenham computações mais independentes e intercaladas, para manter ocupadas as unidades funcionais da máquina-alvo. Neste caso, o otimizador *peephole* pode encontrar muito poucas oportunidades para melhorar o código.

Para melhorar esta situação, o otimizador *peephole* pode usar uma janela lógica, ao invés de uma janela física. Com uma janela lógica, ele considera operações que estão conectadas pelo fluxo de valores dentro do código — ou seja, considera juntas operações que definem e usam o mesmo valor, criando a oportunidade de combinar e simplificar operações relacionadas, mesmo que não sejam adjacentes no código.

Durante a expansão, o otimizador pode vincular cada definição com o próximo uso do seu valor no bloco. O simplificador usa esses vínculos para preencher sua janela. Quando o simplificador alcança a operação *i*, constrói uma janela para *i* puxando operações vinculadas ao resultado de *i*. (Como a simplificação conta, em grande parte, com a substituição para a frente, há pouco motivo para considerar a operação física seguinte, a menos que use o resultado de *i*.) O uso de uma janela lógica dentro de um bloco pode tornar o simplificador mais eficaz, reduzindo tanto o tempo de compilação exigido quanto o número de operações restantes após a simplificação. Em nosso exemplo, uma janela lógica permitiria que o simplificador incluísse a constante 2 na multiplicação.

A extensão dessa ideia para escopos maiores acrescenta alguma complicação. O compilador pode tentar simplificar operações que são logicamente adjacentes, mas muito distantes para caber na janela *peephole* juntas — seja dentro do mesmo bloco ou em blocos diferentes. Isto exige uma análise global para determinar quais usos cada definição pode alcançar (ou seja, definições de alcance da Seção 9.2.4). Além disso, o simplificador precisa reconhecer que uma única definição pode alcançar múltiplos usos, e um único uso pode se referir a valores calculados por várias definições distintas. Assim, o simplificador não pode simplesmente combinar a operação de definição com um uso e deixar as operações restantes desamparadas. Ele precisa limitar sua consideração a situações simples, como uma única definição e um único uso, ou múltiplos usos com uma única definição, ou precisa realizar alguma análise cuidadosa para determinar se uma combinação é segura e lucrativa. Essas complicações sugerem aplicar uma janela lógica dentro de um contexto local ou superlocal. Mover a janela lógica além de um bloco básico estendido acrescenta complicações significativas ao simplificador.

11.5.2 Transformadores *peephole*

O advento de otimizadores *peephole* mais sistemáticos, conforme descrevemos na seção anterior, criou a necessidade de conjuntos de padrões mais completos para a linguagem assembly de uma máquina-alvo. Como o processo em três etapas traduz todas as operações para LLIR e tenta simplificar todas as sequências LLIR, o algoritmo de casamento de padrões (*matcher*) precisa da capacidade de traduzir sequências LLIR arbitrárias de volta para o código assembly para a máquina-alvo. Assim, esses sistemas *peephole* modernos têm bibliotecas de padrões muito maiores do que os sistemas mais antigos, parciais. À medida que os computadores passaram de instruções de 16 para de 32 bits, a explosão no número de operações assembly distintas tornou problemática a geração manual de padrões. Para lidar com essa explosão, a maioria dos sistemas *peephole* modernos inclui uma ferramenta que gera automaticamente um *matcher* a partir de uma descrição do conjunto de instruções de uma máquina-alvo.

RISC, CISC E SELEÇÃO DE INSTRUÇÕES

Os primeiros proponentes das arquiteturas RISC sugeriram que os RISCs levariam a compiladores mais simples. As primeiras máquinas RISC, como IBM 801, tinham muito menos modos de endereçamento do que as CISC contemporâneas (como VAX-11 da DEC). Elas possuíam operações de registrador-para-registrador, com operações load e store separadas para mover dados entre registradores e a memória.
Ao contrário, o VAX-11 acomodava operandos de registrador e de memória; muitas operações eram admitidas nas formas de dois e de três endereços.

As máquinas RISC simplificavam a seleção de instruções. E ofereciam menos formas de implementar determinada operação, e tinham menos restrições sobre o uso de registrador. Porém, suas arquiteturas load-store aumentavam a importância da alocação de registradores.

Ao contrário, as máquinas CISC tinham operações que encapsulavam funcionalidade mais complexa em uma única operação. Para fazer uso eficaz dessas operações, o seletor de instrução precisa reconhecer padrões maiores sobre fragmentos de código maiores, o que aumenta a importância da seleção sistemática de instruções; as técnicas automatizadas descritas neste capítulo são mais importantes para máquinas CISC, mas igualmente aplicáveis às máquinas RISC.

O advento de ferramentas para gerar grandes bibliotecas de padrões necessários para descrever o conjunto de instruções de um processador tornou a otimização *peephole* uma tecnologia competitiva para a seleção de instruções. Um detalhe final simplifica ainda mais este quadro. Se o compilador já usa a LLIR para otimização, então não precisa de um expansor explícito. De modo semelhante, se o compilador otimizou a

LLIR, o simplificador não precisa se preocupar com efeitos mortos; pode assumir que o otimizador os removerá com suas técnicas mais gerais para eliminação de código morto.

Este esquema também reduz o trabalho exigido para redirecionar um compilador. Para mudar os processadores-alvo, o construtor de compiladores deve: (1) fornecer uma descrição apropriada de máquina para o gerador de padrões, de modo que possa produzir um novo seletor de instrução; (2) alterar as sequências LLIR geradas por fases anteriores, para que se encaixem à nova ISA; e (3) modificar o escalonador de instruções e alocador de registradores para refletir as características da nova ISA. Embora isso abranja uma quantidade de trabalho significativa, a infraestrutura para descrever, manipular e melhorar as sequências LLIR permanece intacta. Em outras palavras, as sequências LLIR para máquinas radicalmente diferentes devem capturar suas diferenças; porém, a linguagem básica em que essas sequências são escritas permanece a mesma. Isto permite que o construtor de compiladores construa um conjunto de ferramentas que são úteis para muitas arquiteturas e produza um compilador específico de máquina gerando a IR de baixo nível apropriada para a ISA alvo e fornecendo um conjunto apropriado de padrões para o otimizador *peephole*.

A outra vantagem deste esquema está no simplificador. Esse transformador *peephole* básico ainda inclui um simplificador. A simplificação sistemática de código, mesmo quando realizada em uma janela limitada, fornece uma vantagem significativa sobre um simples passo codificado à mão que percorre a IR e a reescreve em linguagem assembly. A substituição para frente, a aplicação de identidades algébricas simples e a inclusão de constantes podem produzir sequências de LLIR mais curtas e mais eficientes. Estas, por sua vez, podem levar a um código melhor para uma máquina-alvo.

Vários sistemas de compilador importantes têm usado esta técnica. O mais conhecido pode ser o sistema de compilador Gnu (GCC). O GCC usa uma IR de baixo nível conhecida como linguagem de transferência de registrador (RTL) para algumas de suas otimizações e geração de código. O back end usa um esquema *peephole* para converter RTL em código assembly para os computadores-alvo. O simplificador é implementado usando interpretação simbólica sistemática. A etapa de casamento de padrões no otimizador *peephole* realmente interpreta o código RTL como árvores e usa um casamento de padrões de árvore simples criado a partir de uma descrição da máquina-alvo. Outros sistemas, como o VPO de Davidson, constroem uma gramática a partir da descrição de máquina e geram um pequeno parser que processa a RTL em uma forma linear para realizar a etapa de casamento de padrões.

> **REVISÃO DA SEÇÃO**
>
> A tecnologia de otimização *peephole* tem sido adaptada para realizar seleção de instruções. O seletor de instrução clássico baseado em *peephole* consiste em uma expansão baseada em gabarito que traduz a IR do compilador em uma forma mais detalhada, com um nível de abstração abaixo do nível de abstração da ISA alvo; uma simplificação que usa a substituição direta, simplificação algébrica, propagação de constante e eliminação de código morto dentro de um escopo de três ou quatro operações; e um casamento que mapeia a IR de baixo nível otimizada para a ISA alvo.
>
> A força desta técnica está no simplificador; ele remove ineficiências de interoperação que a expansão da IR do compilador para a IR de baixo nível introduz. Essas oportunidades envolvem valores que são locais em escopo; elas não podem ser vistas em estágios iniciais da tradução.
>
> As melhorias resultantes podem ser surpreendentes. A fase final de casamento de padrões é direta; tecnologias variando desde casamento de padrões codificados à mão até parsers LR() têm sido usadas.

> **QUESTÕES DE REVISÃO**
> 1. Esboce um algoritmo concreto para o simplificador que aplique substituição direta, simplificação algébrica e propagação de constante local. Qual é a complexidade do seu algoritmo? Como o tamanho da janela *peephole* afeta o custo de execução do seu algoritmo sobre um bloco?
> 2. O exemplo mostrado na Figura 11.10 demonstra um ponto fraco dos seletores baseados em *peephole*. A atribuição de 2 a r_{10} está muito longe do uso de r_{10} para permitir que o simplificador inclua a constante e simplifique a multiplicação (para um `multI` ou um `add`). Que técnicas você poderia usar para expor essa oportunidade ao simplificador?

11.6 TÓPICOS AVANÇADOS

Seletores de instrução, tanto baseados em BURS quanto em *peephole*, têm sido projetados para eficiência em tempo de compilação. Porém, as duas técnicas são limitadas pelo conhecimento contido nos padrões que o construtor de compiladores fornece. Para encontrar as melhores sequências de instrução, este construtor de compiladores poderia considerar o uso de técnicas de busca. A ideia é simples. Combinações de instruções às vezes têm efeitos surpreendentes. Como os resultados são inesperados, elas raramente são previstas por um construtor de compiladores e, portanto, não estão incluídas na especificação produzida para uma máquina-alvo.

Duas abordagens distintas que usam a pesquisa exaustiva para melhorar a seleção de instruções apareceram na literatura. A primeira envolve um sistema baseado em *peephole* que descobre e otimiza novos padrões à medida que compila o código. A segunda, envolve uma pesquisa de força bruta no espaço de possíveis instruções.

11.6.1 Aprendizado de padrões *peephole*

Uma questão importante que surge na implementação ou uso de um otimizador *peephole* é o compromisso entre o tempo gasto especificando o conjunto de instruções da máquina-alvo e a velocidade e qualidade do otimizador ou seletor de instruções resultante. Com um conjunto de padrões completo, o custo da simplificação e casamento pode ser mantido a um mínimo usando uma técnica eficiente de casamento de padrões. Naturalmente, alguém precisa gerar todos esses padrões. Por outro lado, os sistemas que interpretam as regras durante a simplificação ou casamento têm um overhead maior por operação da LLIR. Este sistema pode operar com um conjunto de regras muito menor, o que torna o sistema mais fácil de criar. Porém, o simplificador e algoritmo de casamento de padrões resultantes são executados mais lentamente.

Um modo efetivo de gerar a tabela explícita de padrões necessária para um otimizador rápido, de casamento de padrões *peephole*, é emparelhá-lo com um otimizador que tenha um simplificador simbólico. Neste esquema, o simplificador simbólico registra todos os padrões que simplifica. Toda vez que simplifica um par de operações, registra o par inicial e o par simplificado. Depois, pode registrar o padrão resultante numa tabela de pesquisa para produzir um otimizador de casamento de padrões rápido.

> O simplificador precisa verificar um padrão proposto em comparação com a descrição de máquina para garantir que a simplificação proposta seja amplamente aplicável.

Executando o simplificador simbólico sobre um conjunto de aplicações de treinamento, o otimizador pode descobrir a maior parte dos padrões de que precisa. Depois, o compilador pode usar a tabela como base de um otimizador de casamento de padrões rápido. Isto permite que o construtor de compiladores gaste tempo de computação durante o projeto para acelerar o uso rotineiro do compilador, diminuindo bastante a complexidade dos padrões que devem ser especificados.

Aumentar a interação entre os dois otimizadores pode melhorar ainda mais a qualidade do código. Em tempo de compilação, o casamento de padrões rápido encontrará alguns pares

LLIR que não combinam com qualquer padrão em sua tabela. Quando isto acontece, ele pode invocar o simplificador simbólico para procurar uma melhoria, empregando o poder da busca somente sobre os pares LLIR para os quais não tem um padrão preexistente.

Para tornar esta técnica prática, o simplificador simbólico deve registrar os sucessos e as falhas, assim permitindo-lhe rejeitar pares LLIR previamente vistos sem o overhead da interpretação simbólica. Quando ele tiver sucesso na melhoria de um par, deve acrescentar o novo padrão à tabela de padrões do otimizador, de modo que ocorrências futuras desse par sejam tratadas pelo mecanismo mais eficiente.

Esta técnica de aprendizagem para gerar padrões tem diversas vantagens. Ela aplica o esforço somente nos pares LLIR não vistos anteriormente; compensa os buracos na cobertura do conjunto de treinamento da máquina alvo; fornece a eficácia do sistema mais dispendioso, embora preserve a maior parte da velocidade do sistema orientado por padrões.

Porém, ao usar esta técnica, o construtor de compiladores precisa determinar quando o otimizador simbólico deve atualizar as tabelas de padrões e como acomodar essas atualizações. Permitir que uma compilação qualquer reescreva a tabela de padrões para todos os usuários parece desaconselhável; questões de sincronização e segurança certamente surgirão. Ao invés disso, o construtor de compiladores pode optar por atualizações periódicas — armazenando padrões recém-localizados de modo que possam ser incluídos na tabela como uma ação de manutenção de rotina.

11.6.2 Geração de sequências de instruções

A técnica de aprendizagem tem um viés inerente: considera que os padrões de baixo nível devem orientar a busca por uma sequência de instruções equivalente. Alguns compiladores têm tomado uma abordagem exaustiva para o mesmo problema básico. Ao invés de tentar sintetizar a sequência de instruções desejada a partir de um modelo de baixo nível, adotam uma abordagem do tipo gerar-e-testar.

A ideia é simples. O compilador, ou construtor de compiladores, identifica uma curta sequência de instruções em linguagem assembly que deve ser melhorada. O compilador, então, gera todas as sequências em linguagem assembly de custo um, substituindo os argumentos originais na sequência gerada. Testa cada uma para determinar se tem o mesmo efeito da sequência-alvo. Quando tiver exaurido todas as sequências de determinado custo, ele incrementa o custo das sequências e continua. Esse processo continua até ele (1) encontrar uma sequência equivalente, (2) atingir o custo da sequência alvo original, ou (3) alcançar um limite imposto externamente sobre o custo ou o tempo de compilação.

Embora esta técnica seja inerentemente dispendiosa, o mecanismo usado para testar a equivalência tem forte impacto sobre o tempo exigido para testar cada sequência candidata. Uma técnica formal, usando um modelo de baixo nível de efeitos de máquina, claramente é necessário para filtrar divergências sutis, mas um teste mais rápido pode capturar as divergências mais grosseiras que ocorrem com mais frequência. Se o compilador simplesmente gerar e executar a sequência candidata, poderá comparar os resultados com aqueles obtidos a partir da sequência-alvo. Esta técnica simples, aplicada a algumas entradas bem conhecidas, deve eliminar a maioria das sequências candidatas não aplicáveis com um teste de baixo custo.

Esta técnica, obviamente, é muito dispendiosa para ser usada rotineiramente ou para fragmentos de código grandes. Em algumas circunstâncias, porém, ela merece consideração. Se o construtor de aplicações ou o compilador puderem identificar uma pequena seção de código com desempenho crítico, os ganhos de uma sequência de código excelente podem justificar o custo da busca exaustiva. Por exemplo, em algumas aplicações embutidas, o código com desempenho crítico consiste em um único laço interno. O uso de uma busca exaustiva para pequenos fragmentos de código — para melhorar a velocidade ou o espaço — pode ser compensador.

De modo semelhante, a busca exaustiva tem sido aplicada como parte do processo de redirecionar um compilador para uma nova arquitetura. Esta aplicação usa a busca exaustiva para descobrir implementações particularmente eficientes para sequências IR que o compilador gera rotineiramente. Como o custo é contraído quando o compilador é transportado, o construtor de compiladores pode justificar o uso da busca amortizando este custo pelas muitas compilações que se espera utilizem o novo compilador.

11.7 RESUMO E PERSPECTIVA

Em seu núcleo, a seleção de instruções é um problema de casamento de padrões. A dificuldade da seleção de instruções depende do nível de abstração da IR do compilador, da complexidade da máquina alvo e da qualidade do código desejado do compilador. Em alguns casos, uma técnica simples de percurso em árvore produzirá resultados adequados. Entretanto, para casos mais difíceis, a busca sistemática realizada pelo casamento de padrões de árvore ou pela otimização *peephole* pode gerar resultados melhores. A criação manual de um gerador de código de percurso em árvore que consegue os mesmos resultados exigiria muito mais trabalho. Embora essas duas técnicas sejam diferentes em quase todos os seus detalhes, elas compartilham uma visão comum — o uso do casamento de padrões para encontrar uma boa sequência de código entre as milhares de sequências possíveis para qualquer programa IR dado.

Os algoritmos de casamento de padrões de árvore descobrem ladrilhamentos de baixo custo usando a escolha de menor custo em cada ponto de decisão. O código resultante implementa a computação especificada pelo programa IR. Os transformadores *peephole* simplificam sistematicamente o programa IR e procuram casar o que restar a um conjunto de padrões para a máquina-alvo. Por não possuírem modelos de custo explícitos, nenhum argumento pode ser dado sobre sua otimalidade. Eles geram código para uma computação com os mesmos efeitos do programa em IR, ao invés de uma implementação literal do programa IR. Devido a esta distinção sutil nas duas técnicas, não podemos comparar diretamente as afirmações sobre sua qualidade. Na prática, resultados excelentes têm sido obtidos com cada uma delas.

Os benefícios práticos dessas técnicas têm sido demonstrados em compiladores reais. Tanto LCC quanto GCC são executados em muitas plataformas. O primeiro usa o casamento de padrões de árvore; o segundo, um transformador *peephole*. O uso de ferramentas automatizadas nos dois sistemas os tornou fáceis de entender, de redirecionar e, por fim, bastante aceitos na comunidade.

Igualmente importante, o leitor deve reconhecer que as duas famílias de casamentos de padrões automáticos podem ser aplicadas a outros problemas na compilação. A otimização *peephole* originou-se como uma técnica para melhorar o código final produzido por um compilador. De modo semelhante, o compilador pode aplicar o casamento de padrões de árvore para reconhecer e reescrever computações em uma AST. A tecnologia BURS pode fornecer um modo particularmente eficaz de reconhecer e melhorar padrões simples, incluindo as identidades algébricas reconhecidas pela numeração de valor.

NOTAS DO CAPÍTULO

A maior parte dos primeiros compiladores usava técnicas codificadas à mão, *ad hoc*, para realizar a seleção de instruções [26]. Com conjuntos de instruções suficientemente pequenos, ou equipes de construção de compiladores grandes o suficiente, isso funcionava. Por exemplo, o compilador BLISS-11 gerava excelente código para o PDP-11, com seu repertório limitado de operações [356]. Os pequenos conjuntos de instruções dos primeiros computadores e minicomputadores deixavam os pesquisadores e construtores de compilador ignorar alguns dos problemas que surgem nas máquinas modernas.

Por exemplo, Sethi e Ullman [311] e, mais tarde, Aho e Johnson [5], consideraram o problema de gerar código ótimo para árvores de expressão. Aho, Johnson e Ullman estenderam suas ideias para DAGs de expressão [6]. Os compiladores baseados nesse trabalho usavam métodos ad hoc para as estruturas de controle e algoritmos inteligentes para árvores de expressão.

No final da década de 1970, duas tendências distintas na arquitetura trouxeram o problema de seleção de instruções para a vanguarda da pesquisa em compiladores. A passagem de arquiteturas de 16 para 32 bits precipitou uma explosão no número de operações e modos de endereço que o compilador tinha que considerar. Para um compilador explorar até mesmo uma grande fração das possibilidades, precisava de uma abordagem mais formal e poderosa. Ao mesmo tempo, o sistema operacional Unix que nascia começou a aparecer em diversas plataformas, o que fez surgir uma demanda natural por compiladores C e aumentou o interesse em compiladores redirecionáveis [206]. A capacidade de redirecionar facilmente o seletor de instruções desempenha um papel importante para determinar a facilidade de transportar um compilador para novas arquiteturas. Essas duas tendências iniciaram um alvoroço de pesquisa sobre seleção de instruções, que iniciou na década de 1970 e continuou até os anos 1990 [71, 72, 132, 160, 166, 287, 288].

O sucesso da automação na análise léxica e sintática tornou a seleção de instruções orientada por especificação uma ideia atraente. Glanville e Graham mapearam o casamento de padrões da seleção de instruções na análise sintática controlada por tabela [160, 165, 167]. Ganapathi e Fischer atacaram o problema com gramáticas de atributo [156].

Os geradores de código de casamento de padrões de árvore cresceram a partir do trabalho inicial sobre geração de código orientado por tabela [9, 42, 167, 184, 240] e no casamento de padrões de árvore [76, 192]. Pelegrí-Llopart formalizou muitas dessas noções na teoria de BURS [281]. Autores subsequentes basearam-se nesse trabalho para criar uma série de implementações, variações e algoritmos de geração de tabela [152, 153, 288]. O sistema Twig combinava o casamento de padrões de árvore com a programação dinâmica [2, 334].

O primeiro otimizador *peephole* parece ser o sistema de McKeeman [260]. Bagwell [30], Wulf e outros [356] e Lamb [237] descrevem os primeiros sistemas *peephole*. O ciclo de expansão, simplificação e casamento, descrito na Seção 11.5.1, vem do trabalho de Davidson [115, 118]. Kessler também trabalhou na obtenção de otimizadores *peephole* diretamente a partir de descrições de baixo nível das arquiteturas alvo [222]. Fraser e Wendt adaptaram a otimização *peephole* para realizar a geração de código [154, 155]. A técnica de aprendizagem de máquina descrita na Seção 11.6.1 foi descrita por Davidson e Fraser [116].

Massalin propôs a abordagem exaustiva descrita na Seção 11.6.2 [258]. Ela foi aplicada de um modo limitado no GCC por Granlund e Kenner [170].

EXERCÍCIOS

Seção 11.2

1. O gerador de código de percurso em árvore mostrado na Figura 7.2 usa um `loadI` para cada número. Reescreva o gerador de código de percurso em árvore de modo que ele use `addI`, `subI`, `rsubI`, `multI`, `divI` e `rdivI`. Explique quaisquer rotinas adicionais ou estruturas de dados que seu gerador de código necessite.

Seção 11.3

2. Usando as regras dadas na Figura 11.5, gere dois ladrilhamentos para a AST mostrada na Figura 11.4.
3. Construa uma AST de baixo nível para as expressões a seguir, usando a árvore na Figura 11.4 como um modelo:

   a. $y \leftarrow a \times b + c \times d$
   b. $w \leftarrow a \times b \times c - 7$

   Use as regras dadas na Figura 11.5 para ladrilhar estas árvores e gerar ILOC.
4. O casamento de padrões de árvore considera que sua entrada é uma árvore.
   a. Como você estenderia essas ideias para lidar com DAGs, onde um nó pode ter vários pais?
   b. Como as operações de fluxo de controle se encaixam nesse paradigma?
5. Em qualquer esquema de percurso em árvore para geração de código, o compilador precisa escolher uma ordem de avaliação para as subárvores. Ou seja, em algum nó binário *n*, ele avalia a subárvore esquerda ou a direita primeiro?
   a. A escolha da ordem afeta o número de registradores exigidos para avaliar a subárvore inteira?
   b. Como essa escolha pode ser incorporada nos esquemas de casamento de padrões de árvore de baixo para cima?

Seção 11.4

6. Um otimizador *peephole* real precisa lidar com operações de fluxo de controle, incluindo desvios condicionais, saltos e instruções rotuladas.
   a. O que este otimizador deve fazer quando traz um desvio condicional para a janela de otimização?
   b. A situação é diferente quando ele encontra um salto?
   c. O que acontece com uma operação rotulada?
   d. O que o otimizador pode fazer para melhorar esta situação?
7. Escreva algoritmos concretos para realizar as funções de simplificação e casamento de um transformador *peephole*.
   a. Qual é a complexidade assintótica de cada um dos seus algoritmos?
   b. Como o tempo de execução do transformador é afetado por um programa de entrada maior, por uma janela maior e por um conjunto de padrões maior (tanto para simplificação quanto para casamento)?
8. Transformadores *peephole* simplificam o código enquanto selecionam uma implementação concreta para ele. Suponha que este transformador seja executado antes do escalonamento de instruções ou alocação de registradores, e que ele pode usar um conjunto ilimitado de nomes de registrador virtual.
   a. O transformador *peephole* pode alterar a demanda por registradores?
   b. Ele pode alterar o conjunto de oportunidades que estão disponíveis ao escalonador para reordenar o código?

Capítulo 12

Escalonamento de instruções

VISÃO GERAL DO CAPÍTULO

O tempo de execução de um conjunto de operações depende bastante da ordem em que elas são apresentadas para execução. O escalonamento de instruções tenta reordenar as operações em um procedimento para melhorar seu tempo de execução; basicamente, tenta executar o máximo possível de operações por ciclo.

Este capítulo introduz a técnica dominante para escalonamento em compiladores: escalonamento de lista guloso. Apresenta vários métodos para aplicar este escalonamento para escopos maiores do que um único bloco básico.

Palavras-chave: Escalonamento de instruções, Escalonamento de lista, Escalonamento de traço, Pipelining de software

12.1 INTRODUÇÃO

Em muitos processadores, a ordem em que as operações são apresentadas para execução tem um efeito significativo sobre a extensão de tempo exigida para executar uma sequência de instruções. Diferentes operações exigem diferentes extensões de tempo. Em um multiprocessador comercial típico, a adição e subtração de inteiros exige menos tempo do que a divisão de inteiros; de modo semelhante, a divisão de ponto flutuante leva mais tempo do que a adição ou subtração de ponto flutuante. A multiplicação, em geral, encontra-se entre as operações correspondentes de adição e divisão. O tempo exigido para completar um load da memória depende de onde, na hierarquia da memória, o valor reside no momento em que o load é emitido.

A tarefa de ordenar as operações em um bloco ou um procedimento para fazer uso eficaz dos recursos do processador é chamada *escalonamento de instruções*. O escalonador usa como entrada uma lista de operações parcialmente ordenada na linguagem assembly da máquina-alvo; e produz como saída uma versão ordenada desta lista. Ele considera que o código já foi otimizado e não tenta duplicar o trabalho do otimizador. Ao invés disso, empacota operações nos ciclos disponíveis e slots de emissão de unidade funcional de modo que o código será executado o mais rapidamente possível.

Roteiro conceitual

A ordem em que o processador encontra operações tem impacto direto sobre a velocidade da execução do código compilado. Assim, a maioria dos compiladores inclui um escalonador de instruções que reordena as operações finais para melhorar o desempenho. As escolhas do escalonador são restritas pelo fluxo de dados, pelos atrasos associados às operações individuais e pelas capacidades do processador-alvo. O escalonador precisa considerar todos esses fatores se tiver que produzir um escalonamento correto e eficiente para o código compilado.

A técnica dominante para o escalonamento de instruções é uma heurística gulosa, chamada escalonamento de lista. Escalonadores de lista operam sobre código em linha reta e usam diversos esquemas de classificação de prioridade para orientar suas escolhas. Os construtores de compilador inventaram diversos frameworks para escalonar sobre regiões de código maiores do que os blocos básicos; esses escalonadores regionais e de laço simplesmente criam condições em que o compilador pode aplicar o escalonamento de lista a uma sequência maior de operações.

Visão geral

Na maioria dos processadores modernos, a ordem em que as instruções aparecem tem impacto sobre a velocidade com que o código é executado. Os processadores sobrepõem a execução de operações, emitindo-as sucessivamente, o mais rápido possível, dado o conjunto finito (e pequeno) de unidades funcionais. Em princípio, essa estratégia faz uma boa utilização dos recursos de hardware e diminui o tempo de execução sobrepondo a execução de operações sucessivas. A dificuldade surge quando uma operação é emitida antes que seus operandos estejam prontos.

Os projetos de processador tratam desta situação de duas maneiras. O processador pode *adiar* (*stall*) a operação prematura até que seus operandos estejam disponíveis. Em uma máquina que adia operações prematuras, o escalonador reordena as operações em uma tentativa de minimizar o número desses *adiamentos*. Alternativamente, ele pode executar a operação prematura, embora com os operandos incorretos. Essa técnica conta com o escalonador para manter a distância suficiente entre a definição de um valor e seus vários usos para que o resultado das operações seja correto. Se não houver operações úteis suficientes para cobrir o atraso associado a alguma operação, o escalonador deverá inserir nops para preencher a lacuna.

Adiamento
Atraso causado por um *interbloqueio* de hardware (hardware *interlock*) que impede que um valor seja lido até que sua operação de definição termine.

Interbloqueio é o mecanismo que detecta a emissão prematura e cria o atraso real.

Escalonado estaticamente
Um processador que conta com a inserção de NOPs pelo compilador para garantir o resultado correto é um processador *escalonado estaticamente*.

Escalonado dinamicamente
Um processador que provê interbloqueios para garantir o resultado correto é um processador *escalonado dinamicamente*.

Microprocessadores comerciais normalmente possuem operações com diferentes latências. Os valores típicos podem ser um ciclo para adição ou subtração de inteiros, três para multiplicação de inteiros ou adição ou subtração de ponto flutuante, cinco para multiplicação de ponto flutuante, 12 a 18 para divisão de ponto flutuante, e 20 a 40 para divisão de inteiros. Como uma complicação adicional, algumas operações têm latências variáveis. A latência de um load depende de onde na hierarquia de memória ele encontra o valor; essas latências podem variar desde alguns ciclos, digamos, um a cinco para a cache mais próxima, até dezenas ou centenas de ciclos para valores na memória principal. As operações aritméticas também podem ter latências variáveis. Por exemplo, as unidades de multiplicação e divisão de ponto flutuante podem tomar uma saída antecipada quando reconhecem que os operandos reais tornam alguns estágios do processamento irrelevantes (por exemplo, multiplicação por zero ou um).

Para complicar as coisas ainda mais, muitos processadores comerciais têm a propriedade de poder iniciar a execução de mais de uma operação em cada ciclo. Os chamados processadores *superescalares* exploram o paralelismo no nível de instrução — operações independentes que podem ser executadas simultaneamente sem conflito. Em ambiente superescalar, a tarefa do escalonador é manter as unidades funcionais ocupadas o máximo possível. Como o hardware de despacho de instrução tem uma quantidade limitada de antecipação (*lookahead*), o escalonador pode ter de prestar atenção ao ciclo em que cada operação é emitida e a ordenação relativa das operações dentro de cada ciclo.

Superescalar
Um processador que pode emitir operações distintas para múltiplas unidades funcionais distintas em um único ciclo é considerado um processador *superescalar*.

Paralelismo em nível de instrução (ILP — *Instruction Level Parallelism*)
Disponibilidade de operações independentes de poderem ser executadas simultaneamente.

Considere, por exemplo, um processador simples com uma unidade funcional de inteiros e outra de ponto flutuante. O compilador deseja escalonar um laço que consiste em 100 operações de inteiros e 100 operações de ponto flutuante. Se o compilador ordenar as operações de modo que as 75 primeiras sejam de inteiros, a unidade de ponto flutuante ficará ociosa até que o processador finalmente alcance algum trabalho para ela. Se todas as operações forem independentes (uma suposição irreal), a melhor ordem poderia ser alternar operações entre as duas unidades.

Informalmente, escalonamento de instruções é o processo pelo qual um compilador reordena as operações no código compilado em uma tentativa de diminuir seu tempo de execução. Conceitualmente, um escalonador de instrução se parece com

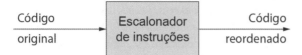

O escalonador de instruções usa como entrada uma lista de instruções parcialmente ordenada; e produz como saída uma lista ordenada de instruções construídas a partir do mesmo conjunto de operações. O escalonador considera um conjunto fixo de operações, não reescreve o código (além de incluir nops para manter a execução correta), e considera uma alocação fixa de valores para registradores; embora podendo renomear registradores, ele não muda as decisões de alocação.

MEDIÇÃO DE DESEMPENHO EM TEMPO DE EXECUÇÃO

O objetivo principal do escalonamento de instruções é melhorar o tempo de execução do código gerado. As discussões sobre desempenho usam muitas e diferentes métricas; as duas mais comuns são:

Instruções por segundo. Em geral, a métrica utilizada para anunciar computadores e comparar o desempenho de sistemas é o número de instruções executadas em um segundo, que pode ser medido como instruções emitidas ou retiradas por segundo. *Tempo para completar uma tarefa fixa.* Esta métrica usa um ou mais programas cujo comportamento é conhecido e compara o tempo exigido para completar essas tarefas fixas. Esta técnica, chamada benchmarking, fornece informações sobre o desempenho geral do sistema, tanto em hardware quanto em software, sobre uma particular carga de trabalho.

Nenhuma métrica isolada contém informações suficientes para permitir a avaliação da qualidade de código gerada pelo back end do compilador. Por exemplo, se a medida for instruções por segundo, o compilador obtém crédito extra por deixar informações irrelevantes (porém independentes) no código? A simples métrica de temporização não fornece informações sobre o que é alcançável para um determinado programa. Assim, ela permite que um compilador funcione melhor do que outro, mas não mostra a distância entre o código gerado e o código ótimo para a máquina-alvo.

Os números que o construtor de compiladores pode querer medir incluem a porcentagem de instruções executadas cujos resultados são realmente usados e a porcentagem de ciclos gastos em adiamentos e interbloqueios. A primeira dá ideia sobre alguns aspectos da execução predicada; a segunda, mede diretamente alguns aspectos da qualidade do escalonamento.

O escalonador de instruções tem três objetivos principais. Primeiro, precisa preservar o significado do código que recebe como entrada. Segundo, deve minimizar o tempo de execução, evitando adiamentos ou nops. Terceiro, evitar aumentar os tempos de vida de valor além do ponto onde derramamentos de registrador adicionais são necessários. Naturalmente, o escalonador deve operar de modo eficiente.

Muitos processadores podem emitir várias operações por ciclo. Embora os mecanismos variem entre arquiteturas, o desafio básico para o escalonador é o mesmo: fazer boa utilização dos recursos de hardware. Em um processador com palavra de instrução muito longa (VLIW — *Very Long Instruction Word*), o processador emite uma operação para cada unidade funcional em cada ciclo, tudo reunido em uma única instrução de formato fixo. (O escalonador empacota nops nos slots para unidades funcionais ociosas.) Uma máquina VLIW empacotada evita muitos desses nops com uma instrução de tamanho variável.

Processadores superescalares examinam uma pequena janela no fluxo de instruções, escolhem operações que possam ser executadas nas unidades disponíveis e as atribuem a unidades funcionais. Um processador escalonado dinamicamente considera a disponibilidade de operandos; um processador escalonado estaticamente só considera a disponibilidade de unidades funcionais. Um processador superescalar não sequencial (*out-of-order superscalar processor*) usa uma janela muito maior para varrer as operações a serem executadas; a janela pode ter uma centena de instruções ou mais.

Essa diversidade de mecanismos de despacho de hardware torna menos nítida a distinção entre uma operação e uma instrução. Em máquinas VLIW e VLIW empacotada, uma instrução contém várias operações. Em máquinas superescalares, normalmente nos referimos a uma única operação como uma instrução e descrevemos essas máquinas como emitindo várias instruções por ciclo. No decorrer deste livro, usamos os termos *operação* para descrever um único código de operação (*opcode*) e seus operandos, e *instrução* somente para nos referirmos a uma agregação de uma ou mais operações que são emitidas no mesmo ciclo.

Em respeito à tradição, ainda nos referimos a esse problema como *escalonamento de instruções*, embora pudesse ser chamado mais precisamente de *escalonamento de operações*. Em uma arquitetura VLIW ou VLIW empacotada, o escalonador empacota operações em instruções que são executadas em um determinado ciclo. Numa arquitetura superescalar, seja sequencial ou não sequencial (*in-order* ou *out-of-order*), o escalonador reordena operações para permitir que o processador emita o máximo possível em cada ciclo.

Este capítulo examina o escalonamento e as ferramentas e técnicas que os compiladores utilizam para executá-lo. A Seção 12.2 fornece uma introdução detalhada ao problema; a Seção 12.3 introduz o framework padrão usado para escalonamento de instruções: o algoritmo de escalonamento de lista. A Seção 12.4 apresenta diversas técnicas que os compiladores usam para estender o intervalo de operações sobre as quais podem aplicar o escalonamento de lista; e a Seção "Tópicos avançados" apresenta uma técnica para escalonamento de laço.

12.2 O PROBLEMA DO ESCALONAMENTO DE INSTRUÇÕES

Considere o pequeno código de exemplo mostrado na Figura 12.1, que reproduz um exemplo usado na Seção 1.3. A coluna rotulada como "Início" mostra o ciclo em que cada operação inicia a execução. Suponha que o processador tenha uma única unidade funcional, loads e stores usem três ciclos, uma multiplicação use dois ciclos e todas

Início	Operações
1	loadAI r_{arp}, @a $\Rightarrow r_1$
4	add r_1, r_1 $\Rightarrow r_1$
5	loadAI r_{arp}, @b $\Rightarrow r_2$
8	mult r_1, r_2 $\Rightarrow r_1$
10	loadAI r_{arp}, @c $\Rightarrow r_2$
13	mult r_1, r_2 $\Rightarrow r_1$
15	loadAI r_{arp}, @d $\Rightarrow r_2$
18	mult r_1, r_2 $\Rightarrow r_1$
20	storeAI r_1 $\Rightarrow r_{arp}$, @a

(a) Código original

Início	Operações
1	loadAI r_{arp}, @a $\Rightarrow r_1$
2	loadAI r_{arp}, @b $\Rightarrow r_2$
3	loadAI r_{arp}, @c $\Rightarrow r_3$
4	add r_1, r_1 $\Rightarrow r_1$
5	mult r_1, r_2 $\Rightarrow r_1$
6	loadAI r_{arp}, @d $\Rightarrow r_2$
7	mult r_1, r_3 $\Rightarrow r_1$
9	mult r_1, r_2 $\Rightarrow r_1$
11	storeAI r_1 $\Rightarrow r_{arp}$, @a

(b) Código escalonado

■ **FIGURA 12.1** Bloco de exemplo do Capítulo 1.

as outras operações sejam completadas em um único ciclo. Com essas suposições, o código original, mostrado à esquerda, usa 22 ciclos.

O código escalonado, na Figura 12.1b, é executado em muito menos ciclos. Ele separa operações de longa latência das operações que referenciam seus resultados. Essa separação permite que operações que não dependam desses resultados sejam executadas simultaneamente com as de longa latência. O código emite operações load nos três primeiros ciclos; os resultados estão disponíveis nos ciclos 4, 5 e 6, respectivamente. Esse escalonamento exige um registrador extra, r_3, para manter o resultado da terceira operação load em execução simultânea, mas permite que o processador realize um trabalho útil enquanto espera que o primeiro operando aritmético chegue. A sobreposição de operações efetivamente oculta a latência das operações da memória. A mesma ideia, aplicada pelo bloco, oculta a latência da operação mult. A reordenação reduz o tempo de execução para 13 ciclos, uma melhoria de 41%.

Todos os exemplos que vimos até aqui tratam, implicitamente, com uma máquina-alvo que emite uma única operação em cada ciclo. Quase todos os processadores comerciais possuem várias unidades funcionais e emitem várias operações em cada ciclo. Apresentaremos o algoritmo de escalonamento de lista para uma máquina de emissão única e explicaremos como estender o algoritmo básico para lidar com instruções de múltiplas operações.

O problema de escalonamento de instruções é definido sobre o *grafo de dependência* D de um bloco básico. D, por vezes, é chamado *grafo de precedência*. As arestas em D representam o fluxo de valores no bloco. Adicionalmente, cada nó tem dois atributos, *tipo de operação* e *atraso*. Para um nó n, a operação correspondente a n deve ser executada em uma unidade funcional especificada por seu tipo de operação; ela exige $delay(n)$ ciclos para concluir. A Figura 12.2b mostra o grafo de dependência para o código em nosso exemplo em andamento. Substituímos números concretos por @a, @b, @c e @d, para evitar confusão com os rótulos usados para identificar operações.

Grafo de dependência
Para um bloco b, seu grafo de dependência $D = (N, E)$ tem um nó para cada operação em b. Uma aresta em D conecta dois nós n_1 e n_2 se n_2 usar o resultado de n_1.

Os nós sem predecessores em D, como a, c, e e g no exemplo, são chamados *folhas* do grafo. Como as folhas não dependem de outras operações, podem ser escalonadas o mais cedo possível. Os nós sem sucessores em D, como i no exemplo, são chamados *raízes* do grafo. As raízes são, de certa forma, os nós mais restritos no grafo, pois não podem ser executadas até que todos os seus ancestrais o tenham sido. Com essa terminologia, parece que desenhamos D de cabeça para baixo — pelo menos com relação às árvores, ASTs e DAGs usados anteriormente neste livro. Porém, colocar as folhas no topo da figura cria uma correspondência aproximada entre os posicionamentos no desenho e o posicionamento eventual no código escalonado. Uma folha está no topo da árvore porque pode ser executada mais cedo no escalonamento. Uma raiz está na parte de baixo da árvore porque deve ser executada após cada um de seus ancestrais.

D não é uma árvore, mas uma floresta de DAGs. Assim, os nós podem ter vários pais, e D várias raízes.

Dado um grafo de dependência D para um fragmento de código, um escalonamento S mapeia cada nó $n \in N$ a um inteiro não negativo que indica o ciclo em que deverá ser emitido, supondo que a primeira operação seja emitida no ciclo 1. Isso fornece uma definição clara e concisa de uma instrução, a saber, a i-ésima instrução é o conjunto de operações $\{n \mid S(n) = i\}$. O escalonamento precisa atender a três restrições.

1. $S(n) \geq 1$, para cada $n \in N$. Esta restrição proíbe operações que são emitidas antes que a execução seja iniciada. O escalonamento que viola esta restrição não é bem formado. Por questão de uniformidade, o escalonamento também precisa ter pelo menos uma operação n' com $S(n') = 1$.
2. Se $(n_1, n_2) \in E$, então $S(n_1) + delay(n_1) \leq S(n_2)$. Esta restrição garante o resultado correto. Uma operação não pode ser emitida até que seus operandos

536 CAPÍTULO 12 Escalonamento de instruções

a:	LoadAI	r_{arp}, @a	⇒ r_1
b:	add	r_1, r_1	⇒ r_1
c:	LoadAI	r_{arp}, @b	⇒ r_2
d:	mult	r_1, r_2	⇒ r_1
e:	LoadAI	r_{arp}, @c	⇒ r_3
f:	mult	r_1, r_2	⇒ r_1
g:	LoadAI	r_{arp}, @d	⇒ r_2
h:	mult	r_1, r_2	⇒ r_1
i:	storeAI	r_1	⇒ r_{arp}, @a

(a) Código de exemplo   (b) Seu grafo de dependência

■ **FIGURA 12.2** Grafo de dependência para o exemplo.

tenham sido definidos. O escalonamento que viola esta regra muda o fluxo de dados no código e provavelmente produzirá resultados incorretos em uma máquina escalonada estaticamente.

3. Cada instrução não contém mais operações de cada tipo *t* do que a máquina-alvo pode emitir em um ciclo. Esta restrição força a viabilidade, pois o escalonamento que a infringe contém instruções que a máquina-alvo possivelmente não pode emitir. (Em uma máquina VLIW típica, o escalonador precisa preencher slots não usados em uma instrução com nops.)

O compilador só deve produzir escalonamentos que atendam a todas essas três restrições.

Dado um escalonamento bem formado que seja correto e viável, seu tamanho é simplesmente o número de ciclo em que a última operação termina, supondo que a primeira instrução seja emitida no ciclo 1. O tamanho do escalonamento pode ser calculado como:

$$L(S) = \max_{n \in N} (S(n) + delay(n)).$$

Se considerarmos que *delay* captura todas as latências operacionais, o escalonamento *S* deverá ser executado no tempo *L(S)*. Com a noção de tamanho de escalonamento vem a noção de um escalonamento de *tempo ótimo*. Um escalonamento S_i é de tempo ótimo se $L(S_i) \leq L(S_j)$ para todos os outros S_j que contêm o mesmo conjunto de operações.

O grafo de dependência captura propriedades importantes do escalonamento. O cálculo do atraso total ao longo dos caminhos pelo grafo expõe detalhes adicionais sobre o bloco. A inclusão de anotações no grafo de dependência *D* para nosso exemplo com informações sobre latência cumulativa gera o grafo mostrado na margem. O tamanho do caminho de um nó até o final da computação aparece como um sobrescrito no nó. Os valores claramente mostram que o caminho *abdfhi* é o mais longo — o *caminho crítico* que determina o tempo de execução geral para este exemplo.

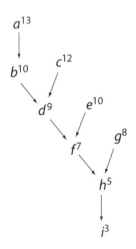

Grafo de dependência anotado com latências

Caminho crítico
Caminho de latência mais longa por meio de um grafo de dependência.

Como, então, o compilador deve escalonar essa computação? Uma operação só pode ser escalonada em uma instrução quando seus operandos estão disponíveis. Como *a*, *c*, *e* e *g* não possuem predecessores no grafo, são os candidatos iniciais para escalonamento.

O fato de que o nó *a* se encontra no caminho crítico sugere fortemente que ele seja escalonado na primeira instrução. Quando *a* tiver sido escalonado, o caminho mais longo restante em *D* é *cdefhi*, sugerindo que *c* deve ser escalonado como a segunda instrução. Com o escalonamento *ac*, *b* e *e* empatam como o caminho mais longo. Porém, *b* precisa do resultado de *a*, que não estará disponível antes do quarto ciclo. Isso torna *e* seguido de *b* a melhor escolha. Continuar nesse padrão leva ao escalonamento *acebdgfhi*, que corresponde ao escalonamento mostrado na Figura 12.1b.

Porém, o compilador não pode simplesmente rearrumar as instruções na ordem proposta. Lembre-se de que tanto *c* quanto *e* definem r_2, e *d* usa o valor que *c* armazena em r_2. O escalonador não pode mover *e* para antes de *d*, a menos que renomeie o resultado de *e* para evitar o conflito com a definição de *c* de r_2. Essa restrição surge não do fluxo de dados, como as dependências modeladas pelas arestas em *D*. Em vez disso, ela impede uma atribuição que mudaria o fluxo de dados. Essas restrições normalmente são chamadas *antidependências*. Indicamos a antidependência entre *e* e *d* como *e→d*.

LIMITAÇÕES AO ESCALONAMENTO

O escalonador não pode remediar todos os problemas com a ordem das instruções. Considere o código a seguir para calcular a[16]

Início	Operações			
1	loadAI	$r_{arp, @a}$	⇒	r_1
4	mult	r_1, r_1	⇒	r_1
6	mult	r_1, r_1	⇒	r_1
8	mult	r_1, r_1	⇒	r_1
10	mult	r_1, r_1	⇒	r_1
12	storeAI	r_1	⇒	$r_{arp, @x}$

As operações mult precisam de dois ciclos cada. A cadeia de dependências, da figura a seguir, entre as multiplicações impede que o escalonador melhore o código. (Se outras operações independentes estiverem disponíveis, o escalonador poderia colocá-las entre as multiplicações.

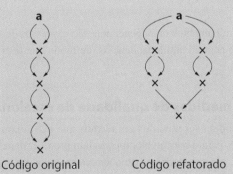

Código original   Código refatorado

O problema está na forma do código, que precisa ser resolvida mais cedo na compilação. Se o otimizador refatorar ou remodelar o código para $(a^2)^2 \cdot (a^2)^2$, como mostramos no lado direito da figura, o escalonador pode sobrepor algumas das multiplicações e alcançar um escalonamento mais curto. Se o processador só puder emitir uma multiplicação por ciclo, o escalonamento refatorado economiza um ciclo. Se puder emitir duas multiplicações por ciclo, economiza dois ciclos.

Antidependência
A operação *x* é *antidependente* da operação *y* se *x* vier antes de *y* e *y* definir um valor usado em *x*. A reversão da ordem de execução pode fazer com que *x* calcule um valor diferente.

O escalonador pode produzir código correto pelo menos de duas maneiras diferentes: descobrir as antidependências que estão presentes no código de entrada e respeitá-las no escalonamento final, ou renomear valores para evitá-las. O exemplo contém quatro *antidependências*, a saber, $e \rightarrow c$, $e \rightarrow d$, $g \rightarrow e$ e $g \rightarrow f$. Todas envolvem a redefinição de r_2. (Também existem restrições com base em r_1, mas cada antidependência em r_1 duplica uma dependência baseada no fluxo de valores.)

Respeitar antidependências muda o conjunto de escalonamentos que o compilador pode produzir. Por exemplo, ele não pode mover *e* para antes de *c* ou *d*, o que o força a produzir um escalonamento como *acbdefghi*, que exige 18 ciclos. Embora este seja uma melhoria de 18% em relação ao código não escalonado (*abcdefghi*), ele não é competitivo com a melhoria de 41% obtida pela renomeação para produzir *acebdgfhi*, como vemos no lado direito da Figura 12.1.

Como alternativa, o escalonador pode sistematicamente renomear os valores no bloco para eliminar antidependências antes de escalonar o código. Esta técnica libera o escalonador das restrições impostas por antidependências, mas cria o potencial para problemas se o código escalonado exigir código de derramamento. A renomeação não muda o número de variáveis vivas; simplesmente muda seus nomes e ajuda o escalonador a evitar a violação de antidependências. Porém, aumentar a sobreposição pode aumentar a demanda por registradores e forçar o alocador de registradores a derramar mais valores — acrescentando operações de longa latência e forçando outra rodada de escalonamento.

O esquema de renomeação mais simples atribui um novo nome a cada valor à medida que é produzido. No exemplo em andamento, este esquema produz o código a seguir. Esta versão do código tem o mesmo padrão de definições e usos.

```
a:   loadAI   r_arp,@a      ⇒ r_1
b:   add      r_1,r_1       ⇒ r_2
c:   loadAI   r_arp,@b      ⇒ r_3
d:   mult     r_2,r_3       ⇒ r_4
e:   loadAI   r_arp,@c      ⇒ r_5
f:   mult     r_4,r_5       ⇒ r_6
g:   loadAI   r_arp,@d      ⇒ r_7
h:   mult     r_6,r_7       ⇒ r_8
i:   storeAI  r_8           ⇒ r_arp,@a
```

Entretanto, os relacionamentos de dependência são expressos de forma não ambígua no código, que não contém antidependências, de modo que restrições de nomeação não poderão surgir.

12.2.1 Outras medidas de qualidade de escalonamento

Escalonamentos podem ser medidos em termos que não sejam o tempo. Dois escalonamentos S_i e S_j para o mesmo bloco poderiam produzir demandas diferentes por registradores — ou seja, o número máximo de valores vivos em S_j pode ser menor que em S_i. Se o processador exigir que o escalonador insira nops para unidades funcionais ociosas, então S_i poderia ter menos operações que S_j, e buscar menos instruções como resultado. Isto não precisa depender unicamente do tamanho do escalonamento. Por exemplo, em um processador com um nop de ciclo variável, juntá-los produz menos operações e, potencialmente, menos instruções. Finalmente, S_j poderia exigir menos energia do que S_i para ser executado no sistema-alvo, porque nunca usa uma das unidades funcionais, busca menos instruções ou causa menos transições de bit na lógica de busca e decodificação do processador.

> **INTERAÇÕES ENTRE ESCALONAMENTO E ALOCAÇÃO**
>
> Antidependências entre operações podem limitar a capacidade do escalonador de reordenar operações. O escalonador pode evitar antidependências pela renomeação; porém, a renomeação cria uma necessidade do compilador realizar alocação de registradores após o escalonamento. Este exemplo é apenas uma das interações entre escalonamento de instruções e alocação de registradores.
>
> A função básica do escalonador é reordenar operações. Como a maioria das operações utiliza e define valores, mudar a ordem relativa de duas operações x e y pode mudar os tempos de vida dos valores. Mover y de baixo de x para cima de x estende o tempo de vida do valor que y define. Se um dos operandos de x for um último uso, mover x para baixo de y estende seu tempo de vida. Simetricamente, se um dos operandos de y for um último uso, mover y para cima de x encurta seu tempo de vida.
>
> O efeito final da reordenação de x e y depende dos detalhes de ambos, além do código ao redor. Se nenhum dos usos envolvidos for um último uso, a troca não tem qualquer efeito sobre a demanda por registradores. (Cada operação define um registrador; sua troca muda os tempos de vida de registradores específicos, mas não a demanda agregada por registradores.)
>
> De modo semelhante, a alocação de registradores pode mudar o problema de escalonamento de instruções. As funções básicas de um alocador de registradores são renomear referências e inserir operações de memória quando a demanda por registradores for maior do que o conjunto de registradores. Essas duas funções afetam a capacidade do escalonador de produzir código rápido. Quando o alocador mapeia um espaço de nome virtual grande para o espaço de nome dos registradores da máquina-alvo, pode introduzir antidependências que restringem o escalonador. De modo semelhante, quando o alocador insere código de derramamento, acrescenta operações ao código que, por si só, devem ser escalonadas em instruções.
>
> Sabemos, matematicamente, que a solução conjunta desses problemas poderia produzir soluções que não podem ser obtidas executando o escalonador seguido pelo alocador, ou vice-versa. Porém, os dois problemas são complexos o suficiente para que a maioria dos compiladores do mundo real os trate separadamente.

12.2.2 O que torna o escalonamento difícil?

A operação fundamental no escalonamento é reunir operações em grupos com base no ciclo em que elas iniciarão sua execução. Para cada operação, o escalonador precisa escolher um ciclo; e para cada ciclo, um conjunto de operações. Balanceando esses dois pontos de vista, ele deve garantir que cada operação seja emitida somente quando seus operandos estiverem disponíveis.

Quando o escalonador coloca uma operação i no ciclo c, essa decisão afeta o posicionamento mais cedo possível de qualquer operação que conta com o resultado de i — qualquer operação em D que seja alcançável a partir de i. Se mais de uma operação puder legalmente ser executada no ciclo c, a escolha do escalonador pode mudar o posicionamento mais cedo de muitas operações — todas essas operações dependem (direta ou transitivamente) de cada uma das escolhas possíveis.

O escalonamento de instruções local é NP-completo para todas as arquiteturas, exceto para as mais simples. Na prática, os compiladores produzem soluções aproximadas para problemas de escalonamento usando uma heurística gulosa. Quase todos os algoritmos de escalonamento usados nos compiladores são baseados em uma única família de técnicas heurísticas, chamadas *escalonamento de lista*. A próxima seção descreve o escalonamento de lista em detalhes. Seções subsequentes mostram como estender o paradigma para escopos maiores.

> **REVISÃO DA SEÇÃO**
>
> Um escalonador de instruções local precisa atribuir um ciclo de execução a cada operação. (Esses ciclos são numerados a partir da entrada para o bloco básico.) No processo, ele deve garantir que nenhum ciclo no escalonamento tenha mais operações do que o hardware pode emitir em um único ciclo. Em um processador escalonado estaticamente, ele deve garantir que cada operação seja emitida somente depois que seus operandos estejam disponíveis; isto pode exibir que ele insira nops no escalonamento. Em um processador escalonado dinamicamente, ele deve minimizar o número esperado de adiamentos que a execução causará.
>
> A estrutura de dados-chave para o escalonamento de instruções é o grafo de dependência para o bloco que está sendo processado, que representa o fluxo de dados no bloco, e é facilmente anotado com informações sobre os adiamentos operação-por-operação. O grafo de dependência com as anotações expõe informações importantes sobre restrições e caminhos críticos no bloco.

> **QUESTÕES DE REVISÃO**
>
> 1. Que parâmetros do processador alvo o escalonador poderia precisar? Encontre esses parâmetros para o processador do seu próprio computador.
> 2. É bem conhecido, e bastante apreciado, que o escalonamento de instruções interage com a alocação de registradores. Como este escalonamento interage com a seleção de instruções? Existem modificações no processo de seleção de instruções que poderíamos fazer para simplificar o escalonamento?

12.3 ESCALONAMENTO DE LISTA LOCAL

O escalonamento de lista é uma abordagem heurística, gulosa, para o escalonamento das operações em um bloco básico. Ele tem sido o paradigma dominante para escalonamento de instruções desde o final da década de 1970, em grande parte porque descobre escalonamentos razoáveis e se adapta facilmente a mudanças nas arquiteturas de computador. Porém, o escalonamento de lista é uma técnica, não um algoritmo específico. Existem muitas variações no modo como ele é implementado e como tenta priorizar instruções para escalonamento. Esta seção explora o framework básico do escalonamento de lista, além de algumas das variações sobre a ideia.

12.3.1 O algoritmo

O escalonamento de lista clássico opera sobre um único bloco básico. Limitar nossa consideração a sequências de código em linha reta permite-nos ignorar situações que possam complicar o escalonamento. Por exemplo, quando o escalonador considera múltiplos blocos, um operando pode depender de definições anteriores em diferentes blocos, criando incerteza sobre quando o operando está disponível para uso. A movimentação de código entre fronteiras de bloco cria outro conjunto de complicações. Isso pode mover uma operação para um caminho onde ela não existia antes; e também remover uma operação de um caminho onde ela é necessária. Restringir nossa consideração ao caso de único bloco evita essas complicações. A Seção 12.4 explora o escalonamento entre blocos.

Para aplicar o escalonamento de lista a um bloco, o escalonador segue um plano em quatro etapas.

1. *Renomear para evitar antidependências*. Para reduzir o conjunto de restrições sobre o escalonador, o compilador renomeia valores. Cada definição recebe um nome exclusivo. Esta etapa não é estritamente necessária, porém, permite que

12.3 Escalonamento de lista local 541

o escalonador encontre alguns escalonamentos que as antidependências teriam impedido e simplifica a implementação do escalonador.

2. *Montar um grafo de dependência, D*. Para montar este grafo, o escalonador percorre o bloco de baixo para cima. Para cada operação, constrói um nó para representar o valor recém-criado. Acrescenta arestas desse nó para cada nó que usa o valor. Cada aresta é anotada com a latência da operação atual. (Se o escalonador não realizar a renomeação, *D* também deverá representar as antidependências.)

3. *Atribuir prioridades a cada operação*. O escalonador usa essas prioridades como um guia para quando for escolher a partir do conjunto de operações disponíveis em cada etapa. Muitos esquemas de prioridade têm sido usados nos escalonadores de lista. O escalonador pode calcular vários escores diferentes para cada nó, usando um como ordenação principal e os outros para desempates entre nós com classificação igual. Um esquema de prioridade clássico usa o tamanho do caminho ponderado pela latência mais longo, do nó até a raiz de *D*. Outros esquemas de prioridade são descritos na Seção 12.3.4.

4. *Selecionar iterativamente uma operação e escaloná-la*. Para escalonar operações, o algoritmo começa no primeiro ciclo do bloco e escolhe o máximo de operações possível para emitir nesse ciclo. Depois, incrementa seu contador de ciclos, atualiza sua noção de quais operações estão prontas para ser executadas e escalona o próximo ciclo. E repete este processo até que cada operação tenha sido escalonada. O uso inteligente de estruturas de dados torna este processo eficiente.

Renomear e montar *D* são etapas simples. Computações de prioridade típicas percorrem o grafo de dependência *D* e calculam alguma métrica sobre ele. O núcleo do algoritmo, e a chave para entendê-lo, está na etapa final — o algoritmo de escalonamento. A Figura 12.3 mostra o framework básico para esta etapa, supondo que o alvo tenha uma única unidade funcional.

O algoritmo de escalonamento realiza uma simulação abstrata da execução do bloco; ignora os detalhes dos valores e operações para focalizar as restrições de tempo impostas

```
Cycle ← 1
Ready ← folhas de D
Active ← Ø
while (Ready ∪ Active ≠ Ø)
    for each op ∈ Active
        if S(op) + delay(op)< Cycle then
            remover op de Active
            for each sucessor s de op em D
                if s está pronto
                    then acrescentar s a Ready
        if Ready ≠ Ø then
            remover uma op de Ready
            S(op) ← Cycle
            acrescentar op em Active
        Cycle ← Cycle + 1
```

■ **FIGURA 12.3** Algoritmo de escalonamento de lista.

pelas arestas em *D*. Para restrear o tempo, ele mantém um relógio de simulação na variável `Cycle`. Inicializa `Cycle` em 1 e a incrementa enquanto prossegue pelo bloco.

O algoritmo usa duas listas para rastrear operações. A lista `Ready` mantém todas as operações que podem ser executadas no ciclo atual; se uma operação estiver em `Ready`, todos os seus operandos foram calculados. Inicialmente, `Ready` contém todas as folhas de *D*, pois elas não dependem de outras operações no bloco. A lista `Active` mantém todas as operações que foram emitidas em um ciclo anterior mas ainda não terminaram. Toda vez que o escalonador incrementa `Cycle`, remove de `Active` qualquer operação *op* que termina antes de `Cycle`. Depois, verifica cada sucessor de *op* em *D* para determinar se pode passar para a lista `Ready` — ou seja, se todos os seus operandos estão disponíveis.

O algoritmo de escalonamento de lista segue uma disciplina simples. Em cada etapa de tempo, considera quaisquer operações completadas no ciclo anterior, escalona uma operação para o ciclo atual e incrementa `Cycle`. O processo termina quando o relógio simulado indica que cada operação foi completada. Se todos os tempos especificados pelo *delay* forem precisos e todos os operandos das folhas de *D* estiverem disponíveis no primeiro ciclo, esse tempo de execução simulado deve corresponder ao de execução real. Uma pós-passagem simples pode rearrumar as operações e inserir nops conforme a necessidade.

O algoritmo deve respeitar uma restrição final. Qualquer final de bloco ou salto deve ser escalonado de modo que o contador de programa não mude antes que o bloco termine. Assim, se *i* for o desvio de final de bloco, ele não poderá ser escalonado antes do ciclo $L(S) + 1 - delay(i)$. Assim, um desvio de único ciclo deve ser escalonado no último ciclo do bloco, e um de dois ciclos não deverá ser escalonado antes do penúltimo ciclo no bloco.

A qualidade do escalonamento produzido por este algoritmo depende principalmente do mecanismo usado para escolher uma operação da fila `Ready`. Considere o cenário mais simples, em que a lista `Ready` contém no máximo um item em cada iteração. Neste caso restrito, o algoritmo precisa gerar um escalonamento ótimo. Somente uma operação pode ser executada no primeiro ciclo. (Deve haver pelo menos uma folha em *D*, e nossa restrição garante que haja exatamente uma.) Em cada ciclo subsequente, o algoritmo não tem escolhas a fazer — ou `Ready` contém uma operação e o algoritmo a escalona, ou `Ready` está vazio e ele não escalona nada para ser emitido nesse ciclo. A dificuldade surge quando, em algum ciclo, a fila `Ready` contém múltiplas operações.

Quando o algoritmo tiver que escolher entre várias operações prontas, essa escolha é crítica. O algoritmo deve tomar a operação com o maior escore de prioridade. No caso de um empate, deve usar um ou mais outros critérios para desempatar (ver Seção 12.3.4). A métrica sugerida anteriormente, distância ponderada pela latência mais longa até uma raiz em *D*, corresponde a sempre escolher o nó no caminho crítico para o ciclo atual no escalonamento que está sendo construído. Até o ponto em que o impacto de uma prioridade de escalonamento é previsível, esse esquema deve fornecer uma busca balanceada pelos caminhos mais longos.

12.3.2 Escalonamento de operações com atrasos variáveis

Operações de memória normalmente têm atrasos incertos e variáveis. Uma operação load em uma máquina com vários níveis de memória cache poderia ter um atraso real variando de zero a centenas ou milhares de ciclos. Se o escalonador considerar o atraso de pior caso, arrisca deixar o processador ocioso por longos períodos. Se considerar o atraso de melhor caso, irá parar processador em uma falha de cache. Na prática, o compilador pode obter bons resultados calculando uma latência individual para cada load com base na quantidade de paralelismo em nível de instrução disponível para cobrir a latência do load. Essa técnica, chamada *escalonamento balanceado*, escalona o load

```
for each operação load, l, no bloco
    delay(l) ← 1
for each operação i em D
    Seja D_i os nós e arestas em D independentes de i
    for cada componente conectado C de D_i faça
        achar o número máximo de loads, N, em qualquer caminho por C
        for each operação load l em C
            delay(l) ← delay(l) + delay(i) / N
```

■ **FIGURA 12.4** Cálculo de atrasos para operações load.

com relação ao código ao seu redor, ao invés do hardware em que ele será executado, distribuindo o paralelismo disponível localmente pelos loads no bloco. Essa estratégia alivia o efeito de uma falha de cache, escalonando o máximo de atraso extra possível para cada load, o que não diminui a velocidade de execução na ausência de falhas de cache.

A Figura 12.4 mostra a computação de atrasos para loads individuais em um bloco. O algoritmo inicializa o atraso para cada load como 1. Em seguida, considera cada operação i no grafo de dependência D para o bloco e encontra as computações em D que são independentes de i, chamadas D_i. Conceitualmente, esta tarefa é um problema de alcançabilidade em D. Podemos encontrar D_i removendo de D cada nó que seja um predecessor, ou um sucessor, transitivo de i, junto com quaisquer arestas associadas a esses nós.

O algoritmo, então, encontra os componentes conectados de D_i. Para cada componente C, encontra o número máximo N de loads em qualquer caminho isolado através de C. N é o número de loads em C que podem compartilhar o atraso da operação i, de modo que o algoritmo acrescenta $delay(i)/N$ ao atraso de cada load em C. Para um determinado load l, a operação soma o compartilhamento fracionário do atraso de i de cada operação independente que pode ser usado para cobrir a latência de l. O uso desse valor como $delay(l)$ produz um escalonamento que compartilha o tempo vago de operações independentes uniformemente por todos os loads no bloco.

12.3.3 Estendendo o algoritmo

O algoritmo de escalonamento de lista, conforme apresentado, faz várias suposições que podem não ser verdadeiras na prática. O algoritmo supõe que somente uma operação pode ser emitida por ciclo; a maioria dos processadores pode emitir várias operações por ciclo. Para lidar com esta situação, temos que expandir o laço `while` de modo que procure uma operação para cada unidade funcional em cada ciclo. A extensão inicial é simples — o construtor de compiladores pode acrescentar um laço que percorre as unidades funcionais.

A complexidade surge quando algumas operações podem ser executadas sobre múltiplas unidades funcionais e outras não. O construtor de compiladores pode ter que escolher uma ordem para as unidades funcionais que escalone primeiro as unidades mais restritas e depois as unidades menos restritas. Em um processador com um conjunto de registradores particionado, o escalonador pode ter que colocar uma operação na partição onde seus operandos residem ou escaloná-la para um ciclo em que o aparato de transferência entre partições está ocioso.

Em fronteiras de bloco, o escalonador precisa considerar o fato de que alguns operandos calculados nos blocos predecessores podem não estar disponíveis no primeiro ciclo.

Se o compilador invocar o escalonador de lista sobre os blocos em pós-ordem reversa do CFG, ele pode garantir que o escalonador sabe quantos ciclos no bloco deve esperar pelos operandos que entram no bloco ao longo das arestas diretas no CFG. (Esta solução não ajuda com um desvio de fechamento de laço; veja a Seção 12.5 para obter uma discussão do escalonamento de laço.)

12.3.4 Desempate no algoritmo de escalonamento de lista

A complexidade do escalonamento de instruções faz com que os construtores de compilador usem técnicas heurísticas relativamente pouco dispendiosas — variantes do algoritmo de escalonamento de lista —, ao invés de resolver o problema até a otimalidade. Na prática, o escalonamento de lista produz bons resultados; ele normalmente constrói escalonamentos ótimos ou quase ótimos. Porém, assim como em muitos algoritmos gulosos, seu comportamento não é robusto — pequenas mudanças na entrada podem fazer grandes diferenças na solução.

A metodologia usada para desempatar tem forte impacto sobre a qualidade dos escalonamentos produzidos pelo escalonamento de lista. Quando dois ou mais itens têm a mesma avaliação, o escalonador deve desempatar com base em outra avaliação de prioridade. Um bom escalonador poderia ter duas ou três avaliações de prioridade de desempate para cada operação, aplicando-as em alguma ordem consistente. Além do tamanho do caminho ponderado pela latência, já descrito, o escalonador pode usar:

- A avaliação de um nó é o número de sucessores imediatos que ele tem em D. Esta métrica encoraja o escalonador a buscar muitos caminhos distintos por meio do grafo — mais próximo de uma técnica de busca em largura. Isto tende a manter mais operações na fila `Ready`.
- A avaliação de um nó é o número total de descendentes que ele tem em D. Esta métrica amplifica o efeito da avaliação anterior. Os nós que calculam valores críticos para muitos outros nós são escalonados mais cedo.
- A avaliação de um nó é igual ao seu *atraso*. Esta métrica escalona operações de longa latência o mais cedo possível, considerando-as no bloco quando ainda restam muitas operações que podem ser usadas para cobrir sua latência.
- A avaliação de um nó é igual ao número de operandos para os quais essa operação é o último uso. Como desempate, esta métrica move os últimos usos para mais perto de suas definições, o que pode diminuir a demanda por registradores.

Infelizmente, nenhum desses esquemas de prioridade domina os outros em termos de qualidade de escalonamento global. Cada um deles se sobressai em alguns exemplos e funciona de modo fraco em outros. Assim, existe pouco acordo sobre quais classificações usar ou em que ordem aplicá-las.

12.3.5 Escalonamento de lista para a frente *versus* para trás

O algoritmo de escalonamento de lista, conforme apresentado na Figura 12.3, funciona pelo grafo de dependência a partir de suas folhas até suas raízes e cria o escalonamento do primeiro ciclo no bloco até o último. Uma formulação alternativa do algoritmo funciona sobre o grafo de dependência na direção oposta, escalonando das raízes para as folhas. A primeira operação escalonada é a última a ser emitida, e a última operação escalonada é a primeira a ser emitida. Esta versão do algoritmo é chamada escalonamento de lista para trás (*backward list scheduling*), e a versão original, escalonamento de lista para a frente (*forward list scheduling*).

O escalonamento de lista não é uma parte dispendiosa da compilação. Assim, alguns compiladores executam o escalonador várias vezes com diferentes combinações de heurísticas e mantêm o melhor escalonamento. (O escalonador pode reutilizar a maior parte do trabalho preparatório — renomeação, construção do grafo de dependência e cálculo de algumas das prioridades.) Neste esquema, o compilador deve considerar o uso tanto do escalonamento para a frente como do escalonamento para trás.

Na prática, nem o escalonamento para a frente nem o para trás sempre vencem. A diferença entre eles está na ordem em que o escalonador considera as operações. Se o escalonamento depende criticamente da ordenação cuidadosa de algum pequeno conjunto de operações, as duas direções podem produzir resultados notavelmente diferentes. Se as operações críticas ocorrem perto das folhas, o escalonamento para a frente parece ser mais provável de considerá-las juntas, enquanto o para trás deve seguir pelo restante do bloco para alcançá-las. Simetricamente, se as operações críticas ocorrem perto das raízes, o escalonamento para trás pode examiná-las juntas, enquanto o para a frente as vê em uma ordem ditada pelas decisões feitas a partir da outra ponta do bloco.

Para tornar este último ponto mais concreto, considere o exemplo mostrado na Figura 12.5. Ele mostra o grafo de dependência para um bloco básico encontrado no programa de benchmark SPEC 95, go. O compilador acrescentou dependências das operações store para o desvio de fim de bloco, a fim de garantir que as operações da memória sejam completadas antes que o próximo bloco inicie a execução. (Violar esta suposição pode produzir um valor incorreto a partir da operação load subsequente.) Os sobrescritos nos nós no grafo de dependência dão a latência a partir do nó até o final do bloco; os subscritos diferenciam entre operações semelhantes. O exemplo assume latências de operação que aparecem na tabela abaixo do grafo de dependência.

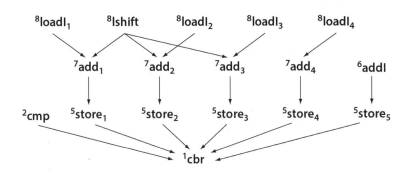

■ **FIGURA 12.5** Grafo de dependência para um bloco de go.

Este exemplo demonstra a diferença entre o escalonamento de lista para a frente e o escalonamento de lista para trás. Ele chamou nossa atenção em um estudo sobre escalonamento de lista; o compilador estava visando uma máquina ILOC com duas unidades funcionais de inteiros e uma para realizar operações de memória. As cinco operações store usam a maior parte do tempo do bloco. O escalonamento que minimiza o tempo de execução deve começar a executar stores o mais cedo possível.

O escalonamento de lista para a frente, usando a latência até o final do bloco como prioridade, executa as operações por ordem de prioridade, exceto para a comparação; e escalona as cinco operações com avaliação oito, depois as quatro com avaliação sete, e a com avaliação seis. Ele começa nas operações com avaliação cinco, e desloca o cmp ao longo dos stores, pois o cmp é uma folha. Se os empates forem resolvidos arbitrariamente tomando a ordem da esquerda para a direita, chega-se ao escalonamento mostrado na Figura 12.6a. Observe que as operações de memória começam no ciclo 5, produzindo um escalonamento que emite o desvio no ciclo 13.

Usando as mesmas prioridades com o escalonamento de lista para trás, o compilador primeiro coloca o desvio no último slot do bloco. O cmp o precede em um ciclo, determinado por *delay*(cmp). A próxima operação escalonada é store₁ (pela regra de desempate da esquerda para a direita). Ele é atribuído ao slot de emissão na unidade de memória que está quatro ciclos mais cedo, determinado por *delay*(store). O escalonador preenche os slots anteriores sucessivamente na unidade de memória com as outras operações store, em ordem. Começa preenchendo as operações com inteiros à medida que se tornarem prontas. A primeira é add₁, dois ciclos antes de store₁. Quando o algoritmo termina, terá produzido o escalonamento mostrado na Figura 12.6b.

O escalonamento para trás usa um ciclo a menos do que o escalonamento para a frente. Ele coloca o addI antes no bloco, permitindo que store₅ seja emitido no ciclo 4 — um ciclo antes da primeira operação de memória no escalonamento para a frente. Considerando o problema em uma ordem diferente, usando as mesmas prioridades básicas e desempates, o algoritmo para trás encontra um resultado diferente.

	Inteiro	Inteiro	Memória
1	loadI₁	lshift	—
2	loadI₂	loadI₃	—
3	loadI₄	add₁	—
4	add₂	add₃	—
5	add₄	addI	store₁
6	cmp	—	store₂
7	—	—	store₃
8	—	—	store₄
9	—	—	store₅
10	—	—	—
11	—	—	—
12	—	—	—
13	cbr	—	—

(a) Escalonamento para a frente

	Inteiro	Inteiro	Memória
1	loadI₄	—	—
2	addI	lshift	—
3	add₄	loadI₃	—
4	add₃	loadI₂	store₅
5	add₂	loadI₁	store₄
6	add₁	—	store₃
7	—	—	store₂
8	—	—	store₁
9	—	—	—
10	—	—	—
11	cmp	—	—
12	cbr	—	—

(b) Escalonamento para trás

■ **FIGURA 12.6** Escalonamentos para o bloco de go.

Por que isto acontece? O escalonador para a frente precisa colocar todas as operações com avaliação oito no escalonamento antes de quaisquer operações com avaliação sete. Embora a operação addI seja uma folha, sua avaliação mais baixa faz com que o escalonador para a frente a adie. Quando o escalonador não tiver mais operações com avaliação oito, outras com avaliação sete estarão disponíveis. Ao contrário, o escalonador para trás coloca o addI antes de três das operações com avaliação oito — um resultado que o escalonador para a frente não poderia considerar.

> **E A EXECUÇÃO NÃO SEQUENCIAL?**
> Alguns processadores incluem suporte de hardware para executar instruções de forma não-sequencial (ou fora de ordem) (OOO — *Out Of Order*). Referimo-nos a tais processadores como máquinas *escalonadas dinamicamente*. Este recurso não é novo; por exemplo, ele apareceu no IBM 360/91. Para dar suporte à execução OOO, um processador escalonado dinamicamente procura à frente no fluxo de instruções, por operações que podem ser executadas antes do que seriam em um processador escalonado estaticamente. Para fazer isto, o processador escalonado dinamicamente constrói e mantém uma parte do grafo de dependência em tempo de execução; usa esta parte do grafo de dependência para descobrir quando cada instrução pode ser executada e emite cada instrução na primeira oportunidade válida.
>
> Quando um processador fora de ordem pode melhorar o escalonamento estático? Se as circunstâncias em tempo de execução forem melhores do que as suposições feitas pelo escalonador, então o hardware OOO pode emitir uma operação antes de sua posição no escalonamento estático. Isto pode acontecer em uma fronteira de bloco, se um operando estiver disponível antes do seu momento na pior das hipóteses, o que pode acontecer com uma operação de latência variável. Por conhecer os endereços de runtime reais, um processador OOO também pode remover a ambiguidade de algumas dependências de load-store que o escalonador não consegue.
>
> A execução OOO não elimina a necessidade de escalonamento de instruções. Como a janela de antecipação é finita, escalonamentos ruins podem provocar melhorias. Por exemplo, uma janela de antecipação de 50 instruções não permitirá que o processador execute uma sequência de 100 instruções de inteiros seguida por 100 instruções de ponto flutuante em pares intercalados de ⟨inteiro, ponto flutuante⟩. Ele pode, porém, intercalar sequências mais curtas, digamos, de tamanho 30. A execução OOO ajuda o compilador melhorando bons, mas não ótimos, escalonamentos.
>
> Um recurso relacionado do processador é a renomeação dinâmica de registradores. Este esquema fornece ao processador mais registradores físicos do que a ISA permite que o compilador nomeie. O processador pode quebrar as antidependências que ocorrem dentro de sua janela de antecipação usando registradores físicos adicionais que estão escondidos do compilador para implementar duas referências conectadas por uma antidependência.

12.3.6 Melhorando a eficiência do escalonamento de lista

Para escolher uma operação da lista `Ready`, conforme descrevemos até aqui, é preciso uma varredura linear sobre `Ready`. Isso torna o custo de criação e manutenção da abordagem `Ready` $O(n^2)$. A substituição da lista por uma fila de prioridade pode reduzir o custo dessas manipulações para $O(n \log_2 n)$, à custa de um pequeno aumento na dificuldade de implementação.

Uma técnica semelhante pode reduzir o custo de manipulação da lista `Active`. Quando o escalonador acrescenta uma operação a `Active`, pode atribuir-lhe uma prioridade igual ao ciclo em que a operação é completada. Uma fila de prioridade que busca pela prioridade mais baixa empurrará todas as operações completadas no ciclo atual para a frente à custa de um pequeno aumento no custo em relação à implementação de lista simples.

Uma melhoria adicional é possível na implementação de `Active`. O escalonador pode manter um conjunto de listas separadas, uma para cada ciclo em que uma operação pode terminar. O número de listas exigidas para cobrir todas as latências de operação é *MaxLatency* = $\max_{n \in D} delay(n)$. Quando o compilador escalona a operação n em `Cycle`, acrescenta n a `WorkList`[(`Cycle` + $delay(n)$) mod *MaxLatency*]. Quando vai atualizar a fila `Ready`, todas as operações com sucessores a considerar são encontradas em `WorkList[Cycle mod MaxLatency]`. Este esquema usa uma pequena quantidade de espaço extra; a soma das operações nas `WorkList`s é a mesma que na lista `Active`. As `WorkLists` individuais terão uma pequena quantidade de overhead de espaço. É preciso um pouco mais de tempo em cada inserção em uma `WorkList` para calcular qual `WorkList` deve ser usada. Em retorno, isto evita o custo quadrático de pesquisar `Active`, substituindo-o por um percurso linear por uma `WorkList` menor.

> **REVISÃO DA SEÇÃO**
> O escalonamento de lista é o paradigma dominante que os compiladores têm usado para escalonar operações há muitos anos. Ele calcula, para cada operação, o ciclo em que deverá ser emitida. O algoritmo é razoavelmente eficiente; sua complexidade relaciona-se diretamente com o grafo de dependência subjacente. Esta técnica heurística gulosa, em suas formas para a frente e para trás, produz resultados excelentes para locos isolados.
>
> Os algoritmos que realizam escalonamento sobre regiões maiores no CFG usam o escalonamento de lista para ordenar operações. Seus pontos fortes e fracos são transferidos para esses outros domínios. Assim, quaisquer melhorias feitas ao escalonamento de lista local também têm potencial para melhorar os algoritmos de escalonamento regionais.

> **QUESTÕES DE REVISÃO**
> 1. Você deverá implementar um escalonador de lista para um compilador que produzirá código para o seu laptop. Que métrica você usa como sua avaliação principal para a lista `Ready` e como realiza desempates? Justifique suas escolhas.
> 2. Diferentes métricas de prioridade fazem com que o escalonador considere as operações em diferentes ordens. Você poderia aplicar a randomização para alcançar efeitos semelhantes?

12.4 ESCALONAMENTO REGIONAL

Assim como a numeração de valor, passar de blocos básicos isolados para escopos maiores pode melhorar a qualidade do código que o compilador gera. Para o escalonamento de instruções, muitas técnicas diferentes foram propostas para regiões maiores do que um bloco, porém menores do que um procedimento inteiro. Quase todas essas técnicas usam o algoritmo básico de escalonamento de lista como mecanismo para reordenar instruções. Elas cercam esse algoritmo com uma infraestrutura que lhe permite considerar sequências de código maiores (por exemplo, múltiplos blocos). Nesta seção, examinaremos três ideias para melhorar a qualidade do escalonamento alterando o contexto em que o compilador aplica o escalonamento de lista.

12.4.1 Escalonamento de blocos básicos estendidos

Lembre-se, da Seção 8.3, que um bloco básico estendido (EBB) consiste em um conjunto de blocos $B_1, B_2, ..., B_n$, em que B_1 tem vários predecessores e cada outro bloco B_i tem exatamente um predecessor, algum B_j no EBB. O compilador pode identificar EBBs em uma passagem simples sobre o CFG. Considere o fragmento de código simples mostrado na margem. Ele tem um EBB grande, $\{B_1, B_2, B_3, B_4\}$, e dois triviais, $\{B_5\}$ e $\{B_6\}$. O EBB grande tem dois caminhos, $\langle B_1, B_2, B_4 \rangle$ e $\langle B_1, B_3 \rangle$. Os caminhos compartilham B_1 como um prefixo comum.

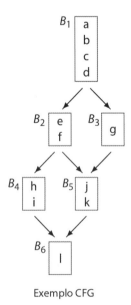

Exemplo CFG

Para obter um contexto maior para o escalonamento de lista, o compilador pode tratar os caminhos em um EBB, como $\langle B_1, B_2, B_4 \rangle$, como se fossem blocos isolados, desde que leve em consideração os prefixos de caminho compartilhados, como B_1, que ocorre tanto em $\langle B_1, B_2, B_4 \rangle$ como em $\langle B_1, B_3 \rangle$, e as saídas prematuras, como $B_1 \to B_3$ e $B_2 \to B_5$. (Vimos, na Seção 8.5.1, este mesmo conceito no algoritmo de numeração de valor superlocal.) Esta técnica permite que o compilador aplique seu mecanismo de escalonamento altamente eficaz — escalonamento de lista — a sequências de operações maiores, cujo efeito é aumentar a fração de código que é escalonada junta, o que deve melhorar os tempos de execução.

Para ver como os prefixos compartilhados e as saídas prematuras complicam o escalonamento de lista, considere as possibilidades para movimentação de código no caminho $\langle B_1, B_2, B_4 \rangle$ do exemplo na margem. Essa movimentação de código pode exigir que o escalonador insira *código de compensação* para manter o resultado correto.

Código de compensação
Código inserido em um bloco B_i para combater os efeitos da movimentação de código entre blocos ao longo de um caminho que não inclui B_i.

- O compilador pode mover uma operação para a frente — ou seja, mais adiante no caminho. Por exemplo, ele poderia mover a operação c de B_1 para B_2. Embora essa decisão possa acelerar a execução ao longo do caminho $\langle B_1, B_2, B_4 \rangle$, ela muda a computação realizada ao longo do caminho $\langle B_1, B_3 \rangle$. Mover c para a frente a partir de B_1 significa que o caminho $\langle B_1, B_3 \rangle$ não executa mais c. A menos que c esteja morto ao longo de todos os caminhos começando a partir de B_3, o escalonador deve corrigir esta situação.

Para tanto, o escalonador deve inserir uma cópia de c em B_3. Se foi válido mover c para após d em $\langle B_1, B_2, B_4 \rangle$, deve ser legal mover c para após d também em $\langle B_1, B_3 \rangle$, pois as dependências que poderiam impedir essa movimentação estão totalmente contidas em B_1. A nova cópia de c não estende a execução ao longo do caminho $\langle B_1, B_3 \rangle$, mas aumenta o tamanho global do fragmento de código.

- O compilador pode mover uma operação para trás — ou seja, anteriormente no caminho. Por exemplo, ele poderia mover f de B_2 para B_1. Embora essa decisão possa acelerar a execução ao longo do caminho $\langle B_1, B_2, B_4 \rangle$, ela insere uma computação de f no caminho $\langle B_1, B_3 \rangle$, ação que tem duas consequências. Primeiro, estende a execução de $\langle B_1, B_3 \rangle$. Segundo, pode produzir código incorreto ao longo de $\langle B_1, B_3 \rangle$.

Se f tem um efeito colateral que muda os valores produzidos ao longo do caminho começando a partir de B_3, então o escalonador deve reescrever o código para desfazer esse efeito em B_3. Em alguns casos, a renomeação pode resolver o problema; em outros, ele deve inserir uma ou mais operações de compensação em B_3. Essas operações atrasam ainda mais a execução ao longo do caminho $\langle B_1, B_3 \rangle$.

Se f matar algum valor usado em B_3, a renomeação do resultado de f pode evitar o problema. Se o valor estiver vivo após B_4, o escalonador pode ter que copiá-lo de volta ao seu nome original após B_4.

O problema do código de compensação também deixa clara a ordem em que o escalonador deverá considerar caminhos em um EBB. Como o primeiro caminho escalonado recebe pouco ou nenhum código de compensação, o escalonador deve escolher caminhos na ordem de sua frequência de execução provável. Ele pode usar dados de perfil ou estimativas, da mesma forma como faz o algoritmo de posicionamento de código global na Seção 8.6.2.

O escalonador pode tomar medidas para aliviar o impacto do código de compensação. Ele pode usar informação viva para evitar algum código de compensação sugerido pela movimentação para a frente. Se o resultado da operação movida não estiver vivo na entrada do bloco fora do caminho, nenhum código de compensação é necessário nesse bloco. Pode-se evitar todo o código de compensação necessário pelo movimento para trás simplesmente proibindo esta movimentação entre fronteiras de bloco. Embora essa restrição limite a capacidade do escalonador de melhorar o código, evita estender outros caminhos, e, ainda, permite ao escalonador alguma oportunidade de melhoria.

O mecanismo do escalonamento de EBB é simples. Para escalonar um caminho do EBB, o escalonador realiza a renomeação, se necessário, sobre a região. Em seguida, constrói um único grafo de dependência para o caminho inteiro, ignorando quaisquer saídas prematuras; calcula as métricas de prioridade necessárias para selecionar entre operações prontas e desempates; e, finalmente, aplica o escalonamento de lista, como para um único bloco. Toda vez que atribui uma operação a uma instrução específica em um ciclo específico do escalonamento, ele insere algum código de compensação necessário para essa escolha.

Nesse esquema, o compilador escalona cada bloco uma vez. Em nosso exemplo, ele poderia primeiro processar o caminho $\langle B_1, B_2, B_4 \rangle$. O caminho seguinte é $\langle B_1, B_3 \rangle$. Como o escalonamento de B_1 já está fixo, ele usará este conhecimento como uma condição inicial quando processar B_3, mas não mudará o escalonamento para B_1. Finalmente, ele escalona os EBBs triviais, B_5 e B_6.

12.4.2 Escalonamento de traço (*Trace scheduling*)

O escalonamento de *traço* estende o conceito básico de escalonamento de caminhos para além dos caminhos por um EBB. Ao invés de se concentrar em EBBs, o escalonamento de traço constrói caminhos acíclicos de comprimento máximo através do CFG e aplica o algoritmo de escalonamento de lista a esses caminhos, conhecidos como traços (ou *traces*). Como o escalonamento de traço tem as mesmas questões de código de compensação do que o escalonamento de EBB, o compilador deve escolher traços de modo que garanta que os caminhos quentes — os caminhos executados com mais frequência — sejam escalonados antes dos caminhos mais frios.

Traço
Caminho acíclico por meio do CFG, selecionado usando informações de perfil.

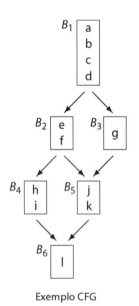

Exemplo CFG

Para criar traços para escalonamento, o compilador precisa acessar informações de perfil para as arestas no CFG. O diagrama na margem mostra nosso exemplo com contagens de execução em cada aresta. Para construir um traço, o escalonador pode usar uma técnica gulosa simples: inicia um traço selecionando a aresta executada com mais frequência no CFG. Em nosso exemplo, ele selecionaria a aresta $\langle B_1, B_2 \rangle$ para criar um traço inicial $\langle B_1, B_2 \rangle$. Depois, examina as arestas que entram no primeiro nó do traço ou que saem do último e escolhe a aresta com a contagem de execução mais alta. No exemplo, ele escolhe $\langle B_2, B_4 \rangle$, ao invés de $\langle B_2, B_5 \rangle$, para criar o traço $\langle B_1, B_2, B_4 \rangle$. Como B_4 tem apenas um sucessor, B_6, ele escolhe $\langle B_4, B_6 \rangle$ como sua próxima aresta e produz o traço $\langle B_1, B_2, B_4, B_6 \rangle$

A construção do traço termina quando o algoritmo esgota as arestas possíveis, como em nosso exemplo, ou encontra um desvio de fechamento de laço. A segunda condição impede o escalonador de construir um traço que mova operações para fora de um laço. A suposição é de que a otimização anterior terá realizado a movimentação de código invariante de laço (por exemplo, a movimentação de código pouco ativo na Seção 10.3.1), e que o escalonador não deverá se colocar na posição de inserir código de compensação no desvio de fechamento de laço.

Dado um traço, o escalonador aplica o algoritmo de escalonamento de lista ao traço inteiro, da mesma forma como o escalonamento de EBB o aplica a um caminho por meio de um EBB. Com um traço arbitrário, surge uma oportunidade adicional para o código de compensação; o traço pode ter pontos de entrada interinos — blocos no meio do traço que possuem vários predecessores.

- A movimentação de código para a frente de uma operação i por meio de um ponto de entrada interino pode acrescentar i ao caminho fora do traço. Se i redefine um valor que também está vivo pela entrada interina, alguma combinação de renomeação ou recomputação pode ser necessária. A alternativa é proibir a movimentação para a frente através da entrada interina ou usar clonagem para evitar essa situação (ver Seção 12.4.3).
- A movimentação de código para trás de uma operação i através de um ponto de entrada interino pode precisar da inclusão de i no caminho fora do traço. Esta situação é simples, pois i já ocorreu no caminho fora do traço (embora mais adiante na execução). Como o escalonador precisa corrigir quaisquer problemas de nomeação introduzidos pela movimentação para trás no traço, o código de compensação fora do traço pode simplesmente definir o mesmo nome.

Para escalonar o procedimento inteiro, o escalonador de traço constrói um traço e o escalona. Depois, desconsidera os blocos no traço e seleciona o próximo traço executado com mais frequência. Esse traço é escalonado com o requisito de que respeite quaisquer restrições impostas pelo código previamente escalonado. O processo continua, escolhendo um traço, escalonando-o e o desconsiderando, até que todos os blocos tenham sido escalonados.

O escalonamento de EBB pode ser considerado um caso degenerativo de escalonamento de traço, no qual as entradas interinas ao traço são proibidas.

12.4.3 Clonagem por contexto

Em nosso exemplo em andamento, os pontos de junção no CFG limitam as oportunidades para escalonamento de EBB ou escalonamento de traço. Para melhorar os resultados, o compilador pode clonar blocos para criar caminhos livres de junção mais longos. A clonagem de superbloco tem exatamente este efeito (ver Seção 10.6.1). Para o escalonamento de EBB, isto aumenta o tamanho do EBB e o comprimento de alguns dos caminhos por meio do EBB. Para o escalonamento de traço, isto evita as complicações causadas por pontos de entrada interinos no traço. De qualquer forma, a clonagem também elimina alguns dos desvios e saltos no EBB.

A figura na margem mostra o CFG que poderia resultar da clonagem em nosso exemplo em andamento. O bloco B_5 foi clonado para criar ocorrências separadas para os caminhos a partir de B_2 e de B_3. De modo semelhante, B_6 foi clonado duas vezes para criar uma ocorrência exclusiva para cada caminho que entra nele. Juntas, essas ações eliminam todos os pontos de junção no CFG.

Após a clonagem, o grafo inteiro forma um único EBB. Se o compilador decidir que $\langle B_1, B_2, B_4, B_6 \rangle$ é o caminho quente, o escalonará primeiro. Nesse ponto, ele tem dois outros caminhos para escalonar. Pode escalonar $\langle B_5, B'_6 \rangle$ usando o $\langle B_1, B_2 \rangle$ escalonado como um prefixo. Ou pode escalonar $\langle B_3, B'_5, B''_6 \rangle$ usando o B_1 escalonado como um prefixo. No CFG clonado, nenhuma dessas últimas escolhas interfere com a outra.

Compare este resultado com o escalonador EBB simples. Ele escalonou B_3 com relação a B_1 e, depois, escalonou tanto B_5 quanto B_6 sem contexto anterior. Como B_5 e B_6 têm vários predecessores e contexto inconsistente, o escalonador EBB não pode fazer melhor do que o escalonamento local. A clonagem desses blocos para dar um contexto extra ao escalonador custa uma cópia das instruções j e k e duas cópias da instrução l.

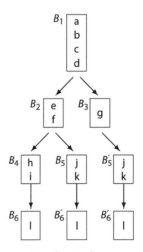

Exemplo após clonagem

Na prática, o compilador pode simplificar o CFG combinando pares de blocos como B_4 e B_6 que estão vinculados por uma aresta onde a origem não tem outros sucessores e o destino tem outros predecessores. A combinação desses blocos elimina o salto de fim de bloco no primeiro bloco do par.

Uma segunda situação onde a clonagem merece consideração surge nos programas recursivos na cauda. Lembre-se, pelas Seções 7.8.2 e 10.4.1, que um programa é recursivo na cauda se sua última ação for uma autochamada recursiva. Quando o compilador detecta uma chamada na cauda, pode convertê-la em um salto de volta para a entrada do procedimento. Sob o ponto de vista do escalonador, a clonagem pode melhorar a situação.

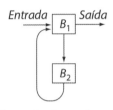

Recursão de cauda após otimização de chamada na cauda

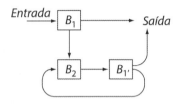

Após clonagem

O primeiro diagrama mostrado na margem mostra o grafo CFG abstraído para uma rotina recursiva na cauda, após a chamada de cauda ter sido otimizada. O bloco B_1 é entrado ao longo de dois caminhos, o caminho a partir da entrada do procedimento e o outro a partir de B_2. Isto força o escalonador a usar suposições de pior caso sobre o que precede B_1. Clonando B_1 conforme mostramos no diagrama de baixo, o compilador pode fazer com que o controle entre em $B'_{1'}$ ao longo de apenas uma aresta, o que pode melhorar os resultados do escalonamento regional. Para simplificar ainda mais a situação, o compilador poderia agrupar $B'_{1'}$ ao final de B_2, criando um corpo de laço de único bloco. O laço resultante pode ser escalonado com um escalonador local ou com um escalonador de laço, como for mais apropriado.

> **REVISÃO DA SEÇÃO**
> Técnicas de escalonamento regional utilizam diversos métodos para construir segmentos maiores de código em linha reta para o escalonamento de lista. A qualidade do código produzido por esses métodos, até certo ponto, é determinada pela qualidade do escalonador subjacente. A infraestrutura do escalonamento regional simplesmente fornece mais contexto e mais operações ao escalonador de lista, numa tentativa de lhe oferecer mais liberdade e oportunidades.
>
> Todas as três técnicas examinadas nesta seção devem lidar com código de compensação. Embora este código introduza complicações nos algoritmos e possa inserir atrasos ao longo de alguns caminhos, a experiência sugere que os benefícios do escalonamento regional superam as complicações.

> **QUESTÕES DE REVISÃO**
> **1.** No escalonamento de EBB, o compilador precisa escalonar alguns blocos com relação aos seus prefixos já escalonados. Uma implementação simples poderia reanalisar os blocos pré-escalonados e reconstruir seus grafos de dependência. Que estruturas de dados seu compilador poderia usar para evitar este trabalho extra?
> **2.** O escalonamento de traço e a clonagem por contexto tentam melhorar os resultados do escalonamento de EBB. Compare essas duas técnicas. Como você espera que os resultados sejam diferentes?

12.5 TÓPICOS AVANÇADOS

A otimização em compiladores, desde o primeiro compilador FORTRAN, tem focado a melhoria de código em laços. O motivo é simples: o código dentro de laços é executado com mais frequência do que o código fora de laços. Esta observação tem levado ao desenvolvimento de técnicas de escalonamento especializadas, que tentam diminuir o tempo de execução total de um laço. A técnica mais utilizada é chamada *pipelining de software*, pois cria um escalonamento que imita o comportamento de um pipeline de hardware.

12.5.1 A estratégia de pipelining de software

Técnicas especializadas de escalonamento de laço podem criar escalonamentos que melhoram os resultados do escalonamento local, escalonamento de EBB e escalonamentos de traço por um simples motivo: elas podem levar em consideração o fluxo de valores em torno do laço inteiro, incluindo o desvio de fechamento de laço. Técnicas especializadas de escalonamento de laço só fazem sentido quando o escalonador default é incapaz de produzir código compacto e eficiente para o laço. Se o corpo do laço, após o escalonamento, não contém adiamentos, interbloqueios ou nops, então o escalonador de laço provavelmente não melhorará seu desempenho. De modo semelhante, se o corpo do laço for grande o suficiente para que os efeitos de fim do laço sejam uma pequena fração do seu tempo de execução, um escalonador de laço especializado provavelmente não mostrará melhorias significativas.

Ainda assim, muitos laços pequenos e computacionalmente intensos se beneficiam com o escalonamento de laço. Normalmente, esses laços têm poucas operações em relação ao comprimento de seus caminhos críticos para manter o hardware subjacente ocupado. Um laço com pipeline de software sobrepõe a execução de iterações sucessivas do laço; em um determinado ciclo, o laço pode emitir operações de duas ou três iterações diferentes. Esses laços em pipeline consistem em um núcleo (*kernel*) de tamanho fixo, junto com um prólogo e um epílogo para lidar com a inicialização e a finalização do laço. O efeito combinado é semelhante ao de um pipeline de hardware, que possui operações distintas em processamento concorrente.

Núcleo do laço
Parte central de um laço com pipeline de software; o *kernel* executa a maior parte das iterações do laço em um padrão intercalado.

Para um laço em pipeline ser executado corretamente, o código deve primeiro executar uma seção de prólogo que preenche o pipeline. Se o núcleo executa operações de três iterações do laço original, então cada iteração do núcleo processa aproximadamente um terço de cada iteração ativa do laço original. Para iniciar a execução, o prólogo deve realizar trabalho suficiente para se preparar para o último terço da iteração 1, o segundo terço da iteração 2 e o primeiro terço da iteração 3. Após o término do kernel do laço, um epílogo correspondente é necessário para completar as iterações finais — esvaziando o pipeline. No exemplo, seria preciso executar os dois terços finais da penúltima iteração e o terço final da última iteração. As seções de prólogo e epílogo aumentam o tamanho do código. Embora o aumento específico seja uma função do laço e do número de iterações que o kernel executa simultaneamente, não é incomum que o prólogo e o epílogo dobrem a quantidade de código exigida para o laço.

Para tornar essas ideias concretas, considere o laço a seguir, escrito em C:

```
for (i=1; i < 200; i++)
    z[i] = x[i] * y[i];
```

A Figura 12.7 mostra o código que um compilador poderia gerar para este laço após a otimização. Neste caso, tanto a redução de força de operador quanto a substituição de teste de função linear foram aplicados (ver Seção 10.4), de modo que as expressões de endereço para x, y e z são atualizadas com operações addI, e o teste de final de laço foi reescrito em termos do deslocamento em x, eliminando a necessidade de manter um valor para i.

O código na Figura 12.7 foi escalonado para uma máquina com uma unidade funcional, considerando que loads e stores usam três ciclos; multiplicações, dois; e todas as outras operações, um ciclo. A primeira coluna mostra contagens de ciclo, normalizadas pela primeira operação no laço (no label L_1).

554 CAPÍTULO 12 Escalonamento de instruções

Ciclo		Unidade funcional 0			Comentários
-4		loadI	@x	$\Rightarrow r_{@x}$	Configura laço
-3		loadI	@y	$\Rightarrow r_{@y}$	com loads iniciais
-2		loadI	@z	$\Rightarrow r_{@z}$	
-1		addI	$r_{@x}, 792$	$\Rightarrow r_{ub}$	
1	L_1:	loadAO	$r_{arp}, r_{@x}$	$\Rightarrow r_x$	Obtém x[i] e y[i]
2		loadAO	$r_{arp}, r_{@y}$	$\Rightarrow r_y$	
3		addI	$r_{@x}, 4$	$\Rightarrow r_{@x}$	Incrementa ponteiros
4		addI	$r_{@y}, 4$	$\Rightarrow r_{@y}$	na sombra dos loads
5		mult	r_x, r_y	$\Rightarrow r_z$	O trabalho real
6		cmp_LT	$r_{@x}, r_{ub}$	$\Rightarrow r_{cc}$	Sombra de mult
7		storeAO	r_z	$\Rightarrow r_{arp}, r_{@z}$	Salva o resultado
8		addI	$r_{@z}, 4$	$\Rightarrow r_{@z}$	Incrementa ponteiro de z
9		cbr	r_{cc}	$\rightarrow L_1, L_2$	Desvios de fechamento de laço
	L_2:	...			

■ **FIGURA 12.7** Laço de exemplo escalonado para uma unidade funcional.

O código de pré-laço inicializa um ponteiro para cada array ($r_{@x}$, $r_{@y}$ e $r_{@z}$). Ele calcula um limite superior para o intervalo de $r_{@x}$ em r_{ub}; o teste de fim de laço usa r_{ub}. O corpo do laço carrega x e y, realiza a multiplicação e armazena o resultado em z. O escalonador preencheu todos os slots de emissão na sombra das operações de longa latência com outras operações. Durante as latências de load, o escalonamento atualiza $r_{@x}$ e $r_{@y}$. Ele realiza a comparação na sombra da multiplicação, e preenche os slots após o store com a atualização de $r_{@z}$ e o desvio, o que produz um escalonamento apertado para uma máquina com uma unidade funcional.

Considere o que acontece se executarmos o mesmo código em um processador superescalar com duas unidades funcionais e as mesmas latências. Suponha que loads e stores devam ser executados na unidade 0, que as unidades funcionais são adiadas quando uma operação é emitida antes que seus operandos estejam prontos, e que o processador não possa emitir operações para uma unidade adiada. A Figura 12.8 mostra o acompanhamento de execução da primeira iteração do laço. O mult no ciclo 3 é adiado porque nem r_x nem r_y estão prontos. Ele é adiado no ciclo 4 esperando por r_y, começa a executar novamente no ciclo 5 e produz r_z ao final do ciclo 6. Isto força o storeAO ser adiado até o início do ciclo 7. Supondo que o hardware possa dizer

Ciclo		Unidade funcional 0			Unidade funcional 1		
-2		loadI	@x	$\Rightarrow r_{@x}$	loadI	@y	$\Rightarrow r_{@y}$
-1		loadI	@z	$\Rightarrow r_{@z}$	addI	$r_{@x}, 792$	$\Rightarrow r_{ub}$
1	L_1:	loadAO	$r_{arp}, r_{@x}$	$\Rightarrow r_x$	*nenhuma operação emitida*		
2		loadAO	$r_{arp}, r_{@y}$	$\Rightarrow r_y$	addI	$r_{@x}, 4$	$\Rightarrow r_{@x}$
3		addI	$r_{@y}, 4$	$\Rightarrow r_{@y}$	mult	r_x, r_y	$\Rightarrow r_z$
4		cmp_LT	$r_{@x}, r_{ub}$	$\Rightarrow r_{cc}$	*adiantamento em* r_y		
5		storeAO	r_z	$\Rightarrow r_{arp}, r_{@z}$	addI	$r_{@z}, 4$	$\Rightarrow r_{@z}$
6		*adiamento em* r_z			cbr	r_{cc}	$\rightarrow L_1, L_2$
7		*...início da próxima iteração...*					

■ **FIGURA 12.8** Acompanhamento de execução em um processador superescalar de duas unidades.

que $r_{@z}$ contém um endereço que é distinto de $r_{@x}$ e $r_{@y}$, o processador pode emitir o primeiro `loadAO` para a segunda iteração no ciclo 7. Se não, o processador será adiado até que o store termine.

Esta figura mostra um *acompanhamento de execução*, não o código escalonado.

O uso de duas unidades funcionais melhorou o tempo de execução; cortou o tempo de pré-laço ao meio, para dois ciclos; e reduziu o tempo entre o início de iterações sucessivas em um terço, para seis ciclos. O caminho crítico é executado tão rapidamente quanto podemos esperar; a multiplicação é emitida antes que r_y esteja disponível, e executada o mais cedo possível. O store prossegue assim que r_z estiver disponível. Alguns slots de emissão são desperdiçados (a unidade 0 no ciclo 6 e a unidade 1 nos ciclos 1 e 4).

A reordenação do código linear pode mudar o escalonamento de execução. Por exemplo, mover a atualização de $r_{@x}$ para a frente do load de $r_{@y}$ permite que o processador emita as atualizações de $r_{@x}$ e $r_{@y}$ nos mesmos ciclos dos loads desses registradores. Isto permite que algumas das operações sejam emitidas anteriormente no escalonamento, mas não faz nada para acelerar o caminho crítico. O resultado disso é o mesmo — um laço de seis ciclos. O pipelining do código pode reduzir o tempo necessário para cada iteração, como vemos na Figura 12.9. Neste caso, ele reduz o número de ciclos por iteração de seis para cinco. A próxima subseção apresenta o algoritmo que gerou esse escalonamento.

Ciclo		Unidade funcional 0			Unidade funcional 1		
-2		loadI	@x	$\Rightarrow r_{@x}$	loadI	@y	$\Rightarrow r_{@y}$
-1		loadI	@z	$\Rightarrow r_{@z}$	addI	$r_{@x}$, 788	$\Rightarrow r_{ub}$
1	L_1:	loadAO	$r_{arp}, r_{@x}$	$\Rightarrow r_x$	addI	$r_{@x}$, 4	$\Rightarrow r_{@x}$
2		loadAO	$r_{arp}, r_{@y}$	$\Rightarrow r_y$	addI	$r_{@y}$, 4	$\Rightarrow r_{@y}$
3		cmp_LT	$r_{@x}, r_{ub}$	$\Rightarrow r_{cc}$	nop		
4		storeAO	r_z	$\Rightarrow r_{arp}, r_{@z}$	addI	$r_{@z}$, 4	$\Rightarrow r_{@z}$
5		cbr	r_{cc}	$\rightarrow L_1, L_2$	mult	rx, ry	$\Rightarrow r_z$
+1	L_2:	nop			nop		
+2		storeAO	r_z	$\Rightarrow r_{arp}, r_{@z}$	nop		
+3		...			...		

■ **FIGURA 12.9** Laço de exemplo após pipelining de software.

12.5.2 Um algoritmo para pipelining de software

Para criar um laço com pipeline de software, o escalonador segue um plano simples. Primeiro, estima o número de ciclos no núcleo (*kernel*), chamado *intervalo de iniciação*. Segundo, tenta escalonar o *kernel*; se este processo falhar, ele aumenta o tamanho do kernel em 1 e tenta novamente. (Este processo deve terminar porque o escalonamento terá sucesso antes que o tamanho do kernel exceda o tamanho do laço sem pipeline.) Como etapa final, o escalonador gera código de prólogo e epílogo para corresponder com o kernel escalonado.

Estimativa do tamanho do kernel

Como uma estimativa inicial para o tamanho do kernel, o escalonador de laço pode calcular limites inferiores sobre o número de ciclos que devem estar no kernel de laço.

- O compilador pode estimar o número mínimo de ciclos no kernel a partir de uma observação simples: cada operação no corpo do laço deve ser emitida. Ele pode calcular o número de ciclos exigidos para emitir todas as operações da seguinte forma:

$$RC = max_U (\lceil I_U / N_U \rceil)$$

onde u varia sobre todos os tipos de unidade funcional u, I_u é o número de operações do tipo u no laço e N_u o número de unidades funcionais de tipo u. Chamamos de *RC* a restrição de recurso (*Resource Constraint*).

- O compilador pode estimar o número mínimo de ciclos no kernel a partir de outra observação simples: o intervalo de iniciação deve ser longo o suficiente para permitir que cada recorrência seja completada. Ele pode calcular o limite inferior a partir dos tamanhos de recorrência da seguinte forma:

$$DC = max_r(\lceil d_r/k_r \rceil)$$

onde r varia sobre todas as recorrências no corpo do laço, d_r é o *atraso* acumulativo em torno da recorrência r, e k_r é o número de iterações pelas quais r se espalha. Chamamos de *DC* a restrição de dependência (*Dependence Constraint*).

Recorrência
Computação baseada em laço que cria um ciclo no grafo de dependência.
Uma recorrência precisa se espalhar por várias iterações.

O escalonador pode usar $ii = max(RC, DC)$ como seu primeiro intervalo de iniciação. Em nosso laço de exemplo, todas as computações são do mesmo tipo. Como o corpo do laço contém nove operações para duas unidades funcionais, isto sugere uma restrição de recurso de $\lceil 9/2 \rceil = 5$. Porém, as operações loadAO e storeAO só podem ser executadas na unidade 0, de modo que também devemos calcular $\lceil 3/1 \rceil = 3$ como restrição para a unidade 0. Como $5 > 3$, *RC* é 5. Pelo grafo de dependência na Figura 12.10b, as recorrências são sobre $r_{@x}$, $r_{@y}$ e $r_{@z}$. Todos os três têm *atraso* de um e se espalham por uma única iteração, de modo que *DC* é um. Tomando o maior dentre *RC* e *DC*, o algoritmo encontra um valor inicial de 5 para *ii*.

```
a:        loadI    @x          ⇒  r@x
b:        loadI    @y          ⇒  r@y
c:        loadI    @z          ⇒  r@z
d:        addI     r@x,792     ⇒  rub

e:  L1:   loadAO   rarp,r@x    ⇒  rx
f:        loadAO   rarp,r@y    ⇒  ry
g:        addI     r@x,4       ⇒  r@x
h:        AddI     r@y,4       ⇒  r@y
i:        mult     rx,ry       ⇒  rz
j:        cmp_LT   r@x,rub     ⇒  rcc
k:        storeAO  rz          ⇒  rarp,r@z
l:        addI     r@z,4       ⇒  r@z
m:        cbr      rcc         ⇒  L1,L2

n:  L2:   ...
```

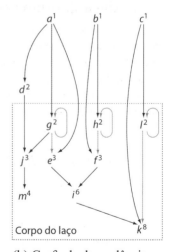

(a) Código para o laço de exemplo   (b) Grafo de dependência

■ **FIGURA 12.10** Grafo de dependência para o laço de exemplo na Figura 12.7.

Escalonamento do kernel

Para escalonar o kernel, o compilador usa o escalonamento de lista com um escalonamento de tamanho fixo de *ii* slots. As atualizações no relógio de escalonamento, `Cycle` na Figura 12.3, são realizadas em módulo *ii* (mod *ii*). O escalonamento de laço introduz uma complicação que não pode surgir no código em linha reta (por exemplo, um bloco, um EBB ou um traço): ciclos no grafo de dependência.

O escalonador deve reconhecer que as dependências transportadas por laço, como (*g*, *e*), não restringem a primeira iteração do laço. (As dependências transportadas por laço são desenhadas em cinza na Figura 12.10b.) Na primeira iteração, somente as operações *e* e *f* dependem unicamente dos valores calculados antes do laço.

As dependências transportadas por laço também expõem antidependências. No exemplo, uma antidependência vai de *e* para *g*; o código não pode atualizar $r_{@x}$ antes de usá-lo na operação load. Antidependências semelhantes de *f* para *h* e de *k* para *l*. Se assumirmos que uma operação lê seus operandos no início do ciclo, quando é emitida, e escreve seu resultado ao final do ciclo, quando a operação termina, então o atraso em uma antidependência é zero. Assim, o escalonamento da operação na origem da antidependência satisfaz a restrição da antidependência. Veremos esse comportamento no exemplo a seguir.

O escalonamento de módulo do grafo de dependência do laço para um escalonamento de cinco ciclos e duas unidades funcionais produz o escalonamento de kernel mostrado na Figura 12.11. No ciclo 1, com uma lista `Ready` inicial (*e*, *f*), o escalonador escolhe *e*, usando alguma forma de desempate, e escalona *e* na unidade 0. Este escalonamento satisfaz a antidependência para *g*. Como as únicas dependências que entram em *g* de dentro do laço são dependências transportadas por laço, *g* agora está pronto e pode ser escalonado para a unidade 1 no ciclo 1.

Escalonamento de módulo
O escalonamento de lista com um relógio cíclico às vezes é chamado *escalonamento de módulo*.

Dependência transportada por laço
Dependência que representa um valor transportado pela aresta do CFG para o desvio de fechamento de laço.

Ciclo		Unidade funcional 0			Unidade funcional 1		
1	L_1:	loadAO	$r_{arp}, r_{@x}$	$\Rightarrow r_x$	addI	$r_{@x}, 4$	$\Rightarrow r_{@x}$
2		loadAO	$r_{arp}, r_{@y}$	$\Rightarrow r_y$	addI	$r_{@y}, 4$	$\Rightarrow r_{@y}$
3		cmp_LT	$r_{@x}, r_{ub}$	$\Rightarrow r_{cc}$	nop		
4		storeAO	r_z	$\Rightarrow r_{arp}, r_{@z}$	addI	$r_{@z}, 4$	$\Rightarrow r_{@z}$
5		cbr	r_{cc}	$\rightarrow L_1, L_2$	mult	rx, ry	$\Rightarrow r_z$

■ **FIGURA 12.11** Escalonamento de núcleo (*kernel*) para o laço com pipeline.

Avançando o contador de ciclo para 2, a lista `Ready` contém *f* e *j*. O escalonador seleciona *f*, desempatando em favor da operação com a maior latência, e escalona *f* para a unidade 0. Esta ação satisfaz a antidependência de *f* para *h*; o escalonador imediatamente coloca *h* na unidade 1, no ciclo 2.

No ciclo 3, a lista `Ready` contém apenas *j*. O escalonador o coloca na unidade 0. No ciclo 4, a dependência de *j* para *m* é satisfeita; porém, a restrição adicional que mantém um desvio de fim de bloco ao final do bloco o atrasa por um ciclo.

No ciclo 4, a lista `Ready` está vazia. Quando o contador de ciclo avança para o ciclo 5, tanto *m* quanto *i* estão prontos. O escalonador os coloca nas unidades 0 e 1.

Quando o contador avança para além do ciclo 5, ele retorna ao ciclo 1. A lista `Ready` está vazia, mas a lista `Active` não está, de modo que o escalonador incrementa o contador de ciclos. No ciclo 2, a operação *i* terá terminado e a *k* estará pronta. Esta é um store, que deve ser executado na unidade 0. A unidade 0 está ocupada nos ciclos 2 e 3,

O escalonamento de kernel falha quando não encontra um slot de emissão para alguma operação. Se isso acontecer, o algoritmo incrementa *ii* e tenta novamente.

de modo que o escalonador continua incrementando o contador de ciclos, procurando por um slot onde possa colocar a operação *k*. Finalmente, no ciclo 4, ele encontra um slot de emissão para a operação *k*.

O escalonamento da operação *k* no ciclo 4 satisfaz a antidependência de *k* para *l*. O escalonador escalona imediatamente *l* para a unidade 1 no ciclo 4,e, então, incrementa o contador até que essas duas operações saiam da lista `Active`. Como nenhuma tem quaisquer descendentes no grafo de dependência, tanto `Ready` quanto `Active` tornam-se vazias e o algoritmo termina.

Geração de código de prólogo e epílogo

Em princípio, a geração de código de prólogo e epílogo é simples. A ideia básica, nos dois casos, é que o compilador pode usar o grafo de dependência como seu guia.

Para gerar o código de prólogo, o compilador começa a partir de cada uso exposto para cima no laço e segue o grafo de dependência em uma fase de escalonamento para trás. Para cada uso exposto para cima, ele deve gerar a cadeia de operações que geram o valor necessário, devidamente escalonada para cobrir suas latências. Para gerar o epílogo, o compilador começa a partir de cada uso exposto para baixo no laço e segue o grafo de dependência em uma fase de escalonamento para a frente.

O laço de exemplo tem código de prólogo e epílogo particularmente simples, pois o intervalo de iniciação é grande em relação aos atrasos no laço. O Exercício 9, ao final do capítulo, mostra uma versão do mesmo código com um corpo de laço mais apertado e, daí, um prólogo e epílogo mais complexo.

12.6 RESUMO E PERSPECTIVA

Para obter um desempenho razoável em um processador moderno, o compilador deve escalonar operações cuidadosamente. Quase todos os compiladores modernos utilizam alguma forma de escalonamento de lista. O algoritmo é facilmente adaptado e parametrizado pela alteração de esquemas de prioridade, regras de desempate e até mesmo de direção do escalonamento. O escalonamento de lista é robusto, no sentido de que produz bons resultados para uma grande gama de códigos. Na prática, ele normalmente encontra um escalonamento de tempo ótimo.

As variações sobre o escalonamento de lista que operam por regiões maiores resolvem problemas que surgem, pelo menos em parte, da complexidade aumentada dos processadores modernos. As técnicas que escalonam EBBs e laços são, basicamente, respostas ao aumento no número de pipelines que o compilador precisa considerar e suas latências individuais. À medida que as máquinas se tornam mais complexas, os escalonadores têm necessitado de mais contexto de escalonamento para descobrir paralelismo em nível de instrução suficiente para manter as máquinas ocupadas. O pipelining de software fornece um modo de aumentar o número de operações emitidas por ciclo e diminuir o tempo total para executar um laço. O escalonamento de traço foi desenvolvido para arquiteturas VLIW, para as quais o compilador precisava manter muitas unidades funcionais ocupadas.

NOTAS DO CAPÍTULO

Problemas de escalonamento surgem em muitos domínios, variando desde construção, passando por produção industrial, serviços de entrega, chegando até cargas úteis em veículos espaciais. Uma literatura rica a respeito de escalonamento tem crescido, incluindo muitas variantes especializadas do problema. O escalonamento de instruções tem sido estudado como um problema distinto, desde a década de 1960.

Algoritmos que garantem escalonamentos ótimos existem para situações simples. Por exemplo, em uma máquina com uma unidade funcional e latências de operação uniformes, o algoritmo de rotulagem de Sethi-Ullman cria um escalonamento ótimo para uma árvore de expressão [311]. Ele pode ser adaptado para produzir um bom código para DAGs de expressão. Fischer e Proebsting basearam-se no algoritmo de rotulagem para obter um algoritmo que produz resultados ótimos, ou quase ótimos, para pequenas latências de memória [289]. Infelizmente, ele tem problema quando as latências aumentam ou o número de unidades funcionais cresce.

Grande parte da literatura sobre escalonamento de instruções trabalha com variantes do algoritmo de escalonamento de lista descrito neste capítulo. Landskov e outros normalmente são citados como o trabalho definitivo sobre escalonamento de lista [239], mas o algoritmo, pelo menos, vem desde Heller em 1961 [187]. Outros artigos que se baseiam no escalonamento de lista incluem Bernstein e Rodeh [39], Gibbons e Muchnick [159], e Hennessy e Gross [188]. Krishnamurthy e outros fornecem um estudo de alto nível da literatura para processadores em pipeline [234, 320]. Kerns, Lo e Eggers desenvolveram o escalonamento balanceado como um modo de adaptar o escalonamento de lista a latências de memória incertas [221, 249]. O algoritmo RBF de Schielke explorou o uso da aleatoriedade e repetição como alternativa aos esquemas de prioridade em múltiplas camadas [308].

Muitos autores têm descrito algoritmos de escalonamento regionais. A primeira técnica regional automatizada foi o algoritmo de escalonamento de traço de Fisher [148, 149]. Ela tem sido usada em diversos sistemas comerciais [137, 251] e de pesquisa [318]. Hwu e outros propuseram o escalonamento de *superbloco* como alternativa [201]; dentro de um laço, ele clona blocos para evitar pontos de junção, de maneira semelhante à que mostramos na Seção 12.4.3. Click propôs um algoritmo de ecalonamento global baseado no uso de um grafo de valor global [85]. Vários autores propuseram técnicas para utilizar recursos específicos de hardware [303, 318]. Outras técnicas que utilizam replicação para melhorar o escalonamento incluem Ebcioğlu e Nakatani [136] e Gupta e Soffa [174]. Sweany e Beaty propuseram escolher caminhos com base em informação de dominância [327]; outros examinaram diversos aspectos desta técnica [105, 199, 326].

Pipelining de software tem sido explorado extensivamente. Rau e Glaeser introduziram a ideia em 1981 [294]. Lam desenvolveu o esquema para pipelining de software apresentado aqui [236]; o artigo inclui um esquema hierárquico para tratar o fluxo de controle dentro de um laço. Aiken e Nicolau desenvolveram uma técnica semelhante, chamada *pipelining perfeito* [10] ao mesmo tempo do trabalho de Lam.

O exemplo para escalonamento para trás *versus* para a frente na Figura 12.5 foi trazido ao nosso conhecimento por Philip Schielke [308], apanhado do programa de benchmark do SPEC 95, go. Ele captura, de forma concisa, um efeito que fez com que muitos construtores de compilador incluíssem escalonadores para a frente e para trás nos back ends de seus compiladores.

EXERCÍCIOS

Seção 12.2
1. Desenvolva um algoritmo que constrói o grafo de dependência para um bloco básico. Suponha que o bloco seja escrito em ILOC e que quaisquer valores definidos fora do bloco estejam prontos antes que a execução do bloco comece.

2. Se o uso principal para um grafo de dependência for o escalonamento de instruções, então a modelagem exata dos atrasos reais na máquina alvo é crítica.
   a. Como o grafo de dependência modela a incerteza causada por referências de memória ambíguas?
   b. Em alguns processadores em pipeline, os atrasos de escrita-após-leitura podem ser mais curtos do que os de leitura-após-escrita. Por exemplo, a sequência

   $$[\ \text{add } r_{10}, r_{12} \Rightarrow r_2\ |\ \text{sub } r_{13}, r_{11} \Rightarrow r_{10}\ ]$$

   leria o valor de r_{10} para uso no add antes de escrever o resultado do sub em r_{10}. Como um compilador pode representar antidependências em um grafo de dependência para tal arquitetura?
   c. Alguns processadores evitam (*bypass*) a memória para reduzir os atrasos de leitura-após-escrita. Nessas máquinas, uma sequência como

   $$\text{storeAI } r_{21}\quad \Rightarrow r_{arp}, 16$$
   $$\text{loadAI } r_{arp}, 16 \Rightarrow r_{12}$$

   encaminha o valor do store (em r_{21} no início da sequência) diretamente para o resultado do load (r_{12}). Como o grafo de dependência reflete esse recurso de *bypass* do hardware?

Seção 12.3

3. Estenda o algoritmo de escalonamento de lista local da Figura 12.3 para lidar com várias unidades funcionais. Suponha que todas elas têm capacidades idênticas.
4. Um aspecto crítico de qualquer algoritmo de escalonamento é o mecanismo para definir prioridades iniciais e desempatar quando várias operações com a mesma prioridade estão prontas no mesmo ciclo. Alguns desempatadores alternativos poderiam ser:
   a. Tomar as operações com operandos baseados em registrador em detrimento das operações com operandos imediatos.
   b. Tomar a operação cujos operandos foram definidos mais recentemente.
   c. Tomar uma operação escolhida aleatoriamente a partir da lista `Ready`.
   d. Tomar um load antes de qualquer computação.
      Para cada desempatador, sugira uma racionalização — sua opinião sobre por que alguém sugeriu isso. Qual desempatador você usaria primeiro? Qual usaria em segundo lugar? Justifique (ou apresente razões para) suas respostas.
5. Algumas operações, como a cópia de registrador-para-registrador, podem ser executadas em quase toda unidade funcional, embora com um opcode diferente. O escalonador pode aproveitar essas alternativas? Sugira modificações ao framework básico de escalonamento de lista que lhe permita usar "sinônimos" para uma operação básica, como uma cópia.
6. A maioria dos microprocessadores modernos possui *slots de atraso* em algumas ou todas as operações de desvio. Com um único slot de atraso, a operação imediatamente após o desvio é executada enquanto o desvio é processado; assim, o slot ideal para escalonar um desvio está no penúltimo ciclo de um bloco básico. (A maioria dos processadores tem uma versão do desvio que não executa o slot de atraso, de modo que o compilador pode evitar gerar uma instrução `nop` em um slot de atraso não preenchido.)
   a. Como você adaptaria o algoritmo de escalonamento de lista para melhorar sua capacidade de "preencher" slots de atraso?
   b. Esboce um passo de pós-escalonamento que preencheria os slots de atraso.
   c. Proponha um uso criativo para os slots de atraso de desvio que não possam ser preenchidos com operações úteis.

Seção 12.4

7. A ordem em que as operações ocorrem determina quando os valores são criados e quando são usados pela última vez. Juntos, esses efeitos determinam o tempo de vida do valor.
   a. Como o escalonador pode reduzir a demanda por registradores? Sugira heurísticas de desempate concretas que se ajustariam a um escalonador de lista.
   b. Qual é a interação entre esses desempatadores orientados por registrador e a capacidade do escalonador de produzir escalonamentos curtos?
8. O pipelining de software sobrepõe iterações de laço para criar um efeito que é semelhante ao pipelining de hardware.
   a. Que impacto o pipelining de software terá sobre a demanda por registradores?
   b. Como o escalonador pode usar a execução predicada para reduzir a penalidade de espaço de código para o pipelining de software?

Seção 12.5

9. O código de exemplo na Figura 12.7 gera um kernel de pipeline de software de cinco ciclos porque contém nove operações. Se o compilador escolhesse um esquema diferente para gerar os endereços de x, y e z, poderia reduzir ainda mais o contador de operações no corpo do laço.

Ciclo	Unidade funcional 0			Comentários
−5	addI	r_{arp}, @x	$\Rightarrow r_{@x}$	Configura laço
−4	addI	r_{arp}, @y	$\Rightarrow r_{@y}$	com loads iniciais
−3	addI	r_{arp}, @z	$\Rightarrow r_{@z}$	
−2	loadI	0	$\Rightarrow r_{ctr}$	
−1	L_1 loadI:	792	$\Rightarrow r_{ub}$	
1	loadAO	$r_{ctr}, r_{@x}$	$\Rightarrow r_x$	Obtém x[i] e y[i]
2	loadAO	$r_{ctr}, r_{@y}$	$\Rightarrow r_y$	
3	mult	r_x, r_y	$\Rightarrow r_z$	O trabalho real
4	cmp_LT	r_{ctr}, r_{ub}	$\Rightarrow r_{cc}$	Sombra de mult
5	storeAO	r_z	$\Rightarrow r_{ctr}, r_{@z}$	Salva o resultado
6	addI	r_{ctr}, 4	$\Rightarrow r_{@z}$	Incrementa o contador de deslocamento
7	cbr	r_{cc}	$\rightarrow L_1, L_2$	Desvio de fechamento de laço
	L_2: ...			

Esta figura mostra o código *escalonado*.

Esse esquema usa um registrador a mais, r_{ctr}, do que a versão original. Assim, dependendo do contexto, ele poderia ter que derramar código onde o original não faria.
a. Calcule *RC* e *DC* para esta versão do laço.
b. Gere o corpo do laço com pipeline de software.
c. Gere o código de prólogo e epílogo para o seu corpo de laço com pipeline.

Capítulo 13

Alocação de registradores

VISÃO GERAL DO CAPÍTULO

O código gerado por um compilador precisa fazer uso efetivo dos recursos limitados do processador alvo. Entre os recursos mais restritos está o conjunto de registradores de hardware. Assim, a maioria dos compiladores inclui um passo que tanto aloca quanto atribui registradores de hardware aos valores do programa.

Este capítulo se concentra na alocação e atribuição global de registradores por meio da coloração de grafo; e descreve os problemas que ocorrem em escopos menores como um meio de motivar um alocador global.

Palavras-chave: Alocação de registradores, Derramamento de registradores, Agrupamento de cópia, Alocadores de coloração de grafo

13.1 INTRODUÇÃO

Registradores são os locais mais rápidos na hierarquia de memória. Normalmente, são os únicos locais de memória que a maioria das operações pode acessar diretamente. A proximidade dos registradores com as unidades funcionais faz do seu bom uso um fator crítico no desempenho de execução. Em um compilador, a responsabilidade por fazer bom uso do conjunto de registradores da máquina-alvo encontra-se com o alocador de registradores.

Este alocador determina, em cada ponto no programa, quais valores residirão nos registradores e qual registrador manterá cada um desses valores. Se o alocador não puder manter um valor em um registrador por todo seu tempo de vida, o valor deverá ser armazenado na memória por parte ou todo seu tempo de vida. O alocador pode relegar um valor à memória porque o código contém mais valores vivos do que o conjunto de registradores da máquina-alvo pode manter. Alternativamente, o valor poderia ser mantido na memória entre os usos, porque o alocador não pode provar que ele pode residir com segurança em um registrador.

Roteiro conceitual

Conceitualmente, o alocador de registradores usa como entrada um programa que utiliza um número qualquer de registradores. E produz, como saída, um programa equivalente que cabe no conjunto de registradores finito da máquina-alvo

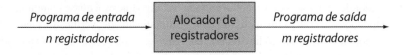

O alocador pode ter de inserir loads e stores para movimentar valores entre registradores e memória. O objetivo da alocação de registradores é fazer uso eficaz do conjunto de registradores da máquina alvo e minimizar o número de loads e stores que o código precisa executar.

A alocação de registradores desempenha um papel direto na criação de código executável que é executado rapidamente, pelo simples motivo de que os acessos aos registradores são mais rápidos do que os acessos à memória. Ao mesmo tempo, os problemas algorítmicos, que são a base da alocação de registradores, são difíceis — em sua forma geral, desafiam a solução ótima. Um bom alocador de registradores calcula uma solução aproximada eficaz para um problema difícil, e o faz rapidamente.

Visão geral

Para simplificar as primeiras partes do compilador, a maioria dos compiladores utiliza uma IR em que o espaço de nomes não está ligado ao espaço de endereços do processador alvo ou ao seu conjunto de registradores. Para traduzir o código em IR para código em assembly para a máquina-alvo, esses nomes devem ser mapeados para o espaço de nomes usado na ISA da máquina-alvo. Os valores armazenados na memória no programa em IR devem ser transformados em coordenadas estáticas que, por sua vez, são mapeadas para endereços de runtime usando técnicas como aquelas descritas na Seção 6.4.3. Os valores armazenados em registradores virtuais na IR devem ser mapeados para os registradores físicos dos processadores.

Se a IR modelar a computação com um modelo de armazenamento de memória-para-memória, então o alocador de registradores promove valores voltados para a memória aos registradores nas regiões onde são mais utilizados. Neste modelo, a alocação de registradores é uma otimização que melhora o desempenho do programa eliminando as operações de memória.

Por outro lado, se a IR modelar o código com um modelo de armazenamento de registrador-para-registrador, o alocador de registradores precisa decidir, em cada ponto no código, quais registradores virtuais deverão residir em registradores físicos e quais podem residir na memória. Ele constrói um mapa dos registradores virtuais na IR para alguma combinação de registradores físicos e locais de memória, e reescreve o código para refletir esse mapeamento. Neste modelo, a alocação de registradores precisa criar um programa correto na máquina alvo; ele insere loads e stores no código e tenta colocá-los onde prejudicarão menos o desempenho.

Código de derramamento
Loads e stores inseridos pelo alocador de registradores.

Em geral, o alocador de registradores tenta minimizar o impacto dos loads e stores que acrescenta ao código, chamado *código de derramamento*. Este impacto inclui o tempo necessário para executar o código de derramamento, o espaço de código que ele ocupa e o espaço de dados ocupado pelos valores derramados. Um bom alocador de registrador tenta minimizar todos os três.

A próxima seção revisa algumas das questões fundamentais que criam o ambiente em que os alocadores de registradores operam. As seções subsequentes exploram algoritmos para alocação e atribuição de registradores nos escopos local e global.

13.2 QUESTÕES FUNDAMENTAIS

O alocador de registradores usa como entrada o código que está quase completamente compilado — o código foi analisado léxica e sintaticamente, verificado, analisado, otimizado, reescrito como código da máquina-alvo e, talvez, escalonado. O alocador deve ajustá-lo ao conjunto de registradores da máquina-alvo renomeando valores e inserindo operações que movem valores entre registradores e memória. Muitas decisões tomadas nas fases iniciais do compilador afetam a tarefa do alocador, assim como as propriedades do conjunto de instruções da máquina alvo. Esta seção explora diversos fatores que influenciam na modelagem do papel do alocador de registradores.

13.2.1 Memória *versus* registradores

A escolha do construtor de compiladores por um modelo de memória define muitos detalhes do problema de alocação que o alocador precisa resolver (ver Seção 5.4.3). Com um modelo do tipo registrador-para-registrador, as fases anteriores do compilador codificam diretamente seu conhecimento sobre referências de memória ambíguas para a forma da IR; e colocam valores não ambíguos em registradores virtuais. Portanto, os valores armazenados na memória são considerados como ambíguos (ver Seção 7.2), de modo que o alocador os deixa em memória.

Em um modelo memória-para-memória, o alocador não tem essa dica da forma de código, pois o programa em IR mantém todos os valores na memória. Neste, o alocador deve determinar quais valores podem ser mantidos em segurança nos registradores — ou seja, quais valores são não ambíguos. Em seguida, precisa determinar se mantê-los em registradores é lucrativo. Neste modelo, o código que o alocador recebe como entrada normalmente usa menos registradores e executa mais operações de memória do que o código equivalente de registrador-para-registrador. Para obter bom desempenho, o alocador precisa promover o máximo que puder de valores baseados na memória para registradores.

Assim, a escolha de modelo de memória determina fundamentalmente a tarefa do alocador. Nos dois cenários, o objetivo do alocador é reduzir o número de loads e stores que o código final executa para mover valores de um lado para outro entre registradores e memória. Em um modelo registrador-para-registrador, a alocação é uma parte necessária do processo que produz código legal; ela garante que o código final se encaixa no conjunto de registradores da máquina alvo. O alocador insere operações load e store para mover alguns valores baseados em registrador para a memória — presumivelmente em regiões onde a demanda por registradores excede a oferta. O alocador tenta minimizar o impacto das operações load e store que insere.

Ao contrário, em um compilador com um modelo memória-para-memória, o compilador realiza a alocação de registradores como uma otimização. O código é válido antes da alocação; a alocação simplesmente melhora o desempenho mantendo alguns valores baseados na memória em registradores e eliminando os loads e stores usados para acessá-los. O alocador tenta remover o máximo de loads e stores possível, pois isso pode melhorar significativamente o desempenho do código final.

Assim, a falta de conhecimento — limitações na análise do compilador — pode evitar que o compilador aloque uma variável a um registrador. Isto também pode ocorrer quando uma única sequência de código herda diferentes ambientes ao longo de diferentes caminhos. Essas limitações sobre o que o compilador pode saber tendem a favorecer o modelo registrador-para-registrador, que fornece um mecanismo para outras partes do compilador codificarem conhecimento sobre ambiguidade e exclusividade. Esse conhecimento poderia vir da análise, do entendimento da tradução de uma construção complexa ou até mesmo ser obtido do texto fonte pelo parser.

13.2.2 Alocação *versus* atribuição

Em um compilador moderno, o alocador de registradores soluciona dois problemas distintos — alocação e atribuição de registradores —, que algumas vezes foram tratados separadamente no passado. Eles são relacionados, porém distintos.

1. *Alocação*. A alocação de registradores mapeia um espaço de nomes ilimitado no conjunto de registradores da máquina-alvo. Em um modelo registrador-para-registrador, esta alocação mapeia registradores virtuais a um novo conjunto de nomes que modela o conjunto de registradores físicos e derrama valores que não

cabem no conjunto de registradores. Em um modelo memória-para-memória, ela mapeia algum subconjunto de locais de memória a um conjunto de nomes que modela o conjunto de registradores físicos. A alocação garante que o código caberá neste conjunto de registradores da máquina-alvo a cada instrução.

2. *Atribuição*. A atribuição de registradores mapeia um conjunto de nomes alocados aos registradores físicos da máquina-alvo. Ela assume que a alocação foi realizada, de modo que o código caberá no conjunto de registradores físicos fornecidos pela máquina-alvo. Assim, a cada instrução no código gerado, não mais do que k valores são designados como residindo em registradores, onde k é o número de registradores físicos. A atribuição produz os nomes reais dos registradores exigidos pelo código executável.

A alocação de registradores é um problema difícil. Formulações gerais do problema são NP-completas. Para um único bloco básico, com um único tamanho de valores de dados, a alocação ótima pode ser feita em tempo polinomial se cada valor tiver que ser armazenado na memória ao final do seu tempo de vida e o custo de armazenar esses valores for uniforme. Quase qualquer complexidade adicional ao problema o torna NP-completo. Por exemplo, a inclusão de um segundo tamanho de item de dados, como um par de registradores que armazena um número de ponto flutuante com precisão dupla, torna o problema NP-completo. Reciprocamente, a inclusão de um modelo de memória com custos de acesso não uniformes, ou a distinção de que alguns valores, como as constantes, não precisam ser armazenados no final de seu tempo de vida, tornam o problema NP-completo. A extensão do escopo de alocação para incluir fluxo de controle e múltiplos blocos também torna o problema NP-completo. Na prática, uma ou mais dessas questões surgem na compilação de qualquer sistema real. Em muitos casos, todos eles surgem.

A atribuição de registradores, em muitos casos, pode ser resolvida em tempo polinomial. Considere uma máquina com um tipo de registrador. Dada uma alocação viável para um bloco básico — ou seja, uma em que a demanda por registradores físicos a cada instrução não exceda o número de registradores físicos —, uma atribuição pode ser produzida em tempo linear usando uma analogia de coloração de *grafo de intervalo*. O problema relacionado para um procedimento inteiro pode ser resolvido em tempo polinomial — ou seja, se, a cada instrução, a demanda por registradores físicos não exceder o número de registradores físicos, o compilador pode construir uma atribuição em tempo polinomial.

Grafo de intervalo
Um grafo de intervalo representa a sobreposição entre múltiplos intervalos na linha real. Ele tem um nó para cada intervalo e uma aresta (i,j) se, e somente se, i e j tiverem uma interseção não vazia.

A distinção entre alocação e atribuição é sutil e importante. Buscando melhorar o desempenho do alocador de registradores, o construtor de compiladores deve entender se o ponto fraco está na alocação ou na atribuição e dirigir o esforço para a parte apropriada do algoritmo.

13.2.3 Classes de registradores

Os registradores físicos fornecidos pela maioria dos processadores não formam um *pool* homogêneo de recursos intercambiáveis. A maioria dos processadores tem classes distintas de registradores para tipos diferentes de valores.

Por exemplo, a maioria dos computadores modernos tem *registradores de uso geral* e *registradores de ponto flutuante*. O primeiro tipo armazena valores inteiros e endereços de memória, enquanto o outro, valores de ponto flutuante. Essa dicotomia não é nova; as antigas máquinas IBM 360 tinham 16 registradores de uso geral e quatro registradores de ponto flutuante. Os processadores modernos podem acrescentar mais classes.

Por exemplo, o PowerPC tem uma classe separada de registradores para códigos de condição, e o Intel IA-64 tem classes adicionais para registradores de predicados e registradores de destino de desvio. O compilador precisa colocar cada valor em um registrador da classe apropriada.

Se as interações entre duas classes de registrador forem limitadas, o compilador pode alocar registradores para elas de forma independente. Na maioria dos processadores, os registradores de uso geral e os de ponto flutuante não são usados para manter os mesmos tipos de valores. Assim, o compilador pode alocar os registradores de ponto flutuante independentemente dos de uso geral. O fato de que o compilador usa registradores de uso geral para derramar registradores de ponto flutuante significa que ele deve alocar os registradores de ponto flutuante primeiro. Dividir assim a alocação em problemas menores reduz o tamanho das estruturas de dados, e pode produzir tempos de compilação menores.

> Os valores em registradores de ponto flutuante têm um tipo diferente na linguagem-fonte, de modo que são disjuntos dos valores armazenados em registradores de uso geral.

Se, por outro lado, diferentes classes de registradores se sobrepuserem, o compilador deve alocá-las juntas. A prática comum de usar os mesmos registradores para números de ponto flutuante de precisão simples e dupla força o alocador a tratar deles como um único problema de alocação — não importa se um valor de precisão dupla usa dois registradores de precisão simples ou um valor de precisão simples usa metade de um registrador de precisão dupla. Problema semelhante surge em arquiteturas que permitem que valores de tamanhos diferentes sejam armazenados em registradores de uso geral. Por exemplo, as ISAs derivadas do Intel x86 permitem que alguns registradores de 32 bits mantenham um valor de 32 bits, dois de 16 bits ou quatro de 8 bits. O alocador precisa modelar tanto os usos potenciais quanto os conflitos entre esses usos.

13.3 ALOCAÇÃO E ATRIBUIÇÃO LOCAIS DE REGISTRADORES

Como introdução à alocação de registradores, considere os problemas que aparecem na produção de uma boa alocação para um único bloco básico — alocação local, para usar a terminologia da otimização (ver Seção 8.3). Um alocador local opera sobre um bloco.

Para simplificar a discussão, consideramos que o bloco é o programa inteiro. Ele carrega os valores de que precisa a partir da memória e armazena os valores que produz na memória. O bloco de entrada usa uma única classe de registradores de uso geral; as técnicas podem ser estendidas facilmente para lidar com várias classes disjuntas de registradores. A máquina-alvo fornece um único conjunto de k registradores físicos.

A forma de código codifica informações sobre quais valores podem legalmente residir em um registrador por quantidades de tempo não triviais. O código mantém em um registrador qualquer valor que possa legalmente residir em um registrador. Ele usa tantos registradores virtuais quantos sejam necessários para codificar essa informação; assim, o bloco de entrada pode nomear mais de k registradores virtuais.

O bloco de entrada contém uma série de operações de três endereços $o_1, o_2, o_3, \ldots, o_N$. Cada operação, o_i, tem a forma $op_i\ vr_{i1}, vr_{i2} \Rightarrow vr_{i3}$. Para uma visão de alto nível, o objetivo da alocação local de registradores é criar um bloco equivalente em que cada referência a um registrador virtual é substituída por uma referência a um registrador físico específico. Se o número de registradores virtuais for maior do que k, o alocador pode ter que inserir loads e stores para colocar o código nos k registradores físicos. Uma declaração alternativa desta propriedade é que o código de saída não pode ter mais de k valores em registradores em qualquer ponto no bloco.

> Usamos vr_i para indicar um registrador virtual e r_i para indicar um registrador físico.

Esta seção explora duas técnicas para a alocação local. A primeira delas conta o número de referências a um valor no bloco e usa esses "contadores de frequência" para determinar quais valores residem em registradores. Por se basear em informações obtidas externamente — os contadores de frequência — para priorizar a alocação de registradores virtuais para registradores físicos, consideramos esta uma técnica de cima para baixo (*top-down*). A segunda baseia-se no conhecimento detalhado do código, de baixo nível, para tomar suas decisões; percorre o bloco e determina, a cada operação, se um derramamento é necessário ou não. Por sintetizar e combinar muitos fatos de baixo nível para controlar seu processo de tomada de decisão, consideramos esta uma técnica de baixo para cima (*bottom-up*).

13.3.1 Alocação de registradores local *top-down*

O alocador local de cima para baixo funciona a partir de um princípio simples: os valores mais usados devem residir em registradores. Para implementar essa heurística, ele encontra o número de vezes que cada registrador virtual aparece no bloco. Depois, aloca registradores virtuais a registradores físicos em ordem decrescente da contagem de frequência.

Se houver mais registradores virtuais do que físicos, o alocador deve reservar registradores físicos suficientes para permitir que carregue, armazene e use os valores que não estão mantidos em registradores. O número exato de registradores de que ele precisa depende do processador. Uma máquina RISC típica poderia precisar de dois a quatro registradores. Vamos nos referir a este número específico da máquina como $\mathcal{F}$.

F
Em uma ISA qualquer, F é o número de registradores necessários para gerar código para os valores que residem na memória. Pronunciamos F como *"feasible"* (viável).

Se o bloco usa menos de *k* registradores virtuais, a alocação é trivial e o compilador pode simplesmente atribuir cada `vr` ao seu próprio registrador físico. Neste caso, o alocador não precisa separar os $\mathcal{F}$ registradores físicos para derramamento de código. Se o bloco usar mais do que *k* registradores virtuais, o compilador aplica o seguinte algoritmo simples:

1. *Calcular uma prioridade para cada registrador virtual*. Em uma passagem linear pelas operações no bloco, o alocador conta o número de vezes que cada registrador virtual aparece. Essa contagem de frequência é a prioridade do registrador virtual.
2. *Classificar os registradores virtuais por ordem de prioridade*. As prioridades variam entre dois e o tamanho do bloco, de modo que o melhor algoritmo de classificação depende do tamanho do bloco.
3. *Atribuir registradores em ordem de prioridade*. Atribua os primeiros $k - \mathcal{F}$ registradores virtuais aos registradores físicos.
4. *Reescrever o código*. Em uma passagem linear pelo código, o alocador reescreve o código, e substitui os nomes de registrador virtual por nomes de registrador físico. Qualquer referência ao nome de um registrador virtual sem registrador físico alocado é substituída por uma curta sequência que usa um dos registradores reservados e realiza a operação load ou store apropriada.

A alocação local de cima para baixo mantém registradores virtuais altamente ocupados em registradores físicos. Seu principal ponto fraco está em sua técnica de alocação — ela dedica um registrador físico a um registrador virtual para o bloco básico inteiro. Assim, um valor que vê um uso intenso na primeira metade do bloco e nenhum na segunda metade do bloco efetivamente desperdiça esse registrador por toda a segunda metade do bloco. A próxima seção apresenta uma técnica que ataca este problema. Ela usa um procedimento fundamentalmente diferente para a alocação — uma técnica incremental de baixo para cima.

13.3.2 Alocação de registradores local *bottom-up*

A ideia principal por trás do alocador local de baixo para cima é focar os detalhes de como os valores são definidos e usados com base em cada operação. O alocador local de baixo para cima começa com todos os registradores desocupados. Para cada operação, o alocador precisa garantir que seus operandos estejam em registradores antes que ela seja executada. E também precisa alocar um registrador para o resultado da operação. A Figura 13.1 mostra seu algoritmo básico, junto com três rotinas de suporte que ele utiliza.

O alocador de baixo para cima percorre as operações no bloco, tomando decisões de alocação por demanda. Porém, existem alguns detalhes sutis. Considerando vr_{i1} e vr_{i2}

```
/* o alocador local de baixo para cima */
for each operação, i, em ordem de 1 a N onde i tem a forma
    op vr_i1 vr_i2 ⇒ vr_i3
  r_x ← Ensure(vr_i1 , class(vr_i1))
  r_y ← Ensure(vr_i2 , class(vr_i2))
  if vr_i1 não é necessário após i
    then Free(r_x, class(r_x))
  if vr_i2 não é necessário após i
    then Free(r_y, class(r_y))
  r_z ← Allocate(vr_i3, class(vr_i3))
  reescrever i como opi r_x , r_y ⇒ r_z
  if vr_i1 é necessário após i
    then class.Next[r_x] ← Dist(vr_i1)
  if vr_i2 é necessário após i
    then class.Next[r_y] ← Dist(vr_i2)
  class.Next[r_z] ← Dist(vr_i3)
```

```
Ensure(vr,class)
  if (vr já está em class)
    then result ← registrador físico de vr
  else
    result ← Allocate(vr,class)
    emitir código to mover vr para result
  return result

Allocate(vr,class)
  if (class.StackTop ≥ 0)
    then i ← pop(class)
  else
    i ← j que maximiza class.Next[j]
    armazenar o conteúdo de j
  class.Name[i] ← vr
  class.Next[i] ← -1
  class.Free[i] ← false
  return i
```

■ **FIGURA 13.1** O alocador de registradores local *bottom-up*.

em ordem, o alocador evita usar dois registradores físicos para uma operação com um operando repetido, como add r_y, r_y ⇒ r_z. De modo semelhante, tentar liberar r_x e r_y antes de alocar r_z evita derramar um registrador para manter o resultado de uma operação quando ela realmente libera um registrador. A maior parte das complicações no algoritmo ocorre nas rotinas `Ensure, Allocate` e `Free`.

A rotina `Ensure` é conceitualmente simples. Usa dois argumentos, um registrador virtual, vr, que mantém o valor desejado, e uma representação para a classe de registrador apropriada, class. Se vr já ocupa um registrador físico, o trabalho de Ensure termina. Caso contrário, ela aloca um registrador físico para vr e emite código para mover o valor de vr para esse registrador físico. Em qualquer caso, a rotina retorna o registrador físico.

`Allocate` e `Free` expõem os detalhes do problema de alocação. Para entendê-las, precisamos de uma representação concreta para uma classe de registradores, mostrada no código C à margem. Uma classe tem `Size` registradores físicos, cada um representado por um nome de registrador virtual (`Name`), um inteiro que indica a distância até seu próximo uso (`Next`) e um flag indicando se esse registrador físico está atualmente em uso ou não (`Free`). Para inicializar a estrutura class, o compilador define cada registrador para um estado não alocado (digamos, `class.Name` como um nome inválido, `class.Next` como ∞ e class.Free como `true`) e coloca cada um deles na pilha da classe.

```
struct class {
    int Size;
    int Name[Size];
    int Next[Size];
    int Free[Size];
    int Stack[Size];
    int StackTop;
}
```

Nesse nível de detalhe, tanto `Allocate` quanto `Free` são simples. Cada classe tem uma pilha de registradores físicos livres. `Allocate` retorna um registrador físico a partir da lista livre de `class`, se houver algum. Caso contrário, seleciona o valor armazenado em `class` que é usado mais longe, no futuro, derrama-o e realoca o registrador físico correspondente a `vr`. `Allocate` define o campo `Next` como −1 para garantir que esse registrador não será escolhido para o outro operando na operação atual. O alocador reinicia esse campo após ele terminar com a operação atual. `Free` simplesmente precisa empilhar o registrador liberado e reiniciar seus campos com seus valores iniciais. A função `Dist(vr)` retorna o índice no bloco da próxima referência a `vr`. O compilador pode pré-calcular essa informação em uma passagem de trás para a frente pelo bloco.

O alocador local de baixo para cima opera de modo intuitivo: considera que os registradores físicos estão inicialmente vazios e coloca todos em uma lista livre; satisfaz a demanda por registradores a partir da lista livre, até que essa lista se esgote. Depois, satisfaz a demanda derramando algum valor para a memória e reutilizando o registrador desse valor. Ele sempre derrama o valor cujo próximo uso está mais distante no futuro. Intuitivamente, seleciona o registrador que, de outra maneira, seria não referenciado pelo período de tempo mais longo. De certa forma, ele maximiza o benefício obtido para o custo do derramamento.

Na prática, esse algoritmo produz excelentes alocações locais. Realmente, vários autores têm argumentado que ele produz alocações ótimas. Porém, aparecem complicações que podem fazer com que ele produza alocações subótimas. Em qualquer ponto da alocação, alguns valores em registradores podem precisar ser armazenados em um derramamento, enquanto outros não. Por exemplo, se o registrador contém um valor constante conhecido, o store é supérfluo, pois o alocador pode recriar o valor sem ter uma cópia na memória. De modo semelhante, um valor que foi criado por um load da memória não precisa ser armazenado. Um valor que não precisa ser armazenado é chamado *limpo*, enquanto um valor que precisa de um store é chamado *sujo*.

Para produzir uma alocação local ótima, o alocador precisa levar em consideração a diferença no custo entre derramar valores limpos e derramar valores sujos. Considere, por exemplo, a alocação em uma máquina com dois registradores, onde os valores x_1 e x_2 já estão nos registradores. Suponha que x_1 seja limpo e x_2 sujo. Se a string de referência para o restante do bloco for $x_3\ x_1\ x_2$, o alocador precisa derramar um dentre x_1 e x_2. Como o próximo uso de x_2 encontra-se mais distante no futuro, o algoritmo local de baixo para cima o derramaria, produzindo a sequência de operações de memória mostrada abaixo, à esquerda. Se, ao invés disso, ele derramar x_1, produzirá a sequência mais curta de operações de memória, mostrada à direita.

```
store x2
load  x3                 load  x3    (sobrescrevendo x1)
load  x2                 load  x1
Derrama valor sujo       Derrama valor limpo
```

Esse cenário sugere que o alocador deve preferencialmente derramar valores limpos ao invés de valores sujos. A resposta não é tão simples.

Considere outra sequência de referência, $x_3\ x_1\ x_3\ x_1\ x_2$, com as mesmas condições iniciais. Derramar consistentemente o valor limpo produz a sequência de quatro operações de memória à esquerda. Ao contrário, derramar consistentemente o valor sujo produz a sequência à direita, que exige menos operações de memória.

load x_3
load x_1 store x_2
load x_3 load x_3
load x_1 load x_2
Derrama valor limpo   Derrama valor sujo

A presença de valores limpos e sujos torna a alocação local ótima NP-difícil. Ainda assim, o alocador local *bottom-up* produz boas alocações locais na prática. As alocações costumam ser melhores do que aquelas produzidas pelo algoritmo de cima para baixo.

Na alocação local, "ótimo" significa aquela com o mínimo de derramamentos.

13.3.3 Indo além de blocos isolados

Vimos como construir bons alocadores para blocos isolados. Trabalhando de cima para baixo, chegamos ao alocador baseado na contagem de frequência. Trabalhando de baixo para cima, chegamos a um alocador baseado na distância até o próximo uso. Porém, a alocação local não captura o reúso de valores por múltiplos blocos. Como este reúso ocorre de forma rotineira, precisamos de alocadores que estendam seu escopo por múltiplos blocos.

Infelizmente, passar de um único bloco para múltiplos blocos acrescenta muitas complicações. Por exemplo, nossos alocadores locais consideravam implicitamente que os valores não fluem entre os blocos. O motivo principal para passar para um escopo maior para a alocação é considerar o fluxo de valores entre blocos e gerar alocações que lidam com os fluxos de modo eficiente. O alocador precisa tratar corretamente valores calculados nos blocos anteriores, e preservar valores para uso nos blocos seguintes. Para conseguir isso, ele precisa de um modo mais sofisticado para tratar "valores" do que os alocadores locais utilizam.

Vivência e faixas vivas

Alocadores regionais e globais tentam atribuir valores a registradores de um modo que coordena seu uso por vários blocos. Vimos, no alocador de cima para baixo e na discussão anterior sobre a forma SSA (ver Seção 9.3), que o compilador às vezes pode calcular um novo espaço de nomes que atenda melhor às finalidades de determinado algoritmo. Alocadores regionais e globais contam com esta observação; eles calculam um espaço de nomes que reflete os padrões reais de definições e usos para cada valor. Ao invés de alocar variáveis ou valores aos registradores, eles calculam um espaço de nomes que é definido em termos de *faixas vivas*.

Faixa viva
Um conjunto fechado de definições e usos relacionados, que serve como espaço de nomes básico para alocação de registradores.

Uma única faixa viva consiste em um conjunto de definições e usos que estão relacionados uns aos outros porque seus valores fluem juntos. Ou seja, uma faixa viva contém um conjunto de definições e um conjunto de usos. Estes conjuntos são autocontidos no sentido de que, para cada uso, cada definição que pode alcançá-lo está na mesma faixa viva do uso. De modo semelhante, para cada definição, cada uso que pode se referir ao resultado da definição está na mesma faixa viva da definição.

O termo *faixa viva* conta, implicitamente, com a noção de *vivência* (*liveness*), conforme descrita na Seção 8.6.1. Lembre-se de que uma variável v está viva no ponto p se ela tiver sido definida ao longo de um caminho desde a entrada do procedimento até p, e se houver um caminho de p até um uso de v ao longo do qual v não é redefinida. Em qualquer lugar onde v estiver viva, seu valor deverá ser preservado, pois a execução

572 CAPÍTULO 13 Alocação de registradores

> No código em linha reta, podemos representar uma faixa viva como um intervalo [*i, j*] onde a operação *i* a define e a operação *j* é seu último uso.
> Para faixas vivas que se espalham por vários blocos, precisamos de uma notação mais complexa.

subsequente poderia usar *v*. Lembre-se de que *v* pode ser tanto uma variável do programa fonte, como um nome temporário gerado pelo compilador.

O conjunto de faixas vivas é distinto do conjunto de variáveis e do conjunto de valores. Cada valor calculado no código faz parte de alguma faixa viva, mesmo que não tenha um nome no código-fonte original. Assim, os resultados intermediários produzidos pelos cálculos de endereço são faixas vivas, assim como as variáveis nomeadas pelo programador, elementos de array e endereços carregados para uso como destinos de desvio. Uma única variável da linguagem-fonte pode formar várias faixas vivas. Um alocador que atua sobre faixas vivas pode colocar faixas vivas distintas em diferentes registradores. Assim, uma variável da linguagem-fonte poderia residir em diferentes registradores em pontos distintos no programa em execução.

Para tornar essas ideias concretas, primeiro considere o problema de encontrar faixas vivas em um único bloco básico. A Figura 13.2 repete o código ILOC que encontramos inicialmente na Figura 1.3, com o acréscimo de uma operação inicial que define r_{arp}. A tabela no lado direito mostra as faixas vivas distintas no bloco. No código em linha reta, podemos representar uma faixa viva como um intervalo. Observe que cada operação define um valor e, assim, inicia uma faixa viva. Considere r_{arp}. Ele é definido na operação 1. Cada outra referência a r_{arp} é um uso. Assim, o bloco usa apenas um valor para r_{arp}, que é vivo sobre o intervalo [1,11].

Ao contrário, r_a tem diversas faixas vivas. A operação 2 a define; a operação 7 usa o valor da operação 2. As operações 7, 8, 9 e 10 definem, cada uma, um novo valor para r_a; em cada caso, a operação a seguir usa o valor. Assim, o valor chamado r_a no código original corresponde a cinco faixas vivas distintas: [2,7], [7,8], [8,9], [9,10] e [10,11]. Um alocador de registradores não precisa manter essas faixas vivas distintas no mesmo registrador físico. Ao invés disso, ele pode tratar cada faixa viva no bloco como um valor independente para alocação e atribuição.

Para encontrar faixas vivas em regiões maiores, o alocador precisa entender quando um valor está vivo após o final do bloco que o define. Os conjuntos LIVEOUT, conforme computados na Seção 8.6.1, codificam exatamente esse conhecimento. Em qualquer

1	loadI	...	$\Rightarrow$	r_{arp}			**Registrador**	**Intervalo**
2	loadAI	r_{arp}, @a	$\Rightarrow$	r_a		1	r_{arp}	[1,11]
3	loadI	2	$\Rightarrow$	r_2		2	r_a	[2,7]
4	loadAI	r_{arp}, @b	$\Rightarrow$	r_b		3	r_a	[7,8]
5	loadAI	r_{arp}, @c	$\Rightarrow$	r_c		4	r_a	[8,9]
6	loadAI	r_{arp}, @d	$\Rightarrow$	r_x		5	r_a	[9,10]
7	mult	r_a, r_2	$\Rightarrow$	r_a		6	r_a	[10,11]
8	mult	r_a, r_b	$\Rightarrow$	r_a		7	r_2	[3,7]
9	mult	r_a, r_c	$\Rightarrow$	r_a		8	r_b	[4,8]
10	mult	r_a, r_d	$\Rightarrow$	r_a		9	r_c	[5,9]
11	storeAI	r_a	$\Rightarrow$	r_{arp}, @a		10	r_d	[6,10]

■ **FIGURA 13.2** Faixas vivas em um bloco básico.

ponto do código, apenas valores vivos precisam de registradores. Assim, os conjuntos LIVEOUT desempenham papel chave na alocação de registradores.

Complicações nas fronteiras de bloco

Um compilador que usa alocação de registradores local poderia calcular os conjuntos LIVEOUT para cada bloco como um prelúdio necessário para fornecer ao alocador local informações sobre o status de valores na entrada e na saída do bloco. Os conjuntos LIVEOUT permitem que o alocador trate as condições de fim de bloco corretamente. Qualquer valor em LIVEOUT(b) deve ser armazenado em seu local atribuído na memória depois de sua última definição em b para garantir que o valor correto esteja disponível em um bloco subsequente. Ao contrário, um valor que não está em LIVEOUT(b) pode ser descartado sem um store após seu último uso em b.

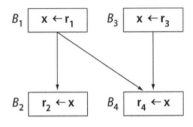

Embora a informação de LIVEOUT permita que o alocador local produza código correto, esse código terá stores e loads cuja única finalidade é conectar valores por meio de fronteiras de bloco. Considere o exemplo mostrado na margem. O alocador local atribuiu a variável x a diferentes registradores em cada bloco: r_1 em B_1, r_2 em B_2, r_3 em B_3 e r_4 em B_4. O único mecanismo local para resolver essas atribuições em conflito é armazenar x ao final de B_1 e B_3 e carregá-lo no início de B_2 e B_4, conforme mostrado. Esta solução passa o valor de x pela memória para movê-lo para seu registrador atribuído em B_2 e B_4.

Ao longo das arestas de fluxo de controle (B_1, B_2) e (B_3, B_4), o compilador poderia substituir o par store-load por uma operação de cópia registrador-para-registrador no local apropriado: o início de B_2 para (B_1, B_2) e o final de B_3 para (B_3, B_4). Porém, a aresta (B_1, B_4) não tem um local onde o compilador pode colocar a cópia, pois é uma aresta crítica, conforme discutimos na Seção 9.3.5. Colocar a cópia no final de B_1 produz uma atribuição incorreta para B_2, enquanto colocá-la no início de B_4 produz um resultado incorreto na aresta (B_3, B_4).

Em geral, o alocador local não pode usar operações de cópia para conectar o fluxo de valores entre os blocos. Ele não pode saber, ao processar B_1, as decisões de alocação e atribuição feitas em blocos subsequentes. Assim, precisa lançar mão de passar valores pela memória. Mesmo que o alocador soubesse as atribuições em B_2 e B_4 quando processasse B_1, ainda não poderia resolver o problema com (B_1, B_4), a menos que mude o grafo de fluxo de controle. Como alternativa, o alocador poderia evitar esses problemas coordenando o processo de atribuição por todos os blocos. Neste ponto, porém, o alocador não seria mais um alocador local.

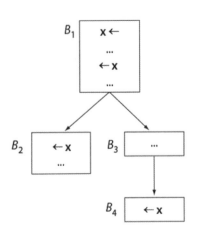

Efeitos semelhantes surgem com a alocação. E se x não fosse referenciado em B_2? Mesmo que pudéssemos coordenar a atribuição globalmente, para garantir que x sempre estivesse em algum registrador, digamos r_2, quando fosse usado, o alocador precisaria inserir um load de x ao final de B_2 para permitir que B_4 evite o load inicial de x. Naturalmente, se B_2 tivesse outros sucessores, eles poderiam não referenciar x e precisar de outro valor em r_2.

Uma segunda questão, tanto mais sutil quanto mais problemática, surge quando tentamos esticar os paradigmas de alocação local para além de blocos isolados. Considere a situação que surgiria ao realizar a alocação local de baixo para cima sobre o bloco B_1 do exemplo mostrado na margem. Se, depois do uso de x em B_1, o alocador precisar de um registrador adicional, deverá calcular a distância até o próximo uso de x. Em um bloco isolado, essa próxima referência é exclusiva, assim como sua distância. Com múltiplos blocos sucessores, a distância depende do caminho tomado em tempo de execução, (B_1, B_2) ou (B_1, B_3, B_4). Assim, isto não está bem definido. Mesmo que todos os usos subsequentes de x sejam equidistantes antes da alocação, o derramamento local em um bloco poderia aumentar as distâncias em um ou mais caminhos. Como a métrica básica que está por trás do método local de baixo para cima é multivalorada, os efeitos do algoritmo tornam-se mais difíceis de entender e justificar

Os efeitos nas fronteiras de bloco podem ser complexos. Eles não se ajustam a um alocador local porque lidam com fenômenos que estão totalmente fora do seu escopo. Todos esses problemas sugerem que uma técnica diferente é necessária para ir além da alocação local, para alocação regional ou global. Na realidade, os algoritmos de alocação global bem-sucedidos têm pouca semelhança com os locais.

> **REVISÃO DA SEÇÃO**
> A alocação de registradores local examina um único bloco básico. Este contexto limitado simplifica a análise e o algoritmo. Esta seção apresentou um algoritmo de cima para baixo (*top-down*) e um algoritmo de baixo para cima (*bottom-up*) para a alocação local. O algoritmo de cima para baixo prioriza valores pelo número de referências a esse valor no bloco; atribui os valores de prioridade mais alta aos registradores; e reserva um pequeno conjunto de registradores para lidar com aqueles valores que não recebem registradores. O alocador de baixo para cima atribui valores a registradores à medida que os encontra em uma passagem para a frente pelo bloco. Quando precisa de um registrador adicional, derrama o valor cujo próximo uso está mais distante no futuro.
>
> Os alocadores de cima para baixo e de baixo para cima apresentados aqui diferem no modo como tratam valores individuais. Quando o algoritmo de cima para baixo aloca um registrador para algum valor, ele reserva aquele registrador para o bloco inteiro. Quando o algoritmo de baixo para cima aloca um registrador para algum valor, ele reserva aquele registrador até que encontre uma necessidade mais imediata para ele. A capacidade do algoritmo de baixo para cima de usar um único registrador para diversos valores permite-lhe produzir melhores alocações do que o algoritmo de cima para baixo. Os paradigmas de alocação nesses dois algoritmos começam a falhar quando tentamos aplicá-los a regiões maiores.

> **QUESTÕES DE REVISÃO**
> 1. Para cada um dos dois alocadores, responda às seguintes perguntas: Que etapa no alocador tem a pior complexidade assintótica? Como o construtor de compiladores poderia limitar seu impacto sobre o tempo de compilação?
> 2. O alocador de cima para baixo agrega contagens de frequência por nomes de registrador virtual e realiza a alocação por nomes de registrador virtual. Esboce um algoritmo que renomeie registradores virtuais de modo que melhore os resultados do algoritmo de cima para baixo.

13.4 ALOCAÇÃO E ATRIBUIÇÃO GLOBAIS DE REGISTRADORES

Os alocadores de registrador tentam minimizar o impacto do código de derramamento que devem inserir. Este impacto pode tomar pelo menos três formas: tempo de execução para o código de derramamento, espaço de código para as operações de derramamento, e espaço de dados para os valores derramados. A maioria dos alocadores foca o primeiro desses efeitos — minimizar o tempo de execução do código de derramamento.

Os alocadores de registrador globais não podem garantir uma solução ótima para este problema. A diferença entre duas alocações diferentes para o mesmo código está tanto no número de loads, stores e operações de cópia que o alocador insere quanto no seu posicionamento no código. O número de operações importa tanto no espaço de código quanto no tempo de execução. O posicionamento das operações importa porque diferentes blocos são executados por diferentes números de vezes, e essas frequências de execução variam de uma execução para outra.

A alocação global difere da local de duas maneiras fundamentais.

1. A estrutura de uma faixa viva global pode ser mais complexa do que a de uma faixa viva local. Esta última é um intervalo no código em linha reta. Já uma faixa viva global é uma teia de definições e usos encontrados realizando o fechamento de duas relações. Para um uso u na faixa viva LR_i, LR_i precisa incluir cada definição d que alcança u. De modo semelhante, para cada definição d em LR_i, LR_i deve incluir cada uso u que d alcança. Alocadores globais criam um novo espaço de nome em que cada faixa viva tem um nome distinto. A alocação, então, mapeia nomes de faixa viva para um registrador físico ou para um local de memória.

2. Dentro de uma faixa viva global LR_i, as referências distintas podem ser executadas por diferentes números de vezes. Em uma faixa viva local, todas as referências são executadas uma vez por execução do bloco (a menos que ocorra uma exceção). Assim, o custo do derramamento local é uniforme. Em um alocador global, este custo depende de onde o código de derramamento ocorre. O problema de escolher um valor para derramar é, portanto, muito mais complexo no caso global do que no local.

Os alocadores globais anotam cada referência com uma frequência de execução estimada, obtida da análise estática ou de dados de perfil. A alocação, então, usa essas anotações para orientar as decisões sobre alocação e derramamento.

Qualquer alocador global precisa resolver essas duas questões. Cada uma delas torna a alocação global substancialmente mais complexa que a local.

Os alocadores globais tomam decisões sobre alocação e atribuição; decidem, para cada faixa viva, se ela residirá ou não em um registrador; decidem, para cada faixa viva que está em registrador, se ela pode ou não compartilhar um registrador com outras faixas vivas; e escolhem, para cada faixa viva que deve residir em registrador, um registrador físico específico para ela.

COLORAÇÃO DE GRAFO

Muitos alocadores de registrador global usam a *coloração de grafo* como um paradigma para modelar o problema básico da alocação. Para um grafo arbitrário G, a coloração de G atribui uma cor a cada nó em G, de modo que nenhum par de nós adjacentes tenha a mesma cor. Uma coloração que usa k cores é chamado de *k-coloração* (o grafo é chamado *k-colorido*), e o menor valor de k para um determinado grafo é chamado *número cromático* do grafo. Considere os seguintes grafos:

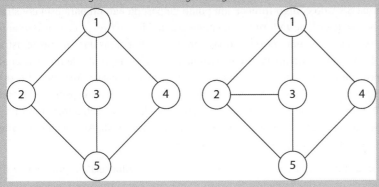

> O grafo da esquerda é 2-colorido. Por exemplo, podemos atribuir *azul* aos nós 1 e 5, e *vermelho* aos nós 2, 3 e 4. A inclusão da aresta (2,3), como vemos à direita, torna o grafo 3-colorido, mas não 2-colorido. (Atribua *azul* aos nós 1 e 5, *vermelho* aos nós 2 e 4, e *amarelo* ao nó 3.)
>
> Para um dado grafo, o problema de encontrar seu número cromático é NP-completo. De modo semelhante, o problema de determinar se o grafo é *k*-colorido, para algum *k* fixo, é NP-completo. Os algoritmos que usam a coloração de grafo como paradigma para alocar recursos utilizam métodos aproximados para encontrar colorações que se adaptem ao conjunto de recursos disponíveis.

Grafo de interferência
Grafo onde os nós representam faixas vivas e uma aresta (i, j) indica que LR_i e LR_j não podem compartilhar um registrador.

Para tomar essas decisões, muitos compiladores realizam alocação de registradores usando uma analogia para a coloração de grafo. Alocadores de coloração de grafo criam um grafo, chamado *grafo de interferência*, para modelar os conflitos entre faixas vivas. Eles tentam construir uma *k*-coloração para esse grafo, onde *k* é o número de registradores físicos disponíveis ao alocador. (Alguns registradores físicos, como o ARP, podem ser dedicados a outras finalidades.) A *k*-coloração para os grafos de interferência traduz-se diretamente em uma atribuição das faixas vivas aos registradores físicos. Se o compilador não puder construir diretamente uma *k*-coloração para o grafo, ele modifica o código subjacente derramando alguns valores para a memória e tenta novamente. Como o derramamento simplifica o grafo, é garantido que este processo termina.

Diferentes alocadores de coloração tratam do derramamento (ou alocação) de diferentes maneiras. Examinaremos alocadores de cima para baixo que usam informações de alto nível para tomar decisões de alocação, e alocadores de baixo para cima que usam informações de baixo nível para tomar essas decisões. Porém, antes de examinarmos essas duas técnicas, vamos explorar alguns dos subproblemas que os alocadores têm em comum: descobrir faixas vivas, estimar custos de derramamento e construir um grafo de interferência.

13.4.1 Descoberta de faixas vivas globais

Para construir faixas vivas, o compilador precisa descobrir os relacionamentos que existem entre diferentes definições e usos. O alocador deve derivar um espaço de nomes que agrupe em um único nome todas as definições que alcançam um único uso e todos os usos que uma única definição pode alcançar. Isto sugere uma técnica em que o compilador atribui a cada definição um nome distinto e mescla nomes de definição que alcançam um uso comum. A conversão do código para a forma SSA simplifica a construção de faixas vivas; assim, vamos considerar que o alocador opera sobre a forma SSA.

A forma SSA do código fornece um ponto de partida natural para esta construção. Lembre-se de que, nesta forma, cada nome é definido uma vez, e cada uso refere-se a uma definição. As funções-ϕ inseridas para reconciliar essas duas regras registram o fato de que definições distintas em diferentes caminhos no grafo de fluxo de controle alcançam uma única referência. Uma operação que referencia o nome definido por uma função-ϕ usa o valor de um de seus argumentos; qual argumento específico depende de como o fluxo de controle alcançou a função-ϕ. Todas essas definições devem residir no mesmo registrador e, assim, pertencer à mesma faixa viva. As funções-ϕ permitem que o compilador crie faixas vivas de modo eficiente.

Para criar faixas vivas a partir da forma SSA, o alocador usa o algoritmo de determinação e união de conjuntos disjuntos, e faz uma única passagem pelo código. Ele trata cada nome SSA, ou definição, como um conjunto no algoritmo. Examina cada função-ϕ no programa e une os conjuntos associados a cada parâmetro de função-ϕ e o conjunto para o resultado da função-ϕ. Após todas as funções-ϕ terem sido processadas, os conjuntos resultantes representam as faixas vivas no código. Neste ponto, o alocador pode reescrever o código para usar nomes de faixas vivas, ou criar e manter um mapeamento entre nomes SSA e nomes de faixas vivas.

> O compilador pode representar faixas vivas globais como um conjunto de um ou mais nomes SSA.

A Figura 13.3a mostra um fragmento de código na forma SSA semipodada, que envolve variáveis de código fonte, a, b, c e d. Para encontrar as faixas vivas, o alocador atribui a cada nome SSA um conjunto contendo seu nome, e une os conjuntos associados aos nomes usados na função-ϕ, $\{d_0\} \cup \{d_1\} \cup \{d_2\}$. Isto gera um conjunto final de quatro faixas vivas: LR_a que contém $\{a_0\}$, LR_b que contém $\{b_0\}$, LR_c que contém $\{c_0\}$ e LR_d que contém $\{d_0,d_1,d_2\}$. A Figura 13.3b mostra o código reescrito para usar nomes de faixas vivas.

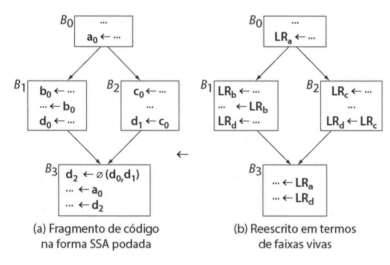

(a) Fragmento de código na forma SSA podada

(b) Reescrito em termos de faixas vivas

■ **FIGURA 13.3** Descobrindo faixas vivas.

Na Seção 9.3.5, vimos que as transformações aplicadas à forma SSA podem introduzir complicações nesse processo de reescrita. Se o alocador constrói a forma SSA, usa-a para encontrar faixas vivas e reescreve o código sem realizar outras transformações, então pode simplesmente substituir nomes SSA por nomes de faixas vivas. Por outro lado, se ele usa a forma SSA que já foi transformada, o processo de reescrita precisa lidar com as complicações descritas na Seção 9.3.5. Como a maioria dos compiladores realizará a alocação após a seleção de instruções e, possivelmente, o escalonamento de instruções, o código que o alocador consome não estará na forma SSA. Isto força o alocador a criar a forma SSA para o código e garante que o processo de reescrita seja simples.

13.4.2 Estimativa de custos de derramamento globais

Para tomar decisões bem informadas de derramamento, o alocador global precisa de uma estimativa do custo de derramamento de cada valor. O custo de um derramamento tem três componentes: cálculo de endereço, operação de memória e frequência estimada de execução.

O construtor de compiladores pode escolher onde na memória manter os valores derramados. Normalmente, eles residem em uma designada área de salvamento de registrador no registro de ativação (AR) atual para minimizar o custo do cálculo de endereço (ver Figura 6.4). O armazenamento de valores derramados no AR permite que o alocador gere operações como um `loadAI` ou um `storeAI` relativo a r_{arp} para o derramamento. Essas operações normalmente evitam a necessidade de registradores adicionais para calcular o endereço de memória de um valor derramado.

O custo da operação de memória, em geral, é inevitável. Para cada valor derramado, o compilador deve gerar um store após cada definição e um load antes de cada uso. À medida que as latências de memória aumentam, os custos dessas operações de derramamento aumentam. Se o processador-alvo tiver uma *memória de rascunho* rápida, o compilador pode reduzir o custo dessas operações derramando para a memória de rascunho. Para tornar as coisas piores, o alocador insere operações de derramamento em regiões onde a demanda por registradores é alta. Nestas regiões, a falta de registradores livres pode restringir a capacidade do escalonador de ocultar a latência de memória. Assim, o construtor de compiladores deve esperar que os locais de derramamento permaneçam na cache. (Paradoxalmente, esses locais permanecem na cache somente se forem acessados com frequência suficiente para evitar a substituição — sugerindo que o código está executando muitas operações de derramamento.)

Memória de rascunho
Memória local dedicada, não em cache, às vezes é chamada memória de rascunho.
Memória de rascunho é um recurso de alguns processadores embutidos.

Contabilizando frequências de execução

Para contabilizar as diferentes frequências de execução dos blocos básicos no grafo de fluxo de controle, o compilador deve anotar cada bloco com uma contagem de execução estimada. Ele pode obter essas estimativas a partir de dados de perfil ou de heurísticas. Muitos compiladores simplesmente consideram que cada laço é executado 10 vezes. Esta suposição atribui um peso de 10 a um load dentro de um laço, 100 para um load dentro de dois laços aninhados, e assim por diante. Um `if-then-else` não previsto diminuiria a frequência estimada pela metade. Na prática, essas estimativas garantem uma tendência para o derramamento nos laços externos, ao invés dos internos.

Para estimar o custo de derramamento de uma única referência, o alocador acrescenta o custo do cálculo de endereço ao custo da operação de memória e multiplica essa soma pela frequência de execução estimada da referência. Para cada faixa viva, soma os custos das referências individuais, o que exige uma passagem por todos os blocos no código. O alocador pode pré-calcular esses custos para todas as faixas vivas, ou, então, esperar para calculá-los até descobrir que deve derramar pelo menos um valor.

Custos de derramamento negativos

Uma faixa viva que contém um load, um store e nenhum outro uso deve receber um custo de derramamento negativo se o load e o store se referirem ao mesmo endereço. (Essa faixa viva pode resultar de transformações intencionais para melhorar o código; por exemplo, se o uso fosse otimizado e o store resultasse de uma chamada de procedimento, ao invés da definição de um novo valor.) Às vezes, o derramamento de uma faixa viva pode eliminar operações de cópia com um custo mais alto do que as operações de derramamento; essa faixa viva também tem um custo negativo. Qualquer faixa viva com um custo de derramamento negativo deve ser derramada, pois isso diminui a demanda por registradores *e* remove instruções do código.

Custos de derramamento infinitos

Algumas faixas vivas são tão curtas que derramá-las não ajuda. Se o alocador tentar derramar vr_i, inserirá um store após a definição e um load antes do uso, criando duas novas faixas vivas. Nenhuma dessas novas faixas vivas utiliza menos registradores do que a original, de modo que o derramamento não produz qualquer benefício. O alocador

$vr_i \leftarrow \cdots$

$\text{Mem}[vr_j] \leftarrow vr_i$

Faixa viva com custo de derramamento infinito.

deve atribuir à faixa viva original um custo de derramamento infinito, garantindo que não tentará derramá-la. Em geral, uma faixa viva deve ter custo de derramamento infinito se nenhuma outra faixa viva termina entre suas definições e seus usos. Esta condição estipula que a disponibilidade de registradores não muda entre as definições e os usos.

13.4.3 Interferências e o grafo de interferência

O efeito fundamental que um alocador de registradores global deve modelar é a competição entre valores pelo espaço no conjunto de registradores do processador. Considere duas faixas vivas distintas, LR_i e LR_j. Se houver uma operação no programa durante a qual tanto LR_i quanto LR_j estejam vivas, elas não poderão residir no mesmo registrador. (Em geral, um registrador físico pode manter apenas um valor por vez.) Dizemos que LR_i e LR_j *interferem*.

Interferência
Duas faixas vivas, LR_i e LR_j, *interferem* se uma estiver viva na definição da outra e elas tiverem valores diferentes.

Para modelar o problema de alocação, o compilador pode construir um grafo de interferência $I = (N,E)$, em que os nós em N representam faixas vivas individuais, e as arestas em E representam interferências entre faixas vivas. Assim, uma aresta não orientada $(n_i, n_j) \in I$ existe se, e somente se, as faixas vivas correspondentes LR_i e LR_j interferirem. A Figura 13.4 mostra o código da Figura 13.3b junto com seu grafo de interferência. Como o grafo mostra, LR_a interfere com cada uma das outras faixas vivas. As demais faixas vivas, porém, não interferem umas com as outras.

(a) Fragmento de código com nomes de faixas vivas

(b) Grafo de interferência correspondente

■ **FIGURA 13.4** Faixas vivas e interferência.

Se o compilador puder colorir I com k ou menos cores, então pode mapear as cores diretamente para registradores físicos, a fim de produzir uma alocação válida. No exemplo, LR_a não pode receber a mesma cor de LR_b, LR_c ou LR_d, pois ela interfere com cada uma dessas. Porém, as outras três faixas vivas podem todas compartilhar uma única cor, pois não interferem umas com as outras. Assim, o grafo de interferência é 2-colorido, e o código pode ser reescrito para usar apenas dois registradores.

Considere o que aconteceria se outra fase do compilador reordenasse as duas operações no final de B_1. Essa mudança torna LR_b viva na definição de LR_d. O alocador deve acrescentar a aresta (LR_b, LR_d) a E, o que torna impossível colorir o grafo com apenas duas cores. (O grafo é pequeno o suficiente para provar isto por enumeração.) Para lidar com esse grafo, o alocador tem duas opções: usar três registradores ou, se a máquina alvo tiver apenas dois registradores, derramar um de LR$_b$ ou LR$_a$ antes da definição de LR$_d$ em B$_1$. Naturalmente, o alocador também poderia reordenar as duas operações e eliminar a interferência entre LR$_b$ e LR$_d$. Normalmente, os alocadores de registradores não reordenam operações. Ao invés disso, assumem uma ordem fixa de operações e deixam as questões de ordenação para o escalonador de instruções (ver Capítulo 12).

Construção do grafo de interferência

Uma vez que o alocador tenha construído faixas vivas globais e anotado cada bloco básico no código com seu conjunto LIVEOUT, pode construir o grafo de interferência em uma passagem linear simples por cada bloco. A Figura 13.5 mostra o algoritmo básico. Ao percorrer o bloco, de baixo para cima, o alocador calcula LIVENOW, o conjunto de valores que estão vivos na operação atual. (Vimos LIVENOW na Seção 11.5.1.) Na última operação do bloco, LIVEOUT e LIVENOW precisam ser idênticos. Enquanto o algoritmo caminha de trás para a frente no bloco, ele acrescenta as arestas de interferência apropriadas ao grafo e atualiza o conjunto LIVENOW para refletir o impacto da operação.

```
for each LR_i
  criar um nó n_i ∈ N
for each bloco básico b
  LIVENOW ← LIVEOUT(b)
  for each operação op_n, op_{n-1}, op_{n-2}, ...op_1 em b
    da forma op_i LR_a , LR_b ⇒ LR_c
    for each LR_i ∈ LIVENOW
      acrescentar (LR_c, LR_i) a E
    remover LR_c de LIVENOW
    acrescentar LR_a e LR_b a LIVENOW
```

■ **FIGURA 13.5** Construção do grafo de interferência.

O algoritmo implementa a definição de interferência dada anteriormente: LR$_i$ e LR$_j$ interferem somente se uma estiver viva em uma definição da outra. Essa definição permite que o compilador construa o grafo de interferência acrescentando, a cada operação, uma interferência entre o alvo da operação, LR$_c$, e cada faixa viva que está viva após a operação.

Operações de cópia exigem tratamento especial. Uma cópia LR$_i$ ⇒ LR$_j$ não cria interferência entre LR$_i$ e LR$_j$ porque as duas faixas vivas têm o mesmo valor e, portanto, podem ocupar o mesmo registrador. Assim, a operação não deve induzir uma aresta (LR$_i$,LR$_j$) em E. Se o contexto subsequente criar uma interferência entre estas faixas vivas, essa operação criará a aresta. De modo semelhante, uma função-ϕ não cria interferência entre qualquer um de seus argumentos e seu resultado. Tratar cópias e funções-ϕ desse modo cria um grafo de interferência que captura exatamente quando LR$_i$ e LR$_j$ podem ocupar o mesmo registrador.

Para melhorar a eficiência do alocador, o compilador deve construir uma matriz de bits diagonal inferior e um conjunto de listas de adjacência para representar E. A matriz de bits permite um teste de interferência em tempo constante, enquanto as listas de adjacência permitem iteração eficiente pelos vizinhos de um nó. A estratégia de duas representações usa mais espaço do que uma única representação usaria, mas compensa no tempo de alocação reduzido. Conforme sugerido na Seção 13.2.3, o alocador pode construir grafos separados para classes de registrador disjuntas, o que reduz o tamanho máximo do grafo.

Construção de um alocador

Para criar um alocador global baseado no paradigma de coloração de grafo, o construtor de compiladores precisa de dois mecanismos adicionais. Primeiro, uma técnica eficiente para descobrir as k-colorações. Infelizmente, o problema de determinar se uma k-coloração existe para um determinado grafo é NP-completo. Assim, os alocadores de registradores usam aproximações rápidas que não têm garantias de encontrar uma k-coloração. Segundo, de uma estratégia que trate do caso em que não reste cor alguma para uma faixa viva específica. A maioria dos alocadores de coloração resolve isto reescrevendo o código para mudar o problema de alocação. O alocador apanha uma ou mais faixas vivas para modificar; e, ou derrama ou divide as faixas vivas escolhidas. O derramamento transforma a faixa viva escolhida em conjuntos de pequenas faixas vivas, uma para cada definição ou uso da faixa viva original. A divisão quebra a faixa viva escolhida em partes menores, não triviais. De qualquer forma, o código transformado realiza a mesma computação, mas tem um grafo de interferência diferente. Se as mudanças forem efetivas, o novo grafo de interferência é k-*colorível*. Se não, o alocador deve derramar ou dividir mais faixas vivas.

Divisão de faixa viva
Se o alocador não puder manter uma faixa viva em um registrador, pode quebrar a faixa viva em partes menores, conectadas por cópias ou por loads e stores. As novas faixas vivas menores podem caber nos registradores.

13.4.4 Coloração de cima para baixo

Um alocador de registradores global de coloração de grafo usa informações de baixo nível para atribuir cores a faixas vivas individuais e informações de alto nível para selecionar a ordem em que realiza a coloração das faixas vivas. Para encontrar uma cor para uma faixa viva específica LR_i, o alocador conta as cores já atribuídas aos vizinhos de LR_i em I. Se o conjunto de cores dos vizinhos estiver incompleto — ou seja, uma ou mais cores não forem usadas —, o alocador pode atribuir uma cor não usada a LR_i. Se o conjunto estiver completo, então nenhuma cor estará disponível para LR_i e o alocador deve usar sua estratégia para faixas vivas não coloridas.

Os alocadores de cima para baixo tentam colorir as faixas vivas em uma ordem determinada por alguma função de classificação. Os alocadores de cima para baixo baseados em prioridade, atribuem a cada nó uma classificação que é a economia de runtime estimada resultante de manter essa faixa viva em um registrador. Essas estimativas são semelhantes aos custos de derramamento descritos na Seção 13.4.2. O alocador global de cima para baixo usa registradores para os valores mais importantes, conforme identificados por essas classificações.

O alocador considera as faixas vivas em ordem de classificação e tenta atribuir uma cor a cada uma delas. Se nenhuma cor estiver disponível para uma faixa viva, ele chama o mecanismo de derramamento ou de divisão para lidar com a faixa viva não colorida. Para melhorar o processo, o alocador pode particionar as faixas vivas em dois conjuntos — restritas e irrestritas. Uma faixa viva é *restrita* se tiver k ou mais vizinhos — ou seja, tiver grau $\geq k$ em I. As faixas vivas restritas são coloridas primeiro, em ordem de classificação. Após todas terem sido tratadas, as faixas vivas irrestritas são coloridas, em qualquer ordem. Como uma faixa viva irrestrita tem menos do que k vizinhos, o alocador sempre pode encontrar uma cor para ela; nenhuma atribuição de cores para seus vizinhos pode usar todas as k cores.

Indicamos "grau de LR_i" como LR_i°. LR_i é restrita se, e somente se, $LR_i^\circ \geq k$.

Tratando primeiro as faixas vivas restritas, o alocador evita alguns potenciais derramamentos. A alternativa, trabalhar em uma ordem de prioridade direta, permitiria que o alocador atribuísse todas as cores disponíveis a vizinhos irrestritos de LR_i, porém de maior prioridade. Esta abordagem poderia forçar LR_i a permanecer não colorida, embora devam existir colorações de seus vizinhos irrestritos que deixam uma cor para LR_i.

Tratamento de derramamentos

Quando o alocador de cima para baixo encontra uma faixa viva que não pode ser colorida, deve derramar ou dividir algum conjunto de faixas vivas para mudar o problema. Como todas as faixas vivas coloridas anteriormente foram classificadas com prioridade mais alta do que a faixa viva não colorida, faz sentido derramar esta última ao invés de uma colorida anteriormente. O alocador pode considerar a recoloração de uma das faixas vivas coloridas anteriormente, mas precisa ter cuidado para evitar a generalidade total e o custo do retrocesso.

Para derramar LR_i, o alocador insere um store após cada definição de LR_i e um load antes de cada uso. Se as operações de memória precisarem de registradores, o alocador pode reservar registradores suficientes para cuidar delas. (Por exemplo, um registrador é necessário para manter o valor derramado quando ele for carregado antes de um uso.) O número de registradores necessários para esta finalidade é uma função da arquitetura do conjunto de instruções da máquina-alvo. A reserva desses registradores simplifica o derramamento.

Uma alternativa à reserva de registradores para o código de derramamento é procurar por cores livres em cada definição e uso; se nenhuma estiver disponível, o alocador deve derramar retroativamente uma faixa viva que já foi colorida. Neste esquema, o alocador inseriria o código de derramamento, que remove a faixa viva original e cria uma nova faixa viva curta, s. Recalcularia interferências na vizinhança do local de derramamento e contaria as cores atribuídas aos vizinhos de s. Se este processo não descobrir uma cor disponível para s, o alocador derrama o vizinho de menor prioridade de s.

Naturalmente, este esquema tem o potencial de derramar, de forma recursiva, faixas vivas coloridas anteriormente, recurso este que tem levado a maioria dos implementadores de alocadores de cima para baixo baseados em prioridade a reservar registradores de derramamento em seu lugar. O paradoxo, claro, é que reservar registradores de derramamento pode, por si só, causar derramamentos, pela efetiva redução de k.

Divisão de faixa viva

O derramamento muda o problema de coloração. Uma faixa viva não colorida é quebrada em uma série de pequenas faixas vivas, uma em cada definição ou uso. Outra forma de mudar o problema é dividir uma faixa viva não colorida em novas faixas vivas — subfaixas que contêm várias referências. Se estas novas faixas vivas interferirem com menos faixas vivas do que acontecia com a faixa viva original, elas podem receber cores. Por exemplo, algumas das novas faixas vivas podem ser irrestritas. A divisão da faixa viva pode evitar o derramamento da faixa viva original em cada referência; com pontos de divisão bem escolhidos, ela pode isolar as partes da faixa viva que o alocador precisa derramar.

O primeiro alocador de coloração de cima para baixo, baseado em prioridade, criado por Chow, quebrava a faixa viva não colorida em faixas vivas de único bloco, contava interferências para cada faixa viva resultante e então recombinava faixas vivas de blocos adjacentes se a faixa viva combinada permanecesse irrestrita. Ele colocava um limite superior arbitrário sobre o número de blocos pelos quais uma faixa viva dividida poderia se espalhar. Ele inseria um load no ponto inicial de cada faixa viva dividida e um store no ponto final da faixa viva. O alocador derramava quaisquer faixas vivas divididas que continuassem sem cor.

13.4.5 Coloração de baixo para cima

Os alocadores do registradores de coloração de grafo de baixo para cima utilizam muitos dos mesmos mecanismos dos alocadores globais de cima para baixo. Eles descobrem faixas vivas, constroem um grafo de interferência, tentam colori-lo e geram código de derramamento quando necessário. A principal distinção entre os alocadores de cima para baixo e de baixo para cima está no mecanismo usado para ordenar faixas vivas para coloração. Enquanto o alocador de cima para baixo usa informações de alto nível para selecionar uma ordem para coloração, um alocador de baixo para cima calcula uma ordem a partir do conhecimento estrutural detalhado sobre o grafo de interferência. Tal alocador constrói uma ordem linear para considerar as faixas vivas e atribuir cores nessa ordem.

Para ordenar as faixas vivas, um alocador por coloração de grafo de baixo para cima conta com o fato de que as faixas vivas irrestritas são triviais para se colorir. Ele atribui cores em uma ordem onde cada nó tem menos de k vizinhos coloridos. O algoritmo calcula a ordem de coloração para um grafo $I = (N, E)$ da seguinte forma:

```
Inicializar pilha como vazia
while (N ≠ ∅)
  if ∃ n ∈ N com n° < k
    then nó ← n
    else nó ← n apanhado de N
  remover nó e suas arestas de I
  empilhar o nó
```

O alocador repetidamente remove um nó do grafo e coloca o nó em uma pilha. Ele usa dois mecanismos distintos para selecionar o nó a ser removido em seguida. O primeiro (cláusula `then`) apanha um nó que é irrestrito no grafo do qual foi removido. Como esses nós são irrestritos, a ordem em que são removidos não importa. A remoção de um nó irrestrito diminui o grau de cada um de seus vizinhos e pode torná-los irrestritos. O segundo (cláusula `else`), invocado somente quando cada nó restante é restrito, apanha um nó usando alguns critérios externos. Qualquer nó removido por esse mecanismo tem mais de k vizinhos e, portanto, não pode receber uma cor durante a fase de atribuição. O laço termina quando o grafo está vazio. Neste ponto, a pilha contém todos os nós em ordem de remoção.

Para colorir o grafo, o alocador reconstrói o grafo de interferência na ordem representada pela pilha — o reverso da ordem em que o alocador os removeu do grafo. Ele repetidamente retira um nó n da pilha, insere n e suas arestas de volta a I e apanha uma cor para n. O algoritmo é:

```
while (pilha ≠ ∅)
  nó ← pop(pilha)
  inserir nó e suas arestas em I
  colorir nó
```

Para escolher uma cor para o nó n, o alocador conta as cores dos vizinhos de n na aproximação atual para I e atribui a n uma cor não usada. Para escolher uma cor específica, ele pode procurar em uma ordem consistente a cada vez, ou atribuir cores em um padrão de rodízio. (Em nossa experiência, o mecanismo usado para a escolha de cor tem pouco impacto na prática.) Se nenhuma cor restar para n, ele fica sem cor.

Quando a pilha estiver vazia, I terá sido recriado. Se cada nó tiver uma cor, o alocador declara sucesso e reescreve o código, substituindo os nomes de faixa viva por registradores físicos. Se algum nó permanecer sem cor, o alocador derramará a faixa viva correspondente ou a dividirá em partes menores. Neste ponto, os alocadores clássicos de baixo para cima reescrevem o código para refletir os derramamentos e divisões, repetindo o processo inteiro — encontrando faixas vivas, construindo I e colorindo-o. O processo é repetido até que cada nó em I receba uma cor. Normalmente, o alocador termina depois de algumas iterações. Naturalmente, um alocador de baixo para cima poderia reservar registradores para derramamento, como o alocador de cima para baixo faz. Esta estratégia lhe permitiria parar após uma única passada.

Por que isso funciona?

O alocador de baixo para cima insere cada nó de volta ao grafo do qual foi removido. Se o algoritmo de redução remove o nó representando LR_i de I por meio de sua primeira cláusula (pois ele estava irrestrito no momento da remoção), então reinsere LR_i em um grafo em que ele também é irrestrito. Assim, quando o alocador insere LR_i, uma cor deve estar disponível para LR_i. A única maneira de um nó n poder deixar de receber uma cor é se n foi removido de I usando a métrica de derramamento. Este nó é inserido em um grafo no qual ele tem k ou mais vizinhos. Porém, uma cor ainda poderá estar disponível para n. Suponha que $n° > k$ quando o alocador o insere em I. Seus vizinhos não podem ter, todos eles, cores distintas, pois podem ter no máximo k cores. Se tiverem exatamente k cores, o alocador não encontra uma cor para n. Se, ao invés disso, usarem menos de k cores, o alocador encontra uma cor disponível para n.

O algoritmo de redução determina a ordem em que os nós são coloridos. Essa ordem é crucial, pois determina se as cores estão disponíveis ou não. Para nós removidos do grafo porque são irrestritos, a ordem não é importante com relação aos nós restantes. A ordem pode ser importante com relação aos nós que já estão na pilha; afinal, o nó atual pode ter sido restrito até alguns dos nós anteriores serem removidos. Para os nós removidos do grafo usando a cláusula `else`, a ordem é fundamental. Essa cláusula é executada somente quando cada nó restante for restrito. Assim, os restantes formam um ou mais subgrafos de I altamente conectados.

A heurística usada pela cláusula else para escolher um nó normalmente é chamada *métrica de derramamento*. O alocador de coloração de grafo de baixo para cima original, criado por Chaitin e outros, usava uma métrica de derramamento simples. Ele apanhava um nó que minimizava a razão de $\frac{custo}{grau}$ onde *custo* é o custo estimado de derramamento, e *grau* é o grau do nó no grafo atual. Essa métrica é um equilíbrio entre custo de derramamento e o número de nós cujo grau diminuirá.

Outras métricas de derramamento foram tentadas. Estas incluem $\frac{custo}{grau^2}$, que enfatiza o impacto sobre os vizinhos; custo direto, que enfatiza a velocidade em tempo de execução; e contagem das operações de derramamento, que diminui o tamanho do código. Os dois primeiros, $\frac{custo\ de\ derramamento}{grau}$ $\frac{custo}{grau}$ e $\frac{custo}{grau^2}$, tentam balancear custo e impacto; os últimos dois, custo e operações de derramamento, visam otimizar critérios específicos. Na prática, nenhuma heurística isolada domina as outras. Como o processo de coloração real é rápido em relação à construção de I, o alocador pode tentar várias colorações, cada uma usando uma métrica de derramamento diferente, e reter o melhor resultado.

13.4.6 Agrupamento de cópias para reduzir o grau

O construtor de compiladores pode usar o grafo de interferência para determinar quando duas faixas vivas conectadas por uma cópia podem ser *agrupadas*, ou combinadas. Considere a operação i2i $LR_i \Rightarrow LR_j$. Se LR_i e LR_j não interferirem de outra forma, a operação pode ser eliminada e todas as referências a LR_j reescritas para usar LR_i. A combinação dessas faixas vivas tem vários efeitos benéficos: elimina a operação de cópia, tornando o código menor e, potencialmente, mais rápido; reduz o grau de qualquer LR_i que interferisse com LR_i e LR_j; encurta o conjunto de faixas vivas, tornando I e muitas das estruturas de dados relacionadas a I menores. (Em sua tese, Briggs mostra exemplos nos quais o agrupamento elimina até um terço das faixas vivas.) Como esses efeitos ajudam na alocação, os compiladores normalmente realizam o agrupamento antes do estágio de coloração em um alocador global.

A Figura 13.6 mostra um exemplo. O código original aparece no painel a, com as linhas à direita do código, que indicam as regiões onde cada um dos valores relevantes, LR_a, LR_b e LR_c, estão vivos. Embora LR_a sobreponha LR_b e LR_c, não interfere com qualquer um deles, pois a origem e o destino de uma cópia não interferem. Como LR_b está viva na definição de LR_c, elas não interferem. As duas operações de cópia são candidatas ao agrupamento.

```
add LR_t, LR_u   => LR_a    ⎤a         add LR_t, LR_u   => LR_ab   ⎤ab
...                                    ...
i2i LR_a         => LR_b    ⎤b         i2i LR_ab        => LR_c
i2i LR_a         => LR_c    ⎤c                                     ⎤c
...                                    ...
add LR_b, LR_w   => LR_x               add LR_ab, LR_w  => LR_x
add LR_c, LR_y   => LR_z               add LR_c, LR_y   => LR_z

    (a) Antes do agrupamento              (b) Após o agrupamento de LR_a e LR_b
```

■ **FIGURA 13.6** Agrupamento de faixas vivas.

A Figura 13.6b mostra o resultado do agrupamento de LR_a e LR_b para produzir LR_{ab}. Como LR_c é definida por uma cópia de LR_{ab}, elas não interferem. A combinação de LR_a e LR_b para formar LR_{ab} reduziu o grau de LR_c. Em geral, o agrupamento de duas faixas vivas não pode aumentar os graus de qualquer um de seus vizinhos; pode, sim, diminuir seus graus ou deixá-los inalterados, mas nunca aumentá-los.

Para realizar o agrupamento, o alocador percorre cada bloco e examina cada operação de cópia no bloco. Considere uma cópia i2i $LR_i \Rightarrow LR_j$. Se LR_i e LR_j não interferem, $(LR_i, LR_j) \notin E$, o alocador as combina, elimina a cópia e atualiza I para refletir a combinação. O alocador pode atualizar I de modo conservador movendo todas as arestas do nó para LR_j até o nó para LR_i — com efeito, usando LR_i como LR_{ij}. Essa atualização não é exata, mas permite que o alocador continue agrupando. Na prática, os alocadores agrupam cada faixa viva permitida por I, depois reescrevem o código, recriam I e tentam novamente. O processo normalmente termina depois de algumas rodadas de agrupamento.

O exemplo ilustra a imprecisão inerente nessa atualização conservadora de I. A atualização deixaria uma interferência entre LR_{ab} e LR_c quando, na realidade, essa interferência não existe. A recriação de I a partir do código transformado produz o grafo de interferência preciso, sem aresta entre LR_{ab} e LR_c, e permite que o alocador agrupe LR_{ab} e LR_c.

Como o agrupamento de duas faixas vivas pode impedir o agrupamento subsequente de outras faixas vivas, a ordem de agrupamento importa. Em princípio, o compilador deve agrupar primeiro as cópias executadas com mais frequência. Assim, o alocador pode agrupar cópias em ordem pela profundidade de aninhamento de laço do bloco onde as cópias são encontradas. Para implementar isto, o alocador pode considerar os blocos básicos em ordem de mais profundamente aninhado até o menos profundamente aninhado.

Na prática, o custo de construir o grafo de interferência para a primeira rodada de agrupamento domina o custo global do alocador de coloração de grafo. As passagens subsequentes pelo laço de criar-agrupar processam um grafo menor e, portanto, são executadas mais rapidamente. Para reduzir o custo do agrupamento, o compilador pode construir um subconjunto do grafo de interferência reduzido — um que só inclua faixas vivas envolvidas em uma operação de cópia. Essa observação aplica a ideia da forma SSA semipodada à construção do grafo de interferência — incluir apenas nomes que importam.

13.4.7 Comparação de alocadores globais de cima para baixo e de baixo para cima

Os alocadores por coloração de cima para baixo e de baixo para cima têm a mesma estrutura básica, mostrada na Figura 13.7. Eles encontram faixas vivas, criam o grafo de interferência, agrupam faixas vivas, calculam custos de derramamento sobre a versão agrupada do código e tentam uma coloração. O processo de criar-agrupar é repetido até que não encontre mais oportunidades. Depois da coloração, ocorre uma dentre duas situações. Se o alocador atribui uma cor a cada faixa viva, então ele reescreve o código usando nomes de registradores físicos e a alocação termina. Se algumas faixas vivas permanecem sem cor, então ele insere código de derramamento.

Se o alocador tiver reservado registradores para derramamento, então os usa no código de derramamento, reescreve os registradores coloridos com seus nomes de registradores físicos e o processo termina. Caso contrário, ele inventa novos nomes de registrador virtual para usar no derramamento e insere os loads e stores necessários para realizar

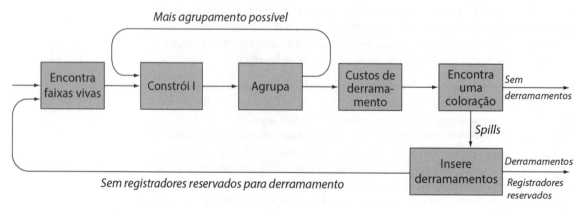

■ **FIGURA 13.7** Estrutura dos alocadores de coloração.

os derramamentos. Isto muda o problema de coloração ligeiramente, de modo que o processo de alocação inteiro é repetido no código transformado. Quando cada faixa viva tem uma cor, o alocador mapeia cores a registradores reais e reescreve o código em sua forma final.

Naturalmente, um alocador de cima para baixo poderia adotar a filosofia de derramar-e-iterar usada no alocador de baixo para cima, o que eliminaria a necessidade de reservar registradores para derramamento. De modo semelhante, um alocador de baixo para cima poderia reservar vários registradores para derramamento e eliminar a necessidade de iteração do processo de alocação inteiro. Derramar-e-iterar consome mais tempo de compilação em troca de uma alocação que, potencialmente, usa menos código de derramamento. Reservar registradores produz uma alocação que, potencialmente, contém mais derramamentos, mas exige menos tempo de compilação para produzir.

O alocador de cima para baixo usa sua classificação de prioridade para ordenar todos os nós restritos. Ele faz a coloração dos nós irrestritos em uma ordem arbitrária, pois a ordem não pode mudar o fato de que recebem uma cor. O alocador de baixo para cima constrói uma ordem em que a maioria dos nós é colorida em um grafo onde são irrestritos. Cada nó que o alocador de cima para baixo classifica como irrestrito é colorido pelo alocador de baixo para cima, pois é irrestrito no grafo original e em cada grafo derivado pela remoção de nós e arestas de I. O alocador de baixo para cima também classifica alguns nós como irrestritos, que o alocador de cima para baixo trata como restritos. Esses nós também podem ser coloridos no alocador de cima para baixo; não existe um modo claro de comparar seus desempenhos nesses nós sem implementar os dois algoritmos e executá-los.

Os nós verdadeiramente difíceis de colorir são aqueles que o alocador de baixo para cima remove do grafo com sua métrica de derramamento. Esta métrica é invocada somente quando cada nó restante é restrito. Esses nós formam um subgrafo fortemente conectado de I. No alocador de cima para baixo, esses nós serão coloridos em uma ordem determinada por sua classificação ou prioridade. No alocador de baixo para cima, a métrica de derramamento usa esta mesma classificação, moderada por uma medição de quantos outros nós têm seu grau reduzido por cada escolha. Assim, o alocador de cima para baixo escolhe derramar nós restritos, de baixa prioridade, enquanto o alocador de baixo para cima derrama nós que ainda são restritos após todos os nós irrestritos terem sido removidos. A partir deste último conjunto, ele apanha os nós que minimizam a métrica de derramamento.

ALOCAÇÃO DE VARREDURA LINEAR

Os alocadores de varredura linear começam da suposição de que podem representar faixas vivas globais com um intervalo simples $[i,j]$, como fizemos na alocação local. Esta representação superestima a extensão da faixa viva para garantir que ela inclui a primeira e a última operação onde a faixa viva está viva. A superestimativa garante que o grafo de interferência resultante é um grafo de intervalo.

Grafos de intervalo são muito mais simples do que os grafos gerais que surgem na alocação de registradores global; por exemplo, o grafo de interferência de um único bloco é sempre um grafo de intervalo. Sob o ponto de vista da complexidade, grafos de intervalo oferecem vantagens ao alocador. Embora o problema de determinar se um grafo arbitrário é k-colorível é NP-completo, o mesmo problema é solucionável em tempo linear em um grafo de intervalo.

A representação de intervalo é menos dispendiosa de se construir do que o grafo de interferência preciso. Os grafos de intervalo prestam-se para algoritmos de

> alocação, como o algoritmo local de baixo para cima, que são mais simples do que os alocadores globais. Como a alocação e a atribuição podem ser realizadas em uma única passagem linear pelo código, esta técnica é chamada *alocação de varredura linear*.
>
> Os alocadores de varredura linear evitam a criação do grafo de interferência global preciso e complexo — a etapa mais dispendiosa nos alocadores globais de coloração de grafo —, bem como o laço $O(N^2)$ para escolher candidatos ao derramamento. Assim, eles usam muito menos tempo de compilação do que os alocadores de coloração de grafo globais. Em algumas aplicações, como em compiladores *just-in-time* (JITs), a escolha entre velocidade de alocação e aumento no código de derramamento torna esses alocadores de varredura linear atraentes.
>
> Este tipo de alocação tem toda a sutileza vista nos alocadores globais. Por exemplo, o uso do algoritmo local de cima para baixo em um alocador de varredura linear derrama uma faixa viva em qualquer lugar em que ocorre, enquanto o uso do algoritmo local de baixo para cima a derrama exatamente nos pontos onde o derramamento é necessário. A noção imprecisa de interferência significa que esses alocadores precisam usar outros mecanismos para agrupar cópias.

13.4.8 Codificação de restrições de máquina no grafo de interferência

A alocação de registradores deve lidar com propriedades idiossincráticas da máquina alvo e sua convenção de chamada. Algumas das restrições que surgem na prática podem ser codificadas no processo de coloração.

Valores de multirregistrador

Considere uma máquina alvo que exige um par alinhado de registradores adjacentes para cada valor de ponto flutuante de precisão dupla e um programa com duas faixas vivas de precisão simples, LR_a e LR_b, e uma faixa viva de precisão dupla, LR_c.

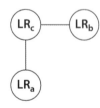

Com interferências (LR_a, LR_c) e (LR_b, LR_c), as técnicas descritas na Seção 13.4.3 produzem o grafo mostrado na margem. Três registradores, r_0, r_1 e r_2, com um único par alinhado, (r_0, r_1), devem ser suficientes para esse grafo. LR_a e LR_b podem compartilhar r_2, deixando o par (r_0, r_1) para LR_c. Infelizmente, este grafo não representa adequadamente as restrições reais sobre a alocação.

Dado $k = 3$, o alocador de coloração de baixo para cima atribui cores em ordem arbitrária, pois nenhum nó tem grau $\geq k$. Se o alocador considera LR_c, primeiro terá sucesso, pois (r_0, r_1) está livre para manter LR_c. Se LR_a ou LR_b for colorido primeiro, ele pode usar r_0 ou r_1, criando uma situação em que o par de registradores alinhado não está disponível para LR_c.

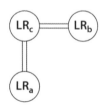

Para forçar a ordem desejada, o alocador pode inserir duas arestas para representar uma interferência com um valor que precisa de dois registradores, produzindo o grafo à esquerda. Com esse grafo e $k = 3$, o alocador de baixo para cima precisa remover um dentre LR_a ou LR_b primeiro, pois LR_c tem grau 4, garantindo que dois registradores estejam disponíveis para LR_c.

As arestas dobradas produzem uma alocação correta, pois correspondem ao grau dos nós que interferem com LR_c com os requisitos de recurso reais. Isto não garante que um par adjacente está disponível para LR_c. A atribuição fraca pode deixar LR_c sem par. Por exemplo, na ordem de coloração LR_a, LR_c, LR_b, o alocador poderia atribuir LR_a a r_1. O construtor de compiladores poderia condicionar a ordem de coloração em favor de LR_c escolhendo valores de registrador único primeiro entre os nós irrestritos (a primeira cláusula no algoritmo de redução de grafo). Outra técnica que o alocador pode usar é realizar a recoloração limitada entre os vizinhos de LR_c se um par apropriado não estiver disponível quando ele tentar atribuir cores.

Posicionamento de registrador específico

O alocador de registradores também precisa lidar com os requisitos para o posicionamento específico de faixas vivas. Essas restrições surgem de várias fontes. A convenção de ligação dita o posicionamento de valores que são passados em registradores; o que pode incluir o ARP, alguns ou todos os parâmetros reais e o valor de retorno. Algumas operações podem exigir seus operandos em registradores particulares; por exemplo, a multiplicação curta sem sinal (*short unsigned*) nas máquinas Intel x86 sempre escreve seu resultado no registrador `ax`.

Como um exemplo das complicações que surgem dos registradores atribuídos na ligação de procedimento, considere a convenção típica em um processador PowerPC. Por convenção, o valor de retorno de uma função é deixado em r_3. Suponha que o código que está sendo compilado tem uma chamada de função e que o código representa o valor de retorno como vr_i. O alocador pode forçar vr_i para r_3 acrescentando arestas de vr_i para cada registrador físico, exceto r_3; essa modificação do grafo de interferência garante que a cor correspondente a r_3 é a única disponível para vr_i. Essa solução, porém, pode restringir demais o grafo de interferência.

Para ver o problema, suponha que o código que está sendo compilado tenha duas chamadas de função e que o código represente os valores de retorno como vr_i e vr_j. Se vr_i estiver vivo até a outra chamada, o código final não poderá manter vr_i e vr_j em r_3. Restringir os dois registradores virtuais para mapearem em r_3 forçará o derramamento de um ou de ambos.

A solução para este problema é contar com a forma do código. O compilador pode criar uma faixa viva curta para o valor de retorno em cada chamada; digamos que use vr_1 na primeira chamada e vr_2 na segunda. Ele pode restringir tanto vr_1 quanto vr_2 de modo que eles mapeiem exclusivamente para r_3; e acrescentar operações de cópia, $vr_1 \Rightarrow vr_i$ e $vr_2 \Rightarrow vr_j$. Esta técnica cria código correto que desacopla vr_i e vr_j de r_3. Naturalmente, o alocador precisa restringir o mecanismo de agrupamento para evitar combinar faixas vivas com restrições de registrador físico conflitantes; na prática, o compilador poderia evitar agrupar qualquer faixa viva que tenha interferências explícitas com registradores físicos.

Como um exemplo das restrições de registrador físico que uma ISA pode impor, considere a operação de multiplicação de inteiros de um endereço em um processador Intel x86. Ela usa o registrador `ax` como seu segundo argumento implícito e como seu registrador de resultado. Considere o mapeamento da sequência IR mostrada na margem para o código x86. O compilador poderia restringir vr_2, vr_1 e vr_5 de modo que sejam mapeados para o registrador `ax`. Neste caso, o processo poderia produzir uma sequência de código semelhante ao código pseudoassembly à esquerda, com os nomes de registrador virtual, vr_i, substituídos por seus locais de runtime reais. Desde que as faixas vivas mapeadas para `ax` sejam curtas, esta estratégia pode produzir código de alta qualidade. Novamente, o agrupamento precisa ser restrito em quaisquer faixas vivas que sobreponham outras operações que exigem `ax`.

$vr_1 \leftarrow vr_2 \times vr_3$

$vr_5 \leftarrow vr_1 \times vr_4$

mov ax, vr_2

imul vr_3

imul vr_4

> **REVISÃO DA SEÇÃO**
>
> Os alocadores de registradores globais consideram as faixas vivas maiores e mais complexas que surgem dos grafos de fluxo de controle que contêm múltiplos blocos. Por consequência, a alocação global é mais difícil que a local. A maioria dos alocadores globais opera por analogia à coloração de grafo. O alocador constrói um grafo que representa as interferências entre faixas vivas, e depois tenta encontrar uma k-coloração para esse grafo, onde k é o número de registradores disponíveis para o alocador.
>
> Os alocadores de coloração de grafo variam na precisão de sua definição de uma faixa viva, na precisão com a qual medem a interferência, no algoritmo usado para encontrar uma k-coloração e na técnica que usam para selecionar valores para derramamento ou divisão. Em geral, esses alocadores produzem alocações razoáveis com quantidades aceitáveis de código de derramamento. As principais oportunidades para melhoria parecem estar nas áreas de escolha de derramamento, posicionamento de derramamento e divisão de faixa viva.

> **QUESTÕES DE REVISÃO**
>
> 1. O alocador de registradores original, de cima para baixo, controlado por prioridade, usava uma noção de interferência diferente daquela apresentada na Seção 13.4.3. Ele acrescentava uma aresta (LR_i, LR_j) para o grafo se LR_i e LR_j estivessem vivos no mesmo bloco básico. Que impacto esta definição teria sobre o alocador? E sobre o agrupamento de registradores?
> 2. O alocador global de baixo para cima escolhe valores para derramar encontrando o valor que minimiza alguma razão, como $\frac{custo\ de\ derramamento}{grau}$. Quando o algoritmo é executado, às vezes precisa escolher várias faixas vivas para derramar antes de tornar qualquer outra faixa viva irrestrita. Explique como esta situação pode acontecer. Você pode imaginar uma métrica de derramamento que evite este problema?

13.5 TÓPICOS AVANÇADOS

Como o custo de um passo em falso durante a alocação de registradores pode ser alto, os algoritmos para alocação de registradores têm recebido muita atenção. Muitas variações sobre as técnicas básicas de alocação de coloração de grafo têm sido publicadas. A Seção 13.5.1 descreve diversas dessas técnicas. A Seção 13.5.2 esboça outra técnica promissora: uso de nomes SSA como faixas vivas em um alocador global.

13.5.1 Variações sobre a alocação de coloração de grafo

Muitas variações sobre esses dois estilos básicos de alocação de registradores por coloração de grafo apareceram na literatura. Esta seção descreve várias dessas melhorias. Algumas enfatizam o custo de alocação. Outras tratam da qualidade da alocação.

Grafos de interferência imprecisos

O alocador de cima para baixo, baseado em prioridade, de Chow usava uma noção imprecisa da interferência: faixas vivas LR_i e LR_j interferem se ambas estiverem vivas no mesmo bloco básico. Isto torna mais rápida a criação do grafo de interferência. Porém, a natureza imprecisa do grafo superestima o grau de alguns nós e impede que o alocador use o grafo de interferência como base para o agrupamento. (Em um grafo impreciso, duas faixas vivas conectadas por uma cópia útil interferem, pois estão vivas no mesmo bloco.) O alocador também incluiu um pré-processamento para realizar alocação local de valores que estão vivos em apenas um bloco.

Quebrando o grafo em partes menores

Se o grafo de interferência puder ser separado em componentes que não estão conectados, esses componentes disjuntos podem ser coloridos independentemente. Como o tamanho da matriz de bits é $O(N^2)$, quebrá-la em componentes independentes economiza espaço e tempo. Um modo de dividir o grafo é considerar classes de registrador não sobrepostas separadamente, como com registradores de ponto flutuante e registradores de inteiros. Uma alternativa mais complexa para grandes procedimentos é descobrir *cliques separadores*, subgrafos conectados cuja remoção divide o grafo de interferência em várias partes disjuntas. Para grafos grandes o suficiente, o uso de uma tabela hash ao invés da matriz de bits pode melhorar a velocidade e o espaço.

Agrupamento conservador

Quando o alocador agrupa duas faixas vivas, LR_i e LR_j, a nova faixa viva, LR_{ij}, pode ser mais restrita do que LR_i ou LR_j. Se LR_i e LR_j tiverem vizinhos distintos, $LR°_{ij} > \max(LR°_i, LR°_j)$. Se $LR°_{ij} < k$, a criação de LR_{ij} é estritamente benéfica. Porém, se $LR°_i < k$ e $LR°_j < k$, mas $LR°_{ij} \geq k$, o agrupamento de LR_i e LR_j pode tornar I mais difícil de colorir sem derramamento. Para evitar este problema, o construtor de compiladores pode usar uma forma limitada de agrupamento, chamada *agrupamento conservador*. Neste esquema, o alocador só combina LR_i e LR_j se LR_{ij} tiver menos de k vizinhos de grau "significativo" — ou seja, vizinhos em I que, por si sós, têm k ou mais vizinhos. Esta restrição garante que o agrupamento de LR_i e LR_j não torna I mais difícil de colorir.

Agrupamento conservador
Forma de agrupamento que só combina LR_i e LR_j se LR_{ij} receber uma cor.

Se o alocador usar o agrupamento conservador, outra melhoria é possível. Quando o alocador alcança um ponto em que cada faixa viva restante é restrita, o algoritmo básico seleciona um candidato a derramamento. Uma técnica alternativa é reaplicar o agrupamento neste ponto. As faixas vivas que não foram agrupadas por causa do grau da faixa viva resultante podem muito bem ser agrupadas no grafo reduzido. O agrupamento neste ponto pode reduzir o grau dos nós que interferem tanto com a origem quanto com o destino da cópia. Este estilo de *agrupamento iterativo* pode remover cópias adicionais e reduzir os graus dos nós, e, ainda, criar um ou mais nós irrestritos e permitir que a coloração prossiga. Se o agrupamento iterativo não criar quaisquer nós irrestritos, o derramamento prossegue como antes.

A *coloração induzida* é outra técnica para agrupar cópias sem tornar o grafo mais difícil de colorir. Nesta técnica, o alocador tenta atribuir a mesma cor a faixas vivas que são conectadas por uma cópia. Na escolha de uma cor para LR_i, ele primeiro experimenta cores que foram atribuídas a faixas vivas conectadas a LR_j por uma operação de cópia. Se puder atribuir a mesma cor a ambas, o alocador elimina a cópia. Com uma implementação cuidadosa, isto acrescenta pouco ou nenhum custo ao processo de seleção de cor.

Derramamento de faixas vivas parciais

Conforme descrevemos, as duas técnicas para alocação global derramam faixas vivas inteiras. Esta técnica pode levar ao superderramamento se a demanda por registradores for baixa pela maior parte da faixa viva e alta em uma região pequena. Técnicas de derramamento mais sofisticadas encontram as regiões onde o derramamento de uma faixa viva é produtivo — ou seja, o derramamento libera um registrador em uma região onde ele seja verdadeiramente necessário. O esquema de derramamento descrito para o alocador de cima para baixo alcançou este resultado considerando cada bloco na faixa viva derramada separadamente. Um alocador de baixo para cima pode alcançar resultados semelhantes derramando apenas na região onde ocorre a interferência. Uma técnica, chamada *derramamento por região de interferência*, identifica um conjunto de faixas vivas que interferem na região de alta demanda e limita o derramamento a essa região. O alocador pode estimar os custos de várias estratégias de derramamento para a região de interferência e compará-los com a técnica padrão de derramamento em todo lugar. Permitindo que as alternativas concorram com base no custo estimado, o alocador pode melhorar a alocação global.

Divisão de faixa viva

Dividir uma faixa viva em partes pode melhorar os resultados da alocação de registradores baseada em coloração. Em princípio, a divisão aproveita dois efeitos distintos. Se as faixas vivas divididas tiverem graus menores do que a original, elas podem ser mais fáceis de colorir — possivelmente até mesmo irrestritas. Se alguma das faixas vivas divididas tiver grau alto e, portanto, derrama, então a divisão pode impedir o derramamento de outras partes da mesma faixa viva que possuem grau menor. Como efeito final, pragmático, a divisão introduz derramamentos nos pontos onde a faixa viva é dividida. A seleção cuidadosa dos pontos de divisão pode controlar o posicionamento de algum código de derramamento — por exemplo, fora dos laços, ao invés de dentro deles.

Muitas técnicas para a divisão foram experimentadas. A Seção 13.4.4 descreve uma que divide uma faixa viva em blocos e os agrupa novamente se isto não mudar a capacidade do alocador de atribuir uma cor. Várias técnicas que usam propriedades do grafo de fluxo de controle para escolher pontos de divisão foram experimentadas. Briggs mostrou que muitas têm sido inconsistentes [45]; porém, duas em particular parecem ser promissoras. Um método chamado *divisão de custo zero* aproveita nops no escalonamento de instruções para dividir faixas vivas e melhorar a alocação e o escalonamento. A técnica chamada *divisão passiva* usa um grafo orientado de interferência para determinar onde as divisões devem ocorrer e seleciona entre divisão e derramamento com base em seus custos estimados.

Rematerialização

Alguns valores custam menos para recalcular do que para derramar. Por exemplo, constantes inteiras pequenas devem ser recriadas com um load imediato, ao invés de recuperadas da memória com um load. O alocador pode reconhecer esses valores e rematerializá-los ao invés de derramá-los.

A modificação de um alocador de coloração de grafo de baixo para cima para realizar a rematerialização requer várias pequenas mudanças. O alocador precisa identificar e marcar nomes SSA que podem ser rematerializados. Por exemplo, qualquer operação cujos argumentos estão sempre disponíveis é uma candidata. Ele pode propagar essas marcações de rematerialização pelo código usando o algoritmo de propagação de constante descrito no Capítulo 9. Na formação de faixas vivas, o alocador deve apenas combinar nomes SSA que possuem marcações de rematerialização idênticas.

O construtor de compiladores deverá fazer com que a estimativa de custo de derramamento trate das marcações de rematerialização corretamente, de modo que esses valores tenham estimativas de custo de derramamento precisas. O processo de inserção de código de derramamento também deve examinar as marcações e gerar os derramamentos leves apropriados para valores rematerializáveis. Finalmente, o alocador deve usar o agrupamento conservador para evitar a combinação prematura de faixas vivas com marcações de rematerialização distintas.

Valores ambíguos

Em código que faz uso intenso de valores ambíguos, sejam derivados de ponteiros de linguagem fonte, referências de array ou referências de objeto cuja classe não pode ser determinada em tempo de compilação, a capacidade ou incapacidade do alocador de manter esses valores em registradores é uma séria questão de desempenho. Para melhorar a alocação de valores ambíguos, diversos sistemas incluíram transformações que reescrevem o código para manter valores não ambíguos em variáveis locais escalares, mesmo quando seu lar "natural" seja um elemento de array ou uma estrutura baseada em ponteiro. A substituição escalar usa a análise de subscrito de array para identificar o reúso de valores de elemento de array e para introduzir variáveis temporárias escalares que mantêm valores reutilizados. A promoção para registrador usa a análise de fluxo de dados de valores de ponteiro para determinar quando um valor baseado em ponteiro pode ser seguramente mantido em um registrador através de aninhamento de laço e para reescrever o código de modo que o valor seja mantido em uma variável temporária recém-introduzida. Essas duas transformações codificam os resultados da análise na forma do código, tornando óbvio para o alocador de registradores que esses valores podem ser mantidos em registradores. Essas transformações podem aumentar a demanda por registradores. De fato, a promoção de muitos valores pode produzir código de derramamento cujo custo excede o das operações de memória que a transformação tem por finalidade evitar. O ideal é que essas técnicas sejam integradas ao alocador em que estimativas realísticas da demanda por registradores possam ser usadas para determinar quantos valores promover.

13.5.2 Alocação de registradores global sobre a forma SSA

A complexidade da alocação de registradores global aparece de várias maneiras. Na formulação de coloração de grafo, esta complexidade apresenta-se no fato de que o problema de determinar se existe uma k-coloração de um grafo geral é NP-completo. Para classes de grafos restritas, o problema de coloração tem soluções de tempo polinomial. Por exemplo, os grafos de intervalo gerados por um bloco básico podem ser coloridos em tempo linear no tamanho do grafo. Para aproveitar este fato, os alocadores de varredura linear aproximam as faixas vivas globais por intervalos simples que produzem um grafo de intervalo.

Se o compilador criar um grafo de interferência a partir de nomes SSA ao invés de faixas vivas, o resultado é um *grafo cordal*. O problema da k-coloração de um grafo cordal pode ser resolvido em tempo $O(|V| + |E|)$. Esta observação tem despertado o interesse na alocação de registradores global sobre a forma SSA do código.

Grafo cordal
Grafo em que cada ciclo de mais de três nós tem uma *corda* — uma aresta que junta dois nós que não são adjacentes no ciclo.

Trabalhar a partir da forma SSA simplifica algumas partes do alocador de registradores. O alocador pode calcular uma coloração ótima para seu grafo de interferência, ao invés de contar com técnicas heurísticas para tanto. A coloração ótima pode usar menos registradores do que a heurística de coloração usaria.

Se o grafo precisar de mais de k cores, o alocador ainda deve derramar um ou mais valores. Embora a forma SSA não reduza a complexidade da escolha de derramamento, pode oferecer alguns benefícios. As faixas vivas globais tendem a ter tempos de vida maiores do que os nomes SSA, que são divididos por funções-ϕ nos locais apropriados do código, como cabeçalhos de laço e blocos que seguem laços. Essas divisões dão ao alocador a chance de derramar valores por regiões menores do que poderia ocorrer com faixas vivas globais.

Infelizmente, a alocação baseada em SSA deixa o código na forma SSA. O alocador, ou um pós-processamento, precisa traduzir a partir desta forma, com todas as complicações discutidas na Seção 9.3.5. Essa tradução pode aumentar a demanda por registradores. (Se a tradução tiver de quebrar um ciclo de cópias concorrentes, precisa de um registrador adicional para fazer isso.) Um alocador baseado em SSA precisa estar preparado para lidar com esta situação.

Igualmente importante, esta tradução insere operações de cópia no código; algumas dessas cópias podem ser irrelevantes. O alocador não pode agrupar cópias que implementam o fluxo de valores correspondentes a uma função-ϕ; porque destruiria a propriedade cordal do grafo. Assim, um alocador baseado em SSA provavelmente usaria um algoritmo de agrupamento que não é baseado no grafo de interferência. Existem vários algoritmos fortes.

É difícil avaliar os méritos de um alocador baseado em SSA contra um alocador baseado em faixas vivas globais tradicionais. O alocador baseado em SSA tem potencial para obter uma coloração melhor do que o alocador tradicional, mas faz isso em um grafo diferente. Os dois alocadores precisam resolver os problemas da escolha e posicionamento de derramamento, o que pode contribuir mais para o desempenho do que a coloração real. Os dois alocadores usam técnicas diferentes para agrupamento de cópia. Como qualquer alocador de registradores, os detalhes de baixo nível reais da implementação terão importância.

13.6 RESUMO E PERSPECTIVA

Como a alocação de registradores é uma parte importante de um compilador moderno, tem recebido muita atenção na literatura. Existem técnicas fortes para a alocação local e global. Como muitos dos problemas subjacentes são NP-difíceis, as soluções tendem a ser sensíveis a pequenas decisões, por exemplo, como desempatar entre escolhas igualmente classificadas.

O progresso na alocação de registradores tem vindo do uso de paradigmas que fornecem uma elevação intelectual do problema. Assim, os alocadores de coloração de grafo têm sido populares, não porque a alocação de registradores é idêntica à coloração de grafo, mas porque a coloração captura alguns dos aspectos críticos do problema de alocação global. Na verdade, muitas das melhorias nos alocadores de coloração vieram do ataque aos pontos onde o paradigma de coloração não reflete com precisão o problema básico, como melhores modelos de custo e métodos melhorados para divisão de faixa viva. Com efeito, essas melhorias têm feito o paradigma se ajustar melhor ao problema real.

NOTAS DO CAPÍTULO

A alocação de registradores data dos compiladores mais antigos. Backus informa que Best inventou o algoritmo local de baixo para cima em meados da década de 1950, durante o desenvolvimento do compilador FORTRAN original [26, 27]. O algoritmo de Best foi redescoberto e reutilizado em muitos contextos no decorrer dos anos [36, 117, 181, 246]. Sua encarnação mais conhecida é como o algoritmo de substituição de página off-line de Belady [36]. As complicações que surgem de se ter uma combinação de valores limpos e sujos são descritas por Horwitz [196] e por Kennedy [214]. Liberatore e outros sugerem o derramamento de valores limpos antes dos sujos como um compromisso prático [246]. O exemplo nas páginas 570 e 571 foi sugerido por Ken Kennedy.

A conexão entre os problemas de coloração de grafo e alocação de armazenamento foi sugerida por Lavrov [242] muitos anos antes; o projeto Alpha usava a coloração para compactar dados na memória [140, 141]. O primeiro alocador de coloração de grafo completo a aparecer na literatura foi o construído por Chaitin e seus colegas para o compilador PL.8 da IBM [73, 74, 75]. Schwartz descreve os primeiros algoritmos de Ershov e de Cocke [310], que focam a redução do número de cores e ignoram o derramamento.

A coloração de grafo de cima para baixo começa com Chow [81, 82, 83]. Sua implementação funcionou a partir de um modelo de memória-para-memória, usando um grafo de interferência impreciso e realizando divisão de faixa viva conforme descrita na Seção 13.4.4. Ela usa um passo de otimização separado para agrupar cópias [81]. O algoritmo de Chow foi usado em diversos compiladores proeminentes. Larus construiu um alocador de cima para baixo, baseado em prioridade, para o SPUR LISP, que usava um grafo de interferência preciso e operava a partir de um modelo de registrador-para-registrador [241]. A alocação de cima para baixo na Seção 13.4.4 segue aproximadamente o plano de Larus.

O alocador de baixo para cima na Seção 13.4.5 segue o plano de Chaitin, com as modificações de Briggs [51, 52, 56]. As contribuições de Chaitin incluem a definição fundamental da interferência e os algoritmos para a construção do grafo de interferência, agrupamento e tratamento de derramamentos. Briggs apresentou um algoritmo baseado em SSA para a construção de faixa viva, uma heurística de coloração melhorada e várias técnicas para a divisão de faixa viva [51]. Outras melhorias significativas na coloração de baixo para cima incluíram métodos melhores para derramamento [37, 38], rematerialização de valores simples [55], métodos de agrupamento mais fortes [158, 280] e para divisão de faixa viva [98, 106, 235]. Gupta, Soffa e Steele sugeriram o encolhimento do grafo com cliques separadores [175], enquanto Harvey propôs sua divisão por classes de registradores [101].

Chaitin, Nickerson e Briggs discutem a inclusão de arestas ao grafo de interferência para modelar restrições específicas na atribuição [54, 75, 275]. Smith e outros apresentam um tratamento claro de como lidar com classes de registradores [319]. A substituição escalar [67, 70] e a promoção de registradores [250, 253, 306] reescrevem o código para aumentar o conjunto de valores que o alocador pode manter em registradores.

A observação de que nomes SSA formam um grafo cordal foi feita, independentemente, por vários autores [58, 177, 283]. Tanto Hack quanto Bouchez se basearam na observação original com tratamentos em profundidade da alocação global baseada em SSA [47, 176].

EXERCÍCIOS

Seção 13.3

1. Considere o seguinte bloco básico ILOC. Suponha que r_{arp} e r_i estejam vivos na entrada do bloco.

```
loadAI    r_arp, 12    ⇒ r_a
loadAI    r_arp, 16    ⇒ r_b
add       r_i, r_a     ⇒ r_c
sub       r_b, r_i     ⇒ r_d
mult      r_c, r_d     ⇒ r_e
multI     r_b, 2       ⇒ r_f
add       r_e, r_f     ⇒ r_g
storeAI   r_g          ⇒ r_arp, 8
jmp                    → L_003
```

a. Mostre o resultado do uso do algoritmo local de cima para baixo sobre ele para alocar registradores. Considere uma máquina alvo com quatro registradores.
b. Mostre o resultado do uso do algoritmo local de baixo para cima sobre ele para alocar registradores. Considere uma máquina alvo com quatro registradores.

2. O alocador local de cima para baixo é um tanto quanto inocente em seu tratamento de valores. Ele aloca um valor a um registrador pelo bloco básico inteiro.
   a. Uma versão melhorada poderia calcular faixas vivas dentro do bloco e alocar valores aos registradores para suas faixas vivas. Que modificações seriam necessárias para realizar isto?
   b. Outra melhoria poderia ser dividir a faixa viva quando ela não puder ser acomodada em um único registrador. Esboce as estruturas de dados e as modificações algorítmicas que seriam necessárias para (1) dividir uma faixa viva em torno de uma instrução (ou faixa de instruções) onde um registrador não está disponível, e (2) repriorizar as partes restantes da faixa viva.
   c. Com essas melhorias, a técnica de contagem de frequência deveria gerar alocações melhores. Como você espera que seus resultados se comparem com o uso do algoritmo local de baixo para cima? Justifique sua resposta.

3. Considere o grafo de fluxo de controle a seguir:

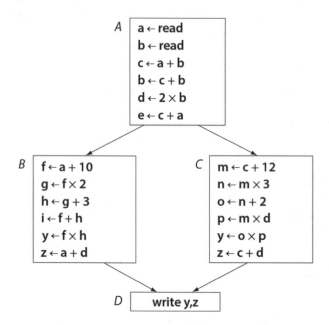

Suponha que read retorne um valor do meio externo e que write transmita um valor para o meio externo.
   a. Calcule os conjuntos LIVEIN e LIVEOUT para cada bloco.
   b. Aplique o algoritmo local de baixo para cima a cada bloco, A, B e C. Suponha que três registradores estejam disponíveis para a computação. Se o bloco b definir um nome n e $n \in$ LIVEOUT(b), o alocador precisa armazenar n de volta para a memória de modo que seu valor esteja disponível em blocos subsequentes. De modo semelhante, se o bloco b usar o nome n antes de qualquer definição local de n, deverá carregar o valor de n da memória. Mostre o código resultante, incluindo todos os loads e stores.

c. Sugira um esquema que permita que alguns dos valores em LIVEOUT(A) permaneçam em registradores, evitando seus loads iniciais nos blocos sucessores.

Seção 13.4

4. Considere o seguinte grafo de interferência:

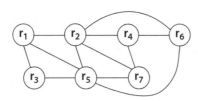

Suponha que a máquina-alvo tenha apenas três registradores.
a. Aplique o algoritmo de coloração global de baixo para cima ao grafo. Quais registradores virtuais são derramados? Quais são coloridos?
b. A escolha do nó de derramamento faz diferença?
c. Os alocadores de coloração mais antigos derramavam qualquer faixa viva que estivesse restrita quando selecionada. Ao invés de aplicar o algoritmo mostrado na Figura 13.8, eles usavam o método a seguir:

```
Inicializar pilha como vazia
while (N ≠ φ)
    if ∃ n ∈ N com n° < k then
        remover n e suas arestas de I
        colocar n na pilha
    else
        escolher um nó n de N
        marcar n para ser derramado
```

Se isso marcar qualquer nó para derramamento, o alocador insere o código de derramamento e repete o processo de alocação para o programa modificado. Se nenhum nó for marcado para derramamento, ele prossegue para atribuir cores da forma descrita no alocador global de baixo para cima.

O que acontece quando você aplica esse algoritmo ao grafo de interferência do exemplo? O mecanismo usado para escolher um nó para derramamento muda o resultado?

5. Após a alocação de registradores, uma análise cuidadosa do código pode descobrir que, em alguns trechos do código, existem registradores não usados. Em um alocador global de baixo para cima, de coloração de grafo, isto ocorre por causa de deficiências detalhadas no modo como as faixas vivas são derramadas.
a. Explique como esta situação pode surgir.
b. Como o compilador poderia descobrir se esta situação ocorre e onde ela ocorre?
c. O que poderia ser feito para usar esses registradores não usados, tanto dentro do framework global quanto fora dele?

6. Quando um alocador de coloração de grafo alcança o ponto onde nenhuma cor está disponível para uma determinada faixa viva, LR_i, ele derrama ou divide essa faixa viva. Como uma alternativa, ele pode tentar recolorir um ou mais dos vizinhos da LR_i. Considere o caso onde $(LR_i, LR_j) \in I$ e $(LR_i, LR_k) \in I$, mas $(LR_j, LR_k) \notin I$. Se LR_j e LR_k já tiverem sido coloridos, e recebido cores diferentes, o

alocador poderia ser capaz de recolorir um deles com a cor do outro, liberando uma cor para LR$_i$.

   a. Esboce um algoritmo que descubra se existe uma recoloração válida e produtiva para LR$_i$.
   b. Qual é o impacto da sua técnica sobre a complexidade assintótica do alocador de registradores?
   c. Se o alocador não puder recolorir LR$_k$ para a mesma cor de LR$_j$ porque um dos vizinhos de LR$_k$ tem a mesma cor de LR$_j$, o alocador deve considerar a recoloração recursiva dos vizinhos de LR$_k$? Explique seu raciocínio.

7. A descrição do alocador global de baixo para cima sugere a inserção de código de derramamento para *cada* definição e uso na faixa viva derramada. O alocador global de cima para baixo primeiro quebra a faixa viva em partes com tamanho de bloco, depois combina essas partes quando o resultado é irrestrito e, por fim, lhes atribui uma cor.

   a. Se determinado bloco tiver um ou mais registradores livres, o derramamento de uma faixa viva várias vezes nesse bloco é um desperdício. Sugira uma melhoria para o mecanismo de derramamento no alocador global de baixo para cima que evite este problema.
   b. Se um determinado bloco tiver muitas faixas vivas sobrepostas, então a divisão de uma faixa viva derramada faz pouco para resolver o problema nesse bloco. Sugira um mecanismo (diferente de alocação local) para melhorar o comportamento do alocador global de cima para baixo dentro de blocos com alta demanda por registradores.

8. Considere o derramamento no alocador global de baixo para cima. Quando o alocador tiver que derramar, escolhe o valor que minimiza a razão $\frac{\text{custo de derramamento}}{\text{grau}}$.

   Em um procedimento com um único bloco longo, ou um único bloco longo dentro de um aninhamento de laço, o custo de derramamento para uma faixa viva se aproxima de sua contagem de frequência. Assim, uma faixa viva que é muito usada no início e fim do bloco longo, mas não referenciada no meio, amarra um registrador pelo bloco inteiro.

   Como você poderia modificar o alocador de baixo para cima de modo que seu comportamento de derramamento em blocos longos seja mais parecido ao comportamento do algoritmo local de baixo para cima do que do algoritmo local de cima para baixo?

Apêndice A

ILOC

VISÃO GERAL DO CAPÍTULO

ILOC é o código assembly para uma máquina abstrata simples. Foi projetado originalmente como uma IR de baixo nível, linear, para uso em um compilador otimizador. Nós o utilizamos no decorrer do livro como uma IR de exemplo, e também como uma linguagem-alvo simplificada nos capítulos que discutem a geração de código. Este apêndice serve como uma referência ao ILOC.

Palavras-chave: Representação intermediária, Código de três endereços, ILOC

A.1 INTRODUÇÃO

ILOC é o código assembly linear para uma máquina RISC abstrata simples. O ILOC usado neste livro é uma versão simplificada da representação intermediária que foi usada no Massively Scalar Compiler Project da Rice University. Por exemplo, o ILOC, conforme apresentado aqui, considera um tipo de dado genérico, um inteiro sem um tamanho específico; no compilador, a IR admitia uma grande variedade de tipos de dados.

A máquina abstrata ILOC tem número ilimitado de registradores. Ela tem operações de três endereços, de registrador-para-registrador, operações load e store, comparações e desvios. Ela admite apenas alguns modos de endereçamento simples – direto, endereço + deslocamento (*offset*), endereço + imediato e imediato. Os operandos de origem são lidos no início do ciclo, quando a operação é emitida. Os operandos de resultado são definidos ao final do ciclo em que a operação termina.

Além do seu conjunto de instruções, os detalhes da máquina não são especificados. A maior parte dos exemplos considera uma máquina simples, com única unidade funcional que executa operações ILOC em sua ordem de aparecimento. Quando outros modelos são usados, discutimos sobre eles explicitamente.

Um programa ILOC consiste em uma lista sequencial de instruções. Cada instrução pode ser precedida por um rótulo (*label*). Um rótulo é apenas uma string de texto; ela é separada da instrução por um sinal de dois pontos. Por convenção, limitamo-nos a rótulos no formato [a–z] ([a–z] | [0–9] | –)*. Se alguma instrução precisar de mais de um label, inserimos uma instrução que só contém um nop antes dela, e colocamos o label extra no nop. Para definir um programa ILOC mais formalmente,

ProgramaIloc → *ListaInstruções*
ListaInstruções → *Instrução*
　　　　　　　　| `label`: *Instrução*
　　　　　　　　| *Instrução ListaInstruções*

Cada instrução contém uma ou mais operações. Uma instrução de operação única é escrita em uma linha isolada, enquanto uma instrução com múltiplas operações pode se espalhar por várias linhas. Para agrupar operações em uma única instrução, elas são delimitadas por colchetes e separadas por ponto e vírgula. Mais formalmente,

$$
\begin{array}{rl}
\textit{Instrução} & \rightarrow \textit{Operação} \\
& |\ [\ \textit{ListaOperações}\ ] \\
\textit{ListaOperações} & \rightarrow \textit{Operação} \\
& |\ \textit{Operação}\ ;\ \textit{ListaOperações}
\end{array}
$$

Uma operação ILOC corresponde a uma instrução em nível de máquina que poderia ser emitida para uma única unidade funcional em um único ciclo. Ela tem um código de operação (*opcode*), uma sequência de operandos de origem separados por vírgulas e uma sequência de operandos de destino também separados por vírgulas. As origens são separadas dos destinos pelo símbolo ⇒, pronunciado como "para".

$$
\begin{array}{rl}
\textit{Operação} & \rightarrow \textit{OpNormal} \\
& |\ \textit{OpFluxoControle} \\
\textit{OpNormal} & \rightarrow \textit{Opcode ListaOperandos} \Rightarrow \textit{ListaOperandos} \\
\textit{ListaOperandos} & \rightarrow \textit{Operando} \\
& |\ \textit{Operando}\ ,\ \textit{ListaOperandos} \\
\textit{Operando} & \rightarrow \texttt{register} \\
& |\ \texttt{num} \\
& |\ \texttt{label}
\end{array}
$$

O não terminal *Opcode* pode ser qualquer operação ILOC, exceto `cbr`, `jump` e `jumpI`. Infelizmente, como em uma linguagem assembly real, o relacionamento entre um código de operação e o formato de seus operandos não é sistemático. O modo mais fácil de especificar o formato dos operandos para cada código de operação é em um formato tabular. As tabelas que ocorrem mais adiante neste apêndice mostram o número de operandos e seus tipos para cada código de operação ILOC usado no livro.

Operandos podem ser um de três tipos: `register`, `num` e `label`. O tipo de cada operando é determinado pelo código de operação e pela posição do operando na operação. Nos exemplos, usamos tanto nomes numéricos (r_{10}) quanto simbólicos (r_i) para os registradores. Números são inteiros simples, com sinal, se necessário. Sempre iniciamos um rótulo com um l (de *label*) para tornar seu tipo óbvio. Esta é uma convenção, e não uma regra. Os simuladores e ferramentas ILOC devem tratar qualquer sequência no formato descrito acima como um potencial rótulo.

A maioria das operações tem um único operando de destino; algumas das operações `store` têm vários operandos de destino, assim como os desvios. Por exemplo, `storeAI` tem um único operando de origem e dois operandos de destino. A origem precisa ser um registrador, e os destinos, um registrador e uma constante imediata. Assim, a operação ILOC

$$\text{storeAI } r_i \Rightarrow r_j, 4$$

calcula um endereço somando 4 ao conteúdo de r_j e armazena o valor encontrado em r_i no local de memória especificado pelo endereço. Em outras palavras,

$$\text{MEMÓRIA}(r_j + 4) \leftarrow \text{CONTEÚDO}(r_i)$$

As operações de fluxo de controle têm uma sintaxe ligeiramente diferente. Como elas não definem seus destinos, as escrevemos com uma seta simples, →, ao invés de ⇒.

```
                    cbr
   OpFluxoControle → register    label, label
                |   jumpI        label
                |   jump         register
```

A primeira operação, cbr, implementa um desvio condicional. As outras duas operações são desvios incondicionais, chamados saltos.

A.2 CONVENÇÕES DE NOMEAÇÃO

O código ILOC nos exemplos de texto utiliza um conjunto simples de convenções de nomeação.

1. Deslocamentos (*offsets*) de memória para variáveis são representados simbolicamente prefixando o nome da variável com o caractere @.
2. O usuário pode considerar um estoque ilimitado de registradores. Estes são nomeados com inteiros simples, como em r_{1776}, ou com nomes simbólicos, como em r_i.
3. O registrador r_{arp} é reservado como um ponteiro para o registro de ativação atual. Assim, a operação

$$\text{loadAI } r_{arp}, @x \Rightarrow r_1$$

carrega o conteúdo da variável x, armazenada no deslocamento @x a partir de ARP, em r_1.

Comentários ILOC começam com a sequência // e continuam até o final de uma linha. Consideramos que estes são retirados pelo scanner; assim, podem ocorrer em qualquer lugar em uma instrução e não são mencionados na gramática.

A.3 OPERAÇÕES INDIVIDUAIS

Os exemplos no livro utilizam um conjunto limitado de operações ILOC. As tabelas ao final deste apêndice mostram o conjunto de todas as operações ILOC usadas no livro, exceto pela sintaxe alternativa de desvio, utilizada no Capítulo 7 para discutir o impacto de diferentes formas de construções de desvio.

A.3.1 Aritmética

Para expressar aritmética, ILOC tem operações com três endereços, de registrador-para-registrador.

Opcode	Fontes	Destinos	Significado
add	r_1, r_2	r_3	$r_1 + r_2 \Rightarrow r_3$
sub	r_1, r_2	r_3	$r_1 - r_2 \Rightarrow r_3$
mult	r_1, r_2	r_3	$r_1 \times r_2 \Rightarrow r_3$
div	r_1, r_2	r_3	$r_1 \div r_2 \Rightarrow r_3$
addI	r_1, c_2	r_3	$r_1 + c_2 \Rightarrow r_3$
subI	r_1, c_2	r_3	$r_1 - c_2 \Rightarrow r_3$
rsubI	r_1, c_2	r_3	$c_2 - r_1 \Rightarrow r_3$
multI	r_1, c_2	r_3	$r_1 \times c_2 \Rightarrow r_3$
divI	r_1, c_2	r_3	$r_1 \div c_2 \Rightarrow r_3$
rdivI	r_1, c_2	r_3	$c_2 \div r_1 \Rightarrow r_3$

Todas essas operações leem seus operandos de origem a partir de registradores ou constantes e escrevem seu resultado de volta para um registrador. Qualquer registrador pode servir como operando de origem ou de destino.

As quatro primeiras são operações padrão de registrador-para-registrador. As seis seguintes especificam um operando imediato. As operações não comutativas, `sub` e `div`, têm duas formas imediatas para permitir o operando imediato em qualquer lado do operador. As formas imediatas são úteis para expressar os resultados de certas otimizações, escrever exemplos de forma mais concisa e registrar maneiras óbvias de reduzir a demanda por registradores.

Observe que um processador real baseado em ILOC precisaria de mais de um tipo de dado, o que levaria a códigos de operação tipados ou a códigos de operação polimórficos. Preferimos uma família de *opcodes* tipados – um add de inteiro, um add de ponto flutuante e assim por diante. O compilador de pesquisa do qual o ILOC foi originado tem operações aritméticas distintas para inteiro, ponto flutuante de precisão simples, ponto flutuante de precisão dupla, complexo e dados de ponteiro, mas não para dados de caractere.

A.3.2 Deslocamentos (*Shifts*)

ILOC admite um conjunto de operações de deslocamento aritmético – à esquerda e à direita, nas formas de registrador e imediata.

Opcode	Origens	Destinos	Significado
lshift	r_1, r_2	r_3	$r_1 << r_2 \Rightarrow r_3$
lshiftI	r_1, c_2	r_3	$r_1 << c_2 \Rightarrow r_3$
rshift	r_1, r_2	r_3	$r_1 >> r_2 \Rightarrow r_3$
rshiftI	r_1, c_2	r_3	$r_1 >> c_2 \Rightarrow r_3$

A.3.3 Operações de memória

Para mover valores entre memória e registradores, ILOC admite um conjunto completo de operações load e store. As operações `load` e `cload` movem itens de dados da memória para registradores.

Opcode	Origens	Destinos	Significado
load	r_1	r_2	MEMÓRIA(r_1) $\Rightarrow r_2$
loadAI	r_1, c_2	r_3	MEMÓRIA($r_1 + c_2$) $\Rightarrow r_3$
loadAO	r_1, r_2	r_3	MEMÓRIA($r_1 + r_2$) $\Rightarrow r_3$
cload	r_1	r_2	load de caractere
cloadAI	r_1, c_2	r_3	loadAI de caractere
cloadAO	r_1, r_2	r_3	loadAO de caractere

As operações diferem nos modos de endereçamento que admitem. As formas `load` e `cload` consideram que o endereço completo está no único operando de registrador. As formas `loadAI` e `cloadAI` acrescentam um valor imediato ao conteúdo do registrador para formar um endereço imediato antes de realizar o load. Chamamos essas formas de operações de *endereço-imediato*. As formas `loadAO` e `cloadAO` acrescentam o conteúdo de dois registradores para calcular um endereço efetivo antes de realizar o load. Chamamos essas formas de operações de *endereço-deslocamento (offset)*.

Como uma forma final de load, o ILOC admite uma operação de load imediato simples. Ela usa um inteiro do fluxo de instruções e o coloca em um registrador.

Opcode	Origens	Destinos	Significado
loadI	c_1	r_2	$c_1 \Rightarrow r_2$

Uma IR completa, tipo ILOC, deve ter um load imediato para cada tipo distinto de valor que admite.

As operações store combinam com as operações load. ILOC admite tanto stores numéricos quanto stores de caractere em sua forma de registrador simples, nas formas endereço-imediato e endereço-deslocamento.

Opcode	Origens	Destinos	Significado
store	r_1	r_2	$r_1 \Rightarrow$ MEMÓRIA(r_2)
storeAI	r_1	r_2, c_3	$r_1 \Rightarrow$ MEMÓRIA($r_2 + c_3$)
storeAO	r_1	r_2, r_3	$r_1 \Rightarrow$ MEMÓRIA($r_2 + r_3$)
cstore	r_1	r_2	store de caractere
cstoreAI	r_1	r_2, c_3	storeAI de caractere
cstoreAO	r_1	r_2, r_3	storeAO de caractere

Não existe uma operação de store imediato.

A.3.4 Operações de cópia registrador-para-registrador

Para mover valores entre registradores sem passar pela memória, o ILOC inclui um conjunto de operações de cópia de registrador-para-registrador.

Opcode	Origens	Destinos	Significado
i2i	r_1	r_2	$r_1 \Rightarrow r_2$ para inteiros
c2c	r_1	r_2	$r_1 \Rightarrow r_2$ para caracteres
c2i	r_1	r_2	converte caractere em inteiro
i2c	r_1	r_2	converte inteiro em caractere

As duas primeiras operações, i2i e c2c, copiam um valor de um registrador para outro, sem conversão; o primeiro é para uso com valores inteiros; o segundo, para caracteres. As duas últimas operações realizam conversões entre caracteres e inteiros, substituindo um caractere por sua posição ordinal no conjunto de caracteres ASCII e um inteiro pelo caractere ASCII correspondente.

A.4 OPERAÇÕES DE FLUXO DE CONTROLE

Em geral, os operadores de comparação ILOC usam dois valores e retornam um valor booleano. Se o relacionamento especificado for válido entre seus operandos, a comparação estabelece o registrador de destino com o valor verdadeiro; caso contrário, o registrador de destino recebe o valor falso.

Opcode	Origens	Destinos	Significado	
cmp_LT	r_1, r_2	r_3	true $\Rightarrow r_3$	if $r_1 < r_2$
			false $\Rightarrow r_3$	caso contrário
cmp_LE	r_1, r_2	r_3	true $\Rightarrow r_3$	if $r_1 \leq r_2$
			false $\Rightarrow r_3$	caso contrário
cmp_EQ	r_1, r_2	r_3	true $\Rightarrow r_3$	if $r_1 = r_2$
			false $\Rightarrow r_3$	caso contrário
cmp_GE	r_1, r_2	r_3	true $\Rightarrow r_3$	if $r_1 \geq r_2$
			false $\Rightarrow r_3$	caso contrário
cmp_GT	r_1, r_2	r_3	true $\Rightarrow r_3$	if $r_1 > r_2$
			false $\Rightarrow r_3$	caso contrário
cmp_NE	r_1, r_2	r_3	true $\Rightarrow r_3$	if $r_1 \neq r_2$
			false $\Rightarrow r_3$	caso contrário
cbr	r_1	l_2, l_3	$l_2 \rightarrow$ PC	if $r_1 =$ true
			$l_3 \rightarrow$ PC	caso contrário

A operação de desvio condicional, cbr, usa um booleano como argumento e transfere o controle para um de dois rótulos de destino. O primeiro é selecionado se o booleano for verdadeiro; o segundo, se o booleano for falso. Como os dois destinos de desvio não são "definidos" pela instrução, mudamos a sintaxe ligeiramente. Ao invés de usar a seta $\Rightarrow$, escrevemos desvios com a seta simples $\rightarrow$.

Todos os desvios no ILOC têm dois rótulos. Esta técnica elimina um desvio seguido por um salto e torna o código mais conciso. Também elimina quaisquer caminhos "*fall-through*"; tornando-os explícitos, ela remove qualquer dependência posicional e simplifica a construção do grafo de fluxo de controle.

A.4.1 Sintaxe alternativa de comparação e desvio

Para discutir a forma de código em processadores que usam um código de condição, devemos introduzir uma sintaxe alternativa de comparação e desvio. O esquema de código de condição simplifica a comparação e empurra a complexidade para a operação de desvio condicional.

A.4 Operações de fluxo de controle **605**

Opcode	Origens	Destinos	Significado	
comp	r_1, r_2	cc_3	define cc_3	
cbr_LT	cc_1	l_2, l_3	$l_2 \to PC$	if $cc_3 =$ LT
			$l_3 \to PC$	caso contrário
cbr_LE	cc_1	l_2, l_3	$l_2 \to PC$	if $cc_3 =$ LE
			$l_3 \to PC$	caso contrário
cbr_EQ	cc_1	l_2, l_3	$l_2 \to PC$	if $cc_3 =$ EQ
			$l_3 \to PC$	caso contrário
cbr_GE	cc_1	l_2, l_3	$l_2 \to PC$	if $cc_3 =$ GE
			$l_3 \to PC$	caso contrário
cbr_GT	cc_1	l_2, l_3	$l_2 \to PC$	if $cc_3 =$ GT
			$l_3 \to PC$	caso contrário
cbr_NE	cc_1	l_2, l_3	$l_2 \to PC$	if $cc_3 =$ NE
			$l_3 \to PC$	caso contrário

Aqui, o operador de comparação, comp, usa dois valores e define o código de condição de modo apropriado. Sempre designamos o destino de comp como um registrador de código de condição escrevendo-o como cc_i. O desvio condicional correspondente tem seis variantes, uma para cada resultado de comparação.

A.4.2 Saltos

ILOC inclui duas formas da operação de salto. A forma usada em quase todos os exemplos é um salto imediato que transfere o controle para um rótulo literal. A segunda, uma operação de salto-para-registrador, usa um único operando de registrador. Ela interpreta o conteúdo do registrador como um endereço de runtime e transfere o controle para esse endereço.

Opcode	Origens	Destinos	Significado
jumpI	—	l_1	$l_1 \to PC$
jump	—	r_1	$r_1 \to PC$

A forma salto-para-registrador é uma transferência ambígua de fluxo de controle. Quando tiver sido gerada, o compilador pode ser incapaz de deduzir o conjunto correto de rótulos de destino para o salto. Por este motivo, o compilador deve evitar, se possível, usar o salto para registrador.

Às vezes, as voltas necessárias para evitar um salto para registrador são tão complexas que o salto para registrador se torna atraente, apesar de seus problemas. Por exemplo, FORTRAN inclui uma construção que salta para uma variável de rótulo; sua implementação com desvios imediatos exigiria uma lógica semelhante a uma instrução case – uma série de desvios imediatos, junto com o código para fazer a correspondência entre o valor de runtime da variável de rótulo e o conjunto de rótulos possíveis. Em tais circunstâncias, o compilador provavelmente usaria um salto para registrador.

Para reduzir a perda de informações do salto para registrador, ILOC inclui uma pseudo-operação que permite que o compilador registre o conjunto de rótulos possíveis para um salto para registrador. A operação `tbl` tem dois argumentos, um registrador e um *label* imediato.

Opcode	Origens	Destinos	Significado
tbl	r_1, l_2	—	r_1 poderia manter l_2

Uma operação `tbl` pode ocorrer somente após um `jump`. O compilador interpreta um conjunto de um ou mais `tbl`s como nomeação de todos os *labels* possíveis para o registrador. Assim, a sequência de código a seguir declara que o salto visa um dentre os rótulos L01, L03, L05 ou L08:

```
jump                    → r_i
tbl r_i, L01
tbl r_i, L03
tbl r_i, L05
tbl r_i, L08
```

A.5 REPRESENTAÇÃO DA FORMA SSA

Quando um compilador constrói a forma SSA de um programa a partir de sua versão IR, ele precisa de um modo para representar funções-ϕ. Em ILOC, o modo natural de escrever uma função-ϕ é como uma operação ILOC. Assim, às vezes escrevemos

$$\text{phi } r_i, r_j, r_k \Rightarrow r_m$$

para a função-ϕ $r_m \leftarrow \phi(r_i, r_j, r_k)$. Devido à natureza da forma SSA, a operação `phi` pode usar um número qualquer de origens. Ela sempre define um único destino.

Resumo dos códigos de operação ILOC

Opcode	Origens	Destinos	Meaning
nop	*nenhum*	*nenhum*	Usado para preencher espaço (*placeholder*)
add	r_1, r_2	r_3	$r_1 + r_2 \Rightarrow r_3$
sub	r_1, r_2	r_3	$r_1 - r_2 \Rightarrow r_3$
mult	r_1, r_2	r_3	$r_1 \times r_2 \Rightarrow r_3$
div	r_1, r_2	r_3	$r_1 \div r_2 \Rightarrow r_3$
addI	r_1, c_2	r_3	$r_1 + c_2 \Rightarrow r_3$
subI	r_1, c_2	r_3	$r_1 - c_2 \Rightarrow r_3$
rsubI	r_1, c_2	r_3	$c_2 - r_1 \Rightarrow r_3$
multI	r_1, c_2	r_3	$r_1 \times c_2 \Rightarrow r_3$
divI	r_1, c_2	r_3	$r_1 \div c_2 \Rightarrow r_3$
rdivI	r_1, c_2	r_3	$c_2 \div r_1 \Rightarrow r_3$
lshift	r_1, r_2	r_3	$r_1 << r_2 \Rightarrow r_3$
lshiftI	r_1, c_2	r_3	$r_1 << c_2 \Rightarrow r_3$
rshift	r_1, r_2	r_3	$r_1 >> r_2 \Rightarrow r_3$
rshiftI	r_1, c_2	r_3	$r_1 >> c_2 \Rightarrow r_3$
and	r_1, r_2	r_3	$r_1 \wedge r_2 \Rightarrow r_3$
andI	r_1, c_2	r_3	$r_1 \wedge c_2 \Rightarrow r_3$
or	r_1, r_2	r_3	$r_1 \vee r_2 \Rightarrow r_3$
orI	r_1, c_2	r_3	$r_1 \vee c_2 \Rightarrow r_3$
xor	r_1, r_2	r_3	$r_1 \text{ xor } r_2 \Rightarrow r_3$

Opcode	Origens	Destinos	Meaning
xorI	r_1, c_2	r_3	r_1 xor $c_2 \Rightarrow r_3$
loadI	c_1	r_2	$c_1 \Rightarrow r_2$
load	r_1	r_2	MEMÓRIA(r_1)$\Rightarrow r_2$
loadAI	r_1, c_2	r_3	MEMÓRIA($r_1 + c_2$)$\Rightarrow r_3$
loadAO	r_1, r_2	r_3	MEMÓRIA($r_1 + r_2$)$\Rightarrow r_3$
cload	r_1	r_2	load de caractere
cloadAI	r_1, c_2	r_3	loadAI de caractere
cloadAO	r_1, r_2	r_3	loadAO de caractere
store	r_1	r_2	$r_1 \Rightarrow$ MEMÓRIA(r_2)
storeAI	r_1	r_2, c_3	$r_1 \Rightarrow$ MEMÓRIA($r_2 + c_3$)
storeAO	r_1	r_2, r_3	$r_1 \Rightarrow$ MEMÓRIA($r_2 + r_3$)
cstore	r_1	r_2	store de caractere
cstoreAI	r_1	r_2, c_3	storeAI de caractere
cstoreAO	r_1	r_2, r_3	storeAO de caractere
i2i	r_1	r_2	$r_1 \Rightarrow r_2$ para inteiros
c2c	r_1	r_2	$r_1 \Rightarrow r_2$ para caracteres
c2i	r_1	r_2	converte caractere em inteiro
i2c	r_1	r_2	converte inteiro em caractere

Operações de fluxo de controle ILOC

Opcode	Origens	Destinos	Significado	
jump	—	r_1	$r_1 \rightarrow$ PC	
jumpI	—	l_1	$l_1 \rightarrow$ PC	
cbr	r_1	l_2, l_3	$l_2 \rightarrow$ PC	if r_1 = true
			$l_3 \rightarrow$ PC	caso contrário
tbl	r_1, l_2	—	r_1 poderia manter l_2	
cmp_LT	r_1, r_2	r_3	true $\Rightarrow r_3$	if $r_1 < r_2$
			false $\Rightarrow r_3$	caso contrário
cmp_LE	r_1, r_2	r_3	true $\Rightarrow r_3$	if $r_1 \leq r_2$
			false $\Rightarrow r_3$	caso contrário
cmp_EQ	r_1, r_2	r_3	true $\Rightarrow r_3$	if $r_1 = r_2$
			false $\Rightarrow r_3$	caso contrário
cmp_GE	r_1, r_2	r_3	true $\Rightarrow r_3$	if $r_1 \geq r_2$
			false $\Rightarrow r_3$	caso contrário
cmp_GT	r_1, r_2	r_3	true $\Rightarrow r_3$	if $r_1 > r_2$
			false $\Rightarrow r_3$	caso contrário
cmp_NE	r_1, r_2	r_3	true $\Rightarrow r_3$	if $r_1 \neq r_2$
			false $\Rightarrow r_3$	caso contrário
comp	r_1, r_2	cc_3	define cc_3	
cbr_LT	cc_1	l_2, l_3	$l_2 \rightarrow$ PC	if cc_3 = LT
			$l_3 \rightarrow$ PC	caso contrário
cbr_LE	cc_1	l_2, l_3	$l_2 \rightarrow$ PC	if cc_3 = LE
			$l_3 \rightarrow$ PC	caso contrário
cbr_EQ	cc_1	l_2, l_3	$l_2 \rightarrow$ PC	if cc_3 = EQ
			$l_3 \rightarrow$ PC	caso contrário
cbr_GE	cc_1	l_2, l_3	$l_2 \rightarrow$ PC	if cc_3 = GE
			$l_3 \rightarrow$ PC	caso contrário
cbr_GT	cc_1	l_2, l_3	$l_2 \rightarrow$ PC	if cc_3 = GT
			$l_3 \rightarrow$ PC	caso contrário
cbr_NE	cc_1	l_2, l_3	$l_2 \rightarrow$ PC	if cc_3 = NE
			$l_3 \rightarrow$ PC	caso contrário

Apêndice B

Estruturas de dados

VISÃO GERAL DO CAPÍTULO

Compiladores são executados tantas vezes que o construtor de compiladores precisa prestar atenção à eficiência de cada passo do compilador. As complexidades assintótica e esperada importam. Este apêndice apresenta material de base sobre algoritmos e estruturas de dados usadas para resolver problemas em diferentes fases do compilador.

Palavras-chave: Representação de conjunto, Representações intermediárias, Tabelas hash, Tabelas de símbolos com escopo léxico

B.1 INTRODUÇÃO

A criação de um compilador bem-sucedido exige atenção a muitos detalhes. Este apêndice explora algumas das questões algorítmicas que surgem no projeto e implementação de um compilador. Na maioria dos casos, esses detalhes desviariam a discussão relevante no corpo do texto. Eles foram reunidos neste apêndice, onde podem ser considerados conforme a necessidade.

Este apêndice concentra-se na infraestrutura para dar suporte à compilação. Muitas questões de engenharia surgem no projeto e implementação desta infraestrutura; a forma como o construtor de compiladores as resolve tem um grande impacto sobre a velocidade do compilador resultante e a facilidade de extensão e manutenção do compilador. Como exemplo dos problemas que surgem, o compilador não pode saber o tamanho de suas entradas até que as leia; assim, o front end precisa ser projetado para expandir o tamanho de suas estruturas de dados de modo controlado, a fim de acomodar arquivos de entrada grandes. Como um corolário, porém, o compilador deve saber os tamanhos aproximados necessários para a maioria de suas estruturas de dados internas quando invocar os passos que vêm após o front end. Tendo gerado um programa IR com 10.000 nomes, o compilador não deve iniciar seu segundo passo com uma tabela de símbolos com tamanho para 1.024 nomes. Qualquer arquivo que contém IR deve começar com uma especificação dos tamanhos aproximados das principais estruturas de dados.

De modo semelhante, os últimos passos de um compilador podem considerar que o programa IR apresentado a eles foi gerado pelo compilador. Embora eles devam realizar um trabalho completo de detecção de erro, o implementador não precisa gastar tanto tempo explicando erros e tentando corrigi-los, como poderia se esperar no front end. Uma estratégia comum é construir um passo de validação que realiza uma verificação completa sobre o programa IR e pode ser inserido para fins de depuração, e para contar com detecção e informe de erro menos árduos quando o compilador não estiver sendo depurado. Pelo processo, porém, os construtores de compilador devem se lembrar de que são as pessoas mais prováveis para examinar o código entre os passos. O esforço gasto para tornar as formas externas da IR mais legíveis normalmente recompensa as muitas pessoas que investiram tempo e esforço nela.

B.2 REPRESENTAÇÃO DE CONJUNTOS

Muitos e diferentes problemas na compilação são formulados em termos que envolvem conjuntos. Eles surgem em muitos pontos no texto, incluindo a construção de subconjunto (Capítulo 2), a construção da coleção canônica de itens LR(1) (Capítulo 3), análise de fluxo de dados (Capítulos 8 e 9) e listas de trabalho, como a fila `Ready` no escalonamento de lista (Capítulo 12). Em cada contexto, o construtor de compiladores precisa selecionar uma representação de conjunto apropriada. Em muitos casos, a eficiência do algoritmo depende da seleção cuidadosa de uma representação de conjunto. (Por exemplo, a estrutura de dados `IDoms` na computação de dominância representa todos os conjuntos de dominadores, bem como os dominadores imediatos, em um array compacto.)

Uma diferença fundamental entre a construção de um compilador e a de outros tipos de software de sistemas — como um sistema operacional — é que muitos problemas na compilação podem ser resolvidos off-line. Por exemplo, o algoritmo local ascendente para alocação de registradores, descrito na Seção 13.3.2, foi proposto em meados da década de 1950 para o compilador FORTRAN original. Ele é mais conhecido como algoritmo MIN de Belady para substituição de página off-line, que há muito tempo tem sido usado como um padrão contra o qual a eficácia dos algoritmos de substituição de página on-line é avaliada. Em um sistema operacional, o algoritmo é de interesse apenas acadêmico, pois é off-line. Como o sistema operacional não pode saber quais páginas serão necessárias no futuro, não pode usar um algoritmo off-line. Por outro lado, este algoritmo é prático para um compilador, porque este pode examinar um bloco inteiro antes de tomar decisões.

A natureza off-line da compilação permite que o construtor de compiladores use uma grande variedade de representações de conjunto. Muitas representações para conjuntos têm sido exploradas. Em particular, a computação off-line normalmente nos permite restringir os membros de um conjunto S a um universo de tamanho fixo U ($S \subseteq U$). Isto, por sua vez, nos permite usar representações de conjunto mais eficientes do que estão disponíveis em uma situação on-line, onde o tamanho de U é descoberto dinamicamente.

As operações de conjunto comuns incluem `member`, `insert`, `delete`, `clear`, `select`, `cardinality`, `forall`, `copy`, `compare`, `union`, `intersect`, `difference` e `complement`. Uma aplicação específica, normalmente, usa apenas um pequeno subconjunto dessas operações. O custo dessas operações individuais depende da representação em particular escolhida. Na seleção de uma representação eficiente para determinada aplicação, é importante considerar com que frequência cada tipo de operação será usado. Outros fatores a considerar incluem os requisitos de memória da representação de conjunto e a esparsidade esperada de S em relação a U.

O restante desta seção se concentra em três representações de conjunto eficientes que têm sido empregadas nos compiladores: listas encadeadas ordenadas, vetores de bits e conjuntos esparsos.

B.2.1 Representação de conjuntos como listas ordenadas

Em casos em que o tamanho de cada conjunto é pequeno, às vezes faz sentido usar uma representação de lista encadeada simples. Para um conjunto S, essa representação consiste em uma lista interligada e um ponteiro para o primeiro elemento da lista. Cada nó da lista contém uma representação para um único elemento de S e um ponteiro para o próximo elemento da lista. O nó final na lista tem seu ponteiro definido como um valor padrão indicando o final da lista. Com a representação de lista interligada, a implementação pode impor uma ordem aos elementos para criar uma lista ordenada. Por exemplo, uma lista encadeada ordenada para o conjunto $S = \{i, j, k\}$, $i < j < k$ poderia se parecer com isto:

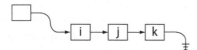

Os elementos são mantidos em ordem crescente. O tamanho da representação de S é proporcional ao número de elementos em S, e não ao tamanho de U. Se $|S|$ for muito menor que $|U|$, as economias de representar apenas os elementos presentes em S podem mais do que compensar o custo extra incorrido para um ponteiro em cada elemento.

A representação de lista é particularmente flexível. Como nada na lista se baseia no tamanho de U ou de S, ela pode ser usada em situações nas quais o compilador está descobrindo U ou S, ou ambos, como na parte de localização de faixa viva de um alocador de registradores de coloração de grafo.

A tabela na Figura B.1 mostra as complexidades assintóticas das operações de conjunto comuns usando essa representação. As operações de conjunto mais comuns sobre listas encadeadas ordenadas são $O(|S|)$ porque é preciso percorrer as listas interligadas para realizar as operações. Se a desalocação não exigir percorrer a lista para liberar os nós

Operação	Lista vinculada ordenada	Vetor de bits	Conjunto esparso
`member`	$O(|S|)$	$O(1)$	$O(1)$
`insert`	$O(|S|)$	$O(1)$	$O(1)$
`delete`	$O(|S|)$	$O(1)$	$O(1)$
`clear`	$O(1)$	$O(|U|)$	$O(1)$
`select`	$O(1)$	$O(|U|)$	$O(1)$
`cardinality`	$O(|S|)$	$O(|U|)$	$O(1)$
`forall`	$O(|S|)$	$O(|U|)$	$O(|S|)$
`copy`	$O(|S|)$	$O(|U|)$	$O(|S|)$
`compare`	$O(|S|)$	$O(|U|)$	$O(|S|)$
`union`	$O(|S|)$	$O(|U|)$	$O(|S|)$
`intersect`	$O(|S|)$	$O(|U|)$	$O(|S|)$
`difference`	$O(|S|)$	$O(|U|)$	$O(|S|)$
`complement`	—	$O(|U|)$	$O(|U|)$

■ **FIGURA B.1** Complexidades de tempo assintóticas das operações de conjunto.

para elementos individuais, como em alguns sistemas de coleta de lixo ou em um sistema baseado em arena, `clear` toma um tempo constante.

Uma variante desta ideia faz sentido quando o universo é desconhecido e os conjuntos podem crescer e se tornar razoavelmente grandes, como na construção do grafo de interferência (ver Capítulo 13). Fazer cada nó manter um número fixo (maior que 1) de elementos de conjunto reduz significativamente o overhead de espaço e de tempo. Com k elementos por nó, a criação de um conjunto de n elementos exige $\left\lceil \frac{n}{k} \right\rceil$ alocações e $\left\lceil \frac{n}{k} \right\rceil + 1$ ponteiros, enquanto um conjunto com nós de único elemento usaria n alocações e $n + 1$ ponteiros. Este esquema retém a facilidade de expansão da representação de lista, mas reduz o overhead de espaço. A inserção e a exclusão movem mais dados do que com um único elemento por nó; porém, sua complexidade assintótica ainda é $O(|S|)$.

> Manter um espaço extra na frente da lista, ao invés de no final, pode simplificar `insert` e `delete`, considerando uma lista simplesmente encadeada.

O array `IDoms` usado na computação de dominância rápida (ver Seção 9.5.2) é uma aplicação inteligente da representação de lista para os conjuntos a um caso muito especial. Em particular, o compilador conhece o tamanho do universo e o número de conjuntos. O compilador também sabe que, usando conjuntos ordenados, eles terão a propriedade peculiar de que, se $e \in S_1$ e $e \in S_2$, então cada elemento após e em S_1 também está em S_2. Assim, os elementos começando com e podem ser compartilhados. Usando uma representação de array, os nomes de elemento podem ser usados como ponteiros também. Isto permite um único array de n elementos para representar n conjuntos esparsos como listas ordenadas, e também produz um operador de interseção rápido para esses conjuntos.

B.2.2 Representação de conjuntos como vetores de bits

Os construtores de compilador normalmente utilizam *vetores de bits* para representar conjuntos, particularmente aqueles usados na análise de fluxo de dados (ver Seções 8.6.1 e 9.2). Para um universo limitado U, um conjunto $S \subseteq U$ pode ser representado com um vetor de bits de tamanho $|U|$, chamado *vetor característico* de S. Para cada $i \in U, 0 \leq i < |U|$; se $i \in S$, o i-ésimo elemento do vetor característico é igual a um. Caso contrário, é zero. Por exemplo, o vetor característico para o conjunto $S \subseteq U$, onde $S = \{i, j, k\}, i < j < k$, é o seguinte:

0		i−1	i	i+1		j−1	j	j+1		k−1	k	k+1		|U|−1
0	...	0	1	0	...	0	1	0	...	0	1	0	...	0

A representação de vetor de bits sempre aloca espaço suficiente para representar todos os elementos de U; assim, essa representação só pode ser usada em uma aplicação onde U é conhecido — uma aplicação off-line.

A tabela na Figura B.1 lista as complexidades assintóticas das operações comuns de conjunto com esta representação. Embora muitas das operações sejam $O(|U|)$, elas ainda podem ser eficientes se U for pequeno. Uma única palavra mantém muitos elementos; a representação ganha uma melhoria de fator constante sobre as representações que precisam de uma palavra por elemento. Assim, por exemplo, com um tamanho de palavra de 32 bits, qualquer universo de 32 ou menos elementos tem uma representação de uma única palavra.

A compactação da representação é transferida para a velocidade das operações. Com conjuntos de única palavra, muitas das operações de conjunto tornam-se instruções de máquina únicas; por exemplo, `union` torna-se uma operação lógica OR, e `intersection` uma operação lógica AND. Mesmo que os conjuntos usem várias palavras para representar, o número de instruções de máquina exigidas para realizar muitas das operações de conjunto é reduzido por um fator do tamanho de palavra da máquina.

B.2.3 Representação de conjuntos esparsos

Para um universo fixo U e um conjunto $S \subseteq U$, S é um conjunto esparso se $|S|$ for muito menor que $|U|$. Alguns dos conjuntos encontrados na compilação são esparsos. Por exemplo, normalmente, os conjuntos LIVEOUT usados na alocação de registradores são esparsos. Os construtores de compilador frequentemente utilizam vetores de bits para representar esses conjuntos, devido à sua eficiência em tempo e espaço. Entretanto, com esparsidade suficiente, representações mais eficientes em relação ao tempo são possíveis, especialmente em situações em que uma grande porcentagem das operações pode ser admitida em tempo $O(1)$ ou $O(|S|)$. Ao contrário, os conjuntos de vetor de bits tomam tempo $O(1)$ ou $O(|S|)$ nessas operações. Se $|S|$ for menor que $|U|$ por um fator maior que o tamanho da palavra, então os vetores de bits podem ser uma escolha menos eficiente.

Uma representação de conjunto esparso que tenha essas propriedades usa dois vetores de tamanho $|U|$ e um escalar para representar o conjunto. O primeiro vetor, `sparse`, mantém uma representação esparsa do conjunto; o outro, `dense`, mantém uma representação densa do conjunto. O escalar, `next`, mantém o índice do local em `dense` onde o próximo novo elemento do conjunto pode ser inserido. Naturalmente, `next` também mantém a cardinalidade do conjunto.

Nenhum vetor precisa ser inicializado quando o conjunto esparso é criado; os testes de pertinência (*membership*) no conjunto garantem a validade de cada entrada à medida que é acessada. A operação `clear` simplesmente define `next` de volta a zero, seu valor inicial. Para acrescentar um novo elemento $i \in U$ a S, o código (1) armazena i no local `next` em `dense`, (2) armazena o valor de `next` no i-ésimo local em `sparse`, e (3) incrementa `next` de modo que seja o índice do próximo local onde um elemento pode ser inserido em `dense`.

Se começarmos com um conjunto esparso vazio S e acrescentarmos os elementos j, i e k, nesta ordem, onde $i < j < k$, o conjunto ficaria assim:

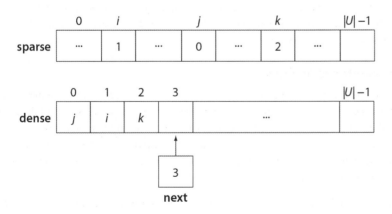

Observe que a representação de conjunto esparso exige espaço suficiente para representar todos de U. Assim, ele só pode ser usado em situações off-line, em que o compilador conhece o tamanho de U.

Como as entradas válidas para um elemento *i* em *sparse* e *dense* devem apontar uma para a outra, a condição de pertinência pode ser determinada com os seguintes testes:

$$0 \le \text{sparce }[i] < \text{next e dense }[\text{sparce}[i]] = i$$

A tabela na Figura B.1 lista as complexidades assintóticas das operações comuns de conjunto. Como este esquema inclui tanto uma representação esparsa quanto densa do conjunto, tem algumas das vantagens de cada uma. Os elementos individuais do conjunto podem ser acessados em tempo $O(1)$ através de `sparse`, enquanto as operações de conjunto que devem atravessar o conjunto podem usar `dense` para obter a complexidade $O(|S|)$.

As complexidades de espaço e de tempo devem ser consideradas quando se escolhe entre as representações de vetor de bits e de conjunto esparso. A representação de conjunto esparso exige dois vetores de tamanho |U| e um escalar. Ao contrário, uma representação de vetor de bits exige um único vetor de bits de tamanho |U|. Como vemos na Figura B.1, a representação de conjunto esparso domina a representação de vetor de bits em termos de complexidade assintótica de tempo. Porém, devido às implementações eficientes possíveis para operações de conjunto de vetor de bits, esses vetores de bits são preferidos em situações onde *S* não é esparso. Ao escolher entre as duas representações, é importante considerar a esparsidade do conjunto representado e a frequência relativa das operações de conjunto empregadas.

B.3 IMPLEMENTAÇÃO DE REPRESENTAÇÕES INTERMEDIÁRIAS

Depois de escolher um estilo específico de IR, o construtor de compiladores precisa decidir como implementá-lo. À primeira vista, as escolhas parecem ser óbvias. DAGs são facilmente representados como nós e arestas, usando ponteiros e estruturas de dados alocadas em heap. Quádruplas encaixam-se naturalmente a um array $4 \times k$. Assim como com os conjuntos, porém, a escolha da melhor implementação exige um conhecimento mais profundo de como o compilador usará as estruturas de dados.

B.3.1 Representações intermediárias gráficas

Compiladores usam uma variedade de IRs gráficas, conforme discutimos no Capítulo 5. O ajuste da implementação de um grafo às necessidades do compilador pode melhorar sua eficiência tanto de tempo quanto de espaço. Esta seção descreve algumas das questões que surgem com árvores e grafos.

Representação de árvores

A representação natural para as árvores, na maioria das linguagens, é como uma coleção de nós conectados por ponteiros. Uma implementação típica aloca os nós por demanda, à medida que o compilador constrói a árvore. A árvore pode incluir nós de vários tamanhos — por exemplo, variando o número de filhos do nó e alguns dos campos de dados. Alternativamente, a árvore poderia ser construída com um único tipo de nó, alocado para se ajustar ao maior nó possível.

Outra maneira de representar a mesma árvore é com um array de estruturas de nó. Nesta representação, ponteiros são substituídos por índices inteiros, e referências baseadas em ponteiro tornam-se referências padrões de array e estrutura. Essa implementação força um nó com tamanho único para tudo, mas, fora isso, é semelhante àquela baseada em ponteiro.

Cada um desses esquemas tem pontos fortes e fracos.

- O esquema de ponteiro lida com ASTs arbitrariamente grandes. O esquema de array exige um código para expandir o array quando a AST cresce além do seu tamanho alocado inicialmente.
- O esquema de ponteiro exige uma alocação para cada nó, enquanto o de array simplesmente incrementa um contador (a menos que deva expandir o array). Algumas técnicas, como alocação baseada em arena (veja a nota "Alocação baseada em arena", no Capítulo 6), podem reduzir o custo de alocação e recuperação.
- O esquema de ponteiro tem localidade de referência que depende totalmente do comportamento do alocador em tempo de execução. A técnica de array usa locais de memória consecutivos. Um ou outro podem ser desejáveis em determinado sistema.
- O esquema de ponteiro é mais difícil de otimizar, devido à qualidade comparativamente pior da análise estática sobre código com uso intenso de ponteiros. Ao contrário, muitas das otimizações desenvolvidas para códigos de álgebra linear densa aplicam-se a um esquema de array. Quando o compilador é compilado, essas otimizações podem produzir código mais rápido para o esquema de array do que para o esquema de ponteiro.
- O esquema de ponteiro pode ser mais difícil de depurar do que a implementação de array. Os programadores parecem achar que índices de array são mais intuitivos do que endereços de memória.
- O sistema de ponteiros exige um modo de codificar os ponteiros se a AST tiver que ser escrita em meios externos. Presume-se que isto inclua a travessia dos nós, seguindo os ponteiros. O sistema de array utiliza deslocamentos relativos ao início do array, de modo que nenhuma tradução é exigida. Em muitos sistemas, isto pode ser realizado com uma operação de E/S em bloco grande.

Existem muitas outras escolhas. Cada uma deve ser avaliada no contexto.

Mapeamento de árvores arbitrárias para árvores binárias

Uma implementação simples de árvores sintáticas abstratas poderia admitir nós com muitas quantidades diferentes de filhos. Por exemplo, um cabeçalho de laço for típico

```
for i = 1 to n by 2
```

poderia ter um nó na AST com cinco filhos, como aquele mostrado na Figura B.2.a. O nó rotulado com body representa a subárvore para o corpo do laço for.

Para algumas construções, nenhum número fixo de filhos funcionará. Para representar uma chamada de procedimento, a AST deve alocar nós de modo personalizado, com base no número de parâmetros, ou usar um único filho que mantenha uma lista de parâmetros. A primeira técnica complica todo o código que atravessa a AST; os nós de tamanho variável devem manter números para indicar quantos filhos têm, e a travessia deve conter código para ler esses números e modificar seu comportamento de acordo. A segunda separa a implementação da AST de sua aderência estrita à origem, mas usa uma construção bem compreendida, a lista, para representar aqueles lugares onde um nó com aridade fixa é inapropriado.

Para simplificar a implementação de árvores, o construtor de compiladores pode levar essa separação de forma e significado um passo adiante. Qualquer árvore arbitrária pode ser mapeada em uma árvore binária — árvore em que cada nó tem exatamente dois filhos. Nesse mapeamento, o ponteiro do filho da esquerda é designado para o filho mais à esquerda, e o ponteiro do filho da direita é designado para o próximo irmão no nível atual. A Figura B.2.b mostra o nó for de cinco filhos mapeado para uma árvore

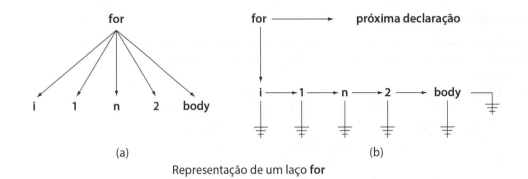

Representação de um laço **for**

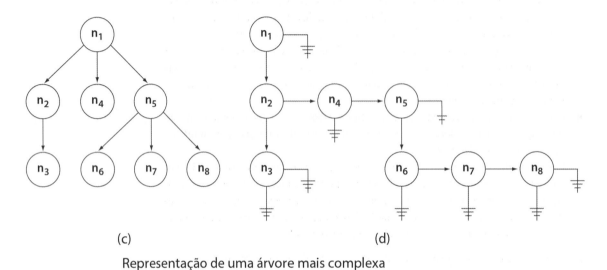

Representação de uma árvore mais complexa

■ **FIGURA B.2** Mapeamento de árvores arbitrárias para árvores binárias.

binária. Como cada nó é binário, essa árvore tem ponteiros nulos em cada nó folha. E, também, um ponteiro de irmão no nó `for`; na versão da esquerda, esse ponteiro ocorre no pai do nó `for`. As partes c e d na figura mostram um exemplo mais complexo.

O uso de árvores binárias introduz ponteiros nulos adicionais nas árvores, como mostram os dois exemplos. Em retorno, isto simplifica a implementação de várias maneiras. A alocação de memória pode ser feita de modo mais simples, com um alocador baseado em arena ou um alocador personalizado. O construtor de compiladores também pode implementar a árvore como um array de estruturas. O código que lida com a árvore binária é um pouco mais simples do que o exigido para uma árvore com nós de muitas aridades diferentes.

Representação de grafos arbitrários

Várias estruturas que um compilador deve representar são grafos arbitrários, ao invés de árvores. Alguns exemplos incluem os grafos de fluxo de controle e os grafos de precedência de dados. Uma implementação simples poderia usar nós alocados em heap, com ponteiros para representar as arestas. O lado esquerdo da Figura B.3 mostra um CFG simples.

Claramente, ele precisa de três nós. A dificuldade surge com as arestas: quantas arestas de entrada e de saída cada nó precisa? Cada nó poderia manter uma lista de arestas de saída; isto leva a uma implementação que poderia se parecer com aquela mostrada no lado direito da figura.

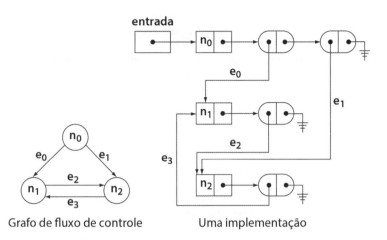

FIGURA B.3 Um exemplo de grafo de fluxo de controle.

No diagrama, os retângulos representam os nós, e os ovais as arestas. Essa representação torna fácil percorrer o grafo no sentido das arestas, mas não provê o acesso aleatório para qualquer um dos nós; para remediar isto, podemos acrescentar um array de ponteiros de nó, indexados pelos nomes de inteiros dos nós. Com esse pequeno acréscimo (não mostrado), o grafo é adequado para resolver problemas de fluxo de dados para a frente (*forward*). Ele fornece um meio rápido de encontrar todos os sucessores de um nó.

Infelizmente, os compiladores normalmente precisam atravessar o CFG no sentido contrário das arestas. Isto ocorre, por exemplo, nos problemas de fluxo de dados para trás (*backward*), em que o algoritmo precisa de uma operação rápida de predecessor. Para adaptar essa estrutura de grafo para a travessia para trás, precisaríamos incluir outro ponteiro para cada nó e criar um segundo conjunto de estruturas de aresta para representar os predecessores de um nó. Esta técnica certamente funcionará, mas a estrutura de dados torna-se complicada de desenhar, implementar e depurar.

Uma alternativa, assim como com as árvores, é representar o grafo como um par de tabelas — uma para os nós e outra para as arestas. A tabela de nós tem dois campos: um para a primeira aresta para um sucessor e outro para a primeira aresta para um predecessor. A tabela de arestas tem quatro campos: o primeiro par mantém a origem e o destino da aresta que está sendo representada, e o outro par mantém o próximo sucessor da origem e o próximo predecessor do destino. Usando este esquema, as tabelas para o nosso CFG de exemplo aparecem na Figura B.4. Essa representação fornece acesso rápido aos sucessores, predecessores e nós e arestas individuais por meio de seus nomes (supondo que os nomes sejam representados por inteiros pequenos).

A representação tabular funciona bem para a travessia do grafo e para encontrar predecessores e sucessores. Se a aplicação fizer muito uso de outras operações de grafo, representações melhores podem ser encontradas. Por exemplo, as operações dominantes em um alocador de registradores de coloração de grafo são o teste de presença de uma aresta no grafo de interferência e a interação pelos vizinhos de um nó. Para dar suporte a essas operações, a maioria das implementações utiliza duas representações de grafo diferentes (ver Seção 13.4.3). Para responder a questões de pertinência — a aresta (i, j) está no grafo? —, essas implementações utilizam uma matriz de bits. Como o grafo de interferência é não orientado, uma matriz de bits diagonal inferior será suficiente, economizando cerca de metade do espaço exigido para uma matriz de bits completa. Para percorrer rapidamente pelos vizinhos de um nó, um conjunto de vetores de adjacência é utilizado.

Tabela de Nós

Nome	Sucessor	Predecessor
n_0	e_0	–
n_1	e_2	e_0
n_2	e_3	e_1

Tabela de Arestas

Nome	Origem	Destino	Próximo sucessor	Próximo predecessor
e_0	n_0	n_1	e_1	e_3
e_1	n_0	n_2	–	e_2
e_2	n_1	n_2	–	–
e_3	n_2	n_1	–	–

■ **FIGURA B.4** Representação tabular de um CFG.

Como os grafos de interferência são grandes e esparsos, o espaço para os vetores de adjacência pode se tornar um problema. Algumas implementações utilizam duas passagens para construir o grafo — a primeira calcula o tamanho de cada vetor de adjacência, e a segunda constrói os vetores, cada um com o tamanho mínimo exigido. Outras implementações utilizam uma variante da representação de lista para conjuntos da Seção B.2.1 — o grafo é construído em uma única passagem, usando uma lista não ordenada para o vetor de adjacência, com múltiplas arestas por nó de lista.

B.3.2 Formas intermediárias lineares

Parte do apelo conceitual das formas intermediárias lineares, como ILOC, é que têm implementação simples, óbvia, como um array de estruturas. Por exemplo, um programa ILOC tem um mapeamento imediato para um array em estilo FORTRAN — n operações ILOC mapeadas em um array de $(n \times 4)$ elementos inteiros.

O código de operação (*opcode*) determina como interpretar cada um dos operandos. Naturalmente, qualquer decisão de projeto tem suas vantagens e desvantagens, e o construtor de compiladores que deseja usar uma IR linear deve considerar outras representações que não sejam um array simples.

Array em estilo Fortran

O uso de um único array de inteiros para manter a IR garante acesso rápido a opcodes e operandos individuais e overhead baixo para alocação e acesso. Os passos que manipulam a IR devem ser executados rapidamente, pois todos os acessos ao array podem ser melhorados usando as análises e transformações padrão desenvolvidas para melhorar programas de álgebra linear densa. Uma passagem linear pelo código tem localidade de memória previsível; como operações consecutivas ocupam locais de memória consecutivos, elas não podem entrar em conflito na cache. Se o compilador tiver que escrever a IR para meios externos (entre passos, por exemplo), pode usar operações eficientes de E/S em bloco.

Porém, existem desvantagens na implementação de array. Se o compilador precisar inserir uma operação no código, ele deve criar espaço para a nova operação. De modo semelhante, as exclusões devem contrair o código. Qualquer tipo de movimentação de código esbarra em alguma versão desse problema. Uma implementação ingênua criaria o espaço embaralhando operações; um compilador que usa esta abordagem frequentemente deixará slots vazios no array — após desvios e saltos — para reduzir a quantidade de embaralhamento necessário.

Uma estratégia alternativa é usar um operador `detour` que direciona qualquer travessia da IR para um segmento de código fora de linha. Esta técnica permite o controle da thread do compilador através de segmentos fora de linha, de modo que uma inserção possa ser feita sobrescrevendo uma operação existente com um `detour`, colocando o código inserido e a operação sobrescrita ao final do array, seguindo-a com um `detour` de volta à operação após o primeiro `detour`. A parte final da estratégia é linearizar os `detour`s ocasionalmente — por exemplo, ao final de cada passo, ou a qualquer momento em que a fração de `detour`s exceder algum patamar.

Outra complicação com a implementação de array surge da necessidade de uma operação ocasional, como uma função-φ que usa um número variável de operandos. No compilador do qual nossa ILOC é derivada, as chamadas de procedimento são representadas por uma única operação complicada. A operação de chamada tem um operando para cada parâmetro formal, um operando para o valor de retorno (se houver) e dois operandos que são listas de valores potencialmente modificados pela chamada e potencialmente usados pela chamada. Esta operação não se encaixa no molde de um array de $n \times 4$ elementos, a menos que os operandos sejam interpretados como ponteiros para listas de parâmetros, variáveis modificadas e variáveis usadas.

Lista de estruturas

Uma alternativa à implementação de array é usar uma lista de estruturas. Neste esquema, cada operação tem uma estrutura independente, além de um ponteiro para a próxima operação. Como as estruturas podem ser alocadas individualmente, a representação do programa expande-se facilmente para um tamanho arbitrário. Como a ordem é imposta pelos ponteiros que vinculam operações, operações podem ser inseridas e removidas com simples atribuições de ponteiros — nenhum embaralhamento ou cópia é necessário. Operações de tamanho variável, como a operação de chamada descrita anteriormente, são tratadas usando estruturas variantes; de fato, operações curtas como `loadI` e `jump` também podem usar uma variante para economizar pequenas quantidades de espaço.

Naturalmente, o uso de estruturas alocadas individualmente aumenta o overhead da alocação — o array precisa de uma alocação inicial, enquanto o esquema de lista, precisa de uma alocação por operação da IR. Os ponteiros de lista aumentam o espaço exigido. Como todos os passos do compilador que manipulam a IR precisam incluir muitas referências baseadas em ponteiro, o código para esses passos pode ser mais lento do que aquele que usa uma implementação de array simples, pois o código baseado em ponteiro normalmente é mais difícil de analisar e otimizar do que o código com uso intenso de arrays. Finalmente, se o compilador escreve a IR para meios externos entre os passos, ele deve atravessar a lista enquanto escreve e reconstruí-la enquanto a lê. Isto atrasa a E/S.

Essas desvantagens podem ser melhoradas, até certo ponto, implementando a lista de estruturas dentro de uma arena ou de um array. Com um alocador baseado em arena, o custo das alocações cai para um teste e uma adição no caso típico. A arena também produz aproximadamente a mesma localidade de uma implementação de array simples.

Em qualquer passo que não seja o primeiro, o compilador deverá ter uma noção bastante precisa do tamanho que a IR tem. Assim, ele pode alocar uma arena que mantém a IR e algum espaço para crescimento, evitando o caso mais dispendioso de expandir a arena.

A implementação da lista em um array alcança os mesmos objetivos, com a vantagem adicional de que todos os ponteiros tornam-se índices inteiros. A experiência sugere que isso simplifica a depuração; e também torna possível usar uma operação de E/S em bloco para escrever e ler a IR.

B.4 IMPLEMENTAÇÃO DE TABELAS HASH

Os dois problemas centrais na implementação de tabela hash são garantir que a função hash produza uma distribuição uniforme de inteiros (em todos os tamanhos de tabela que serão usados) e tratar colisões de modo eficiente. Encontrar boas funções hash é difícil. Felizmente, o hashing já é usado há muito tempo, de modo que muitas boas funções têm sido descritas na literatura.

O restante desta seção descreve as questões de projeto que surgem na implementação de tabelas hash. A Seção B.4.1 descreve duas funções hash que, na prática, produzem bons resultados. As duas seções seguintes apresentam as duas estratégias mais usadas para resolver colisões. A Seção B.4.2 descreve o *hashing aberto* (às vezes chamado *hashing de balde — bucket hashing*), enquanto a Seção B.4.3 apresenta um esquema alternativo chamado *endereçamento aberto,* ou *rehashing.* A Seção B.4.4 discute as questões de gerenciamento de armazenamento para tabelas hash, enquanto a Seção B.4.5 mostra como incorporar os mecanismos de escopo léxico nesses esquemas. A última seção trata de uma questão prática que surge em um ambiente de desenvolvimento de compilador: as mudanças frequentes na definição da tabela hash.

B.4.1 Escolha de uma função hash

A importância de uma boa função hash precisa ser bastante enfatizada. Uma função hash que produz uma distribuição ruim de valores de índice aumenta diretamente o custo médio da inserção de itens na tabela e a localização desses itens mais tarde. Felizmente, muitas funções hash boas já foram documentadas na literatura, incluindo as funções hash multiplicativas descritas por Knuth e as funções hash universais, descritas por Cormen e outros.

Funções hash multiplicativas

Uma *função hash multiplicativa* é incrivelmente simples. O programador escolhe uma única constante C e a utiliza na fórmula a seguir:

$$h(key) = \lfloor TableSize \cdot ((C \cdot key) \bmod 1) \rfloor$$

onde C é a constante, *key* o inteiro que está sendo usado como chave para a tabela, e *TableSize*, obviamente, o tamanho atual da tabela hash. Knuth sugere o seguinte valor para C:

$$0{,}6180339887 \approx \frac{\sqrt{5}-1}{2}$$

O efeito da função é calcular *C. key*, tomar sua parte fracionária com a função mod e multiplicar o resultado pelo tamanho da tabela.

> **ORGANIZAÇÃO DE UMA TABELA DE SÍMBOLOS**
> Ao projetar uma tabela de símbolos, a primeira decisão que o construtor de compiladores enfrenta trata da organização da tabela e seu algoritmo de busca. Como em muitas outras aplicações, o construtor de compiladores tem várias escolhas.
>
> **Lista linear**
> Uma lista linear pode se expandir até um tamanho arbitrário. O algoritmo de busca é um laço único, pequeno e estreito. Infelizmente, o algoritmo de busca exige **O**(n) sondagens por pesquisa, na média, onde n é o número de símbolos na tabela. Esta única desvantagem quase sempre supera a simplicidade da implementação e expansão. Para justificar o uso de uma lista linear, o construtor de compiladores precisa de evidências fortes de que os procedimentos que estão sendo compilados têm muito poucos nomes, como poderia ocorrer para uma linguagem orientada a objeto.
>
> **Busca binária**
> Para reter a facilidade de expansão da lista linear enquanto se melhora o tempo de busca, o construtor de compiladores poderia usar uma árvore binária balanceada. No caso ideal, uma árvore balanceada deve permitir a pesquisa em **O**($\log_2 n$) sondagens por pesquisa; esta é uma melhoria considerável em relação à lista linear. Muitos algoritmos têm sido publicados para o balanceamento de árvores de busca. (Efeitos semelhantes podem ser alcançados usando a busca binária em uma tabela ordenada, mas a tabela torna a inserção e a expansão mais difíceis.)
>
> **Tabela hash**
> Uma tabela hash pode minimizar os custos de acesso. A implementação calcula um índice de tabela diretamente a partir do nome. Desde que a computação produza uma boa distribuição de índices, o custo médio de acesso deverá ser **O**(1). Porém, o pior caso pode recair na busca linear. O construtor de compiladores pode tomar medidas para diminuir a probabilidade de que isso aconteça, mas casos patológicos ainda podem ocorrer. Muitas implementações de tabela hash possuem esquemas pouco dispendiosos para expansão.
>
> **Discriminação de conjuntos múltiplos**
> Para evitar o comportamento de pior caso, o construtor de compiladores pode usar uma técnica off-line chamada *discriminação de conjuntos múltiplos*. Ela cria um índice distinto para cada identificador, ao custo de uma passagem extra pelo texto fonte. Esta técnica evita a possibilidade de comportamento patológico que sempre existe com o hashing. (Veja a nota "Uma alternativa ao hahsing", no Capítulo 5, para obter mais detalhes.)
> Dessas organizações, a escolha mais comum parece ser a tabela hash. Ela fornece melhor comportamento em tempo de compilação do que a lista linear ou a árvore binária, e as técnicas de implementação têm sido bastante estudadas e ensinadas.

Funções hash universais

Para implementar uma *função hash universal*, o programador projeta uma família de funções que possam ser parametrizadas por um pequeno conjunto de constantes. Em tempo de execução, um conjunto de valores para as constantes é escolhido aleatoriamente — seja usando números aleatórios para as constantes ou selecionando um índice aleatório em um conjunto de constantes previamente testadas. (As mesmas constantes são usadas por toda uma única execução do programa que usa a função hash, mas as constantes variam de uma execução para outra.) Variando a função hash em cada execução do programa, uma função hash universal produz diferentes distribuições em cada uma delas. Em um compilador, se o programa de entrada produziu um comportamento patológico em alguma compilação em particular, é pouco provável que ele produza o mesmo comportamento em compilações subsequentes. Para implementar uma versão universal da função hash multiplicativa, o construtor de compiladores pode gerar aleatoriamente um valor apropriado para C no início da compilação.

B.4.2 Hashing aberto

O *hashing aberto*, também chamado *hashing de balde*, considera que a função hash h produz colisões. Ele conta com h para particionar o conjunto de chaves de entrada em um número fixo de conjuntos, ou *baldes* (*buckets*). Cada balde contém uma lista linear de registros, um registro por nome. LookUp(n) percorre a lista linear armazenada no balde indexado por $h(n)$ para encontrar n. Assim, LookUp exige uma avaliação de $h(n)$ e a travessia de uma lista linear. A avaliação de $h(n)$ deve ser rápida; a travessia de lista leva um tempo proporcional ao tamanho da lista. Para uma tabela de tamanho S, com N nomes, o custo por pesquisa deve ser aproximadamente $O(\frac{N}{S})$. Desde que h distribua nomes de modo uniforme e a razão entre nomes e baldes seja pequena, este custo se aproxima do nosso objetivo: tempo $O(1)$ para cada acesso.

A Figura B.5 mostra uma pequena tabela hash implementada com este esquema. Ela considera que $h(a) = h(d) = 3$ para criar uma colisão. Assim, a e d ocupam o mesmo slot na tabela. A estrutura de lista os liga. Insert deve fazer inclusões no início da lista, para ganhar eficiência.

O hashing aberto tem diversas vantagens. Como cria um novo nó em uma das listas interligadas para cada nome inserido, ele pode tratar um número arbitrariamente grande de nomes sem esgotar o espaço. Um número excessivo de entradas em um balde não afeta o custo de acesso em outros baldes. Como a representação concreta para o conjunto de baldes normalmente é um array de ponteiros, o overhead para aumentar S é pequeno — um ponteiro para cada balde acrescentado. (Isto torna menos dispendioso manter $\frac{N}{S}$ pequeno. O custo por nome é constante.) A escolha de S como uma potência de dois reduz o custo da inevitável operação mod exigida para implementar h.

As principais desvantagens do hashing aberto relacionam-se diretamente com essas vantagens. Ambas podem ser gerenciadas.

1. O hashing aberto pode fazer uso intenso de alocação. Cada inserção aloca um novo registro. Isto pode ser observado quando implementado em um sistema com alocação de memória pesada. O uso de um mecanismo mais leve, como a alocação baseada em arena (veja o quadro no Capítulo 6) pode aliviar esse problema.
2. Se qualquer conjunto em particular se tornar grande, LookUp se degrada até a busca linear. Com uma função hash com comportamento razoável, isto ocorre somente quando N é muito maior que S. A implementação deve detectar este problema e ampliar o array de baldes. Normalmente, isto envolve alocar um novo array de baldes e reinserir cada entrada da tabela antiga para a nova.

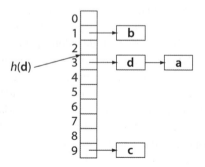

■ **FIGURA B.5** Tabela de hashing aberto.

Uma tabela de hash aberto bem implementada fornece acesso eficiente com baixo overhead em espaço e tempo.

Para melhorar o comportamento da busca linear realizada em um único balde, o compilador pode reordenar a cadeia dinamicamente. Rivest e outros [302, 317] descrevem duas estratégias efetivas: mover um nó para cima na cadeia de uma posição a cada pesquisa, ou movê-lo para a frente da lista a cada pesquisa. Esquemas mais complexos para organizar cada balde também podem ser usados. Porém, o construtor de compiladores deve avaliar a quantidade total de tempo perdido na travessia de um balde antes de investir muito esforço neste problema.

OS PERIGOS DE FUNÇÕES HASH FRACAS

A escolha de uma função hash tem impacto crítico sobre o custo das inserções e pesquisas na tabela. Este é um caso em que uma pequena quantidade de atenção pode fazer uma grande diferença.

Há muitos anos, vimos um aluno implementando a seguinte função hash para strings de caracteres: (1) quebrar a chave em pedaços de 4 bytes, (2) realizar o OR exclusivo (XOR) desses pedaços, e (3) tomar o número resultante, e, módulo tamanho da tabela, como o índice. A função é relativamente rápida. Ela tem uma implementação direta e eficiente. Para alguns tamanhos de tabela, produz distribuições adequadas.

Quando o aluno inseriu essa implementação em um sistema que realizava tradução fonte-para-fonte em programas FORTRAN, vários fatos independentes se combinaram para criar um desastre algorítmico. Primeiro, a linguagem de implementação preenchia strings de caracteres com espaços à direita para alcançar um limite de 4 bytes. Segundo, o estudante tinha escolhido um tamanho inicial da tabela de 2048. Finalmente, os programadores FORTRAN usam muitos nomes de variável de um e dois caracteres, como i, j, k, x, y e z.

Todos os nomes de variável curtos cabem em uma única palavra, evitando o efeito do OR exclusivo. Porém, usar (e mod 2048) mascara todos, menos os 11 bits finais de e. Assim, todos os nomes curtos de variável produzem o mesmo índice — os últimos 11 bits de um par de espaços. A busca hash instantaneamente se transforma em linear. Embora essa função hash em particular esteja longe de ser ideal, simplesmente mudar o tamanho da tabela para 2047 elimina os efeitos negativos mais observáveis.

B.4.3 Endereçamento aberto

O *endereçamento aberto*, também chamado *rehashing*, trata de colisões calculando um índice alternativo para os nomes cujo slot normal, em $h(n)$, já está ocupado. Neste esquema, LookUp(n) calcula $h(n)$ e examina esse slot. Se estiver vazio, LookUp falha. Se LookUp encontra n, ele tem sucesso. Se ele encontra um nome diferente de n, usa uma segunda função $g(n)$ para calcular um incremento para a busca. Isto o leva a sondar a tabela em $(h(n) + g(n))$ mod S, depois em $(h(n) + 2 \times g(n))$ mod S, depois em $(h(n) + 3 \times g(n))$ mod S, e assim por diante, até encontrar n, encontrar um slot vazio ou retornar para $h(n)$ pela segunda vez. (A tabela é numerada de 0 a $S-1$, o que garante que mod S retornará um índice de tabela válido.) Se LookUp encontrar um slot vazio, ou retornar para $h(n)$ pela segunda vez, ele falha.

A Figura B.6 mostra uma pequena tabela hash implementada com este esquema, usando os mesmos dados da Figura B.5. Como antes, $h(\text{a}) = h(\text{d}) = 3$, enquanto $h(\text{b}) = 1$ e $h(\text{c}) = 9$. Quando d foi inserido, produziu uma colisão com a. A função hash secundária $g(\text{d})$ produziu 2, de modo que Insert colocou d no índice 5 da tabela. Com efeito, o endereçamento aberto constrói cadeias de itens semelhantes aos usados no hashing

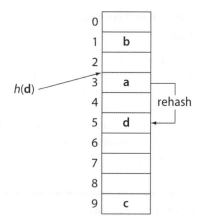

FIGURA B.6 Tabela de endereçamento aberta.

aberto. Porém, no endereçamento aberto, as cadeias são armazenadas diretamente na tabela, e um único local da tabela pode servir como ponto de partida para várias cadeias, cada uma com um incremento diferente produzido por g.

Este esquema faz uma escolha sutil entre espaço e velocidade. Como cada chave é armazenada na tabela, S deve ser maior que N. Se as colisões são infrequentes, pois h e g produzem boas distribuições, as cadeias de rehash permanecem curtas e os custos de acesso baixos. Como pode recalcular g com baixo custo, este esquema não precisa armazenar ponteiros para formar as cadeias de rehash — uma economia de N ponteiros. Esse espaço economizado torna a tabela maior, o que melhora o desempenho, reduzindo a frequência de colisão. A principal vantagem do endereçamento aberto é simples: custos de acesso menores através de cadeias de rehash mais curtas.

O endereçamento aberto tem duas desvantagens principais. Ambas surgem quando N se aproxima de S e a tabela se torna cheia.

1. Como as cadeias de rehash são encadeadas pela tabela de índice, uma colisão entre n e m pode interferir com uma inserção subsequente de algum outro nome p. Se $h(n) = h(m)$ e $(h(m) + g(m))$ mod $S = h(p)$, a inserção de n, seguida de m, preenche o slot de p na tabela. Quando o esquema se comporta bem, este problema tem impacto secundário. Quando N se aproxima de S, pode se tornar pronunciado.
2. Como S deve ser pelo menos tão grande quanto N, a tabela deve ser expandida se N se tornar muito grande. (De modo semelhante, a implementação pode expandir S quando alguma cadeia ficar muito grande.) A expansão é necessária por questão de exatidão; com o hashing aberto, é uma questão de eficiência.

Algumas implementações utilizam uma função constante para g. Isto simplifica a implementação e reduz o custo da computação de índices secundários. Porém, cria uma única cadeia de rehash para cada valor de h e tem o efeito de mesclar cadeias de rehash sempre que um índice secundário encontra um slot de tabela já ocupado. Essas duas desvantagens superam o custo de avaliação de uma segunda função de hash. Uma escolha mais razoável, se possível, é usar duas funções hash multiplicativas com diferentes constantes, selecionadas aleatoriamente inicialmente a partir de uma tabela de constantes.

O tamanho da tabela S desempenha um papel importante no endereçamento aberto. `LookUp` precisa reconhecer quando alcança um slot da tabela que já visitou; caso contrário, não terminará com falha. Para tornar isto eficiente, a implementação deve garantir que por fim retornará a $h(n)$. Se S for um número primo, então qualquer escolha de $0 < g(n) < S$ gera uma série de sondagens, $p_1, p_2, ..., p_S$, com a propriedade de que $p_1 = p_S = h(n)$ e $p_i \neq h(n)$, $\forall i$ tal que $1 < i < S$. Ou seja, `LookUp` examinará cada slot na tabela antes de retornar a $h(n)$. Como a implementação pode precisar expandir a tabela, é necessário uma tabela de números primos com tamanho apropriado. Um pequeno conjunto de primos é suficiente, devido aos limites realísticos tanto do tamanho do programa como da memória disponível ao compilador.

B.4.4 Armazenamento de registros de símbolos

Nem o hashing aberto nem o endereçamento aberto resolvem diretamente a questão de como alocar espaço para a informação associada a cada entrada da tabela hash. Com o hashing aberto, a tentação é alocar os registros diretamente nos nós que implementam as cadeias. Com o endereçamento aberto, é evitar ponteiros e fazer com que cada entrada na tabela de índice seja um registro de símbolo. Essas duas técnicas possuem desvantagens. Podemos alcançar resultados melhores usando uma pilha alocada separadamente para manter os registros.

A Figura B.7 representa esta implementação. Em uma implementação de hashing aberto, as próprias listas de cadeia podem ser implementadas na pilha, o que reduz o custo de alocação de registros individuais — particularmente se a alocação for uma operação pesada. Já em uma implementação com endereçamento aberto, as cadeias de rehash ainda são implícitas no conjunto de índices, preservando a economia de espaço que motivou a ideia.

Quando os registros reais são armazenados em uma pilha, formam uma tabela densa, que é melhor para a E/S externa. Para a alocação pesada, este esquema amortiza o custo de uma alocação grande por muitos registros. Com um coletor de lixo, diminui-se o número de objetos que devem ser marcados e coletados. De qualquer forma, ter uma tabela densa torna mais eficiente percorrer os símbolos na tabela — operação que o compilador usa para realizar tarefas como atribuir locais de armazenamento.

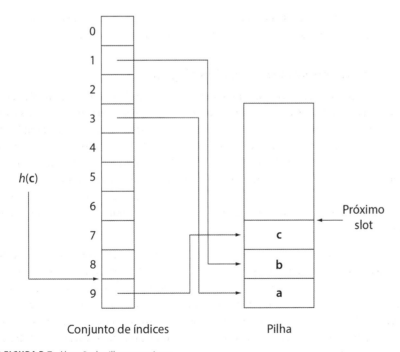

■ **FIGURA B.7** Alocação de pilha para registros.

Como vantagem final, este esquema simplifica drasticamente a tarefa de expandir o conjunto de índices. Para esta expansão, o compilador descarta o conjunto de índices antigo, aloca um conjunto maior e depois reinsere os registros na nova tabela, trabalhando de baixo para cima na pilha. Isto elimina a necessidade de ter, temporariamente, as tabelas antiga e nova na memória. Percorrer a tabela densa exige menos trabalho, em geral, do que caçar os ponteiros para atravessar as listas no hashing aberto. Isto evita percorrer slots de tabela vazios, como pode acontecer quando o endereçamento aberto expande o conjunto de índices para manter as cadeias curtas.

O compilador não precisa alocar a pilha inteira como um único objeto. Ao invés, a pilha pode ser implementada como uma cadeia de nós que mantém k registros cada, para algum k de tamanho razoável. Quando um nó se torna cheio, a implementação aloca um novo, acrescenta-o ao final da cadeia e continua. Isto oferece ao construtor de compiladores um controle minucioso sobre o compromisso entre custo de alocação e espaço desperdiçado.

B.4.5 Inclusão de escopos léxicos aninhados

A Seção 5.5.3 descreveu as questões que surgem na criação de uma tabela de símbolos para lidar com escopos léxicos aninhados. Descreveu uma implementação simples que cria um feixe de tabelas de símbolos, uma por nível. Embora esta implementação seja conceitualmente limpa, transfere o overhead da definição de escopo para `LookUp`, ao invés de para `InitializeScope`, `FinalizeScope` e `Insert`. Como o compilador chama `LookUp` muito mais vezes do que essas outras rotinas, outras implementações merecem consideração.

Considere novamente o código na Figura 5.10. Ele gera as seguintes ações:

$$\uparrow \langle w,0 \rangle \ \langle x,0 \rangle \ \langle \text{example},0 \rangle \ \uparrow \ \langle a,1 \rangle \ \langle b,1 \rangle \ \langle c,1 \rangle$$

$$\uparrow \langle b,2 \rangle \ \langle z,2 \rangle \ \downarrow \ \uparrow \ \langle a,2 \rangle \ \langle x,2 \rangle \ \uparrow \ \langle c,3 \rangle, \langle x,3 \rangle \ \downarrow \ \downarrow \ \downarrow \ \downarrow$$

onde $\uparrow$ representa uma chamada a `InitializeScope`, $\downarrow$ uma chamada a `FinalizeScope`, e $\langle \text{nome}, n \rangle$ uma chamada a `Insert` que acrescenta nome no nível n.

Inclusão de escopos léxicos ao hashing aberto

Considere o que poderia acontecer em uma tabela de hashing aberto se simplesmente acrescentássemos um campo de nível léxico ao registro para cada nome e inseríssemos cada novo nome na frente de sua cadeia. `Insert` poderia então verificar duplicatas comparando tanto nomes quanto níveis léxicos. `LookUp` retornaria o primeiro registro que descobrisse para determinado nome. `InitializeScope` simplesmente incrementaria um contador para o nível léxico atual. Este esquema transfere as complicações para `FinalizeScope`, que deve não apenas decrementar o nível léxico atual, mas também remover os registros para quaisquer nomes inseridos no escopo que está sendo desalocado.

Se o hashing aberto for implementado com nós alocados individualmente para suas cadeias, como mostra a Figura B.5, então `FinalizeScope` deve encontrar todos os registros para o escopo que está sendo descartado e removê-los de suas respectivas cadeias. Se eles não forem usados mais adiante no compilador, `FinalizeScope` deve desalocá-los; caso contrário, encadeá-los juntos para que sejam preservados. A Figura B.8 mostra a tabela que esta técnica produziria, na instrução de atribuição da Figura 5.10.

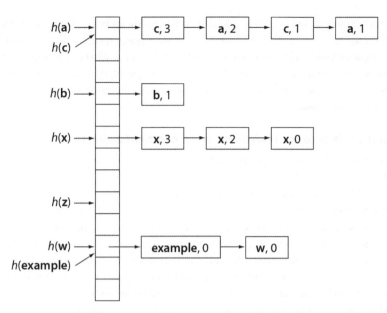

■ **FIGURA B.8** Escopo léxico em uma tabela de hashing aberto.

Com registros alocados em pilha, `FinalizeScope` pode repetir a partir do topo da pilha para baixo até alcançar um registro para algum nível abaixo do que está sendo descartado. Para cada registro, ele atualiza a entrada do conjunto de índices com o ponteiro do registro para o próximo item na cadeia. Se os registros estão sendo descartados, `FinalizeScope` reinicia o ponteiro para o próximo slot disponível; caso contrário, os registros são preservados juntos na pilha. A Figura B.9 mostra a tabela de símbolos para nosso exemplo na instrução de atribuição.

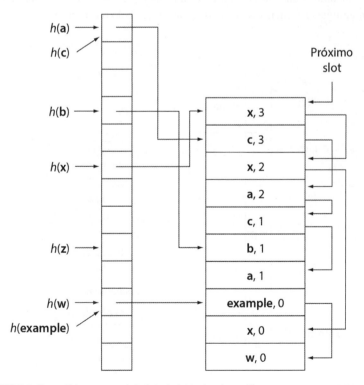

■ **FIGURA B.9** Escopo léxico em uma tabela de hash aberto alocada em pilha.

Com um pouco de cuidado, a reordenação dinâmica da cadeia pode ser acrescentada a este esquema. Como `FinalizeScope` usa a ordenação de pilha, ao invés da ordenação de cadeia, ele ainda encontrará todos os nomes de alto nível no topo da pilha. Com cadeias reordenadas, o compilador, ou precisa percorrer a cadeia para remover cada registro de nome excluído, ou encadear duplamente as cadeias para permitir a exclusão mais rápida.

Inclusão de escopos léxicos ao endereçamento aberto

Com uma tabela de endereçamento aberto, a situação é ligeiramente mais complexa. Nela, os slots na tabela são um recurso crítico; quando todos são preenchidos, a tabela precisa ser expandida antes que mais inserção possa ocorrer. A exclusão a partir de uma tabela que usa rehashing é difícil; a implementação não pode dizer com facilidade se o registro excluído cai no meio de alguma cadeia de rehash. Assim, a marcação do slot vazio quebra qualquer cadeia que passe por esse local (ao invés de terminar ali). Isto depõe contra o armazenamento de registros discretos para cada variante de um nome na tabela. Ao invés disso, o compilador deve encadear apenas um registro por nome na tabela; ele pode criar uma cadeia de registros substituídos por variantes mais antigas. A Figura B.10 representa esta situação para o exemplo em andamento.

Este esquema transfere a maior parte da complexidade para `Insert` e `FinalizeScope`. `Insert` cria um novo registro no topo da pilha. Se descobrir uma declaração mais antiga com o mesmo nome no conjunto de índices, ele substitui essa referência por uma referência ao novo registro e vincula a referência mais antiga ao novo registro. `FinalizeScope` percorre os itens do topo da pilha, como no hashing aberto. Para remover um registro que tem uma variante mais antiga, ele simplesmente revincula o conjunto de índices para que aponte para a variante mais antiga. Para remover a variante final de um nome, ele precisa inserir uma referência a um registro especialmente designado, que indica uma referência excluída. `LookUp` precisa reconhecer a referência excluída como ocupando um slot na cadeia atual. `Insert` precisa saber que pode substituir uma referência excluída por qualquer símbolo recém-inserido.

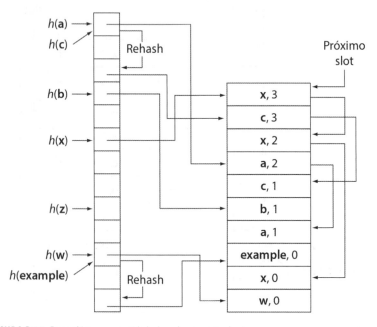

■ **FIGURA B.10** Escopo léxico em uma tabela de endereçamento aberto.

Este esquema, basicamente, cria cadeias separadas para colisões e redeclarações. Colisões são encadeadas pelo conjunto de índices; redeclarações são encadeadas através da pilha. Isto deve reduzir ligeiramente o custo de LookUp, pois evita examinar mais de um registro para qualquer nome isolado.

Considere um balde no hashing aberto que contém sete declarações para x e uma única declaração para y no nível zero. LookUp poderia encontrar todos os sete registros para x antes de encontrar y. Com o esquema de endereçamento aberto, LookUp encontra um registro para x e um registro para y.

B.5 UM PROJETO DE TABELA DE SÍMBOLOS FLEXÍVEL

A maioria dos compiladores usa uma tabela de símbolos como um repositório central para informações sobre os diversos nomes que surgem no código fonte, na IR e no código gerado. Durante o desenvolvimento do compilador, o conjunto de campos na tabela de símbolos parece crescer monotonicamente. Os campos são acrescentados para dar suporte a novos passos e comunicar informações entre passos. Quando a necessidade de um campo desaparece, ele pode ou não ser removido da definição da tabela de símbolos. À medida que cada campo é acrescentado, a tabela de símbolos aumenta em tamanho, e quaisquer partes do compilador com acesso direto à tabela de símbolos devem ser recompiladas.

Encontramos este problema na implementação dos ambientes de programação $\mathcal{R}^n$ e ParaScope. A natureza experimental desses sistemas levou a uma situação em que acréscimos e exclusões de campos da tabela de símbolos eram comuns. Para resolver o problema, implementamos uma estrutura mais complexa, porém mais flexível, para a tabela de símbolos — uma *tabela hash bidimensional*. Isto eliminou quase todas as mudanças na definição da tabela de símbolos e sua implementação.

A tabela bidimensional, mostrada na Figura B.11, usa duas tabelas de índices hash distintas. A primeira, mostrada junto com a borda esquerda da figura, corresponde à tabela de índices esparsa da Figura B.7. A implementação usa esta tabela para realizar o hash sobre os nomes de símbolos. A segunda, mostrada no topo da figura, é uma tabela hash para os nomes de campo. O programador referencia campos individuais tanto por seu nome textual como pelo nome do símbolo; a implementação realiza o hash do nome de símbolo para obter um índice e o nome de campo para selecionar um vetor de dados. O atributo desejado é armazenado no vetor sob o índice do símbolo. Ela se comporta como se cada campo tivesse sua própria tabela hash, implementada como mostra a Figura B.7.

Embora isto pareça complexo, não é particularmente dispendioso. Cada acesso à tabela exige dois cálculos de hash, ao invés de um. A implementação não precisa alocar armazenamento para um determinado campo até que um valor seja armazenado nele; isto evita o overhead de espaço dos campos não utilizados, e permite que os desenvolvedores individuais criem e excluam campos da tabela de símbolos sem interferir com outros programadores.

Nossa implementação forneceu pontos de entrada para definir valores iniciais para um campo (pelo nome), excluir um campo (pelo nome) e para relatar estatísticas sobre uso do campo. Este esquema permite que programadores individuais gerenciem seu próprio uso da tabela de símbolos de modo responsável e independente, sem interferência de outros programadores e seu código.

Como uma questão final, a implementação deve ser abstrata com relação a uma tabela de símbolos específica. Ou seja, sempre deve tomar uma tabela como parâmetro.

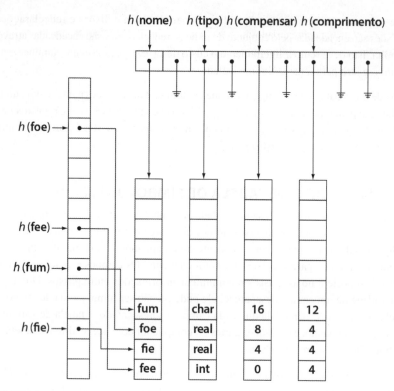

■ **FIGURA B.11** Tabela hash de símbolos bidimensional.

Isto permite que o compilador reutilize a implementação em muitos casos, como os algoritmos de numeração de valor superlocal ou baseados em dominador, do Capítulo 8.

NOTAS DO APÊNDICE

Muitos dos algoritmos em um compilador manipulam conjuntos, mapeamentos, tabelas e grafos. As implementações de base afetam diretamente o espaço e o tempo que esses algoritmos exigem e, por fim, a usabilidade do próprio compilador [57]. Os livros-texto sobre algoritmos e estrutura de dados abordam muitas das questões que este apêndice reúne [231, 4, 195, 109, 41].

Nossos compiladores de pesquisa têm usado quase todas as estruturas de dados descritas neste apêndice. Vimos problemas de desempenho vindos do crescimento das estruturas de dados em várias áreas.

- Árvores sintáticas abstratas, conforme mencionamos no quadro em destaque no Capítulo 5, podem se tornar excessivamente grandes. A técnica de mapeamento de uma árvore arbitrária em uma árvore binária simplifica a implementação e parece manter o overhead baixo [231].
- A representação tabular de um grafo, com listas de sucessores e predecessores, foi reinventada muitas vezes. Ela funciona particularmente bem para CFGs, para os quais o compilador percorre tanto os sucessores e os predecessores. Usamos esta estrutura de dados pela primeira vez no sistema PFC em 1980.
- Os conjuntos na análise de fluxo de dados podem crescer e ocupar centenas de megabytes. Como alocação e desalocação são questões de desempenho nessa escala, normalmente usamos o alocador baseado em área de Hanson [179].

- O tamanho e a esparsidade dos grafos de interferência os tornam outra área que merece consideração cuidadosa. Usamos a variante de lista ordenada com múltiplos elementos de conjunto por nó para manter baixo o custo da criação do grafo enquanto o overhead de espaço é gerenciado [101].

As tabelas de símbolos desempenham um papel central no modo como os compiladores armazenam e acessam informações. Muita atenção tem sido dada à organização dessas tabelas. Listas de reorganização [302, 317], árvores de busca balanceadas [109, 41] e hashing [231, vol. 3] desempenham papel importante para tornar eficiente o acesso a essas tabelas. Knuth [231, vol. 3] e Cormen [109] descrevem a função hash multiplicativa com detalhes.

Bibliografia

[1] P.S. Abrams, An APL Machine, tese de Ph.D., Stanford University, Stanford, CA, 1970. *Technical Report SLAC-R-114*, Stanford Linear Accelerator Center, Stanford University, fevereiro de 1970.

[2] A.V. Aho, M. Ganapathi, S.W.K. Tjiang, Code generation using tree matching and dynamic programming, *ACM Trans. Program. Lang. Syst 11* (4) (1989), p. 491-516.

[3] A.V. Aho, J.E. Hopcroft, J.D. Ullman, On finding lowest common ancestors in trees, em: *Conference Record of the Fifth Annual ACM Symposium on Theory of Computing (STOC)*, ACM, Nova York, 1973, p. 253-265.

[4] A.V. Aho, J.E. Hopcroft, J.D. Ullman, *The Design and Analysis of Computer Algorithms*, Addison-Wesley, Reading, MA, 1974.

[5] A.V. Aho, S.C. Johnson, Optimal code generation for expression trees, *J. ACM 23* (3) (1976), p. 488-501.

[6] A.V. Aho, S.C. Johnson, J.D. Ullman, Code generation for expressions with common subexpressions, em: *Conference Record of the Third ACM Symposium on Principles of Programming Languages*, Atlanta, GA, ACM, Nova York, 1976, p. 19-31.

[7] A.V. Aho, R. Sethi, J.D. Ullman, *Compilers: Principles, Techniques, and Tools*, Addison-Wesley, Reading, MA, 1986.

[8] A.V. Aho, J.D. Ullman, *The Theory of Parsing, Translation, and Compiling*, Prentice-Hall, Englewood Cliffs, NJ, 1973.

[9] P. Aigrain, S.L. Graham, R.R. Henry, M.K. McKusick, E. Pelegri-Llopart, Experience with a Graham-Glanville style code generator, *SIGPLAN Not 19* (6) (1984), p. 13-24. Proceedings of the ACM SIGPLAN '84 Symposium on Compiler Construction.

[10] A. Aiken, A. Nicolau, Optimal loop parallelization, *SIGPLAN Not 23* (7) (1988), p. 308-317. Proceedings of the ACM SIGPLAN '88 Conference on Programming Language Design and Implementation.

[11] F.E. Allen, Program optimization, em: M. Halpern, C. Shaw (Eds.), *Annual Review in Automatic Programming*, vol. 5, Pergamon Press, Oxford, England, 1969, p. 239-307.

[12] F.E. Allen, Control flow analysis, *SIGPLAN Not 5* (7) (1970), p. 1-19. Proceedings of a Symposium on Compiler Optimization.

[13] F.E. Allen, A basis for program optimization, em: *Proceedings of Information Processing 71*, North-Holland Publishing Company, Amsterdam, 1971, p. 385-390.

[14] F.E. Allen, The history of language processor technology in IBM, *IBM J. Res. Dev 25* (5) (1981), p. 535-548.

[15] F.E. Allen, *Comunicação particular*. Dr. Allen observou que Beatty descreveu a análise viva em um documento intitulado "Optimization Methods for Highly Parallel, Multiregister Machines", datado de setembro de 1968, abril de 2009.

[16] F.E. Allen, J. Cocke, A catalogue of optimizing transformations, em: R. Rustin (Ed.), em: *Design and Optimization of Compilers*, Prentice-Hall, Englewood Cliffs, NJ, 1972, p. 1-30.

[17] F.E. Allen, J. Cocke, Graph-Theoretic Constructs for Program Flow Analysis, *Technical Report RC 3923* (17789), IBM Thomas J. Watson Research Center, Yorktown Heights, NY, 1972.

[18] F.E. Allen, J. Cocke, A program data flow analysis procedure, *Commun. ACM 19* (3) (1976), p. 137-147.

[19] F.E. Allen, J. Cocke, K. Kennedy, Reduction of operator strength, em: S.S. Muchnick, N.D. Jones (Eds.), em: *Program Flow Analysis: Theory and Applications*, Prentice-Hall, Englewood Cliffs, NJ, 1981, p. 79-101.

[20] J.R. Allen, K. Kennedy, *Optimizing Compilers for Modern Architectures*, Morgan Kaufmann, San Francisco, CA, 2001.

[21] B. Alpern, F.B. Schneider, Verifying temporal properties without temporal logic, *ACM Trans. Program. Lang. Syst 11* (1) (1989), p. 147-167.

[22] B. Alpern, M.N. Wegman, F.K. Zadeck, Detecting equality of variables in programs, em: *Proceedings of the Fifteenth Annual ACM Symposium on Principles of Programming Languages*, San Diego, CA, ACM, Nova York, 1988, p. 1-11.

[23] S. Alstrup, D. Harel, P.W. Lauridsen, M. Thorup, Dominators in linear time, *SIAM J. Comput 28* (6) (1999). p. 2117-2132.

[24] M.A. Auslander, M.E. Hopkins, An overview of the PL.8 compiler, *SIGPLAN Not 17* (6) (1982), p. 22-31. Proceedings of the ACM SIGPLAN '82 Symposium on Compiler Construction.

[25] Ayers, R. Gottlieb, R. Schooler, Aggressive inlining, *SIGPLAN Not. 32* (5) (1997), p. 134-145. Proceedings of the ACM SIGPLAN '97 Conference on Programming Language Design and Implementation.

[26] J.W. Backus, The history of FORTRAN I, II, and III, em: R.L. Wexelblat (Ed.), em: *History of Programming Languages*, Academic Press, Nova York, 1981, p. 25-45.

[27] J.W. Backus, R.J. Beeber, S. Best, R. Goldberg, L.M. Haibt, H.L. Herrick, et al. The FORTRAN automatic coding system, em: *Proceedings of the Western Joint Computer Conference*, Institute of Radio Engineers, Nova York, 1957, p. 188-198.

[28] D.F. Bacon, S.L. Graham, O.J. Sharp, Compiler transformations for high-performance computing, *ACM Comput. Surv. 26* (4) (1994), p. 345-420.

[29] J.-L. Baer, D.P. Bovet, Compilation of arithmetic expressions for parallel computation, em: *Proceedings of 1968 IFIP Congress*, North-Holland Publishing Company, Amsterdam, 1969, p. 340-346.

[30] J.T. Bagwell Jr., Local optimizations, *SIGPLAN Not. 5* (7) (1970), p. 52-66. Proceedings of a Symposium on Compiler Optimization.

[31] J.E. Ball, Predicting the effects of optimization on a procedure body, em: *SIGPLAN '79: Proceedings of the 1979 SIGPLAN Symposium on Compiler Construction*, ACM, Nova York, 1979, p. 214-220.

[32] J. Banning, An efficient way to find side effects of procedure calls and aliases of variables, em: *Conference Record of the Sixth Annual ACM Symposium on Principles of Programming Languages*, San Antonio, TX, ACM, Nova York, 1979, p. 29-41.

[33] W.A. Barrett, J.D. Couch, *Compiler Construction: Theory and Practice*, Science Research Associates, Inc, Chicago, IL, 1979.

[34] J.M. Barth, An interprocedural data flow analysis algorithm, em: *Conference Record of the Fourth ACM Symposium on Principles of Programming Languages*, Los Angeles, CA, ACM, Nova York, 1977, p. 119-131.

[35] A.M. Bauer, H.J. Saal, Does APL really need run-time checking?, *Softw. Pract. Experience 4* (2) (1974), p. 129-138.

[36] L.A. Belady, A study of replacement algorithms for a virtual storage computer, *IBM Syst. J 5* (2) (1966), p. 78-101.

[37] P. Bergner, P. Dahl, D. Engebretsen, M.T. O'Keefe, Spill code minimization via interference region spilling, *SIGPLAN Not 32* (5) (1997), p. 287-295. Proceedings of the ACM SIGPLAN '97 Conference on Programming Language Design and Implementation.

[38] D. Bernstein, D.Q. Goldin, M.C. Golumbic, H. Krawczyk, Y. Mansour, I. Nahshon, et al. Spill code minimization techniques for optimizing compilers, *SIGPLAN Not. 24* (7) (1989), p. 258-263. Proceedings of the ACM SIGPLAN '89 Conference on Programming Language Design and Implementation.

[39] D. Bernstein, M. Rodeh, Global instruction scheduling for superscalar machines, *SIGPLAN Not. 26* (6) (1991), p. 241-255. Proceedings of the ACM SIGPLAN '91 Conference on Programming Language Design and Implementation.

[40] R.L. Bernstein, Producing good code for the case statement, *Softw. Pract. Experience 15* (10) (1985), p. 1021-1024.

[41] A. Binstock, J. Rex, *Practical Algorithms for Programmers*, Addison-Wesley, Reading, MA, 1995.

[42] P.L. Bird, An implementation of a code generator specification language for table driven code generators, *SIGPLAN Not. 17* (6) (1982), p. 44-55. Proceedings of the ACM SIGPLAN '82 Symposium on Compiler Construction.

[43] R. Bodík, R. Gupta, M.L. Soffa, Complete removal of redundant expressions, *SIGPLAN Not 33* (5) (1998), p. 1-14. Proceedings of the ACM SIGPLAN '98 Conference on Programming Language Design and Implementation.

[44] H.-J. Boehm, Space efficient conservative garbage collection, *SIGPLAN Not. 28* (6) (1993), p. 197-206. Proceedings of the ACM SIGPLAN '93 Conference on Programming Language Design and Implementation.

[45] H.-J. Boehm, A. Demers, Implementing Russell, *SIGPLAN Not. 21* (7) (1986), p. 186-195. Proceedings of the ACM SIGPLAN '86 Symposium on Compiler Construction.

[46] H.-J. Boehm, M. Weiser, Garbage collection in an uncooperative environment, *Softw. Pract. Experience 18* (9) (1988), p. 807-820.

[47] F. Bouchez, *A Study of Spilling and Coalescing in Register Allocation As Two Separate Phases*, tese de Ph.D., École Normale Supérieure de Lyon, Lyon, França, 2009.

[48] D.G. Bradlee, S.J. Eggers, R.R. Henry, Integrating register allocation and instruction scheduling for RISCs, *SIGPLAN Not. 26* (4) (1991), p. 122-131. Proceedings of the Fourth International Conference on Architectural Support for Programming Languages and Operating Systems (ASPLOS-IV).

[49] P. Briggs, Register Allocation via Graph Coloring, tese de Ph.D., Department of Computer Science, Rice University, Houston, TX, 1992. *Technical Report TR92-183*, Computer Science Department, Rice University, 1992.

[50] P. Briggs, K.D. Cooper, T.J. Harvey, L.T. Simpson, Practical improvements to the construction and destruction of static single assignment form, *Softw. Pract. Experience 28* (8) (1998), p. 859-881.

[51] P. Briggs, K.D. Cooper, K. Kennedy, L. Torczon, Coloring heuristics for register allocation, *SIGPLAN Not 24* (7) (1989), p. 275-284. Proceedings of the ACM SIGPLAN '89 Conference on Programming Language Design and Implementation.

[52] P. Briggs, K.D. Cooper, K. Kennedy, L. Torczon, *Digital computer register allocation and code spilling using interference graph coloring*, Patente dos Estados Unidos 5.249.295, março de 1993.

[53] P. Briggs, K.D. Cooper, L.T. Simpson, Value numbering, *Softw. Pract. Experience 27* (6) (1997), p. 701-724.

[54] P. Briggs, K.D. Cooper, L. Torczon, Coloring register pairs, *ACM Lett. Program. Lang. Syst 1* (1) (1992), p. 3-13.

[55] P. Briggs, K.D. Cooper, L. Torczon, Rematerialization, *SIGPLAN Not 27* (7) (1992), p. 311-321. Proceedings of the ACM SIGPLAN '92 Conference on Programming Language Design and Implementation.

[56] P. Briggs, K.D. Cooper, L. Torczon, Improvements to graph coloring register allocation, *ACM Trans. Program. Lang. Syst 16* (3) (1994), p. 428-455.

[57] P. Briggs, L. Torczon, An efficient representation for sparse sets, *ACM Lett. Program. Lang. Syst 2* (1-4) (1993), p. 59-69.

[58] P. Brisk, F. Dabiri, J. Macbeth, M. Sarrafzadeh, Polynomial time graph coloring register allocation, em: *14th International Workshop on Logic and Synthesis*, Lake Arrowhead, CA, 2005, p. 447-454.

[59] K. Brouwer, W. Gellerich, E. Ploedereder, Myths and facts about the efficient implementation of finite automata and lexical analysis, em: *Proceedings of the International Conference on Compiler Construction CC'1998*, vol. 1883 of LNCS, Springer-Verlag, Berlin, Heidelberg, 1998, p. 1-15.

[60] J.A. Brzozowski, Canonical regular expressions and minimal state graphs for definite events, em: *Mathematical Theory of Automata*, vol. 12 da MRI Symposia Series, Polytechnic Press, Polytechnic Institute of Brooklyn, Nova York, 1962, p. 529-561.

[61] A.L. Buchsbaum, H. Kaplan, A. Rogers, J.R. Westbrook, Linear-time pointer-machine algorithms for least common ancestors, MST verification, and dominators, em: *Proceedings of the Thirtieth Annual ACM Symposium on Theory of Computing (STOC)*, Dallas, TX, ACM, Nova York, 1998, p. 279-288.

[62] M. Burke, An interval-based approach to exhaustive and incremental interprocedural data-flow analysis, *ACM Trans. Program. Lang. Syst 12* (3) (1990), p. 341-395.

[63] M. Burke, J.-D. Choi, S. Fink, D. Grove, M. Hind, V. Sarkar, et al. The Jalapeño dynamic optimizing compiler for Java™, em: *Proceedings of the ACM 1999 Conference on Java Grande*, San Francisco, CA, ACM, Nova York, 1999, p. 129-141.

[64] M. Burke, L. Torczon, Interprocedural optimization: eliminating unnecessary recompilation, *ACM Trans. Program. Lang. Syst 15* (3) (1993), p. 367-399.

[65] J. Cai, R. Paige, Using multiset discrimination to solve language processing problems without hashing, *Theor. Comput. Sci 145* (1-2) (1995), p. 189-228.

[66] B. Calder, D. Grunwald, Reducing branch costs via branch alignment, *SIGPLAN Not 29* (11) (1994), p. 242-251. Proceedings of the Sixth International Conference on Architectural Support for Programming Languages and Operating Systems (ASPLOS-VI).

[67] D. Callahan, S. Carr, K. Kennedy, Improving register allocation for subscripted variables, *SIGPLAN Not 25* (6) (1990), p. 53-65. Proceedings of the ACM SIGPLAN '90 Conference on Programming Language Design and Implementation.

[68] D. Callahan, K.D. Cooper, K. Kennedy, L. Torczon, Interprocedural constant propagation, *SIGPLAN Not 21* (7) (1986), p. 152-161. Proceedings of the ACM SIGPLAN '86 Symposium on Compiler Construction.

[69] L. Cardelli, Type systems, em: A.B. Tucker Jr. (Ed.), em: *The Computer Science and Engineering Handbook*, CRC Press, Boca Raton, FL, 1996, p. 2208-2236.

[70] S. Carr, K. Kennedy, Scalar replacement in the presence of conditional control flow, *Softw. Pract. Experience 24* (1) (1994), p. 51-77.

[71] R.G.G. Cattell, Automatic derivation of code generators from machine descriptions, *ACM Trans. Program. Lang. Syst. 2* (2) (1980), p. 173-190.

[72] R.G.G. Cattell, J.M. Newcomer, B.W. Leverett, Code generation in a machine-independent compiler, *SIGPLAN Not. 14* (8) (1979), p. 65-75. Proceedings of the ACM SIGPLAN '79 Symposium on Compiler Construction.

[73] G.J. Chaitin, Register allocation and spilling via graph coloring, *SIGPLAN Not. 17* (6) (1982), p. 98-105. Proceedings of the ACM SIGPLAN '82 Symposium on Compiler Construction.

[74] G.J. Chaitin, *Register allocation and spilling via graph coloring*, Patente dos Estados Unidos 4.571.678, fevereiro de 1986.

[75] G.J. Chaitin, M.A. Auslander, A.K. Chandra, J. Cocke, M.E. Hopkins, P.W. Markstein, Register allocation via coloring, *Comput. Lang. 6* (1) (1981), p. 47-57.

[76] D.R. Chase, An improvement to bottom-up tree pattern matching, em: *Proceedings of the Fourteenth Annual ACM Symposium on Principles of Programming Languages*, Munique, Alemanha, ACM, Nova York, 1987, p. 168-177.

[77] D.R. Chase, M. Wegman, F.K. Zadeck, Analysis of pointers and structures, *SIGPLAN Not 25* (6) (1990), p. 296-310. Proceedings of the ACM SIGPLAN '90 Conference on Programming Language Design and Implementation.

[78] J.B. Chen, B.D.D. Leupen, Improving instruction locality with just-in-time code layout, em: *Proceedings of the First USENIX Windows NT Workshop*, Seattle, WA, The USENIX Association, Berkeley, CA, 1997, p. 25-32.

[79] C.J. Cheney, A nonrecursive list compacting algorithm, *Commun. ACM 13* (11) (1970), p. 677-678.

[80] J.-D. Choi, M. Burke, P.R. Carini, Efficient flow-sensitive interprocedural computation of pointer-induced aliases and side effects, em: *Proceedings of the Twentieth Annual ACM SIGPLAN-SIGACT Symposium on Principles of Programming Languages*, Charleston, SC, ACM, Nova York, 1993, p. 232-245.

[81] F.C. Chow, A Portable Machine-Independent Global Optimizer – Design and Measurements, tese de Ph.D., Department of Electrical Engineering, Stanford University, Stanford, CA, 1983. *Technical Report CSL-TR-83-254*, Computer Systems Laboratory, Stanford University, dezembro de 1983.

[82] F.C. Chow, J.L. Hennessy, Register allocation by priority-based coloring, *SIGPLAN Not 19* (6) (1984), p. 222-232. Proceedings of the ACM SIGPLAN '84 Symposium on Compiler Construction.

[83] F.C. Chow, J.L. Hennessy, The priority-based coloring approach to register allocation, *ACM Trans. Program. Lang. Syst 12* (4) (1990), p. 501-536.

[84] C. Click, Combining Analyses, Combining Optimizations, tese de Ph.D., Department of Computer Science, Rice University, Houston, TX, 1995. *Technical Report TR95-252*, Computer Science Department, Rice University, 1995.

[85] C. Click, Global code motion/global value numbering, *SIGPLAN Not 30* (6) (1995), p. 246-257. Proceedings of the ACM SIGPLAN '95 Conference on Programming Language Design and Implementation.

[86] C. Click, K.D. Cooper, Combining analyses, combining optimizations, *ACM Trans. Program. Lang. Syst 17* (2) (1995), p. 181-196.

[87] J. Cocke, Global common subexpression elimination, *SIGPLAN Not 5* (7) (1970), p. 20-24. Proceedings of a Symposium on Compiler Optimization.

[88] J. Cocke, K. Kennedy, An algorithm for reduction of operator strength, *Commun. ACM 20* (11) (1977), p. 850-856.

[89] J. Cocke, P.W. Markstein, Measurement of program improvement algorithms, em: S.H. Lavington (Ed.), em: *Proceedings of IFIP Congress 80, Information Processing 80*, North Holland, Amsterdam, Netherlands, 1980, p. 221-228.

[90] J. Cocke, P.W. Markstein, Strength reduction for division and modulo with application to accessing a multilevel store, *IBM J. Res. Dev 24* (6) (1980), p. 692-694.

[91] J. Cocke, J.T. Schwartz, *Programming Languages and Their Compilers: Preliminary Notes, Technical Report*, Courant Institute of Mathematical Sciences, New York University, Nova York, 1970.

[92] J. Cohen, Garbage collection of linked structures, *ACM Comput. Surv 13* (3) (1981), p. 341-367.

[93] R. Cohn, P.G. Lowney, Hot cold optimization of large Windows/NT applications, em: *Proceedings of the Twenty-Ninth IEEE/ACM Annual International Symposium on Microarchitecture (MICRO-29)*, Paris, França, ACM, Nova York, 1996, p. 80-89.

[94] S. Coleman, K.S. McKinley, Tile size selection using cache organization and data layout, *SIGPLAN Not 30* (6) (1995), p. 279-290. Proceedings of the ACM SIGPLAN '95 Conference on Programming Language Design and Implementation.

[95] G.E. Collins, A method for overlapping and erasure of lists, *Commun. ACM 3* (12) (1960), p. 655-657.

[96] M.E. Conway, Design of a separable transition diagram compiler, *Commun. ACM 6* (7) (1963), p. 396-408.

Bibliografia 637

[97] R.W. Conway, T.R. Wilcox, Design and implementation of a diagnostic compiler for PL/I, *Commun. ACM 16* (3) (1973), p. 169-179.

[98] K.D. Cooper, J. Eckhardt, Improved passive splitting, em: *Proceedings of the 2005 International Conference on Programming Languages and Compilers, Computer Science Research, Education, and Applications (CSREA) Press*, Athens, Geórgia, 2005, p. 1155-1122.

[99] K.D. Cooper, M.W. Hall, L. Torczon, An experiment with inline substitution, *Softw. Pract. Experience 21* (6) (1991), p. 581-601.

[100] K.D. Cooper, T.J. Harvey, K. Kennedy, A Simple, Fast Dominance Algorithm, *Technical Report TR06-38870*, Rice University Computer Science Department, Houston, TX, 2006.

[101] K.D. Cooper, T.J. Harvey, L. Torczon, How to build an interference graph, *Softw. Pract. Experience 28* (4) (1998), p. 425-444.

[102] K.D. Cooper, K. Kennedy, Interprocedural side-effect analysis in linear time, *SIGPLAN Not 23* (7) (1988), p. 57-66. Proceedings of the ACM SIGPLAN '88 Conference on Programming Language Design and Implementation.

[103] K.D. Cooper, K. Kennedy, Fast interprocedural alias analysis, em: *Proceedings of the Sixteenth Annual ACM Symposium on Principles of Programming Languages*, Austin, TX, ACM, Nova York, 1989, p. 49-59.

[104] K.D. Cooper, K. Kennedy, L. Torczon, The impact of interprocedural analysis and optimization in the Rn programming environment, *ACM Trans. Program. Lang. Syst. 8* (4) (1986), p. 491-523.

[105] K.D. Cooper, P.J. Schielke, Non-local instruction scheduling with limited code growth, em: F. Mueller, A. Bestavros (Eds.), em: *Proceedings of the 1998 ACM SIGPLAN Workshop on Languages, Compilers, and Tools for Embedded Systems (LCTES), Lecture Notes in Computer Science 1474*, Springer-Verlag, Heidelberg, Alemanha, 1998, p. 193-207.

[106] K.D. Cooper, L.T. Simpson, Live range splitting in a graph coloring register allocator, em: *Proceedings of the Seventh International Compiler Construction Conference (CC '98), Lecture Notes in Computer Science 1383*, Springer-Verlag, Heidelberg, Alemanha, 1998, p. 174-187.

[107] K.D. Cooper, L.T. Simpson, C.A. Vick, Operator strength reduction, *ACM Trans. Program. Lang. Syst 23* (5) (2001), p. 603-625.

[108] K.D. Cooper, T. Waterman, Understanding energy consumption on the C62x, em: *Proceedings of the 2002 Workshop on Compilers and Operating Systems for Low Power*, Charlottesville, VA, 2002, . p. 4-1-4-8.

[109] T.H. Cormen, C.E. Leiserson, R.L. Rivest, *Introduction to Algorithms*, MIT Press, Cambridge, MA, 1992.

[110] R. Cytron, J. Ferrante, B.K. Rosen, M.N. Wegman, F.K. Zadeck, Efficiently computing static single assignment form and the control dependence graph, *ACM Trans. Program. Lang. Syst 13* (4) (1991), p. 451-490.

[111] R. Cytron, A. Lowry, F.K. Zadeck, Code motion of control structures in high-level languages, em: *Conference Record of the Thirteenth Annual ACM Symposium on Principles of Programming Languages*, St. Petersburg Beach, FL, ACM, Nova York, 1986, p. 70-85.

[112] J. Daciuk, Comparison of construction algorithms for minimal, acyclic, deterministic finite-state automata from sets of strings, em: *Seventh International Conference on Implementation and Application of Automata, CIAA 2002, vol. 2068 of LNCS*, Springer-Verlag, Berlin, Heidelberg, 2003, p. 255-261.

[113] M. Das, Unification-based pointer analysis with directional assignments, *SIGPLAN Not. 35* (5) (2000), p. 35-46. Proceedings of the ACM SIGPLAN '00 Conference on Programming Language Design and Implementation.

[114] J. Davidson, S. Jinturkar, Aggressive loop unrolling in a retargetable optimizing compiler, in: *Proceedings of the 6th International Conference on Compiler Construction (CC '96)*, Linköping, Suécia, 24-26 de abril, Springer-Verlag, Londres, 1996, p. 59-73.

[115] J.W. Davidson, C.W. Fraser, The design and application of a retargetable peephole optimizer, *ACM Trans. Program. Lang. Syst. 2* (2) (1980), p. 191-202.

[116] J.W. Davidson, C.W. Fraser, Automatic generation of peephole optimizations, *SIGPLAN Not .19* (6) (1984), p. 111-116. Proceedings of the ACM SIGPLAN '84 Symposium on Compiler Construction.

[117] J.W. Davidson, C.W. Fraser, Register allocation and exhaustive peephole optimization, *Softw. Pract. Experience 14* (9) (1984), p. 857-865.

[118] J.W. Davidson, C.W. Fraser, Automatic inference and fast interpretation of peephole optimization rules, *Softw. Pract. Experience 17* (11) (1987), p. 801-812.

[119] J.W. Davidson, A.M. Holler, A study of a C function inliner, *Softw. Pract. Experience 18* (8) (1988), p. 775-790.

[120] A.J. Demers, M. Weiser, B. Hayes, H. Boehm, D. Bobrow, S. Shenker, Combining generational and conservative garbage collection: framework and implementations, em: *Proceedings of the Seventeenth Annual ACM Symposium on Principles of Programming Languages*, San Francisco, CA, ACM, Nova York, 1990, p. 261-269.

[121] F. DeRemer, Simple LR(k) grammars, *Commun. ACM 14* (7) (1971), p. 453-460.

[122] F. DeRemer, T.J. Pennello, Efficient computation of LALR(1) look-ahead sets, *SIGPLAN Not 14* (8) (1979), p. 176-187. Proceedings of the ACM SIGPLAN '79 Symposium on Compiler Construction.

[123] A. Deutsch, Interprocedural May-Alias analysis for pointers: beyond k-limiting, *SIGPLAN Not 29* (6) (1994), p. 230-241. Proceedings of the ACM SIGPLAN '94 Conference on Programming Language Design and Implementation.

[124] L.P. Deutsch, An Interactive Program Verifier, tese de Ph.D., Computer Science Department, University of California, Berkeley, CA, 1973. *Technical Report CSL-73-1*, Xerox Palo Alto Research, maio de 1973.

[125] L.P. Deutsch, D.G. Bobrow, An efficient, incremental, automatic, garbage collector, *Commun. ACM 19* (9) (1976), p. 522-526.

[126] L.P. Deutsch, A.M. Schiffman, Efficient implementation of the Smalltalk-80 system, em: *Conference Record of the Eleventh Annual ACM Symposium on Principles of Programming Languages*, Salt Lake City, UT, ACM, Nova York, 1984, p. 297-302.

[127] D.M. Dhamdhere, On algorithms for operator strength reduction, *Commun. ACM 22* (5) (1979), p. 311-312.

[128] D.M. Dhamdhere, A fast algorithm for code movement optimisation, *SIGPLAN Not 23* (10) (1988), p. 172-180.

[129] D.M. Dhamdhere, A new algorithm for composite hoisting and strength reduction, *Int. J. Comput. Math. 27* (1) (1989), p. 1-14.

[130] D.M. Dhamdhere, Practical adaptation of the global optimization algorithm of Morel and Renvoise, *ACM Trans. Program. Lang. Syst. 13* (2) (1991), p. 291-294.

[131] D.M. Dhamdhere, J.R. Isaac, A composite algorithm for strength reduction and code movement optimization, *Int. J. Comput. Inf. Sci. 9* (3) (1980), p. 243-273.

[132] M.K. Donegan, R.E. Noonan, S. Feyock, A code generator generator language, *SIGPLAN Not. 14* (8) (1979), p. 58-64. Proceedings of the ACM SIGPLAN '79 Symposium on Compiler Construction.

[133] K.-H. Drechsler, M.P. Stadel, A solution to a problem with Morel and Renvoise's "Global optimization by suppression of partial redundancies", *ACM Trans. Program. Lang. Syst. 10* (4) (1988), p. 635-640.

[134] K.-H. Drechsler, M.P. Stadel, A variation of Knoop, Rüthing, and Steffen's "lazy code motion", *SIGPLAN Not. 28* (5) (1993), p. 29-38.

[135] J. Earley, An efficient context-free parsing algorithm, *Commun. ACM 13* (2) (1970), p. 94-102.

[136] K. Ebcioğlu, T. Nakatani, A new compilation technique for parallelizing loops with unpredictable branches on a VLIW architecture, em: *Selected Papers of the Second Workshop on Languages and Compilers for Parallel Computing (LCPC '89)*, Pitman Publishing, Londres, 1990, p. 213-229.

[137] J.R. Ellis, *Bulldog: A Compiler for VLIW Architectures*, The MIT Press, Cambridge, MA, 1986.

[138] M. Emami, R. Ghiya, L.J. Hendren, Context-sensitive interprocedural points-to analysis in the presence of function pointers, *SIGPLAN Not 29* (6) (1994), p. 242-256. Proceedings of the ACM SIGPLAN '94 Conference on Programming Language Design and Implementation.

[139] A.P. Ershov, On programming of arithmetic expressions, *Commun. ACM 1* (8) (1958), p. 3-6. As figuras aparecem no volume 1, n. 9, p. 16.

[140] A.P. Ershov, Reduction of the problem of memory allocation in programming to the problem of coloring the vertices of graphs, *Sov. Math 3* (1962), p. 163-165. Publicado originalmente em *Doklady Akademii Nauk S.S.S.R. 142* (4) (1962).

[141] A.P. Ershov, Alpha: an automatic programming system of high efficiency, *J. ACM 13* (1) (1966), p. 17-24.

[142] R. Farrow, Linguist-86: yet another translator writing system based on attribute grammars, *SIGPLAN Not. 17* (6) (1982), p. 160-171. Proceedings of the ACM SIGPLAN '82 Symposium on Compiler Construction.

[143] R. Farrow, Automatic generation of fixed-point-finding evaluators for circular, but well-defined, attribute grammars, *SIGPLAN Not. 21* (7) (1986), p. 85-98. Proceedings of the ACM SIGPLAN '86 Symposium on Compiler Construction.

[144] R.R. Fenichel, J.C. Yochelson, A LISP garbage-collector for virtual-memory computer systems, *Commun. ACM 12* (11) (1969), p. 611-612.

[145] J. Ferrante, K.J. Ottenstein, J.D. Warren, The program dependence graph and its use in optimization, *ACM Trans. Program. Lang. Syst. 9* (3) (1987), p. 319-349.

[146] C.N. Fischer, R.J. LeBlanc Jr., The implementation of run-time diagnostics in Pascal, *IEEE Trans. Software Eng. SE-6* (4) (1980), p. 313-319.

[147] C.N. Fischer, R.J. LeBlanc Jr., *Crafting a Compiler with C*, Benjamin/Cummings, Redwood City, CA, 1991.

[148] J.A. Fisher, Trace scheduling: a technique for global microcode compaction, *IEEE Trans. Comput. C-30* (7) (1981), p. 478-490.

[149] J.A. Fisher, J.R. Ellis, J.C. Ruttenberg, A. Nicolau, Parallel processing: a smart compiler and a dumb machine, *SIGPLAN Not. 19* (6) (1984), p. 37-47. Proceedings of the ACM SIGPLAN '84 Symposium on Compiler Construction.

[150] R.W. Floyd, An algorithm for coding efficient arithmetic expressions, *Commun. ACM 4* (1) (1961), p. 42-51.

[151] J.M. Foster, A syntax improving program, *Comput. J 11* (1) (1968), p. 31-34.

[152] C.W. Fraser, D.R. Hanson, T.A. Proebsting, Engineering a simple, efficient code generator generator, *ACM Lett. Program. Lang. Syst. 1* (3) (1992), p. 213-226.

[153] C.W. Fraser, R.R. Henry, Hard-coding bottom-up code generation tables to save time and space, *Softw. Pract. Experience 21* (1) (1991), p. 1-12.

[154] C.W. Fraser, A.L. Wendt, Integrating code generation and optimization, *SIGPLAN Not. 21* (7) (1986), p. 242-248. Proceedings of the ACM SIGPLAN '86 Symposium on Compiler Construction.

[155] C.W. Fraser, A.L. Wendt, Automatic generation of fast optimizing code generators, *SIGPLAN Not. 23* (7) (1988), p. 79-84. Proceedings of the ACM SIGPLAN '88 Conference on Programming Language Design and Implementation.

[156] M. Ganapathi, C.N. Fischer, Description-driven code generation using attribute grammars, em: *Conference Record of the Ninth Annual ACM Symposium on Principles of Programming Languages*, Albuquerque, NM, ACM, Nova York, 1982, p. 108-119.

[157] H. Ganzinger, R. Giegerich, U. Möncke, R. Wilhelm, A truly generative semantics-directed compiler generator, *SIGPLAN Not. 17* (6) (1982), p. 172-184. Proceedings of the ACM SIGPLAN '82 Symposium on Compiler Construction.

[158] L. George, A.W. Appel, Iterated register coalescing, em: *Proceedings of the Twenty-Third ACM SIGPLAN-SIGACT Symposium on Principles of Programming Languages*, St. Petersburg Beach, FL, ACM, Nova York, 1996, p. 208-218.

[159] P.B. Gibbons, S.S. Muchnick, Efficient instruction scheduling for a pipelined architecture, *SIGPLAN Not. 21* (7) (1986), p. 11-16. Proceedings of the ACM SIGPLAN '86 Symposium on Compiler Construction.

[160] R.S. Glanville, S.L. Graham, A new method for compiler code generation, em: *Conference Record of the Fifth Annual ACM Symposium on Principles of Programming Languages*, Tucson, AZ, ACM, Nova York, 1978, p. 231-240.

[161] N. Gloy, M.D. Smith, Procedure placement using temporal-ordering information, *ACM Trans. Program. Lang. Syst. 21* (5) (1999), p. 977-1027.

[162] A. Goldberg, D. Robson, *Smalltalk-80: The Language and Its Implementation*, Addison-Wesley, Reading, MA, 1983.

[163] J.R. Goodman, W.-C. Hsu, Code scheduling and register allocation in large basic blocks, em: *Proceedings of the Second International Conference on Supercomputing*, ACM, Nova York, 1988, p. 442-452.

[164] E. Goto, Monocopy and Associative Operations in Extended Lisp, *Technical Report 74-03*, Universidade de Tóquio, Tóquio, Japão, 1974.

[165] S.L. Graham, Table-driven code generation, *IEEE Comput 13* (8) (1980), p. 25-34.

[166] S.L. Graham, M.A. Harrison, W.L. Ruzzo, An improved context-free recognizer, *ACM Trans. Program. Lang. Syst. 2* (3) (1980), p. 415-462.

[167] S.L. Graham, R.R. Henry, R.A. Schulman, An experiment in table driven code generation, *SIGPLAN Not. 17* (6) (1982), p. 32-43. Proceedings of the ACM SIGPLAN '82 Symposium on Compiler Construction.

[168] S.L. Graham, M. Wegman, A fast and usually linear algorithm for global flow analysis, em: *Conference Record of the Second ACM Symposium on Principles of Programming Languages*, Palo Alto, CA, ACM, Nova York, 1975, p. 22-34.

[169] S.L. Graham, M. Wegman, A fast and usually linear algorithm for global flow analysis, *J. ACM 23* (1) (1976), p. 172-202.

[170] T. Granlund, R. Kenner, Eliminating branches using a superoptimizer and the GNU C compiler, *SIGPLAN Not. 27* (7) (1992), p. 341-352. Proceedings of the ACM SIGPLAN '92 Conference on Programming Language Design and Implementation.

[171] D. Gries, *Compiler Construction for Digital Computers*, John Wiley & Sons, Nova York, 1971.

[172] D. Grove, L. Torczon, Interprocedural constant propagation: a study of jump function implementations, em: *Proceedings of the ACM SIGPLAN 93 Conference on Programming Language Design and Implementation (PLDI)*, ACM, Nova York, 1993, p. 90-99. Também publicado como *SIGPLAN Not. 28* (6) (1993).

[173] R. Gupta, Optimizing array bound checks using flow analysis, *ACM Lett. Program. Lang. Syst. (LOPLAS) 2* (1993), p. 135-150.

[174] R. Gupta, M.L. Soffa, Region scheduling: an approach for detecting and redistributing parallelism, *IEEE Trans. Software Eng. SE-16* (4) (1990), p. 421-431.

[175] R. Gupta, M.L. Soffa, T. Steele, Register allocation via clique separators, *SIGPLAN Not 24* (7) (1989), p. 264-274. Proceedings of the ACM SIGPLAN '89 Conference on Programming Language Design and Implementation.

[176] S. Hack, *Register Allocation for Programs in SSA Form*, tese de Ph.D., Universität Karlsruhe, Karlsruhe, Alemanha, 2007.

[177] S. Hack, G. Goos, Optimal register allocation for SSA-form programs in polynomial time, *Inf. Process. Lett. 98* (4) (2006), p. 150-155.

[178] M. Hailperin, Cost-optimal code motion, *ACM Trans. Program. Lang. Syst. 20* (6) (1998), p. 1297-1322.

[179] D.R. Hanson, Fast allocation and deallocation of memory based on object lifetimes, *Softw. Pract. Experience 20* (1) (1990), p. 5-12.

[180] D. Harel, A linear time algorithm for finding dominators in flow graphs and related problems, em: *Proceedings of the Seventeenth Annual ACM Symposium on Theory of Computing (STOC)*, ACM, Nova York, 1985, p. 185-194.

[181] W.H. Harrison, A Class of Register Allocation Algorithms, *Technical Report RC-5342*, IBM Thomas J. Watson Research Center, Yorktown Heights, NY, 1975.

[182] W.H. Harrison, A new strategy for code generation: the general purpose optimizing compiler, *IEEE Trans. Software Eng. SE-5* (4) (1979), p. 367-373.

[183] A.H. Hashemi, D.R. Kaeli, B. Calder, Efficient procedure mapping using cache line coloring, em: *Proceedings of the ACM SIGPLAN 1997 Conference on Programming Language Design and Implementation*, ACM, Nova York, 1997, p. 171-182. Também em *SIGPLAN Not. 32* (5).

[184] P.J. Hatcher, T.W. Christopher, High-quality code generation via bottom-up tree pattern matching, em: *Conference Record of the Thirteenth Annual ACM Symposium on Principles of Programming Languages*, St. Petersburg Beach, FL, ACM, Nova York, 1986, p. 119-130.

[185] M.S. Hecht, J.D. Ullman, Characterizations of reducible flow graphs, *J. ACM 21* (3) (1974), p. 367-375.

[186] M.S. Hecht, J.D. Ullman, A simple algorithm for global data flow analysis problems, *SIAM J. Comput 4* (4) (1975), p. 519-532.

[187] J. Heller, Sequencing aspects of multiprogramming, *J. ACM 8* (3) (1961), p. 426-439.

[188] J.L. Hennessy, T. Gross, Postpass code optimization of pipeline constraints, *ACM Trans. Program. Lang. Syst. 5* (3) (1983), p. 422-448.

[189] V.P. Heuring, The automatic generation of fast lexical analysers, *Softw. Pract. Experience 16* (9) (1986), p. 801-808.

[190] M. Hind, M. Burke, P. Carini, J.-D. Choi, Interprocedural pointer alias analysis, *ACM Trans. Program. Lang. Syst. 21* (4) (1999), p. 848-894.

[191] M. Hind, A. Pioli, Which pointer analysis should I use?, *ACM SIGSOFT Software Eng. Notes 25* (5) (2000), p. 113-123. In Proceedings of the International Symposium on Software Testing and Analysis.

[192] C.M. Hoffmann, M.J. O'Donnell, Pattern matching in trees, *J. ACM 29* (1) (1982), p. 68-95.

[193] J.E. Hopcroft, An n log n algorithm for minimizing states in a finite automaton, em: Z. Kohavi, A. Paz (Eds.), em: *Theory of Machines and Computations: Proceedings*, Academic Press, Nova York, 1971, p. 189-196.

[194] J.E. Hopcroft, J.D. Ullman, *Introduction to Automata Theory, Languages, and Computation*, Addison-Wesley, Reading, MA, 1979.

[195] E. Horowitz, S. Sahni, *Fundamentals of Computer Algorithms*, Computer Science Press, Inc., Potomac, MD, 1978.

[196] L.P. Horwitz, R.M. Karp, R.E. Miller, S. Winograd, Index register allocation, *J. ACM 13* (1) (1966), p. 43-61.

[197] S. Horwitz, P. Pfeiffer, T. Reps, Dependence analysis for pointer variables, *SIGPLAN Not. 24* (7) (1989), p. 28-40. Proceedings of the ACM SIGPLAN '89 Conference on Programming Language Design and Implementation.

[198] S. Horwitz, T. Teitelbaum, Generating editing environments based on relations and attributes, *ACM Trans. Program. Lang. Syst. 8* (4) (1986), p. 577-608.

[199] B.L. Huber, *Path-Selection Heuristics for Dominator-Path Scheduling*, tese de Mestrado, Computer Science Department, Michigan Technological University, Houghton, MI, 1995.

[200] W. Hunt, B. Maher, K. Coons, D. Burger, K.S. McKinley, *Optimal Huffman tree-height reduction for instruction level parallelism*, manuscrito não publicado, cedido pelos autores, 2006.

[201] W.-M.W. Hwu, S.A. Mahlke, W.Y. Chen, P.P. Chang, N.J. Warter, R.A. Bringmann, et al. The superblock: an effective technique for VLIW and superscalar compilation, *J. Supercomputing – Special Issue on Instruction Level Parallelism 7* (1-2) (1993), p. 229-248.

[202] E.T. Irons, A syntax directed compiler for Algol 60, *Commun. ACM 4* (1) (1961), p. 51-55.

[203] M. Jazayeri, K.G. Walter, Alternating semantic evaluator, em: *Proceedings of the 1975 Annual Conference of the ACM*, ACM, Nova York, 1975, p. 230-234.

[204] M.S. Johnson, T.C. Miller, Effectiveness of a machine-level, global optimizer, *SIGPLAN Not. 21* (7) (1986), p. 99-108. Proceedings of the ACM SIGPLAN '86 Symposium on Compiler Construction.

[205] S.C. Johnson, Yacc: Yet Another Compiler-Compiler, *Technical Report 32* (Computing Science), AT&T Bell Laboratories, Murray Hill, NJ, 1975.

[206] S.C. Johnson, A tour through the portable C compiler, em: *Unix Programmer's Manual*, 7. ed., vol. 2b, AT&T Bell Laboratories, Murray Hill, NJ, 1979.

[207] W.L. Johnson, J.H. Porter, S.I. Ackley, D.T. Ross, Automatic generation of efficient lexical processors using finite state techniques, *Commun. ACM 11* (12) (1968), p. 805-813.

[208] D.W. Jones, How (not) to code a finite state machine, *ACM SIGPLAN Not. 23* (8) (1988), p. 19-22.

[209] S.M. Joshi, D.M. Dhamdhere, A composite hoisting-strength reduction transformation for global program optimization, *Int. J. Comput. Math 11* (1) (1982), p. 21-44. (part I); 11 (2) 111-126 (part II).

[210] J.B. Kam, J.D. Ullman, Global data flow analysis and iterative algorithms, *J. ACM 23* (1) (1976), p. 158-171.

[211] J.B. Kam, J.D. Ullman, Monotone data flow analysis frameworks, *Acta Informatica 7* (1977), p. 305-317.

[212] T. Kasami, An efficient recognition and syntax analysis algorithm for context-free languages, *Scientific Report AFCRL-65-758*, Air Force Cambridge Research Laboratory, Bedford, MA, 1965.

[213] K. Kennedy, A global flow analysis algorithm, *Int. J. Comput. Math. Sect. A 3* (1971), p. 5-15.

[214] K. Kennedy, *Global Flow Analysis and Register Allocation for Simple Code Structures*, tese de Ph.D., Courant Institute of Mathematical Sciences, New York University, Nova York, 1971.

[215] K. Kennedy, Global dead computation elimination, *SETL Newsletter 111*, Courant Institute of Mathematical Sciences, New York University, Nova York, 1973.

[216] K. Kennedy, Reduction in strength using hashed temporaries, *SETL Newsletter 102*, Courant Institute of Mathematical Sciences, New York University, Nova York, 1973.

[217] K. Kennedy, Use-definition chains with applications, *Comput. Lang 3* (3) (1978), p. 163-179.

[218] K. Kennedy, A survey of data flow analysis techniques, em: N.D. Jones, S.S. Muchnik (Eds.), em: *Program Flow Analysis: Theory and Applications*, Prentice-Hall, Englewood Cliffs, NJ, 1981, p. 5-54.

[219] K. Kennedy, L. Zucconi, Applications of graph grammar for program control flow analysis, em: *Conference Record of the Fourth ACM Symposium on Principles of Programming Languages*, Los Angeles, CA, ACM, Nova York, 1977, p. 72-85.

[220] R. Kennedy, F.C. Chow, P. Dahl, S.-M. Liu, R. Lo, M. Streich, Strength reduction via SSAPRE, em: *Proceedings of the Seventh International Conference on Compiler Construction (CC '98), Lecture Notes in Computer Science 1383*, Springer-Verlag, Heidelberg, Alemanha, 1998, p. 144-158.

[221] D.R. Kerns, S.J. Eggers, Balanced scheduling: instruction scheduling when memory latency is uncertain, *SIGPLAN Not. 28* (6) (1993), p. 278-289. Proceedings of the ACM SIGPLAN '93 Conference on Programming Language Design and Implementation.

[222] R.R. Kessler, Peep: an architectural description driven peephole optimizer, *SIGPLAN Not. 19* (6) (1984), p. 106-110. Proceedings of the ACM SIGPLAN '84 Symposium on Compiler Construction.

[223] G.A. Kildall, A unified approach to global program optimization, em: *Conference Record of the ACM Symposium on Principles of Programming Languages*, Boston, MA, ACM, Nova York, 1973, p. 194-206.

[224] S.C. Kleene, Representation of events in nerve nets and finite automata, em: C.E. Shannon, J. McCarthy (Eds.), *Automata Studies, Annals of Mathematics Studies*, vol. 34, Princeton University Press, Princeton, NJ, 1956, p. 3-41.

[225] J. Knoop, O. Rüthing, B. Steffen, Lazy code motion, *SIGPLAN Not. 27* (7) (1992), p. 224-234. Proceedings of the ACM SIGPLAN '92 Conference on Programming Language Design and Implementation.

[226] J. Knoop, O. Rüthing, B. Steffen, Lazy strength reduction, *Int. J. Program. Lang 1* (1) (1993), p. 71-91.

[227] D.E. Knuth, A history of writing compilers, *Comput. Autom 11* (12) (1962), p. 8-18. Reimpresso em *Compiler Techniques*, B.W. Pollack (Ed.), Auerbach, Princeton, NJ, 1972, p. 38-56.

[228] D.E. Knuth, On the translation of languages from left to right, *Inf. Control 8* (6) (1965), p. 607-639.

[229] D.E. Knuth, Semantics of context-free languages, *Math. Syst. Theory 2* (2) (1968), p. 127-145.

[230] D.E. Knuth, Semantics of context-free languages: correction, *Math. Syst. Theory 5* (1) (1971), p. 95-96.

[231] D.E. Knuth, *The Art of Computer Programming*, Addison-Wesley, Reading, MA, 1973.

[232] D.C. Kozen, *Automata and Computability*, Springer-Verlag, Nova York, 1997.

[233] G. Krasner (Ed.), em: *Smalltalk-80: Bits of History, Words of Advice*, Addison-Wesley, Reading, MA, 1983.

[234] S.M. Krishnamurthy, A brief survey of papers on scheduling for pipelined processors, *SIGPLAN Not. 25* (7) (1990), p. 97-106.

[235] S.M. Kurlander, C.N. Fischer, Zero-cost range splitting, *SIGPLAN Not. 29* (6) (1994), p. 257-265. Proceedings of the ACM SIGPLAN '94 Conference on Programming Language Design and Implementation.

[236] M. Lam, Software pipelining: an effective scheduling technique for VLIW machines, *SIGPLAN Not. 23* (7) (1988), p. 318-328. Proceedings of the ACM SIGPLAN '88 Conference on Programming Language Design and Implementation.

[237] D.A. Lamb, Construction of a peephole optimizer, *Softw. Pract. Experience 11* (6) (1981), p. 639-647.

[238] W. Landi, B.G. Ryder, Pointer-induced aliasing: a problem taxonomy, em: *Proceedings of the Eighteenth Annual ACM Symposium on Principles of Programming Languages*, Orlando, FL, ACM, Nova York, 1991, p. 93-103.

[239] D. Landskov, S. Davidson, B. Shriver, P.W. Mallett, Local microcode compaction techniques, *ACM Comput. Surv. 12* (3) (1980), p. 261-294.

[240] R. Landwehr, H.-S. Jansohn, G. Goos, Experience with an automatic code generator generator, *SIGPLAN Not. 17* (6) (1982), p. 56-66. Proceedings of the ACM SIGPLAN '82 Symposium on Compiler Construction.

[241] J.R. Larus, P.N. Hilfinger, Register allocation in the SPUR Lisp compiler, *SIGPLAN Not. 21* (7) (1986), p. 255-263. Proceedings of the ACM SIGPLAN '86 Symposium on Compiler Construction.

[242] S.S. Lavrov, Store economy in closed operator schemes, *J. Comput. Math. Math. Phys. 1* (4) (1961), p. 687-701. Tradução em inglês em U.S.S.R. Computational Mathematics and Mathematical Physics 3 (1962), p. 810-828.

[243] V. Lefévre, Multiplication By an Integer Constant, *Technical Report 4192*, INRIA, Lorraine, França, 2001.

[244] T. Lengauer, R.E. Tarjan, A fast algorithm for finding dominators in a flowgraph, *ACM Trans. Program. Lang. Syst. 1* (1) (1979), p. 121-141.

[245] P.M. Lewis, R.E. Stearns, Syntax-directed transduction, *J. ACM 15* (3) (1968), p. 465-488.

[246] V. Liberatore, M. Farach-Colton, U. Kremer, Evaluation of algorithms for local register allocation, em: *Proceedings of the Eighth International Conference on Compiler Construction (CC '99)*, Lecture Notes in Computer Science 1575, Springer-Verlag, Heidelberg, Alemanha, 1999, p. 137-152.

[247] H. Lieberman, C. Hewitt, A real-time garbage collector based on the lifetimes of objects, *Commun. ACM 26* (6) (1983), p. 419-429.

[248] B. Liskov, R.R. Atkinson, T. Bloom, J.E.B. Moss, C. Schaffert, R. Scheifler e outros, CLU Reference Manual, *Lecture Notes in Computer Science 114*, Springer-Verlag, Heidelberg, Alemanha, 1981.

[249] J.L. Lo, S.J. Eggers, Improving balanced scheduling with compiler optimizations that increase instruction-level parallelism, *SIGPLAN Not 30* (6) (1995), p. 151-162. Proceedings of the ACM SIGPLAN '95 Conference on Programming Language Design and Implementation.

[250] R. Lo, F. Chow, R. Kennedy, S.-M. Liu, P. Tu, Register promotion by sparse partial redundancy elimination of loads and stores, *SIGPLAN Not. 33* (5) (1998), p. 26-37. Proceedings of the ACM SIGPLAN '98 Conference on Programming Language Design and Implementation.

[251] P.G. Lowney, S.M. Freudenberger, T.J. Karzes, W.D. Lichtenstein, R.P. Nix, J.S. O'Donnell, et al. The multiflow trace scheduling compiler, *J. Supercomputing – Special Issue 7* (1-2) (1993), p. 51-142.

[252] E.S. Lowry, C.W. Medlock, Object code optimization, *Commun. ACM 12* (1) (1969), p. 13-22.

[253] J. Lu, K.D. Cooper, Register promotion in C programs, *SIGPLAN Not. 32* (5) (1997), p. 308-319. Proceedings of the ACM SIGPLAN '97 Conference on Programming Language Design and Implementation.

[254] J. Lu, R. Shillner, *Clean: removing useless control flow*, manuscrito não publicado, Department of Computer Science, Rice University, Houston, TX, 1994.

[255] P. Lucas, The structure of formula-translators, *ALGOL Bull* (Suppl. 16) (1961), p. 1-27. [Die strukturanalyse von formelübersetzern, *Elektronische Rechenanlagen 3* (4) (1961), p. 159-167.].

[256] P.W. Markstein, V. Markstein, F.K. Zadeck, *Reassociation and strength reduction*. Capítulo de livro não publicado.

[257] V. Markstein, J. Cocke, P. Markstein, Optimization of range checking, em: *Proceedings of the 1982 SIGPLAN Symposium on Compiler Construction*, ACM, Nova York, 1982, p. 114-119. Também publicado como *SIGPLAN Not. 17* (6) (1982).

[258] H. Massalin, Superoptimizer: a look at the smallest program, *SIGPLAN Not 22* (10) (1987), p. 122-126. Proceedings of the Second International Conference on Architectural Support for Programming Languages and Operating Systems (ASPLOS-II).

[259] J. McCarthy, Lisp: notes on its past and future, em: *Proceedings of the 1980 ACM Conference on Lisp and Functional Programming*, Stanford University, Stanford, CA, 1980. pp. v–viii.

[260] W.M. McKeeman, Peephole optimization, *Commun. ACM 8* (7) (1965), p. 443-444.

[261] K.S. McKinley, S. Carr, C.-W. Tseng, Improving data locality with loop transformations, *ACM Trans. Program. Lang. Syst 18* (4) (1996), p. 424-453.

[262] R. McNaughton, H. Yamada, Regular expressions and state graphs for automata, *IRE Trans. Electron. Comput. EC-9* (1) (1960), p. 39-47.

[263] R. Metzger, S. Stroud, Interprocedural constant propagation: an empirical study, *ACM Lett. Program. Lang. Syst. (LOPLAS) 2* (1-4) (1993), p. 213-232.

[264] T.C. Miller, *Tentative Compilation: A Design for an APL Compiler*, tese de Ph.D., Yale University, New Haven, CT, 1978. Ver também o artigo com o mesmo título em *Proceedings of the International Conference on APL: Part 1*, Nova York, 1979, p. 88-95.

[265] R. Milner, M. Tofte, R. Harper, D. MacQueen, *The Definition of Standard ML – Revised*, MIT Press, Cambridge, MA, 1997.

[266] J.S. Moore, The Interlisp Virtual Machine Specification, *Technical Report CSL 76-5*, Xerox Palo Alto Research Center, Palo Alto, CA, 1976.

[267] E. Morel, C. Renvoise, Global optimization by suppression of partial redundancies, *Commun. ACM 22* (2) (1979), p. 96-103.

[268] R. Morgan, *Building an Optimizing Compiler*, Digital Press (An imprint of Butterworth-Heinemann), Boston, MA, 1998.

[269] R. Motwani, K.V. Palem, V. Sarkar, S. Reyen, Combining Register Allocation and Instruction Scheduling, *Technical Report 698*, Courant Institute of Mathematical Sciences, New York University, Nova York, 1995.

[270] S.S. Muchnick, *Advanced Compiler Design & Implementation*, Morgan Kaufmann, San Francisco, CA, 1997.

[271] F. Mueller, D.B. Whalley, Avoiding unconditional jumps by code replication, *SIGPLAN Not 27* (7) (1992), p. 322-330. Proceedings of the ACM SIGPLAN '92 Conference on Programming Language Design and Implementation.

[272] T.P. Murtagh, An improved storage management scheme for block structured languages, *ACM Trans. Program. Lang. Syst. 13* (3) (1991), p. 372-398.

[273] P. Naur (Ed.), J.W. Backus, F.L. Bauer, J. Green, C. Katz, J. McCarthy e outros, Revised report on the algorithmic language Algol 60, *Commun. ACM 6* (1) (1963), p. 1-17.

[274] E.K. Ngassam, B.W. Watson, D.G. Kourie, Hardcoding finite state automata processing, em: *Proceedings of SAICSIT 2003 Annual Conference of the South African Institute of Computer Scientists and Information Technologists*, República da África do Sul, 2003, p. 111-121.

[275] B.R. Nickerson, Graph coloring register allocation for processors with multiregister operands, *SIGPLAN Not. 25* (6) (1990), p. 40-52. Proceedings of the ACM SIGPLAN '90 Conference on Programming Language Design and Implementation.

[276] C. Norris, L.L. Pollock, A scheduler-sensitive global register allocator, em: *Proceedings of Supercomputing '93*, Portland, OR, ACM, Nova York, 1993, p. 804–813.

[277] C. Norris, L.L. Pollock, An experimental study of several cooperative register allocation and instruction scheduling strategies, em: *Proceedings of the Twenty-Eighth Annual International Symposium on Microarchitecture (MICRO-28)*, Ann Arbor, MI, IEEE Computer Society Press, Los Alamitos, CA, 1995, p. 169-179.

[278] K. Nygaard, O.-J. Dahl, The development of the SIMULA languages, *SIGPLAN Not. 13* (8) (1978), p. 245-272. Proceedings of the First ACM SIGPLAN Conference on the History of Programming Languages.

[279] M. Paleczny, C.A. Vick, C. Click, The Java HotSpot™ Server Compiler, em: *Proceedings of the First Java™ Virtual Machine Research and Technology Symposium (JVM '01)*, Monterey, CA, The USENIX Association, Berkeley, CA, 2001, p. 1-12.

[280] J. Park, S.-M. Moon, Optimistic register coalescing, em: *Proceedings of the 1998 International Conference on Parallel Architecture and Compilation Techniques (PACT)*, IEEE Computer Society, Washington, DC, 1998, p. 196-204.

[281] E. Pelegrí-Llopart, S.L. Graham, Optimal code generation for expression trees: an application of BURS theory, em: *Proceedings of the Fifteenth Annual ACM Symposium on Principles of Programming Languages*, San Diego, CA, ACM, Nova York, 1988, p. 294-308.

[282] T.J. Pennello, Very fast LR parsing, *SIGPLAN Not. 21* (7) (1986), p. 145-151. Proceedings of the ACM SIGPLAN '86 Symposium on Compiler Construction.

[283] F.M.Q. Pereira, J. Palsberg, Register allocation via coloring of chordal graphs, em: *Proceedings of the Asian Symposium on Programming Languages and Systems (APLAS '05)*, Springer-Verlag, Berlin, Heidelberg, 2005, p. 315-329.

[284] K. Pettis, R.C. Hansen, Profile guided code positioning, *SIGPLAN Not. 25* (6) (1990), p. 16-27. Proceedings of the ACM SIGPLAN '90 Conference on Programming Language Design and Implementation.

[285] S.S. Pinter, Register allocation with instruction scheduling: a new approach, *SIGPLAN Not. 28* (6) (1993), p. 248-257. Proceedings of the ACM SIGPLAN '93 Conference on Programming Language Design and Implementation.

[286] G.D. Plotkin, Call-by-name, call-by-value and the λ-calculus, *Theor. Comput. Sci. 1* (2) (1975), p. 125-159.

[287] T.A. Proebsting, Simple and efficient BURS table generation, *SIGPLAN Not. 27* (7) (1992), p. 331-340. Proceedings of the ACM SIGPLAN '92 Conference on Programming Language Design and Implementation.

[288] T.A. Proebsting, Optimizing an ANSI C interpreter with superoperators, em: *Proceedings of the Twenty-Second ACM SIGPLAN-SIGACT Symposium on Principles of Programming Languages*, San Francisco, CA, ACM, Nova York, 1995, p. 322-332.

[289] T.A. Proebsting, C.N. Fischer, Linear-time, optimal code scheduling for delayed-load architectures, *SIGPLAN Not 26* (6) (1991), p. 256-267. Proceedings of the ACM SIGPLAN '91 Conference on Programming Language Design and Implementation.

[290] R.T. Prosser, Applications of boolean matrices to the analysis of flow diagrams, em: *Proceedings of the Eastern Joint Computer Conference*, Institute of Radio Engineers, Nova York, 1959, p. 133-138.

[291] P.W. Purdom Jr., E.F. Moore, Immediate predominators in a directed graph [H], *Commun. ACM 15* (8) (1972), p. 777-778.

[292] M.O. Rabin, D. Scott, Finite automata and their decision problems, *IBM J. Res. Dev. 3* (2) (1959), p. 114-125.

[293] B. Randell, L.J. Russell, *Algol 60 Implementation: The Translation and Use of Algol 60 Programs on a Computer*, Academic Press, London, 1964.

[294] B.R. Rau, C.D. Glaeser, Some scheduling techniques and an easily schedulable horizontal architecture for high performance scientific computing, em: *Proceedings of the Fourteenth Annual Workshop on Microprogramming (MICRO-14)*, Chatham, MA, IEEE Press, Piscataway, NJ, 1981, p. 183-198.

[295] J.H. Reif, Symbolic programming analysis in almost linear time, em: *Conference Record of the Fifth Annual ACM Symposium on Principles of Programming Languages*, Tucson, AZ, ACM, Nova York, 1978, p. 76-83.

[296] J.H. Reif, H.R. Lewis, Symbolic evaluation and the global value graph, em: *Conference Record of the Fourth ACM Symposium on Principles of Programming Languages*, Los Angeles, CA, ACM, Nova York, 1977, p. 104-118.

[297] T. Reps, Optimal-time incremental semantic analysis for syntax-directed editors, em: *Conference Record of the Ninth Annual ACM Symposium on Principles of Programming Languages*, Albuquerque, NM, ACM, Nova York, 1982, p. 169-176.

[298] T. Reps, B. Alpern, Interactive proof checking, em: *Conference Record of the Eleventh Annual ACM Symposium on Principles of Programming Languages,* Salt Lake City, UT, ACM, Nova York, 1984, p. 36-45.

[299] T. Reps, T. Teitelbaum, *The Synthesizer Generator: A System for Constructing Language-Based Editors,* Springer-Verlag, Nova York, 1988.

[300] M. Richards, The portability of the BCPL compiler, *Softw. Pract. Experience 1* (2) (1971), p. 135-146.

[301] S. Richardson, M. Ganapathi, Interprocedural analysis versus procedure integration, *Inf. Process. Lett 32* (3) (1989), p. 137-142.

[302] R. Rivest, On self-organizing sequential search heuristics, *Commun. ACM 19* (2) (1976), p. 63-67.

[303] A. Rogers, K. Li, Software support for speculative loads, *SIGPLAN Not. 27* (9) (1992), p. 38-50. Proceedings of the Fifth International Conference on Architectural Support for Programming Languages and Operating Systems (ASPLOS-V).

[304] B.K. Rosen, M.N. Wegman, F.K. Zadeck, Global value numbers and redundant computations, em: *Proceedings of the Fifteenth Annual ACM Symposium on Principles of Programming Languages,* San Diego, CA, ACM, Nova York, 1988, p. 12-27.

[305] D.J. Rosenkrantz, R.E. Stearns, Properties of deterministic top-down grammars, *Inf. Control 17* (3) (1970), p. 226-256.

[306] A.V.S. Sastry, R.D.C. Ju, A new algorithm for scalar register promotion based on SSA form, *SIGPLAN Not. 33* (5) (1998), p. 15-25. Proceedings of the ACM SIGPLAN '98 Conference on Programming Language Design and Implementation.

[307] R.G. Scarborough, H.G. Kolsky, Improved optimization of FORTRAN object programs, *IBM J. Res. Dev. 24* (6) (1980), p. 660-676.

[308] P.J. Schielke, Stochastic Instruction Scheduling, tese de Ph.D., Department of Computer Science, Rice University, Houston, TX, 2000. *Technical Report TR00-370,* Computer Science Department, Rice University, 2000.

[309] H. Schorr, W.M. Waite, An efficient machine-independent procedure for garbage collection in various list structures, *Commun. ACM 10* (8) (1967), p. 501-506.

[310] J.T. Schwartz, On Programming: An Interim Report on the SETL Project, Installment II: The SETL Language and Examples of Its Use, *Technical Report,* Courant Institute of Mathematical Sciences, New York University, Nova York, 1973.

[311] R. Sethi, J.D. Ullman, The generation of optimal code for arithmetic expressions, *J. ACM 17* (4) (1970), p. 715-728.

[312] M. Shapiro, S. Horwitz, Fast and accurate flow-insensitive points-to analysis, em: *Proceedings of the Twenty-Fourth ACM SIGPLAN-SIGACT Symposium on Principles of Programming Languages,* Paris, França, ACM, Nova York, 1997, p. 1-14.

[313] R.M. Shapiro, H. Saint, The Representation of Algorithms, *Technical Report CA-7002-1432,* Massachusetts Computer Associates, Wakefield, MA, 1970.

[314] P.B. Sheridan, The arithmetic translator-compiler of the IBM FORTRAN automatic coding system, *Commun. ACM 2* (2) (1959), p. 9-21.

[315] M. Sipser, *Introduction to the Theory of Computation,* PWS Publishing Co, Boston, MA, 1996.

[316] R.L. Sites, D.R. Perkins, Universal P-code Definition, Version 0.2, *Technical Report 78-CS-C29,* Department of Applied Physics and Information Sciences, University of California at San Diego, San Diego, CA, 1979.

[317] D.D. Sleator, R.E. Tarjan, Amortized efficiency of list update and paging rules, *Commun. ACM 28* (2) (1985), p. 202-208.

[318] M.D. Smith, M. Horowitz, M.S. Lam, Efficient superscalar performance through boosting, *SIGPLAN Not. 27* (9) (1992), p. 248-259. Proceedings of the Fifth International Conference on Architectural Support for Programming Languages and Operating Systems (ASPLOS-V).

[319] M.D. Smith, N. Ramsey, G. Holloway, A generalized algorithm for graph-coloring register allocation, em: *Proceedings of the ACM SIGPLAN 2004 Conference on Programming Language Design and Implementation,* ACM, Nova York, 2004, p. 277-288. Também em *SIGPLAN Not. 39* (6).

[320] M. Smotherman, S.M. Krishnamurthy, P.S. Aravind, D. Hunnicutt, Efficient DAG construction and heuristic calculation for instruction scheduling, em: *Proceedings of the Twenty-Fourth Annual IEEE/ACM International Symposium on Microarchitecture (MICRO-24),* Albuquerque, NM, ACM, Nova York, 1991, p. 93-102.

[321] A. Sorkin, Some comments on "A solution to a problem with Morel and Renvoise's 'Global optimization by suppression of partial redundancies', *ACM Trans. Program. Lang. Syst 11* (4) (1989), p. 666-668.

[322] T.C. Spillman, Exposing side-effects in a PL/1 optimizing compiler, em: C.V. Freiman, J.E. Griffith, J.L. Rosenfeld (Eds.), em: *Proceedings of IFIP Congress '71, Information Processing 71*, North-Holland, Amsterdã, Holanda, 1972, p. 376-381.

[323] G.L. Steele Jr., Rabbit: A Compiler for Scheme, *Technical Report AI-TR-474*, MIT Artificial Intelligence Laboratory, Massachusetts Institute of Technology, Cambridge, MA, 1978.

[324] G.L. Steele Jr., R.P. Gabriel, *History of Programming Languages – II, "The Evolution of LISP"*, ACM Press, Nova York, 1996. pp. 233–330.

[325] M. Stephenson, S. Amarasinghe, Predicting unroll factors using supervised classification, em: *CGO '05: Proceedings of the International Symposium on Code Generation and Optimization*, IEEE Computer Society, Washington, DC, 2005, p. 123-134.

[326] P.H. Sweany, S.J. Beaty, Post-compaction register assignment in a retargetable compiler, em: *Proceedings of the Twenty-Third Annual International Symposium and Workshop on Microprogramming and Microarchitecture (MICRO-23)*, Orlando, FL, IEEE Computer Society Press, Los Alamitos, CA, 1990, p. 107-116.

[327] P.H. Sweany, S.J. Beaty, Dominator-path scheduling: a global scheduling method, *ACM SIGMICRO Newsl 23* (1–2) (1992), p. 260-263. Proceedings of the Twenty-Fifth Annual International Symposium on Microarchitecture (MICRO-25).

[328] D. Tabakov, M.Y. Vardi, Experimental evaluation of classical automat constructions, em: *Proceedings of the 12th International Conference on Logic for Programming, Artificial Intelligence, and Reasoning (LPAR '05), Lecture Notes in Computer Science 3835*, Springer-Verlag, Berlim, Heidelberg, 2005, p. 371-386.

[329] R.E. Tarjan, Testing flow graph reducibility, *J. Comput. Syst. Sci. 9* (3) (1974), p. 355-365.

[330] R.E. Tarjan, Fast algorithms for solving path problems, *J. ACM 28* (3) (1981), p. 594-614.

[331] R.E. Tarjan, A unified approach to path problems, *J. ACM 28* (3) (1981), p. 577-593.

[332] R.E. Tarjan, J.H. Reif, Symbolic program analysis in almost-linear time, *SIAM J. Comput 11* (1) (1982), p. 81-93.

[333] K. Thompson, Programming techniques: regular expression search algorithm, *Commun. ACM 11* (6) (1968), p. 419-422.

[334] S.W.K. Tjiang, Twig Reference Manual, Technical Report CSTR 120Computing Sciences, AT&T Bell Laboratories, Murray Hill, NJ, 1986.

[335] L. Torczon, *Compilation Dependences in an Ambitious Optimizing Compiler*, tese de Ph.D., Department of Computer Science, Rice University, Houston, TX, 1985.

[336] J.D. Ullman, Fast algorithms for the elimination of common subexpressions, *Acta Informatica 2* (3) (1973), p. 191-213.

[337] D. Ungar, Generation scavenging: a non-disruptive high performance storage reclamation algorithm, *ACM SIGSOFT Software Eng. Notes 9* (3) (1984), p. 157-167. Proceedings of the First ACM SIGSOFT/SIGPLAN Software Engineering Symposium on Practical Software Development Environments.

[338] V. Vyssotsky, P. Wegner, *A Graph Theoretical FORTRAN Source Language Analyzer*, Manuscript, AT&T Bell Laboratories, Murray Hill, NJ, 1963.

[339] W. Waite, G. Goos, *Compiler Construction*, Springer-Verlag, Nova York, 1984.

[340] W.M. Waite, The cost of lexical analysis, *Softw. Pract. Experience 16* (5) (1986), p. 473-488.

[341] D.W. Wall, Global register allocation at link time, em: *Proceedings of the 1986 ACM SIGPLAN Symposium on Compiler Construction*, ACM, Nova York, 1986, p. 264-275.

[342] S.K. Warren, *The Coroutine Model of Attribute Grammar Evaluation*, tese de Ph.D., Department of Mathematical Sciences, Rice University, Houston, TX, 1976.

[343] B. Watson, A fast new semi-incremental algorithm for the construction of minimal acyclic DFAs, em: *Third International Workshop on Implementing Automata, WIA '98*, vol. 1660 of LNCS, Springer-Verlag, Berlin, Heidelberg, 1999, p. 121-132.

[344] B.W. Watson, A taxonomy of deterministic finite automata minimization algorithms, *Computing Science Report 93/44*, Eindhoven University of Technology, Department of Mathematics and Computing Science, Eindhoven, Holanda, 1993.

[345] B.W. Watson, A fast and simple algorithm for constructing minimal acyclic deterministic finite automata, *J. Univers. Comput. Sci. 8* (2) (2002), p. 363-367.

[346] M.N. Wegman, F.K. Zadeck, Constant propagation with conditional branches, em: *Conference Record of the Twelfth Annual ACM Symposium on Principles of Programming Languages*, New Orleans, LA, ACM, Nova York, 1985, p. 291-299.

[347] M.N. Wegman, F.K. Zadeck, Constant propagation with conditional branches, *ACM Trans. Program. Lang. Syst 13* (2) (1991), p. 181-210.

[348] W.E. Weihl, Interprocedural data flow analysis in the presence of pointers, procedure variables, and label variables, em: *Conference Record of the Seventh Annual ACM Symposium on Principles of Programming Languages*, Las Vegas, NV, ACM, Nova York, 1980, p. 83-94.

[349] C. Wiedmann, Steps toward an APL compiler, *ACM SIGAPL APL Quote Quad 9* (4) (1979), p. 321-328. Proceedings of the International Conference on APL.

[350] P.R. Wilson, Uniprocessor garbage collection techniques, em: Proceedings of the International Workshop on Memory Management, *Lecture Notes in Computer Science 637*, Springer-Verlag, Heidelberg, Alemanha, 1992, p. 1-42.

[351] R.P. Wilson, M.S. Lam, Efficient context-sensitive pointer analysis for C programs, *SIGPLAN Not. 30* (6) (1995), p. 1-12. Proceedings of the ACM SIGPLAN '95 Conference on Programming Language Design and Implementation.

[352] M. Wolfe, *High Performance Compilers for Parallel Computing*, Addison Wesley, Redwood City, CA, 1996.

[353] D. Wood, The theory of left-factored languages, part 1, *Comput. J 12* (4) (1969), p. 349-356.

[354] D. Wood, The theory of left-factored languages, part 2, *Comput. J 13* (1) (1970), p. 55-62.

[355] D. Wood, A further note on top-down deterministic languages, *Comput. J 14* (4) (1971), p. 396-403.

[356] W. Wulf, R.K. Johnsson, C.B. Weinstock, S.O. Hobbs, C.M. Geschke, *The Design of an Optimizing Compiler,* Programming Languages Series, Elsevier, Nova York, 1975.

[357] C. Young, D.S. Johnson, D.R. Karger, M.D. Smith, Near-optimal intraprocedural branch alignment, *SIGPLAN Not. 32* (5) (1997), p. 183-193. Proceedings of the ACM SIGPLAN '97 Conference on Programming Language Design and Implementation.

[358] D.H. Younger, Recognition and parsing of context-free languages in time n^3, *Inf. Control 10* (2) (1967), p. 189-208.

[359] F.K. Zadeck, Incremental data flow analysis in a structured program editor, *SIGPLAN Not. 19* (6) (1984), p. 132-143. Proceedings of the ACM SIGPLAN '84 Symposium on Compiler Construction.

Índice Remissivo

ε-transição, 34, 35, 37, 42

A

abaixamento de código (*code sinking*), 468, 494
abstração de chamada de procedimento, 234
accept, ação, 105, 117, 134
ação
    accept, 105, 117, 134
    erro, 107
    gerador de scanner e, 20, 47-49, 52, 54, 56, 59, 60, 67
    reduce, 119, 172, 173
    shift, 102, 104, 107, 117, 119, 134, 136, 175, 176
Action, tabela, 103, 135
    Ver também tabelas LR(1)
adiamento, 532, 533, 540, 553, 554
agrupamento
    conservador, 591, 592
    de cópias, 585
    Ver também faixas vivas
algoritmo
    conservador, 591, 592
    de determinação e união de conjuntos disjuntos, 576
    de inserção de cópia, 429, 430
    de marcação, 113, 273, 274, 494
    otimistas, 433, 434, 495
    pessimistas, 433, 495
    preciso, 274
alias, 258
alocação
    baseada em arena, 270, 277, 615, 622
    de pilha, 245, 625
    de registradores global, 201, 590
    de registros de ativação, 245, 246, 271, 276
    de varredura linear, 587, 588, 593
alocadores
    de pools múltiplos, 271
    registrador, 13, 14, 17, 215, 218, 281, 283, 286, 290, 293, 355, 372, 378, 387, 466, 470, 471, 479, 485, 498, 539, 563-565, 574-575, 579-581, 583, 589, 590, 593, 594, 598, 617
alternação, 27, 28, 32, 33, 36, 38
ambiente
    de runtime, 235, 252, 265, 342, 353, 384
    de desenvolvimento integrados, 392
ambiguidade sensível ao contexto, 125
ampliação de unidades de compilação, 392
analisador, gerando lexemas, 58
analisadores sintáticos (parsers), 4, 69, 83
    coleção canônica, 109, 111, 113
    conflito shift-reduce, 122
    conflito reduce-reduce, 122
    construção de tabela LR(1), 108
    esqueleto de parser, 102
análise
    de dependência, 12, 323
    de fluxo de dados iterativa, 402
    de ponteiro, 446
    dinâmica, 408

estática, 4, 162, 196, 344, 393, 399, 400, 408, 451, 455, 575, 615
interprocedimental, 203, 297, 323, 353, 354, 384, 385, 387-389, 391, 392, 394, 399, 400, 410, 413, 414, 434-438, 440
léxica. *Ver* scanning
viva iterativa, 375, 407
ARP, 242-245, 260-264, 266, 267, 280, 288, 334, 469, 505, 506, 510, 519, 589
arquitetura de conjunto de instruções (ISA), 2, 205
array
    bidimensionais, 125, 151, 314, 345, 346
    de estruturas, 320, 341, 614, 616, 618
    endereçamento, 54, 337, 346
    estilo FORTRAN, 190, 618
    layout de armazenamento, 235, 308
    ordem
        por colunas, 308-311, 314, 346, 371
        por linhas, 308-310, 312, 314, 340, 346
    polinômios de endereço, 311, 314, 320
    subscritos, 10, 12, 80, 125, 129, 151, 159, 185, 203, 212, 213, 218, 223, 231, 239, 290, 308-310, 314, 323, 358-360, 381, 415, 416, 422, 423, 427, 434, 462, 470, 484
    vetores de indireção, 308-312, 314
    Ver também vetores
árvore
    binária, 179, 285, 364, 615, 616, 621, 630
    de análise, 75, 83
    de baixo nível, 199, 200, 505, 509
    de dominadores, 417, 418, 420, 422, 423, 425, 426, 443, 447, 473-475
    de operação, 508, 509, 511, 514
    grafo acíclico direcionado, 199, 516
    sintática, 75, 76, 78-80, 82-84, 88, 98, 100, 101, 102, 104, 106, 124, 125, 128-130, 138, 143, 152, 156, 158, 163, 164, 169-172, 174, 176, 178, 179, 189, 190, 193, 195-200, 204, 213, 228, 229, 272
    mapeamento, 615, 616, 630
    nível de abstração, 195, 196, 199, 506
assinaturas de tipo, 259
associatividade
    à direita, 128, 187
    à esquerda, 128, 187, 285
    para reordenar expressões, 356
ativação, 13, 216, 236-238, 242, 243, 245, 246, 265, 267, 271, 273, 274, 276, 277, 281, 287, 338, 384, 470, 498, 504, 578, 601
atraso, slots, 210, 324, 326-328, 345, 350, 498, 560
atribuição
    de registradores, 564-566
    de string, 315, 316, 318
    lvalue, 298
    rvalue, 298
atributo

herdado, 160
sintetizado, 160
autômato
    finito, 515
        determinístico, 16, 34, 35
        não determinístico, 16, 34, 35
    algoritmo de minimização, 43, 45, 47, 62, 65, 67
avaliação em curto-circuito, 302, 303, 306, 339
avaliadores baseados em regra, 162, 172

B

back end, 1, 5-7, 12, 17, 178, 210, 283, 284, 298, 343, 345, 454, 498, 499, 501, 507, 524, 533, 559
Backus-Naur, 72, 138
balanceamento de altura de árvore, 354, 360, 363, 365-367, 373, 374, 394, 395, 453, 476, 479
bloco básico, 200-202, 204, 207, 209, 214, 215, 323, 324, 327, 329, 352-355, 359-363, 365-367, 373, 374, 394, 395, 401, 406, 453, 476, 479, 500, 517, 523, 531, 535, 540, 545, 548-560, 566, 567, 572, 574, 580, 590, 593, 595, 596
    estendidos (EBBs – *Extended Basic Blocks*), 353, 354, 367, 548
booleanos, relacionais à gramática de expressão, 299
break, instrução, 330, 440
Brzozowski, algoritmo, 62, 63
bytecode, 3, 6, 18, 205, 211, 249

C

cache
    de método, 253, 254, 279
    deslocamentos relativos e desempenho de, 289
    razão de acerto, 289
caminhos críticos, 540, 553
campo de tamanho explícito, 318
caracteres, 56-60, 67, 142, 143, 149-151, 157, 260, 315, 318
casamento de padrões de árvore, 497, 506-508, 513, 514, 516, 518, 524, 527-529
case, instrução, 173, 214, 322, 326, 330-333, 337, 341, 605
categorias sintáticas, 9, 20, 46, 73, 74, 82, 143
CFG reverso, 404, 408, 409, 414, 443, 447, 456
chamada
    de função, 126, 128, 190, 191, 279, 297, 589
    de procedimento, 10, 57, 146, 148, 190, 195, 199, 203, 206, 216, 238, 242, 243, 251, 258, 262, 268, 330, 354, 377, 384, 387, 411, 414, 434, 447, 470, 471, 498, 578, 615
    avaliação de parâmetro, 334
    implementação, 234, 235, 267, 333, 336
    múltiplos locais, 336
    parâmetros com valor de procedimento, 335

chamada *(cont.)*
    problemas de resumo, 413
    salvamento e restauração de registrador, 335
    por nome, 256, 257, 280
    por referência, 199, 218, 256-258, 264, 265, 280, 291, 295, 296, 334, 336, 341, 384, 400, 411, 413, 455, 471, 504, 506, 519
    por valor, 256-259, 280, 295, 296, 312, 334, 342, 504
chamador, 234, 243, 256, 262, 282, 296, 312, 333, 384, 410, 438, 469
ciclo de construções, 38, 61
classes
    de registradores, 566, 595
    superclasses, 226, 247, 250-255
Clean, algoritmo, 457, 495
clonagem
    de bloco, 477
    de procedimento, 476, 477, 479
    de superbloco, 476, 477, 479, 493, 494, 496, 551
    por contexto, 551, 552
código
    de compensação, 549-552
    de máquina de pilha, 205, 207
    Ver também IRs lineares
    de prólogo, 266, 313, 455, 470, 555, 558
    de três endereços, 206-208, 211, 216, 229, 285
    Ver também IRs lineares
    elevação, 412, 466
    gabaritos, 509, 510, 512, 516
    inalcançável, 459, 480, 482-484
    inútil, eliminação, 455
    Ver também eliminação de código inútil
    morto, 3, 394, 455, 460, 485, 491, 494, 524
    pipelining, 553, 555
    três endereços, 205, 206
coleção canônica de conjuntos de itens LR(1), 108, 109, 112, 117, 139
coleta de lixo, 270, 272, 273, 275, 277, 612
coletor
    conservador, 274, 277
    de cópia, 275
    Ver também coleta de lixo
    de tempo real, 276
    em lote *(batch)*, 273
    marcar-varrer, 273-275, 455
    preciso, 274
coloração
    de baixo para cima, 583
    Ver também alocação de registradores
    de grafo, 17, 563, 566, 575, 576, 581, 583-586, 588, 590, 592-595, 597, 611, 617
combinação de otimizações, 480
compilação separada, 157, 185, 203, 233, 241, 246, 353
compilador
    back end, 12, 499, 501, 533
        definição, 7
        estrutura, 5
        front end, 17
        otimização, 454

open, 56, 208
    de três fases, 6
    just-in-time (JIT), 3, 18, 246, 249
    redirecionáveis, 528
comutatividade, 4, 292, 296, 356, 394, 453, 483, 493
concatenação
    expressões regulares, 32, 36
    strings, 317
conjunto potência, 133
constantes de região, 486, 487
construção
    de subconjunto, 35, 38-42, 45, 47, 48, 61, 62, 65, 67, 108, 374, 610
    do grafo de chamada, 203, 414, 434, 435
contagem de referência, 272
    Ver também coleta de lixo
contexto
    análise léxica, 20, 183
    clonagem, 551
    convenção de ligação, 234, 235, 259, 264-266, 268, 297, 336, 342, 589
    definição
        sequência de epílogo, 266
        sequência de pós-retorno, 266
        sequência de pré-chamada, 266
        sequência de prólogo, 266
conversão
    explícita, 145, 153, 155, 197
    implícita, 145
coordenada de distância estática, 261
cópia perdida, problema, 428-430
custo de derramamento globais, 577
    Ver também derramamento

D

dados de perfil, 379, 380
declarações
    omissão, 185
    processamento, 180
definições de alcance, 412
deformação de nome, 260
dependência
    de controle, 456, 459
depuração, 63, 118, 175, 271, 271, 276, 286, 345, 499, 609, 620
derivação
    mais à direita, 75-78, 101, 102, 104, 107
    mais à esquerda, 75, 83, 95, 138
derramamento
    por região de interferência, 592
        custo, 575, 578, 593
        faixas vivas, 571, 572, 575
        global, estimativa de custo, 577
        região de interferência, 592
        valores
            limpos, 570, 571, 594
            sujos, 570, 594
desdobramento de constante, 355-357, 394, 468
desenrolamento de laço *(loop unrolling)*, 370
    externo, 88, 134, 347, 349, 352, 369, 371
    interno, 39, 88, 112, 346, 348-350, 352, 371, 421, 513
    Ver também habilitando transformações
deslocamento *(shift)*, ação, 602

despacho estático *e* dinâmico, 253
Desvio
    para a frente, 381
    para trás, 476
    tomado, 378
        condicionais, 480, 482, 483, 601, 604
        fall-through, 378
        não tomados, 205, 210
        predição, 94, 325, 326
        relativos ao contador de programa (PC – *Program Counter*)
        tomados, 210
detour, operador, 619
diagramas de transição
    como abstrações de código, 23
discriminação de multiconjunto, 221, 228
display
    gerenciamento, 268
    global, 262
distributividade, 356
divergência, 82, 88, 218, 349, 526
divisão
    de custo zero, 592
    de faixa viva, 581, 582, 590, 592, 594, 595
    passiva, 592
dominador imediato, 417, 423, 443, 473, 610
dominância estrita, 417
    Ver também dominância

E

elaboração semântica, 10, 142, 172, 181
    Ver também análise sensível ao contexto
elementos de array, 12, 92, 314, 323, 572
elevação, movimentação de código, 460
eliminação
    de código inútil, 454
    de código morto, 3, 394, 485, 494, 524
    de fluxo de controle inútil, 457
    de redundância global, 411
endereçabilidade, 276
    display, 266, 470
    link de acesso, 261, 276
    link estático, 261
endereçamento aberto, 620, 623
endereço
    de base, 259, 260, 267, 292
    de retorno, 237
    runtime, 240, 243, 247
equivalência
    de nomes, 154
    estrutural, 154
    observacional, 349
erro
    detecção, 107
    recuperação, 123
    tipo, 155
escalonamento
    alocação de registradores e, 539
    balanceado, 542
        de instruções, 201, 531
        de laço, 553
            em pipeline, 553
        caminho crítico, 536
        de lista
            desempate no algoritmo, 544

para a frente, 546
para trás, 546
dependências, 431, 479
limitações, 537
de módulo, 557
de tempo ótimo, 536, 558
de traço (*trace schedulling*), 550
do *kernel*, 557
pipelining de software, 553
regional, 548
escopo de otimização, 352
métodos de programa inteiro, 354
métodos globais, 353
métodos interprocedimentais, 354
métodos intraprocedimentais, 353
métodos locais, 352
métodos regionais, 352
escopo dinâmico, 241
escopo aninhado, 250
em Pascal
gerenciamento, 223
léxicos, 223
escopo léxico, 239, 241
exemplo, 222
para endereçamento aberto, 628
para hashing aberto, 626
espaço de endereços
layout, 286
visões, 287
espaço de nome, 290
em linguagens orientadas a objeto, 246, 436
em linguagens tipo Algol, 334, 384
hierarquia de classes, 248, 249
especialização, 468
computação, 468
eliminação de recursão de cauda, 494
otimização peephole, 494, 517
propagação de constante, 354, 378, 413
estimador de tempo de execução, 165, 176
gramática de atributo, 165
estrutura de classe fechada, 250
estrutura de classes aberta, 251
estrutura de dados, 193, 216, 242
implementação de tabela hash, 620
representação de conjuntos, 610
etiquetas de runtime, 321
exatidão (*correctness*), 4, 349, 403
execução condicional, 324
execução predicada, 305, 324
expressões antecipáveis, 405, 412
expressões de tipo misto, 155, 297
expressões disponíveis, 411, 463
expressões regulares, 26
alternação, 27
autômatos finitos e, 64
concatenação, 32
fechamento positivo, 33
linguagens regulares, 32
livres de fechamento, 228
notação, 19, 26, 28
precedência, 36
propriedades de fechamento, 32
expressões
booleanas, 299, 302
chamadas de função em, 296

geração de ILOC para, 180
gramática, 183, 299
inferência de tipo para, 156, 163, 167, 178
operandos, 296
percurso em árvore para, 297, 300, 503
redundantes, 354, 411, 468
relacionais, 302
reordenação, 535, 539

F

FA não determinístico (NFA), 35
Ver também autômatos finitos (FA)
faixas vivas, 571
agrupamento, 585
derramamento e, 578
divisão e, 581
em bloco básico, 572
global, 575
fall-through, desvio, 205, 210, 324, 352, 378-381, 389, 503, 522
falso zero, 307, 311, 313, 314
fatoração à esquerda, 92, 93, 137
fechamento de Kleene, 27, 28, 32, 33, 61, 65
fechamento finito, 28, 33
fechamento positivo, 28, 33
fechamento
expressões regulares sem fechamento, 63
Kleene, 27, 28, 32, 33, 61
sob concatenação, 32
FIRST, conjunto, 89, 90, 92, 98
FOLLOW, conjunto, 91, 98, 136
for, laço, 326, 327
forma de atribuição única estática (SSA), 359, 399, 400, 401
algoritmo simples
construção, 405, 416, 417, 430, 446
diferentes tipos de, 422
dominância, 417, 449
em IR de três endereços, 206, 214
inserção de cópia, 429, 430
inserção de funções-φ, 416, 417, 419, 421
máxima, 416, 417, 422, 434, 448
mínima, 422
podada, 421, 422
reescrita, 577
renomeação de variáveis, 422
semipodada, 417, 422, 434, 446, 586
tradução a partir da, 426, 428, 430, 434, 446
Ver também grafos SSA
forma de código, 283, 284, 462, 472, 485, 565, 567
definição, 462
forma sentencial, definição, 73
forma SSA máxima, 416, 417, 422, 434, 448
forma SSA semipodada, 417, 422, 434, 446, 586
FORTRAN
arrays, 151
laço do, 328
regras de escopo, 241
framework de dominância iterativo, aceleração, 443
free, rotina, 269-271
front end, definição, 7
Ver também back end; compiladores
fronteira de dominância, 418, 422
reversa, 456

fronteira superior, 100, 102, 104
função-φ, 415, 416
algoritmo de inserção, 430
argumentos, 430, 432
função memo, 227
função monotônica, 41, 47
função trampolim, 255
função hash, escolha, 620
função hash multiplicativa, 620, 622, 631
função hash universal, 621
função trampolim, 255
fusão de laço, 371

G

GCC, compilador, 15, 524
geração de código, 13, 499
alocação de registradores, 563
escalonamento de instrução, 506
interações, 16
percurso em árvore, 292, 293, 295, 300, 510, 527
seleção de instruções, 13, 497, 528, 577
gerador de avaliador, 161
geradores de parser, 97, 98, 100, 102, 107, 108, 117, 118, 122
automáticos, 123
rotinas de recuperação de erro, 124
geradores de scanner
ferramentas, 47
lex, 47
para construção de reconhecedor, 59
Goto, tabela, 103, 105, 107, 108
preenchimento, 117
Ver também tabelas LR(1)
grafo cordal, 593, 595
grafo de dependência de atributo, 160-162, 171
grafo de intervalo, 566, 587, 593
grafo de precedência, 535
grafos acíclicos direcionados (DAGs – *Directed Acyclic Graphs*), 199
grafos de chamada, 203
grafo de fluxo de controle (CFG), 406, 500
arestas de volta, 458
blocos básicos, 324
blocos de única instrução, 201
criação, 201, 209
frequências de execução e, 378, 382, 388, 446
irredutíveis, 443
redutíveis, 442
grafo de interferência
como base para agrupamento, 590
construção, 580
definição, 576
imprecisos, 590
tamanho/esparsidade de, 631
vetores de adjacência e, 618
grafo irredutível, 443
definição, 441
transformação, 443
grafo redutível, 441, 443, 445
grafo
acíclico direcionado (DAG), 199
arbitrários, representação, 616
chamada, 203
dependência, 535, 536, 540

grafo *(cont.)*
    fluxo de controle, 406, 500
    interferência, 576, 579, 580
    irredutível, 443
    precedência, 535
    representação tabular de, 630
gramática de expressão clássica, 79, 86, 124, 134, 163 *Ver também* gramáticas
gramática de expressão recursiva à direita, 89
    associatividade à direita, 128, 187
    profundidade de pilha, 127
gramática de expressão reduzida, 134, 135
gramática livre de contexto, 143
    ε-produção, 187, 188
    ambiguidade, 190
    analisadores sintáticos (*parsers*), 69
    como sistema de reescrita, 81
    definição, 158
    derivação mais à direita, 75, 76
    derivação mais à esquerda, 75
    fatoração à esquerda, 92, 137
    forma de Backus-Naur, 72
gramática preditiva, 89
    produção, 94
    símbolo não terminal, 72
    símbolo terminal, 72, 85
    Ver também gramáticas
gramática livre de retrocesso, 89
gramática preditiva, 89
gramática ambígua, 76
    algoritmo de preenchimento de tabela, 122
    conflito reduce-reduce, 122
    if-then-else, 119
    remoção da ambiguidade, 410
    sensíveis ao contexto, 183
gramática de atributo circulares, 162 *Ver também* gramática de atributo
gramática de atributo, 158, 162
    avaliador desatento
    avaliador dinâmico
    avaliadores baseados em regra
        circulares, 161
        grafo de dependência, 161
        métodos de avaliação, 161
        S-atribuída, 164
        tratamento de informações não locais, 170
    Ver também análise sensível ao contexto
gramática regular, 94
gramática
    expressão clássica, 79, 84, 85, 190, 197
    fatoração à esquerda, 92, 93, 137
    livre de contexto, 71-73, 81, 83, 136, 137, 183, 188
    livre de retrocesso, 89
    LL(1), 81, 95, 97, 102
    LR(1), 81, 102, 107
    otimização, 129
    recursão à esquerda, 86
    regulares, 81
    sensíveis ao contexto, 183
guias, 209, 210

H

habilitando transformações, 475
    clonagem de procedimento, 477, 479
    clonagem de superbloco, 476, 477, 479, 493, 494
    desenrolamento de laço (*loop unrolling*)
    remoção de condicionais de laço (*loop unswitching*), 477, 478
hashing aberto, 622, 624-626
    inclusão de escopos léxicos ao, 626
hashing de balde, 620, 622
    inclusão de escopos léxicos, 626
hashing perfeito, 59
heap de runtime. *Ver* heap
heap, 268
    alocação de primeiro encaixe, 269, 271
    alocadores de pools múltiplos, 271
    coleta de lixo, 270, 272-275, 277, 612
    contagem de referência, 272, 273, 275-277, 522
herança múltipla, 254, 255
    função trampolim, 255
    Ver também herança
herança, 247
    definição, 247
    implementação, 191
    múltipla, 254, 255
    Ver também linguagens orientadas a objeto
Hopcroft, algoritmo de, 42, 47

I

identidade de valor *versus* identidade de nome, 472, 475
identidades algébricas, 355, 357, 358, 400, 454, 517, 524, 527
if-then-else, ambiguidade, 77, 78
if-then-else, construções, 8, 22, 25, 76, 77, 119, 201, 305, 324, 337, 477, 478
    aninhadas, 22, 25
    frequência de execução, 331
    gramática, 76, 77
ILOC, 210, 211
    convenções de nomeação, 601
    geração, expressões para, 180
    movimentação condicional, 305
    operações de memória, 12, 217, 545, 602
inferência de tipos, 144
    aspectos interprocedimentais da framework ad hoc para, 156
    para expressões, 156
    para expressões, revisão, 157, 178
    problemas mais difíceis, 185
    regras, 155
inferência
    declarações e, 155
    para expressões, 156
    regras, 155, 156
instruções
    definição
    lista sequencial de, 599
    por segundo, 533
    programa ILOC
inteiros
    atribuição, 155
    com sinal, 26, 149, 600
    ponteiro para, 153
    sem sinal, 24, 25, 27, 29, 149, 150, 157, 340
interbloqueio, 532, 533
interface externa, 234
interferência, 579, 580
interpretadores
    compiladores e, 3
IR de nível mais baixo (LLIR), 518, 519, 521, 523-526
    geração pelo front end, 345
    operações, 518
    Ver também representações intermediárias (IR)
IR, 193
IR gráfica, 196
    árvores relacionadas à sintaxe, 196
    definição, 196
    eficiência do armazenamento, 198
    grafos, 200
    implementação, 228
    Ver também representações intermediárias (IR)
IR híbrida, 195, 201
IR linear, 204
    código de dois endereços, 205
    código de máquina de pilha, 205, 207
    código de três endereços, 205-208, 211, 216, 285
    código de um endereço, 205, 211, 502
    definição, 204
    estruturas de dados, 206
    Ver também representações intermediárias (IR)

J

Java, 3
    tradução, 249
Java, máquina virtual (JVM – *Java Virtual Machine*), 3, 249

L

laço do, 326
laços em pipeline, 553
Ver também escalonamento de laço; laços
laços
    desenrolamento (*unrolling*), 347
    do, 326
    em pipeline, 553
    endereços de estrutura em, 484
    escalonamento, 553, 557
    for, 326, 327, 378, 615
    remoção de condicionais (*unswitching*), 477, 478
    until, 329
    while, 39, 54, 329, 543
ladrilhamento, 508, 509, 512, 513, 516, 527
    definição, 508
    localmente ótimo, 515
LALR(1), 136, 174
latências
    de operação, 498, 545, 547, 559
    load, 554
    memória, 18, 578
layout de código, 136, 379-382, 503

Índice Remissivo

layout de registro de objeto, 252
leque (*handle*), 101
    localização, 101
lex, gerador de scanner, 47
lexema, 25, 48, 50, 57-59
linguagem de transferência de registrador (RTL), 208, 524
linguagens fortemente tipadas, 145, 148, 156, 185
linguagens fracamente tipadas, 145, 156
linguagens livres de contexto, 69, 72, 93, 143, 183
linguagens não tipadas, 145, 148
linguagens naturais, 2, 31
linguagens orientadas a objeto, 146, 237, 246, 250
    espaços de nomes de, 255
    estruturas de runtime, 250
    fluxo de controle em, 237
    herança única, 250
    herança, 250
    implementação, 251
    linguagens tipo Algol e, 233, 384
    terminologia, 247
linguagens regulares, 32, 63, 64, 81, 183
linguagens dinamicamente tipadas, 145, 156
linguagens tipadas estaticamente, 145, 148, 156
linguagens tipo Algol, 26, 76, 143, 233, 334, 384
    espaços de nomes, 239
    estruturas de runtime, 242
    linguagens orientadas a objeto, 233, 334
linguagens verificadas dinamicamente, 156
linguagens
    espaços de nomes, 238, 239, 246
    estaticamente tipadas, 145, 148, 156
    expressões regulares em, 26
    fortemente tipadas, 145, 148, 156, 185
    fracamente tipadas, 145, 156
    livres de declaração, 185
    microssintaxe, 20, 33, 46, 52
    não tipadas, 145, 148
    naturais, 2, 31
    orientadas a objeto, 146, 237, 246, 250
    palavras em, 31
    regras de escopo, 226, 241
    regulares, 32, 63, 64, 81, 183
    tipadas dinamicamente, 145, 156
    tipos de dados, 142
    verificadas dinamicamente, 156
links de acesso, 261
    definição, 261
    display global, 282
    gerenciamento, 268
links estáticos. *Ver* links de acesso
LINPACK, 345, 346
lista livre, 269, 270, 271, 274, 570
lista linear, 621, 622
listas ordenadas, 533, 610-612, 631
LL(1), parsers, 81
    construção de tabela, 108, 119, 122, 123
    controlados por tabela, 124, 126
    esqueleto, 102, 104, 123, 173, 174
    propriedade livre de retrocesso, 92
load, operação, 166
loadAI, operação, 288

loadAO, operação, 288
loadI, operação, 13, 303, 505, 512
locais de armazenamento
    atribuição, 188, 285, 625
    escolha de, 292
Lucratividade, 350
lvalue, 311

M

máquina virtual, 3, 13, 249, 269, 343, 437
máquina RISC, 12, 205, 218, 292, 502, 503, 523, 568, 599
memória de rascunho, 578
memória
    cache, 43, 288, 289, 320, 503, 542
    latências, 350, 532
    layout de vetor
    layout lógico do espaço de endereço, 286
    operações com múltiplos registradores, 335
    registrador, 290
Método
    dinâmico, 162, 163
    mapeamento de nomes de, 247
    métrica de derramamento, 584, 585, 587
    microssintaxe, 20, 29
modelo memória-para-memória, 565, 566
    Ver também modelos de memória
modelo registrador-para-registrador, 217, 218, 286, 565 *Ver também* modelos de memória
modelos de memória, 216
    escolha de, 217, 218
    memória-para-memória, 217
    registrador-para-registrador, 217
movimentação condicional, 302, 303, 305
movimentação de código invariante de laço, 461, 550
movimentação de código pouco ativo (LCM – *Lazy Code Motion*), 460, 462, 472
    equações, 461
    expressões antecipáveis, 405, 412, 413, 461, 463
    expressões disponíveis, 405, 411, 412, 413, 437, 447, 460, 461, 463
    forma de código, 462
    posicionamento mais antigo, 461
    posicionamento mais recente, 461
    reescrita de código, 461
    Ver também movimentação de código
movimentação de código, 297, 411, 412, 414, 427, 453, 460, 549, 550, 551, 619
pouco ativo, 460

N

NaN, 358
nome
    coordenada estática para, 239, 240, 244
    estático, 242
    expressão, 462
    gerenciar o espaço de nomes, 226, 290
    impacto do, 212
    regras para visibilidade de, 235
    reutilização, 206, 479
    SSA, 576, 577, 592, 593
    totalmente qualificado, 321

    traduções de, 240
    valor temporário, 211, 216, 227, 416
nós
    AST, 503, 506, 509, 513
    DAG, 199
    divisão, 443
núcleo do laço, 553
numeração de valor baseada em dominador, 472-474
    dominadores, 401, 417, 418, 420
    Ver também numeração de valor
numeração de valor local (LVN), 355, 356, 427, 452, 453, 454, 455, 461, 472
    com extensões, 358
numeração de valor superlocal, 367
    Ver também numeração de valor
numeração de valor
    baseada em dominador, 473
    definição, 473
    identidades algébricas para, 357
    impacto de atribuições indiretas, 359
    local, 367
    operações comutativas, 356, 357
    superlocal, 367, 368, 373, 394, 396, 400, 461, 467, 472
número cromático, 575, 576
número de pós-ordem, 403, 487, 489
números de ponto flutuante, 149
números
    como tipos básicos, 149
    ponto flutuante, 149
    reais, 26, 29, 149, 296

O

operação destrutiva, 205
operações de endereço-deslocamento, 603
operações de endereço-imediato, 602
operações de fluxo de controle, 604
    predicadas, 303, 522
operações de memória, 539, 542
    atrasos, 542
    execução, 335
    hierarquia, 217
    sequência, 335, 570
    velocidade, 335
operações
    código de três endereços, 205-208, 211, 216
    comutativas, 357
    endereço-deslocamento, 603
    inalcançável, 454
    LLIR, 518
    longa latência, 15, 535, 538, 544, 554
    operandos, 539, 540, 542
    predicadas, 303, 522
    sobreposição, 535
    string, 315, 318
    três endereços, 206, 292, 567, 599
operador de comparação, 305
operador de complemento, 29, 32
operador de encontro (meet), 403
operadores aritméticos, 292
operadores unários, 124, 125, 129, 514 *Ver também* operadores

operadores
   atribuição como, 298
   booleanos, 292, 298
   comparação, 300, 302, 303, 305
   fechamento, 27, 61
   redução de força, 468, 471, 480, 484-488, 491, 492
   relacionais, 299
   sobrecarga, 145
   unários, 124, 125, 129, 514
ordem por colunas, 308-311, 314, 346, 371
ordem por linhas, 308-310, 312, 314, 346
   Ver também arrays
OSR, algoritmo, 480, 487, 495
   Ver também redução de força
otimização de chamada de folha, 469, 470
otimização de código, 223, 343, 373, 387, 393, 451
Ver também otimização
otimização global, 353, 374, 375, 387, 392, 468
otimização interprocedimental, 354, 384, 391, 392
otimização intraprocedimental, 384, 203
otimização local, 354, 366, 517, 519
   definição, 515
otimização peephole, 453, 471, 517
   definição
      janelas físicas, 522
      janelas lógicas, 522
      para seleção de instruções, 517
      tamanho de janela, 518
otimização regional, 367
   Ver também escopo de otimização
otimização, 343
   avaliação em curto-circuito como, 303
   balanceamento de altura de árvore, 374, 394
   clonagem de superbloco, 476
   combinação, 480
   como engenharia de software, 454
   desenrolamento de laço (*loop unrolling*), 347, 367, 370
   elevação de código, 466
   eliminação de código inalcançável, 480
   eliminação de código inútil, 459
   eliminação de código morto, 524
   escopo de programa inteiro, 468
   escopo global, 379, 383
   exceções em runtime, 359
   interprocedimental, 203, 384
   intraprocedimental, 203, 384
   local, 354, 366, 517, 519
   movimentação de código pouco ativo, 460, 462
   numeração de valor local, 355, 356, 358, 365-367, 372, 373, 393
   numeração de valor superlocal, 227, 367, 368, 370, 373, 394, 452, 467, 472, 630
   peephole, 453, 468, 471, 494, 507, 517, 518, 523, 524, 527
   posicionamento de código global, 378-380, 382, 388, 453
   posicionamento de procedimento, 384, 388, 389, 390, 391
   procedimentos folha, 246, 264, 387, 470, 471
   programa inteiro, 352, 354, 384, 392

propagação de constante, 440, 524
redução de força de operador, 468, 471, 480, 484, 488, 495, 553
remoção de condicionais de laço (*loop unswitching*), 477, 478
renomeação, 213
sequências, 452, 493
substituição de teste de função linear, 553
substituição em linha, 384, 394
otimizações escalares, 415, 451

P

padrões
   árvore, 497, 499, 506-508, 513, 514, 516, 518, 524, 527
   otimização peephole, 499, 507, 517
palavras-chave
   expressão regular, 19, 27, 47
   tratamento de, 59
palavras
   categorias sintáticas, 47, 48, 53, 58, 134
   categorias, 53
   em linguagens de programação, 20
paralelismo em nível de instrução (ILP), 354, 361, 393, 522, 532, 542, 558
parâmetro real, 156, 234, 256, 257, 258, 264, 265, 296, 313, 334, 384, 387, 438, 439, 471
parâmetros com valor de array
   acesso, 312
   verificações de limites, 314
parâmetros com valor de procedimento, 335
parâmetros
   avaliação, 334
   com valor de array, 312
   com valor de procedimento, 335
   formais, 438, 439
   passagem de, 256
   reais, 387, 437
   valores, acesso
   vinculação de chamada por nome, 256
   vinculação de chamada por referência, 256
   vinculação de chamada por valor, 256
parsers de descida recursiva, 94
   estratégia para construir, 95
   para uma gramática preditiva, 130
parsers LL(1) dirigidos por tabela, 95
parsers bottom-up, 100
   algoritmo
   definição
   descida recursiva
   eliminação da recursão à esquerda, 85
partição de conjunto, 43
Pascal, 30, 142, 143, 151, 152, 155, 189, 210, 236, 237, 239, 245, 321
percurso em árvore, 195
   gerador de código, 292
   293, 295, 300, 506, 510, 527
   para expressões, 293, 300
   para seleção de instruções, 527
percurso em pré-ordem, 422, 425, 475
pipelining de software, 553, 555, 558, 559
pipelining perfeito, 559
polimorfismo paramétrico, 153, 186
   definição, 153

polimorfismo
Ponteiros de Registro de Ativação (ARPs – *Activation Record Pointers*)
   definição, 13
ponteiros, 153
   ambíguos, 455
   análise estática e, 410
   atribuições, 410
   e valores anônimos, 319, 322
   lista, 610, 619
   manipulação, 153
   na estrutura de indireção, 312
   para inteiros, 153
   recuperação de dados apontados (*dereference*)
   registro de ativação, 13, 216, 242
   segurança de tipo com, 154, 410
   valores, 410
ponto de junção, 400, 416, 417, 418, 422, 461, 477
pós-dominância, 456
pós-ordem reversa (RPO), 403, 404, 408, 414, 444, 487, 489, 544
   no CFG reverso, 414
posicionamento de código global, 378-380, 382, 388, 453
posicionamento de procedimento, 374, 384, 388-391
posicionamento mais antigo, 461
   Ver também movimentação de código pouco ativo
PostScript, 2
precedência
   aritmética, 80
   fechamento, 36
preenchimento, 57, 117, 118, 122, 289, 290, 320
prettyprinter, 204
prioridade
   escalonamento de lista para a frente, 545, 546
   escalonamento de lista para trás, 545, 546
problema de fluxo de dados para trás, 404
procedimento chamado, 142, 217, 234-237, 242-256, 257-259, 262, 264, 384-387, 397, 410, 411, 413, 414, 436, 438, 439, 469-471, 477
procedimentos de decisão para a substituição em linha, 387
procedimentos folha, 246, 264, 387, 470, 471
procedimentos
   aninhados, 236, 239, 241
   argumentos implícitos, 334
   argumentos, 464
   chamado, 142, 217, 234-237, 410, 411, 413, 436, 439
   chamador, 234, 235, 243-245, 257, 259
   folha, 246, 264, 387, 470, 471
   invocação, 351
   ligação, 264, 268, 469, 589
   posicionamento, 384, 388, 389, 390, 393, 453
   sequência de epílogo, 265, 266, 268, 469
   sequência de prólogo, 265, 267, 268, 333, 334, 469, 470
processador escalonado estaticamente, 532, 534, 540, 547
processadores superescalares, 532, 534
produções inúteis, 130, 137

produções
  inúteis, 130
  quebra, em duas partes, 175
programa não recursivo, 236
promoção de parâmetro, 469-471
promoção, 471
propagação de constante condicional esparsa (SCCP), 480
  eficácia, 484
  inicialização, 482
  regras para multiplicações, 483
propagação de constante interprocedimental, 354, 437, 440
propagação de constante simples esparsa (SSCP), 431, 432, 480 *Ver também* propagação de constante
propagação de constante, 453, 468
  condicional esparsa (SCCP – *Sparse Conditional Constant Propagation*), 480
  interprocedimental, 437, 438, 439, 440
  simples esparsa (SSCP – *Sparse Simple Constant Propagation*), 431, 432, 437, 480
protótipo de função, 157

R

rastreamento de load, 169, 176, 177
receptor, 247, 251, 254
recompilação, 392, 394
reconhecedores
  DFA como, 46
  implementação, 60, 64
recorrência, 556
recursão à direita, 86, 87, 88, 126, 128, 129, 187
  associatividade, 128
  profundidade de pilha, 127
  recursão à esquerda *versus*, 126
recursão à esquerda, 128
  associatividade à esquerda, 128
  associatividade, 128
  eliminação, 85
  profundidade de pilha, 127
recursão de cauda, 329, 330, 439, 469, 471
redução de força, 348, 468, 480, 484, 485, 486
  definição, 346
  substituição de teste de função linear, 480, 491
redução, 101, 119, 128, 491
redundância parcial, 494
referência ambígua
  definição, 360
  elemento de array, 593
referências de estrutura, 319
  arrays de estruturas, 320
  valores anônimos, 322
referências não ambíguas, 321
  Ver também referência ambígua
registrador físico, 286
registrador de código de condição, 303, 605
registradores de salvamentos do chamador, 266, 336, 470
registradores de uso geral
registradores
  código de condição, 519, 605

mantendo valores em, 290
memória *versus*, 565
predicado, 566
restauração, 335
salvamento, 335
salvamentos do procedimento chamado, 469, 470
salvamentos do procedimento chamador, 469
valores salvos, 208, 244, 267
Registros de Ativação (ARs – *Activation Records*)
  alocação de heap, 245
  alocação de pilha, 245
  alocação estática, 246
  alocação, 245
registros de objeto, 255
regra "declarar antes de usar", 143, 155, 221
regras de atribuição, 159-161, 163-167, 173, 176, 190
regras de cópia
  definição
  tamanho de uma gramática de atributo e, 170
regras de escopo, 239
  C, 241
  FORTRAN, 241
  Scheme, 242
regras de reescrita, 506, 509
regras de tipos, 185
relacionais
  codificação numérica, 299, 302, 306
  codificação posicional, 299, 300, 302, 303, 306
rematerialização, 592
  remoção de condicionais de laço (*unswitching*), 477
  Ver também habilitando transformações
renomeação dinâmica de registrador, 547
renomeação, 478
  após inserção-φ, 423
  evitar antidependências e, 539
representação de árvores, 614
representação de conjunto esparso, 613, 614
representação de conjuntos, 610, 612
representação em lista de um conjunto
representações intermediárias (IRs), 614
  baixo nível, 10, 196, 208, 211
  baseadas em árvore, 195
  expressividade, 196
  forma de atribuição única estática (SSA), 194, 213, 215, 400, 415
  gráficas, 196
  híbridas, 195
  implementação, 194
  lineares, 204
representações
  conjuntos esparsos, 613
  grafos arbitrários, 616
  lineares, 198
  lista interligada, 611
  lista, 187, 610, 611, 612
  string, 315
  tabela de símbolos, 126, 176, 177, 183, 609, 621, 627, 629
resolução de nome, 223, 247, 248, 253
restrições de recursos, 556
rvalue, 311

S

salto
  destinos, 332
  funções, 438
  implementação de tabela, 439
scanner de correspondência mais longa, 51
scanners controlados por tabela, 49
scanners, 19
  codificados à mão, 56
  codificados diretamente, 53
  controlados por tabela, 48, 49, 58
  gramáticas livres de contexto e, 73
scanning, 19, 64
segurança, 144
  runtime, 144
seleção de instruções, 295
  CISC e, 523
  definição, 497
  escalonamento e, 499
  esquema de percurso em árvore, 504-506
  RISC e, 523
  por casamento de padrões de árvore, 507
  por meio de otimização peephole, 517
semirreticulado, 431
sequência de chamada, 224, 266-268
sequência de classificação, 56
sequência de escape, 29
sequência de otimização, 493
  escolhendo, 492
sequências de epílogo, 265, 268, 469
sequências de pós-retorno, 265
sequências de pré-chamada, 265
  definição, 265
  parâmetros de chamada por valor, 296
deslocamentos (shift), operações, 602
símbolo de início, 73
símbolo-alvo, 72, 73, 101, 110, 117
símbolos não terminais, 72, 73, 91, 119, 171, 197
símbolos terminais, 72, 73, 82, 101
  Action, tabela, 102, 104, 105, 133, 134
símbolos
  entrada atual, 81
  eof, 117
  não terminais, 119, 171
  terminais, 95, 101, 119, 159, 176
sintaxe
  erros, 82, 84, 91, 92, 98
  expressando, 70
sistemas de reescrita de baixo para cima, 509, 516
sistemas de tipos
  definição
  equivalência de nomes, 154
  equivalência de tipo, 154
  equivalência estrutural, 154
  expressividade, 145, 157
  linguagem estaticamente tipada, 145, 156
  linguagem fortemente tipada, 145, 148, 156, 185
  linguagem fracamente tipada, 145, 156
  linguagem não tipada, 145, 148, 156
  linguagem tipada dinamicamente, 189
  polimorfismo paramétrico, 153, 157, 186
  polimorfismo, 153
  regras de inferência, 155, 156, 186
  tipos básicos, 149, 150, 157

sistemas numéricos, 296
SLR(1), construção, 136
sobrecarga de operador, 145, 191
sobrecarga, 146, 155, 157
SSA mínima, 422
SSA podada, 421, 422
SSA, grafos, 480
string terminada em nulo, 318
string
    caractere entre aspas, 29
    como tipo construído, 151
    concatenação, 317
    conjuntos de, 27, 61, 72
    forma sentencial, 73-75, 78, 84, 85, 89, 100, 101
    operações, 315, 318
    representações, 315
    sobreposição
    tamanho, 318
    terminada em nulo, 318
subclasse, 63, 71, 226, 247, 249, 253
substituição aleatória, 289
substituição de teste de função linear (LFTR – *Linear-Function Test Replacement*), 480, 485, 491, 553
    Ver também redução de força
substituição em linha, 354, 384-388, 391-393
substituição escalar, 384, 453, 454, 477, 479
superclasses, 227, 247, 248, 252, 254
switch, instrução, 330, 331

T

tabelas de símbolos
    com escopo, 223
    discriminação de conjuntos múltiplos para, 621
tabelas hash bidimensionais, 629
tabelas hash, 220
    bidimensionais, 629
    endereçamento aberto, 620, 623-625, 628
    hashing aberto, 628, 629
    implementação, 220, 620
    tabelas com escopo, 227, 369
tabelas
    hash, 9, 198, 220, 227
    LR(1), 108
    símbolo, 180, 183, 184, 188, 194, 219, 220
tbl, operação, 210, 606
tempo de vida, 15, 142, 180, 199, 216, 217, 221, 222, 241, 242, 244, 245, 247, 285, 291, 355, 423, 504, 539, 563, 566
Thompson, construção de, 36-38, 45, 47, 61, 62
thunks, 257
tipos básicos, 149, 150, 157, 297, 307 *Ver também* sistemas de tipos; tipo(s)
tipos compostos, 150
tipos construídos, 157

tipos de função constante, 185
tipos enumerados, 151, 152
tipos
    básicos, 149, 150, 157, 297, 307
    "célula", 145
    compostos, 150
    construídos, 150
    declarados, 155
    enumerados, 151, 152
    erros, 123, 148, 155, 186
    função constante, 185, 624
    mudanças dinâmicas em, 186
    representação, 154
    retorno, 153, 185, 186, 191
    tradução ad hoc dirigida pela sintaxe, 141, 142, 172-174, 176, 178, 179, 184, 189, 292
    ILOC, geração, 180
transformação dependente de máquina, 452, 453
transformação independente de máquina, 452
transformação
    fatoração à esquerda, 93
    independentes de máquina, 453
    redução de força, 484
    substituição em linha, 385
    taxonomia para, 494
troca (*swap*), problema, 428

U

último uso, 355, 491, 521, 522, 539, 544, 572
uniões, 321
until, laços, 329
usos consistentes de tipo, 185
    tipos de função constante e, 185
    tipos de função desconhecidos e, 185

V

valor observável, 362
valores anônimos, 319, 322
valores mortos, 520
    Ver também valores
valores sujos, 570
valores
    acesso a parâmetros, 312
    ambíguos, 291, 565, 593
    anônimos, 319, 322
    atribuir registrador virtual, 291
    baseados em pilha, 175
    booleanos, 142, 150, 299, 305
    derramamento, 533
    escolha de nome, 193, 358
    limpos, 570, 571
    mantidos em registradores, 593
    mapeamento para nomes, 211
    mortos, 520
    não ambíguos, 459, 565
    não nomeados, 285

nomeação, 175, 211
nomeados, 234
ponteiro, 258, 259
retorno, 455, 589
sujos, 570, 571
temporários, nomeação, 211
tempos de vida, 142, 242, 287
variáveis de indução, 486, 487
variáveis livres, 238, 349
variáveis locais, 386
    de outros procedimentos, 261, 262, 266
    inicialização, 265, 469
    Ver também variáveis
variáveis mortas, 405
variáveis não inicializadas
    com informações vivas, 374
    localização, 374
variáveis vivas, 374
    em alocação de registradores global, 378
    em construção de SSA, 378
    equações para, 405
    Ver também vivência
variáveis
    baseadas em ponteiro, 291
    classe, 503
    classes de armazenamento, 503
    escolha de nome, 358
    estáticas, 244, 246, 260
    globais, 260, 410, 413
    indução, 346, 348, 486, 487, 489-491
    inicialização, 244
    livres, 238
    locais, 244, 245, 259-262, 265, 266
    mortas, 405
    sombra de índice, 328
    vivas, 374, 378
variável sombra de índice, 328
verificação de tipo, 184
Very-Long Instruction Word (VLIW), máquinas, 534
vetores de bits, 42, 610, 612-614
vetores de indireção, 308-312, 314
    Ver também arrays
vetores dopados, 313
vetores
    adjacência, 617, 618
    bit, 610-614
    dopados, 313, 314
    indireção, 308-312, 314
    layout de memória, 306
    Ver também arrays
vivência (*liveness*), 374, 407, 571
volatile, palavra-chave, 291

W

while, laços, 329
Ver também laços